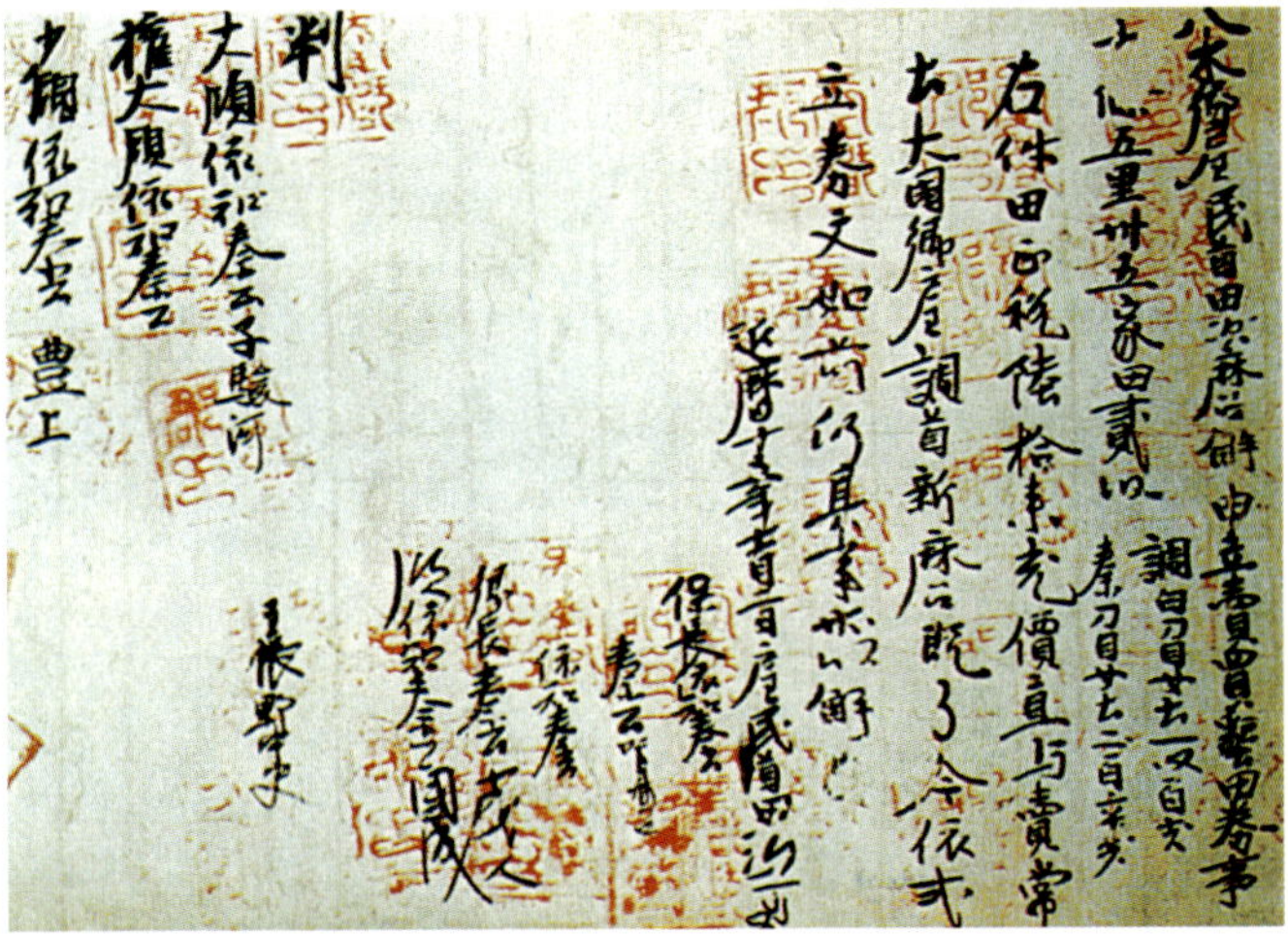

延暦 15 年 11 月 2 日付「近江国八木郷墾田売券」調白刀自女と秦刀自女の名が注意される。（金比羅宮旧蔵）

伊達五郎八姫《いろはひめ》画像（もと生母愛姫《めごひめ》画像と誤伝されていたもの）

（本文 244 頁参照）　　（瑞巖寺博物館所蔵）

上杉家親族会合之図　伝葛飾北齋筆

（19 世紀初頭，絹本着色 40.2×56.3 cm）　　　（奈良県立美術館所蔵）

女性名　祖母之保（しほ）　姉貴知（きち）　善蔵妻嘉免（かめ）

母毛無（もむ）　姉志保（しほ）　妻婦美（ふみ）　伯母利恵（りえ）

日本の女性名

——歴史的展望

角田文衞

国書刊行会

序（新版刊行に寄せて）

『日本の女性名』に関心を抱いたのは著者が中学に在籍している頃であった。その頃著者の周りにいた女性の多くは、簡単な二文字の名、例えば「ゆき」、「まさ」、「きよ」、「かね」、「きん」のような名であって、一般には語頭に「お」の字を付けて呼ばれていた。「おゆき」、「おまさ」、「おきよ」の類である。

大正十四年に仙台市に移住して小学校に入ると、語根に「子」の字をつけた女性が時々みられた。田舎育ちの私は「子」の字を付けた女性がいたく清新に見え、昔の女性名と新しい女性名との相違に驚くと共に、どうしてこのような女性名の変化が起こったのかと疑問に思うようになった。

大学生の頃から日本の史籍に親しむようになると、古代の女性名と中世のそれとが著しく違うことを実感した。

このように史籍を読み続けていると、日本の女性名が世界に例を見ないほど多様で、かつ時代によって変遷していることが漠然とわかってきた。

昭和四十八年頃、出版社・教育社の編集部長らと女性名の複雑さを話し合っていた時、これを「歴史新書」の一冊として纏められてはどうかと勧められた。私はつい調子にのって、この際纏めてみようかと返答した。

このようにして女性名を探求してみると、考えていた以上に複雑であり、また研究が未熟なことがわかってきた。約束した手前筆を執ってみると、古代の女性名については割合に簡単であったが、中世の女性名が複雑を極めていることが判明し、筆が進まなくなってしまった。古代史専攻の著者には、それは大変な重荷となった。とにかく上巻（大和時代～鎌倉時代）を刊行したのは昭和五十五年九月であったが、その後、中巻（南北朝時代～江戸時代前期）を脱稿するのに予想以上の年月を要してしまい、刊行できたのは七年後の昭和六十二年六月であった。続く下巻（江戸時代後期～昭和時代）は史料が豊富なので、複雑ではあったものの鎌倉、室町時代のような困難さはなく、一年後の昭和六十三年五月に刊行した（全三巻函入、総頁数一一四七頁）。あしかけ八年間もかけたことになる。

以上、女性名の多様性と変遷を述べてきたが、このような女性名の研究は全く未開拓の分野であって、説明や解釈の付けにくい名前のあまりにも多いことがわかった。数多くの研究課題を残すこととなり、後世の研究者に委ねた点が少なくない。女性の数が総人口の半分以上を占める日本では、女性名の研究はゆるがせに出来ない問題である。著者はその点を自覚し、その後も史料を探求し続けたが、日暮れて道遠く、本書を増訂することは出来ないでいる。はや齢九十歳を過ぎ、新たに補訂する機会はもはやないものと思う。後進の学徒の誰かが、この研究を進められることを著者は切望してやまない。

平成十八年二月二十五日

竹梁斎にて

角田文衞

はじめに

日本の女性名に漠然とした興味を抱いたのは、少年時代のころ（大正の末年）であった。田舎に育った私の周囲にいる女性たちは、私の祖母をふくめて、いずれもがキン、ナカ、ルイ、ハル、リツ、ツル、マツといった、いわば古風で垢抜けしない名をおびていたのに対して、学校の同級生には、愛子、和子というような、すっきりした名をもつ少女が二、三人いた。同じ日本の女なのにずいぶん名前の感じが違うものだという違和感が痛感されたのであった。

奈良時代や平安時代の後宮史を研究しはじめた昭和三十年代になると、この時代の上流の女性たちと明治時代の一般女性の名があまりにもかけ離れていることに今さらのように驚異をおぼえた。その結果、一つの流れとして日本の女性名の歴史をたどってみたいという念願を抱くようになったのである。著者の専門は古代史であり、中世や近代の歴史については今なお常識程度にしか知っていない。その意味では通史的に女性名を展望することは、予想以上に困難な仕事であった。もし教育社「歴史新書」担当の江口幸さんの熱心な催促がなかったならば、この上巻の擱筆すらが実現しなかったであろう。また公私多忙な西井芳子さんが校正の労をとって下さったのも、感謝の至りであった。

日本の女性名史の研究は、ほとんど未開拓な研究分野に属している。なかでも鎌倉時代から室町時代へかけての女性名は乱雑をきわめているが、桃山時代になるといつの間にかこの混乱は拾収されている。その間の変容の過程は、複雑をきわめ、まだまだ厚いヴェールに覆われている。著者の研究は、この分野に開拓の犂を入れたにとどまっており、不明の箇処はいたるところに散在している。しかし、著者はこの辺でいちおう研究を打ち切り、本問題に関する向後の精緻にして適確な研究は、すぐれた後進の方々にお委せしたいと思っている。

昭和五十五年　文月

山城国愛宕郡蓼倉郷

角　田　文　衞

目次

第三部 中世 227

概観　日本女性の名

図１　ヘゲソーの墓碑（大理石製，高さ149 cm，アテネ市ディピュロン門外の墓地，前4世紀初頭）

人間の名前

現在の日本では、人口の半数以上が女性によって占められている。また日本人の民族形成がいつ、どうして行われたかはともかく、日本列島における人間の居住は三〇万年以上におよんでいる。[1] これらの始原人の子孫がそのまま日本人ではなく、その後、西から、また北から別個な人種集団の移住があったにしても、早く洪積世に渡来した始原人が日本人の人種的基層をなしていることは、疑いを容《い》れない。こうしてみると、日本列島には三〇万年いらい、数十億にのぼる人間が生まれ、かつ死んだわけであるが、これらの人びとは、それぞれ名前をおびていたのである。

名は、個人名に始まったと推定される。多数の人びとから個人を識別し、指称する必要上、声音をもって呼ぶ認識符号がすなわち個人名である。声音が条件となる点で、人名はすべての人間がおびていたが、生物としての Hominidae（ヒト、または人類）の成員がすべて名前をおびていたとはいえない。[2] 原生人類に言語能力があったかどうかは、たえず論争の的となっているからである。[3]

新生人類であっても、嬰児のときに仔を喪《うしな》った雌猿などに攫《さら》われ、猿の集団の中で育ったものは、人類であっても、人間ではなく、したがって個人名をおびていない。一方、一種の先祖返り（atavism）として人間の子として生まれた猿人は、みずからは言葉を話せなくても、親から名前が与えられ、犬や猫がそうであるように、それが自分の名であることを理解している。[4] これらは極端な例外であるが、一般的にみてあらゆる人間は、自分の名をもっているといえよう。

もっとも、一部の古代民族や未開民族には、とくに女性に関して、呼び名や渾名《あだな》はあっても、実名をつけない例もあるが、決してそれは、無名（anonymity）なのではない。古代世界においては、エトルーリア人（エトルスキ）やローマ人がその点では有名である。もともとラテン人の実名は、男女とも限られており、銘辞などで実名（praenomen）と家名（cognomen）が併記されるとき、実名は頭文字にされることが多かった。男性名の数はごく少ないから、Mとあればマルクス（Marcus）、Lとあればルキウス（Lucius）にきまっていたのである。女性の実名のほうは、さらに限られており、共和政時代にはそれでもガイア（Gaia）、ルキア（Lucia）、ポーラ（Pola）などの実名が存したけれども、しだいに実名は減少した。[5] キケロは、結婚契約にくる婦人は、どの人もガイアという名をもっていると苦笑している。[6]

こうなると、女性の実名は無意味となったので、帝政時代にはいると、女性はもっぱら氏《うじ》（gens）の名で呼ばれるようになった。有名なスキピオの正式の名は、P(ublius)《実名》 Cornelius《氏の名》 Scipio《家名》 Africanus（このAfricanusは、agnomen［雅名または渾名］）であるが、彼の娘で、ティトゥス・グラックス（Ti. Sempronius Gracchus）の妻となった女性は、コルネリア（Cornelia）と呼ばれた。これは、鎌倉時代の古文書に頻出する「藤原氏女《ふぢわらうぢのにょ》」、「中原氏女」などに該当する。こうして氏の名の女性形(Julia, Livia, Verginia 等々）が女性名と化した。そして姉妹二人がいれば、名の後に大(Maior）や小(Minor)、三人以上であれば、第一の（Prima)、第二の(Secunda)、第三の（Tertia）などを付して区別したのである。(7) Cornelia Maior Sabina は、コルネリス氏に属するサビヌス家の長女の意味である。これは、大伴（氏の名）田村（居所、家の名）大嬢《おほいらつめ》に該当する呼び方である。

それゆえ、実名の使用が絶えたからといって、ローマ人の女性が無名であったとはいいえないのであって、これはエトルーリア人の女性の場合にも指摘されるのである。(8)

ラテン人（ローマ人）の女性とは対蹠的に古典時代のギリシア婦人は、すべて固有の実名をおびていた。たとえば、アスパシア（Ἀσπασία）アルクメーネ（Ἀλκμήνη）エウリュディケ（Εὐρυδίκη）オリュピアス（Ὀλύμπιας）クレオパトラ（Κλεοπάτρα）テオドーラ（Θεοδώρα）ヒュパティーア（Ὑπατία）ヘラ（Ἥρα）の類である。(9) きわめて父系的であったギリシア社会では、女性は父の名を結びつけて呼ばれていた。

アテネ市ディピュロン門外のケラメイコス（Κεραμεικός）墓地に存する「ヘゲソーの墓碑」（前四世紀初頭、図1参照）は、あまりにも著名であるが、この碑の上縁には、

ΗΓΗΣΩ ΠΡΟΞΕΝΟ（=Ἡγησώ Προξένο[υ]）

つまり「プロクセノスの（娘の）ヘゲソー」と刻まれているのである。男性が出身地に結びつけて呼ばれたのに対し、女性は父の名に付して呼ばれたのであった。

今日でも珍彦《うづ》といった名がみられるように、どの民族の場合でも、人名には一般語としては廃絶した古語が保有され、あるいは復興されたり、他民族との接触、混住や外来文化の影響が跡をとどめたりしていて、言語学、文学、歴史学の研究にとってそれは貴重な資料とされている。そこで欧米諸国では、つとに人名学（Anthroponomastik）が提唱され、言語学の一分科として大いに研究が進められているが、なかでもチェッコ・スロヴァキアやハンガリーなどにおいて顕著な成果が挙げられている。(10)

しかしながら右の人名学は、あまりにも言語学的である。それはよいとしても、一方では歴史的人名学の研究も大いに振興すべき必要をおぼえる。むろん、歴史的人名学の研究も、諸国において進められているが、どの国の場合でも、一つの独立した研究部門としては確立されていないように思う。なかにあって島村修治氏の『世界の姓名』(11)は、欧米諸国はもちろん、イスラム教文化圏、儒教文化圏、ヒンズー教文化圏、仏教文化圏その他の諸民族の氏家名や個人名をかなり歴史的な視角から概観した苦心の労作であって、この著書を通じて世界における歴史的人名学研究の現状をほぼ知得することができるのである。

中世における女性名の研究

室町時代において公卿社会の主要な氏と家の系図を集成した『尊卑分脈《そんぴぶんみゃく》』(12)には、「女子」、「母××守某女《のむすめ》」、「女子 ×××少将 内侍右馬助 某母」といった記載にまじって、女子の実名を記した例がしばしば見受けられる（次頁の系図、参照）。この伝統は、幕末に飯田忠彦（一七九九～一八六〇）が独力で編纂した『系図纂要』(13)（全一〇二巻）にも反映しており、その公卿社会に関する系図には、女子の実名の記載が少なくないのである。公卿社会にあっては、奈良・平安時代はむろんのこと、中世にはいっても女性は、後宮《ごく》（天皇の妻妾）、女房（内裏や院宮）として公的に出仕し、したがって叙位任官にも預かり、その社会的地位も武家社会の女性より高かったから、おのずと実名が重視され、記録される機会も多かったのである。

叙位や任官は、氏姓と実名を対象に行われるのが鉄則であった（明治四年まで）。そのためもあって、武家の女性は、実名が記録される機会にとぼしかった。江戸幕府が編纂せしめ、文化九年（一八一二）に完成した『寛政重修《ちょうしゅう》諸家譜』(14)（一五三〇巻）などは全く徹底しており、女性はすべて「女子」、「誰の女《むすめ》」、「誰の妻」、「誰の母」で片づけられているのである。

中世社会におけるこうした雰囲気のなかでは女性の名について国学者たちすらがほとんど関心を抱かなかったことは、当然であった。もっとも、賀茂眞淵（一六九七～一七六九）などは、平安前期的な女性名に憧憬を抱いていたとみえ、女流の門下には平安前期的な雅名を与えた。いま、「縣門《けんもん》三才女」に例をとると、

油谷八代《やよ》は、油谷しづ子（倭文《しづ》子）
鵜殿餘野《うどのよの》は、瀬川きよい子
進藤某女は、進藤茂子《しげいこ》(15)

の雅号を授けられている。しかし眞淵自身は、平安時代の女性名を特別に考察しようとは試みなかった。

本居宣長（一七三〇～一八〇一）は、上代の王《みこ》たち（この「王」は、皇子、皇女、男王、女王を総称）の名について論及するところがあった。(16)彼は王たちの名の由来を、㈠物の名を取ったもの、㈡居所の名に因《ちな》んだもの、㈢功績を讃えたもの（美称）に分類し、なお例外として生母に因んだ名のあることを付記した。また彼は、大海人皇子《おおしあまのみこ》（天武天皇）以降は、乳母の氏の名によって命名する慣習が生じたが、これも嵯峨天皇いらい停止し、皇子には天皇ごとに一定の通字（恆、惟、常、貞など）を付するのが例となった旨を指摘した。今日からみればわかりきったことであるが、当時としてはなかなかの卓見であった。

これよりやや早く、谷川士清《ことすが》（一七〇九～一七七六）は、「お竹」、「お仙《せん》」のように、婦人の名にお字をつける習わしに注目し、

婦人の名に「お」を冠らしむるは、中古よりの事なり。西土の阿女、阿嬌など云るに効《なら》へるなるべし。唐より始ると云。我邦にては太平記の、オ妻始なりとも云り。日知録に、隋独孤后謂ニ雲昭訓一爲ニ阿雲一。今閭巷之婦亦以レ阿挈《ヲクル》ニ其始《ヲ》一也。と見えたり。

と、女子名の接頭語としての「お」に注意を払っている。(17) やや遅れて伊勢貞丈《さだたけ》（一七一五～一七八四）は、やはり「お」に触れて、

今世の女の名に、おとめ、おさよなどと付く事、昔も如此の名ありしなり。太平記（佐佐木信胤宮方になる条）菊亭殿に、御妻とてみめかたちたぐひなく、其品いやしからで、なまめきたる女房ありけり。……又云、おさいの局へめされて云々。此おさいなどと云名、今の如くおしなべて付しにはあらず。たまたま如此なる名を付し人も有しなり。

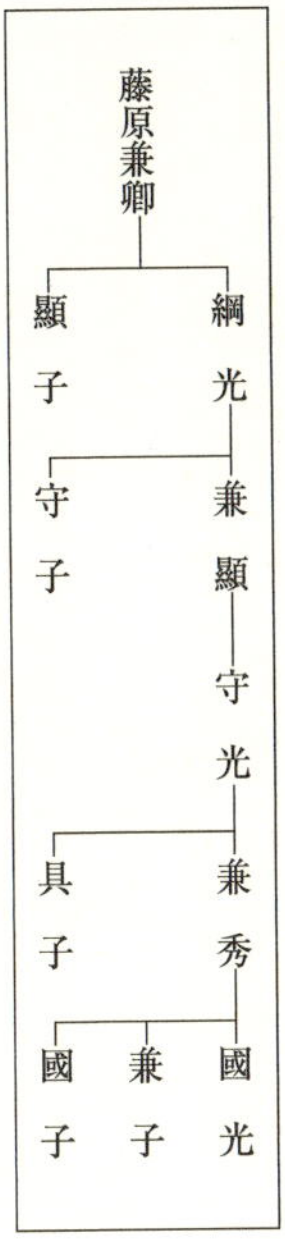

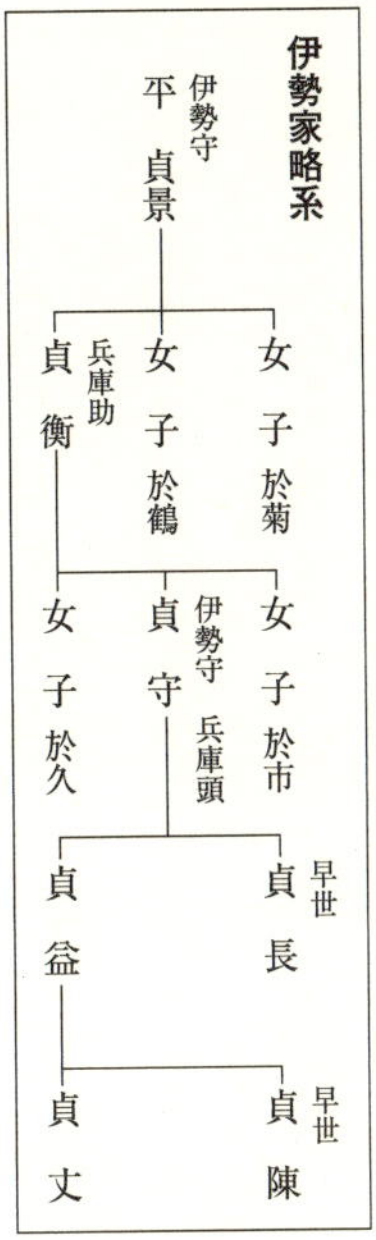

と、見解を披瀝している。(18) ほぼ相似た所見は、鈴木煥卿（一七一四～一七七五）の『漫畫《まんかく》随筆』(19)（下巻）にも述べられている。伊勢家の場合、中興の祖・貞衡（一六〇五～一六八九）の姉の於菊（一五八〇～一六一五）が淀君の上臈《じょうろう》女房《にょうぼう》となり、大坂落城のさい、淀君と運命をともにした点(20)でも、この「於何々」という女性名には、関心が深かったのであろう。なお、貞丈は、女性名の接尾語「子」の由来を考究し、(21) 宣長はこの「子」が古くは男性名にも用いられたことを指摘したのであった。(22)

なお、女房の種類や称号については、早く永徳二年（一三八二）に二條家の関白・藤原良基（一三二〇～一三八八）によって、『女房の官しなの事』(23)が著わされている。これは便利な解説書ではあるけれども、研究書とはみなしがたいものであった。

近代における女性名の研究

明治時代にはいると、まず栗田寛《ひろし》（一八三五～一八九九）は、明治二十二年に『古人名称考』を発表した。栗田博士は、在来の研究を参酌しながら主として上代の人名を、男性名、女性名ともに考察し、人名の歴史的研究に基礎をおかれた。同じころに博士が執筆された『兄弟姉妹人名略表』および『答

問五則』は、正倉院文書の戸籍を活用し、ことに女性名の研究に新鮮味をくわえたものであった。(24)

明治三十四年ごろ、当時、講師として東京帝国大学文科大学に教鞭をとっていた小泉八雲（LAFCADIO HEARN, 1850～1904）は、それより数年前に日本のある若い学者が高等女学校の生徒約四百名――これらの女生徒は全国各地から集まってきている――の個人名を資料として当時の日本女性の個人名を考察した論文に接し、大きな刺戟を受けた。「高等女学校の生徒」というのは間違いであって、それは女子高等師範学校の在校生と卒業生（一八八〇～一八九五）を指すようであるが、この興味ある論文を執筆したのが誰であったか、今のところ著者には不明である。

右の論文に刺戟された八雲は、華族女学校の卒業生名簿その他の資料を求め、夫人・節《せつ》の協力をえて明治三十五年ごろに、*Japanese Female Names*（『日本の女性の名』）と題する英文のエッセイを発表したのであった。(25)

八雲は、彼を刺戟した某氏の論文によって、女子高等師範学校の卒業生と在校生の名簿によって一六四の女性名をかかげ、これらがほぼ一般の女性名を代表しているとみなしている。ついで彼は、これら女性名の分類にはいり、

①徳行と礼節の名前
②個人の性質、あるいは両親の希望を表わした名前
③地名や方位に関する名前
④物の名、およびとくに婦人の手わざに関する名前
⑤文学的な名前
⑥数字、数に関する言葉による名前
⑦時と季節に関する名前
⑧鳥、魚、獣その他の名前
⑨花の名による名前
⑩植物、果実、樹木の名をとった名前
⑪光明をあらわした名前
⑫色に関する名前
⑬分類、説明の困難な名前

に分け、各類について簡単な説明をくわえている。

八雲は、一般女性の名がおもに二音節からなり、三音節のものは少ないこと、敬愛を示すためには、二音節のものには接頭語の「お」と接尾語の「さん」をつけること（お富さん）、三音節のものには「さん」だけを付すること（秀代さん）を指摘し、あわせて「様《さま》」の用法を説明している。

つぎに八雲は、華族女学校の卒業生名簿によって、主として貴族の女性名一四〇をかかげ、それらの大部分が接尾語として「子」を有することや、その名に字画の多い、普通には見受けられない漢字がしばしば用いられていることを明らかにしている。

さらに八雲は、芸妓の芸名に論及し、左のような分類を試みている。

①「若」という接頭語のついた名（若草、若鶴、若紫、若駒）

②「小」という接頭語がついた名（小艶、小花、小桜）
③「龍」という接尾語のついた名（玉龍、花龍、金龍）
④「治」という接尾語のついた名（歌治、〆治、勝治）
⑤「助」という接尾語のついた名（玉助、駒助）
⑥「吉」という接尾語のついた名（歌吉、玉吉）
⑦「菊」という接尾語のついた名（三《みつ》菊、雛菊、小菊）
⑧「鶴」という接尾語のついた名（駒鶴、小鶴、糸鶴）

最後に八雲は、

近年、東京あたりの芸者階級の間には、上品な「子」という接尾語を本名につけたり、貴族的な呼び名をつけたりすることが、流行している。一八八九年（明治二十二年）に、東京のある新聞紙は、この流行を法律手段で禁止せよと要望した。この事件は、この問題に対する一般人の感情が、どんなものであるかを実証しているようである。

りえん状之事
一此よねト申者我等勝手ニ付
此度離縁致候　然る上は
向後何方え縁付候共差
構無之仍如件
文久元年
酉九月　亀吉㊞
およねどの

文久元年９月付「離縁状」（東京大学法学部旧蔵）
（穂積博士『離縁状と縁切寺』による）

と述べ、これをエッセイの結びの言葉としているのである。

なお、八雲は、和歌山地方の女性名に、「静江」というふうに「江」をつけたものが多いこと、またある地方では、「浦野」、「吉野」のように、「野」字を第三音節に用いる例が多いことを指摘している。炯眼な八雲はいちはやく日本の女性名の地方差に嘱目したのである。

八雲の所説には、細部に関して微瑕《びか》も認められるけれども、古代や中世ではなく、近代の女性名に注意し、これを分析して、女性名史の研究に新生面を拓《ひら》いた彼の功績は、高く評価されるのである。

ところで、『古事類苑』の編纂が着手されたのは、明治十二年のことであった。その編纂と刊行には三十五年を要したが、刊行のほうは明治二十九年に帝王部が上梓されていらい、次を逐《お》うてなされたのである。姓氏部の刊行をみたのは、明治三十三年のことであったが、その第十編「名」(下)はもっぱら女子名にあてられ、群書から渉猟した女子名に関する多数の資料が収録されている。これは、女子名の研究にとっては、すこぶる便利な宝典であったけれども、永い間、これを活用する学者は現われなかった。

注目に値いするのは、家族法の研究の必要から日本の人名に深い関心を抱いていた穂積陳重《のぶしげ》博士（一八五六～一九二六）と同重遠《しげとお》博士（一八八三～一九五一）父子の業績である。陳重博士が大正八年に発表された『諱に関する疑』[26]。さらにこれを訂正・加筆のうえ、単行本として刊行された『実名敬避俗

図２　寿岳章子氏

研究[27]』は、該博な知識と精緻な考証による珠玉の名編であって、日本の人名史の研究上、記念すべき貴重な労作であった。もとより本書は、日本古代の実名《じつみょう》敬避の習俗の存否を考究したもので、女子名だけを対象にした著作ではない。しかし実名敬避俗が古くから実在した事実を証明するため、男神、女神や天皇、皇子女などの名を分析した成果は、古代の女性名の研究にとってはなはだ示唆的であった。また、複名俗（polyonymy）の成立が実名敬避俗を要因の一つとしていることを指摘されたのも、卓見であった。

　なお、重遠博士のほうは、本邦の離婚制度史の研究に大きな功績を残された。その行論にさいしては、離縁状を引用し、縁切寺の役割を述べ、これらを通じて江戸時代、とくにその後期の庶民の女性名をあまた学界に紹介されたことであった[28]。

　もう一つ忘れがたいのは、大正の末年に東恩納寛惇《ひがしおんなかんじゅん》（一八八二～一九六三）が『琉球人名考[29]』を公にし、歴史的背景を充分に考慮しながら、沖縄人の複雑な人名について、開拓者的研究の成果を発表されたことは、学界に対する大きな寄与であった。

　昭和年代にはいってから女性名をふくめた人名研究は、二十年ばかり停滞をつづけた。女性名に関する資料の公刊も、微増の状態にあった。ところが第二次大戦後にいたって、女性名の研究は、何人かの学者によって手がけられるようになった。その二、三の例を紹介すると、昭和三十年代には、京都府下の五大学の国語学研究室が連携して、現代の女性名の統計的調査が試みられた。その中心は、京都府立大学の寿岳《じゅがく》章《あき》子（一九二四～）教授（国語学）であった。そのさい、この研究グループがおもな資料としたのは、京都府立第一高等女学校をはじめ、関西の四、五校の女学校、小学校の卒業生名簿であった。また寿岳教授らは、同志社大学法学部の井ヶ田良治（一九二六～）教授（日本法制史）の協力によって、京都府亀岡市馬路《うまじ》（もと丹波國南桑田郡馬路村）の『宗門人別帳[30]』を多数披見し、江戸時代後期の女性名について貴重な知見をえられた。

　寿岳教授の女性名の本格的な研究の成果は発表されなかった[31]が、教授は、江戸時代後期の庶民女性の名が二音節からなり、三音節型は極少で、全体として種類が限られていること、また明治になると平仮名の二音節の名は年とともに減少し、漢字を用いた名、子を接尾語とした名が増加する次第を表や統計を用いながら解明された。教授が提出された結論には首肯しがたい部分もあるが、この研究グループが『宗門人別帳』や高等女学校の卒業生名簿を資料として採りあげ、女性名の型や女性名の用字（漢字）を統計的に分析したことは、女性名史の研究を一段と躍進せしめたのである[32]。

昭和三十九年、国立国語研究所の岩淵悦太郎（一九〇五〜七八）と東京大学の柴田武（一九一八〜）の両氏は、『名づけ』と題する編纂物を公にされた。その中で岩淵氏は江戸時代の女性名に論及し、近松門左衛門の作品から女性名をとり出し、それらがすべて子のつかない二音節の名であることを指摘された。[33] さらに岩淵氏は、元禄八年（一六九五）の世田ケ谷弐拾箇村の寄付帳[34]に記載された一、四七一人にのぼる女性名を調査し、これらのおびただしい女性名には、「子」のついたものが一つも見受けられず、全体が

○○型（せん、とめ、まん、とくなどの型）　九五％
こ○○型（こちよ、こあまなど）　二・三％
その他（しやうぶ、たん女、ちやう、さんごなど）　二・七％

に分類されることを明らかにされた。[35] この文書には、二、八五三人の女性名が録されているが、岩淵氏はその約半数を分析されたのである。もともと同書は、子供に名をつけるときの参考書として編集されたもので、学術書ではないが、さすがに江戸時代の女性名の研究を一歩前進させたのであった。

同じ昭和三十九年、佐久間英氏は、『お名前拝見』と題する小著を公にされた。同氏は、接尾語の「子」をつけた名が明治にはいってから増加した過程に興味をよせ、東京府（都）立第二高等女学校（現在の東京都立竹早高等学校の前身）と日本女子大学の卒業生名簿と在校生の名を調べ、

明治　十六年生　接尾語の「子」ほとんどない
〃　二十六年生　一七％
〃　三十六年生　三七％
大正　二　年生　七五％
昭和　八　年生　八三％
〃　十八年生　八五％

という結果がえられたと報告されている。[36]

なお、大正十五年三月、本書の著者と同時に仙台市の片平丁尋常小学校を卒業した女性二一九名は、大正二年四月から翌三年三月までの出生者である。これらのうち、子型の女性名をもつ女性は九五名を算しているが、[37] それは全体の四三・四％であり、東京のそれよりだいぶ率が低い。したがって佐久間氏は、東京の特定校だけを選ばず、全国各地の多数の女学校から若干を無作為に抽出して統計をとり、「子」型の名の増加を観測さるべきであった。

ところで、日本の固有名詞の漢字の訓み方ほど複雑怪奇なものはない。いま、「成」の一字をとってみても、

ナル　シゲ　フサ　アキ　サダ　ノリ　ヒデ　ヒラ　マサ　ヨシ

等々の訓みがあり、そのいずれを採るべきかに何人《なんぴと》も困惑するであろう。この困難に対処する提要書として室町時代に著わされたのは、『諱訓抄《いくんしょう》』二冊であって、宝徳三年（一四五一）に甘露寺《かんろじ》家の藤原親長（のち権大納言、一四二四〜一五〇〇）が書写した写本が勧修寺《かじゅうじ》家に伝えられている。[38] また皆川完一氏は仁和寺所蔵本中に『俗名《ぞくみょう》融通』と題する一書の存す

ることを紹介されている[39]。江戸時代には、名乗、名字に関して幾種類かの書物が著わされたが[40]、なかにあって出色なのは、黒川春村《はるむら》（一七九九～一八六六）の『名字指南』（『名乗指南』ともいう）であって、初版は文久元年（一八六一）に上梓され、明治十四年まで間をおいて版を重ねた。

むろん、これらの提要書の類ははなはだ不完全なものであった。昭和年代にはいってから、同志社大学教授の荒木良造（一八八二～一九七二）は、この欠陥を補うため、名乗の研究調査に尽瘁し、昭和三十四年にいたって『名乗辞典』を完成したのであった[41]。本書を一瞥すれば自明のとおり、これが日本の人名研究に側面から寄与した功績は、たとえようもなく貴重なものであった。

日本の人名の読み方は、日本人自身にとっても困難なのであるから、外国人にとってそれが至難であり、ひいてはこれが日本研究の大きな障害の一つになっていることは推察にかたくない。かような障害を排除しようとして、ソ連ではカープル氏の監修のもとに『日本姓名辞典』[42]が刊行され、イギリスでは、アルバート・J・クープ（ALBERT J. KOOP）氏とB・イナダ氏の共編の『銘字便覧』[43]が上梓されてはいるが、もとより簡に過ぎ、研究上の障害を除去するうえでは、あまり役立たないのである。

ところで、駒沢大学教授の渡辺三男《みつお》博士（一九〇八～）は、「お名前博士」の渾名があるほど日本の人名の研究に精魂を傾けていられる方である。博士が昭和四十二年に著わされた『日本人の名まえ』[44]は、永年にわたった人名研究の総括として高く評価される著作である。ただし、本書は、男性名に重点をおき、女性名については、「女性の名の移り変り」（一四七頁から一六七頁まで）と「王朝女性の呼び名」（一六九頁から一八〇頁まで）の二節が割《さ》かれているにすぎない。したがって女性名のほうは、いちおう概述されてはいるけれども、男性名の場合にくらべて生彩を欠いているのである。

著者自身の女性名の研究は、昭和三十六年、藤原袁比良《をひら》――藤原仲麻呂の正室――を取扱ってから以後のことであるが[45]、昭和三十八年には、紫式部の本名の解明に挑戦した[46]。著者は、奈良・平安時代の女性たちの本名に特別な関心を抱いており、その意味で考察した女性は、数十人の多きにおよんでいる。平清盛の継母として著名な池禅尼の実名が藤原朝臣宗子であることを確証したり[47]、袈裟御前で知られる「けさ」という女性名の現代にいたるまでの沿革を辿ったり[48]、あるいは一見現代風に思われる「マリ子（眞理子）」の由来を探ったり[49]したのは、女性名研究の一端にすぎなかった。著者としては、初めから歴史的に概説するのではなく、若干の論文を積み上げてから後に全体を鳥瞰したかったのである。

昭和五十年、早稲田大学の杉本つとむ博士（一九二七～）は、日本の女性名史について要説されるところがあった[50]。これは深い考究の結果によって試みられた通論ではないため、誤りがいくつか目立っている。たとえば、

いずれにせよ、平安時代で〈―子〉と子をつけるのは貴

族階級の女性のみであったことは確かである。といった発言は、事実に即していない。たとえば、長徳三年（九九七）、検非違使庁に丹後掾《たんごのじょう》・秦《はたの》兼信の不法を訴えた内蔵《くらの》貴《たか》子[51]は、貧民ではないにしても、決して貴族層に属する婦人ではなかった。

江戸時代後期から現代にいたるまでの女性名に関する杉本博士の考察には、傾聴すべき点が少なくない。とくに昭和四十八年十月に、第百生命保険相互会社が、同社と契約している被保険者の中から七十二万余名の名前を生年別にまとめた資料[52]に着目し、これにもとづいて明治から昭和にかけての女性名の変化を考察された業績は、重視されてよいものである。

昭和五十二年、上智大学教授の森岡健二氏（一九一七〜）は、『日本人の名前』[53]と題する好論文を公にされた。教授は、日本の男・女名の特色を説明した後、男性名と女性名についてそれぞれ述べておられる。女性名について教授は、吉田澄夫氏の研究[54]によって、「語基」なるものを認め、また「本名」、「名のり」、「雅名」という独特な概念を作り出し、佐賀県と東京だけを例にとって女性名の地域差を明らかにしたと述べられている。せっかくの好研究ではあるが、本論文は、女性名史の研究の前進には、それほど役立つところがなかった。

これまでたどってきたとおり、日本の女性名、とくにその歴史的研究は、はなはだ未開拓な状態にある。なかでも鎌倉時代から桃山時代にいたる間の女性名は、研究の対象から全くはずされているありさまである。その点、女性名は、研究上、未開墾の沃野といえるけれども、それだけに幾多の困難な問題が伏在しているのである。

女性名の特色

この辺で日本の女性名の特色を考えてみたいと思うが、㈠それが一〇〇〇年以上の歴史を有し、その間、さまざまな変遷を遂げたこと、㈡女性名史の研究が未開拓の段階にあること、㈢著者が諸外国の女性名に昏《くら》いため[55]、これは至難な課題となっている。といってこれを避けて通るわけにもゆかないので、思いつくままに若干の特徴を挙げてみることとしよう。

① 多種多様であること

日本の女性名は、先入観的に数が少ないように思われがちである。とくに仮名《かな》は、音標文字ではなく、子音と母音が結合した音節文字であるから、〇〇型の仮名の女性名の場合、種類が少ないと思量するのは、誰もがはまりがちな陥穽である。江戸時代の一般女性の名は、仮名を二文字用いたにすぎなくても、予想以上に種類が豊富であった。まして古代や近代では、真名《まな》、すなわち漢字が使用され、また漢字を利用した万葉仮名が用いられたため、女性名は複雑多岐なものと化した。

これに対して欧米の女性名は、意外に種類が限られている。あえて分類すれば、それらは、⑴自民族本来のもの、⑵ヘブライ起源（キリスト教に関係した名）のもの、(3)ギリシア・ラテン起源のもの、(4)その他、となるが、中世にはキリスト教の聖女の名、使徒、聖人、殉教者の名の女性型、聖書にみえる女性名などが洗礼名とされ、教会は洗礼名以外の名は、本名も家名も一切認めぬ方針をとったため、民族本来の女性名は非常に限定され、脱落するにいたった。たとえば、使徒・ヨハネに由来するフランスの男子名はジャン（JEAN）であり、その女性型はジャンヌ・ダーク（JEANNE D'ARC）のジャンヌである。また聖母・マリアの主人ヨセフのフランス名はジョゼフ（JOSEPH）であり、その女性型は、ジョゼフィン（JOSEPHINE）である。

　このようにして、民族固有の女性名は、特別のものを除いて、多くは脱落してしまった。ロシア人のオルガ（Ольга）、タチヤーナ（Татьяна）、フランス人のシャルロッテ（CHARLOTTE）（古代高地ドイツ語のKarl［男］に起源する）などは、それらの残存した固有の名の例であるが、欧米諸国においては、とくに国ごとにみる場合、女性名の種類は、意外に制限されているのである。現にフランスでは、一九六六年に枠がひろめられたとはいえ、政令によって公式の名簿に登録されたものの中から誕生者の名を選ぶ規定となっている(56)。これでは変わった、あるいは奇抜な女性名が現われる余地はないのである。

② 名それ自体および命名の型に外来文化の影響がほとんどみられぬこと

　韓国の人名などは中国文化の影響を強烈に受けたけれども、名に関するかぎり、日本は独自性を固執した。観世女、吉祥女といった名も、仏教との関係は薄い。わずかに尼の法名に中国化した仏教文化の影響が認められる。切支丹の洗礼名は短期間のことであった。小堀杏奴《アンヌ》のようなヨーロッパ風の名は、きわめて稀な例外に属する。現代のキャバレーやバーのホステス、ヌード劇場のストリッパーなどには、欧米風の名をおびる者が少なくはないが、あくまでそれらは芸名であって、本名ではない。また童名、実名、仮名《けみょう》（呼び名）、女房名、法名といった命名の型も、はなはだ日本的な女性名の型式である。

③ あやかり名がほとんどみられぬこと

　日本では、傑出した女性、皇后や中宮、高徳な禅尼などにあやかろうとした女性名は、ほとんどみられない。檀林皇后の名は嘉智子であるが、仁明朝から光孝朝にかけての女性名に「嘉智子」という名は全く見いだせない。それどころか、元慶《がんぎょう》元年（八七七）に女御・藤原高子《たかいこ》（八四二～九一〇）が皇太夫人の尊号を賜わると、

掌侍従五位上	春澄朝臣高子	→洽子
正五位下	安倍朝臣高子	→基子
外従五位下	葛木宿禰高子	→賀美子
従五位下	源朝臣高子	→雅子

と改名した(57)。もとよりこれは、実名敬避俗によるものであった。

　欧米諸国では、このあやかり名が男女とも非常に多い。と

いうよりも、欧米諸国では、人名やその語基が日常語とは遊離しており、ある範囲での人名のなかから子供にあやからせたい聖女、女王、女傑（たとえば、ジャンヌ）の名を採用するのである。その点で、日本女性の命名はきわめて自由であって、江戸時代後期における奥州の一農村を例にとっても、人びとは、

　きのん　きゆう　しゆうぶ　しゆん　ちゆう　ちん
　ふか　みん　ゆん　るん　ゑく　ゑつ

のような変わった名を任意に択ぶことができた(58)。そしてこれらには、一つとしてあやかり名は見いだせないのである。

④「め」または「子」という接尾語を伴う場合が多いこと

　この「め」には、

　姫《ひめ》、媛《ひめ》、賣《め》、郎女《いらつめ》、女《め》、嬢《いらつめ》

などがあり、「子」は、近年、「こ」と仮名書きされることもある。これらの接尾語によって大多数の名は、それが女性名であると判定される。欧米では、イタリアの女性名が語尾にa音をもつことで知られている。

　Carlotta（カルロッタ）　Elena（エレーナ）　Giulia（ジューリア）　Luigina（ルイジーナ）　Margherita（マルゲリータ）　Maria（マリーア）　Rosa（ローザ）　Teresa（テレーザ）

例外　Beatrice（ベアトリーチェ）

ロシア語の女性名は、語尾に必ず、a、я（ya）を伴う点で容易に識別される。

Анна（アンナ）　Варвара（ヴァルヴァラ）　Евгения（イェヴゲーニヤ）　Екатерина（イェカチェリーナ）　Лина（リーナ）　Люция（リューツィヤ）　Мария（マーリヤ）　Нина（ニーナ）　Ольга（オルガ）　София（ソーフィヤ）　Татьяна（タチヤーナ）

　左にかかげたのは、アメリカで最も多い女性名のうちから選出したものであるが、綴りのうえからそれらを女性名と判定することはできないであろう。

Dorothy　Frances　Elizabeth　Helen　Jean　Marilyn　Margaret　Ruth　Virginia

とはいえ、中世や現代では、男女いずれとも字面からは判断できぬ日本人にもたびたび際会するのである。

⑤日本の女性名は、仮名または漢字で書かれ、漢字の場合には、音と文字に均等の比重がかけられること

　片仮名、平仮名の場合は問題がないけれども、変体仮名のときは、少々問題がある。現行の戸籍法は、変体仮名を一種のくずした漢字として取扱っている。漢字で表わすとき、たとえば「のり子」についてみると、

　規子　紀子　典子　式子　教子　恭子

などが容易に挙げられる。このさい、日本人は同じ訓みで、同字の場合にかぎって同名と意識するのが常である。

⑥敬意を示す接頭語、接尾語が少なくないこと

　「…の御《ご》」、「…のおもと」、「…の方」、「御前《ごぜ（ごぜん）》」など、敬意を表する接尾語が多い。接頭語としては、「お（阿）、（於）」が顕著であって、「お萬《まん》の方《かた》」といった敬称もなされる。

フランス女性名の愛称の例

Catherine	Cathy
Danielle	Dany
Bernadette	Babette
Béatrice	Béa
Elise	Lisa
Françoise	Fanfan Fanchon
Germaine	Maimaine
Lucie	Luce
Madeleine	Mado
Margareth	Peggy
Marina	Marin
Laure	Lorette
Marie José	Marie-jo
Marguerite	Maggy
Marie Thérèse	Maïthe
Patricia	Patou
Roseline	Rosy
Véronique	Véro

⑦　愛称には、接頭語の「お」、接尾語の「さん」、「ちゃん」を名、また名の第一音節につけるか、第二音節を延ばすが、縮小形はとらぬこと

　道子を例にとれば、「おみち」、「道子さん」、「みっちゃん」、「ミッチー」などであるが、「小《こ》道《みち》」とは呼ばれない。日本では、「小はる」、「小菊《ぎく》」などの類は、愛称ではないのである。二音節とも延ばした愛称としてあまねく知られているのは、松竹少女歌劇団で男役として活躍した水の江滝子（本名・三浦梅子、一九一五～）の「ターキー」であろう。

　欧米人は、女性名の縮小型や省略型を愛称（pet name）に用いている。たとえば、アントワネット（Antoinette）は、アントワーヌ（Antoine）の縮小型の愛称である。また英語のケイト（Kate）は、キャサリン（Katharine）（聖カタリーナに由来する）の省略語（abbreviation）である。概して英米では、同じ一つの女性名にいくつかの愛称のあることが多い。

Elizabeth（→Liza, Eliza, Lizzy, Beth, Betty, Betsy）
Theodora（→Thed, Theedy, Dora, Teddy, Didi）
Patricia（→Pat, Tricia, Patty, Pattie）

　なおジェッシー（Jessie）はジャーネット（Janet）の縮小語（diminutive）であり、それはまたジェーン（Jane）の縮小語である。

　イタリア語についてみると、同一女性名に対する愛称は、割合に少ない。たとえば、

マルゲリータ（Margherite）→リータ（Rita）
ローザ（Rosa）→ロジーナ（Rosina）、または縮小語のロゼッタ（Rosetta）
エリーザ（Elisa）→イーザ（Isa）
カルラ（Carla）→カッリーナ（Carlina）、またはその省略語のリーナ（Lina）
マッダレーナ（Maddalena）→エーナ（Ena）
ジュゼッピーナ（Giuseppina）→ピーナ（Pina）
フェルナンダ（Fernanda）→ナンダ（Nanda）
ジョヴァンナ（Giovanna）→ジャンナ（Gianna）
ルイザ（Luisa）→ルイジーナ（Luigina）、またはその省略語のジーナ（Gina）
ヴィルジーニア（Virginia）→ジーナ（Gina）

なお、現代のイタリアでは、古代ローマいらいの特色ある名のローザ（日本流では、花子さんのようなもの）は、陳腐なためほとんど命名がすたれ、田舎にだけまだみられるような情況である。

ドイツ語に目を向けると、『グリム童話集』の「ヘンゼルとグレーテル」は、

どこかの大きな森のいりぐちに、びんぼうな木こりが、おかみさんと二人の子ども相手にすまっていました。男の子はヘンゼル、女の子はグレーテルという名まえでした。

という書き出しではじまっている。[59] このヘンゼル（Hänsel）とグレーテル（Gretel）は、ハンス（Hans）とグレーテ（Grete）にそれぞれ愛称接尾語 -el を付したもので、日本でいえば、「太郎さん」と「お花ちゃん」に該当し、ドイツ庶民の間では最もありふれた愛称的人名であった。

ロシア語の愛称は独特である。たとえばソーニャ（Соня）はソーフィア（Софья）、アーニャ（Аня）やアヌーシカ（Анушка）はアンナ（Анна）、カーチャ（Катя）やカチューシャ（Катюша）はイエカチェリーナ（Екатерина）、リャーリャ（Ляля）はイエレーナ（Елена）、リリーチカ（Лиличка）はリリヤ（Лилия）の愛称である。音節文字で綴る日本の女性名には、この種の女性の愛称は存しないのである。

なお、欧米諸国では、愛する女性を物や動物にたとえて呼ぶ風習がある。

［伊］ tesoro mio！［英］ my pussy！ my peach！［露］ Кошка моя！［仏］ ma chatte！

女性に対するこうした呼称は、日本にはほとんど見受けられない。

⑧　父称をもたぬこと

『尊卑分脈』などには、たとえば、「女子母大貳經平朝臣女」と記載されている。これは、「經平朝臣の女《むすめ》」の義である。「經平女」とあっても、それは「經平女《つねひらのめ》」という父称ではない。

ロシア語は、父称（отчество）が最も発達しており、人名は必ず実名＋父称＋家名からなっている。女性の場合は、父の名に、-овна, -евна, -ична の語尾を付するのであって、イワンの娘はイワノーヴナ（Ивановна）、アンドレーの娘はアンドリエヴナ（Андреевна）、アントンの娘はアントノーヴナ（Антоновна）である。日本では単に「某の女《むすめ》」といい、実名や家名に併立する父称は、成立するにいたらなかった。

⑨　複数の名をもたぬこと

日本の女性は、実名のほか、字《あざな》、候名《さぶらいな》、愛称などさまざまな名をおびているが、本名は一つに限られ、二つ、ないし三つ以上の本名をもつことはなかった。西欧諸国や米国、オーストラリアその他では、男女ともに最初にくる Christian name のつぎに、一つ、二つ、稀には三つの middle name をもつ人が少なくない。イギリスの女性首相・サッチャーのフール・ネームは、

Margaret Hilda Thatcher

であるが、マーガレットはクリスチアン・ネーム、ヒルダはミッドル・ネームである。このヒルダは、アングロ・サクソン族の聖人名に看取されるとおり、きわめてイギリス的な女性名である。[60] 一九七八年に物故したイギリスの著名な考古学者・ケニヨン女史（一九〇六～一九七八）のフール・ネームは、

Kathleen Mary Kenyon

であるが、キャスリーン、メアリはともにクリスチアン・ネームとして用いられる。

イギリスの慣例では、男女とも名は、イニシアル・レターで示した。すなわち、Miss K. M. Kenyon の類である。アメリカでは、名の一つを Kathleen M. Kenyon と書くのが常であり、この風習は、イギリスにも影響をおよぼしている。[61] 英米の女性名とその由来については、ウィシーコムの事典が詳細であるけれども、一般の若い父母のために著わされたパートリッジの『貴方の子供の名づけ方』[62]は、私ども外国人にとっては、米英の女性名の由来を簡単に知るうえで、はなはだ好都合である。

クリスチアン・ネームは嬰児が洗礼を受ける時につけられるが、ミッドル・ネールは両親の気に入っている名をつけるのである。祖母の名がつけられる場合も少なくない。しかし、ある女性がどれを常用の名として用いるかは、本人の自由である。著者が知っているある女性は、Rosemary Sylvia のうち、最もイギリス的なローズメアリーを嫌い、祖父がつけてくれたシルヴィアを常用の名としている。

なお、人名学の研究が旺《さか》んなイギリスでは、綽名《あだな》についてのくわしい事典も公刊されている。[63]

ドイツ、オランダ、オーストリア、フランスなどにも、昔は長い名の人が男女ともに多かった。ルイ十六世妃のフール・ネームは、Josèphe Jeanne Marie Antoinette であったが、近年は簡単化の傾向にある。フランスの名女優の Elizabeth Catherine Shore（Simone Henriette Montaud. 結婚後は、Signoret）（1921～85）は、三つの名をもったかなり珍しい例である。

なお、日本では、僧尼となった男女の場合、俗名を正式に――戸籍のうえで――法名に変えることが許される。これは、永年の慣習による措置である。しかしキリスト教の場合は、認められていない。日本では、洗礼を受けた女性は、Marguerite（仏）、Ciala（伊）、Helen, Sophia（英、米）といった洗礼名（baptist name）が授けられる。また修道院に入り、修行の結果、修道女であることが認められれば、さらに修道名（religious name）が授けられるが、特別の修道名はなく、その種類は、洗礼名のそれと変わってはいない。しかし洗礼名も修道名も、戸籍には記載されず、戸籍面には出生届のままの名が記されるのである

⑩ ほとんどすべての女性名は、日本独自のものであること

奈良時代から平安時代前期にかけては、たとえば百済王慶命《きょうみょう》のように、帰化人で故国の名を用いる女性もあったが、その後は異民族の移動がほとんど絶えたため、尼、比丘尼の

法名を別とすれば、ほとんどすべての女性名は、日本独自のものとなった。

ヨーロッパ諸国では、キリスト教が広く弘通し、かつ民族の交流がたえず存したため、同語源の女性名が非常に多く、その国独自の名は、非常に少ない。またたとえあっても、絶対にその国だけの名というのは、はなはだ少ないのである。

1) Katharine, Catharine（英，米）
Catherine（仏）
Α'ικατερίνη（古希）　Caterina（伊）
Katharina（独）（丁）　Екатерина（露）

2) Helen（英，米）　'Ελένη（古希）
Helène（仏）　Helene（独）
Elena（伊）　Елена（露）

3) Dorothée（仏）　Dorothy（英，米）
Dorothea（独）　Dorotea（伊，西）

4) Charlotte（英，米）　Charlotte（仏）
Charlotte（独）　Carlotta（伊）
Charlotta（瑞）　Шарлотта（露）

以上のような次第であるから、その民族固有の女性名は、非常にとぼしくなっている。前にかかげたローズメアリーなどは、イギリス的な名である。Noirin や Nora はアイルランド系の名である。Gerda, Kirsten は北欧系の名である。Renée は、フランス特有の女性名である。またオルガ（Ольга）やタチヤーナ（Татьяна）、リューツィヤー（Люция）などは、きわめてロシア的な女性名である。ヨーロッパ諸国のおびただしい同語源の男女名にくらべてみると、日本の男女名は、非常に独自なものである。

*

千数百年にわたる日本女性名史を通観し、その特徴を抽出することは容易ではないが、ほぼ上に列挙したような特色が指摘されよう。ついで要請される各時代ごとの女性名の特徴については、それぞれの章節に述べることとしたい。

なお、本節では、比較の材料としてもっぱら欧米諸国の女性名を挙げ、中国や韓国の例を引かなかったのは、いささか不当の誹《そし》りを免れまいと思う。これは著者の研究がそこまでいっていないためであり、生兵法的な叙述はかえって読者を誤ることを懼《おそ》れたからである。中国や韓国の姓名については、前掲の島村修治氏の著書を閲読し、本書の欠を補っていただきたいと思う。

女性名の種類

これまで著者は、漠然と「日本の女性名」について語ってきたが、日本は複名俗（polyonymy）のうちでも最も激しい国であって、一口に「女性名」といっても、実に種類と変化に富んでいるのである。いま、その主な種類を左に列挙して

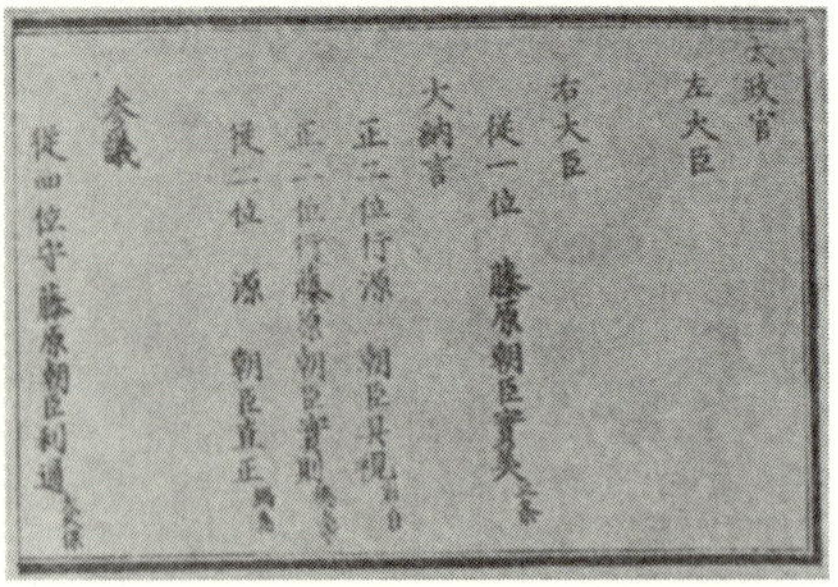

図3 『職員録』の太政官の項（明治2年9月4日現在）

みよう。

①実名 ②字《あざな》 ③候名《さぶらいな》 ④童名 ⑤綽名 ⑥愛称 ⑦雅号 ⑧俳号 ⑨戯名 ⑩芸名 ⑪芸妓名 ⑫遊女名（源氏名） ⑬接客名 ⑭貶名《けなしな》 ⑮法名 ⑯戒名 ⑰院号 ⑱洗礼名 ⑲女院号 ⑳宮号 ㉑尊号 ㉒諡号《しごう》

細かくみれば、さらに幾種類かが採りあげられるし、また神話にみえる女神ないし女性の名も、たとえ非実在のものとしても、一顧する価値はあるであろう。以下、これら二二種の女性名に対して簡単な説明をくわえ、本文を読まれるさいの参考としておきたい。

実名 実名《じつみょう》は、本名《ほんみょう》または名乗《なのり》ともいい、戸籍や公式の書類に記載される個人の正式の名である。なお、「諱《いみな》（忌み名）」には、(1)死後にいう生前の名、(2)死後に尊んでつけた贈名《おくりな》（諡号）、(3)実名の敬称、という三通りの意味が考えられるが、実名は最後の(3)に該当している。

最も古典的な実名の表記は、「多《た》治《じ》比《ひの》[氏]眞《ま》人《ひと》[姓]邑《むら》刀《と》自《じ》[実名]」というふうに、氏と姓《かばね》を冠して書かれる。後にはしばしば姓は省略されはしたけれども、たとえば「藤原朝臣利通」（大久保利通）のごとく、明治四年にいたるまで公式文書には実名の上に氏と姓が冠せられ、「足利尊氏」のように、家名の下に実名を記す方式はなかった。

中世が近づくにつれて、氏＋姓＋実名の制が頽《すた》れ、あるいは表面より退き、家名や字《あざな》が優勢となり、とくに武家や庶民の間では、字が実名の地位を奪った。現代は、古典的な実名（たとえば、靜子）と中世的な実名（たとえば、じゅん）が混在している時代である。

字 字《あざな》は、仮名《けみょう》、呼び名、通称ともいい、日常生活においてみずからも称し、他人もかく呼ぶ名である。その底流には、実名敬避の慣習の存在が認められる。この呼び名には、実に種類が多く、女子は日常もっぱらこれをもって呼ばれ、あるいは語られた。これは、多くの女性の実名が記録から逸する結果を招いた。

なお、この「字《あざな》」は、同じ文字であっても、中国において男子が成人に達すると、実名のほかにつけた別名の「字」とは、性質を異にしている。[64] この意味での字は、令制の大学の学生《がくしょう》、[65] 漢学者、文人などが用いたけれども、普及しなかった。ただ中国と違って、日本では江戸時代後期の女流の文人、書家、画家たちは、しばしば中国式の字を採用した。たとえば、梁川星巖（一七八九～一八五八）の妻の稲津けい（一八〇四～一八七九）は、童名を「きみ」といい、紅蘭と号し、字を道華と称したのであった。[66]

言うまでもなく、呼び名は、一人で二つ以上おびることもあるし、また身分、住居の異動といった諸理由から同一人の呼び名が変わる場合も少なくないのである。

候名 候名《さぶらいな》とは、内裏（禁裏）、院宮、将軍家、公卿、大名、富豪その他に仕える女性の名の総称である。これは仕え先、地位、ならびに時代によって複雑であるが、後に時代ごとにくわしく述べることとする。

童名 童名《わらわな》は、幼名《おさなな》（「小字《こあざな》」に同じ）とも、若名《わかな》ともいい、幼少の時の名である。もっとも後には、女の童名がそのまま字《あざな》となり、その字が実名の代用となる場合も多くなった。現代では、愛称が童名として用いられることが多い。たとえば、「ちーちゃん」は、千代子の愛称であるとともに童名でもあるのである。

図4　俳人中村汀女氏

綽名（渾名） 古くは異名《いみょう》といい、実名とは別に、他人を親んで、あるいは嘲《あざけ》る意図から、その人の容姿、特技、性格、癖、挙動などの特徴によってつけた名。(67) したがって愛称と部分的に重複する場合も少なくない。渾名は、女性の社会的活動が限られていた中世において最も数が少なく、近代にいたって激増している。明治天皇がどの女官にも渾名をつけられたことは有名である。(68) 女優の高峰三枝子（本名は、鈴木三枝子、一九一八年生まれ）は、陽気によく笑うので、「ゲラ子」と渾名されていたという。(69)

愛称 これについては前に述べたが、童名や渾名と重複する場合も少なくない。「ちゃん」と「や」が愛称のためのおもな接尾語の役をなしている。「デコちゃん」（高峰秀子）、「トルコ」（轟夕起子。本名は、都留子）などはよく知られている。宝塚歌劇団が毎年発行している『宝塚おとめ』には、約七百名ほどの全生徒の写真に添えて、誕生日、出身地、特技などとともに、必ず愛称が記載されている。

雅号 学者、文人、画家、工芸家、書家、歌人などが本名のほかにつける名で、主として作品の発表にさいして用いられる。作家の場合は、よくペン・ネームと呼ばれる。やや古いところでは、画家にして歌人の玉瀾《ぎょくらん》（池大雅の妻。本名は、祇園のまち）、歌人の高畠《たかばたけ》式部（本名は、石井とみ）などが想起される。江戸時代には、女性の文人、画家、書家などは、接尾語として「女」をつけて雅号とする風習があった。井上通女（文学者。本名は、井上ふり、後にたま）や荒木田麗女（文学者。本名は、荒木田りゆう、後にれい）などがその例である。

俳号 女性の俳人は、多くは苗字を省《はぶ》き、本名の下に「女」をつけた。捨女（本名は、田《でん》すて。一六三四〜一六九三）、園女（本名は、二本椙《すぎ》その。芭蕉門下。一六六四〜一七二六）、久女（本名、杉田久子。一八九〇〜一九四六）、汀女《ていぢょ》（本名は、中村破魔子。一九〇〇〜八八）などは、その例である。

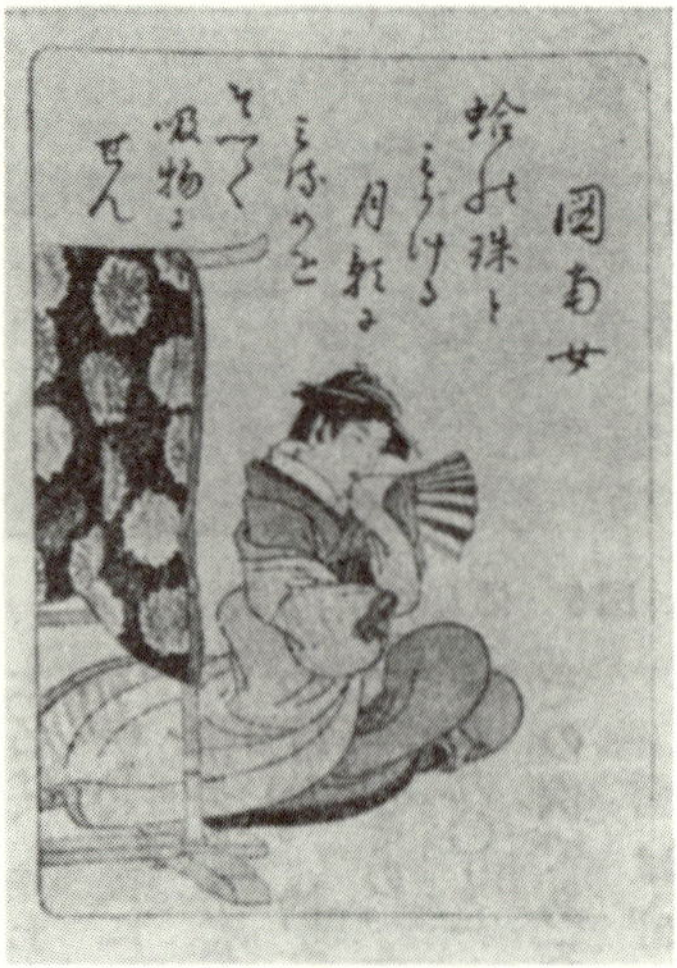

図5　狂歌歌人圖南女（となぢょ）天明期に活躍した。（『吾妻曲狂歌庫』より）

雪はげし抱かれて息のつまりしこと

というような放胆で甘美な句を作り、稀な美貌で知られた俳人・橋本多佳子（一八九九～一九六三）の本名は多満、旧姓は山谷であった。(70)

なお、『春の袖垣』、『小夜時雨』などの名句集を出し、時人に「権少納言」と渾名された三輪翠羽（一七六七～一八四六）は、秋田の升屋祐従の三女で、本名をひさといい、また揚鏡とも号していたという。(71)

戯名　戯名《ざれな》は、もっぱら狂歌師の雅号であって、ふざけた、人を喰ったものが多い。いま、『狂歌人名辞書』(72)から若干の名を拾ってかかげてみよう。

景山零《ぬ》餘《か》子（家名は畑、名は不詳。江戸、牛込に住む。別号は、芳香園。文政三年八月歿。年二十八）

片糸縫女（江戸、菱化堂糸依の妻。文化四年十二月歿）

四方山詠女《よもやまながめ》（名は、田沼たか。葭蘆仲住の妻。青山に住む。慶応元年十月歿。年七十七）

智恵内子《ちえのないし》（本名、金子すめ、元木網の妻。節松嫁々とともに女流狂歌師の双璧。文化四年五月十八日歿。年六十三。深川の正覚寺に葬り、故郷に分骨す）

節松嫁々《ふしまつのかか》（本名は、小宮山たか。狂歌の雄・朱樂管江の妻。夫の死後、門人らを率い、連をなす。文化七年正月歿。年六十六）

とてつも内子《ないし》（江戸に住み、堺丁連に属し、天明の頃、作歌）

圖南女《となぢょ》（伝不明。唐衣橘州らと交遊のあった女性。天明の頃に作歌）

以上を一瞥すれば、戯名の一端が了解されるであろう。

芸名　芸能のあらゆる分野で活躍する女性の芸能用の名である。範囲は、華道、茶道、音楽、舞踊はもとより、新劇、歌劇、映画、歌謡、手品、漫才など、多種多様である。芸名は、その上に苗字（またはこれに准ずるもの）、流名、屋号その他を冠する点で接客名と異なっている。

草笛美《よし》子（宝塚歌劇のスター。本名は、朽木綱子。一九〇九～一九七七）

松旭齋天勝（奇術師。本名は、野呂かつ。一八八六～一九四四）

清元お葉（本名、清本えふ。一八四〇～一九〇一）

などからその一端が知られる。ストリッパーには、進駐軍慰問のダンスチームの出身者が多かったので、片仮名の欧米風の芸名を用いる風が起こり、(73)今もその伝統を承けている。

芸妓名　芸妓と娼妓との現実的な区別はともかく、そこには若干の相違が認められる。ただ苗字に相当するものをもたぬ点では、共通している。概して芸妓名はさっぱりした名（照葉《てるは》、君龍、豆菊）や男性風の名（勝太郎、清次《きよじ》、百々《もも》太郎）が多い。ただし、小泉八雲が指摘したとおり、明治の中ごろから××子という名もふえつつある。

遊女名（源氏名）　遊女（遊行女婦《ゆぎょうにょふ》、白拍子《しらびょうし》、傀儡女《くぐつめ》など）と売

笑婦とは、共通性はあっても、いちおう区別さるべきものである。瀧川政次郎博士（一八九七〜一九九二）は、

遊女は、宴席に侍してその身についた芸能をもって酒興を添えると共に、枕席にも侍して色を売るものであるが、売笑婦は宴席に侍することなく、もっぱら枕席に侍して客の性的要求を満足せしめるものである。

と、両者の建て前上の区別を説かれている。(74) 遊女の存在は奈良時代の文献にみえ、昭和三十一年までつづいた。かように歴史が永いので、遊女名には時代による変遷もあり、多種多様である。江戸時代には、遊女名は、「源氏名《げんじな》」と呼ばれることが多かった。

接客名　これは芸能ではなく、社交会話、社交ダンス、給仕、お酌、膳運び、按摩、マッサージ、入浴の世界、肉体の提供などによって男性客にサービスする種々さまざまな女性の名のことである。むろん、家名や名前を表に出すものは稀であって、

めぐみ　蘭　マキ　ヒロミ　亜矢

のように、単名であるのが常である。ホステスなどには、

エマ　リリー　ローズ

のように、欧米式の名を称するものもみられる。

貶名　ここでいう貶名《けなしな》とは、実名とは別に他人がつけた、聴《き》き苦しくて卑しい名を指す。それは、名と人格とは融即《ゆうそく》しているという発想に由来している。神護景雲三年（七六九）五月、聖武天皇皇女・不破前《ふはのさきの》内親王が厨眞人厨女《くりやのまひとくりやめ》という貶名を賜わり、土佐國に配流された事件は、(75) 世に著聞している。

法名　女性の場合、法名《ほうみょう》とは、出家して仏門に入った比丘尼（略して尼《に》）や優婆夷《うばい》の名であって、これには妙字のつく名が圧倒的に多い。そのほか、

慈　貞　智　恵　秀　浄　善　聖　薫

などの字が用いられることが多い。しかし男女の法名に截然たる区別はなかったので、鎌倉時代中期ごろから上層階級の間に、法名の下に尼をつける風が起こり、しだいに普及した。この尼は「あま」の意味ではなく、比丘尼（[梵語] bhikṣuṇī）の語尾のnī・の音訳である。阿佛尼、蓮

図6　夏木マリ（歌手，本名は中島淳子）

図7　長崎，丸山遊女の其扇（そのぎ）文政期の寄合町引田屋抱え，本名は楠本タキ（明治2年4月12日歿，享年62歳）。シーボルトに愛され，女子イネを生む。（『丸山遊女と唐紅毛人』後編より）

月尼（俗名は、太田垣誠《のぶ》。一七九一～一八七五）、望東尼（俗名は、浦野もと、一八〇五～一八六六）などは、有名である。蓮月尼とは、「法名を蓮月と称する比丘尼」の義である。

平安時代の末期や鎌倉時代には、在家の尼を、家名や住地の所に因んで、「××禅尼」と呼ぶ風があった。池禅尼や松下禅尼の名はよく知られている。『吾妻鏡』の嘉禎三年（一二三七）六月一日条に、「矢部禪尼法名禪阿」とみえるとおり、「禅尼」は第三者が呼ぶ名であって、本人はれっきとした法名をおびていたのである。

また鎌倉時代の初めには、重源（一一二一～一二〇六）によって阿弥陀号、略して阿号が用いられ始めた。たとえば、「得阿弥陀佛」（俗名は、源中子）のような法名であるが[76]、この法名には、男女の区別は存しなかった。前記の禪阿は、禪阿弥陀佛の略である。

戒名　ここでいう戒名は、第二義的な戒名を指し、仏教で死者に授ける法号のことである。ただし、無戒の宗である真宗では、戒名の文字を用いず、法名と呼んでいる。女性の場合は、末尾に、大姉、禪定尼、信尼、信女（幼女に対しては、童女、禪童女）を付するのが常である。たとえば、将軍・家光の乳母の春日局（齋藤フク）の戒名は、「麟祥院仁淵了我大姉」である[77]。

院号　戒名の上に加贈する院号は、足利家の源尊氏が歿し、等持院殿と呼ばれていらい、足利将軍家では、院号を用いる慣例が生じた。貞治四年（一三六五）五月、尊氏の後家の（北條家）平登子が薨ずると、彼女は「登眞院定海大禪定尼」の戒名で呼ばれたが、もともと彼女は落飾し、「登眞院定海」の法名をおびていたのである[78]。

江戸時代には、将軍家や諸大名もみな院号を授けられ、後期には、武家はもちろん、裕《ゆた》かな町人や農民にも院号が授けられた。この例は無数に存するが、ここでは狂歌師として傑出した知恵内子《ちえのないし》（俗名は、すめ）の戒名「芳春院圓譽妙榮大姉」を一例として挙げるにとどめる[79]。なおこの場合、妙榮は法諱、圓譽は浄土宗特有の誉号である（誉号には、男女の区別はない）。

生前に法名としての院号をおびる風は、足利将軍家に始まり、時とともに下々《しもじも》に浸透、普及した。しかし皇族の間では、この慣習は採用されなかった。ただ一つの例外は、和宮親子内親王であって、将軍・家茂の薨後、すなわち慶応二年（一八六六）の十二月九日、和宮は輪王寺宮（慈性法親王）を戒師として薙髪し、孝明天皇より賜わった「静寛院」という院号を称されたが、これは女院号ではなく、将軍家その他であまねく行われていた慣例に従われた法名である[80]。

洗礼名　キリスト教に入信し、洗礼（baptisma）を受けたさいに授けられる名で、英語ではChristian nameという。最も著名なのは、細川家の忠興の妻の明智ガラシア（一五六三～一六〇〇）である[81]。また小西行長の侍女で、のち将軍・家康に仕えた「おたあ・ジュリア」[82]の名も、近年、注意を浴びるようになった。この種の洗礼名（霊名）を受けた女性の名は、切支丹関係の文献からいくらでも拾い出すことができる。

女院号　周知のとおり、女院号は、三后、天皇の准母、女御、内親王に授けられる尊号であって、上皇に准ずる待遇を受ける。一條天皇の治世、皇太后・藤原詮子《あき》を女院に列し、東《とう》三條院の尊号を授けたことに始まり、孝明天皇が生母の准后・藤原（正親町家）雅子《なを》に新待賢門院の院号を贈られるまでつづいた。

図8　元默阿彌・知恵内子夫妻の墓碑（分骨）
埼玉県比企郡嵐山町杉山一八〇の金子家の墓地に所在。正面には、

落栗庵元默阿彌
芳春院圓譽妙榮大姉

とあり、左側面には、

文化四歳丁卯六月廿日
俗名　寸女
号　知恵内子

と刻されている。

女院号の宣下は、前後あわせて一〇八回におよんだ。(83)

宮号　江戸時代の初頭から皇子女には諱を与えず、まして親王宣下などはなさず、単に××宮と呼ぶ慣例が生じた。皇女についていえば、宮号をおびたまま尼門跡に入り、やがて得度して法名を授かる場合、宮号を停《とど》め、内親王に宣下され、准母の待遇を受ける場合、降嫁を予定して諱を授け、内親王に宣下される場合などがあった。後水尾天皇についてみると、第五皇女は秉《かねの》宮と呼ばれていたが、やがて賀子の諱を賜わり、正保元年（一六四四）十月、内親王に宣下され、翌二年正月、二條家の藤原光平（のち、関白。一六二四〜一六八二）と成婚し、元禄九年（一六九六）八月、六十五歳で薨じ、深信解脱院の戒名を授けられている。(84)

前記の和宮は、弘化三年（一八四六）閏五月十日に生誕し、十六日、和宮の宮号を賜わった。文久元年（一八六一）の四月十九日、降嫁を前にして宮は内親王に宣下され、名を親子と賜うたのであった。(85)

明治以降は、皇子女は、誕生と同時に宮号、諱、親王を授けられ、宮号のほうは降嫁の場合、あるいは宮家を創立された場合は、消滅するか、あるいは変更される規定となった。この幼称である宮号と宮家号とを混同してはならない（たとえば、崇仁《たかひと》親王の宮号は澄宮、宮家名は三笠宮である）。

尊号　皇太后などに贈る尊号であって、皇太后・藤原光明子は、天平宝字二年（七五八）八月、「天平應眞仁正《にんしやう》皇太后（略して仁正皇太后）」という尊号を贈られた。(86)一般には、「光明皇后」[87]や「檀林皇后」[88]の名が尊号のごとく思われているが、これらは後人がつけた呼称にすぎない。

諡号　追号ともいい、崩御ないし薨去した後に贈る尊号である。「諡《し》」は、「おくりな」と訓《よ》む。古い例としては、桓武天皇が延暦八年（七八九）十二月、生母の皇太夫人・高野新笠を皇太后に列し、天高知日之子姫尊《あめのたかしらすひのこひめのみこと》を諡《おく》られた[89]ことが想起される。近い例では、英照皇太后、昭憲皇太后は、諡号である。大正天皇の皇后・節《さだ》子は、二十六年間も皇太后の地位にあられたが、貞明皇后と追尊された。

*

日本の女性名にみる煩わしいまでの複雑さは、日本文化の永い伝統、複雑な様相の反映である。以上によって女性名の大綱はつかめたと思われるから、つぎに章をあらため、実名を中心に女性名の変遷をたどってみることとしよう。

第一部　古代

1　大和時代

図 9　「天寿国曼荼羅繡帳」（中宮寺蔵）

遠古の女性名

人名は、男女とも岩宿時代（日本の旧石器時代）や縄文時代にも存したに相違ないけれども、これらは文字なくしては伝わらぬものであるから、縄文時代はもちろん、弥生時代における人名も、全く不明というほかはないのである。

最も早く文献にみえる女性名は、周知のとおり、『魏志』東夷伝倭人の条にみえる邪馬臺《やまたい》國の女王・卑彌呼であって、その在世年代は、西紀三世紀の前半とされている。卑彌呼は、個人名で、Pimikoと発音されたのであろう。その歿後、乱れた邪馬臺國の女王に擁立され、争乱を鎮撫したのは、卑彌呼の宗女の壹與であった。この壹が臺の誤りであることは、『梁書』（諸夷伝、倭の条）その他から明白であって、臺與はToyoと訓まれるのである。このトヨが美称の「豊」にあたるのか、彼女の実名に該当するのかは判断のかぎりではない。

大和時代の女性名は、不明な点がまことに多い。それは、実名敬避の習俗がすこぶる旺盛であって(1)、女神、女性の名は、しばしば尊称と敬称（これには、美称と避称の別がある）をもって、あるいは実名をまじえて構成され、その実態が分析しにくいためである。日本の古代人には、名称と実態とを同一視する習性、つまり名前と人格との融即観が強かったから、上級者や年長者の実名を呼ぶことは非礼とされ、また女子は相手に実名を告げるのは、肌を許すこととすら考えていた。『万葉集』（巻第十二）にみえる問答歌、

3101 紫は灰さすものぞ海石榴市《つばきち》の八十《やそ》の衢《ちまた》に逢へる児や誰

3102 たらちねの母が呼ぶ名を申《まを》さめど道行き人を誰と知りてか

は、そうした事情を反映している。母が呼ぶ名は実名であり、これはみだりに他人に知らせたり、他人がこれで本人を呼ぶことは禁忌《きんき》とされていた。『万葉集』の巻頭の（伝）雄略天皇の御製に、

家告《の》らせ名告らさね

とみえるのは、それが求婚の歌の形をとっていることを示している。またこの天皇と赤猪子《あかゐこ》との挿話は、伝説にすぎないにしても、上代における嫂《つまど》（妻問）いの風習の一端を語っている。

『古事記』（第百九十七段）によると、天皇が美和（三輪）河のほとりを通られたとき、河辺で衣《きぬ》を洗っている佳麗な童女を見いだし、「汝《いまし》は誰《た》が子ぞ」と問われた。これに対して童女は、「己《おの》が名は、引田部《ひけたべ》の赤猪子と謂《まを》す」と答えた。天皇は、「汝《いまし》、嫁夫《とつ》がずてあれ、今喚《め》してむ」と告《の》らせて宮に還御したが、それきり忘れてしまわれた。赤猪子は、天皇の仰せを待ってすでに八〇年を経たが、ついに待ちきれず、たくさんの結納の品をもって天皇の許に参った。天皇は、たいへん愕《おどろ》かれ、この老女《おうな》に数々の禄を賜うて謝意を表し、還されたというのである。この逸話は、妻問いの方式と、男女とも

に用いられる子語尾の人名の存在を語っているのである。

応神天皇に関しても、『古事記』（第百四十八段）は、

故《かれ》、木幡村《こはたのむら》に到り坐《ま》せる時に、其の道衢《ちまた》に麗美《かほよ》き嬢子《をとめ》遇《あ》へり。爾《ここ》に天皇《すめらみこと》其の嬢子に、「汝《いまし》は誰《た》が子ぞ」と問はしければ、答へ白《まを》さく、『丸邇之比布禮能意富美《わにのひふれのおほみ》が女《むすめ》、名は宮《みや》主矢《や》河枝《かはえ》比賣《ひめ》」とまをしき。天皇即ち其の嬢子に、「吾《あれ》、明日《あす》還り幸《まさ》む時、汝の家に入り坐《ま》さむ」と詔《の》りたまひき。

などと記している。文面から知られるかぎり、この乙女の実名は、「矢《や》河枝《かはえ》」、またその妹は、同じ『古事記』によると、袁那辨《をなべ》であった。

実名敬避の傾向は強いにしても、文献には、「ヒメ」や「ヒメノミコト」の語尾をもつ女性名、または女神の名が数多く伝えられている。言うまでもなくミコトは敬称であって、男女の別なく盛んに用いられているが、用字については若干の問題がある。

『日本書紀』は、天孫系および皇族の女性については、「姫」、「尊」を用い、それ以外の女性の「媛」、「命《みこと》」と区別している。これに対して『古事記』のほうは、「比賣」、「毘賣《ひめ》」、「命」を、また『古語拾遺』も「姫」、「命」、「尊」を適宜に用い、官撰の『日本書紀』のように明確な――しかし、ときによっては無理な――区別をしていない。

「ひめ（姫、媛）」は、女性の美称であって、男性の「ひこ」に相当する言葉である。名につけ、一体となって用いられることが多かった。たとえば、『播磨風土記』讃容郡《さよ》（『和名抄』の佐用郡）の条には、仁徳天皇のころの女性として、因幡《いなばの》国造《くにのみやつこ》阿良佐加比賣《あらさかひめ》、宇奈比賣、久波比賣の名が記されている。

当時の慣例では、上層階級の女性の名は、接尾語の「姫」、「媛」、「比賣」を付していた。これに対して、中・下層の女性の名の接尾語は、「賣」、「女」であった。

神話にみえる天宇受賣命《あまのうずめのみこと》を例にとると、天は尊称、命は敬称であるから、結局、この神話上の人物の実名は、宇受賣《うずめ》（鈿女《うずめ》）と解されるのである。つまりこれは、男性名の珍彦《うずひこ》に対応する名である。[2] また神代紀にみえる玉櫛姫の場合、玉は美称であり、実名は櫛姫であろう。

記紀その他の神代の巻にみえる女神の名や女性名には、固有名詞ではなく、普通名詞と認められるものが多い。伊弉册尊、天照大神、石凝姥《いしこりひめ》、大戸摩姫尊、神吾田津姫、啼澤女《なぎさはめの》命、稚日女尊、等々がそれである。また神話の女性名には、神話が構成された時代の女性名をとったものも少なくない。玉依姫、玉櫛姫、菟夫羅《つぶら》媛、稲田姫、磐長姫などは、そうした種類に属している。

記紀にみえるなかでも古いほうの名は、男女とも長々しいものが多い。これは、古代のエジプトやメソポタミアの王名にも看取される傾向であって、尊称、守護神、居処、特技、功績などを付するため、おのずと長い綴りとなるのである。たとえば、エジプト第十八王朝のエクナートン王（Echnaton）の名は、「アトン神の心にかなったもの」の義であり、アッシリア帝国のアサルハッドン王の正式の名は、Aššur-etil-ilani-mukin-apli（神々の支配者たるアッシュール神は、息子［王を指す］の任命者なり）という意味である。遠古の人名は、尊称、美称、避称、実名などを適宜にとって構成されているから、記紀や『古語拾遺』などにみえる名をよく分析し、理解することは、容易でないのである。

大和前期の特徴

いま大和時代も六世紀の中ごろまでの女性名を勘案してみると、まだまだ避称、字《あざな》、実名などが適当に用いられており、個々の名についてその種類を吟味してみる必要がある。『書紀』から例を拾うと、

狭穂《さほ》姫（景行紀） 飽田《あくた》女（仁賢紀） 羽田宿禰黑媛（履中前紀） 倭直日之媛（履中前紀） 阿倍高田媛（景行紀） 蟻臣荑《はえ》媛（顯宗前紀） 國依媛（仁德紀） 石姫（皇女）《いしひめのみこ》（宣化紀） 葛城臣韓《から》媛（雄略紀） 廬城部《いほきべ》連幡《はた》媛（安閑紀） 尾張連目子《めのこ》媛（繼体紀） 桑田玖賀媛（仁德紀） 玉田宿禰毛媛（雄略紀） 玉作部鯽魚《ふな》女（仁賢紀）

などは、実在の人物かどうかは別として、女性の実名と認められるものである。

これに対して、

丹波竹野媛（開化紀） 太姫郎姫《ふとひめのいらつめ》（履中紀） 春日和珥《わにの》臣童女《をみな》君《ぎみ》（雄略紀） 忍坂大中姫命（允恭紀）

などは、尊称、敬称、居住地、長幼の序をふくめた呼称（字）と解される。例を播磨稲日大郎姫《いなびのおほいらつめ》（景行天皇皇后）にとると、それは播磨の印南野《いなみの》（稻日野）に居を構える豪族（吉備津彦）の長女に対する、尊称と避称をこめた呼称である。八《や》田皇女《たのひめみこ》（應神皇女）は、大倭國添下《そふのしも》郡の矢田郷で生成した皇女に対する呼称である。

日本人は、上・中流の女性の実名ないし字の下に接尾語としてヒメ（姫、媛、比賣、比咩）、イラツメ（郎女、郎姫）、トベ（戸辨、戸邊）、コ（子）、キミ（君）を用い、もって尊称としていた。

ヒメについては、すでに述べたとおりである。トベは、「所統《トベ》」に由来する敬称であって、男女ともに名に付され、あまねくではなく、一部に行われた。『古事記』（開化段）には、

次に日子坐王《ひこいますみこ》、山代の荏名津比賣《えなつひめ》、亦の名は刈幡戸辨《かりばたとべ》に娶《みあ》ひて……

とみえる。これは山背國相樂郡の蟹幡（『和名抄』には、加無波多）郷の豪族の姫君の義であって、むろん、実名ではない。『神武紀』にみえる名草戸畔《なくさとべ》は、紀伊國名草地方、丹敷戸畔《にしとべ》は、丹敷浦に臨んだ伊勢國度會郡の錦（紀勢町錦）地方の支配者を指し、これらは、『崇神紀』にみえる荒河戸畔や氷香《ひか》戸邊と同様に、男性であった。

イラツメには、郎女、娘子、郎姫、女郎、嬢、郎嬢、娘などの文字があてられる。これは女子に対する親愛の情をこめた称で、男性の郎子に対照し、一般に「をとめ」より敬意が籠められている。文献の上では、前掲の播磨稲日大郎姫《いなびのおほいらつめ》が最も古い例に属するが、みえるのが『景行紀』であるから、年代的にどこまで信用できるかは問題である。『允恭紀』には、皇太子・木梨輕皇子《きなしのかるみこ》と通じて伊豫に流された同母妹として、輕大娘皇女《かるのおほいらつめのひめみこ》の名が挙げられている。(3) イラツメはかなり古くから用いられていたが、六世紀末までは、その使用頻度は、まだわずかであった。

キミは、元来、ギリシア語のβασιλεύςやラテン語のrexに該当し、原初的な王国の王の意味であった。大和朝廷の統一が進み、これらの原初的王国が国、県という自治性の強い行政区に変革されると、キミは男性に対する姓とされ（君、公）、一方では敬称と化した。『万葉集』などでは、キミは男性を呼ぶ呼称として用いられている。しかし接尾語に厳重な男女の区別を設けない日本では、早くからキミは女性名にも用いられ始めた。

和珥臣童女君《わにのをみなぎみ》（雄略紀）

しかし、キミが男性よりも女性について用いられることが圧倒的に多くなったのは、平安時代になってからであった。

コ（清音甲類に属し、子、児、古などが用いられる）は、初めは男性——とくに身分の高い——の名の下につける語であった。

阿曇《あづみ》連濱子（履中紀）　蘇我宿禰鎌子（雄略紀）　難波吉士《きし》赤《あか》目子《めこ》（雄略紀）　筑紫君葛子《くず》（継体紀）　佐伯部仲子《なかちこ》（雄略紀）　調舅子《つきのをぢこ》茨田《まむだ》連衫子《ころも》（仁徳紀）　葛城山田直瑞子《みつ》（欽明紀）　蘇我宿禰馬子（敏達紀）　椀子皇子《まろこのみこ》（欽明紀）　東《やまと》漢氏直糠子《のあやのうぢのあたひあらこ》（欽明紀）

ところが、男女名の語尾に厳重な区別のない日本では、五、六世紀において早くもコでおわる女性名が現われた。景行四年二月紀にみえる兄遠子《あねとほこ》は、文献的には最も古くみえる子型の女性名である。型式学的にいえば、

大河内稚子《わくご》媛《ひめ》（宣化紀）　尾張連目子媛（繼体紀）

が先行し、「媛」が脱落して、

山邊小嶋子（雄略紀）　青海勾《あをみのまがり》子（欽明紀）　吾田子（欽明紀）　大伴連小手子《こて》（崇峻紀）　大葉子（欽明紀）　春日日抓《ひつめの》臣糠《あら》子（欽明紀）　春日臣老女子《をみなご》（敏達紀）　葛城直廣子（用明紀）

のような子型の女性名が生じたのであろう。

前にも触れたとおり、当時の日本では、上流の女性は語基に「媛（姫、比賣、比咩）」を付することが多く、下流のそれは単に「女《め》」語を付した。

①國依媛（仁徳紀）　磐之媛（仁徳紀）　吉備上道臣稚媛《かみつみちのわか》（雄略紀）　桑田玖賀媛（仁徳紀）　迦具夜《かぐや》比賣（命）（垂仁紀）　玉田宿禰毛媛（雄略紀）　津野媛（反正紀）　長石《ながいは》姫（繼体紀）　廣媛（繼体紀その他）　羽田黒媛（履中紀）　埴安媛（孝元紀）　日葉酢媛（垂仁紀）　御刀《みはかし》媛（景行紀）　宮主宅《みやすのやか》媛（應神紀）

物部影媛（武烈紀）　美女《をみな》媛（欽明紀）　蘇我宿禰堅鹽《きたし》媛（欽明紀）

②飽田《あくた》女（仁賢紀）　韓白水郎哭女《からまのなくめ》（仁賢紀）　難波玉作部鯽魚《たますりべのふな》女（仁賢紀）　漢人《あやひとの》豊女（敏達紀）　錦織石女《にしごりのいしめ》（敏達紀）　八口采女鮪《しび》女（舒明紀）

①の姫型は、やがて郎女《いらつめ》型にとって替わられるが、②の女（賣）型の女性名は強烈な伝統をなし、江戸時代初期までつづいた。現代の女流俳人の俳号の「×女《ぢよ》」は、右の伝統と無関係ではないのである。

なお、万葉仮名のうえでは、この「め」（女、賣、姫、召す、示す）の音は、甲類に属しており、乙類の「め」（目、雨、梅、恵み）との間に微妙な差異が認められるのである。

つぎに、上流社会では、姉妹がいるときは、順序を示すために、大姫（兄《え》姫）、中《なかつ》姫、弟姫、あるいは太娘女《おほいらつめ》、中《なかつ》郎女、若郎女といった呼称が用いられた。忍坂大中姫命（允恭紀）は、姉妹が四人以上いた場合、第二女に対する呼称であり、もちろん、実名ではなかった。日本武尊の妃・弟橘姫の名は、大橘姫という姉の存在を想定せしめる。

大和時代の女性名には、呪術的な性格をおびたものも見いだされる。玉依媛、活《いく》玉依媛、息長《おきなが》水依媛、水穂五百《みづほのいほ》依媛、河俣稲《かはまたのいな》依媛、櫛名田媛などである。「より」は「よる」であって、神霊が乗り移ることである。櫛は、男女ともに霊《たま》の宿るものであり、櫛笥は女性の秘函であった[4]。また大和時代の特徴的な女性名として、…津媛がある。池津媛（雄略紀）、姥津媛（開化紀）、大氣津比賣（記第三十段）、御眞津《みまつ》比賣（九十八段）などがそれである。この「津」は、「……の」の意味であろう。

允恭紀によると、妃の忍坂弟姫は、類《たぐい》稀な美しさのゆえに、「衣通郎姫《そとほしのいらつめ》」の美称をおびていたと伝えられている。なお、初めにも指摘しておいたように、大和時代には、男女ともに同じ名で、接尾語の彦と媛で性別を示す例が少なくなかった。埴安彦—埴安媛がその例である。

大和時代でも六世紀末までの女性名を、これ以上くわしく述べることは困難である。第一に、文献にその名がみえても、その実在性や生存年代の不確実な例があまりにも多く、第二には、後に名づけた名が少なからず混入しており、明瞭な結論の抽出を妨げていることが多いからである。

大和時代後期

七世紀の前半は、推古、舒明、皇極の三朝にあたる。この半世紀における女性名に眼を向けると、まず注意のひかれるのは、人名の首尾に付される修飾語（尊称や敬称を作るもの）がしだいに影を潜めつつあったこと、「戸辨」の語が全く廃絶したことである。媛（姫、比賣）も激減し、郎女《いらつめ》が優勢となった。

蘇我乳娘《ちのいらつめ》（孝徳紀）　蘇我法提娘《ほてのいらつめ》（孝徳紀）　菩岐々美郎女《ほききみのいらつめ》

（聖徳太子妃）　蘇我刀自《とじ》古郎女《このいらつめ》（聖徳太子妃）　多至波奈《たちばなの》大郎女（聖徳太子妃、「天寿国繡帳」）姫と呼ばれる女性としては、阿部小足媛（皇極紀）などが挙げられる程度である。キミの語尾を有する女性名は、相変わらず少数である。よく知られているのは、蘇我小姉君《をあねのきみ》（稲目の娘で、崇峻天皇生母）であろう。また女性名の接尾語としてのコは大伴小手子《こてこ》の例があるが（崇峻紀）、その数は稀少であって、文献にみえるのは、ほとんどが男性名である。小野妹子（推古紀）中臣鎌子（のち鎌足）阿部鳥子（推古紀）

むろん、以上は上流社会の女性名であって、下流の庶民の女性名は、ひきつづき女型であった。八口采女鮪《しび》女、栗隈《くるくまの》采女黒女（舒明紀）などは、その例である。諸国の風土記は、これより後の時期に撰進されたものであるが、内容には伝承性が濃厚にみられる。『筑前風土記』逸文の打上浜の条には、大伴連狭手彦(5)が伴うた妾の一人の名を「那古若《なごわか》」と伝えているが、おそらくそれは、「和若女《なごわかめ》」の略称なのであろう。

上流社会においては、確かに女性名は簡略化した。ただ女帝の場合には、長々しい尊号ないし諡号が即位のさい、あるいは崩後に贈られるのが恒例であった。

推古天皇（五五四～六二八）は、欽明天皇の第三皇女に生まれ、生母は蘇我稲目の娘・堅鹽媛《きたし》であり、初めの名は、額田《ぬかた》部皇女《べのひめみこ》であった。(6)堅鹽媛の同母妹の小姉君《をあねのきみ》も(7)同じ天皇の妃となり、崇峻天皇らを産んだ。推古天皇は登位の後か崩後に、「豊御食炊屋姫《とよみけかしきやひめ》」の尊号ないし諡号をえられた。それは、「天寿国曼荼羅繡帳」（図9）の銘に、「等已彌居加期支移比賣《とよみけかしきやひめ》」とみえ、『上宮聖徳法王帝説』にも、「止余美氣加志支夜比賣」と記されていることからも傍証されよう。(8)なぜ御食《みけ》を炊《かし》ぐ舎屋を称号のなかに採り入れたかは不明である。

皇極天皇＝斉《さい》明天皇の本名は、寶皇女《たからのひめみこ》であるが、後に天《あめ》豊貝重日足姫天皇《とよたからいかしひたらしひめのすめらみこと》という仰々しい尊号が贈られた。持統天皇の実名は、鸕野皇女《うののひめみこ》であるが、(9)尊号は高天原廣野姫《たかまのはらひろのひめの》天　皇《すめらみこと》である。天皇（女帝）の尊号には強い伝統があるから、少々時代が変わっても変化しないのである。

トジ（刀自）という称号は、六世紀にもみられたが、これを実名にくわえた女性名は、前記の蘇我刀自《とじ》古郎女《このいらつめ》をもって嚆矢とする。この刀自古郎女は、馬子宿禰の娘で、聖徳太子との間に山背大兄王、財王、日置王、片岡女王を産んだ婦人であった。(10)

トジ（刀自）とは、元来、「戸主《とぬし》」の義で、それが訛《なま》った語である。(11)その原義は、家事を掌《つかさど》る婦人のことであるが、敬称に用いられた。とくに天皇の生母などは、夫人《おほとじ》または大夫人《おほとじ》と呼ばれていた。(12)また『上宮聖徳法王帝説』は、聖徳太子の正妃・菩岐々《ほきき》美郎女《みのいらつめ》（膳《かしはでの》臣加多夫古《かたぶこ》［傾子］の娘）を「膳《かしはでの》大刀自《おほとじ》」とも記している。(13)明らかにこれは敬称であって、阿《あ》倍《べ》夫人《のおほとじ》と同じ呼び方である。刀自の起源はともかく、ここで重要なのは、七世紀前半にいたって「刀自」が実名に組み入れられたということである。

なお、『日本書紀』には、全く接尾語を欠いた女性名がわずかながら記されている。その一は、用明天皇の嬪《ひめ》となった蘇我石寸名《いしきな》（稲目宿禰の娘）であり(14)、もう一人は、司馬達等《しめだちと》の娘の嶋である(15)。おそらく二人の名の場合は、「媛」、「女」が編纂または伝写の間に脱落したのであろう(16)。

いささか奇妙なことであるが、日本で初めて出家・受戒した僧尼は、僧ではなく、尼のほうであった。すなわち敏達天皇の十三年（五八四）、蘇我馬子宿禰は、四方《よも》に使を遣わし、僧尼を捜し求めた。その結果、播磨國に住む高麗國からの帰化人で、もと僧侶であった惠便《ゑべん》を知り、彼を請じて馬子みずからその門弟となった。ついで馬子は、前記の司馬達等《しめだちと》の娘の嶋を出家せしめ、彼女は法名を善信尼《ぜんしんのあま》と称した。さらに馬子は、錦織《にしごりの》（百済系帰化人）壺《つふ》の娘・石女《いしめ》を入信させて法名を惠善尼《ゑぜんのあま》、同じく漢人《あやひと》（中国系帰化人）夜菩《やぼ》の娘・豊女《とよ》(17)を度して禪藏尼《ぜんぞうのあま》といい、これら三人の若い尼を同じく高麗國から帰化した老尼・法明に就いて戒を受け、仏法を学ばせたとのことである(18)。

善信、惠善、禪藏は、わが国における最初の尼であった。その後、仏教の弘通によって寺院や僧侶の数もふえた。とくに聖徳太子の仏法奨励は、この傾向に拍車をくわえ、推古天皇の三十二年（六二四）には、寺四六、僧八一六人、尼五六九名を数うるにいたったのである(19)。

2 奈良時代前期

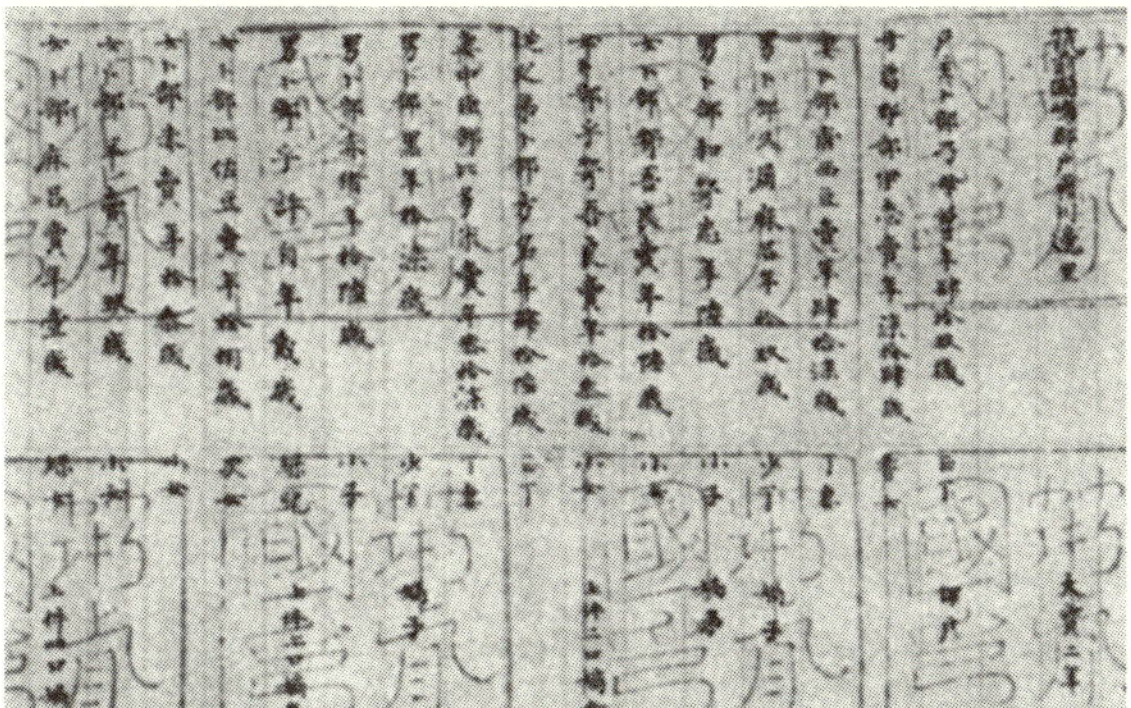

図 10　大宝２年『筑前国嶋郡川辺里戸籍』の一部分　（正倉院文書）
（左より２行目の羊賣の名に注意されたい）

庶民の女性名

まずここでは、範囲を七世紀の後半とし、当時の女性名の様態をうかがってみることとしたい。忘れてならぬのは、これは天智、天武、持統の三朝の強盛な政治力の下に律令体制の基盤が形成された時期であるということである。しかしこと女性名に関しては、その変化は緩慢であった。

まず庶民の女性であるが、幸いに大宝二年（七〇二）の美濃國、筑前國、豊後國の戸籍が正倉院に相当保存されており[1]、七世紀前半に出生したおびただしい女性の名を知ることができる。いま、これらの戸籍のなかから女性名を適宜に拾い出してみよう（アラビア数字は、大宝二年現在における年齢）。

御野（美濃）**國味蜂間《あはちま》**（後の安八）**郡春部里**

麻奈賣47　志祁多《しきた》女32　阿尼都賣22　牟依賣19　黑賣37　若子《わくご》賣42　佐夜賣46　刀自賣8　鹽賣16　小幡賣19　和子《なご》賣70　阿尼賣17　加止利賣33　御由支《みゆき》賣32　虫名賣15　奈《な》彌《や》賣11　須古多賣23　麻志女53　小稲《こいな》賣8　床與《とこよ》賣15　乎《を》與《と》賣62　逆《さか》賣32　財賣25

御野國本簀（後の本巣）**郡栗栖太里**

小刀自賣37　姉都《あねつ》賣14　宇利賣66　日佐賣66　古《ふる》賣22　彌《や》佐利《さり》賣43　猪手賣25　佐々賣34　赤賣14　千《ち》賣11　加須彌賣5　伊奴賣59　赤安賣38　酒手賣13　刀良《とら》賣57　須流賣6　手古賣21　目都良《めづら》賣31　吉志賣45　宮賣33　粳賣54　小褌《をばかま》賣10　波加麻賣7

御野國肩縣（方縣）**郡肩々里**

身賣62　加彌《かや》賣2　小宮賣47　馬都《むまつ》賣44　白髪《しらかみ》賣65　倭賣69　加利賣15　玉賣8　阿由賣54　與志《よし》賣40

御野國山方（山縣）**郡三井田里**

彌冨《いやとみ》賣8　兒依賣4　阿多麻志賣7　屋波良賣4　母知賣47　尼弖《にて》賣39　木葉賣57　咋《くひ》賣56　宮賣40　眞廣賣6　餘《あぐり》賣50　鹽手女50　加止利賣29　伊尼斯《いにし》賣19　和賣5　荒賣46　廣虫賣7

御野國各牟（各務）**郡中里**

飯益賣1　布久止賣2　與賣62　古汙志賣62　比古賣1　勝都賣42　久良夜賣22　小比良《をひら》賣13　乎夜《をや》賣37　乎刀自賣10　牟古閇《むことじ》賣4　久目賣31　南賣32　目都良《めづら》賣47　羊《ひつじ》賣42　若子《わくご》賣13　駒賣42　奈爾毛《なにも》賣40

御野國加毛（賀茂）**郡半布**（埴生）**里**

加尼賣14　加比賣59　川内賣5　古麻賣62　多都賣42　多彌賣16　布知賣2　大屋賣24　宇知賣36　五百寸《いほす》賣1　依賣3　宇禮志賣12　石《いは》身賣0　餘《あぐり（あまる）》賣11　新野賣46　知《とも》都《つ》賣37　麻須賣56　廣椅《はし》賣2　新屋賣12　彌怒麻賣18　百枝賣30　麻野賣56　功子《いさこ》賣17　小比里賣17　麻須賣14　加都良賣20　吉嶋賣22　志女移賣24　都女45　志多布《したふ》賣16　屋波良賣11　眞嶋賣11　嶋賣24　小嶋賣9　久良賣67　麻留賣12　飯賣3　惠怒《えぬ》賣42　井手賣52　意比良《をひら》賣47　大古

賣38　多閇《たへ》賣65　爾古屋《にこや》賣10　加比賣67(2)　意比賣4　椋《くら》手賣35　由伎《ゆき》賣33　阿里《あり》賣15　佐己賣12　多多彌賣21　大墨賣18　志呂賣17　奈見賣24　止志賣36　大海《おほしあま》賣9　大津賣15　都賣36　伊尼賣15　阿佐賣27　知代賣20　玉虫賣7　得依《えより》賣25　漢《あや》賣47　也曾布賣11　意彌奈賣14　奈見賣24　牧井賣42　止伎賣37　五百嶋賣1　意布波賣1　阿麻賣47　宇麻賣57　加多彌女23　忍《おし》賣33　麻須賣33　百賣37　和良比賣47　眞鳥賣20　寺賣34　毛里《もり》賣2　伊毛賣18　須惠賣67　太利《たり》賣20　麻里《まり》賣35　牟自賣20　伎怒《きぬ》賣10　也理賣12

筑前國嶋（志摩）郡川邊里（図10参照）

伊志賣77　比佐豆賣18　赤賣13　麻呂賣1　百枝賣13　國賣4　夜夫志《やぶし》賣53　多乎賣18　與利賣12　乎婆《をば》賣1　多乎《たを》賣18　蘇弖《そて》賣16　意由賣17　奈吾佐賣4　牛賣33　嶋垂《たる》賣2　床世《とこよ》賣13　宮津賣67　阿夜賣57　泥婆《ねば》賣9　穗豆賣11　妹賣8　比良賣17　豐嶋《としま》賣12　麻何夜《まかや》賣30　小猪《をゐ》賣9　酒持賣20　宿奈《すくな》賣37　咩豆《めつ》賣57　小蓑《をみの》賣36　千依《ちより》賣24　玉手《たまて》賣《め》16　根虫賣3　久曾《くそ》賣8　枚《ひら》賣9　沙婆《さば》賣26

豐前國上三毛（上毛）郡塔里

久波志賣30　與曾賣22　神《みわ》賣52　宇提《うて》賣11　夜惠《やゑ》賣20　龍《たつ》賣3　馬手《まて》賣32　虫名賣2　犬手賣3　若賣40　阿泥《あね》賣7　刀彌賣34　比禮《ひれ》賣34　宇那賣70　根賣4

豐前國上三毛郡加自久也里

鳥賣(3)6　宇麻古賣2　宇代賣22　刀《と》賣47　乎那波賣46　惠彌賣22　意等比《をとひ》賣69　黑賣30　刀良《とら》賣4　泥《ね》賣14　布施賣32　母呂賣5　椋《くら》賣60　波太《はた》賣32　須加代賣62　宇提《うて》賣17　姫賣37（婢の名）　妙《たへ》賣16　夜波良賣5　宅《やか》賣68　根手賣34　衣縫《きぬぬひ》賣27　橘賣32　都夫良《つぶら》賣45　衣《きぬ》賣44　乎彌豆《をやつ》賣62　和《わ》岐毛《きげ》賣16　百手《ももて》賣22　小屎《をぐそ》賣1　牧賣6　伊婢賣22　毛知《もち》賣27　黑麻呂賣35　多久賣15　玉虫賣16　犬賣4　申《さる》賣5　廣目賣22　韓賣42　阿由提《あゆて》賣12

豐前國仲津郡丁里《ひのとり》

羊《ひつじ》賣2　細目賣60　廣手賣22　肥《ひ》賣42　都刀米《つとめ》賣41　加《か》自《じ》賣52　須古提《すこて》賣42　伊久倍《いくへ》賣41　根手賣34　成《なり》賣9　都夫良賣45　巻手賣38　小屎賣1　咋《くひ》賣42　乎麻賣14　米比《めひ》留《る》賣45　麻我夜賣16　久須利賣26　日《ひ》賣52　牟須比《むすび》賣14　百手《ももて》賣3

豐後國某郡某里

馬身賣45　鰒《ふぐ》賣16　阿里賣42　都夫良賣23　多流美《たるみ》賣56　法提《ほて》賣22　阿流加《あるか》賣8　己母里《きもり》賣23　在手《ありて》賣1

以上、煩をいとわずに、大宝二年の諸戸籍より七世紀中葉および後半に出世した庶民の女性の名をかなり多数かかげてみた。女性名の研究には充分な資料であるが、なお藤原宮址発見の木簡から、つぎの名を追加できよう。(4)

眞蘇女（第三一号）　柏女（第五九号）（これは、炊女に通ずる）
舟木若子女（第四六七号）

木簡や瓦の場合には、書きにくいという材質の都合もあったとみえ、「め」を表わすにはもっぱら女字が用いられた。戸籍にみる庶民の女性や婢の名は多種多様であるが、そこ

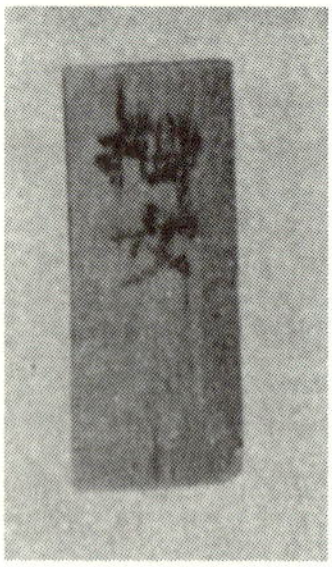
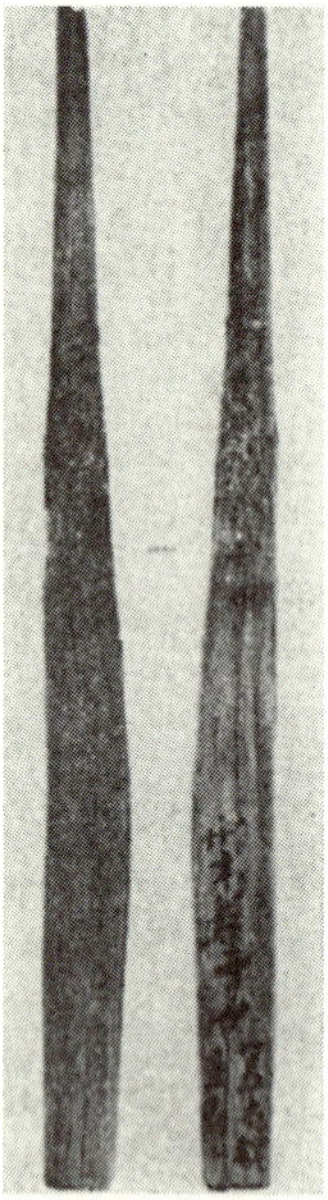

図11　藤原宮址出土の木簡，（左）「柏女」と記した小札，（右）「舟木若子女」（齢卅五）の木簡

には若干の型も認められる。

手（提）賣型　酒手賣⑸　井手賣　蘇弖賣　法提賣
手古賣型　手古賣⑹（稀少）
刀自賣型　乎刀自賣　刀自賣　小刀自賣（トジについては、前章に述べておいた）
身賣型　馬身賣⑺　身賣　石身賣
利（理）賣型　加止利賣⑻　也理賣　宇利賣　加利賣　阿里賣　太利賣　麻理賣　久須利賣　已母利賣
良賣型　都夫良賣　刀良賣　枚《ひら》賣　屋波良賣　意比良賣　加都良賣　目都良賣
子（古）賣型　宇麻古賣　和子賣　若子賣
婆賣型　沙婆賣⑼　乎婆賣　泥婆賣
虫賣型　廣虫賣　玉虫賣　根虫賣（これは、いちじるしく男性名と対応する女性名である）
依賣型　依賣　得依賣　千依賣（五〇頁、参照）
布賣型　志多布賣⑽
伎賣型　御由支《き》賣　由伎賣　牧賣
津（都）賣型　尼都賣　姉都賣　馬都賣　多都賣　比佐豆賣　稲津賣　宮津賣　乎彌豆賣（五〇頁、参照）
比賣型　意等比賣　姫賣　意比賣　伊婢賣　加比賣　肥賣
麻賣型　乎麻賣　古麻賣　彌怒麻賣
屋賣型　新屋賣　大屋賣　爾古《にこ》屋賣　加彌賣　久良夜賣　奈彌賣　多多彌賣
十二支型　伊奴賣　羊賣　刀良《とら》賣　牛賣　小猪賣　申《さる》賣　宇麻賣　龍賣　鳥賣　犬賣（十二支の動物に因んだ名の人は、必ずしもその干支の生まれ年ではない⑾）
動物型　加尼賣　鰒賣　駒賣
嶋賣型　嶋賣　吉嶋賣　眞嶋賣　小嶋賣　豊嶋賣（五二頁、参照）

つぎに上記の分類にあまりこだわらず、音節、表記の点から区別してみたい。

雑類①一音節型　千賣　根賣　泥《ぬ》賣　刀賣　肥賣
雑類②二音節訓読型　鹽賣　黒賣　逆《さか》賣　古賣　粳賣　玉賣　咋《くひ》賣　飯賣　宅賣　赤賣　國賣　妹賣　宮賣　妙賣
雑類③二音節万葉仮名型　阿尼賣　宇利賣　日佐賣　佐々賣　須流賣　眞穌女　吉志賣　阿由賣　夜恵賣　與志賣　久目賣　麻湏賣　志呂賣　伊毛賣　多乎賣　麻呂賣　意由賣　阿佐賣　多閇賣　比禮賣　宇那賣　惠彌賣　毛知賣

刀自賣　宇代賣
雑類④三音節型　志祁多女　小幡賣　須古多賣　財賣　小稲賣　波加麻賣　木葉賣　眞廣賣　南賣　奈爾毛賣　宇禮志賣　百枝賣　都女　夜夫志賣　奈吾佐賣　床世賣　宿奈賣　乎那波賣　須加代賣　廣目賣　都刀米賣　阿流加賣
雑類⑤四音節型　小禪賣　白髪賣　廣椅賣　大海賣　嶋垂賣　酒持賣　衣縫賣　橘賣

特例
(a)伊尼期賣　阿多麻志賣
(b)牟古閇《とじ》賣　乎那波賣　伊久倍賣　意布波賣
(c)久曾賣　小屎賣　和岐毛賣
(d)都刀米賣　多流美賣　阿流加賣
(e)米比留賣
(f)穂積部餘賣50　縣主族餘賣11

上掲の分類は、統一性を欠いているという誇りをまぬがれがたいけれども、奈良時代前期における女性名の複雑多様さが理解されよう。

餘賣は、同じ縣主族餘賣と同郷の女性に、秦人阿麻留賣51がおり、男性に秦人阿麻留37がいるから「アマルメ」と訓んでよさそうに思えるが、「アグリメ」と訓んだ可能性も否定できない。この問題については、次節に述べることとしたい。

上にかかげ、かつ分類した多数の女性名を通覧すると、つぎのような所見がおのずからえられるのである。

①遠古の時代から日本の女性名は、接尾語として甲類の「め」(女、賣)を用いた。

②接尾語をはずした語根には、邪馬臺國の臺與《とよ》のように、綿々として今日にまでつづいているものが少なくないこと。

例　あさ　まな[12]　さや[13]　みゆき　ゆき　もも　まき　とよ
するゑ　ひさ　ます　とら　ちよ　きし　きぬ　まつ　たま
とし　くめ　とめ　こま　たへ　とし　とき　まり[14]　きぬ
なみ　いし　くに　くら　たを[15]　より　あや　ひら[16]　たつ
さき　くろ[17]　ひめ[18]　いさ[19]　ももえ　さよ　みや　よし

③女性名には、男性名と対応するものが珍しくないこと。

例　赤賣(→赤人)　小屎賣(→小屎)　牛賣(→牛麻呂)　百枝賣(→百枝)　弟賣(→弟麻呂)　申賣(→猴麻呂)　黒賣(→黑麻呂)　粳賣(→小粳)　廣賣(→廣人)　小玉賣(→小玉)　久須理賣(→久須里)　古賣(→古麻呂)　猪手賣(→猪手)　咋賣(→咋麻呂)　虫賣(→虫麻呂)　廣國賣(→廣國)　根手賣(→根手)　酒手賣(→酒手)　諸賣(→諸人)

④この語に、接頭語「天《あまの》(あまつ)」、「豊《とよ》」を、また接尾語「命《みこと》」、「媛命《ひめのみこと》」をくわえると、女神の名が造られること。

⑤この語根に、「比賣」、「媛」、「郎女」の接尾語を付すと、中央ならびに地方貴族の名がえられること。和銅三年在銘の墓誌銅鋺によってあまりにも著名な、因幡國法美郡貢進の采女の名は、伊福吉部臣徳足比賣《いほきべのおみとこたりひめ》であって、彼女は慶雲四年(七〇七)の二月、従七位下に叙されたのであった[20]。この徳足比賣の名は、男性名の赤染造徳足[21]に対応するものである。庶民の場合は、法提賣《ほてめ》であるが(五五頁参照)、蘇

我嶋大臣の娘は、法提郎女《ほてのいらつめ》と呼ばれるのである。[22]『日本書紀』、『続日本紀』に登場するのは、ほとんどすべてが皇王族や貴族の女性であるため、庶民の女性名はわずかしか記載されていない。近江國野洲郡の百濟土羅羅《くだらのつらら》女などは、その稀な例に属している。[23]『続日本紀』にも、この時期の庶民女性の名は、大倭國葛上《かつらぎのかみ》郡の鴨君粳《かものきみぬか》賣や、[24]慶雲元年、婢と詐って売られた讃岐國多度郡藤原郷の若女[25]の名などがみえる程度であるが、戸籍からみると、実際には、日本の女性の九割九分までが「××賣(女)」の名をおびていたことが判明するのである。

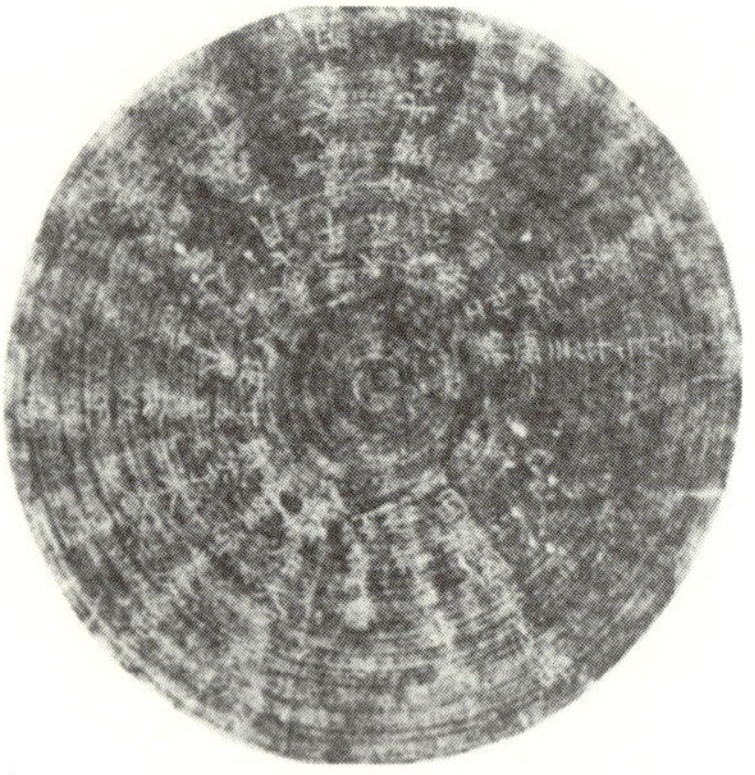

図12　伊福吉部臣徳足比賣の墓誌拓影
(銅鋺の蓋に沈刻)

⑥この時分から女性名の接尾語の「賣」や「郎女」が省略される傾向が生じた。『万葉集』で有名な志斐嫗《しひのおうな》[26]は、「嫗名未詳」とある古注により、『代匠記』[27]いらい、志斐は氏の名とされてきているが、[28]著者には、「志斐賣」の略のように思われる。というのは、大宝二年の『豊前国仲津郡丁里《ひのとり》戸籍』には、「大屋《おほや》勝《けの》志斐」(男子、四十歳)の名がみえるからである。不比等の娘で、聖武天皇の生母となったのは、「藤原朝臣宮子娘《みやこのいらつめ》」であった。[29]ところが、いつの間にか「娘」の字は脱落し、「夫人藤原朝臣宮子」と記されるにいたっている。[30]不比等の後妻の縣犬養宿禰三千代は、命婦《ひめとね》として天武天皇から元明天皇の代まで仕えた女性である。[31]「三千代」というのは、はなはだ近代的な感覚をおびた名であるが、[32]おそらくこれも「三千代賣」の「賣」の省略によるものであろう。[33]「須加代賣」という名は、上記のとおり、豊前國にみられた。

⑦辟邪《へきじゃ》(αποτρόπαιος)のため、つまり邪神、疫神を避けるのを意図した名がみられること。この種の辟邪名としては、前掲の女性名の中から、

久曾賣《くそ》8　小屎賣《をぐそ》1

などが抽出される。[34]なお、古い例としては、敏達天皇の皇女で、久米王(用明天皇皇子)の妃となった由波利王《ゆばりのひめみこ》[35]の名が想起される。[36]

⑧庶民の女性名と婢の名との間には、ほとんど区別がみられぬこと。

上記したのは、七世紀後半における庶民の女性名にみられる若干の特色である。

貴族の女性名

奈良時代前期における中央貴族や地方貴族の女性名は、以前にもそうであったとおり、語根に関しては庶民と大差はない。ただ貴族の場合には、居処に因《ちな》んだ呼び名が実名のほかに付される場合が少なくない。

まず注意されるのは、接尾語としての「戸辨」が全く廃絶し、「媛（比賣）」もいちじるしく減少したことである。イラツメがすこぶる優勢となり、コ（子）や刀自は漸増の形勢にあった。男性名の子型は、絶無ではないが、稀と化した。上毛野君稚子《わく》（天智紀）は、こうした数少ない子型の男性名の一例である。

いま娘《いらつめ》、郎女《いらつめ》の例を若干かかげてみよう。栗隈《くりくまの》首黑媛娘《くろひめのいらつめ》（天智紀）蘇我遠智娘《をちのいらつめ》（一名美濃子娘《みのつこのいらつめ》）（天智紀）蘇我姪娘《めひのいらつめ》（一名、櫻井娘）（天智紀）蘇我常陸娘《ひたちのいらつめ》（天智紀）藤原氷上娘《ひがみのいらつめ》（天武紀）阿部橘娘《たちばなのいらつめ》（天武紀）藤原五百重娘《いほへのいらつめ》（天武紀）石川太蕤娘《おほぬのいらつめ》（天武紀。ただし聖武紀には、太蕤比賣とある）紀竈門娘《かまどのいらつめ》 石川刀子娘《とねのいらつめ》（文武紀）藤原斗《と》賣《めの》娘[37] 紀奈賀岐娘[38]（中臣廣見の母）賀茂朝臣比賣女《ひめのいらつめ》[39]

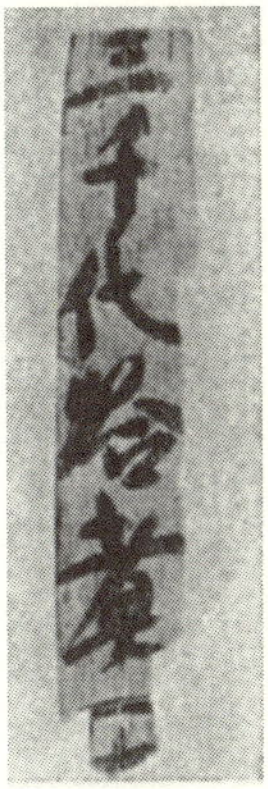
図13「三千代給煮」と記された木簡（藤原宮址出土）

ヒメのついた女性名としては、宍人《ししひと》臣櫢媛《かぢひめ》（天武紀）紀朝臣橡姫《とち》（光仁即位前紀）伊福吉部臣德足比賣（前記）が挙げられる。「子＋イラツメ」型の名としては、胸形君尼子娘《あまこのいらつめ》（天武紀）物部宇那古娘[40]（中臣氏系図）忍《おし》海造《ぬみのみやつこ》色夫《しきぶ》古《こ》娘（天智紀）車持君與志古娘（不比等の母）などが検出されよう。「子」を接尾語とした女性名には、中臣東子[41]（中臣氏系図）蘇我娼子[42]（不比等の前妻）伊賀釆女・宅子《やか》（天智紀）などがある。右大臣・大中臣清麻呂の母は、左大臣・多治比眞人島の娘の阿岐良《あきら》であった[43]。これは、庶民ならば、阿岐良女と呼ばれ、伝統的には阿岐良娘《あきらのいらつめ》という名であった。

当時の上流社会では、女性名の語尾の「媛（比賣）」や「娘《いらつめ》（郎女）」を省略する風が進行しつつあった。子型にしても、本来は、子（古）女、子比賣、子郎子（女）の省略型であったが、このほうの脱皮はかなり早くから起こっていた。

ただイラツメは、婦人に対する親愛の情をこめた接尾語であったから、それは実名として廃《すた》れても、呼び名としては存続した。つまりそれは所属の氏や居処の名に因んで婦人を呼ぶときの接尾語として用いつづけられた。大伴坂上郎女の母の石川郎女[44]は、石川氏（蘇我氏）の婦人であることを示す敬称的呼び名であって、彼女の実名は、婆賣型に属する石川朝臣邑婆《おふば》であった。[45] その娘の大伴坂上郎女は、大伴氏の出で、坂上里[46]（平城京の北に接し、磐之媛皇后の平城坂上陵のあたり）に住んでいる婦人という意味である。しかしこの卓越した婦人の実名は、永遠の謎である。

なお、鎌足の娘で、天武天皇の夫人となって新田部親王を産んだ前記の五百重娘は、後に異母兄の不比等と密通して麻呂を産んだ。政界の重鎮たる不比等のことゆえ、この密通・出産は、公然の秘密として黙認された。問題の五百重娘は、飛鳥の大原（明日香村小原）に寡居していたが、『万葉集』の古注[47]は、彼女を「大原大刀自《おほとじ》」という敬称をもって呼んでいる。

ところで、大和時代後期から奈良時代後期にかけて、皇族や王族の命名には、一定の方式はなかった。全般に見渡していえるのは、生誕の地、生母の出身地、成育した処、領地、身体上の特徴、外戚、乳母の氏の名に因んで命名された。[48] また一般の女性名の語根に皇女、王女をつける単純な場合もあった。

財王女《たからのひめおほぎみ》　圓皇女《つぶらのひめみこ》　石姫皇女《いしひめのみこ》　糠手姫皇女《あらてのひめみこ》　稚綾姫皇女　香火姫皇女《かひのひめみこ》　飯豐王女　赤姫皇女　廣姫

などは、庶民、貴族の女性名に共通する名である。持統天皇の諱は、鸕野《うのの》皇女または沙羅羅《さらら》皇女であるが、前者は一般の女性名に共通し、後者は河内國讃良郡の名に因んでいる。

また漠然と地方の名や長幼の序を示した抽象的な（普通名詞に近い）名もみられる。

太姫皇女　大娘子皇女《おほいらつめのひめみこ》　倭姫王《やまとひめのひめおほぎみ》

これに対して、閒人《はしひと》皇女は閒人宿禰氏、田眼皇女は田目宿禰氏、新田部皇女は、新田部宿禰氏に因んだ名である。皇子女の諱と氏の名との関連は、夙《つと》に栗田寛《ひろし》（一八三五～一八九九）博士が指摘されたように、[49] 欽明朝よりその傾向が顕著となったのである。

桑田皇女の名は、おそらく丹波の桑田に采邑があったためであろう。大伯《おほく》皇女は、大海人《おほしあまの》皇子の西征の途上、大伯海（備前國邑久《おふく》郡の海）を航行しているとき、船の中で生まれたため、かく名づけられたという。[50] その父君の大海人皇子（後の天武天皇）の名が大海《おほしあまの》宿禰氏から出た乳母の名に因んでいることは、[51] 周知のとおりである。

だいたい、『日本書紀』は、律令制の施行後に編纂された官撰の史書であるから、「皇女《ひめみこ》」（内親王）と「王女《ひめおほぎみ》」（女王）とを截然と区別している。しかし『古事記』や『古語拾遺』のような伝承的記録や『万葉集』[52]は、必ずしもその轍を踏んでいない。藤原朝臣鎌足の嫡妻の鏡王女《かがみのひめおほぎみ》は、歌人として、また額田《ぬかだの》王女の姉と推量されて著名である。[53] 早く中島光風氏は、鏡王女を鏡王の娘とする説をしりぞけ、舒明天皇の皇女か皇孫であろうと推定された。[54] 澤瀉久孝博士は、皇孫と認めるのは無理であるとし、皇女ないし皇妹説を主張し、「皇女」を「王女」と記したのは、『万葉集』撰者の手落ちであり、そうした粗漏さは他にも例があることを指摘されている。[55]

皇女の名を調べるさい、いつも気にかかるのは、欽明天皇の皇女・磐隈《いはくまの》皇女の別名の夢《いめの》皇女の名である。[56] この美しくて浪漫的な名の由来が皆目不明なのは、遺憾のきわみである。

つぎに、皇女とは正反対の遊行女婦《ゆぎょうにょふ》の名をみることにしたい。まず『万葉集』(巻第四、第五二一番)には、「藤原宇合《うまかひ》大夫遷任上京時、常陸娘子贈歌」が一首収められている。この種の女性名は、「出雲娘子」、「對馬娘子」、「播磨娘子」など『万葉集』に散見している。その多くは、その地の遊行女婦であろうが、文字どおりにいえば、出雲國の御婦人といった意味であり、それは「郎女(郎子)」のもつ重さを軽くし、やがて実名の接尾語としてそれが姿を消す結果を招くのである。

また女性名の接尾語としての「をとめ」、「てこ」、「てこな」は、七世紀後半にはほとんど姿をひそめたようである。長皇子の歌に、[57]「住吉《すみのえ》の弟日《おとひ》娘《をとめ》」は、「をとめ」をつけた珍しい例であるが、この弟日娘は、港町・住吉の遊行女婦であったのであろう。「てこ(手兒)」は、東日本の言葉で、「をとめ」と同義である。[58]「手兒奈」の「奈」は、親しさを示す接尾語である。『万葉集』(巻第十四)には、

3398 人みなの言《こと》は絶ゆとも埴科《はにしな》の石井の手兒が言《こと》な絶えそね

(埴科は信濃國の埴科郡。石井は所在不明)

とみえ、また、

3442 東路《あづまぢ》の手兒の呼坂《よびざか》越えかねて山にか寝《いね》むやどりはなしに

とかかげられている。後者は、坂を越えた麓に手兒が屯《たむろ》している呼坂《よびざか》と解される。有名な葛飾《かつしか》の真間の手古奈[59]の場合は、純真な乙女を指していると思量されるが、この時代には「手兒」は本来の意味をはなれ、遊行女婦を指す場合が多くなったらしい。[60]それは江戸時代の上方《かみがた》で「姫」が遊女を指したのと同様な、語義の時代的変化であった。

3 奈良時代中期

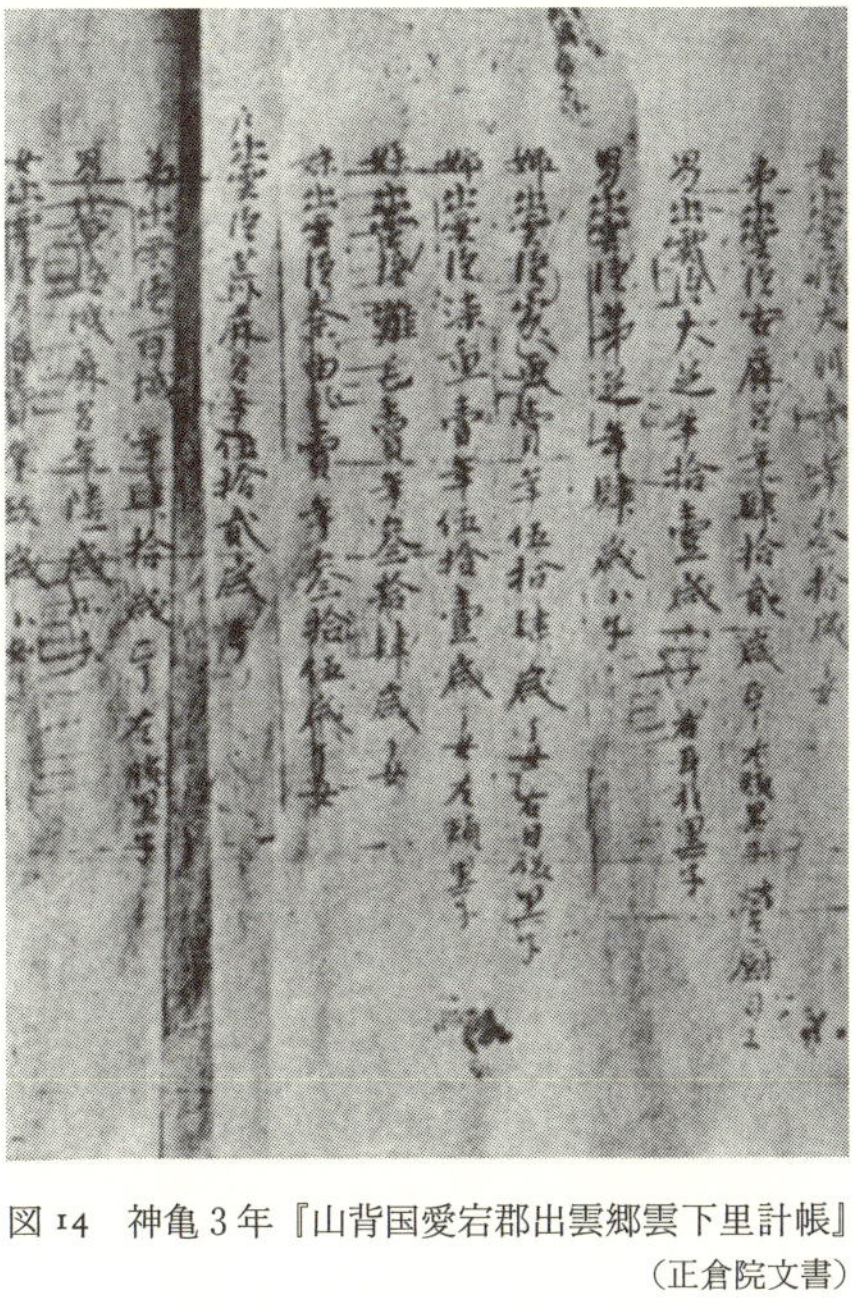

図 14　神亀 3 年『山背国愛宕郡出雲郷雲下里計帳』
（正倉院文書）

庶民女性名の分類

ここで便宜上、「奈良時代中期」とみなしているのは、だいたい、八世紀の前半に該当している。これに対して後期というのは、ほぼ八世紀の後半にわたっているのである。

奈良時代にも、七、八十歳の高齢まで長生きした婦人は少なくなかった。こうした高齢の婦人には、当然、前期に流行した名が数多く認められる。また名は貴族層、都邑において変化がやや早く、庶民層や地方では、名についても保守的であり、変化の速度も緩慢である。それゆえ、奈良時代中期の女性名にも、新旧の諸要素がいりまじっている。にもかかわらず大局的に眺めると、そこにはやはり変化の大きなうねりが看取されるのである。

まず庶民の女性名であるが、これは『大日本古文書』巻一、二に収録された相当数の戸籍、計帳、賑給歴名《しんごうりゃくみょう》帳などから数多く知ることができる。それらの主要なものは、①、②、③……の番号を付して注記するが、[(1)] 以下に挙例する女性名には、出典を示すため、右肩にこの番号を記入したので、あらかじめ注意しておいていただきたい。

これらおびただしい庶民の女性名を通観してみると、

(1) 接尾語の「賣《め》」、ときには「女」がほとんど絶対的に添加されていること。むろん、これは遠古よりの永年の伝統であるが、④の「陸奥國戸籍」だけは、「賣」を省略している。これは記載上の手数をはぶくためのものであって、「賣」が廃されたせいではないであろう。

(2) 「刀自賣」や「虫賣」が激増し、「手古賣」、「手賣」が稀少化したこと。

(3) 男性名と語根を同じうする女性名が相変わらず多いこと。

(4) 前期にくらべて中期には、名の簡明化が進んでいること。

(5) はじめて阿古賣がみえること。

といった事柄が指摘されよう。

これら巨多な女性名を矛盾なく整然と分類することは、ほとんど不可能に近い、若干の重複を承知の上で分類すると、以下のとおりである（どの項目とも、例は制限してかかげてある）。

男性名と語根が対応する賣型

小黑女[16]（小黑麻呂）　法《のり》賣[1]（法麻呂）　稻賣[12]（稻麻呂）　呰《あざ》賣[1]（呰麻呂）　橘賣[12]（橘）　大浦賣[10]（大浦）　鹽賣[1]（鹽麻呂）　伊奴賣[17]（犬麻呂）　宅成賣[11]（宅成）　稻積賣[12]（稻積）　嶋賣[11]（嶋麻呂）　古賣[12]（古麻呂）　次女[11]（繼人）　乙等賣[11]（乙麻呂）　馬女[17]（馬人）　忍女[17]（忍人）　倭賣[2]（倭麻呂）　龍賣[1]（龍麻呂）　毛人《いみし》賣[19]（毛人）　粳賣[14]（粳）　飯賣[17]（飯麻呂）　眞浜女[20]（眞濱）　黑賣[12]（黑人、黑麻呂）　虫賣[16]（虫麻呂）　諸女[17]（諸人）　赤賣[17]（赤人）　宿奈《すくな》賣[11]（宿奈麻呂）　酒足賣[11]（酒足）　秋庭賣[12]（秋庭）　春日女[20]（春日）　綿賣[12]（綿麻呂）　鯖《さば》賣[12]（鯖麻呂）　比良賣[10]（枚麻呂）　麻呂女[12]（麻呂）　家成《やかなり》賣[5]（家成）　智[16]

努賣（智努）　東賣[16]（東人、東麻呂）　家依賣[5]（家依）　小満《まろ》女[21]（小麻呂）　神《みわ》女[18]（神麻呂）

刀自賣型　刀自賣[1]　花刀自賣[5]　酒刀自賣[16]　廣刀自女[16]　白刀自賣[19]　女刀自女[17]　古刀自賣[11]　浄刀自賣[12]　阿理刀自賣[17]　家《やか》刀自賣[5]　若刀自賣[5]　春刀自賣[10]　繼刀自賣[5]

虫賣型　虫賣[16]　豐虫賣[10]　浄虫女[21]　虫多賣[10]　庭虫賣[12]　廣虫賣[12]　稲虫賣[10]　虫玉賣[9]　玉虫賣[16]　眞虫賣[11]　牟志奈女[17]

依賣型　依賣[1・10]　飯依女[6]　小依女[6]　爾依女[5]　眞與理賣[1]　五百依女[17]　百依女[21]　飯依賣[17]　稲依賣[12]　玉依女[18]

玉賣型　玉賣[10]　伊夜玉賣[9]　小玉賣[12]　虫玉賣[14]　玉守賣[17]　玉足《たり》女[17]　玉敷女[20]

津賣型（出雲國に多く残存した）　奈都賣[1]　麻都賣[1]　弱津賣[17]　廣津賣[17]　玉津賣[17]　庭津賣[17]　古都《こつ》賣[1]　夜津賣[17]　馬津賣[17]　女津賣[17]　細津賣[17]　稲津賣[11]　廣津賣[12]　比佐津女[17]　味津賣[17]　比米都賣[1]　與呂豆賣[17]　大津女[20]　眞津賣[1]

主賣型　宅主賣[10]　嶋主女[5]　田主女[5]　飯主賣[1]　市主賣[17]　鎰《かぎ》主賣[12]　倉主賣[12]　屋主女[15]（家主賣、宅主賣が圧倒的に多い）　酒主賣[12]

比賣型　毛良比賣[10]　意斐賣[10]　比賣[10]　加比賣[10]　御《み》比賣[16]　伊比賣[1]　比女[16]　爾《に》比賣[18]　牟志比賣[16]　影日賣[12]　賣比賣[16]　爾比賣[12]　奈良比賣[17]　志豆加比賣[11]　豐日賣[11]　袁射《をさ》比賣[12]　古比賣[1]②

嶋賣型　嶋女[5・12・17・11]　三嶋賣[16]　八嶋女[17]　秋嶋女[21]　日嶋女[17]　稲嶋賣[11]　長嶋賣[9]

久賣型　久米賣[19]　美久賣[19]　都《つ》久賣[16]　美怒久賣[19]

若賣型　若賣[2]　子若賣[1]　稚女[17]　若子賣[12]　眞若賣[12]

治賣型　阿治賣[11]

良賣型　米豆良賣[10]　比須良賣[10]　都夫良《つぶら》賣[1]　古良賣[12]　由良賣[1]　和和良賣[17]　都々良賣[17]　小佐久良賣[1]　麻須良賣[1]　伊良賣[1]　竹良賣[17]　志祁《き》良賣[11]　賣良賣[17]　毛美良女[21]

手賣型　櫛手女[17]　禮《ゐや》手女[17]　宿提《すくて》賣[17]　宿火弖《すくひて》賣[10]　蘇提女[17]　飯手女[11]　井手女[17]　佐弖女[18]　諸手女[17]（出雲國に多く残存していた）

利賣型　與理賣[17]　美杼利賣[17]　己《き》里賣[16]　麻加太利賣[17]　久志利賣[2]　乎奈利賣[11]　伊佐理賣[12]　眞利賣[12]　須居利賣[18]　美那利賣[18]　知毛利女[17]　毛理賣[10]　多理賣[10]

伎賣型　古比伎賣[16]　美豆伎女[16]　古《ふる》伎賣[1]　呼都貴賣[11]　多須伎賣[1]　宇奈伎賣[1]　手豆支女[21]（手春女の意か）　麻比伎賣[1]　美都岐賣[11]　與伎賣[1]　賀志伎賣[11]（炊女）　賀豆伎賣[12]　都恵都岐賣[10]　伊知伎女[17]

身賣型（出雲地方にとくに残存）　玉身賣[17]　床身賣[17]　嶋身賣[17]　金身賣[17]　袁《を》身女[17]　小身賣[17]　身女[17]　馬身女[17]　玉身女[17]

阿古型　阿古賣[1]　安古賣[1]　弟阿古賣[1]　阿古女[17]

布賣型　志奈布賣[12]　志多布賣[12]　與曾布賣[17]　岐曾布賣[10]　奈布女[20]　古布賣[1]

山背國愛宕郡雲上里の出雲臣粳の娘たち

太初位下
出雲臣粳　75歳
- 稲主賣　28歳
- 稲益賣　26歳
- 稲虫賣　22歳
- 稲依賣　16歳
- 蓑虫賣　13歳
- 眞虫賣　10歳

十二支型　[17]猴《さる》賣　[2]佐留賣　[17]佐流賣　[10・17]牛賣　[17]馬女　[1・17]伊奴賣（[1]犬賣）　[1]龍賣　[17]鳥女　[17]羊女

雑類①一音節型　[1]子賣　[16]乎賣　[12]愛《え》賣

雑類②二音節訓読型（これには男性名と語根を同じうするものが少なくない）　[12]吉賣　[12]廣賣　[12]道女　[17]瓔《たま》賣　[7]足《たり》賣　[11]姉賣　[11]衣賣　[21]少女《をとめ》　[21]乙女(3)　[11]土賣　[1]德《とこ》賣　[12]時賣　[12]海藻《みる》賣　[20]子奈女　[1]百賣　[12]濱賣　[17]角《つぬ》女　[10]悦賣　[17]栖《なら》賣　[10]御衣賣　[16]絁《きぬ》賣　[16]冨女　[16]子孫《ひこ》女　[16]妹賣　[1]荒賣　[1・10]白賣　[1]猪賣　[2]金賣　[3・8]花賣　[5]成女　[7]吾《あれ》女　[10]針賣　[10]歳賣　[21]家《やか》女　[16]勇《いさ》賣　[11]長《をさ》賣　[12]酒賣　[12]逆《さか》賣　[12]冨賣　[12]紙賣　[17]立賣　[17]今女　[17]妙女　[11]結賣　[17]袖賣　[21]袖女　[12]大賣　[17]桓《つき》賣　[15]衣女　[11]笠賣　[21]米女

雑類③二音節万葉仮名型　[12]意《を》須賣　[12]伊《い》良《ろ》賣　[12]伊《い》志《し》賣　[19]眞《ま》兎《と》賣　[14]佐美賣　[15]刀《と》禰《ね》女　[15]加美女　[18]湏美賣　[18]夜和女　[17]伊毛賣　[17]毛呂女　[17]登與女　[16]智努女　[11]麻夜賣　[11]阿美賣　[11]阿由賣　[12]乎《を》賀《か》賣　[11]岐用《よ》賣　[16]阿尼賣　[16]宇太賣　[16]麻佐賣　[16]刀《と》美《み》賣　[1]布《ふ》與《よ》賣　[1]古奈賣　[1]麻古賣　[11]佐萬女　[12]田茂《も》賣　[11]伊刀《と》賣　[17]眞名賣　[17]眞蘇《そ》女　[10]意由賣　[17]等《と》伊《い》賣　[1]眞等賣　[17]夜《や》恵《ゑ》賣　[17]宇奈賣　[17]波《は》古《こ》女　[16]麻湏賣　[16]與佐賣　[19]佐美賣　[1]志流賣　[1]阿佐賣　[1]麻都賣　[1]阿耶《や》賣　[1]久《く》爾《に》賣　[2]眞《ま》屋《や》賣　[2]止《し》許《こ》賣（醜女）　[4]古夜　[4]彌都　[9]阿麻賣　[10]湏留賣　[17]香世賣　[18]古《こ》多《た》賣　[21]在在女（訓不明）　[10]志奈賣　[1]古都賣　[1]伊良賣　[16]古乃賣　[10]多理賣

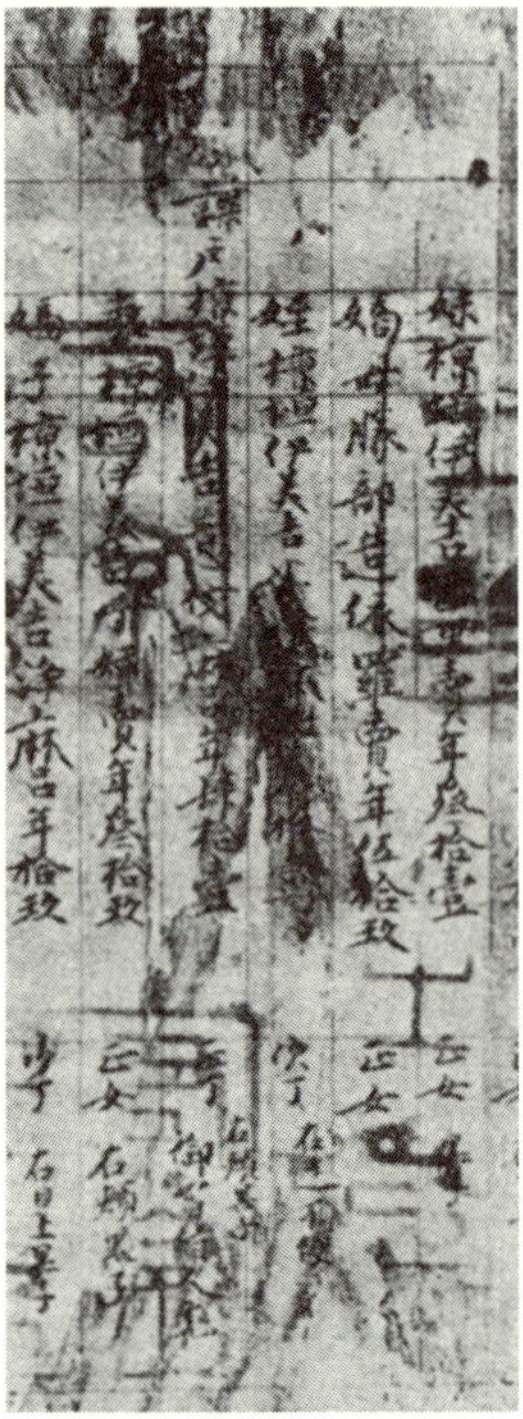

図15　天平5年『右京計帳』の断簡。巳里賣，依羅賣，子姉賣の名がみえる。（故横山由清，故佐々木信綱博士，ついで角田文衞旧蔵，現在は所在不明）

雑類④三音節型　[16]意冨佐賣　[21]毛美良女　[7]小廣女　[11]阿麻尓賣　[17]刀《はかし》賣　[10]御川賣　[7・11]眞養《まかひ》賣　[1]小宮賣　[11]志豆米賣　[12]麻刀《と》米賣　[10]形名賣　[10]松葉賣　[10]伊夜志賣（卑女）　[10]椿賣　[10]參歳《みとし》賣　[21]三冨女　[10]麻志麻賣　[10]川羽賣　[10]廚《くりや》賣　[10]莒屋《はこ》賣　[9]阿流自賣　[19]床世《とこよ》賣　[7]小妹《いも》女　[5]小牧女　[21]小卷女　[5]子安女　[5]大屋女　[2]賣乃古賣　[2]波眞古賣　[2]伎奴古賣　[2]櫻賣　[16]眞櫛賣　[1]古都都賣　[1]木葉賣　[1]大《おほ》根《ね》賣　[1]意《を》比《び》等《と》賣　[1]子耳賣　[1]宇留和賣　[16]眞黑女　[16]小宅女　[16]依羅《よさみ》女　[16]小粳賣　[12]比佐禰《ね》賣　[12]東方《あづま》賣　[12]眞清賣　[12]靜賣　[11]飛鳥賣(4)　[19]床世賣　[11]阿久多賣　[11]大羽賣　[11]漆重《ななへ》賣　[20]弖《て》豆《つ》支《き》女（[21]手豆支女）　[11]萬賣　[11]伊須賀賣　[11]廣田賣　[11]酒屋賣　[17]勝《すぐり》賣　[5]田長《をさ》女　[12]手持《たもち》女　[17]牟都美賣　[17]我妹《わぎも》賣　[17]老女《おうなめ》　[18]眞積女　[18]宇須彌賣　[18]眞加世女　[15]眞影女　[17]宿太《すくた》賣　[17]袁美名女　[17]櫛名賣　[12]御冨《みとみ》賣　[11]田蓑賣　[17]毛《えみし》女　[17]香《かをり》賣　[12]川見賣　[12]御衣《みけし》賣　[11]鳥木賣　[11]志多布賣　[17]多閉《とじ》賣　[20]大津女

雑類⑤四音節型　[14]阿多麻志賣　[11]秋山賣　[11]大結賣　[20]五《い》十《そ》上《がみ》女　[11]奈都加志賣　[11]大家《やけ》賣　[11]伊布賀志賣　[12]眞《ま》東方《あづま》賣　[2]伊酒賀賣

大宅賣[12]　大宅女[21]　廣浜賣[11]　床持《とこもち》賣[16]　大谷賣[16]　淨濱賣[16]　古阿《ふるあ》[16]
麻《ま》賣　古阿由賣[1]　古伊呂賣[1]　乎彌奈古賣[1]　眞《ま》宿奈《すくな》賣[1]　弟由
良賣　小櫻賣[2]　眞目乃古賣[2]　道中賣[10]　入坐《いりまし》賣[10]　稲敷賣[12]　日《ひ》[17]
女《め》足《たり》女　廣宅賣[4]　廣椅《はし》女[21]　阿治麻佐女[21]　安占《やすうら》賣[14]　衣《きぬ》村賣[14]
稲虫賣[10]　鴨刀自賣[10]

雑類⑥五音節型　小《こ》宅豐《やかとよ》賣[12]　大海《おほしあま》賣[1]

特例

(a) 手古賣[3]　手子賣[2]　小手子《こてこ》賣[1]
(b) 賀豆郎女《かづのいらつめ》[16]
(c) 於美奈女[15]　乎美奈賣[11]　袁美奈賣[11]　乎彌奈古《をみなこ》賣[1]　志豆加比《しづかひ》賣《め》[11]
(d) 凡治部君餘《おほぢべのきみあぐり》[17]賣年六十九　生部餘《いくべのあぐり》賣年七十[17]

以上は、分類の原則に統一性を欠いた、すっきりしない類別表であるが、奈良時代中期における庶民の女性名は、型式的には、い、ち、おう網羅しているといえよう。(5)

なお、奈良時代中・後期の寺院址から出土する文字瓦には、女性名の誌されたものも幾つか出土している。たとえば、備後國深安郡千田村（現在、広島県福山市蔵生町）の廃海蔵寺（宮の前廃寺）址は、塔や金堂の塼積み基壇の存在や白鳳時代の鐙瓦《あぶみがわら》、宇瓦《のきさきがわら》などの出土によって著名である。この塔址から出土した古瓦類は天平時代に比定されているが、そのなかには女性名を刻した瓦片が存している(6)（図16）。

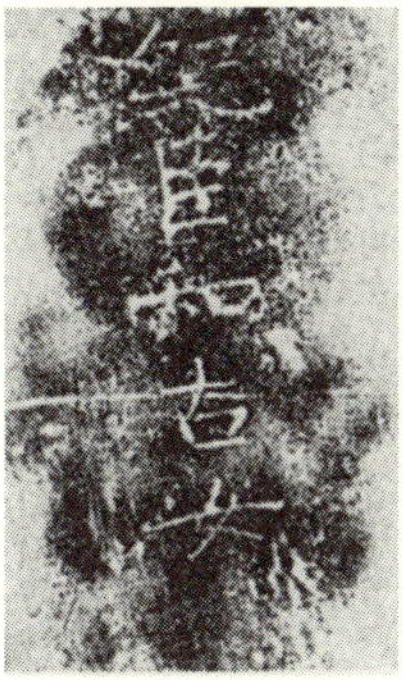
図16「紀臣和古女」の刻銘のある丸瓦の拓本。広島県，海蔵寺址出土。（福山市教育委員会所蔵，村上正名氏提供）

紀臣和古女　紀臣石女　□□造飯依女　□□部□虫女　輕部君黑女　□□部臣飯依女

これらは、塔の造立に寄与した檀越の女性たちの名と想定される。(7)

庶民ないし地方民の女性名に関する「賣型」の優勢さは、驚くばかりであった。たとえば、天平十七年（七四五）ごろから天平勝宝九歳ごろにかけて書写された知識経の『大般若経』(8)（いわゆる『家原邑知識経』）には、河内國大縣《おほかた》郡家原邑《むら》の有力者たちの女性（願主）の名が散見している。

林連白刀自女　牧田忌寸玉足賣　下村主《しものすぐり》弟虫賣　文牟史《ふむのふびと》
玉刀自賣　伯太造《はくたのみやつこ》疊《たたみ》賣　私若子《きさいのわくご》刀自　馬首《うまのおびと》寶《たからぬし》主賣

「賣型」の女性名の根強さの一端が知られよう。

庶民女性名の特色

庶民の女性名全般については、本章の初めに概述しておいた。庶民の女性名にとって、「め」という接尾語は不可欠であったが、この「め」はむずかしい「賣」より簡単な「女」に替わる傾向がみられるし、また同じ一巻の計帳や歴名帳でも、賣と女が混用されている。木簡や瓦銘にあっては材質の都合もあって、例外なく女字が使用されている。

奈良時代中期には、男性名につく「彦」は全く廃《すた》れた。これに対応する「媛（比賣、日女）」は、澱《おり》のように、庶民の間で若干保持されていた。郎女《いらつめ》は、庶民の間に沈下し、稀ではあるが、実名として用いられた。手古賣は、東国にかろうじて残存し、「×手賣型」は、とみに廃れた。

申賣、羊賣、牛賣などの十二支型の女性名は、数多くはないけれども、依然としてつづいていた。なお、この申賣、猨女は実名であるが、これと官女としての猨女（猿女）とを混同してはならない。後者は、縫殿寮に出仕し、神事のさいに神楽の舞いを奉仕する宮人《くにん》で、定員は四名であった。[9]官人としての猿女は、戯女《ざれめ》に由来したものと理解されているが、[10]この辺は再考を要する問題である。後に触れるように、実名の猨賣の伝統は、中世まで根強くつづいた。

つぎに阿古賣は、言うまでもなく「吾子賣」の義で、両親が自分の子を親しんで呼ぶ愛称に賣を付けて女性の実名としたものである。[11]紀貫之が童名を「阿古久曽《あこくそ》」といったのは有名であるが、[12]後には、「あこ女」が女性の実名として存続したのに対し、「阿古」のほうは、男子の実名ならびに童名として用いられた。たとえば、延喜八年（九〇八）の『周防国玖珂郷戸籍』[13]には、

久米直阿古人丸　三宅史阿古賣　周防凡直阿古賣

などの名がみえ、実名としてのあこ女は、その後も永くつづいた。[14]

「餘賣」は、「あまるめ」ではなく、「あぐりめ」と訓むのを妥当とする。百済王の氏の名である「餘」については、『続日本紀』の古写本は、これに「アグリ」の訓みを施している。たとえば、天平勝宝三年正月二十五日条には、「外従五位下餘《あぐりの》義仁《ぎじむ》」が従五位下に叙された旨が記載されている。

喜田貞吉博士（一八七一～一九三九）は早く氏および名としての「あぐり」に注目し、「餘」は百済王家の氏で、日本では「あまり」から「あぐり」に転じたものと解された。[15]しかし「あまり」より「あぐり」への音韻上の転訛についての喜田博士の解釈は迫力に欠けている。

著者の仮説では、百済王家の氏名の「餘」は、百済の発音で「あぐり」と訓まれたと思われる。百済からの帰化人は、名について特別の待遇を蒙っていた。たとえば、王《コニキシ》（コニ、コンは、大の意。キシは、君の義。大君［おほぎみ］、つまり王の義）の一族は、帰化した後に、「王《こにきし》」という姓《かばね》を賜わっているし、名の点では他の帰化人のように日本人に同化せず、貞観期にいたっても慶命、教俊、貞恵といった百済式の諱を称していた。王家の氏の名の「餘」の訓みが帰化後も固執されたのは、当然であろう。

律令時代の郡郷制では、餘戸《あまり》郷が全国的に散在していた。餘賣は、女子のみが生まれ、男子が生まれないとき、これが最後の女児であるようにとの願望をもってつけられた名と推定される。そのさい、これを「あまりめ」と訓まず、百済風

の新鮮な訓みの「あぐりめ」を採用したことは、充分に首肯できるのではなかろうか。

延喜二年（九〇二）の『阿波国板野郡田上郷戸籍』(16)には、服部《はとりべの》餘賣《あぐりめ》の名がみえる。平安時代も末の治承三年（一一七九）の仏像の胎内木札銘には、仁科家の平朝臣盛家の三女として安倶利《あぐり》の名が検出される。(17)現代なおしばしば遭遇する「あぐり」なる女性名については、後にも言及するが、その起源が奈良時代の中期に遡ることは、銘記さるべきである。

「正倉院文書」には、天平八年ごろの『大隅国隼人計帳』が存する。そこに記載された女性名を通覧すると、

㈠ 浄賣　持賣　古賣　綿賣　黑賣　小黑賣　酒賣　酒屋賣　椋《くら》屋賣　妹賣　吉賣　魚《いを》賣　姪賣　眞宅賣　稲積賣
㈡ 眞玉賣　子嶋賣
㈢ 嶋虫賣　廣虫賣　酒虫賣　玉虫賣　虫名賣
㈣ 都伎《つき》賣　美和賣　麻呂賣　奈佐賣　比知賣
㈤ 豆布良賣
㈥ 刀自賣　廣刀自賣　白刀自賣　乎刀自賣　小刀自賣　眞刀自賣　豊刀自賣

のようである。隼人の女性名が初めどうであったかは不明であるにしても、(18)八世紀の前半においては、普通の日本女性の名と共通化していた事実は、留意さるべきであろう。

ここで誤解しないでほしいのは、日本の婢は、古代ローマの女奴隷（serva）(19)などとは異なり、賤民の女性の義であったということである。賤民は、奴隷ではないから行動は自由であったが、みずからを購《あがな》って良民《りょうみん》（ろうみん）の身分を獲得することはできなかった。「放賤従良（manumissio）」は、しかるべき条件にもとづいて明神《あきつがみ》たる天皇が裁定する大権であって、そのさい、氏と姓《かばね》が下賜されたのである。古代ローマにおける奴隷解放は、政務官の判決（addicto）や戸口監察官（censor）の承認（comprobatio）によって比較的簡単に実施されたが、(20)奈良時代の日本では、厳重な条件を前提としたうえで、勅裁を経ねばならなかったのである。

初めにかかげた多数の庶民女性の名のなかには、婢の名も幾分まじっている。それは、良民と賤民の女性の名に、いちじるしい距りがないためであった。しかし微細に検討すると軽少ながら相違も認められるので、少しく説明をくわえておく必要があると思われる。

「正倉院文書」天平勝宝二年五月十五日付「出挙銭解」

謹解　申出挙銭請事
　　合請銭四百文
高屋連兄胲　　質口分田二段
相妻　笑原木女　女稲女　阿波比女
□(右カ)人生死同心、八箇月内半倍進上。若期日過者、利加進上。謹解。
　　若年不過者、稲女、阿波比女二人身入申。
　　　　天平勝宝二年五月十五日

高屋連兄胲夫妻とその娘二人が共同債務者となって、銭

四百文を借りようとした融資申請書。期限にいたって返済できぬ場合には、二人の娘が貞操を提供する旨が記されている。購売奴婢制が行われていなかった日本では、このさい、娘二人が婢におちいることはなかった。

まず、(21)「正倉院文書」の天平勝宝二年（七五〇）の「但馬国解」をみると、そこには、

婢田吉賣年十九 左頬黒子　価稲壹阡束

右朝来郡桑市郷戸主赤染部大野之婢

婢小當女年十七 頸右黒子　価稲玖佰伍拾束

右二方郡波大郷戸主釆女直眞嶋戸釆女玉手之婢

と記載されている。この田吉賣《たよし》も小當女《をあた》も、ともによほど容貌と健康に恵まれた、若々しい婢であったせいか、稲千束、九百五十束という法外に高い価格で売買されている。その前年―勝宝元年―の文伊美吉《ふむのいみき》廣河の解(22)には、

婢阿古賣年廿八 右京九條三坊戸主文伊美吉廣川(ママ)婢 印左眉上黒子頸左黒子

直壹拾貫

とあり、「阿古」が婢の名にも用いられていたことが知られる。勝宝二年、大宅朝臣可是麻呂が東大寺に貢進した奴婢のうち、婢としては、

飯持女年廿二　刀美女年七十　麻刀自女年六十　秋夜女年四十　刀自女年三十七　多比女年八十九　三嶋女年五十八　奈爲女年三十八　和伎毛《ぎも》女年三十三　眞枝足女年二十八　香留女年廿五　滿《まろ》女年七　久理夜女年十四　衣屋女年七十一　姉女年六十　飯刀自女年四十二　廣女年十八　辛刀自女年三十五　加良門女年三十五　狛刀自女年三十二　黑刀自女年廿一　古刀自女年十二

などの名が見いだされる。(23)

同じ天平勝宝二年の「官奴司解」には、官所有の婢一〇〇名の名もそれぞれ記録されている。これらの名に認められる最大の特色は、どの名も不可避的に接尾語の「女」字をおびていることである。これを念頭においたうえで、つぎに上記の婢の名を分類してみよう（年齢は省略する）。

簡単な女型　美氣女　廣椅《はし》女　小楓《をかへで》女　千廣女　蓑女　眞山女　秋女　鮑《あはび》女　伊刀女　枝女　黑女　結女　乙女　練《ねり》絁《ぎぬ》女　雲女　小倉女　木葉女　眞魚《まな》女　稲倉女　筝《かたむな》女　益女　志豆女　夜登女　東《あづま》女　田次《たすき》女　三雪女　古女　御《み》衣《けし》女　小月女　宿奈《すくな》女　名草女　倭《しづ》女　狹野女　麻得《まえ》女　麻祀佐《ましさ》女

刀自女型　濱刀自女　淨刀自女　奈刀自女　眞刀自女　廣刀自女　國刀自女　刀自女

嶋女型　秋嶋女　廣嶋女

虫女型　粳虫女　弟虫女

手女型　牛手女

伎女型　麻多伎女

比女型　伊具比女

庭女型　廣庭女　眞庭女

治女型　阿治女

足女型　日女足女　具足《ともたり》女

以上を通観して指摘されるのは、婢の名には、簡単な女型が圧倒的に多く、刀自女型はこれについでいること、一般庶民にわずかながら見受けられる嶋女、虫名、手女、伎女、比女、庭女、治女、足女などはきわめて稀有である。そこには所有者の呼びやすさという無言の圧力があり、一方では分相応と抑制が無意識のうちに働いていたと思われる。といって婢がとりわけ卑しい名をおびることもなかった。

賤民は、一面奴隷的性格を備えている。そこに彼らが動産として売買されるゆえんもあった。また本主は、自分の所有する婢を姦することも、賃貸することも、法律的に認められていた。しかし、瀧川博士も指摘されているとおり、「奈良、平安時代に艶色を弄ばしめるために婢を賃貸したという実例は、遂にこれを見出すことができない(24)」のである。

ここで注意を要するのは、大石阿子麻呂(25)や漢部《あや》阿古麻呂(26)に対する阿古賣の問題である。

万葉仮名のうえでは、子、古、兒、姑、は、すべて清音・甲類に属している。したがって阿古賣や手古賣の古は、子と同じである。庶民の女性としては、早くから「若子賣(27)年十三小女」、「功子《いき》賣(28)年十七小女」がみられ、また麻古賣、阿古賣（以上七〇頁）が存するけれども、これらは子型の男性名、たとえば、

石川朝臣若子《わく》(29)　紀朝臣眞子(30)　多治比眞人公子(31)　服部連功子(32)

のような名に対応する女性名であり、庶民の女性に関するかぎり、賣、女を必ず接尾語として付したのであった。

『続日本紀』には、養老七年（七二三）の十二月、官婢の花を放賤し、高市の姓を賜わった由が記載されている(33)。この女性の実名は、必ずや花賣であり、編者が不用意に賣字を逸したものであろう。

『万葉集』には、詞書、注、左注によって、遊行女婦《によふ》（ウカレメともいう）と認められる女性の名がいくつかかげられている。

①蒲生娘子《がまふのをとめ》（巻第十九、四二三二番）　松浦娘子《まつらのをとめ》(34)（巻第十五、三六八二番）　清江娘子《すみのえの》（巻第一、六九番）　播磨娘子（巻第九、一七七六番）　對島娘子（名は玉槻《たまつき》）（巻第十五、三七〇五番）　常陸娘子（巻第四、五二一番）　土師《はにし》（巻第十八、四〇六七番）

②兒島（巻第三、三八一番、巻第六、九六五番）

①は、ある地域——たとえば清江（住吉の津）——の名をとり、漠然とその地の遊君を呼んだもの、②は後世の源氏名に該当する接客名である。また起中國史生《しじよう》・尾張少《を》咋《ぐひ》が現地妻として寵愛した左夫流兒《さぶるこ》(35)（兒は、愛称）は、一定の時期に一人のパトロンをもつ遊行女婦（いわゆる「オンリー」）の一種なのであろう。

「左夫流賣」といった名は、管見のおよぶところ、奈良時代の文献には検出されない。たぶんこれは、接客名と認めてよいであろう。

なおこの『万葉集』は、官撰ないし勅撰の歌集でないだけに、女性はしばしば呼び名や敬称で記されている。たとえば、大伴坂上大嬢《さかのうへのおほいらつめ》（大伴家持の妻）と大伴田村《たむら》大嬢とは、もちろん、呼び名であり、実名は不明である。『万葉集』巻第四（第七五六～七五九番）に付された左注には、

右田村大嬢、坂上大嬢《トハ》、並《ビニ》是《レ》右大辮大伴宿奈《すくな》麻呂卿之女也。卿居《レバ》二田村里《ニ》一号《シテ》曰《フ》二田村大嬢《ト》一。但《シ》妹坂上大嬢者、母居《ル》二坂上里《ニ》一。仍《ツテ》曰《フ》二坂上大嬢《ト》一。

とみえ、呼び名の由来が説明されている。

そのほか『万葉集』にみえる女性たち、たとえば、巫部《かんなぎへのま》麻蘇娘子《そのをとめ》(36)　安都扉娘子《あとのとびらの》(37)　日置長枝娘子《へきのながえの》(38)　他田廣津《をさだの》娘子(39)

などの本名は、接尾語として「賣」をつけていたか、それを略していたかのいずれかであって、「娘子《をとめ》」は親愛の情を表するために添加した仮の接尾語と思料される。この親愛の情から遊行女婦をも「×××の娘子《をとめ》」と呼んだことは、すでに述べたとおりである。

皇・王族と貴族の女性名

つぎに、奈良時代中期における皇・王族や貴族の女性名について述べたい。まず皇・王族の名は、乳母や外戚の氏名《うじな》に因《ちな》むことが多く、菟道貝鮹《かひだこ》皇女(40)のような変わった名はみられなくなった。孝謙天皇は、もと阿倍内親王と称したが、(41)これは主乳母の阿倍朝臣石井《いはゐ》(42)の氏名に由来している。『続日本紀』巻第十七までにみえる女王たち、すなわち、

粟田女王　池上《いけのへ》女王　伊福部女王　宇遅女王　多伎女王（多紀臣に因む）　大野女王　廣湍《ひろせ》女王　日置《へき》女王　河内女王　春日女王　丹生《にふ》女王　高橋女王　小長谷《をはつせ》女王　坂合部《さかひべ》女王　茨田《まむた》女王　陽胡《やこ》女王　海上《うなかみ》女王　日下《くさかべ》女王　星河女王　石川女王　葛野《かつぬ》女王　秦女王　久米女王　氷上女王　巨勢女王　岡《をか》田女王　檜隈《ひのくま》女王　矢代《やしろ》女王（波多八代宿禰に因む）　住吉女王　忍海《おしぬみ》女王　神社《かみこそ》女王（神社連に因む）　新《にひや》女王　豊國女王　長柄《ながら》女王（長柄首に因む）

等々は、すべて氏の名に因んでいる。土地の名によると思考されるのは、久勢女王くらいであろう。

貴族女性の名は、ほぼ五種類に分けられる。(43)

第一類　接尾語の女、賣、刀自、媛、娘《いらつめ》などを初めから、あるいは成人後に省略したもの。

山田史日女嶋　紀朝臣音形《おんな》　家原連音那《おんな》　飯高君笠目(44)　穂積連多理　大原宿禰三原　大宅朝臣諸姉《もろね》　中臣殖《ゑ》栗連豊日　采女朝臣首名《をとな》　采女朝臣若　尾張宿禰小倉　黄文《きぶみ》連許志《こし》　朝倉君時　茨田宿禰弓束《ゆづか》　秦忌寸大宅《おほやけ》

〔虫女型に由来したもの〕　賀茂子虫　小槻山君廣虫　忍海連伊賀虫　古仁《こにの》虫名

第二類　女、賣、刀自、媛、妹、娘《いらつめ》などの接尾語を有するもの。

竹首《をびと》乙女　藤原朝臣殿刀自　藤原朝臣宮子娘　紀朝臣竈門《かまど》娘　石川朝臣刀子《とね》娘　賀茂朝臣比賣　多治比眞人呼婆《をば》賣　藤原朝臣袁比良《をひら》女　多治比眞人若日賣　佐伯宿禰美努麻女　藤原朝臣安宿《あすか》媛（光明皇后）　久米朝臣比良女　久米連若賣（藤原百川の母）　他田舎人直《をさだとねりのあたひ》刀自賣　若湯坐《わかゆゑ》宿禰繼女　縣

犬養宿禰廣刀自　大倭御手代《みてしろ》連麻呂女　丈部《はせつかべ》直刀自　大《おほ》神《みわ》朝臣杜女（毛理賣）　螺江《さざえ》臣夜氣女　置始《おきそめの》連祈志《きし》女　土師宿禰眞妹

第三類　性別が判然としない女性名。

阿倍朝臣石井　飯高君笠目　石上朝臣國守　藤原朝臣吉日　中臣殖栗連豊日　大春日朝臣家主　佐味朝臣稲敷　中臣朝臣眞敷　箭集《やづめの》宿禰堅石《かたし》　熊野直廣濱　氣太《たの》公十千代《とちよ》（男性名に、国造千代がいる）(45)　岡連若子

第四類　子（古）を接尾語としたもの。

藤原朝臣駿河古　藤原朝臣弟兄《をとえ》子　藤原朝臣家子　岡連若《わく》子　槻本連若子　大田部若子

第五類　佳字を用いた名、新味のある名。

紀朝臣音那　橘宿禰通何能《つかの》　藤原朝臣百能《ももよし》　紀朝臣意《お》美奈　縣犬養宿禰八重(46)　橘宿禰古那可智

以上を通観していえるのは、皇・王族の女性名は別として、貴族の女性名が女、賣、刀自、比賣のような接尾語を命名時、あるいは成人後に切除する傾向が強くなったことである。本人もさることながら、貴族社会では、ある女性が名の接尾語として、女、娘、比賣を有するかいなかに無頓着であったことも注意される。同じ『続日本紀』でも、藤原宮子娘は藤原宮子とも記され、また山田女《ひめ》嶋は山田比《ひめ》嶋女などと適当に記されており、編者たちは、女性名の接尾語について無神経であった。

この宮子娘（聖武天皇の生母）の父は、律令体制の確立者として知られる藤原不比等であった。彼は、政治的には深謀遠慮の人物であったけれども、次頁の系図にみるとおり、娘たちの名については場当たり主義をとっており、なんら統一的な方針をとらなかった(47)。

尚蔵兼尚侍・藤原袁比良《をひら》は、右大臣・房前の娘で、藤原仲麻呂の正妻であった。その本名は、正倉院御物の木札の銘(48)によると、「藤原朝臣袁比良賣」であった。ところが『続日本紀』には、同女が袁比良、袁比良女、宇比良古などと記され、また『公卿補任』（天平宝字六年条）には袁比良姫とあり、きわめて御都合主義的である。天平二十年の十一月の「小治田朝臣藤麻呂解(49)」には、

祖母　池田朝臣宅持賣
姑　小治田朝臣比賣比等咩《ひとめ》

の連署がみられる。編纂物の書籍には、宅持賣などは、あっさりと宅持女と記される可能性が多い。したがって『続日本紀』の女性名の場合、接尾語の「め」が賣字であったか女字であったのか、「賣（女）」が初めからなかったのか、記載にさいして省略（除去）されたのかを判別することは、個々の場合、必ずしも容易ではないのである。

一方、天平八年（七三六）八月二十六日付の「内侍司牒(50)」には、

従五位上典侍　大宅朝臣諸姉《もろね》
錦部連川内(51)
栗太采女　小槻山君廣虫

不比等の子女たち

不比等
- 武智麻呂　左大臣　正二位　天武九年生　母　蘇我娼子
- 房　前　参議　正三位　天武十年生　母　蘇我娼子
- 宮　子　文武夫人　太皇太后　天武十二年頃生　母　賀茂朝臣比賣
- 長娥子　左大臣長屋王室　従三位　持統元年頃生　母　賀茂朝臣比賣？
- 宇　合　参議　正三位　持統八年生　母　蘇我娼子？
- 麻　呂　参議　従三位　持統九年生　母　叔母　藤原五百重娘
- 安宿媛　光明皇后　大宝元年生　母　縣犬養宿禰三千代
- 吉　日　左大臣橘諸兄室　従三位　慶雲元年頃生　母　縣犬養宿禰三千代？
- 殿刀自　従三位大伴古慈斐室　正四位上　慶雲三年頃生　母　不詳

とあり、同じく天平八年七月二十九日付の「内侍司牒(52)」にも、

別君《わけのきみ》　千萬《ちま》

従五位上大宅朝臣諸姉　　従八位上志我《（滋賀）》采女　　槻本連

若子

の名が見受けられる。公文書に看取される右のような記載は、すでに上層階級（地方をもふくめた）の女性名の間には、

諸姉賣→諸姉　廣虫賣→廣虫　河内賣→河内　若子賣→若子　千萬賣→千萬

という「賣（女）」の脱落現象が進行しつつあった事実を証示するものである。諸姉の場合は、賣の脱落が最も早く、他の公文書(53)においても、この名には接尾語としての「賣」を用いていない。

正倉院に収蔵されている木製の献物牌には、

①藤原朝臣袁比良賣(54)（房前の娘。藤原仲麻呂の妻）
②藤原朝臣百能(55)（藤原麻呂の娘。藤原豊成の妻）
③藤原朝臣吉日(56)（不比等の娘で橘諸兄の妻）
④藤原朝臣久米刀自賣（藤原宇合の娘らしく、藤原巨勢麻呂の妻であった婦人か）

などの墨書銘が見受けられる(57)。同院収蔵の一枚の紙箋には、「氣《け》多《たの》十千代獻《ズ》」と書かれている(58)。これもまた女性名である(59)が、それはおそらく縣犬養宿禰三千代(60)がいちはやく接尾語の「賣」を除去したことに追随したものであろう。葛井廣成の妻で、命婦の任にあった縣犬養宿禰八重(61)は、三千代の姪と推測されるが、彼女も「賣」より脱却した婦人であった。公文書にも、すべて「八重」と明記されている(62)。

言うまでもなく采女は、諸国司が管下の郡の豪族の娘を貢進した女人たちであるが、彼女らの大部分は初めには、賣（女）、比賣、比咩などの接尾語のある名をおびていたに相違あるまい。しかし宮廷生活に馴染《なじ》むにつれて、田舎風ないし古風の賣字を嫌い、これを除去して、第一類の名としたものも、相当数いたことであろう。

出雲國大原郡出身の大原采女・勝部鳥女(63)は、都に生活して

も本名を変えなかった。光明皇后の側近として活躍した板野命婦の正式の名は、従五位下粟凡直《あはのおほしのあたひ》若子であった。[64]彼女は、阿波國から貢進された采女の出であったが、おそらく初めの名は、若子女ないし若賣であったのであろう。[65]

もう一つ指摘されるのは、庶民、とくに地方の女性名が種々変化に富み、古い型をとどめていることである。これに対して貴族の女性名は簡明化の路線をたどりつつあった。男性名として「麻呂」が「彥」に交替して流行した関係もあって、子型の男性名は稀となり、子型、古型の女性名の漸増がつづいた。子女型の名は、貴族社会ではほとんどみないようになった。

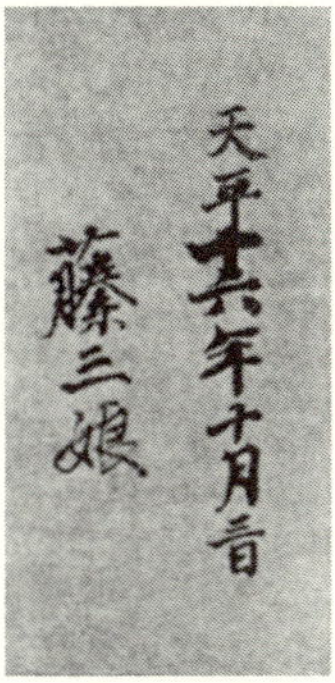

図17　光明皇后の自署,『樂毅論』巻末（正倉院文書）

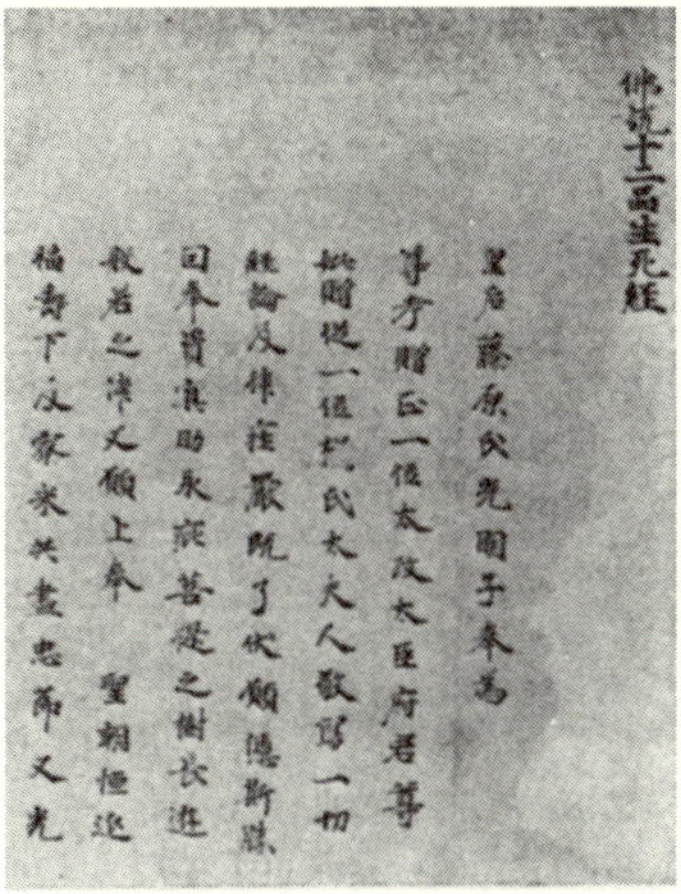

図18『仏説十二品生死経』の跋文，いわゆる『五月一日経』のうち

光明皇后の名は、あまりにも有名であるが、それは俗称であって、正式の尊号は、天平應眞仁正皇太后である。[66]太后の諱は、安宿媛であった。[67]親族間での字《あざな》は、正倉院御物『樂毅論』巻末の自署（図17）にみるとおり、「藤三娘」であった。[68]また天平十二年のいわゆる『五月一日御願経』の跋文（図18）に記されているように、天平十年前後に諱を光明子と改めた。これは、皇后や信任の篤かった藤原仲麻呂の唐風趣味に由来する名で、「皇后藤原氏光明子《くわうごうふぢはらしのくわうみやうし》」と訓まるべきであろう。皇太后は晩年出家し、法名を則眞と称された。[69]

光明皇后は、よかれ悪しかれ、奈良時代中期の代表的女性であるが、それだけに最初の本名、変更した本名、字、法名、尊号などがよく伝えられているのである。

奈良時代の官女、つまり宮人《くにん》は、後のような女房名をもたず、氏や出身の郡の名に命婦の官名を付して呼ばれるのがつねであった。板野命婦は、阿波國板野郡貢進の采女で、従五位下に叙された粟直若子を指している。[70]山田命婦[71]は、従五位下・山田史日女嶋と認めてさしつかえがないであろう。石川（内命婦）が大伴安麻呂の妻、大伴坂上郎女の母で、本名を石川朝臣邑婆といったことは、上述のとおりである。命婦にいたらない女孺《にょじゅ》の場合は、所属の官司と本名で呼ばれたように推量される。たとえば、蔵司女孺・某姓某女のごとくであったようである。[72]

奈良時代中期における尼の法名は、

信勝(73)　善光(74)　善福(75)　願証(76)　寶浄(77)　寶藏(78)

などである。例は多く知られていないが、まだまだ「妙」字の優勢は存しなかった。

4 奈良時代後期

図 19　紀朝臣吉繼の墓誌（延暦 3 年，刻文塼，縦 25.0 cm，左右 15.6 cm，厚さ 6.0 cm）

（大阪府，妙見寺所蔵）

史料の問題

奈良時代後期は、ほぼ八世紀の後半に該当している。この時期の女性名を研究するうえでの困難さは、中期の場合と異なって、戸籍、計帳の類が全く遺存しないことである。『続日本紀』には、皇・王女や地方の庶民を除いて八世紀の女性名が約三百も記載されており、その点では倖《しあわ》せであるが、編纂物であるという欠点は免れがたいのである。

しかし「正倉院文書」には、女性の名が散見するし、当代の古写経の跋文にもしばしば女性の名がみられる。平城京址発見の木簡は、八世紀全般にわたっており、個々の木簡について八世紀の前半か後半かを判定することは無理であるが、相当数が八世紀後半に属することは、想定してもよかろう。長岡京出土の木簡は、近来、数がふえてはいるけれども、女性名に関しては、「家刀自女」の木簡が知られている程度である。(1) 平城・長岡両京址とも、女性名を録した木簡の出土は、今後も大いに期待されよう。

なお、『日本霊異記』にも、奈良時代の女性名が散見している。

①日下《くさか》部眞《べのま》刀自《とじ》(巻中の第三。聖武天皇の御世の人。武蔵國多摩郡の吉志火麻呂の母)

②置染《おきそめ》臣鯛女《たひめ》(巻中の第八。平城京、登美寺の上座尼・法邇の娘。行基に師事)

③布敷《ぬのしき》臣衣女《きぬめ》(巻中の第廿五。讃岐國山田郡の人。生存時は、聖武天皇の御世)

④岡田村主《すぐり》姑女《をばめ》(巻中の第卅二。紀伊國名草郡の人。聖武天皇の御世)

⑤鏡作造萬之子《よろづのこ》(餘呂豆能古)(巻中の第卅三。聖武天皇の御世。大倭國十市郡の人)

⑥海 使 蓑女《あまのおみのみのめ》(巻中の第四十二。左京九條二坊の人。淳仁天皇の御世)

⑦忌部首多夜須子《たやすこ》(巻下の第廿。光仁天皇の治世。阿波國名方郡の人)

⑧巨勢呰《あざ》女(巻下の第卅四。紀伊國名草郡の人。淳仁天皇の御世)

右のように、八人の女性名が知られるが、周知のとおり、『霊異記』はあまり良質の史料ではないので、以上は参考にとどめておくことが望ましいのである。

貴族女性名の推移

まず皇族の女性をみると、宝亀三年(七七二)十月、斎宮の身でありながら中務大輔・菅生王と密通し、斎宮を廃されたうえに内親王の属籍を削られた小家《をや》(小宅)内親王(2)(御原王の娘)の名は、小家連の氏名《うじな》に因《ちな》んでいる。光仁天皇の皇女のうち、彌努磨内親王は水沼《みぬまの》君、能登内親王は能登臣から出た女性（乳母）と関連があるであろう。酒人内親王の名は、明らかに乳母の酒人忌寸刀自古[3]に因《よ》っているのである。光仁天皇の異母姉の坂合部内親王は坂合部宿禰、同じく難波内親王は難波氏（宿禰姓または連姓）と関係づけられる。

王女たちの名も、乳母の氏名、その他外戚の氏名に因《ちな》むことが圧倒的であった。

池原女王（池原公）　伊刀女王（伊刀宿禰）　置始女王（置始連）　小垂水女王（垂水公）　小治田女王（小治田朝臣）　尾張女王（尾張宿禰）　笠女王（笠朝臣）　加豆良女王（縵連）　浄原女王（浄原臣）　坂上女王（坂上宿禰）　高向女王（高向朝臣）　枚《ひら》田女王（枚田忌寸）　福當《ふたぎ》女王（福當連）　山代女王（山代忌寸）　弓削女王（弓削宿禰）

しかし、皇・王女の名と氏名との結びつきは、慣習によるものであり、絶対的ではなかった。すなわち、例外的な名としては、

室内親王（淳仁天皇の姉妹）　五百井女王　浄橋女王　名繼女王　八千代女王　全《また》野女王

などが挙げられよう。

『續日本紀』巻第二十以下には、多数の中央貴族の女性や都振りを真似《まね》た地方貴族の女性たちの名がみられる。いまこれを適宜分類してみよう。

第一類　①「め」[4]を省略ないし除去したもの。

粟田朝臣諸姉　内眞人糸井　大神朝臣妹　大伴宿禰眞身《まみ》　縣犬養宿禰八重（重出）　藏毗登《くらのひと》於須美　大伴宿禰諸刀自　藤原壬生直小家主　熊野直廣濱　大鹿《おほか》子虫　橘御笠　箭口朝臣眞弟　古仁《こに》虫名　石川朝臣奈保　橘宿禰眞束　息長眞人廣庭　山口三井宿禰公足　桑原毗登《くはばらのひと》宅持　賀陽臣小玉部　平群朝臣眞繼　文室眞人布登吉《ふとき》　柴原勝《すぐり》淨足　足羽臣黑葛　藤原朝臣乙倉　飛鳥眞人御井　飯高宿禰諸高　紀朝臣眞吉　忍海倉連甑《こしき》　國見眞人川曲《かはげ》　佐伯宿禰三重　縣犬養宿禰男耳　牟義都公眞依　珍努県主諸上　若櫻部朝臣伊毛　酒部家刀自　爲奈眞人玉足　安曇宿禰刀自　江沼臣麻蘇比於保　磐城臣御炊《みかしぎ》　眞神宿禰眞絲　賀茂三月《やよい》　大枝朝臣眞妹　大野朝臣姉（姉女の省略）

なお、この部類に属するものとしては、延暦三年に逝去した紀朝臣吉繼の名が看過されない。彼女は、参議従四位下勲四等陸奥國按察使兼鎮守副将軍で、宝亀十一年（七八〇）三月、蝦夷のために伊治城で殺害された廣純[5]の娘であった。この吉繼は、塼二個を用いた墓誌銘によって名をえており（図19）、それは大阪府南河内郡太子町春日の妙見寺境内の茶臼塚より発見され、現在、同寺に所蔵されている[6]。またこれは、一連の墓誌の最後を飾るものとして著名である。

②字面だけでは性別不明の名で、男性名と対応するもの。

佐味朝臣稲敷　爪工《はたくみの》宿禰飯足　粟田朝臣深見　布勢朝臣小野　當麻眞人山背《しろ》（淳仁天皇の生母）　阿倍朝臣石井《いはゐ》　和《やまと》史《ふびと》家吉　藤原惠美朝臣額《ぬか》

③字面だけでは性別不明で、しかも男性名に対応せぬもの。

忍海連致《いたす》　紀朝臣伊保　藤原朝臣兒從《こより》　鴨朝臣子鯽《こぶな》　橘朝

臣麻都賀　藤原朝臣影　氷上眞人陽侯《やこ》　藤原朝臣人數《さね》　吉備朝臣由利　當麻眞人比禮　巨勢朝臣巨勢野　多治比眞人古奈禰　縣犬養宿禰竈屋《かまどや》　中臣葛野連廣江　紀朝臣世根《よね》　安那公御室

第二類　子型の名で、古字も代用されたもの。

藤原朝臣祖《おや》子　藤原朝臣曹子　縣犬養宿禰老子　藤原朝臣産《なり》子　藤原朝臣今子　紀朝臣宮子　藤原朝臣巨曾《こそ》子　大原眞人室子　石上朝臣等能古《とのこ》　長谷部公眞子　藤原朝臣家兒《やかこ》　藤原朝臣今兒　藤原惠美朝臣　東《あづま》子　藤原朝臣藥《くす》子　藤原淨子　紀朝臣河内子　紀朝臣若子　縣犬養宿禰額子　藤原朝臣數子　藤原朝臣惠子　藤原朝臣鷹子　藤原朝臣旅子　藤原朝臣勤子　藤原朝臣吉子　坂上忌寸又子　藤原朝臣明子　藤原朝臣夜志芳古

子型の女性名の激増が察知される。ただし、皇・王女には、一人として子型の名は見受けられなかった。

第三類　伝統的な賣型であるが、中央貴族の女性の名にも、なお根強く残っている。例はあまりにも多いので、適当に抄出する。

山背忌寸刀自賣（帰化人）　黄文《きぶみ》連眞白女　上道《かみつみち》臣廣羽女　雀部朝臣　東《あづま》女　御間名人《ひと》（ヒトは姓）　黑女　稲蜂間《いなはちまの》連仲村女　多氣宿禰弟女　弓削宿禰美努久女《みぬくめ》　賀美能宿禰濱刀自女（嵯峨天皇の乳母）　葦屋村主刀自女　藤野眞人虫女　巨勢朝臣魚《いを》女　三始《みそめ》朝臣努可女　賀陽朝臣小玉女　桑内朝臣乙虫女　高志毗登久美咩《ひとのくみめ》　額田部蘇提賣（古い手賣型の残存）　大縣《おほあがたの》連百枚女　朝妻造綿賣　津守宿禰夜須賣　因幡國造淨成女　安都堅石《きたし》女　錦部針魚《はりを》女　豐國造信《しな》女　石川朝臣奴女　越智直靜養《しづかひ》女　平群朝臣　炊《かしは》女　丸部臣須治女　神野眞人眞依女（古い依賣型の残存）　小野朝臣小野虫賣　豐原朝臣靜女　上道臣千若《ちわくめ》女

第四類　唐風、百濟風の名。

藤原朝臣玄信　百濟　王《こにきし》　清仁　沙宅《さやの》萬福　百濟王明信　藤原朝臣敎貴　百濟王眞德　藤原朝臣延福　藤原朝臣慈雲　藤原朝臣法壹　藤原朝臣春蓮(7)

第五類　姫型。ただし、きわめて僅少。

百濟王難波姫　紀朝臣橡《とち》姫（光仁天皇の生母）　多治比眞人若日賣　多可連淨日女　三野臣淨日女

第六類　阿古型の名。

穴太部《あなほべ》阿古賣　采女臣阿古女

第七類　新しい型の女性名（重複をいとわない）。

忍海《おしぬみの》伊太須（致とも記す）　石川朝臣奈保　橘朝臣麻都賀　内眞人糸井　藤原朝臣影　布勢朝臣小野　阿部朝臣石《いは》井（孝謙天皇の乳母）　藏毗登《ひと》於須美　大野朝臣中仟《なかち》　吉備朝臣由利　當麻眞人比禮　巨勢朝臣巨勢野　多治比眞人古奈禰《こなね》　飛鳥眞人御井　高野朝臣新笠　藤原乙牟漏（桓武天皇の皇后）　佐伯宿禰三野　藤原朝臣家野　久米直麻奈保《まなほ》　眞神宿禰眞糸　大原眞人明《あきら》　賀茂三月《やよい》　安倍小殿朝臣堺　武生連柏《しひな》（以上二人、平城天皇の乳母）　石上朝臣眞屋《まや》　大枝朝臣眞妹　角《すみ》朝臣廣江　阿倍朝臣古美奈

これらの中には、現代日本の女性名と同じ型がいくつもふくまれていることが注意にのぼるのである。

第八類　伝統的な型の残存した名（重複をいとわない）。

石上朝臣糸手（手賣型）　阿倍朝臣豆餘理《つより》（利賣型）　吉備朝臣由利（利賣型。古くて新しい例）　和氣朝臣廣虫（虫賣型）　藤原朝臣伊久治（治賣型）　額田部蘇提賣（手賣型）　文室眞人布登吉《ふとき》（伎賣型）　牟義都公眞依（依賣型）　丸部臣須治女（治賣型）　美努宿禰宅良《やから》（良賣型）　藤原朝臣綿手（手賣型）　物部海連飯主（主賣型）　佐味朝臣稲敷（敷賣型）

第九類　全く特例の名。

刑　部　勝《おさかべのすぐり》麻呂　藤原朝臣影　忌部毗登隅《くま》　安倍朝臣彌夫人《いやとじ》　岡上連綱

以上を通観して思うのは、貴族社会では、

①接尾語の「賣（女）」の脱落が激しくなったこと、

②「子型」がようやく隆昌に向かったこと、

③男女の区別がつかぬ名が増加したこと（その最もいちじるしい例は、刑　部　勝《おさかべのすぐり》麻呂であろう）、

④奈良時代前期の女性名の性を示す賣が没影したが、ときには語基（語核）のみ存すること（稲敷賣→稲敷、眞依賣→眞依、綿手賣→綿手、その他）、

⑤実名としての娘（郎）女《いらつめ》は皆無となり、比賣（姫）は稀有となったこと（比賣の賣が脱落したため、浄日〔日＝比〕、毛比《けひ》、麻蘇比、賀比のような名が現われた）、

⑥現代の女性名、またはその型が夙《つと》にみられること（まや、また、××野、×江、×ほ、××美の類である）、のような変化が認められる。すなわち、奈良時代を通じて貴族社会における女性名が徐々ながら変移したことが察知されるのである。

奈良・平安時代においては、知識経を別とすれば、写経を行ったのは、上は皇室から下は都鄙の下級貴族にいたる人びとであった。しかし現存する奈良時代後期の写経で、女姓名のみられるのは、ほとんどすべてが知識経である。したがって、そこにみられる女性名は田舎の良家の婦人のそれである。とはいえ、これらの写経は原物であって、編纂物でない点に強味がある。今、『日本古写経現存目録』(8)に収録された天平勝宝二年から延暦十年までの写経の跋文から女性名をとり出し、それらを概観することとしよう（名の下の数字は同書の頁を示す）。

①子型の女性名がかなり認められること。しかし古字を用いた例が多い。

日奉《ひまつりの》　連火稲子66　日奉連刀自子66　忍海連秋子66　須人忌寸乎與志《をよし》子66　丹治比宿禰豐御《とよみ》子　秦連鵜根子68　平群朝臣虫名古66　猪名部首刀自古67　川原連嶋古67　橘戸若島古68　巫　部《かんなぎべの》　刀美《とみ》古68　高田部安古69　桑原史便《やす》古68　川原毘登直刀自古68

②刀自型も若干みられる。なお、刀自古も少なくないが、刀自女は稀である。

檜前村主家刀自66　藤井連福《さき》刀自67　秦忌寸廣刀自68　私《きさい》

部《べ》守刀自69　山階連白刀自69　神前倉人《かんざきのくらひとの》刀自69

③女型はやはり多いが、賣字は稀にしか用いられていない。

財首三氣女《たからのおびとみけめ》54　阿部連難毛賣《(ママ)なけめ》56　牧田忌寸玉足賣56　土師留女《とめめ》(ルメではない)62　多日宿禰大羽古女67　垂水都良女67　山君阿古女67　桑名申女68　大和御都木女68　内臣阿古女68　廣幡君家主女68　長屋連大本女69　錦部赤女69　大和宿禰日女比止女《ひめひとめ》69　春日戸刀自女87

写経にみえる貴族の女性は、和氣朝臣由利くらいであろう(図20)、有名な『僧光覚知識経』の『大法炬陀羅尼経』巻六(天平宝字五年九月十七日付、宮内庁書陵部所蔵)の跋文にみえる神前倉人多比波々《たひはは》は、女性と推察されるが、断定するには躊躇をおぼえる名である。

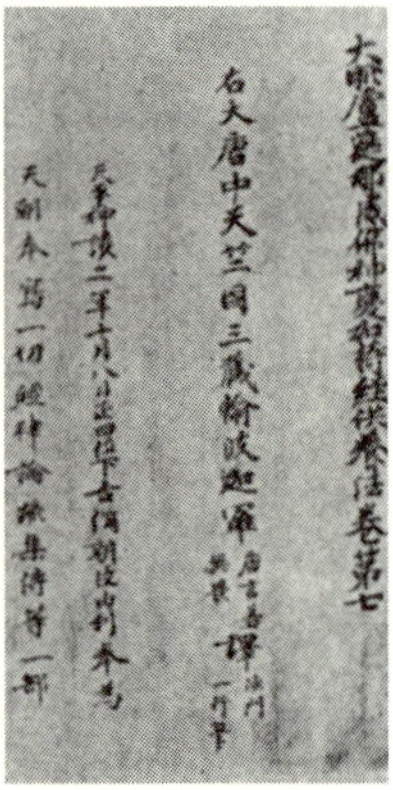

図20『吉備由利発願経』のうちの一巻の跋文(奈良県，西大寺所蔵)

宮人・尼僧の名

女房名ないし女房の候名は、奈良時代にはみられなかった。一般に宮人《くにん》は、官職と氏名で呼ばれるのを原則とした。

尚侍　大野朝臣仲仟(左大臣・藤原永手の妻)
尚侍　阿倍朝臣古美奈(内大臣・藤原良繼の妻。皇后・乙牟漏の母)
典侍　多可連淨日
典蔵　爲奈眞人玉足
典掃　武藏宿禰家刀自
掌膳　壬生連小家主女
掌侍　稲蜂間連仲村女
女孺　和氣公廣虫

しかし現実には、「命婦《みょうぶ》」の語が頻繁に用いられた。いったい、「命婦」には、内命婦と外命婦《げみょうぶ》との区別があり、前者は五位以上をおびた婦人を、後者は五位以上をおびた者の妻を称する。[9]しかし「外命婦」の称は、制度としては後まで存したけれども、[10]実際に使用されることが稀であった。『万葉集』巻第四、六六七番の歌の左注に、

右、大伴坂上郎女之母石川内命婦、与[11]二安倍朝臣虫満《むしまろ》之母安曇《あつみの》外命婦一、同居姉妹、同気之親焉。

と記されたのは、外命婦の称号がみえる稀有の例の一つであろう。

「正倉院文書」には、「命婦」の語が頻出しているが、そのいずれもが五位以上の宮人(内命婦)を指しているのである。天平五年正月十一日紀に、

内命婦正三位縣犬養宿禰三千代薨。

とあるように、尚蔵であろうが、尚侍であろうが、五位以上の宮人であれば、官名に関係なく、すべて(内)命婦と呼ば

れたのである。その若干の例を「正倉院文書」から拾ってみよう。

氣太命婦[12]（三ノ六〇二、十二ノ三四一）　犬甘《かひの》命婦（三ノ六〇三）　山田命婦（三ノ六〇四、四ノ一、十二ノ二八六）　飛鳥命婦（十五ノ一二〇）　三井命婦（三ノ六一〇）　佐味命婦（十一ノ一五九）　笠命婦（十五ノ一八五）　美濃命婦（十六ノ五）

名称に関する特例は、内侍司の掌 侍《ないしのじょう》であって、これは単に「内侍」と呼ばれた。

錦部内侍（三ノ五九九、十三ノ一九四）（錦部連河内）　伊豆内侍（四ノ九五、十二ノ三九一）　積組《つぶくみの》内侍（十一ノ三五九、十二ノ二六〇、十三ノ一九三）　大野内侍（四ノ四六〇、十六ノ二八一、廿五ノ二六五、その他）（大野朝臣仲仟）　意保内侍（十三ノ一九五）　大段《おほいたの》内侍（十四ノ二二四）

前にも触れたとおり、國造粟直若子は[13]、阿波國板野郡出身の采女であった。したがって彼女は、「板野采女」と呼ばれていた。彼女と板野郡とは密接不離の印象を与えていたとみえ、従五位下に叙された後も、「粟命婦」ではなく、板野命婦（十二ノ一、十三ノ一九四、十六ノ四五八）と呼ばれていた。

采女の場合は、例外なく出身の郡名を冠して呼ばれた。厚見采女（十六ノ二八〇）は、美濃國厚見郡、蒲生《がまふの》采女[14]（佐佐貴山公賀比）は、近江國蒲生郡の出である。賀陽《かや》采女（四ノ一九三、廿五ノ付二四）は、

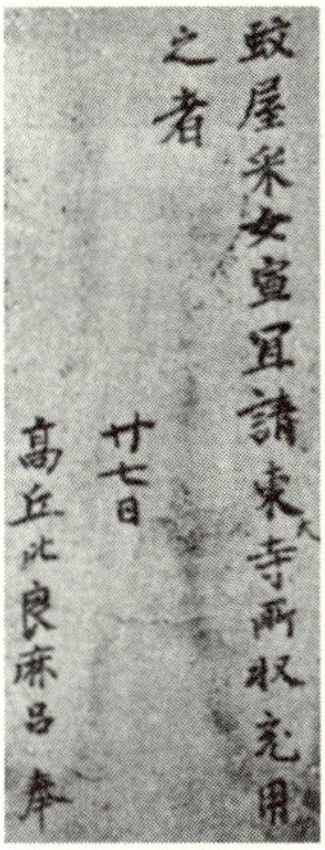

図21　天平宝字8年の「施薬院解」の一端，賀陽（蚊屋）采女の動きを示す史料。
（正倉院文書）

蚊屋采女とも記されるが、この女性は、本名を賀陽臣小玉女といい、備中國賀陽郡から出た采女であった。彼女は、稱德天皇の信任が篤く、勅命を伝宣する役（主として内侍司の官人の役）を演じている[15]（図21）。

掌侍兼典掃従四位下・武藏宿禰家刀自は、足立《あだちの》采女であり、武藏國安立郡の出身であった。伊勢國飯高郡から出た飯高采女で、典侍従三位・飯高宿禰諸高は、奈良時代における采女の出世頭であった[16]。

奈良時代における仏教の隆昌は、当然のこととして、尼や憂婆夷《うばい》の増加を招いた。「正倉院文書」には、この種の人びとの名が多数散見している[17]。

寶浄　善光　善心　慶俊　貞戒　聖證　勝寶　浄眼　定海
善弟　法勤（和氣公廣虫）　信福　花焰　善心　法仁　證寶
眞證　勝延　明軌　善立

以上は多数のうちから抄録した法名である。これらを一瞥すると、「善」字の多いことが目立つ程度であり、後世のように「妙」の隆盛は認められない。

一方、『日本古写経現存目録』（六三〜六八頁）を繙《ひもと》くと、

德鈴　德緒　文善　法賢　文明　智高　戒光　平善

のような法名が見いだされる。やはり「善字」は、尼や憂婆夷の法名として好まれたことが察知される。これを別とすれば、僧尼の法名を字面だけで判別することは至難である。

庶民・奴婢の名

奈良時代後期における都の庶民や地方人の女性名は、「正倉院文書」、『日本古写経現存目録』、『続日本紀』、『万葉集』その他から知られる。最も珍重されるのは、武藏國分寺址出土の人名文字瓦であって、平瓦の裏面に、

武藏國豐嶋郡「荒墓郷戸主宇遲部《うぢべ》結女」

と刻されている銘である[18]（図22）。これについて、ただちに想起されるのは、『万葉集』（巻第二十）の、

4417 赤駒を山野《やまぬ》に放《はか》し捕《と》り不得《かに》て多摩の横山徒歩《かし》ゆか遣らむ

右の一首は、豊島郡上丁《かみつよぼろ》椋椅《くらはし》部荒虫の妻宇遲部黒女。

という歌の左注であろう。この結女や黒女は、近い関係にあった女性とみなされる。同じ『万葉集』（巻第二十）には、東国の女性として、

常陸國那珂郡　大伴部眞足女（第四四一三番）
武藏國荏原郡　椋椅部《くらはしべの》刀自賣（第四四一六番）
武藏國橘樹《たちばな》郡　椋椅部弟《おと》女（第四四二〇番）
武藏國都筑《つつき》郡　服部《はとりべの》呰《あざ》女（第四四二二番）
武藏國埼玉《さきたま》郡　物部刀自賣（第四四二四番）

などの名が記載されている。

また上野國分寺址の人名文字瓦にも、左のような女性名が看取される[19]。

八田甲斐女　武子長女《たけのこをさめ》　武物女《ものめ》　稻女　織刀女《をりとめ》　秋女

東國方面の女性名の一斑は、以上によっても推知されよう[20]。

ところで、「正倉院文書」や『続日本紀』などに散見する庶民女性の名は、ほぼ以下のように分類されよう（＊を付したのは、『続日本紀』による。他は「正倉院文書」に現われた名）。

単純な女（賣）型　笑原木女　高屋連稻女　息長眞人家女　茨田奈爲賣　河刀老女《おうなめ》　津守正女　山邊針閇女　粟田鯛女　生江臣大田女　日下部美氣女　阿刀鮑《あはび》女　市公黑女　呉原古佐美女　穗積眞乘女　＊高志毗登《ひとの》久美咩《め》　＊刑部廣瀬女　刑部酒屋女　＊越智直靜養《しづかひ》女　伯太《はくた》造疊賣

刀自賣型　茨田刀自賣　赤染刀自女　文牟史玉刀自賣　＊釆女部宅刀自女

足賣型　輕部造眞屋足《まやたり》賣　牧田忌寸玉足賣

虫賣型　道守臣息虫《おきむし》女　下村主《しものすぐり》弟虫賣

比賣型　高原連阿波比女　粟田多比女　穴太村主志豆加比賣

久賣型　＊孔王部美努久咩《あなほべのみぬくめ》

敷賣型　佐味公玉敷女

手賣型　＊額田部蘇提女

都賣型　丈部小太都女

阿古賣型　穴太部阿古賣

賣省略型　＊伊豆直乎美奈（宮仕えの後に賣字を略したらしい）　私《きさいの》若子刀自

『僧光覚知識経』などにみえる女性の名には、いくらか「子

型」、「古型」が見いだされるが、庶民には全くといってよいほどこの型は浸透していなかった。古い型の名、すなわち足賣、敷賣、久賣、手賣、都賣は稀少となり、刀自賣が優勢化する一方、虫賣はやや衰えをみせつつあった。単純な女型は、依然として盛んである。

なお、前記の呉原古佐美女(21)という名は、大納言・紀朝臣古佐美（八五二〜九一六）が独自な名ではなかったことを証示するものである。

奈良時代後期における婢の名は、「正倉院文書」に多数散見する。たとえば、

飯刀自賣（三ノ四九〇）　稲主賣（三ノ五〇二）　古麻佐賣（三ノ五〇二）　黒刀自女（四ノ一八六）　廣山女（三ノ五二四）　蓑女（三ノ五二四）　今刀自（三ノ五三六）　宅賣（十四ノ二六九）　小黒賣（十四ノ二六九）　大名女（廿五ノ三）

「女」字を脱した今刀自の名は、注意されよう。

図22　武藏國分寺址出土の人名文字瓦拓影，「荒墓郷戸主宇遅部結女」と刻書
（平塚運一氏所蔵）

この婢についての最もまとまった史料は、宝亀三年（七七二）の『東大寺奴婢籍帳』(22)一巻である。ここに記載された婢九九人の中には、天平勝宝二年の「官奴司解」(23)や「大宅朝臣可是麻呂貢賤解」にみえる婢も登場している。一々選別することは煩わしくもあるし、また新しい気運を探るために、ここでは天平勝宝三年（七五一）以後の婢、すなわち宝亀三年現在において二二歳以下の者のみを考察の対象とした（名の下のアラビア数字は年齢）。

単純な女型　繼女6　眞蓑女22　三笠女13　難波女1　小蓑女21　廣女2　田主女5　小田次《すき》女2　眞糸女21　千繩女6　秋野女17　玉繼女4　帶《たらし》女15　田繼女2　大鯛女21　小鯛女16　五月《さつき》女22　秋田女18　春女16　春成女13　綿女2　小田女9　小廣女16　猪名女7　道女4　飯女17　眞鯛女16　乙積女19

刀自女型　笠刀自女4　木刀自女19　名刀自女5　廣刀自女12　浄刀自女3　宮刀自女4　嶋刀自女4　豊刀自女20　酒刀自女2　刀自女13　民刀自女6　日咩《ひめ》刀自女20　家刀自女2

手女型　縄手女13

足女型　恵足女19

庭女型　秋庭女22　庭女6　小庭女5

布女型　邇保布《にほふ》女20

主女型（男性対応型）　家主女15

玉女型　小玉女2

依女型（男性対応型）　津依女8

右によって明白なように、奈良時代後期においては、庶民の女性名には単純な女型が最も多く、刀自女型がこれにつづき、古い型（手女、足女、庭女、布女、主女、玉女、依女、等々）は、きわめて稀になったことが知得されるのである。

さらに全般的に指摘されるのは、①婢の名は基本的には庶民女性のそれと変わっていないが、単純な女型、刀自賣型が圧倒的に多く、名がより簡潔化していること、②名は単調であるが、重複が珍しいこと、③卑しい名や醜名が全く見受けられないことである。政府や一般人の奴婢に対する態度は年を追うて軟化し、差別の度合いは年ごとに緩慢となりつつあった。(24)

5　平安時代前期

図23　古文書にみえる典侍和氣朝臣廣虫（延暦八年「勅旨所牒」より）（㈶古代学協会所蔵）

桓武・平城朝の特色

平安時代の前期は、西紀七九四年（延暦十三年）ごろから八八七年（仁和三年）ごろまでの九十余年間にわたっている。女性名史のうえでは、この前期をさらに第一亜期（桓武・平城朝）と第二亜期（嵯峨朝以降）とに区別するのが好都合である。

この第一亜期は、ある意味では奈良時代後期の延長ともみられるし、またその期間も、十四、五年にわたるにすぎない。したがってこの時期に活躍した婦人は、すべてが奈良時代後期の出生である。それゆえ、上層、下層のいかんを問わず、女性名には変化がとぼしい。しかし奈良時代の後期に生起した動向が、とくに上流階級の女性名に関して強化され、その結果として、多少とも女性名の性格には変貌が見受けられるのである。

第一亜期の女性名を知るうえでの第一の史料は、いうまでもなく『日本後紀』であるが、その完本が伝わらぬことは周知のとおりである。本書の逸文を多数採用しているのは、『日本紀略』――これは抄録が少なくない――と、『類聚国史』――これは欠巻が多い――である。これらはどれもが満足すべき史料でないうえに、平安時代前期は古文書の暗黒時代であって、『平安遺文』に採録されている前期の古文書の数量は、他にくらべてまことに少量なのである。

事情が右のとおりであるため、平安時代前期、とくに第一亜期の女性名については結論に躊躇をおぼえるものが多い。

まず中央貴族の女性名をみると、みずから、あるいは他人が接尾語の「女」、「賣」を除去する傾向がいちだんと強まった。その結果として、字面だけをみたのでは、それが女性名か男性名かを判別することのできぬ名がますます増加したのであった。

中性的な女性名　縣犬養宿禰淨濱　小槻連濱名　朝野宿禰宅成　船連志賀　勝造眞《かちのみやつこのま》上《がみ》　和《やまとの》朝臣家吉　阿倍朝臣古美奈（前出）　三善宿禰姉繼（平城天皇の乳母）　粟田朝臣仲繼　弓削宿禰美濃人　葛井宿禰廣岐（典侍）　尾張連眞縵　笠朝臣道成（嵯峨天皇の乳母）　川上朝臣眞奴《まぬ》　因幡苗取

右は、『日本後紀』、『日本紀略』、『類聚国史』などから拾った中性的な女性名である。

これに関連して想起されるのは、桓武天皇の後宮に侍した后妃の名である。

皇后　藤原朝臣乙牟《おとむ》漏《ろ》（前出、内大臣・良繼の娘。延暦九年閏三月崩、年三一。平城・嵯峨両天皇生母）
夫人　多治比眞人眞宗（参議・長野の娘。葛原親王ら数々の皇子女の生母。弘仁十四年六月薨。年五五）
夫人　藤原朝臣小《を》屎《ぐそ》（中務大輔・鷲取の娘。萬多親王の生母）
更衣　紀朝臣乙魚《おといを》（父、不明。承和三年、従四位下に叙され、同七年五月卒去）
　　　河上眞人好《よし》（父は、錦部連春人。坂本親王の生母）
女孺　多治比眞人豐繼（長岡朝臣岡成の生母）
　　　百濟永繼（飛鳥部奈氏麻呂の娘。初め藤原内麻呂の妾となり、眞夏、多嗣を産む。のち天皇に寵され、良岑朝臣安世を産む）

これらはいずれも、中性的な女性名であった(1)。一見してこの部類に入るようにみえる名、すなわち永原朝臣子伊太比(2)などは、比賣の賣が脱落したものであるから、字面だけで女性名と判定されそうであるが、この場合だけは速断が困難である(3)。

桓武天皇に鍾愛された因幡國高草郡出身の釆女・因幡國造浄成女は(4)、『類聚国史』（巻第七十八）では、因幡國造成と記されている。

平城天皇の後宮では、この種の女性名としては、紀朝臣魚員《いをかず》（従三位・木津魚の娘。叡奴内親王の母）の名が注意されよう(5)。

刀自型　（むろん、刀自賣の賣字が脱離した名で、奈良時代後期から激増した）

刀佩首《はかしのおびと》廣刀自　谷忌寸家刀自　小野朝臣田刀自　凡直古刀自　平群《へぐりの》朝臣邑《むら》刀自

ただし、管見に入るかぎり、藤原氏の女性でこの刀自型の名をおびた人は、全く知られていない。

唐風型　この型の名も、ほとんど姿を消した。延暦二十三年五月には、前に触れた散事従三位・藤原朝臣延福が薨じている。この婦人は、官女の出で(6)、桓武朝において尚蔵の任にあったらしく、延暦十何年かに隠退して散事となっていた。かなりの老齢で薨じたものと推定される。むろん、彼女は奈良時代後期に生まれ、その時分一部で流行していた唐風型の名をつけられたのである(7)。

百済型　百済の王統に出自した帰化人の百済王《こにきし》氏は、桓武朝、嵯峨朝下にあっては、後宮においてすこぶる勢威があった(8)。それは百済の王統を承けた高貴な出自であるばかりでなく、桓武天皇の生母の高野新笠《にひがさ》が別系ながら百済の王統に属しており、天皇が百済系の帰化人に特別に親愛の情を抱いておられたためである(9)。百済王氏の氏人たちは矜持が高く、男女とも百済風の諱を用いつづけた。つぎにかかげた「百済王氏系図」を一瞥するならば、いかに彼らが百済型を固執していたかが明瞭であろう。桓武朝においては、尚侍従二位・百済王明信の権勢は後宮を圧していた。

子型　奈良時代中期に始まった子型の女子名は、同後期において漸増し、その動向は平安時代の桓武・平城朝にひき継がれ、子型の名をおびた多数の女性の輩出をみた。

①藤原朝臣産子《なり》(10)　藤原朝臣上子　石上朝臣宅子　橘朝臣常子　紀朝臣内子　紀朝臣殿子　藤原朝臣奈良子　坂上大宿禰春子　橘朝臣御井子　石川朝臣伊勢子　和氣朝臣嗣子　伊勢朝臣繼子　藤原朝臣佐《さ》禰《ね》子　大中臣朝臣百子　藤原朝臣藥《くす》子　坂上大宿禰井手子　藤原朝臣吉子

②藤原朝臣帶《たらし》子　紀朝臣田村子　藤原朝臣勒《くつわ》子（桓武後宮には、藤原朝臣東《あづま》子、藤原朝臣南《みなみ》子の名が見られる(11)）

なお、大同三年（八〇八）、無位より従五位下に叙された藤原朝臣高子（タカコ、タカキコ、タカイコ）の訓みは、精確には判明しない。

注意されるのは、帰服した蝦夷の女性が中央貴族の女性名

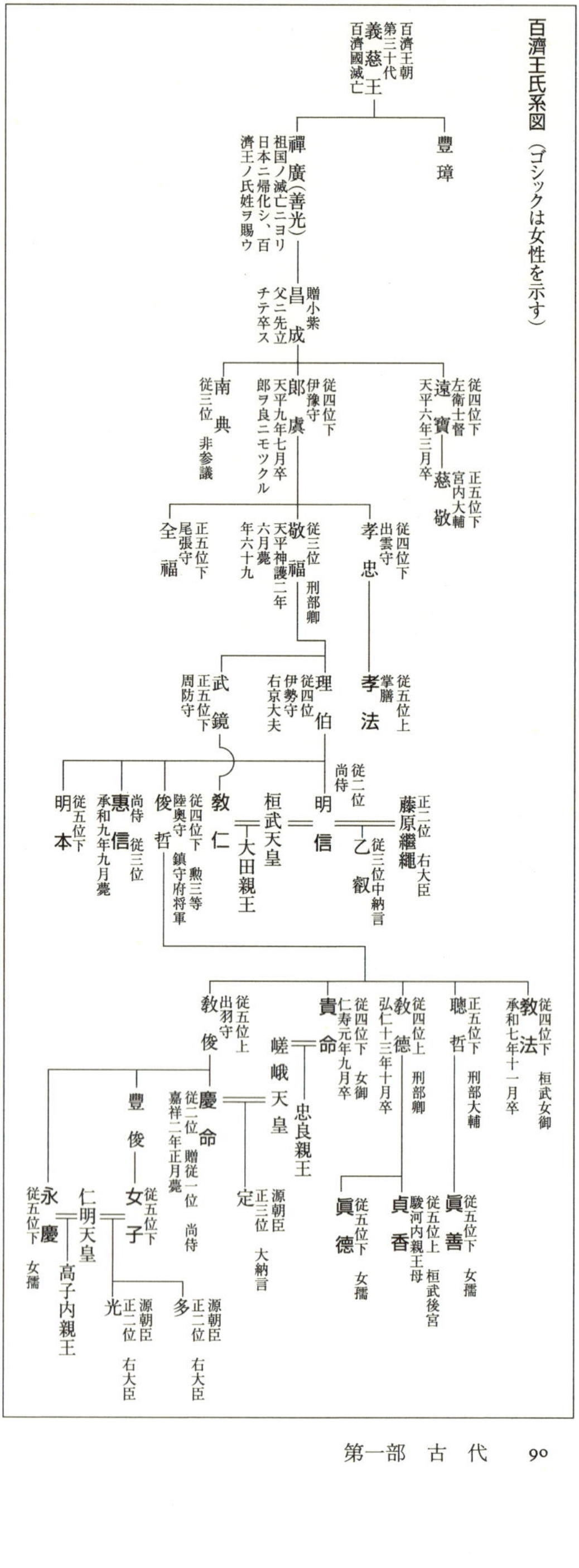

本系図は、百濟王氏の嫡流と認められる枚方の三松（みつまつ）家の系図に負うところが多い。同系図は、三松俊雄編『三松氏系図』（大阪府北河内郡枚方町、三松家私家版、大正七年刊）として公にされている。俊雄氏はこの系図の序文で、みずからを「百濟王禪廣四十四世」と記している。本系図の原本は失われ、三松家には新しい写本が残っているだけである。

の子型を採って改名したことである。その婦人はすなわち去《こ》返公《へのきみ》嶋子であって、彼女は後に「浦上臣」の氏姓を賜わり、全く倭人化した。[12]

虫型　虫型は、虫女型の省略である。和氣朝臣廣虫の名はあまりにも著名である（図23）。官女たちのなかには、平群《へぐりの》黑虫《くろむし》の名が見いだされる。虫型の女性名は、この時期において激減した。なお、和氣廣虫の宮仕え以前の名は、廣虫賣であった可能性が多い。

女（賣）型　地方の婦人、また都でも庶民の女性たちは、伝統的な女型をまだ執拗に守っていた。『日本後紀』、『類聚国史』、『日本紀略』からこの種の女性名を拾ってみよう。

生江臣家道女　佐伯直《あたひ》　那賀女（安藝國の釆女）　丈部《はせつかべの》小廣

刀自女　宅敷女（婢）　吉彌侯部《きみこべの》苅女　吉彌侯部留志女
秦忌寸刀自女　秦人繼主女　桑田廣刀自女　生江淨女　物部國吉女

つぎに、『平安遺文』についてみると、つぎのような名が散見している。

御山造少阿麻女(13)　調白刀自女　秦刀自女(14)

貴族の女性名にも、女型はみられたが（従五位下・佐味朝臣枚《ひら》女(15)）、この数は僅少であった。これと反対に、都の下級貴族の女性にも子型の名が見受けられるようになった。

上毛野朝臣弟魚子《おといをこ》(16)（正七位下・奥繼の戸口）

日本語の本来の特色は、固有名詞の語頭にラ行音をもつ言葉がないことである。これは人名についても、同様である。その点で、前記の「留志女 Rushime」は、きわめて特異な名である。この女性は、陸奥國の俘囚・吉彌侯部都保呂《つほろ》の妻であった(17)。万葉仮名で記されているけれども、右の「都保呂」や「留志女」は、蝦夷系の人名と考定され、蝦夷の言語系統に対して大きな問題を投ずる名とみとめられる。

醜女型　この型の女性名は、なお存続した。『日本後紀』や『本朝皇胤紹運録』などには、藤原小屎、石川奴女、錦部眞奴、平群炊女といった名が散見する。藤原小屎は、左大臣・藤原魚名（七二一～七八三）の孫女であって、桓武天皇の皇子・萬多親王を産んだ身分の高い女性であった(18)。こうした名には、厄神ないし疫神から見のがしてほしいという親の願いがこめられているのである。

皇王女の名　奈良時代からの伝統で、皇王女の名は、乳母《めのと》（必ずしも主乳母ではない）の氏の名に因《ちな》んでつけられた。たとえば、酒人内親王の名は、前記のとおり、乳母の酒人忌寸刀自子の氏名《うじな》に因んでいる(19)。平城天皇（安殿親王）の諱は、乳母の安倍小殿朝臣堺に由来していた(20)。また朝原内親王の名は、乳母の朝原忌寸大刀自によっている(21)。この原則―例外もあるが―から逆推すると、たとえば布勢内親王の乳母は、布勢朝臣某女、高嶋女王のそれは高嶋眞人某女であったことが想定される。

少しく問題なのは、桓武天皇の皇女に生まれ、阿保親王の妃となって在原業平を産んだ伊都内親王（八〇一頃～八六一）の訓みである。混乱を惹起したのは、『三代実録』が「伊登内親王」と記していることである(22)。しかし天長十年（八三三）九月二十一日付の有名な願文には、「伊都」と自署されている（図25）。「都」や「豆」は、ツとも、トとも訓まれるが、「登」のほうはトであって、ツとは訓めない。そこでこの内親王は、一般に「いとのないしんわう」と呼ばれているけれども、それは適切ではない。奈良時代において伊都《いと》という氏は皆無ではなかったが、それは地方に偏在した卑姓の氏であ

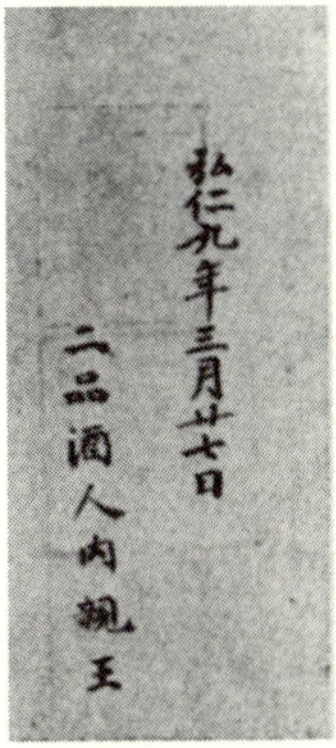
弘仁九年三月廿七日
二品酒人内親王

図24　酒人内親王の名（「正倉院文書」，弘仁9年3月27日付「酒人内親王家御施入状」）

って、むろん、皇女の乳母など出せる家門ではなかった。これに対して、「伊豆《いつ》」のほうは、伊豆国造の伊豆直であって、地方の名門であるばかりでなく、都においても活躍していた。宝亀二年閏三月、従五位下に叙された伊豆直乎美奈《をみな》の名も、容易に想起される。したがって内親王の乳母は、伊豆直某女であったとみなすべきであり、初めの名は「伊豆《いつ》」であったに相違ない。現に『本朝皇胤紹運録』も、「伊豆内親王」と記載している。しかしそれでは「伊豆國」の文字と同じでさしさわりがあるので、後に「伊都《いつ》」と改字されたのであろう。ただ非常に古いころに、行書体の「伊豆」は「伊登」と誤写され、それが『三代実録』その他に誤りをおかさせたものと推量される。(23)

図25「無品内親王伊都」の署名（天長10年9月21日付「伊都内親王施入願文」より）（東山御文庫架蔵）

嵯峨朝以降の特色

この時期を画するいちじるしい出来事は、嵯峨天皇が乳母の氏の名による命名法を廃し、皇王女の名に好字を択ばれたことである。(24)すなわち天皇は、皇女のうち内親王には×子、臣籍に降して源姓を賜うた皇女には×姫と命名されたのであった。

①正子内親王　芳子内親王　繁子内親王　業子内親王　秀子内親王　俊子内親王　基子内親王　宗子内親王　有智子内親王　仁子内親王　純子内親王

②源潔《きよ》姫　源貞姫　源全《また》姫　源善姫　源良姫　源盈《みつ》姫　源容《かた》姫（以下略）

嵯峨天皇が垂範されたこの命名法は、とくに×子型に関して、日本における女性の名に計り知れぬほど大きな影響を与えた。いま、『続日本後紀』、『文徳実録』、『三代実録』から女性名を拾ってみると、女子名に大きな変革が生じたことがまざまざと看取される。そしてその影響は、現代の女子名にもおよんでいるのである。

むろん、子型の女性名は、奈良時代から漸増の傾向にあったけれども、嵯峨天皇によるこの命名法は、貴族社会の女性名を爆発的に変化せしめた。それが時とともに強化されていったことは、『続日本後紀』、『文徳実録』、ついで『三代実録』を順々に通読すれば、きわめて明瞭であって、貞観—元慶期には、子型の名は、貴族の女性名として固定したとさえいえる。都市の下級貴族や地方豪族の女性たちも、たとえば、角山公成子、丈部直松子、秦忌寸今子のように、この新しい動向に便乗した。

子型の内親王名は、淳和天皇いらい踏襲され、例外をみることなく連綿とつづき、現在の紀宮《のりのみや》・清子《さや》内親王（一九六九〜）や三笠宮・容子《まさ》内親王（一九五一〜）にいたっている。

淳和天皇　氏子内親王　有子内親王　貞子内親王　寛子内親王　崇《たか》子内親王　同《ひとし》子内親王　明《あきらけいこ》子内親王

仁明天皇　時子内親王　新《にひ》子内親王　柔《やす》子内親王　眞《さね》子内親王　親子内親王　平《たひらけいこ》子内親王　重子内親王　久子内親王　高《たかい》子内親王

文徳天皇　儀《よし》子内親王　恬《やす》子内親王[25]　述子内親王　濃《あつ》子内親王　勝子内親王　禮《ゐや》子内親王　掲《なが》子内親王　晏《やす》子内親王　慧《あきらけいこ》子内親王　珍《よし》子内親王

例は、このくらいで充分であろう。

慧子内親王は、嘉祥三年（八五〇）七月、斎院に卜定された。[26]ところが天安元年（八五七）二月にいたり、母儀（藤原列子）に密通の疑いがかけられ、斎院を廃された。[27]この事件については、左の歌[28]が周知されている。

田村帝《たむらのみかど》の御時《おほんとき》に、斎院に侍りけるあきらけいこのみこ（皇女）を、ははあやまちありといひて、斎院をかへられんとしけるを、そのことやみにければよめる　尼　敬《け》信《きやうしん》

大空をてり行く月しきよければ雲かくせども光消なくに

『尊卑分脈』（第二編、内麻呂公孫）にも、「慧子」に対して「アキラケイコ」という古い訓みを付している。「慧」も「明」もアキラと訓まれる。そこで明子内親王や藤原朝臣明子（清和天皇母后）は、「アキラケイコ」と呼ばれる慣例が生じている。

子型の名は、王女たちにも激しく影響した。『続日本後紀』以下の国史から拾ってみると、

阿《くま》子女王　東子女王　池子女王　清子女王　是子女王　坂子女王　定子女王　順子女王　瀧子女王　繼子女王　春子女王　望子女王　和子女王　秉子女王　閑子女王　簡子女王　操《あや》子女王[29]　重子女王　隆子女王　爲子女王

のような例を数多く見いだすことができる。

しかし王女の場合は、子型の名は、内親王のそれほど徹底しなかった。王女名が子型に全く統一されるのは、平安時代前期の末にいたってからであって、承和・貞観期には、浄村女王[30]　廣井女王[31]（尚侍、従三位）　善宗女王[32]のような王女名が稀ながら存したのである。

貴族女性名の子型化

貴族社会における女性名の子型化の趨勢は、まことに滔々たるものであった。貞観元年（八五九）、安藝國貢進の賀茂采女・凡《おほしの》直貞刀自は、本姓に復し、笠朝臣宮子の名を賜わっている。[33]今や子型の女性名は、貴族の女性の標識のようになった。これに対して嵯峨天皇が臣籍に降下した皇女につけられた姫型の女性名は、ごく一部にかぎって行われたにすぎず、この時期にはかろうじて永原朝臣原姫《もと》[34]の名を見いだす程度である。

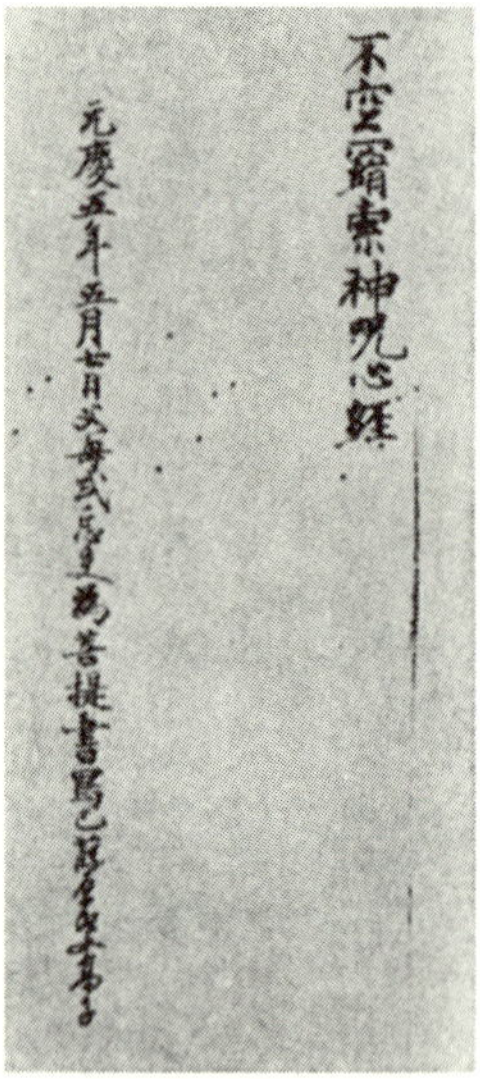

図 26　藤原朝臣高子の署名。「藤原氏女高子」とみえるが，皇太后の藤原高子とは別人である。（京都，陽明文庫所蔵）

子型　この型の女性名は、貴族社会では数量的に他を圧倒した。くわしくみると、これらには、㈠訓読みの名、㈡万葉仮名による名、㈢両者を折衷した名の別がある。

子型第一類　訓読みの名

①五音節　慧　子《あきらけいこ》内親王　藤原朝臣明　子《あきらけいこ》

②四音節　春澄朝臣　洽《あまねい》子　石川朝臣　普《あまねい》子　飯高全繼《またつぐ》子

③三音節　紀朝臣田村子　童子《わらはこ》女王　藤原朝臣鯨子　粟田直《なほい》子　藤原朝臣高《たかい》子　潔《きよい》子女王　東《あづま》子女王　藤原朝臣同《ひとし》子　藤原朝臣多《まさる》子　藤原朝臣泉子　朝宗宿禰廚《くりや》子

④二音節　これに属する女性名は、国史に散見するだけでも、二〇〇名を下らぬであろう。あまりに煩雑となるので、五六名ほどに絞って名をかかげる（姓は省略する）。

秋篠京《あつ》子　飛鳥部稻子　安倍貞子　安倍室子　池田幡《はた》子
石川色子　伊勢與《とも》子　盧《いほ》原有子　大中臣安子　大中臣百《もも》子
日下部鳳《たか》子　紀靜子　紀種子　清科殿子　内藏《くらの》影子　滋野繩《ただ》子　菅原閑《しづ》子　多治比冬子　橘鎭《しづ》子　橘房子　橘船子
橘常子　橘忠子　伴枝子　葛井《ふぢゐ》藤子　藤原藥《くす》子　藤原上子
藤原香《たか》子　藤原順子　藤原雲子　藤原德《のり》子　藤原淑子
源謙子　源綏《やす》子　藤原尚子　藤原賴子　藤原雅子　班《なか》子女王　中臣式《のり》子　良岑憙《とし》子　犬原信子　笠範子　笠遠子　粟田宅子　安倍基子　爲奈永子　菅野弘子　菅原類《とも》子　雀部《ささべ》宜子　田中保子　平寛子　當麻玄《くろ》子　源麗《よし》子　多治比亮子　藤原賀《しげ》子　在原文子

子型第二類　万葉仮名による名

①三音節　藤原多可幾子

②二音節　麻績眞屋《をみのまや》子　甘南備伊勢子　百濟四千《よち》子　坂上井手子　當麻伊止子　平可賀子　田口美濃子　橘安萬《あま》子　橘嘉智子（檀林皇后）　葛井賀登《かと》子　藤原丹生《にふ》子　藤原美都子　葛城賀美子　小野俊賢《すげ》子　藤原佳珠《かず》子　藤原佳美子
藤原佐美子　藤原多美子　藤原度茂《とも》子　藤原名門《なと》子

子型第三類　訓読みと万葉仮名を折衷した名

忌部眞貞子　錦部淸刀自子　布勢武藏子

つぎに貴族社会にみられる女性名は、刀自型と中性型であるが、前記のとおり、いずれもが接尾語の「女」を除去した型である。

刀自型　菅生朝臣氏刀自　大伴宿禰全刀自　六人部鷹刀自　宍人貞刀自　漢《あや》部福《さき》刀自　葛井繼刀自　爲奈眞人乙刀自　守部秀刀自

中性型　小子部《ちいさこべ》諸主　賀陽乙三野　酒部眞員《さねかず》　菅生朝臣呰《あざ》
藤原朝臣因香《よるか》　藤原朝臣緒夏　藤原朝臣近眞　藤原朝臣貞風　藤原朝臣御康　田中眞仲(35)　綾公姑《はは》繼　飯高朝臣姉綱

多治比眞人眞宗

女性名として子型が隆昌となるに反比例して、字面だけでは男女の区別がつかぬ中性型の女性名は、減少の途をたどった。

以上は、国史に取材した結果であるが、『平安遺文』に収められた平安時代前期の女性名を分類してみると、左のとおりである。(36)

子型　上毛野朝臣妙子（親子内親王の乳母）　藤原朝臣平子　高階眞人氏子　角鹿直福貴子（釆女）　忠宗朝臣絲《さき》子　秦忌寸繩《ただ》子　神門《かむと》今子　橘朝臣茂子　阿閇朝臣福子　石川朝臣貞子　藤原息《おき》子　永原穀《よし》子　中嶋連茂子　眞野朝臣末子　伊福部藥子　飛鳥部糺《ただす》子　志紀定子　上毛野弟魚子

刀自型　秦忌寸諸刀自　秦鯛刀自

中性型　永原朝臣弟澄（命婦）

つぎに地方豪族や庶民の女性名をみると、驚くほど強靭に女型の保持されていることが察知される。

とくに古文書は、地方に関係したものが多いため、そこに記されている女性名には、女型がまだ圧倒的に多いのである。

単純な女型

①国史にみえる者

秦黑成女　土師衣冨女　件直冨成女　財《たからのさか》逆女　石作部廣繼女　榎本連福佐賣　刑部國主《くず》賣　件部小椋賣　三村部綿女　舍人臣福長女　上村主《かみのすぐり》萬女　風早直益吉女　秦飯持賣

②『平安遺文』にみえる者

御山造少阿庣女　依知秦公比留賣　三善宿禰姉女　依知秦冨吉女　秦忌寸鯛女　葛野眞咋《まくひ》女　秦忌寸眞工《まく》女　久米眞好賣　久米枚《ひら》賣　依知秦公眞乙前《さき》女　因支首《いなぎのおびと》　廣成女

刀自賣型

①国史にみえる者

大田部志眞刀自女　件部刀自賣　紀直祖《おや》刀自賣　刑部眞刀自咩　和邇部廣刀自女　出雲家刀自女　曾禰連廣刀自女　丈部若刀自賣　多米宿禰刀自女　山口忌寸目刀自賣

②『平安遺文』にみえる者

中嶋連大刀自咩　息長秋刀自女　小長谷造眞大《まおほ》刀自女　若《わか》湯坐《ゆゑ》連宮刀自女　葛野飯刀自女　依知秦眞乙《まおと》刀自女

虫・虫女型（『平安遺文』より採った者には＊を付す）

當麻眞人浦虫（尚侍、従三位）　別公今虫賣　伊賀朝臣道虫女　＊調首乙虫女　＊辛國虫名女

醜名型　巨勢朝臣屎子　下毛野朝臣屎子　石川朝臣屎子　服牟志子女《はとりのしこめ》

古い型の残存　依賣型（掲前《くむさき》福依賣）　敷賣型（物部連全《また》敷女）　良賣型（長幡部福良女、難波部安良賣）　主賣型（曾禰連家主女、＊調首家主女、春日部直黒主賣）

以上をみると、奈良時代前・中期に盛んであった依賣型以下の名が庶民の間でも終焉を告げたことが知得されるのである。

百濟型　平安時代前期は、前にも述べたように、百濟系帰化人、なかんずく、百濟王《こにきし》氏が政界や後宮で最も活躍した

時期である。桓武天皇の信任と寵愛が群を抜いていた従二位尚侍・百濟王明信については、すでに触れておいた。嵯峨朝にいたっては、従二位尚侍・百濟王慶命《きょうみゃう》への鍾愛が群を抜いていた。

慶命は、優寵無比であった。嵯峨上皇が嵯峨院に遷御されるにさいしては、上皇は彼女のために別館を造営し、嵯峨院を大院、この別館を小院と号され、彼女の「権勢之隆」は、未曾有であった(37)。

それだけに、当時の百濟王氏は矜《ほこ》りが高く、依然として百濟風の名を用いていた。前記の慶命はむろんのこと、同じく嵯峨天皇の後宮に仕えて佳人の誉れの高かった貴命《きみやう》、慶命の妹で仁明天皇の後宮に侍した永慶《きょう》らの名が想起される。委細は、九〇頁にかかげた系図や「三松《みつまつ》家系図」に譲るが、後者によると、百濟風の名は、百濟王豊俊でおわり、彼の子・俊房（七九五〜八六八）からは和訓の諱となった。そして代々「俊」字を通字とし、枚方町長を勤めた四十四世の俊雄氏まで連綿としてつづいたのであった（当主は四十六世の吉胤氏）。

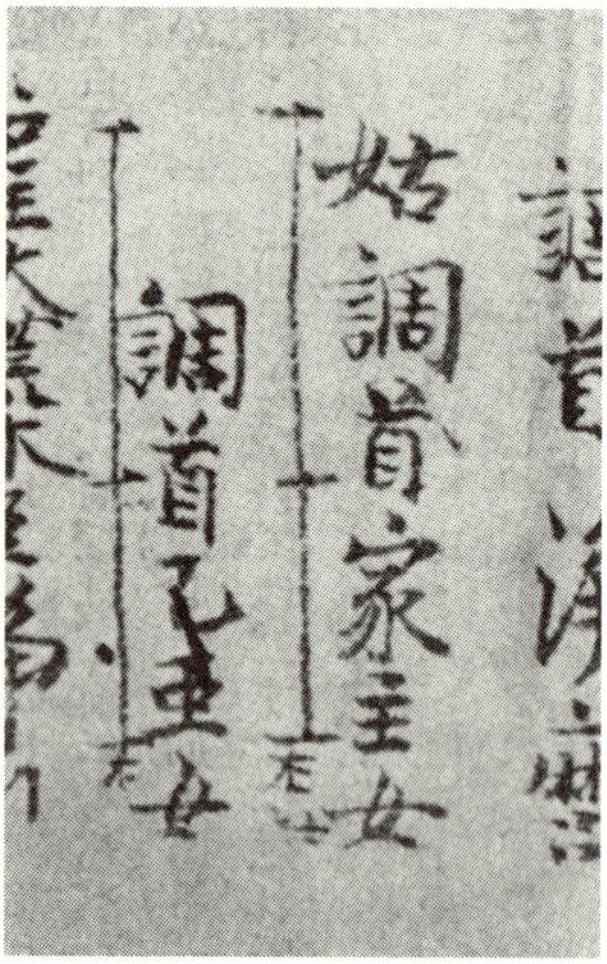

図27　調首家主女と調首乙虫女の名と画指（弘仁9年3月10日付「近江国大国郷墾田売券」より）

（大東急記念文庫所蔵）

宮廷女性の呼び名

宮廷に目を向けると、この時期には、皇太后、太皇太后、または皇太夫人、女御などは、通称をもって呼ばれることがあった。すでに光明皇后がその点で先蹤をなしているが、このころからそれが一般化する傾向が現われた。

まず「嵯峨太皇太后」こと橘嘉智子は、創建した嵯峨の檀《だん》林《りん》寺に因《ちな》んだ「檀林皇后」の名で一般に知られている(38)。

文徳天皇の母后は、仁明天皇の女御の藤原朝臣順《のぶ》子（八〇八〜八七一）——左大臣・冬嗣の娘——であった。文徳天皇が即位すると、天皇は順子に皇太夫人、ついで皇太后の尊号を贈られた。順子は、東五條第（四條大路南・高倉小路西、恒和ビル）を里第とし、仁明天皇の崩後は、もっぱらここを御所とされていた。順子は、この東五條第に因《ちな》み、「五條のきさい(后)」と呼ばれていた(39)。清和天皇の生母の太皇太后・藤原朝臣明子《あきらけいこ》は、東京極大路の染殿《そめどの》を里第としていたため、「染殿の后《きさい》」の通称で知られていた(40)。さらに陽成天皇の生母の皇太后・藤原朝臣高子《たかいこ》（八四二〜九一〇）が「二條の后」を通称としたのは(41)、二條第（二條大路南・西洞院大路東）が晩年の御所であったためである(42)。

檀林皇后は、正式の尊号でも、諡号でもなかったが、こうした通称は、一般には里第とされた御所の名によることが多かった。なお東五條第は、藤原高子と在原業平との密事《みそかごと》によってあまりにも有名である。[43]

淳和天皇にいたく寵愛され、里第として亭子院《ていじのゐん》（七條坊門小路南・油小路東）を賜わっていた女御の永原朝臣原《もと》姫は、「亭子の女御」の名で広く知られていた。[44] これは通称が里第の名によった例である。一方、貞観十五年（八七三）進上の『広隆寺縁起資財帳』[45]には、原姫は、「故尚蔵永原御息所」と記載されている。これは、「御息所《みやすどころ》」の語のみえる最古の例と認められている。この語は、天皇の「みやすみどころ」から転じた言葉であって、初めは天皇の寝所にはべる女御や更衣に対する敬称であった。『大和物語』（第百六十五段）には、

水尾《みづのを》の帝《みかど》（清和天皇をさす）の御時、左大辨のむすめ、辨《べん》の御息所とていますかりけるを、帝御《み》ぐしおろしたまうてのちにひとりいますかりけるを、在中将《ざいちゆうじやう》しのびて通ひけり。

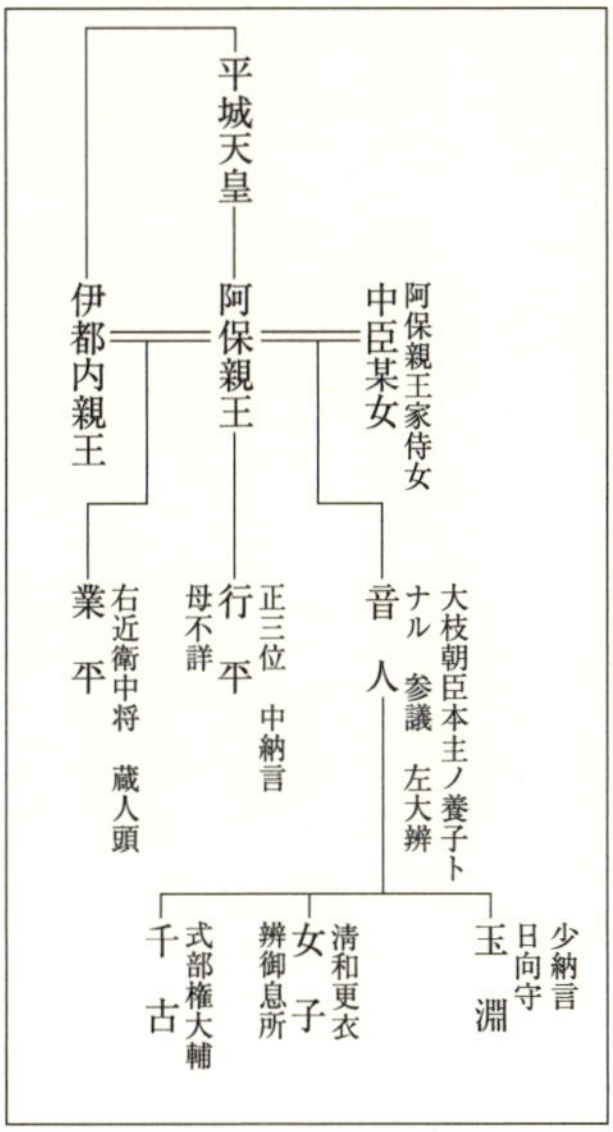

と語られている。明らかにこの御息所は、貞観五年二月から九年正月まで右大辨、同じく九年正月から十六年二月まで左大辨の任にあった[46]（十一年間、大辨に在任）大枝朝臣音人の娘の更衣を指している。業平は天下の色好みとして日本史上著名であるけれども、彼の漁色圏は意外に狭く、彼自身や彼の正妻の親族の女性にほとんどかぎられていた。音人の身分からみて、彼の娘は女御ではなく、更衣であったと認められる。[47]「辨の御息所」の場合は、更衣が父親の官に因《ちな》んでかく呼ばれた例である。

貞観十五年（八七三）正月に卒した従四位下女御・源貞子[48]は「温明殿《うんめいでんの》女御」と呼ばれ、その後、同じ殿舎に移ったらしい女御・源嚴子《たけ》（元慶三年六月二十六日卒）も「温明殿女御」と称された。[49] これは、①女御が局《つぼね》のある殿舎の名で呼ばれ始めたこと、②清和天皇の世には、賢所はまだ温明殿には所在しなかったことを証示するものである。

厄介なのは、小野小町の問題である。くわしい考証は別に譲り、[50] 輪郭だけを述べると、彼女は、仁明天皇の更衣であったらしく、本名は早く櫻井秀《しげる》博士（一八八五～一九四三）が指摘されたとおり、小野朝臣吉子であった。[51] 彼女は、弘仁九年（八一八）、出羽守として単身赴任した小野朝臣瀧雄と出羽國の現地妻（郡司階級の娘）との間に生まれた娘であって、弘仁十四年ごろ、父や母（瀧雄の妾妻）に伴われて上京し、都

で成育し、教養を身につけた女性と推断される。

仁明天皇当時は、まだ飛香舎や昭陽舎などは未完成であって、更衣たちは常寧殿（后町）にそれぞれ小さい局を賜わり、そこに居住していた。この小さい局を町と称した。町とは、「宮殿、または邸宅内の一区画」のことである。(52) そして常寧殿内のそれぞれの町は、そこに住む更衣の氏の名、里第の名などによって適当に名づけられた。××町は、その局を指すと同時に、そこに住む更衣自身を意味したのである。

たとえば、『古今集』にみえる「みくにのまち」(53)(54)は、明らかに仁明天皇の更衣・三國眞人某女のことである。同じ『古今集』にみえる「三條町《さんでうのまち》」(55)(56)は、周知のとおり、文德天皇の更衣の紀朝臣靜子を指している。それはおそらく、彼女の里第が三條に所在したためであろう。「小町」は、宮廷用語としては、junior の意味であって、それは小野氏から出た更衣が「小野町」という名で仁明天皇に侍していたことを示唆している。参議刑部卿・小野岑守（七七八〜八三〇）の娘で、篁《たかむら》の姉妹の一人が一足先に更衣として入内していた可能性は、否定されないのである。

小野小町は、あくまで更衣としての呼び名であって、実名ではなかった。しかしこの「××町」という名は妙に庶民の趣向に投じたとみえ、平安時代中期、ことに西紀一〇〇〇年前後には、「××町女」という庶民の女性名が、あまねくみられるにいたった。つまり、更衣などの呼び名が沈澱し、庶民女性の実名と化したのであった。たとえば、寛弘元年（一〇〇四）の『讃岐国大内郡入野郷戸籍』(57)には、

額田部乙町女（参拾壹歳）　秦糸町女（肆拾貳歳）　錦《にしきはたの》町女（拾玖歳）　葛木今町女（伍拾壹歳）　小野吉町女（拾玖歳）

などにまじって、

伊西部《いせべの》小町女（拾陸歳）

という名が見いだされる。これは、小野小町の生存時より一世紀半も後のことであり、これから逆に小野小町は実名であったと帰結することはできない。この場合は、更衣の名が庶民の趣向に投じて沈澱し、×町女がある時期に庶民の間に普及したとみなすべきであろう。

女御や更衣に対する呼び名は現われたけれども、平安時代前期における女御以下や宮人たちの名の記載は、まだまだ堅苦しい、つまり即律令的なものであった。貞観十三年（八七一）の『安祥《あんじやう》寺伽藍縁起資財帳』(58)には、

従一位藤原女御（文德天皇の女御の従一位・藤原朝臣古子。左大臣・多嗣の娘）

尚侍廣井女王（雄河王の王女。貞観元年十月薨。催馬楽の名手）

などと記載されている。また前掲の『広隆寺資財帳』にも、

尚侍従三位源朝臣全子（全姫が正しい）

安倍弟澄命婦

女御（仁明天皇）従四位下藤原朝臣息子

とみえ、仁和三年（八八七）七月の「永原利行家地売券案」(59)には、

故尚藏従二位緒繼女王（承和十四年十一月七日薨。淳和天皇の寵人）

と録されている。多少の柔かみは現われてきたが、後宮の女

性は主として実名で称され、呼び名は、例外的に用いられていた。

*

この時期の尼名について注意されるのは、これまで主として僧の法名に用いられてきた「妙《めう》」字が尼の名につけられ始めたことである。橘逸勢の孝行な娘は、出家して妙冲《めうちゆう》といった。[60] これが新しい傾向であって、その他については僧尼の法名は大した区別がなかった。仁寿二年二月の「尼証摂施入状[61]」には、證攝のほか、尼信海の名がみえる。

淳和太后こと太皇太后・正子内親王（八〇九～八七九）は、貞観二年（八六〇）五月、天台座主・圓仁より淳和院において菩薩戒を受け、法名を良祚《りやうそ》と称された。[62] ただし、女性の場合には、出家しても位を授けられ、また尊号は停められず、その点は男性の場合と事情を異にしていた。

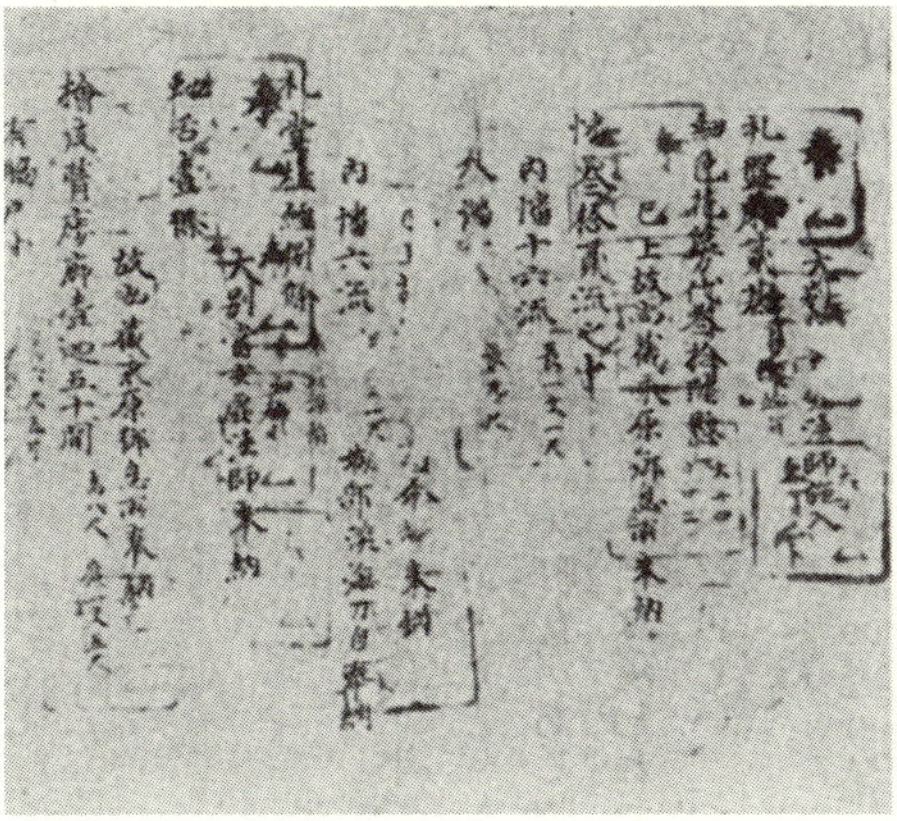

図 28　貞観 15 年『広隆寺資財帳』の一部，故尚蔵永原御息所，□□□（安倍弟）澄命婦，城部淡海刀自の名がみえる。印は「秦公寺印」。（京都市，広隆寺所蔵）

6 平安時代中期（一）

——延喜・天暦の時代——

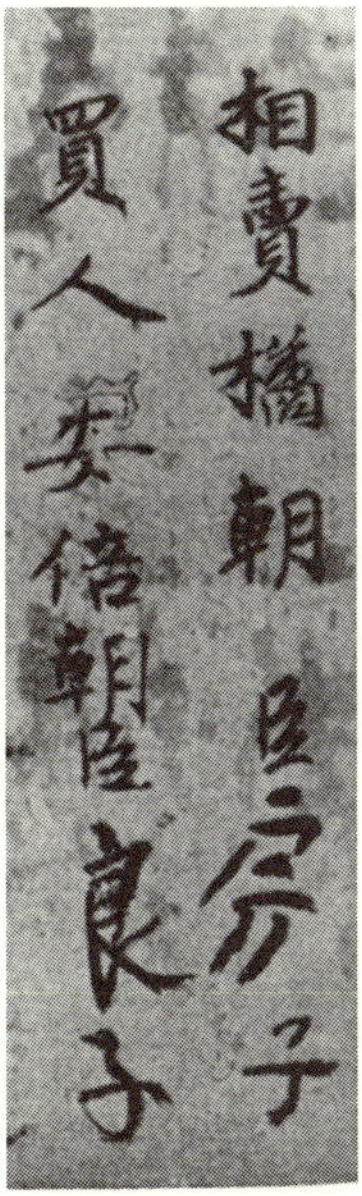

図29（延長七年六月二十九日付『七條令解』より）（財古代学協会所蔵）
橘房子と安倍良子の署名（名のみ自署）

子型名の流行と童名

平安時代の中期は、宇多天皇の仁和三年（八八七）ごろから後冷泉天皇の治暦三年（一〇六七）ごろまでの約一八〇年間に該当する。女性名史の上では、さらにこれを延喜・天暦時代（八八七〜九八六）と、寛弘・永承時代（九八七〜一〇六七）に二分したほうが好都合である。

まず貴族の女性名についてみると、前代に流行し始めていた子型の女性名、しかも貞子《さだ》、義子といった一字二音節型のそれが圧倒的となり、大部分を占めるにいたったことが注意にのぼるのである。

これらの「×子」型の女性名は、すべて訓読されたのであって、たとえば、「成子」をセイシ（音読み）、「徳子」をトクコ（湯桶《ゆとう》読み）などと読むのは、誤りもまたはなはだしい。江戸時代末から明治時代の学者は、「成子」は、ナリコ、シゲコ、ナルコ、ヒラコ等々幾通りもの訓みがあり、個々の場合、明確に決定できないという理由から、×子型の女性名を音読する不都合な慣例を作った。そしてこの悪弊は、今日なお固執されている。貞子は、サダコ、タダコなどの訓みがあり、個々の場合、必ずしも真実の訓みを知りがたいが、テイシと音読されなかったことだけは確かである。「徳子」をトクコと湯桶式に読むのは、明治時代後期からの誤謬である。江戸時代には、トクという女性名が多く、これは明治時代にもち越された。明治時代中期以降に子型の女性名が流行すると、トク、トミ、ショウ、サダ、テイなどの名には接尾語として子字が付され、徳子《とくこ》、昌子《しょうこ》、貞子《ていこ》といった湯桶読みの名が多数あらわれ、これがひろく普及したので、現代人はそれにほとんど違和感をおぼえなくなっている。しかしそれはあくまで明治時代中期以来の便化であって、高倉天皇の中宮・平徳子をトクコと読むなどは、狂気の沙汰に近いのである。

もっとも、歌学の世界などでは、特定の歌人は、音読みされた。俊頼《しゅんらい》、俊成《しゅんぜい》、定家《ていか》などがそうである。こうした有職読みの典型は、新古今歌人・式子《しょくし》内親王の場合である。当時、定家がサダイヘと訓まれたと同様に、式子内親王も、ノリコナイシンノウと呼ばれたのであって、それらは歌人らが用いる符丁のような有職読みにすぎず、実際とは違っているのである。

確かに平安時代には、どう訓んでよいか不明な一字二音節の子型の女性名が少なくない。しかしこの場合も訓みをよく研究し、安易に音読みせぬ心掛けが必要である。

もう一つ注意されるのは、この時分から童名《わらはな》が知られ始めることである。童名は、もっと古くから存したに相違ないが、ほとんど文献に現われてこないのである。

貴族の子女の場合は、男女は加冠の時まで、女子は著裳まで童名で呼ばれたのである。道眞によると、夭折した彼の娘の童名は阿満《あま》といい(1)、また大宰府の配所で喪った小童の名は、近曾であった。(2)紀貫之（八六八?～九四六）が、童名を「阿古《あこ》屎《くそ》」と称したことは著名である。(3)アコは、「我子《あこ》」であって、もともと自分の子供に対する愛称であり、同時にしばしば童名にも用いられた。采女臣阿古女などは、最も古い例に属するが(4)、ここでは童名と成人後の実名との区別はみられない。阿古の場合は、女児であっても、必ずしも接尾語の「女」は付されなかった。

『大和物語』（第十四段）には、

本院（藤原時平）の北の方のみおとうとの、童名をおほつぶねといふ、いますかりけり。陽成院の帝に奉りたりけるを、……

ここでいう「本院の北の方」は、在原棟梁の娘（敦忠の母）であり、「おほつぶね」はその妹であった。彼女は歌人でもあり、なみなみならず魅力的であったため、元良親王(5)や平定文に懸想されている。(6)『勅撰作者部類』には、「おほつふね 左兵衞棟梁女」と記されている。相手は上皇であったとはいえ、著裳もすませぬ女性――貴族の――が童名のまま入侍するのは、いささか異常なことであって、彼女の場合は、諱は別にもってはいたが、童名が愛称としてひきつづき用いられていたのであろう。

いま、皇族、王族、貴族の女性たちを、『本朝皇胤紹運録』や著者の『日本の後宮』から採りあげ、関連する天皇ごとに整理してみると、左のとおりである。

▼宇多天皇

女御・更衣 藤原温子《よし》（東七条后） 藤原胤子 橘義子 菅原衍《ひろ》子（道眞の娘） 橘房子 源貞子 藤原保子 藤原褒子《よし》（時平の娘、京極御息所） 德姫女王 源久子 藤原靜子

皇女 均《ひら》子内親王 柔《やす》子内親王 君子内親王 孚《さね》子内親王 依《より》子内親王 成《しげ》子内親王 誨《のり》子内親王 季《すゑ》子内親王 源順《のぶ》子(7)（養女。父は、光孝天皇、母は菅原類子。藤原忠平嫡妻）

宮人 藤原淑子 春澄洽《あまねい》子 藤原直《なほい》子 藤原因香《よるか》 菅原寧子（道眞の次女。尚侍兼尚膳） 滋野直《なほい》子

斎宮・斎院 元子女王（宮） 直子女王（院） 君子内親王（院）

▼醍醐天皇

后・女御・更衣 爲子内親王 藤原穩《やす》子 源和子 藤原能子 藤原和香子 藤原淑《よし》姫 源周《ちか》子 藤原桑子 滿子女王 藤原鮮《よし》子 源封《かね》子

皇女 勸《ゆき》子内親王 宣《のぶ》子内親王 恭《たか》子内親王 慶子内親王 勤《いそ》子内親王 郁《あや》子内親王 婉《よし》子内親王 修《なか》子内親王 敏子内親王 雅《まさ》子内親王 普《ひろ》子内親王 靖《やす》子内親王 韶《あき》子内親王 康子内親王 齊《ただ》子内親王 英《ひで》子内親王 源兼子 源嚴《たけ》子

宮人 藤原守子 藤原滿子 在原尙《ひさ》子 安倍靜子 藤原邦子 藤原長子 大中臣眉子 源仁子 源艷《つや》子(8) 源珍《うづ》子 惟《これ》良《よし》淑子(9)

斎宮・斎院 柔子内親王（宮） 恭子内親王（院） 宣子内親王（院） 韶子内親王（院）

▼文献彦太子《ぶんけんひこのひのみこ》（保明親王）

妃妾　藤原仁善子《にきこ》　藤原貴子《たかこ》
宮人　在原方子　藤原精子《あきこ》　良峯養父子《やぶこ》
▼皇太后・藤原穏子
宮人　藤原乗子　源裕子《ひろこ》　藤原吉子　藤原勝子《かちこ》
▼朱雀天皇
女御　煕子《ひろこ》女王　藤原慶子（関白・實頼の娘）
皇女　昌子内親王
宮人　滋野幸子　壹志《いし》篤子《しの》　菅生冷子《すずしこ》　橘光子　藤原貴子
（保明親王妃）　藤原明子　源珍子　橘平《たいらけいこ》(10)子　橘元子　橘貞子
紀榮子《よし》　藤原典子《のり》　路《みちの》淸子
斎宮・斎院　雅子内親王(宮)　徽子《よし》女王(宮)　婉子内親王(院)
▼村上天皇
皇后・女御・更衣　藤原安子　藤原述子《のぶ》　徽子女王（前斎宮）　荘《たか》
子女王　藤原芳子　源計子《かず》　藤原修子《なが》　藤原祐姫《すけ》（大納言・元方の娘）
藤原正妃《まさひめ》（左大臣・在衡の娘）　藤原登子《なり》
皇女　承子《よし》内親王　理子《まさ》内親王　保子内親王　規子《のり》内親王
盛子内親王　樂子《やす》内親王　輔子《すけ》内親王　緝子《つぐ》内親王　資子《すけ》
内親王　選子《のぶ》内親王
宮人　藤原善子　藤原楚姫子《たかひめ》　藤原輔子　藤原幸子《ゆき》　橘鮮《き》
木子《ぎ》　藤原貞子　藤原貴子　藤原和子　大和眞子(11)　紀安良《あら》
子　中臣靜子　橘恭子　藤原灌子《あつ》　大江慶子　若湯江《わかゆえの》若子
冨野安子　額田利有子《りう》
「平壹子《かず》　藤原田子《ただ》　小野公子　栗田明子　橘家子　伊勢
内子　池田（舎人）安子　藤原勳子《いさ》(12)」

斎宮・斎院　英子《ひで》内親王(宮)　悦子《よし》女王(宮)　藥子内親王(宮)　婉子内
親王(院)（留任）
▼冷泉天皇
皇后・女御　昌子内親王　藤原懷子《ちか》(13)　藤原超子《とほ》　藤原怤子《よし》
皇女　宗子内親王　尊子《たか》内親王　光子《みつ》内親王
宮人　壬生《みぶの》平子　安倍高子　橘慶子　藤原順子　丹波勝子
平寛子《ひろ》　源正子　藤原都子《くに》　橘等子《とも》　藤原五福子《いふ》
斎宮・斎院　輔子内親王(宮)　尊子内親王(院)
▼圓融天皇
皇后・女御　藤原媓子(14)　藤原遵子《のぶ》　藤原詮子《あき》　尊子内親王
宮人　藤原登子（村上後宮）　當麻是子　藤原輔子　平貴子　良
峯美子　橘明子(15)　藤原麗子(16)　藤原淑子　藤原近子
斎宮・斎院　隆子女王(宮)　規子内親王(宮)　選子《のぶ》内親王(院)（大斎院）
▼花山天皇
女御・後宮　藤原忯子《よし》　藤原姚子《よし》　藤原諟子《ただ》　婉子《よし》女王
平平子　藤原儼子《たけ》(17)
皇女　四人（名不詳）
宮人　藤原婉子　紀順子　源平子　藤原基子　藤原貴子
斎宮・斎院　濟子内親王(宮)（章明親王の王女）　選子内親王(院)（留任）
以上、皇族、王族、貴族出の宮人らの名をつまびらかに列
挙した。これらを通観して指摘されるのは、
①一字二音節の子型の女性名が圧倒的に多くなったこと。な
かには、学者や陰陽師に撰名を依頼したと想定されるむず
かしい漢字の名も混っていること。

②一字三音節、一字四音節の子型の女性名は、きわめて稀であること。

③万葉仮名の女性名（和香子、安良子）も、きわめて少なくなっていること。

④R音を音節の初めにもつ女性名がはじめて出現したこと（利有《りう》子）。

⑤姫、妃《ひめ》を語尾とする名は、少ないこと。

姫、妃の語尾としては、前記のとおり、村上天皇の後宮の更衣(18)・藤原祐《すけ》姫や同じく更衣・藤原正妃《まさひめ》の名が挙げられる。祐姫の名は、父の元方が怨霊となって冷泉天皇の系統に祟ったという伝説(19)で知られている。また典侍・藤原楚姫《たかひめ》子は、姫と子を重ねた二重語尾の珍しい名である。また摂政・道隆や道長(20)らの生母が藤原時姫であったことは、あまねく知られている。

宮廷・貴族の女性名

実態はほぼ以上のとおりではあるが、貴族女性の間には、子型でも、女型でもない名がわずかながら存在した。そのいちじるしい例は、古今集歌人の典侍・藤原因香《よるか》(21)である。これは後に、藤原定家が大いに渇愛した名であった。同じく古今集歌人としては、屎女の伝統を引いた源久曾(22)や、乙女に由来する壬生乙《みぶのおと》の名が挙げられる。女型の女性名の形骸がこうした形で貴族社会に残存していたとみなすべきであろう。

すでに強調したとおり、貴族女性の間では、子型の名が普遍的となったが、この種の例は、上記のほかにも多数並べることができる。

①宮道列《みやじのつら》子(23)（宮内大輔・彌益の娘、母は高田春子、内大臣・藤原高藤妻、醍醐天皇外祖母） ②藤原房子(24)（右兵衛督・高經の娘、大学頭・藤原弘蔭室） ③橘房子(25)（図29） ④安倍良子(26)（図29） ⑤三善普子(27) ⑥藤原明子（暁）(28)（左大臣・仲平の娘、有明親王室） ⑦源昭子(29)（右大臣・能有の娘、関白・忠平本妻、右大臣・師輔らの母） ⑧藤原滋子(30)（関白・基經の娘、右大臣・源能有室） ⑨源順子(31)（光孝天皇皇女、関白・忠平正妻） ⑩藤原寛子(32)（関白・忠平の娘、重明親王室） ⑪藤原盛子(33)（右大臣・師輔室、摂政・伊尹らの母） ⑫恵《さと》子女王(34)（代明親王の娘、摂政・伊尹の室） ⑬橘恵子(35)（宮内卿・良殖の娘、攝津守・藤原尹文室） ⑭藤原穆《あつ》子(36)（中納言・朝忠の娘、左大臣・源雅信室） ⑮紀勢《なり》子(37)（山城介・豊春の娘、左大臣・藤原良世妻、右大臣・恆佐母） ⑯藤原近子(38)（信濃守・藤原陳忠の妻） ⑰布勢貴子(39)（陸奥守・藤原滋實妻） ⑱甘南備寛子(40)（伊勢守・是門の娘、式部少輔・藤原諸蔭妻） ⑲麗子女王(41)（重明親王王女） ⑳馨子女王(42)（有明親王王女） ㉑橘嚴《たけ》子(43)（中納言・澄清の娘、右京大夫・藤原中正の妻、時姫の母） ㉒永原穀《よし》子(44)（緒繼女王家別當・永原利行の娘）・ ㉓伊勢明子(45) ㉔藤原貴子(46)（参議宮内卿・守義の娘。左京三條北・東洞院東〔現在、中京郵便局敷地〕に所在する所有地を売却した） ㉕三統《みむねの》　普《ひろ》子(47) ㉖吉野實子(48)（神祇官御巫） ㉗大中臣吉子(49) ㉘橘美子(50) ㉙山《やまの》　寛《ひろ》子(51)

以上を一瞥するならば、一字二音の子型の女性名がいかに貴族社会に流行したか瞭然とするであろう。

清和天皇の掖庭において、女御の源貞子は、「温明殿《うんめいでん》の女御」と呼ばれ、貞子が貞観十五年（八七三）正月に卒した後には、源嚴《たけ》子（儼子）（右大臣・能有の娘）がまた「温明殿の女御」と称された。[52] むろんこれは、後宮で賜わった殿舎の名に因《ちな》んだものである。女御には、独立した殿舎を局として賜うのが常であったが、女御を殿舎によって呼ぶ慣習は、その後もつづき、醍醐朝では、源和子（光孝天皇皇女）が「承香殿の女御」と呼ばれ、[53] 承香殿を中心に文芸サロンを形成した。この称呼は、村上朝にいたって一般化した。

平安時代中期の初めには、皇太后、皇太夫人は、御所の名に因んで、たとえば「洞院《とういん》の后」（班子女王）、「東七條后」（藤原溫子）にように呼ばれた。そして女御や更衣には、平安時代前期末にみえ始めた「御息所《みやすどころ》」の敬称が付された。

宇多朝

小八條御息所[54]（大納言・源昇の娘の貞子。更衣。里第の小八條院の名に因む）

京極御息所・冨小路御息所[55]（左大臣・藤原時平の娘の褒子。里第は、一條大路南にあり、東は京極大路、西は富小路に面していた）

醍醐朝

三條御息所[56]（右大臣・藤原定方の娘の能子。女御。定方の三條第は、三條坊門北で、万里小路の東と西とにあった）

大將御息所[57]（大納言兼右近衛大将・藤原定國の娘の和香子。女御）

中將更衣・少將御息所[58]（参議兼左兵衛督・藤原伊衡の娘の某女。伊衡は、右近衛少将、右近衛権中将を歴任）

朱雀朝

大將御息所（関白太政大臣・藤原實頼の娘。女御。實頼は、天慶元年、右近衛大将を兼任）

右によっても明瞭なとおり、御息所の名は、里第や父の官職に因んで付されるのが常であった。朱雀天皇の女御・凞子女王は、「王女御」と呼ばれたが、[59] それは前東宮（早世）・保明親王の王女であったためである。

村上朝いらい、女御は殿舎の名をとって「××殿女御」、「×壺女御」と呼ばれることが多くなった。里第によるもの（小一條女御＝藤原芳子）、官職に因むもの（斎宮女御＝徽《よし》子女王）は、例外とされた。女御もまた御息所とも呼ばれたが、これは主として更衣の敬称と化した。

一方、更衣は父の官名によって「××更衣」、「××御息所」と呼ばれた。源計《かず》子が父の中納言・源庶明の廣幡《ひろはた》第に因んで「廣幡御息所」と呼ばれたのは、全くの例外である。有名な「天徳内裏歌合」[60] に出詠した「宰相更衣」は、源計子と認められる。とすれば、この更衣は、父の官職名によっても呼ばれていたことが知られる。

『源氏物語』は、延喜・天暦時代を背景とした一種の歴史小説である。冒頭にみえる「桐壺の更衣」は、歴史上の称呼ではない。この婦人は、按察大納言の娘であるから、歴史上の人物ならば、「按察《あぜち》の更衣」といわれるのが至当である。『源氏物語』には、秋好《あきこのむ》中宮、明石中宮、冷泉院の女御、等々の人物が登場するけれども、それらは実在の人物称呼ではないのである。

なお、作中にみえる六條御息所は、大臣の娘で、前坊（前東宮）に入侍し、王女を産み、王女は後に中宮（秋好中宮）に立つこととなっているが、これは左大臣・時平の娘で、前東宮・保明親王の妃となって凞《ひろ》子女王を産み、その女王が朱雀天皇の女御――中宮に予定されていた――となった藤原仁善《にさ》子を準拠としている。「六條御息所」というのは、前東宮妃に対する称呼としては、実在的であるといえよう。

ところで、諱《いみな》（実名）は忌み名であって、古代、中世の公家社会や武家社会では、公式のさい以外は相手の諱を呼ばぬのが鉄則であった。皇女《ひめみこ》の場合は、姫宮と呼ばれ、出生の順に従って女一宮《をんないちのみや》、女五宮《をんなごのみや》、女一の皇女《みこ》、女五の皇女などといわれた[61]。「女一公主」と記した例も見受けられるが[62]、これは漢文で表現された特別の場合である。皇女には、ときとして別称や綽名がつけられることもあった。たとえば、冷泉天皇皇女・尊《たか》子内親王[63]（九六六～九八五）は、天元三年（九八〇）十月二十日に入内したが[64]、翌十一月二十二日に内裏が炎上したため[65]、「火宮」という綽名がつけられた[66]（のち女御となる）。『蜻蛉日記』、『多武峯少将物語』、『拾遺和歌集』などにみえる「愛宮」については、厄介な問題があり、まだ充分に解明されているとはいえない[67]。管見では、それは醍醐天皇の皇女・雅《まさ》子内親王の御所の名であり、そこに居住した同内親王の縁者を指したもののようである。そのほか、皇女は、「釣殿宮」（宇多皇女・綏子内親王）、「桂宮」（宇多皇女・孚子内親王）、「六條斎宮」（六條に御所をもっている前斎宮・宇多皇女・柔子内親王）などのように、御所に因んだ別称で呼ばれることがあった。

なお、綽名に関して忘れがたいのは、圓融天皇の中宮・藤原遵《のぶ》子（九五七～一〇一七）――関白・頼忠の娘――が、どうしても皇子女が生まれぬため、「素腹后《すばらのきさい》」とささやかれたことであろう[68]。遵子は後に皇太后、太皇太后となり、亡父の四條第[69]（四條大路南、西洞院大路東）で過ごされたため、「四條宮」と呼ばれていた[70]。

平安時代中期の初めには、女房の候名《さぶらいな》も確立した。初めは、居住する條坊、仕える御所、父の官職などによっており、必ずしも一定していなかった。『大和物語』にみえる「一條の君」、「閑院の御《ご》」、「五條の御」、「南院今君」や『古今和歌集』作者の「閑院」、「二條」などは、居所や勤め先の名に因んだ第一類の候名である。

これに対して父の官職にもとづく候名は、女房たちが中流、下流の官人層の出であるために好都合であって、たちまち第一類の候名を圧倒し、普及するにいたった。女流歌人の伊勢などは、この類の候名として先頭をきった一人である。言うまでもなく、「伊勢」の名は、父の伊勢守（八八五―八九〇）・藤原繼陰の官名に由来している。彼女が後に中務卿[71]（のち式部卿）・敦慶《あつよし》親王の寵をえて産んだ女王は歌に長じ、父宮の官名に因んで「中務」と呼ばれた。

つぎに古今集歌人の「因幡」は、因幡権守・基世王[72]、「讃岐」は、讃岐守[73]・安倍清行の娘であり、さらに「兵衛」は、右兵衛督[74]・藤原高經、「大輔《たいふ》」は、宮内大輔[75]・源弼《たすく》を父としていた。この種の候名は、枚挙に暇《いとま》がないほどおびただしいのである。むろん、こうした候名は、命婦、女蔵人以上の官女、またそれに準ずる后、上皇、皇太后、女御、東宮、親王、大臣家などの女房に付されたのである。女房とは称されない下級の官女（宮人《くにん》）や侍女は、別種の候名で呼ばれた。「承香

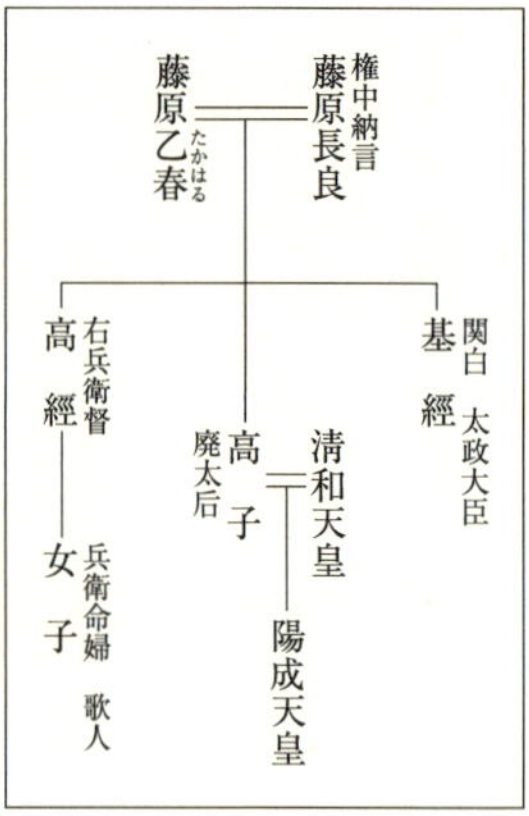

殿のあこぎ」[76]などは、その例である。

命婦も、父の官職を付して呼ばれた。『大和物語』で著名な「監《げんの》命婦」は、右近衛将監・平安直の娘であった。[77]前記の兵衛も、「兵衛命婦」といわれた。[78]『後撰和歌集』には、

藤原のかつみの命婦にすみ侍りける男人の手にうつり侍りにける又の年

かきつばたにつけてかつみに遣はしける

良岑義方朝臣

いひそめし昔の宿の燕子《かきつばた》色ばかりこそ形見なりけれ[79]

とあり、そこには「命婦・藤原かつみ」の名が明記されている。氏名と実名を命婦に冠するのは、稀有の例である。

これらの女房たちは、しばしば君、御といった敬称を語尾につけて呼ばれた。すなわち、『大和物語』にみえる「兵衛の君」[80]は、前に述べた古今集歌人の兵衛であって、陽成上皇付の命婦であったとみなされている。[81]また「若狭の御《ご》」は、釣殿宮（綏子内親王）に仕えた女房の若狭に対する敬称である。[82]もちろん、君も御も、女房名に付する敬語のみではなく、貴族の女性一般にも用いられた。「五條の御」は、中納言・藤原山蔭《やまかげ》の姪で、在原滋春《しげはる》の妻となった婦人を指している。[83]君は、男女共通して敬称に用いられた。

皇女が「女一宮《をんないちのみや》」、「女五宮」などと呼ばれたのに対して、貴族の娘は、「おほいこ」[84]、「大君《おほいぎみ》」、「大姫君」、「中君《なかのきみ》」、「三《さんの》君《きみ》」などと呼ばれ、貴族社会では実名敬避が徹底していた。

庶民の女性名

つぎに延喜・天暦時代における庶民の女性名であるが、これは『平安遺文』第一巻に収められている延喜二年（九〇二）の『阿波国板野郡田上郷戸籍』、延喜八年ごろの『周防国（玖珂郡）玖珂郷戸籍』や幾十通かの古文書から委細を知ることができる。庶民の女性名も変化に富んでいるが、やはり都に近い国々（A類）と遠い国々（B類）との間にはかなりいちじるしい差異が認められる。

A類　これは、京洛の庶民、山城、河内、攝津、大和、伊勢、伊賀等々の都に近い国々の庶民の女性名である。[85]その特色は女型の名が消え、子型の名が圧倒的となったことである。その単に語尾の女をはぶいた大宮部里刀自のような名、あるいは違和的に子を語尾に付けた平田福刀自子もみられる（図30）。これらの女性も庶民とはいっても、その地の中流以上の階層

に属する人びとと認められる。語尾に子を付した名が全く優勢ではあるけれども、中央貴族の女性名にくらべると、いちじるしく洗練の度にとぼしい。

安倍屎子　民安《たみのあ》占《うら》子　安倍弟町子（図31）　安吉《あきの》乙清（浄）刀自　穂浪後安《しりやす》子　笠小《を》門門《とと》子　檜前阿《ひのくまのあ》公《こ》子（図32）　依知《いち》秦《はたの》又子（図33）　藤原仲子　宗嶽《むなをかの》芳子　水連虫子（取字脱カ）　飯高乙子　飯高豊子　麻績《をみの》在子　麻績孝志子　飯高屎　飯高積《しげ》子　日《へ》置《きの》貴曾《きそ》町《まち》子　縣倉子　秦阿禰《あねのこ》子　多安子　秦乙刀自　水海《みづみの》宅冨《やぶ》子　桑原刀自也《とじや》子(86)

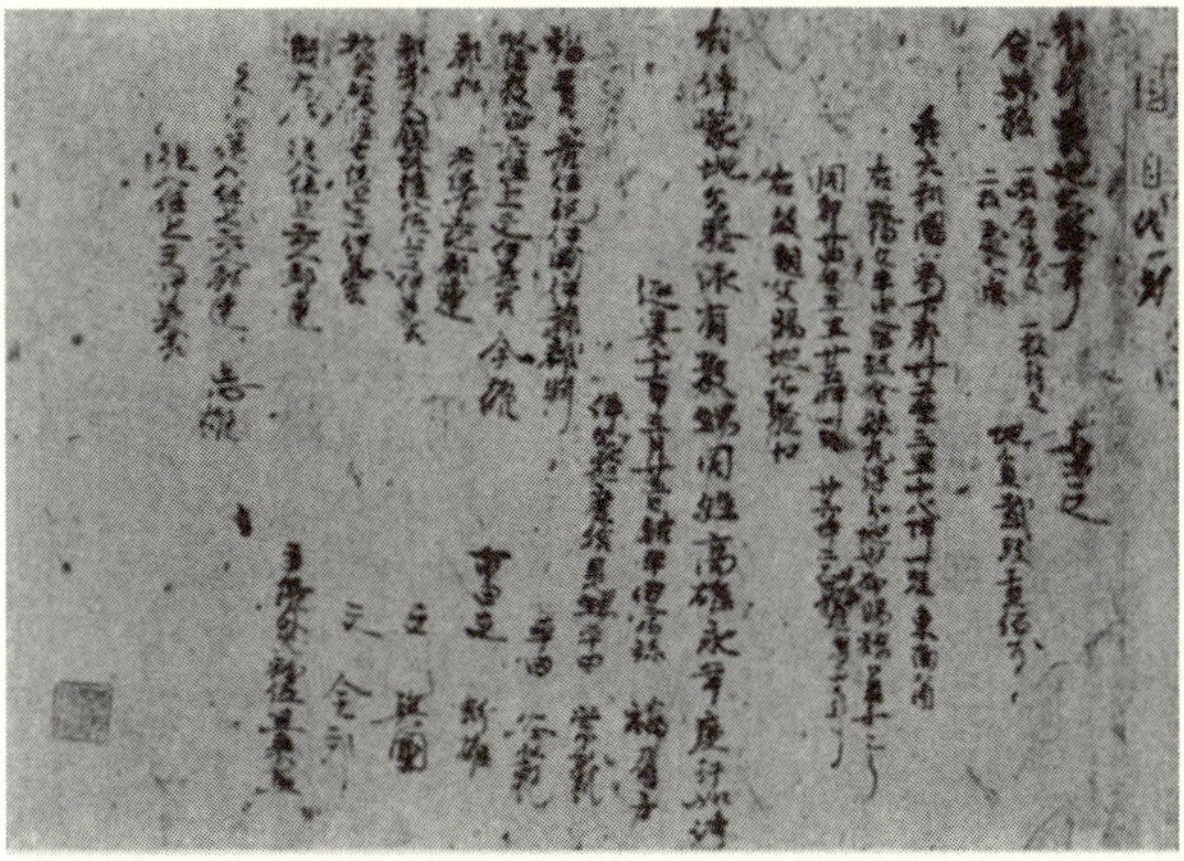

図30　延喜11年3月23日付「平田福刀自子家地宛文案」
（旧根岸文書，国会図書館所蔵）

子型の女性名が滔々たる勢いをもって近国に波及した事実が察知される。注意されるのは、「××町賣」が「××町子」と形を変えて残存すること、阿公（古）子や阿禰《あね》子（姉子）がみえることである。辟邪名《へきじやめい》の「屎子」は、中央貴族の間にすら残存するのであるから、地方でまだ行われたとしても、べつに不思議ではない。しかし近国の女性名が「子型」に転じたとしても、都における下層の女性の名には、まだ女《め》語尾から脱しきれないものがあったと推察される。下級官人や商人などの妻となって、または雑仕女、炊女《かしぎ》、樋清女《ひすまし》などとして、院宮貴族に仕えるために都にのぼった田舎生まれの女性も少なくなかったはずである。

延喜十六年（九一六）の正月、白丁の縣犬養《あがたいぬかひの》永基は、出張中の左兵衛府兵衛・道《みちの》吉常の妻・國仁町《くにのにまち》を強姦のうえ、強奪したため、帰洛した吉常によって訴えられている(87)。明らかにこの仁町は、仁町賣の省略型に属する田舎風の名である。この女性は、都の下層民の出か、あるいは夫とともに地方（近国）から上京した女性であろう。

B類　これは遠方の諸国にみる女性名である。たとえば、延喜五年（九〇五）九月十日付の『因幡国高庭《たかにはの》荘検田帳』(88)には、

因幡国造乙公　田部五百津女　海部《あまべの》弘刀自女　日下部《くさかべの》恵満女　大宮部里刀自　語《かたりの》成主女

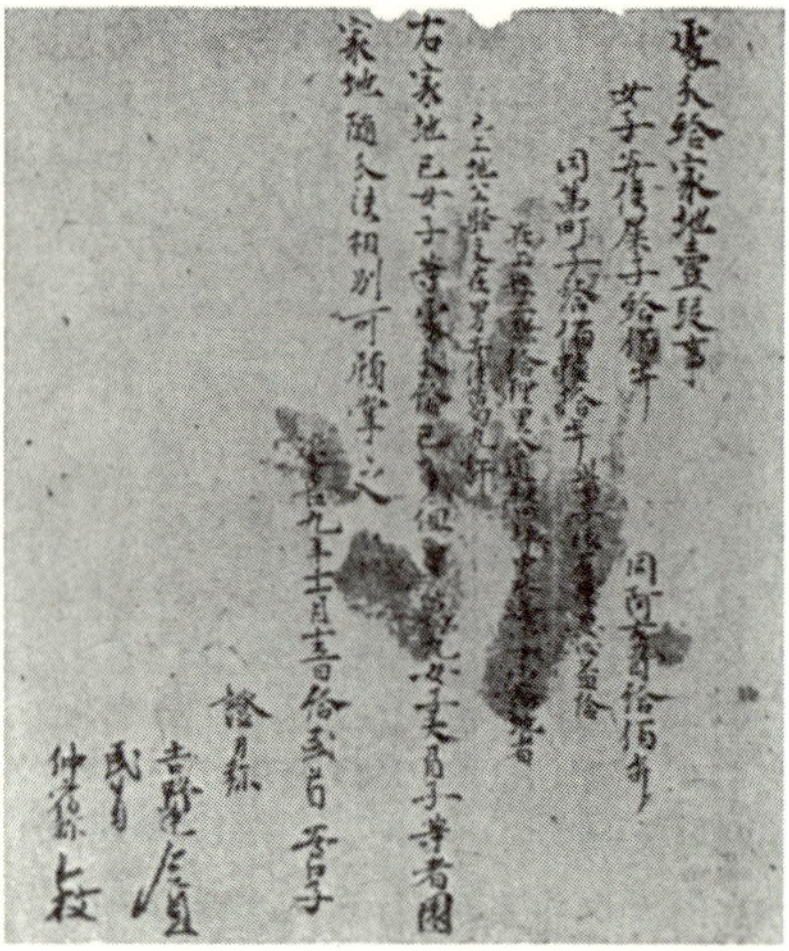

図31　延喜9年11月15日付「民安占子家地処分状」（東大寺文書）民安占子が三人の娘，すなわち安倍屎子，安倍阿古刀自，安倍弟町子にそれぞれ家地を処分した文書。中央に安占子の右手の印が押されている。

のような名が散見している。因幡國は都から比較的近いうえに、高庭荘（高草郡）は都との交流が激しかった。それでも女性名の大部分は、女を語尾としていた。ただし、代々采女を出した因幡國造氏の娘で、采女として奉仕した女性は、乙《おと》公《きみ》といった。また大宮部里刀自という名は、当時の因幡國が遠国と近国の中間に存したことを示唆しているように思われる。

一方、前記の『阿波国戸籍』や『周防国戸籍』をみると、女性名の語尾はすべて「賣《め》（女）」であり、しかも奈良時代からの伝統的な名も少なくない。いま、若干、例を挙げて説明しよう。

①刀自賣型　刀自賣　浄刀自賣　乙刀自賣　継刀自賣　川刀自賣　殿刀自賣　春刀自賣　花刀自賣

これは、古い型の女子名で、当時なお優勢であった。

②中性型　眞継女　豊主女　乙浄女　廣直賣　貞永賣　貞福《さち》賣　秋成賣　春野賣

これも古い型の名であるが、依然として優勢を保っている。想えば、右大臣・清原眞人夏野（七八二～八三七）の諱は、この種の中性型に属していたといえよう。阿波國では、中性型の名が全体の三割六分強を占めていた。

③単純賣型　廣賣　逆《さか》賣　魚《いを》賣　花賣　蓑《みの》賣　得《なり》賣　今女　買賣　呰《あざ》賣　藤賣　松賣　憑《つき》賣

これも古い型であるが、伝統力の強い名である。

④虫賣型　綿虫女　得《なり》虫女　秋虫賣　虫賣　乙虫賣　稲虫女　廣虫女　田虫賣

古い伝統を有する名であるが、とくに周防國では一割一分の比率を占めている。

⑤屎賣型　雄屎賣　全《また》屎賣　今屎女　後《しり》屎型　屎女　屎賣

これまた古い型の名であるが、依然として後が絶えぬのは、農耕民族であるためであろう。

⑥良賣型・依賣型　夜須良賣　安《やすら》良賣　安須良賣　比良女　玉依賣　眞依賣　秋依賣

これら二つも伝統的な型に属するが、この時分には消滅に瀕している。

⑦子賣型　宮子賣　仁《ひと》子賣　粟子女　吉子女　今子賣　倉子賣　秋子賣　廣子賣　家子賣　魚《いを》子賣　吉子賣　氏子賣

有子賣　安子賣

中央貴族の女性における子型の名の流行は遠方諸国にも強く波及した。ただその場合、子型ではなく、子賣型として受容されたことが注意される。その比率は、周防國では一割七分ほどである。

⑧阿古賣型　すべてが阿古賣であって、他字をこれに冠することはない。これは、中央貴族の童、女童の名の地方伝播の結果と認められる。

図32　文書に記された檜前宿禰阿公子の名
（天暦三年四月九日付「七條令解」より　東寺百合文書）
（財古代学協会所蔵）

図33　延喜2年11月7日付「依知秦又子解」（東南院文書）「又子」は自署，その右の線は又子の指画。

⑨月賣型　四月《うづき》賣　五月《さつき》賣　六月《みなづき》賣

これは生まれた月の名をとった新しい型であって、男性の場合には、語尾に「丸」字が用いられるのが常であった。

⑩その他　阿波國の正税帳には、餘《あぐり》賣、夜須賣、介佐《けさ》賣、黒子《ほくろ》賣、田須支《たすき》賣、玉門《くぼ》賣といった異例がみられる。餘《あぐり》賣は、起源が古く、かつ現代まで——常にほそぼそと——つづいている名である。介佐は、平安時代後期の袈裟とは無関係であろう。支賣は、古名の残存である。くぼは、つびと同義語であるが、愛児にこうした名をつけた親の心理は、興味深い。

周防國では、知比佐《ちひさ》賣が割に多い。その他、比毛《ひも》女、津《つ》布彌《ぶや》賣、久可《くが》女などが指摘される。久可女、久可丸という古い名が存するのは、その地が玖珂郡玖珂郷であるためであろう。

両国の戸籍にみえる女性名の型は、次頁の表に記したとおりであるが、この表は比率に関しては、あまり当てにならない。というのは、阿波國、とくに周防國の両戸籍は、早く先学が指摘したとおり(89)、きわめて不自然で作意的な籍帳であって、統計的資料としての価値にとぼしいからである。しかし女性名の型を知る史料としては、使用にたえるものとみてよかろう。

婢の名　この時期にも、奴婢は、大寺などにわずかながら存在した。延喜五年の『筑前国観世音寺資財帳』(90)に婢の名を求めてみると、左のとおりである。

表1　阿波國(延喜2年)と周防國(延喜8年ごろ)の戸籍に記載された女性名の型の分類表

戸籍	阿波國		周防國	
名の型	人数	百分率	人数	百分率
刀自賣型	117	20.8	60	22.2
中性型	203	36.1	54	20.1
子賣型	33	6.0	46	17.4
単純賣型	165	29.2	52	20.0
虫賣型	11	1.9	30	11.4
良賣型	9	1.6	7	2.5
月賣型	8	1.4	1	0.4
屎賣型	6	1.0	2	0.8
依賣型	2	0.4	4	1.5
阿古賣型	0	0.0	4	1.5
その他	9	1.6	6	2.2
計	563名	100%	266名	100%

諸主女　諸刀自女　友主女　子虫女　望成《もちなり》女　小望女　魚《いを》成《なり》女　友吉女　友次女　福冨《きちとみ》女　福次女　望主女　嶋古女　吉子女

奴婢には、氏と姓はないけれども、実名のほうは庶民の女性の名とほとんど変わっていないのである。

遊女の名　攝津の江口、神崎は、この時分から遊里として繁栄し始めた。宇多上皇が鳥飼《とりかひ》院に遊女の白女《しろめ》を召されたとき、大江玉淵の娘といわれる白女が巧みに歌を詠み、上皇をはじめ供奉の上達部《かんだちめ》、皇子《みこ》たち、四位、五位の官人たちからおびただしい纏頭《てんとう》（かずけ物）を賜わったことは、周知されている。[91] 玉淵の娘というのが事実とすれば、それは彼が遊女に産ませた子と推測されよう。[92] 江口、神崎にむらがっていたおびただしい遊女の名が、白女を別とすればほとんど知られていないのは、口惜しいことである。

7 平安時代中期（二）

——寛弘・永承の時代——

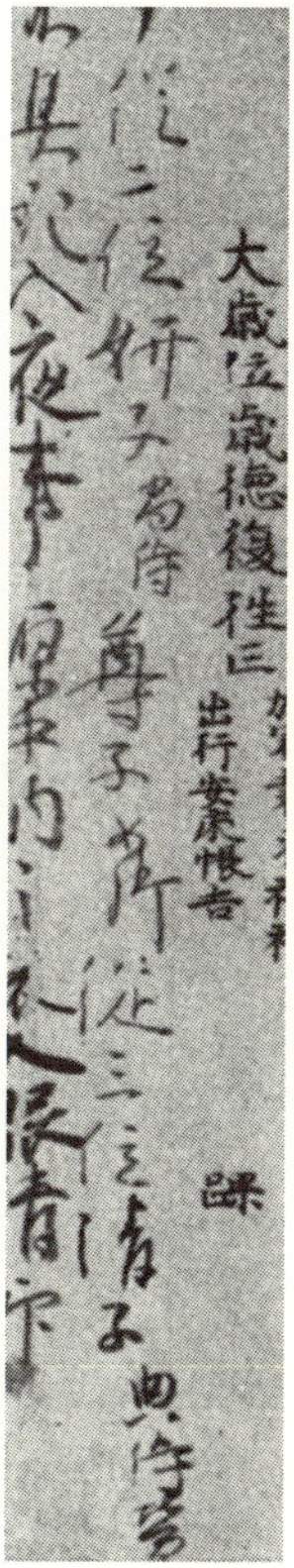

図34 道長自筆本『御堂関白記』寛弘七年正月二十日条の一部（京都、陽明文庫所蔵）
「……従二位妍子尚侍、尊子女御、従三位清子典侍労」
「……不具記入夜事（了脱カ）、源中納言譲入眼請印」
とみえる。妍子は彰子の同母妹であって、尚侍の資格で従二位に叙され、まもなく東宮・居貞親王（三條天皇）に入侍した。尊子は、一條天皇の女御・藤原尊子で、この日、同じく従二位に叙された。清子は東宮の乳母の典侍・橘清子で、この日、従三位に昇叙された。源中納言は、権中納言・源俊賢。ここでは道長がみずから筆をとった三人の女性の名が注意に値する。異筆の部分は、『具注暦』の本文。

貴族の女性名と命名法

一條朝より後冷泉朝にいたる八十余年は、政治、経済、社会に関して幾多の矛盾は内蔵していたけれども、藤原摂関家を中心に政情も安定しており、ことに女流文学の隆昌は、これを世界史的にみても、奇蹟的な事象と評される。藤原文化も最高潮に達した時代であった。

まず貴族の女性名をみると、子型が完全に他を圧倒し、姫型などは、ほとんど姿を消した。いま、右の事実を例証するために、各天皇を中心とする女性名をかかげてみよう[1]（実名不詳の女性は挙げない）。

▼一條天皇

后妃 藤原定子　藤原彰《あき》子　藤原義子　藤原元子[2]　藤原尊子（図34）

女院 東三條院《とうさんでうゐん》（藤原詮《あき》子）

太后 昌子内親王　藤原遵《のぶ》子

斎宮・斎院 恭子女王(宮)　選《のぶ》子内親王(院)（継続）

皇女 脩《なが》子内親王　媄《よし》子内親王

乳母 藤原繁子　橘徳《のり》子

宮人（皇后、中宮、女院などの女房をふくむ）　高階貴子　藤原芳子　源明子　藤原友子　藤原義姫（掌侍）　平寛子　橘慶子　文屋時子　安倍友子　田幡厚子（釆女の出身）　藤原良藝《をき》子　祐子女王　高階徽《よし》子　良岑氏子　藤原香《たか》子（掌侍）　藤原麗《よし》子　源陟《ただ》子

▼三條天皇

后妃 藤原娍子　藤原原《もと》子　藤原娍子[3]　藤原妍[4]（妍はその俗字）子（図34）

太后 藤原遵子

斎宮・斎院 當《まさ》子内親王(宮)　選子内親王(院)（継続）

皇女 當子内親王　禔《やす》子内親王　禎《よし》子内親王　儇《とし》子内親王　嘉《よし》子内親王　禜《ひで》子内親王

乳母 橘清子（図34）　源明子　藤原灑子[5]（中宮・妍子の中務乳母）

宮人 藤原臨《もり》子　藤原儼《たけ》子　藤原光子[6]　紀昭子

▼後一條天皇

后妃 藤原威《たけ》子

女院 上東門院《しやうとうもんゐん》（藤原彰子）

太后 藤原遵子　藤原妍子

斎宮・斎院 嫥《よし》子女王(宮)　選子内親王(院)（中途で退下）　馨《かをる》子内親王(院)

皇女 章《あき》子内親王　馨子内親王

乳母 藤原豐子[7]　藤原基子　藤原美子　菅原芳子

宮人 藤原生《なり》子　三善貴子　大江滿子　紀弘子　藤原直子　藤原松子　和氣盛子　藤原忠子　大江康子　藤原理《まさ》子　源懿《よし》子　藤原周《ちか》子

▼後朱雀天皇

后妃 藤原嬉子　禎子内親王　藤原嫄子　藤原生子　藤原

延子
女院　上東門院（藤原彰子）
斎宮・斎院　良子《なが》内親王（宮）　娟子《よし》内親王（院）
皇女　良子内親王　娟子内親王　祐子《すけ》内親王　禖子《みわ》内親王
正子内親王
乳母　源隆子　藤原能子　源香子　藤原明子
宮人　藤原眞子　源繁子　元子女王　清原清子　藤原保子
藤原照子　藤原姫子

▼後冷泉天皇

后妃　章子内親王　藤原寛子　藤原歡子《よし》(8)
女院　上東門院（藤原彰子）
太后　禎子内親王　章子内親王
斎宮・斎院　嘉子内親王（宮）　敬子《のり》内親王（宮）　禖子《みわ》内親王（院）　正子内親王（院）
皇女　なし
乳母　藤原賢子《かた》（紫式部の娘）　源經子　藤原親子
宮人　藤原賴子　源家子　藤原業子《なり》　平親子　藤原義子
藤原祇子《まさ》　紀忠子　安倍長子　大江以子《もち》　周防清子　和氣成子　藤原資子　源方子《まさ》　藤原清子

（付）一條朝の官女

なお、承暦二年の『主税寮出雲国正税返却帳』(9)には、長保二～五年に出雲國に位田を賜わっていた官女の交名がみられる（どの官女も従五位下をおびている）。

紀平子　源幸門子《こと》　伊勢有子　藤原清子　藤原美子　藤原番子《つぎ》　藤原幸子　藤原嚴子　源貞子　紀保子　當麻貞子
藤原友子

一條朝いらいのこれら高級官女の名が同時期に知られている多数の官女の候名とほとんど合致させえないのは、遺憾のきわみである。

*

以上のうち、宮人たちの実名については、あまりにも数多く知られているので、抄記するにとどめておいた。

上に列挙した多数の女性名を通覧すると、一字二音節の子型の名が圧勝し、整然たる統一をなしていることが明察される。そして藤原義姫や藤原良藝子《をき》、源幸門子《こと》などは、稀有な例外とされる。

貴族の娘は、通常、大君《おほいぎみ》、大姫君、中君、二君、中姫君、三君、三姫、小姫君といった呼び名で少女時代を過ごし、著裳または宮仕えにあがるさいに、正式の諱をつけたようである。戸籍が貴族の間では全く作られなくなった当時としては、幼時から諱をつける必要はなくなった。そのかわり、学者に依頼し、好字を撰定する風習も生じたため、あまり凝りすぎて訓みが困難または不可能な名も現われた。娍子、姸子、嫄子、禖子、灑子、嫥子(10)等々は、いずれもこの部類に属する名である。

清少納言の実名が清原諸子《なぎ》であったという所伝は、なお検討を要するけれども、「諸子」という独自な名は、いかにも卓越した歌人の清原元輔（九〇八～九九〇）らしい撰定と認めてもよさそうである。[11]

なお、皇太后・妍子の乳母の中務典侍《なかつかさのすけ》・藤原高子は、再婚したころ、「灑子」と改名した。[12] この時期には、女性の改名は珍しいことであった。

一字二音子型の女性名は、決して皇王族や内裏や院宮の女房たちにかぎられたわけではなかった。左に若干の例を挙げてみよう。

源倫子《とも》（藤原道長の正妻。従一位。九六四～一〇五三）　源明子（道長の本妻、左大臣・高明の娘。高松殿の上。右大臣・頼宗らの母）　藤原祉子《よし》（藤原實成の娘、権大納言・藤原能信の母。白河母后・茂子の母。贈正一位）　儇子[13]女王（小一條院王女。藤原信家室）　源麗子（右大臣・師房の娘。関白・師實正妻）　良岑氏子（五節の師）　藤原祇子《まさ》[14]（関白・頼通の妾妻、師實らの母）　源公子[15]（右大臣・頼宗の本妻）　藤原睦子[16]（藤原宗季室）

かように、貴族社会の女性名は、九割九分までが子型、しかも一字二音節のそれであった。そのなかにあって注意をひく例外は、関白・頼通の正妻の隆姫女王[17]（九九五～一〇八七）――具平親王の王女――の名くらいであろう。

前記のように、貴族の女性たちは、学者が撰名したむずかしい文字を名とすることが少なくなかったが、他方では後代に大きな影響をおよぼす命名法も生じつつあった。それは、父の実名の偏諱《かたいみな》を名とする命名法である。すなわち、

源　明子（道長本妻、高松殿の上）　左大臣・源高明の娘
源　陟子《ただ》[18]（上東門院宣旨、後朱雀天皇乳母）　中納言・源伊陟の娘
藤原周子《ちか》[19]（上東門院女房、権中納言・藤原良頼室）　内大臣・藤原伊《これ》周の第二女

伊周の第一女（大姫君）は、右大臣・頼宗の正妻であったが、[20] この命名法から推理すると、実名を「伊子」といった蓋然性が多い。

この画期的な命名法は、大正天皇の生母・柳原愛子《なる》（柳原二位局。一八五五～一九四三）の父が大納言・藤原（柳原家）光愛（一八一八～一八八五）であったように、幕末はおろか、大正時代にいたるまで連綿とつづくのである。

呼び名・綽名・童名

この時期にも、皇女は、生誕の順位にしたがって、「女一宮《をんないちのみや》」、「女二宮」、「乙宮」……と呼ばれたし、[21] また品位をおびている場合は、男女にかかわらず何品《ぽんの》宮と呼ばれた。一條天皇の女一宮の脩《なが》子内親王（九九六～一〇四九）は、一品《いっぽん》に叙されたため、一品《いっぽんの》宮と称され、出家後は、入道一品宮と呼ばれた。[22]

この時分にも、前斎宮や前斎院は、退下の後、御所を賜わった。そしてときとしては、この御所に因んで別称が生じ、ときには綽名がつけられた。五朝にわたって斎院を奉仕した選子内親王（九六四～一〇三五）には「大斎院」の別称があり、[23] 源俊房（のち左大臣）と愛情をかわしたため、前斎院の娟子《よし》内親王は、「狂斎院《たぶれ》」の綽名をえた。[24] 前斎宮や前斎院を天皇が後宮に迎えることは認められていたけれども、臣下との交

情は厳禁されていた。それにつけても、斎宮・恬《やす》子内親王と在原業平との密事《みそかごと》は、一期一会の冒険であった。[25]

当時の貴族社会における童名の実態は、あまり明らかでない。まず男童についてみると、関白・頼通の幼名は、「鶴《たづ》」または「田鶴丸」であって、[26]周囲の者は幼少期の頼通を「鶴君」と称し、両親や兄弟、姉妹、伯(叔)父、伯(叔)母などは、「田鶴丸」と呼んだようである。頼宗の童名は、「巖《いは》」ないし「異葉丸《いはまる》」であったし、[27]伊周のそれは、「小千代」であり、[28]周囲の者は、彼を「小千代君」と呼んだ。[29]具平親王(九六四～一〇〇九)の王子・資定王――のち右大臣・源師房(一〇〇八～一〇七七)――の童名は、「萬壽宮《ますのみや》」であった。[30]

幼名はあっても、通常は、「太郎君」、「三郎君《さぶらうのきみ》」などと呼ばれることが多かった。そのため、貴族の童名は、実際はみながおびていたにもかかわらず、伝えられることが稀なのである。

ただ注意されるのは、延喜・天暦の時代に庶民の男性名の語尾に用いられていた「丸」(早稲《わせ》丸、子丸、乙丸、法師丸、麥丸、安丸、屎丸、童子《わらは》丸、東丸、等々)が貴族の男童の名の語尾に用いられ始めたことである。

「丸」は、言うまでもなく「麻呂」に由来しているが、少なくとも平安時代の中期には、第一人称格の代名詞として用いられていた。初めには男性がもっぱらこれを用いたと推定されるが、中期には、男女老幼の別なく、第一人称代名詞に用いられるようになった。『土佐日記』にみえる。「まろ、この歌の返しせむ」[31]は、女童の自称である。『紫式部日記』では、道長も「まろ」と自称しているし、[32]北の方の源倫子も、「まろがとどめしたびなれば」[33](私が引きとめたものですから……)としたためている。もっとも、天皇の御前では、臣下同士でも「まろ」は用いぬものとされていた。[34]しかし中世以降には、「まろ」はもっぱら男性の自称となった。[35]

男童の名はある程度判明するが、女童の名は不詳な点が非常に多い。これは、通常「大姫君」、「乙姫君」といった称呼が用いられ、童名すらが敬避されていたためである。

女童の名として珍しく知られているのは、右大臣・實資(九五七～一〇四六)が五十代のなかばに亡妻・婉子女王の女房に生ませた藤原千古《ちふる》である。[36]實資のこの娘に対する溺愛は、『小右記』の随所に看取されるところであり、学界ではあまねく知られている。彼は、『竹取物語』の女主人公に因んで、この娘を「かぐや姫」という愛称で呼んだ。[37]この娘は、著裳しても、また結婚した後も、『小右記』では言いなれた童名の「千古」が用いられているが、やはり「×子」という諱はある時機に与えられていたのであろう。

年代は少し遡るが、藤原時平の妻の妹で、陽成院の勤仕に参った女性は、[38]童名を「おほふね」または「おほつぶね」と称したという。[39]また具平親王が熱愛し、頼成を産ませた雑仕女の名は、「おほかほ」といった。これなどは、童名が成人し、宮仕えに出た後もそのまま用いられていた例ではなかろうか。[40]

従一位　右大臣　右大将
摂政太政大臣・實頼嗣子
藤原實資
＝
某頼女
貞元二年出生　参議
源頼定の乳母子
婉子女王の女房、女王の
歿後、實資の召人（侍妾）、
晩年出家し、「角殿の尼上」
と称さる。

千古
愛称「かぐや姫」
寛弘八年頃出生
長元二年結婚
長暦二年頃歿
＝
藤原兼頼
正二位　権中納言
藤原資平養子
治暦元年正月薨
享年五〇
小野宮中納言と号す。

女子
長承三年十月二十一日歿
享年九九
小野宮尼公と号す。
＝
藤原祐家
権大納言・長家の三男
正二位　中納言
寛治二年七月薨
享年五三
小野宮中納言と号す。

なお、『紫式部日記』や『源氏物語』（葵、玉鬘）には、「あてき」という童名がみえ、『栄華物語』（巻第八）には、「やすらひ」という女童の名が見いだされる。あまねく用いられていたらしい「あてき」は、「貴君《あてきみ》」の略とみなされている。

元来の女童名と、院宮に女童として出仕したさいの女童としての名（一種の候名）が同一であったかいなかは、究明しがたい。和泉式部などは、母（平保衡の娘）の関係から太皇太后・昌子内親王のもとに女童として出仕していたと推定されるが、その童名は、「御許《おもと》丸」といったという(41)。

女性、とくに貴族の女性については、実名敬避の風習が強かった。現代ですら女性の年齢は明記されぬことが多い(42)。したがって貴族の姫君たちは、前にも述べたとおり、前代よりひきつづいて「大姫（君）」、「大君《おほいぎみ》」、「乙姫君」、「中君《なかのきみ》」、「中姫《なかのひめ》君」、「三君《さんのきみ》」、「四君《しのきみ》」等々と呼ばれていた。また、結婚して家居しているときは、殿舎の方向によって、「東の御方」、「西の御方」、さらには邸宅の名に因んで、「鷹司殿（の上）」（道長の正妻の源倫子）、「高松殿（の上）」（道長の本妻の源明子）、「一條の尼上」（藤原穆子）といった敬称をもって呼ばれた。

一方、後宮においては、左大臣・道長の策謀によって一帝二后の制が始まり、一條天皇は、皇后と中宮という全く同資格の后を二人立てられた。皇后や中宮の場合には別号はなかった。太皇太后や皇太后となった方々のなかには、「四條宮」（藤原遵子）、「枇杷太后」（藤原妍子）、「小野皇太后」（藤原歓子）といった別号が非公式に唱えられた。

女御は、前代同様、原則として後宮における殿舎の名を冠して呼ばれた(43)。

弘徽殿女御《こきでんのにようご》　承香《じようきやう》殿女御　麗景《れいけい》殿女御　宣耀《せえう》殿女御　暗《くら》戸屋《べやの》女御（藤原尊子）　淑景舎《しげいしや》女御（藤原原子）

太上天皇に准ずる待遇を受けていた小一條院（諱、敦明。九九四～一〇五一）の女御は、内裏の後宮の殿舎ではなく、里第によって名づけられていた。

堀河女御（藤原延子）　高松殿女御（藤原寛子）

また頼宗の大姫君は、小一條院に入侍して妃となったが、「院の上」と呼ばれていた。一方、下野守・源政隆の娘は、入侍して女御となったが、世人はこの女性を「瑠璃《るりの》女御」と呼んだという(44)。その名の由来はつまびらかでないけれども、察するにその肌がすきとおるほど美しかったためであろうか。

更衣は、花山朝いらい置かれなくなった。実務的な尚侍《ないしのかみ》（かんの君）は、圓融朝まで仕えた藤原灌子をもって最後とし、圓融朝以後は、天皇の前妃の栄位や名目上の地位と化した。摂政・兼家は、娘の綏子《やす》を尚侍という名目で東宮・居貞親王（三條天皇）に入侍させた。道長は、娘の嬉子を尚侍として東宮・敦良《なが》親王のもとに納れ、彼女は、「東宮御息所」と呼ばれた。嬉子は、王子・親仁（後冷泉天皇）を産み、万寿二年（一〇二五）に早世した。爾来、鎌倉時代まで天皇の侍妾ないし東宮妃としての「尚侍」は、任命をみなくなった。また関白・道隆は、第二女の原子《もと》を御匣殿《みくしげどの》（別當《のべたう》）として東宮・居貞親王に入侍させ、原子は「東宮女御」(45)、「淑景舎女御」(46)と呼ばれていたけれども、後二者は俗称であって、彼女はまだ正式に女御に任じられていたのではなかった。いずれにしても、寛弘・永承時代において、摂関家は、政略上の必要から、「尚侍」や「御匣殿」の意味をひどく混乱させたのであった。

内裏女房の地位と候名

平安時代中期には、内裏を主とし、后妃（皇后、中宮、女御、更衣）、院宮（上皇、女院、太后、皇子女（斎宮、斎院をふくむ））、大臣家などに勤仕する、広い意味での女房の数は、おびただしいものがあった。このほか、女房の仲間に入れられない女孺、采女、女童、刀自、半物《はしたもの》、雑仕女、炊女《かしぎめ》、長女《おさめ》（樋清《ひすまし》）も、舞台裏の女性としてたいへんな人数にのぼった。

ところで、内裏女房には、乳母は別格として、典侍、掌侍、命婦、女蔵人の地位があった。典侍は内侍司のすけ、掌侍はじょう（判官）であり、一方、尚侍《ないしのかみ》はほとんど任じられなかったから、典侍と掌侍、なかでも掌侍は単に内侍《ないし》と呼ばれるのが恒例となった。また内侍相互を区別するためには、氏名《うじのな》の偏字をとり、高 内侍《こうのないし》（高階貴子）、源 典 侍《げんのないしのすけ》（源明子）と称したり、右近内侍のように、候名を内侍に冠することもあった。

圓融朝におこった新しい例は、天皇が乳母を典侍に任じ(47)、従三位を叙することである。すなわち、天皇の少将乳母こと良峯美子は、従三位典侍に任叙され、「良典侍」といわれた(48)。爾来、天皇ごとに乳母典侍《めのとのすけ》があらたに任じられた。女性の場合には、官女で三位以上に叙される人は稀であった。そのため、「藤三位」（一條天皇の乳母の従三位典侍・藤原繁子）といった呼び方も行われた。同じ一條天皇の乳母典侍の橘徳子《のり》は、「橘三位《きつさんみ》」の名で知られていた。天皇の乳母の発言権は、この時分から増大する傾向にあった。

女房の候名は、延喜・天暦時代と同様に、主として父、やむをえぬ場合には、夫、兄弟、祖父などの官職名に因んで賜わった。これについては多くの例を挙げる必要はあるまい。ただ念のため、若干の例を左にかかげてみよう。

赤染衛門　大隅守・赤染時用《ときもち》の娘であるが、時用が右衛門府の志、ついで尉を経たため、こうした候名となった(49)。しかし中宮や道長らは、もっぱら夫の大江匡衡に因んで、彼女を「匡衡衛門」と呼んでいた。[50] 彼女の実名は、残念ながら全く不明。

和泉式部　式部の名は、父の大江雅致《まさむね》が木工頭、越前守に昇進する以前、（蔵人）式部丞の任にあったことによると推定される。「和泉」は言うまでもなく、夫の橘道貞が和泉守に在任したためである。[51]

紫式部　式部の名は、[52] 父・藤原爲時が式部丞に在任したことに由来している。彼女は、元来は藤式部であったが、『源氏物語』によって文名がとどろいたため、その女主人公の「紫の上」に因んで紫式部と呼ばれた。[53]

小式部内侍　母の和泉式部とともに上東門院に勤めたため、この名がある。「小」は junior の意味で、「子」のことではない。この「内侍」は、上東門院の内侍の役を指しているのであろう。

伊勢大輔　父の大中臣輔親（九五四～一〇三八）が彼女の出仕当時、伊勢の祭主で、神祇官の権大副（各省の権大輔に相当）に在任していたためである。[54]

清少納言　清原元輔の娘の清少納言の候名の由来は、古くから不詳とされている。管見によると、この候名は、彼女が再婚した相手の少納言の藤原信義の官名に因んでいると思う。彼女は、中宮・定子に参仕する前に、どこかの大邸宅（たぶん、小野宮）に女房として仕え、そこですでに「少納言」と呼ばれていたものと推測される。[55]

上東門院中将　父の左京大夫・藤原道雅（九九二～一〇五四）が左近衛権中将に永く在任したためである。[56]

馬内侍　右馬権頭・源時明の娘であるため、馬と呼ばれた。[57] 初め、斎院（選子内親王）の内侍の任にあり、[58] ついで中宮・定子の内侍（掌侍ではない）を勤めた。

大納言　中宮・藤原彰子の筆頭の女房（おそらく御匣殿別當）。のち、東宮・敦成親王の宣旨。参議左大辨・源扶義（九五一～九九八）の娘。名は廉《きよ》子。初め源則理と結婚して破鏡の憂き目をみた。ついで道長の愛人の一人となった。長保元年（九九九）における彰子の入内にさいし、道長は父を喪っていた廉子を伯父の大納言・源時中（九四三～一〇〇一）の養女とし、大納言という候名で彰子の筆頭の女房としたようである。[59]

相模　祐子内親王家女房。歌人。相模守・大江公資の妻。[60]

このように例を挙げれば、際限がないであろう。候名は、優雅であるとともに実名敬避に役立つけれども、一方では女房たちの実名に煙幕をはる弊害を伴うのである。

たとえば、『権記』によると、長保元年七月二十一日、頭辨（蔵人頭権左中辨）の藤原行成は、朝早く参内し、交易の絹を内裏女房たちに支給している。[61]

▼民部、大輔、衛門、宮内（以上は、一條天皇の乳母で、各五疋）

▼進、兵衛、右近、源掌侍、靫負《ゆげひ》掌侍、前掌侍、少将掌侍（以上七名は掌侍。各四疋）

▼馬、左京、侍従、右京、駿河、武藏、左衛門《さゑもん》、左近、少

納言、少輔、内膳、今《いま》（今参りの略）（以上十二名は命婦。各四疋）
▼女史命婦（五位をおびた女史。ここでは文屋時子を指す、絹二疋）
▼得選《とくせん》（得選の釆女二名。各二疋）
▼上刀自（御膳宿〔おものやどり〕に勤める刀自の長。一名、絹一疋）

女蔵人や女孺らは、支給にもれている。それはともかく、かように候名を列記されると、実名のほうはほとんどぼかされてしまうのである。このため著名な女流文学者、すなわち紫式部、清少納言、赤染衞門、和泉式部、小式部内侍、四條宮下野、出羽辨《いではのべん》、六條斎院宣旨《ろくでうさいゐんのせじ》、菅原孝標《たかすゑ》の女、等々の実名が不確実または皆目不明となっているのは、遺憾のきわみである。紫式部の本名は、藤原香子であったのではないかというのは、以前に著者が提出した想定であり[62]、これについては若干の反論も公《おおやけ》にされている。しかしいずれにせよ、この問題を決定的に解明するきめ手は見いだされていないのである。紫式部と藤原宣孝との間に生まれた娘は、万寿二年（一〇二五）八月、皇子・親仁の乳母となり[63]、祖父・藤原爲時の官名（左少辨、越後守）に因んで越後辨と呼ばれた[64]。長元五～六年（一〇三二～三）ごろ、彼女は高階成章の後妻となり、天喜二年（一〇五四）十月、成章が大宰大貳に任ぜられるにおよんで[65]、大貳三位《だいにのさんみ》と候名を変えた。歌人としては母をも凌《しの》いだ大貳三位の実名は、『尊卑分脈』[66]に明記されているとおり、藤原賢子（一〇〇〇～一〇八二）であった[67]。かように候名と実名とがともに知られている例は、稀ではないまでも、多いとはいえぬのである。

『紫式部日記』に散見する女房や下級官女は六〇名ほどいるが、すべて候名をもって記されており、実名が知られるのは、宰相（藤原豊子）、大納言（源廉子）、宮の内侍（藤原良藝子）、藤三位（藤原繁子）、少将（藤原能子）、橘三位（橘德子）などをふくめて、一〇名程度にすぎない[68]。他の半数は、実名が不確実で、学者間に異論が多く、あとの半分は、名はおろか、氏の名すら不明なありさまなのである。

その点で好史料とされるのは、『朝野群載』（巻第五）にかかげる永承二年（一〇四七）十一月五日付の「内侍所月奏」であって、そこには内裏女房――全員ではないが――の位階、官名、氏姓名、候名が明記されているのである。

候名は、父兄の官職に因《ちな》むとはいっても、あらゆる官職名が採用されたのではなかった。右馬（権）頭による「馬」といった候名はあっても、諸陵頭、隼人正、陰陽頭、弾正台の尹や弼、囚獄正などに由来した候名は、見いだされないのである。

延喜・天暦の時代には、「一條の君」、「伊勢の御《ご》」のように、女房に対する敬称としては、「君」や「御」が用いられていた。この時期になると、「君」は遺《のこ》ったが、「御」はすたれ、かわって「御許《おもと》」が使われるようになった。『紫式部日記』などでも見受けられるとおり、「宰相の君」、「小少将の君」、「大納言の君」などの君は、「兵部のおもと」、「式部のおもと」よりは、上位の敬称であった。

女房の間における身分の高下は、当然のことながら以前か

表2 永承二年十一月五日付「内侍所月奏」(『朝野群載』巻第五より)

位階	官名	氏姓名	女房名
正四位下	典侍	藤原朝臣芳子	少将典侍
従五位上	典侍	源　朝臣繁子	源典侍
従五位下	典侍	藤原朝臣頼子	宰相典侍
従四位下	掌侍	源　朝臣家子	小馬掌侍
正五位下	掌侍	藤原朝臣業子	少将掌侍
正六位上	掌侍	平　朝臣親子	侍従内侍
従五位上	命婦	藤原朝臣義子	小大輔命婦
従五位下	命婦	藤原朝臣善子	宮内命婦
従五位上	命婦	藤原朝臣孝子	少将命婦
正五位下	乳母	藤原朝臣維子	宰相御乳母
従五位上	乳母	藤原朝臣親子	式部御乳母
正六位上		紀　朝臣忠子	式　部
従五位上	女史	安倍朝臣長子	

ら存在した。このころになると、女房たちは、身分に応じて上臈、中臈、下臈という言葉で、三段階に分けられてはいたけれども、[69]その区分はまだ漠然としており、固定的なものではなかった。

中宮・彰子は、「宮の御前《おまへ》」、道長の嫡妻の倫子は、「殿の上」と呼ばれている。なお、『枕草子』では、道隆の三姫君(頼子)には、「三の御前《おまへ》」という敬称が用いられている。

ともかく女房たちの候名は、優雅で文学的ですらあったが、その反面、実名を隠蔽したという弊害を伴うていたのである。

この時分にいたっても采女は、国名ないし郡名を冠して呼ばれ、普通の候名はなかった。采女は別格とするも、女孺以下の下級官女たちの候名や呼び名はほとんど伝わっていない。紫式部の女童の名が「あてき」といったことなどは、珍しく伝わった名の一例である。

庶民の女性名

つぎに庶民の女性名をみると、単純化が進行する一方、新しい傾向が認められる。まず順序として都に居住する庶民や近国の住民についてみると、左のような様相が窺われる。

子型[73] これには、①源香子[70]、内蔵貴《くらのたか》子[71]、紀竝子[72](図35)、秦吉子のような通常型、②奈癸犬阿古子《なきのいぬあここ》[74](図35)、秦多阿古[75](大石保近の妻)のような変形型、③平姉子《あねのこ》[76]、伊勢あねのこ[77]、平中子《なかんのこ》[78]、藤原中子[79]、小野三子[80]のような生得順位型が区別される。

史料が少ないので、断定はさしひかえたいが、都の庶民や近国の住民の女性名は、貴族女性の名の影響をこうむって、ほとんど子型に統一されていた。しかし、貴族女性の姉君、大姫、中君、中姫、三君《さんのきみ》、三姫といった呼び名が都下や近国の庶民に浸透し、これらに対応する姉子、中子《なかんのこ》、三子《さんのこ》のような生得順位型の実名が行われ始めたことは、すこぶる注意に値する。この型の名は、平安時代後期以降、庶民の女性名の大きな流れの一つをなすにいたるのである。

ついで遠国住民の女性名をみると、そこでも単純化が進むとともに、生得順位型とも違った特色が認められるのである。

まず九条家本『延喜式』巻第十一の裏文書の『某国戸籍断簡』(81)――長徳年間――に記載された女性名を通覧してみると、圧倒的に単純女型が多く、虫女型や町女型はきわめて数がかぎられている。

単純女型　如女《ゆき》　米女《よね》　分女《わけ》　衣女《きぬ》　平女《ひら》　安女　吉女
奴女　庤女《おき》　成女　漆女　麥女　棄女《すて》　用女《もち》　松女　大豆《おほまめ》女　綾女　止々女　魚女　咋女《くひ》　秋女　多女　小女《をと》　有女
乙女
刀自女型　凡《おほしの》刀自女
虫女型　凡虫女
町女型　凡町女

中性型や子女型の女性名は、全く見あたらない。これに対して同戸籍記載の男性名には、庭子丸、童子丸《わらは》のような幼名そのままの諱や、古い型の名（時道、常繼、豊益、眞依。これらに女を付せば、女性名となる）などが看取されるのである。

同じ九条家本『延喜式』(大内郡)の裏文書には、寛弘元年（一〇〇四）ごろの『讃岐国入野郷戸籍《にふのや》』(82)の断簡がみられる。ここに記載された女性名は、前記の某国戸籍のそれにくらべると、単純化の路線上にあるものの、かなり複雑である。

単純女型　豊女　吉女　姉女　有女　道女　子持女　夏女
波津女　伊曾目　歩女《あゆみ》　乗女　加々女　茂女　久女　良女
縁女《まさ》　山道女《やまぢ》　小目久女《をめく》　苗女　種女　安良女《あら》　小逆女《さか》　綾女　小呂女　目立女　滿女　小枝女　春女
小菅女《こすげ》　磯女《いそ》　目久女　櫻女　黑女　藥女　小安女
得女《なり》　通女　小色女　乙女　萬女　安女　小則女《このり》
乙妙女《おとたへ》　吹田女　師女《もろ》　常女　則女　小草女　寅女
惠女《さとめ》　條女《えだ》　合女《あひ》　小夏女　犬女　結女　町女
比毛女　遠女　籾女《もみ》　遠二女《とほに》　衣女　田女　節女
刀自女・刀自型　高刀自女　元刀自女　貞刀自女
行刀自女　濱刀自　目久刀自　福刀自女　理刀自女《まさ》

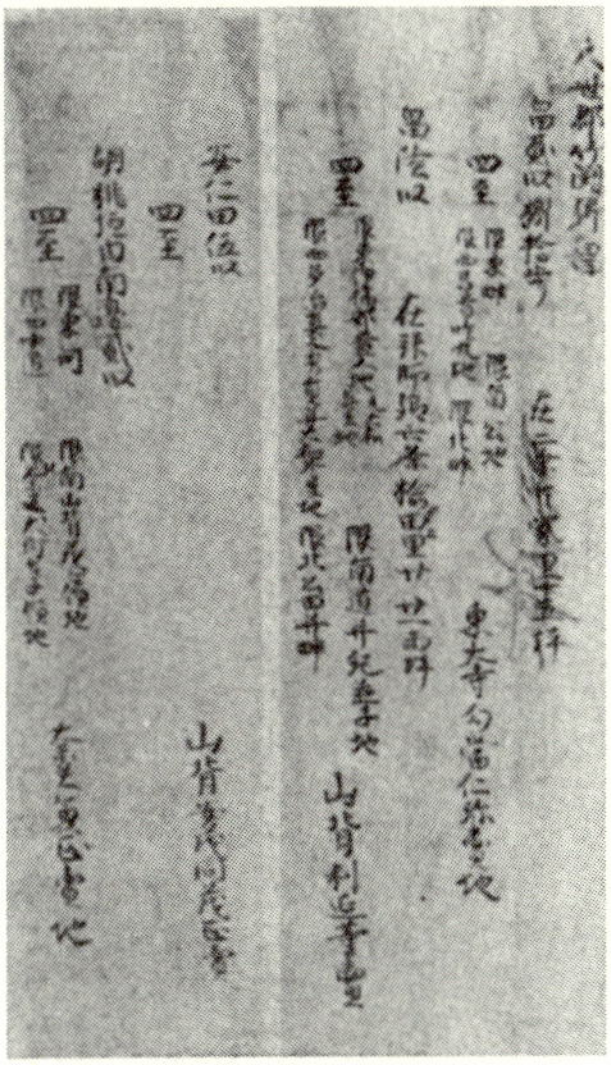
図35　禅定寺文書・長保3年4月8日付「禅定寺領田畠流記帳」の部分写真。右の部分には紀竝子の名，左の部分には奈癸犬阿古子〈ナキノイヌアココ〉の名がみえる。
（京都府，禅定寺所蔵）

利刀自女　豊刀自女　淸刀自女　得《なり》刀自女　安刀自女　是刀自女　時刀自女　良刀自女　閇《とじ》女（閇は、閉の俗字）　刀自女　當《まさ》刀自女　滿刀自　廣刀自　弘刀自　眞《ま》刀自　貞刀自

子女・子型　①相子女　衣子女　稲子女　男《をのこ》子女　刀自子女　戌《いぬ》子女　代子女　弘子女　福《さき》子女　興《おき》子女　香子女　以子女　②賀茂貞子　財部茂子　阿蘇宗子　中臣町子　借《かり》馬《まの》虫子

町女・町型　①乙町女　糸町女　今町女　石《いは》町女　得《なり》町女　幡《はた》町女　帯《おび》町女　滿町女　閇《とじ》町女　小町女　吉町女　秋町女　有町女　福《さき》町女　衣町女　良町女　弟《おとこ》子町　菊町女　船町女　安町女　六町女　後《しり》町女　弘町女　②有町　今町　虫町　閇町　貞町　廣町　社《こそ》町　吉町　春町　衣町　魚町　阿古町

虫女型　時虫女　虫女　高虫女　糸虫

屎女型　町屎女　三屎女

阿古女型　小野阿古女　長岡阿古女　讃岐阿古女　已（伊）西部《いせべの》阿古女

中性型　秦誦師女（同じ戸籍に、誦師丸の名あり）　大宅公姉　額田《ぬかた》部《べの》筆（中女）　阿蘇中知《なかち》（小女）

氏女型　物部氏女（ウヂノメまたはウヂノニョと訓む。当時、四〇歳の丁女。氏女型の最古の例）

神仏佳名型　秦壽命女（ときに、七〇歳の老女、この種の最も古い例）　葛木觀命女（ときに、五〇歳の丁女）

以上を通観した結果を述べると、単純女型は優勢ではあるが、前代の一字二音型の独占ではなく、三字三音、二字三音の名も少なくないことである。この型の名には、女字の省略がみられない。

古い伝統の刀自女型の名も、その数が少なくないが、ここでは女字を省略（脱落ではない）した例も少なくない。子に関しては、前代いらいの子女型がやはり多いが、女字を略した子型も若干看取される。國仁町《くにのにまち》や安倍弟町子に例をみたように（一〇九頁）、町女型の女性名は以前にも存したけれども、当時の讃岐國では、この型の名は大いに流行していた。伊西《いせ》部《べの》小町女（ときに、一六歳の小女）といった名も見受けられるが、字面は同じでも、これは小野小町とは由来を異にする名である。

古くからの虫女型や屎女型は、かろうじて残存してはいるが、頻度は少ない。愛称からきた阿古女型は、そう数多くはないが、一定の地位を確保している。中性型の名は、その数がいたく減少している。

新しく登場したのは、氏女型、神仏佳名型の女性名である。これらは、生得順位型の女性名とともに、まだ微々たる存在であるけれども、爾後大いに繁衍《はんえん》する運命をになう型なのである。

法名と遊女名

最後に説明を残したのは、法名と遊女の名である。これは奇妙なとり合わせであるが、他意があってのことではない。法名に関して想起されるのは、万寿三年（一〇二六）の一月十九日、太皇太后・藤原彰子が僧正・院源を戒師として落飾し、「清浄覺」という法名を授けられたことである。(83)これは、『法華経』観世音菩薩普門品第二十五の偈《げ》にみえる「真《しん》観清浄観《かんしょうじょうかん》」によった、尼としては最高の法名であった（眞觀のほうは男性に用いる）。

太后・彰子の法名は全く特別であるが、この時期になると、尼の法名には妙字の用いられることが通例となった。いま、若干の例を左にかかげてみよう。

妙醫(84)　妙善(85)　入妙　妙圓　妙尊　妙觀　妙眞　妙悟　慶妙　悟妙(86)

むろん、すべての尼の法名に妙字が採られてはいないし、また僧名にも妙字をつけたものも存する。しかし尼僧の名の多くが妙字をとっていることは、まぎれもない事実なのである。

ところで、平安時代中期にいたっては、都に近い河陽《かや》（山埼、橋本）や難波の川尻（江口、神崎、蟹島）は、多数の遊女をもって殷盛をきわめた。江口では道長に寵された小觀音や頼通から纏頭《てんとう》をもって賞された中君《なかのきみ》の名がよく知られている。(87)なかでも蟹島の宮木（宮城）は歌才にたけており、

書写のひじり結縁経供養し侍りけるに人々
あまた布施をおくりけるなかに
思ふ心やありけむ、しばしとらざりければ
よめる　　遊女　宮木

津の国の難波のことか法《のり》ならぬ遊び戯ぶれまでとこそきけ(88)

によって名を千載の後にまで伝えている。歌といえば、延喜・天暦時代において西海道――とくに筑前、肥後などに住み、『檜垣嫗《ひがきのおうな》集』を遺した遊君・檜垣の名が想起される。(89)

右大臣・實資（九五七～一〇四六）は、道長すらが遠慮したほどの人物であり、その日記『小右記』を読むかぎりでは、実に堅実で冷徹な政治家であった。しかし彼の好色は、男色、(90)女色両方面にわたり、旺盛であった。彼と内大臣・教通（九九六～一〇七五）が蟹島の遊女・香爐をめぐって鞘当てしたことは、有名な逸話である。六六歳を越えていた實資は、年がいもなく彼女に、「お前は二人の大臣に愛されているが、儂《わし》とあの髯《ひげ》（教通は髯を長く生やしていた）とではどちらが好きじゃ」と尋ねたという。(91)

どの遊女も歌を詠み、美女であったわけではないが、綺羅《きら》錦繍《きんしゅう》を着飾り、愛戯に長じた遊君たちが、都の姫君とは別個な魅力をおびていたことは当然であって、公達《きんだち》は河陽や川尻

の遊君に憧憬さえ抱いていた。(92)治安三年(一〇二三)、入道大相國の道長は、江口において舟をうかべて群参した遊女たちに米一〇〇石を施している。(93)遊女たちは、社会的にそれほど貶《さげす》まれる存在ではなかった。ただし、『源氏物語』(澪標)には、江口・神崎の遊女《あそびめ》に対する酷評がみられる。貴族の姫君であり、当代屈指の知識人である紫式部が遊君らに極度の嫌悪をおぼえ、つめたく軽蔑したのは、彼女の立場からすれば、当然なことであった。

8 平安時代後期

図36　源頼子の花押（永久3年），頼子は三河守・頼綱の娘で，官子内親王の母（『花押かがみ』㈠より）

宮廷の女性名

平安時代後期は、形式的には、治暦四年（一〇六八）から文治元年（一一八五）までの一一七年間であるが、むろん、これは単なる目安にすぎない。単純にいえば、それは一一世紀の後半と一二世紀を包括する時代とみてもよい。これはすこぶる激動の時代であって、政治史的には、白河・鳥羽両上皇の院政時代と平清盛を主核とする六波羅時代に二分するのが便宜である。女性名史のうえでも、そうした区分は可能ではあるけれども、全般的にみれば一一世紀の中ごろに生起した新しい特色が本来の方向にむかって濃度を濃くしてゆく過程が窺われるだけなので、あえて二分して叙述を煩雑にしてゆく必要もあるまいと思量される。

初めに貴族の女性名であるが、これには前同様に歴代天皇の周囲の女性を列記するのが好都合である。

▼後三条天皇

后妃　馨子内親王　藤原茂子　藤原昭《あき》子　源基子　平親子　藤原行子（典侍）

女院　上東門院（藤原彰子）　陽明門院（禎子内親王）　二条院（章子内親王）

太后　藤原寛子　藤原歓子

斎宮・斎院　俊子内親王（宮）　正子内親王（院）（継続）　佳《よし》子内親王（院）　篤子内親王（院）

皇女　聰《とし》子内親王　俊子内親王　佳子内親王　篤子内親王

乳母　源成子　高階平子　橘徳子

宮人　藤原業子　藤原定子　藤原高子　平貞子　紀義子　藤原登《なり》子　惟宗正子　紀永子（采女）　船滋《しげ》子（采女）　中原清子　上毛野長子（采女）　藤原幸子　紀志《さね》子　藤原忠子

▼白河天皇

后妃　藤原賢子　藤原道子　源師子　源頼子(1)（図36）　藤原経子　某女(2)（祇園女御）　藤原璋《たま》子（のち鳥羽天皇中宮）

女院　上東門院（藤原彰子）　陽明門院（禎子内親王）　二条院（章子内親王）

太后　藤原寛子　藤原歓子（宮）　馨子内親王

斎宮・斎院　淳子女王　媞《やす》子内親王（宮）　齋子女王（院）

皇女　媞子内親王　善子内親王　令《よし》子内親王　禛《さね》子内親王　恂《あや》子内親王　官《きみ》子内親王

乳母　藤原親子

宮人　藤原眞子（尚侍。ただし、名のみ）　源永子　藤原保子　秦今子　播磨徳《かつ》子（播磨采女）　越智永子（伊豫采女）　藤原香子　藤原豪子　藤原姿《かた》子　橘弘子　藤原憲子　藤原仁子

▼堀河天皇

后妃　篤子内親王　藤原苡子(3)（女御。鳥羽天皇生母）　藤原宗子（典侍。寛曉僧正母。のち崇徳天皇の乳母）　源仁子

女院　陽明門院（禎子内親王）　二條院（章子内親王）
太后　藤原寛子　藤原歡子
斎宮・斎院　善子内親王（宮）　齋子女王（院）　令子《よし》内親王（院）　媞子《やす》内親王（宮）
皇女　悰子《やす》内親王　喜子《よし》内親王
乳母　藤原光子（辨三位）　藤原師子（紀伊三位）　藤原家子（帥三位）　藤原乗子（伊豫三位、讃岐三位）
宮人　藤原長子　藤原惟子　橘通子　藤原任子《たう》　小田幸子（采女）　高階業子　藤原實子　平仲子（周防内侍）　源盛子　高階基子　清原用子　壬生近子（采女）　源寧子　源頼子　平經子

▼鳥羽天皇

后妃　藤原璋子《たま》　藤原泰子（初め勳子）　藤原得子《なり》　紀家子
女院　郁芳門院（媞子《やす》内親王）
太后　藤原寛子　令子内親王
斎宮・斎院　恂子《あや》内親王（宮）　官子《きみ》内親王（院）
皇女　禧子《よし》内親王　統子《むね》内親王　姸子《よし》内親王　暲子《あき》内親王　姝《よし》（妹ではない）子内親王　叡子《とし》内親王　頌子《のぶ》内親王　阿《あ》夜御前《やのごぜ》　高松宮
乳母　藤原光子（再任。従二位）　藤原實子　藤原悦子
宮人　藤原方子《まさ》　高階爲子　源仁子　源長子　橘資子　藤原元子　平季子　高階遠子　高階仲子　藤原能子　平弘子　紀頼子　藤原宗子（二條太皇太后大貳）　藤原繁子

▼崇徳天皇

后妃　藤原聖子《きよ》
女院　待賢門院（藤原璋子《たま》）　高陽院（藤原泰子）
太后　藤原寛子　令子内親王
斎宮・斎院　守子内親王（宮）　悰子《やす》内親王（院）　統子《むね》内親王（院）　禧子《よし》内親王（院）　怡子《はる》内親王（院）
皇女　なし
乳母　藤原宗子（初め典侍。堀河天皇の寵人）　藤原榮子　藤原隆子
宮人　藤原公子　藤原實子　源豊子　大中臣吉子　伴清子　三善爲子　源長子（女史）　源盛子（琵琶の名匠）　源任子　藤原重子　藤原通子　源頼子

▼近衛天皇

后妃　藤原多子《まさる》　藤原呈子
女院　待賢門院（藤原璋子）　高陽院（藤原泰子）　美福門院（藤原得子《なり》）　皇嘉門院（藤原聖子）
太后　令子内親王　藤原聖子
斎宮・斎院　姸子内親王（宮）　喜子内親王（宮）　怡子《はる》内親王（院）（継続）
皇女　なし
乳母　藤原家子　藤原盛子
宮人　藤原隆子　源俊子　藤原敎子《のり》　藤原相子《すけ》　藤原敦子　藤原良子　藤原行子　源乗子　藤原久子　源房子　橘康子　藤原有子　紀吉子　山清子（女史）　源清子

▼後白河天皇

后妃　藤原忻子《よし》　藤原懿子《よし》（二條天皇生母）　藤原琮子《たま》　藤原成子《しげ》

表3　主要な内裏女房・仁安三年（一一六八）後半

（主として『兵範記』による）

官名	氏名	備考
典侍乳母	藤原邦子	右京大夫・邦綱（のち権大納言）の娘。後の別當三位。
典侍乳母	藤原綱子	右の邦子の妹。高倉天皇と建禮門院の乳母を併任。のち、別當典侍と呼ばれる。
典侍乳母	藤原經子	右衛門督・家成の娘。平重盛室。後の大納言三位。
典侍乳母	平　清子	時信の娘。太政大臣・清盛の猶子。宗盛の妻。中納言典侍という。後の中納言三位。
典侍	藤原忠子	民部卿・光忠の娘。権中納言典侍という。
典侍	藤原教子	右大辯・實綱の娘。督殿と呼ばれた。
掌侍	高階仲子	仲親の娘か。
掌侍	高階行子	右兵衛督・平時忠の猶子。播磨内侍と呼ばれた。
掌侍	藤原範子	藤原永範の娘。女房名は、甲斐内侍。
掌侍	藤原能子	藤原行能の娘。少納言内侍。
掌侍	藤原說子	伊豫内侍。先朝より留任。安元元年八月卒。
掌侍	高階秉子	辯内侍。先朝より留任。のち、准后・平盛子の女房を兼任す。
命婦	藤原親子	
命婦	藤原信子	
蔵人	平　永子	
蔵人	藤原弘子	
御匣殿蔵人	平　忠子	
御匣殿蔵人	藤原範子	
掌縫	橘　皓子	
掌縫	清原吉子	
水取	藤井今子	

（以仁王らの母）　平滋子（高倉天皇生母）　高階榮子（丹後局）

女院　美福門院（藤原得子）　皇嘉門院（藤原聖子）

太后　藤原多子　藤原呈子

斎宮・斎院　亮子《すけ》内親王（宮）　怡子《はる》内親王（院）（継続）

皇女　亮子内親王　式子《のり》内親王　好子《よし》内親王　休子《やす》内親王

惇子内親王　覲子《あき》内親王（母は丹後局）

乳母　藤原朝子

宮人　源重子　源元子　壬生永子（釆女）　紀近子（水取）

中原長子（内教坊）

▼二條天皇

后妃　姝子《よし》内親王　藤原多子《まさる》（太皇太后。二代の后）　藤原育子《むね》　伊岐某女（伊岐致遠の娘。初めは女蔵人か。六條天皇生母）

女院　美福門院（藤原得子）　皇嘉門院（藤原聖子）　上西門院（統子内親王）　八條院（暲子内親王）　高松院（姝子内親王）

太后　藤原多子（二條天皇後宮、二代の后）

斎宮・斎院　好子内親王（宮）　怡子内親王（院）　式子《のり》内親王（院）

皇女　僐子《よし》内親王

乳母　平時子（清盛の後妻）　源師子　源重子

宮人　藤原說子《とき》　高階秉子　藤原楝子　藤原常子

▼六條天皇

后妃　なし

女院　皇嘉門院（藤原聖子）　上西門院（統子内親王）　八條院（暲子内親王）　高松院（姝子内親王）

太后　藤原多子　藤原呈子
斎宮・斎院　休子内親王(宮)　式子内親王(院)（継続）
皇女　なし
乳母　藤原成子　藤原邦子
宮人　藤原通子　藤原盈《みつ》子　源綱子　藤原致子　源能子　源盛子　藤原清子（采女）　中原經子　紀永子（采女）　安倍晴子　橘皓子　河内春子　伴氏子　源花子（内教坊）

▼高倉天皇
后妃　平德《のり》子　藤原通子　藤原殖《たね》子（後鳥羽天皇生母）　平範子　藤原某女（名は、成子か。小督局）
女院　皇嘉門院（藤原聖子）　上西門院（統子内親王）　八條院（暲子内親王）　高松院（姝子内親王）　九條院（藤原呈子）　建春門院（平滋子）（高倉天皇生母）
太后　藤原多子　藤原忻《よし》子

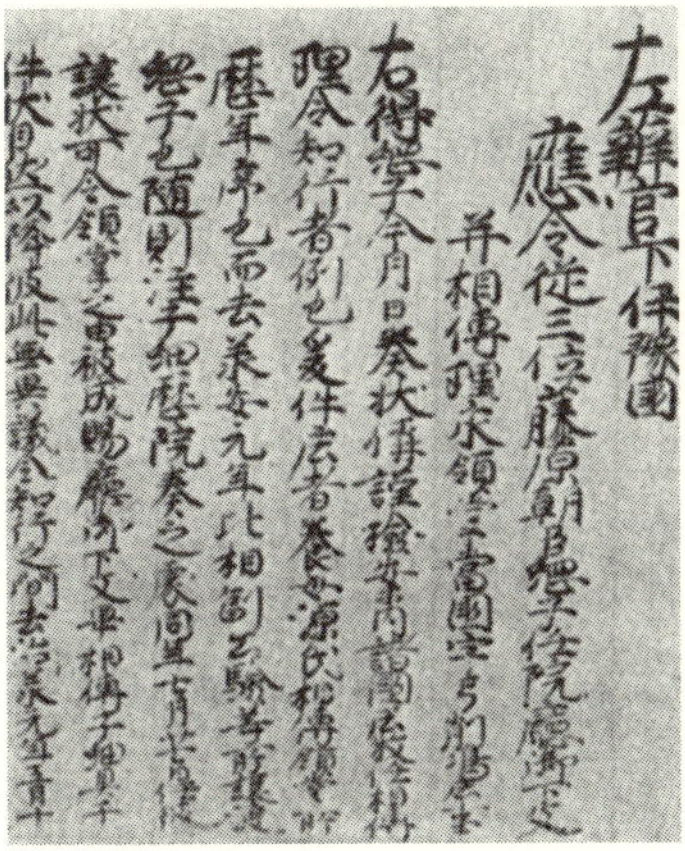

図37　治承3年8月22日付「官宣旨」
（東寺百合文書）

斎宮・斎院　亮子内親王(宮)　功子内親王(宮)　僐《よし》子内親王(院)　頌《のぶ》子内親王(院)
乳母　藤原經子　藤原綱子（図37）　平清子　藤原邦子（重任）
宮人　藤原忠子　藤原敎子　平房子　信子女王　平瑞子　藤原業子　高階仲子　藤原範子　中原重子　清原吉子　藤井今子　安倍永子（采女）　平近子　石原友子　藤原尚子

▼安德天皇
后妃　なし
女院　皇嘉門院（藤原聖子）　上西門院（統子内親王）　八條院（暲子内親王）　建禮門院（平德子）
太后　藤原多子
斎宮・斎院　斎宮欠員　範子内親王(院)
皇女　なし
乳母　藤原領《むね》子　藤原輔子　藤原忠子（関白・基房室）
宮人　源房子　源頼子　平衡子　高階秀子　藤原顯子　源職《もと》子　藤原惟子

貴族女性名の特徴

これまで煩をいとわずに平安時代後期における宮廷関係の女性たちの名を列挙した。以上を通観して明瞭・確実にいえるのは、宮廷関係の女性たち（后妃、皇女、女房）の名が、一

表4　偏諱型女性名表（平安時代後期）

氏名	父	備考
源　基子	参議侍従・基平	女御（後三條朝）。
藤原經子	大宰大貳・經平	典侍（白河朝）、覺行法親王母。
源　頼子	三河守・頼綱	白河朝後宮。官子内親王母。
藤原親子	大和守・親國	従二位。白河天皇乳母。
藤原宗子	近江守・隆宗	典侍。大僧正・寛曉母。
藤原師子	宮内卿・師仲	乳母典侍（堀河朝）。従三位。
藤原實子	遠江守・實定	掌侍（堀河朝）。
高階基子	肥後守・基實	掌侍（堀河朝）。
藤原實子	大納言・公實	乳母典侍（鳥羽朝）。従三位。
藤原公子	同　右	大納言・藤原經實室。
藤原宗子	権大納言・宗通	関白・藤原忠通室。
源　信子	権中納言・國信	同　右　本妻。
源　國子	同　右	同　右
藤原宗子	修理権大夫・宗兼	平忠盛後妻・池禅尼
藤原實子	中納言・實隆	典侍（崇德朝）。
藤原成子	権大納言・季成	後白河後宮、以仁王らの母。
平　時子	兵部権大輔・時信	乳母典侍（二條朝）。平清盛後妻。従二位。
源　師子	右京大夫・師重	乳母典侍（二條朝）。従三位。
平　範子	宮内少輔・義範	掌侍（高倉朝）。惟明親王母。
藤原綱子	権大納言・邦綱	乳母典侍（高倉朝）。従三位。
平　清子	太政大臣・清盛（の猶子）	乳母典侍（高倉朝）。従三位。
藤原忠子	中納言・光忠	典侍（高倉朝）。
平　信子	兵部卿・信範	建春門院女房。
源　房子	大納言・定房	典侍（安德朝）。
源　頼子	権中納言・雅頼	同　右
平　衡子	頭中将・平重衡（養父）	掌侍（安德朝）。
藤原方子	兵部大輔・頼方	同　右
藤原惟子	参議・惟方	同　右
藤原能子	藤原行能	掌侍（六條朝）。
藤原邦子	権大納言・邦綱	乳母典侍（六條朝）。従三位。
源　綱子	右中辯・雅綱	典侍（六條朝）。
藤原長子	権中納言・長實	早世か。
藤原成子	権大納言・成親	権中納言・基家室。後堀河乳母。
廣子女王	神祇伯・顯廣王	褰帳命婦（後鳥羽即位）。
藤原範子	刑部卿・範兼	法印・能圓妻、のち源通親室。
藤原保子	権中納言・能保	右大臣・藤原忠經室。
平　政子	遠江守・時政	右大将・源頼朝室。

字二音の子型に完全に統一されたことである。実にこれは見事な統一であって、爾来、鞏固《きょうこ》な伝統となって継続し、現代にすら相当な影響をおよぼしているのである。

むろん、后妃や女房とならなくても、貴族社会の女性名は、ほとんど一字二音の子型に帰一したと推定される。つぎに若干の例を挙げてみよう。

源麗子(4)（右大臣・師房の第四女。関白・師實室、師通母。従一位）　藤原幸子(5)（左大臣・實能の娘。左大臣・頼長の妻）　藤原公子(6)（権大納言・公實の娘、大納言經實室）　源公子(7)（近江守・源高雅娘。右大臣・藤原頼宗室。刑部卿・基貞母）　藤原全子(8)（右大臣・俊家の娘。師通室。関白・忠實の母。従一位）　藤原保子(9)（権中納言・能保娘。右大臣・藤原忠經室）　藤原宗子（権大納言・宗通娘。関白・忠通室）　源信子(10)（権中納言・國信娘。関白・忠通本妻。摂政・基實の母）　源國子(11)（前記信子の妹。忠通本妻、関白・基房母）　藤原宗子(12)（修理権大夫・宗兼娘。平忠盛後妻、頼盛母。池禅尼）　藤原玄子(13)

（権中納言・顕隆娘。太政大臣・伊通室）　源玩《よし》子[14]（右大臣・師房長女。右大将・藤原通房室）　源澄子[15]（右大臣・師房第二女。従三位）　平盛子[16]（平清盛娘。摂政・基實室）　平完《さだ》子[17]（平清盛娘。関白・基通室）　源方子[18]（左大臣・俊房娘。権中納言・藤原長實後妻。美福門院母）　藤原周子[19]（駿河権守・周衡の娘。所領を法金剛院に寄進した）

これらの一字二音子型の女性名についてきわめて特徴的なのは、偏諱《かたいみな》型が非常に多いこと、少数ながら雅名型がまじっていることである。いま、順序不同で偏諱の女性名の例をかかげよう。先の表4を一覧するならば、女性名の音読がいかに愚劣であるかが判明するであろう。たとえば、女御・基子は、侍従宰相・源基平《もとひら》の娘であり、その偏諱をとって命名されたもので、絶対にモトコと訓まねばならぬのである。

右の命名法によると、中納言・藤原成《しげ》範（一一三五〜一一八七）の娘の小督――高倉天皇の内裏女房――の名は、成子ないし範子であったであろう。ところが、高倉天皇の寵をこうむって彼女が産んだ皇女が、範子内親王と命名されている点から帰納すると、小督の実名は、藤原成子であったとする可能性が多いのである[20]。

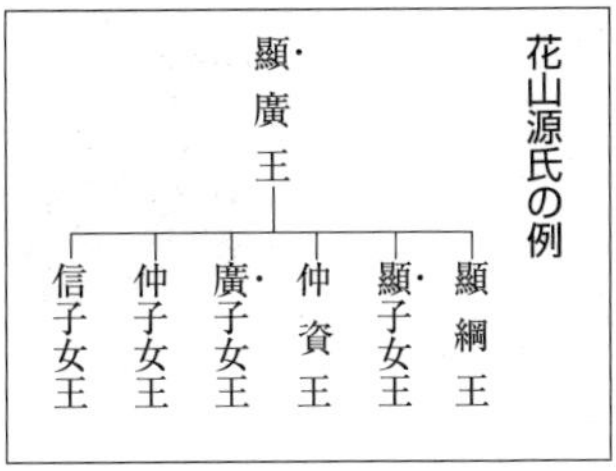

父の諱は、二字からできているから、偏諱を名につけうる娘は、二人にかぎられる。娘が三人以上いる場合には、祖父、外祖父の諱に因み、あるいは適当に名を撰んだようである。

雅名型の女性名は、判定が必ずしも容易でなく、偏諱型のそれと区別しがたいことがある。いまいくつかの例を挙げてみると、

馨子内親王　藤原賢子　源麗子　藤原璋《たま》子　藤原苡子　藤原勲子（のち泰子）　藤原聖子　藤原多《まさる》子　禔《やす》子内親王　禎《よし》子内親王　娟《よし》子内親王　禖《みわ》子内親王　媞《やす》子内親王　禛《さね》子内親王　官《きみ》子内親王　悰《やす》子内親王　暲《あき》子内親王　頌《のぶ》子内親王　惇《あつ》子内親王　僐《よし》子内親王　藤原忻《よし》子　藤原懿子　藤原琮《たま》子　藤原育子　平徳子　平滋子

のような名が指摘される。学者ないし陰陽師が撰んだこれらの女性名には、訓みが精確にわからぬものが少なくない。

皇女や高級貴族の姫君の場合は、儒家より勘文を徴して命名された。たとえば、鳥羽天皇皇后・藤原勲子についてみると、最初につけられた「勲」は難字とされ、長承三年（一一三四）の三月、立后を前にして儒者である大宰大弐・藤原實光（一〇六九〜一一四七）の勘申によって「泰」と改名された[21]。同じ長承三年の六月、前斎院・恂《あや》子内親王（一一二六〜一一八九）が改名されるときには、式部大輔・藤原敦光が統《むね》子という勘文を上《たてまつ》った[22]。

姝《よし》子内親王（一一四一〜一一七六）の場合は、一四歳まで実名はつけられず、乙姫宮という呼び名だけがあった。久寿元年（一一五四）の八月、いよいよ内親王に宣下《せんげ》されるにさいして儒家が上った「内親王名字勘文」には、「壽」字が記されていた。左大臣・頼長は、衛の宣公の子で殺された人に壽

がいるといって、この文字を採用することに反対したが、それは十八日、宣下の直前であったため、後に改名することとし、乙姫宮はとりあえず壽《ひさ》子内親王と命名・宣下された。ついで提出された勘文には、「姝、擇、好」の三字が記載されていた。頼長は、鳥羽法皇の仰せによって姝字を選んだので、二十九日に壽子内親王は、姝子内親王と改名されたのであった。(23)

図38　藤原力王（男性）の花押（略押），『平安遺文』第6巻2218頁参照（『花押かがみ』㈠より）

この頼長は、久安四年（一一四八）八月、養女の入内を前にして式部権少輔・藤原成佐にその名の選定を委嘱した。八月七日に成佐が提出した「女子名字勘文」は、幸いに全文が『婚記』に転載されている。頼長は、これを父の入道前太政大臣・忠實、兄の摂政・忠通、側近者たち、信西入道らに示して意見をきいた。勘文には、「荃、多、頌」の三字が出典をかかげて列記されていた。頼長は、「后妃、子孫衆多」（『子夏詩序』）や「重レ夕為レ多」（『説文』）の文句がたいへん気に入り、養女は多子《まさる》と命名されたのであった。(24) さらに頼長は、妻室の名をすら大外記・中原師安に撰ばせ、撰定した「幸子」の吉凶を吉日に陰陽師に卜させ、その答申によって妻を改名したのであった。(25)

建禮門院は、後白河法皇の養女となり、「院姫君」と呼ばれていた。(26) 姫君は、承安元年（一一七一）十二月十四日の入内を目前にひかえた十二月二日、式部大輔・藤原永範（一〇九六～一一八〇）の撰進によって「徳子《のり》」と命名されたのであった。(27)

諱の代りに、または諱に付して記される花押は、男性の間では早く平安時代中期に始まっている。(28) 後期になると、女性の間でも花押が用いられだした。図36にかかげた源頼子の花押（永久三年）は、知られるかぎり最古の例である。この慣習は、しだいに庶民の女性の間に浸透し（図42）、記名法に一時期を画するにいたった。

最高級の貴族の間では、娘は、前記のとおり、大姫君、中姫君、乙姫君などと呼ばれ、著裳、院宮への参仕、入内などにさいして正式の諱が授けられた。奈良時代には、上下を問わず、二歳の緑児であっても実名を必要とした。戸籍、計帳がすたれると、実名の必要はなくなり、男女ともにまず童名が用いられた。最高級の貴族の間では、姫君には必ずしも童名はなかったらしい。深窓に生活するかぎりでは、大姫君、乙姫君といった呼び名で事足りたのである。その点、左大臣・藤原實能（一〇九六～一一五七）の庶腹の娘の童名「夜登《やど》利波《りは》」が伝えられているのは珍しい例である。しかし周囲の者はこの少女を「坊門殿」と呼んでいた。(29)

男性のほうは、高級貴族の子弟でも、外部との接触が多いため、童名は必要であった。紀貫之や藤原頼通の童名は、以前に言及したとおりである。少年は、元服のさいに諱を名乗った。寛仁三年（一〇一九）、大納言・藤原實資家の侍所で元服した千壽丸は、爲時と名乗った。[30] 白河法皇の寵童であり、長じては院の北面として睨みをきかせた藤原盛重の幼名も、千壽（手）丸であった。[31] 同じ白河法皇の寵臣の権大納言・藤原宗通（一〇七一～一一二〇）は、阿古丸といって、幼少の時分から法皇に撫育された。[32]「阿古」は「我児」に由来する愛称であり、「壽」は「命長し」の意味であるため、両者は童名として頻繁に用いられた。

藤原定家は、自分の姉妹の候名と呼び名を記載している。[33]

六角殿　祇王御前　高松院新大納言　大納言・藤原重通の妻。[34]

前斎院大納言　龍壽御前

承明門院中納言　愛壽御前

上西門院五條　閉《とぢ》王御前　通称は安井。

民部大輔　延壽御前

建春門院中納言　健御前

右のうち、「祇王御前」、「龍壽御前」、「愛壽御前」、「閉王御前」、「延壽御前」、「健御前」は、すべて童名に由来する通称、というよりも愛称である。実名は、それぞれ藤原朝臣××子であり、その名でたとえば、斎院（式子内親王）の女房に任命され、大納言という候名を称したのである。定家は、『明月記』には姉妹たちの堅苦しい諱を書く意向はなく、子供のころから呼び慣れた童名を愛称として通常は使用していたのである。

これらのうち、延壽、愛壽などは、童ならば延壽丸、愛壽丸……となる名であり、女童では延壽女、愛壽女であるが、女童の場合には「女」字を略し、代りに敬称の「御前」を付したのである。同様に、祇王御前、閉《とぢ》王御前も、祇王丸、閉王丸に対応するが、童名の場合は、丸や女を略する場合も多い。俊寛僧都の召使った有《あり》[35]王は、童の名であり、牛《ぎう》王は清盛の西八條第に仕えた伯耆局の童名であった。[36]

要するに、平安時代後期には、「×壽（丸、女）」、「阿古（丸、女）」、「×王（丸、女）」などが童名として定着していたことが察知される。貴族の女童の場合には、「女」を略し、「御前」を付けるのが常であった。『今鏡』によると、[37] 鳥羽天皇は、石清水別當・紀光清の娘で、待賢門院に仕えていた美濃局こと家子に[38]皇女を産ませられた。この皇女は、「阿夜御《あやご》前《ぜ》」、または「高陽《かや》宮姫宮」という童名で呼ばれていたが、著裳を前に落飾して東山の雙林寺に入り、「雙林寺宮」と呼ばれたという。[39]

ところで、定家の同母姉の「健御前」について、玉井幸助博士（一八八二～一九六九）がそれを「健壽御前」の略称と推断されたことは、あまねく知られている。[40] これに対して石田吉貞博士（一八九〇～）らは、『明月記』には合計五二回もその名がみえるが、常に「健御前」と記されており、一度も「健壽御前」とは書かれていないから、「健御前」を「健壽御前」の略と認めるのは失当ではないかと反駁された。[41] これはいちおう肯ける反論であるけれども、「健御前」の原形と認

表5　建春門院の定番の女房（『建春門院中納言日記』による）

官品	女房名	備考
上臈	若狭殿	名は、平政子。建春門院の乳母で、高倉天皇の非公式の乳母。権勢のあった婦人（『山槐記』）。下總権守・平某の娘。従二位・高階榮子（丹後局）の母または伯〈叔〉母と推定される。
	三條殿	内大臣・源雅通の娘。母は、藤原行兼の娘で、八條院女房となり、たけ殿と呼ばれた。三條殿は、建春門院の御匣殿。小辨局の時代から仕え、初め肥前と呼ばれた。のち建禮門院に仕え、近衛局と呼ばれ、言仁親王（安德天皇）に奉仕した（『山槐記』）。
	宣旨殿	参議・藤原公隆の娘。初め上西門院に仕え、そこでは高倉殿といわれた。建春門院の宣旨。
	冷泉殿	建春門院の同母の姉。治承四年八月十四日歿（『山槐記』、『尊卑分脈』第四編、桓武平氏）。
	冷泉殿	宣旨殿の姉妹。後に宣旨殿に代って宣旨となったようである（『吉記』、『尊卑分脈』第一編、公季公孫）。
	堀川殿	権中納言・藤原顯長の娘。母は、藤原俊子（歌人・俊成の姉妹）。
	新大納言殿	権大納言・藤原成親の娘。母は、藤原俊成の娘の京極殿。十二、三歳で建春門院に仕え、鍾愛された。のち平維盛の妻となり、六代を生む。平家の没落後、藤原經房の妻となった（『平家物語』、『尊卑分脈』第四編、桓武平氏）。
	内侍殿	建春門院の兄・平時忠の娘。『吾妻鏡』（建久二年五月十二日条）にみえる典侍・平宣子と同一人物らしい。
中臈	右衛門督殿	権中納言・藤原忠基の娘。初め上西門院の宣旨であった。母は、かほる督殿という女房であった。
	小宰相殿	名は、平信子。建春門院の叔父・兵部卿・平信範（『兵範記』筆者）の娘。
	帥殿	備前守・藤原季兼の娘。修理大夫・藤原顯季の外孫。
	卿殿	三河権守・源師經の娘。藤原爲房の外孫、上西門院乳母・一條の姪。頼朝と縁あり（『尊卑分脈』第三編、村上源氏）。
	中将殿	大宮権亮・源俊隆（師經の兄）の娘。したがって卿殿とは従姉妹。以上の五名は、もと上西門院女房。
	督殿	関白某の孫、美濃権守某の娘。
	新大夫殿	伊豫守・もろかねの娘。母は建春門院女房。新大夫殿は、稚くより建春門院に仕え、金剛大夫といわれた。この女房は、一時は女院に目をかけられ、よく仕えていた。もろかねは、藤原隆忠の子の師兼か。
臈	丹後	藤原爲業の娘。権僧正・範玄の妹。二條天皇の三河内侍（歌人）の妹か。
	大和	若狭殿の妹。
	肥後	
	周防	大和と肥後の姪。丹後局・高階榮子の姉。
	三河	肥後の娘。

められる「健女」という名は、当時の女性名史の上では考えられない。彼女は、定家と同母であるうえに、最も親しい姉であった。彼は少年のころから「健御《けんご》前《ぜ》」と言い慣れていたので、他の姉妹たちのように改まって「×壽御前」と書かなかったのであろう。女性名史の上からいうと、著者は玉井博士の説に左袒せざるをえないのである。

女房たちの候名

宮廷や院宮、大臣家などに仕える女房たちの候名は、中期とほとんど変わらなかった。やはり候名は、父の官職によるのを原則とした。たとえば、馨子内親王の乳母典侍《めのとのすけ》で、候名を中納言と称した藤原忠子は、権中納言・忠輔の娘であった。[42] 伊豫内侍こと掌侍・高階秀子の父は、伊豫守・盛章であった。[43]『讃岐典侍日記』の著者としてあまりにも有名な讃岐典侍こと藤原長子の父は、讃岐守・顕綱であった。[44] 肥後内侍の名で知られる掌侍・高

下	武藏	若狭殿の兄の法橋院朝の娘。検非違使・藤原遠業の妻。
	常陸	三人とも、上記の武藏の産んだ娘。ただし、常陸の父は、二人とは別。和泉、伊賀の二人の父は、上西門院に仕えていた民部大夫(五位の民部亟)某である。
	和泉	
	伊賀	
	安藝	「琴ひきの安藝」として知られる。権中納言・藤原信頼の妾。建春門院の新中納言の母。

表6　春宮・宗仁親王(鳥羽天皇)の女房と女官　康和五年八月十七日現在（主として『為房卿記』による）

	官名	位階	氏名	女房名	備考
①	掌侍	従五位下	高階業子	美濃内侍	業子は、高階爲家の娘(紫式部の孫)。権大納言・源雅俊の妻、神祇伯・顯重らの母。ここでは東宮宣旨であろう。
②	典侍乳母	従三位	藤原光子	辨三位	光子は、但馬守・隆方の娘。権大納言・藤原公實の妻、璋子(待賢門院)、實能、通季らの母。堀河天皇の乳母となり、従三位典侍となる。ついで鳥羽天皇の乳母となり、従二位に叙された(天永三年)。
③	乳母	従五位下	藤原悦子	辨乳母	悦子は、右衛門権佐・季綱の娘。権中納言・藤原顯隆の妻、賴隆らの母。鳥羽天皇の乳母となり、従三位典侍にいたった。
④	乳母		藤原實子	大納言乳母	實子は、権大納言・公實の娘。母は、②の光子。中納言・藤原經忠の妻、忠能の母。鳥羽天皇の乳母となり、従三位典侍にいたった。
⑤	藏人	正六位上	藤原宗子	大貳	公卿の子孫。
⑥	〃	〃	藤原通子	宰相	公卿の子孫。
⑦	〃	〃	藤原基子	周防	公卿の子孫。基子は、周防守・敦基の娘らしい。
⑧	〃	〃	藤原能子	少輔	公卿の子孫。
⑨	〃	〃	源長子	備中	公卿の子孫。長子は、備中守・政長の娘で、平時範の妻ないし婦人か。
⑩	藏人	正六位上	藤原宗子	参河	公卿の子孫。宗子は、三河権守・宗佐の娘か。
⑪	〃	〃	藤原美子	美濃	公卿の子孫。
⑫	〃	〃	藤原誠子	少将	公卿の子孫。
⑬	〃	〃	藤原秉子	亮	公卿の子孫。
⑭	〃	〃	平季子	下野	
⑮	〃	〃	平平子	衛門	

階基子は、肥後守・基實を父としていた(45)。この種の例は、ほとんど際限なく挙げられる。しかし一方、候名のよってきたるところの不明な女房もまた少なくない。建禮門院右京大夫の候名の由来なども、確認できぬ例の一つである(46)。

周知のとおり、後鳥羽天皇の生母（後の七條院）の藤原殖子《たね》（一一五七～一二二八）は、修理大夫・信隆（一一二六～一一七九）の娘であって、初め中宮・平徳子に仕え、候名を「兵衛督」と称したが(47)、この名の由来も明らかでない。しかし、たとえその由来が今日不詳であるにしても、女房の候名は、祖父、外祖父、養父など親族にひろく名祖を求めたものらしく、全く任意に、またはよい加減に命名されたとは考えにくい。

それに建春門院の女房の一覧表を通覧して明白なように、平安時代後期には、元来の身分に応じて女房の間に上﨟、中﨟、下﨟の区別が固定し、下﨟の女房が「大納言」などと称することは聴《ゆる》されなくなった。

平安時代後期になると、大納言はおろ

⑯	〃	〃	大中臣清子	出羽	
⑰	〃	〃	紀頼子	中務	
⑱	〃	〃	藤原眞子	兵衛	
⑲	〃	〃	藤原時子	民部	
⑳	非蔵人	〃	藤原實子	但馬	諸大夫の娘。
㉑	〃	〃	橘賢子	常陸	諸大夫の娘。
㉒	〃	〃	高階仲子	越中	諸大夫の娘。仲子は、のち掌侍となる。仲親の娘か。
㉓	〃	〃	高階成子	能登	諸大夫の娘。
㉔	〃	〃	源俊子	備前	諸大夫の娘か。
女官	得選二人　女史一人　理髪一人　妥女九人　刀自三人　掃部女官十二人　主殿女官六人　上刀自三人　御厠人三人				

か、大臣の娘や妻すらが宮仕えに参仕した。右大臣・藤原兼実は、関白・基房（一一四五～一二三〇）の正妻の藤原忠子が言仁親王（安徳天皇）の乳母に参仕したことに触れ、非難の意をこめて、

執政の室、乳母と為るの例、古今いまだあらず、時宜に随って例を起始さるる歟。

と記している。[48]

これら最高級の公卿の娘や妻は、御所における局の位置によって、「東の御方」、「西の御方」、「廊の御方」といった尊称で呼ばれたし、また、以上をふくめた上﨟の女房たちは、里第に因んだ候名、すなわち「堀川殿」、「三條殿」、「冷泉殿」などの名をおびることが多かった。

もう一つ注意される傾向は、内裏女房、とくに院宮の女房が官名ないし里第名とは別な呼び名を候名とともにもち、あるいはこの種の呼び名だけをおびる慣例が生じたことである。

まず候名のほかに呼び名をおびた例としては、康和四年（一一〇二）閏五月の「堀川院艶書歌合」に出詠した女御・藤原苡子の女房・河内が「百合花」の呼び名をもっていたことが注意にのぼる。[49] さらには、嘉保元年（一〇九四）に逝去した内裏女房の兵衛命婦——藤原任子——の名が挙げられる。彼女は歌が巧みで、「霧立《きりたち》」と号したが、惜しくも三十余歳で歿したのであった。[50] また圍司の某姓千《かず》子は、「千世」と号したという。[51] 前にも言及したように、定家の姉妹の上西門院五條の呼び名は、「安井《やすゐ》」であった。これらの宮廷女性が実名、童名、候名のほかに、なぜ呼び名を必要としたかはさだかでない。文献にはあまりみえないけれども、この種の呼び名をおびた女性も少なからずいたことであろう。[52] 時期はやや遡るが、頼通に仕えた女房の「もたればさぶらふ」などは、由来も意味もさだかでない。

つぎに注意されるのは、院宮の女房または寵女で古典的な候名とは違った型の名をおびた女性たちのことである。白河法皇の寵女の「祇園女御」は俗称であった。彼女は正式の女御に任じられた事実はなく、文献には主として「白河殿」と呼ばれていた。[53] また白河法皇のごく側近に奉仕したのは、

①廊《らう》の御方[54]（権中納言・故藤原通季〔一〇九〇～一一二八〕の娘。通季は待賢門院の同母兄。のち叔父・實能〔左大臣〕の本妻となり、公保〔一一二二～一一七六〕を産む）
②祝緒《いはひを》[55]（賀茂神主の賀茂県主重助の娘。俗称は、賀茂女御。「うれしき」の妹）
③うれしき[56]（祝緒の姉。俗称は同じく賀茂女御）
④なつとも[57]（木工権頭・藤原爲忠〔一一三六卒〕の妻）

らであった。右のうち、①―③は、寝席に侍した寵女であった。

『殿暦』によると、関白・忠實家には、「ひめうし」ないし「ひめくし」という上﨟女房が仕えていた。[58]『兵範記』[59]によると、近衛天皇に仕えたらしい女房に「藤川」がおり、また待賢門院の女房には、藤原忠興の娘、大学頭・藤原資光の妻の「闕屋」の名がみられる。[60]延暦寺の寛勝僧都は、権中納言・源師仲（一一一六～一一七二）と女房の「あめつち」との間に生まれた人である。[61]

久安六年（一一五〇）、左大臣・頼長は、入内する養女・多子《まさる》のため、女房二〇名を選んだが、その末席には、つぎの三人の名が記されている。[62]

正六位上　藤原朝臣達子《さと》　乎度女乃《をとめの》
正六位上　藤原朝臣秉子　佐々禮石《さざれいし》
正六位上　藤原朝臣知子　松加江《まつがえ》

おそらく右の三名は、女孺（嬬）なのであろう。

さきに小一條院は、女房として仕えていた下野守・源政隆の娘（四條宮下野の姉妹）を寵し、源信宗（歌人）、齊子女王（斎院）らを産ませたが、この女性は、「瑠璃女御」と呼ばれた。[63]これは、女御に準ずる待遇が与えられたというだけで、正式に任命された女御ではなかった。この「瑠璃」という名は、庶民の間でも愛好されたらしく、瑠璃女という女性は、略して、あるいは敬して「瑠璃殿」[64]、「瑠璃御前」[65]などと呼ばれたが、この時期でもラ行音に始まる女性名は稀有であった。

平安時代の中期から宮人を意味する「女官《にょかん》」の内包を限定し、これを女孺以下の低い「官女」の義とし、上級の官女を「女房」と呼ぶ風習が生じた。[66]『栄華物語』（巻第十四）にも、

御乳母達の贈物、上の女房達、女官まで、物賜はすれば、喜び畏《かしこま》りて……（「上の」は、「天皇、つまり内裏に仕える」の義）。

とみえる。[67]『兵範記』などでも、女房と女官は、明確に区別されている。また女房を候名の下に「局」[68]をつけて呼ぶ慣習は、鳥羽、崇徳天皇のころから始まった。[69]他方、女官の候名には、上野、百濟、奈良などがみられた。女官の称呼には、ときとして童名がそのまま用いられることもあったらしい。しかし頼通の半物《はしたもの》の「うれしさこそ」[70]、九條院雑仕女の常磐《ときは》[71]、皇嘉門院の雑仕女・眞木屋[72]などは、幼名ではあるまい。中納言・藤原親信[73]（一一三八～一一九七）は、内裏の最下級の雑仕女の阿古丸に通じて、定輔（のち権大納言）を産ませた。これなどは、童名そのものであろう。左大臣・源有仁（一一〇三～一一四七）は、皇嘉門院の八重垣――おそらく半物《はしたもの》――を熱愛し、保延六年（一一四〇）、これに女児を産ませた。[74]『今鏡』には、某大臣家の女房で、歌の巧みなまゆみの名が記さ

れている。[75] また『左京大輔顕輔集』[76] には、

越前守忠盛、あきはぎ《(秋萩)》といふ半物にものいふをいと
いたうしのぶときゝて遣す

偽らでしかと答へよ秋萩をしがらみふすときくはまこと
か

とみえる。顕輔の子の顕時は、中宮・璋子の少進を勤めていた。[77] それから察すると、若き日の平忠盛[78]は、中宮・璋子の半物の秋萩に情熱を燃やしていたのであろう。

この時代の女房には、歌に因んだ綽名をつけられることがあった。待賢門院の女房・加賀は、[79] 斎院（官子内親王か）女房の新肥前の娘と伝えられている。この加賀は、

花園左大臣に遺しける

かねてより思ひしことぞ伏柴《ふし》のこるばかりなる歎きせん
とは[80]

という哀切な名歌によって、「伏柴の加賀」の綽名をえたことであった。[81]「さむるうつゝの少将」、「待宵の小侍従」なども、名歌によってつけられた綽名であった。[82]

女官は別であるが、女房や上流の婦人は、「君」、「殿」、「御前（ゴゼン、ゴゼ）」、「御《ご》」、「前」、「……の方」といった敬称を付して呼ばれた。鳥羽天皇の寵女の「菖蒲《あやめ》の前」は、寵女に対する敬称である。源頼政は、この寵妃（源斉頼の娘）[83] を賜わり、仲綱（一一二六〜一一八〇）を儲けたという。もと九條院の雑仕女の常磐が「常磐御前」と呼ばれたのは、義朝の後年、彼女が事実上、彼の北の方であったためであろう。女童の「葵の前」[84]や白拍子の「佛御前」は、卑しい出身ではあっても、天皇の寵をこうむったり、歌舞という芸能をもって貴人の前に出たりした女性への軽い敬称であろう。

庶民の女性名

つぎに、平安時代後期における庶民の女性名であるが、これは中期に萌《きざ》しを示した諸傾向が烈《はげ》しく顕現した点で注意される。これら庶民女性の名を研究するうえでの主要な史料は、『平安遺文』に収められた多数の古文書である。そのほか、写経の跋文や各種銘文に看取される女性名が注目されるが、これらもまた『平安遺文』題跋編と同じく金石文編に収録されている。

初めに注意されるのは、都や近国の庶民の女性名と遠国のそれとの間にみられた相違が後期にいたって緩和され、ほとんど消滅したことである。むろん、若干の例外は知られている。宇佐神宮の女禰宜・大神《おほがの》安子などは中央的な名である。神社には、しばしば神に奉仕する「内侍」または「命婦」と呼ばれる巫女がいた。厳島神社には三一名にものぼる内侍がおり、その職掌に応じて、神饌を供え、神扉を開いたり、託宣を述べたりする一方、雅楽を奏し、田楽を歌舞したり、参詣の貴紳を接待したりした。[85] 清盛がこの内侍の一人に娘（御子姫君）を産ませたことは、あまりにも有名である。[86]

内侍の名は、一定していなかった。左大将・藤原實定に片想いし、ついに攝津國住吉の沖に入水した「巖島の内侍」の名は、有子といったという。(87) 承安四年（一一七四）三月、後白河法皇が建春門院とともに厳島神社に御幸されたとき、唐装束をし、髪を上げて五常楽《ごじやうらく》、駒鉾《こまぼこ》の舞を叡覧に供した二人の内侍の名は、「黒」と「釋迦」といった。(88) この黒と釋迦の両内侍は、後に候名をそれぞれ「龍樹」と「世親」に改めたという。(89)

一方、筑後國山門《やまと》郡の鷹尾《たかのを》神社には、「命婦」と呼ばれる巫女が奉仕していた。これらの巫女の名は、

鶴命婦　藤三命婦　二命婦　坂本命婦　大竹命婦　池上小命婦

などであった。(90) 史料が不足しているため、他の神社の情況は不明であるが、格式ある神社には、内侍とか命婦といった職の巫女が置かれていたのであろう。

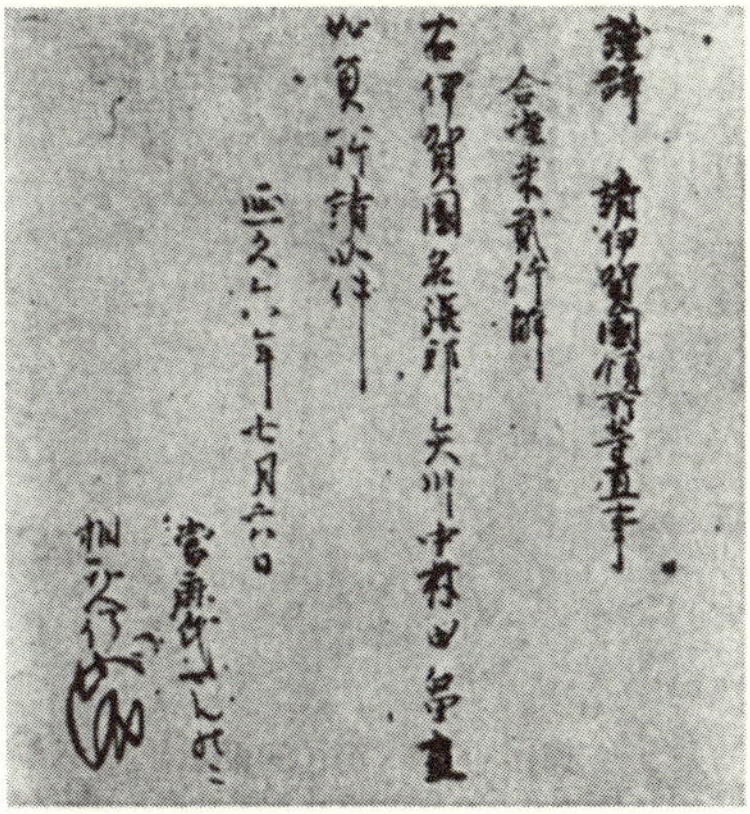

図39　延久6年（承保元年7月6日付「當麻三子所領直米請取状」（東南院文書）

上述の巫女たちは、あくまで例外である。後期における庶民や地方の女性の名を通覧すると、型としては以前より簡単になったことが看取される。主要な型は、順位型、佳名型、氏女型であり、これに子型、女型がつづき、また女や子を略した省略型もみられる。女型は、一見してそう数は多くないが、女性名の古代的な型として、まだまだ執拗につづくのである。つぎに『平安遺文』中の庶民の女性名を分類して列挙する。

順位型(91)　[5]藤原姉子《あねのこ》　[4]藤原仲子《なかんのこ》　[4]當麻三子（図39）　[5]布留姉子　[3]大神二女　[6]川住四子　[6]藤原太子《おほいこ》　[7]平三子　[7]件中子　[7]大江三子　[7]渡會六子　[8]大中臣三子　[8]仲原氏太子　[8]紀嫡子　[9]藤原あねのこ　[9]たいらのあねのこ　[10]日置《へきの》太子　[題]津守三子　[題]仲原氏太子　[金]惟宗氏大子　[金]出雲四子　[金]件五子

氏女・氏子型　[6]藤井氏子《うぢのこ》　[8]藤原氏女《うぢのによ》　[8]たかしなのうぢのあま　[8]葛原氏女　[8]平氏女　[新]ふじ（ママ）わらのうぢの女　[新]紀氏女　[金]女菅原氏　[金]女十市氏　[金]紀氏末女　[金]紀中知子　[新]女中原氏

佳名型　[6]千壽女　[6]觀壽女　[6]鶴壽女　[題]高向善財女　[金]中原藥師女　[金]中原壽幸女（ただし、上の二人は、従五位下・中原貞俊の娘）　[金]渡會瀧壽子　[金]平吉祥　[3]笠宮女　[3]柿犬子

単純子型　[5]大中臣やわこ　[5]礒部十良《とら》子　[4・6]藤原婦子《をんなこ》　[7]下道延貞子　[7]佐伯命《なか》子　[4]他田長《をさ》子

餘型　[金]平安具利《あぐり》

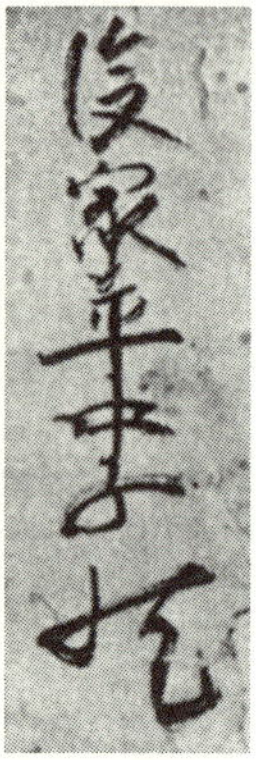

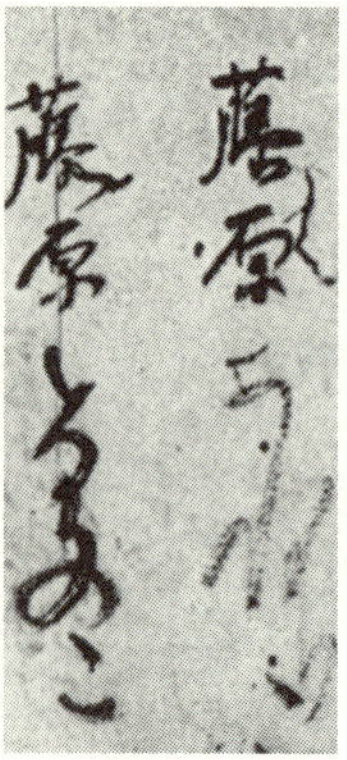

図40　後家・平中子の署名と花押（右）（東大寺文書，康和２年正月10日付「平中子田地売券」より）

図41　藤原あねこ，藤原とりのこの署名（左）（東大寺文書，保延４年ごろ「某文書紛失状」より）

変形子型　[5]渡會壽一子　[5]藤原とりのこ（図41）　[7]大中臣宮古曾子　[8]わたらひのなかわらこ　[8]渡會毗沙《ひさ》子　[10]大中臣德石子　[10]坂合部德仁子

女型　[3]勝經女　[5]於宇奈女　[5]小知小女　[5]清乳女　[6]藤原あこ、女　[7]大江冨田女　[7]大江小松女　[3][金]笠三郎女　[3][金]笠宮女　[3]藤原宮女　[3]檜前檕女　[4]毗沙《ひさ》女　[4]目々《めめめ》女　紀氏末女　中原今赤子女　[3]宗岡武藏女　[3]小犬女

省略型　[4]瑠璃　[5]大中臣あす　[5]たき　[6]橘いぬ　[8]建部松　[9]藤原福生《ふくお》　[9]藤原王《わう》　[金]平苔童

以上、庶民の女性名を列挙したが、かかげた女性名は、型ごとに比率をたもっているわけではない。実際のところ、順位型の名は、完全に他を圧倒するほど数が多いのである。氏女、氏子、女××氏といった名がしだいに増加し、何々氏の女《にょ》という呼び名は、本来の実名を駆逐し、その代りをはたす傾向が現われてくる。これは、ユーリア、コルネリアなどにみるローマ帝国の女性名の推移と軌を一にするものである。[92]

佳名型の名には、㈠縁起のよい壽女型と、㈡仏や菩薩の加護を祈願する仏教型とがみられる。貴族の娘たちも、童名として壽女型を採用したことは、前記のとおりである。接尾語の女は、軽い意義しかおびておらず、しばしば省略のうえ、御前などの敬称が付された（愛壽御前、龍壽御前など）。袈裟御前の名は、現代まで強い影響をおよぼしているが、[93]これは㈡の仏教型に属する袈裟女に由来している。[94]源義朝が美濃國不破郡青墓《あをはかのうまや》駅の長者・大炊の娘・延壽（女は省略）に通じ、二人の間に夜叉御前《やさごぜ》が生まれた話は、あまねく知られている。[95]この夜叉女は、言うまでもなく明王のうちの金剛夜叉《やしゃ》明王（Vajrayksa）ないし夜叉（仏法護持の神）の名に由来している。『平家物語』などで有名な佛御前、妓王、妓女《ぎにょ》などのうち、佛御前は典型的な仏教型である。仏教の諸明王の「王」字も、男女の名に採用され、前記のとおり、男性は×王、×王丸、女性は×王女、略して×王と呼ばれた。×王という名は男女の区別がつきにくい。前記の牛王、妓王は女性であり、「保元の乱」後に斬られた天王は、源爲義の息子であった。[96]また龜王と有王の兄弟は言うまでもなく、俊寛僧都の童の名である。[97]妓王の名は、王型に出自している。義經の幼名は、周知のとおり、遮那王丸であったが、[98]遮那は、むろん、「毘盧遮那」の略であり、仏教型の童名であった。鎌倉に軟禁された平重衡を世話し、彼に思慕するのあまりはかなく散った源頼朝家の侍女の千手前[99]の名は、言うまでもなく千手観音に因んでいるのである。千手と千壽は混用されたが、これらを童名とする男女ははなはだ多かった。以上に述べた二種の佳名型の女性名は、鎌倉時代以降、大いに流行するのである。

子型の女性名は、単純型、変形型ともにみられはするが、気息奄々たるありさまで、その消滅が近いことを想わしめる。

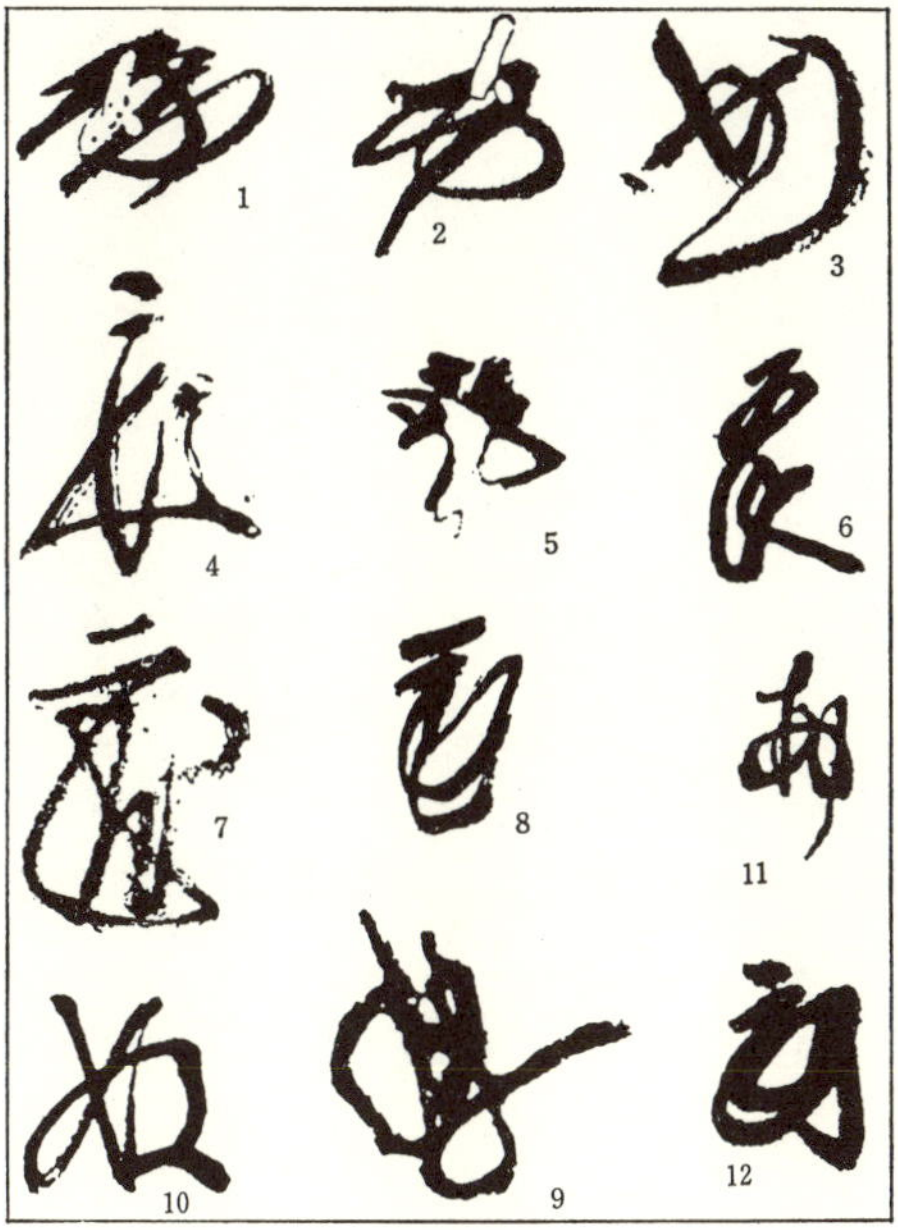

図42　庶民女性の花押（『花押かがみ』㈠より）
1　小野姉子（大治元年）　2　山邊姉子（大治元年）
3　藤原仲子（保元3年）　4　磯部姉子（永万元年）
5　大江三子（承安3年）　6　平　姉子（嘉応元年）
7　伴　中子（嘉応2年）　8　橘　姉子（嘉応2年）
9　大中臣仲子（治承元年）　10　宇治中子（治承4年）
11　紀　嫡子（壽永2年）　12　紀　姉子（壽永3年）

古くからの女型の女性名はその数少なくはないが、前記の佳名型と合流する傾向を示している。「女」字を脱した省略型の名は、あくまで省略であって、伝統化するにはいたっていない。正式の場合には、語尾に「女」字を付したに相違ない。「女」字の省略は、あくまで臨時的、便宜的なものであって、上古より連綿とつづいている古代型の「女」字は、深く庶民社会に沈潜しており、容易に払拭されるものではなかった。『玉葉和歌集』には、興味深い歌一首が採られている。[100]

桜花散りなむ後のかたみには松にかゝれる藤を頼まむ
是は、熱田大明神の御歌となむ。昔彼社の大宮司、尾張氏代々なりけるに、尾張員職《かずもと》が女の名を松と申しけるが、藤原季兼に親しくなりて季範（源頼朝の外祖父）をうめりける後、明神かく託宣させ給ひけるによりて、季範始めて大宮司になりて、其末今に絶えずとなむ。

委細は、別に発表した小論に譲るが、[101] 尾張員職の娘は、諱を職《もと》子、字《あざな》を松といったとのことである。この松は、おそらく松女の省略であろう。

なお、「あぐり」の名がほそぼそながら、しかし根強く存続していることは、注意さるべきである。

遊女・傀儡子・白拍子の名

芸を売る女性と色をひさぐ女性との間には、厳密な区分は立てがたい。したがってこの種の女性の名が芸名か接客名かを識別することは、容易ではないのである。

大江匡房（一〇四一〜一一一一）が一二世紀の初めに執筆した『遊女記』には、前に述べた観音、白女、宮城、香爐らのほかに、江口の中君《なかのきみ》、小馬《こま》、主殿《とのも》、蟹島の如意、孔雀、三枚《みひら》(102)神崎の孤蘇《こそ》、宮子、力命《りきみやう》らの名が挙げられている。

これらは、主として一一世紀に嬌名をほしいままにした名妓たちである。『二中暦』（第十三）の遊女の項には、名妓として、

主水　乙阿古　宮城　小島　白女　小乙　阿古　観童　小観堂山殿　香爐　仲駒　喜々薬師　鳴渡《なると》

などの名が列記されている。これらの名は、『遊女記』その他と部分的に重複するが、彼女らは――白女を別として――一一〜一二世紀にかけて艶名を誇った名妓であった。これらのなかには、勅撰歌人に伍する力量の持ち主もみられた。

藤原仲実朝臣備中守にまかれりける時具して下りけるを思ひ薄くなりて後月を見てよみ侍りける

遊女　戸々

数ならぬ身にも心のありがほに独も月を眺めつるかな(103)

藤原仲實（一〇六四〜一一二二）が備中守に任じられたのは、永保元年（一〇八一）二月(104)、一八歳の時であった。まだ嫡妻のなかった仲實（のち権大納言）は、馴染みの遊女・戸々を落籍し、任地に下ったのである。この「戸」の訓は、「戸主《へぬし》」のへであり、戸々は「べべ」であると鋭くも指摘されたのは、瀧川政次郎博士（一八九七〜）であった(105)。『日本国語大辞典』には、「べべ」の項目(106)で、

女陰。べべ。物類称呼(107)―「陰(108)　へへつび、奥羽及越路又尾張辺にて、べべといふ」

と説明されている。なお同書には、「べべ」は方言として、岩手県から鹿児島県、徳島県にいたる各地に残存している事実を具体的に述べている。これは、きわめて露骨な接客名であるが、そこにはやはり古代人のおおらかさが横溢しているとみるべきであろう。

つぎに注意されるのは、西行と応答のあった江口の妙《たへ》のことである。

天王寺へ詣で侍りけるに、にはかに雨の降りければ、江口に宿を借りけるに貸し侍らざりければ、よみ侍りける

西行法師

世の中をいとふまでこそかたからめ仮の宿《やどり》ををしむ君かな

返し

遊女　妙

世をいとふ人としきけば仮の宿に心とむなと思ふばかりぞ(109)

この応酬は、実に即妙で鋭さが溢れており、妙の聡明さやひらめく歌才が偲ばれる。

こうして多くの公卿たちは、住吉大社、天王寺、広田神社

への参詣などを口実に遊女との歓楽に赴いた。(110) なかでも周知されているのは、元永二年（一一一九）の九月、藤原長實（一〇七五～一一三三）を中心とする源師頼（一〇六八～一一三九）、源顯雅（一〇七四～一一三六）、源師時（一〇七七～一一三六）らの一行が神崎で遊んだ話である。(111) 当日、船が江口にさしかかると、さっそく、遊女の熊野《くまぬ》が雛妓の比和君《ひわぎみ》と同船して一行に追いすがり、皆は船を並べさせ、二人に今様を歌わせて愉《たの》しんだ。神崎に上陸した一行は、同伴した女房たちを船にとどめおき、遊女・北前《きたのまへ》の宅に赴き、そこで深更にいたるまで歌謡、酒宴に興じた。ただし、当時の遊女は鼓を打っても、踊りはしなかった。集まった遊女たちは、長者の金壽のほか、小最《こさい》、弟黑、輪鶴、熊野の五人であって、費用を出した長實が長者の金壽を、顯雅は小最を、そして師頼は熊野を抱いた。師時自身が誰を敵方《あいかた》としたかは、さすがに憚って日記には誌していないが、弟黑か輪鶴のどちらかを抱いたのであろう。彼らは広田社詣でを口実として神崎で遊興したのである。

元良《もとよし》親王（八九〇～九四三）は、好色をもって知られ、「一《いち》夜《や》めぐりの君」と綽名された。(112) この親王は、ある時期、遊女の「こき」と同殿されたことがあった。(113) 一時的ではあったが、道長と江口の小観音との間には情交があった。(114)

また大治五年（一一三〇）十月、同輩の藤原長實が彼を越えて権中納言に任じられたのを不快とした藤原伊通（一〇九三～一一六五。のち、太政大臣）は、一切の官（参議右兵衛督など）を辞して籠居し、(115) 神崎の「かね」のもとに通って気晴らししていたという。(116)

最高級の貴族たちの遊女買いは、平安時代後期にいたってもかわらなかった。つまり私的には、彼らは遊女をさほど蔑んではいなかった。たとえば、永久三年（一一一五）八月、関白・忠實は、権中納言・検非違使別当・藤原宗忠（一〇六二～一一四一）、右兵衛督・藤原忠教（一〇七六～一一四一。母は、忠實の乳母）、治部卿・源基綱らの親しい公卿や博士を冨《ふ》家殿《けどの》に請じ、多数の遊女を招き、盛大な和歌作文会と宴会を催している。(117) 忠實の子の左大臣・頼長にいたっては、日記に、「今夜、密召二江口遊女一於二舟中一通レ之」(118) などと誌している。

しかし驚きにたえぬのは、後白河法皇が遊女に皇子を産ませていることである。(119) 傀儡子《くぐつ》は、裏芸（売色）は同じであっても、表芸のほうは遊女とは異なっていた。後白河法皇は、今様の習得のため、美濃國の傀儡子と交わっておられた。この方では、青墓、墨俣《すのまた》の大進、延壽《えんず》、目井、さはの、阿古丸、乙前、小大進、たれかは、四三《しさん》らが著名であった。乙前は、養母の目井によって厳しく鍛えられたが、これを大いに助成したのは、監物の源清經であった。(120) 法皇は、この乙前に十余年にわたって師事し、今様を習得された。嘉応元年（一一六九）の春、乙前が八四歳で重病にかかると、法皇は忍んで乙前の蓬屋に御幸して病気を見舞い、かつ、切望して乙前の今様の絶唱を聴聞された。乙前は、まもなく二月十九日に他界したが、法皇は毎年二月十九日、乙前の供養を忘れられなかった。(121)

『二中暦』（第十三）には、上記の人びとが若干重複するが、当時における名儡《めいらい》の名が列記されている。(122)

小三《こさん》　千歳《ちとせ》　萬歳《まんざい》　増三《まさん》　安天人《あらひと》　四三《しさん》

瀧川博士が(123)小三や四三の名が宋の孟元老《もうげんろう》の『東京夢華録』（巻五）にみえる杖頭傀儡の名人の任小三、主張小唱の名人・孫三四の名に倣《なら》ったものであり、その伝統は糸あやつりの家元の結城孫三郎、落語界で名人級の咄家が襲名する「小《こ》さん」(124)にまで糸を引いていることを指摘されたのは、さすがである。

傀儡子も表芸は、芸能であった。したがって勅撰歌人もそのなかから輩出した。『詞花和歌集』の名曳《なびき》（靡）、(125)『新続古今和歌集』のあて、(126)侍従は、(127)知られた傀儡子歌人であった。

なお、源爲義（一〇九六～一一五六）・義朝（一一二三～一一六〇）父子は、江口や橋本の常連であった。爲義などは江口の近くに定宿を構え、遊女を召していたらしい。(128)鎮西八郎爲朝の母は、江口の遊君であったし、(129)範頼の母は、遠江國磐田郡池田宿の遊女であった。(130)池田宿は、天竜河畔の要衝として栄え、遊女も群をなしていた。鎌倉護送の途上、重衡が池田の遊女の長者・侍従と歌を贈答したという伝えもある。(131)

つぎに注意されるのは、遊女や傀儡子と縁の深い白拍子のことである。白拍子の起源や所作について述べることは、本書の目的ではない。ともかく平安時代後期にいたって島の千歳《ちとせ》、若の前、磯の禅師などによって案出された白拍子(132)は、歌を唄い、男装して舞を演ずる新しい芸能の分野を開拓し、しだいに遊女の領域に迫っていった。鼓と歌謡だけの遊女や傀儡子にくらべれば、歌舞をともにする男装の麗人たる白拍子は、はるかに魅力的であり、時宜に投じたし、世界芸能史の上でも注意さるべきであった。義經が鍾愛した靜は、磯の禅師の娘であったが、(133)その接客名自体がはなはだ優雅であった。前にその名について論じた妓王、妓女、佛なども、都で知られた白拍子であった。

なお、平安時代には、「夜発《やほち》」という淫売専門の売春婦がおり、(134)下層民の欲望をみたしていた。これは後世の立君や辻君の先駆をなすものである。(135)しかし遺憾ながら夜発の接客名は、全く伝えられていないのである。

芸名と法名

平安時代の貴族社会における芸能は、主として管絃であった。歌舞のほうは、もっぱら内教坊の倡女《しょうにょ》（妓女）にゆだねられていた。管絃、とくに琵琶や箏は、女性も弾じた。しかし名手の多くは、女御や女房であるため、女性の芸名――みずから称した場合も、他人が呼んだ場合も――は、あまり知られていない。民間における歌舞の名手では、昇殿まで聴《ゆる》され、摂関家にも召された女性としては、念若《ねんじゃく》、小主殿《ことのも》、千鳥（小千鳥の娘）の名がかろうじて伝えられている程度である。(136)

試みに、『琵琶血脈』(137)をみると、女性の芸名ないし芸名的な呼び名として、治部卿尼（従三位・源盛子）、能登尼、治部卿局（平知盛室）、三河局（字は橋姫）、播磨局などが看取されるにすぎない。これらのうち、真に芸名と断じうるのは、橋姫だけであろう。

一方、『秦箏相承血脈』(138)をながめると、音輪尼公、一條局、妻殿尼公（院禅妻、長慶母）、信濃局、宮御前（太政大臣・藤原實行娘）、周防局（藤原孝定母。高倉天皇女房）、帥局《そちのつぼね》（藤原伊綱娘、殷冨門院女房）、治部卿局（後鳥羽天皇女房。安藝の孫、宰相局娘）、箏《ことの》少将（上東門院女房）、五節命婦（麗景殿女御・藤原延子女房）、夕霧（大神基政娘。右大臣・源雅定女房）、少輔局（建禮門院女房）、今御前（内大臣・藤原公教の娘、白河尼と呼ばる）、若御前尼、小備前（正しくは備前局）、粟田口尼（宰相中将・藤原成經の娘、叔母・従三位藤原成子の養女）などの名が挙げられる。しかし純粋な芸名といえば、大神《おほみわの》基政の娘、能書の宮内権少輔・藤原伊行の妻、そして建禮門院右京大夫の母であった夕霧(139)くらいであろう。貴族の女性にとって、芸能が職業として独立していなかった時代のこととて、芸名が少ないのは当然であった。

なお、「箏仙の安藝」(140)は、例の権中納言・藤原信頼（一一三三～一一五九）の後家であるが、(141)「安藝」は、高倉天皇に仕えたころの候名であった。(142)

図 43　尼僧の花押，(左) 妙法 (嘉応元年)，(中央) 慈妙 (嘉応 2 年)，(右) 大覺 (文治元年)

最後に、この時期の尼の法名についてみると、「妙」字が絶対多数を占めている。この傾向は、中期にも看取されたけれども、後期にいたって圧倒的に増大したことは、注目に値する現象である。いま『平安遺文』から若干の例を採ってみよう。

妙字型　[4]康妙　[4]妙智　[4]序妙　[5]佛妙　[5]禪妙　[5]長妙　[6]妙法（図43）　[7]慈妙（図43）　[7]妙蓮　[7]淨妙　[8]西妙　[8]妙念　[9]善妙　[9]妙佛　[金]妙深　[金]妙入　[金]海妙

その他　[5]我阿　[7]蓮西　[7]心佛　[9]善尼　[10]清淨　[金]如來　[金]佛種　大覺(143)（図43）　靑蓮(144)

しかしながら「妙」字は、僧の法名にもときどき用いられていた。尼の法名に「慈」や「惠」の文字がほとんど用いられていないのは、注目に値することである。

第二部　混成古代

1 鎌倉時代

図44　結縁交名の一部（女性の部分），玉桂寺木造阿弥陀如来立像の胎内より発見。多くは氏女であるが，なかに袈裟，千世，カエテ，菊などの名もみえる。（滋賀県教育委員会提供）

混成古代の意味

古代から中世への正則的な発展は、中世ローマ帝国や宋朝の中国のような先進地域においてのみ生起した。日本はもとより、西ヨーロッパ、東北ヨーロッパの諸地方では、純粋な古代が終了した後も、古代的基調がなお停滞・継続し、先進地域から中世文化の洗礼をこうむり、あるいは文化の一部が自律的に中世化しても、なお古代的世界に低迷していた。このように、中世的要素をまじえ、古代的性格が歪められながらも存続し、社会の基幹をなす時代は、hybrid antiquity（混成古代、略して混古）と呼称される。日本の鎌倉、南北朝、室町の三時代やフランク王国のメロヴィング朝、カロリング朝、フランスのカペー朝、ルシ族のキエフ公国の時代などは、中世ではなく、この混古に擬されるのである。日本についていうと、中世ないし中代は、安土・桃山時代に始まるのである。民族移動期、メロヴィング朝、カロリング朝の歴史を「中世」とみなしたのは、西ヨーロッパ中心主義の歴史観にとらわれていた西ヨーロッパ諸国の十九世紀の歴史家たち――マルクスをもふくめて――の謬見であったが、日本の学者たちは、それを無批判に受け容れて鎌倉―室町時代を中世とみなし、いささかも疑おうとはしなかった。(1)

歴史を研究し、理解するうえで大切なのは、先人の諸見解に惑わされ、煩わされず、広い立場によって自分の眼で史実を直視し、歴史を体系づけることであって、守株的、墨守的姿勢は、厳しく斥けねばならぬのである。

宮廷貴族の女性名

ここでいう「鎌倉時代」とは、文治元年（一一八五）から鎌倉幕府が滅亡した元弘三年（一三三三）までの約百五十年間を指している。むろん、これはいちおうの目安にすぎないし、鎌倉時代というのもはなはだ政治的時代区分であるが、女性名史の場合、この時代名を採用しても、さほど支障はないのである。

ところで、鎌倉時代の宮廷貴族の間では、伝統的な一字二音型の女性名が広く行われていた。まず皇族についてみると、たとえば、

土御門天皇皇女　覺子《あき》内親王　諄子《あつ》内親王　曦子《てる》内親王
順徳天皇皇女　諦子《あき》内親王　穠子《しげ》内親王
後高倉院皇女(2)　利子内親王　邦子内親王　能子内親王　本子内親王　有子内親王
後堀河天皇皇女　暉子《てる》内親王　體子《もと》内親王　昱子《てる》内親王
後深草天皇皇女　姈子《さと》内親王　久子内親王　媖子内親王　永子内親王　貴子《たか》内親王
伏見天皇皇女　璹子内親王　譽子《たか》内親王　進子内親王

後二條天皇皇女　㛐《よし》子内親王　珉《たま》子内親王　榮《よし》子内親王
　婸子内親王

のようであって、学者に勘進させたむずかしい、そして今となっては訓みの不明な名が少なくないのである。たとえば、藤原兼實の娘は、文治五年（一一八九）の四月三日、入内の院宣を賜わり、彼の「歓喜の思い」は、「千廻万廻」であった。(3)しかもなお彼は娘を単に姫君と呼び、本格的な諱をつけなかった。ようやく入内も近づいたころ、後鳥羽天皇の侍読で文章博士であった権中納言・藤原兼光（一一四五〜一一九六）に彼は撰名を依頼した。同年十一月、姫君は従三位に叙され、また入内についての雑事が定められた。当日の酉刻、つまり朝の六時か七時ごろに、兼光は名字勘文をもって兼實の大炊御門第に来たった。それは檀紙一枚にしたため、懸紙《かけがみ》で包んであったが、「典子、立子、任子、位子、諦子」の名があり、その出典が記されていた。そこで息子の権大納言・良經（一一六九〜一二〇六）が上首となり、側近の公卿（兼房、定長、定能、經房、雅長ら）が集まって名字の評定を催し、『詩経』の文王の生誕に言及した「大任有ㇾ身」を出典とした任《たふ》子を採用することとし、甲斐守・藤原長兼を使として、まず左大臣・藤原實定に知らせ、つづいて外記局に伝えたが、大外記・中原師尚は、この字を珍重として異議を唱えなかった。従三位に叙されたのは、任子の名が定まった後の時点であって、兼實は日記の同日条にまずこの叙位を重要事として記し、撰名の次第は後に書いている、つまり強調するため順序を逆にして記載しているのである。(4)

　摂関家、西園寺家など、最高級の貴族の娘たちには、明らかに学者を煩わしたと思われる名が少なくない。いま、順序不同でそうした名を『尊卑分脈』から拾ってみよう。

藤原仁子（従一位。摂政・道家の娘。関白・兼經室となり、関白・基平らを産む）
藤原嫄《ひろ》子（四條天皇女御。関白・教實の娘。のち、宣仁門院）
藤原禎《よし》子（従一位。左大臣・道長の娘。摂政・兼基室）
藤原禔《よし》子（従一位。左少将・基信の娘。関白・兼基母）
藤原頊《もち》子（関白・實經の娘。後二條天皇尚侍。のち、萬秋門院）
藤原竴《よし》子（関白・道家の娘。後堀河天皇中宮。四條天皇母。のち、藻璧門院）
藤原姞《よし》子（太政大臣・實氏の娘。後嵯峨天皇中宮。後深草・龜山両天皇生母。のち、大宮院）
藤原嬉子（太政大臣・公相の娘、龜山天皇中宮。のち、今出川院）
藤原寧子（左大臣・公衡娘。後伏見天皇女御。光厳院・光明院生母。のち、廣義門院）
藤原鏱子（太政大臣・實兼の娘。伏見天皇中宮。歌人。のち、永福門院）
藤原瑛子（太政大臣・實兼の娘。龜山天皇後宮。のち、昭訓門院）
藤原佶《さね》子（左大臣・實雄の娘。龜山天皇皇后。後宇多天皇生母。のち、京極院）
藤原愔子（左大臣・實雄の娘。後深草天皇後宮。伏見天皇らの生母。のち、玄輝門院）
藤原禖子（左大臣・實雄の娘。龜山天皇後宮。従二位）
藤原掄子（太政大臣・公經の娘。摂政・道家室。摂政・教實らの生母。従一位）
藤原忻《よし》子（太政大臣・公孝の娘。後二條天皇中宮。のち、長樂門院）
平　㛐子（掌侍。少納言・棟俊の娘。後二條天皇後宮。壽成門院母）

　上にみた女性の実名の大半は、学者たちの勘文によって決められたものと認められる。しかし、やさしいようにみえる女性名、たとえば、

藤原永子（近衞家出の法印・良性の娘。龜山天皇の乳母。従二位）
藤原宰《かみ》子（関白・兼經の娘。宗尊親王室。惟明親王母）
藤原長子（関白・家實の娘。後堀河天皇中宮。のち、鷹司院）
藤原有子（太政大臣・公房の娘。後堀河天皇皇后。のち、有喜門院）
藤原房子（内大臣・公親の娘。後深草天皇後宮。従二位。久明親王、章善門院らの生母）
藤原教子（太政大臣・實氏の娘。大納言典侍。従二位）
藤原季子（左大臣・實雄の娘。伏見天皇後宮。花園天皇らの母。のち、顯親門院）

なども、一見、平凡に思われても、学者の撰進によった可能性が多いのである。

この時代には、父の偏諱《かたいみな》をとる伝統的な女性名も少なくはなかった。

平　棟子（右大辨・棟範の娘。従三位。権中納言・藤原兼光室。順徳天皇乳母）
平　棟子（勘解由次官・棟基の娘。従一位。後嵯峨天皇後宮。宗尊親王母）
源　通子（参議右中将・通宗の娘。典侍。土御門天皇後宮、後嵯峨天皇らの生母。のち、正親町院）
藤原公子（太政大臣・公經の娘。従三位。大納言典侍）
藤原相子（太政大臣・公相の娘。後深草天皇後宮。陽德門院の生母）
藤原名《なか》子（権大納言・資名の娘。大納言・藤原公宗室。従三位。典侍。『竹向記』の著者）
藤原經子（典侍。権中納言・經光の娘）
源　親子（内大臣・通親の娘。後嵯峨天皇乳母。従二位。大納言典侍）
源　親子（権大納言・師親の娘。従三位。典侍。家集あり）
源　顯子（治部卿・顯信の娘。関白・基通本妻。関白・家實母。従三位）
藤原雅子（非参議・雅平の娘。中納言典侍。龜山天皇後宮。昭慶門院の生母）
藤原忠子（参議・忠繼の娘。中納言典侍。後宇多天皇後宮。後醍醐天皇らの生母。のち、談天門院）

しかし博士の勘申にもよらず、また父の偏諱もとらぬ女性名が多数存したことも、疑いがない。「北山の准后《ずごう》」の名で朝野の尊崇を一身にあつめ、長寿を全うした藤原貞子[5]（一一九六～一三〇二）は、権大納言・藤原隆衡（一一七一～一二五四）の娘で、太政大臣・平清盛の曾孫であった[6]。また北白川院・藤原陳子は、権中納言・藤原基家の娘、権大納言・平頼盛の孫であった。おそらく適宜につけられたこうした実名も、相当数あったのであろう。

女房たちの名

初めにも触れたとおり、鎌倉時代における宮廷女性の実名は、一字二音型に統一されていた。上にかかげた多数の女性名は、この事実を証明しているが、さらに当時の女房たちの名を例にとって証拠固めを試みてみよう。

まず、土御門天皇が践祚された建久九年[7]（一一九八）正月に任命された内裏女房は、左のとおりである。

掌侍	従五位上・高階秀子	正六位上・藤原憲子
命婦	正六位上・藤原公子	正六位上・藤原孝子
	正六位上・平　忠子	正六位上・藤原則子
	正六位上・源　清子	正六位上・藤原親子
	正六位上・藤原光子	正六位上・高階清子
蔵人	表簡	
	正六位上・藤原繁子	正六位上・藤原爲子

正六位上・賀茂重子　　正六位上・賀茂資子
正六位上・源　俊子
裏簡（簡板の裏に簡を付された蔵人のほうが表簡の蔵人よりも格式が上である）
正六位上・藤原宅子　　正六位上・藤原保子
正六位上・平　說子　　正六位上・藤原資子
正六位上・藤原貞子　　正六位上・源　資子
正六位上・源　顯子　　正六位上・藤原滿子
正六位上・藤原諸子　　正六位上・藤原秉子
正六位上・藤原行子　　正六位上・藤原長子

なお、高階秀子は、伊豫内侍の候名をおび、安德朝いらい仕えた古参の掌侍であった。(8)

以上は、とりあえず内裏女房の除目であって、正月三十日には、典侍二人、掌侍四人が追任された。(9)この典侍二人というのは、土御門天皇の乳母・藤原恆子(10)と藤原儀子《のり》(11)（中納言典侍）を指すものと推定される。ついで正治元年（一一九九）正月には藤原秉子、(12)同年十二月には高階重子(13)が典侍として加わったのである。

また承久三年（一二二一）十一月には、左のような女叙位が行われた。(14)

従五位上　藤原信子　典侍
従五位下　高階遠子　掌侍　　賀茂久子　女蔵人
　　　　　源　經子　御匣殿　　菅原行子　内教坊
　　　　　惟宗元子　釆女　　藤原致子《むね》　女史
　　　　　小槻國子　七條院御給　　橘　時子　掌縫

　　　　　藤原仲子　闈司　　平　滿子　命婦
　　　　　伴　氏子　主殿女孺　　紀　季明　東豎子
外従五位下　下河内春子　水取

右のうち、東豎子《あづまわらべ》（東孺）は、どのような官女がこれに任じられても、在任中は、紀朝臣季明または河内宿禰友成を公式の名とした。平安時代後期以降は、もっぱら紀季明のほうが用いられたのである。(15)

つぎに、仁治三年（一二四二）四月の女叙位にさいしては、左のような女性たちが位を授けられている。(16)

従二位　藤原親子　後嵯峨天皇乳母　　藤原麗子　臨時
従五位上　平　棟子　掌侍　　平　惟子　鷹司院御給
従五位下　經子女王　褰帳　　藤原□子　乳母
　　　　　藤原總子《ふさ》　蔵人　　源　賴子　御匣殿蔵人
　　　　　藤原忠子　□明門院御給　　平　和子　安嘉門院御給
　　　　　惟宗元子　騶執　　平　則子　皇女……（御給）

下って伏見天皇の永仁二年（一二九四）正月には、左のような女性たちが叙位されている。(17)

従一位　藤原朝子　臨時
従二位　藤原行子　臨時
従五位上　平　春子　釆女
従五位下　藤原朝子　掌侍　　源　滿子　命婦
　　　　　賀茂氏子　蔵人　　藤原仲子　御匣殿蔵人
　　　　　紀　清子　玄輝門院当年御給
　　　　　橘　以子　遊義門院当年御給

正二位　左大臣
三條家
藤原實房 ―― 従二位　非参議
公俊

公俊の子:
- 公爲　従三位　非参議　建治三年出家
- 俊譽　法印　権大僧都　醍醐寺
- 女子　字　祇女　法名眞性
- 女子　号中納言典侍　字　阿古 ＝ 源通敎　正二位　権中納言
  - 通藤　正三位　左兵衛督
    - 女子　源氏女

藤原清子　中宮（藤原鐘子）当年御給
藤原景子　久子内親王当年御給
和氣晴子　内教坊　　中原村子　女史
源　黑子　水取　　橘　次子　掌縫
外従五位下　藤井油子《つや》　女孺

右のうち、従一位に叙された藤原朝子は、関白・藤原家基（近衛家）の室で、関白・藤原兼平（鷹司家）を父とする婦人であったらしい。主として中級、下級の宮廷貴族の子女から採用される内裏女房の実名は、すべて一字二音型であるうえに、文字自体がやさしく、博士たちが撰進した、最高級貴族や皇女のむずかしい実名とは、類を異にしていたのである。

仁治三年（一二四二）の十一月、五節の舞姫の役を演じた五人の若い女性が従五位下に叙された。[18]

藤原爲子　源艶子　藤原久子　源仲子　藤原行子

これら五名の女性が夙《つと》に著裳をすまして伝統的な諱《いみな》をおびていたのか、あるいは、五節の舞姫に推挙され、あわてて実名を撰定したのかは、全く不明である。当時の貴族の女性は、童名ないし字《あざな》をもっていたこと、兄弟や親族は、彼女らが著裳、結婚、宮仕えなどをした後も、一種の愛称として童名または字で彼女らを呼んでいたことは、ほとんど確実である。

摂政・基房の娘で、後京極摂政・良經（一一六九～一二〇六）の正妻であった藤原壽《ひさ》子は、「鶴殿」と呼ばれていた。[19] これは、庶民の鶴女《つるによ》に対応する字であろう。普賢寺関白・基通（一一六〇～一二三三）には、「龍前《りようのまへ》」と呼ばれる娘がいた。[20] この婦人は宮仕えにも上がらず、また独身を通したためか、その実名は皆目不明である。また太政大臣・藤原兼房（一一五三～一二一七）の娘で、永らく宜秋門院（兼實の娘の任子）に仕えていた女性は、字を「辰《たつ》御前」と称したという。[21]

従二位・藤原公俊には、娘が二人あり、字は姉のほうを祇《ぎ》女《によ》、妹のほうを阿古といった。この阿古は、後嵯峨天皇の治世に内裏女房となり、中納言典侍と称した。[22] 定家によると、[23] 大蔵大輔・藤原重保の娘で、右大辨・平棟範（一一五〇～一一九四）の妻となった婦人は、字を「羽衣」と称したという。

わが国では、古くから実名を呼ぶことは回避されていたから、とくに宮廷貴族の間においては、字《あざな》に「御前」をつけ、あるいは官名、候名、居所名に因んで相手の女性を呼んだのである。

「れんぜい（冷泉）殿」[24]「一條殿」[25]（藤原實氏の娘）「禅林寺殿御方」[26]（揄子女王）「押小路女房」[27]（藤原俊成の娘。大納言・源通具の妻）「愛壽御前」[29]「山井殿」[28]（修理大夫・藤原頼輔の娘。従三位。皇嘉門院女房。太政大臣・良平の母）（藤原俊成の娘）等々は、その例である。

わが国では、勇女として巴御前と板額御前[30]の名が古来著聞している。巴御前の本名は、中原巴女である。[31]板額は、越後國の豪族である平資國の娘であったが、彼女は、越後國蒲原郡の飯角《いひずみ》（新潟県北蒲原郡中条町大字飯角）――おそらく母の実家――で育ったため、「飯角御前《いひずみの》」と呼ばれていたが、後世、飯角《いひずみ》→飯角《はんがく》→坂額→板額と音読され、文字も変えられたものらしい。[32]彼女の氏姓は、平朝臣、字《あざな》は飯角御前《いひずみのごぜ》であるが、実名は全く不明である。

宮廷貴族の娘たちは、日常生活では、「大姫君」、「中姫君」ないし「乙姫君（弟姫君）」、「三姫君」、「今姫君」[33]などと呼ばれていた。頼朝の二人の娘も、「大姫君」、「乙姫君」と呼ばれていたが、乙姫君の字《あざな》ないし童名は、「三幡《さんまん》」であった。[34]

なお、この時代には、何姫という字をおびた女性も稀にみられた。某姓・季親の娘の珍《うづ》姫と野依《のより》姫[35]、あるいは関白・藤原兼實（一一四九～一二〇七）の縁者の龍姫[36]――おそらく娘――などは、当時としては珍しい字であった。[37]

童名ないし字のみをもつ貴族のうら若い女性は、上述のように、入内、結婚、宮仕え、著裳などにさいして、正式の名、つまり諱がつけられた。なかでも、入内、あるいは東宮に入侍するような場合には、文章博士などに撰名を嘱するため、とかくむずかしい名が択ばれる傾向がみられたことは、前述のとおりである（一五三頁）。

なお、藤原定家は、古今集歌人の藤原因香《よるか》の名がひどく気に入っており、長女に因子《よる》（民部卿典侍）、次女に香子《たか》という名をつけたのであった。[38]

藤原因子は、「民部卿」という候名で出仕した。これは、父・定家の官職名とは無関係に勅定されたのであり、[39]定家が民部卿に任ぜられたのは、それより一二年も後の建保六年（一二一八）七月のことであった。[40]

鎌倉時代における内裏や院宮の女房たちの候名は、平安時代後期とあまりかわらなかった。ただ父兄や夫の官職名とほとんど関係なく候名が定められたこと、「新」字、ときには「権」字を接頭語とする候名の急増したことが注意にのぼるのである。

新大納言　権大納言典侍[41]　新中納言　新典侍《しんすけ》　新按察典侍《しんあぜちのすけ》
新宰相　新少将　新左《しんさ》衛門督《ゑもんのかみ》

女房の候名には、一定の型ができていた。大臣やこれに準ずる最高級貴族の娘たちはほとんど女房に参仕せず、稀に上がったさいには、「西の御方」、「廓の御方」といった敬称が与えられた。しかしこの「呼び名」は、家柄のよくない婦人が天皇の寵をこうむったようなときにも用いられた。[42]

一般に内裏では、天皇の乳母たちが典侍《すけ》に任じ、三位に叙され、女房としては最上位を占めていた。大納言典侍、権中

表7　鎌倉時代における主な内乳母

氏名	官位	候名	備考
藤原範子	従三位典侍	刑部卿	従三位刑部卿・範兼の娘。後鳥羽天皇乳母。
藤原兼子	従二位典侍	卿局 卿二位	右の範子の妹。後鳥羽天皇乳母。権勢によって著名。
藤原保子	従三位典侍	大納言	権中納言・藤原能保の娘。頼朝の実姪。頼朝の要請により、後鳥羽天皇乳母となる。承明門院の姉妹。
藤原信子	従三位典侍	按察局	土御門天皇乳母。
藤原恆子	従三位典侍	不明	土御門天皇乳母。
藤原憲子	従三位典侍	別当局	権中納言・範光の娘。順德天皇乳母。角田文衛『岡前別當三位』（同著『王朝の明暗』所収）。
藤原滿子	従三位典侍	大納言	権中納言・光親の娘。母は、左記の典侍・藤原經子。順德天皇乳母。
藤原經子	従三位典侍	中納言三位	参議従三位・定經の娘。右の滿子の母。順德天皇乳母。
平棟子	従三位典侍	輔三位	右中辯・平棟範の娘。順德天皇乳母。
藤原成子	従二位典侍	不明	権大納言・成親の娘。後堀河天皇乳母。
藤原宗子	従三位典侍	不明	非参議従三位・基宗の娘。四條天皇乳母。
源親子	従二位典侍	大納言	内大臣・通親の娘。後嵯峨天皇乳母。
源能子	従三位典侍		左馬頭・義氏の娘。権大納言・藤原隆親の妻。後嵯峨天皇乳母。
藤原近子	従三位典侍	大納言	権大納言・隆親の娘。後深草天皇の乳母のごとし。天皇の新枕に奉仕す。
藤原永子	従二位典侍	按察二位	法印・良性の娘。龜山天皇乳母。
藤原識子	従一位典侍	鷲尾一品	前記の隆親の娘。伏見天皇の乳母
藤原俊子	従三位典侍	不明	権大納言・俊定の娘。後伏見天皇の乳母らしい。

納言典侍、別当典侍、按察典侍《あぜちのすけ》、督典侍《かうのすけ》など、候名は若干の種類はあったけれども、従三位、ときには従二位典侍であることにはかわりがなかった。つぎに鎌倉時代における主な内乳母《うちのめのと》の歴名をかかげてみよう。これらの女房の実名を一瞥してみると、父の偏諱《かたいみな》をもらった女性の少なくないことが気づかれる。

乳母典侍《めのとのすけ》は、むろん、上臈女房に属していた。といって大納言典侍が最も格式が高いというわけではなかった。大納言典侍は、大典侍《だいすけ》、典侍《すけ》、大《だい》など略称された。(43) 大納言という女房名は、内裏ばかりでなく、院宮や公卿の邸宅にも存在した。たとえば、御子左家《みこひだりけ》の権大納言・藤原爲世（一二五〇～一三三八、『新後撰集』の撰者）の孫で、二條関白家に仕えていた女性の候名は、大納言であった。(44) 最も皮肉なのは、権中納言兼左兵衛督・検非違使別当の藤原隆房（一一四八～一二〇九）家の上臈女房の大納言が盗賊団の首魁であったことである。(45)

内裏の典侍、掌侍や院宮の上臈女房の候名には、伝統が守られていた（前記のとおり、新字や権字が接頭語として付されることが始まったが）。しかし、命婦以下や院宮の中臈以下の女房の名には、かなりの崩《くず》れがみられたのである。

藤原季子	従二位典侍	不明	権中納言・公雄の娘。太政大臣・公賢の母。後二條天皇乳母。
藤原懐子	従二位典侍	按察二位	右中将・近永の娘。花園天皇の乳母。
藤原爲子	従二位典侍	権中納言	従二位右兵衛督・爲教の娘。花園天皇の乳母。京極派歌人群の代表者の一人。
藤原光子	従三位典侍	不明	右馬権頭・光久の娘。太政大臣・公賢室。後醍醐天皇の乳母。

一方、鎌倉幕府にも、多数の女房がいた。これらのうち上臈の女房たちは、院宮女房にならった候名をつけた。いま、『吾妻鏡』に例を求めると、

阿波局　石山局　一條局　右衛門督局　越後　越後局　加賀　春日　烏丸局　京極局　小宰相局　五條局　上野局　近衛局　左兵衛局　讃岐局　三條局　侍従局　下總局　下野局　小将局　周防局　駿河局　帥局　大進局　丹後局　播磨局　兵衛督局　別當局　民部卿局　若狭局

などの名が挙げられる。(46)

以上のうち、局がつく女房は上級に属し、越後、春日、あるいは平重衡を思慕した薄命の女性・千手前（実名は、千手女）は、中級の女房であったようである。

内裏女房に上臈、小上臈、中臈、下臈の四等級が明確に制定されたのは、鎌倉時代の初めのことであって、順徳天皇の『禁秘抄』（第四十）には、そのくわしい解説がみられる。(47) そのなかで注意されるのは、内裏には、京中の小路名を候名とした女房（上級、中級の官女）はいなかったということである。

『三長記』の建久九年（一一九八）の正月十一日条によると、

当時の下級官女の候名は、左のとおりである。(48)

御厨子所

①長女（小路〔これは、候名〕　春日）

②主水司（坊門　堤　室町）

焼刀自（冷泉）

御台所

①得選（千歳平　讃岐　照月）

②刀自（白河　押小路　河子　二條　六波羅　三條）

③女官《にょうくわん》（大堤　子四條　油小路　春日　堤　猪熊　司　四條　三條　姉小路　母四條　大小路）

御膳宿

①采女（備中　讃岐　播磨　但馬　駿河　出雲）

②刀自（冷泉　大宮　室町　四條　坊門　七條坊門）

進物所

①刀自（二條）

薬殿

①刀自（白河）

殿上

①主殿司（持明院千鳥の娘　京極同上　春日駿河の娘　六角年若の娘　坊門千鳥の娘　近衛年若の娘　冷泉千鳥の娘　大宮同上　若同上　四條同上　龜　姫同上）

②女孺（綾小路　洞院　高辻子　油小路　鹽小路　堀川　今《いま》参《まゐり》）

右のうち、「高辻子」は、『辨内侍日記』によると、(49)「たか

つんじ」（女孺の候名）と訓むのであろう。この辨内侍は、画聖・藤原信實の娘であって、掌侍として後深草天皇に仕えた女性であるが、建長二年（一二五〇）二月、春日使に立ったときに連れていった雑仕女の名は、「さくや」といったと記されている。(50) 弘安十一年（正応元年）（一二八八）三月十五日、太政官庁において伏見天皇の即位式が挙行された。この日、御前命婦を勤めたのは、伯耆《ははき》、讃岐、備前、玉垣であり、威儀命婦は、御阿禮野《みあれの》、伊豆奴支《いづぬき》、宮川、石川であった。(51) これらのうち、玉垣、御阿禮野、伊豆奴支、宮川、石川は、実は女蔵人であって、命婦代を勤めたものと理解される。現に『中務内侍日記』には、女蔵人として「みあれの」と「すむつる」の名が記されている。(52)

また『増鏡』をひもとくと、左大臣・藤原（西園寺）實雄の娘・佶《さね》子――後の京極院――が御禊行幸の女御代を勤めたとき（文応元年十月）、扈従した雑仕女として、

青柳　梅枝《うめがえ》　高砂　貫川《ぬきかは》

の名が記されている。(53) また元亨二年（一三二二）の正月三日、後醍醐天皇が常盤井殿に朝覲行幸したさい、扈従した官女には、

讃岐　こいま　夏引　いはねを　青柳　今参り

の名がみられる。(54) 乗車の順序からみて、これらは、命婦ないし女蔵人かと推測される。

以上を眺めてみると、命婦、女蔵人、女孺から雑仕女にいたる官女の候名には、かなりの混乱の生じていたことが知られる。

建永二年、すなわち承元元年（一二〇七）二月におきた法然上人の「建永の法難」はあまりにも有名である。(55) とくに上人の門弟の住蓮、尊西らは、鹿ケ谷の安楽寺を中心に六時礼讃を唱え、すこぶる民衆の帰依をえた。これが興福寺の讒訴のもとになったといわれるが、伝えによると院の小御所の女房二人――鈴虫と松虫――は、勅許もえずに安楽寺で出家し、(56) これが後鳥羽上皇の逆鱗を煽りたてたとのことである。その史実性はともかく、鈴虫、松虫という候名は、院の下級女房、つまり女官《にょうかん》にはありえたことと認められる。

建仁三年（一二〇三）十一月の五節にさいしては、舞姫につける下仕えに適当な女性が求められなかったので、後鳥羽上皇は、江口の遊君「せん一」の娘である神崎の遊君「いや」の妹などを選ばれた。(57) 上皇は、白拍子を好まれ、何人かを後宮に入れられた。石《いし》、瀧、姫法師らはそれであるが、貧しい簾職人の娘に生まれた石は、丹波局、のちに右衛門督の候名を賜わり、凞《ひろ》子内親王を産んだ。(58)『一代要記』（庚集）や『本朝皇胤紹運録』によると、瀧は覺仁法親王を、姫法師は、僧覺譽、道伊、道縁らを産んだ。さらに上皇が白拍子の龜菊（候名は、伊賀局）を鍾愛し、それが「承久の乱」勃発の一契機となったことは、周知のとおりである。(59) 後鳥羽天皇の姿勢が右のとおりであったから、命婦以下の官女たちの候名に紊《みだ》れが生ずるのは、当然のことであった。

庶民女性の名

鎌倉時代における下級貴族や庶民の女性名は、平安時代後期のそれの延長線上にはあったけれども、より複雑化し、一部には混乱の様相を呈するにいたっている。

この時代の女性名も、原則的には、「女《にょ》」を接尾語として用いた。しかもしばしば、「前《のまへ》」、「御前《ごぜん》」、「殿」を女字の代りに用いた。しかも本来、敬称の語尾であるこれらの語を自署に用いた女性も少なくはなかった。「丹波《たんば》氏 女伊夜前《うぢのにょいやのまへ》」、「阿古殿」、「祇女御前」のたぐいである。

しかしわれわれが最も困るのは、女性の場合は女ないし前、御前を、男性は丸《まろ》を省略する例が非常に多いことである。したがって単に、

阿古　袈裟　観音　千壽王　春壽　夜叉

などとあるさいには、それらがはたして男の名か女の名かが不明である。しばしば前後関係によって、それが男また女であることが知られるにすぎない。候太郎女、三郎女のように、男性の順位型の字《あざな》に女字を付すのも、この時代の特色であるが、ときには女字を省略し、太郎、九郎などと記される乱暴な場合もある。このさいには、前後関係が明示されていないかぎり、それらを女性の字《あざな》と判定することは、不可能である。

また氏女《うぢのにょ》、姉子《あねのこ》、太子《おほいこ》、仲　子《なかんのこ》、氏子《うぢのこ》といった名がひきつづきふえているが、こうした名はあまりにも漠然としている。これらが売券などの重要文書にいくらでも見いだせるのは、各自の属した地域社会がすこぶる狭隘となり、それが難なく通用していたことを想わしめるのである。

また鎌倉時代の女性名には、氏の名を略したものが少なくないが、これは後になるほど増加する傾向がみられる。これは、女性の社会的地位の逐次的沈下と無関係ではなかろう。

庶民の童名と貴族のそれとは、

図45　某姓九郎（女性）の自署と略押（東大寺文書、建長六年三月二十日付「九郎家売券」より）

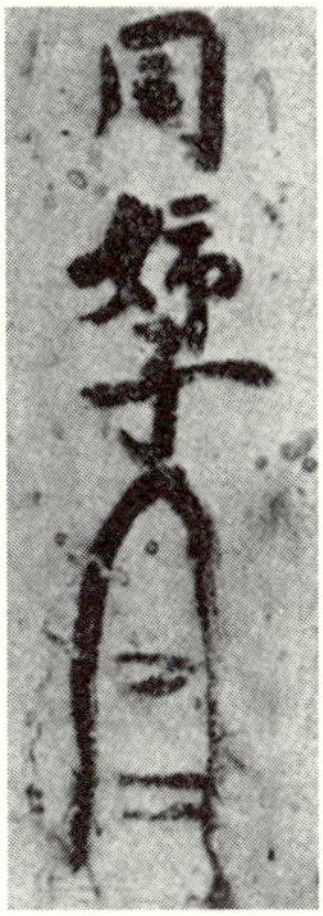

図46　佐伯姉子の署名と画指（東大寺文書、建仁二年正月十八日付「佐伯四郎丸田畠作手売券」より）

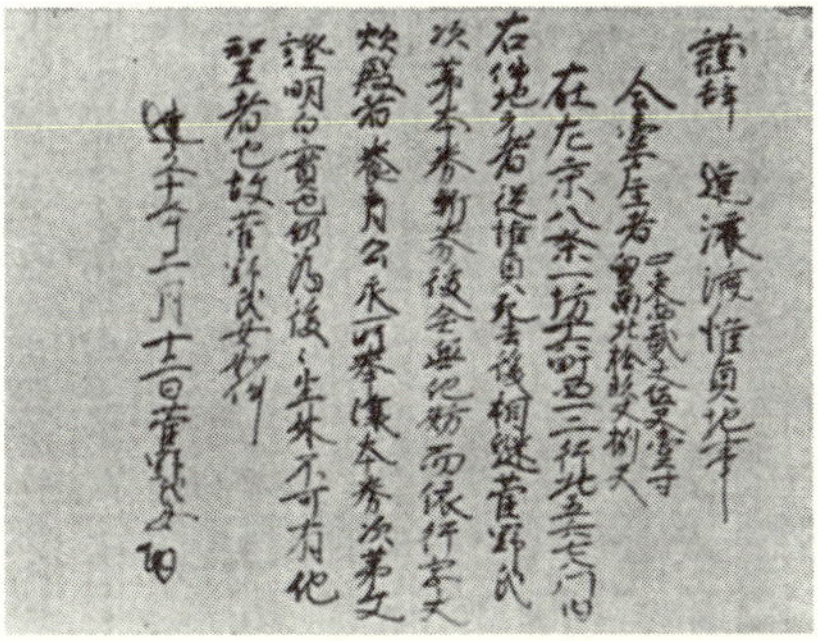

図47　建久10年2月12日付「菅野氏女家地譲状」（東寺百合文書）

共通するものが多かった。たとえば、左大臣・藤原良輔（一一八五～一二一八）の童名は、土用《とよ》丸であった。[60]また小督局が産んだ範子内親王は、院号の坊門院とは別に、土用宮の名で親しまれていたが、[61]これは幼い姫君当時の名であったろう。ところが庶民の間では、土用丸、土用女は珍しくなく、それは童名であるとともに字《あざな》でもある場合が多かった。

また武家に関しては、寛元三年（一二四五）の七月、北条家の武蔵守・平經時の妹にあたる檜皮姫《ひはだ》（年一六歳）と将軍・藤原頼嗣（年七歳）との婚儀が行われた。[62]この檜皮女という名は、庶民にも見いだされるものであった。[63]また、

藤氏女《とうのうぢのによ》 童名千手、今者、宗像女房。

とあるのは、僧・隆杲《かう》（童名は、彌鶴）が父・藤原顯嗣の遺言によって地頭職を同母妹に譲ったさいの文書[64]にみえる名であるが、この場合、藤（原）氏女は彼女の本名、千手は童名、宗像《むなかたの》女房は成人（結婚）後の呼び名である。しかし一般には、「藤原婦《をみな》子 字《あざな》観壽女、今尼信浄」[65]、「尼阿妙 童名徳石女」[66]というように、童名と成人後の字とは同一であったようである。名門の藤原公俊の長女は、実名がなかったらしく、一生、祇女の名で通したらしい（一五六頁）。むろん、必要にせまられれば、藤原太子、姉子などと署名したであろう。つまり中・上流貴族の間でも、一部に諱をもたぬ女性がいたようである。

ところで、岡本綺堂（一八七二～一九三九）の『修禅寺物語』は、明治四十四年に発表された彼の出世作である。この戯曲に登場する四人の人物――前将軍・頼家、面作師《おもてつくり》の夜叉王、その二人の娘のかつら（若狭局）とかえで――のうち、鎌倉時代に行われていた名は、頼家は別格として、夜叉王とかえでの二つである。夜叉の名は、平安時代の末に始まり、鎌倉時代に普及したのであった。この面作師は男性であるから、夜叉《やさ》王丸《おうまる》が本当の字であるが、略して男女に共通する夜叉王としたのである。[67]カエデは、稀ではあっても、当時実在した名である。しかしカツラという名は、管見のおよぶかぎりでは、当時の文書、記録に見いだされない。なお、実在の若狭局は、比企家の藤原能員の娘で、頼家の側室となり、一幡と娭《よし》子を産んだ女性であって、後には讃岐局と改名したのであった。[68]

鎌倉時代における下層の女性名を知るうえで興味深いのは、寛元三年（一二四五）に作られた吉備津神社の神主・賀陽《かや》朝臣□□（貞カ）[69]の処分状である。[70]このなかで彼は、子女や孫たちに所領（田畠）と、それに付属した「所従」を譲ることを記載している。この「所従」は、土地に結びつけられた隷民であったように見受けられる。そこに所載された□□御前宛の所従は、女一三人であって、その名は、

□□（欠損）　たんご（丹後）　いて　大井のあこ（阿古）　かたあま　ちとせ（千歳）
あこや（阿古屋）　あきの（秋乃）　きちしやう（吉祥）　まつ（松）　こてう（胡蝶）　あいし一條
ことり（小鳥）

である。また□壽御前に与えられた所従の女九人の名は、

たいふ　ちくは　あやをやこ（阿夜親子）　まさこをやこ（親子）　だいしん（大進）
つる（鶴）　たぢま（但馬）

である。ここには鎌倉時代における最下層の女性の名が記載されているけれども、それらは一般庶民の女性名とほとんど変わっていないのである。

どの時代の人びとにも、名に対する特別な趣向がある。そこで当代人の趣向を知るためには、まずおびただしく知られている庶民の女性名を――多少の重複をいとわずに――分類してみる必要がある。

①順位型　②氏女・氏子型　③壽型　④仏教型㈠如来・菩薩型　仏教型㈡諸天型　仏教型㈢明王型　仏教型㈣関係名　⑤国名型　⑥単純型　⑦熟語型　⑧生物型　⑨子型㈠貴族式　子型㈡庶民式　⑩姫型　⑪阿古型　⑫土用型　⑬袈裟型　⑭夜叉型　⑮醜名型　⑯その他

いま当時の女性名を概観してみると、順位型や氏女・氏子型の名は、平安時代後期と質量ともに変わっていないことが指摘される。ただ順位型に、候太郎女、七郎女、太郎といったまぎらわしい名が現われているのが異色をなしている。平安時代後期にきざしていた壽型、仏教型、袈裟型、夜叉型の女性名は、時代人の趣向に投じたとみえ、爆発的な増加をみせている。新しい型は、土用型、国名型である。土用、土與のトヨがどのような意味か、またどうした因縁でかくも盛行したかはつまびらかではない。国名型の名は、鎌倉時代の後期に、大和國を中心に畿内で行われたようである。

平安時代の刀自女（賣）は全く消失し、代って閇女《とじにょ》がその伝統を継承した(71)。そのさい、閉字の代りにその俗字である閇字がもっぱら用いられた。

一方、古くからの阿古型の名は貴賤を問わず、童名、字《あざな》として一般的であった。姫型や子型の名は、庶民の間では復興して一部に用いられたが、しょせん、それらは永続的なものではなかった。その他の型では、阿具利型の名が一本の紐のように、遠い昔から片隅に存続していることが注意される。また、人名に「楠」字の初の登場も嘱目に値する。楠は、日本産の最大の樹木であるうえに、神社の境内に巨木として存し、神木としての役をはたすことが多く、それだけに神聖な性格が「楠」に与えられ、人名漢字に採用されたのであろう。生物型の名は、動物、植物の両面にわたって豊富であるが、古い虫女（賣）型の名はみられなくなっている。

単純型および生物型の女性名について言いうるのは、乙女、若女、石女、文《あや》女、女々御前、伊夜女、トク女、米女、未代《みよ》女、得女、黑女、春女、初女、滿《みつ》女、市女、重女、梅女、力女、福女、増女、犬女、龜、松、鶴、龍女、菊女、竹女、鶴子女、寅女、虎王女、さらには袈裟女、阿古女のように中世（桃山、江戸時代）に盛行する女性名がすでに萌芽を現わしていることである。なかには若女、黑女、乙女、目々女(72)、逆女(73)、春女、得女(74)、犬女などのように平安時代前・中期、さらには奈良時代にすら遡る女性名も指摘される。それゆえ、鎌倉時代が混成古代であることは、女性名のうえからも明らかに判定されるのである。

要するに、鎌倉時代における庶民の女性名は、きわめて変化に富み、一種の混乱状態すらが認められる。この混乱状態は、南北朝時代、室町時代にいたってますます激しくなるが、いつのまにか収拾され、中世（一般学者のいう「近世」）的な名が現出するのである。それとともに、玉、魚、糸、濱、平、茂、田、秋、多、貞、全、淨、正、眞、時、恆、廣、繼、吉、衣、依、益などの文字が女性名に用いられなくなったことは、大いに注目される。

庶民の女性名の分類

これまで鎌倉時代の庶民女性名について述べたことどもを具体的に立証するため、ここではおびただしく知られている女性名を、前記の型に準じて分類することとしたい。

このためには、『鎌倉遺文』十八巻（現在発行分）を主な史料とすることがおたがいに便宜である（名の右肩の数字は、同書の巻数を示す）。また弘安四年（一二八一）以降の名については、適宜、他の史料で補うこととする。

ついでながら、正嘉二年（一二五八）にかかる唐招提寺礼堂の釈迦如来像の胎内から発見された結縁者の交名を記した文書(75)、さらに文永五年（一二六八）の元興寺の聖徳太子像の同様な胎内文書(76)の類は、当時の女性名を窺知するうえで、宝庫の役をなしている。

また、滋賀県甲賀郡信楽《しがらき》町勅旨《ちょくし》の玉桂寺には、寄木造りの阿弥陀如来立像（高さ、九八・六センチ）が伝来している。昭和五十四年これを修理するため解体したところ、胎内の全面金箔の空洞から僧・源智の「造立願文」一巻、上質の黄麻紙や楮紙に墨書された「結縁交名」九巻の二帖が発見された（図44）。交名は、巻子本一巻に一万から一万五千が細字でしたためられており、全部で僧俗男女十数万人の名がみられるという。結縁者は、近江國ばかりでなく、坂東諸国にまでおよんでいる。

この巻子本の一巻の末尾には、建暦二年（一二一二）十二月二十二日の年紀が記されている。つまり法然上人の入寂した同年一月以後、源智以下の高弟たちが全国を行脚して衆生の署名を集め、仏師・快慶（安阿彌作の墨書が足枘《あしほぞ》にみられる）に依頼して本像を造立し、胎内に交名を納めて極楽往生を祈願したものと認められる(77)。しかし、なぜにこの阿弥陀立像が真言宗の玉桂寺に移置されたかはさだかでない。

源智は、平師盛（重盛の子）の遺児である。早くより法然上人に侍してその高足となり、知恩寺（百万遍）や大谷寺（後の知恩院）を建立した高僧で、勢觀房の名で仏教史上よく知られている(78)。新発見の結縁交名は、鎌倉時代の女性名を知るうえで最も貴重な史料であり、一日も早く調査が終了し、公開される日が待望される。しかし、既知の数多い史料にもとづいて著者が鎌倉時代の女性名について説く大綱は、今次の大発見によっても、さほど変更をみぬことであろう。

順位型　清原姉子[1]　丹生四子字觀音　藤原三子《さんのこ》[2]　忍坂一子[2]

[2]忍坂二子　[2]忍坂三子　[2]忍坂四子　[2]忍坂五子　[6]尾張中子　[4]くさかべのおゝいこ　[3]ふぢはらのあねのこ　[4]藤原嫡子　[13]太郎女　[7]兵太郎女　[5]命婦(79)・佐伯三子　[10]紀三子字美濃允　[11]平太子　[13]四郎女　[13]ろくらうにょ（六郎女）　[13]紀中子女　[11]磯部乙子　[17]朝深姉女　[7]七郎女　[11]九郎（女性名）　[13]得太郎女

この順位型の女性名は、鎌倉時代を通じて数多くみられる。

氏女・氏子型　[7]源氏女《みなもとのうぢのにょ》　[7]藤原氏女　[8]大江氏女　[8]坂上氏女　[4]鴨氏女　[3]長岡氏女　[8]惟宗氏女　[10]高階氏女　[10]佐伯氏女　[11]たひらの女(80)　[11]曾我部氏女　[13]綾氏女（大隅國正八幡宮の命婦）　[15]清原氏子《うぢのこ》　[16]中原氏女　[17]みなもとのうぢの女　[7]度會氏子　[6]平氏子字土用　新家氏子(81)　[18]阿部氏女　[18]中村氏女

この型の女性名は数がはなはだ多い。「氏女」は、普通、「うぢのにょ」と訓まれた。

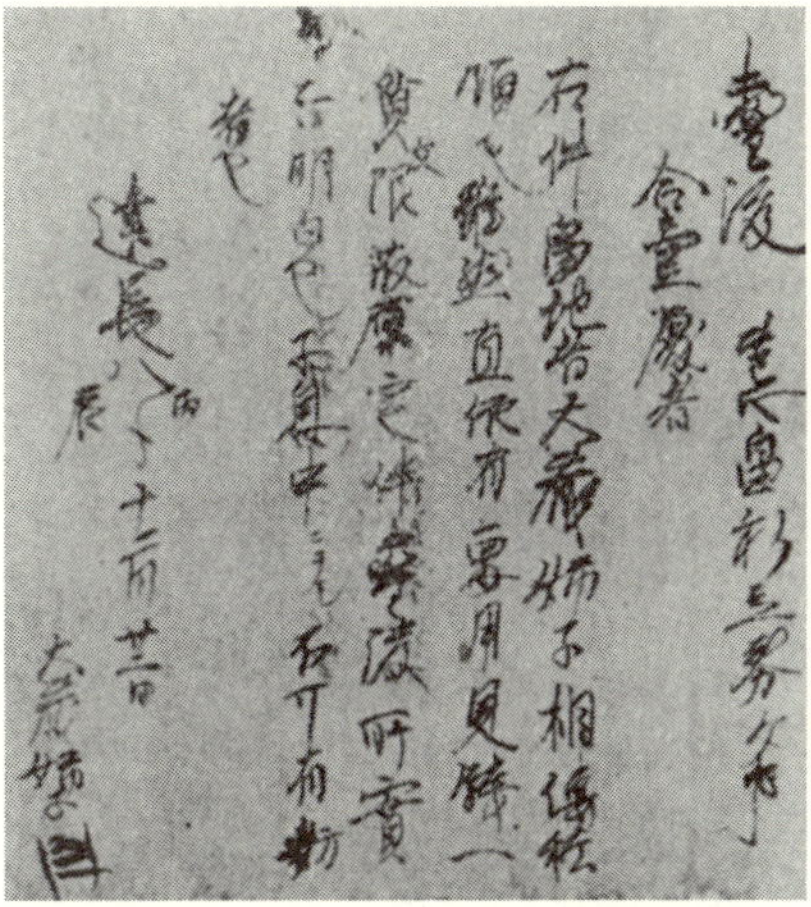

図48　建長8年12月22日付「大蔵姉子畠地売券」姉子の署名の下のしるしは一種の指画であろう。（東大寺文書）

壽型　[1]愛壽女　[4]得壽姫　[7]福壽姫　[11]藤原婦子《をみなこ》（字観壽女 尼信浄房）　[11]力壽女　[11]經壽女　[11]長壽女　[11]滿壽女　[11]德壽女　[11]令壽女　[11]延壽女　[11]千壽女　[11]寶壽女　[13]惣壽女　[13]萬壽女　[13]鶴壽女　[13]金壽女　[13]藥壽女　[13]龍壽女　[11]春壽女　[13]眞珠女　龍樹前(82)

この壽型の接尾語を「丸」とすれば、男性名となる。「女」は軽い助字であるため、省略されることがある。たとえば、德壽女は、みずから德壽殿と記す場合もあった。(83)それは当事者間ではよいが、他人にとっては、女性の名か男性の名かの判別が至難である。おそらく彼女は、周囲の人びとから常時「德壽殿」と呼ばれており、「德壽殿」と自署することに抵抗をおぼえなかったのであろう。

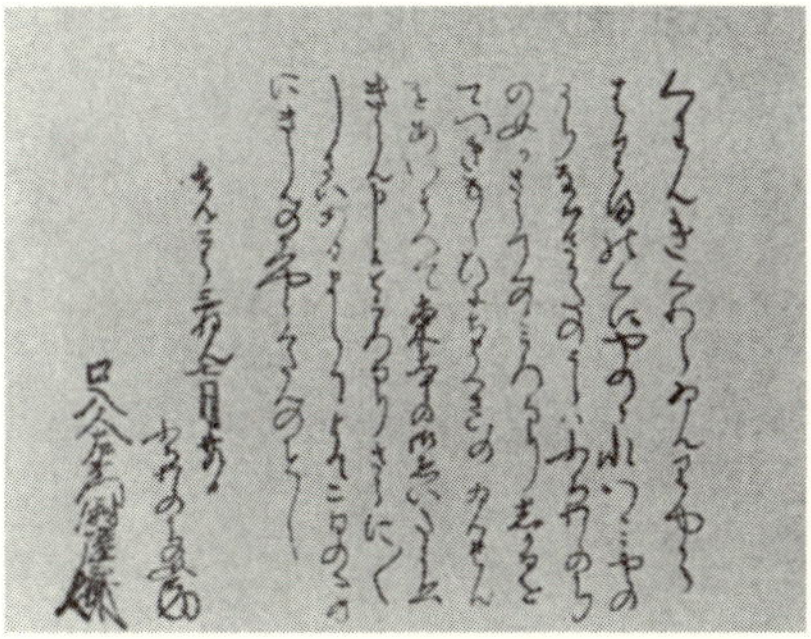

図49　元弘3年7月29日付「ふぢはらのうぢの女寄進状」（東寺百合文書）

仏教型(一)如来・菩薩型　[2]観音妹　[3]観音　[3]無量　[4]藥師女　[4]地藏前　[4]日光姫　[4]如來女　[4]延命女　[4]藥師姫　[6]平《たひらの》千手前　[7]藤原千手女　[7]千手姫　[9]地藏女　[11]文珠女　[11]如來御前　[11]観是女　[11]観音殿　[11]地藏女　[11]普賢女　[11]醫王女　[11]千手女　[11]勢至女　[11]釋迦女　[11]牟尼御前　[13]金剛女　[13]佐々木御前字文

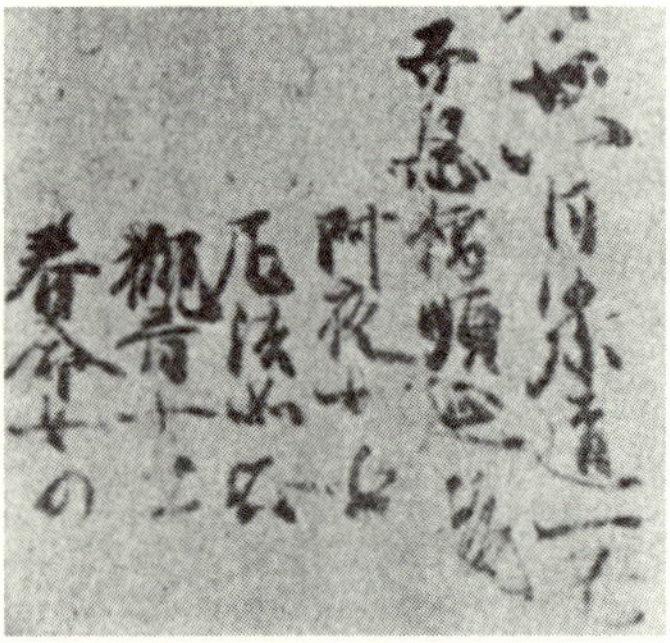

図50　藤原阿夜女，尼法如，藤原観音女，同春命女の交名と略押　（東大寺文書，弘安某年3月28日付「沙弥道一田地売券」より）

珠　[13]寶生女　[13]寶藏女　[13]勢至　[13]彌陀女　[13]長命観音女　[15]文珠　[17]藥師御前　[6]藤原舍那御前　世尊女(84)　彌陀女(85)

仏教型(二)諸天型　[4]金伽羅《こんから》　[6]天女御前　[6]毗沙子　[8]小川毘沙鶴　[9]多聞女王　[9]きちしょう(吉祥)　[12]吉祥女　[9]毗沙女　[16]虎毗沙女　[13]多聞女　[11]金迦羅女　[14]金迦羅子

仏教型(三)明王型　[2]一王女　[5]藤原王殿　[5]福王殿　[6]壽王女　[7]こまわう(駒王)　[7]にちわう(日王)　[7]しやくわう(釋王)　[7]大王　[7]福王前　[11]菊王女　[9]和王女　[9]犬王女　[11]アイ王女　[11]ヒシャ王女(毘沙)　[11]王女　[11]勝王女　[11]有王（性別不明）　[11]一王女　[11]在《あり》王女　[11]牛王《ごわう》女　[11]彌王《やわう》女　[11]愛王女　[10]源姫王女　[12]女楠王《めくすわう》　[11]玉王（白拍子）　[12]壽王女　[13]兒王女　[13]乙王女　[13]ヒメワウ女　[13]日王女　[13]明王女　[13]宮王女　[13]辰王女　[13]千眼女　[13]キトク女(威德)　[13]祇王女　[13]藤王女　[13]愛染女　[13]伊王女　[13]桐王女　[13]いちわうによ(一王女)　[13]かめわうによ(龜王女)　[13]藤原犬王女　[11]紀姫王女　[11]イワウ女(伊王)　[16]姫王　[16]禰祇《ねぎ》王女　[13]德王　[18]吉王女

仏教型(四)関係名　[4]福王子姫　[9]御廚子女字犬王女　[11]アマ女(尼)　[11]寶珠女　[11]女无量　[11]摩尼女(86)　[13]妙法女　[13]善哉《ぜんざい》女(87)　[13]尼女　[13]阿摩女　[13]補陀《ふだ》女　[13]制多迦女　[13]如意女　[13]自在女　[13]春摩尼女　[13]法師御前　[13]乙法師女　[13]理佛女　[15]延壽女　[17]禪師女　[13]阿閦《あしゆく》女　法光女(88)　[18]けさ女

国名型　[10]若狭殿御前　[11]イワミ女(石見)　[11]ヱチゴ女(越後)　[11]美濃女　[11]女加賀　[11]周防女　[11]讃岐女　[11]三河女　[11]相模女　[13]若狭女　[13]甲斐女　[13]伊賀女　[13]武藏女　[13]伊豫女　[13]丹後女　[13]但馬女　[13]播摩女(ママ)　[11]丹波女　[11]土佐女　[11]河内女　[12]女上野　淡路女(89)　尾張女(90)

単純型　[2]末里妹《まりも》　[3]クツ女　[3]モチ女　[3]ヒコ女　[4]宮御前　[4]兒前　[4]閉前《とじのまへ》　[4]女々御前　[5]丹波氏女伊夜前　[5]童子《わらは》御前　[6]尺女《さかによ》　[6]若御前　[6]德御前　[6]丹波氏伊夜女　[7]麻績得女　[7]逆《さか》女　[7]乙前　[8]藥上《くすりのうへ》　[7]トク女　[8]によし　[8]ヲト女　[8]トク女　[9]いて　[9]あこや　[9]あいし　[9]ちくは　[9]いささ　[10]阿夜　[11]祇女《ぎによ》　[11]乙《をと》　[11]若女　[11]ヒム女　[11]安女　[11]エメイ女　[11]重女　[11]石女　[11]得女《とくによ》　[11]文《あや》女　[11]スサカ女　[11]コカラ女　[11]閉女《とじによ》　[11]守女　[11]藤原公女　[13]春女　[13]トチ女　[13]エス女　[13]黑女　[13]カイチ女　[13]未代《みよ》女　[13]金女　[13]安女　[13]米女《よねによ》　[13]多米女　[13]春ニヨ　[13]モ女　[13]アツ女　[13]福女　[13]初女　[13]滿女《みつによ》　[13]タユ女　[13]瀧女　[13]阿那女　[13]藏女　[13]市女　[14]石君　[15]善女《ぜんによ》　[15]力《りき》女　[16]增女　[16]福《ふく》賣《め》　[17]字《あざな》はつ女　葵女(91)

熟語型　[4]萬歳　[4]宮原女　[6]瑠瑠前　[6]瑠璃女　[7]愛善　[7]五棄女　[8]千歳女　[9]紅梅女　[7]受生《うけお》　[9]春命女　[9]春日女　[9]春德女　[9]こさゝ(小笹)　[9]大進　[9]德石女　[9]生高御前　[9]たいふ(大輔)　[10]檜垣女　[10]愛聲《あいしやう》女　[11]彌《いや》乙女《をとめ》　[11]得石《とくいし》女　[11]姫石女　[11]アツモリ女　[11]ヤストモ女　[11]池田得

藏女　[11]萬劫女　[11]力命女　[11]若市女　[11]今石女　[11]春藥女　[11]愛德女
[11]目一女　[12]クナ石女　[12]萬歳女　[13]正命女　[13]はる　[13]朱雀女　[13]長刀
女　[15]いしごぜん　[13]彌石《いやいし》女　[13]守石女　[13]世譽女　[13]乙石女　[14]禪日
女　[15]彌若《いやわか》女　[15]德石女（德石と署名）　[16]十萬　[15]日眼《ひめ》女　[17]持子女
[13]奈良石女　[17]かつ（勝）石　[17]長者女　[17]長妙女　千代女(92)　御了女(93)
生物型　[1]石鶴女　[2]紀松女《きのまつによ》　[2]牛女　[2]犬女　[4]龜菊　[6]松の前　[6]龜
[8]度會犬子　[7]犬　[8]犬御前　[9]龜犬女　[9]鶴熊　[9]伴犬子　[9]菊若女
[9]犬王女　[9]松　[9]こてう（胡蝶）　[9]ことり（小鳥）　[9]鶴　[9]佐伯松殿　[10]龜鶴女　[10]鶴
御前　[10]龍前《りやうのまへ》　[11]斑鳩松女　[11]松若女　[11]物部犬子　[11]春熊女　[11]梅
石女　[11]松石女　[11]カメ女　[11]菊王女　[11]クマ女　[11]トライシ女（虎石）　[11]若
[11]栄女　[11]姫犬女　[11]菊女　[11]龜石女　[11]女カエデ　[11]春松女　[11]竹女
[11]チドリ女（千鳥）　[11]熊石女　[11]女田鶴《たづ》　[11]小松女　[11]鶴女　[12]虎王　[12]菊松女
[12]龜松女　[12]熊穗女　[12]菊女　[13]たか女　[13]イシマツ女　[13]梅女　[13]辰王
女　[13]龜有女　[13]鶴石女　[13]春菊女　[13]辰女　[13]龍壽女　[13]篠女　[13]桐王
女　[13]かめわうによ（龜王女）　[13]イヌイシ女　[13]トラ女（虎）　[13]菊王女　[13]虎王女
[13]鶴子女　[13]龍女　[13]鶴若女　[13]犬王女　[13]小萩女　[13]菊壽女　[13]虎若女
[13]寅女　[13]竹石女　[13]春熊女　[13]竹王女　[13]藤原犬王女　[14]乙熊女　[14]瀧
熊子　[14]鶴御前　[15]虎石　[16]得犬《とくいぬ》女　[17]熊　市熊女(94)　阿古石女(95)
まつによ（松女）(96)　[18]常葉前　[18]千松女　[18]竹鶴
子型㈠貴族式　[7]藤原季子　[10]荒木田壽《ひさ》子　[11]度會滿子　[11]雀部《ささべの》久
子　[11]藤原好子　平政子(97)　源媄子(98)　[13]春子
子型㈡庶民式　[3]笠閇《とじ》子　[4]藤原嫡子　[4]藤原上子　[6]神仲知子《みわのなかちこ》
[7]度會億壽《おくす》子　[7]度會德壽子　[8]大原岩午子　[8]大中臣犬子　[8]伊勢
閇子　[8]笠乙子　[8]度會犬子　[9]伴犬子　[9]坂上犬子　[10]荒木田王壽《おす》

子　[11]藤原婦子（字觀壽女 尼信淨房）　[11]物部犬子　[11]源兒子　[11]磯部乙子
[14]物部兒子　[14]金迦羅《こんから》子　[14]瀧熊子　[13]まさこ　[13]ルリ子　[13]鶴子女
姫型　[4]大姫御前　[4]壽持姫　[4]日光姫　[4]藥師姫　[4]綾姫　[4]福王子
姫　得壽姫　乙姫御前(99)（＝乙御前）(100)　[7]福壽姫　[7]辰姫　[7]千手姫
[7]姫一　[8]藤原ひめやさ女（姫夜叉）　[8]乙姫　[8]ひめごぜん　[10]芝殿姫君　[11]姫
女　[11]紀姫王女　[11]ヒメイヌ女（姫犬）　[11]ヒメ女　[10]源姫王女　[12]平氏字姫
夜叉　[13]姫御前　[13]ヒメワウ女（姫王）　[16]姫王
阿古型　[6]あこ女　[9]大井のあこ　[9]あこや　[9]あこ御前　[10]阿古殿
[10]源氏女阿古殿　[10]清原阿古殿　[11]阿古女（第十一巻に合わせて五
人）　[13]阿故女　[13]阿古女　[13]阿古　[13]あこごぜん　[13]阿兒女（第十三
巻に他に三名あり）　[13]阿子　[13]アコ女　[13]あこどの（男女不明）
[13]アコゴぜむ　[13]あこごぜん　[13]阿子女　[13]あこ女　[13]阿呼女　[13]阿呼
御前　[13]阿こ女　[13]阿子殿　[13]アコドノ　[15]藤原氏女阿古　[17]あこご
ぜん　阿古女(101)　阿古石女(102)　[18]阿古女
土用型　[6]梵地土用女《とよによ》　[6]平豐御前　[7]麻績《をみの》土與女　[11]トヨ女　[11]土
用女　[13]土用石女　[13]土與女（第十三巻に他に三名あり）　[13]乙土用
女　[17]女子土用《とよ》熊
袈裟型　[3]袈裟御前　[11]袈裟女　[11]ケサ女　[11]女袈裟　[13]氏女字袈裟
[13]袈裟女（この名、第十三巻に頻出）　[13]ケサ女　[13]袈裟王女　[15]袈裟
童御ぜん　[18]けさ女
夜叉型　[6]藤原姉子字夜叉前　[10]夜叉御前　[11]ヤサ女　[11]ヤシヤ王女
[12]夜刄（ママ）女　[12]姫夜叉　[12]平氏字姫夜叉　[13]夜叉女　[13]夜刄（ママ）女　藤原夜刄（ママ）
女(103)　鶴夜叉(104)
醜名型　[10]うそ御前　[13]鬼女　[13]鬼太郎女　[13]久曾御前　[18]女子源氏

字久曾

その他　女々御前[4]　須美禮《すみれ》[2]　和ゝ女[13]　阿那女[13]　瑠璃音《るりね》[11]　コカラ女[11]　呪女[11]（祝女《はふりによ》の誤りか）　エノマ[11]　ミドリ[11]　紀安《ア》マリ女[11]　摩女[13](105)　大輔女《たいふによ》[13]　阿具利女[13]　アグリ女(106)　楠王[12]　小墟《こつぼ》（現在、逗子市小坪）の楠前《くすのまへ》(107)　阿保女[18]　瑠璃王女[18]

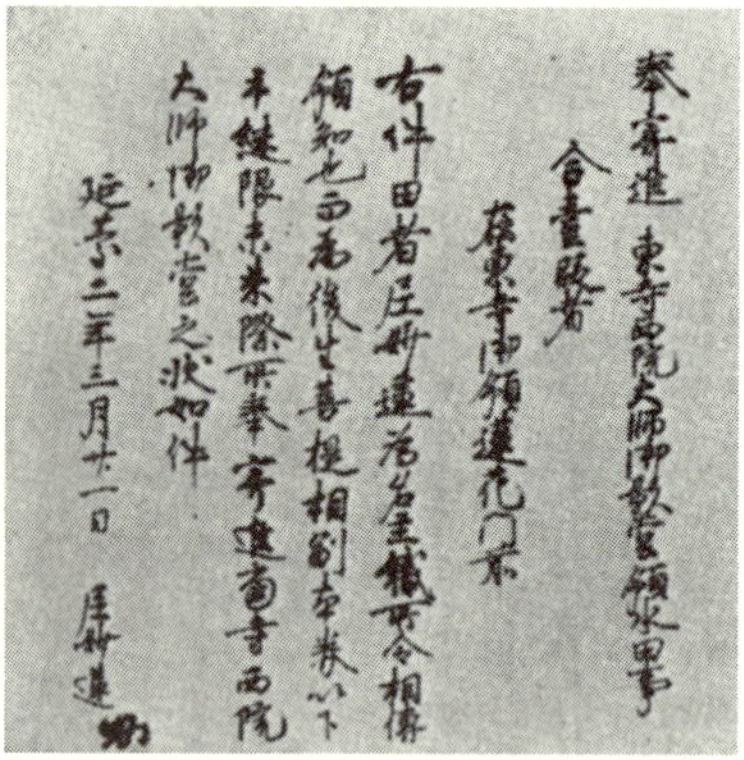

図51　延慶2年3月21日付「尼妙蓮田地名主職寄進状」（東寺百合文書）

女性の法名

鎌倉時代の女性を見わたしてみると、出家した人びとの多さに驚きをおぼえる。時代の風潮として、さだ過ぎて夫に死別した婦人は二夫にまみえず、多くが出家した。といってもそれは、垂髪の尼（削尼）、つまり修行して受戒し、尼寺に止住する正式の尼ではなく、家にあって故人の供養や自分の後生を祈る比丘尼であった。当時の文書をみると、この種の比丘尼—後家尼—の多いことに驚異をおぼえるのである。比丘尼も尼も法名をおびているが、法名それ自体には、両者の間に差異はなかった。いま若干の例を『鎌倉遺文』のなかから拾ってみよう（＊は尼、標のないのは比丘尼）。

妙法[1*]　禪妙[2*]　普光[2]　如意[2]（仏師運慶の娘）　覺阿[4*]　妙阿[5*]　心阿[9]　妙聖[2]　淨阿[9]　眞如[9*]　西蓮[9*]　教聖[9*]　眞妙[9*]　生佛[9*]　淨念[10*]　妙佛[10*]　眞佛[10]　滿阿[10]　丹妙[10]　心性[10*]　淨惠[10]　聖如[10]　觀明[10]　妙性房[11*]　念淨[11*]　教念[11]　深妙[11*]　蓮華房[11*]　寶蓮[11]　眞阿[11*]　西阿[11*]　心淨[11*]　阿妙[11*]　如性房[11*]　妙法[11*]　茲仁[11]　圓明[11]　持明[11]　寶生[11]　行妙[11]　阿佛[11*]　行女[12]　法華房[12*]　是心房[12*]　住妙[12]　妙貞[12*]　惠信[12*]　発心房[12*]　妙心[12*]　一蓮[13*]　淨蓮[13*]　阿妙[13*]　妙蓮[13]　善智[14]　尊妙[14*]　心淨[14*]　心性[14*]　性蓮[14*]　西緣[15*]　順忍[15*]　敬蓮[15*]　妙智[15*]　光信房[15*]　道忍[15*]　覺信[15*]　持性[15*]　念阿[15*]　觀念[15*]　清淨[15]　淨戒[15]　妙一[16*]　明善[16]　阿法[16]　眞阿[16*]　如佛[16]　妙性[16*]　理性[17]　善智[17]　如理[17]　明淨[17]　覺信[17*]　蓮阿[17]　光蓮[17*]　隨善[18*]

尼や比丘尼の法名は、だいたい、以上のとおりであるが、文字面だけで両者を区別することはできない。×阿や阿佛（藤原爲相母）といった法号が多いのは、それが×阿弥陀佛に由来するためである。法名には、相変わらず妙字が頻出している。そのほか、淨、蓮、眞、惠、性、聖、明、信字などは、好んで用いられた。尼の場合には、本来の法号のほかに房号をもつ者もいた。房号とは、元来、止住する房の名の義であるが、法諱を心やすく呼ぶことを避けるために、呼び名に代用された。僧侶の場合でいうと、たとえば源空は法諱、房号は法然房である。蓮華房、妙性房、如性房など上に記したのは、すなわち房号にほかならない。

前記の多数の法名のうちで、恵信尼は、親鸞上人の妻室であり、浄土真宗の布教のうえで、上人の片腕となった女性である。確実ではないが、彼女を関白・藤原兼實の娘とする説も行われている。(108) いまはこの問題に論及する余裕がないのは、遺憾である。(109)

法諱を呼ぶことを避ける風は、居住地や家名にもとづいて指称する慣例を招致した。平忠盛の後妻の池禅尼（藤原宗子）は、その古い例である。この時代では、松下禅尼（平時頼らの母）の名が最も著名であるが、なぜこの禅尼が「松下」を冠したかは、明白でない。(110) 熊野の鳥居禅尼も歴史に大きな役割をはたした。(111) その他、矢部禅尼（法名は禪阿）、(112) 北小路尼、飯田尼、(113) 寒河尼(114) などといった呼び方は、比丘尼の呼び名として広くみられたのである。

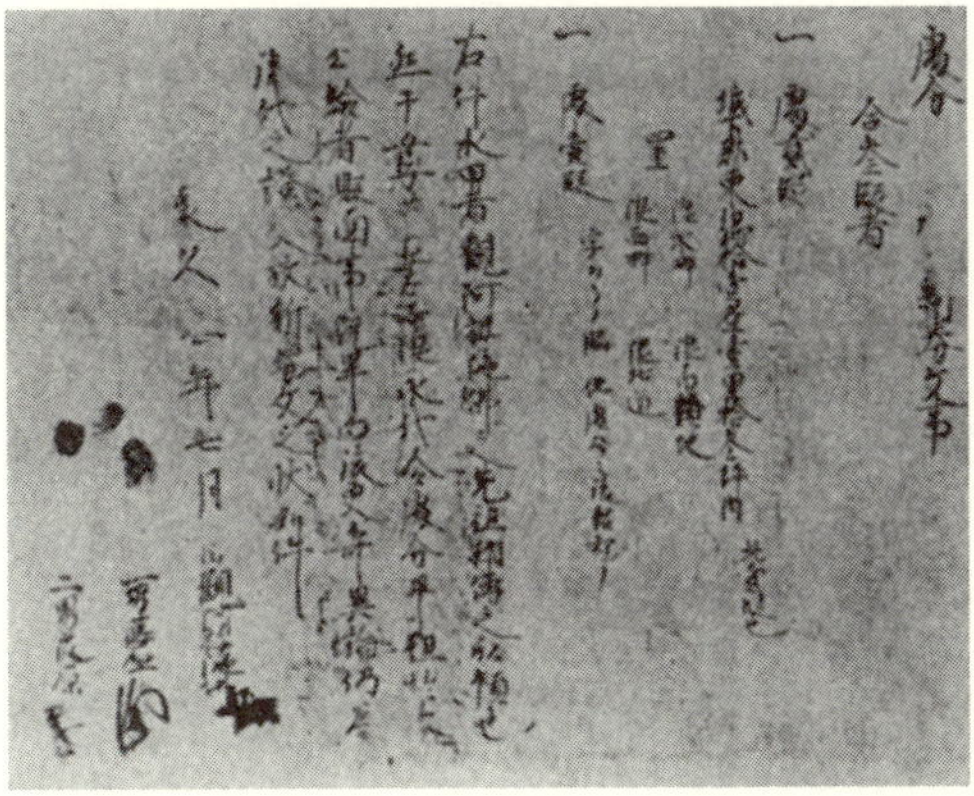
図52　承久3年7月□日付「沙弥観阿弥陀佛田地処分状」（東大寺文書）

重源によって阿弥陀号が提唱されたことは、以前に述べた（四〇頁）。鎌倉時代になると、この阿弥陀号は異常に普及し、とくに在家の比丘、比丘尼の間に流行した。その例は、比丘尼や尼に関して多数見受けられる。

[3]蓮阿彌陀佛　[4]妙阿彌陀佛*　[6]蓮阿彌陀佛　[7]千阿彌陀佛
[9]得阿彌陀佛　[10]專阿彌陀佛　[10]聖阿彌陀佛*　[10]福阿彌陀佛
[10]願阿彌陀佛　[11]明阿彌陀佛　[11]眞阿彌陀佛　[11]現阿彌陀佛
[11]妙阿彌陀佛　[12]善阿彌陀佛*　[13]照阿彌陀佛　[15]寂《さく》阿彌陀佛*
[15]禪阿彌陀佛*　[15]誓阿彌陀佛　[15]經阿彌陀佛*　[15]慈阿彌陀佛
[16]實阿彌陀佛　[16]めうあみだ佛*　[17]西阿彌陀佛　[3]來阿彌陀佛

これらは、「×あみだぶ」と訓むのが常であった。この阿弥陀号から×阿という法号が生まれ、また比丘の場合であるが[3]本阿彌という略号も現われるにいたった。

鎌倉時代における僧尼、比丘、比丘尼の激増は民衆仏教の浸透を如実に物語っている。なお、皇室関係の女性の法名は、平安時代いらい三文字を用いるのが慣例であった。以下、『一代要記』、『帝王編年記』、『女院小伝』などから、歴代の女院について幾つかの例を拾ってみよう。

▼後鳥羽天皇
宜秋門院（清浄智《しやうじやうち》）　承明門院（眞如妙）　脩明門院（法性覺）　嘉陽門院（眞如性）
▼順徳天皇
東一條院（清浄觀）　永安門院（理知覺）
▼後堀河天皇
鷹司院（蓮華性《しやう》）　室町院（妙法覺）　神仙門院（妙智覺）
▼四條天皇
宣仁門院（清浄阿）
▼後嵯峨天皇
月華門院（遍智覺）　延政門院（遍照覺《ぜうかく》）
▼後深草天皇
東二條院（圓鏡智）　永陽門院（眞如智）　陽徳門院（圓覺智）
章善門院（眞性寂）
▼龜山天皇
今出川院（佛性覺）　昭訓門院（眞性覺）　昭慶門院（清浄源《げん》）
理子内親王（遍昭《ぜう》覺）
▼後宇多天皇
談天門院（蓮華智）　西華門院（清浄法）　永嘉門院（妙法智）
達智門院（眞理覺）
▼伏見天皇
永福門院（眞如源）　延明門院（圓常覺）　章義門院（解脱心）
▼後二條天皇
長樂門院（眞實覺）　壽成《じゆじやう》門院（清浄圓）
▼花園天皇
宣光門院（遍照智）

皇室関係の女性たちが伝統的な三文字の法名を授けられていたことは、以上によっても充分に納得されるであろう。

白拍子、遊女などの名

後鳥羽上皇が白拍子を好まれ、白拍子の瀧や姫法師を寵して皇子を産ませ、同じく石に皇女を産ませたことは、上述のとおりである。そして最後は、白拍子の龜菊（伊賀局）を溺愛し、政治的に大問題をおこされたことも、前記のとおりである。江口や神崎の白拍子や遊女のことは、『明月記』に散見している。建仁三年（一二〇三）の五月十日、上皇が水無《みな》瀬殿《せどの》に遊女たちを召されたときには、神崎の妙《たへ》が滑って転び、大失態を演じたと、定家は伝えている。[115] この妙は、西行が四天王寺に行く途中で歌を贈答した江口の妙と同一人ではなかろう。[116]

鎌倉時代においても、有力な宿場や津には、白拍子、遊女、傀儡子《くぐつ》らが群をなしていた。東海道では、黄瀬川、大磯、墨《すの》俣《また》、池田、橋本などの遊君は、よく知られていた。文治元年（一一八五）前内大臣・宗盛が東《あづま》に護送されたとき、池田宿の長者・湯谷《ゆや》の娘の侍従が夜もすがら宗盛を慰めたことは、人口に膾炙している。[117]

この種の女性たちの名には、庶民の名をそのままとったものと、雅致のある芸名、源氏名をおびたものとの区別があった。

前に触れた白拍子の石、瀧、龜菊などは、第一の部類に属している。権中納言・藤原基家（一一三二〜一二一四）が庶子の基氏（参議正三位。一二一一〜一二八二）を産ませた白拍子の阿古女も[118]、この種類の名である。また曾我十郎こと藤原祐成の妾であった大磯の虎は、建久四年（一一九三）の六月十八日、箱根山で亡夫の三七日忌を営むと、そのまま信濃國の善光寺に赴いて出家したのであった[119]。

京極家の権大納言・藤原爲兼（一二五四〜一三三二）は、政争に巻き込まれ、永仁六年（一二九八）の三月、佐渡國に配流された。その途上、越後國の寺泊《てらどまり》で彼が遊女の初君と贈答した歌は、幸いにも今日に伝えられている[120]。

大磯の虎、江口の阿古女、寺泊の初君らの名は、第一種に入るものである。

これに対して、後鳥羽上皇が寵された白拍子の姫法師、宗盛を慰めた侍従らの名は、第二種に属している。宇都宮家の藤原朝業が若いころに馴染んだ池田宿の遊女も、やはり侍従といった[121]。『吾妻鏡』にみえる手越《たごし》の少将[122]、遊女の一葉[123]、将軍・頼家が都から召した白拍子の微妙[124]も、この種の芸名である。さらに権中納言の藤原長方（一一四〇〜一一九一）が庶子の兼高（参議正三位。法然上人への帰依によって著名。一一七九〜一二三九）を産ませたのは、遊女の木姫であった[125]。それはともかく平安時代末から鎌倉時代へかけても、白拍子、遊女、傀儡子らの名に二種類の別があったことは、留意さるべきである。

2 南北朝時代

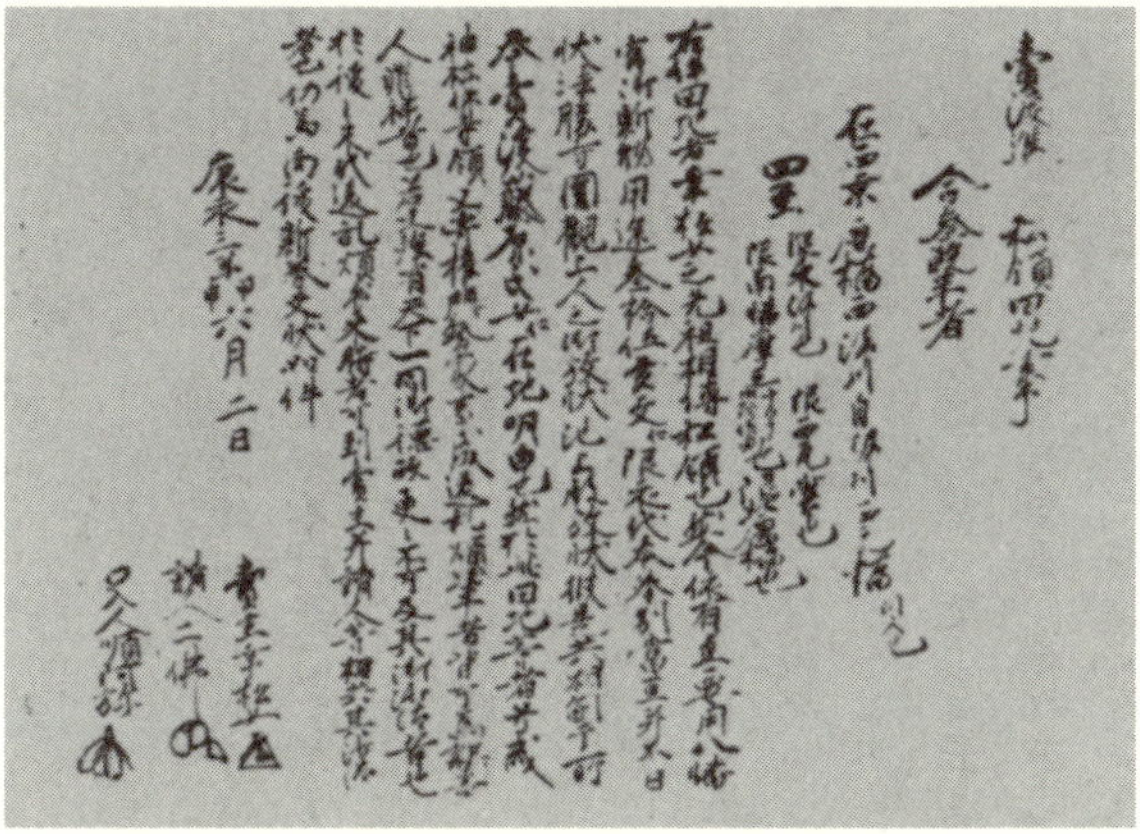

図 53　康永 3 年 6 月 2 日付「幸松女田地売券」（東寺百合文書）

時代と女性名

ここでいう「南北朝時代」とは、建武元年（一三三四）から南・北両朝がいちおう合一した元中九年（一三九二）までの期間を指している。むろんこれは、単なる目安にすぎず、おおまかにいえば、それは一四世紀の後の三分の二に該当するとみてよかろう。これは六〇年たらずの短い時代ではあるけれども、日本国中を揺がした大きな動乱は、政治、経済、社会などあらゆる分野で変革を誘起した点で重視されるのである。

女性史に眼を向けると、公家社会ではさほど顕著ではなかったが、武家社会や民衆においては、鎌倉時代の末葉から南北朝時代にかけて、女性の社会的地位は、いちじるしく低下した。『貞永式目』が制定された時分、すなわち一三世紀の前半には、女子はまだ親ないし夫の遺産の永代譲与にあずかり、それを任意に処分することができた。

しかし一四世紀にはいると、女子の財産処分には制約が課されるにいたった。女子は他家に嫁ぐから、財産を女子に分与すると、その家の所領が減少することとなる。それを防ぐために、女子に贈与された分財は、一期分《いちごぶん》とされ、その没後は実家の嫡子に遺贈するよう条件づけることが一般化したのである。(1)

いま一例を挙げると、早くも弘安元年（一二七八）十月三日、岩松家の源経兼(2)（法名・道覚）は、譲状を認《したた》めたが、それによると、道覚入道は、上野國新田郡新田荘内の田嶋郷の西田嶋に所在する田三町と家屋一宇を娘のあぐりに、同じ西田嶋の田二町と家屋一宇を娘のとよに、下總國相馬郡の相馬御厨内の野毛崎村を妻女に譲与するが、三人がそれぞれ所与の財産を「一期後ハ政経領知すべし」と、嗣子・政経に返還すべきことを定めている。(3)

一四世紀の中ごろでは、譲状に、「女房一期之後者、於彼田地者、女子等外不可有望者也」(4)とか、「ミな〳〵女し（子）ハ、いちご（一期）の程にてあるべく候」(5)といった文言がみられるのは、普通のことであった。かように、南北朝時代には、女子に一期のあいだの相続権を認める、制限づきの嫡子相続制がひきつづいて一般的に行われていたが、一方では女子の財産処分権もまだ認められていた。しかし一四世紀も末葉に近づくと、嫡子が大部分の財産を相続し、後家、庶子、女子らは相続にあずからず、嫡子に扶持されるという傾向が現われた。つとに元徳二年（一三三〇）、山内家の藤原通資（法名・長快）は、相伝の所帯を嫡子・通時に譲ったが、そのさい彼は、「雖レ可三相二分庶子一等、分限狭少之間、於レ令二相分一者、依レ不レ可レ逢二上之御大事一、譲二渡通時一人一者也。雖レ爲二後々末代一、於二長快跡一者、子孫之中以二一人一可レ令レ相二続之一」と記している。(6)嫡子単独相続を証する史料は少なくないが(7)、それは女子の社会的地位の低下とは直接関連してはいない。嫡子による扶持は、男の庶子も受けるのであり、女子にのみかぎってはいないのである。その点で永原慶二博士の「それゆえ女子の所領相続権の消滅は、そうした武家社会の全体的動向の中に位置づけて受けとめねばならないのであり、女子の問題だけを抽出してその地位の低下を一面的に強調することは、いささか短絡的な理解とされなければならないであろう」という指摘(8)は、肯綮に当たっている。

しかしながら、女子の土地所有やその処分は、全面的に跡を絶ったのではなく、一家相伝の所領についてはそうであったが、彼女が夫から相続した一家相伝以外の土地やみずから買得した土地を所有し、処分することは、なお公認されていたのである(9)。

武家社会における惣領＝家父長制の形成は、女性の社会的地位を引下げ、夫上位の夫婦関係を招致したが、地位の低下は民衆の女性にも連動した。女性が社会の公的な場から退引したことは、当時の女性名の研究の大きい障害となっている。つまり当代の文書、記録などに女性の名、とくに実名が記される機会は、激減したのである。系図などでは、女性は単に「女子」と書かれ、何某の妻ないし母と記される場合が圧倒的に多い。したがって歴史上著名な女性でも、実名の不明な人が多い。たとえば、楠木帯刀正行《たてわきまさつら》（一三二六〜一三四八）の母は、息子の軽率な自害を戒めたことで、歴史上、著聞している(10)。しかし彼女の名は、ほとんど判明していない。

河内國の観心寺の過去帳によると、正成《まさしげ》の妻は名を久子といい、正成とともに「湊川の戦」で討死した南江《みなみえ》備前守正忠(11)の妹で、夫が自害した後は出家して敗鏡尼といい、一門の菩提を弔っていたが、正平十九年（一三六四）七月十七日、六一歳で没したという(12)。南江家の屋敷跡は富田林《とんだばやし》市大字甘南備《かんなび》字矢佐利《やさり》にあったが(13)、それは正成の居館が存した赤坂村水分《すいぶん》（みくまり）とは近距離の位置にあった。この南江家という地方豪族の女性が宮廷社会の官女たちが帯びていた×子型の名をもっていたとは考えられない。『観心寺文書』によると(14)、鎌倉時代末期から南北朝時代にかけての河内國の石川郡や錦《にし》部《ごり》郡の地方豪族の女性名は、

石女　得女　ミツ女　松若女　松熊女　辰熊女　鶴若　千代女　松若女

のようなものであった。観心寺の過去帳は、一度火災で焼失したものを人びとの記憶にもとづいて再書したものである。もし久子という伝承がいくぶん真実を伝えているとすれば、楠木判官正成の後室の名は、ひさまたは久女ではなかったかと推量されるのである(15)（五〇六頁参照）。

南北朝時代には、大きな社会的趨勢として、婦人の出家入道が激増した。当代の譲状には後家尼の遺したものが多い。それらは後家の法名を伝えても、実名を明記してはいないのである。

この時代の武家や民衆の社会では、むろん、どの女性も実名ないし字《あざな》を帯びていたが、それらが記録される機会は、はなはだ乏しかった。名は記されていても、何々氏の氏女《うぢのによ》など

（端裏書）
「文和三年三月廿八日
千松御前かゆつりの案」
譲渡田地事越後国奥山庄中条之内、
羽黒村之内田地四百苅字極楽田土口事
右件田ハ義成重代相伝所領也、然間仍女子
千松に限永代所譲渡也、不可有他之妨、
但海雲庵坊主恵雲御一期之間者、彼進退
たるへき也、ゆめ／＼これをそむく
事あるへからす、仍自筆の譲状如件
文和三年三月廿八日　左衛門尉義成在判

文和３年３月28日付「左衛門尉平義成（和田家）譲状案」中條家文書（女字が脱落した女子名の例，『奥山庄史料集』による）

のように、実家との関係を強調した没個性的な名の記載が多いのである。『太平記』には、おびただしい数にのぼる男子が登場しているけれども、女性はわずかしか記されていない。その女性たちも、「相模殿ノ妾二位殿ノ御局」、「阿新ノ母御」、「公顕ノ女（過去聖霊藤原氏女）」、「菖蒲《あやめ》ノ前」「時治ノ女房」、「仲時ノ北ノ方」などと書かれ、実名の記される例は、はなはだ少ないのである。(16)

このように、記録されることが少ない間に、庶民の女性名自体は絶えることなく変化をつづけ、江戸時代における安定した、中世的な女性名へと推移するのである。その間の変化の過程を精確に跡づけることが困難な理由は、叙上によって了解されるであろう。

南北朝時代も、鎌倉時代と同様、混成古代に属しているが、女性の名にも混古的性格はうかがえる。中世の女性名は、一握りの公家社会のそれを別として、接尾語の「賣《め》（女）」ないし「女《によ》」が脱落し、二音となっていること（たとえば亀女、松女からかめ、まつが由来していること）、尊敬、親愛を意味する接頭語の「お」を付して呼ばれることを特色としている。前者はすでに鎌倉時代に現われているが、後者は南北朝時代に起こっている。二つの傾向は、室町時代にはいってますます増幅し、中世にはいって（桃山時代）圧倒的となるのである。

平安時代後期から鎌倉時代にかけては、尊称ないし愛称としての接尾語「の前」、「御前《ごぜん》」、「の御《ご》」が用いられたが、その場合にかぎって「女」が省略された。藤原定家などは、実姉の「健壽女」を「健御前」、「祇王女」を「祇王御前」などと呼んでいた。(17) 南北朝時代にはこれらの接尾語は漸減する一方、接頭語の「御」が現われた。桃山時代になると、それにくわえて尊称の接尾語「の方《かた》」が多く用いられるようになった（お市の方、お萬の方など）。こうした新しい動向を考慮するならば、女性名に関して南北朝時代が混成古代的であるゆえんもおのずから明察されるのである。

宮廷貴族の女性名

宮廷貴族の間では、南北朝時代においてもさまざまな面で伝統が尊ばれていたが、この階級の女性名についても、その傾向は顕著であった。まず皇族についてみると、以下のようである。(18)

後醍醐天皇皇女　懽《よし》子内親王　祥《さち》子内親王　妣子内親王
惟子内親王　瓊《たま》子内親王(19)
光嚴院皇女　光《みつ》子内親王
後光嚴院皇女　治《はる》子内親王　見《あき》子内親王
資清王王女　權子女王(20)

いずれも一字二音節の子型の名であることが知られる。なお、内親王の名の場合には、以前に同じ字の内親王があっても、憚りがないとされていた。(21)当時の后妃の名を探ってみると、つぎのとおりである。(22)

後醍醐天皇
藤原禧《よし》子（中宮。西園寺家の太政大臣・實兼の娘。後京極院。姉妹に、永福門院、昭訓門院がいる）
珣子内親王（のちの中宮。後伏見天皇の第一皇女。新室町院）
＊藤原廉《やす》子（准三后。阿野家の右中将・公廉の娘。後村上天皇らの生母。新待賢門院）
藤原榮《よし》子（女御。関白・道平の娘）
＊藤原親《ちか》子（典侍。五辻家の正二位左兵衛督・宗親の娘。中納言典侍）
＊藤原爲子（権大納言局。冷泉家の権大納言・爲世の娘。勅撰歌人。尊良親王らの生母）
＊藤原實子（従一位。西園寺家の左大臣・實雄の娘）
藤原守子（従二位。洞院家の左大臣・實泰の娘。玄圓法親王の生母）
＊源　親子（従三位。北畠家の権大納言・師親の娘。親房の叔母。護良親王らの生母。歌人として著名）

光嚴院
壽《ひさ》子内親王（花園天皇第一皇女。安徽門院）
懽《よし》子内親王（後醍醐天皇第一皇女。宣政門院）
＊藤原秀子（従三位典侍。のち准三后。三條家の内大臣・公秀の娘。崇光院、後光嚴院の生母。陽祿門院）

崇光院
＊源資子（従三位典侍。宇多源氏庭田家の権大納言・重資の娘。榮仁親王の生母）

後光嚴院
藤原仲子（准三后。勘解由小路家の権大納言・兼綱の娘。後圓融院の生母。崇賢門院）

後圓融院
藤原嚴《たか》子(23)（准三后。三條家の内大臣・公忠の娘。後小松天皇の生母。通陽門院）
＊藤原康子（准三后。日野家の権大納言・資康の娘。のち将軍・義滿室。小松天皇准母。北山院）
藤原今《いま》子(24)（従三位典侍。四條家の権大納言・隆郷（あき）の娘。道朝法親王の生母）

右のうち、＊を付したのは、父親の偏諱《かたいみな》を採った伝統的な命名法による名であって、この種の女性名は意外に多いのである。南北朝時代には、学者が撰進した女性名は、前代にくらべて減少しているが、なお瓊子、禧子、珣子などは、この部類に属する名とみなされる。

この時代における高級貴族の諸家（後の摂関家、清華家、大臣家、羽林家に該当する）の妻室や息女の名を『尊卑分脈』その他から拾ってみると、左のとおりである。

従一位　藤原禖《よし》子（関白・忠教娘、摂政・兼基室）

藤原祚子（左少将・基信娘、関白・師忠室。摂政・兼基母）
藤原宜子（権大納言・資名娘、将軍・義満正室。足利将軍家と日野家の関係、宜子に始まる）
藤原治子（摂政・兼基娘、関白・房實室）
源　幸子（刑部権大輔・義季娘、将軍・義詮室）
従三位　藤原教子（権大納言・實教娘）
従二位　藤原實子（左大臣・實雄娘、後宇多・後醍醐朝官女）
藤原綸子（太政大臣・公賢娘、関白・經通室、早世）
従三位　藤原吉子（太政大臣・公賢娘、関白・師平室）
藤原成子（典侍。権中納言・基成娘）
藤原隆子（典侍。権中納言・基隆娘）
従三位　藤原名子《なか》[25]（典侍。権大納言・資名娘、大納言・公宗室。『竹むきが記』著者）
藤原兼子（典侍。権大納言・仲光の娘）
従三位　藤原清子（修理亮・頼重娘、源貞氏室、将軍・尊氏母）
従二位　平　登子《なり》（武蔵守・平守時娘。将軍・尊氏室、義詮、基氏母）[26]
従一位　紀　良子（石清水八幡宮撿校・法印・通清の娘。源義詮妾、義満母）[27]
従一位　藤原業子《なり》（准三后。権大納言・時光の娘、義満本妻）
典　侍　藤原宗子[28]（中山家の権中納言・藤原定宗の娘）
贈従一位　源　頼子[29]（将軍・尊氏の娘。文和二年十一月九日没。文和四年十一月に贈位）

上記の女性名は、今子を例外とすれば、平安時代中・後期のそれらとほとんど渝《かわ》っていない。しかし南北朝時代の中級・下級の宮廷貴族の女性名には、ひとしく一字二音節の子型に属してはいても、若干の変異が認められる。その点、『園太暦』には、叙位された多数の官女らの交名が記されており、好都合である。

▽康永三年（一三四四）正月廿七日女叙位
正五位下　藤原爲子　掌侍
従五位上　藤原房子　典侍
和氣仲子　命婦
従五位下　秦　相子　女蔵人
河　氏子　釆女
藤原末子　女史
外従五位下　藤井池子　内教坊
藤井次子　女孺
海　浦子　水取
藤井枝子　掌縫

▽貞和二年（一三四六）正月九日女叙位
正五位下　和氣成子　命婦
従五位上　藤原春子　典侍
従五位下　橘　知子　掌侍
神《みわの》　信子　女蔵人
橘　花子（章徳門院当年御給による。内裏女房ではない）
源　中子　内教坊
坂上幸子　釆女
外従五位下　藤井礒子《いそ》　女孺

▽貞和四年（一三四八）十二月廿四日女官除目
典　侍　源　資子
掌　侍　源　仲子
藤原家子

藤原行子
菅原登子

▽観応元年（一三五〇）正月九日女叙位

従五位上　藤原家子　典侍
　繼子女王　褰帳命婦
従五位下　藤原種子　掌侍
　平　正子　女蔵人
　賀茂國子　命婦
　坂上氏子　執翳命婦
外従五位下　守山森子　内教坊
　宮道苔子　女史
　山上雪子　闈司
　藤井花子　掌縫
　御炊米子　女孺

▽延文元年（一三五六）二月一日女叙位

従五位下　三善維《ふさ》子　掌侍
　藤原清子　命婦
　紀　宗子　女蔵人
　宮道郷《さと》子　内教坊
　藤井浪子　（壽成門院御給。内裏女房ではない）
　橘　員《かず》子　女史
外従五位下　坂上氏子　采女
　守山連《つら》子　掌縫
　藤井澤子　女孺

▽延文三年（一三五八）正月八日女叙位

従五位上　藤原仲子　典侍
　菅原康子　命婦
　紀　元子　女蔵人
従五位下　三善佐子　掌侍
　清原藤子　掌縫
　坂上氏子　采女
　橘　行子　女史
　藤原種子　闈司
外従五位下　山上峯子　内教坊
　藤井房子　女史

後圓融院の女房としては、つぎの人びとの名が知られている。[30]

典侍　大納言　某姓時子
掌侍　勾當内侍　某姓春子
同　兵衛内侍　藤原行子
同　少将内侍　藤原種子
命婦　左衛門佐　菅原茂子
同　讃岐　丹波頼子
女蔵人　紀　宗子
同　源　政子

応安元年（一三六八）の正月十六日、里内裏では踏歌の節会が催された。[31]この日、舞人を奉仕した女性は三十二人であって、左右それぞれ一列をなして場に臨んだ。その匿名は、つぎのとおりであった。[32]

右列	左列
坂本清子　右頭	清科遠子　左頭
清原高子	藤原具子
高階嚴子	清科清子
大中臣業子	藤原嚴子
高階里子	内藏信子
河内親子	大中臣繼子
大中臣藤子	紀　清子
佐伯兼子	大江里子
小野紀子	伊勢直子
壬生彌子	古部藤子
清原姉子	吉水肴子
清原枝子	粟田氏子
秦　重子	伊勢興子
紀　世子	中原肴子
高階好子	伴　景子
伊勢花子	尾張彌子

　以上は大部分が中級、下級の貴族に属する女性たちの名である。一字二音節の子型である点で、それらは高級貴族の女性名と軌を一にしているけれども、

　末子　池子　浦子　枝子　花子　儀子　森子　苔子　雪子
　米子　浪子　員子　里子　彌子　肴子　景子

などは、前代にほとんど例をみない、新しい名であるといえよう。彌子は、イヤコまたはヒサコと訓んだらしい。肴子は、イヲコと訓まれたようである。

　上にみるとおり、南北朝時代には、ひとしく一字二音節の子型には属しながらも、これまでにほとんど例をみない新鮮な女性名が現われた（雪子、花子、浪子、森子、浦子、峯子、等々）。一般に宮廷貴族の社会では、平安時代中期いらい子供は幼名ないし愛称をもって呼ばれ[33]、男子の場合は元服のさいに正式の諱を名乗ったし、女子の方は、著裳、宮仕え、叙位、結婚（入内をもふくめた）、舞姫としての出演などのときに諱をつける風習が生じた。菅原道眞が夭折した女児を阿滿《あま》[34]と名づけていたことや、紀貫之の幼名が阿古久曾《あこくそ》であったこと[35]は、よく知られている。

　藤原道長は、成人した後に嬉子と名づけられた自分の娘を「千子」と呼んでいる[36]。嬉子は、このころ、すなわち寛仁二年（一〇一八）において七歳であった。「千子」をどう訓んだかはつまびらかでないが、「チーコ」と呼んだのではないかと臆測される[37]。『源氏物語』（玉鬘）では、玉鬘の童名は、「瑠璃《るりの》君」であったと記されている。同じ物語（葵）は、葵の上に仕えた女童の名を「あてき」と記し、また玉鬘の姉の女童を「なれき」と呼んでいる（竹河）。『源氏物語千鳥抄』[38]は、「あてき」は「妙公」、「なれき」は「馴公」[39]であると解している。『紫式部日記』にもみえるとおり、「あてき」は女童の名として一般的であったようである。

　先にも説明したように（一三五頁）、藤原定家の姉妹の健壽

（御前）、延壽（御前）などは、童名に由来した通称であった。彼女らは、宮仕えに上がる際に、あらためて×子という正式の諱をつけたのである。[40] 建保元年（一二一三）の正月二十八日、西園寺家の前内大臣・藤原實宗（一一四九～一二一二）の末娘の延壽（御前）が出家した。[41] 宮仕えもせず、また五節の舞姫なども奉仕しなかったこの女性は、正式の諱をもたず、延壽という童名＝通称を帯びたままで出家したのであった。

　定家によると、出羽守・藤原基定[42]の妻の名は、「君代」であったという。[43] これなども、童名＝通称の一例とされよう。この「×代」という名は、後代にいたって大いに流行する名であるが、基定の妻の君代は、「×代」型の女性名の先駆をなすものである。[44]

　前に述べたように、大蔵大輔・藤原重保の娘で、右大辨・平棟範（一一五〇～一一九四）の妻となり、範資（少納言で早世）を産んだ婦人は、名を「羽衣」といった（一五六頁）。高階行氏は、貞和元年（一三四五）八月、常陸介に任命された人物であるが、[45] 彼の娘の字《あざな》は、「エノコ」といったという。[46]

　これらから想察されるとおり、平安時代の末葉から南北朝時代にかけて、×子、××子型の女性名は、宮廷貴族の女性にとって公式の名と化したのである。つまり内裏や院宮の女房として出仕したり、位を授けられたり、あるいは舞姫として参内したりする場合に、あらためて×子型の名をつけられるのである。嘉禄二年（一二二六）四月、関白・家實は娘（一二一八～一二七五、のちの鷹司院）の名字定《さだめ》を行ったが、彼は、権中納言・藤原頼資（一一八二～一二三六）が持参した名字勘文にもとづいて「長子」と命名した。[47] ときに彼女は、九歳であって、同日、従三位に叙された。[48]

　×子型の公的な諱をつけたのち、幼名ないし童名を停止するか、字《あざな》としてなお縁者や側近が用いつづけるかは、本人の意向や周囲の事情によって定められたらしい。定家は、姉の健壽御前の×子型の公式名を記さず、いつも「健御前」と幼いときからの名で呼んでいた（一三五頁）。

　このようにして鎌倉・南北朝時代の貴族の女性たちは、幼名、字（呼び名）をもち、公的な場に出る者は、さらに一字二音節の子型の諱をつけたのである。

　貴族の女性を「御料」と呼ぶ風は、平安時代後期からみられた。権中納言・源師時（一〇七七～一一三六）によると、賀茂齋院・禧《よし》子内親王（一一二二～一一三三）の女別当は、関白・師通（一〇六二～一〇九九）の娘であって、但馬守・藤原良綱を外祖父としていた。その候名は、良綱の官名に因んで「但馬公」であったが、齋院内では彼女は、敬意をこめて「御料」と呼ばれていたという。[49]

「御料」という敬称は、鎌倉時代を通じて一般化したらしい。中級貴族である少外記・中原師守は、兄の大外記・師茂（一三一二～一三七八）の幼い娘（貞治三年七月二十三日生）を「ゴウニ御料」、[50]「御宇仁御《ごうにご》」、[51]「チイ御料」[52]などと呼んでいる。また師守は、自分の娘を「古爾《こね》」と呼んでいるが、[53] これはのちに大学助教・師秀（師茂の子）の妻となった婦人である。[54] 古禰が産んだ師秀の息子は、幼名を阿古といった。[55] 師秀の妻は、公的な場所に出入せず、ために最後まで古禰という字だけを帯び、×子型の諱を持つにはいたらなかったものと想察される。師守が日記の中で「チャチャ」という字で呼んでいるのは、[56] 近親の一婦人のことのようである。

師守は、上記のように、兄の娘を「御料」と敬称をつけて記している。「御料（御寮）」ないし「御料人（御寮人）」とは、貴人またはその子息、子女を敬っていう語であるが、人名ないし人を表わす語につけ、接尾語的にも用いられる。[57]『太平記』[58]には、高時の子・時行（幼名・萬壽）に触れて、「萬寿御料ヲモ五《ゴ》大院《ダイヰノ》右衛門宗繁ガ具足シ進《マヰラ》セ候ツルヲ」とあり、『赤松記』[59]にも、「尾形に女子一人御座候。御名をば松御りやう人と申し」とみえている。この語は、江戸時代にはいって、大名の息女を姫君と呼ぶのに対して、武家の娘の意に用いられ、ひいては中流町家の娘を指すにいたったが、南北朝時代や室町時代には、上記のような意味に使われたのであった。

鎌倉時代には、一部に姫型の女性名が行われていたが（一六七頁）、南北朝時代になると、この型の女性名はいちじるしく減少した。これとは別に、「姫君」という呼び方は、摂関家の息女たちに対して永く用いられていた。たとえば、『東寺百合文書』には、延慶三年（一三一〇）三月二十一日付の「二條殿（前関白・兼基）姫君田地寄進状案」がみられる。[60]

貞和元年（一三四五）正月にいたって、将軍・尊氏は、洞院家の前左大臣・藤原公賢（一二九一〜一三六〇）に使者を遣わし、自分の娘を「姫君」と呼ぶことの可否を尋ねた。これに対して公賢は、

　此の号は、執柄家の外、常には称せざるか。但し、実儀においては、強いて分別あるべからざるの上は、賢慮に在るべし。

と答えたという。[61] 彼は、賢慮の結果、愛娘の鶴王こと頼子を「姫君」と呼んだとみえる。将軍家の息女を「姫君」または「×姫」と呼ぶ風習はこれよりおこったが、室町時代の末葉になると、それは武将や大名の娘を呼ぶにも用いられたのである。信長の妻の濃《のう》姫（齋藤道三の娘）などは、その早い例であろう。

庶民の女性名

ここでいう「庶民」とは、宮廷貴族に対する言葉であって、下級の官人層、武家から農民にいたるまでの人びとを包括している。前にも触れたとおり、この時代の古文書は多く伝存しているが、さすがに乱世だけあって、軍忠状、感状、着到状、軍勢催促状、施行状、下知状、注進状、安堵状等々、軍事関係の文書が圧倒的に多く、女性名を知るうえで好都合な譲状、寄進状、田地売券の類は、割合に少ないのである。

いま南北朝時代の年号を帯びた古文書について捜し求めると、少ないながら相当な数の女性名を知ることができる。[62] こ

れらを鎌倉時代の女性名の分類に準じてかかげてみると、左のようである。

氏女・氏子型　[1]紀氏女　[2]大中臣氏子　[2]和氣氏子　[2]秦氏女　[8]綾部氏子　[9]平氏女　[9]源氏女（長田蔵人源頼清の娘）　[10]讃岐氏女　[11]藤原氏女　[12]橘氏女　[14]大伴氏女　[20]度會氏子　[20]清原氏女　[23]賀茂氏女　[28]建部氏女　[31]大江のうちの女　[40]宇佐氏女　[40]紀氏女　[40]平氏女字寅三　[41]中原氏女字兎々　[48]さかのうゑのうちのめ（坂上氏女）　[56]大江氏女

氏女・氏子型の女性名は、平安時代後期いらいのものであるが、この時代には鎌倉時代より増加している。一般にこれは、「……うぢのにょ」と訓むが、「……うぢのめ」と訓む例も見受けられる。売券、寄進状、譲状などに記名する際、字《あざな》はあっても、正式の諱をもたぬ女性は、しばしば「……氏女」、「氏子」と書き、これを諱の代用としたのであった。これはすこぶる没個性的な名であるが、その女性の存在する社会が狭隘であったこと、実家との連繫が強靭であったことを指証している。

壽型　[4]王殊御前　[7]伊壽御前　[12]法壽　[40]王珠御前　[41]姫壽女　[41]王

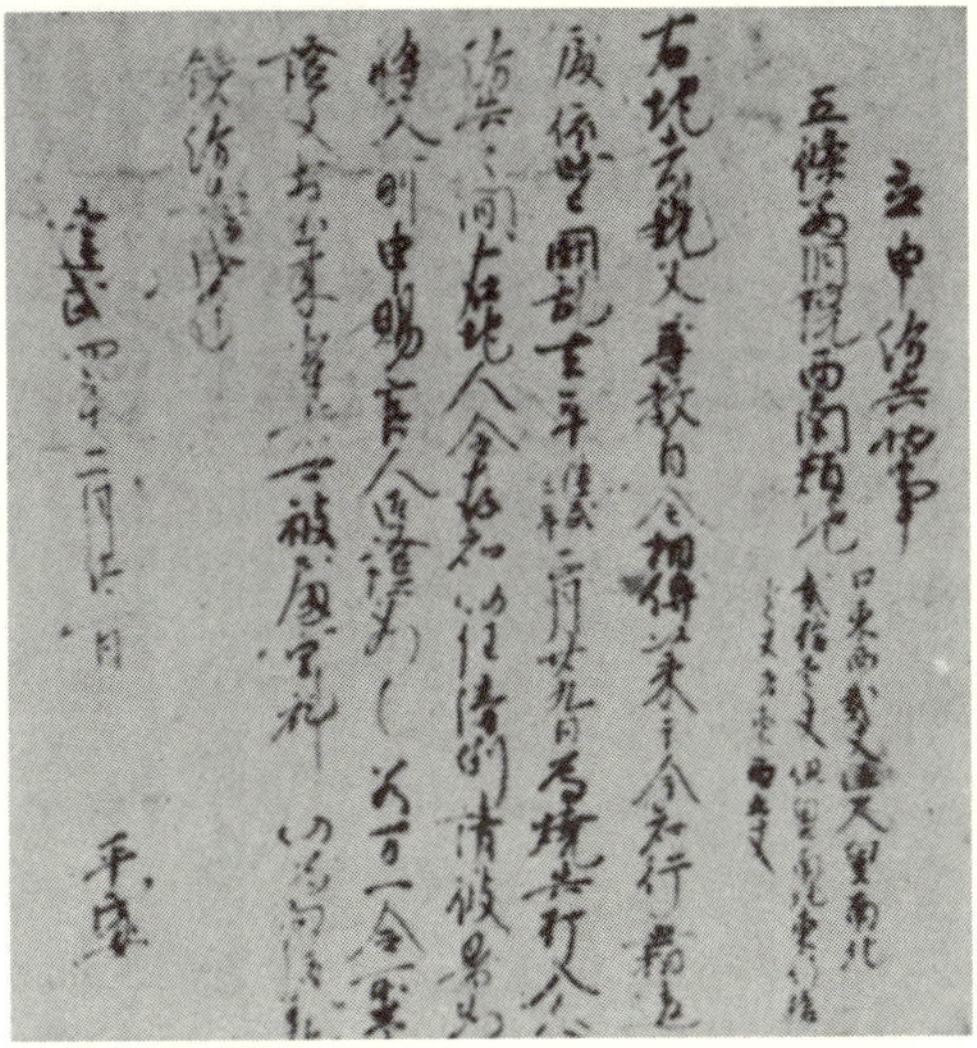

図54　建武4年12月21日付「平氏女紛失状」（『弘文荘待賈古書目』第37号より）

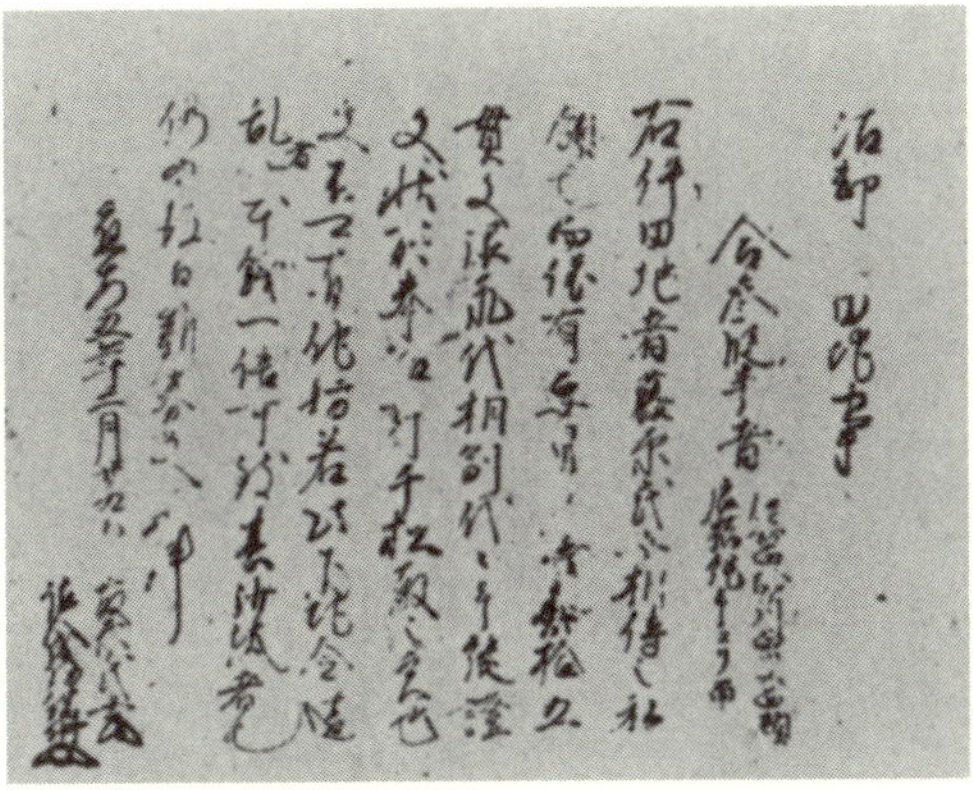

図55　応安5年2月29日付「藤原氏女田地売券」
（東寺百合文書）

置文

一後家幷帯刀左衞門尉事、於虎五郎丸之計、可加扶持也、

一かつしきの當知行藏野・内山二个村之事、是又於虎五郎丸之志、一期之分可有知行也、

一女子長王ハ、塔原内なへの村を可知行也、同一期分、

一同女子虎王にハ、上副田内沙た柄を可有知行也、同一期分、

一同女子くり犬ハ、市比野内平野を可知行也、比内除自作分、同一期分、

一同上副田内濱田左衞太郎給分之事、爲副田湯接待斱足可寄進也、限永代、

右此條々爲後日所定如件、

建徳二年十月十五日　　重門（花押）

建徳2年10月15日付「入来院重門置文」（入来院文書）

壽　[48]乙壽女　[48]福壽女

この型の名は、減少している。とともに、「愛壽女」、「延壽女」、「福壽女」等々の「壽女」が脱落し、あい、えん、ふく、といった女性名が現われる傾向がみられる。

仏教型　[4]歡喜女　[18]彌陀女　[19]觀音女　[41]觀音御前　[41]吉祥御前　[41]ねしほしごぜん　[44]小法師女　[55]まに女（摩尼女）　[59]金剛女

仏教型の女性名は、いちじるしく減少している。ただ仏教の明王型から出た「王型」、「夜叉《やさ》型」は激増している。「袈裟女」はほとんどみられないが、のちに「袈裟型」の女性名が頻出する点から考慮するならば、この時代には「袈裟型」は潜行しており、用例が少なかったものとみなされる。

王型　[4]千代王（性女）　[35]虎王（性女）　[40]千代王（性女）　[28]るりわう（瑠璃王）（性女）　[35]長王（性女）

王型に関しては、接尾語の女や丸が省略される場合が多く、前後の関係から女性名であることが判定されるのである。

夜叉型　[11]龜夜叉女　[19]姫夜叉女　[23]初夜叉女　[39]乙夜叉女　[42]福夜叉女　[42]竹夜叉女　[48]トクヤサ　[49]ゆわ夜叉御前　[49]姫夜叉御前　[51]西浦夜叉女　[51]龜夜叉御前　[52]千夜叉御前

夜叉型の名は、時代人の趣向に投じたとみえ、これに属する名は、男女ともに少なくない。

姫型　[4]ヒメ女　[8]尼西妙 本名姫鶴女　[19]姫黒女　[20]ひめこがこ　[21]姫代《ひめしろ》女《め》　[31]姫若女　[40]乙姫女　[44]ひめ女　[50]あてひめこ　[57]平姫若女

姫字は、女性名に好まれるとみえ、鎌倉時代にひきつづいて使用例は少なしとしない。

子型　[8]乙子　[11]めめこ　[11]黑神子　[12]滿子（荒木田氏か）　[41]藤原義子　[50]めうこ　[58]長一子

子型の名は稀である。それに黑神子、長一子のように、訓みの不明な例も見受けられる。庶民における子型の名は、消滅に瀕していた。

阿古型　[1]阿古女　[7]阿子女　[15]阿古石　[17]阿古女　[33]阿古尼　[41]あこ　[42]阿小女　[44]くわのあこ女　[55]阿古女　[56]阿古（性女）

愛称である「あこ」に由来する阿古型の名は、男女ともに

多い。奈良時代（阿古賣）以来、いつまでもすたれない名である。

あぐり型　[25]あぐり女　[41]阿久里　[41]あぐり

この型の女性名は、奈良時代中期より連綿としてつづき（六八頁参照）、今日におよんでいる。まことに稀有な型の女性名というべきである。南北朝時代にも、ひきつづいて用例が認められる。

楠型　[20]をすくす御前　[27]クスクマニヨ（楠熊女）　[44]楠犬女　[44]楠女　[44]ヲトクス女（乙楠女）　[44]くすまつ女（楠松女）

男女の名に楠字を用いる風は、鎌倉時代に始まる（一六三、一六八頁）。南北朝時代にはいると、紀伊國の人びとが分けても楠字を多く使用するにいたった。したがって『高野山文書』には、しばしばこの型の名が見いだされる。これは、人名に関する独自な伝統として紀伊國を中心に近代までつづいた。偉大な学者である南方熊楠《みなかたくまくす》（一八六七～一九四一）は、和歌山市橋町の生まれであった。[63]

生物型　[1]鶴女　[2]生松女　[2]千代鶴女　[5]鳥王女　[6]熊靍　[7]幸熊女　[8]姫鶴女　[11]虎松女　[11]千世《ちよ》鶴女　[13]乙鶴女　[14]鶴女　[14]松楠女　[14]虎女　[15]寅犬女　[17]松御前　[17]ひこつる女　[17]ひめまつ女　[18]岩鶴女　[21]寅犬女　[22]辰熊女　[22]虎松女　[22]鶴松女　[22]彌《いや》菊女　[22]若鶴女　[24]いねこぜん（稲御前）　[27]副《そへ》松女　[28]松女　[28]靍若　[35]栗犬　[12]有鶴《ありつる》女　[39]虎松女　[40]わかつるごぜん（若鶴御前）　[40]うるしまのおとまつによ（漆嶋乙松女）　[41]龜愛御前　[41]まつあいごぜん（松愛御前）　[41]犬御前　[42]伊夜松女　[44]犬女　[44]安熊《やすくま》女　[45]石熊女　[46]松若女　[46]松熊女　[46]鶴若　[46]辰熊女　[46]杉松女　[48]龜鶴　[49]松鶴女　[50]虎代女　[50]秦熊　[55]鶴女　[50]虎女　[51]虎女　[52]玉熊女　[54]乙熊　[55]靍女　[55]歳鶴　[55]秦熊鶴女　[61]・[62]若栄

生物型の女性名は、右にみるとおり、変化に富んでおり、当代の庶民の女性名の主流をなしている。前記のとおり、この型の名は鎌倉時代においても普遍的であった。種類が多いとはいっても、それは特定の二文字を適当に組合せたにすぎない。当代人の趣向に投じた特定の文字とは、

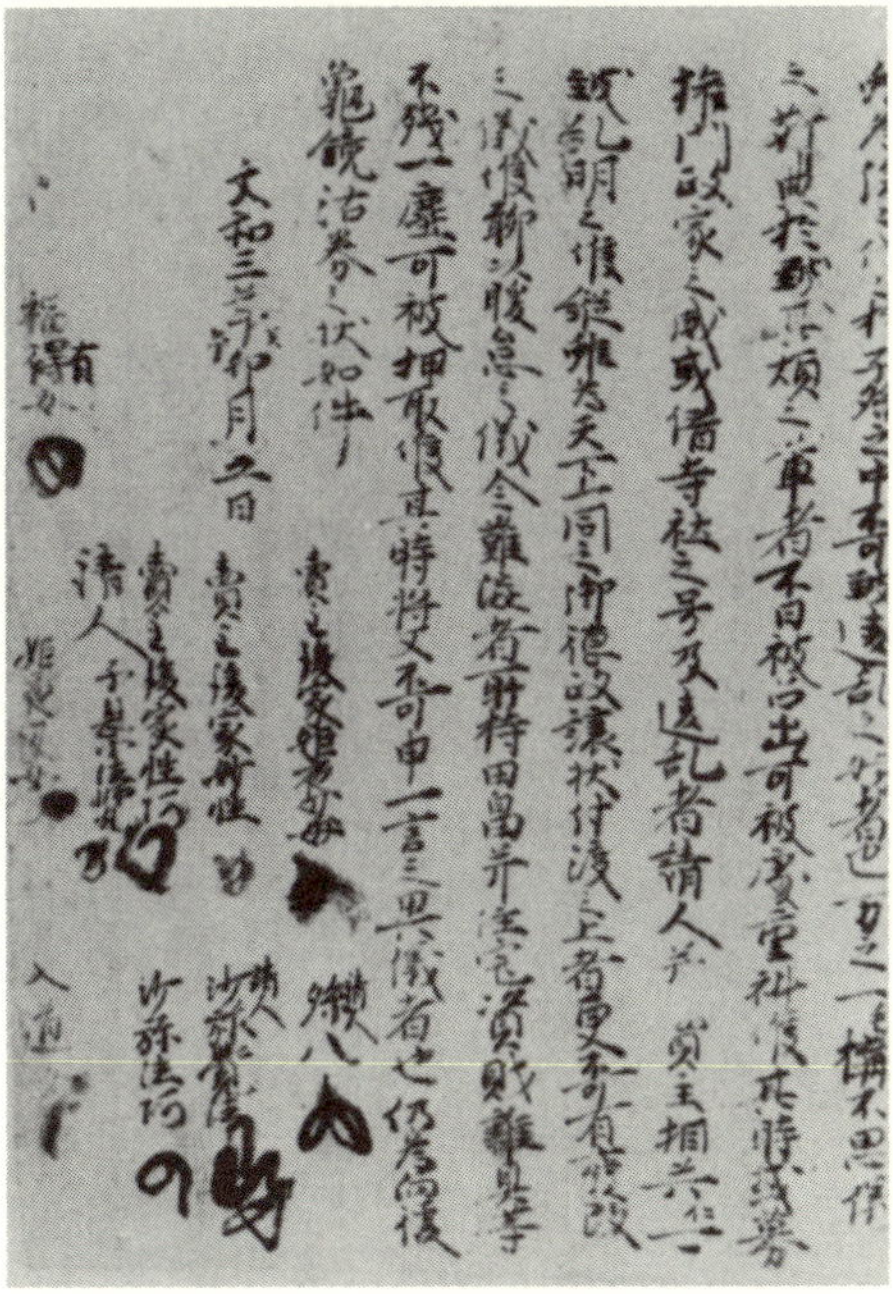

図56　文和3年4月5日付「後家姫夜叉母等連署屋地売券」（東寺百合文書）福得女，姫夜叉母，妙性，性阿，姫夜叉女，入道女（某入道の娘の義）らの名がみえる。

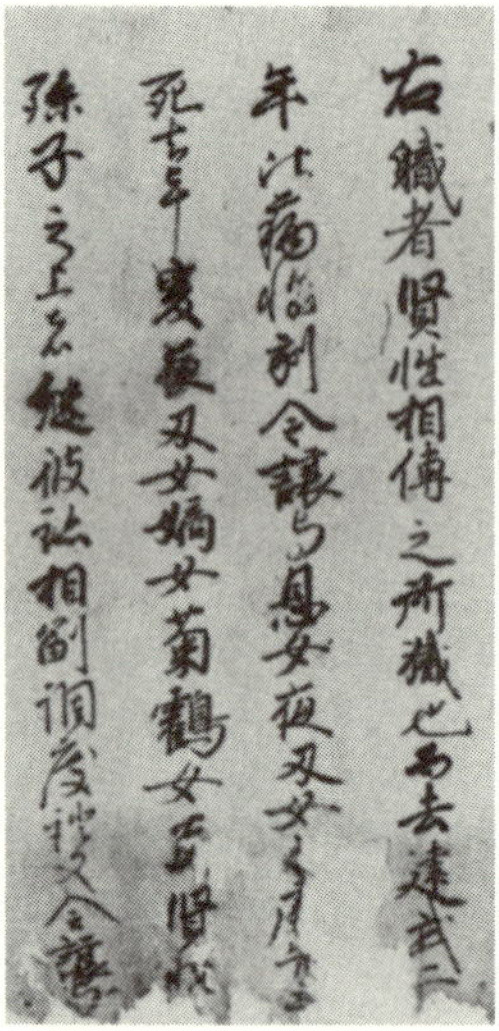

図58　康永2年11月　日
「山城国田原郷山司職譲状」
部分，夜叉女と菊鶴女の名が
みえる。（京都府，禅定寺所蔵）

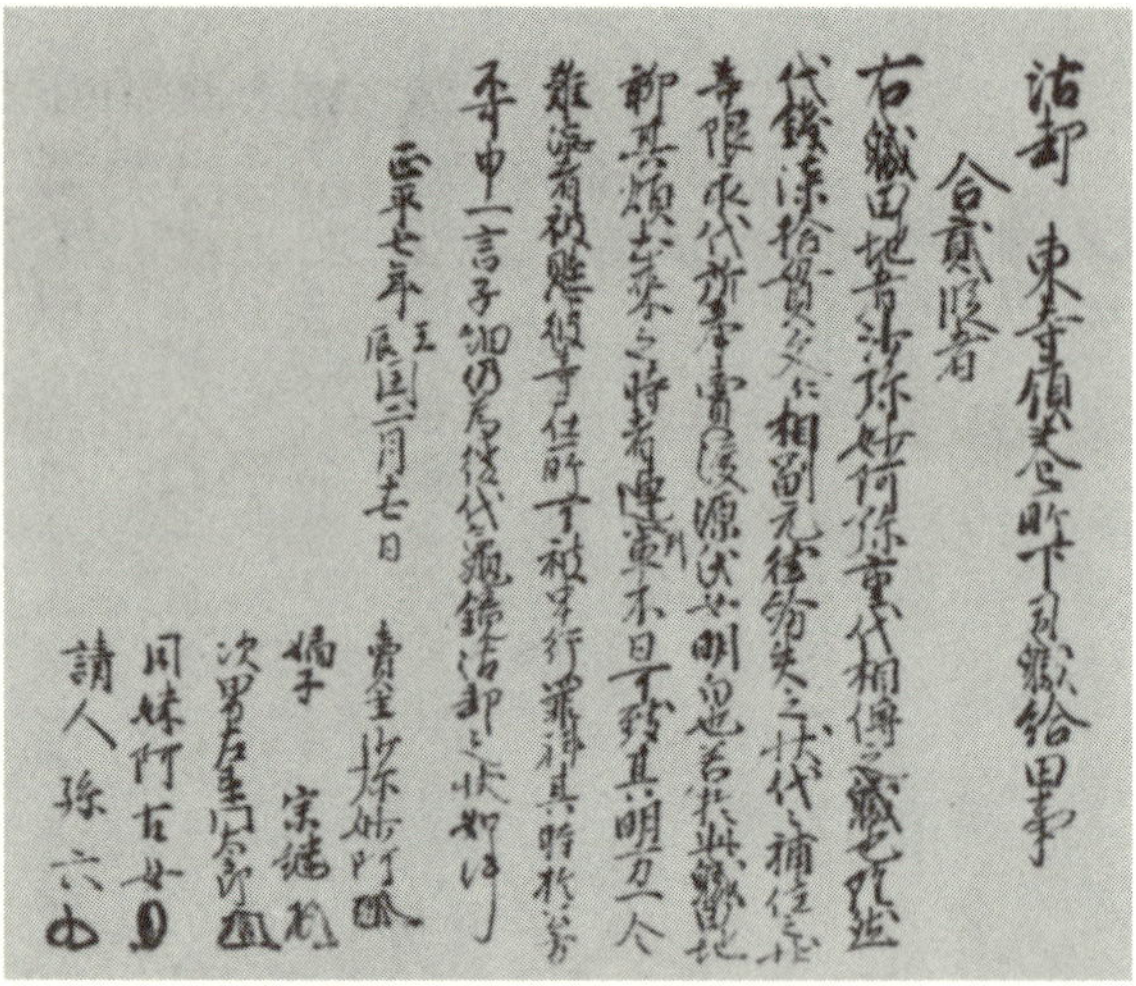

図57　沙彌妙阿彌東寺領巷所下司職給田売券（31.1×12.6 cm）
（『続々図録東寺百合文書』より）

①鶴　虎（寅）　犬　熊　龜
②松　菊　楠
③乙　若　千代（世）　幸　伊夜（彌）

の類であり、数は必ずしも多くない。「女」はしだいに脱落し、のちにはこれらの特定文字から、

ツル　トラ　イヌ　クマ　カメ　マツ　キク　クス　オト
ワカ　チヨ　カウ　イヤ

といった女性名が現われるのである。

なお、南北朝時代の生物型の名には、犬女、犬といった名が少なくない。その初例は、平安時代後期の「橘いぬ」に求められるが（一四二頁）、当時の人びとにとって、犬は霊力のある獣、子供の守り、悪魔を祓う獣、お産の軽い獣と考えられていた。そこから産室に張子製の犬をおいたり、犬張子を子供のお護りとする習俗が生まれたり、屋敷神に祀る信仰が生じたりしたが、一方では犬神の俗信も生まれた。女性名の「いぬ」は、犬のもつ霊力や分娩の軽さに因《ちな》んだ名とみなされる。のちには、犬を蔑視する風も生じ、「犬侍」、「犬死」といった語も現われ、「いぬ」という女性名はすたれるようになった。[64]

「若菜」というのは、いかにも源氏名のような女性名であるが、好事家が『源氏物語』[65]（若菜上、若菜下の帖）などに因んでつけた名ではなく、雑仕女などの候名から由来した実名であると推測される。『師守記』[66]には、二人の若菜がみえる。一人は、虎王丸の後家の若菜、他は、中原師茂家の青侍・善覺入道に仕えていた初王丸の後家で、下女として奉公していた若菜である。(67) 若菜は、七草の一種で、正月の子《ね》の日に七種粥に入れて食べると万病を除くという、めでたい野菜であって、もともと候名にふさわしい名であった。

国名型　讃岐女[20]　加々(賀)女[44]

この型の女性名は、南北朝時代にはいって、いちじるしく減少した。

単純型　代女[2]　ハッ女[7]　あいら御いま[7]　アマ女[7]　節《ふし》女[8]
是々女[14]　い御前[14]　あかせ[14]　キン[15]　妃杜《ひとめ》女[18]　阿登《あと》女[19]　ととめ[19]
乙女[19]　幸女[20]　尼女[21]　越智氏女《あか》[21]　あちやめ（阿茶女）[22]　童女[22]　徳《とく》女[22]　春日《かすが》女[24]　御々《みみめ》女[24]　《せ》ナウ女[24]　うら女[25]　さい女[26]　阿久女[27]　こうし女（小牛女）[39]　名々《なな》[41]　ひこ[41]　乙御前[41]　むめ（梅）[43]　石女[46]　うね女[47]　彦女[51]　祇女《ぎにょ》[56]　あかか[59]　禰々《ねね》女[60]　古禰《こね》[60]

「あかさ」は、akasa, agasa, akaza と三様に読める。おそらくそれは、藜に因んだ生物型の名であろう。すなわち、『新撰字鏡』（草）には、「藜落嵆反、草霍、阿加坐。」とみえ、この草は平安時代にはつとに知られていた。(68) それは、アカザ科に属する一年草であって、(69) 薬用にも供され、日常生活とは縁の深い雑草の一種であった。「アガサ」(70) と読んだ可能性を全く否定することはできないけれども、この場合は、日常身辺にみられるアカザからとった名と解するほうが自然であろう。

なお、「ふぢ《ママ》わらの氏女《あかさ》」は、京都の在住で、澤宮内左衛門尉藤原某（法名、道廣）の娘であった。(71) 彼女は、応安五年（一三七二）八月、右京に所在する五段六〇歩の地を雲居寺の薬師堂に寄進している。(72)

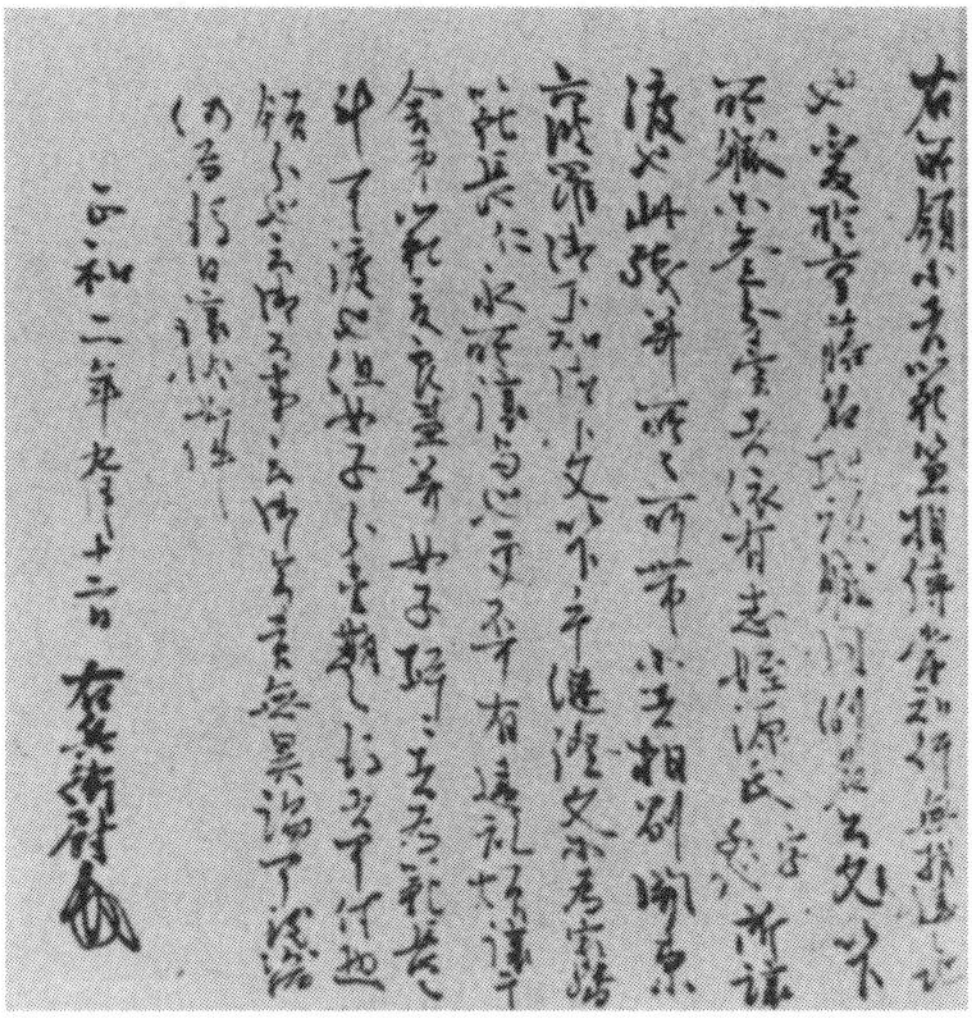

図 59　正和2年9月12日付「石田右兵衛尉範兼譲状」（東寺百合文書）「姪源氏字千代」とみえる。（『続図録東寺百合文書』より）

ゆつりわたすしりやうのたの事
　合一たん者やましろのくにきいのこれりまうたけかり廿七のつほ、
右くたんのたハ、あちや女さうてんのしりやうなり、しかるに、てつきのもんしよをあいそへて、ふかく大ゆうのりつしのはうに、ゆつりわたすところなり、よてゆつりしやうくたんのことし、
　れうゑい二年二月五日　　あちや女（花押）

応永2年2月5日付「あちや女譲状」（東寺百合文書）

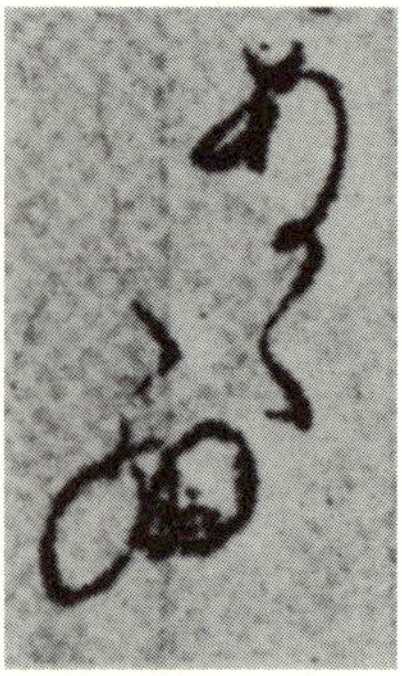

図6o　あかゝの自署と花押（高山寺文書，貞和3年8月23日付「あかゝ契状」より）

「あかせ」、「あかか」も、珍しい名である。「あかせ」については、愛媛県周桑郡壬生川《にうがわ》町の『観念寺文書』にみえる「越智氏女《あかせ》」の名が最も顕われている。[73]「あかか」については、刊本の『高山寺古文書』には、あかか、あこことの二様に書かれている。[74]原本を披見しないかぎり、どちらが正しいのか、判別しがたい。いずれにしても、あかざ、あかせ、あかか（あここ）という三つの名は、留意さるべきものである。

「あちやめ」はすなわち「阿茶女」であるが、延文四年（一三五九）三月の文書[75]にみえるこの女性は、下級貴族の出で、都に住んでいたと思われる。[76]「阿茶《あちゃ》」とは、もともと天子の娘、すなわち公主の義であるが、のちには転じて婦人の尊称となった。初めは、「阿茶子」[77]といったが、のちには子字を削り、単に「阿茶」と称した。まだ確証をえていないが、おそらく鎌倉時代末葉に「阿茶」、略して「茶」は、京都の貴族の間で婦人の童名ないし愛称を示す字として採用され、たちまち一般に普及したもののようである。高級、中級の貴族の場合は、「阿茶」、「阿茶子」、「茶々」が、そして下級貴族や庶民の場合は「阿茶女」の文字が用いられた。中原師守と交際のあった女性に「チャチャ」という人がいた。[78]将軍・義政には、享徳三年（一四五四）に生まれた「阿茶子局」と呼ばれる娘がいた。[79]また左馬頭・藤原永基の妻は、「あちゃ」といったとのことである。[80]この女性名にみる「茶」は、茶の木、飲料としての茶とは、直接には関係がないのである。

なお、平安時代後期いらい存する女性名の「女々《めめ》」（目々）（一二四一、一六六頁）は、ひそかにひろがっていたようであるが、南北朝時代の文献においてはまだこれを捕捉できないでいる。

つぎに「禰々女」であるが、これは室町時代から桃山時代にかけての女性名「ねね」の原点となる名である。豊臣秀吉の正妻・高台院の名「ねね」については、のちに述べることにしたい（二三五頁）。

熟語型　[5]金勢女　[7]ふくち女（福地女か）　[11]金徳女　[13]きやうかん女　[18]しゆやく御前（壽藥御前か）　[19]千福女　[19]福得女　[21]春地女　[21]をとますごぜん　[21]禪日女　[22]善日女　[26]春妻女　[27]善日女　[27]春晴女　[27]岩石女　[27]小鞍女　[28]四條女　[30]清喜女　[39]德羅女　かうしゆ（幸壽か）　[48]かうとく御前（幸德御前か）　[49]そん一御前[81]（孫一御前）　[60]浦路女

熟語型の女性名は、依然として数が多い。庶民の女性がむずかしい漢字をつらねた堅苦しい名を帯びていたのは、驚くべきことである。「浦路女」は、「うら女」と「×壽女」とから合成された名である。平安時代後期から盛行した「×壽女」の「壽（ju）」は、母音省略の結果、「路（ji）」に通じ、これによって、浦路、琴路のような名が現われてくるのである。

醜名型　田染くそ[40]　藤原諸久曾[40]　源氏女字久曾[60]

辟邪的意図をもって命名された、この型の女性名は、いちじるしく減少している。

その他　あらもと[41]　あひしつ[41]

下級貴族や庶民の女性名を通観して知られるのは、前代にあれほど頻繁にみられた順位型の名（姉子、仲子、二子、三子などのような）が、南北朝時代にいたって全く消滅したことである。それはあたかも法令によって禁止されたかのように、急激に消え失せているのである。

貴族の家に仕える女性は、庶民の出であるが、邸内で呼ばれていた名には、実名と候名とが混淆しており、個々の名について、両者のうちどちらに属するかを判定することは至難である。いま、大外記・中原師茂（前記）の家に仕えていた女性たちの名をかかげてみよう。[82]

女房　安ね　御今　山田　千登《ちと》　智都《ちと》　茶々　南彌《なみ》　輔都《ほと》（輔登）

雑仕　あこの　あみだ　おは　たゆとの　多々（尼）　ねいなう　ふと

文殿雑仕　伊王女

仕女　目賀多

下女　姫松　是阿彌（比丘尼）

厨女　犬

なお、大外記・中原師右（師茂の父）の妻の乳母は、「宇《う》和《わ》」といったが、[83] これなどは、実名か候名かはともかくとして、珍稀な女性名である。また右の「あこの」にみる「××の」は、後代に頻出するこの型の名の初出例とされよう。

接頭語「お」の起原

女性名、とくに二音節の女性名に接頭語の「お」を付し、尊敬、親愛の気持を表わす用法は、中世にはきわめて一般であったし、その名残りは現代にもみられる。江戸時代の世話物には、男女二人の名を対にした例が数多くみられるが、その場合、女性名には「お」が冠せられるのが常である。

お國と五平　おくみ惣次郎　お才と源三郎　お駒才三　お才と巳之介　おさん茂右衛門　おさん茂兵衛　おしづ禮三　お七吉三　お俊傳兵衛　お染久松　お千代半兵衛　お艶と新助　お妻八郎兵衛　お夏清十郎　おはな半七　おはん長右衛門　おまん源兵衛[84]

「八百屋お七」、「唐人お吉」、「高橋おでん」といった名は、国民の脳裡に刻まれている。

「お」という平仮名は、「於」の草書体に由来している。接頭語としての「お」は、実際の表記では、漢字で「御」と書かれることが多いが、ときとしては「阿」や「於」を用いる

こともある。(85)

この親愛、尊敬を表する接頭語としての「お」は、平安時代には、マ行音で始まる語の上では、「お」の形をとった（「おもと」、「おまへ」、「おまし」等々）。しかし他の音の語では、「おほん」または「おむ」、「み」の形でいわれた。(86)「お」と訓む「御」がすべての語の上につくようになったのは、鎌倉時代以降のことであった。

「おむ」、「おほむ」は、平安時代には尊敬、丁寧を表わす接頭語として盛んに用いられていたが、これを女性名に冠することは、南北朝時代に始まった。明和八年（一七七一）に刊行された鈴木煥卿の『漫画《まんかく》随筆』(87)（下）には、

> 今婦人ノ名ニ、阿ノ字ヲ冠ラシムルコトハ、タトヘバ政子ト云ヲ、おまさト云ガゴトシ。太平記ニ、高師秋(88)ガ、菊亭殿ニ在シ阿才ト云女ヲ奪シ事アレバ、四五百年以降ノコト、見エタリ。

とみえる。一般には、女性名の接頭語は、『太平記』にみえる「御妻」を嚆矢とするように説かれている。(89)確かに『太平記』（巻第二十二、佐々木信胤成宮方事）には、

> 其比《コロ》、菊亭殿(90)ニ御《オ》妻《サイ》トテ、見目《ミメ》貌《カタチ》無レ類《タグヒ》、其品賤カラデ、ナマメキタル女房アリケリ。

とみえる。しかし『古事類苑』の編者が、

> 按ズルニ、下ニ引ク所ノ薩戒記女房名事ノ文ニ依レバ、御妻ハ上臈女房ノ名ニシテ、妻ト云フ名ニ御ヲ加ヘタルニ非ズ。

と鋭くも指摘したとおり、「御《お》妻《さい》」は、上臈女房の候名の一つであって、女性の実名を指すものではないのである。『薩戒記部類』（二、女房名事）には、

> 上臈
> 東御方　南御方　廊御方　對御方　御妻　一條殿　二條殿　三條殿　近衞殿　冷泉殿　春日殿　坊門殿　高倉殿　大宮殿　京極殿　堀川殿

とあり、「御妻」が固有名詞でないことが証示されているのである。

ところで、後圓融院の後宮で、道朝法親王（一三八一～一四四九）を産んだ婦人は、従三位典侍・藤原今子であったが（一七七頁参照）、彼女は、四條家の権大納言・藤原隆郷（一三二六～一四一〇）を父としていた。(91)これは、前代に例をみない当世風な女性名であった。

一方、大外記・中原師茂の家にも、「御今」と呼ばれる女房が仕えていた。(92)おそらく「御今」は、「御今参」に由来する呼び名であろう。やや年代は下るが、『山科家礼記』の寛正四年（一四六三）正月一日條には、「御いま」、「いま」という二人の女性の名が見いだされる。

さらに接頭語「お（御）」のついた女性名を求めてみると、『東大寺文書』の文和元年（一三五二）の文書には、(93)「於市女」の名が見いだされる。また辨親なる僧は、暦応元年（一三三八）の十二月に「御あこゝ」なる女性に消息を遣わしている(94)し、近江國の吉身《よしみの》荘の半分を「御あかゝ」なる女性に贈っている。(95)また前掲の「あいら御いま」という名も想起される。(96)

関係史料はまだまだ不充分であるけれども、接頭語の「お」は、鎌倉時代の末葉に、「御（於）××女」の形で現われ、ついで「女」が脱落して「御（於）××」が成立したと認められる。永い伝統を有する「××女」という名に対して、「御××」は柔かで親しみのある呼称であるため、一般の趣向に投じ、室町時代を通じてしだいに普及したものと想察されるのである。

女性の接客名

南北朝時代にも、一般の妻女とは別に、さまざまな生業《なりわい》をもつ女性がいた。『太平記』には、(97)元弘三年（一三三三）、北條方が千早城を攻めあぐね、無為に包囲していたころ、伯父、甥にあたる名越遠江《なごえとほたふみ》入道と同兵庫助とは、軍陣に喚びよせた遊女の前で双六《すごろく》を打っていたが、賽の目のことで口論したあげく、刺し違えて死んだことが記されている。この時代にも多数の遊女がいたことが察知される。これらの遊女は、街道の宿々に屯《たむろ》していた。同じ『太平記』には、正平十三年（一三五八）、武藏國に出陣していた新田家の左兵衛佐・源義興（義貞の子。一三三一～一三五八）を欺くため、北朝方の竹澤右京亮が乱行を演じた旨が叙べられている。(98)

　翌日ヨリ宿々ノ傾城《ケイセイ》ヲ数十人呼《ビ》寄《セ》テ、遊ビ戯レ舞《ヒ》歌《フ》。

竹澤右京亮は、義興を謀殺しようとして、自邸に白拍子を召し、彼を月見に招いた。

　「今夜ハ明月ノ夜ニテ候ヘバ、乍レ恐私ノ茅屋ニ御入《リ》候テ、草深キ庭ノ月ヲモ御覧候ヘカシ。御内《ミウチ》ノ人々ヲモ慰メ申《シ》候ハン為ニ、白拍子共少々召《シ》寄《セ》テ候」ト申《シ》ケレバ、……(99)

話は鎌倉時代末期にさかのぼるが、『尊卑分脈』（第一編、公季公孫）によると、洞院家の権中納言・藤原公尹の母は白拍子で、無量といった。(100)この時代にも、白拍子と遊女とは、いちおう区別されていた。(101)そのほか京都の寺院では湯屋、風呂屋ができ、そこには、すでに湯女が現われ、売笑婦の仲間に加わっていた。『太平記』には、正平十五年（一三六〇）のこととして、つぎの一文がみられる。(102)

　今度ノ乱ハ、併《シカシナガラ》畠山入道(103)ノ所行也ト落書ニモシ、歌ニモ読《ミ》、湯屋風呂ノ女童部《ワランベ》マデモ、モテアツカヒケレバ、畠山面目ナクヤ思ケン、暫《シバラク》虚病シテ居タリケルガ、……

以上みるとおり、この時代にはさまざまの名の売笑婦が巷に満ちていたけれども、関係史料が乏しいため、その接客名は、ほとんどわかっていない。もっとも、『太平記』には、延元元年（一三三六）の冬、越前國の金崎《かねがさき》城に籠った新田左中将・義貞らが船遊びを愉しんだことに触れて、(104)

　春宮（恒良親王）、御盃ヲ傾サセ給ケル時、嶋寺ノ袖ト云ケル遊君、御酌ニ立タリケルガ、拍子ヲ打テ、……

とみえ、袖《そで》という遊君の名を伝えている。

また二十一代集の最後を飾る『新続古今集』[105]には、左のような歌が見いだされる。

尾張の国に京よりくだりける男のかたらひつき侍りけるが、あすのぼりなんとしける時、しぬばかりおぼゆればいくべき心ちせぬよしいひけるに

傀儡　あこ

しぬばかりまことになげく道ならば命とともにのびよとぞ思ふ[106]

あづまのかたよりのぼりけるに、あふはか(青墓)といふ所にとまりて侍りけるに、あるじの心あるさまにみえければ、あか月たつとて

堪覚法師

しるらめや都をたびになしはてばなほ東路にとまる心を[107]

返し

傀儡　侍従

あづまぢに君が心はとまれども我もみやこのかたをながめむ[108]

あこも、侍従も、ともに宿場の傀儡《くぐつ》であった。傀儡史の最後に名をとどめる二人の女性は、傀儡とはいっても、その実質は、遊君と異なるところはなかったであろう。

この時代には、寺社に奉仕していた尼や巫女《みこ》は、まだ傾城《けいせい》化してはいなかった。貞和三年（一三四七）十二月、光厳上皇は祇園社の別当らに勅を下し、同社巫女・松鶴女に攝津國の金心寺の田畠を安堵させられた[109]。祇園社の巫女の松鶴女は、荘園領主であり、当時においてかなり影響力の大きい女性であったようである。

女性の法名

古文書類を披見して痛感するのは、南北朝時代には、出家した女性が、おびただしい数にのぼっていることである。夫との死別によって落飾するのはもちろんであるが、大病を患ったり、死期を予感して、あるいは弥陀の浄土を欣求したりして、つまりさまざまな理由から女性たちは、いとも簡単に出家したのであった。

注意を要するのは、この時代になると、尼と比丘尼との区別が曖昧となったことである。

むろん、出家した女性の大部分は、在家の削尼であって、日常生活は俗人とほとんど変わることがなく、財産を所有し、処分することも自由であった。寺院に止住する真の尼は、ごく一部にかぎられていた。

三條家の内大臣・藤原公忠（一三二四～一三八三。後小松天皇の外祖父）は、息女である賀茂瓦屋の比丘尼・榮宋が自宅を訪ね来たったことを記録している[110]。「瓦屋」とは、神祇の忌《いみ》詞《ことば》で、寺のことである。賀茂神領の出雲郷の今出川・北小路―現在の相国寺の寺域―に存したため、寺とは呼ばれず、瓦屋といわれたのである。この寺は、第一世が法然、第二世が

源智であるが、平重盛の孫にあたる源智のときに寺としての体裁を整えた。室町時代以降、寺域は転々としたが、その後身は、現在の百万遍知恩寺にほかならない。[111] 比丘尼・榮宋はこの賀茂瓦屋—知恩寺—に止住していたのであるから、彼女は正式に授戒を受けた尼であったはずである。榮宋は、知恩寺の塔頭《たっちゅう》の尼院に止住していたものと想定される。

また洞院家の権大納言・藤原忠季（一三二二～一三六六）の息女で、檀林寺の長老であった女性は、「比丘尼昌祐」と記載されている。[112]『尊卑分脈』においては、当時の洞院家の女性で出家した人びと、すなわち理球、理明、了覺、理融らはすべて「比丘尼」と記され、尼とは書かれていない。比丘尼と尼との区別が消滅した次第は、以上によっても察知されよう。

南北朝時代の尼、比丘尼の法名には、鎌倉時代と同様に三種の区別があった。第一は、皇室関係の人びとにかぎられる三字の法名、第二は、二字からなる一般的な法名、第三は、阿弥陀号、略して阿号である。

第一種は、宇多天皇（法諱は空理、のち金剛覺）いらいの法名であって、この時代にもひきつづきみられた。ただ女性の場合には、史料が乏しいため、その実態はあまり明らかでない。記録にのこる稀な例の一つは、洞院家の権大納言・實明の娘・實子の場合である。實子は、花園天皇の後宮にはいって、壽子内親王（安徽門院）や直仁親王らの母となり、正慶元年（一三三二）十二月、准三后、暦応元年（一三三八）四月、宣光門院の尊号を授けられた。貞和四年（一三四八）十一月二十四日、花園天皇の崩後三日にあたって實子は剃髪し、法諱を遍照智と称したが、時に五二歳であった。[113]

応安二年（一三六九）の十月、近衛家の前関白・藤原道嗣（一三三三～一三八七）の娘（当時一四歳）が木幡の観音寺の長老を戒師として出家したが、その法諱は、浄智眞であった。[114] 史料の不足、あるいは史料渉猟の不充分さのためかもしれないが、貴女の三字の法諱は、南北朝時代には稀有となっていたようである。

第二種の法諱について指摘されるのは、貴族と庶民とでは、法諱にほとんど差異が認められないということである。この種の法名は、意外に多数判明している。以下、文書、記録から若干の例を拾ってみよう。

[1]如實　[2]妙智　[2]寶音　[3]良明　[4]正意　[5]如法　[6]蓮信　[7]光一　[8]西妙
[8]見性　[9]妙光　[9]思道　[10]信如　[10]淨照　[11]了全　[11]蓮妙　[13]法覺　[14]化道
[17]法圓　[18]理仁　[19]秉心　[19]妙性　[20]宗圓　[20]妙法　[22]念法　[22]慈妙　[23]法心
[23]覺忍　[24]慈敎　[25]智善　[25]圓善　[26]禪榮　[27]宗悟　[27]了忍　[27]理恩　[28]祖忠
[28]慈戒　[30]行妙　[31]妙宗　[33]慶妙　[36]眞光　[39]性遍　[39]如等　[39]了祐　[39]尊空
[40]惠宗　[40]鏡信　[41]玄珠　[42]慈妙　[56]信惠　[58]明玉

これらを瞥見すると、鎌倉時代の第二種法名にくらべて妙の字の使用がいくぶん減ったように思われる。

この時代の尼としてその名が著聞しているのは、曹洞宗の尼僧・慧春の名である。彼女は、俗姓は藤原氏、出身地は相模國大住《おおすみ》郡の糟屋、兄は小田原の最乗寺の開祖・了菴惠明

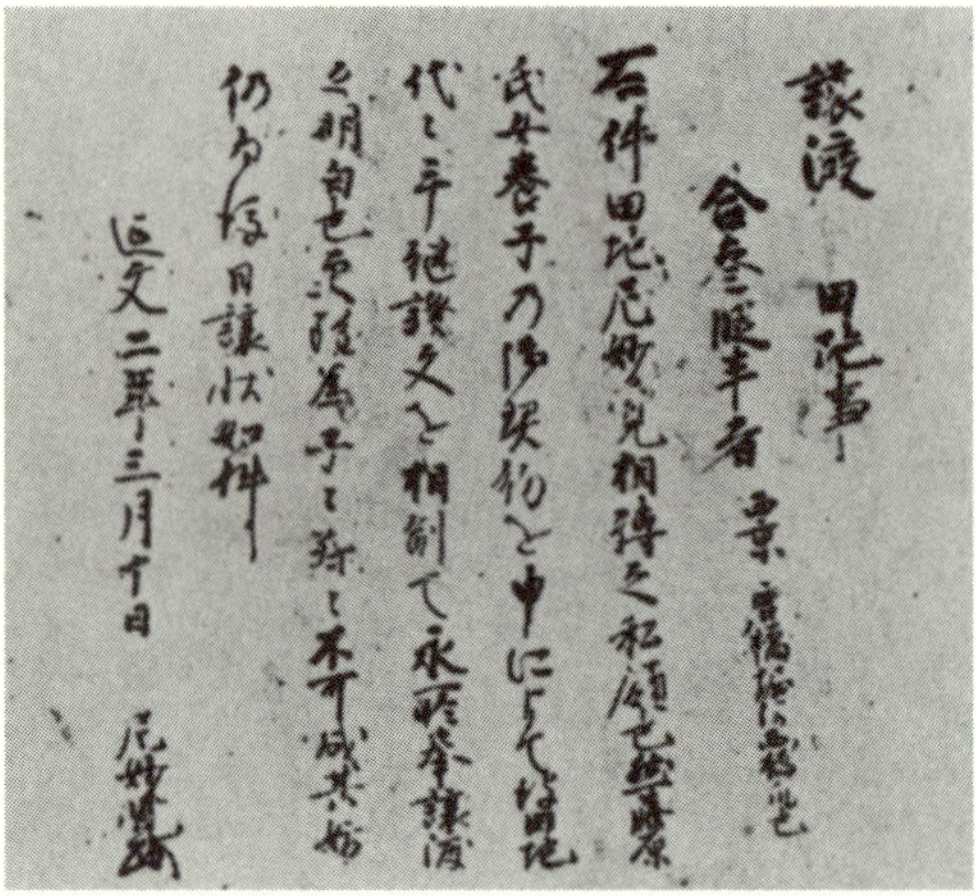

図61　延文2年3月10日付「尼妙覚田地譲状」
（東寺百合文書）

（一三三七～一四一一）であった。生来の美人であったが、俗世を厭って出家し、機鋒の鋭い尼僧としてかずかずの奇行を演じた。最後には最乗寺門前の磐石の上に柴棚を作り、みずからこれに火を放って火焔の中に身を投じ、入定したと伝えられている。[115]

第三種の法名、すなわち阿号（阿弥陀号）は、前述のとおり（四〇頁、一六九頁）、重源が提唱した法名であるが、これはとくに在家の比丘（沙彌）、比丘尼（優婆夷）の間で用いられた。阿号には、原則として男女の区別はなかった。ただし、時宗においては、阿号は男性にかぎられ、女性には、弌《いち》房号（一房号）、または佛房号が用いられた。[116] その実例は、

敎一房　經一房　住一房　大一房　東一房　戒佛房　經佛房　現佛房　心佛房　我佛房

のように、有名な『時宗過去帳』[117] からいくらでも求めうるのである。

つぎに女性の法名としての阿号の例を挙げてみよう。

[2]念阿彌陀佛　[3]りやうあみだぶ　[4]智阿彌陀佛　[5]妙阿彌　[7]蓮阿　[10]圓阿　[13]妙阿　[13]眞阿　[13]福阿　[14]けう阿　[19]性阿　[20]めう阿　[21]戒阿彌陀佛　[28]妙阿彌陀佛　[30]善阿彌

全般的な傾向として本式の阿弥陀佛号は減少し、「×阿弥」、「×阿」といった略式の阿号が増大していることが認められる。後世の「まあ」が眞阿に由来することは注意を要する。

なお、参考までに付記すると、本阿彌光悦（一五五八～一六三七）を出した本阿彌《ほんなみ》家の始祖は、参議・菅原長經（一二四二～一三一五）の末子・長春（一三五三没）であった。彼は将軍・尊氏に仕え、刀剣奉行となり、刀剣の鑑定の権威として大いに名声を博した。長春は後年出家し、妙本または本阿弥と号した。妙本の末裔は、本分家十二家に岐《わ》かれ、室町時代から江戸時代にかけて刀剣鑑定家として重きをなし、始祖の法名・本阿弥をもって家名としたのであった。[118]

なお、諱を呼ぶことを避けたがる日本人の性向のため、在家の尼ないし比丘尼は、日常生活においては、出生地、住所、所領、位階等々に因んで「××禅尼」といわれた。源貞氏の

妻で将軍・尊氏の母の藤原（上杉家）清子は、「三品禅尼」、「大方禅尼」、「等持寺殿」などと呼ばれていた。[119]「三品禅尼」は清子が従三位に叙されていたためであり、「等持寺殿」は禅尼が息子・尊氏が建立した等持寺（三條坊門小路北・万里小路西）に止住したためである。「大方禅尼」の称は、彼女が下總國豊田郡の大方《おおかた》荘の出身であるか、あるいはこれを所領としていたためであろう。[120]また「日野の芝禅尼」[121]は、権大納言・藤原資名《すけなか》（一二八七～一三三八）の後室であって[122]、光嚴上皇の信任が篤く、第二皇子・彌仁親王を養君としていた女性である。彼女は、後宮に大きな発言力をもっていたが、[123]『竹向記』の典侍従三位・名子、「岡松一品」の名で知られる従一位・宣子（将軍・義満室）らは、彼女を母としていたらしい。「芝」というのは、日野家の邸宅のあった洛北の安居院《あぐい》に近い芝のことである。[124]この権勢ある後家尼は、芝に存する邸宅に住んでいたため、「芝禅尼」と呼ばれたのである。

源空を法然房、辨慶を武藏房[125]というように、法諱を敬避し、房号を通称とする風は、平安時代から行われていた。尼の場合も、在家の削尼ではなく、寺院の房舎に止住する尼の場合、房号を呼び名とする風潮は、南北朝時代にいたって一般化した。『師守記』には、横心房、[126]祖守房、[127]正喜房[128]などと呼ばれる尼たちが登場している。房号で記されているため、これらの尼たちの法諱の方は、つまびらかでない。

この時代になると、足利将軍家では、将軍や御台所も、法諱に院号が加贈されるにいたった。それは、本人が生前に建立した寺院や塔頭の名に因むのが建て前であった。将軍・尊氏の法諱は「妙義仁山」であるが、[129]これに対して「等持院殿」の院殿号が加贈されたのである。これは、万事公家志向の尊氏の願望によったものである。

尊氏の先妻で、竹若丸を産んだ女性は、加子六郎の娘であったが、彼女は院殿号「雲光院殿」を加贈された。[130]また後妻で、赤橋家から出た平登《なり》子（一三〇六～一三六五）は、法諱・定海に対して院殿号「登眞院殿」が加贈された。[131]この時分には、院号が加贈されるのは、摂関家、清華家や将軍家の女性にかぎられ、それ以下の階級にはまだひろがらないでいた。

つぎに道号は、鎌倉時代において禅宗の僧侶の間で用いられていたが、この時代になると、天台、真言、浄土の諸宗の僧侶の間にも普及したし、また尼僧の間でもみられるにいたった。

いったい、道号とは、「其の道に名づけたる号の意」である。「即ち諱を呼ぶを避け、其の道を尊びて称する号を云ふ」[132]のである。道号はもともと表徳の号であって、仏教徒として修行、信仰を通じてえたその人の人格、功績などを表示する二字の名である。[133]したがって字《あざな》とは別個の名であった。円覚寺の開山・無學祖元（一二二六～一二八六）は、弘安二年（一二七九）に元から来朝した高僧であったが、無學は道号、祖元は法諱であり、その字は子元であった。[134]『蔭涼軒日録』には、「小松谷善瑩長老、道號玉峯、字祓遊」などとみえる。[135]中国でも日本でも、初めは道号と字とは区別されていたが、のちには混同されるようになった。
鎌倉時代の末葉いらい、尼も道号を称するにいたった。上

図62　「千代井」本隆寺本堂前（京都市上京区紋屋町）

記の祖元について落飾し、ついにその法嗣となった無外（または無着）は、如大という道号を帯びていた。彼女は、秋田城介兼陸奥守であった安達家の藤原泰盛（一二八五、被誅）の娘に生まれ、北條家の平顯時に嫁した。「霜月騒動」ののち、京都に来たり、修道に専念した。やがて無外は、上杉民部大輔こと藤原憲顯、二階堂山城守こと藤原秉藤や多数の信徒の後援をえて、旧平安宮の北に接した五辻《いつつじ》に景愛寺を創建した。将軍・尊氏の継母は、無外の娘であった関係もあって、幕府の奏請により景愛寺は、尼寺五山の筆頭に列せられた。光嚴院の皇女・華林尼の入寺いらい、景愛寺は無外の俗名に因んで千代野御所と呼ばれ、爾来、皇族や摂関家出の尼僧が住持する尼門跡となった[136]。

景愛寺は、「応仁文明の乱」で炎上した[137]のみならず、その付近一帯は主戦場となり、この名刹は廃絶した。その遺跡は、現在、本隆寺の敷地となっている（京都市上京区紋屋町）。本隆寺の本堂の東南には、建物に接して古井戸が現存する。これについて『雍州府志』（八）は「千代野井在㆓洛北日蓮宗本隆寺㆒」と記し、本隆寺は、「距㆓景愛寺㆒不㆑遠故称㆓斯井㆒曰㆓千代野井㆒」云々」と述べている。同書によれば、千代野は、如大無外の俗名であったという[138]。

もしも如大無外尼の俗名が「千代野」であったとすれば、それは鎌倉・南北朝時代の女性名として類例の少ないものとされよう。実のところこれは、『都花月名所』に、「千代《ちよの》井五辻本隆寺」とあるのが正しく、無外尼の俗名は「千代」す

なわち「千代女」であって、当時の女性名として珍稀なものではなかったことが知られる（一六七頁参照）。現在、本隆寺本堂の東南に接した古井の傍には、「千代井」と刻した標柱が建てられているのである（図62）。

3 室町時代

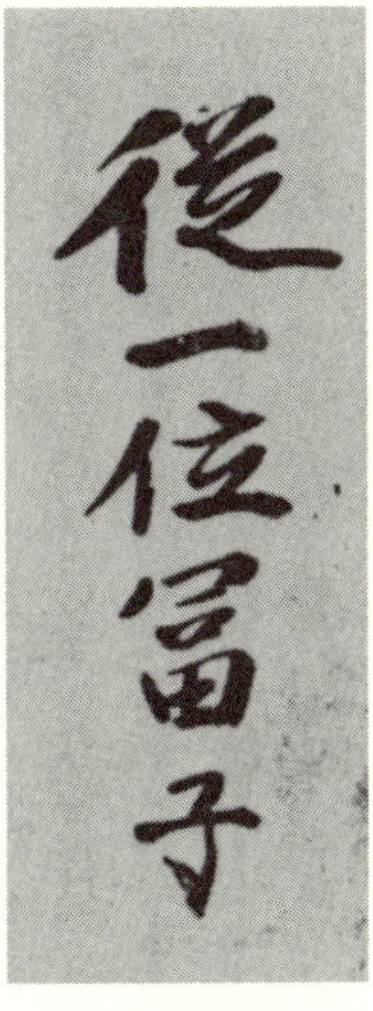

図63　藤原冨子の署名（『大日本史料』第8編之18，318／319ページの図版よりとる。原本は，文明18年3月の『大光明寺奉加帳』）

女性名の傾向

「室町時代」という呼称で取扱うのは、明徳四年（一三九三）から天正元年（一五七三）にいたる一八〇年にわたる時代のことである。この時代は、南北朝時代を承けて古代から中世への繋ぎの役を果たした混成古代の後期である。女性名についてみても、古代的な名と中世的な名との併存・混淆がよりいちじるしく認められ、いつしか中世的な名が繁衍《はんえん》する傾向が看取されるのである。

こうした変化の路線は明瞭に判明しているけれども、その委細は必ずしも明白ではない。それはもっぱら女性名に関する史料の貧困さにもとづいている。たとえば、故赤松俊秀博士（一九〇七～一九七九）が編纂した『教王護國寺文書』一〇巻に収載された古文書は、三〇二六通にのぼるが、その大多数は室町時代のものである。これらを披見すると、そこに登場する女性の数は寥々たるありさまであるうえに、それらすらがたとえば、「衞門二郎女」、「善阿後家」、「飯尾加賀母」といったように、当主の母、娘、姉妹、あるいは後家として表記され、実名が記されることは稀有である。これは、武家社会の到来とともに女性が社会の表面から姿を消した現象と表裏している。かの洪翰な『寛政重修諸家譜』（一五三〇巻）では、女性はもっぱら「女子」と記されており、女性を社会の裏面に追いやった武家社会の性格が露骨にみられる。

こうした事情に由来する史料不足は、室町時代の女性名の研究を至難としている。にもかかわらず女性名の方は活発に変化しつづけ、いつの間にか中世的な女性名が成立するのである。それゆえ、女性名史にとって室町時代というのは、白いハンカチがその中で鳩に変わって飛び出す手品師の魔法の小函のようなものである。

むろん、そこには、著者自身が南北朝時代や室町時代の歴史に昏いという理由もあるけれども、混成古代における女性名の究明は、今後の研究にのこされた重大な課題となっている。

なお、室町時代は、一般に「応仁の乱」を契機として前期、後期に二分されている。女性名自体も、前期と後期とでは様相を異にしているけれども、史料不足のため、本節では二期に分けず、一括して述べることとしたい。

宮廷社会の女性名

初めに皇女、王女についてみると、後小松天皇から正親町天皇にいたるまで皇女の内親王宣下は全く跡を絶った。すでに光嚴天皇の治世から皇女は幼いころに尼寺に入れられて喝《かつ》食《しき》（稚児）となり、受戒ののちは法名をつけて××女王となる慣例が生じた。光嚴皇女の惠嚴女王などは、その最も早い

列に属している。(1) 以下に歴代の皇女をかかげてみよう。(2)

後小松天皇　理永女王（母は、藤原資子。稱光天皇と同母）

伏見宮・貞成《さだふさ》親王（後崇光院）　性惠女王　理延女王（ともに母は、源幸子）

後花園天皇　觀心女王（母は、嘉樂門院・藤原信子。安禅寺住持）　照嚴女王（母、不詳）

後土御門天皇　慈勝女王（母、不詳。大聖寺第五世住持）　壽嶽女王(3)（母、上﨟局・藤原房子。字は、惠仙。安禅寺に止住）　智圓女王（母、同上。安禅寺に止住）　應善女王（母、藤原兼子。保安寺に止住）　椿性女王（母、不詳）

後奈良天皇　普光女王（母、橘量子。安禅寺に止住）　聖秀女王（母、藤原國子。曇華院に止住）

なお、花山源氏の白川伯家の場合には、代々神祇伯を勤める職掌のうえから王女は仏門にはいらなかった。すなわち、

豐子女王(4)（神祇伯・資忠王王女。権中納言・藤原兼郷〔廣橋家〕の室家。准大臣・綱光、大納言典侍・顯子〔後土御門乳母〕らの母）

顯子女王(5・6)（神祇伯・雅業王王女。従五位下。これは、即位の大礼にさいして左の褰帳の命婦を勤めたために授けられた位である）

などがそれである。仏門にはいらない女王は、室町時代においては異例の存在であった。

つぎに室町時代の後宮をみると、皇后や中宮は一人として冊立されることがなく、典侍や掌侍らが夜御殿に侍した。したがって摂関家の子女が入内して中宮や女御になる風は中絶した。

後小松天皇

＊藤原資子（日野家の権大納言・藤原資國の娘。稱光天皇らの生母。典侍。のち院号・光範門院。権中納言・藤原宗量〔中御門家〕と密通し、宗量は流罪に処された）(7)

藤原經子（甘露寺家の権大納言・藤原兼長の娘。大納言典侍と呼ばれた典侍。治部卿・橘知興や土岐與安と密通した）(8)

後花園天皇

＊藤原信子（右馬助・藤原孝長の娘。初めの名は鄕子。伊與局の名で宮仕えし、愛寵を蒙る。後土御門天皇らの生母となる。内大臣・藤原信宗〔大炊御門家〕の猶子となり、名を信子と改めた。二位局と呼ばれ、准后となり、のちに院号を賜わって嘉樂門院という）(9)

藤原冬子（女御代、上﨟局と呼ばれ、従三位に叙せられた。轉法輪三條家の左大臣・藤原實尚の娘）(10)

後土御門天皇

源　朝子（庭田家の権大納言・源重賢の娘。新大納言典侍と呼ばれ、後柏原天皇らを産む。のち三后に准ぜられる。一説、蒼玉門院の院号を賜わる）(11)

藤原兼子（花山院家の内大臣・藤原持忠の娘。若上﨟と呼ばれ、仁悟法親王の母となる）(12)

藤原房子（勸修寺家の准大臣・藤原教秀の娘。新大納言典侍と称した。皇子女を産み、従三位に叙された）(13)

後柏原天皇

藤原藤子（前記・房子の姉妹。初め阿茶局。のち新大納言典侍。後奈良天皇らの生母。豐樂門院を追号）(14)

(15)源　源子（庭田家の権大納言・源雅行の娘。初め阿愛局という。のち新典侍と呼ばれる。覺道法親王らの母。正五位下に至る）

＊藤原繼子（高倉家の権中納言・藤原永繼の娘。掌侍。僧・道善の母となる）(16)

後奈良天皇

藤原榮子（萬里小路家の参議右大辨・藤原賢房の娘。知仁親王〔後奈良天皇〕の愛姬となり、御阿茶々局と呼ばれる。正親町天皇らの生母。贈皇太后。吉徳門院）(17)

藤原量子（薄（すすき）家の参議・橘以緒の娘。高倉家の権大納言・藤原永家の養女。典侍。皇女を産む）(18)

藤原國子（廣橋家の内大臣・藤原兼秀の娘。典侍。聖秀女王〔曇華院宮〕の母。天皇入棺の日に出家。法名、貞譽）(19)

天皇の愛寵を蒙りはしても、諱の不明な女性は、右の表から除外されている。こうした宮廷社会の高級官女たちは、い

ずれも×子型の名を帯びていた。＊を付したのは、父の名の偏諱を貰った女性の名である。

つぎに足利家の妻女たちの名を挙げてみると、左のとおりである。義植《よしたね》以後の各将軍の室家の名が不明なのは、特記さるべきである。わけても義晴は、関白・藤原尚通（近衛家）（一四七二～一五四四）の息女を、また義輝は、関白・藤原稙家《たねいえ》（近衛家）（一五〇三～一五六六）の息女を室家としていたにもかかわらず、二人の女性とも名は伝えられていない。[20] これは、正親町天皇の寵人たちの諱が不明なのと同様に、乱世のしからしめるところであろう。左の妻女の表は、足利将軍家と公家社会との癒着をあますことなく呈示している。またそこに日野家の冨子（一四四〇～一四九六）のようなどぎつい女性が現出する地盤があった。[21] この冨子《とみ》（富子）というのは、×子型に属する、当時としては新しい感覚の名であった（図63）。

宮中に勤仕する上・中級の官女たちの名は、例外なく一字二音節型（×子型）であって、古来の伝統が守られていた。すなわち、応永二十二年（一四一五）正月現在、つまり称光天皇の治世の初め、内裏の女房には左記のような人びとの名が知られている[22]（位階省略）。

典侍　藤原朝臣光子
　　　藤原朝臣政子
　　　藤原朝臣綱子
掌侍　藤原朝臣春子
　　　源朝臣朝子
　　　藤原朝臣能子
蔵人　櫛代造玉子
女孺　坂上宿禰氏子
主殿女孺　藤井宿禰方子
采女　櫻井宿禰松子
内教坊命婦　和氣朝臣成子
水取　海宿禰浪子
掌縫　櫻井宿禰末子
闈司　宮道朝臣卿子
女史　藤井宿禰量子

なお、同じ時に叙位された北山院の女房として橘朝臣薫子の名がみられる。おそらくこれは、シゲコと訓むのであろう。また東豎子《あづまのわらは》は、それが誰であっても、紀季明という男性名を帯びることは、平安時代からの伝統であった。

これより百余年をへた大永元年（一五二一）四月現在、内裏女房の名の型は、すこしも渝《かわ》っていなかった。[23]

典侍　藤原朝臣守子（大典侍）
　　　藤原朝臣藤子（新大典侍）
　　　源朝臣源子（新典侍）
掌侍　菅原朝臣松子（菅大納言典侍）
　　　藤原朝臣濟子（宮内卿内侍）
　　　藤原朝臣繼子（勾當内侍）
命婦　和氣朝臣親子
　　　豐原朝臣年子

蔵人	安倍朝臣昌子
御匣殿蔵人	賀茂県主氏子
内教坊	藤原朝臣之子
	平朝臣作子
采女	玉手朝臣美子
	長柄首只子
掌縫	綾朝臣繁子
女史	貞朝臣誠子
水取	源朝臣潔子
主殿女孺	常澄宿禰照子
闈司	大庭造護子

『実隆公記』によると、守子は大典侍《だいすけ》、藤子は新大典侍《しんだいすけ》、源子は新典侍《しんすけ》（東坊城家）、松子は勾當内侍、濟子は宮内卿内侍と呼ばれていた。松子は、大永三年（一五二三）二月、典侍に宣下され、菅大納言典侍と呼ばれた。[24] それで繼子が後任の勾當内侍を命じられたが、大永七年（一五二七）に卒去し[25]（四八歳）、濟子が後任を命じられた。[26]

前代でもそうであったように、室町時代の宮廷貴族の女性たちは、×子型の名は帯びておらず、それは宮仕え、叙位などに際して撰ばれたのであった。たとえば、准大臣・藤原綱光の娘（前記）が典侍に任命されたときには、外記局において「守子」という名が撰ばれた。[27] 文亀元年（一五〇一）十月、権中納言・藤原基綱の娘が掌侍に宣下されたさいには、名を就子《なり》という伊與局がすでにいたにもかかわらず、名は濟《なり》子と

表1　足利家の妻女たち

氏諱	家名	配偶者	位階	備考
藤原清子	上杉家	貞氏	従三位	尊氏、直義の母
平　登子	北條家	尊氏	従二位	義詮、基氏の母
源　孝子	澁川家	義詮	従一位	
紀　良子			従一位	義滿の母
藤原宣子	日野家	義滿	従一位	業子の姉、歌人
藤原業子	日野家		准后従一位	
藤原康子	日野家		准后従二位	
藤原慶子			贈従一位	義持の母
源　春子	攝津家		従二位	義嗣の母（春日局といわれる）
藤原榮子	日野家	義持	従一位	義量の母
藤原重子	裏松家	義教	従一位	義勝、義政の母
藤原尹子	洞院家			
藤原冨子	日野家	義政	従一位	義熙の母
藤原命子	萬里小路家	義熙		権大納言典侍
藤原豊子	日野家	義澄		

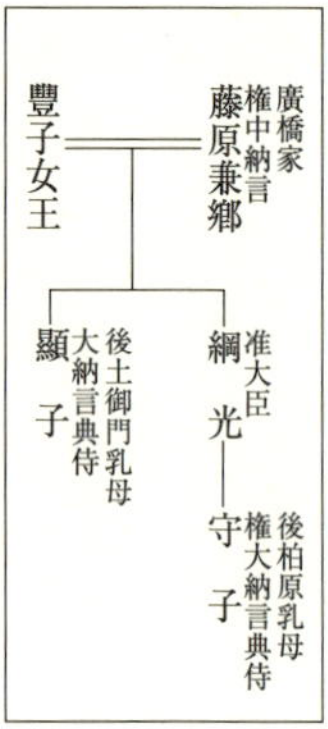

され、新内侍と呼ばれた[28]（前記の宮内卿内侍）。

永正五年（一五〇八）三月、故参議・藤原季兼（水無瀬家）の娘が掌侍に任官したときには、宣下はあったが、近年の慣例として叙品されなかった。このとき、前大臣・實陸は、覺城入道（中原師冨）と協議して、「具子」、「言子」の二つを撰んだが、彼女の名は具子に決定した[29]。具子は、後奈良天皇の勅旨によって典侍に昇任し、大納言典侍と呼ばれた[30]。

もう二つ例を挙げると永正六年（一五〇九）、賀茂康久の娘が参仕し、播磨局の名称を襲ったときには、侍読の権中納言・菅原（東坊城）和長が彼女のために貞子という名を撰んだ[31]。

日野家の左大臣・藤原勝光（一四二九〜一四七六）や従一位・冨子ら多数の子女を産んだ婦人は、醫師《くすし》某の女であった。彼女は出家して悠々と余生を送っており、住所に因んで北小路殿または北小路禅尼と呼ばれていた。文明八年（一四七六）九月、従一位・冨子の奏請によってこの禅尼は、従三位に叙されることとなった（婦人は、出家後も叙位にあずかることができた）。そこで冨子は、廣橋家の権大納言・綱光（一四三一〜一四七七）に名字の勘進を依頼した。綱光は、孝、惟、苗《みつ》の三字を撰んで檀紙一枚にそれらを記入して進めた。そのうち苗字が名字に治定され、醫師苗《くすしのみつ》子を従三位に叙する旨の位記を入れた筥は、侍従・永康がもち、中務省の大内記に従って室町殿に赴き、民部卿局を通じてそれを冨子に進めた。冨子は、沙金一裹《つつみ》を入れてその筥を永康の手をへて大内記に返したとのことである[32]。

勝光らの父の右少弁・重政は、父・前権中納言・義資が永享六年（一四三四）六月、刺客―将軍・義教が遣わしたらしい―により殺害された際、同家の青侍二、三名とともに出家した[33]。それ以前（一四二九）、重政は、おそらく御末《おすえ》として家に仕えていた醫師《くすしの》某女に男児（のちの勝光）を産ませていた。出家後の重政は、正妻を娶らなかったらしく、妾の某女に数子を産ませたが、冨子はその一人であった。勝光は、祖父・義資の跡を嗣ぎ、敏腕をふるって昇進し、専権をほしいままにして、世に「押《おさえ》大臣」と称された[34]。勝光も冨子も、その権勢は将軍を圧したが、彼らの生母の身分が卑しかったのは、以上のような事情に由来しているのである[35]。

なお、応永二十五年（一四一八）四月の賀茂祭に典侍・藤原政子に随行した女蔵人の賀茂阿子[36]は、宮仕えの際に通常名をそのまま諱とした珍しい例である。「くまこ」とでも訓ませたのであろうか。

室町時代における宮廷女性の一字二音節型（×子型）の実名（諱）を通観してみると、父の偏諱を承けた名が減少したことや、むずかしい文字（たとえば、鏱子、⿰女尊子、綸子のような）を諱に用いる風が衰えたことが指摘される。

その代わりに登場したのは、いわゆる「公家訓み」による諱の呼び方である。これは、漢字の通常の訓みに従わず、さまざまな理由をつけて変わった訓みをつける仕方である。その理由は明らかでないが、公家社会の地盤低下のうちで、家門の階級的独自性を誇示するために勘案されたもののようである。

たとえば、貞成親王、後土御門天皇（諱・成仁）の「成」字の訓みは、ナリ、シゲ、ヒラではなく、フサである。正親町天皇の諱の方仁の訓みは、シゲヒトである。室町時代にはこの種の「公家訓み」が公家社会の一部に拡がり始めたのであって、女性の諱にもそれが反映し始めた。前記の苗字の場合、それはナエコではなく、ミツコなのであり、その文字にはかように訓む根拠は薄弱である。

陽光院（誠仁親王）の諱の訓みは、ノブヒトである。ところが、足利家の権大納言・源満詮（一三六八〜一四一八）の妾であった従三位・誠子の訓みは、トモコであった[37]。そこには、「誠」字をそう訓まねばならぬという理屈は存しなかった。江戸時代には、武家社会もこれを採用したが、この「公家訓み」は、日本人の諱の訓みをあまりにも複雑化したのである。

貴族女性の通常名

室町時代においても、伝統的かつ古典的な×子型の女性名は、上記のような様態でまだまだ確乎たる地歩を保有していたけれども、前代にすでにみられた女性の通常名がいちじるしく社会の全面に現われたことは、この時代の特色であった。

いったい、公家社会や武家社会では、男子は五、六歳から二〇歳くらいまでの間に元服の式を行い、その際、幼名ないし通称を改めて諱（名乗）をつけるのが慣例であった。女子の場合には、元服に相当する裳着《もぎ》があったけれども、必ずしも諱は与えられなかった。しかし裳着の前後、または結婚の前、あるいは宮仕えのさいに諱、すなわち実名が定められた。

ところが、南北朝時代から乱世につづき、公家社会が衰微すると、女子の裳着は行われなくなり、実名も与えられなくなった。したがって叙位されたり、女房として参仕する一握りの婦人を除けば、女性は童名や愛称をそのまま持ちつづけ、結婚してもそれを変更しないようになった。室町時代の上層階級の女性たちにみられる通常名は、童名、愛称を中核として表面に泛《うか》び上がったものである。

いま室町時代前期にものされた伏見宮貞成《さだふさ》親王（一三七二〜一四五六）の『看聞御記』からこの種の日常名を拾い出してみよう（年月日は省略）。

あい　阿賀こ　阿古（あこ）　阿五　あ五々　あちや　あと　あや　いと　かゝ　賀々　小今　白　たと　ちよちよ　むめ　目こゝ　女々（目々）　若女

あいは、ある女官の名で[38]、古い愛壽女、愛王女、愛染女などに由来する省略形である。阿古は古典的な童名・阿古女（阿古丸）の省略形であり、阿五、あ五々は阿古の派生形である。阿賀こは、吾が児である。あちや（阿茶）の名は頻出するが、これは前代に始まり（一八八頁参照）、当代にいたって爆発的に愛好された名である。かかは、女児に対する愛称であろう。小今は今の縮小形（愛称）であるが、彼女は典薬頭・和氣茂成（一四〇二～一四八三）の息女であって、永享八年（一四三六）には一一歳であった。[39] めめは、非常に流行した名である。おそらく女女《めめ》に由来する小児語であろう。[40] 元来が小児語であるから、めめ丸といった童名[41]も可能であったわけである。またためという幼名を付して呼ばれるめめ典侍《すけ》といった典侍の名も現われている。[42]

なお、あや、いと、むめなどは、早く×子型より女字が脱落した例に属している。

『実隆公記』は、周知のとおり、三條西家の内大臣・藤原實隆（一四五三～一五三七）の浩瀚な日乗である。そこには頻度は少ないけれども、若干の通常名が記載されている。

御愛　あか　御阿賀　御阿古　あここ　阿茶　阿茶々（御あちやちや）　あや　玉　茶々　御八智《おやち》

また通常名に由来する女房名もいくつかみられる。

御阿茶局　阿茶々局　御愛局　佐五局　目々内侍　目々典侍

接頭語の「御」が頻繁に使われだしたことが注意をひく。

右のうち、御阿賀は、柳原家の権大納言・藤原資綱（一四一九～一五〇一）の娘である。[43] 玉は、飛鳥井家から出た僧・宗碩（一五三三、寂）—有名な連歌師—を父としていた。[44] 御八智（一四六三～一五〇八）は、山名家の出で、将軍・義熙の側室であった。[45]

つぎに、山科家の権大納言・藤原言継《ときつぐ》（一五〇七～一五七九）の『言継卿記』は、大永七年（一五二七）から天正四年（一五七六）にいたる日記であって、戦国時代の重要史料である。本日記には、多数の女性名がみられるが、まず通常名の方をかかげよう[46]（同一の名は、一人の場合も、二人以上の場合もある）。

あゝ子　あい　あか　あかゝ　阿子　阿五（安五）　あここ　阿茶　阿茶々　阿茶子　あちやあちや　あちやら　あや　あやゝ　いちや（御伊茶）　いと　いま（御今）　市川女

かゝ　かゝ女　かさ　龜　けゝ　お五　五い（五位）　ごう五々　五々女　小茶

さい（才）　御さご（御さ五）

たつ　たと　茶阿　茶子　茶々　茶々こ　茶地　茶々地（ちやちやち）　茶々女　御茶之子　ちよぼ　鶴　徳女（とく）

ひつ　姫松　ぼた

松　御萬　梅（むめ）

やゝ（彌々）

阿子に関しては、阿子御料人、[47] 御阿子[48]（鷲尾家の権中納言・藤原隆康の娘）のような敬称がみられる。薄家の参議・橘以緒の妻で、長橋局のお末を勤めた女性は、阿茶といった。[49] 言継の長女の名は、阿茶であった。(50) 阿茶子は、中御門大納言家（藤原宣秀）の女房であった。(51) あちやあちやは、長橋局に勤めた官女の名である。(52) 永禄六年（一五六三）、市川女は七歳で喝食となったが、彼女は、庶民の娘ではなかった。(53)

言繼は、萬里小路家の権大納言・藤原惟房の娘を御伊茶御亮（料）と記している。(54) 御今は、前記の橘以緒の娘であった。(55) 廣橋家の権大納言・藤原國光（一五二七〜一五六八）には、かゝという妾がいた。(56) ちよぼは、葉室家関係の女性である。(57)

長橋局の台所に勤めていた非司《ひのつかさ》（炊女）のとくは、德、德女、德子などと記されている。(58) これは、中世的な女性名のとくが形成される過程を暗示する好史料である。この場合の德子は、重箱訓みによるトクコである。これと建禮門院の諱の德子（ノリコ）とを混同しないことが必要である。

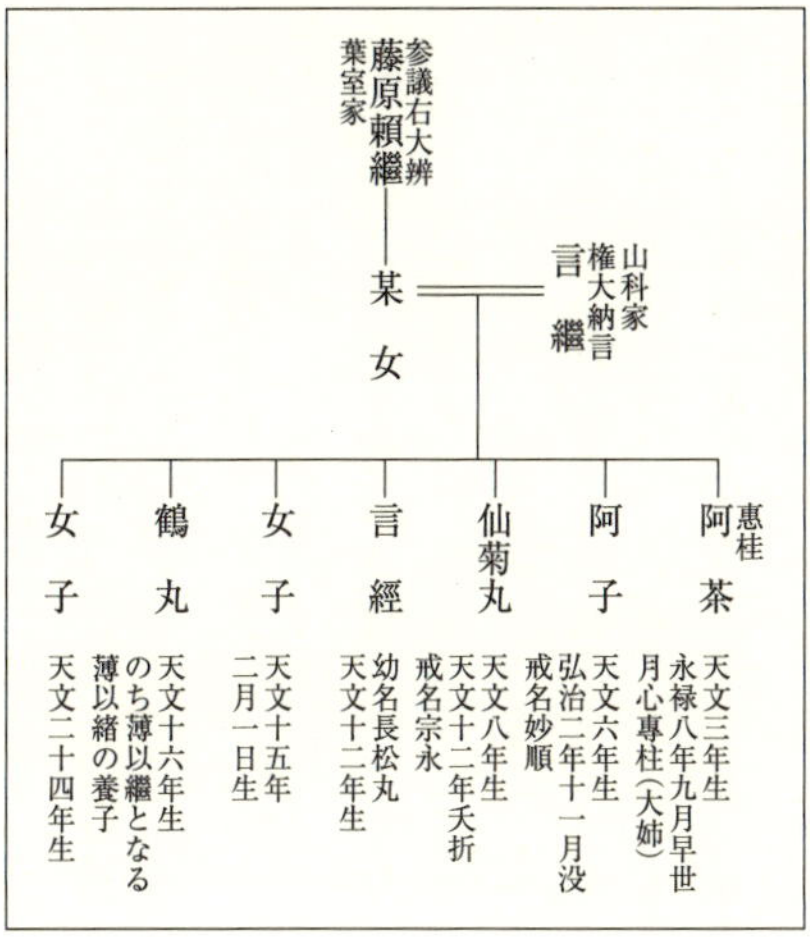

越前國の名族から出た大澤左衛門大夫藤原重成（一五八一、生害）の妻は藪田彌々《やや》、(59) 娘はぼたといった。(60) やゝは、元来やゝこに由来した語で、小児という意味である。(61) これは、普通名詞が女性名（固有名）となった例とみなされる。御萬というのは、(62) 遠く萬壽女に由来する名であろうが、(63) これは、まんの古い例に属している。

上に列挙した通常名の中には、庶民の女性名も混入している。室町時代も末葉にいたると、宮廷貴族の女性の通常名と庶民の女性名とはかなり融合し、区別しがたくなってきた。なお、茶子《ちゃこ》は、(64) 京の烏帽子屋の妻女（庶民）の名であった。

この時代には、皇室も衰微しており、それだけに内裏女房の人数も少なかった。女房の候名も、律令的な名称、

大納言典侍（略して大典侍《だいすけ》）新大納言典侍（略して新典侍《しんすけ》）
権大納言　権大納言典侍（権典侍《ごんのすけ》）中内侍　新内侍　中納言局　宮内卿局　右衛門督局　小督《こごう》　督《ごう》　宰相　民部卿局
勾當内侍（長橋局）　左京大夫局　小少将　小侍従　播磨
御乳人　女孺

のほかに、通常名の加味された、

めめ典侍《すけ》　阿茶局　佐古局　阿子局　伊茶局　御愛局

のような候名もみられた。

一般に、大路、小路の名を候名に用いる風は、継続はしたけれども（近衛局、高倉局など）後退している。春日局(65)という

のは、宮廷、将軍家ともにみられる候名であった。某典侍、某内侍のような名称を別とすれば、内裏と将軍家の女房たちの候名には変わりがなかった。国名をとった候名は、伊與（豫）局と播磨局にかぎられていた。若狭といった名も見受けられるが、それは下女の名であった(66)。

この時代には、上﨟局、東御方、今参局《いままいりのつぼね》といった性格の不分明な女房名も存した。永禄十年（一五六七）十一月、勧修寺家の権中納言・藤原晴右（一五二三～一五七七）の娘の阿茶（一六歳）が誠《のぶ》仁親王（後の陽光院）の許に入侍し、上﨟局となった。阿茶は、のちに父の偏諱をとって晴子または秀子と実名を定めたが、妃などではなく、上﨟局にとどまった(67)。同じ月に、二條家の関白・晴良（一五二六～一五七九）の娘が正親町天皇の許に入侍し、上﨟局となった。ただし、摂関家の娘は上﨟局になれぬ慣習なので、彼女は花山院家の右大臣・家輔の養女となって入内した(68)。

ともかく、后妃も女御もいない室町時代においては、天皇、皇子、伏見宮の親王などは、典侍、内侍、上﨟局、何々御方(69)といった女房たちを寝席に侍らすのがつねであった。

今参局は、文字どおり、新参の女房という意味であるが、その名は特定の女房に固定し、古参となっても、その名で呼ばれたし、ときには御今局、御今などとも記された(70)。

長橋局や内侍所に仕える官女たちは、多くの場合、通常名を候名とした（あか、たと、阿か、むめ、茶々こ、さい、五ゐ、ぁやなどの類）。ところが、彼女らより下級の下女が雅名を帯びる場合もあった（たとえば、常夏(71)、歡樂など(72)）。ただし、下女・姫松(73)は、姫松女の略であって、雅名ではなかった。

言繼(74)は早く実母と生別し、父・言《とき》綱（一四八六～一五三〇）の正妻―中御門家の権大納言・宣胤（一四四二～一五二五）の娘(75)―を養母としていた。この養母の姉―今川家の治部大輔・義元の母―は、「黒木」または「御黒木」と号していたという(76)。むろん、これは呼び名であって、実名は別にあったのであろう。

庶民女性の名

初めに時代の趨勢を述べると、室町時代前期には、まだ××氏女、××女といった名が見受けられたが、後期にはほとんど見いだせなくなった。阿弥陀号は、元来、男女に共通のものであったが、女性に関しては、×阿弥や×彌といった名は、おおかた姿を消した(77)。

名前に起こった大きな変化は、男子については、しばしば丸が脱落し、女子では女が省略されたことである。たとえば、澤路虎千代丸や大澤竹壽丸は、虎千代、大澤竹壽と書かれる(78)。女性名の場合では、虎千代女は、虎女と千代女に分解したのちに女字が落ち、トラ、チヨという二つの名が成立するのである。かようにして、龜松丸、龜松女からは、龜松(79)（男性名）とカメ、マツとが導かれる。

つぎに実例を列挙して、室町時代の庶民の女性名の実際とその変化を眺めてみたいが、この場合、時代を前期（目安として明徳四年〔一三九三〕から文正元年〔一四六六〕ごろまで）と後期（応仁元年〔一四六七〕から元亀三年〔一五七二〕ごろまで）に区分した方が好都合である。

なお、庶民の女性名は、個々の一括文書や日記に検出されることが少ない。しかしこの時代の一括文書はおびただしい数にのぼっているし、記録の遺存も多いので、全体としては多数の名が判明している。しかし一々の文書類、記録類の名を挙げ、そこから女性名を抽出するのは、あまりにも煩雑なので、ここではまず『大日本史料』から女性名を拾い、足りない部分を他の文献で補う方法を講じたいと思う。

もう一度注意しておきたいのは、同じ国土に住む日本人同士であるから、宮廷女性の通常名と庶民女性の名との間には厳重な区別はないということである。公家の家庭に庶民の女性が下女などの形で仕え、その名が宮廷女性の通常名の中に加えられるような場合も少なしとしないのである。

> 仍爲用々賣渡ます女の事
> 合壹人代米四斛五斗、者、
> 右件のます女者、生年廿歳ニ罷成候を、日向國嶋津北郷野水谷安藝守御内、永代賣渡申所實也、但此女ニ縁者兄弟主人と申出來候て、違亂申候ハヽ、同北郷とくますとの內の孫太郎、其沙汰を明申へく候、若不沙汰時者、本物早々可令返進上者也、凡大寢てんかう者、方例ニまかせ候て、三月九十日を相かゝり申へく候、仍爲後日賣券狀如件、
> 應永十五年戊子十一月廿一日
> 日向國嶋津御庄北郷とくます孫太郎（略押）

応永15年11月21日付「ます女売渡状」
樺山文書（日向國）

㈠ 前期

▽『大日本史料』第七編（明徳三年〔一三九二〕以降。右肩のアラビア数字は、第何冊かを示す）

[1]幸是女　[1]目是女　[1]鶴熊女　[1]福壽女　[1]御坊女（単に御房とも略記されている）

[1]松女　[1]三善氏女　[1]しやういん女　[1]はつわか女　[2]あちや女

[2]山吹女　[2]紀氏女　[2]春晴女　[2]藤原氏女　[3]阿古々女　[3]□生女(80)

[3]はつ女　[5]初若女　[3]平氏女　[7]有め女　[7]はついし女　[8]あぐり

[9]熊女　[9]藤原のいも女　[9]藤原のあこ女　[9]楠部福女　[9]𠑊世女

[9]ゐのもとのうぢの女　[11]増女　[11]姫石女　[11]ます女　[11]かゞ　[11]ねね（御ねね）　[12]大中臣命幸女　[13]楠女　[14]うめ女　[15]阿茶女　[15]加古女

[16]登々女　[16]彌々　[16]久利　[16]初　[16]茶々　[19]幸ます女　[19]米々女　[19]ひの女　[19]土與女　[19]あいよ　[21]くす女

▽『米良文書』(81)一

石松女　乙楠女　乙女　加々女　くすまつ女　楠女　小法師女　鈴楠女　せう　ただ　地藏女　名犬女　ひめ女（姫女）　まご姫女　安熊女　ゐのもとのうぢ女

なん志（男子）なきによつて　ちやく（嫡）女ちよいぬ（千代犬）にあと（跡）をゆ
つりわたすなり
餘目村かなやま（金山）　にいミち（新道）　五かいち（日市場）ハ　上まち（町）
とうのくち（洞口）　にいたの（新田）内田さいけ（在家）　下まち（町）の内ニ
さいけ（在家）にけん　あふそのめ（粟園目）のたさいけ（在家）　むらせの内
あまるめやま（餘目山）　しほかま（塩釜）の山てら　たハむらをか（村岡）の
内ニあり　あまるめのまへ八ッさいけ（在家）の事ハ　大かた
とのいちこ（一期）ののちハ　千世犬のはからい（計）たるへく候
もしちよいぬ（千代犬）のとかくのきあらハ　いもうと（妹）にゆつ
るへく候
よつてゆつり状くたんのことし
應永廿六年十二月十五日　　家繼（花押）

応永26年12月15日付「家継譲状」餘目家文書
（岩手県水沢市，小幡伸吾氏所蔵）

▽『岩手県中世文書』中巻(82)
犬鶴女　犬松女　千代犬
▽『今堀日吉神社文書集成』(83)
あい　あいよ　あぐり女　こくり女　性金女　妙《たへ》　虎女
生《なり》女　生子女　はついしん女（初石女）　姫女　松若女　夜
叉女　安女　若女
▽『肥前松浦黨有浦文書』(84)
源氏女字彼岸久曾　千代壽　あこ御前

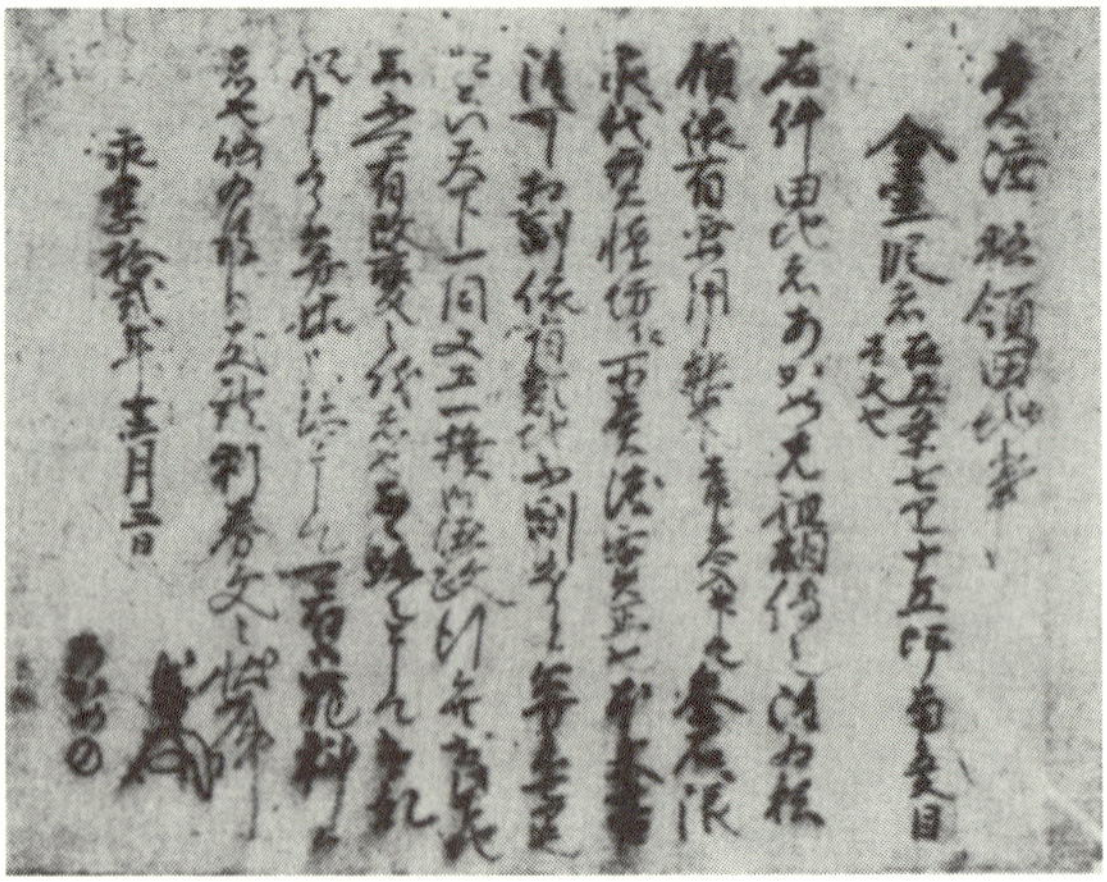
図64　永享12年12月3日付「あかめ田地売券」朽木家文書
（国立公文書館所蔵）

▽『朽木家文書』(85)下
あかめ(86)　あちや女
▽『教王護國寺文書』（数字は、巻数を示す）
[2]むめ　[3]夜叉女　[3]姉女　[4]めせ　[4]目古女　[4]しん　[4]すゑ　[5]りく
[5]ちい　[5]御つま　[5]阿子
これらの女性名を通観してみると、古代的な××女、××女
がまだ支配的なことが注意される。しかし同じ××女型にし

ても、鎌倉時代のそれに較べて種類が激減し、壽型、順位型、仏教型、国名型、醜名型はほとんど消失しているし、氏女型、土用《とよ》型、夜叉型は僅少であって、消滅直前の状態である。全般的に名前の簡素化が看取される。あちや女や茶々、米々女などは、宮廷女性の通常名の反映であろう。

　それにしても強靭な伝統を有するのは、あぐりである。これは、奈良時代から連綿としてつづいている名である。[87] 楠女型、男性の楠型は、とりわけ紀伊國で愛好され、爾後の人名の伝統となっている。総じて××女型は、単純化され、×女型に変化する傾向がみられる。乙女、増女、松女、熊女などがその例である。二〇九頁にかかげたのは、日向國諸縣郡島津北郷のます女に関する、珍しい人身売買文書である。

　簡素化の動向は、接尾語の「女」の脱落を招いた。一般には××女（熊楠女）が二つの×女（熊女、楠女）に分解し、ついで女字が落ちて仮名二字の名（くま、くす）が成立した。

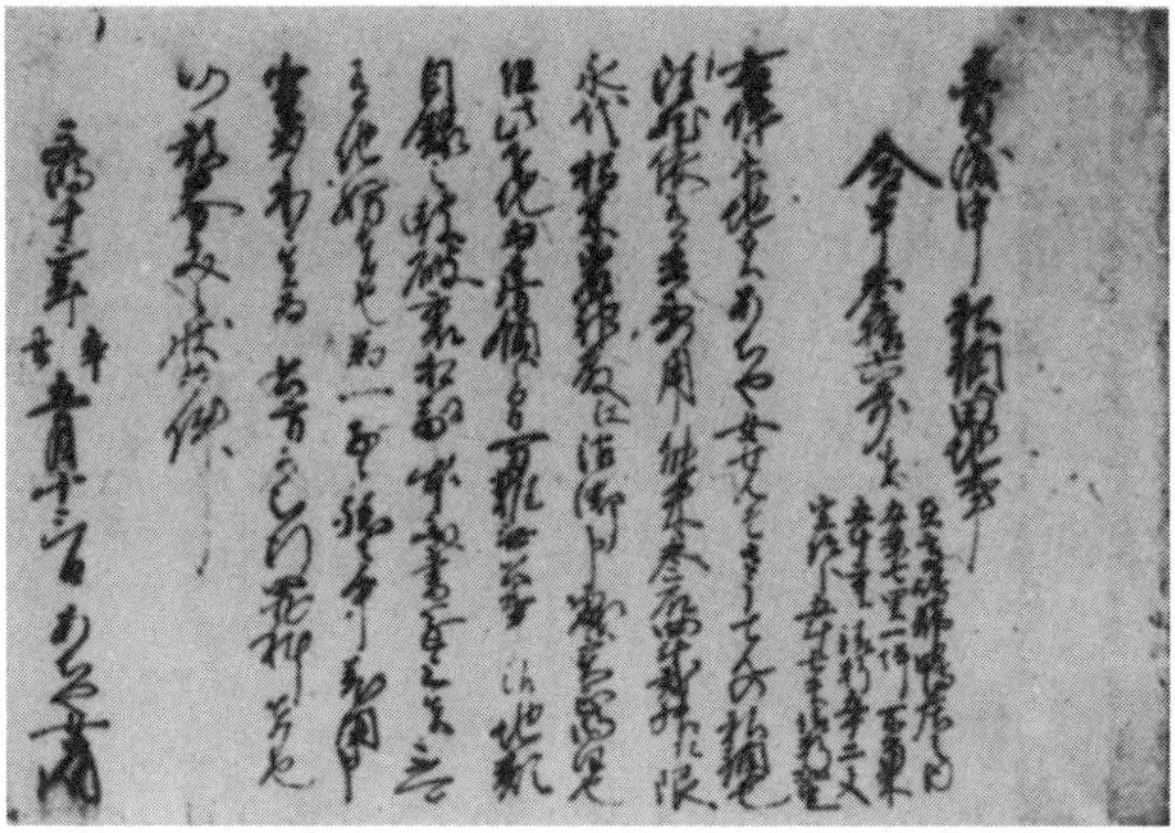

図65　文明13年5月13日付「あちや女田地売券」朽木家文書
（国立公文書館所蔵）

（朱書）
「正文在敷根衆中二階堂八左衛門行寛」
永正八年辛未年乃飢饉たるふよて、あさ名初と申候女子、年廿二歳ょ罷成候を、永代ょ二階堂山城守殿（行治）御うちさ満ょ、飢饉相傳の下部と身をはめ申候事實也、右件御下部と罷成候うへハ、於以後ょ違亂妨を親類兄弟なとゝて申者あるましく候、若ょけそしゑ候て、いろなるけんゑん、高家、神社、佛寺の御領内に罷入候共、以此狀御さゝあるへく候、其時一儀一口之あらそひ申ゐらす候、仍爲後日證文如件、
　永正八年辛未十月廿一日　　初（略押）
　二階堂山城守殿
　御うちさ満へ候上候、

永正8年10月21日付「はつ身売証文」二階堂家文書

（端裏書）
「買券之状　　　　　　山崎弥太郎」

買（賣カ）渡申女之事

合壹仁者　　　在所圓山

右彼永代買渡申處實也但代八百文永代普代相傳買申事不
相違候於上者有頂天下者大河下ニ幷山崎名字内子ゝ孫ゝ
於此女名千代ニ年十一才違亂煩申敷（間脱）候殊者天下一同之御
徳儀候共又ハ沙汰ハ明拾を限王（マ）明天恐十九日可申候仍爲
後日買券之状如件

天文拾年十二月廿四日

下町野領家方ヒツメ　　買主中村　山崎弥太郎（略押）

時國衞門太郎殿

参

天文 10 年 12 月 24 日付「売渡状」時国家文書

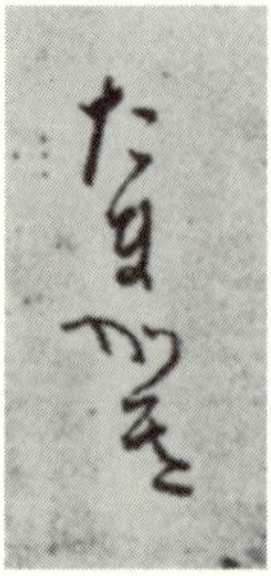

図66　福本たまがき自署、寛正４年「たまがき書状」（東寺百合文書）

しかし二一〇頁にかかげた文書が示すように××女型から直接女字が落ちる例もみられた（千代犬女→千世犬）。本文書は、女性名における接尾語女字の脱落が全国的に軌を一にして進んでいる事象を証示している。

　こうして最も早く現われる仮名二字型の女性名は、

はつ　くり　ねね　くま　つる　かめ　せう　たゞ　いま
しん　すゑ　むめ　ちよ[88]（千代）

などである。女字の脱落、仮名二字型の名の成立は、室町時代前期においてはまだ緩慢であるが、後期に入ると、加速度的に進行するのである。

　なお、袈裟型の名（男女名ともに）は、一般には衰頽したけれども、地方的（たとえば、薩摩國、日向國、種子島）には、なお強く残存し、底流の一つをなしていたようである。

『東寺百合文書』には、寛正四年（一四六三）にたまがきなる女性が東寺公文所に差出した書状がみられる[89]。彼女は、東寺領荘園の新見荘（備中國哲多《てった》郡）の惣追捕使・福本式部尉盛吉の妹であった。達筆で教養のゆたかな女性であったことは、書状から明察される。たまがきという雅名は、彼女がもともとの××女型の名を捨て、みずから考案して付けたものと推量される。地方の富裕層に属したとはいえ、女性のこの種の雅名はきわめて珍しい例とされよう。

(二) 後期

▽『大日本史料』第八編（応仁元年（一四六七）以降）

[2]あぐり女[90]　[7]楠若　[7]鶴一女　[7]姫千代女　[7]守屋女　[7]若女　[7]御後女　[9]あこ　[12]呉子女　[32]コフ　[32]左近女　[32]加々女　[32]御つま　[32]御とき

▽『大日本史料』第九編（永正五年（一五〇八）以降）

[1]にし女《にょ》　[2]幸春（尼ではない）　[3]初　[6]かめわか　[6]さい女　[6]きく　[7]三

善阿茶々女　[8]小尼女　[8]かひつや　[8]戸々女　[9]鶴　[11]御はつ　[14]御
あん　[14]ふぢ　[14]まゝ　[14]あちや〳〵　[14]たつ

▽『大日本史料』第十編（永禄十一年〔一五六八〕以降）
[1]常磐　[2]おさき　[5]阿茶（越前國）　[5]ひこ　[5]やす　[7]御ふく女（武田家の信虎の娘）　[8]姫松　[8]春霧　[8]虎女

▽『今堀日吉神社文書集成』（前掲）
①アコ女　あま女　石女　犬女　犬若女　ウコ女　大池女　奥兒女　門岩女　コマ女（駒女）　小子々《ねね》女　兒女　サマ女　さる女　辰石女　辰若女　チイ女　千代女　鶴女　寅女　虎若女　子々《ねね》女　初女　妙幸女　ヨメ女（嫁女）　若石女　若女
②石　市《いち》　いぬ　イノコ　岩《いは》　馬　菊　くま　こま　さるせん　たつ（辰）　とく　とら　子々（禰々《ねね》）　初　まつむこ　若いし

▽『教王護國寺文書』（右肩の数字は巻数を示す）
[6]鶴一女　[6]姫千代女　[6]安屋女　[9]むく　[9]たあ　[10]たた　[10]まき　[10]ふ　[10]じ　[10]くぼ　[10]ちい

▽『伊吹社及び三宮修造奉加帳』
滋賀県坂田郡伊吹町伊吹の伊吹山の山頂には、古来名の知られた伊夫岐神社、山口には三の宮こと下宮が鎮座している。天文五年（一五三六）、両所の社殿が大破したので、沙門・源盛は修造のために二條関白家をはじめ公家衆、湖北の大名・淺井備前守亮政をはじめ、地方の諸豪族、諸寺院、一般庶民に勧進した。当時の奉加帳七巻は幸いに現存しているが(91)、第三～七巻には、豪族や庶民の名が多数記載されている。いまそのうちから女性名をかかげてみよう。

くり女（2）　徳女　小田女　およめ　いのこ女　さい女　ふくいし　いのこわかし　禰々女　おつる　とらちよ　（2）　さるまつ　しんふつ　はつ女　猪子　御ふく女　おつる女　むこ女　あぐり女　駒女　菊女　御くり　猿市女　初　ひめ　こま　となり女　なべ女　御禰々　おらく　龜夜しや　とらいわ（2）　さいまつ　さつ　かわらけ　ヲコ　きく　御千代　おと　御なゝ　やちよ　滿夜叉　いち　千千代《せんちよ》　千代（2）　さる　きし女

女性の名か男性の名か判定できぬものは省いた。名の下の2は、同じ名が二度みえることを示す。二、三説明を加えると、禰々《ねね》は、ごくありふれた名であった。おらくは、当時としてはまだ珍しいR音語頭の女性名である。この種の女性名は、村上天皇に仕えた宮人の額田利有子の名が知られているばかりである（一〇四頁）。R音語頭の名は久しく絶えていたが、右のおらくによって再興されたといえる。かわらけは、文字どおり土器《かわらけ》である。成人女性の無毛の陰部を意味するかわらけは、江戸時代に生じた俗語であって、それとは別である。御なゝは、他に例をみない珍しい名である。

▽『石山本願寺日記』
『証如上人日記』は、本願寺第十世の宗主の證如（一五一六～一五五四）―法諱は光教―が大坂石山の本願寺において誌した日乗であって、記事は天文五年（一五三六）正月より同

二十三年八月までの十八年半にわたっている。(92) この中から法名を除いた女性名を拾ってみると、左のとおりである。(93)

①あか　あか〳〵　あぐり　あこ〳〵　あこやあ　あち　あちや（阿茶）　あちやちや　あや〳〵　いちや　いと　今さち　おなべ　かあ　さち　しづ　ちふい　ちほ　ちやち　ちやちや　ちやちさち　ねね　め〳〵　まん　やこ　や〳〵　や〳〵こ

②梅染　久蔵主　宮内卿　小侍従　佐子の局　正梵　新大夫　宗春　武佐《むさ》

右のうち②は女房の名である。しかし①のなかにも女房の名が見いだされ、女房の候名には一定の形式はなかったことがわかる。(94)

つぎに、『私心記』というのは、蓮如上人の末子（第十三男）の順興寺實従（一四九八～一五六四）の遺した日乗である。(95) これは、天文元年（一五三二）から永禄四年（一五六一）におよんでいるが、現存するのは、十七か年分だけである。『私心記』にも、『証如上人日記』と若干重複するが、かなり多数の女性名（法名を除く）が見いだされる。(96)

①あい　あか（阿か）　あか〳〵　あこ(97)　阿茶ち　阿茶々　あねね（あ子〳〵）　あや　あや〳〵　御あい　御あこ　かあ　しまあ　すゞ　茶ち　にやにや　禰々《ねね》　まあ　むま　や〳〵こ

②民部卿　大蔵卿局　宗春　中《なか》（または中ノ方、中殿）（證如室・慶寿院の女房）　小宰相　小侍従　小少将　五位《ごゐ》　新大夫　久蔵主　ムサ卿

②は、女房の候名であるが、①にも女房は混っている。(98)「あい」や「御あい」は、「愛壽」の名に由来している。禰々は、早く建仁三年（一二〇三）の文書に(99)「きよわら（清原）のね〳〵」と記されているとおり、平安時代の末葉にその濫觴《らんしょう》がみられる女性名であるが、元来それは女性の幼名に由来するものと認められる。

*

総じて室町時代後期の一般の女性名についていえるのは、氏女型、土用型、夜叉型、仏教型が全く消えたことである。古代的な××女型、×女型はなおつづいたが、女字の脱落した仮名二字型（たつ、ふぢ等々）と一字二音節型（初、鶴、松等々）は、漸増の傾向にあった。例によってあぐり、あぐり女は、少ないながら絶えもしないでつづいていた。

南北朝時代に淵源をもつ接頭語「お（御、於）」の使用は、室町時代を通じて徐々に殖えている。もっとも「お」の使用は、庶民社会よりも宮廷社会でのほうがやや頻繁であった。この時分には、「御」字は、軽い敬意や親愛の情を添加するために用いられていた。「女」の脱落を補塡するためではなかった。元亀二年（一五七一）、美濃部與左衛門尉茂俊が「信虎様御息女おふく女様え」差し出した証文は、(100) 右の次第をよく証示しているといえよう。この信虎（一四九四～一五七四）は、武田家の左京大夫・源信虎、すなわち晴信（信玄入道）

の父を指しているが、ふく女の姉妹の「於菊御料人」は、菊亭家の右大臣・藤原晴季（一五三九〜一六一七）の正妻、もう一人の姉妹の「彌々《やや》御料人」（一五四三、没）は、諏訪家の刑部大輔・源頼重（一五四二、没）の室家で、悲劇の女性として有名である。(101)

初女というのは、最初に生まれた女児の意味であって、鎌倉時代からみられる女性名である（一六七頁）。初は初女に由来するが、これらはよほど日本人の趣向に合ったとみえ、桃山時代から江戸時代にかけてあまねくみられたし、現在ですら初、初子といった女性名は、少なしとしないのである。この時期に関しては、永正八年（一五一一）に身売証文を提出(102)した初（当時、二三歳）のことが想起される。

図67　秀吉の生母なか画像（大政所，天瑞院）（京都市大徳寺所蔵）

とら、虎というのは、早く平安時代後期に虎女、寅女から分離した名である。最も著聞しているのは、相模國大磯の遊女で、曾我十郎藤原祐成《すけなり》（一一七二〜一一九三）の愛妾であった虎の名であろう。(103) また近江國淺井郡の虎御前《とらごせ》山は、信長が小谷城攻略のための陣地を設けたことで知られている。(104) この山の名は、蛇の精で絶世の美女である虎御前に因んでいる。接尾語としての「御前」は、鎌倉時代から使われだしたようである。おそらく、もと長尾山といったこの山が虎御前山と改称されたのは、鎌倉時代のことと推量される。(105) とらは、最も一般的な女性名の一つとなって江戸時代の末葉まで、さらには現代までもつづくのである。

二音節の女性名のうち、乙、市、彌々、せん、こま、犬などは、それぞれヲト女（一六六頁）、市女（一六七頁）、彌々女（子々女）、千壽女、千松女、駒王女、犬女などに由来する名であった。市といえば織田弾正忠《だんじようのちゆう》信秀（一五〇八〜一五四九）の美女として謳われた二人の娘―市（一五四七〜一五八三）と犬（?〜一五八二）―の名が想起される。

豊臣《とよとみの》秀吉の母・大政所《おおまんどころ》（一五一七〜一五九二）の本名は、なかであった。(106) おそらくこれは、中子《なかのこ》または中子女に由来する名であろう。江戸内府・家康の母は、水野下野守忠政の娘のだい（一五二八〜一六〇二）、外祖母は大河内家のとみ（一五六二没）、家康を養育した叔母はひさといった。(107) とみの由来

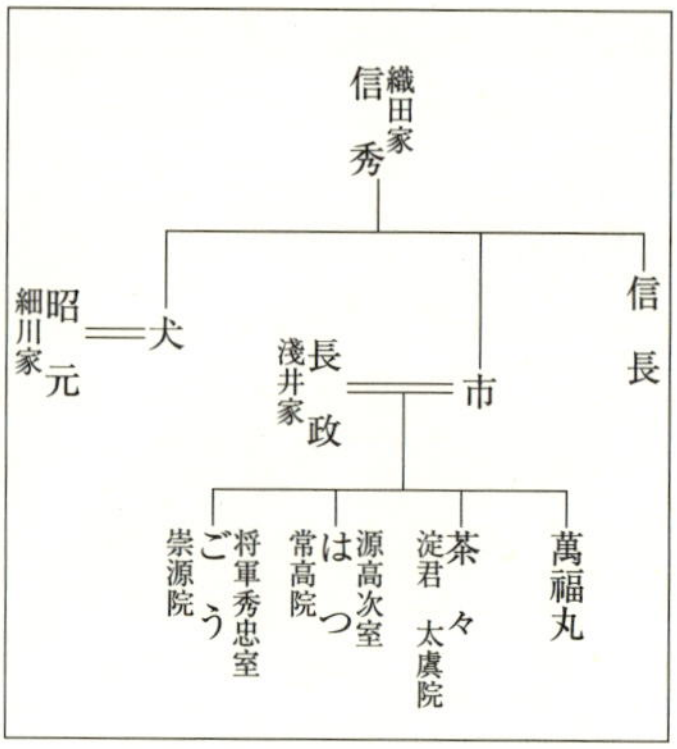

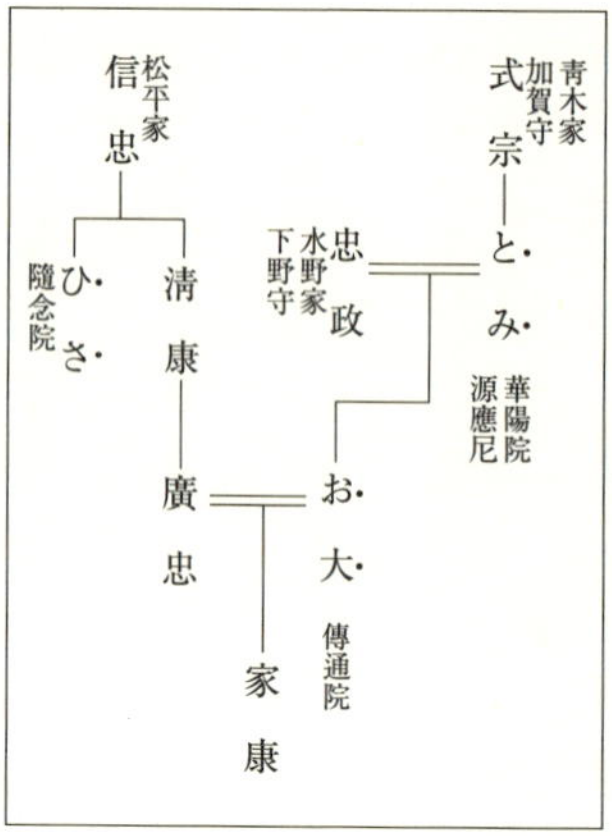

は未詳であるけれども、だいはおそらく大王女の分解による名であろう。(108) ひさは、南北朝時代において二音節型の名としてすでに独立していた名である(五〇六頁)。

ふじに関しては、藤子《ふじ》の名が想起される(二〇一頁)。まだ実例に接していないが、おそらくそれは藤女という名に由来したのであろう(フヂ→フジ)。

「くぼ」というのは、催馬楽の「陰名《くぼのな》」に、「陰《くぼ》の名をば何にとか言ふ」とあるように、上代では女陰を意味していた。(109) 都においてくぼという名の女性がいたことは、女陰を表わす「くぼ」が都では久しい以前に廃語となっていた事実を指証するものである。

たあは、桃山時代から江戸時代初期に流行した×あ型の名の先駆をなしている。おそらくそれは、「太阿彌」に由来したのであろう。(110) 室町時代後期になると、比丘の阿弥陀号は「×阿」であるのに対して、比丘尼のそれは仮名で「×あ」となり、ついに阿弥陀号から普通の女性名に転じたらしい。これが世の嗜好に投じ、一部に普及したもののようである。

室町時代後期には、龜という女性名はどこにもみられた。いつのことか、お龜はお多福の仮面(円顔で鼻が低く、おでこで頬の高い女の面)の名ともなり、(111) お龜は醜女を嘲っていう言葉として用いられた。しかし亀や鶴はめでたい動物であるため、かめという女性名は、仮面のお龜の語が普及したにもかかわらず、すたれることがなかった。

お龜に関連して挙げられるのは、同じく醜女を意味する「乙御前《おとごぜ》」という言葉である。元来、乙御前とは、妹娘、末娘、若くて可愛い娘のことである。(112) 乙姫は、海底の竜宮に住む美しい姫君をも指すが、乙御前には醜女という意味はない。これも狂言で用いる若い不器量な女の面を「乙御前」と呼ぶようになってから、醜女の代名詞となったのであって、本来の意味とは全く違うのである。

なお、ここで一筆、備後國における一女性の名について書き添えておきたい。すなわち、文明十三年（一四八一）、備後國の山内家の上野守・藤原時通の後室のみなみ（のち、尼・祥吉）は、彼女みずからが買得した、恵蘇《えそ》郡内における四か処の名《みよう》を嫡孫の豊通に譲渡している。(113) これは、女性がみずからが取得した土地を処分したことを証示する重要な文書として注目されている。みなみは、安藝國の毛利備中守・熙元の娘であったが、(114) みなみというのは彼女の本来の名ではなく、南向《みなみむき》（自分または他人の室家に対する軽い尊称）に由来した呼び名であったと臆測される。

図 68　水野於大（家康生母）画像（愛知県刈屋市天王町，楞嚴寺所藏）

室町時代後期にも、雅名を用いる女性がみられた。たとえば、島津相模守忠良（一四九二～一五六八）―第十七代・義弘の祖父―の母は、新納家の出であって、諱を常磐といい、法号「梅窓妙芳大姉」に因んで梅窓夫人と呼ばれた（一五二五、没）。夫人は儒学に精《くわ》しく、また歌道に秀でており、息子の忠良をりっぱに育て上げた。(115) こうした教養を背景にして、夫人は常磐と改名したとみえる。それは夫人の最初からの名とは考えられないのである。また奥州、伊達《いだて》家の藤原晴宗の愛妻で、六男五女を産んだ婦人の名は、笑《ゑ》窪《くぼ》といったという。これは初めの名のくぼにゑを加えて雅名とした例と認められよう。(116) こうした事象は、宮廷貴族の社会が逼塞していたのに対し、乱世にもかかわらず、地方の大名たちの間には活力が漲っていたことを物語るものである。

以上が室町時代の庶民の女性名の概述である。つぎの桃山時代における庶民の女性名の実情を検討してみると、室町時代の後葉にいたって語尾の女字が加速度的に脱落し、中世的な二音節型の女性名が急増することが察知されるのである。

女性の法名

室町時代には幾多のすぐれた尼僧が輩出した。京都尼五山の一つである通玄寺の開基となった智泉（左大臣・源善成の娘）、鎌倉尼五山の一つの東慶寺の第五世となった用堂（後醍醐天皇皇女）、同じく五山の一つ太平寺を中興した清溪、伊勢國の慶光院の開基で、諸国を勧進して五十鈴川の神橋を架設した守悅、一三〇年間も行われなかった外宮の遷宮を悲願成就した同院第三代の住持・清順の名などは、あまねく知られている。

室町時代における尼僧や在家の比丘尼の法号は、多数判明している。一々の法号について出典を挙げるのは煩わしいので、いまは便宜上、『大日本史料』第七～十編からいくつかの法号を拾ってみることとしよう。

第七編　性貞[1]　妙意[1]　性慶[1]　金華[1]　理眞[2]　聰圓[2]　禪智[2]　妙周[3]　慈妙[3]　善守[3]　了心[4]　理裕[4]　祖椿[5]　眞寛[5]　顯性[7]　宗勢[8]　妙忍[9]　至常[14]　宗是[15]　妙心[16]　性遠[16]　了愍[17]　堅應[21]　明印[21]　理眞[21]　妙香[23]　祐尊[(23)]

第八編　宗林[1]　妙祐[1]　知春[1]　椿性女王[8]　應善女王[9]　觀心[9]　高秀[11]　善玉[11]　見榮[13]　如宗[15]　妙旭[16]　宗悟[17]　聖貞[25]　惠春[26]　眞妙[27]　貞隆[32]

第九編　慈勝女王[1]　妙泉[1]　光智[2]　智圓女王[4]　永邵女王[5]　秀璠[6]　春慶[7]　道泉[12]　妙清[12]　泰訓[14]

第十編　聖秀女王[1]　妙靑[2]　惠彭女王[9]　明斯[12]

つぎに、たいへん特殊な事例ではあるが、本願寺の蓮如（一四一五[117]～一四九九）の息女一四人の法諱を出生順にかかげてみよう。

如慶　見玉　壽尊（以上、母は如了）　妙宗　妙意　如空　祐心　了忍　了如　祐心（以上、母は如了の妹の蓮祐）　妙勝（母は如勝）　蓮周（母は如宗）　妙祐　妙宗（母、蓮能）

これ以上、尼僧や比丘尼の法諱を挙げる必要はあるまいが、全体として言いうるのは、妙、惠、慈などのほかに、理、椿、如、了、祐、春の諸字が好まれたことである。とくに理や椿は、新しい感覚の文字であった。

なお、臨済・曹洞両宗の尼僧の法号には、ここにかかげた系譜が示すとおり、妙字は少なく、貞、玉、巖、清、周、慶、溪などの文字が好んで採用された。慶光院は、三代・清順以来、代々上人号を称し、紫衣の着用を勅許されていた。

つぎに、鎌倉時代から南北朝時代にかけて盛行した阿号は、比丘尼の場合には急減しており、わずかに良阿[七4][118]、善阿[八16]、妙阿[八16]などが検出される程度である。阿号は、比丘尼などよりも、比丘、沙弥についてより多く用いられた。

前にも述べたように、時宗の法名は、男性は×阿彌陀佛、女性は××房であり、これには変化はみられなかった[119]。

室町時代には、法諱（法号）の上に院号、道号をつける風が上層階級の間で一般化した。院号は、元来、本人が建てた寺や塔頭の名を冠することに由来したのであるが、まもなく本来の意味を失い、架空の寺院の名が用いられるようになった。さらに法号の下には、居士号（女性の場合には、大姉）がつけられ、「院号＋道号＋法号＋禅号」という形式が整うにいたった。禅号は、女性の場合には、禅定尼または禅尼である（男性の場合には、禅定門または禪門）。葬儀にあたっては、禅尼の代りに居士号（女性の場合は、大姉）が授与された。庶民や少女、幼児の場合には、信女、童女が授けられた。以下に若干の例を示そう。

七7定心院殿大喜性慶大禪定尼（藤原業子。将軍・義満室。従二位。応永十二年七月十一日薨）
七18供恩院殿月海如光大禪定尼（従一位紀良子。将軍・義満生母。応永二十年七月十三日薨。享年七八）
八19慈光院因山理勝禪尼（将軍・義政の娘。母は冨子。文明十八年十月二十三日寂。二四歳）
八25鶴松院殿龜嶽貞壽大禪定尼（安倍政季の娘。永正十六年五月八日没）
八27瑞林院蓮啓眞妙禪尼（萬里小路家の藤原命子。将軍義熙の妾。長享元年二月十七日没）
十5圓光院梅岑宗蘤大禪定尼（轉法輪三條家の左大臣・公頼の娘。武田家の源晴信〔信玄〕室。元亀元年七月二十八日没）
十10龍泉院殿光巖瑞圓大姉（今川修理大夫氏親の室。瀬名伊豫守氏俊室。元亀二年九月八日没）

上層階級の女性でも、院号を有しない者もみられた。

七9玉巖悟心尼（大聖寺の開基）　七16養軒明安禪定尼　七16月湖定心禪定尼

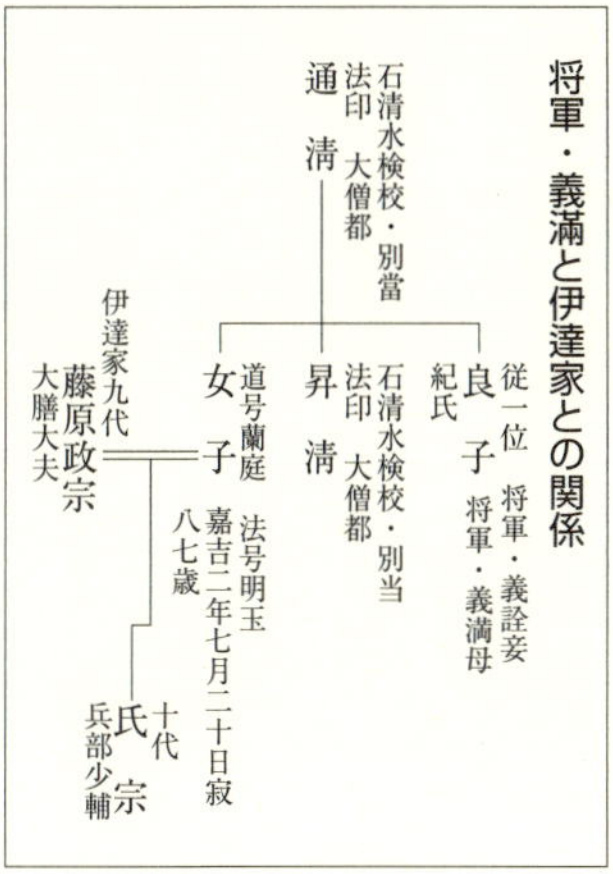

将軍・義満と伊達家との関係

八10元珀玉輝禪尼　八10芳咸元揉禪尼　八20智泉聖通尼（通玄寺の開基）　八21畝苗正秀禪定尼　八22理溪聖仲　九2聖珠文琳尼　九13華屋春光

なお、院号のない女性として蘭庭明玉禪尼の名が想起される。彼女は、系図にみるとおり、従一位・紀良子の妹であって、家運隆昌の伊《い》達《だて》家の政宗（一三五三～一四〇五）の妻となり、氏宗（一三七一～一四一二）を産んだ。後家となったのち、彼女は太安梵守を戒師として落飾し、蘭庭明玉の道・法号を授けられ、仏道に専心するとともに夫・政宗の菩提を弔った。晩年、彼女は、陸奥國の宮城郡（仙台市北山町）に一寺を創建し、これを輪王寺と名づけた。禅尼の徳はあまねく知られ、道俗四方より来集し、法化いよいよ盛んであったという。[120]

当時の法名にみる慣例は、道号の一字と法号の一字とは互いに関連ある文字が選定されることであった。

八25梅林院殿寒月妙光大禪定尼

などに、よくその慣例をうかがうことができよう。また法号は、二字のうち、上の一字に系字として師僧ないし戒師の一字を採り、後の一字をもって法号の本体としたのである。

しかしながら一般庶民の法名や戒名（死者に授ける法名）は法号のみの簡単なものであった。たとえば、信濃國下伊那郡川路村の開善寺（小笠原家の菩提寺）の過去帳には、元亀三年（一五七二）の死没者の戒名として、左のようなものが看取される[121]（すべてに禪尼の文字がつけられている）。

妙受　善春　智宣　妙績　了歡　妙晨　仲嚴

例外　涼雲〔道号〕智清〔法号〕禪尼　安溪〔道号〕宗全〔法号〕大姉

日本曹洞宗尼僧系譜（『曹洞宗尼僧史』より）

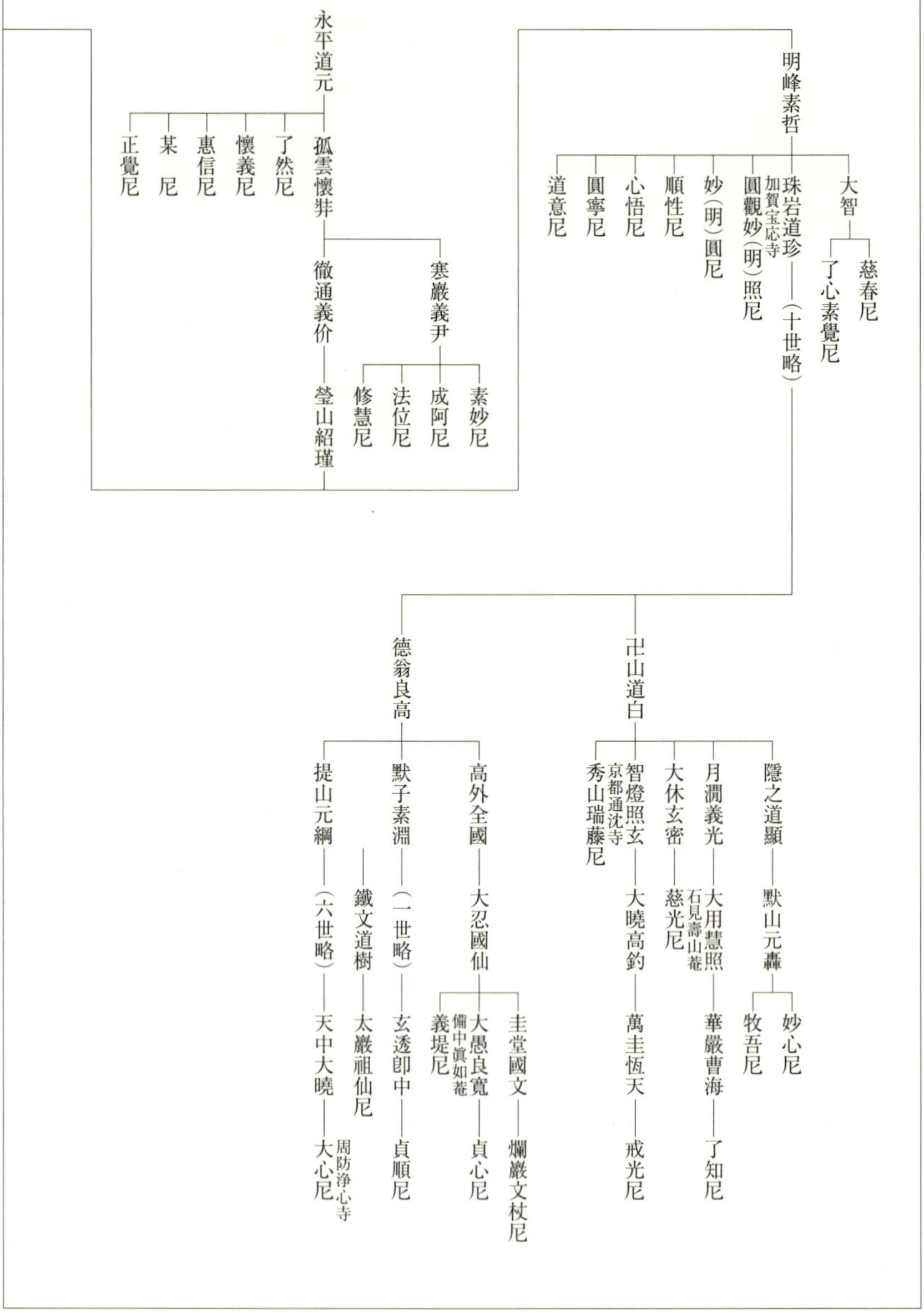
永平道元
孤雲懐弉
了然尼
懐義尼
恵信尼
某尼
正覺尼
寒巖義尹
素妙尼
成阿尼
法位尼
修慧尼
徹通義价
瑩山紹瑾
明峰素哲
大智
慈春尼
了心素覺尼
珠岩道珍
加賀宝応寺
（十世略）
圓觀妙（明）照尼
妙（明）圓尼
順性尼
心悟尼
圓寧尼
道意尼
卍山道白
隱之道顯
默山元轟
妙心尼
牧吾尼
月潤義光
大用慧照
石見壽山菴
華嚴曹海
了知尼
大休玄密
慈光尼
智燈照玄
京都通沈寺
大曉高鈞
萬圭恆天
戒光尼
秀山瑞藤尼
德翁良高
高外全國
大忍國仙
圭堂國文
爛巖文杖尼
大愚良寛
備中眞如菴
貞心尼
義堤尼
默子素淵
（一世略）
玄透卽中
貞順尼
鐵文道樹
太巖祖仙尼
提山元綱
（六世略）
天中大曉
大心尼
周防浄心寺

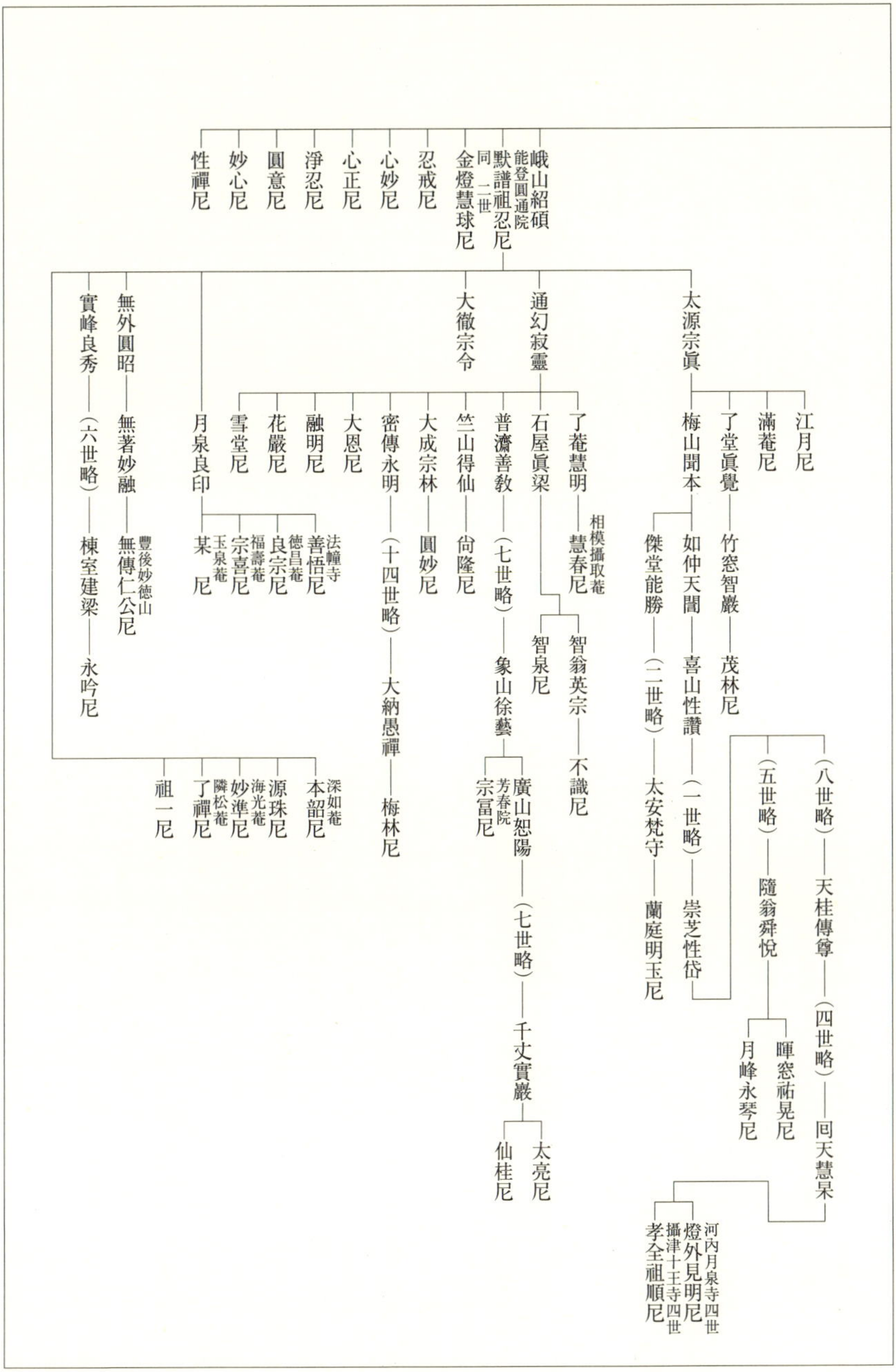

峨山紹碩
默譜祖忍尼 能登圓通院
金燈慧球尼 同二世
忍戒尼
心妙尼
心正尼
淨忍尼
圓意尼
妙心尼
性禪尼
太源宗眞
大徹宗令
通幻寂靈
月泉良印
無外圓昭
實峰良秀
江月尼
滿菴尼
了堂眞覺—竹窓智巖—茂林尼
梅山聞本
如仲天誾—喜山性讃—（一世略）—崇芝性岱
（八世略）—天桂傳尊—（四世略）—回天慧杲
燈外見明尼 河内月泉寺四世
孝全祖順尼 攝津十王寺四世
（五世略）—隨翁舜悅
暉窓祐見尼
月峰永琴尼
傑堂能勝—（二世略）—太安梵守—蘭庭明玉尼
了菴慧明—慧春尼 相模攝取菴
石屋眞梁
智翁英宗—不識尼
智泉尼
普濟善敎—（七世略）—象山徐藝
廣山恕陽—（七世略）—千丈實巖
太亮尼
仙桂尼
宗冨尼 芳春院
竺山得仙—尙隆尼
大成宗林—圓妙尼
密傳永明—（十四世略）—大納愚禪—梅林尼
大恩尼
融明尼
花嚴尼
雪堂尼
善悟尼 法幢寺
良宗尼 德昌菴
宗喜尼 福壽菴
某尼 玉泉菴
無著妙融—無傳仁公尼 豐後妙德山
（六世略）—棟室建梁—永吟尼
本韶尼 深如菴
源珠尼
妙準尼 海光菴
了禪尼 鱗松菴
祖一尼

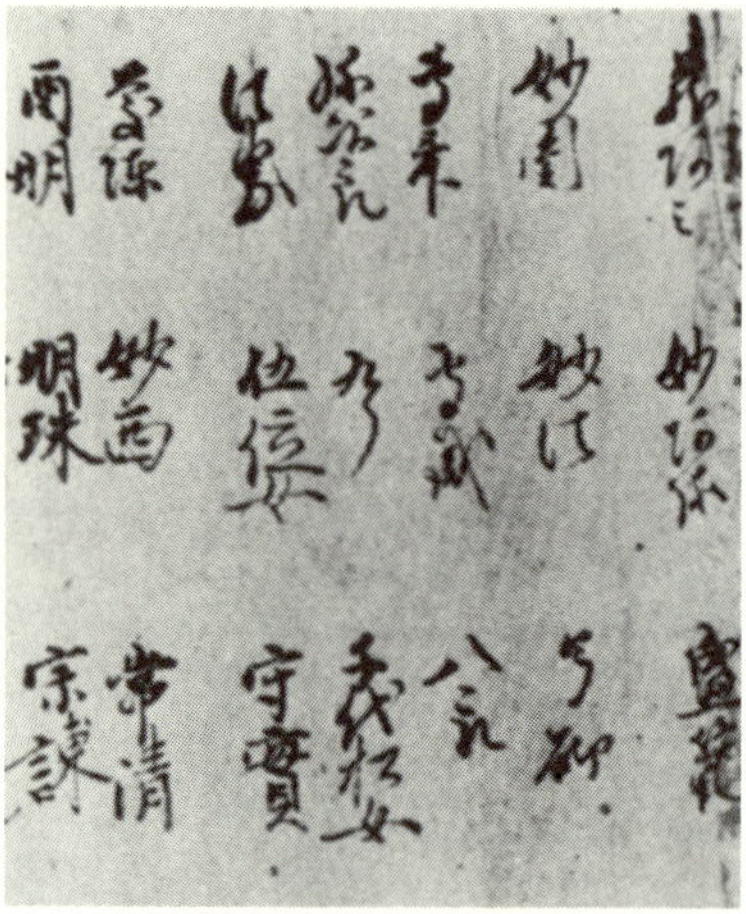

図69　赤精童子像胎内の造像結縁交名
（奈良県長谷寺安置，天文６～７年）

つぎに、常陸國茨城郡六段田村(122)（現在、東茨城郡常澄村六反田）の六地蔵寺の過去帳では、つぎのような戒名が注意をひく。

妙童安茶女。　妙龜龜女。　妙菊菊乙女。　幸春禪尼幸善女。　妙箕禪尼美乃松。　妙牛尼ウシ。　妙乙禪尼おと。　妙捨ステ。　妙金禪尼小犬。　妙金禪尼ヲカカ。　妙徹禪尼若井。　妙金禪尼佛陀院下女。
妙經定林下女。　妙香禪尼門前千代母。　妙德当寺下女号太郎。　妙心当寺下女号松子。
妙性当寺下女。假名ワカナ。　妙了禪定尼号カラ目。宥應妹。

戒名にまだ了字が用いられていること、妙字は女性の戒名にかぎられていることが指摘される。また、「妙龜龜女。」、「妙牛尼ウシ。」、「妙捨ステ。」、「妙菊菊乙女。」などにみるとおり、戒名の一字に死者の名字を採る慣例も、すでに認められる。なお、六地蔵寺の下女たちの中に、松子（おそらくマツが正しいであろう）、わかな、太郎という呼び名のものがいたことは興味深い。

日本における法名や戒名の形式は、室町時代において成立したものである。しかしこの時代には、法名に用いる文字に制限を設けたり、身分によって厳しく法名を区別する風は、まだ現われなかった。なお、院号と院殿号との間には、本質的な差異はまだ見受けられなかった。

時宗の場合は別として、この時代にも房をもって呼ばれる尼僧もいた。想想如房覺實七16などはその例であった。しかし一般の趨勢としては、庵が房に代ったばかりでなく、寺内の院と同様、塔頭を意味するようになった。大徳寺の眞珠庵、孤篷庵などはその例である。そして一般に尼僧は、仰々しい××院よりも、つつましい庵に止住することが多かった。たとえば、「宗従庵主、妙希禪尼八10」のようにである。こうした事由から尼寺、院、庵の住持の尼僧は、「庵主《あんじゅ》」と呼ばれるようになった。

室町時代の宮廷社会では、経済的な逼迫のためもあって、幼児を禅宗の寺院に入れて稚児とする慣習が盛んであった。これは喝食《かつしき》と呼ばれたが、食事の給仕などをする本来の喝食とは意味が違っていた。たとえば、後土御門天皇の最末の皇女は、早く宝鏡寺大慈院に入室して喝食となっていた。元亀元年（一五七〇）、泉涌寺の善叙上人を戒師として得度したが、まだ一三歳であった(123)。永禄六年（一五六三）六月、伏見宮邦輔親王の王女は安禅寺（上京区土御門町に所在した）に入室して喝食となったが、齢はまだ四歳であった。[124] 早く宝鏡寺の西の総持院に入り、喝食となっていた将軍・義輝の娘は、同じ永禄六年の三月、松永久秀の強請によって、やむをえず人質として奈良に下向した。時にわずか八歳の少女であった。[125]

権大納言・言継自身も、天文十三年（一五四四）の春、長女の阿茶（時に一一歳）を安禅寺福生庵に入れて喝食としている。天文十七年二月、阿茶は得度し、法号を恵桂といい、侍者となった。[126] 彼女は、桂侍者《けいじしゃ》と呼ばれたが、[127] この侍者とは、寺院の長老の左右に近侍して雑用を勤める者のことである。

室町時代の僧尼に関してもう一つ閑却しがたいのは、蔵主《ぞうす》のことである。蔵主とは、本来、禅寺その他の寺院で経蔵をつかさどる役僧を称する言葉であった。その職掌上、経論に関する相当な知識が必要であるから、学徳の備わった僧尼でなければ、その職務を果たすことができなかった。ところが、時代とともにそれは僧尼を指す単なる敬称となり、寺院に止住する僧尼ばかりでなく、在家の比丘、比丘尼を意味するにいたった。

図70　比丘尼長生画像，文安6年の養叟宗頤の賛がある。（大徳寺所蔵）

蔵主は、たとえば比丘尼・明蔵主、[128] 周麟蔵主[129]（法名は景徐）、正蔵主[130]のように、僧尼の道名またはその一字を冠して呼ばれた。上にかかげた久蔵主は、本願寺の奥向に女房として出仕していた女性である。かように蔵主には、男女の区別がなかった。安禅寺の仙蔵主は、松田九郎の妹であった。[131] また伏見の大通院の孝蔵主は僧であったが、[132] 秀吉の側近に仕えて権勢のあった同じ名の孝蔵主《こうぞうす》は、尼寺とは関係のない比丘尼の女房であった。

なお、この時代の禅僧には、しばしば女性の侍者がいて、身辺の世話をした。その点で、誰しもが想起するのは、大徳寺第四十八世住持の一休禅師こと宗純（一三九四〜一四八一）が、文明二年から文明十三年まで約十年にわたって熱愛した盲女の慈柏・森侍者のことであろう。[134]『狂雲集』[133] には、「美人陰有二水仙花香一」をはじめ、森也を礼讃した大胆率直な性的狂詩が幾首も収められているが、最晩年の一休を狂喜させた森侍者は、色の白い中年の肉体美人であったようである。[135]

図71　曲舞の舞手（『七十一番職人歌合』より）

その他の女性名

室町時代には、芸能にたずさわる女性としては、曲舞《くせまい》（久世舞）の舞手がいたし、また古くからの白拍子もまだ余喘《よぜん》を保っていた。しかしそれらの女たちの名に関する史料は、極端に稀少である。

曲舞とは、鼓を打ちながら叙事詩的な唄を歌い、簡単な舞いを演ずる芸能であって、立烏帽子、水干、大口の装束で稚児や美人が舞うのをつねとしていた。(136)

歌人の東《とう》下野守常縁《つねより》（一四〇一～一四九四）の『東野州《とうやしゅう》聞書』(137)には、左のような逸話がみえる。

後小松院、與八と申す九世舞をめされて御前にてまはせられけり。三四度聞召されて、亂世の聲ありとて、後終に御前へめされず。其の後仰せのごとく、赤松が亂ありけり。よくぞいひけると御まんありけると畠山の阿州物語にあり。

もっとも、この與八は、おそらく稚児であったのであろう。(138)文明九年（一四七七）の閏正月、後土御門天皇は、内裏にひそかに—戦乱中のこととて—尼・眞禅（曲舞の太夫のこと）を召され、その曲舞を観覧されたが、彼女はもとは遊女であったという。(139)

曲舞は叡覧に供するほど高く評価されていたため、舞手の集団の長、または傑出した者は、他の芸能者たちの場合と同様に「太夫《たゆう》」と呼ばれるにいたった。(140)鷲尾家の権中納言・藤原隆康（一四八五～一五三三）の『二水記』によると、永正十七年（一五二〇）の九月十二日、内裏では太夫・朝霧の曲舞があり、観る者はみな感涙を催したという。この朝霧は曲舞師・夕霧の子で、時に二六歳であった。ついで十八日、隆康らは、千本の焔魔堂（引接《いんじょう》寺、上京区閻魔前町）に赴いて朝霧太夫の曲舞を見物したし、二十七日にもまた見物に出掛けている。翌大永元年（一五二一）の四月十九日には、朝霧太夫はまた内裏で曲舞を演じている。当時の引接寺は、春の念仏大狂言と盂蘭盆会の精霊迎えで庶民にいたく親しまれていたし、延徳二年（一四九〇）には春龍太夫によって猿樂座の勧進能も催されたことがある。(141)曲舞を演じる舞台もあり、そこには庶民の観衆も大いにつめかけたもののようである。

下って元亀三年（一五七二）の閏正月、誠仁《のぶひと》親王（陽光院と追尊。一五五二～一五八六）は御所に曲舞の名手を召して舞わさせられたが、親王は御感のあまり、彼女に「春霧」という芸名を賜わったということである。(142)

尼・眞禅がもと遊女であったことからも推知されるとおり、現実には曲舞女と遊女の間には厳重な一線を引きがたいものがあった。謡曲『山姥』にみるワキの詞とその筋書は、よくその間の事情を伝えている。

ワキ詞「これは都方《みやこがた》にすまひする者にて候。又これに渡り候御事《おんこと》は、ひやくま山姥《やまんば》とて隠れなき遊女にて御座候。かやうに御名を申す謂れは、山姥の山廻《やまめぐ》りするといふ事を、曲舞に作つて御謡《おんうた》ひあるにより、京童《わらんべ》の申し慣はして候。

室町時代において、都をはじめとして各地に多数の遊女のいたことは、諸文献から察知される。(143) 都では、一休の詩序(144)に、

洛下昔有紅欄古洞兩處。曰地獄。曰加世。又安衆坊之口。有西洞院。諺所謂小路也。歌酒之客。過此處者。皆爲風流之淸事也。今街坊之間。十家四五娼樓也。淫風之盛。幾乎亡國。吁關雎之詩。可想乎哉。不足嗟嘆。故述二偈一詩。以詠歌之云。

とみえるように、(145) 左京の七條（条坊制上の七條）の三坊には、多数の娼家が軒を並べていた。(146) 将軍・義滿の愛妾の高橋殿は、もとは東洞院・七條坊門あたりの遊女であったという。(147) 一休の詩序にみえる地獄、加世などは、娼婦の異名であった。「七十一番職人歌合」（『群書類従』所収）では、立君と辻君とが区別して描かれている(148)（図72）。

図72　つじ君（『七十一番職人歌合』より）

遊女は、群をなしていたが、その接客名は、意外に伝えられていない。わずかな例を拾ってみると、葛木というのは、応永年間における京の遊女の名であった。(149) 御伽草子として著名な『猿源氏草子』(150) には、

「いかにやいかに、宇都宮殿と見申して候ふ。亭主の恨みも候はんに、先づ立ち寄らせ給へ」とて、鐙に取りつきければ（中略）。螢火、薄雲、春雨とて、その外の遊君十人ばかり立ち出でて（中略）。袂にすがりつゝ座敷へ手をひかれ、心ならぬ風情にて座敷へ入りにけり。

とみえ、江戸時代にみられるような雅名―螢火《けいが》、薄雲、春雨のような―が源氏名として用いられていたことが知られるのである。

そのほか室町時代に関しては、桂女の名や(151)切支丹の洗礼名（霊名）も知られているが、後者については、後の章に一括して述べることとしたい。

第三部　中世

1 桃山時代

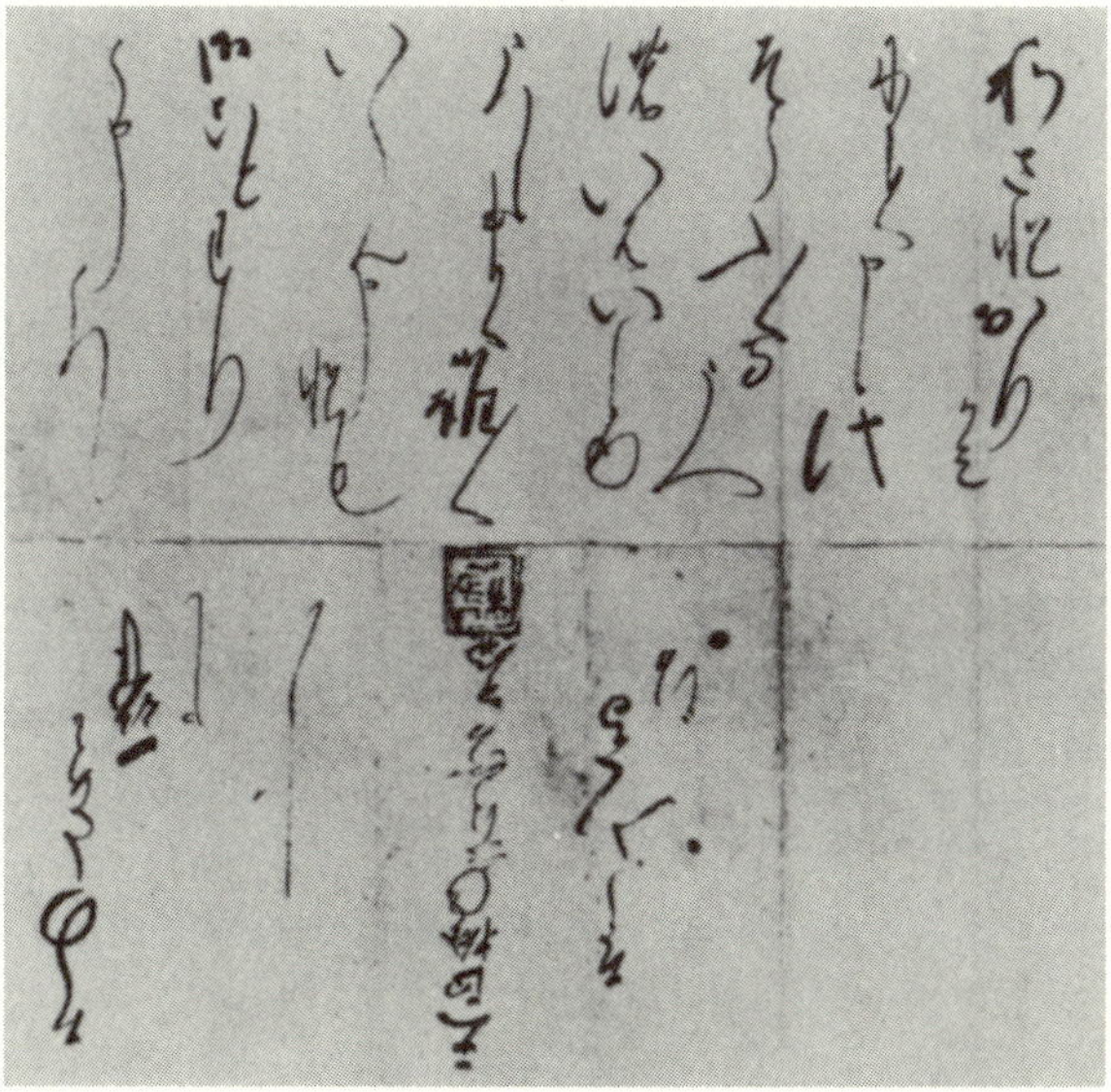

図 73　天正 10 年 6 月 6 日付「小倉なべ折紙」（岐阜市，崇福寺文書）

中世の範囲と区分

日本民族が古代および混成古代という長い隧道をくぐり抜け、やっと中世に到達したのは、一六世紀の末葉のことであった。これを中世ローマ帝国（ビザンティオン帝国）や宋朝の中国に較べると、その停滞性は顕著であるが、これはもっぱら周辺国家という日本の置かれていた位置に起因している。

日本の中世前期に比定される桃山時代とは、安土・桃山時代の略称であって、織田内府信長、ついで豊臣秀吉が政権を掌握したという意味で織豊時代とも呼ばれる。その年代的範囲は、おおよそ信長が足利将軍・義昭を追放して室町幕府を滅ぼした天正元年（一五七三）七月から関ヶ原の戦によって江戸内府こと家康が覇権を確立した慶長五年（一六〇〇）九月までの二七年間にわたっている。つまりそれは、一六世紀末葉の三〇年ほどの時代とみることができる。

桃山時代は、日本の政治、経済、社会、精神文化に大きな変動をもたらした室町時代後期—戦国期—の戦乱の後を承けた時代であって、女性名に関しても大きな変化が看取されるのである。

公家社会の女性名

この時代における公家社会の女性たちは、宮仕えするとか、叙位にあずかる場合には×子型の諱をつけるが、通常は、童名、通常名を用いた通称をもって呼ばれた。

この時代には、親王宣下を蒙った皇女ははなはだ稀であって、わずかに、

清子内親王①（後陽成天皇第二皇女。母は、近衛関白前久の娘の前子〔中和門院〕。鷹司関白信尚室、左大臣・教平母、延宝二年薨去。年八三）

貞子内親王②（後陽成天皇第六皇女。母は、清子内親王に同じ。逸宮と呼ばれる。二条家の摂政・康通の室）

の名が挙げられる。他の皇女はすべて仏門に入り、法諱を冠して××女王と呼ばれた。すなわち、

永邵女王③（陽光院皇女。母は、後陽成天皇に同じ〔新上東門院晴子〕。天正八年四月、薨去）

文高女王④（後陽成皇女。母は、中和門院）

恵仙女王⑤（後陽成皇女。母は、中和門院。寛平二十一年八月薨。年五〇）

永崇女王⑥（後陽成皇女。母は、掌侍・平時子。貴〔アテ〕宮と呼ばれる。のち大聖寺に入る。元禄三年七月薨。年八二）

などがそれである。なお、神祇伯家の王女は、依然として×子女王を称し、即位の大典には、左の褰帳の命婦を勤仕した。⑦

つぎに天皇の後宮に侍した女性で、名の判明している者を挙げてみよう。

藤原前子《さき》⑧（近衛関白前久の娘。後陽成天皇女御。後水尾天皇、清子内親王らの母。中和門院の院号を授かる。寛永七年薨。五六歳）

藤原晴子《はれ》⑨（陽光院御息所。勧修寺大納言藤原晴右の娘。はじめ阿茶局と称した。後陽成天皇らの母。女院号は、新上東門院。元和六年

藤原親子（中山権大納言藤原親綱の娘。後陽成天皇後宮。大典侍。覚深法親王らの生母。慶長十一年卒 薨。年七六）
藤原輝子（日野権大納言藤原輝資の娘。後陽成天皇後宮。大典侍。尊性法親王の生母）
源　具子（庭田権大納言源重具の娘。後陽成天皇後宮。良純法親王の生母）[10]
藤原孝子（持明院権中納言藤原基孝の娘。後陽成天皇後宮。勾當内侍。堯然法親王の生母）[11]
平　時子（西洞院宰相平時慶の娘。後陽成天皇後宮。掌侍。永崇女王らの生母）

これらの女性名をみて指摘されるのは、全員の名が父親の偏諱をとっていることである。右の事実は、公家の女性は通常、童名、通常名、字《あざな》などを帯び、宮仕えに際して父の偏諱をとった×子型の名をつけたことを暗示している。上記の平時子の姉妹のうちで、のちに東福門院の宣旨となった石井局《いわい》は、諱を行子といったが、南部家の源利直の養女となったほうは、萬《まん》という字をもつだけにとどまった。[12]

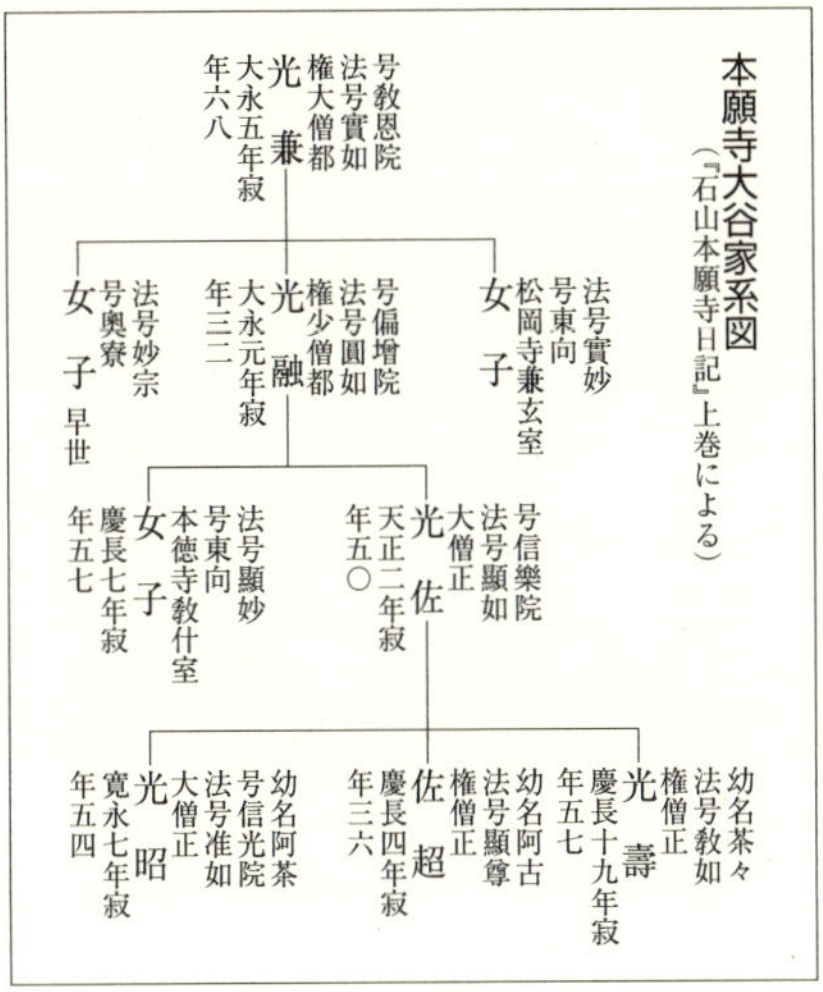

宮仕えに上がったり、叙位にあずかった公家社会の女性は、遅ればせながら×子型の諱をつけたけれども、そのため幼時からの通称が欠失したのではなかった。たとえば、陽光院の妃、後陽成天皇の生母・藤原晴子（勧修寺家）は、日記などでは「御あちや〳〵」と記されている。[13] 彼女の場合、諱の晴子は、公的な名にとどまり、日常的な名ではなかった。宮廷貴族の女性の通称には通常名系の名と字《あざな》系の名とが混在していた。山科家の藤原言經（一五四三～一六一一）の姉は阿茶、[14] 四條家の藤原隆昌（一五五六～一六一三）の妻は御茶々、[15] その娘は彌々《やや》とい[16]った。一方、言經の姪は御石、[17] 冷泉家の藤原爲益（一五一七～一五七〇）の娘は御春[18]という名であった。三つの系統の名が混在していることが察知されよう。

ところで、吉田家の神祇大副・卜部兼見（一五三五～一六一〇）の嗣子・兼治（一五六五～一六一六）は、天正十一年（一五八三）三月二十八日、細川幽齋（一五三四～一六一〇）の娘・伊彌《いや》を妻に迎えたが、[19] 翌年三月六日には女児が生まれた。[20] 伊彌の産穢日数三〇日が明けたのち、すなわち四月八日、彼女は女児をつれてきて兼見に謁した。そのさい、兼治の幼名・滿千代に因んでこの女児を御滿《おみつ》と命名したのであった。[21]

女房の候名には、大きな変化はみられず、大納言典侍（大《だい》典侍《すけ》）、権大納言典侍、新典侍《しんすけ》、目々典侍《めめすけ》、中納言、新内侍、宰相、少将、左京大夫、兵衛佐、宮内卿、大蔵卿、兵部卿、

下間《シモツマ》家（本願寺執事）系図（抄出）
（『石山本願寺日記』上巻による）

清和源氏頼政流
源　頼永（字源五郎、源左衛門尉　越後守、法号祐善　明応六年没）
　―頼包（字源十郎　法号祐宗　永正十五年没　二七歳）
　―頼康（字源十郎　右兵衛尉　天文九年没　二七歳）
　　├女子（名メメ　誓願寺）
　　├女子（名ヤヤ）
　　└頼廉（字源十郎、刑部卿　法印　法号了入　寛永三年寂　九〇歳）
　　　├女子（号良　左川半右衛門室　法号了悟　幼名虎壽）
　　　├仲玄（法眼）―女子（名菊）
　　　├女子（号茶々　瑞坊明勝室　慶長五年没）
　　　├女子（号茶々　堺、薬師院圓玖石林室）
　　　└女子（号右五　川那部主馬首宗甫室）

長橋局、伊與局、春日局といった名がみられたが、それらのうちの若干は、公家、有力な武家や寺家に仕える女房たちの間でも用いられた。

円頓山興正寺は、真宗興正寺派の本山であるが、本願寺十一世・顕如の次男の顯尊佐超が門主のとき、すなわち天正十九年（一五九一）、山科から現在地（京都市下京区花園町）、つまり西本願寺の南に移った。この興正寺の裏方に仕えた女房（官女と呼ばれた）たちの匿名をかかげれば、左のとおりである。[22]

西御方付[23]　御茶々　あここ　兵部卿　小宰相　かか　くり
ねね　少将　くりかか　梅ケ枝　松　村菊　きい　あ五
こや　千世

長女・御姫付　御乳人　若御乳　小侍従　中将　しやあ
いと　松　いといと　ふく
長男・昭玄付[24]　今乳人　右兵衛佐　里々　竹若
二女・小御姫付　うば御乳人　あやや　龜　徳
二男・阿古付　若乳人　御さし　あ五五　御たう　御茶
阿　ちやぼ[25]
光佐（顕如）**室家・北御方付**　上臈名鹽《なしほ》　御ちやあ　御
いま

公家、武家、寺家における女房の候名は、以上に一斑をみるとおり、すこぶる不統一かつ乱雑なものであった。そしてしばしば候名か本人の通称なのか判定できないものがある。山科家においては、「松」は下女の呼び名であって、人が変わっても、下女の一人は「松」という名で呼ばれていた。[26]

奇妙に思えることであるが、梅ケ枝、村菊、宿木、常夏、紅梅、常磐のような雅《みやび》やかな名は、下女の呼び名に用いられることが多かった。

昭玄に仕えた「里々《りり》」[27]という女房の名は大いに注意される。おそらくというR音語頭の女性名については前に述べたが（二一三頁）、これは、江戸時代に多いR音語頭の女性名の先駆をなしているのである。

女性名一般

安土桃山時代の女性名を通覧して注意されるのは、左のような傾向である。

①×子型の諱は、叙位、任官するような特別な場合につけられる特殊な名と化していた。

②公家、武家、庶民の女性名にはいちじるしい差異は消失している。石、龜、鶴、松、梅《むめ》、栗などは、すこぶる庶民的な名であるが、公家の女性の間にもそれらは見いだされる。一方、貴族の童名、愛称に由来する通常名（あちや、あこ、あかか、いちや、ちょぼ等々）は庶民の間にも入り込んだ。そうした攪拌運動は、女性名の階級性を逓減させた。

③×女型の名は激減する一方、接頭語の「御」をつける傾向が強化されている。言經は、河原者の岩鶴女を岩鶴とも、単に岩とも記し[28]、あるいは身命女を身命と書き[29]、接尾語の「女」字をすこぶる軽んじている。この時代には、古代から力強くつづいてきた「××女」型の女性名は、余喘を保つ状態となった。

④女性名には、字《あざな》系の名と通常名系の名とが混在し、統一性がみられない。

⑤江戸時代にはみられない四音、五音の女性名がみられる（あやまち、くりかゝ、あいやしや〔愛夜叉〕、いといと）。

⑥R音語頭の女性名が出現した。

このように、中世的な女性名の成立に向かって混乱をつづけているというのが安土桃山時代の女性名の実態であった。いま『言経卿記』の天正四年より慶長五年まで二四年間の記事から女性名を抜き出し、この混乱を具体的に示してみよう。

通常名系　あかゝ　阿子　あここ　あ五　あ五五　阿茶
阿茶阿　阿茶茶　あやまち　あやや　いちや　いちや子
いといと　いなか　うば　かゝ　くりかゝ　こゝ　こ五う
五もじ　こや　さこ　さし　しやあ　ちい　ちぼ　ちま
ちやあ　ちやご　茶々　ちよぼ　やゝ　こやゝ　やや茶
彌々女

字系　あい　愛夜叉　あや　いあ　石　石か女　市　いと
こいと　いと子　いま　いまあき　いや　うた　龜　きい
菊　北　きやく　くり　こう　たう　玉　千代（世）　鶴
德　とも　夏　西　ねね（禰々）　春　東　福　振　松
むく　梅《むめ》　夜叉千　夜叉　里々《りり》

右の分類には、曖昧な箇処も認められるが、女性名に関する混乱の情況は、ほぼ想察されよう。

つぎに個々の人物について、その周囲の女性たちの名を洗い出してみよう。

前右大臣・信長　信長（一五三四～一五八二）の妻妾たちの名は、ほとんど不明である。彼は、天文十七年（一五四八）、美濃國の齋藤山城守季龍（法名は、道三《どうさん》。一四九四～一五五六）の娘の濃姫を娶った[30]。信長がこの妻を利用して齋藤家の滅亡

織田家
信長――御五徳（岡崎殿）

松平家
家康――信康

（御五徳＝信康）
├福　天正四年生。同十八年、嫁小笠原兵部大輔秀政。信濃守忠脩母。慶長十二年十月十八日没。享年三二。戒名高月峯譽知廊、号峯高院。
└久仁　天正五年生。同十九年、嫁本多美濃守忠政。中務大輔忠刻等母。寛永三年六月二十五日没。享年五〇。戒名快窓祐慶、号妙光院。

を図ったことは周知されているけれども、[31] 彼女の本名や生没年は全く不明である。言うまでもなく濃姫とは、美濃國から輿入れした姫君の義である。

信長の妻妾のうちで名が判明しているのは、高畑おなべだけである。彼女は、近江國野洲郡北里村（現在、近江八幡市）の土豪・高畑源十郎の四女で、同国八尾山城主・小倉右京實澄の後家であったが、のちに縁あって信長の側室となり、信高、信吉の二男と一女を産んだ。[32] 彼女が「本能寺の変」の直後、すなわち天正十年六月六日、崇福寺《そうふく》（岐阜市）宛に出した「折紙」は、幸いにも現存している。なかなかの達筆でしたためられた書状であって（図73参照）、そこには、おなべという自署が看取される。なべは、慶長十七年（一六一二）の六月二十五日に没し、大徳寺總見院に営まれた信長の供養塔の傍に葬られた。戒名は、典雲院月憐宗心といった。

また總見院の墓地における信長の供養塔の近くには、信長の長女で岡崎殿の名で知られるおごとく（御五德）の墓（五輪塔）が所在している。このおごとく（一五六〇～一六三六）は、信長の娘たちの中でその実名が判明している唯一の女性である。[33] 彼女は、家康の長男・信康（一五五九～一五七九）に嫁し、二女（福《ふく》と久《く》仁《に》）を産んだ。周知のように、おごとくは、父・信長に夫・信康とその母・築山殿の叛意を讒訴し、二人の死を招いた。夫の死後、彼女は京洛で余生を過ごし、寛永十三年（一六三六）正月十日、七七歳で他界した。[34] それにしても、おごとく（御五德）というのは、いかにも信長らしい思い切った命名である。

このおごとくが産んだ二人の娘の略歴は、前掲の系図のとおりである。これは彰考館撰の『源流綜貫』[35] に依ったものであるが、さすがに家康の孫女であるため、それぞれ良縁をえて安穏な生涯を送っている。[36]

「本能寺の変」（天正十年六月二日）にさいして信長は、傍に侍っていた女中衆に脱出を命じたけれども、何人かは退去せず、主人と運命をともにした。信長以下当日死没した人びとの墓は、上京区寺町通今出川上ル（上京区鶴山町）の阿弥陀寺の墓地に所在する。[37] それらのうち女性は、左のとおりである。[38]

花翁宗薫　かしわばら《(柏原)》おなべ
楊山宗柳　かしわばらこなべ
融月宗圓　くゝり《(久々利)》御かめ
長友清久　すぎはら《(杉原)》まん
昌月宗繁　かとう《(加藤)》たつ

貞月宗純　もうり《毛利》御いわ
遊月宗泉　をいた御かめ
宗林　　　こつる
宗忠　　　ごとう《後藤》きく

これらのうち、こつるときくは、下女であったのであろう。

なお、信長の妹のおいち（一五四八～一五八三）は、佳人として、また悲劇の女性としてあまりにも有名な小谷方《おだにのかた》である。

またおいちの妹のおいぬも美貌の誉れが高かったが（図74）、名門・細川家の源昭元（のち信良、一六一五、没）に再嫁し、一男二女を儲けた。しかし天正十年（一五八二）九月八日、三十余歳の若さで病死したのであった。(39)

図74　織田いぬ画像（京都市龍安寺所蔵）

前関白・豊臣秀吉の母と正妻　秀吉の父は、木下彌右門、母はのちに大政所（大北政所の略）の敬称を授けられ、法名を天瑞院といったなか（一五一七～一五九二）であった（二一五頁）。秀吉の正妻は、尾張國愛智郡朝日村に住む杉原助左衛門定利の次女の禰々（一五四九～一六二四）である。禰々については、桑田忠親博士（一九〇二～一九八七）のすぐれた研究がある。ただ博士が、彼女の名はねねではなく、ねまたはおねが正しいとされたのは、この碩学の千慮の一失であった。

すなわち博士は、

この定利の次女をおねという。これが、のちの北政所なのだ。このおねのことを、俗に、「おね〻」といっているが、これは、『絵本太閤記』の誤記である。北政所の自筆の消息には、みな、「ね」と署名している。そして、秀吉の自筆消息の宛名には、「おね」としている。「ね」か「おね」が正しい。『木下家譜』や『寛政重修諸家譜』には、「寧子」と書いている。ただ、『高台寺文書』には、「吉子」としてある。

と述べられている。(40)

当代の女性は、消息に名の一文字を自署する場合が多かった。桑田博士は、細川元侯爵家に伝世した明智たま（ガラシャ）の消息を解説されているが、(41)この消息の上書《うわがき》に彼女は、「た」とのみ自署している。

岐阜市佐野の栄昌院（尼寺）では、将軍・秀忠の正室・おごう（小督、諱は達子）が姉の常高院（字は、はつ。諱は、藤子。京極家の高次の妻）に宛てた消息二通が発見された。(42) ここにか

きのふも御返事申候うりもとゝき申候御心に入候て御う
れしく候又御つるへの御返事まいらせ候御とゝけ候へく
候又たつこにも何事も候はす候てうたくよりこの文とく
からまいり候て御入候へともわすれ候てたゝいままいら
せ候まゝわかみそりやくにてをそくまいらせ候てめもし
に御入候このよし御申候て御とゝけ候て給へく候又そろ
なに事も候はす候御心やすく候へく候
廿四日
（上書）
「　そうしゆんさま　　　　た
御返事　まいる申給へ　　」

明智たま（ガラシヤ）消息（細川家文書）

かげたのは、その一通であるが、二通ともおごうは、「五《ご》」と自署しているのである。このやり方は、女性が署名する場合の慣用であって、秀吉の正妻が「ね」と署名したのは、慣用に従ったにすぎず、それは彼女の名が「ね」であったことを指証するものではない。

つぎに、「しやうもし」は、「常文字《じょうもじ》」であって、対等または目上の人に対する第二人称である。「そもじ」は、「そなたもじ」の略であって、主として女性が用いる言葉であった。文禄二年（一五九三）三月ごろ、正妻に宛てた秀吉の自筆消息には、「ねもじ」とみえるが、[43] これは「ねゝ」に対する略称であって、彼女の名が「ね」であったことを証指してはいない。また「おねへ」という宛名は、愛称である。これらを採り上げて、秀吉の正妻は、「ね」または「おね」という名であったなどと帰結するのは、失当と認められるのである。

禰々（女）という女性名は、鎌倉時代ごろから現われた名であるが、[44] 平安時代末葉に存した可能性が多い。その後、ねねは連綿とつづいており[45]（五〇六頁、参照）、桃山時代にはごくありふれた名となっていた。[46] 他方、ねとかおねといった女性名は、室町時代にも桃山時代にも全く検出されない。それゆえ、秀吉の正妻の名は、従来言われているとおり、ねゝ（禰々）であったと認むべきである。

御ふみ、御かしくおハしまし候。仰のことく、けふは、
将くんの御かた、きたの丸へ御成の御事のよし、かす
〳〵めてたく、おかしく思ひまいらせ候。ことに天気も
よく候て、ひとしほ御うれしく、思ひまいらせ候。大御
所へも文のよし、よく申入候べく候。御しうきとて、御
さかな、もくろくのことく、めてたく祝入まいらせ候。
まことに、たひ〳〵に御祝たまひ候て、めてたく、いく
久しくと、いわい入まいらせ候。返々はやくと、文たま
ひて、めてたく、おかしく、おもひまいらせ候。なお、
めてたき事、又々かしく。
しやうもし様　　より
御返事　　五
人々
申給へ

淺井ごう消息（栄昌院文書）

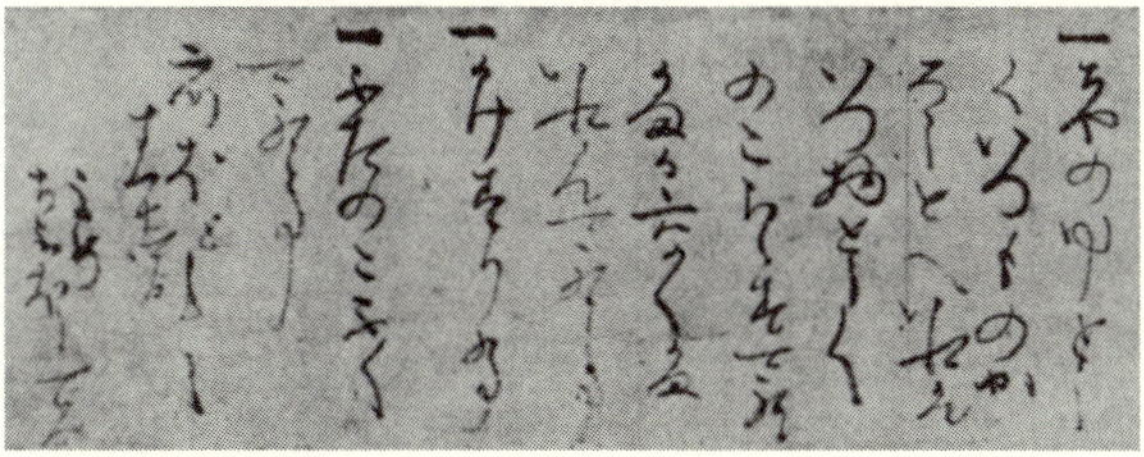

図75　豊臣秀吉自筆消息，侍女よめ・ちよぼ宛（益田孝氏旧蔵）

桑田博士が指摘されたように、ねねは諱を寧子、吉子といった。諱がなければ叙位されないが、彼女は初め寧子《やす》、のちの叙位にさいしては吉子と改めたのであろう。[47]

桑田博士によると、[48] ねね（北政所、高台院）に仕えた侍女の中では、孝蔵主、東殿、ちゃあが老女格であって、この下に、こほ（ただし、大政所づき）、よめ、ちよぼ、はりま、あこ、ちく、五さ、こや、三位、中将、ゆら、とら、きく、とう、きつ、かめ、やす、づし、はりま、ゆうせん、宮内、ゆうさい、じちせんをふくめた二、三百人の侍女がいた。

　これらのうち、最も著名なのは、孝蔵主《こうぞうす》である。彼女は、近江國の蒲生家の家臣である川副家の伊賀守・勝重の娘であって、出家後は孝蔵主と称した。豊臣氏奥向きの奏者として活躍し、非常に権勢があった。秀吉の薨後は、北政所に従って京都の高台寺に移り、慶長の末年、駿府に転じて家康に仕え、将軍・秀忠から江戸に屋敷を与えられて、そこで晩年を過ごし、寛永三年（一六二六）四月十四日に病死した。[49] 桃山時代の女性を語る場合、逸することのできない人物である。

前関白・豊臣秀吉の側室　秀吉の最晩年を飾った慶長三年（一五九八）三月十五日の醍醐の花見には、北政所と側室四人が加わった。三宝院に向かった御輿のうち、一番には北政所、二番には西の丸殿（淀殿）、三番には松の丸殿、四番には三の丸殿（織田殿）、五番には加賀殿が乗った。[50] これは、閨門の序列を明示するものである。

　側室の筆頭は、淀君（浅井茶々）であって、言うまでもなく秀頼の母である。[51]

　晩年の淀殿の侍女としては、あこ、三位などの名が判明しているが、大坂落城にさいして、秀頼母子に殉じた侍女としてその名が知られているのは、大蔵卿（秀頼の乳人）、右京大夫、宮内卿、饗場《あえば》局である。[52] また伊勢家の兵庫頭・平貞景の娘で、阿古御局として秀頼に仕えていたお菊（一五八〇〜一六一五）も、主人に殉じた。[53] このとき、大坂城から脱出した侍女のきくは、のちに夏の陣の様子を回想して、『おきく物語』を著したが、それは石田治部少輔三成の侍女・おあんが慶長五年における大垣城籠城の様子を綴った『おあむ物語』とともに、女性がものした戦争体験記の双璧をなしている。[54]

　このあんというのは、比較的類例の少ない名である。最も早く歴史にみえるあんという女性名は、前田家の家臣で能登國の末森城を守っていた奥村永福の妻の加藤安《あん》であろう。天正十一年（一五八三）九月、佐々内蔵介成政（一五三九〜一五

豊臣氏・木下、杉原両家略系図

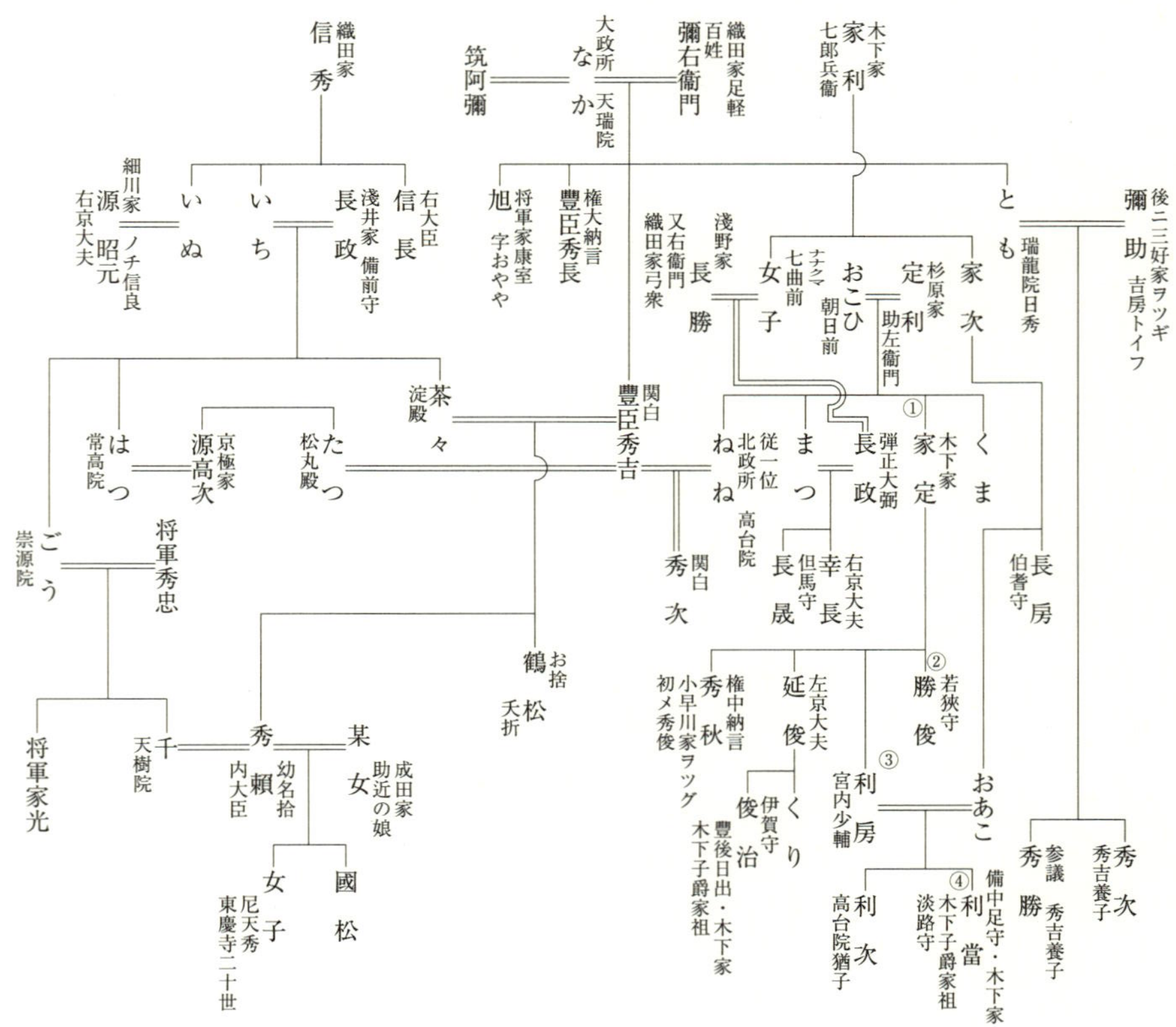

八八）は、兵八〇〇〇を率いて末森城を攻略した。安は決然として立って城兵の労をねぎらい、手桶の粥をみずから汲んで人びとにわかち与えて士気を鼓舞し、利家の援軍が到着するまで城を死守したのであった。[55] またあんという女性名は、少ないながら江戸時代にもみられた。[56] おそらくそれは、「安壽女」が分解して生じた名であろう。

側室第二位の松の丸殿は、近江國の名門・京極家の出で、名をたつ（龍）といい、淀殿とは従姉妹であった。なかなかの美人であって、子は産まなかったが、秀吉の寵愛はなみなみではなかった。醍醐の花見にさいして淀殿と盃《さかずき》争いを演じたことで知られている。[57]

そのほか側室のうちで名が判明しているのは、加賀殿、三條殿、お種殿などである。加賀殿は、前田権大納言・利家（一五三八〜一五九九）の娘で、名を摩阿《まあ》（一五七二〜一六〇五）といった。彼女の側近には、前田家から遣わされた侍女の阿茶子が仕えていた。彼女に遣わした消息の中で秀吉は、彼女を「ま阿」、「まあ」、「おまあ」などと呼んでいる。[58] ×阿型の女性名については、前に述べたところである。

三條局は名をとらといい、近江國の日野城主・蒲生左兵衛大夫賢秀の娘、蒲生宰相・氏郷（一五五六〜一五九五）の妹である。秀吉は、消息の中で彼女を「ともじ」と呼んでいるが、むろんそれは、とらを呼んだ第二人称である。[59]

お種殿は、伏見の侍・高田次郎左衞門の娘であって、一八歳のときに秀吉に召し出され、側室となった。のち伊達《いだて》家の藤原政宗（一五六七〜一六三六）の妾に転じて宗根（亘理家の養子となる）を産み、寛永十七年（一六四〇）十二月、陸奥國栗原郡高清水（現在、高清水町）で没した。[60]

同じく秀吉の妾で、「古河姫君《こがのひめぎみ》」と呼ばれていた女性は、名は不明であるが、名門・喜連川《きつれがわ》家の源頼純の娘であった。天正十八年、関東下向のおり、親を養う料として下野國鹽谷《しおや》郡喜連川において三五〇〇石を賜わったが、のち弟の國朝にこれを譲った。後年、家康に召され、その娘、振《ふり》の後見となり、また市谷の平安寺を再興して月桂院と称した。[61] 秀吉に常侍した妾ではなかった。

なお、秀吉の姉はともといい（瑞龍院日秀）、彌助（のち、三好武蔵守吉房と改名）の妻となって次兵衞―後の秀次―らを産んだ。しかし秀吉の大出世の煽《あお》りを食らい、不幸な晩年を送った。また妹のおやや（のち朝日と改名、一五四四〜一五九〇）も、秀吉の政略によって生木《なまき》を割くように、夫の佐治日向守と離婚を強いられ（四四歳）、駿河の府中にいる家康の許に輿入れさせられた。朝日（旭）という名は、再嫁にさいして朝日村に因んでつけられたもののようである。[62]

関白・秀次の妻妾たち　秀吉の生涯に大きな汚点をのこしたのは、文禄四年（一五九五）八月、京都の三條河原（西側の河原）で、衆中環視のうちに、秀次の妻妾ら三〇人を河原者たちに殺害させた事件である。この無惨な殺戮の光景は、太田和泉守牛一の『太閤さま軍記のうち』[63] に精細に描述されている。これら悲劇の女性たちの名は、右の記録に明記されて

表2 処刑された関白秀次の妻妾 文禄四年八月二日

	名	齢	父親	備考
1	藤原某女	34	右大臣・藤原(菊亭)晴季(一五三九〜一六一七)	秀次の一の台(正妻)。のちに養儁院の法号を授けられた。
2	おちやう	18	美濃國の人・竹中與右衛門	その腹に秀次の息子あり。
3	おたつ	19	尾張國の人・山口升雲	お百の母。
4	おさこ	19	北野松梅院住持某	お十の母。
5	中納言	34	攝津國の小浜殿	癩病を患う(『言経卿記』文禄四年三月二十二日條参照)
6	おつま	17	四條殿(四條家の隆昌か)	
7	おいま	19	最上家の出羽守源義光	藤原(伊達)政宗の母の姪。
8	おあぜち	31	秋庭家の某	
9	おあこ	22	美濃國の日比野下野守	おせんの母。
10	おくに	22	尾張國の大島新左衛門	
⑪	およめ	26	尾張國の堀田二郎左衛門	
⑫	おさな	16	美濃國の武藤長門	
13	おきく	16	攝津國の伊丹兵庫頭	
14	おまさ	16	齋藤吉兵衛	
15	おあひ	24	京都の人・古川主膳	
16	お竹	不明	不明	もとは捨児。
17	おみや	13	不明	一の台の連れ子。おみやは、秀次の妾ではなく、母に連坐したものと推定される。

いる(上の表を参照)。殺害された女性たちにはお気の毒ではあるが、それは、桃山時代の女性名を知るうえでは貴重な史料とされるのである。

なお、秀次の本妻、すなわち若政所は、羽柴三左衛門、すなわち池田宰相輝政(一五六四〜一六一三)の姉妹であって、処刑を赦され、輝政の居城—三河國の吉田城に送り遣わされた。(64)

秀次の妻妾は三〇名におよんでおり、その荒淫さは驚くばかりであるが、侍妾の多くは彼が器量のよい若い侍女をつぎからつぎへと冒して侍妾とした結果と思われる。

これらの女性名を一瞥して知られるのは、通常名系の名は少なく、字《あざな》の分解によって生じた中世的な二音節型の名が圧倒的に多いことである。×あ型としては、なあの名が見いだされる。またあひ、ここ、こほなどは、

18	左衛門のこう	38	河内國の岡本彦三郎	
19	右衛門のかゝ	35	村善右衛門	
20	おみや	42	近国の高橋某	
21	ひがし殿	61	不明	美濃國の丸毛不心斎の妻。この婦人は、秀次の妾ではなく、奥向きを宰配する老女であったと思量される。
22	こせうせう	24	不明	備前國の人・本郷主膳の妻の姪の小少将のこと。
23	おなあ	19	美濃國の坪内三右衛門	
24	おふぢ	21	京都の人・大草三河	
25	おきみ	34	不明	近江國の人。
26	おとら	24	上賀茂の岡本美濃	
27	おここ	21	和泉國のたにのは	「たにのは」の意味、不明。
28	おこほ	19	近江國鯰江才助	
29	せうせう	不明	不明	越前國の人。
30	おこちや	不明	不明	出羽國最上藩領の人。

注目すべき名である。なお、中納言、小少将、按察（あぜち）、少将、左衛門などは、宮廷女房系の候名も併用されていたことを証示している。

太田和泉守牛一が『太閤さま軍記のうち』を記述したのは、慶長七、八年のころと推測されるが、彼が二音節型の女性名にすべて接頭語「お」を冠していることは注意を要する。

右府将軍・家康の妻妾　家康の前妻の築山殿は、今川家より押しつけられた人、そして後妻の旭（朝日）姫は、秀吉との義理から娶った女性であった。他の側室たちは、ほとんどすべてが身分の低い家柄の出であって[65]、家康の下淫の好みがよく現われている。これら側室たちの名を通覧してみると、庶民の間には二音節型の女性名がかなり普及していた事実が認められる。茶阿、阿茶局といった都風の通常名も見いだされるが、地方であるだけに、その頻度ははなはだ低いのである。

西郷局こと戸塚あいは、珍しく昌子という諱を帯びている[66]。おそらくこれは、中宮・和子の外祖母として、寛永五年（一六二八）七月に正一位が追贈された[67]さいに、新たにつけられた名であろう。

女性名のうち、すわは必ずしも少なくない名であるが、むすは稀な名である。お六は、初めお梶の方の部屋子に上がった女性であるが、R音が語頭にくる女性名の先駆けの一つをなす名である。

政治史的に著名な阿茶局（一五五五～一六三七）は、本名を須和《すわ》といった[68]。彼女は、和子が入内のさい、「御母堂代」と

図76　最上いま画像（15歳は，19歳の誤写）
（京都市瑞泉寺所蔵）

して入洛し、「従一位」に叙された。(69) そのさいに用いられた彼女の諱は知られていない。爾来彼女は、亡夫の家名に因んで、「神尾一位」と呼ばれていた。(70)

前田家の女性たち　秀吉の盟友でもあった権大納言・利家（一五三八～一五九九）の妻・はつは、まつの名で知られ（一五四七～一六一七）、大徳寺に芳春院を建てたことで著名であるが、彼女は終生高台院とは暖い交誼をつづけた。

利家には、五人の側室と一〇人の娘がいた。いま岩間愿彦《よしひこ》氏（一九二二～）の『前田利家』(71)によって、それらの女性の名を挙げてみる。まず側室の方は、チヨ（東丸殿、壽福院）、岩（隆興院）、存（訓みは、不詳）（金晴院）、阿千代《おちよ》（逞松院）、於古和《おこわ》（明運院）である。チヨ（一五七〇～一六三一）の産んだ利常は、秀忠の娘・子《ね》々姫(72)（一五九九～一六二二）を妻に迎え、前田家の家督を継いだ。

つぎに娘の方は、幸《こう》（春桂院）、蕭《しょう》（増山殿、瑞雲院）、摩阿《まあ》（加賀殿、祥雲院。秀吉の側室。既述のとおり）、豪《ごう》（樹正院、備前御方、南御方）、與免《よめ》（春泉院）、千世（春香院）、菊（秀吉養女。一五七八～一五八四）、福（高源院）、保智《ほち》（清妙院）である。豪（一五七四～一六三四）は、つとに秀吉の養女となり、養子の宇喜多家の秀家（一五七三～一六五五）とともにねね（北政所）の膝下で育ち、のち秀家の妻となり、二男一女を産んだ。前権中納言・秀家は、慶長十一年（一六〇六）の四月、「関ヶ原の戦」の責任者として八丈島に流された。彼は、妻の豪と娘をおき、息子二人、息子の乳人、下女、下男、侍医ら一二人とともに渡島した。前田家の援助は、秀家の在世中ばかりでなく、彼の子孫にまでおよび、明治二年に宇喜多家が赦免されるまで連綿とつづいた。(73) これは、第四女・豪の縁によるものであった。七歳で夭折したきく（金溪空玉童女。一五七八～一五八四）の画像はよく知られており、大津市坂本本町の西教寺に所蔵されている。

諸大名の妻女と娘たち　細川幽齋こと源藤孝（一五三四～一六一〇）には、五人の娘がいた。すなわち、伊也《いや》、千、加賀、栗、仁伊《にい》（夭折）の五人であった。(74)

仙台藩主の伊《い》達《だて》家の藤原政宗（一五六七～一六三六）の母は、出羽國山形城主である最上家の源義守（一五二一～一五九〇）

表3　家康の妻妾と息女

	名	父	通称	法名	所生の娘	備考
1	不明	關口刑部少輔親永	築山殿	西光院	龜（家康長女）	
2	おやや・朝日	木下彌右衛門	駿河御前	南明院	なし	
3	お丁・お愛・昌子	戸塚五郎太夫忠春	西鄕局	龍泉院	なし	贈正一位、諱を昌子とし、寶台院と改む。
4	お萬	永井志摩守吉英	小督局	長勝院	なし	
5	おつま	秋山越前守虎康	下山殿	妙眞院	振	
6	お茶阿	河村某	茶阿局	朝覺院	なし	朱六との間に娘お八あり。
7	お龜	志水加賀守宗清		相應院	なし	
8	不明	閑宮豐前守康俊			松	
9	お萬	正木左近大夫邦時	蔭山殿	養珠院	なし	
10	お勝《かち》（初めお八）	太田新六郎康資	お梶の方	英勝院	市	
11	すわ	飯田筑後守直政	阿茶局	雲光院	なし	生前、従一位に叙されたが、諱は未詳。
12	おむす	三井十郎左衛門吉正		正榮院		文禄元年、名護屋にて出産により没。
13	お仙	宮崎筑後泰景		泰榮院		
14	お梅	青木紀伊守一矩		蓮華院		のちに本多上野介正紀の妻となる。
15	お竹	市川十郎左衛門昌永		良雲院		
16	不明	鵜殿藤助長忠	西郡局	蓮葉院	督	
17	お六	黑田五左衛門直陣《はる》		養儼院		美人、聡明。歌道の心得あり。
18	お奈津	長谷川三十郎藤直		青雲院		晩年の家康の信任篤し。
19	お松	不明		法光院		
20	不明	三條某		不明		小笠原權之丞の母。

の娘のよし[75]（義姫、保春院。一五四八～一六二三）、正室は、田村郡三春の田村家の坂上清憲（一五八六、没）の娘・愛姫《めご》（陽德院）であった[76]。愛姫は、文禄三年（一五九四）六月十六日、京都において長女を産んだが、この娘を政宗は、五郎八《いろは》（姫）と命名した。長女に「五郎八」という男子名のような字面の名をつけたのは、政宗が正妻腹の男子の出生を願ったためであるという[77]。いかにも政宗らしい英断的な命名である。この五郎八は、慶長四年（一五九九）正月、家康の八男・忠輝（一五九二～一六八三）との婚約が整ったけれども、故太閤の遺令に背くという利家以下の五奉行の抗議にあって破談となった[78]。この婚儀は、慶長十一年（一六〇六）十二月二十四日、江戸においてようやく成就した[79]。ところが元和二年（一六一六）、忠輝は、将軍家の御馬廻衆の長坂信時ら三人を理不尽に斬った罪を問われ、越後國高田藩主六〇万石を改易のうえ、伊勢國朝熊《あさま》山の金剛証寺に配流された[80]。越後の高田から実家に出戻った五郎八は、仙台城（青葉城）の西隅の郭で余生を送り、「御西館《おにしのやかた》様」と呼ばれていた。彼女は、瑞巖寺第百世の洞水東初（一六〇五～一六七一）に篤く帰依

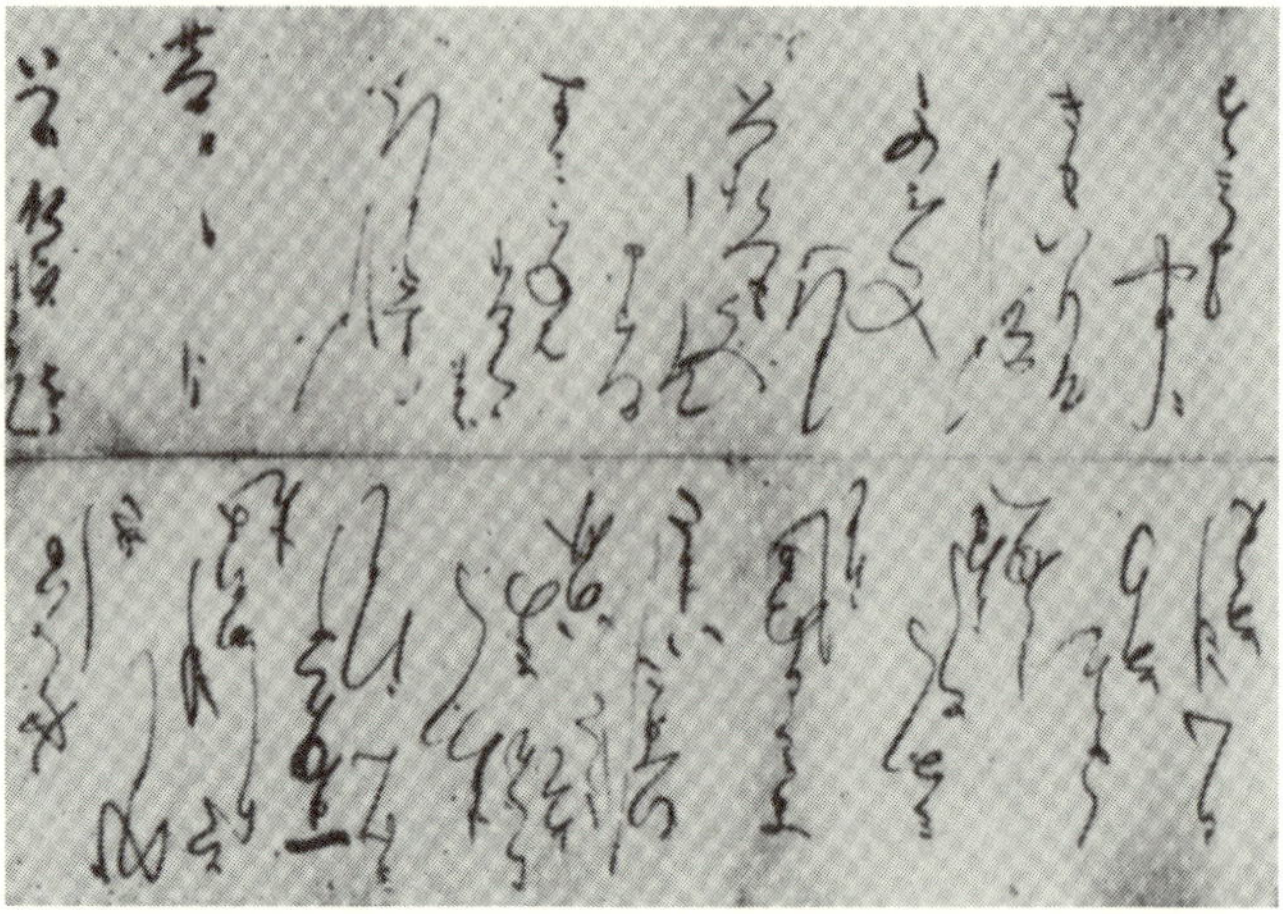

図77　芳春院自筆書状（某年某月21日付）はつの署名がある。
（昭和60年『古典籍下見展観大入札会目録』より）

し、その後援の下に瑞巖寺に塔頭の天麟院を開創せしめた（現存）。

万治元年（一六五八）八月、五郎八は、洞水禅師を戒師として落飾し、天麟院瑞雲全祥釈尼と称した。瑞巖寺には、出家直後らしい瑞雲禅尼の塑像と画像（口絵参照）が所蔵されている。画像の方は、それまで陽徳院のそれといわれてきたが、塑像との類似その他から考察して、天麟院の画像と認められる(81)。寛文元年（一六六一）五月八日、瑞雲禅尼は遷化し(82)、天麟院の西に接続した台地に葬られ、その上に廟が建てられた。以上が当時としては非常に変わった名をつけられた伊達《だて》五郎八《いろは》という武家貴族の一女性の略伝である。

なお、政宗の正妻の愛《めご》（陽徳院）とは、東北地方の方言で「かわいい子」、「愛児」をいう言葉であって、形容詞の「めごい」に由来している(83)。したがってそれは、愛称にもとづく通常名であって、字《あざな》系の名ではないのである。

慶長十三年（一六〇八）、四〇歳になった政宗は、側近に仕える侍女に第二女を産ませ、これを牟字姫と命名した(84)。政宗がこの変わった名を撰んだ理由はさだかでない。元和二年（一六一六）、政宗の第三女が生まれたが(85)、その名は未詳である。寛永三年（一六二六）にいたって、側室腹の第四女が生まれたが、さすがの政宗も珍稀な名を避け、「千菊」と命名したことであった(86)。

千菊という女性名は、長門國豊浦藩主の毛利家の秀元（一五七九～一六〇九）の娘の中にもみられる(87)。『豊浦藩主略譜』で片仮名で記された女性は、夭折した者である。秀元の娘たちは、少女に生育したとき、正式の字《あざな》を与えられたようである。そのうち、松菊、長菊、千菊、萬菊、竹千代は、未分解の名であって、原則として男性の名である。二代・光廣の時代には、分解が進んでいる（たとえば、千菊は、千と菊という二つの名に分解した）。

こうした××女型の名の分解と未分解との過渡的な様相は、對馬島府中藩主の宗家の義智（一五六八〜一六一五）の一家における娘たちの名に看取される[88]（二七〇頁参照）。それらのうち、乙福《おとふく》、乙千代は未分解の名であり、したがって男性名としても通用するものである。

豊後國の岡藩主の中川家（もと伯爵家）は、賤ヶ岳の合戦で功を立てながら自害した中川清兵衞源清秀（一五四二〜一五八三）を中興の祖とする家柄である。[89] いま『中川氏系図』[90]から必要部分を抄出してみると、次頁のとおりである。

最上家 源 義守（右京大夫）
- 義光《あき》（右京大夫）
  - 家親（駿河守）
  - お今（関白・秀次妾）
- 義姫（藤原輝宗室）

豐浦藩主・毛利家の娘たち

毛利家初代 秀元（参議）
- 松菊
- ミヤ
- イマ
- 光廣（二代 和泉守）
  - 綱元（三代 甲斐守）……
  - 熊
  - 勝
- 長菊
- 千菊（元和六年十月出生）
- 万菊
- ツマ
- 竹千代

上にかかげた若干の実例によって、武家貴族の女性名の一斑が察知されるであろう。これら武家貴族たちの系譜は、江戸幕府が編纂した『寛政重修諸家譜』一五三〇巻に集成されてはいるが、これは徹底した女性蔑視の方針で貫かれており、女性に関しては単に女子と記し、何某の妻と注しているにすぎない。したがって、せっかくの厖大な系図集であるけれども、それは女性名の研究にはあまり役立たないのである。それゆえ、桃山時代における武家貴族の女性名の研究は、個々の武家貴族について女性名を記載した系譜をさがし求め、それを通じて進めねばならぬのである。

近江國蒲生郡今堀村の女性たち 公家・武家両社会の女性たちの名に生じた大きな変化、すなわち語尾の女字の脱落と古代的な字《あざな》の分解は、地方の農民の間でも同様に進行していた。秀吉の母がなか、姉がともといったことなどは、この傾向が加速度的に進行していたことを指証している。いま屋上に屋を架する嫌いはあるけれども、『今堀日吉神社文書』[91]によって、桃山時代における蒲生郡今堀村（現在、八日市市今堀町）の農民の女性たちの名を挙げてみよう。

ふく　おすて　小萬　吉　岩　おとら　御なべ　おかめ
お松　お岩

ここでは、×女、××女型の女性名は全く認められず、他方、御を接頭語とする名が激増しているのである。またこの村では、禰々（子々）という名は珍しいものではなかった。「おかめ」という名の女性の存在は、それがまだ醜女を意味する普通名詞とはなっていなかったことを指証している。かめ（龜）という名は、この時代には最もありふれた女性名であって、家康の側室の志水おかめ、家康の娘の龜姫[92]とか、林羅山（諱は、信勝。一五八三〜一六五七）の妻の荒川龜[93]（一六五

六、没）などは、容易に念頭にうかぶ名である。

なお、「ちゃん」というのは、「親しい間柄の人を呼ぶ時や、特に親しみを込めて呼ぶ時に用いる」接尾語で、「さん（様）」の変化した語とされている。現在でも、一郎は「いっちゃん」[94]、光子は「みっちゃん」などと呼ばれ、広く用いられている。桃山時代に生きた熊谷豊前守元直の娘の「おちゃん」[95]は、この種の名としては最も古い例に属するが、これは「お」に接尾語の「ちゃん」がついて固有名詞となったものである。また宗家の常陸介・平義純（一五五二〜一五八〇）の娘のチャン[96]（小河加賀左衛門妻、一六六一、没）は、接尾語をそのまま固有名詞とした名である。

ところで、千利休（一五二二〜一五九一）の娘のお吟のことは、海音寺潮五郎氏（一九〇一〜一九七七）の長編小説『天正女合戦』（昭和十一年発表）や『茶道太閤記』（昭和十五年発表）などによって国民の間で広く知られている。利休の研究で第一人者とされる桑田忠親博士は、このお吟をめぐって、左のように述べられている。[97]

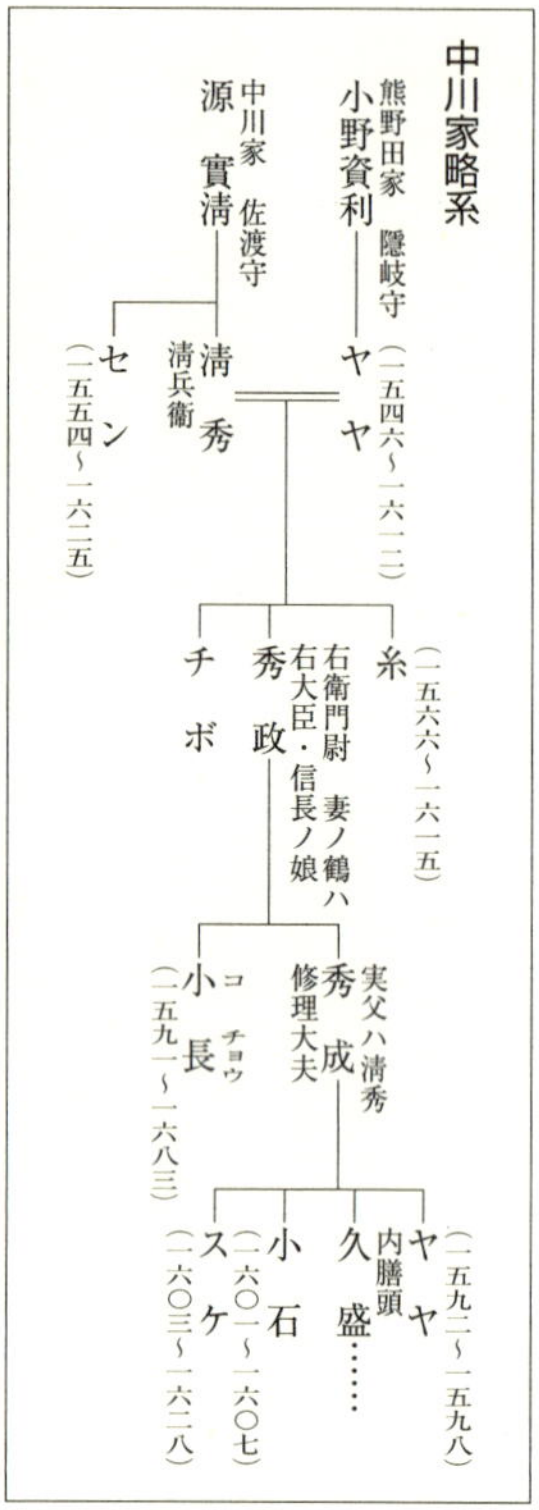

なお、余談だが、利休切腹の原因となった娘の名前を、『絵本太閤記』の五編巻之九では、「綾」とし、万代屋何某の後家とし、筆者の学友海音寺潮五郎の『天正女合戦』では、何によったか、書いてないが、「お吟」としている。そこで、今東光の小説も『お吟さん』[98]と題したのであろう。

けれども、おぎんは、海音寺氏の虚構にかかるのではなく、伝承によったものと思料される。すなわち、幕臣・宮崎成身の『視聴草《しちょうそう》』には、

利休、子三人あり。嫡子道庵（安）、次は女名ハぎん、京都鸚屋の妻、其次は王庵（少）也。

とみえ、[99]ぎんという名が古くから伝えられていたことを想わしめる。桃山時代にぎんという女性名があってもおかしくはない。なお、利休の後妻の名はりき、少庵の妻となった娘の名は、おかめ（法名、宗恩、慶長五年寂）と伝えられている。[100]

法名

桃山時代における女性の法名は、室町時代とそれほど大きな変化はなかったが、院号、院殿号はいよいよ普及したことが指摘される。公家・武家貴族の女性たちの法名に院（殿）

号がみられるは、当然のことである。

大鑑院明極文至[101]（後陽成皇女・清子内親王）
華陽院殿玉桂慈仙大姉（家康の祖母の青木とみ）[102]
天瑞院殿春巖貞松大姉（秀吉の生母のなか）
興靈院殿憐心大姉（信長の側室の高畑おなべ）
龍雲院殿峯林壽桂大禪定尼（藤原〔中御門〕宣胤の娘。今川家の義元の母）
南明院殿光室總旭姉（秀吉の妹の木下朝日）
見性院香嚴壽桂（信長の娘の御五德。信康の妻）
芳春院殿花岸宗冨大姉（利家の妻のまつ）
清池院殿潭月秋天大禪定法尼（關口家の出。家康の正室で、築山殿と呼ばれた）
祥雲院殿隆室宗盛大禪尼（利家の娘の摩阿。秀吉の側室）

図78　志水おかめ画像，家康妾，義直生母
（京都市清涼院所蔵）

信松院殿月峰永琴大禪定尼（武田家の晴信の娘の松。織田家の信忠の未亡人）
盛德院香林慈雲（家康の娘の亀）
養嚴院鑑譽心光（家康の側室のお六）
惟德玄孝尼藏主（豊臣氏の老女の孝蔵主）

室町時代においては、同一人物でも「院」とも「院殿」とも呼ばれたが、桃山時代には「院」と「院殿」によって身分を区別する傾向が現われた。貴族の女性の場合でも、位号（大姉、信女、禅定尼）を欠いた例も見受けられる。

庶民の戒名の場合には、院号、道号、位号のないのが常であり、上層に属する者でも、道号、位号をつけぬことが多かった。たとえば、本阿彌光悦の母（元和四年七月没）の戒名は、「妙秀院日量」であった[103]。京都の『本法寺過去帳』、下總國の『本土寺過去帳』、常陸國の『妙法寺過去帳』などを通覧すると、庶民の女性の戒名は、ほとんどすべてが「妙×」であって、男性のそれと明確に区別されている。

これに対して尼僧の法名には、妙字がほとんどみられない。皇女に例をとれば、惠仙女王、永崇女王の場合がそうである。大石とよは、後北條家の氏照の妻であったが、天正十八年（一五九〇）に氏照が自害したのちに剃髪し、法名を祐晃と称した。祐晃（一五四七～一五九四）は、無欲恬淡、禅気の横溢をもって知られた[104]。また武田家の晴信の娘の月峰（道号）永琴[105]（法

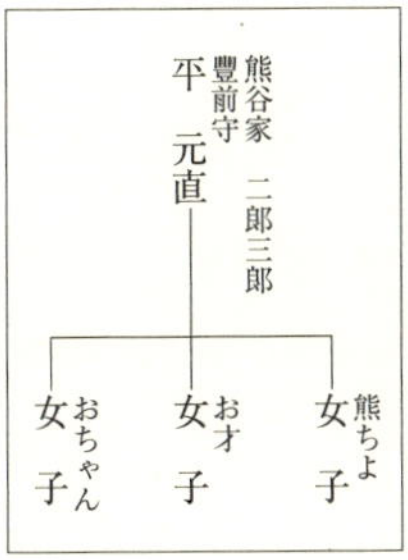

諱。一五六一～一六一六)、伯耆國の総泉寺を再興した永吟(106)、家康側室の正木萬《まん》が剃髪して授けられた養珠院日心(107)などにみるとおり、生前に出家した女性の法名には、妙×はほとんど見受けられなかった。阿弥陀寺が信長と運命をともにした女性らに、妙字抜きの戒名を授けたことの背後には、彼女らに対する住持の哀惜の情が窺われる。

蔵主といえば、秀吉に仕えた孝蔵主の名があまりにも著名であるけれども、蔵主という僧職の名は、室町時代に多く、桃山時代にはあまり見受けられなくなった。

切支丹の霊名

桃山時代の女性名について述べるとき、逸することのできないのは、切支丹(カトリック派のキリスト教、またはその信徒)の霊名(Christian name, Tauf name. 洗礼名)のことである。キリスト教は、天文十八年(一五四九)フランシスコ・シャヴィエル(FRANCISCO DE XAVIER, 1506～1552)によって日本に伝えられたが、戦乱による民心の困憊、仏教の堕落という要因のほかに、宣教師たちの熱烈な布教が加わって、それは燎原の火のようにたちまち西日本に拡まり、天正九年(一五八一)には信徒の数も一五万人に達し、教会数約二〇〇、聖職者七五名におよんだという。

キリスト教への入信者は、必ず洗礼を受けるが、その際、霊名が授けられる。霊名は、『旧・新約聖書』に登場する人物の名、聖人、聖女、殉教者、すぐれた修道士、修道女の名などに因んで、あるいはキリスト教の教義にもとづいてつけられる(108)。

つぎに、入信した女性の霊名をいくつか挙げてみよう。

内藤ジュリア　丹波國八木城主・内藤飛騨守忠俊(德庵、ジョアン)の妹。慶長の初年、都に修道会を創設した。会員には、中島マグダレーナ、伊賀マリア、大友メンシアなどがいた。慶長十九年(一六一四)、ジュリアら一四名の修道女は、高山右近らとともにマニラに追放され、寛永四年(一六二七)、その地で没した。享年、六二歳(109)。

大村メンシア　切支丹大名として有名な肥前國大村藩主・大村バルトロメ純忠の娘で、平戸藩主・松浦肥前守・久信の妻、同じく肥前守・隆信の母。母は、西郷家の純久の娘・マリーア。非常に堅固な信仰をもって著名であったが、晩年は江戸に移り、切支丹禁制の中で沈黙の信仰生活をつづけ、累が松浦家におよぶことを避けた。明暦二年(一六五六)十一月没。享年、八二歳(110)。

明智ガラシヤ　明智日向守源光秀の次女、細川越中守源忠興(一五六三～一六四五)の妻。本名は、玉《たま》。侍女の小侍従・清原マリア(非参議・清原枝賢〔一五二九～一五九〇〕の娘。本名はいと)の感化を受け、天正十五年、マリアから受洗、霊名をガラシヤ(GRACIA)といった。「関ヶ原の戦」を前にした慶長五年七月、石田治部少輔三成らは家康に従う諸将の妻女を人質にとろうとしたが、ガラシャはこれを拒絶した。ために七月十七日、大坂の細川邸は石田方の軍兵に囲まれた。よって夫人は小笠原少齋秀清に介錯を命ずるとともに、侍女二人に遺書を託し、彼女らを邸外に脱出させた。少齋は命令のとおり夫人の胸を刺し、みずからは邸に火を放ったうえで自害した。ガラシャは、時に三八歳であった。(111) 忠興は非常に少齋の死を悼み、長男・長基には六〇〇〇石の封禄を与え、姪のおたねを娶らせ、次男・長良を六〇〇〇石で抱え、若くして後家となっていた妹の千《せん》を妻に迎えさせた。(112)

一方、慶長五年(一六〇〇)七月十七日、細川邸から脱出した侍女二人のうちの一人である入江志もは、忠興の孫・光《みつ》尚《なお》(一六一九～一六四九)の求めによって、七月十七日における惨劇の実況を録し、正保五年(一六四八)二月十九日にこれを進上した。『お志も覚書』の名で知られるこの記録は、右の事件に関する好史料であって、原本は細川元侯爵家に伝えられている。(113)

図79　沼田麝香画像，細川幽齋室

(京都市南禅寺天授庵所蔵)

なお、細川幽齋(源藤孝)の後室、そして忠興を産んだ女性(一五四四～一六一八)は、沼田上野介光兼の娘であった。彼女は、慶長七年、忠興が豊前國小倉に移封されたとき、その地に移住したが、その地で切支丹に入信し、マリヤという霊名を授けられた。彼女は麝香と号したが、夫・幽齋の影響もあって和歌をよくしたし、また琴が巧みであった。(114)

おたあ・ジュリア　この女性の出自も生年も不明である。彼女は朝鮮の生まれであって、朝鮮進攻のさい、アウグスティーノ(AUGUSTINO)・小西攝津守行長に伴われて日本に渡り、行長の感化で切支丹となった。「関ヶ原の戦」で行長が処刑されたのち、家康に仕えて信任が篤かった。慶長十七年(一六一二)四月、家康は、切支丹禁令を下した。そのさい、おたあは頑強に棄教をこばみ、ために彼女は伊豆の大島に流された。ここで彼女は、布教をやめなかったので、(115) 大島から新島、そして神津《こうづ》島に遷《うつ》され、そこで昇天した。神津島にある流人の墓のうち、きわだって大きくて朝鮮風の優雅な石塔は、おたあ・ジュリアのそれと認められている。(116)

長崎、ろさりよ組中連署書翰　つぎに、ローマのカサナテンセ図書館(Biblioteca Casantense)には、切支丹文書が何点も収蔵されている。(117) その中で注意されるのは、元和八年(一六二二）正月十三日付の長崎の『ろさりよ組中連署書翰』である。ここで連署しているのは、長崎の切支丹一〇四名であるが、うち二〇名は婦人である。これら女性の霊名を挙げてみると、左のとおりである。

あがた　あんな　うるすら　がらしや　ばすちあ　まだれいな（4）　まりや（2）　まるた（2）　るしや（5）　るひざ　ろひいな（（　）内は人数）

元和の殉教者　女性切支丹の霊名をもうすこし知るために、殉教関係の例を二、三挙げてみたい。まず元和八年（一六二二）の九月十日、長崎の西坂において切支丹五五名が処刑された。それらのうちには、

ルシア・フレイタス（日本女性、約八〇歳、火刑にされる）　村山マリア　イサベラ（ポルトガル人のドミンゴス・ジョルジュの妻となった日本女性）　テクラ（永石パウロの妻）　マリア（秋雲ヨハネの妻）　カタリナ（後家）　ドミニカ（後家）　マグダレナ（三箇アントニオの妻）　マリア（田中パウロの妻）　クララ（山田ドミニコの妻）　タケヤ・イネス　アポロニヤ

のような女性もまじっていた。(118)

六條河原の殉教者　元和五年（一六一九）の十月十七日、京都の六條河原では、左記の霊名の女性をふくむ切支丹五二名が火刑に処された。(119)

＊マダレーナ（MADALENA）　レジナ（REGINA）　＊マリア　メンシヤ（MENSIA）　＊ルシヤ　ルフィナ　＊マルタ（MARTA）　テクラ（TECLA）（橋本太兵衛の妻）　カタリナ　ウルスラ　＊モニカ（MONICA）　アンナ（ANNA）　アガタ（AGATA）

（＊は、処刑された女性の中に同じ霊名の者が二名以上いたことを示す）

男女ともに霊名の種類はかなり限定されていたことが察知される。

久保田の殉教者　佐竹藩の久保田（秋田の旧名）では、寛永元年（一六二四）の四月二日、藩主・義宣の側室の西ノ丸殿（切支丹。追放された）の侍女のお岩・モニカ（MONICA-OIUA, 1598～1624）が斬首された。ついで六月三日、左記の婦人をふくむ三二名の切支丹が火刑に処された。(120)

マリア（勝田采女の妻）　エリザベッタ（ELISABETTA）（菊地甚兵衛の妻）　レジナ（中野大学の妻）　サビナ（SABINA）（近江三右衛門の妻）　テクラ（小松太郎兵衛の妻）　マリア（小松市兵衛の妻）　カンディダ（CANDIDA）（安藤彌兵衛の妻）　マルタ（安藤彌兵衛の母）　サビナ・アチアチア（SABINA ACIACIA）（芳賀善右衛門の妻か）　マダレーナ（佐々木三助の妻）　モニカ（萩原喜左衛門の妻）

小笠原玄也一家の殉教　もと高山右近（一五五二～一六一四）の家臣で、右近が除封されたのち、細川越中守忠興の重臣（七〇〇〇石）に取り立てられた加賀山隼人正興良（一五六六～一六一九）は熱烈な切支丹であって、霊名をディエゴといった。彼の妻（マリヤ）や娘たちも切支丹であった。幕府の強硬な禁遏《きんあつ》政策によって、藩主・忠興（一五六一～一六四三）はやむをえず、あくまで棄教しない興良とその従兄弟の加賀山半左衛門（バルタザル）を元和五年（一六一九）十月十五日に処刑したのであった。(121)

ところで、興長の女婿である小笠原玄也秀次一家の最後は、

細川・小笠原・加賀山三家関係系図

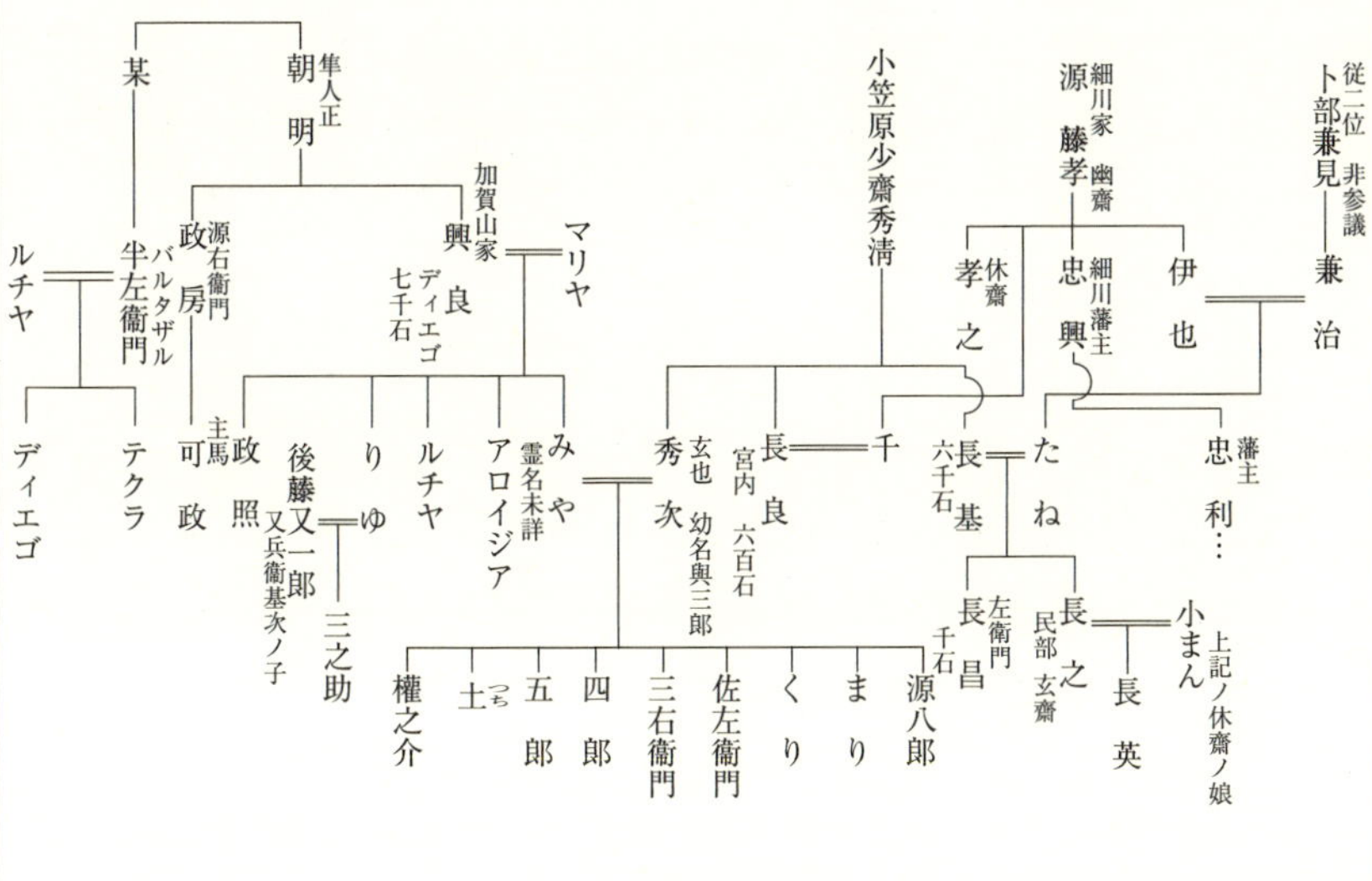

切支丹殉教史の上で最も顕著なものであった。玄也の父は、前記のように、ガラシャ夫人の胸を刺し、みずからも殉死した少齋秀清であるが、忠興はその遺族を厚遇し、親族として扱っていた。ところが、玄也夫妻は藩主の永年にわたる説得に応ぜず、頑強に切支丹を固執した。ガラシャ夫人を母とし、みずからもかつては切支丹であった藩主・忠利は苦悶をつづけたが、長崎奉行の要求を拒否できなくなり、ついに寛永十二年（一六三五）の十二月二十三日、熊本の禅定院において、玄也、妻・みや、子女の源八郎、まり、くり、佐左衛門、三右衛門、四郎、五郎、土《つち》、権之介と女中、下女四名、合わせて一五名を処刑したのであった。玄也、みや、まりらが残した遺書、形見送り書置は、熊本城の坤楼に保管されていたが、明治十年の西南の役の際に焼失した。ただ幸いにそれらの写本が伝えられており、片岡彌吉氏（一九〇八～一九八〇）によって公表されている。[122]

なお、玄也の娘のまりというのは、注意に値する。これは著者が調べたかぎりでは、まりという女性名の最も古い例に属するからである。[123] 熱烈な切支丹であった玄也が聖母・マリヤにあやかって娘をまりと命名したのかどうか、その辺の事情はまだ詳かでないのである（二八三頁、参照）。

桃山時代後期から江戸時代前期初頭にかけての切支丹女性の霊名は、ほぼ以上にみるようなものであった。

切支丹女性の墓[124]　近畿地方では、少数ながら切支丹の墓石が発見されている。墓石の形式は、二種類に大別される。一

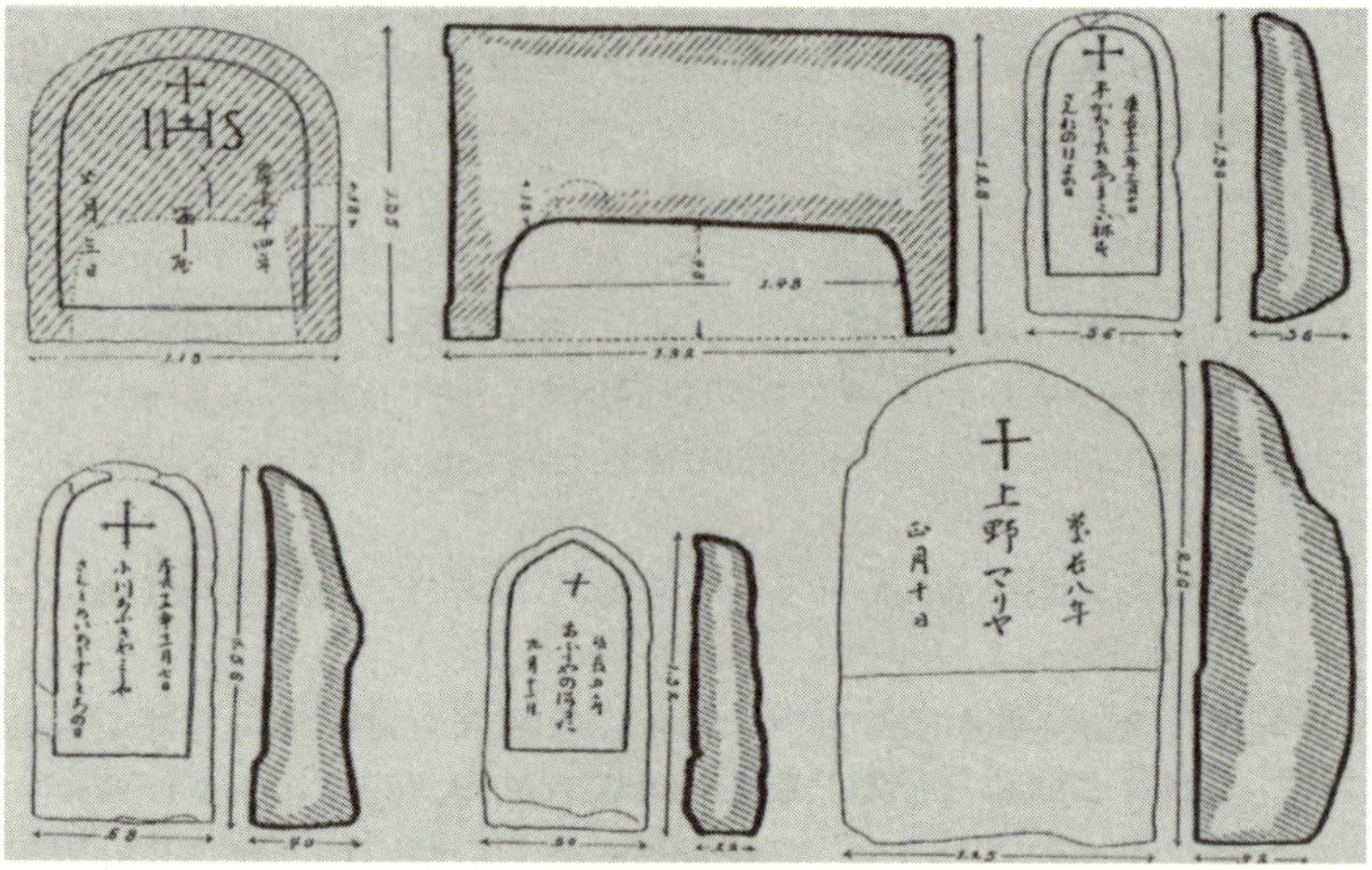

図80　切支丹女性の墓碑実測図，単位は尺（『京都帝国大学文学部考古学研究報告』第7冊による）
上段左：京都市上京区一條通御前通西入ル西町，成願寺境内にて発見。
上段右，下段左，中央：京都市上京区御前通下立売下ル下之町，延命寺境内にて発見。
下段右：大阪府茨木市千提寺町字寺山にて発見。

は、板碑形の立石、他は蒲鉾形の置石（図80左上）である。その年代は、ほとんど慶長年間にかぎられている。いま切支丹女性の墓石若干について説明する（図80）。

上段右　京都市上京区御前通下立売下ル下之《しもの》町の延命寺（尼寺）の墓地から発見された切支丹墓石三基のうちの一つで、砂岩製。ギリシア十字の下に、「平加太郎左衞門まこ（孫）いねす」とあり、その右に「慶長十三年三月十日」、左に「さんおのりよの日」（聖ホノリウス St. HONORIUS の日）と刻されている。イネスはIGNESであって、女性の名である。

下段左　延命寺の墓地にて発見。砂岩製。中央に、「小川あふきやみしや（小川通の扇屋のミシヤ MEXIA）、右には、「慶長十五年十一月七日」、左に「さんとめいあほすとろの日」と記されている。「みしや」は、女性名である。「さんとめいあほすとろ」は、「使徒聖トーマス（San THOME APOSTRO 十二使徒のうちの一人）」である。

下段中央　同じく延命寺の墓地で発見。砂岩製。中央の十字架の下に、「あふきやのまるた（扇屋のマルタ MARTHA）」、右に「慶長五年」、左に「九月十一日」と刻されている。

上段左　京都市上京区一條通御前通西入ル西町の成願《じょうがん》寺の地蔵堂前にあり、手水鉢に転用されていた。花崗岩製、蒲鉾形。中央上部に十字架、その下にIHS（IESUS HOMINUM SALVATOR（人類の救済者イエス））の略号が記され、中央に、「いしるしあ」、右側に「慶長十四年」、左側に「五月三日」と刻されている。現在、京都大学文学部博物館所蔵。

下段右　大阪府茨木市千提《せんだい》寺町寺山という小丘上の路傍にあった(125)。墓碑は花崗岩製で、高さ二尺一寸（約七〇センチ）あり、下部を地中に埋め、台石を用いない方式であった。中央の十字架の下に、「上野マリヤ」、右側に「慶長八年」、左側に「正月十日」と刻出されている。全体の製作は粗末であるが、切支丹墓石のうちでは、最も大きいものである。

隠れ切支丹　江戸幕府の切支丹禁教は、慶長十七年（一六一二）三月に始まり、爾来年ごとに禁制と弾圧は強化され、おびただしい殉教者を出した。「島原の乱」（一六三七～一六三八）は、幕府の徹底した弾圧に口実を与えた。寛永二十年（一六四三）には、日本で活躍していた最後の神父・小西マンショ（母は、アウグスティーノ・小西攝津守行長の娘マリヤ）が殉教したのち、日本における切支丹の教会制は崩壊し、一人の神父もいないという異常な状態が生じた。こうして各地の切支丹は、苛酷な弾圧下に潜伏をつづけることとなった。

2 江戸時代前期

図81　晩年の文智女王（眞敬法親王筆，円照寺所蔵）

江戸時代の範囲と分期

日本の中世の中・後期に該当する江戸時代は、主として政治史的な観点からみて、家康が覇権を確立した慶長六年（一六〇一）から江戸幕府が大政を奉還した慶応三年（一八六七）までの二六〇余年間にわたっている。文献史料が豊富であるためもあって、江戸時代は、

前期　慶長・元和期→寛永・慶安期→寛文・延宝期→天和・貞享期→元禄・宝永期（いわゆる「元禄時代」）→正徳期

後期　享保・寛保期→宝暦・天明期→寛政・享和期→文化・文政期→天保・弘化期→嘉永・安政期→文久・慶応期

の一三期に細分することができる(1)けれども、女性名史の上では、前期（一六〇一～一七一五）と後期（一七一六～一八六七）に二分するほうが好都合である。そして世界史的に観望すると、江戸時代前期は中世中期に、江戸時代後期は中世後期に、それぞれ比定されるのである。

宮廷女性の名

この時期の皇女は、生誕後、宮号を与えられ、降嫁の際に、あるいは同母の兄弟が皇位に登った際に内親王に宣下されるか、あるいは早く喝食として仏門に入っており、得度のときに法諱と女王号を賜わるのが恒例であった。

後水尾天皇皇女(2)

興子内親王（母は、中宮・源和子。のち登位して明正天皇）
昭子内親王（母は、中宮・源和子。近衛家の関白・尚嗣の室）
顕子内親王（母は、中宮・源和子。降嫁せず）
賀《よし》子内親王（母は、中宮・源和子。乗宮と呼ばれる。二條家の摂政・光平の室）
光子内親王（母は、逢春門院・藤原隆子。櫛笥家の左中将・隆致の娘。緋〔あけの〕宮と呼ばれる。父帝の崩後、落飾。法名は、元瑤照山。林丘寺の開祖）
常子内親王（母は、新廣義門院・藤原基子。園家の権大納言・基音の娘。級宮と称した。近衛家の関白・基熙の室）
文智女王(3)（母は、四辻家の御與津御料人。権大納言・藤原公遠の娘。梅宮、のち澤宮と呼ばれた。初め鷹司家の関白・教平室。離別して大和國添上郡山村郷に退き、円照寺を草創）
理昌女王（母は、逢春門院。八重宮と呼ばれた。宝鏡寺に止住）
永昌女王（母は、藤原基子。壬生院の院号を贈らる。園家の参議・基任の娘。滋宮と称した。大聖寺に止住。のち法名を元昌と改めた）
宗澄女王（母は、永昌女王と同じ。谷宮と称し、霊鑑寺に止住）
理忠女王（母は、逢春門院。柏宮と呼ばれる。宝鏡寺に止住）
文《もん》察女王（母は、四辻家の藤原繼子。権大納言・藤原季繼の娘の権中納言典侍。睦宮と称した。初め光照院に入り、法名尊賀。のち円照寺に住し、法名を文察と改めた）
永享女王（母は、文察女王と同じ。珠宮と称した。大聖寺に止住した）

後光明天皇皇女

孝子内親王（母は、源秀子。庭田家の左中将・重秀の娘。准三后。院号を賜わり禮成門院という）

後西天皇皇女

誠子内親王（母は、明子女王。八百宮と称した。降嫁せず）
益子内親王（母は、藤原共子。清閑寺家の権大納言・共綱の娘。賢宮と称した。九條家の関白・輔實の室）
宗榮女王（母は、益子内親王に同じ。選宮と称した。霊鑑寺に止住）
尊秀女王（母は、誠子内親王に同じ。樂宮と称した。大和國の中宮寺に止住）
聖安女王（清安女王ともいう。母は、藤原定子〔六條局〕。梅小路家の権大納言・定矩の養女。館宮と称した。曇華院に止住）
理豐女王（母は、益子内親王に同じ。欟宮と称した。宝鏡寺に止住）
瑞光女王（母は、聖安女王に同じ。多嘉宮と称した。慈受院住持で円照寺を兼ねた）
尊果女王（母は、聖安女王に同じ。壽宮と称した。初めの法名は尊慶、また尊秀。光照院に止住）
尊勝女王（母は、聖安女王に同じ。貞宮と称した。三時知恩寺に止住）

靈元天皇皇女

憲子内親王（母は、大典侍・藤原某女。坊城家の権大納言・俊廣の娘。女一宮と称した。近衞家の摂政・家熙の室）
榮子内親王（母は、新上西門院・藤原房子。鷹司家の左大臣・敎平の娘。女二宮と称した。二條家の左大臣・綱平の室）
福子内親王（母は、敬法門院・藤原宗子。松木家の内大臣・宗條の娘。初め英宮、のち綾宮に改めた。伏見宮・邦永親王の妃）
勝子内親王（母は、福子内親王に同じ。初の養良宮、のち定宮と改めた。降嫁せず）
吉子内親王（母は、右衛門佐局。備中守・秦重篤〔松室家〕の娘。八十宮と称した。将軍・家繼と婚約したが、家繼の薨去のため降嫁しなかった）
永秀女王（母は、敬法門院。重宮と称したが、のち友宮と改めた。大聖寺に止住）
文喜女王（母は、中納言局・菅原庸子。五條家の権大納言・爲庸の娘。藤宮と称した。円照寺に止住）
元秀女王（母は、文喜女王に同じ。龜宮と称した。林丘寺に止住）
文應女王（母は、藤式部局、今城家の権中納言・定淳の娘。乙宮と称した。円照寺に止住）

図82　榮子内親王の墓。靈元天皇皇女，関白藤原（二條家）綱平室，関白吉忠母，延享2年3月23日薨（二尊院，二條家墓所）

東山天皇皇女

秋子内親王[4]（母は、承秋門院・幸子女王、有栖川幸仁親王王女。姫宮または楢宮と称した。貞建親王妃）
聖祝女王（母は、菅内侍、高辻家の大内記・菅原長量の娘。高宮と称した。曇華院に止住したが、早世）

以上によって内親王の名と仏門に入った皇女の法名を知ることができる。内親王に関しては、秋子内親王（一七〇〇～一七五六）の名がやや特異な程度である。

つぎに天皇の后妃と寝席に侍した女官のうち氏名が判明している人をかかげてみよう。

上述のとおり、後宮の女性たちの×子型の諱は、ほとんどすべてが父（養父をふくめて）の偏諱《かたいみな》をとったものである。中宮・幸子女王すらが父・親王の偏諱を名としている。偏諱をとる関係からその名はおのずから×子型に限定されるのであって、××子型は全く見受けられないのである。

これら貴族の女性たちは、日常は幼名ないし通常名をもって呼ばれており、出仕または叙位、ないし入内する場合に正式の諱をつけたのである。四辻家の権大納言・藤原公遠（一

表4　天皇の后妃と女官

氏名	地位	父の名	所生の皇子女	備考
▽後水尾天皇				
源　和《マサ》子	中宮	将軍・源秀忠	明正天皇、昭子内親王、高仁親王、顕子内親王、他	院号は、東福門院
藤原基子	京極局	参議・基任(園家)	後光明天皇、永昌女王、宗澄女王、他	院号は、壬生院
藤原隆子	御匣局	左中将・隆致(櫛笥家)	後西院天皇、光子内親王、他	院号は、逢春門院
藤原某女	大納言典侍	権大納言・公遠(四辻家)	文智女王	のちに一條局と称した
藤原基子	新中納言典侍	権大納言・基音(園家)	靈元天皇、常子内親王、他	院号は、新廣義門院
藤原繼子	権中納言典侍	権大納言・季繼(四辻家)	文察女王、永亨女王	
▽後西天皇				
明子女王	女　御	弾正尹・好仁親王(有栖川宮)	誠子内親王、長仁親王	
藤原共子	中納言典侍 新大納言典侍	権大納言・共綱(清閑寺家)	益子内親王、幸智親王、他	
▽靈元天皇				
藤原定子	六條局	権大納言・定矩(養父)(梅小路家)	聖安女王、秀賢親王、他	
藤原房子	中　宮	左大臣・教平(鷹司家)	榮子内親王	院号は、新上西門院
藤原宗子	大納言典侍	内大臣・宗條(松木家)	東山天皇、福子内親王、勝子内親王、他	院号は、敬法門院
菅原庸子	菅中納言局	権大納言・爲庸(五條家)	寛敦親王、文喜女王、元秀女王	
▽東山天皇				
幸子女王	中　宮	式部卿幸仁親王(有栖川宮)	秋子内親王	院号は、承秋門院
藤原賀子	新大納言典侍	内大臣・隆賀(櫛笥家)	中御門天皇、直仁親王、他	院号は、新崇賢門院
藤原經子	春日局	権大納言・爲經(下冷泉家)	有定親王	

五四〇～一五九五）の娘の與津は、後水尾天皇の後宮に入侍し、元和五年（一六一九）六月二十日に皇女（のちの文智女王）を産んだ。彼女はのちに典侍に任じられたが、それまでは諱はなく、呼び名で通していたらしく、御與津御料人といわれていた。(5)

四條家の前左中将・藤原隆昌(6)（一五五六～一六一三）は、文禄三年（一五九四）に先妻を喪った。二人の間に生まれた娘は永い間嫁がず、親の許にあり、彌々御料人と呼ばれていた。(7)この婦人は、おそらく一生、諱をもたなかったのであろう。

九條家の関白・兼孝の妾妻の熙《ひろ》子や関白・幸家の正妻の完《さだ》子は、それぞれ親の偏諱をもらわない名である。これら二人の女性は、おそらく家庭婦人であったのであろう。そして関白の政所となり、従三位に叙されるとき、急いで名字を撰んだものと推測される。完子の父の秀勝（一五六九～一五九二）は、文禄元年（一五九二）、兵を率いて朝鮮に渡ったが、武運つたなく、かの地で病死した。そこで淀君は、遺児となった姪の完子を引き取って猶子として養育し、慶長九年（一六〇四）六月、豪奢な嫁入支度を整え、九條家の御曹司・忠榮（のち幸家と改名。一五八六～一六六五）に嫁がせたのであった。(8)

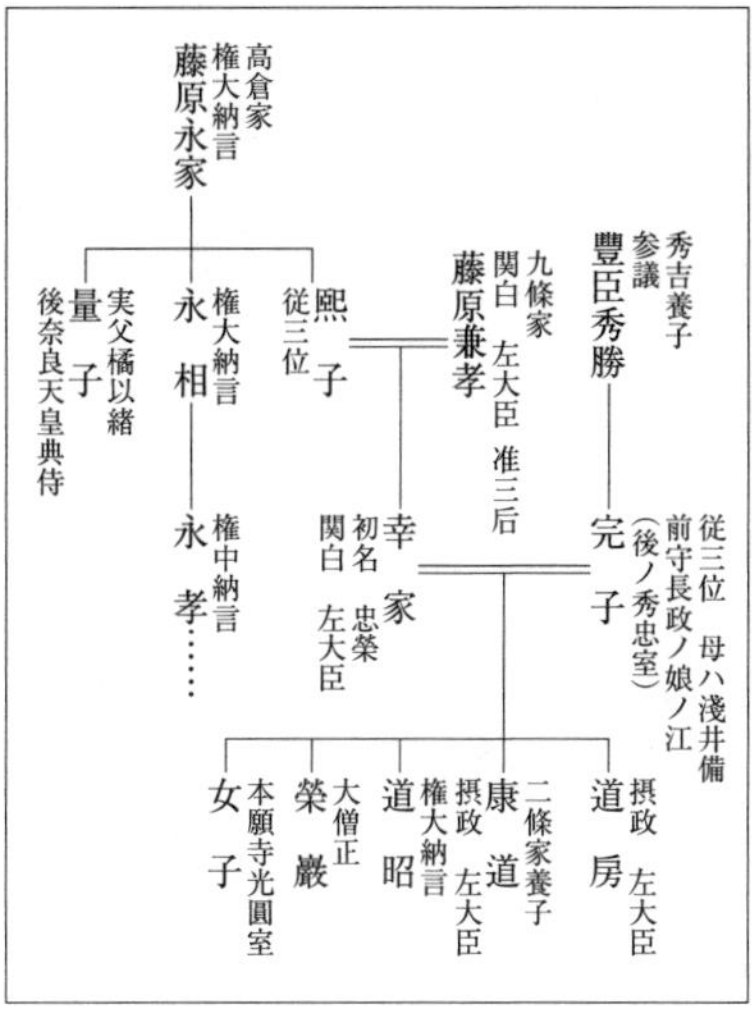

貴族の女性の間でも、諱を帯びるのは特別な環境にある婦人にかぎられており、大部分の貴族の女性たちは、庶民と同様な通称ないし呼び名を帯びていたのである。一、二の例を挙げると、冷泉家の権大納言・爲滿（一五五九～一六一九）には御千世(9)という娘がいたし、また興正寺門主・佐超の娘の一人は、御マンといった。(10)マンもちよも当時としては庶民、貴族の区別なく、ごくありふれた通称であった。接頭語のお（御）は、親愛の意を表するため、または、語呂を整えるためのものであって、必ずしも敬意を表わしてはいなかった。(11)

古来、「氏なくして玉輿に乗る」ことで最も著名なのは、五代将軍・綱吉の母の桂昌院（一六二七～一七〇五）である。彼女は、名をたまといい、京都、堀川通西藪屋町の八百屋仁左衞門の娘であった。彼女の母は、後家となってから二條関白光平の家司・本庄太郎兵衞宗利（初めの名は、宗正）の邸に賄《まかない》奉公に上がったが、美人であったため宗利に寵され、その後妻に直った。連れ子のたまは、二條家の縁で江戸に下り、お萬の方の部屋子となり、秋野と呼ばれた。春日局は、秋野の美貌を愛でて彼女を将軍・家光の側室に推薦した。正保三

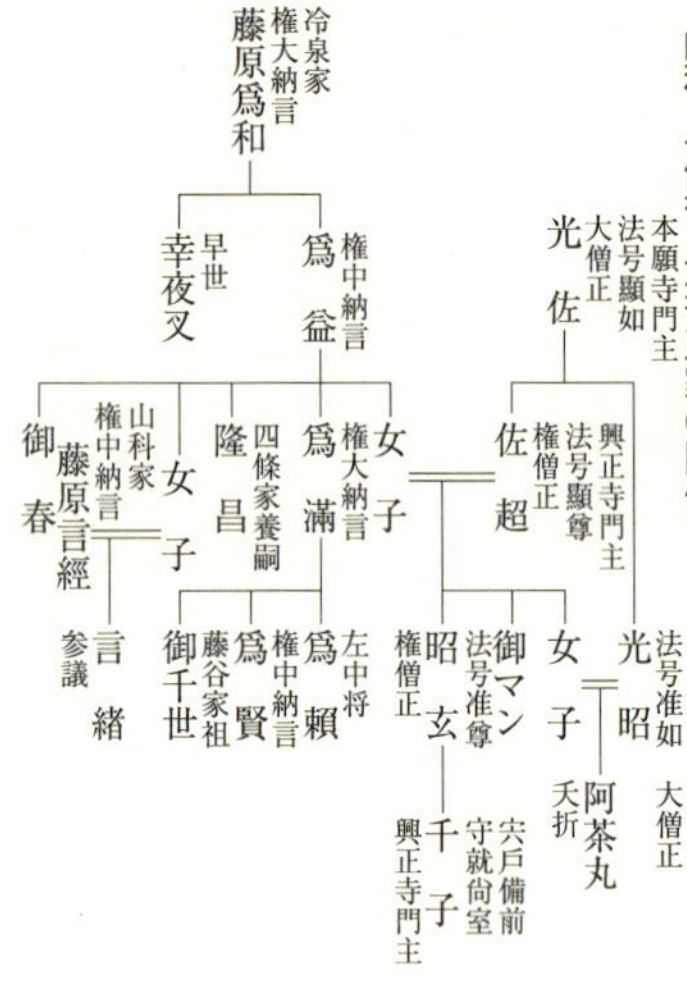

山科・冷泉・大谷三家の関係

年（一六四六）正月、彼女は家光の息子・德松を産んだ。慶安四年（一六五一）四月、家光が薨ずると、彼女は落飾して桂昌院と号した。延宝八年（一六八〇）七月、德松ははからずも将軍職を継ぎ、桂昌院はその生母として絶大な勢威をうるにいたった。(12)

元禄十五年（一七〇二）二月十一日、桂昌院は将軍・綱吉の生母として従一位に叙されたが、三月九日、勅使の醍醐中納言昭尹は江戸城白木書院において、厳粛に位記を桂昌院に伝達した。(13)この位記には、桂昌院の名は、藤原宗子と記されていたが、それは彼女の義父・本庄太郎兵衛藤原宗利の偏諱をとったものであった。

宮廷では、ひきつづいて、権大納言典侍、新典侍、目々典侍、長橋局、宰相、小少将、右京大夫、新大夫、宮内卿、大蔵卿、兵部卿、帥局、伊與局、播磨局、春日局等々の女房名が行われていた。典侍《すけ》や内侍は別格であるが、他の女房名は、宮廷貴族や高級武家の間でも用いられた。淀君の乳人の大蔵卿は、最も有名である。しかし宮廷でも、下級の女官は、候名を帯びず、通称をもって呼ばれることが多かった。非司の五々やアヤはその例である。(14)

なお、大路、小路の名を採った候名は、古くからひきつづき存したが、山小路局、多奈井小路局のように、右京のはずれの小路名を用いているのは、(15)顕著な特色といえよう。将軍家大奥の女中の上臈年寄は、御台所の里方からついてきた者で、公卿の娘にかぎられていた。これらの上臈たちは、候名としてしばしば小路名を用いたことであった。

宮廷に関係した女性についてみても、また一般女性の場合でも、愛称や幼名に由来する通常名は、漸減の傾向にあり、寛永・慶安期になるとほとんど影をひそめ、代って字《あざな》に由来する二音節の通称が宮廷、武家、一般人の間で確立された。(16)宮廷貴族や将軍家、大名などの間では、二音節の文字の下に姫《ひめ》がつけられたけれども、姫は敬意を表するための接尾語にすぎなかった。豊臣秀頼室の千姫の名は、一般女性のせんとなんら変わるところはなかった。ただし、興正寺門主・昭玄（一五八五～一六二〇）の娘の千子《かずこ》—古典的な諱—とは、(17)性格を異にしているのである（上の系図、参照）。

将軍家の女性

最高の武家である将軍家について、秀忠以下の将軍の妻妾と息女の名を一瞥しておきたい。

秀忠 ㈠妻妾 ①前妻・小姫《をひめ》（織田内大臣信雄の娘。天正十八年、婚儀。まもなく秀吉と信雄の仲破れ、よって離婚となる） ②後妻・江《ごう》（浅井備前守長政の三女。文禄四年、秀忠に嫁す。達子〔さとこ〕は、寛永三年十一月、従一位を追贈されたときにつけられた諱と推定される） ③妾・静《しづ》（武藏國板橋近傍の農民の娘。秀忠の乳人〔井上主計頭正就の母〕に仕え、その縁で寵を蒙った）

㈡息女(18) ①千《せん》（豊臣秀頼妻。のち本多中務大輔忠政妻） ②子々《ねね》（前田家の利常の室） ③勝 ④初 ⑤和子《まさ》（初めの名は、松。後水尾天皇中宮。東福門院）

家光 ㈠妻妾 ①正妻・藤原孝子（鷹司関白信房の娘） ②妾・振《ふり》 ③妾・樂《らく》（初めの名は、蘭） ④妾・夏 ⑤妾・玉 ⑥萬《まん》（または、梅〔むめ〕） ⑦妾・黑佐 ⑧妾・琴

⑤の玉は、前記のように将軍・綱吉の母「お玉の方」であって、京都の八百屋の娘に生まれ、「氏なくして玉の輿に乗った」代表的な女性である(19)。江戸に下向して柳営に仕えている間に、その美貌のゆえに家光の愛寵を蒙り、綱吉を産んだ。のち法名を桂昌院と称し、権勢を誇り、元禄十五年（一七〇二）二月十一日、藤原宗子の名で従一位に叙された(20)。彼女は、宝永二年（一七〇五）六月二十二日、七九歳で薨じ、翌二十三日、増上寺に土葬された(21)。桂昌院の墓は、増上寺における徳川家墓地の改修にさいして、昭和三十四年の五月から六月にかけて発掘された。桂昌院の遺骨の保存状態は必ずしも良好ではなかったが、鈴木尚博士(22)（一九一二〜）らによって精細に計測・研究された（三二三頁図107参照）。それによると、桂昌院の身長は、一四六・八センチメートル、頭型は長頭に近い中頭型を呈し、身長に比して頭が大きく、丸顔で、鼻が高く、江戸時代の庶民女性の多くが反っ歯であるに対して、珍しく反っ歯でなかった。鈴木博士は、調査の結果を総括して、つぎのように述べられている(23)。

以上、復原された桂昌院の姿は身長の割に顔が大きく、しかも丸顔ではあっても下顎部が狭く、鼻の秀でた美人であったようであるが、それでも頭骨の色々な形質において、江戸時代の庶民としての形質をかなり高度に備えた個体とみなされよう。

増上寺の徳川家墓地の発掘調査報告書は、将軍家の正室、側室、子女の遺体を知るうえできわめて重要である。

㈡息女 ①千代(24)

家綱 ㈠妻妾 ①正妻・顯子女王（安宮と号した。伏見宮貞清親王王女） ②妾・振 ③妾・滿流《まる》 ④妾・島《しま》（家綱の乳人・矢島の娘）

綱吉 ㈠妻妾 ①正妻・藤原信子（鷹司左大臣・教平の娘。小石君と呼ばれた） ②傳《でん》（小谷権兵衞正元の娘。権勢をほしいままにした） ③大典侍《だいすけ》（清閑寺家の権大納言・藤原熙房の娘。名、不詳） ④新典侍《しんすけ》（豊岡家の大蔵権大輔・藤原有尚の娘、日野家の権大納言・藤原弘資の養女。後年、密通事件によって蟄居を命じられた） ⑤妾・阿久里《あぐり》（旗本・大戸玄蕃の娘、初め牧野備後守成貞の妻。成貞との間に、松、安、龜の三女があった。綱吉に冒されて妾となる。綱吉はまた安をも冒し、安の夫の美濃守・成時は、この一件によって自害した）

㈡息女 ①鶴

家宣 ㈠正室 ①正妻・藤原熙《あき》子[25]（近衛関白・基熙の娘。豊姫らの母。寛保元年二月没、八二歳）

㈡側室 ①喜世《きよ》[26]（勝田玄哲著邑の娘。将軍・家継生母。家宣の没後、落飾して月光院と号した。家継の時代には、絶大な権力をふるった。間部越前守詮房との艶聞は著名） ②古牟《こむ》（太田宗庵の娘） ③須免《すめ》（大典侍と呼ばれた。園池家の左中将・藤原季豊の娘。正妻・熙子にしたがって江戸に下向し、上﨟年寄を勤めた） ④齋宮（小尾十郎左衛門直易という浜御殿を預る微禄の士の娘。初めの名は「いつき」ではなかったか。それで齋宮と呼ばれたのではないかと推測されている。難産のため死亡）[27]

㈢息女 ①豊《とよ》（夭折）

家継 ㈠妻妾 ①皇女・吉子（八十宮と称した。将軍・家継と婚約・納幣。降嫁の前に将軍は早世〔八歳〕。ただし、幕府は、系譜に御台所として記入し、五〇〇石を終身御料として贈呈した。享保十一年十一月、内親王に宣下され、宝暦八年、四五歳で薨去）

以上みるとおり、子型の名は、皇女、王女で降嫁した者、ないし入内した息女にかぎられている。将軍の生母で叙位または贈位された者には、あらためて×子型の諱がつけられた。それら以外は、将軍の息女でも二音節型の名をつけ、×子型の名を付することはなかった。

将軍家大奥の女中

家康や秀忠の時代には、大奥に仕える乳人や女中については一定の規約はなく、多くは本名で勤仕し、まま宮廷風の女房名がみられる程度であった。

和子の女中たち 慶長十九年（一六一四）、将軍・秀忠の娘の松（一六〇七〜一六七八）は、後水尾天皇の後宮に入侍することとなった。松は、諱を和子《まさ》と定め、元和六年（一六二〇）五月八日、江戸を発駕し、六月六日、入内して女御とされた。和子は、元和九年十二月に皇女・興子内親王（後の明正天皇）を産み、翌寛永元年（一六二四）十一月、中宮に冊立された[28]。この和子の入内の際に扈従した女中たちは、七〇名にのぼった。これらは、大奥の女中とはいいがたいが、参考までにその匿名を挙げておきたい[29]。

㈠[30]轅輿《ながえこし》に乗った身分の高い女中三二名

御つほね　小大夫　御さいの御方　なかとの　すけた殿
はま殿　のだとの　御たね　御きやく人　御たま　御ふ
り　御ふう　御むめ　御さな　御こう　御こり　おまつ
御いち殿　おさめ　おちや　おいわ　おひさ　むす　と
ら　いちや　かね　とく　かつ　いや　あけまき　きり
つぼ　むめかへ

㈡釣輿《つりこし》に乗った身分の低い女中三六名

やしや　宮　よね　まち　ちよぼ　いし　ふちつぼ　さ
か　しま　ちやう　こと　まさ　てん　ふち　さくち
やあ　こわ　いま　いさ　ろく　あちや　かち　まゆ
ちや〳〵　いちや　かつ　はる　くら　あや　くろ　た
く　まつ山　あ五　まさ　きさ　むや

これらを一瞥すると、和子付きの女中たちの名が、①宮廷女房の候名（小大夫）、②通常名（お茶、茶阿、茶々、あ五）、③三字名（まつ山）、④おの字名（御たま、おまつ、おひさ）、⑤源氏名（梅枝、總角《あげまき》、桐壺、藤壺）、⑥本名ないし本名に類した名

(とら、かね、とく、しま、ろく、まさ)から混成されていることが知られる。源氏名は、室町時代後期における宮廷の下級官女の間で用いられていたが、この風が大奥女中に反映したのである。源氏名は、やがて遊女たちが使いだしたけれども、大奥ばかりでなく、御殿女中の名として幕末まで用いられていた。

秀忠の乳人として知られた大婆《おおば》(大姥)(一六一三、没)(31)は、「大母」の義であって、幼い秀忠(長丸、のち竹千代)が彼女を呼んだ愛称であり、もとよりその本名ではなかった。なお、大婆の孫娘の於屋々(岡部藤左衛門の娘)は、将軍・家光のもう一人の乳人であった(32)。くわしく研究したわけではないが、大奥の制度は、三代将軍・家光(在任一六二三〜一六五一)のころにほぼ出来上がったようである。女中の名には、右の「大婆」のような庶民的なものはみられなくなった。いま主として三田村鳶魚《えんぎょ》(一八七〇〜一九五二)、高柳金芳(一九一〇〜一九八五)の著作その他(33)から関係部分を抄記してみたい。

江戸時代中期以降に整備された本丸大奥の制度では、女中の名には、漢字で書く「三字名」と、おの字が頭につく「おの字名」または「二字名」という区別があった。「三字名」は、もともと尾上、音羽などのように、仮名で書いて三字という意味であったが、いつかこれが崩れて、岩藤、松山、瀧川のように、四文字になってもこれを三字名といった。三字名は、役職の名でもあり、必ずしも「二字名」の女中より上席というわけではなかった。三字名のつく役職とは、御年寄、中年寄、御客会釈、御錠口、表使、御右筆、御仲居、御《お》坊主《ぼうず》などである。御坊主というのは、女でありながら頭を剃り、男の衣服を着、羽織を纏った、将軍付きの女中で、将軍に扈従して、あるいはその命令で、中奥ばかりでなく、表にすら行くことができた。これに反して表に仕える坊主は、奥に入ることはできなかった。

御年寄、中年寄には、何岡、何尾、何山、何島など、時としては地名を用いた三字名がついた。表使には、民野、森田、生駒といった名がついた。また御右筆頭には、三澤、坂田などの三字名があり、御仲居には、千歳、雲井、藤井といった名が多かった。御坊主は、五〇歳前後の女中が補され、長壽、圓壽、榮喜、榮佐といっためでたい三字名が与えられた。女中名は、役職によって変更された。

つぎに、二字名は、もっぱら将軍の側近に仕える御中臈、御《お》三之間《さんのま》、御右筆、御《お》次《つぐ》の名に用いられた(34)。御中臈のおみよ、おませ、おさえなどがその例である。

奥女中が初めて召されたときは、御三之間以上は御広座敷において御年寄から、また御使番、お末《すえ》などのしもじもの女中はその頭から、給与の目録である御《お》宛行書《あてがいがき》と名前書とを授けられた。これを「御名下され」といったが、どれほど下級の女中であっても、自分の本名をそのまま使うことは稀であった。ただし、お犬《いぬ》(お犬子供の略)には、御宛行書も名前書も与えられなかった。

前にも触れたように、女中の名は、役職が動けば変更された。三田村鳶魚に『御殿女中』の内容を大正三〜八年に口述した村山ませは、御次のときは「やの」と呼ばれ、御中﨟に進んでからは、「おませ」に変わったという。(35)

そのほか大奥には、御台所が京都の里方から連れてきた上﨟（正しくは、上﨟年寄）がいた。これは京都の公家の娘にかぎられており、格式は大奥女中の間で最も高かった。しかし実力は必ずしも地位に伴わなかったし、ときにはまだ成年に達しない少女の場合もあり、その場合は、小上﨟と呼ばれた。将軍・綱吉の御台所は、鷹司家の左大臣・教平（一六〇九〜一六六八）の娘の信子（一六五一〜一七〇九）であった。その妹の房子（一六五三〜一七一二）は、霊元天皇の中宮に立てられ、のちに新上西門院の院号を賜わっていた。(36) 一方、綱吉の大奥では、館林時代いらいの側室であった傳《でん》が寵を恃んで権勢を振い、あまつさえ政治にも容喙していた。御台所の信子は、上﨟の萬里《までの》小路と謀り、新上西門院に才媛を江戸城に向けるよう頼んだ。女院は自らの御所に仕えていた常磐井（水無瀬家の権中納言・氏信の娘、一六五〇〜一七〇六）に白羽の矢を立てた。彼女は、命によって江戸に下向し、右衛門佐と候名を変え、将軍付きの上﨟御年寄に採用された。学問好きの綱吉は、彼女を重用し、右衛門佐はその才智によって大奥の女中衆を宰配した。彼女は、清閑寺家の権大納言・藤原熙房（初め保房）の娘を江戸に招き、これを側室として綱吉に推挙した。この女性は、大典侍《だいすけ》の名で晩年の綱吉の殊寵を蒙り、お傳の方の権勢はこれらの工作によってかなり抑制された。(37)

大奥の葛藤を述べる意図はないけれども、御台所の周囲には、右衛門佐、大典侍、新典侍《しんすけ》といった候名の女中がいたことに注意するため、やや迂路に立入った次第である。

なおここで看過できないのは、(38) 正徳四年（一七一四）に生じた絵島・生島事件のことである。事件の中心人物であった御年寄の絵島（一六八一〜一七四一）は、信濃國の高遠藩（長野県上伊那郡高遠町）にお預となり、淋しい後半生を送ったのち、寛保元年（一七四一）四月十日、享年六一歳をもって配地で没した。(39)

この事件で処罰を受けた女中はすべてで六七名にのぼったが、その主な者を挙げれば、左のとおりである。(40)

御中﨟頭 梅山　御中﨟 いよ　御中﨟 宮崎　表使 吉川　御三之間 うの　御三之間 きつ
御使番 藤元　御使番 木曾路　御中﨟 宮路　染山　櫻山　クン　御使番 藤江　キワ　表之御小姓 れよ　御小姓 由良　藤枝　のし路　御小姓 りん
御用人 よの　御小姓 せん　御屋女中 くん　同 ゆう　同 しん　同 きん　けん　菊（山村座の勘三郎抱えの小吉三の妻）

江戸城大奥の女中たちの名の一斑は、右によってほぼ察知されるであろう。

武家女性の名

江戸時代の武家の女性の名は、『寛政重修諸家譜』などによっては不明であるが、諸家に伝わっている系図などから知ることができる。大名の場合、女子名には、敬称として接尾語の「姫」がつけられたけれども、女子名の研究には、この「姫」字は無視してよいと思う。

尾張徳川家の女性　尾張徳川家の女性たちの名は、同家に所蔵されている『御系譜』から知られる。いまこの系図から必要部分を抄記してみよう。

この系図を眺めた場合、女性名としては、貴《あて》、蔦《つた》、伊羅《いら》、副《そよ》、麻《あさ》、鎚《つい》、八千《やち》、補誦《ほじゅ》、梅津《むめつ》などは注意される。これらは、二音節型であるという点では、一般武家や庶民の女性名と共通してはいるけれども、あまり見受けられない変わった名である。

尾張徳川家の女性で一世を震憾させたのは、藩主・吉通（一六八九～一七一三）の生母・本壽院（一六六五～一七三九）である。彼女は、坂崎勘左衛門を父とし、名を福といった。幸いに三代藩主・綱誠《なり》（一六五二～一六九九）に寵愛され、世子・吉通の母となった。そして綱誠の没後は落飾して本壽院と称していたが、「貪婬絶倫」であって、あれこれ多数の男と日夜江戸の自邸で淫戯し、飽くことを知らなかった。尾張藩士・朝日文左衛門重章（一六七四～一七一八）は、その乱行について左のように記載している。(41)

頃日。江戸に而大樹之御老中謂二鈴木伊豫守一曰。尾張の御家中へ町人出入不憚躰に見ゆ。事長ジなば御家之ため、汝等迄もあしかりなんと咄有之と。本寿院様貪婬絶倫也。或は寺へ行て御宿し。又は昼夜あやつり狂言に而、諸町人役者等入込。其内御気に入れば誰によらず召て淫戯す。此事を諷していへり。

しかし藩主の母君であるため、尾張藩の力では制止することができないでいた。やがて本壽院はついに藩主を通じた老中の内意によって江戸より名古屋に護送され、名古屋城下の御下《おした》屋敷において幽閉の憂き目をみ、釈放されぬままに孤独な一生を送った。(42)この福というのは、桃山時代から江戸時代前期にかけては、例の春日局の実名がそうであったように、ごくありふれた名であった。

藩主・吉通の正妻は、九條関白輔實（一六六九～一七二九）の娘の輔子であって、元禄十五年（一七〇二）三月に輿入れした。そのとき、まだ十二、三歳の姫君に扈従した女中は、左のようであった。(43)

大上臈　おてる　**小女臈**　おさん　**介添**　河嶋（名を和泉と変えた）
お局　かづさ　**おさし**　たつ　**若年寄**　おしな　**御手長**　おいよ　おとめ　おみわ　おそめ　おこん　**御小姓**　おなや　おさへ　おぎん　**御祐筆**　おきよ　**呉服頭**　おらく　**呉服の衆**　おしげ　おわき　おきよ　**御上の間**　おゆく　**めなし**　おしな　**おすへ**《ママ》　おさつ　**おゆい**《ママ》　あげまき　**御端下**《はした》　あかし　はつね　松風　野風　わかな　せき　つゝじ　みなと

右によって御三家の夫人付きの女中構成が知られよう。上記のうち大上臈のおてるは、高辻家の前権大納言・菅原豊長（一六二五～一七〇二）を、小上臈のおさんは、西大路家の左

池田家（岡山）女系図

- 紀伊守信輝二男（信輝ハ信長ノ乳母子）信輝ハ初メ恆興
- **輝政**（一五六四～一六一三）三左衛門 姫路藩主 正三位 参議 室 中川糸（瀬兵衛清秀娘） 継室 徳川督姫 於冨トモイフ（将軍家康二女）
  - **利隆** 武蔵守（一五八四～一六一六）母 中川糸 室 榊原鶴（式部大輔康政娘）
    - **光政** 左近権少将 新太郎（一六〇九～一六八二）母 榊原鶴 正室 本多勝（父姫路城主同忠刻、母秀忠ノ娘ノ千）
      - **奈阿**（一六三四～一六九七）母 本多勝 本多下野守忠平室
      - **輝子** 初メ通《ミチ》（一六三六～一七一八）母 右ニ同ジ 一條右大臣教輔室 天和二年三月十日叙従三位
      - **綱政**（一六三八～一七一四）母 右ニ同ジ
        室 丹羽千《セン》（左京大夫光重娘）（一六四五～一七〇〇）伊豫守 左近権少将
        - **市**（一六五六～一六五七）母 侍妾某女
        - **松**（一六六四～一六八四）母 丹羽千 堀田下總守正仲室
        - **妻**《ツマ》（一六六七～一六八五）母 右ニ同ジ 金森出雲守頼時許嫁
        - **振**（一六六七～一六九二）母 右ニ同ジ 本多中務大輔忠國室
        - **多阿**《タア》（一六七五～一六七六）母 侍妾某女
        - **豊**（一六七八生、没年未詳）母 侍妾某女 水野三郎兵衛正義養育
        - **石**（一六八三～一六九六）母 侍妾某女
        - **品** 初メ長《チヤウ》（一六八五～一七六一）母 侍妾太田某女 松平長門守吉元室
        - **菊**（一六八六～一七五八）母 中村某女（妾名ハ梅辻）松平土佐守豊房室
      - **冨幾**《フキ》（一六四〇～一六五九）母 右ニ同ジ 榊原刑部大輔政房室
      - **左阿**（一六四四～一七〇五）母 右ニ同ジ 中川佐渡守久恆室
      - **六**《ロク》（一六四四頃～一六七九）母 和田國侍女（傳右衛門娘）初メ池田主計由貞室 後ニ瀧川儀太夫一宗室 石山殿 綽名ハ鬼姫
    - **長**《ナガ》（一六一五～一六七五）松平對馬守忠豊室 母 光政ニ同ジ
  - **茶々** 初メ千（一五九六～一六五九）母 徳川冨 京極丹後守高廣室
  - **忠継** 早世（一五九九～一六一五）母 右ニ同ジ 右衛門督
  - **忠雄**《カツ》（鳥取・池田家祖）（一六〇二～一六三二）母 右ニ同ジ 正四位下参議
  - **冨利** マタハ振（一六〇七～一六五九）家康妾太田某女（於加智）養女 伊達陸奥守忠宗室
  - ＝**萬**《マン》（一五八六～一六〇二）実父 北條相模守氏直
  - ＝**小利代**（一五七八～一六二五）父 飯尾茂助敏成

金《カネ》（一六九六生、没）
母 侍妾某女

通（一六九六生、没）
母 侍妾某女

留（一六九六生、没）
母 侍妾某女

冨（一六八八生、没）
母 侍妾某女

安（康）（一六九六生、没）
母 侍妾某女

喜《ヨシ》（一七〇一～一七〇二）
母 侍妾某女

繼 政（一七〇二～一七七六）
母 増ニ同ジ
室 伊達和
（陸奥守宗村娘）
（一七〇五～一七七六）
大炊頭

風 母 未詳（夭折）

久 母 未詳（夭折）

吉（一六七三生、没年不明）
父龍川儀太夫一宗、母六
（前掲池田内匠頭政倚室）

智 子 幼名竹マタハ岩
（一七〇六～一七一四）
実父 池田主膳軌隆
母 侍妾山脇某女
一條准后兼香室

伊豫守
宗 政
（一七二七～一七七二）
母 伊達和
（陸奥守宗村娘）
室 黒田藤
（筑前守繼高娘）

政 喬
字ハ主税
母 侍妾西川雪《ユキ》
（妾名千代野）

靜 子 幼名定マタハ仲
従三位・一條関白道香室
寛保三年（一七四三）十一月、
納采ノ時、壽ト改名。寛延二年
（一七四九）十一月、婚礼ノ時、
壽ヲ冨貴ニ改メ、ノチマタ靜子
ト改ム。
実父 池田和泉守政純
（綱政ノ子）

内蔵頭 左近少将
治 政
（一七五〇～一八一八）
母 藤子（黒田筑前守
繼高娘）
室 米《ヨネ》（初メ虎、陽）
（一七四七～一七九三）
（酒井雅楽頭忠恭娘）

上総介 侍従
齊 政……
左近権少将

久（一七五六～一八〇六）
初メノ名 勝、綾
母 侍妾（河本喜左衛門娘、妾名ハ折野）
寛政八年（一七九六）八月二十八日、久ト改名、
榊原式部大輔輔政室

七《シチ》（一六四七～一六五二）
母 右ニ同ジ

房（一六五三～一六八六）
母 右ニ同ジ
毛利甲斐守綱室

小《ヲ》滿《マン》 小萬トモ書ク
（一六五七～一六六二）
母 右ニ同ジ

犬《イヌ》 初メ留《トメ》
（一六六〇～一六八五）
実父 池田攝津守利政
日置猪右衛門忠治室

彌《ミツ》（一六八八～一七一二）
母 右ニ同ジ
立花飛騨守鑑任室

多《タ》 輿《ヨ》（一六九一生、没）
母 侍妾某女

椎《シヰ》（一六九一～一六九六）
母 侍妾某女

増（一六九四～一六九九）
母 侍妾（水原某娘、妾名ハ高科《タカシナ》マタハ幸品《タカシナ》）

隆《リウ》（一六九五生、没）
母 侍妾某女

剛《ツヨ》 マタハ强（一六九六生、没）
母 侍妾某女

尾張徳川家女系図

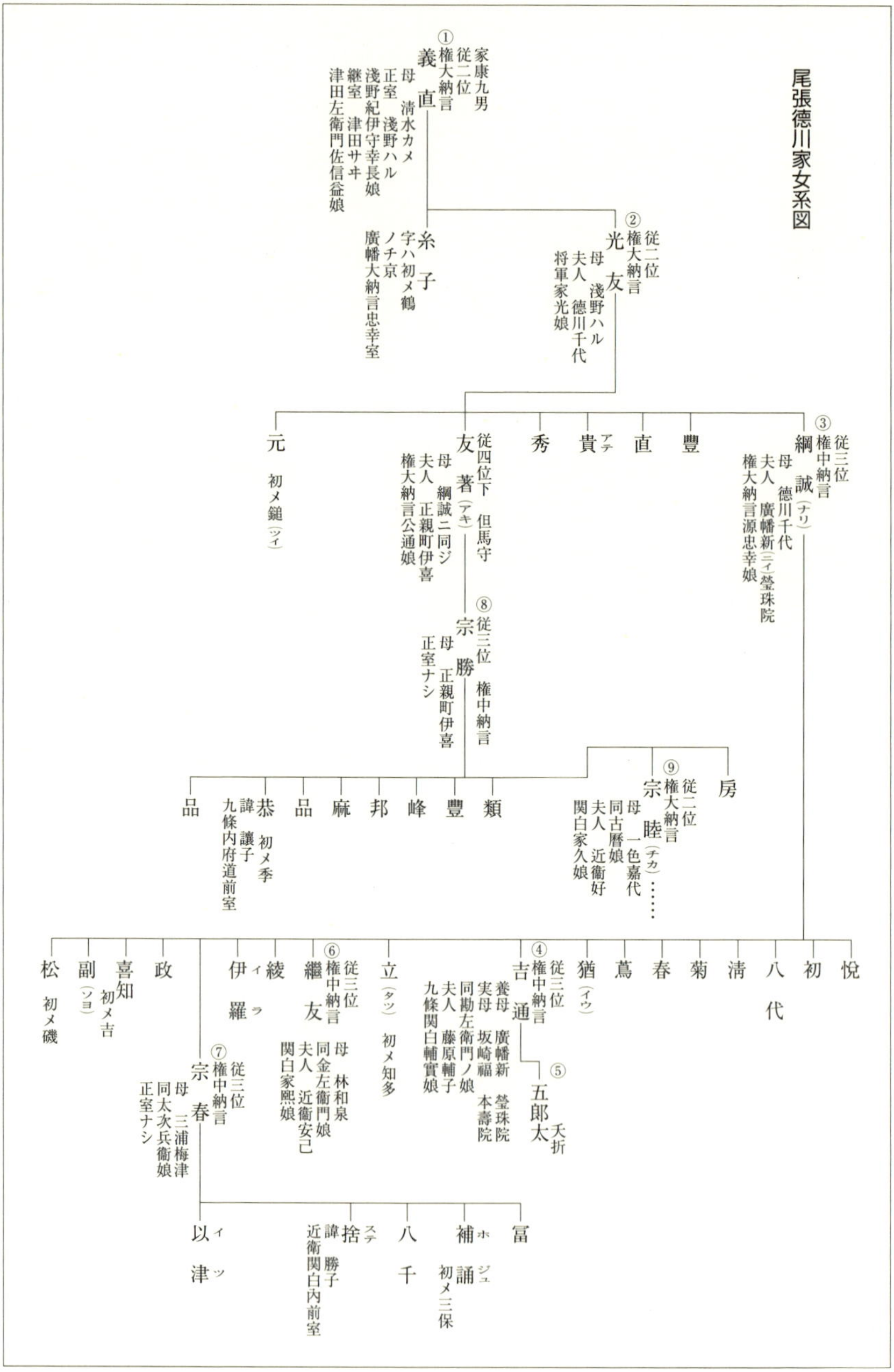

① 義直
家康九男
従二位 権大納言
母 清水カメ
正室 淺野紀伊守幸長娘
継室 浅野ハル
継室 津田サヰ
津田左衛門佐信益娘
② 光友
従二位 権大納言
母 淺野ハル
夫人 徳川千代
将軍家光娘
糸子
字ハ初メ鶴
ノチ京
廣幡大納言忠幸室
③ 綱誠(ナリ)
従三位 権中納言
母 徳川千代
夫人 廣幡新(ニイ)瑩珠院
権大納言源忠幸娘
豊
直
貴《アテ》
秀
友著(アキ)
従四位下 但馬守
母 綱誠ニ同ジ
夫人 正親町伊喜
権大納言公通娘
元
初メ鎚(ツイ)
⑧ 宗勝
従三位 権中納言
母 正親町伊喜
正室ナシ
房
⑨ 宗睦(チカ)
従二位 権大納言
母 一色嘉代
同古暦娘
夫人 近衛好
関白家久娘
類
豊
峰
邦
麻
品
恭
初メ季
諱 讓子
九條内府道前室
品
悦
初
八代
清
菊
春
蔦
猶(イウ)
④ 吉通
従三位 権中納言
養母 廣幡新 瑩珠院
実母 坂崎福 本壽院
同勘左衛門ノ娘
夫人 藤原輔子
九條関白輔實娘
⑤ 五郎太
夭折
立(タツ)
初メ知多
⑥ 継友
従三位 権中納言
母 林和泉
同金左衛門娘
夫人 近衛安己
関白家熙娘
綾
伊羅《イラ》
⑦ 宗春
従三位 権中納言
母 三浦梅津
同太次兵衛娘
正室ナシ
政
喜知
初メ吉
副(ソヨ)
松
初メ磯
冨
補誦《ホジュ》
初メ三保
八千
捨《ステ》
諱 勝子
近衛関白内前室
以津《イツ》

近衛少将・藤原隆榮（一六七〇〜一七一七）を父としていた。公家の娘でも、叙位任官にあずからぬ場合には、中世的な二字の通称ないし字《あざな》を帯びていた。最下級の御端下の女中が源氏名をもって呼ばれていたことは、注意さるべきである。

一方、尾張德川家の娘で京の公家に輿入れした娘の場合には、字《あざな》のほかに諱がつけられた。たとえば、八代・宗勝（一七〇五〜一七六一）の娘の恭《きよう》（一七四七〜一七九一）は、九條家の藤原道前の室家となり、讓子という諱をつけられた(44)。一方、公家の娘が尾張家に輿入れしたときには、諱をつけることは稀であって、字をそのまま通したのである。

池田家の女性　池田家には諸流があるが、ここで採り上げるのは、もと岡山藩主であった池田家（もと侯爵家）のことである。幸いに同家の女系図は、池田家の系図(45)や『池田家履歴略記』(46)などによって作成することができる。池田家の女子について前者はすべて「子」字を、後者は「姫」字を付けている。それは、池田家の女性に敬意を表するために付したものであるから、女系図作成のさいには無視してよかろう。諱としての子字型の女性名を間違いなく帯びているのは、智子と靜子の二人であろう。これは、摂関家に嫁し、あるいはそれと婚約した女子が帯びた名―諱―とみなしてよいと思われる。池田家の女系図を眺めると、古い方には混成古代的な名が見いだされ（茶々）、また中世前期的な名（奈阿、左阿、多阿、犬）が現われ、一七世紀の中葉以後、完全に中世的な名で統一されたことがわかる。六、七という名は、第六女、第七女に由来している。光政の娘の六は、すさまじい妬心のゆえに二人の夫を死に追いやった女性であって、「鬼姫」と綽名された(47)。マンというのは、きわめてありふれた名であるが、小滿は珍しい名である。綱政（一六三八〜一七一四）は、荒淫をもって知られ、多数の侍妾や女中に産ませた実子は、七〇人にも達している。その旺盛な好色ぶりは未曾有で、後生にも例がなく、好色将軍・家齊をはるかに淩《しの》いでいた(48)。彼の実子のうち、生後すぐ夭折した者を除くと、名のついた女子は、二三名もいる。これら女子の名は、多阿を別とすれば、いずれも中世的な二音節のものにかぎられていた。風はふうと訓み、中世ではさほど珍しい名ではなかった。池田家の女子の名をみれば明白なように、将軍家や大名の女子の字《あざな》には、漢字があてられるのが通例であった。

池田家の場合、側室には、しばしば老女風の雅名が妾名として与えられた。玉岡、幸品《たかしな》（高科）、梅辻、千代野、筆野、磯野、折野、吉野といった名がそれである。子女の親となった側室たちは、当主の没後、出家し、院号を称したことは、他の大名家と渝《かわ》るところはなかった。

宗家の女性　對島の領主として歴史上著名な宗家は、權中納言・平知盛（一一五二〜一一八五）に出自する名門であるが(49)、宗家の女系図は、『宗氏家譜略』によって次頁のように作成される。この系図では、宗家の女性たちは、接尾語の「姫」ではなく、接頭語の「於（お）」をつけて記されている。チヤンは童名のままの名であるが、他の女性名は、乙福、乙千

宗家女系図

- ⑮ 刑部少輔 **将盛** 天正元年四月二十三日
  - ⑱ 刑部少輔 **茂尚** 永禄十二年閏五月八日没　年二三
  - ⑲ 常陸介 **義純** 天正八年閏三月十四日卒　年二九
    - **チヤン** 小河加賀左衛門妻　寛文元年九月十四日没
  - ㉒ 對馬守 ⑳ **義智** 文禄ノ役ニ出征スノチ家康ノ命ヲ受ケ朝鮮トノ修好ニ努ム　元和元年正月三日卒　年四八
    - ㉓ 對馬守 **義成** 朝鮮トノ通交ノ衝ニ立ツ明暦三年十月二十六日江戸ニテ卒ス　年五四
      - **於勝** 三條家ノ右大臣藤原公冨妻　寛文九年十一月七日没　年三二
      - ㉔ 對馬守 **義眞** 従四位下　母 日野家藤原資勝ノ娘ノ福　十万石以上ノ格ト改メラル　元禄十五年八月七日卒　年六四
        - **於石** 寛文六年六月十九日没　年七
        - ㉕ 對馬守 **義倫**《ツグ》 元禄七年九月二十七日卒　年二四　母 三浦與七兵衛娘津河ト称ス
          - **於貞** 母某姓園　元禄二年四月三日夭　年三
        - **於六** 亀井隠岐守茲親妻　享保十三年六月二十四日没　年五七　母 義倫ニ同ジ
        - **於亀** 俵主税方元妻　享保五年十一月二十四日没　年四八
        - **於須的**(ステ) 延宝五年十月二十七日夭　当歳
        - **於常** 毛利周防守高慶妻　正徳四年十月一日没　年三六
        - **於彌須**(ヤス) 延宝九年七月十八日夭　年三
        - **義方** 母 義倫ニ同ジ　享保三年九月五日卒　年三五　子女一四人アリシモ多ク夭折シ継嗣タルベキ者ナシ
          - **彦千代** 正徳三年八月六日没　年九
          - **於初** 正徳六年三月四日夭　年二
          - **於先**(セン) 享保三年六月二十一日夭　年二
        - **於家** 権大納言藤原昭尹(醍醐家)妻　享保十一年四月十三日没　年三九
        - ㉗ 侍従 對馬守 **義誠** 享保十五年十一月六日卒　年三九
          - ㉙ 侍従刑部大輔 對馬守 **義如**(ユキ) 宝暦二年正月五日卒　年三七
          - ㉚ 侍従對馬守式部大輔 **義蕃**(アリ) 一七子アリシモ適当ナル嗣子ナシ　安永四年八月十二日卒　年五八
          - **於升**(マス) 権大納言藤原兼潔(醍醐家)妻　寛延三年六月二十一日没　年二一
        - ㉘ 侍従 對馬守 **方熙**《ミチヒロ》 宝暦九年十一月二十九日卒　年六四
          - **於與曽** 権大納言藤原宗城(難波家)妻　安永五年八月二十九日没　年四〇　八十姫、安姫トモイフ
    - **宮** 柳川豊前調興妻　正保元年九月二日没　年三一
    - **乙福** 宗出雲成親妻　寛文十一年十一月四日没
      - **乙福** 松平備前守隆綱妻　元禄十三年五月二十八日没
      - **於長** 太田攝津守資次妻　明暦元年三月五日没
      - **好** 寛永二十年九月二十二日夭　年二
    - **於竹** 古川伊右衛門成倫妻　承応三年十一月十七日没
    - **乙千代** 内野勘之助成綱妻　寛永十九年六月十七日没

代が未分化（乙＋福、乙＋千代）であることを別とすれば、庶民の間にもよくみられる普通の名である。

牧野家の女性　牧野家は、清盛の側近として著名な阿波民部大夫こと田口成良《しげよし》の後裔と伝えている。[50] 牧野家は、越後國長岡藩主（七四〇〇〇石）の家柄であり、徳川将軍家の譜代大名であった。[51] いま同家の女系図を作ってみると、つぎのとおりである。この家では光成の代までは、お吉、お滿勢であるが、二代目の飛驒守・忠成の代からは、接尾語の「姫」を用いるようになった。牧野家の娘たちの名は平凡であって、特記すべきものはない。ただ阿波守・忠壽《なが》（一六九五～一七三五）の側室の總川《ふさがわ》リオという名は、はなはだ珍しい名である。

長家の女性　加賀國の前田藩の家老を勤め、明治年代にいたって男爵を授けられた長《ちょう》家は、以仁《もちひと》王の高倉宮付きで、平家政権と最初に戦った左兵衛尉・長谷部信連《のぶつら》（一一四七～一二一八）の直系である。[52] この長家の江戸時代前期における女系図を作成してみると、左のとおりである。[53]

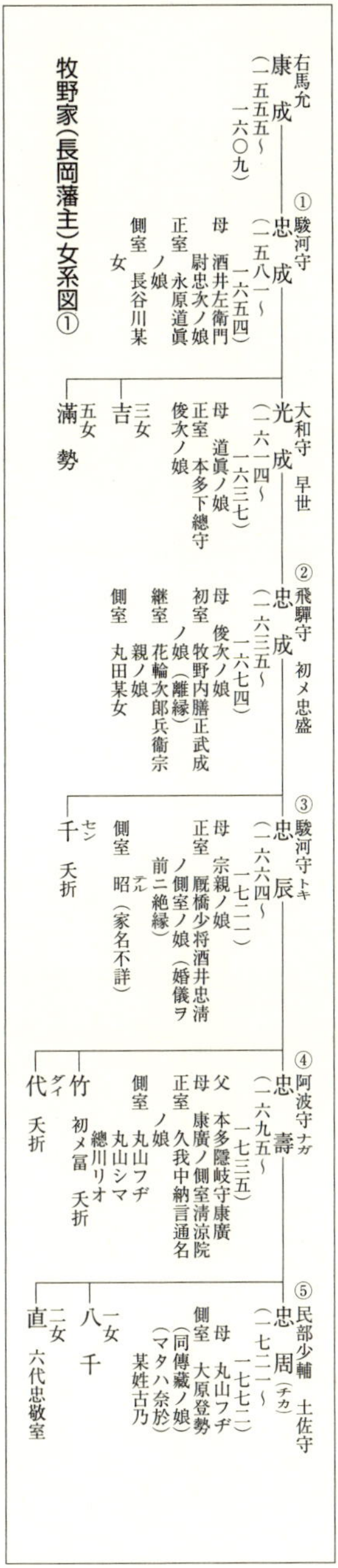

牧野家（長岡藩主）女系図①

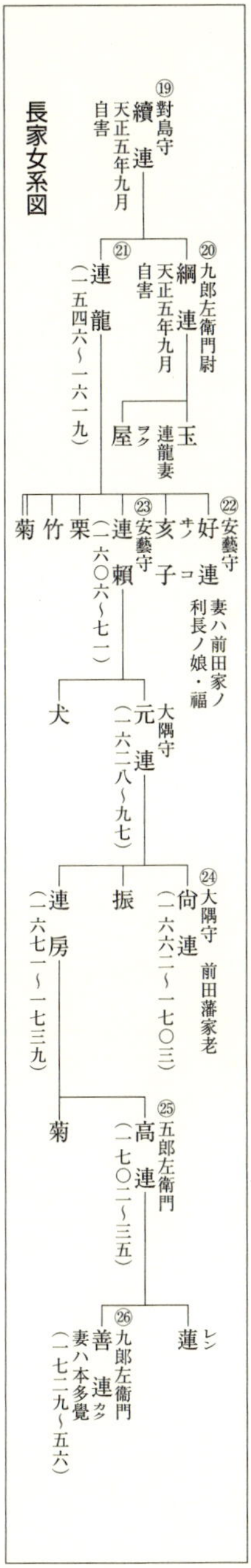

長家女系図

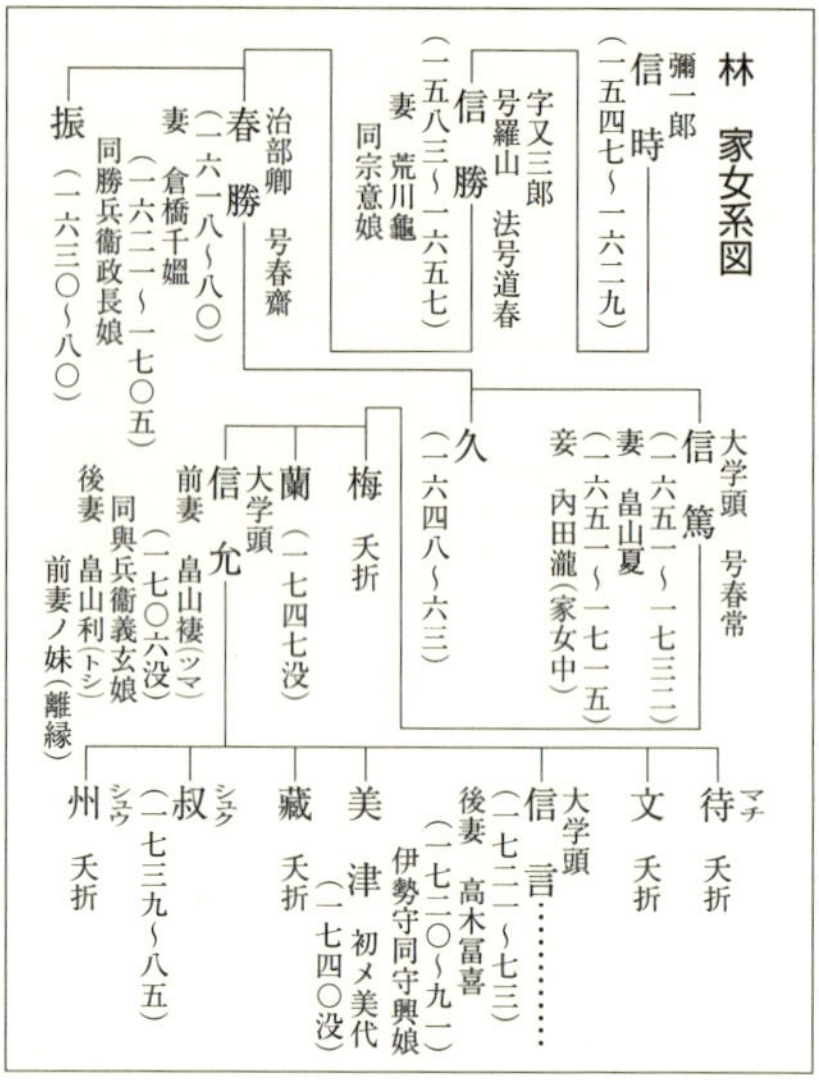

屋《をく》は、珍しい名である。しかしイへと訓むのかもしれない。亥子《ゐのこ》は、亥子餅に由来するめでたい名、そして振《ふり》は武家に多い名である。

林家の女性　ここで林《はやし》家というのは、幕府儒官林家《りんけ》のことである。この一家は、加賀國の藤原氏林家[54]の出自と認めてよいようである。いま『儒職家系』[55](巻壹)によって林家の女系図を示すと、右のようである。振《ふり》、蘭《らん》は、この時期には珍しからぬ名である。漢字を音読みにしたシュク、シュウといった名が現われているのは、興味深い。「千媼」の訓みは明らかでないが、チオまたはチヲと訓むのであろうか。待《まち》は、そう珍しい名ではないけれども、これに関連して想起されるのは、老中・柳澤美濃守吉保(一六五八～一七一四)の側室で、

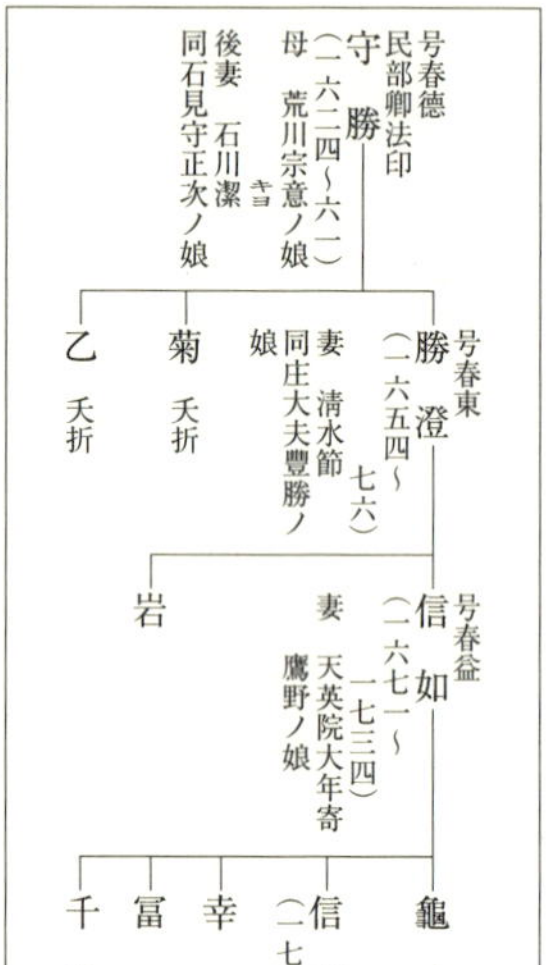

『松蔭《まつかげ》日記』[56](三〇巻四冊)を遺した正親町家の藤原町子(一七二四、没)のことである。彼女は、権大納言・實豊(一六一九～一七〇三)の娘であって、初めの名を辨《べん》といった。古典に惹《ひ》かれ、また歌を嗜《たしな》んでいた彼女は、名を町子と改めた。歌才にも長じ、歌集『如葉集』をも遺した町子は、出色の閨媛であった。[57]

なお、ついでながら林信勝の四男の守勝から出た同家の分家の略系を右にかかげておく。[58]これには特記すべき名は見いだされない。しかし武家(この場合は儒官)の女性名の一端は、ほぼ察知することができよう。

種子島家の女性名　いささか異色のあるのは、旧薩摩藩領(薩摩國、大隅國、日向國南部)における女性名である。その一例としては、種子島家の女系図をつぎにかかげてみよう。[59]

ここで注意されるのは、混成古代的な女性名(千代松、鶴千代、萬袈裟等々)が未分解のまま、つまり千代松は、千代と松に分解せずにつづいていること、袈裟が男女ともに愛好さ

れていること、R音語頭の女性名がほとんどみられぬことである。これらは、薩藩領内に根強く存した保守主義によるものであろう。それは、現代においても指摘される強い傾向なのである。

　ところで、鈴木棠三氏（一九一一〜）の『人名考説(60)』には「袈裟」と題する項目がある。この中で鈴木氏は、文永五年（一二六八）の元興寺の聖徳太子像の胎内から発見された『結縁交名帳(61)』や元和八年（一六二二）の豊後國の小倉藩領の『人畜改帳』（二七七頁参照）、寛永十年（一六三三）における熊本藩の同じく『人畜改帳』などを検討したのち、つぎのように述べられている。

　小倉・肥後領の事例を通じて結論されることは、けさは幼名として用いられるのが本来であったこと、それが終生改名されることなく使用される場合もあったこと、という平凡な結論が出される。けさが本来、幼名であったのは、出生時に胞衣を首に巻いて生れた子に付けられた名であったからであろう。

　この見解は、遺憾ながら首肯しかねるものである。けさは、すでに述べたように（二六六頁）、鎌倉時代における仏教型の数多い人名の一つである。それがたまたま人びとの趣向に投じ、江戸時代はもとより、最近代（現代）でも各地に残存しているのである。著者は、けさは胞衣とは全く関係がないと思考している。

　時期は一度に下降するが、都城市立図書館長の瀬戸山計佐

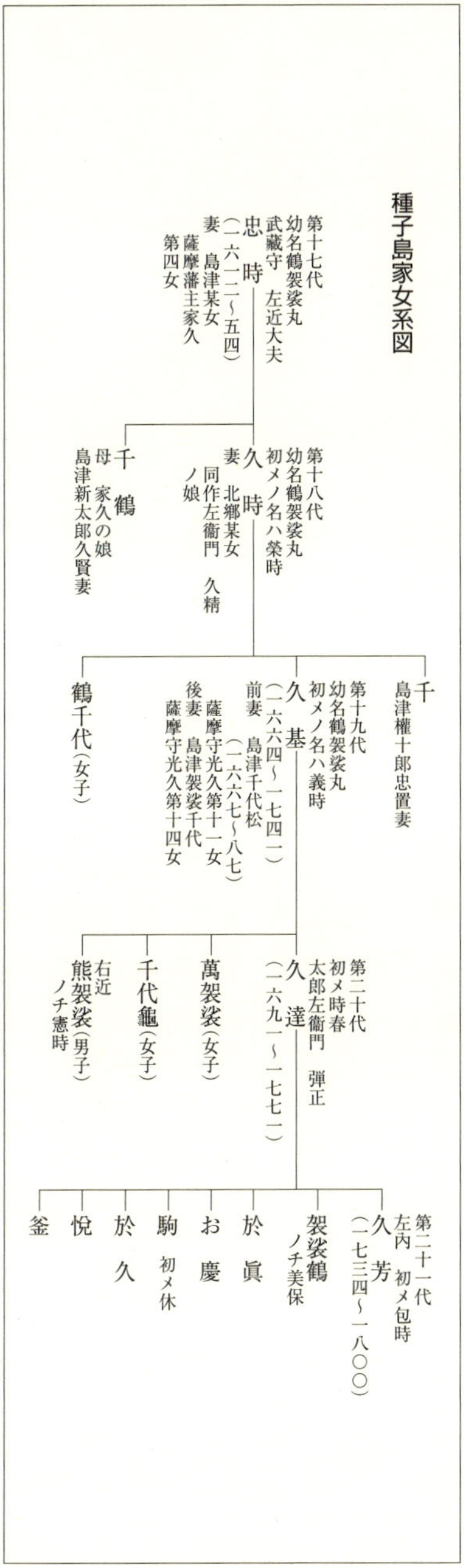

種子島家女系図

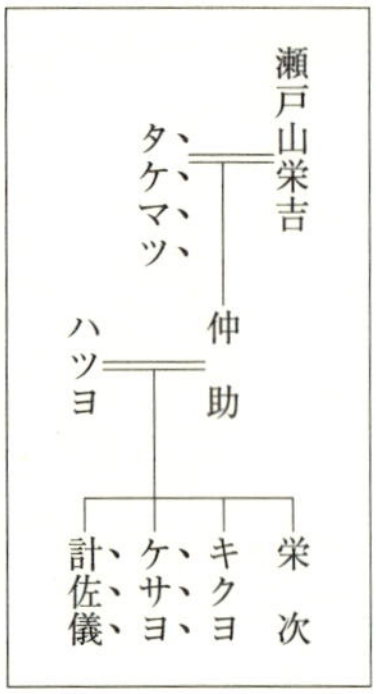

儀氏（一九二〇～）は、都城市太郎坊町の全戸三〇〇余世帯を一軒残らず歴訪し、全部の系図を公にされた。[62]その結果によると、

①ケサのつく女性名が非常に多いこと。

例　ケサ（三人）　ケサノ（五人）　ケサマツ（六人）　ケサヨ（一一人）　チンゲサ　ベンゲサ　マツケサ

（男性では、計佐儀　計佐吉〔二人〕　計佐助　計佐盛〔二人〕　計佐八　計佐行　計佐良）

②混成古代的な女性名が少なくないこと。

例　オトギク　コマツ（二人）　スエマツ（三人）　タケマツ（二人）　チヨヅル（二人）　チヨマツ（二人）　ハツギク（二人）　ユキマツ　ヨシマツ

③明治・大正時代の女性の名には、R音語頭のものがほとんどみられないこと。

が指摘されるのである。参考までに著者・瀬戸山氏の家系を抄記させていただくと、右のとおりである。著名な生物学者・石川千代松（一八六〇～一九三五）にみるように、混成古代的な名は、男性名として―ただし、語尾の丸を脱して―残存したけれども、女性名として残存した地域は、ほとんど旧薩藩領にかぎられているといってよい。瀬戸山氏が蒐集された太郎坊町の諸家系図をみると、明治・大正年代出生の女性名と、昭和年代出生のそれとの間にあまりにも大きい相違―急激な変化が看取されるのである。

大石家の女性　赤穂藩家老・大石内蔵助良雄《よしたか》の周辺の女性たちには、R音語頭の名を帯びた者が少なくなかった。いったい、田舎の小藩の家老とはいっても、大石家は毛並みのよい家柄に属していた。左にかかげた大石家の女系図[63]をみると、良雄の周辺には、R音で始まる女性名が少なくないことが知られる。彼の分家で、安藝藩の家臣であった良至《よしゆき》の娘たちには、ハク、ゼン、マヨといった珍稀な名が認められる。良雄は、娘の一人にクウという変わった名をつけているのである。

その他　大石内蔵助を盟主とした赤穂義士関係の女性たちの名も、ある程度、判明している。なかでも有名なのは、夫婦そろって文藻に秀でていた小野寺十内秀富（一六四三～一七〇三）とその妻・灰方たん[64]のことである。この夫婦の交情のこまやかさは、幸いに現存する消息類[65]から察知されるのである。

ところで、刃傷事件を起こした浅野内匠頭長矩（一六六七～一七〇一）は、赤穂藩主の采女正・長友（一六四三～一六七五）の子で、母は内藤飛騨守藤原忠政（鳥羽城主）の娘の波知《はち》であった。[66]彼の妻は、三次《みよし》藩主・浅野因幡守長治の娘で、寛文九年（一六六九）に生まれた阿久利《あぐり》であった。[67]その母は、長治が国許においた側室の可兒石《かこいし》である。[68]阿久利は、天和三年（一六八三）正月十一日、長矩のもとに入輿した。夫婦仲はきわめて睦まじいにもかかわらず、子女には恵まれなかっ

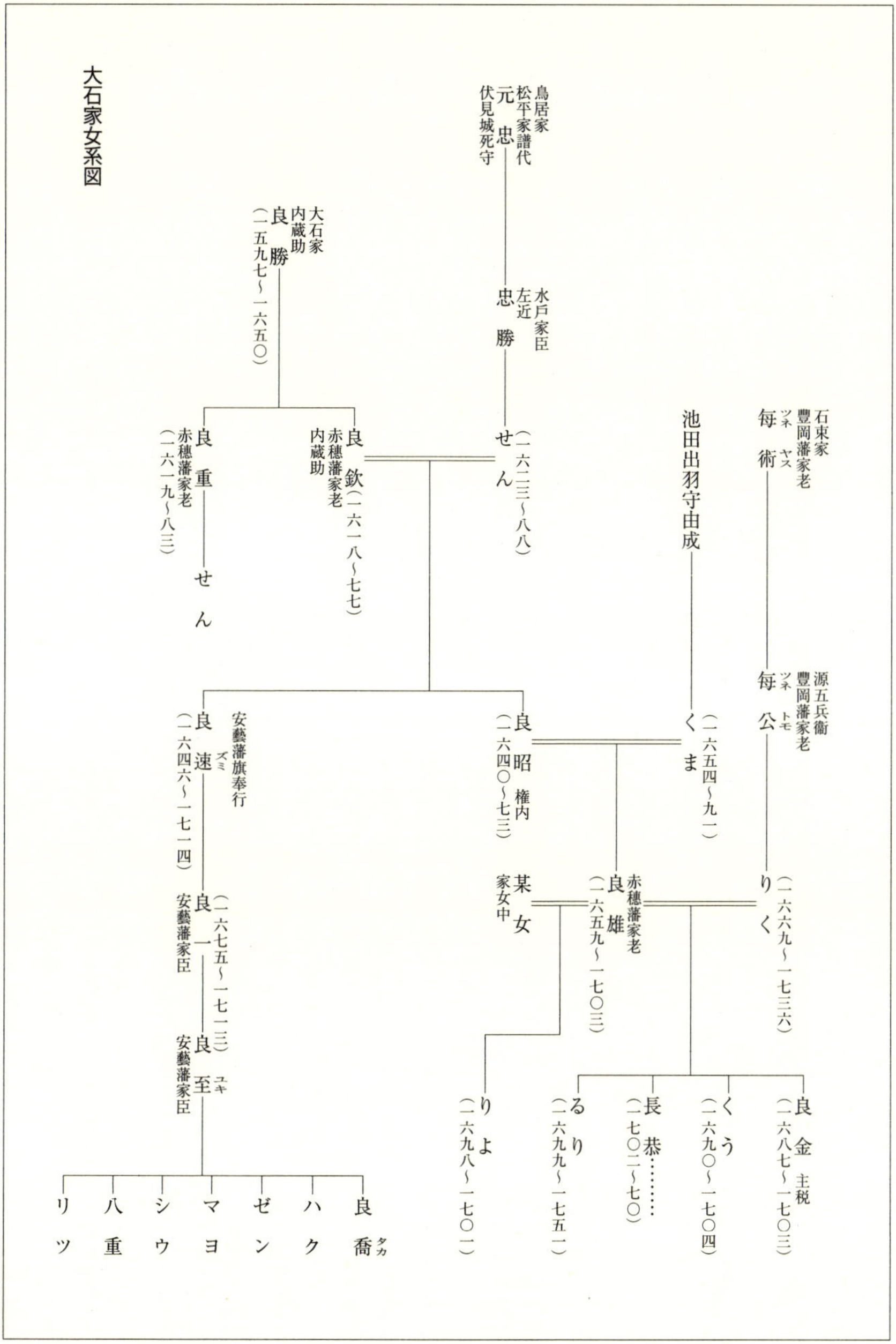

大石家女系図
鳥居家
松平家譜代
元忠
伏見城死守
水戸家臣
左近
忠勝
せん（一六二三〜八八）
大石家
内蔵助
良勝（一五九七〜一六五〇）
良欽（一六一八〜七七）
赤穂藩家老
内蔵助
良重
赤穂藩家老
（一六一九〜八三）
せん
池田出羽守由成
くま（一六五四〜九一）
石束家
豊岡藩家老
毎術《ツネヤス》
源五兵衛
豊岡藩家老
毎公《ツネトモ》
りく（一六六九〜一七三六）
良昭 権内
（一六四〇〜七三）
安藝藩旗奉行
良速《ズミ》
（一六四六〜一七一四）
良一（一六七五〜一七一三）
安藝藩家臣
良至《ユキ》
安藝藩家臣
リツ
八重
シウ
マヨ
ゼン
ハク
良喬《タカ》
某女
家女中
良雄
赤穂藩家老
（一六五九〜一七〇三）
りよ（一六九八〜一七〇一）
るり（一六九九〜一七五一）
長恭……（一七〇二〜七〇）
くう（一六九〇〜一七〇四）
良金 主税
（一六八七〜一七〇三）

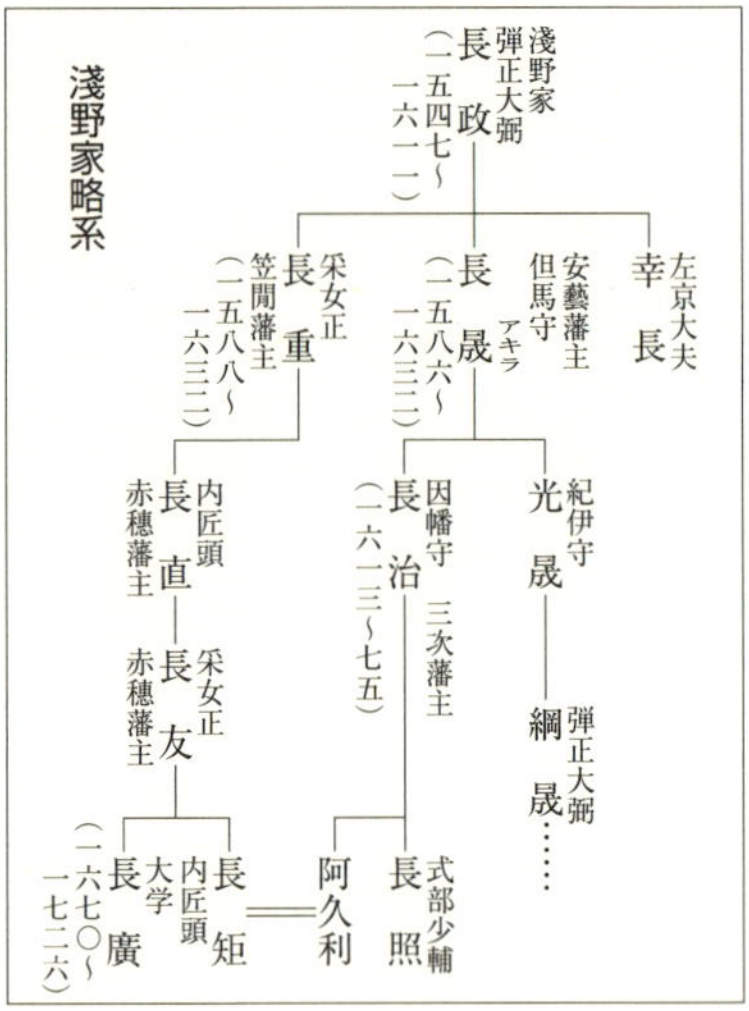

た。元禄十四年（一七〇一）三月十四日、長矩が切腹した日の夜、江戸屋敷にいた阿久利はただちに薙髪し、院号を壽昌院と称した（のち将軍・綱吉の生母・桂昌院の名を憚って瑤泉院と改めた）。彼女は、実家の式部少輔・長照の江戸屋敷に戻って淋しい晩年を送った。そして正徳四年（一七一四）六月三日、短い生涯を閉じ、高輪の泉岳寺の墓所に葬られた。すなわち長矩の墓に並んで「瑤泉院良瑩《えい》正澄大姉」と刻された墓碑が阿久利の墓である。[69] 内匠頭長矩夫人があぐりという由緒の古い名を帯びていたため、その生涯に言及した次第である。

なお、大石内蔵助良雄《よしたか》の親族にあたる備前藩の重臣（一五〇〇石取）であった宮城六之助豊至（一六四五〜一七二三）には、年齢の順から挙げて、

ナツ　テウ　マス　リク　ミル

という娘がおり、またホヤ（一七三三、没）と名づけられた孫女がいた。[70] ミルも珍しいが、ホヤも他に例のない名である。

前に挙げた尾張藩の御畳《おたたみ》奉行・朝日文左衛門重章の『鸚鵡籠中記』によると、彼の前妻はけい、後妻はりよ（のちにすめと改名）といった。二人とも度外れた悋気女房であって、重章はさんざんに悩まされていた。そのほか、彼の妾の一人は連《れん》、他はえんといい、娘にはこん（前妻腹）、そよ、あぐり（以上、後妻腹）がいた。[71] あぐりは、正徳元年（一七一一）十一月七日、辰の刻に生まれたが、十三日、七夜の祝儀のさい、重章の母によってかく名づけられたのであった。[72]

なお、最後に、変わった名の一例として、伊勢國の出身で蒲生家の氏郷に仕えた稲生久右衛門の子・正勝の娘たちの名をかかげておきたい。[73] このドヨというのは、その前後に類例をみない特異な名である。

庶民の女性名

ここでいう庶民とは、下級武士と町人（農、工、商）を指している。時代も新しく、かつ政治も安定していたこともあって、この時期における庶民女性の名は、多数知られている。

なかでも女性名が大量に知られる史料は、『人畜改帳』、『宗門改人別帳』、『切支丹類族帳』の類である。少数の女性名が検出される史料（文書、記録、系図、家譜、墓碑など）にいたっては、おびただしい数にのぼっている。いま、大量の女性名が知られる史料を中心に庶民の女性名を眺めてみよう。

豊後國速見郡の女性　『小倉藩人畜改帳』の中には、元和八年（一六二二）六月にかかる速見郡諸村の人畜改帳が一一通ふくまれている。[74] そこには多数の女性名が記載されているが、それらを整理してみると左のとおりである（括弧内の数字は、頻度を示す。一度だけみえるものは、括弧をつけない）。

あい（2）　あいちよ　あか（63）　赤　あかい（7）　あか千代　あきい　あちや（3）　あね（4）　あや次　いせ（3）　伊勢　いち　いと（9）　いま（2）　いまこ　いもと（3）　うは（6）　おい　おいと　おいね　おかめ（2）　お龜（2）　おきく　おくう　乙（9）　おと（7）　乙ちよ　乙千代　乙かめ　乙鶴（2）　おつぼ　おとら　おなつ　おほつ　おみや　お宮　おむす　おみつ

かせ　かち　秉　かめ（23）　龜（41）　龜つる　龜上　きく（25）　菊（23）　きくじ（2）　菊壽　菊子　菊千代　きつ　くま　くろじ　九目　けさ（20）　けさい　小あか　小菊（2）　こぎく　こうばい　こざさ　小鹽　こちよ　小千代（2）　小つる　小ふで　こま　小松（3）　こまつ　こや　こめ（4）

さい（7）　さいかめ　さい龜　才龜（2）　さく　さこ　札　しお（6）　しほ（9）　鹽（5）　鹽龜　鹽け　しを　すき（2）　墨　せき　せん（12）　千（5）　せぬ

だい（3）　大こく　竹（2）　たつ　たま（2）　ちま（4）　ちやこ　ちよ（19）　千代（38）　千世（16）　千代龜　千代上　千代壽（4）　千代鶴　千代菊　千世ほ　ちよじ　ちよま　長壽　ついたち　つゝし　つぼ（4）　つる（37）　鶴（6）　鶴龜　つるじ　鶴壽（4）　つる壽（2）　とく（3）　德（5）　とら（2）　虎（2）　德上

ない　なべ（2）　なつ　にく

はつ（5）　ひこ（6）　彦（2）　ひさ　彦つる　ひめ（5）　姫　ひめ千代　ひわ　ふく（3）　藤　ふぢ　ふで（3）　ふめ　ほそ（12）

牧　まつ（37）　松（11）　松かめ　松龜　松鶴　松壽（4）　松の　まん　萬　萬千代　まるた　みつ（2）　みや（39）　宮（8）　宮龜（2）　みや龜　宮菊（3）　むす（2）　百《ひゃく》

よね（2）　米

をきく　をち　をと

なお、うば、しお、天西、天念、ぼけじなどは、下女にみられる名であるが、それらは必ずしも下女の本名ではなかろう。

以上によって考察すると、元和年間の豊後國では、古い型の名（乙千代、菊千代、さい龜、鹽龜、千代鶴、等々）が未分化のまま相当数残っていること、中世的な女性名（仮名二文字）

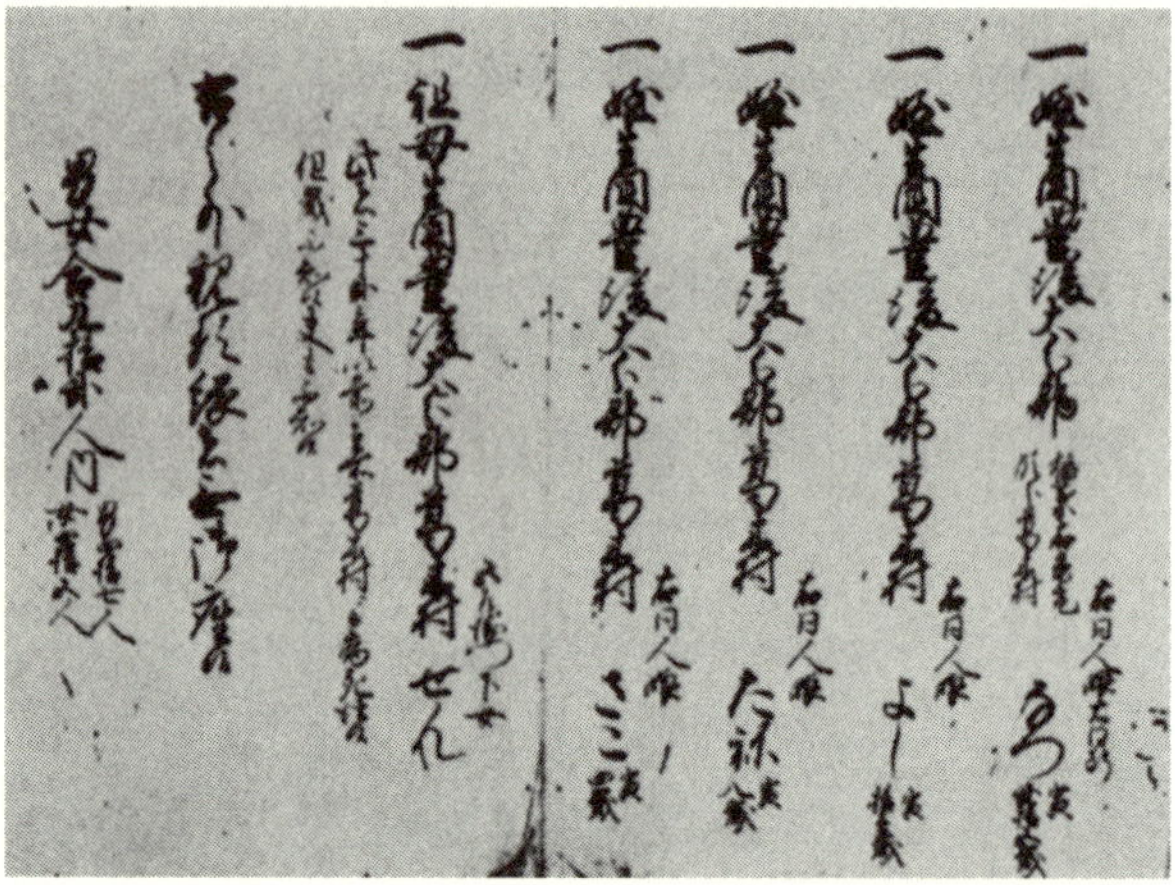

図83　貞享3年7月「豊後国大分郡葛木村切死丹宗門親類書」末尾
（長崎県立長崎図書館架蔵）

が未完成であることが指摘されよう。当代人が好んだのは、

あか　龜　菊　けさ　千代（千世）　鶴　松　みや

のような名である。ふく、たま、せん、まん、とら、とく、はつなどは、意外に少ないことが注意される。ふめは、目立たないけれども、細く長く存した名である。(75)

豊後國大分郡葛木村の女性　貞享三年（一六八六）七月に作成された『豊後国大分郡葛木村切死丹宗門親類書』は、長崎県立長崎図書館に所蔵されている。(76)この親類書に記載された女性の名を以下に録するが、これによって豊後國における女性名が元和八年（一六二二）から貞享三年までの六四年の間にどのように変化したかが知られるであろう。

あい（7）　あか　あかい（15）　あかちよ　いせ（6）
いそ　いち（2）　いと（13）　いぬ（10）　いわ（11）
かう（4）　かつ（12）　かね（8）　かめ（21）　かん
（6）　きく（12）　きん（6）　くに（4）　くり（2）
くろ（14）　けさ（7）　けさい（18）　こう（2）　こし
ほ　こふめ（5）　こま　こみや（2）　こめ（15）　こや
（7）　ころ
さこ（6）　さん（11）　しつ　しほ（21）　しゆん　しよ
うろ（18）　しを　すき（15）　すて（9）　すま　せん
（44）
たけ（5）　たつ（12）　たね（12）　ちやう（14）　ちよ
（15）　つぼ（11）　つま（5）　つる（18）　つるかめ
てんねん（下女）　とら（7）
なつ（31）
はつ（16）　はな（4）　はる（26）　ひさ（11）　ひぬ
びん（2）　ふく（19）　ふさ（2）　ふぢ（16）　ふで
（2）　ふめ（7）　ふり（21）　ほそ（7）
まき　まさ（3）　まこ　まつ（18）　まつかめ　まん
（19）　みつ（6）　みや（16）　むす（2）
やす（3）　ゆき（4）　よし（5）

以上を一瞥するならば、江戸時代の天和・貞享期（一六八一〜一六八八）ごろまでに、豊後國の女性名が全く中世化したことが知られる。つるかめ、あかい、あかちよのような前代的な名もわずかに存するが、大勢は二音節型ないし二音節に接頭語の小《こ》または接尾語のいをつけた型に落着したのである。[77] 15以上頻度数の名を挙げると、

せん（44） なつ（31） はる（26） かめ（21） しほ（21） ふり（21） まん（19） ふく（19） まつ（18） けさい（18） つる（18） しようろ（18） はつ（16） みや・（16） ふぢ（16） こめ（15） ちよ（15） すき（15） あかい（15）

のようである。もって当代人の女子名に対する趣向を知ることができよう。この時期の豊後國の女性名に梅（むめ）がみられないことは、注意に値している。しようろは、上臈の変化した語のように思料されるが、いかがなものであろうか。

長崎平戸町の女性　『宗門改人別帳』は、多数現存し、庶民女性の名を探究する上では、こよない宝庫である。[78] 九州大学の九州文化史研究施設には、寛永十一年（一六三四）から万治二年（一六五九）までにわたる平戸町の『宗門改人別帳』が七種架蔵されている。[79] いま煩をいとわず、これらの人別帳によって平戸町の女性たちの名をかかげてみよう。

あき いせ（3） いちや（5） いちやや〻 いち いと（11） いね いま うき うた（5） うば（8） おいと（2） おいぬ おいゐ おこま（2） おこや おさい おしも（2） おせん お竹 おたね おつし（2） おつる おとら（2） おなつ おば おはつ おひめ おふく（3） おまん（6） おむく（4） おみつ（3） か〻 かめ（22） かめす 神壽《かみじ》 かや（5） きく（26） きさ（2） きた 吉《きち》（2） きん（2） くま くに（2） くり げん こきん（3） こはる こま（3） 小まつ（4） 小まん（2） こや

さ〻（2） さく さん しほ（4） しも（2） しゆん すぎ（7） すて（3） すな すま すゐ すんによ（法名） せん（13） そよて

たけ（12） 竹（4） たつ（8） たま（2） たね（7） ちま（2） ちぼ ちやこ ちよ（5） 千代 ちやう ちよう ちよこ つる（10） つるかめ とく（3） とみぢ とら（5）

なつ（17） ね〻

ば〻 はる（3） はつ（12） ひさ ひめ（8） ふく（23） ふぢ（4） ふり（3） ぼけす

まき（8） ます（3） ませ（2） まつ（22） 松 まつじ（2） まつぢ まん（16） みつ（9） みや（7） みやうけん（法名） 妙喜（法名） みやうかん（法名） むく（5） むつ むめ めうげん（法名） もみぢ（3）

やうにや やす（4） よし（11） よね

らん りん（3）

ここでも中世型の二音節名への志向が顕著である。豊後國

の場合とは違ってR音名や××じ（ぢ）の名がみられる。ちやこ、ちよこは、前代の常用名に属している。ここでは、敬愛の接頭語「お」が名と不可分に結合した現象がいちじるしく現われている。もみぢは、実名らしくない、候名風の名である。

美濃國安八郡楡俣村の女性　美濃國安《あ》八《はち》郡[80]に関しては、江戸時代前期の人別帳が少なからず現存している[81]。いま寛永十五年（一六三八）の『安八郡楡俣村宗門改帳[82]』からやや変った女性名を拾ってみよう。

おや　きな　くわ　すほ　ばば　よそ

安八郡における女性名は、ほとんどすべてが仮名二文字、二音節にかぎられている。

河内國錦部郡錦部村の女性　寛文五年（一六六五）の『錦《にし》部《ごり》村宗旨改帳[83]』から注目すべき女性名を抄出する。

いしま　いや　おと　おま　くす　こがう　こちよ　こぢょろ　こほん　こまん　さか　七《しち》　じやう　すぎ　すな　ちょぼ　つち　やゝ　るす　六《ろく》

言うまでもなく、ちょぼは前代の名残りである。こぢょろは、小上臈ないし小女郎に由来する名であろう。

攝津國嶋上郡冨田莊の女性　嶋上《しまのかみ》郡の冨田莊[84]の名は、早くからの禁裡御料地として知られている。その後身は、大阪府高槻市富田《とんだ》である。この村に関しては、元禄六年（一六九三）の人別帳[85]（乙種）が伝えられている。この人別帳にみえる女性名は、ほとんどすべてが二音節二字の中世型を示している。

きさ　くり　こがう　さこ　すぎ　たね　たま　ちよ　なつ　はつ　はる　ひん　ふり　みつ　むめ　ゆき　よね　りん

そこには、特殊部落に特有な女性名はみられず、女性名に関しては、一般庶民のそれとの間に相違はなかった。

大和國十市郡荻田村の女性　この荻田村は、奈良県桜井市の市域内にあった。この村の寛文五年（一六六五）の人別帳[86]から若干の女性名を拾ってみたい。

いの　こがう　小ちよ　小な　つぢ　ひめ　みな　やへ　ゆり

同村の天和三年（一六八三）の『宗旨御改之帳[87]』には、つたという女性名がみえる。

甲府窪町の女性　元禄十二年（一六九九）の『甲府窪町切支丹御改帳[88]』では、つぎのような女性名が注意にのぼる。

かな　くら　けさ　しゆん　つう　つま　なべ

出羽國村山郡の女性　出羽國村山郡に関しては、江戸時代前期の『切支丹類族帳』がいくつも現存している[89]。これらの類族帳から普通の名（けさ、せん、たけ、とら、なつ等々）を別として変わった名を拾ってみると、左のとおりである。

あか　あぐり　おな　おぼ　かさね　志やん　ちゐさ　とくよ　はの　ひいな　ふそ　ふつ　ふりやう　ぼう　ほそめご　ゆハ　りんじ（ぢ）

これらの名のうちで注目すべきは、とくよであって、この地方において江戸時代後期に多いいえのよを型の名の先駆をなしているのである。

陸奥國磐井郡東山松川村の女性　磐井郡東山松川村（岩手県東磐井郡東山町松川）に関しては、寛文八年（一六六八）二月朔日付の『東山松川村当人数御改帳』（乙種）が遺っている。[90]左に記載された一村の女性名をかかげてみよう。

いさ　いせ　いな　いぬ（6）　いの（2）　いや（3）　牛（5）　うど　卯の（8）　うめ（2）　奥（2）　おさ　おし　おた（3）　おぢや（4）　乙　おな（5）　おばな　おぶ　かわ（3）　きく（2）　菊（9）　國　くま（2）　くら　栗　さに　さる（3）　猿（3）　さん　ざんまい　殘米　志ま　志やうぶ　すて（5）　せん（2）　千　竹（5）　たつ（6）　ちいさ（2）　ちき　ちやち　長（5）　辻　德（2）　とめ　留　とら　虎（6）　鳥（3）　とりま　なつ（3）　にが（3）　ねこ　禰ゝ（3）　はつ　花　はる　姫　ひやく（2）　ふか（3）　ふく（5）　ふぢ（3）　ふつ　ふで　ふり　ほらし　まぎ　まし　松（6）　滿（4）　巳の（7）　みや（3）　むす（2）　めご（3）　めじ（2）　もち　やす（3）　よし（10）　よて（3）　よの　留主（3）　猪の（2）　ゑん（3）　をし

大部分の名は、二音節二字型であるが、それなりに変わった名も見いだされる（牛、おし、おぶ、さに、にが、ねこ、まぎ、めじ、もち、をし等々）。三音節三字型にも注目すべき名はあるが（おばな、ちいさ、ちやち、ほらし）、ひやくを例外とすれば、江戸時代後期には引き継がれない名であった。ざんまい、殘米といった名は、命名の趣旨が不明である。なお、未成年の男子には、しばしば女性と同じ名が愛称的な意味でつけられている（牛、猿、くま、いぬ、菊、虎、滿、ふか、等々）。この松川村の村人たちは、女性名に漢字を用いるのが好きであった。

越後國頸城郡大濁村の女性　この村については、寛永十七年（一六四〇）四月八日付の『越後国頸城郡大濁《おおにごり》[91]村人別改帳』と、その直後の正保年間の『大濁村宗門改帳』とが現存しているが、[92]それには左記のような女性名がみられる。

あき　いし　いと　うめ　せん　ちま　ちやうじ　ちよぼ　ちん　てん　とく　とら　やす　よね

そこには、中世的な女性名としてまだ整っていないものが見受けられる。特記されるのは、幼い男児が女性名と同じか、類似した名を帯びていることである。

うし　かめ　こま　ごん　たん　ちん　とく

むろん、成人したのちには、忠兵衞、長三郎、善四郎、益四郎といった、ありふれた通称がつけられていた。

それより約三〇年をへた寛文十二年（一六七二）の『頸城郡下美江郷[93]吉利支丹宗旨改帳[94]』では、完全に中世的な女性名の成立が看取される。

あま（2）　いと（2）　いわ　おた　おはかめ（2）　こりよ　さく　さこ　しも　壽き　すて（2）　せん（2）

ちやぅ　ぢやぅ（2）　ぢやぅし　にく　ふじ（2）　ふり　まさ　まつ　ミツ　里ん

これらのうち、おた、にくなどは、独特な名である。またここでも、女性名と同じ男児の幼名が認められる。

備前國における切支丹関係の女性　貞享五年（一六八八）三月二十六日に提出された『備前国切支丹并類族之者存命帳』(95)には、一風変わった女性名が見いだされる。

あさ　*いう　いし　いち　いま　*いり　いわ　かつ　かな
きい　きち　くす　*くふ　くま　くろ　ごう　こづ　さい
さく　さつ　さな　*さめ　さん　志ま　すて　せき　せん
たけ　たま　ちよ　つた　つぢ　つね　つる　とく　*とつ
*とね　とま　とめ　とよ　なつ　はち　はつ　ひめ　*ふう
ふく　ふり　まん　みや　やや　ゆき　よし　よね　りん
*るう　*るん

＊標をつけたのは、他に類の少ない女性名である。るんは、淺野土佐守長澄（一六七〇～一七一七、淺野阿久利の義理の甥）の娘のルン（留無）（一七〇二～一七〇九）のように(96)、わずかながら他でも知られているが、ふうなどと由来を同じうするるうは、きわめて珍しい名である。

武蔵國荏原郡世田谷の女性　彦根藩の四代目の藩主・井伊玄蕃頭直興（一六五六～一七一七）—のち大老—は、大の狩猟好きであったが、あるとき、はからずも一羽の霊鳥の鶴を心なき狩りのために射ち殺した。それを悔んだ直興は、鶴の供養のために、彦根郊外の大洞《おおぼら》（現在は、彦根市古沢町）の長寿院の境内に弁財天堂を建立しようと発願した。そこで彼は、あまねく領民に命じ、各人に一文ずつを喜捨させた。この喜捨は徹底したもので、生後一日の名もない嬰児までが行わせられた。喜捨は、彦根だけで二二、一九四名あり、武蔵、上野に散在する所領の分を合わせると総数二五九、五二六人にのぼり、その記録の帳簿は数百冊に達した。これらはすべて三棹の長持に納められ、井伊家に現存している(97)。弁財天堂は、元禄八年（一六九五）に着工され、翌九年に竣功したが(98)、本尊たる三尊仏の前立である艶麗な弁財天は、武蔵國荏原郡鵜之木村の覚明寺から勧請された。

二六万名近い人びとの名が記入された上記の帳簿は、当時の女性名を研究するうえでの宝庫であるが、井伊家の飛地領であった武蔵國荏原郡世田谷二十箇村分を除いては、まだ公刊されていない。この世田谷の『鳥目寄帳』(99)には、変化に富んだ二、八五三人の女性名が見いだされる。いまそれらの名を以下に列記してみよう（ただし、頻度数は省略）。

ア行　あか　あき　あさ　あま　あまちよ　あま女　いく　いし　いせ　いち　いちや　いぬ　いぬちやう　いの　いや　いわ　うし　うば　うま　うめ　おく　おさ　お　と　おな　おま

カ行　かく　かつ　かな　かま　かめ　かや　かよ　かる　かん　きい　きさ　きち　きひ　きよ　きり　きん　ぎん　くに　くま　くめ　くら　くり　けさ　げん　こあま　こちよ　こ女　こぢよ　こな　こま　ごん

サ行　さか　さい　さき　さご　さつ　さな　さま　さや　さわ　さる　さんご　しげ　しな　しの　しま　しめ　しも　しやう　しやうぶ　しゆう　しゆん　しを　すぎ　すけ　ずく　すて　すへ　すゐ　せう　せうふ　せき　せち　せん　そめ

タ行　たつ　たね　たま　たん　たん女　たんちよ《（丹千代）》　ちや　ちやう　ぢやう　ちよ　ちやう　ちよぼ　ぢん　つう　づう　つか　づく　つし　つた　つち　づち　つな　つ　ね　つま　つや　てう　でう　てん　でん　とく　とね　とめ　とら　とり　とわ

ナ行　なか　なぐ　なつ　なん　にく　にの　にわ　ねい

ハ行　はち　はつ　はな　はま　びい　ひき　ひさ　ひつ　ひめ　ひやく　ふう　ふき　ふく　ふじ　ふで　ふり　へや　べん

マ行　まさ　まち　まつ　まて　まり　まん　まんちよ　みい　みつ　みな　み禰《ね》　みの　みや　むう　むま　め　い　もく

ヤ行　やす　やま　ゆき　ゆら　ゆり　ゆわ　よし　よね　よめ

ラ行　りよ　りん　るす　ろく

ワ行　ゐん　をき　をと

右にみるとおり、世田谷の女性名は、非常に種類が多い。むろん、どの名の頻度も平均しているのではなく、いぬ　かつ　きよ　しも　すて　とめ　とら　はつ　はな　ふり　まつ　りん

は、最も頻出する名である。

なお、二、三の名についてすこしく説明すると、べんやまりは、それぞれ弁財天、摩利支天に由来するらしい。まりは江戸時代から明治時代にかけては、稀有な名であった。正徳五年（一七一五）三月付の『郡山上町人別御改帳』[100]には、まりという名がみえる。また寛永二十一年（一六四四）七月付の『河州石川郡之内富田林家数人数万改帳』[101]にも、「下女まり」の名が見いだされる。

一方、元禄十六年（一七〇三）の『上野国利根郡川場古キリシタン類族死失存命帳』[102]によると、古切支丹・東庸の養女はひやく、一女はおま、二女はまりといった。また宝暦十年（一七六〇）の『上野国緑野郡三波川村古キリシタン本人同前并類族存命死失帳』[103]には、古切支丹・木村九兵衞の二女としてまりの名がみえる。これは単なる臆測にすぎないが、切支丹女性のマリは、摩利支天ではなく、マリアに由来するのかもしれない。[104]

江戸時代前期の女性名には、六、七、八、百、千、万に由来した名がみられた。前記の東庸の養女のひやく、世田谷のひやくなどは、百字に由来している。[105]ひやくといえば、「妲妃のお百」の名が想起される。このお百は、京の九条に生まれ、佳麗、怜悧、多情な女として、元禄から享保年代にかけて数奇な運命をたどったが、巷間に伝えられているような妖婦ではなかった。[106]

能登國鳳至郡横地村の女性　江戸時代前期における諸国の女性名には、地方色が若干あるけれども、それほど顕著ではない。しかし北陸地方の女性名は、他に較べてやや地方色が濃い。いま寛文四年（一六六四）の『横地村宗門改帳』(107)から女性名を拾ってみたい。

いく　いと　いの　いのこ　いわよ
かあ　きい　きく　くに　くよ　くら　こく　こしめ　こしよ　こよ
さあ　さい　さな　さふ　しも　しやう　しよふ　すて　せう　せん
たあ　たつ　たね　ちん　つじ　とよ　とら
なあ　なつ　なべ　ねい　ねね
はあ　はつ　はる
まき　まさ　また　まつ　まつよ　まね　まれ　みつ　もも

×あという女性名は、必ずしも北陸地方特有のものではないけれども、前田家の利家の娘・摩阿（二三九頁）にみるとおり、加賀・能登両国には永く遺存した名である。××よは、江戸時代後期にいたってようやく多きを加えるいえのよを型の女性名の先駆をなした名である。

近江國野州郡三宅村の女性　この三宅村（滋賀県守山市三宅町）については、四〇余家族一八〇余人が署名した寛永十二年（一六三五）十月付の『切支丹改宗起請文』が京都大学文学部に所蔵されている。(108) これは改宗の旨を神や聖人に誓わせた、いわゆる『南蛮誓紙』で、珍しい文書である。その誓文と署名の一部は、巻末の附録にかかげたとおりであるが、女性名はこれでみるかぎり、すこぶる平凡な二音節二字型に属していた。

庶民の女性名の特色　庶民の女子に対する命名は、法的、社会的にきびしく規制されていなかったから、そこではかなり自由な命名が可能であった。この時期にも、古い型式の名や変わった名が見受けられたけれども、やはりそこには一貫したもの、共通したものがあった。第一の特色は、武家女性の場合もそうであるが、二音節、仮名二字の名が圧倒的に多くなったことである。武家の場合には、しばしば漢字が用いられたのに対して、庶民の女性名は仮名書きされるのが普通であった。そして前掲の多数の女性名よりおのずから帰結されるとおり、全国にわたって最も普遍的に看取される女性名は、左のようなものであった。

あき　いと　いね　いわ　うた
かつ　かめ　きく　きち　きん　くに　くら　くり　けさ
さん　しやう　しゅん　せん　すぎ　そめ
たけ　たつ　たね　たま　ちよ　つう　つる　てう　とめ　とら
なつ
はつ　はる　ひさ　ふく　ふぢ　ふり
まき　まさ　まつ　まん　みつ　みや　むめ
やす　ゆり　よし

なお、R音の女性名は、漸増の傾向にあったし、くすが新しい名として現われている。けさは、日本人の趣向に適したとみえ、全国的にしぶとく存続していた。

著名な女性

つぎは、江戸時代前期において大部分の生涯を送った若干の著名な女性について、その業績ないし伝記ではなく、名前を中心として述べてみたい。

中世の女流文学者の先駆をなしたのは、小野阿通《おつう》である。彼女の出自や業績については諸伝があり、その実像は明確ではない。[109] 彼女の名の阿通、つまり「つう」は、本名であった。[110] 江戸時代においては、つうというのは、そう珍しい名ではなかった。

女性の活躍が盛んとなったのは、天和・貞享期、つまり一七世紀の八〇年代ごろからのことであった。まず注意されるのは、「元禄の三閨媛」として知られる了然尼、井上通、野中婉の三人である。江戸時代最初の閨秀漢詩人であり、和歌と書に巧みであった了然（一六四六～一七一一）は、また豁達、無礙な禅尼であった。その俗名は、葛山フサであって、若い時分、東福門院に仕えていた際には、候名を埋木といった。みずからの美貌を焼きこぼち、禅門に入ったが、知眞、大休、元聰などと号し、武藏國落合の泰雲寺に止住してこれを再興した。[111]

「古の清紫二女のあとおふべき」才媛と評された井上通（一六六〇～一七三八）は、若いころ（一六八一～一六八九）、故郷・丸龜藩の当主である京極備中守高豊に請われて江戸に赴き、三田の京極邸で藩主の養母・養性院に仕え、かたわら江戸の学者や文人と交誼を結んだ。ただし、彼女が高豊の姉・阿久里《あぐり》（一六四三～一七〇六）の教師をも勤めたという所伝は、事実と相違している。当時、阿久里はすでに宗家の對島守・平義眞（一六三九～一七〇二）の夫人となっていたからである。[112] 通のものした作品の多くは散佚したけれども、重要なものは幸いに現存し、全集[113]に収められている。

井上通女の本名は振《ふり》、のちに玉と改めた。[114] 通というのは、彼女の後年の名であるらしく、丸亀市に建つ「井上女史碑」（土屋鳳洲撰文）には、「井上女史、名は通」と記されている。しかし彼女の号・感通に因んで後人が呼んだ名とも臆測される。通女の母は榮、妹は圓《ゑん》、二人の娘は繁《しげ》・節《せつ》といった。[115] 圓（一六六二～一七〇七）も相当な才女であったが、ゑんというのは、当時としては珍しくない名であった。

野中婉《ゑん》（一六六一～一七二五）は、文藻が豊かであったけれども、文人としてよりも、女丈夫として名を残した。彼女の名声は、大原富枝作『婉という女』[116]によって昂められた。また平尾道雄『安履亭文書』[117]は、幸いに伝存した婉の消息を駆使して、苦難にみちた凄絶な婉の生涯を考究した労作である。婉は、土佐藩の執政で朱子学者として知られた兼山こと野中傳右衞門良繼（一六一五～一六六三）の娘であった。兼山の母は秋田萬《まん》、妻は野中市《いち》、妾は池きさ、公文かち、美濃部つまの三人であった。婉の母は、妾の池きさであり、彼女には順《じゅん》、米《よね》、寛《かん》という姉、將《しょう》と呼ばれる妹がいた。婉の乳母の信《しん》は、野中一族とともに宿毛《すくも》の配所で四〇年を過ごした人であった。[118]

後水尾天皇、明正天皇から今式部と呼ばれ、寵遇されたのは、山田迫夢の娘の龜（一六三〇～一六六八）であった。彼女は、安藤家の定爲（朴翁）の妻となり、爲實（『礼儀類典』編纂の総裁）、爲章《ためあきら》、（国学者、『紫家七論』の著者）の二子を産んだ。爲實は、のちに母の遺詠を集めて『今式部集』を編纂したという。[119]『唐錦』（十三巻）や『續女訓』（十巻）などを著したのは、松山藩儒官・大高坂《おおたかさか》芝山（一六四七～一七一三）の妻の成瀬いち（一六六〇～一六九九）であったが、彼女は字《あざな》を維佐《いさ》と称していた。[120]また元祿・宝永のころ、女流歌人として知られ、歌集『梶の葉』（三巻）を遺した才女は、祇園社の鳥居の傍で茶店を営んでいた德山かぢ（祇園の梶）である。かぢの養女・ゆりも歌人として名があり、享保十二年（一七二七）に歌集『佐遊李葉』（三巻）を印行した。[121]

俳諧は、江戸時代初期において松永貞德（一五七一～一六五三）や西山宗因（一六〇五～一六八二）が輩出し、文学のジャンルとして確立された。女流俳人として先駆をなした貞閑尼（一六三四～一六九三）は、俗名を田《でん》ステといった。彼女は早くも六歳のとき、「雪の朝二の字二の字の下駄のあと」と詠んで人びとを驚かしたという。[122]すでにこのころから女流俳人は、名の下に接尾語の「女《じょ》」を付す風があり、それは今日もなおつづいている。

芭蕉直門の智月尼はすぐれた俳人であったが、俗名は明らかでない。芭蕉十哲の一人の向井去來（一六五一～一七〇四）の妻・かなも俳人であったが、彼女は去來との間に、とみ、たみの二女を儲けた。[123]また去來の妹で、薄命の俳人であった向井千子《ちね》（一六八八、没）は、本名を千代といった。[124]なお芭蕉といえば、彼は妻の壽貞尼との間にできた二人の娘を、まさ、ふうと命名している。[125]

そのほか俳人としての名を遺した女性を挙げると、秋色《しゅうしき》や園女《そのめ》がいた。秋色（一六六九～一七二五）は、其角の門人で菊后亭秋女とも号したが、本名はあきであった。[126]蕉門の俳人・園女（一六六四～一七二六）は、剃髪後、智鏡と称した。彼女の本名は、度會そのであった。[127]

政治史の分野では、六代将軍・家宣の愛妾で、七代将軍・家繼の母となった月光院（一六八五～一七五二）の名が注意される。彼女の本名は、勝田きよであったが、側用人の間部《まなべ》越前守詮房《あきふさ》（一六六七～一七二〇）と結託して権勢をほしいままにした。そして家繼が早世したのちには、詮房とともに画策して紀州徳川家の吉宗を将軍に迎えることに成功した。吉宗は、月光院の恩を感じ、江戸城にとどめた。彼女は、将軍の厚遇のもとに吹上御殿において安穏な晩年を過ごした。文政十一年（一八二八）にいたって、月光院こと勝田きよは、藤原輝子という名で従二位を贈られた。[128]

對島藩において幼少な藩主・義成（一六〇四～一六五七）を補佐して善政をしき、「對島の尼将軍」と呼ばれた威德院（一五八七～一六四五）は、阿比留藤右衞門の娘で、名を竹《たけ》といった。前藩主・義智（一五六八～一六一五）が妻の小西マリアを離別したため、竹は繼嗣の生母として正妻の座にのぼったのであった。[129]

現在、台湾では、国姓爺こと鄭成功（一六二四～一六六二）は、救国の英雄と仰がれ、その母・田川マツは、日本女性の亀鑑とたたえられている。彼は平戸の川内浦の人で、鄭芝龍の妻となって福松—後の鄭成功—を産んだ。正保二年（一六四五）、マツは芝龍に喚ばれて中国に渡ったが、翌三年、芝龍が清に降伏したことを潔《いさぎよ》しとせず、泉州城内で憤死した。[130]

図 84　三澤初木像（高さ約 20 センチ）
（東京都目黒区中目黒 3 丁目，正覚寺所蔵）

その悲壮な生害のありさまは、近松の『国姓爺合戦』に生き生きと描かれている。

伊達騒動を主題とした歌舞伎は種々あるが、代表的なものは、奈河龜輔作の『伽羅《めいぼく》仙台萩』である。ここに描かれた鶴千代が伊達龜千代（のちの四代藩主・綱村）、仁木弾正が原田甲斐、渡邊外記左衞門が伊達安藝をモデルにしていることは明白であるが、一般には乳母の政岡は三澤初の造型であるとみられている。伊達騒動は、単なる善玉、悪玉の対立抗争などではなく、幕藩体制の歴史的推移の中に据えて理解さるべきはもちろんであるが、この三澤初（一六四〇～一六八六）は、三代藩主・綱宗の妾であり、綱村、村和《より》、宗贇《よし》を産んだ。三人の息子たちは、それぞれ藩主となり、あるいは伊達一門に列した。初は、身分も生涯も政岡とは違っており、幸福な一生を送った婦人であった。[131]平重道博士（一九一一～）も指摘されたとおり、政岡は作者が創作した全く架空の人物なのである。

豊後國杵築の儒者・綾部道弘の妻・小林しち（一六四九～一七一二）は、詩文に長じ、婦徳また高かった。[132]しちというのは、一七歳の娘の恋ゆえの放火と残酷な処刑で大江戸を沸かした八百屋お七（一六六六～一六八二）に例をみるとおり、[133]そう珍しい名ではなかった。

江戸幕府は、寛永十六年（一六三九）、オランダ系混血児とその母親合わせて三二人をオランダ船ブレダ（Breda）号に乗せ、ジャガタラ（ジャワ島のジャカルタDiakarta, Batavia）

に追放したが、その後、明暦元年（一六五五）ごろから、彼らと故国との消息や贈物の交換は、一定の手続きのもとに許可された。消息のうち、じゃがたらの春（一六二五〜一六九七）が日本の「おたつ様」に宛てた、いわゆる「じゃがたら文《ぶみ》」は、西川如見（一六四八〜一七二四）が自著の『長崎夜話草』（一）に紹介したため、あまねく知られている。(134) しかしこれはあまりの美文であって、如見がお春に仮託して綴った消息文と認められている。けれども、お春自身は実在の人物であって、ジャカルタにおけるその恵まれた生涯は、岩生成一博士（一九〇〇〜）の周到な研究によって明らかにされている。(135) これとは別に、文政二年（一八一九）から明治四十二年（一九〇九）までに平戸において五通のいわゆる「新ジャガタラ文」が発見され、それらは長崎県平戸市の平戸観光資料館に収蔵されている。これらは、ジャカルタのコルネリア夫妻からの消息二通、カタリーナ・おふく（六兵衛後家）、小布にしたためたコショロの消息などである。(136) コショロ（コジョロ）は、すでにみたこぢょろと同じ名であって、珍しい名である。前にも指摘したとおり、小上臈に由来するものであろう。

なお、備前藩士の目付・湯浅英《あきら》の妻は、瀧瑠璃(137)（一六七〇〜一七四二）といい、賢婦として評判であった。瑠璃といえば、小一條院（九九四〜一〇五一）の妃・瑠璃女御(138)（下野守・源政隆の娘、四條宮下野の姉妹）の名が想起される。この時期には、ラ行音の女性名が繁多となる気運に乗じて、瑠璃という名が現われた。しかしこれは、瑠璃女御の名の復活などではなく、江戸時代初頭にもてはやされた浄瑠璃姫と牛若丸との恋物語と、その曲節を中心とした浄瑠璃によって触発された名と思考される。なお、浄瑠璃、正しくは浄瑠璃世界とは、薬師如来の浄土の義であって、瑠璃をもって地となすがゆえにかく呼ばれるのである。浄瑠璃姫という名は、浄瑠璃世界の美しい姫君という意味で発想されたものであろう。

文学作品にみえる女性

当代の世相に取材した文学作品、つまり世話物の類に登場する女性の名は、その時代における現実の女性名を反映している。そこでこの時期を代表する近松門左衛門（一六五三〜一七二四）—本名は、杉森作左衛門信盛—と井原西鶴（一六四二〜一六九三）—本名は、平山藤五—の主要な作品を中心としてそこに登場する女性たちの名をうかがってみよう（＊は遊女）。

(一) 近松門左衛門(139)

① 『心中二枚絵草紙』　お島＊(140)　お吉　お初＊

② 『与兵衛おかめひぢりめん卯月の紅葉』　お亀　ゐま　ふり　お染

③ 『堀川波鼓《なみつづみ》』　種　藤　ゆら　りん

④『源五兵衛おまん薩摩歌』 蘭 小萬 まん しゅん 竹 龜 玉 ふき
⑤『曾根崎心中』 *初
⑥『おなつ清十郎五十年忌歌念佛』 夏 さん 玉
⑦『跡追心中卯月の潤色《いろあげ》』 龜 ふり
⑧『高野山女人堂心中万年草《まんねんそう》』 梅 さつ 夏 竹
⑨『心中重井筒』 辰 *房 竹 小夜
⑩『丹波与作待夜《まつよ》の小室節《こむろぶし》』 *小萬 滋野井（乳母の名） 小よし 調《しらべ》の姫（丹波國の城主の娘）
⑪『心中刃《やいば》は氷の朔日《ついたち》』 *小かん（幼名つや） さが
⑫『淀川出世滝徳《たきのぼり》』 *吾妻 半 *薫《かをる》 *小紫 *八重櫻 *九重
⑬『忠兵衛梅川冥途の飛脚』 *梅川 妙閑（法名） きよ *とよかは *たかせ *なるとせ *ちよとせ りん
⑭『長町女腹切』 *花 さよ ふぢ しが はぎ *しま *り ん 杉
⑮『大経師昔暦』 さん 玉
⑯『二郎兵衛おきさ今宮の心中』 きさ 竹
⑰『夕霧阿波鳴渡《なると》』 *夕霧 雪 まん 杉 妙順（法名） りん しゅん
⑱『嘉平次おさが生玉心中』 *さが きは 竹 *小辯
⑲『鑓の権三重帷子《かさねかたびら》』 さゐ すて ゆき 萬 杉
⑳『山崎与次兵衛寿《ねびき》の門松』 *吾妻 きく かや *重山
㉑『博多小女郎波枕』 *勝山 *薄雲 *操 *小倉 *江口 *大磯
㉒『紙屋治兵衛きいの国や小はる心中天の網島』 *小春 さん 玉 清 杉
㉓『女殺油地獄』 さは かち 吉 *龜 *小菊 *松風
㉔『心中宵庚申《よひごうしん》』 ちよ かる さん

右にみるとおり、浄瑠璃の心中物では、心中した男女の名は、「おはつ・徳兵衛」というふうに、女が男より先に書かれるのが常である。この女先男後の筆法が生じた理由は、いろいろと詮議されているけれども、まだ決定的な解釈は下されていないようである。[141]

(二) 井原西鶴

西鶴の浮世草子、とくに好色本に登場する女性は、圧倒的に遊女が多く、遣手などをふくめても素人の女性は、はなはだ少数である。（*は、素人を示す）

①『好色一代男』〔巻一〕葛城 薫《かをる》 三夕《さんせき》 *さか 忠度（湯女） 勝山（湯女） 妙壽（尼） 〔巻二〕志賀 千歳 きさ 近江 （初め、玉の井） 大崎 鹿 山吹 みつ 若狭 若松 〔巻三〕 *さつ *きち 花島 八島 花川 蜷《にな》川 越中 藤浪 小金《こきん》 清林（尼） 〔巻四〕小萬 *はつ 小太夫 石州 〔巻五〕 吉野 兵作 虎之介 若山 *なる 〔巻六〕三笠 背山 大橋 琴 朝妻 夕霧 *春 御舟《みふね》 金太夫 吉岡 妻木 衣江《きぬがえ》 初雪 初音 野風 吉田 小林（禿） 林彌《りんや》（禿） 野秋 *ひさ 〔巻七〕高橋 瀧川 *まん 高尾 かせ山 和州 八千代 霧山 吉川 吾妻 *よし 長津 高閒《たかま》 金 吾 るい（禿） 總角《あげまき》 歌仙 對島 三芳 土佐 唐土《もろこし》

遠州　野世　藏之介　奥州〔巻八〕小紫　吉崎

男の名のような接客名を権兵衛名というが、右の虎之介、藏之介、林彌などは、典型的な権兵衛名である。

②『好色一代女』[142]　*葛井《かさい》（腰元）　*吉岡（腰元）　*袖垣（腰元）　*七　*龜　*しゅん　高橋　吉田　荻野　藤山　井筒　武藏　通路《かよぢ》　長橋　三《さん》舟　小《こ》太夫《だいふ》　三笠　巴　住江　豊等《とよら》　大和　歌仙　清原　玉葛《たまかづら》　八重霧　清橋　小紫　志賀（以上は、大夫の源氏名）　*こまん　*松　*なべ　*りん　*さつ　*こよし　*るり　*花　*しゅん

③『好色五人女』[143]〔巻一〕皆川　吉崎　*夏　*龜　花鳥　浮舟　小太夫　明石　卯の葉　筑前　千壽　長州　市之丞〔巻二〕こよし（以上、室津の遊女）　*せん　*こさん　*久米　*野風　*荻野　*長《ちやう》〔巻三〕唐土　花崎　薫　高橋　*なる　*さん　*りん　*たけ　*玉〔巻四〕*七　*梅　*はつ〔巻五〕*まん

(三)　その他

なお、ほかに二、三の作品についてみると、元禄十二年（一六九九）、中村七三郎作の『けいせい浅間嶽』[144]は、元禄歌舞伎の最高の傑作と評価されているが、そこに登場する女性は、

音羽（諏訪利根五郎の妹）　たさ（腰元）　さん　たつや（禿）　三浦（遊女）　奥州（遊女）　文字野（禿）　大橋（遊女）　八重霞（遊女）　ともや　きく野　小きち（以上、禿）　長《ちやう》[145]　つな　夏

である。たさというのは、稀な名である。

元禄六年（一六九三）に上演された小島彦十郎作『好色伝授』[146]にみる女性名は、つぎのとおりである。

みさき（橘兵部大夫の娘）　青葉　若葉　下葉（以上、腰元）　妙壽院（後家尼）　松ケ枝　夕顔　撫子　せん

この脚本の女性の名は、多分に時代錯誤的であって、腰元にせよ、一般女性の名にせよ、元禄期における実際をあまり反映してはいないのである。

つぎに、宝永元年（一七〇四）に刊行された『心中大鏡』[147]（五巻五冊）に登場する女性は、

よめ　よつ　てう（巻一）、しゅん　つた　まつ　小かん（巻二）、梅　きよ　はつ　よし（巻三）、さん　むめ　はな　かめ　くら（巻四）、*吉太夫　*から橋　*しのふ　*はつ（巻五）

である。これらは、庶民の女性名としても、遊女の名としても、ごく普通のものである。

娼妓の名

江戸時代に隆昌をみた売春や遊里については、さまざまな著作が公にされており[148]、ここにあえて蛇足を加える必要はない。江戸時代前期の遊里、遊女に関しては、その百科事典ともいうべき藤本箕山（一六二六～一七〇四）の大著『色道大鏡』[149]（十八巻）や喜多村信節《よ》（一七八四～一八五六）の『嬉遊笑

覧』(150)（巻九）が公刊されている。

いったい、源氏名というのは、遊女などが本名のほかにつけた接客名のことである。初めは『源氏物語』の帖名をとることが多かったため、源氏名と呼ばれるようになった。もっとも現実には、『源氏物語』の帖名と無関係な称呼が多かったが、遊女の接客名は、本名ないし本名らしいものを別として、おしなべて源氏名と呼ばれた。

この時期の源氏名は、『色道大鏡』やさまざまの遊女評判記(151)、さらには浮世草子、浄瑠璃などからも察知される。この種の評判記で最も古いのは、京の六條三筋町に関しては『露殿物語』(152)、元吉原については『あづま物語』(153)である。『露殿物語』は、寛永初年頃（一六二五年前後）の作と推定されているが、その中には、六條三筋町の太夫および天神級の遊女の名が挙げられている。

*吉野　*對馬　*初音　*土佐　*小藤　*石州　定家《ていか》　*三笠　島のすけ　高島　葛城　峰　左源太　玄蕃　金太夫　三穂　三《さん》夕《せき》越《こし》　春松《しゅんまつ》　夢右衞門尉《むえもんのじょう》　采女　主殿　高天《たかま》　多聞　大《だい》夫《ぶ》　忍《しのぶ》　吉松　野分《のわき》　備後（*は、「六條の七人衆」）

以上のうち、定家、左源太、島のすけ、玄蕃、夢右衞門尉、采女、主殿、多聞は、男性的な名、つまり権兵衛名である。春松、吉松も男性名ということができよう。

また『露殿物語』には、六條三筋町の遊女屋の佐渡島が四條河原に小屋をかけ、遊女たちに歌舞伎を演じさせていたことがみえる。

『あづま物語』（寛永十九年刊）は、吉原の遊女を太夫、格子（格子女郎）、端《はし》（端女郎）の妓品に分け、轡《くつわ》（遊女屋）ごとに源氏名（太夫の場合は年齢も）を列記している。たとえば、

一、おやぢ内　は　し　あはぢ、まんこ、まんよ、おはな、

吉原における遊女の等級(妓品)の変遷（宮本由紀子氏による）

慶長期（吉原創設以前）	寛永期（元吉原時代）	正保・慶安期（元吉原時代末期）	寛文期（新吉原時代初期）	元禄・享保期	明和以降
太夫	―	―	―	太夫	呼出
	格子女郎	―	―	格子女郎	昼三
			散茶女郎	散茶女郎	附廻
		局女郎	局女郎	梅茶女郎（局女郎）	座敷持
端女郎	―	―	端女郎		部屋持
		切見世女郎	―	切見世女郎（局女郎）	切見世女郎

図85　遊女・春日野（奥村源八政信筆）
（『師宣政信絵本集』〔正徳元年刊〕より）

おまん、ては、おせん、こはた、よしの
たゆふ　いおりとし二十三
一、助三郎内　はし　うねめ、くない、ながと、まつかぜ、よしだ、せんよ、おみね、むれやう
一、庄助内　はし　三よし、しらたま、ながと、あかし、せんよ、いくた、くない、きぬた、たむら、こざくら、大ふ、おなつ、かつま、みさき、いづみ、いくよ、こきん、まつしま、高島
かうし　たまの二十一、もんど二十一
たゆう　かたおか二十二、かつやま二十

一、わか上らう内はし　まつかぜ、たんしゆ、わかさ、たかを、大さか、せきしゆ、せきや、かめのすけ、かいす、しまの介
かうし　かしはぎ十五
たゆう　とらのすけしやみせんこ うたの天下一
一、よざへもん内はし　まつら、かしはぎ、すま、まつ、さか、とやま、いくた、こやなぎ、やまと、いなば、いはき、かつま、せきちく、やしま、いせき
かうし　小げんた二十三、こうたの天下一
たゆう　おほくら十六、よしまつ十六

の類である。それらには、本来の源氏名（須磨、明石、關屋、少女、柏木、松風、玉鬘、等々）のほか、雅名、地名などに由来する名、字《あざな》をとったもの（夏、お萬、おせんなど）、権兵衛名（采女、主水、龜之助、寅之助など）がみられる。

藤本箕山は、永年かかって京、大坂はむろんのこと、江戸、北陸道、山陽道、山陰道、西海道の二十五箇所の遊里を巡歴し、挿図入りで各遊里を紹介している。同時に彼は、傾国名（略して傾名）と禿名《かむろみょう》を採取し、これらを整理のうえ、集成している(154)（本書末尾の附録にかかげた）。これら傾国名について、箕山は、左のように述べている。

傾城《けいせい》の名《な》は、風流《ふうりゅう》なるをもて第一とす。となへこは〳〵しきもあれど、往古《わうこ》付來《つけきた》りたるは又しかり。さるに頃《このころ》めづらしき名どもを付るあり。聞《きき》よくてやさしければ珍重《ちんてう》なれども、さたのかぎりなる名《な》どもおほし。惣《そう》じて、物に名付《なづく》るといふは、出所《しゆつしよ》あるか、さなくは落着《らくぢやく》したる名ならでは付がたき事也。（一オ）然《しか》るに、傾城屋《けいせいや》、其心をわきまへしる者《もの》まれにして、先輩高名《せんはいかうみやう》の女郎《ぢよらう》の片字《かたじ》をとり、新造《しんざう》の女郎にあやからしめんとの心にて、上を下へなし、下を上へなして、むりやりに、木に竹を継《つぎ》たるやうの名を付るもあり。又めづらしき名を付んの所謂《しよい》にて、花車《きやしや》をも好《この》まず、となへをもかまはず、出所《しゆつしよ》をも撰《えら》ばず、むさとしたる名を付出すもおほかり。いたましきかな、名を聞《きく》よりやがておもかげはをしはからるゝ心地すると、故人《こじん》もいひし（一ウ）に、かたちうるはしき女郎にも、野卑《やひ》なる名を付て呼《よべ》るたぐひ、いとなさけなくきこゆ。

そして彼は、遊女にふさわしい名として、つぎのものを挙げている。なお＊標をつけたのは、狭義の源氏名である。

吉　野　　野　風　　葛　城　　三　夕　　*浮　船
雲　井　　大　和　　八　橋　　*玉　葛　　出　雲
泊　瀬　　初　嶋　　八千代　　萬　重　　滿　珠
内　記　　*初　音　　千　年　　染　川　　若　松
重　山　　讃　岐　　薩　摩　　左　門　　*柏　木
*夕　霧　　高　雄　　高　天　　左　京　　金　吾
長　嶋　　三　笠　　高　嶋　　高　根　　大　學
長　津　　春　夜　　藻　鹽　　唐　土　　宧　中
　　　　　對　馬　　村　雨　　夢右衞門　　石　州
鹿　嶋　　*薄　雲　　小大夫

もともと源氏名は、室町時代において宮廷や堂上家の下女の候名に用いられていたが、その風流さのために遊女の名に採用されたものである。

傾名と禿名には、共通するものが多い。ただし、禿名には狭義の源氏名がみられず、また風流な名や地名に因んだ名にとぼしい。箕山は、太夫、天神、鹿恋《かこひ》（鹿子位《かこゐ》）などの名を集成しているけれども、遊女、とくに端女郎の名に通称的なもの（はつ、ふさ、小まん、花、りんのような）が少なくなかったことは、西鶴や近松の作品、『あづま物語』などから容易に知られる。

非常な驚きは、箕山の表示した傾名、禿名に権兵衛名がすこぶる多いことである。しかし多いには多いが、それらは若干の型にはまったものであって、自由自在に男性名を採ってはいないのである。以下、箕山のかかげた権兵衛名を型別に分類してみよう。

官名型　右京　采女　主計　勘解由　金吾（衛門督の唐名）　外記
宮内　蔵人《くらうず》　玄蕃　監物　左京　左近　式部　主膳　図書
修理《すり》　大学　内匠《たくみ》　帯刀　主税《ちから》　主殿《とのも》　内記　内膳　兵庫
兵部　民部　木工《もく》

介型　雅楽介　龜之介　久米之介　内藏介　權介　久馬介
左馬助　大《だい》介　段介　傳助　豐之助　虎之助　縫殿《ぬひの》助　八
介　花之介　速之助　萬介　類之助

作型　勘作　かん作　金策　權作　太作　傳作　兵作　萬

作

彌型　市彌　かんや　金彌　角彌　數彌　琴彌　作彌　重《しげ》彌　とくや　六彌

吉型　小吉　大吉　長吉　傳吉

十郎型　市十郎　吉十郎　權十郎　作十郎　七十郎　八十郎　門十郎　六十郎

丞型　市丞　久米丞　源之丞　千《せんの》丞　八之丞　半之丞

衞門型　右衞門　九右衞門　小左衞門　夢右衞門

三型　勘三《ざ》　權三　四三《しのざ》　半三

源太・源次型　小源太　左源太　左源次

文人型　一學《いつ》　家隆　基俊《きしゅん》　箕三　清輔　定家《ていか》　躬恆《みつね》　羅山

その他　伊織　數馬　勘九　小六　權九郎　左傳次　四《し》の二《じ》　重二《じゅうじ》　多門（多聞）

権兵衛名が数の多い割に型にはまっており、一般の女性名に較べて種類がかぎられているのは、それが人為的起原にかかるためであると推量される。

権兵衛名は、今日なお芸妓の接客名として息づいているし、また伝統芸能の世界にも少ないながら存している。現在における京都市祇園の『藝妓名簿』[155]をみても、

君彌　光彌　かの次　佳つ二　豆爾　長治　豊治　美豫吉　愛之介　金助

といった古い型の権兵衛名が嘱目されるのである。

遺憾ながら権兵衛名の起原は、まだ究明されていない。女性の男性的な名をなぜ権兵衛名というのかも明らかでない。管見では、権兵衛名は、女歌舞伎によって生じたもののように思われる。歌舞伎の成立については複雑な問題があるけれども[156]、慶長八年（一六〇三）四月、京洛に姿を現わしたお國によって在来の歌舞が新たな芸能に昇華されたことは確かである[157]。

『當代記』[158]（巻三）の慶長八年四月條には、

此比、かぶき躍と云事有。是は出雲國神子女（名は國、但非好女。）仕出、京都え上る。縦ば異風なる男のまねをして、刀、脇指、衣装以下殊異相。彼男茶屋の女と戯る體有難したり。京中の上下賞翫する事不斜。伏見城えも参上し、度々躍る。其後学ㇾ之かぶきの座いくらも有て諸國へ下る。但、江戸右大将秀忠は、終不㆓見給㆒。

とみえ、お國は男装して役を演じたことが知られる。お國の一座が好評を博すと、六條三筋町の遊女屋は、四條河原に争って小屋を掛け、遊女らを使って歌舞伎を演じさせた。女歌舞伎の研究は、森末義彰[159]（一九〇四～一九七七）ののち、あまり進展していないが、それが売春を業とする遊女によって演じられ、また燎原の火のように地方から地方へ拡がっていったことは顕著な事実である[160]。

女歌舞伎が寛永六年（一六二九）十月に禁止されたのは、遊女を役者としてはなはだしく風紀を紊《みだ》したからであるが、それ以前に作られた『露殿物語』には、いくつも権兵衛名が見いだされる。おそらく女歌舞伎において男役を演ずる男装

の遊女は（図86）、男性的な源氏名をつけたのであろう。これが伝統と化し、女歌舞伎が禁止されたのちも、権兵衛名という性的に倒錯した源氏名がつづいたとみえる。

いったい、古典芸能（能楽、狂言、猿楽）の集団では、長または主だった者は「太夫《たゆう》（正しくは、タイフ）」と呼ばれた。女歌舞伎で主役を演ずる遊女も早くから太夫と呼ばれていたことは、かの『露殿物語』が示すとおりである。女歌舞伎が禁止されたのちも、太夫は最上位の妓品となっていた。(161)

四条河原の小屋における演伎を描いた『女歌舞伎四条河原図屏風』（静嘉堂文庫所蔵）では、太夫（主役の遊女）は、虎豹の毛皮を掛けた曲彔《きよくろく》（背もたれが丸く曲った椅子）に腰掛けて三味線を弾き、その周りを大勢の遊女たちが踊ったり、所作を演じたりしている。

図86　女歌舞伎の男装の役者（徳川黎明会所蔵『歌舞伎草紙絵巻』より）

なお、江戸時代の初めに京都でその名が知られていた舞妓の常磐は、石田治部少輔三成の娘であったが、彼女は「人招けば何方へも来りけり」と伝えられている。(162) おそらく常磐は芸と色を売物として頼りない身の生計をたてていたのであろう。

江戸時代前期は、遊廓の全盛期であって、幾多の名妓が輩出した。箕山は、『色道大鏡』（巻第十七）において左のような名妓、すなわち、

（洛陽）吉野　左門　小藤　八千代　初音　藤江　葛城
宮島家の初音　金太夫　薫　三世薫　高田家左門　大和
（江戸）勝山　高尾　（大坂）小大夫　大和

の小伝をそれぞれ述べている。豪商・灰屋紹益の妻となった吉野（一六〇一～一六三一）の名はあまねく知られている。(163) 新吉原では名妓・高尾（一六四一～一六五九）以来、源氏名の高尾は襲名され、すべて一一人におよんだという。(164) 島原遊廓の小藤（一六二九～没年不詳）は、書、文藻、三味線に傑出し、とくに日本における「遊女能書の濫觴なり」(165) と称された。同じく島原の太夫の八千代（一六三五～没年不詳）は、諸芸の奥義に達したが、なかでも書道の方では八千代流の開祖となった。(166)

歌舞伎の夕霧物で知られる夕霧（一六五四～一六七八）は、本名をてるといい、初め島原の多才な遊女であったが、のち大坂の新町に移り、全盛を謳われた。この才貌のすぐれた名花が若くして逝ったため、そのはかない生涯は、近松門左衛

門の『夕霧阿波鳴渡』を初め、一連の歌舞伎、浄瑠璃の題材となった。[167] 夕霧も俳人であったが、このころには、新吉原の信濃屋の薄雲、三浦屋の奥州、万字屋の玉菊（一七〇二〜一七二六）のように、俳諧をたしなむ遊女が少なくなかった。[168]

附録の傾名表をみれば自明のとおり、遊女には国名を源氏名とする者も少なくなかった（若狭、上總、筑前、伊豫、因幡の類）。これに対して国名を採った禿名は、稀であった。国名を通称に用いた男子もままいたけれども、国名を用いた本来かつ典型的な例は、女房の候名である。したがって国名を採った源氏名は、権兵衛名とは認められないのである。

これまで説明した遊廓の遊女、つまり公娼に対して、江戸時代前期には、さまざまな種類の私娼がいた。すなわち、湯女、蓮葉女、白人《はくじん》、[169] 船饅頭（大坂ではびんしょ）、飯盛女、[170] 綿摘み、夜鷹等々である。[171] これらの私娼は、源氏名などをもたず、本名またはそれに類した庶民の女性名を称していたから、女性名の研究のうえでは、彼女らの名を追求する必要はなかろう。

女性の法名

江戸時代に入ると、仏教による戒名は定着し、ほぼ今日みるようなものとなった。戒名は、原則として院号（院殿号）＋道号＋法諱＋位号から構成されたが、浄土宗では、道号の上に誉号が置かれた。たとえば、将軍・綱吉の娘で、紀伊徳川家の綱教の正室となった鶴は、宝永元年（一七〇四）四月十二日、二八歳で逝去し、増上寺（浄土宗）に葬られ、「明信院殿澄譽恵鑑光燿大姉」という戒名が授けられた。[172]

三位以上の位を帯びた女性は、道号の上に位階を記した。有名な春日局こと齋藤フクの戒名は、「麟祥院従二位仁淵了義大姉」であったが、[173] 法諱（戒名、法号）の了字は、のちには家系が絶えるというので、用いられなくなった。また妙字は、従来からも女性の法諱に多かったが、江戸時代には女性の戒名にのみ用いられるようになった。堺の同朋衆として知られた楠慶音の妻・きく（一六二七、没）の戒名は、「樂譽妙永信女」であった（図87）。

江戸時代前期においては、院号と院殿号とは明確に区別されるにはいたらなかった。将軍・家光の娘で、豪華な嫁入道具で有名な千代は、靈仙院殿とも、靈仙院とも記されている。[174] また将軍・家綱の正妻の顕子女王（伏見宮貞清親王王女、一六四〇〜一六七六）の戒名は、「高巖院贈二位月潤圓眞大姉」であって、[175] 院殿号ではなかった。豊臣秀頼の正妻・千《せん》（一五九七〜一六六六）の戒名は、「天樹院榮譽源法松山大禪定尼」であった。[176] 家康の側室・茶阿局の戒名は、「朝覺院貞譽宗慶大姉」[177] と記されているけれども、宗慶寺（東京都文京区小石川）に所在する墓石には、「朝覺寺殿貞譽宗惠《ママ》大禪定尼」と刻されていたという。[178]

院号を有する女性の戒名は、諸大名の家譜の類に無数に見いだされる。当代の上層階級では、夫に死別した女性は薙髪し、院号を称するのが慣例であった。家光の側室で綱吉の母の桂昌院や綱吉の側室・瑞春院の名などは、あまねく知られている。離婚して仙台で晩年を送った伊達五郎八《いろは》が万治元年（一六五八）に前夫・忠輝とは関係なく落飾し、天麟院と称したことは、すでに述べたとおりである（二四四頁）。

一つの傾向として指摘されるのは、位号の大禅定尼、禅定尼の地位は逓落し、やがて大姉、信女の下位についたことである。八百屋お七の戒名などは、「妙栄禅定尼」であった[179]（図88）。

図87　樂譽妙永信女（俗名きく）の画像，楠慶音室（堺の同朋衆）の未亡人（狩野彦右衞門筆，奈良県立美術館所蔵）

江戸時代の一般女性の戒名は、『京都名家墳墓録』などにいくつも見いだされる。すなわち、小野寺十内藤原秀和の妻・灰方たんの戒名は、「梅心院妙薫日性信女」である[180]。彼女は、日蓮宗の本圀寺[181]に葬られたため、日性という日号を帯びているのである。日号は、日蓮宗の法諱のいちじるしい特色である[182]。同じく日蓮宗の常照寺（京都市北区鷹峯）には、灰屋紹益の妻となった遊女・吉野（名は、トク）の墓碑があり、それには「唱玄院妙達日性」と刻されている[183]。吉野と並ぶ名妓・夕霧の墓は、大阪市の浄国寺（天王寺区下寺町）に営まれているが、その戒名は、「花嶽芳春信女」であった[184]。

眼を武藏國足立郡植田谷本村（大宮市植田谷本《うえだやほん》）に転ずると、その名主・小島家は、足立右馬允遠元の子孫と認められる名家である。その本家にあたる第十六代の小島昭三氏[185]（一九二八〜）方には、厖大な数量にのぼる『小島家文書』（大宮市指定文化財）が所蔵されている[186]。いま、同家の過去帳から江戸時代の女性の本名と戒名を取り出してみよう。

①千豫（ちよ）　小島家中興初代・宮内正重の妻
　一乗院芳徳妙蓮大姉
　　慶長五年四月廿二日没　七九歳
②秀（ひで）　江戸淺草竝木通、高西家の娘、二代・主計助綱正の妻
　心蓮院妙林桃花大姉
　　慶長十一年二月十一日没　六五歳
③龜代（かめよ）　植田谷本村、小島太左衞門正勝の娘、三

代・八右衛門家正の妻
智蓮院清光理眞大姉
寛永十八年八月十二日没　七一歳
④百千代（ももちよ）　足立郡蕨宿、岡田一徳の娘、四代・次郎八郎輝正の妻
成徳院正臺妙果大姉
元禄七年正月九日没　八一歳
⑤治（はる）　武藏國岩槻宿の在、末田村の高海左近光頼の娘、五代・重兵衛信正の妻
蓮光院輪月妙阿大姉
貞享四年九月十四日没　六三歳
⑥満（まん）　中山道大宮宿、内倉新右衛門國重の娘、六代・主計正貞の妻
妙徳院寶室是三大姉
享保七年十二月十六日没　五七歳
⑦福（ふく）　足立郡三室村、武笠丹波守嘉隆の娘、七代・伊左衛門榮貞の妻
松壽院淨譽慧明比丘尼
安永三年七月十五日没　八六歳
⑧い知（いち）　足立郡桶川宿在、下加納村の本木茂兵衛の娘、八代・勘太夫伊貞の妻
紫雲院心蓮知芳大姉
寛政十一年十二月廿五日没　八四歳
⑨周（しう）　川越鴨町、榎本甚左衛門正直の娘、九代・勘太夫利貞の妻
永徳院法室妙光大姉
文化五年四月六日没　六四歳
⑩嘉久（かく）　足立郡三室村、武笠兵庫敎昌の娘、十代・勘太夫宣貞の妻
眞照院貞法皎阿大姉
嘉永元年八月廿六日没　七六歳
⑪利喜（りき）　武藏國白幡村、國谷權右衛門の娘、十一代・官太夫邦貞の妻
照蓮院翫阿妙休大姉
元治元年八月十二日没　六〇歳
⑫某女　十代・宣貞の娘

図88　妙榮禪定尼（八百屋お七）の墓碑
（東京都文京区白山1丁目，円乗寺）

芳柳院梅室紅顔大姉

　文政九年正月十七日早世　一七歳

⑬知哥（ちか）　十一代・邦貞の娘

幼露卽阿童女

　天保三年七月十八日夭折

⑭くら　十二代・官太夫幸貞の娘

釈普證善童女

　嘉永七年九月廿六日夭折　三歳

小島家は、なかなか長寿の家柄であった。婚姻は、近隣の名主層に属し、苗字を許された家々との間で行われていた。さすがに名主の家だけあって、女性はすべて院号が授けられている。江戸時代の武藏國では、女性名は、ほとんどすべてが二音節二字であるが、小島家の女性にも、例外は認められないのである。

つぎに芝伊皿子町（港区高輪一丁目）にあった泉谷山大圓寺[187]は、江戸時代には江戸在住の薩藩関係者の菩提寺であった。この寺には、主として薩藩関係者を録した過去帳が七部八冊遺されている。それらのうち、『薩陽過去牒』第一（上、下二冊）は[188]、万治元年（一六五八）から延享三年（一七四六）までの死亡者を録したものであって、なかには藩主・綱久（一六三二〜一六七三）の名もみられる。記録されているのは、圧倒的に男子が多いけれども、一部には女子が混じっている。それは主として国許から江戸に出て来た藩士たちの母、妻、娘である。女中は江戸で傭ったため、録されている女中は、普通の女中ではなく、国許から来た老女や奥女中である。薩摩から連れて来た下女の名は、稀にみられる程度である。以下、若干の女性の戒名をかかげ、参考に供することとしよう（年号は、没年。月日は、省略）。

身外妙出禪定尼（貞享元年。名は、エツ）　眞照壽圓大姉（元禄八年）　桂蔭涼香大姉（宝永七年。税所彌兵衞妻）　英光院殿覺樹圓明大姉（宝永二年。藩主の娘・島津龜）　春林妙芳大姉（元禄二年。黒木次左衞門の母）　悦窓妙喜大姉（寛文六年。民部卿〔老女か〕）　幻芳童女（元禄十年。平川市兵衞の娘）　清心院潭月妙澄大姉（寛保二年。田口玄迪の娘）　繁窓妙昌大姉（寛文四年。平山五郎右衞門の娘。名は、ハツ）　祝蝪貞松信女[189]（寛文十三年。薩州生まれの吉野。遊女か）　浄華院覺岩妙香大姉（天和二年。藩主の側室として高輪屋敷に住んだお通）　水月方順大姉（延宝七年。薩州指宿生まれの永田チク）　霜顔庭月大姉（貞享四年。三田局〔老女または奥女中〕）　圓浄院寶室壽鏡大姉（享保十六年。川上瀬兵衞の妹）　麗山院殿妙恩日澤大姉（天文五年。關山軍兵衞の養祖母。老女であろう）　清涼院月窓貞心大姉（延享元年。田口玄迪の母）　高田院日種元苗大姉（正徳三年。名は、幾多。奥女中か）　惠量院智台全鏡大姉（元禄十五年。名はヲヤツ。奥女中か）　蓮光院妙乘日遒大姉（寛文七年。岩山半兵衞妹）　霜顔智清童女（正徳五年。山本宗恕の娘）　妙珠禪定尼（享保元年。薩州生まれで、今井平佐衞門の下女）　通心妙圓大姉（延宝四年。薩州生まれ。名は、チカ）

右によって明らかなとおり、院殿号は藩主の息女、院号は重臣の親族、老女、奥女中などにかぎられており、一般の女性は、道号＋法諱＋位号（大姉、信女）という戒名である。道号なしの××禪定尼は、身分の低い女性に授けられた。

江戸時代前期の戒名が刻された墓碑は、全国いたるところに所在し、一々列挙するまでもない。多数の墓碑のうちでも

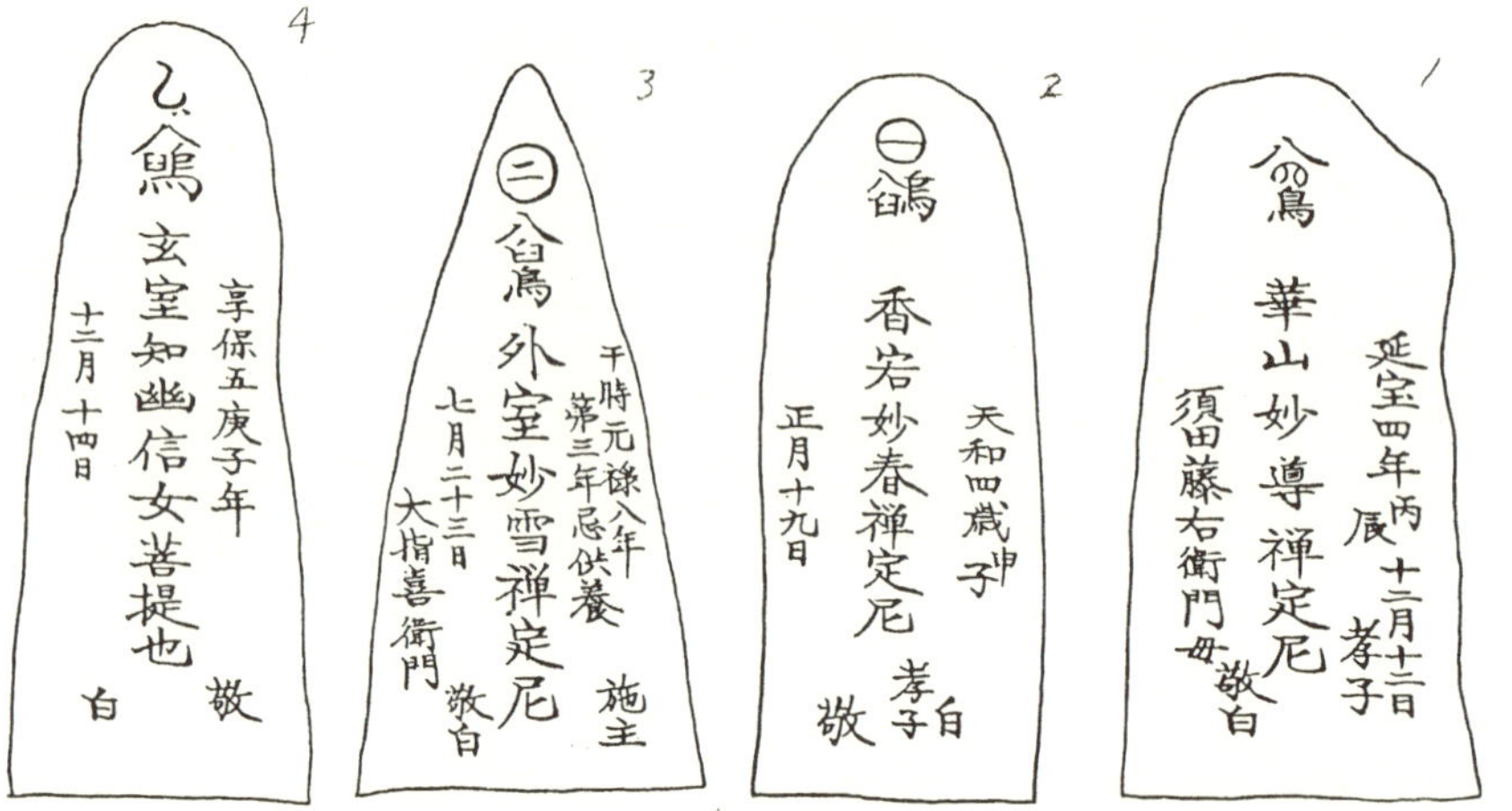

図89 「烏八臼」の記号のある墓碑
所在地：1 石巻市小竹浜（牡鹿半島），2 宮城県桃生郡北上町女川，3 北上町大指浜，4 桃生郡河北町吉野 （紫桃正隆氏による）

図90 天秀法泰尼の坐像の頭部（木造）（鎌倉市東慶寺安置）

注意を惹くのは、碑面上部に「烏八臼」の合字という不思議な記号を刻した碑である。これらは室町時代末葉から江戸前期にかけて日本各地で行われたもので、比較的に由緒の正しい名家の墓碑にみられる。この記号の意義はあまり明らかでないけれども、これをもって梵字のタンを漢字に表わしたもので（鴿）、「破地獄」、つまり地獄に堕ちても苦痛を受けず、安楽国に生まれ代わるようにという祈願を籠めた呪術的記号とみなす見解が最も真実に近いようである。[190] ここには、宮城県東北部に存する女性の戒名を刻した「烏八臼」の墓碑をかかげたが[191]（図89）、これなどは、写本などではなく、碑銘—つまり原物—として遺存する戒名の例とされるのである。

これまで述べたのは、在家の削尼《きくに》や物故した俗人女性の戒名である。江戸時代には、寺家の尼僧も数多く、なかには傑出した者も少なくなかった。最も知られているのは、豊臣秀頼の遺児で、天樹院（德川千）の養女となり、豊臣氏の滅亡後、家康の命によって鎌倉の東慶寺に入った、同寺二十世の天秀《（道号）》法泰《（法諱）》（一六〇八～一六四五）の法名である。[192] 天秀は、女人救済の駆込寺または縁切寺としての縁切寺法について家康の再確認をえ、東慶寺の名をたかめた。[193]

もう一つの縁切寺の満徳寺[194]の中興開山となったのは、天樹院側近の刑部局こと俊澄（一六五〇、寂）であったが、二世の澄清、三世の俊榮は、それぞれ俊澄が以前に在寺していた近江の長命寺から呼ばれた尼僧であった。[195] 東慶寺、満徳寺の文書[196]は、日本の婚姻史のうえで貴重であるが、[197] 江戸時代後期における庶民の女性名を知るうえでも重要である。

つぎにその名が想起されるのは、洛中、通玄寺（曇華院）の秀山瑞藤（一七三〇、寂）のことである。秀山は、鷹司家の関白左大臣・藤原信房（一五六五～一六五七）の娘であって、国学や国文をよくし、『白髪記』の著を遺した。晩年、通玄寺の院事を法嗣の瑞白にゆだね、西山に隠棲して行道に専念し、『念佛三昧眞性問答』を著した。[198]

このころの寺家の尼僧には法諱に妙字をつけた者が意外に少なく、俗人の物故した女性の法諱（戒名）に妙字が多いのと、いちじるしい対照をなしているのである。

3 江戸時代後期 (一)

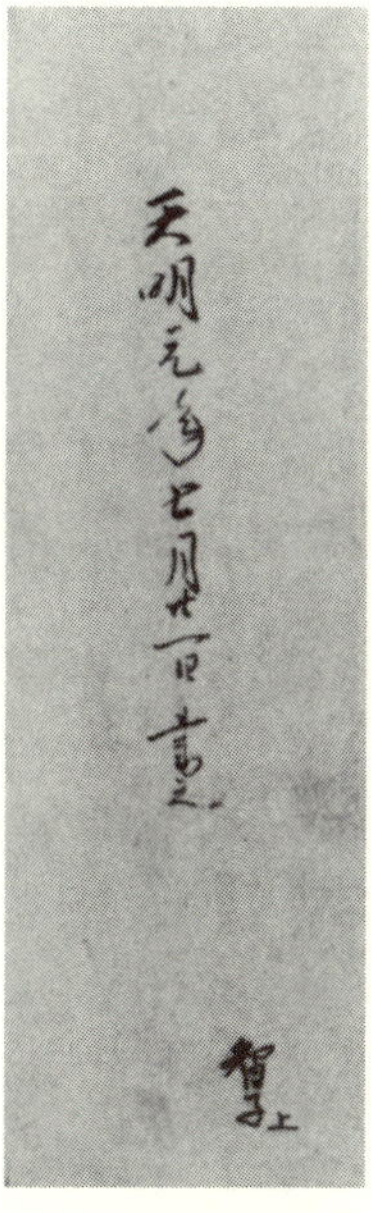

図 91　後櫻町上皇署名
宸筆『般若心経』末尾
（京都市，青蓮院所蔵）

宮廷女性の名

江戸時代後期における皇女は、前期の場合と同様に、生誕後ただちに宮号を与えられたが、諱《いみな》は内親王宣下の際、あるいは喝食《かつしき》として仏門に入り、得度するときに与えられた。たとえば、光格天皇の一皇女は、文化十四年（一八一七）九月二十四日、典侍・藤原婧子を母として生まれ、娍《はる》宮と呼ばれたが、文政二年（一八一九）正月六日、三歳にして薨じ、(1)ついに諱をもつにいたらなかった。主として『本朝皇胤紹運録』や『野史』（巻二十八）により、成人として諱ないし法諱を帯びた皇女の名を以下に列記してみよう。(2)

中御門天皇皇女

聖珊内親王（母は、町局。小森宮内大輔の娘。曇華院を継ぎ、二品に叙さる。宝暦九年寂。年三九。道号は、玉江）

理秀女王（初めの法諱は、理長。母は、民部卿典侍・藤原右子。権大納言・藤原實業〔清水谷家〕の娘。嘉久宮という。宝鏡寺止住。明和元年寂。年四〇。戒名、浄照明院壽嚴）

成《ふさ》子内親王（享保十四年生。籌宮と称した。初めの名は、恆子。寛延二年、閑院宮典仁親王妃となる。明和八年薨。年四二。院号は、戒菩提院）

尊乗女王（理秀女王の孫。龜宮と称した。光照院住持。寛政元年寂。年六〇。戒名、浄明心院天融）

永晃女王（母は成子内親王に同じ。享保十七年生。倫宮と称した。大聖寺に入り、准三后となる。文化五年寂。年七七。院号は、勝妙樂院）

櫻町天皇皇女

盛子内親王（母は、二條家の関白・藤原吉忠の娘の女御・舎子。のちの皇太后、青綺門院。美喜宮と称した。延享三年薨去。年一〇。院号、法蓮花院）

後櫻町天皇（諱は、智（とし）子〔図91〕。以茶宮と称した。宝暦十二年践祚。明和七年譲位。天明八年正月、仙院焼亡のため北白河の昭高院、ついで青蓮院に遷幸。文化十年閏十一月三日崩。年七四。泉涌寺に送葬）

文亨女王（櫻町天皇養女。父は有栖川宮職仁親王。嵩宮と称した。円照寺に止住。明和七年寂。年二五。戒名、歓喜心院）

桃園天皇皇女

博山女王（桃園天皇養女。父は、閑院宮直仁親王。八千宮と称した。林丘寺住持。寛政九年寂。年四八）

後桃園天皇皇女

欣《よし》子内親王（光格天皇中宮。安永六年生誕。母は、近衛家の関白・藤原内前の娘の維子〔皇太后、盛化門院〕。安永九年内親王。寛政六年、中宮に冊立。文政三年、皇太后。天保十二年、新清和院。弘化三年六月崩。年六八）

宗恭女王(3)（後桃園天皇養女。父は、閑院宮典仁親王、母は、成子内親王。孝（たか）宮と称した。霊鑑寺住持。文政四年寂。年五三）

光格天皇皇女

永潤女王（母は、典侍・藤原聰子。権大納言・公聰〔姉小路家〕の娘。倫（つね）宮と称した。大聖寺に止住。天保元年寂。年一一。戒名、普明浄院）

蓁《もり》子内親王（初め、恭子。欽（はや）宮と称す。母は、小侍従局・藤原明子。治部卿・貞直〔冨小路家〕の娘。宝鏡寺に止住。天保十三年薨。年一九）

仁孝天皇皇女

淑《すみ》子内親王（母は、典侍・藤原妍子。権大納言・藤原國長〔甘露寺家〕の娘。敏（とき）宮と称す。天保十三年内親王となり、弾正尹・閑院宮愛仁親王と婚約。親王早世してのち、桂宮を継ぐ。明治十四年薨去。年五二）

親《ちか》子内親王（母は、新典侍・藤原經子。権中納言・藤原實久〔橋本家〕の娘。弘化三年閏五月十日生誕。同十六日、和宮と称する。同四年十二月二十七日、髪置。文久元年四月十九日、内親王宣下。同年内大臣兼征夷大将軍・家茂に降嫁。慶応二年十二月十九日、落飾し、静寛院宮と称した。明治十年九月二日、薨去。年三二）

孝明天皇皇女

順《より》子内親王（母は、藤原夙（あさ）子〔英照皇太后〕。関白・尚忠〔九條家〕の娘。嘉永五年、薨去。年三）

これらの皇女たちのうちで最も著名であり、かつ歴史的に重要な役割を果たしたのは、和宮・親子内親王であって、その生涯はよく知られている。[4] また伝記史料としては、宮直筆の『静寛院宮御日記』、詠草、消息、生母・藤原經子（一八二六〜一八六五）の『觀行院手留』、宮の侍女・源嗣子（庭田家）の『静寛院宮御側記』、『昭徳院（家茂）御凶事留』、侍女・安倍（土御門家）藤子（一八七五没）の『土御門藤子筆記』などがあり、[5] とくに降嫁、維新前後における宮とその周辺の動向は、かなり委細に判明している。[6]

ところで、和宮に関しては、作家・有吉佐和子（一九三一〜一九八四）が打ち出した替玉説が一時世間を騒がせた。[7] 彼女によると、将軍家への降嫁を極度に嫌った生母の観行院は、実家の橋本家に仕えていたフキというお末を身替りに仕立てて関東に下向させた。しかるにフキは和宮に扮することに堪えきれず、文久元年（一八六一）十一月十日、板鼻《いたはな》宿（群馬県安中市板鼻）に着いたときにはついに発狂してしまった。これに困惑した宮付きの宰相典侍（源嗣子）と岩倉少将（源具視）とは一策を案じ、フキを幽閉したうえで、武藏國豊島郡高田村の名主・新倉覺左衞門の娘で、和宮と年恰好がおなじ宇多繪という女性を第二の身替りに定め、京言葉を特訓したうえで、将軍・家茂の許に入輿させたというのである。この歴史小説の「あとがき」において作者は、作品の内容は虚構ではなく、史実であることを強調している。

有吉佐和子の替玉説が荒唐無稽の誣説にすぎないことは、早く著者が厳しく批判したとおりである。[8] たとえば、文久元年現在における高田村の名主は、吉右衞門（一七九六〜？）であったし、彼にはそのような年恰好の娘はいなかった。新倉家（当時は、苗字はなかった）の当主は勝五郎といい、娘のゆきは二六歳であった（三七九頁、参照）。それに宇多繪といった三文字の名は、当時の武藏國の庶民の女性には絶対に見られぬものであった。いかに歴史小説とはいえ、明治維新前後の歴史に大きな役割を演じた和宮の実像を大きく歪め、国民をいたく誤解させるのは、許しがたいことである。

もう一つ注意される重要な事柄は、江戸時代後期の公家社会において諱に用いる漢字を独特に訓む風が普遍化したことである。このいわゆる「公家訓み」は室町時代から徐々に始まったものであるが、江戸時代後期にいたって激化したのである。眞をサネ、孝をタカ、恆をツネと訓む「古典訓み」は、公家・武家両社会に共通であった。公家たちは、斜陽に立つにいたって、しかるべき典拠にもとづいて、あるいは適当な付会によって諱の漢字を独自に訓み、諱を通して武家に対する身分の相違を誇示したのであった。これはやがて諱の訓みの複雑化と混乱を招き、日本人同士が相手の名を正しく呼ぶことを困難にした。たとえば、良は古典訓みでは、ラまたはヨシであったが、公家訓みでは、

ミ
オ、ロ、カズ、スケ、タカ、ナガ、ハル、ヒサ、ヒコ、フ

などのいずれかとなり、こうした多様性は諱を正しく訓むことを至難としたのである。たとえば、良子をヒサコ、アキコ、

表1 「古典訓み」と「公家訓み」の対比の例

漢字	古典訓み 訓み	古典訓み 例	公家訓みの一例 訓み	公家訓みの一例 例
維	これ	維將	つな	維長
永	なが	永範	はる	永子
雅	まさ	雅子	なを	雅子
久	ひさ	貞久	やす	久子
興	おき	興子	のぶ	興子
恆	つね	恆佐	より	恆子
康	やす	康子	ひら	康子
順	より	順子	をさ	忠順
純	すみ	純友	いと	公純
親	ちか	親信	より	光親
正	まさ	正子	をさ	正子
正	ただ	雅正	なほ	正子
清	きよ	清子	すが	清子
知	とも	知盛	さえ	知子
長	なが	長子	つね	長子
任	たふ	任子	ただ	任子
冨	とみ	冨子	たか	光冨
平	ひら	具平	とし	平道
成	なり	行成	ふさ	成子
良	よし	良房	たか	良長

ハルコ、ヨシコ、ナガコなどのうちどう訓むかは命名者または本人の自由であって、理屈は通らないのである。公家訓みはやがて武家社会にも浸透し、明治以降は一般人の間にも拡まり、訓みの大混乱が生じたのである。(9) 江戸時代後期における宮廷の女房たちの歴名は附録に掲げておいたが、その訓みの多様さに愕きを覚えるのである。

つぎに江戸時代後期における后妃の名を天皇ごとに表示してみよう。(10)

三〇九頁の表に見える中山家の藤原績子《いさ》(一七九五〜一八七六)は、権大納言・愛親《なる》の娘であって、寛政七年(一七九五)二月十日に出生し、幼名を宗姫といった。文化四年(一八〇七)八月二十七日、儲君(九月二十二日親王宣下)・恵仁《あやひと》(仁孝天皇)の許に上﨟として入侍し、高松局と称し、諱を愛子《なり》と定めた。恵仁親王が践祚した文化十四年三月二十二日に先立つ三月十九日、愛子は典侍に任じられ、宰相典侍と呼ばれた。文政十一年(一八二八)十月十一日、彼女は績子と改名した。天保十年(一八三九)十月二十一日、大典侍に任じられたが、位階の方も逐次進み、孝明天皇が践祚する直前の弘化三年(一八四六)正月二十八日、従三位に叙され、明治元年には正三位に進み、同九年二月十二日、八二歳をもって薨じた(11)(図93)。績子は、皇子女を産まなかったが、文才に恵まれ、安政三年正月より明治七年正月にいたる日記、すなわち『中山績子日記』(12)を遺した。これは、当時の天皇の日常や後宮の消息を知るうえで貴重な史料とされている。

表2　天皇の后妃

▽中御門天皇

氏名	地位	父の名	所生の皇子女	備考
藤原熙子	女御	摂政・家熙（近衞家）	櫻町天皇	薨後、皇太后を贈り、新中和門院と追称、入内後、尚子と改名。
藤原右子	典侍	権大納言・實業（清水谷家）	保良親王、理秀女王、尊乗女王	初め権典侍、のち民部卿典侍と改む。正三位を追贈。
藤原某女	典侍	権大納言・基勝（園家）	忠篤親王	初め新典侍、のち宰相典侍、落飾して是心院という。
菅原寛子	典侍	権大納言・爲範（五條家）	寛全親王	別當典侍と称さる。落飾して景光院という。
源　某女	掌侍	権大納言・通夏（久世家）	成子《フサ》内親王、永晃女王	落飾して妙色院という。
平　某女	不詳	実父・丹波頼康、養父・権中納言・平行康（石井家）	聖珊女王、良視親王	伊豫局、のち左衛門佐局。通称は、町局。落飾して見性院という。

▽櫻町天皇

氏名	地位	父の名	所生の皇子女	備考
藤原舎子	女御	関白・吉忠（二條家）	盛子内親王、後櫻町天皇	皇太后となり、女院に列せられ、青綺門院と呼ばれた。また大女院とも称さる。
藤原定子	典侍	参議・實武（姉小路家）	桃園天皇	初め権典侍。のち宰相典侍。三位局と呼ばれる。女院に列し、開明門院という。

▽桃園天皇

氏名	地位	父の名	所生の皇子女	備考
藤原冨子	中宮	関白・兼香（一條家）	後桃園天皇、貞行親王	初め女御。のち中宮に冊立。女院に列せられ、恭禮門院という。

▽後桃園天皇

藤原維子	女御	摂政・内前（近衛家）	欣《ヨシ》子内親王（新清和院）	のち皇太后となり、女院に列せられ、盛化門院といった。

▽光格天皇

欣子内親王	中宮	後桃園天皇	溫《マス》仁親王、悦《トシ》仁親王	のち皇太后となり、女院に列せられ、新清和院といった。
藤原婧《タダ》子	典侍	内大臣・經逸（勸修寺家）	仁孝天皇	初め宰相典侍、のち大納言典侍、女院を追称され、東京極院という。
藤原賴子	典侍	権中納言・賴熙（葉室家）	禮仁親王	民部卿典侍といい、藤中納言局と呼ばれる。落飾して厚淳院といった。
藤原聰子⑬	典侍	権大納言・公聰（姉小路家）	永潤女王	新典侍と称し、菖蒲小路局といった。落飾して蓮觀院と称した。
藤原理子	典侍	権大納言・榮親（中山家）	なし	権中納言典侍と呼ばれた。
菅原和子⑭	掌侍	式部大輔・益良（東坊城家）	盛《タケ》仁親王	新掌侍と呼ばれた。
藤原明子	掌侍	治部卿・貞直（富小路家）	蓁《モリ》子内親王	右衛門掌侍と称し、小侍従局とも呼ばれた。

▽仁孝天皇

藤原繫《ツナ》子	女御	関白・政熙（鷹司家）	安《シツ》仁親王	准三宮、新皇嘉門院と追称し、皇后を追贈。
藤原祺《ヤス》子	女御	関白・政熙（鷹司家）兄・関白・政通養女	なし	准三宮。皇太后を贈られ、女院に列し、新朔平門院と称した。

藤原雅子	典侍	権大納言・實光（正親町家）	孝明天皇、節仁《ミサ》親王	宰相典侍といった。のち藤大納言局と改めた。女院に列し、新待賢門院と号した。最後の女院。
藤原績《イサ》子	典侍	権大納言・愛親（中山家）	なし	初め愛《ナリ》子といった。大典侍と呼ばれた。
藤原德《ナリ》子	典侍	権大納言・經逸（勧修寺家）	なし	新中納言典侍と呼ばれた。
藤原姸《キヨ》子	典侍	権大納言・國長（甘露寺家）	淑《スミ》子内親王	落飾して禎祥院と称した。
源　嗣子	権典侍	権大納言・重能（庭田家）	なし	弘化三年十二月、辞職。
藤原經子	典侍	権大納言・實久（橋本家）	親《チカ》子内親王	落飾して觀行院と号した。
藤原婧子	掌侍	権大納言・定成（今城家）	皇子（夭折）	馬掌侍と呼ばれる。落飾して孝順院と号した。

▽孝明天皇

藤原夙《アサ》子	女御	関白・尚忠（九條家）	順《ヨリ》子内親王	准三宮。明治元年、皇太后。崩後、英照皇太后と追号。
藤原慶《ヨシ》子	典侍	准大臣・忠能（中山家）	明治天皇	初め督典侍といった。晩年、従一位に叙された。
藤原伸子	典侍	権大納言・俊明（坊城家）	皇子（夭折）	嘉永三年卒。年二〇。
藤原紀《モト》子	掌侍	権中納言・康親（堀河家）	二皇女（夭折）	明治四十三年卒。年七四。

ところで公家社会の女性たちの名であるが、宮廷や院宮に参仕する人びとは、附録に掲げた『女房次第』が明示するとおり、原則として一字二音節の子型の名を帯び、また命婦以下は候名を所持していた。院宮女房では上臈には候名がなく、小上臈は多くの場合、候名があった。

女房が諱に父の偏諱をもらう例は、なおつづいていた。文化八年正月の『女房次第』を例にとると、

民部卿典侍・藤原頼子（父は、葉室家の頼熙）
辨内侍・源根子（父は、久世家の通根）
兵衛内侍・藤原昵子（父は、高松家の季昵）
命婦・中臣庸子（父は、冨田家の延庸）
命婦・小槻敬子（父は、壬生家の敬義）

のような例が見受けられる。

公家訓みは、初め公家の男性に起こったと想定される。おそらく武家に対する公家の優越性の証《あかし》として考え出されたものであろう。そして女性の諱の公家訓みは、娘が自分の名に父の偏諱をもらう以上、必然的に始まったのである。

文化八年の『女房次第』には、仁孝天皇御乳人《おちのひと》として、鴨社司鴨脚《いちやう》故光増縣主女　増子三十四の名が掲げられている。京都市左京区下鴨にある大乗寺墓地に営まれた増《しげ》子の墓碑には、左のような銘が刻されている。

図92　従三位典侍藤原（姉小路家）聰子の墓（京都市，百万遍知恩寺墓地）

図93　右：権中納言典侍従三位藤原理子（光格天皇後宮），左：宰相典侍正三位藤原績子（仁孝天皇後宮）の墓碑，ともに中山家の出で，績子は理子の姪
（京都市上京区寺町通，盧山寺）

正四位下能登守鴨増《ママ》光縣主女。安永七戊戌年九月廿五日生。文化四丁卯年七月廿六日、被召□《御》大乳人、文化十四丁丑年三月十九日、為□大乳人命婦。文政十二己丑年九月十七日卒。[15]

京都市には江戸時代後期に属する公家の女性の墓碑が数多く現存している。いま女性名の確実な史料としてその例を若干紹介しよう。

賀茂県主徑子　上賀茂の社家の娘で、一釆女《いちのうねめ》として光格天皇に仕えた。候名を丹後といった。その墓は、北区西賀茂の小谷《こたに》墓地にあり、薩摩守・賀茂氏彦（一七八七～一八五九）が建てたものである。徑《みち》子は、天保十三年六月十六日に七五歳で没した旨が側面に刻されている。おそらく氏彦は徑子（一七六八～一八四二）の甥であり、彼女の父は丹後守・俊氏（一七二九～一七八四）なのであろう。[16] 徑子の女房名は、父の官名に由来するものと想定される。

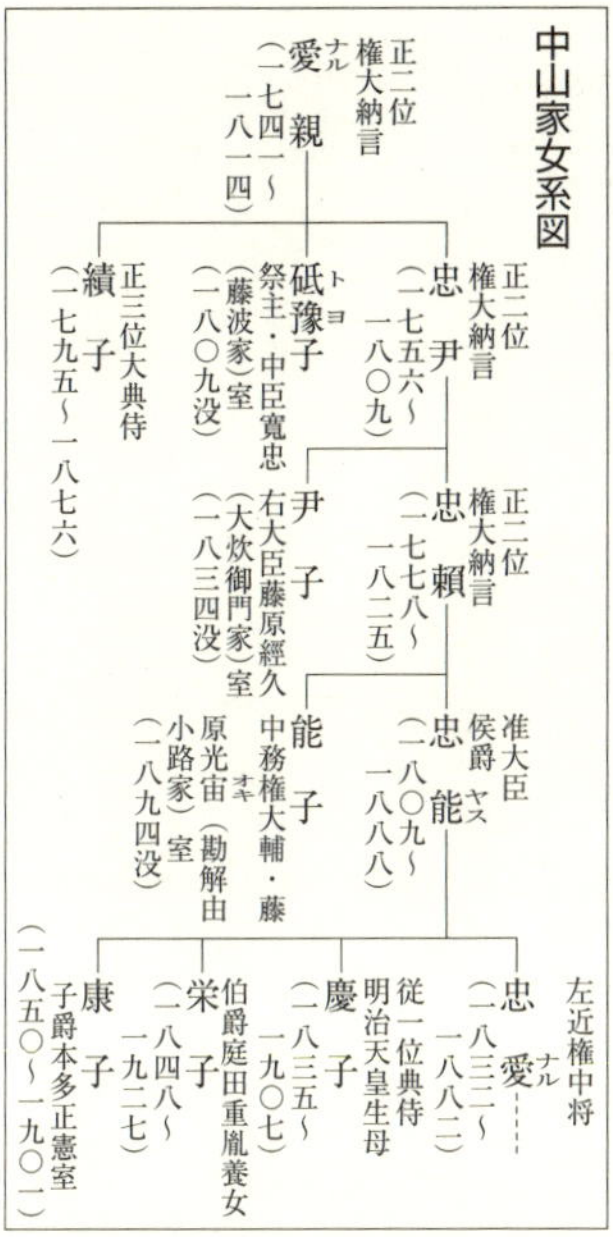

中山家女系図

平朝臣長子　京都市上京区寺町通今出川上ル鶴山町の十念寺には、桓武平氏一門の墓が多い。図95に掲げたのは平長子の墓碑である。背面に刻された墓誌によると、彼女は、西洞院家の右衛門督・平範篤（一七〇四～一七三八）の娘として元文二年（一七三七）八月九日に生まれ、長じて盛化門院（藤原維子）に宣《せ》旨《じ》局として仕えた。のち薙髪して信敬《きょう》院と称した。そして享和三年（一八〇三）十二月二十日、六七歳をもって没した。なお、彼女の姉の篤子は、将軍家女中として江戸城に仕えていた。[17]

源朝臣郁子　十念寺の墓地には、「繁姫源郁《ふみ》子之墓」がある。彼女は、讃岐高松藩主の松平家の左中将・源頼恭（一七一一～一七七一）を父として生まれ、繁《しげ》と名づけられ、繁姫と呼ばれた。長じて徳大寺家の権大納言・藤原公城（一七三〇～一七八二）の夫人となり、[18] 公家訓みの諱・郁子を名乗った。しかし彼女は、幼い時からの字《あざな》の繁を日常は用いつづけてい

図94　一釆女丹後・賀茂県主徑子の墓碑（京都市北区西賀茂，小谷墓地）

たとみえて、宝暦八年（一七五八）八月四日に彼女が逝去すると、公城は亡妻の墓碑に「繁姫源郁子之墓」と刻したのであった。徳大寺家には、字を墓碑に刻する慣例があったらしく、「絢《あや》姫藤原廣子墓」と彫った墓碑も同所に見いだされる。

藤原朝臣信子　十念寺における徳大寺家の墓所には、正面に「瑞明光院殿法空性圓霊儀」とあり、側面に「権大納言實堅卿簾中號知君諱信子」と刻された墓石が存する。この女性は、醍醐家（一条家の別家）の権大納言・藤原輝久（一七六〇～一八〇一）の娘に生まれ、幼名＝字を知《とも》といい、知君と呼ばれた。

図 95　平朝臣長子の墓碑，十念寺の墓地

（京都市上京区鶴山町）

図 96　繁姫・源郁子の墓碑，十念寺の墓地（讃岐守源〔松平〕頼恭の娘。権大納言・藤原〔徳大寺〕公城室，實祖〔右大臣〕母。宝暦 8 年 8 月 4 日没）

やがて彼女は、徳大寺家の権大納言・實堅（一七九〇～一八五八）の夫人となり、諱を信子と名乗り、公純《きんいと》（右大臣）の母となったが、[19]彼女も平生は字の知を用いていた。彼女も夫に先立ち、天保十四年（一八四三）九月十七日に没した。

藤原冨津　徳大寺家の女房に、常子、友子といった諱を帯びた者が少なくなかったことは、同じ墓所に存する墓碑から察知される。同墓地には、西洞院家のほかに平松家[20]の墓所もある。そこには、「藤原冨津之墓」と刻した墓碑が見いだされるが、その背面には、

図 97　藤原信子の墓，十念寺の墓地

正三位時言（平朝臣）卿妾明治七年五月九日死同年同月十一日葬行年
五十五歳温光院良室賢大姉

図 99　賀茂八十子と賀茂久子の墓碑
（京都市上京区高徳寺町，西園寺墓地）

図 98　藤原冨津の墓碑
（京都市上京区鶴山町，十念寺墓地）

という墓誌が彫られている。冨津《ふつ》というのは稀有な女性名であるが、おそらく彼女（一八二〇〜一八七四）は平松家のいわゆる「家女房」であって、時言（一八二三〜一八八三）は、この年上の女房に手をつけ、妾としていたのであろう。

賀茂県主八十子　上京区高徳寺町の西園寺は、北山の鹿苑寺の地に存した有名な西園寺の後身であって、藤原氏北家閑院流の西園寺家の菩提寺である。墓地には、(21)西園寺家一門の人びとのほか、菅原氏若江家や賀茂氏岡本家、鴨県主氏梨木家のものなど、多数の墓碑が所在している。墓地には、左記系図の人びとの墓碑が並んでいるが、中にあって注意されるのは、米清の妻・賀茂久子と清啓の妻・賀茂八十子の墓碑である。八十子は、明治□年に没してはいるが、「壬申戸籍」（明治五年）以前からその字で名を記していた可能性が多い。とすれば、江戸時代には稀有な二字二音節の子型の名とみなされるであろう。

藤原朝臣根子　上京区寺町通北之辺町の盧山寺の墓地は、皇女、女官、公家の女性たちの墓が多いことで著名である。

賀茂県主氏岡本家略系

清喬（正五位下 出雲守）（一六七五〜一七四二）――米清（正四位下 因幡介）――清啓（従四位下 安藝介）（一七七三〜一八三二）
- 一清（正五位下 遠江介）（一七九三〜一八四九）
- 清有（従四位下 河内介）（一八二五〜一八六八）

図100に掲げた写真も女官のものであるが、この種の墓碑は、きわめて数が多い。「掌侍正五位上源朝臣根子之墓」などは、その一例にすぎないが、彼女は前にも触れたように、光格朝における内の女房の掌侍であって、辨内侍《べんのないし》と呼ばれ、久世家の権大納言・源通根《もと》（一七四四〜一八一五）を父とし、文化八年（一八一一）において四四歳であった。[22]幸いにも盧山寺墓地では、この種の公家女性の名が多数採訪されるのである。

藤原朝臣經子　京都市中京区桜之町に存する誓願寺の墓地には、油小路、橋本、園などの諸家の墓所がある。中にあって注意されるのは、「前典侍正五位下藤原經子遺髪塚」と刻された墓碑である。經子は、言うまでもなく和宮の生母であって、慶応元年（一八六五）八月九日、江戸城において卒去した。兄の實麗は、江戸から送られて来た經子（觀行院）の遺髪をここに埋め、慶応元年十一月に墓碑を建て、その側面に經子の生涯を要約した墓誌を刻したのであった。

図100　掌侍・源根子（久世家）の墓碑（京都市上京区寺町通，盧山寺）

中臣庸子　同じ誓願寺の墓地には、「命婦正六位上中臣庸子」の墓が存する。彼女は、南都、春日神社の社家の中臣姓冨田家の出であって、晩年は薙髪して安樂院と号し、文化十年（一八一三）六月六日に卒去した旨が墓碑に刻まれている。

藤原朝臣知子　京都市右京区大原野町小塩の十輪寺には、花山院《かさのいん》家の墓所がある。その中にあって注意をひくのは、「藤原知子瘞髪塚」である。[23]十輪寺の過去帳によると、知子は、安永五年（一七七六）五月十五日に卒している。彼女は、右大臣・藤原常雅（一七〇〇〜一七七一）の娘であったが、宝暦五年（一七五五）八月二十一日、薙髪したときに、切り落とした毛髪をここに埋納したことが碑銘から知られる。彼女の夫は、志摩守・道廣であったというが、彼女は未亡人となったときに落飾したもののようである。

藤原朝臣良子　左京区浄土寺真如堂町の真如堂（真正極楽寺）の墓地にも、冷泉家、入江家など江戸時代の公家の墓碑が少なくない。藤原良子（一八二四〜一九〇九）は、冷泉家の権中納言・爲理《ただ》（一八二四〜一八八五）の夫人であった。[24]彼女は、柳原家の権大納言・隆光（一七九三〜一八五一）の娘で、字を姣姫といった。天保十三年（一八四二）に爲理と婚礼の式の前日、すなわち三月二十七日、冷泉家の意向によって彼女は良《よし》姫と改名した。[25]その後、良姫は、名を良子あるいは織子と改めたため、[26]墓碑には「良子」と刻されたのである。

もともと日本人は、女性名の接尾語の女《め》、子、姫、君については、厳格ではなく、多少とも階級的制約はあっても、×

姫を×君と呼ぶことや、幼名を廃して正式の諱である子型の名に改めることも社会的に認められていた。一般の公家は、娘の幼名＝字を×姫としていたが、この×姫が字として諱の×子とは別に保有されていたことは、德大寺家などの例を徴しながら前述したとおりである。

このころ、一部の公家では、姫の代りに君字を用いていた。『三條家過去帳』(27)によると、右大臣・實起（一七五六〜一八二三）の第二女で、のちに滋野井大納言・公敬（一七六八〜一八四三）の室となった婦人は、沖君（一八四八没）と称し、終生、

図 101　藤原經子（觀行院）の遺髪塚，誓願寺の墓地
（京都市中京区桜之町）

図 102　中臣庸子の墓
（京都市，誓願寺墓地）

諱をもたなかった。同じ過去帳によると、一條家の関白・藤原輝良（一七五六〜一七九五）の娘で、三條内大臣・公修（一七七四〜一八四〇）の室となり、實萬《さねつむ》（一八〇二〜一八五九）らを産んだ婦人は、字を鶴君、諱を和子、法名を眞観院といった。

公家の間でも、娘たちは宮仕えしたり、叙位にあずかったりしなくても、婚礼のおりとか思い立った際に諱をつけることが多かった。字は、日常の名として自他ともに用いられた。次頁に掲げた二條家の左大臣・治孝《はるたか》の場合は見事であって(28)、字の接尾語には、もっぱら君字が用いられた。君字は、元服以前の男子の名にも用いられることがあった。

平安宮の研究に偉功を遺した裏松家の藤原光世（法名は、固禪。一七六〇〜一八〇四）には、二人の娘がおり、姉を直子、妹を周子といった。宮内庁書陵部には、固禪自筆の『大内裏図考証』巻十七が架蔵されている。その奥書に直子は、図104

図 103　藤原知子の瘞髪塚
（京都市右京区大原野町小塩，十輪寺）

常《トキ》子	最子	遂子	純姫	近子	柔《ミチ》子	育子	廣子	武子	多喜子	福子	軌子	嬉子	保子	親子	利子	隆子
喜久君	光君	千萬君	純君	嶺君		英君	篤君	理君	興姫	德君	五百君	昌君	脩君	誠君	恆姫	彰君

（父：二條家　左大臣　治孝（一七五四〜一八二六））

のように誌している。そこには、「文化十年癸酉五月　藤原直子」と記され、その下に押された二顆の印章には、「内大臣光榮公之孫女」、「藤原直子字正姫」とみえるのである。直子は、伊勢外宮の社家・春木家の度會房光の妻となった婦人である。(29)

ところで、文久元年（一八六一）の春、皇女・和宮の関東降嫁を前にして、桑原家の文章博士・菅原順長（一八〇三〜一八六五）は、御名の撰進を命じられた。同年二月一日、順長は、典拠を明示したうえで一〇通りの名を撰んで奏上した。

直子奈保　正子多駄　信子乃布　愛子奈留　孝子多嘉　文子布美　敬子由幾　延子乃布　理子萬佐　親子知加

四月十九日、和宮に内親王の宣下があった際、御名として親子が採用されたが、これは「礼記云、君臣父子親長幼和而后礼義立」の文言による名であった。(30)これによっても明白なように、皇族女性の宮号は、公家、高級武家の×姫、×君と性格をほぼ同じうする字《あざな》=幼名=通称であって、正式の諱は、婚礼、叙位など改まった場合に定められたのである。

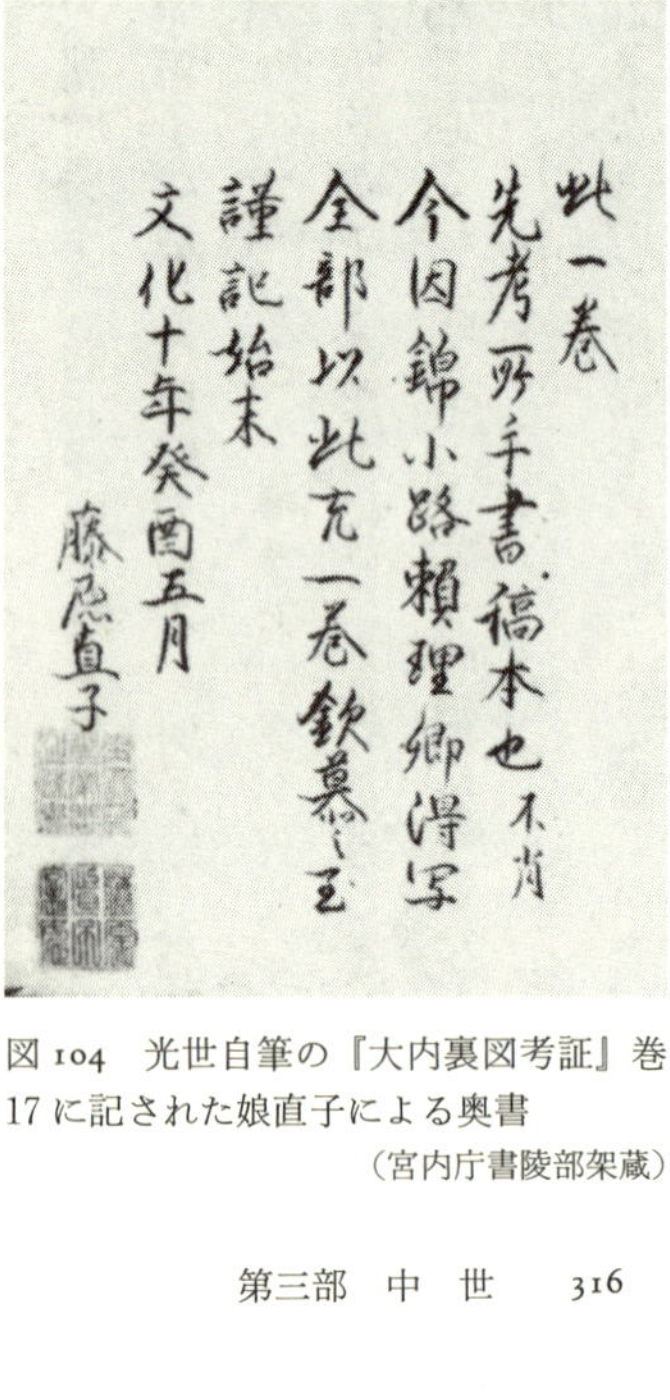
此一巻
先考所手書稿本也不肖
今因錦小路頼理卿借写
全部以此充一巻欽慕之至
謹記始末
文化十年癸酉五月
藤原直子

図 104　光世自筆の『大内裏図考証』巻17に記された娘直子による奥書
（宮内庁書陵部架蔵）

なお、前に触れた冷泉家の権中納言・藤原爲理《ただ》と妻の藤原良《よし》子との間には、嘉永六年（一八五三）に女子が生まれた。爲理は、つぎに男子が誕生するようこの娘に仮の名をつけ、安久利《あぐり》姫と名づけた。安政二年（一八五五）正月となり、願いがかなって男子が誕生し、鍾世《ちよ》丸―のちの為紀《もと》（一八五五〜一九〇五、伯爵、伊勢大神宮宮司）―と名づけられた。念願が成就したので、爲理は安久利姫を米姫と改名したことである。(31)

藤原房子　前記の藤原績子の日記とともに三対をなしているのは、高野家の藤原房子、中原甫《なみ》子が遺した日記である。房子は、高野家の左近衛権中将・藤原保右の娘であって、文政六年（一八二三）に生まれ、禁裏に上がり、孝明天皇に仕えて勾當内侍にいたった。和宮の降嫁問題があった際には、禁裏と宮方との連絡に努めた。のち従三位典侍に進み、余生を京都で過ごし、明治二十六年四月に薨じた。[32] 彼女が遺した日記は、『孝明天皇女房房子日記』（安政五年〜慶応三年）、略して『長橋局記』と呼ばれ、原本は宮内庁書陵部に架蔵されている。これまた当時の政局を知るうえで貴重な史料である。[33]

中原甫子　押小路家の中原甫子《なみ》は、実は壬生家の小槻宿禰正路（左大史・敬義《ゆき》の弟）の二女であって、文化五年（一八〇八）に生まれ、兄・師徳とともに押小路家の中原宿禰師賢《よし》の養子女となった。[34] 天保六年（一八三五）七月、皇子・統仁《をさひと》（孝明天皇）の御乳人《ちのひと》に補され、同十一年二月、東宮御乳人となった。やがて統仁親王が受禅した弘化三年（一八四六）二月十三日、命婦大御乳人に進み、同四年六月、正六位下に叙された。[35] 甫子の名を不朽ならしめたのは、彼女が安政六年正月に起筆し、慶応元年十二月に筆を擱えた日記、すなわち『中原甫子日記』である。[36] これは当時の後宮生活を精細に記した史料として尊重されている。[37]

将軍家の女性

徳川将軍家では、家光いらい正室（御簾中）に京都の宮家ないし摂関家から姫君を迎えることが慣例となっていた。それは、八代将軍・吉宗以降も踏襲された。しかし数多い侍妾にいたっては、意外にも身分の低い者や賤しい者が多いことは、つとに齋木一馬氏（一九〇九〜）が鋭くも指摘されたとおりである。他方それは、一般人の健康な血液を採り入れ、子女がひ弱い末《うら》成りと化するのを防いだともいえるのである。

征夷大将軍として三百諸侯を統率し、二世紀半にわたって天下に君臨した徳川氏も、父系の上からは辛うじて家康の血統を伝えているとはいうものの（吉宗は家康四代の孫、家齊は吉宗四代の孫、慶喜に至っては実に家康十代の孫で、いずれも庶流であり、前将軍との血縁は極めて疎遠である。）、いったん母系の方へ眼を転ずれば、各階層の、雑多な、時には卑賤な、しかし一面からいえば、新鮮で健康的でもある血液を、多分に吸収している事実に注目せざるをえない。少しく各将軍生母の氏素姓を穿鑿してみれば、この事実ははなはだ明瞭である。中には、きわめていかがわしい由緒のものも少なからず存することに驚ろかされる。

徳川将軍家には妾腹のものが多い。否むしろ、大部分のものが妾腹の出であった。家康から慶喜に至る十五代のうち、分家から入って宗家を嗣いだ六代（綱吉・家宣・吉宗・家齊・家茂・慶喜）を含めても、正室所生のものはわずかに三代（家康・家光・慶喜）に過ぎず、他の十二代はいずれも妾腹の産である。嫡長子に至っては、家康ただ一人だけである。その家康にしても、嫡男とはいうものの、生母水野氏は家康三才の時離縁されて他へ再縁したのであるから（後述）、嫡母とは称し得ない。………私は以前、ある必要から、綱吉・家宣・家継などの数代については幾らかこれを穿鑿してみたことがあったが、その後なお他の将軍たちについても気をつけていると、卑賤な百姓・町人などはおろか、中には刑死者の女があり、博徒を兄弟にもつものまであって、その素姓のいかがわしいこと、全く想像以上のものがあることを知って一驚した（明治の史家池田晃淵はその著『大奥の女中』の中で、家綱の母増田氏（お楽）や綱吉の母本庄氏（お玉）などについては、「御由緒を明白に書せん事憚あるをもて略す」といって、ことさらにその素姓を伏せている。）[38]。

その詳細は、『以貴小伝』、『玉輿記』、『柳営婦女伝系』、『幕府祚胤伝』や齋木氏の論考に譲ることとし、ここでは必要事項を摘記するにとどめる。

吉宗 ㈠正室は、伏見宮の理子《まさ》女王（貞致（ゆき）親王の王女で、眞（さき）宮と呼ばれた）。宝永三年（一七〇六）に江戸に下向し、紀伊藩主当時の吉宗の妻となったが、同七年、流産のために卒した。年二〇歳。

㈡側室 ①おすま（紀伊藩士・大久保八郎五郎忠直の娘。長子・家重の生母。正徳三年没。年二六）。②おこん（紀伊藩士・竹本茂兵衛正長の娘。宗武の生母。享保八年没。年二八）。③お梅（のち、お久と改名。京都の浪人・谷口長右衛門正次の娘。源三郎〔早世〕と宗尹の母。享保六年没。年二二）。④おくめ（紀伊藩士・稲葉彦五郎定清の娘。芳姫の母。安永六年没。年二八）。

なお、吉宗の後を継いで紀伊藩主となった宗直（権大納言・頼宣の二男・頼紀の子。もと西條藩主）の娘の峰姫は、享保二十年（一七三五）四月、吉宗の養女となり、利根姫といったが、同年十一月、仙台藩主・宗村の許に輿入れした。元文二年（一七三七）十一月、利根姫は、吉宗より諱を賜わり、綱子と名乗った。延享二年（一七四五）閏十二月十六日、綱子は産後の肥立ちが悪く、他界した。年二九であった[39]。

家重 ㈠正室 伏見宮・增子（培子とも）女王（邦永親王王女。字は比（なみの）宮。享保十六年十二月、婚姻。同十八年十月、流産のため逝去。年二三）。㈡側室 ①お幸[40]（梅溪家の権中納言・源通條の娘。比宮に従って江戸に下向し、寵を受けて家治を産む。延享二年八月七日、従三位に叙された。寛延元年二月没。贈従二位）。②おゆう（浪人・三浦五郎左衛門義周の娘。重好の生母。寛政元年四月没。年六九）。

家治 ㈠正室 閑院宮直仁親王王女の倫子《とも》女王（字を五十宮といった。千代姫、萬壽姫を産んだが、二人とも早世。明和八年八月、逝去。年三五）。㈡側室 ①おちほ（一本、おちをとする。書院番・津田右衛門信成の娘。美女として知られた。家基〔早世〕の生母。寛政三年三月没。年五五）。②おしな（藤井家の従二位・卜部兼矩の娘で、品姫といわれた。倫子女王の上﨟として江戸に下向し、家治の寵を受けた。貞次郎〔早世〕生母。安永七年十月、逝去）。

なお、家治が養女としていた田安家の宗武の娘・種姫（諱は聴子《とし》）は、安永五年（一七七六）、紀伊徳川家の治宝の室となったが、寛政六年（一七九四）正月、疱瘡のため、二九歳で逝去した[41]。

家齊 ㈠母、岩本とみ（内膳正・正利の娘。文化十四年五月、逝去）。㈡正室 近衛家の右大臣經熙の養女の寔子《ただ》[42]、字は茂姫。実父は、島津薩摩守重豪（寛政元年二月、婚礼。同八年敦之助を産む〔早世〕。弘化元年十一月逝去。年七二）。㈢側室 ①お萬[43]（小納戸頭取・平塚伊賀守爲善の娘。淑姫、綾姫らの生母。天保六年正月没）。②お樂《らく》（小姓組・押田藤次郎敏勝の娘。寛政五年、家慶を産む。文化七年五月没）。③お梅（小姓組の水野權十郎忠芳の娘。寛政七年没）。④おうた（初めまで。小普請組の水野内蔵丞忠直の娘。敬之助、豊三郎、五百姫、舒姫の生母。いずれも早世。没年不詳）。⑤おしが（大番組の能勢市兵衛頼能の娘。總姫〔早世〕の母。文化十年没）。⑥おりを（一本、おりう。書院番の朝比奈舎人矩春の娘。格姫の母。寛政十三年三月没）。⑦おいと（のち、おとせと改む。小普請組の梶久三郎勝俊の娘。峰姫、齊順、壽姫、晴姫らの母。天保三年十月没）。⑧お蝶（おやほ、おいのともいった。西丸御番・曾根彌三郎重辰（とき）の娘。亨姫、時之助、虎千代、友松、齊荘、初姫らの母。没年未詳）。⑨おやそ（おふで、おみをともいった。西丸小姓組・木村七右衛門重勇の娘。淺姫の母。文化五年閏六月没）。⑩おきそ（おりを、おやちともいった。書院番・諸星千之助信邦の養女。実父は、新御番・大岩庄兵衛盛英。高姫、元姫らの母。文化七年三月六日没）。⑪おほの（おそでとも。御船手頭・吉江左門政福（よし）の娘。岸姫、文姫、艶姫、孝姫、久五郎、陽七郎、恆之丞、冨八郎らの母。文政十三年閏三月没）。⑫お八重（おべん、みをともいった。小普請組の土屋忠兵衛知光の養女。実父は、清水家家臣・牧野多門忠克。齊明、盛姫、齊衆、齊民、信之進、喜代姫、德之助、松菊らの母。天保十四年三月没）。⑬おみよ（おいねとも。小納戸頭取・中野播磨守清武の養女。実父は、内藤造酒允就相。溶姫、仲姫、末姫の母。絶世の美人の聞えあり。明治五年没）。⑭おきう（おやほとも。先手弓頭・阿部勘右衛門正盈（みつ）の養女。実父は、西丸小納戸役・阿部九郎右衛門正芳。輿（おき）五郎の母。文化十年閏十一月没）。⑮おいと（初め、おはな。奥右筆組頭・高木新三郎廣充（み）の娘。琴姫、永姫、民之助、齊喜、齊省、齊宣の母。没年未詳）。⑯おるり（おやほとも。小姓組の戸田四郎右衛門政方の娘。直七郎、泰姫の母。没年未詳）。

右に見るとおり、将軍・家齊の侍妾で名が判明しているものは、一六人を数える。三田村鳶魚氏（一八七〇〜一九五二）は、「記録の上からは、家齊将軍には二十一人の妾があり、家慶将軍には十五人の妾があった。……しかしながらこの多数の女性というものは、皆うち揃って御番をつとめるものではなく、皆停年があるから、そこから調べると、家齊将軍のように多数のお妾を持っていたお方にしても、実際に御番をつとめるものは、三人乃至五人という人数になってしまう」[44]と述べている。

大いに注意されるのは、上記の側室らがほとんどすべて下級の旗本の娘たちであることである。腹は借物とは言いながら、これはあまりにも顕著な事実というべきである。

これらの側室には、お手つきになったのちに改名したものも少なくないけれども、旗本の女性の字は、以上によって一斑を知ることができよう。

当時の幼子女、幼児には夭折、早世するものが多かった。家齊の息女で成人したものは一二名ほどいたが、幕府の閣老は、これらの息女たちの縁組みに腐心したし、押しつけられる大名たちにとって、それは大いに有難迷惑であった。家齊が文化年間に鍾愛したおみよが産んだ溶姫《よう》（一八一三〜一八六八）の相手として白羽の矢が立てられたのは、金澤藩主の前田家の齊泰《なりやす》（一八一一〜一八八四）であった。齊泰は、本郷に所在した金澤藩の上屋敷に贅美を尽くした御殿を新築し、その正面に朱漆塗りの御主殿門（いわゆる赤門）を設け、文政九年（一八二六）十一月、恭しく溶姫を迎えたが、姫に扈従して来たった女中衆の数もおびただしかった。

ところで、『昭和新修華族家系大成』の編纂に際して、徳川家宗家が霞会館諸家資料調査委員会に提供した同家の系図には、家齊の他に嫁いだ娘たちについて、後掲のような記載が見られた。[45] これによると、どの娘たちも、×姫という字《あざな》のほかに×子型の諱を帯びている。これらの諱は、婚姻に際して撰定されたものと思考される。第十一女の淺姫に与えられた瀙《すみ》子といった諱は、幕府の儒官の苦心の撰進であったろう。この女性を妻に迎えたのは、福井藩主の松平家の齊承《なりつぐ》（一八一一〜一八三五）であったが、福井松平家の系図では、彼女は単に「淺」と記名されているし、名君・慶永（一八二八〜一八九〇）の夫人（細川家の齊護の長女）も「勇《いさ》」と記されている。[46] すなわち、諱も、接尾語の「姫」字も省略されているのである。

家慶　(一)正室　有栖川宮喬子《たか》女王（織仁親王王女。樂（さざ）宮と称した。母は、家の女房の常磐木。家臣・中川出羽守の娘。死産二回のほか、儔（とし）姫、竹千代らを産んだが、いずれも早世。天保十一年正月、逝去。年四六）。(二)側室　①お定（初めは、お久。小姓組の押田丹波守勝長の娘。達姫、嘉千代、発之丞の生母。弘化四年没）。②おかく（小普請組支配・太田内蔵頭資寧〔一本、承〕の娘。咸姫の母。文政九年四月没）。③おみつ（諱は、堅子。法名は、本壽院。書院番・跡部茂右衛門正賢の娘。〔一本、正賢の子の正寧に作る〕。文政七年、家定を産む。その後に産んだ春之丞と悦五郎とは早世。文久元年、二の丸に移って

家《イエ》齊《ナリ》　徳川（一橋）治齊長男
太政大臣、贈正一位
安永二、一〇生
天明六、九承
天明七、四将軍宣下
天保八、四隠
天保一二、閏正没

夫人寔子《タダ》　近衛經熙養女
島津重豪三女茂姫
安永二、六生
弘化元、一一没

家《イエ》慶《ヨシ》　左大臣
贈正一位、太政大臣
寛政五、五生
天保八、四承
天保八、九将軍宣下
嘉永六、七没

夫人喬子《タカ》　有栖川宮織仁親王
第八王女、樂宮
寛政七、六生
天保一一、正没

鎭《シズ》子　淑姫　徳川家（名古屋）齊朝夫人
美《ヨシ》子　峯姫　徳川家（水戶）齊脩夫人
瀰《スミ》子　淺姫　松平家（福井）齊承夫人
幸《サチ》子　元姫　松平家（會津）容衆夫人
結《ユイ》子　文姫　松平家（高松）賴胤夫人
國《クニ》子　盛姫　鍋島家（佐賀）直正夫人
操《モチ》子　和姫　毛利家（山口）齊廣夫人
偕《トモ》子　溶姫　前田家（金澤）齊泰夫人
貴《タカ》子　末姫　淺野家（廣島）齊肅夫人
都《ミヤ》子　喜代姫　酒井家（姫路）忠學夫人
賢《カタ》子　永姫　徳川家（一橋）齊位夫人
益《マス》子　泰姫　池田家（鳥取）齊訓夫人

のちの消息は不明）。④おはな（小納戸役・菅谷平八郎政徳の娘。米姫、暉姫の母。没年未詳）。⑤おふで[47]（小普請組の稲生左門正方の娘。八左衛門の妹。直丸、銀之丞らを産んだが、みな早世。天保十五年六月没）。⑥おきん（小納戸役・竹本澤右衛門正路の妹。里姫らを産んだが、みな早世。天保十四年九月没）。⑦おひろ（のちお琴と改む。紀伊徳川家の家老で、『丹鶴叢書』の編纂で知られた水野土佐守中央の妹で、忠啓の娘。陪臣であるため、旗本・杉源八郎〔一本、三之丞〕の養女として大奥に仕え、鐐姫、田鶴若、鋪姫、長吉郎を産む。中央は、南紀派の有力者で、そのため妹を大奥に入れた。将軍の薨後、醜聞があり、安政二年、中央のために手討ちにされた）[48]。

徳川将軍の下淫好みは、家康いらいの伝統であった。それにしても、将軍・家定の生母で、南紀派の領袖として活躍した本壽院の没年などが記録されていないのは、いささか奇妙なことである。三田村氏は、前記のように、家慶の侍妾は一五人いたと述べているが、名が明らかなのは、前記の七名だけである。また所生の子女は、二七名を数えているが、いずれも早世し、最も長く生きた家定ですら三五歳にすぎなかった。

図105　天璋院（島津篤姫）画像（島津久敬氏所蔵）

家定　㈠正室　①藤原任子[49]（前関白・政熙〔鷹司家〕の娘。関白・政通の妹。字は、有姫。天保十二年、家定の妻となったが、子に恵まれず、嘉永元年六月に逝去。年二六。法名、天親院）。②藤原秀子（一條家の関白・忠良の娘。字は壽明姫。嘉永二年、継室となったが、翌年、病死。年二四。法名は、澄心院）。③近衛篤姫（実は、島津家の鹿児島藩主・齊彬の養女。実父は、齊彬の叔父・忠剛。近衛家の右大臣・忠熙の養女となり、名を敬（すみ）子と改めたうえで、安政三年、三度目の室となった。同五年、家定が没したのち、落飾して法名を天璋院といった。生児はなかった。貞烈の聞えの高い、激しい性格の女性。明治十六年十一月二十日、逝去。特旨をもって従三位に復され、寛永寺に葬られた。年四八）。㈡側室　お志賀（素姓不明。御三間勤めから御手付御中臈となった。父は、旗本の某であろう。法名を豊險院といった。没年、墓所、未詳）。

家茂　(一)正室　和宮親子内親王。(二)側室　家茂には、和宮の降嫁前に一人、降嫁後に二人の側室がいたというが、[50]名も身許も不明である。家茂が長州征伐のため大坂城に滞在していたころ、身辺に側室の一人が侍していたことは、増上寺における家茂の墓が発掘調査された結果、想定されるようになった。家茂を納めた銅製坐棺の内部は二重の木棺となっていたが、彼の遺体の胸部のあたりに束状の頭髪が発見された。この頭髪は、和宮の墓で見いだされた頭髪と性状を異にしており、[51]大坂城で侍していた側室のものであろうと推測されている。[52]

和宮が入輿した当時の江戸城には、前記の本壽院、天璋院のほかに實成院（家茂の生母のおみき）がおり、この女の世界に政治が絡み、かなり険悪な雰囲気が漂っていた。なかでも公家風を固執する和宮方と武家風を主張する天璋院方との対立・確執は激しかったようである。[53]

慶喜　(一)正室　一條家の左大臣・忠香の養女の藤原美賀子（実父は、今出川家の権中納言・藤原公久。安政二年、江戸に下向し、一橋家の慶喜に嫁した。安政五年、女児を産んだが、夭折した。明治二十七年七月没。年六〇）。(二)側室　①新村信《しんのぶ》（小姓頭取・新村猛雄の養女。実父は、旗本の松井勘十郎。鉄子、仲博、経子、慶久、英子、精（くはし）らの生母。明治三十八年二月八日没）。②中根幸《かう》（旗本・成田信十郎養女。実父は、旗本・中根芳三郎。厚、筆子、浪子、國子、絲子、誠の母。大正四年十二月二十九日没）。

そのほか慶喜《よしのぶ》には、数人の侍妾がいたが、静岡に退去する際、その多くに暇をとらせたらしい。新門辰五郎の娘のお芳も、その一人であったという。慶喜の子女のうち、敬事、善事、琢磨、鏡子、金子、脩子、齊、良子、寧の九名の母親の名は、未詳である。[54]

側室と将軍家の子女　遠藤幸威氏（一九三〇～一九八六）によると、前将軍・慶喜の外孫にあたる大河内富士子（一九〇九～）さんは、将軍家の側室について左のように回想している。[55]

もう一ツテレビで気になるのは、側室が皆ひどく威張っていること。いくら跡取りをお産みしても側室は局《つぼね》で、格は老女の方が家では上位ですよ。お城（江戸）時代には、側室同士の勢力争いもあったでしょう。けれど母の場合、祖父の二人の側室、幸《こう》と信《のぶ》は非常に仲が良くて、母など何方《どなた》がどちらのお腹なのか全く意識したことはなかったそうです。

わたくしも二人の母や誠叔父、浪子伯母（男爵松平斉夫人）、筆子伯母（侯爵蜂須賀正韶夫人）と慶久叔父（慶喜公後嗣）などが生母を幸とか信とか呼び捨てにしているのを聴いても何んとも思いませんでした。聴きなれている故《せい》でしょうか。今思うとおかしな話です。

晩年、誠叔父が心臓発作で苦しんだ時、御担当のお医者さまに、

「お苦しい時は、何方《どなた》か縋《すが》れるお方のお名をお呼びなさるとお楽になります」

って助言されたことがあったそうです。その後、発作が起きると叔父は何時も夢中で、

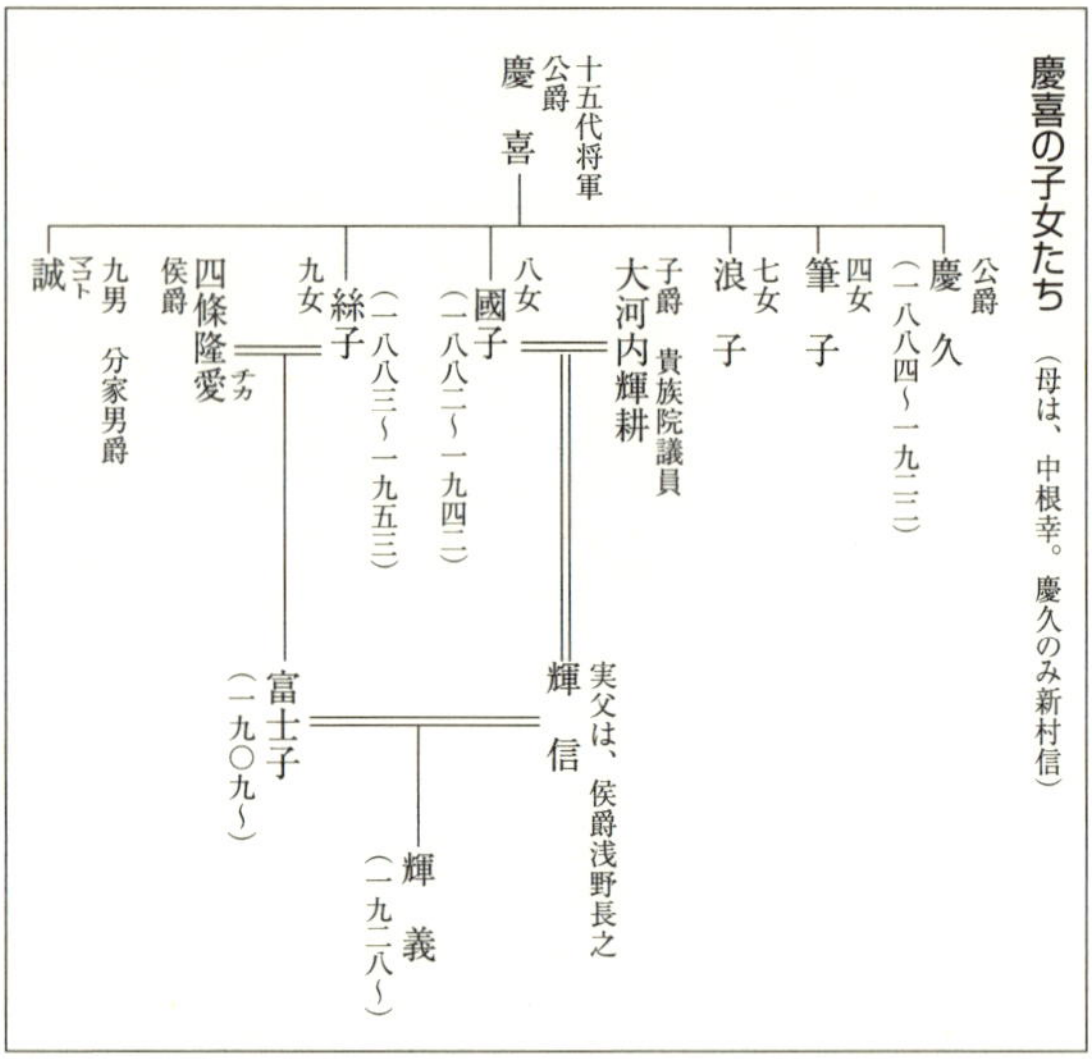

「幸《こう》、幸」

と生母の名をお呼びなさったんですって。これには葉山の霽子《さえ》伯母（誠夫人）も驚いていました。

わたくしの母も、お幸さんが生存中は少しも生みの親に対するような言葉を掛けたことがないので、伯母など内心、

「お幸さんはお気の毒」

と思っていたようです。それが何十年か後、誠叔父がお幸さんの名を呼ばれたのを聴いて、

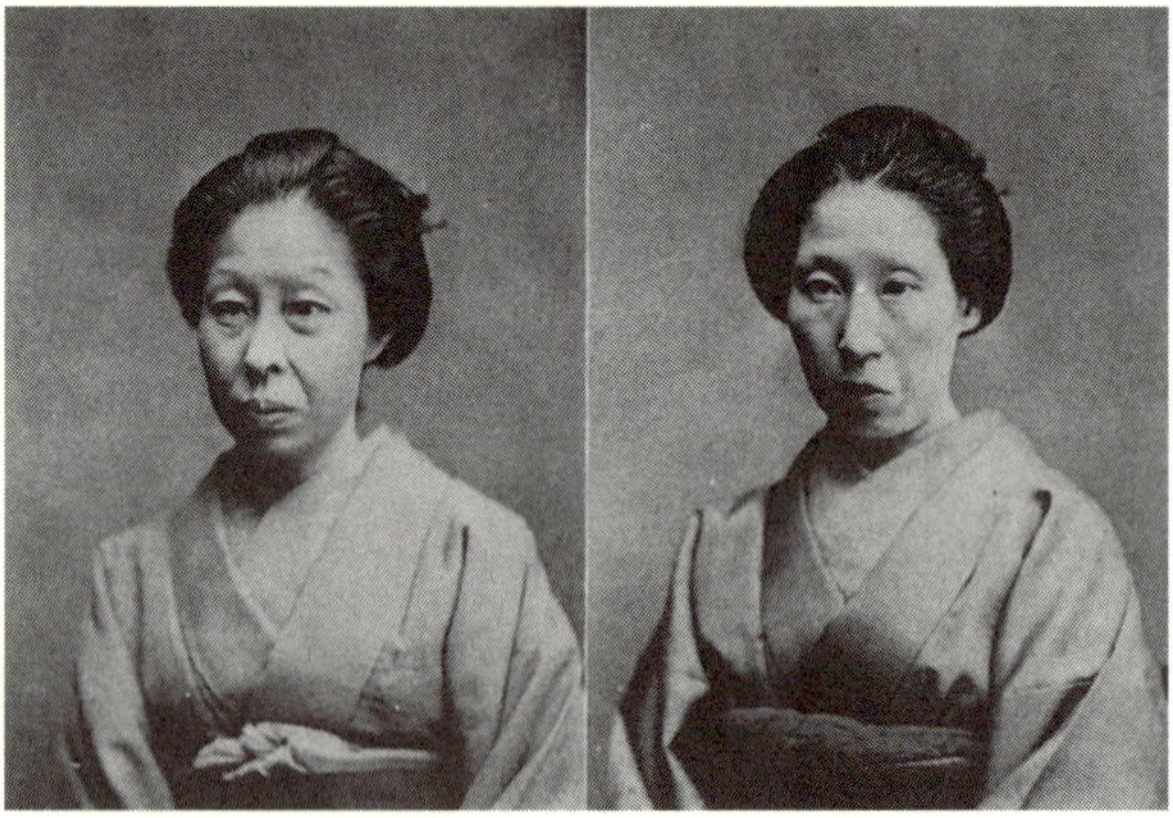

図 106　公爵・德川慶喜の側室　左：中根幸　右：新村信

（德川慶朝氏所蔵）

「やっぱりお血ね。お幸さんも嬉しいでしょう」

って安心してました。

父家長制の強烈な将軍家における側室と子女の関係がよく窺知される叙述である。なお、右の一文をよく理解するためには、上記の系図を参考にする必要があろう。(56)

将軍家大奥の女中

大奥に関する儀礼、組織などは、六代将軍・家宣の時期にいたって整備された。彼は、新井白石（一六五七～一七二五）に命じて宮廷の後宮制度を調査させ、その答申にもとづいて武家風であった大奥の制を変革し、京風、武家風を折衷した独自な大奥の制を作り出した。そしてこの再編された大奥の制は、修正されることなく、幕府倒壊の日までつづいたのであった。[57]

大奥女中の組織については、三田村氏が要領よく纏められた一覧がある。また徳川宗家文書[58]に見られる寛政年間（一七八九～一八〇一）の『公方様女中分限帳』は、大奥に関する無二の貴重な史料であって、将軍・家齊当時の本丸女中の歴名と各自の諸手当が明記されており、大奥女中の全貌を察知するうえではなはだ好都合である。竹内誠博士（一九三三～）は、右の分限帳にもとづいて別掲の女中の歴名を表示されている。[59] これらの女中のほか、側室、世嗣、将軍の生母（院号を帯びていた）などが召使う女中、上級の女中が私用に使う女中（部屋子、また者）[60]がいたから、女中の全口数は、莫大な数に上ったのである。

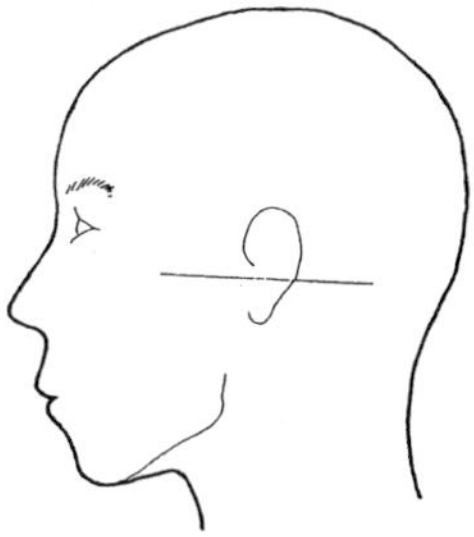

図107　桂昌院の頭部復原図（鈴木尚博士による）

江戸時代においては、将軍の正室（御台所、御簾中）が政治に関与することは、天璋院を例外とすれば、ほとんど見られなかった。これに対して側室や老女の中には、往々にして権勢をほしいままにしたり、政治に介入するものも見受けられた。家康の側室の阿茶局、家光の乳人の春日局は、その早い例である。将軍・綱吉に関しては、生母・桂昌院の政治力が強烈であって、生類憐みの令などによって、綱吉の施政に翳《かげ》りをもたらした。六代将軍・家宣の側室・お喜世（月光院）は、権勢欲と愛欲に狂った女性として著名である。彼女は、家宣の随一の愛妾として大奥を制したばかりでなく、自分の生んだ家継が将軍になると、側用人・間部越前守詮房（一六六七～一七二〇）と提携し、彼との醜関係をつづけながら政権を壟断した。家継が早世したのちには、八代将軍に尾張徳川家の継友を推す天英院（家宣の正室）と紀州徳川家の吉宗を推す月光院とは、激しい競合《せりあ》いを演じた。吉宗の擁立に成功したのちは、月光院は彼とも関係し、終始、権勢欲と愛欲に惑溺していた。[61]

老女に関しては、十代将軍・家治の時分には、御年寄の松島に僭上の振舞いが多かった。[62] 第十一代将軍・家齊の世嗣・

上臈年寄	常盤井 萬里小路 梅野井
御年寄	野村 高橋 まん
御客応答	瀧山 冨岡 中村 飯島 梅田
御客応答同格	長岡 若村 松井
御中臈	りを そて くす みき みね らく
御錠口	岸野 梅崎 寶田
表使	菊野 小山 松本 峯野 澤田
御右筆頭	嶋田
御右筆筆頭	廣瀬
御次頭	きそ
御右筆	まて せの とえ みて
	みさ つせ ちん
御錠口介	さと きく べん
御次	みす はや つよ きう いつ いね こま たく くの かく よね すわ
御切手書	との ゆん えゐ
呉服之間頭	千さか
御広座敷頭	多記
御三之間頭	かつ
呉服之間	ふて いし てん そち りて よの とう たに きよ つや
呉服之間格坊主	りんか
	榮可 榮三 榮林
御広座敷	かせ かよ みよ さて くに るせ むつ えき やそ るり
御三之間	いわ そえ くら かん やの あさ きせ とせ みの
御末頭	とま しき きた
御使番頭	きま さつ
御中居	すすき なには つくし しからみ
火之番	ききやう にほひ ともえ 野分
	きり壺 藤なみ みやこ うつせみ こと浦 せうふ 八重菊 うてな 八ツ橋 いせき あつまや
使番	小さん 小さく 野きく 淺か わか松 さかき やしま とこ夏 かほる まつ路 つつち うすくも
御端下	うき橋 三かさ まつよ かるも もしほ 山ふき りんや 華よ はつ菊 歌川 千さと みをき
	たつ田 はる風 小はき きぬえ 住のえ あつま 千とり はつかせ とま屋 まつか枝 よし野 みよし わかえ むらさき みとり みゆき 初梅 きてう 丁子 にしき わか葉 うら風 あけほの つほみ 花桐 梅か枝 かつや かせん 三舟 かすみ あやめ から井

江戸城本丸奥女中一覧（寛政年間）　　　　（竹内誠氏による）

家慶に仕えた西の丸・御中﨟の梅村（本名は、館お梅）が発端となった「延命《えんめい》院事件」は、大奥に関して看過しがたいものである。この事件は、河竹默阿弥（一八一六～一八九三）の『日月星亨和政談』[63]などによって一般に知られているが、その真相は品田郡太『観延政命談』[64]や『延命院実記』[65]からほぼ察知することができる。要するにそれは、江戸、日暮里（東京都荒川区西日暮里三丁目）に所在する日蓮宗の延命院の住職・日道の女犯事件であって、江戸城や大名の奥向きの女中や町方の婦人たちと淫行をつづけ、はては堕胎までさせた。これを探知していた寺社奉行の脇坂淡路守安董《ただ》（一七八二～一八四一）は、享和三年（一八〇三）五月、日道や寺僧・柳全らを逮捕し、厳科に処し、寺院の粛清をはかったのである。[66]取調べの結果、日道が関係した女性は、五九人いたことが判明したが、うち記録に載っている主なものは、左のとおりである[67]（女性名研究の史料として掲げる）。

①御中﨟・初瀬（三二）　松平主税の娘
②西丸御年寄・吉江（二七）　都築駿河守（峯重）の娘
③西丸御中﨟・梅村（二三）　館九八郎の娘
④一橋家御年寄格・ゆい（三〇）　石川千左衛門の娘
⑤尾張徳川家女中・あい（年齢不詳）　石川右近の娘
⑥一橋家用人・はな（一九）　井上藤十郎の娘
⑦田安家御小姓・吉彌（一八）　鈴木頼母の娘
⑧佐竹右京大夫家臣・佐竹貢の後家・はま（四九）
⑨立花左近将監家臣・堀利三郎の娘・そで（一八）
⑩藤堂和泉守医師・中野玄庵の娘・しな（二一）
⑪一橋家女中・濱路（二五）　小川作之進の娘
⑫本丸表使・梶野（二八）　奥川養仙の娘
⑬紀伊徳川家御中﨟・長濱（二六）　堀主膳正の娘
⑭水戸徳川家右筆・さざ波（三一）　宇都宮大學の娘
⑮御絵所狩野永昌の娘・ろく（一七）
⑯西丸の梅村の部屋方・こう（二五）　喜兵衛の妻
以下町方の婦人
⑰谷中、善光寺門前、源太郎の娘・ぎん（二三）
⑱日本橋堺町、金次郎の娘・小三《こさん》（二〇）
⑲日本橋大傳馬町、大工初五郎の後家・ふじ（三四）
⑳日本橋横山町一丁目、小間物商・喜平次の妻・とき（二三）
㉑本郷駒込千駄木町、植木屋六二郎の妻・ため（四〇）
㉒淺草、三谷、三九郎の妾・ゆめ（二九）
㉓下谷、根津八軒町、嘉七の娘・はな（一五）
㉔高教院殿付の比丘尼・專壽院（五六）
㉕品川本宿、宇兵衛の母・うた（六〇）

年齢的には、一五歳の娘から六〇歳の老婆まで、身分的には大奥の御年寄から町人や職人の妻妾まであり、実に多彩な女性群像であった。

右のうち、初瀬、吉江、梅村、濱路、梶野、長濱、さざ波、等々は、女中名であったし、二文字名でも女中の場合は、本名（字《あざな》）ではなかった。淺草、三谷（山）に住んでいた妾のゆめという字は、きわめて珍稀な名である（三四八頁、参照）。
老女（御年寄）といえば、養君時代から家齊付きで、本丸に入ってからは政治や人事に容喙した大奥の実力者・大崎の名が想起される。寛政の大改革を断行しようと決意した老中首座の松平侍従定信（一七五八～一八二九）は、まず老女・大崎と厳しく対決し、彼女とその一派の奥女中たちを本丸から追放して幕政の再建に着手したのであった(68)。

もう一人注意されるのは、大奥の最後を飾った老女（御年寄）・瀧山のことである。彼女は、大老の井伊掃部頭直弼と組んで将軍・家茂の擁立にも成功したけれども、最大の功績は、慶応四年（一八六八）の四月、江戸城明け渡しに際して、絶対に退去を拒む天璋院を巧みに説得し、かつ大奥数百名の女中たちの身の振り方を円滑に処理したことである。江戸開城後は川口（埼玉県川口市）に隠居し、静かな晩年を過ごして、明治九年（一八七六）一月十四日、七一歳で生涯を閉じたのであった(69)。

ところで、寛政年間の大奥女中の一覧であるが、役人といわれる女中の三字名、その他の二字名は、江戸時代後期にいたっても変わらなかった。上﨟年寄には京都風の名、すなわち、

常盤井、三室、岩橋、飛鳥井、萬里小路《までの》、花園、歌橋、梅野井、豊原

などがあり、それらは通名として人がかわっても用いられた。御年寄は、三字名を原則としていたけれども（大崎、瀧山のように）、一覧表には、まんという二字名の御年寄の名も見られる。『温恭院殿御実紀』の安政三年（一八五六）十二月二十七日条には、特別に時服を賜うた大奥女中として、左の六人の名が記されている。

御台様附老女　常盤井
千街
初瀬
つぼね
表使　福田
川岡

右のうち、常盤井は上﨟御年寄、千街《ちまち》、初瀬、つぼねは御年寄である。仮名三文字のつぼねは、上記のまんと同様、例外的な名である。

『甲子夜話』には、御台所（家齊の正室の藤原寔子）が寛政元年（一七八九）十一月二十五日、著者の松浦壹岐守清に宛てた奉書が掲げられている(70)。この奉書の連署人は、

①高をか
②常盤井
③萬里小路
④たき川
⑤野むら
⑥高はし

の六名であった。うち①～③は、上﨟御年寄、④～⑥は、御年寄である。三字名は、ここでは仮名交りで書かれている。

なお、たき川という名であるが、江戸、吉原の扇屋には、瀧川という才たけた女がいた(71)。
前記の廣大院寔《ただ》子に仕え、信頼を得ていた上﨟御年寄に花町という女性がいた。天保十五年（一八四四）の五月十日の早暁、千代田城の本丸が炎上した。このとき、将軍・家慶も廣大院もいちはやく避難したが、廣大院から花町の安否を見て参れといわれた御中﨟のてやは、長局に部屋子二人（ひことたつ）とともに駆け戻ったけれども、花町の部屋のあたりはすでに火炎に包まれており、救出は不可能であった。しかしてやと部屋子二人は、敢然として燃えている部屋に飛び入り、壮烈な焼死を遂げた。てやは、奥医師・桂川甫賢（一七九七～一八四四）の娘であって、名をせとといい、まだ一六歳の少女であった。桂川家の資料を引き継いだ今泉家には、てやの焼死の様子を伝えた上﨟御年寄・袖村と女中のかのの甫賢に宛てた手紙が残っている(72)。桂川家の墓所(73)には、てやの墓を真中にしてその左右に部屋子二人の小さい墓石が営まれている。なお、てやもかのも、本丸における女中の通名であり、本名ではなかった。

図 108　桂川勢登（奥女中おてや）絵姿　（今泉純一氏所蔵）

ところで、幕府の奥医師・桂川甫三國訓《のり》（一七三〇～一七八三）は、千代田城の本丸や西の丸のみならず、御守殿《ごしゅでん》（三位以上の大名に嫁いだ将軍の息女の江戸屋敷における居殿）にも出入し、奥女中を診察した。彼が記入した『診療日記』は、宝暦六年（一七五六）分が今に伝えられている(74)。これから奥女中たちの名を抽出してみると、以下のとおりである（順序不同。接頭語の「お」は省略しない）。

りつ　おませ　こず衞　とみ岡　しののめ　おきつ　瀧野　ちうぶ　八ッ橋　小いさ　おたみ　およの　おこよ　とみ治　まつ風　なみ治　お八重　おきち　おきう　おとり　とこ夏　おたに　のぶ　雲井　おきて　さつき　てや　おひさ　おさ衞　おほの　りん嘉　關治《せきじ》　とめ次《じ》　おとゐ　かよひ路《じ》　おきく　おかじ　おたね　おみわ　おせよ　おきよ　おたゐ　かしわ木　みぎは　くれない《ママ》

大奥女中の名の一斑は、右によって察知されよう。またてやが大奥女中の通名の一つであったことも、頷かれよう。江戸の新吉原や京都の島原の遊女たちは、しばしば大奥女中の雅名にならった源氏名をもっていた。一方、大奥女中では、御中居以下の下級女中に限って雅名が用いられたことは、一覧表に歴然と示されている。なかには、純粋な（本来の）源氏名も見受けられる（桐壺、空蟬、野分、梅が枝、浮橋、

図109　典侍・源嗣子の自署（『心おぼえ』の原本より）

等々）。これらの雅名は、古い伝統に由来するが（二六二頁）、三文字、四文字を常とし、二文字名はみられなかった。

なお、大奥の女中名が役の変更によって変わることは、上述したとおりである。

和宮の女中　ところで、和宮付きの女中の名と俸禄については、幸いにも徳川幕府文書に好史料が見られる。(75) 全員の歴名は、附録に掲げておいたので、それを御覧いただきたいが、さまざまな型の女中名が入り混っていることが指摘される。いまそれらの女中名のうちから、いえのよを型と小××型のものを抽出してみよう。

え　きぬえ　園江　松枝

の　袖野　藤野　八重野

よ　る代

を　岩尾　もし尾

小　小菊

なお、和宮の生母・観行院（俗名は、藤原經子、一八二六～一八六五）は、橋本家の権大納言・實久（一七九〇～一八五七）の第五女であった。宮に随従して江戸にあったが、慶応元年八月、江戸城において卒した。『観行院手留』(76)を後世に遺している。

また、『女中分限帳』に、『静寛院宮御側日記』(77)を遺した庭田家の宰相典侍・源嗣子（一八二〇～一八六七）の名が見えぬのは、嗣子が身分の高い女官であり、幕府大奥の女中ではなかったためであろう。

武家の女性名

(一)　大名の場合

江戸時代後期における大名の女性名は、漢字で記されるのが原則であったが、接頭語として阿、於を用いる習いはすたれ、接尾語の姫を用いる風が一般化した。しかし名そのものは、庶民（町人や工匠、百姓）と大して変わらなかった。

一橋徳川家の女性　御三卿（一橋、田安、清水）は、徳川将軍家（宗家）の別家であって、大名ではなかった。したがって領地はなく、ただ賄料一〇万石を受けるにとどまった。ここでは、便宜上、大名に準じて取扱う。

一橋徳川家は、しばしば男系の子孫を欠き、近い親族から養子を迎えたため、その系図はかなり複雑なものとなっている。いま『一橋徳川家関係系譜』(78)や『昭和新修華族家系大成』（下巻）によって同家の女系図を作成してみると、別掲のとおりである。女子に関しては、すべて接尾語の姫が付されている。古代はともかく、江戸時代の上流社会の女性の名につく姫は、

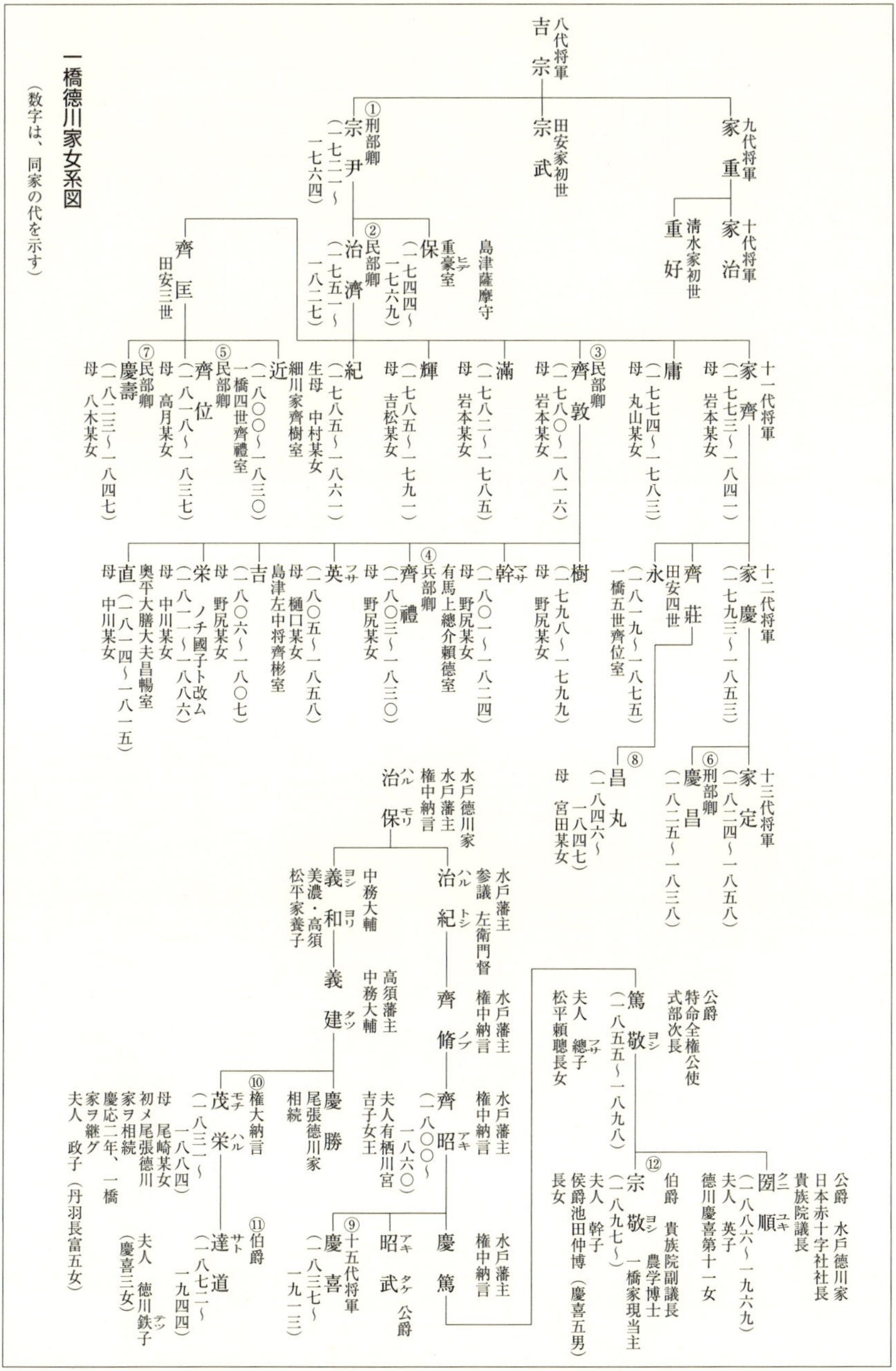
一橋徳川家系図
(数字は、同家の代を示す)
八代将軍 吉宗
①刑部卿 宗尹 (一七二一〜一七六四)
田安家初世 宗武
九代将軍 家重
十代将軍 家治
清水家初世 重好
②民部卿 治済 (一七五一〜一八二七)
保 (一七四四〜一七六九) 島津薩摩守 重豪《ヒデ》室
斉匡 田安三世
十一代将軍 家斉 (一七七三〜一八四一) 母 岩本某女
庸 (一七七四〜一七八三) 母 丸山某女
③民部卿 斉敦 (一七八〇〜一八一六) 母 岩本某女
満 (一七八二〜一七八五) 母 岩本某女
輝 (一七八五〜一七九一) 母 吉松某女
紀 (一七八五〜一八六一) 生母 中村某女 細川家斉樹室
近 (一八〇〇〜一八三〇) 一橋四世斉禮室
⑤民部卿 斉位 (一八一八〜一八三七) 母 高月某女
⑦民部卿 慶壽 (一八二三〜一八四七) 母 八木某女
十二代将軍 家慶 (一七九三〜一八五三)
斉荘 田安四世
永 (一八一九〜一八七五) 一橋五世斉位室
樹 (一七九八〜一七九九) 母 野尻某女
幹《マサ》 (一八〇一〜一八二四) 母 野尻某女 有馬上總介頼徳室
④兵部卿 斉禮 (一八〇三〜一八三〇) 母 野尻某女
英《フサ》 (一八〇五〜一八五八) 母 樋口某女 島津左中将斉彬室
吉 (一八〇六〜一八〇七) 母 野尻某女
栄 (一八一一〜一八八六) ノチ國子ト改ム 母 中川某女 奥平大膳大夫昌暢室
直 (一八一四〜一八一五) 母 中川某女
十三代将軍 家定 (一八二四〜一八五八)
⑥刑部卿 慶昌 (一八二五〜一八三八)
⑧昌丸 (一八四六〜一八四七) 母 宮田某女
水戸徳川家 水戸藩主 権中納言 治《ハル》保《モリ》
水戸藩主 参議 左衛門督 治《ハル》紀《トシ》
中務大輔 義《ヨシ》和《ヨリ》 美濃・高須 松平家養子
水戸藩主 権中納言 斉脩《ノブ》
高須藩主 中務大輔 義建《タツ》
水戸藩主 権中納言 斉昭《アキ》 (一八〇〇〜一八六〇) 夫人有栖川宮吉子女王
尾張徳川家相続 慶勝
⑩権大納言 茂《モチ》栄《ハル》 (一八三一〜一八八四) 母 尾崎某女 初メ尾張徳川家ヲ相続 慶応二年、一橋家ヲ継グ 夫人 政子 (丹羽長富五女)
⑪伯爵 達《サト》道 (一八七二〜一九四四) 夫人 徳川鉄《テツ》子 (慶喜三女)
水戸藩主 権中納言 慶篤
昭《アキ》武《タケ》 公爵
⑨十五代将軍 慶喜 (一八三七〜一九一三)
公爵 特命全権公使 式部次長 篤敬《ヨシ》 (一八五五〜一八九八) 夫人 總《フサ》子 松平頼聰長女
公爵 水戸徳川家 日本赤十字社社長 貴族院議長 圀《クニ》順《ユキ》 (一八八六〜一九六九) 夫人 英子 徳川慶喜第十一女
⑫伯爵 貴族院副議長 農学博士 一橋家現当主 宗敬《ヨシ》 (一八九七〜) 夫人 幹子 侯爵池田仲博 (慶喜五男) 長女

単なる接尾語であるから、この女系図では省略に従った。

一橋徳川家では、子のつく女性名はほとんど見られなかった。三代・齊敦の五女の栄は、文政十二年（一八二九）、奥平大膳大夫昌暢《のぶ》（一八〇九～一八三二）に嫁し、明治十九年九月、七六歳で逝去した。彼女は國子と名乗っていたが、おそらく「壬申戸籍」が作られる際（明治五年）、栄という字《あざな》を廃し、國子に改めたのであろう。なお、昌暢の父・昌高の正妻(79)（昌暢の実母か否か未詳）は、八千代（一八〇一没）といったが、こうした三文字の名は、大名家の女性名としては珍しい方である。総じて一橋徳川家の女子の名には、むずかしい漢字は使用されていない。訓みに関しては、幹はマサである。樹の訓みは未詳であるが、シゲ、タツ、ムラなどが考えられる。

島津家の女性　江戸時代における薩摩藩主・島津家の女系図は、『島津氏系図』(80)の巻之二と三、および『しらゆき』(81)などから作成することができる。この家門の女性名は、江戸時代を通じて、大勢に準じつつ変化し、混成古代的な名（龜松、鶴千代）から仮名二文字型の名（於辰、於虎、等々）を経て、近代的な子型名にいたる変遷をたどっている。袈裟千代は、典型的な混成古代の名であるが、九州南部の島津家領（日向國南部、種子島などをふくむ）には、人名―男女とも―に袈裟が長く遺って近代にいたっていることは、前にも触れたとおりである（二七二～二七四頁）。大久保利通（一八三〇～一八七八）も、幼名を正袈裟といった。江戸末期においてその孝行のゆえに藩主より褒美を賜わった女性の中にけさ（薩摩國日置郡串木野郷）、龜松（大隈國始良《あいら》郡西國分村）、夏菊（大隈國噌唹《そお》郡財部村）の名が見られるが(82)、それらはこの方面に混成古代的な名や袈裟という名が永く残存していたことを指証している。なお、夏菊の養子の名は、袈裟次郎といったとのことである。

江戸前期の島津家の女性の名は、もっぱら「於《お》型」であって、漢字一文字で表わされることが多く、二文字の例（喜代、奈百《お》など）は少ない。後期になると、一般大名や将軍家なみに、接尾語の姫字を付して呼ぶようになった。二十五代・重豪の娘の於篤《あつ》は、近衛家の右大臣・經熙の養女となって諱を寔《ただ》子と称したが、将軍・家齊の簾中となるにおよんで字《あざな》・茂姫を賜わったことは、すでに述べた。寔子は、歴代将軍の御台所のうち最も幸運であったし、また文才に恵まれていた。二十八代の齊彬は、娘に暐《てる》姫というむずかしい字を用いている。図110は、彼の娘たち三人の遺影であるが、これは安政五年（一八五八）に齊彬みずからが撮影したもので、日本に現存する最古の湿板写真といわれている(83)。なお、江戸幕府の最後を飾った天璋院が齊彬の養女・篤姫であることは、上述したとおりである。

二十九代・忠義の娘たちに関しては、島津家の記録によると(84)、早世した人は×姫であり、明治五年以後まで生きていた人は、×子とされ、そこに姫から子への急激な転換が認められる。

なお、「お由羅騒動」で有名なゆら（由良、由羅）の名は、わりに珍しい部類に属する。彼女は、もと江戸四國町の大工の娘とも、あるいは兩國あたりの船宿の娘ともいい、その素姓は明白でない。遊芸が巧みで、江田の島津藩邸の奥向きに奉仕している間に齊興の手がついて久光を産んだのであった。(85)齊彬の母は、齊興の正室で、鳥取藩主・池田相模守治道の次女の周子《かね》（一七九一～一八一〇）であったが、二〇歳で没した。それもあって齊興は、若いゆらを溺愛していたのである。

松平家（明石）の女性　播磨國の明石藩主であった松平家を例にとることとし、『明石藩主松平家系譜』(86)や『昭和新修華族家系大成』（下巻）などによって女系図を作成してみた。この系図で注意されるのは、直明の二人の娘が帯びた「伊達《いたて》」、「爾伊《にい》」という名である。このはなはだ変わった名のうち「伊達」は、播磨國飾磨郡伊達《いたて》郷の射楯《いたて》神社（姫路市本町）に因んだ名である。「爾伊」の方は、爾比都比賣《にひつひめ》(87)に由来するものかと臆測されるけれども、委細は未詳である。その他の名は、音は普通であるが、ままむずかしい漢字が使用されている（彝《つね》、枻《せつ》、睶《しゅん》）。漢字は、音と訓で読み、一定の方式はなかった。

西宮市、辰馬本家酒造(88)の辰馬吉左衛門（一八六八～一九四三）社長の夫人となった任男《にを》という女性は、明治十四年の生まれであるが（昭和三十七年没）、他に例をみない名である。拾《じふ》は、大名クラスの女性名としては少ない方である。他方、長《なが》は、長寿に因んだ名であろうが、大名の娘たちにはよくみられた名である。

図110　島津家の齊彬の息女たち　左より：典姫（四女）（男爵島津珍彦夫人，1852～1903）；暐姫（三女）（公爵島津忠義先妻，1851～1869）；寧姫（五女）（公爵島津忠義後妻，1853～1873），現存する日本最古の湿板写真（安政5年〔1858〕齊彬撮影，『しらゆき』より）

牧野家の女性　牧野家の女系図を『牧野家家史』（前記）や『昭和新修華族家系大成』（下巻）によって作成して掲げた（三三五頁参照）。牧野家について注意されるのは、江戸の三田に存する済海寺（東京都港区三田四丁目）の同家の墓所が発掘調査され、藩主や正室らの遺骨が明るみに出たことである。(89)図111は、八代・忠寛の正室・大岡長《なが》（寛政元年九月十六日没）の頭骨であるが、後頭部には、二〇〇年も経っているにもかかわらず、髷の残存が見られた。この遺骨は第10号墓から発見されたもので、墓壙の上にはりっぱな宝篋印塔が樹っていた。

島津家女系図

（組版の都合上，部分的に生没年を省略した。）

⑱ 光久　従四位上（一六一六～一六九四）薩摩守　左中将

- ⑲ 綱久（一六三二～一六七三）薩摩守　侍従　母　伊勢大隅貞豊娘
- 於満（一六三四～一六五二）母　綱久ニ同ジ　島津右馬頭久雄室
- 於辰（一六四〇～一六九〇）母　松澤八右衛門娘　島津美作久憲室
- 於西（一六五五～一七三一）母　黒田友右衛門頼清娘
- 於虎（一六五五～一六八二）母　新納左衛門忠頼娘　島津又十郎忠興室
- 於龜（一六五七～一七三一）母　於虎ニ同ジ　入來院隼人重治室
- 萬鶴（一六六一～一七三四）母　家女房　北郷次郎忠昭室
- 千龜（一六六一～一七三二）母　家女房　伊勢兵部貞顯室
- 於長（一六六一～一七三九）母　有馬新左衛門紀實娘　島津図書久洪室
- 虎鶴（一六六三～一六八二）母　於虎ニ同ジ　島津内記久文室
- 於鶴（一六六六～一七一一）母　平松中納言時庸娘　織田因幡守信盛室
- 千代鶴（一六六六～一六八四）母　家女房　桂外記忠昶室
- 千代松（一六六七～一六八七）種子島弾正伊時室
- 鶴千代（一六六八～一七三三）母　家女房　穎娃主膳久明室
- 安千代　母　玉利重親娘　肝付帯刀兼柄室
- 袈裟千代　種子島弾正伊時後妻
- 龜松　母　家女房　島津源次忠侔室
- 龜千代　母　家女房
- 德鶴　母　家女房　北郷作左衛門久嘉室

⑲ 綱久

- ⑳ 綱貴（一六五〇～一七〇四）薩摩守　左中将
- 女子（一六五三～一六八二）酒井靫負佐忠隆室
- 女子（一六六八～一七〇八）鳥居播磨守忠救室

⑳ 綱貴

- ㉑ 吉貴（一六七四～一七四七）母　於妻ニ同ジ　薩摩守　左中将
- 於松（一六七九～一七四五）実父　島津図書久洪　母　島津大隅守光久娘ノ於長　島津淡路守惟久室
- 龜姫（一六八九～一七〇五）母　江田五兵衛國重娘　近衛関白家久室
- 於菟　マタハ於榮（一六九八～一七七一）母　龜姫ニ同ジ　松平飛騨守定英室
- 於奈百《ナオ》（一七〇一～一七一九）母　龜姫ニ同ジ　島津藤次郎久智室
- 於妻（一七〇三～一七四五）母　二階堂源右衛門行格娘　町田剛九郎久儔室
- 於剛（一七〇三～一七一二）母　龜姫ニ同ジ　桂大七郎久音室

㉑ 吉貴

- ㉒ 繼豊（一七〇一～一七六〇）大隅守　左中将
- 於糸　マタハ於喜代（一七〇三～一七五九）実父　鳥居播磨守忠救　母　第十九代　綱久ノ娘　初メ牧野備後守成央室　ノチ阿部伊勢守正興室
- 幹姫（一七〇四～一七一四）母　松平越中守定重娘　実母　名越右膳恒渡妹
- 於久　マタハ於巖（一七一〇～一七九〇）母　名越恒渡妹　島津大学久章室
- 於弘（一七二四～一七二六）母　相良大蔵長賢娘
- 德姫（一七三七～一七五六）母　郷田兼近娘
- 於民（一七四〇～一七七七）母　近藤三左衛門嘉包娘　伊勢貞矩室
- 於供（一七四七～一七五四）母　於民ニ同ジ　島津筑後守久茂ノ嫡子　島津岩袈裟許嫁

㉒ 繼豊

- ㉓ 宗信（一七二八～一七四九）薩摩守　左中将
- 於貞（一七二九～一七五五）母　澁谷貫臣娘　実母　四本仲兵衛爲規娘
- ㉔ 重年（一七二九～一七五五）薩摩守　左少将
- 於鐘（一七三〇～一八〇三）母　於貞ニ同ジ　肝付弾正兼伯室
- 於鐵（一七三一～一八一九）母　於鐘ニ同ジ
- 菊姫（一七三三～一八〇八）母　繼豊繼室・竹姫（清閑寺大納言熈定娘）
- 於就（一七三四～一七三五）母　伊知地季鄰娘

㉕重豪《ヒデ》（一七四五〜一八三三）
従三位
薩摩守
左中将

悟姫（一七六三〜一七六四）
母 徳川宰相宗尹娘

敬姫（一七七〇〜一七八八）
母 甘露寺大納言矩長娘

寔《タダ》子（一七七三〜一八四四）
母 市田貞行娘
初メ於篤 近衛右府經熙養女トナリ、字ヲ茂姫、諱ヲ寔子トイフ
将軍・家齊簾中廣大院

㉖齊宣（一七七三〜一八四一）
母 堤中納言代長娘

於厚（一七七六〜一七七八）
母 於篤ニ同ジ

於克（一七七六〜一七七八）
母 齊宣ニ同ジ

於陽（一七七八〜一七八五） マタハ牧姫
母 齊宣ニ同ジ

明姫（一七七四〜一八一二） マタハ雅姫
実父 島津兵庫久徽
母 島津釆女久芳娘

冨姫
母 谷周右衛門政相娘

壽姫 マタハ孝姫
母 冨姫ニ同ジ
松平越中守定和室

㉗齊興（一七八九〜一八五九）
母 丹羽加賀守長祥妹
実母 須山和大夫則勝娘
本多下總守廉禎室

操姫（一七九五〜一八三四）

於隣《チカ》 マタハ於隣《ムラ》（一七九七〜一八六五）
種子島久道室

英姫 マタハ籌姫（一七九九〜一八〇二）
母 鈴木勝直娘

祀姫 マタハ隨姫（一八〇一〜一八七六）
母 操姫ニ同ジ
実母 中根半平正房娘
島津飛驒守忠徹室

於美壽（一八〇二生、夭折）
母 林安右衛門昌世妹

信順（一八一三〜一八七二）
遠江守

於朝
母 渡辺某女
津讃岐守貴敦室

種姫（一八一四〜一八五五）
母 關金藏有冨娘
戸田左門氏正室

定姫 マタハ豊姫、淑姫（一八一五〜一八六四）
母 田上莊司則照娘
松平甲斐守保興室

貢姫
母 定姫ニ同ジ
戸澤能登守正令室

於竝 マタハ立姫
母 市田出雲守盛常娘
水野甲斐守忠實室

㉘齊彬《アキラ》（一八〇九〜一八五八）
母 周子 池田相模守治道娘
薩摩守 左中将

郁姫 ノチ興子（一八〇七〜一八五〇）
実父 第二十六代齊宣

順姫（一八一三〜一八九一）
母 齊彬ニ同ジ
実母 關根助右衛門常忠娘
本多隠岐守康融室

祝姫（一八一五〜一八九一）
母 順姫ニ同ジ
山内土佐守豊熙室

定姫 マタハ智姫（一八一五〜一八一六）
母 岡田小藤次利友妹ノ由良

於長 マタハ長姫、苗姫、總《サト》姫、總《トシ》姫（一八〇二〜一八七二）
母 操姫ニ同ジ
実母 青木休右衛門盛晈娘
阿部飛驒守正篤室

於郁 マタハ郁姫（一八〇七〜一八五〇）
第二十七代齊興養女

於寳（一八〇八〜一八一五）
母 郁姫ニ同ジ

閑姫 マタハ勝姫 齊興ノ養女トナル（一八一二〜一八一五）
母 佐藤某女

瑞姫（一八一九〜一八二〇）
母 島津樵嵐久尹養女

寵姫（一八二九〜一八六〇）
母 同右
大久保加賀守忠愨室

篤姫 ノチ敬子（一八三五〜一八八三）
実父 島津安藝守忠剛
母 島津助之丞久丙娘
近衛関白忠熙養女
将軍家定繼室 天璋院

㉙忠義（一八四〇〜一八九七）
実父 分家・久光
齊彬養子 公爵

澄姫（一八三七〜一八四〇）
母 酒井飛驒守忠藎娘

邦姫（一八三八〜一八四〇）
母 澄姫ニ同ジ

暐《テル》姫（一八五一〜一八六九）
母 徳川中納言齊敦娘
実母 伊集院兼珍娘
第二十九代忠義室

久光（一八一七〜一八八七）
左大臣
母 定姫ニ同ジ

濤姫（一八三〇〜一八三二）
母 西良岱成駿娘

寧《ヤス》姫（一八五三〜一八七九）
第二十九代忠義継室

典姫（一八五二〜一九〇三）
母 暐姫ニ同ジ
島津忠鑑室

㉚忠重（一八八六〜一九六八）……
公爵 海軍少将
母 山崎捨（寿満子）

房姫（一八六九〜一八七一）
母 島津暐姫

清子（一八七一〜一九一九）
母 忠重ニ同ジ
侯爵 黒田長成室

充《ミチ》子（一八七三〜一九五八）
母 清子ト同ジ
侯爵池田詮《ノリ》政室
ノチ伯爵松平直亮《アキ》室

常《ヒサ》子（一八七四〜一九三八）
母 清子ニ同ジ
山階宮菊麿王室

知子（一八七五〜一九五三）
母 清子ニ同ジ
伯爵徳川達孝室

普《カネ》姫（一八七六〜一八七八）
母 清子ニ同ジ

貞子（一八七八〜一九七四）
母 清子ニ同ジ
伯爵久松定謨《コト》室

俔《チカ》子（一八七九〜一九五六）
母 清子ニ同ジ
久邇宮邦彦王室

和姫（一八八一〜一八八四）
母 清子ト同ジ

正《ナホ》子（一八八五〜一九六三）
母 清子ト同ジ 公爵徳川家正室

為子（一八九八〜）
母 菱刈久（定近娘） 侯爵徳川頼貞室

松平家（明石）女系図

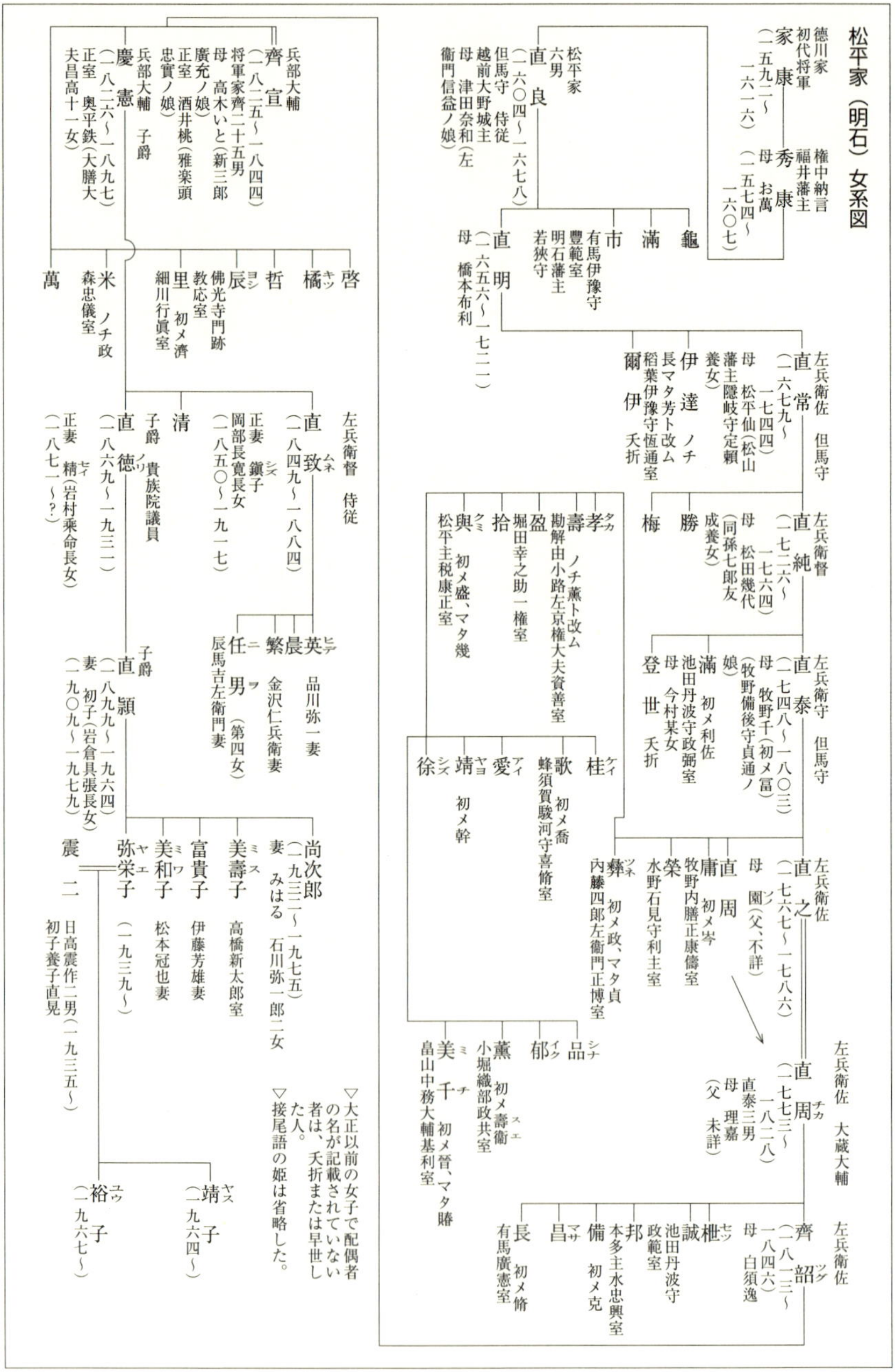

徳川家 初代将軍
家康（一五四二〜一六一六）
権中納言 福井藩主
秀康（一五七四〜一六〇七）
母 お萬
松平家 六男
直良（一六〇四〜一六七八）
但馬守 侍従
越前大野城主
母 津田奈和（左衛門信益ノ娘）
龜
滿
市
有馬伊豫守豊範室
明石藩主 若狭守
直明（一六五六〜一七二一）
母 橋本布利
左兵衛佐 但馬守
直常（一六七九〜一七四四）
母 松平仙（松山藩主隠岐守定頼養女）
伊達 ノチ長マタ芳ト改ム
稲葉伊豫守恒通室
爾伊 夭折
左兵衛督
直純（一七二六〜一七六四）
母 松田幾代（同孫七郎友成養女）
勝
梅
孝《タカ》
壽 ノチ薫ト改ム
勘解由小路左京権大夫資善室
盈 堀田幸之助一権室
拾
與《クミ》 初メ盛、マタ幾
松平主税康正室
左兵衛守 但馬守
直泰（一七四八〜一八〇三）
母 牧野千（初メ冨）（牧野備後守貞通ノ娘）
滿 初メ利佐
池田丹波守政弼室
登世 母 今村某女 夭折
桂《ケイ》
歌 初メ喬
蜂須賀駿河守喜侑室
愛《アイ》
靖《ヤヨ》 初メ幹
徐《シズ》
左兵衛佐
直之（一七六七〜一七八六）
母 園《ソノ》（父、不詳）
直周 初メ岑
庸 牧野内膳正康儔室
榮 水野石見守利主室
彝《ツネ》 初メ政、マタ貞
内藤四郎左衛門正博室
品《シナ》
郁《イク》
薫 初メ壽衛《スエ》
小堀織部政共室
美千《ミチ》 初メ晉、マタ睇
畠山中務大輔基利室
左兵衛佐 大蔵大輔
直周《チカ》（一七七三〜一八二八）
直泰三男
母 理嘉（父 未詳）
左兵衛佐
齊韶《ツグ》（一八〇三〜一八四六）
母 白須逸
柢《セツ》
誠
池田丹波守政範室
邦 本多主水忠興室
備 初メ克
昌《マサ》
長 初メ脩
有馬廣憲室
兵部大輔
齊宣（一八二五〜一八四四）
将軍家齊二十五男
母 高木いと（新三郎廣充ノ娘）
正室 酒井桃（雅楽頭忠實ノ娘）
兵部大輔 子爵
慶憲（一八二六〜一八九七）
正室 奥平鉄（大膳大夫昌高十一女）
啓
橘《キツ》
哲
辰《ヨシ》
佛光寺門跡教応室
里 初メ濟
細川行眞室
米 ノチ政
森忠儀室
萬
左兵衛督 侍従
直致《ムネ》（一八四九〜一八八四）
正妻 鎭子《シズ》
岡部長寛長女
（一八五〇〜一九一七）
清
子爵 貴族院議員
直徳《ノリ》（一八六九〜一九三一）
正妻 精《セイ》（岩村乘命長女）
（一八七一〜？）
英《ヒデ》 品川弥一妻
晨
繁 金沢仁兵衛妻
任《ニ》男《ヲ》（第四女）
辰馬吉左衛門妻
子爵
直顥（一八九九〜一九六四）
妻 初子（岩倉具張長女）
（一九〇九〜一九七九）
尚次郎（一九三一〜一九七五）
妻 みはる 石川弥一郎二女
美壽子《ミス》 高橋新太郎室
富貴子 伊藤芳雄妻
美和子《ミワ》 松本冠也妻
弥栄子《ヤエ》（一九三九〜）
震二 日高震作二男（一九三五〜）
初子養子直晃
靖《ヤス》子（一九六四〜）
裕《ユウ》子（一九六七〜）
▽大正以前の女子で配偶者の名が記載されていない者は、夭折または早世した人。
▽接尾語の姫は省略した。

牧野家（長岡藩主）女系図②

⑤民部少輔 土佐守 忠周（一七二一〜一七七二）

忠壽ニ女 直

⑥忠敬《ヨシ》（一七二九〜一七四八） 駿河守 忠周養子 父 牧野備後守貞通 母 松野肥前守篤信ノ娘ノ路久

⑦忠利（一七三二〜一七五五） 駿河守 母 本庄里代（側室） 正室 本多隠岐守多康ノ娘ノ逸 側室 神山佐知（同文太夫ノ娘）

⑧駿河守 忠寛（一七三六〜一七六六） 初メ牧野備後守貞通ノ養子。ノチ実家ヲ継グ 母 側室茂勢（マタ古及トモ） 正室 大岡長（出雲守忠光ノ娘。寛政元年九月十六日没。法名ハ、俊光院殿明譽照触浄身大姉）

歌（初メ茂、逸、豊マタ千代） 永井飛騨守直珍室

幸（初メ隆マタ弘）

三女 鏐（初メ釵）

⑨備前守 侍従 老中 忠精《キヨ》（一七六〇〜一八三一） 母 大岡長 正室 青山満勢（下野守忠高ノ娘） 側室 刈藻 菅浦 利津

一女 幸（マタ利） 実父 牧野備後守貞通

二女 庸（マタ照） 実父、幸ト同ジ

河内守 忠鎮《ツネ》（一七八七〜一八〇八） 正室 松平壽《トシ》（老中・定信ノ娘）

⑩玄蕃頭 備前守 老中 忠雅（一七九九〜一八五八） 母 青山満勢 正室 大久保逸（初メ祥）。出羽守忠眞ノ娘 側室 加與、佐奈、久美、須賀

一女 お葉

二女 滿《ミツ》（マタ屋織、輝、榮）

三女 錬

四女 釧（マタ鈴）

五女 釭（マタ鉒）

六女 壽 実父ハ老中・定信 初メ忠鎮室。ノチ養女トシテ内藤豊前守信敦ニ配ス

七女 榮 実父 牧野播磨守忠義

一女 鐵 夭折

二女 千遠 夭折

三女 籌《カズ》 実父 太田備中守資始 忠恭正室

⑪玄蕃頭 老中 忠恭《ユキ》（一八二四〜一八七八） 実父ハ、老中松平和泉守乗寛 慶応四年、官軍ニ抗シ、謹慎ヲ命ジラレタ

四女 鈴 夭折

⑫玄蕃頭 駿河守 忠訓《クニ》（一八四四〜一八七五） 実父 本莊伯耆守宗秀 慶応四年、官軍ニ抗シ、領地ヲ召上ゲラル

三女 彝《ツネ》子 忠訓正室

四女 鍼 夭折

五女 磯 夭折

六女 稻

七女 總《フサ》

⑬忠毅（一八五九〜一九一八） 正室 牧野清子（父ハ、牧野遠江守康哉）

八女 好子

九女 美子

⑭子爵 貴族院議員 忠篤（一八七〇〜一九三五） 夫人 板倉益子 離縁 夫人 鍋島茂子（一八八五〜一九二〇） 夫人 藤堂鍟《トウ》子（一八八二〜一九六三）

⑮子爵 貴族院議員 忠永（一九一一〜一九七六） 実父 西尾乘統 夫人 元《ハツ》子 高倉永則ノ娘

⑯忠昌《マサ》（一九四一〜）

忠央《ナカ》（一九四七〜）

牧野家の女性名には、特記すべき異色は見受けられない。ただ名の表記にむずかしい金偏の漢字を用いる趣向（釧《せん》、錬、鏐、鍼、鉒）は、この一家でも顕著である。明石の松平家でも、牧野家の場合でも、ラ行音の女性名（路久、利津、理嘉、利佐）は、漸増の傾向にある。忠精の一女がお葉と記されているのは、興味深い。千遠《ちを》というのは、稀なようにみえて、実はおりおり見いだされる名である。

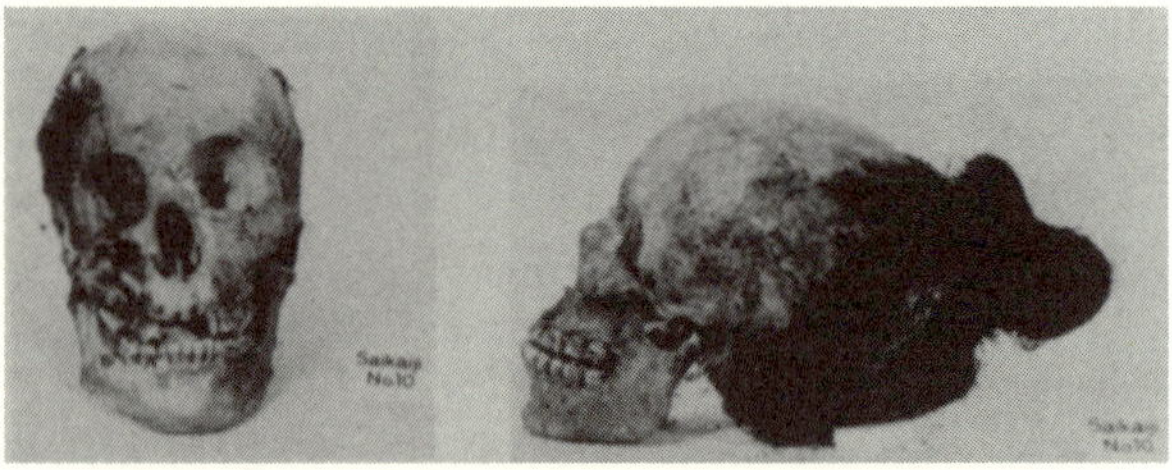

図 111　大岡長（牧野駿河守忠寛室）の頭骨，済海寺（東京都港区三田4丁目）牧野家墓所第10号墓に埋納（『港区三田済海寺長岡藩主牧野家墓所発掘調査概報』〔昭和58〕より）

佐竹家の女性　甲斐源氏に出自した佐竹家は、幾多の難関を切り抜け、よく風雪に堪えて平安時代後期から現代までつづいた名門である。慶長五年の関ヶ原の戦の際、第二十一代の義宣（一五七〇～一六三三）は西軍にひそかに気脈を通じたため、減封のうえ、常陸より出羽の久保田（秋田）に遷封された。(90) 明治維新に際しては、官軍に呼応し、功によって第三十二代・義尭《よしたか》（一八二五～一八八四）は侯爵を授けられた。江戸時代における佐竹家の女系図は、ほぼ左のようである。(91)

佐竹家の女性の名は、大名たちの女性名と同様に、漢字で記され、それを訓読み（市、鍋、壽《ひさ》、宣、等々）ないし音読み（久、順、滿《まん》）した。少数ながら美代、嘉代、利瑳《りさ》のような字音読みも混っているが、訓読み、字音読みの際は二音節、音読みの際は二音ないし三音節であって、他の大名たちの女性と差異は認められない。漢字の訓読みの場合には、公卿訓みも盛んに行われた（賀《よし》、幸《たか》、鋭《とし》の類）。

注意をひくのは、第二十八代・義敦（一七四八～一七八五）の妾の町《まち》である。彼女は、武藏國埼玉郡粕壁村（現在、埼玉県春日部市粕壁）の三木宇平太を父として生まれ、北川治郎衛門善光が養育した。北川は、佐竹家の藩士であったらしい。彼女は、二〇歳ごろ、おそらく女中として義敦の許に上がり、安永三年（一七七四）正月十二日、秋田城において男子を死産した。翌年正月一日、江戸、下谷の佐竹邸において男子を産んだ。安永七年（一七七八）十二月二十五日、義敦の正妻の松平賀《よし》（貞明院）は、この男子、すなわち直丸を養子とした。その前年四月六日、町は女児（名は宣《のぶ》）を江戸で産んでおり、佐竹家における彼女の地位は確立された。直丸を産んだ月の翌二月一日、町は中老に取り立てられ、名を花枝と改めていたが、安永七年にいたって彼女は老女を命じられ、名を清瀧と改め、江戸邸の奥を取締まることとなった。天明五年（一七八五）四月二十五日、世子・直丸は元服して義和《まさ》と名乗った。同年六月一日、義敦は江戸の下谷邸で没し、翌七

佐竹家女系図

義処《スミ》㉓（一六三七～一七〇三）左近衛権少将
妾 谷 清《キヨ》
布施隆《タカ》 初メ名佐津

- 義格㉔（一六九四～一七一五）侍従
- 市《イチ》（一六六八～一六七二）
- 亀（一六七〇～一六七五）
- 義苗《ミツ》（一六七一～一六九九）妻 徳川育《イク》
- 鍋《ナベ》（一六七五～一六七六）
- 清（一六七九～一六八〇）
- 久《キュウ》（一六八九～一七三二）黒田隠岐守長範妻
- 源《ゲン》（一六九七～一七〇三）
- 順《ジュン》（一七〇三～一七二二）松平出羽守宣維室
- 義峯㉕（一六九〇～一七三二）左近権少将 妻 黒田利《トシ》 安田保野 妾 永田伊與

義峯の子
- 義堅《カタ》（一六九三～一七四二）実父 佐竹式部少輔義眞《オキ》 修理大夫 妻 有馬美代 妾 野口佐和
- 與禰（一七二〇～一七八六）ノチ照ト改ム 松平隠岐守定喬室
- 常（一七二一～一七四四）ノチ冨ト改ム 松平丹波守光雄室
- 阿久里（一七二九～一七四八）ノチ直ト改ム 佐竹家二十七世義明室
- 壽《ヒサ》（一七三四～一七九八）松浦壹岐守守邦室

義堅 ― 義眞《マサ》㉖（一七三一～一七五三）侍従 妻 松平揚《ヨウ》
― 義明《ハル》㉗（一七二三～一七五八）実父 佐竹壱岐守義道 右京大夫 妻 佐竹阿久里（前掲）
― 義敦㉘（一七四八～一七八五）侍従 妻 松平賀《ヨシ》 妾 三木町《マチ》 中老トナリ名ヲ花枝ト改ム。ツイデ老女トナリ、名ヲ清瀧ト改ム。 妾 林美和

義敦の子
- 梅（一七七三～一七七六）ノチ豊ト改ム
- 義和《マサ》㉙（一七七五～一八一五）右京大夫 妻 堀田鐵 妾 北川三代嶋 ノチ彌《ミツ》ト改ム
- 宣《ノブ》（一七七七～一七九六）ノチ幸《タカ》ト改ム 島津豊後守齊宣室 更ニ名ヲ敦《アツ》ト改ム
- 滿（一七七九～一七八〇）
- 美代（一七六〇～一七六一）
- 桂（一七八一～一七八二）
- 嘉代（一七八五～一七八七）

義和の子
- 節（一八一一～一八二五）松平肥後守容敬室
- 義厚《ヒロ》㉚（一八一二～一八四六）左近権少将 前妻 松平鋭《トシ》 後妻 松平素《タダ》
- 利瑳（一八一三～一八二二）

義厚の子
- 孝《タカ》（一八三五～一八三六）
- 鑑《テル》（一八三七～一八三九）
- 義睦《タカ》㉛（一八三九～一八五七）右京大夫 妻 山内悦 雅名 愛子 書名 柏茂
- 佳（一八三七～一八六八）伊達大膳大夫宗徳《ムネエ》室

義睦 ― 義堯《タカ》㉜（一八二五～一八八四）右京大夫 侯爵 実父 相馬長門守益胤

義堯の子
- 雅《モト》子（一八五八～一九〇三）佐竹義脩《ナガ》室
- 鐶子 佐竹義理室
- 義生《ナリ》㉝（一八六七～一九一五）侯爵 妻 祚子《トシ》 徳大寺實則二女

義生の子
- 義春㉞（一八九〇～一九四四）侯爵 妻 兼子 九條道実長女
- 涼《スズ》子（一九〇六～一九四五）
- 静子（一九〇九～）伊藤次郎左衛門室（松坂屋十四代）

義春の子
- 義栄《ナガ》㉟（一九一四～）侯爵 妻 百合子（一九一七～）徳川義親三女
- 則子（一九一六～）子爵鍋島直紹《ツグ》室
- 照子（一九二一～）侯爵花山院親忠室（離）
- 美《トミ》子（一九二八～）鈴木崇室
- 亮《アキ》子（一九三六～）川原良太室

義栄の子
- 義忠（一九三九～一九四五）
- 朋《トモ》子（一九四一～）

紀伊大納言宗直の娘たち

宗直（紀伊徳川家五代　吉宗の継嗣　権大納言　実父　松平左京大夫頼紀　宝暦七年七月二日薨　享年七六）

朝	夭折　母　下條某女
利根	母　齋藤某女　伊達陸奥守宗村室
常	早世　母　下條某女
宗將	権中納言　母　服部某女　—　重倫（権中納言）……
友	母　齋藤某女　喜トモ言ッタ　細川越中守宗孝室
久	母　山本某女　池田相模守宗泰室
賢	母　外山某女　忠トモ言ッタ　松平播磨守頼濟室
圭	夭折　母　森山某女
達	母　久能某女　丹羽若狭守高庸室
相	母　落合某女　桂宮公仁親王妃
薫	母　久能某女　松平讃岐守頼眞室

月二十六日、義和は襲封して秋田（久保田）藩主となった。襲封すると同時に、義和は、清瀧に対して宗臣の礼—つまり佐竹家の親族の待遇—をとり、休息所と呼び、名を清と改めた。さらに寛政四年（一七九二）、義和は実母の清を義敦の正妻に擬し、篤く孝養を尽くした。彼女はつとに義敦の没した年の九月十日、薙髪して桂壽院と号していた。文化十二年（一八一五）七月八日、義和は秋田において没し、彼女の実孫の義厚《ひろ》が藩主となった。清は、文政十二年（一八二九）八月一日、江戸邸において享年七五歳をもって没し、桂壽院殿月相妙英大法尼という戒名が授けられた[92]。いろいろと名の変わった好例として三木町の略伝を述べてみた。

第二十九代藩主・義和の妾には、三代嶋という女性がいた。これは彼女の字《あざな》ではなく、老女の候名であったようである。因みに三代嶋は、第三十代・義厚《ひろ》の生母であった[93]。

徳川久姫　紀伊徳川家の墓所は、千駄ヶ谷の仙壽院の墓地に所在する（渋谷区千駄ヶ谷二丁目）。墓地の中央地下にオリンピック道路補助第二四号線を通すため、昭和三十八年、同家の墓九基が改葬された。この際発掘された墓のうちでとくに注意をひいたのは、五代・宗直の娘・久のそれであって、木棺の上には、彼女の生涯を要記した墓誌銅板が納置されていた[94]。この久《ひさ》（一七二六〜一八〇〇）には、姉妹が多かった（系図、参照[95]）。彼女は、鳥取藩主・池田相模守宗泰（一七一七〜一七四七）の妻となり、嗣子・重寛《のぶ》（一七四六〜一七八三）を産んだが、夫の早世後は実家に戻り、紀伊徳川家の赤坂邸で余生を過ごしたことが知られる。江戸時代後期には墓誌銘がしばしば墓中に埋納されたけれども、これほど念の入ったものは稀なのである。

松平露　因幡國若櫻《わかさ》藩主・池田（松平称号）縫殿頭定常（一七六八〜一八三三）は、佐藤一齋（一七七二〜一八三二）に師事して学問を深め、多数の著作を遺し、「文学三侯」の一人と目された大名であって、冠山と号した[96]（三五五頁）。晩年—おそらく文政七、八年ごろ—彼は六歳になった鍾愛の娘の夭折に遭った。彼は、幼くして逝った才智に富んだ娘・露《つゆ》の死を哭嘆し、その遺筆四枚を模刻して親戚や知友に配った。その配布を受けた幕臣・宮崎栗軒（名は、成身）は、その雑纂の書『視聴草』（二集之七）にそれらの模本を掲げ、左の注記をしたためた付箋をそこに貼った。(97)

冠山老侯の息女 名は露 幼にして才慧衆児に超越す 惜しいかな六齢にして蘭砕す 老侯痛惜に堪へずその遺草を刻して親戚にわかたる 余これを見れば覚えず涙襟を沾す

桂香院円月妙諦
日照大姉墓誌
姓源名久姫
父紀伊国主従二位大納言源朝臣宗直
母姓菅原紀伊之人山本某女号孝晴院
夫因幡伯耆国主従四位侍従兼相模守
源朝臣宗泰
子因幡伯耆国主従四位少将兼相模守
源朝臣重寛
享保十一季丙午八月五日生於江戸赤坂之邸
寛政十二年庚申正月二三日享年七十五歳病終於芝金杉之
邸二月八日葬
於千駄谷法雲山仙寿院
寛政一二年庚申二月

桂香院円月妙諦日照大姉墓誌銘

図112　玉露童女坐像（白檀製，高さ 15.6 cm）（浅草寺安置）

蘭砕とは、蘭が砕けること、つまり賢人や佳人の長逝を指す言葉である。遺筆四通のうち①は、天才的な幼児のつゆから生母のお妙《たへ》に宛てた辞世の歌である。②は、「六つ、つゆ」がときとたつ（身近に仕えた女中か）に与えた訣《わか》れの辞（図113）、③も「まつたいらつゆ」が「おとうさま」に宛てた訣れの言葉である。

これだけ天才的な幼女を喪《うしな》った冠山の悲嘆はさぞかしと思われるが、このとき諸方面より寄せられた弔辞の数々は、

『玉露童女追憶集』三十巻に纏められ、浅草寺に秘蔵されている。[98] その巻第二十九には、奥医師・桂川甫周國寳《とみ》（一七六七～一八二七）がオランダ語で美しくしたためた詩序のある挽歌、彼の長男・國寧（一七九七～一八四四）、三男・順三郎の詠んだ挽歌が収められている。[99]

玉露童女―俗名・露―の遺草からは、つゆ、たへ、とき、たつといった女性名が知られる。なお、冠山には、露の姉にあたる徽《よし》（一七八九～一八一三）、鎮《しづ》（一八〇三生）という二人の娘がいた。[100]

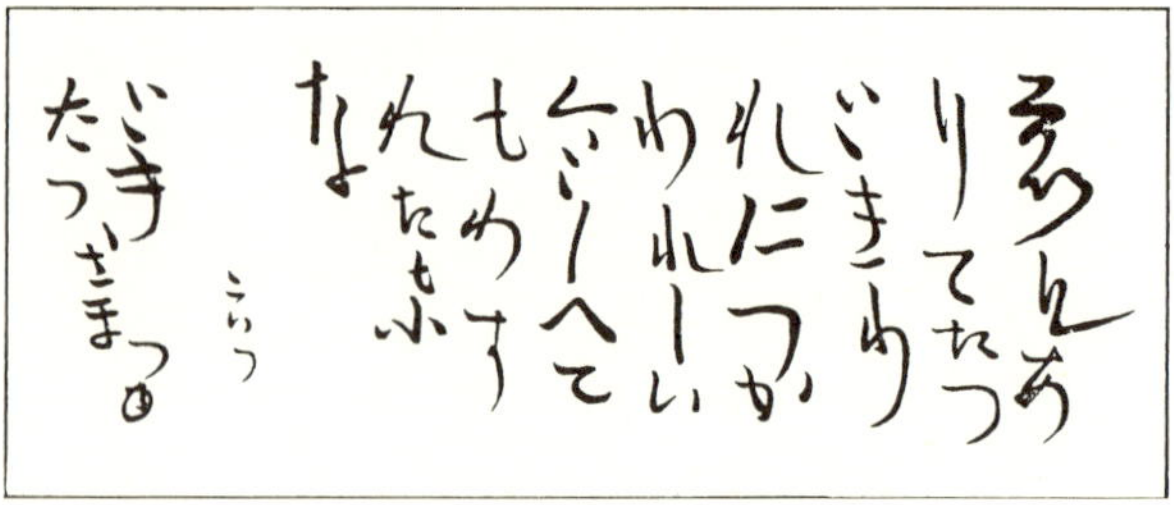

ゑんあ
りてたつ
ときわ
れにつか
われしい
くとしへて
もわす
れたもふ
な
六つ　つゆ
とき　さま
たつ

図113　池田つゆの女中宛の辞世

井伊大老直弼の身辺　彦根藩主・井伊掃部頭直弼（一八一五～一八六〇）の父は、前藩主・直中であって、彼はその第十四男に生まれた。生母・とみ（一七八七～一八一九）は、佳人として知られたが、武家の出ではなく、江戸麹町隼町の左官職・伊勢屋十兵衛の娘であった。生母は、彼の五歳のときに早世し、父も天保二年（一八三一）に没したので、第十四男の直弼は、部屋住みとして一五年間も彦根の埋木舎《うもれぎのや》において不遇の身をかこたねばならなかった。

直弼が有名な村山タカ（一八一〇～一八七六、のち可寿江と改名）と関係を結んだのは、天保十年（一八三九）前後のことであったらしい。[101] 天保十年三月、彼は足軽・秋山勘七正家の娘・志津（一八二四～一八九九）を騎馬徒士・千田又一郎高品の養女として側室に迎えた。二人の間には、一男二女が生まれたが、成長したのは、二女の弥千代（一八四六～一九二七）だけであった。弥千代は、松平（高松）家の頼聰《とし》（一八三四～一九〇三）に嫁ぎ、頼壽《なが》（貴族院議長。一八七四～一九四四）の母となった。

天保十四年、彼は志津の侍女であった西村かづ（一八三五～一九一〇）を寵し、これに直憲以下四人の男子と六人の女子を産ませた。直弼は、かづの名を佐登と変えたが、のちにはさらに里和《さとわ》と改めさせた。娘たちの多くは早世したが、成長したのは、眞千代、美千代の二人だけであった。

弘化三年（一八四六）十月、直弼は、丹波國龜山（のち亀岡）藩主・松平図書頭信豪《ひで》（一八一四〜一八六五）の二女・多喜（のち昌と改名）を正室に迎えたが、二人の間には子女が生まれなかった。昌は、直弼横死ののち、実家に戻り、明治十八年に逝去した。(102)

㈡　一般武家の場合

桂川家の女性　桂川家は、生粋の武士の家ではないけれども、代々、千代田城大奥の医師を勤めた蘭方医の名門であって、禄高は低いが、格式は高かった。(103)この家に生まれた今泉みね（一八五五〜一九三七）は、生家についての追憶を綴った『名ごりの夢』を遺したし、みねの息子の源吉（一八九一〜一九六九）は、桂川家に関する厖大な史料を整理・集成した『桂川の人々』(104)を公にしている。いまこれらの文献にもとづいて桂川家の女系図を作成してみると、別掲のとおりである。

桂川家とその親族の女性たちを見わたしてみると、せと、ゆた、うんのように、類例の少ない名が指摘される。せとがてやという女中名で大奥に仕え、本丸炎上の際に進んで焼死したことは、前に述べたとおりである。うんは稀な名であるが、東日本に限られた名のようである。

一般の武士階級における女性名は、仮名書きをもって原則としていたが、漢字で表記する場合も多かった。桂川家に例をとれば、金《きん》・源《げん》・太與《たよ》、珠娥《すが》、久邇《くに》などがそれである。みねは、ときとして美根、三禰とも書かれた。漢字表記と仮名表記の混用は、この階級の女性名の特色であって、工匠や商人、農民の女性名には見受けられないのである。

桂川家には、ローマ字で家族名を書いた紙片が残っている。(105)この中から女性名を抜書きして説明を加えてみよう。

Tose　とせ（甫周の長女。不具、夭折）
Mine　みね（甫周の次女。『名ごりの夢』の著者）
Tosi　とし（門下生・藤倉見達の母。女中頭）
Tiyo　ちよ（みねの乳母。飯田音吉の母）
Tsune　つね（つね路と呼ばれた女中）
Coo　こう（女中。飯田音吉の妻となる。維新後もみねに親しくしていた。伝法肌の姉御で、夫を助けること大であった）
Fuyù　ふゆ（女中。みねを可愛がった乳母・市川ごよの娘）

右のほかにも、桂川家には大勢の女中や下女がいた。今泉みねは、女中について左のように述べている。(106)

女中のことを考えてみますと、あのころ女中の名前の下にはよく「じ」がついていました。かめじ、つるじといったように、この二人はたいてい殿さま付きとなっていましたが、私は呼びよいようにと、大かめ、小かめと言いました。もうひとりびとりの名は覚えてもいませんが、それぞれ係りがあって、燭台を磨いたり、行灯《あんどん》をつけたり、あかりの係りだけでも上下で数人、洗たくもの、お客様のお茶係り、その他女中たちの数からしても、人間が多かったように思います。

桂川國訓《のり》が診察した奥女中の名には、とみ治《ぢ》、なみ治《ぢ》、か

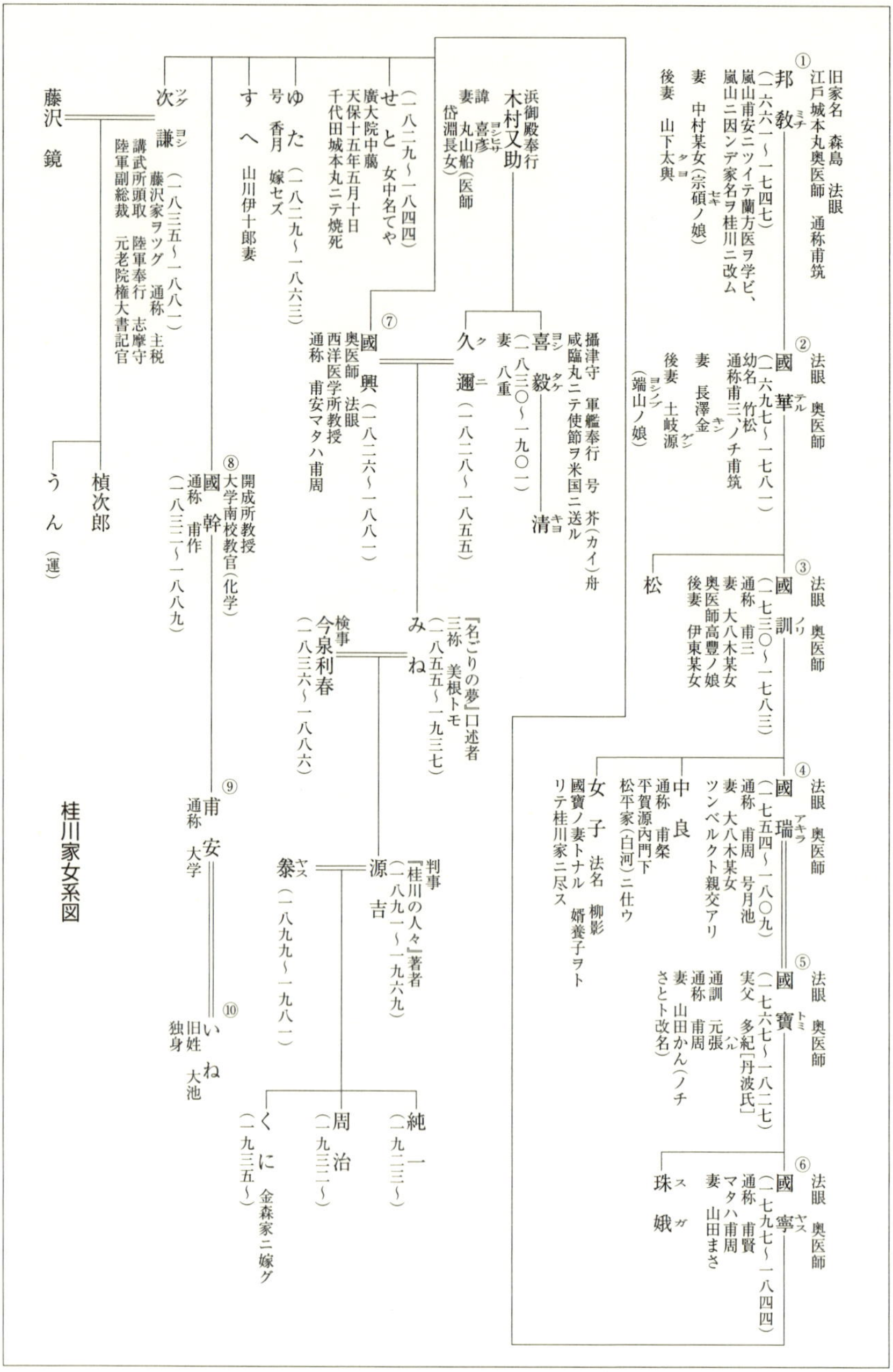

①
旧家名　森島　法眼
江戸城本丸奥医師　通称甫筑
邦　教《ミチ》
（一六六一〜一七四七）
嵐山甫安ニツイテ蘭方医ヲ学ビ、
嵐山ニ因ンデ家名ヲ桂川ニ改ム
妻　中村某女（宗碩《セキ》ノ娘）
後妻　山下太與《タヨ》
②
法眼　奥医師
國　華《テル》
（一六九七〜一七八一）
幼名　竹松
通称甫三、ノチ甫筑
妻　長澤金《キン》
後妻　土岐源《ゲン》
（端山《ヨシノブ》ノ娘）
③
法眼　奥医師
國　訓《ノリ》
（一七三〇〜一七八三）
通称　甫三
妻　大八木某女
奥医師高豊ノ娘
後妻　伊東某女
松
④
法眼　奥医師
國　瑞《アキラ》
（一七五四〜一八〇九）
通称　甫周　号月池
妻　大八木某女
ツンベルクト親交アリ
中　良
通称　甫粲
平賀源内門下
松平家（白河）ニ仕ウ
女　子　法名　柳影
國寶ノ妻トナル　婿養子ヲト
リテ桂川家ニ尽ス
⑤
法眼　奥医師
國　寶《トミ》
（一七六七〜一八二七）
実父　多紀《ハル》［丹波氏］
通訓　元張
通称　甫周
妻　山田かん（ノチ
さとト改名）
⑥
法眼　奥医師
國　寧《ヤス》
（一七九七〜一八四四）
通称　甫賢
マタハ甫周
妻　山田まさ
珠　娥《スガ》
浜御殿奉行
木村又助
妻諱　喜彦《ヨシヒサ》
丸山船（医師
岱淵長女）
攝津守　軍艦奉行　号　芥（カイ）舟
咸臨丸ニテ使節ヲ米国ニ送ル
喜《ヨシ》　毅《タケ》
（一八三〇〜一九〇一）
清《キヨ》
久《ク》　邇《ニ》
妻　八重
（一八二八〜一八五五）
⑦
國　興
（一八二六〜一八八一）
奥医師　法眼
西洋医学所教授
通称　甫安マタハ甫周
『名ごりの夢』口述者
三袮　美根トモ
み　ね
（一八五五〜一九三七）
検事
今泉利春
（一八三六〜一八八六）
判事
『桂川の人々』著者
源　吉
（一八九一〜一九六九）
綦《ヤス》
（一八九九〜一九八一）
純　一
（一九一三〜）
周　治
（一九三一〜）
く　に
（一九三五〜）
金森家ニ嫁グ
せ　と　女中名てや
（一八二九〜一八四四）
廣大院中﨟
天保十五年五月十日
千代田城本丸ニテ焼死
ゆ　た
（一八二九〜一八六三）
号　香月　嫁セズ
す　へ
山川伊十郎妻
⑧
開成所教授
大学南校教官（化学）
國　幹
通称　甫作
（一八三一〜一八八九）
⑨
甫　安
通称　大学
⑩
い　ね
旧姓　大池
独身
次《ツグ》　謙《ヨシ》
（一八三五〜一八八一）
藤沢家ヲツグ　通称　主税
講武所頭取　陸軍奉行　志摩守
陸軍副総裁　元老院権大書記官
藤沢　鏡
楨次郎
う　ん（運）

桂川家女系図

よひ路《ぢ》が見られたが（三二七頁）、これには接尾語として二文字の名にぢを加えたものと、ぢ（じ）音でおわる名詞をそのまま名にしたものとの別があった。両者の根源は、壽字のつく女性の字《あざな》にあると考えられるが、まだ治、路にいたるまでの経過は明らかでない。平安時代末葉や鎌倉時代の壽字（延壽女、愛壽女、等々）は、ジ、ス二音の表記に用いられ、ジは

図114「こがるる花より」の筆蹟

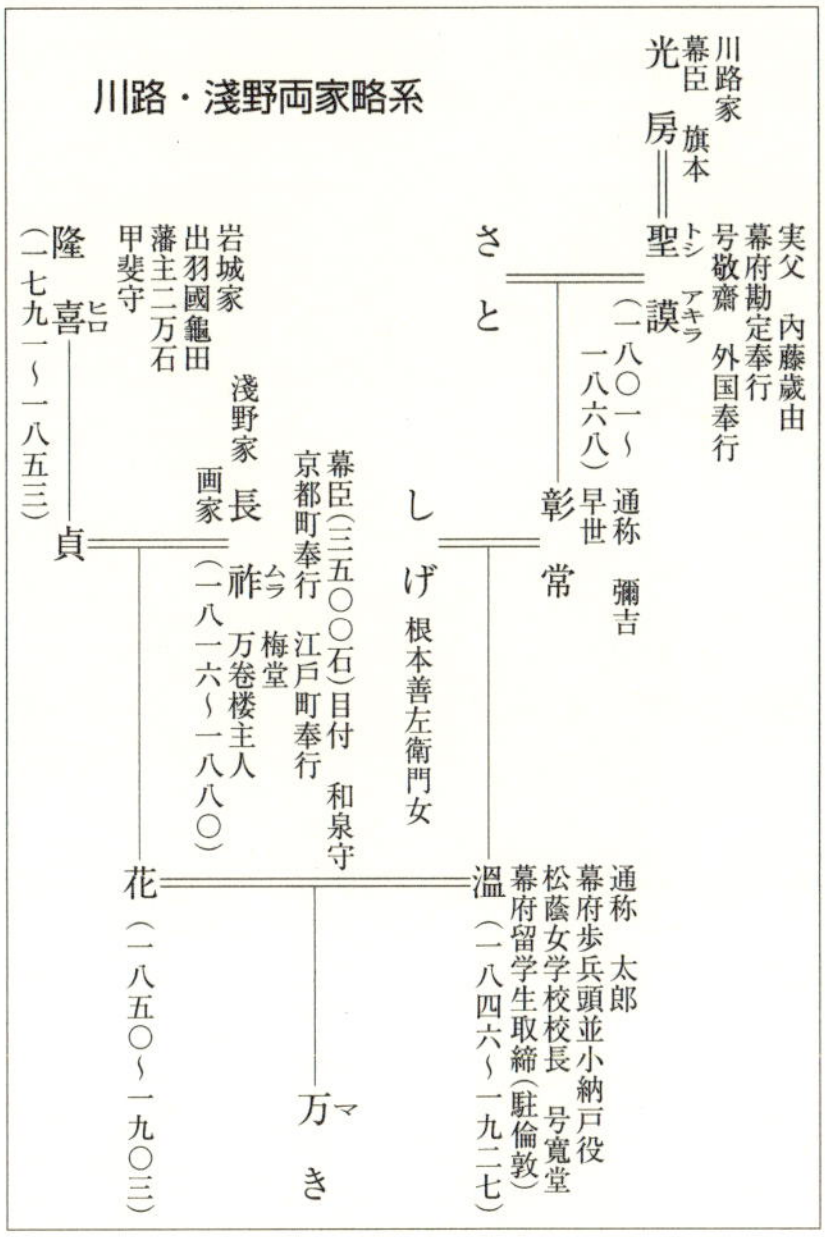

路や治が代用され、壽字はもっぱらス音の表記に用いられたようである。附録の「会津藩殉難女性の名」には、眉寿《みす》、浦路といった婦人の名が見られる。

川路家の女性　幕臣（禄高五〇〇石）の川路家は、聖謨《としあきら》（一八〇一〜一八六八）の名で著聞している。(107) 聖謨は、日露和親条約や日米修好条約を締結するうえで功績を顕わした。彼は息子・彰常が早世したため、孫の太郎（諱は、温）を後嗣と定め、幕臣・浅野和泉守・長祚《むら》（一八一六〜一八八〇）の娘・花を彼に娶《めあわ》せた。宮内庁書陵部には、花が夫に差出した二通の手紙が架蔵されている。一通は、小納戸役として将軍・家茂に扈従して京都にいた太郎に宛てたもの（元治元年三月四日付）、他の一通は、幕府の留学生の取締りとしてロンドン駐在中の太郎に宛てたものである（明治元年三月二十六日付）。武家社会では珍しいことであるが、花の消息には、夫に対する愛情がこまやかに綴られている。そして前者の末尾には、「こがるる花より」としたためられているが、この花は漢字ではなく海棠のそれらしい花が描かれている。花女は、南画の嗜みがあり、花仙と号していた。ともかく自分の名を画で表わした女性は、稀有といえよう。

川路家や岩城家の女性たちの名は、ここに掲げた系図から看取されよう。花は、「壬申戸籍」後は、花子と称し、太郎も諱の温を捨てて太郎といい、かくして「太郎と花子」という明治的な一対の名が生じたが、花というのは、武家社会では数の少ない名前であった。(108)

天狗党関係の女性　幕末の水戸藩内における天狗党と諸生党（佐幕派）との抗争は、激烈をきわめた。元治元年（一八六四）三月、筑波山において天狗党の挙兵があった。このとき、藩の執政となった諸生党の市川三左衛門（一八一六～一八六九、磔刑）らは、天狗党の志士たちの家族を捕縛し、獄に投じた。それらのうち女性は左のような人びとであった。

①*人見　延《のぶ》（四〇）　武田耕雲齋の後妻
②武田とし（一一）　同　右　娘
③*阿久津梅（一九）　同　右　妾
④*藤田　幾（四三）　同右長男彦右衞門正勝　妻
⑤*山國千惠（三〇）　山國兵部共昌　娘
⑥*矢吹奈津（五〇）　同　右　妾
⑦*　美壽《みす》（三七）　同右長男淳一郎　妻
⑧山國みよ（一四）　同　右　娘
⑨山國せき（七）　同　右　娘
⑩*山國くり（五）　同　右　娘
⑪*井上美與
⑫*石原多免　里見松軒　妻
⑬*中村以保《いほ》（八二）　田丸稲之衞門　母
⑭　なつ（五八）　同　右　妻
⑮田丸まつ（一九）　同　右　娘
⑯田丸うめ（一〇）　同　右　娘
⑰*福地彌壽《やす》（一七）　同　右　妾
⑱*　多加　田原彦三郎　妻
⑲*田原千代　同　右　娘
⑳*田原嘉代　同　右　娘

これらの女性に対する市川らの処置は、はなはだ残虐であって、＊標を付した一四名は、斬首されたか、あるいは獄死した。これら一四名の女性は、国難に殉じたものとして靖国神社に合祀された。[109]

前記の武家の女性および武家関係の女性の名は、すべて二音節二字型であって、例外は認められない。名に漢字を用いた人が多いけれども、実際に漢字を用いたかどうかは、個々人について再吟味する必要がある。庶民の女性に較べて漢字名は多かったに違いないけれども、どの程度多かったかは、一概に言えないのである。

上杉家の女性　葛飾北齋（一七六〇～一八四九）筆の絵に「上杉家親族会合之図」がある（巻頭の口絵参照）。これは親族一七名の容貌をはなはだ写実的に描き、かつ動相において捉えた群像画の傑作である。この上杉家はどこの上杉家を指すのか不明であるが、北齋の母方の家系が米澤藩主の上杉家と関係のあったことは、由良哲次博士[110]（一八九七～一九七九）によって指摘されている。いまこの会合図から女性たちの名を拾ってみると、左のとおりである。

之保《しほ》（祖母）　貴知《きち》（姉）　嘉免《かめ》（善藏妻）　毛無《もむ》（母）　志保《しほ》（姉）　婦美《ふみ》（妻）　利恵《りゑ》（伯母）

名自体には特別変わったところが見いだせないけれども、やはり武家であるだけに、漢字で表記されていることが注意にのぼるのである。

会津藩殉難の女性　明治元年（一八六八）八月における会津戊辰戦役において殉難した女性の人員は、多数におよんでいる。会津若松市の善龍寺（門田《もんでん》町黒岩嫋《なよ》竹ヶ岡四）に建てられた「奈與竹之碑」には、これら殉難女性の名、名が不明の場合には、係累の名が合せて二三三名刻されている。附録に掲げたのは、名が判明している女性の表である。ただし、碑文には、敬意を表わすために、各人の名に接尾語の子字を付している。会津藩の家老として著名な西郷頼母近悳《ちかのり》（一八三〇～一九〇三）が著わした『帰るかりがね』[111]において彼は、自分の娘たちについて、

長女タヘ[112]十六、二女タキ十四、三女タツ九歳、四女トハ四歳、五女スヱ二歳、共殉国

と記しており、名を片仮名で記し、語尾に子字をつけていないのである。碑に漢字で表わした女性名の大部分とすべての子字は、後人がさかしら心からつけたものである。

図115　中野タケ画像
（会津若松市，会津歴史資料館所蔵）

この女性名表を一瞥して注意されるのは、西郷頼母邸で自害した婦人たちのうちにみられるミス（眉寿）、ユフ（由布）、トハ（常磐）、浦路という名である。そのほか特色のあるのは、

キイ　ヤヲ　ユヤ　トヱ　ユウ　キノ　トイ　キト　ウラ　キヤ　ウン

のような名であり、会津武士の女性名は、かなり独自性を帯びていたといえる。

この表にみえる中野慎之丞の三女のタケ（一八四七～一八六八）は、官軍と奮戦した婦女隊の隊長であった[113]。タケは、惜しくも敵弾に斃れたが、彼女の首級をはねて持ち帰ったのは、副隊長の平田テフ（一八五〇～一八八五）であった[114]。娘子軍に加わったのは、タケの母のコウ、妹・ユウ、テフの妹・キチ、依田マキと妹のキク、諏訪キチ、岡田リン、岡村コマ、井上ユキ、小池某女などであった。ユキは捕えられ、壮烈な自刃を遂げた[115]。小池某女（一八二四～一八七八）は、号を池旭《ちきょく》といった閨秀画家であるが[116]、藩主・容保の知遇に感激し、あえて会津に来たり、薙刀をとって娘子軍に加わった女性である。

会津の鶴ヶ城攻略の際、最も威力を発揮したのは、薩摩藩の砲兵隊であった。その二番砲隊頭の大山弥介は、右大腿部に貫通銃傷を受けた。このとき、会津藩家老・山川大蔵の家族も城に籠っていたが、大蔵の妹のサクもその中にいた[117]。弥介が、のちの大山巌であり、サクが大山公爵夫人・捨松であ

表3　旧薩摩藩士たちの母の名

氏名	官・栄爵	生没年	母の名
伊集院五郎	元帥・海軍大将・男爵	嘉永五年　大正十年	きく
伊集院彦吉	外務大臣	元治元年　大正十三年	タミ
伊地知幸介	陸軍中将	安政元年　大正六年	すみ
大浦兼武	内務大臣・子爵	嘉永三年　大正七年	とき
大久保利通	内務卿	天保元年　明治十一年	ふく
大迫尚敏《ハル》	陸軍大将・子爵	弘化元年　昭和二年	シナ
大山　巌	元帥・陸軍大将・公爵	天保十三年　大正五年	キョウ
川上操六	陸軍大将・子爵	弘化四年　明治三十二年	なか
川村景明	元帥・陸軍大将・子爵	嘉永三年　大正十五年	ムメ
川路利良	陸軍少将・大警視	天保五年　明治十二年	えつ
高木兼寛	海軍軍医総監・男爵	嘉永二年　大正九年	ソノ
西郷隆盛	陸軍大将	文政十年　明治十年	まさ
実吉安純	海軍軍医総監・子爵	嘉永元年　昭和七年	やす
千田貞暁	貴族院議員・男爵	天保七年　明治四十一年	エム
東郷平八郎	元帥・海軍大将・侯爵	弘化四年　昭和九年	ます
野津道貫	元帥・陸軍大将・侯爵	天保十二年　明治四十一年	くに
村田経芳	陸軍少将・貴族院議員・男爵	天保九年　大正十年	そで
海江田信義	貴族院議員・枢密院顧問官	天保二年　明治三十九年	れん
桐野利秋	陸軍少将・陸軍裁判長	天保九年　明治四十年	すが

図116　新島（山本）八重（結婚直後）
（『新島八重子回想録』より）

るのは、奇縁であった。

またそのとき、元込《もとごめ》七連発のスペンサー銃を携えてさんざん官兵を狙撃し、さらに会津藩の砲兵隊を指揮して、抜群の軍功のあった山本ヤヘ（一八四五〜一九三二）がのちに新島譲（一八四三〜一八九〇）の夫人となったことは、あまねく知られている(118)（図116）。

薩摩藩の武家の女性　薩摩藩の武士たちの女性に関しては、どういう事情があってか、名前に関する史料がほとんど遺っていない。鹿児島市の鹿児島県立図書館には、関係文書がわずか一通架蔵されている。それは、文政七年（一八二四）九月十六日付の藩士・芦谷一郎の『宗門手札人数改帳』である。しかし本帳は、下女の名だけが記入され、家族内の女性（祖母、母、妻、姉妹、娘）の名が省略されている、史料的価値の最も乏しい丙種に属している。すなわち、下女三人（乙、志を、その）の名のみが記載されているのである。そこで一つの試みとして、明治維新後大いに活躍した著名な旧薩摩藩士たちの母親の名を集覧することとした。[119] この一覧表によると、これらの婦人の名が二音節二字型に統一されていることが判明する。『薩陽過去帳』（二九九頁）には、国許から江戸に来住した武士たちの女性の縁者の名がみえるが、やはり誰の名も二音節二字型である。

前掲の一覧表には、けさという女性名は見いだされない。薩摩國には、庶民ばかりでなく、武家の間にもこの名はあった。西南戦役に際して薩軍のために斬殺された烈婦・ケサは、軍艦「高雄」に分隊長として搭乗していた海軍少尉（のち少将）・永井軍吉（一八五七～一九二七）の母であった。[120]

川合家の女性　幕末、明治初期にわたる有名な『小梅日記』を遺した和歌山の女性・川合《かわい》小梅（一八〇四～一八八九）は、紀伊藩の儒者で、藩校・学習館助教・川合鼎（一七七七～一八〇四）と妻・辰《たつ》の間に生まれ、梅本家より修（一七九四～一八七二）を夫に迎えた。修は、養父の儒業を継ぎ、梅所と号し、学習館の督学（館長）を勤めた。[121]『小梅日記』は、今日では容易に披見しうるし、また彼女の略伝も出ている。[122] この日記には、当然のことながら種々な女性が登場しているが、川合《かわい》家の女性に限って女系図を作成してみると、別掲のとおりである。儒家であるから、女性名は漢字で表されている。辰《たつ》、かの、米《よね》、恒、繁などは、ありふれた名であるが、小梅は、小××型の名としては意外に少ない名である。菊江、春枝のような××え型の名は、小泉八雲が早く指摘したとおり、和歌山地方の特色ある女性名である（二五頁）。この××え（江・枝・恵）型の女性名については、のちに触れるであろう。

勝家の女性　幕末の動乱期に微禄な旗本から身を立て、維新後は、参議兼海軍卿、枢密院顧問官などを歴任し、ついに伯爵を授けられた勝麟太郎義邦（一八二三～一八九九）一家の女系図を掲げてみよう。[123]

海舟は、長男や長女に変わった名をつけた。長男の初めの名は小六《ころく》であったが、のちに小鹿と改めた。[124] 長女は、夢《ゆめ》と命名された。夢というのは、江戸時代末期ではあるが、他に例の少ない斬新な女性名である（三二五、三二六頁、参照）。その命名の動機は、未詳である。次女以下の娘たちについては、海舟は平凡な名をつけている。

川合家女系図

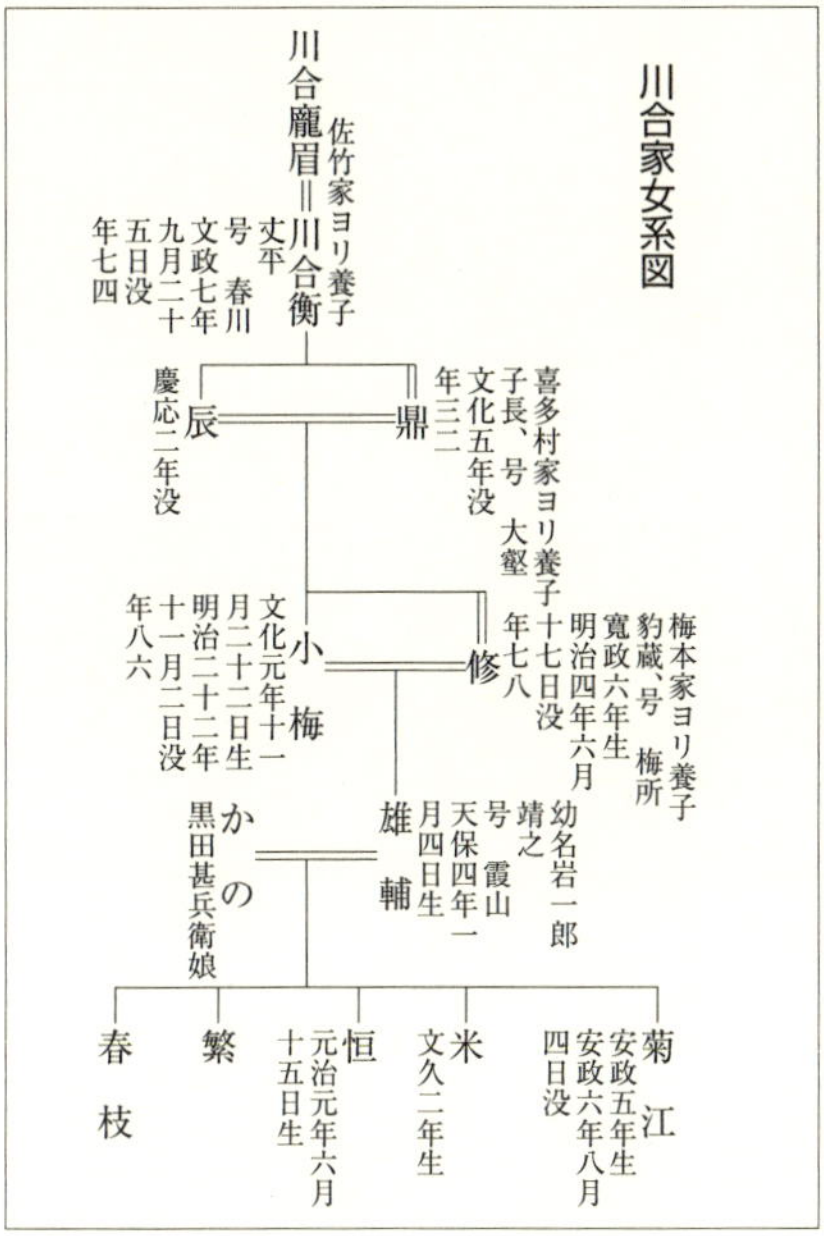

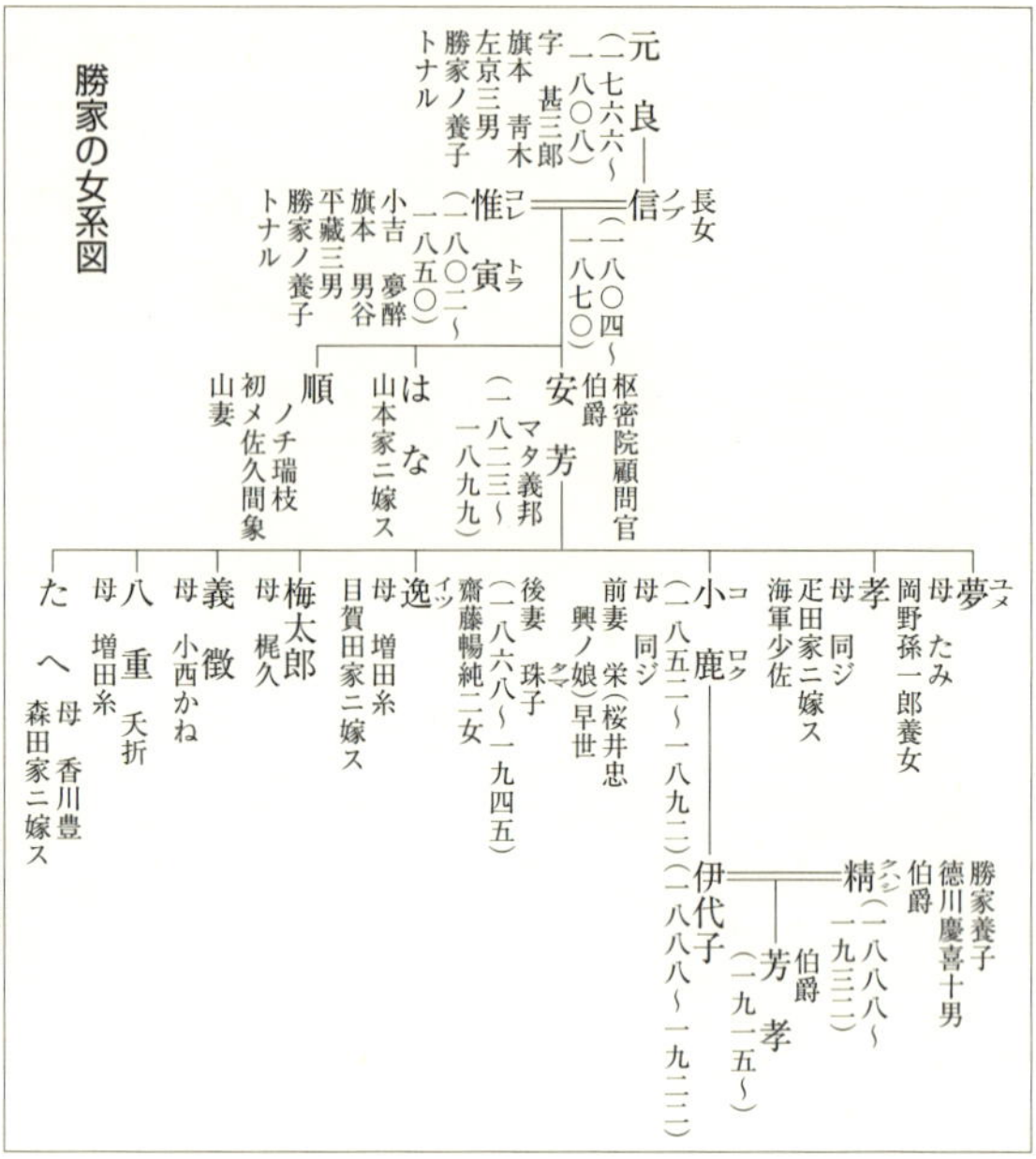

坂本龍馬の周辺

幕末期の英傑・坂本龍馬直柔《りょうまなほなり》（一八三五～一八六七）の周辺には、変わった名の女性が少なくない。いま土居晴夫氏[125]（一九二三～）に従って坂本家の略系を掲げると下記のとおりである。

よく知られているのは、亡母に代って龍馬の面倒をみた姉の乙女《をとめ》のことである。彼女の本来の名は、留であって、「おとめ」が「をとめ（乙女）」に変化したものである。[126]土居氏によると、明治五年の「壬申戸籍」の作成に際して、乙女は名を「独《どく》」と改めて登録したという。[127]毒婦物の稗史が流行していた当時、独というのはずいぶん思いきった名であるし、また他に類例の乏しい名といえよう。龍馬が「河豚のはるゐ」といってからかった愛姪の春猪というのも、珍しい名である。そのほかこの一族には、鶴井、小兎猪《をとゐ》、愛鹿《あいか》といった稀有の名が見いだされる。翠《みどり》は、のちに流行する「みどり」という名の早い例とされよう。

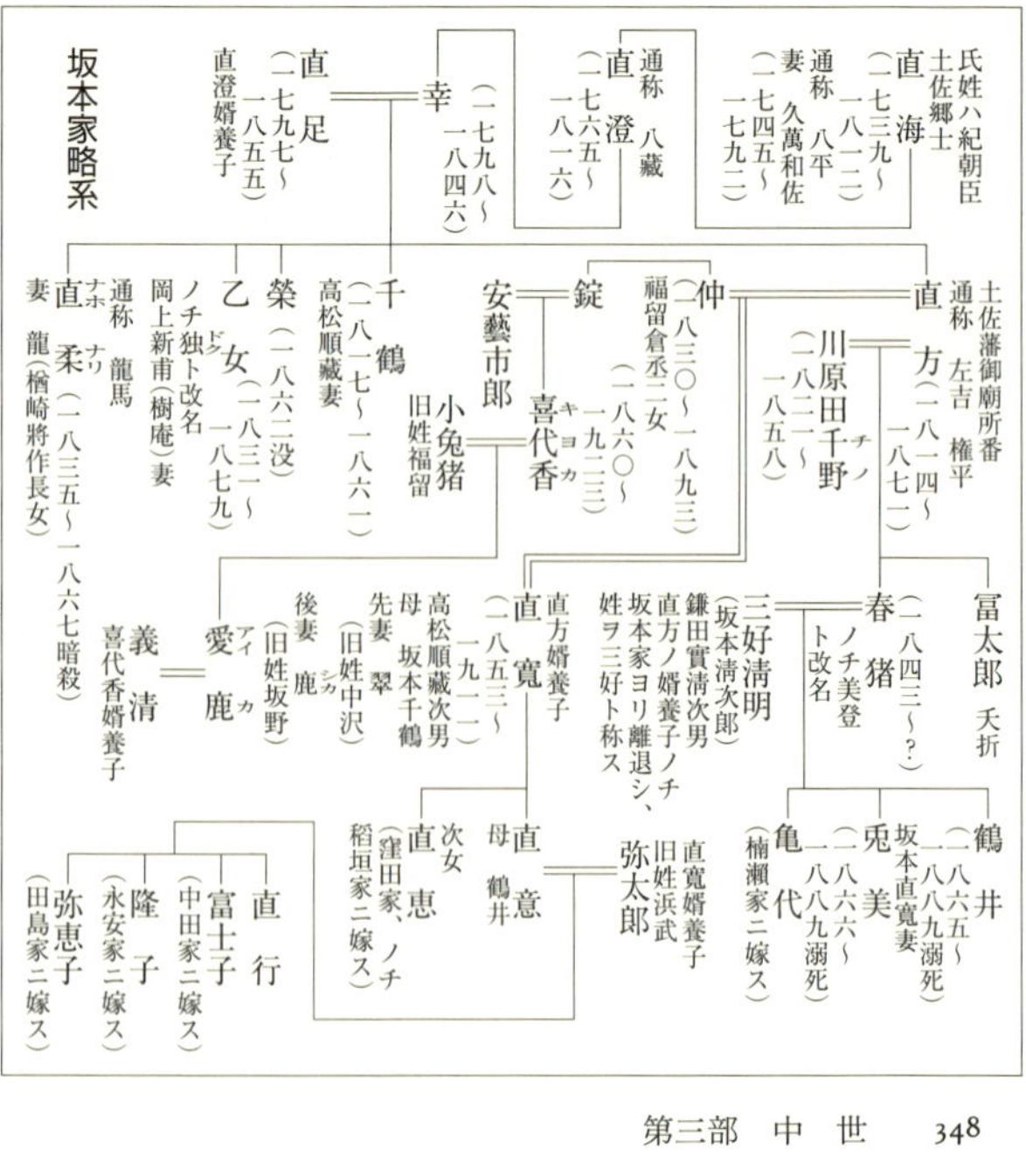

なお、龍馬は、乙女に宛てた手紙に、この姉のことを「乙様」、「乙大姉」、「おとめさま」などと呼んでいる。

武市家　土佐藩における勤皇の先駆者の瑞山こと武市半平太（諱は、小楯、一八二九〜一八六五）は、妻の島村富《とみ》（のち、武市）を通じて坂本龍馬とは縁続きであったし、また龍馬ら土佐藩の志士たちの盟主であった。(128) 半平太の周辺の女性たちの名では、登美、美多《みた》、奈美、千賀などが注意されよう。みた（美多）は、稀有な名である。また×美という表記は、注意さるべきである。半平太の妻は、富（一八三〇〜一九一七）といい、賢婦人の誉れが高かった。半平太は、妻宛ての手紙の中で彼女を「おとみ」、「おと見」などと呼んでいるが、(129) 女性名を仮名で表記したり、ときによって漢字で表記したりするのは、大名を除く武家社会では普通にみるところであり、むろん、どちらでもよかった。

庄田家の女性　庄田家は三〇〇〇石どりの幕臣であって、清和源氏足利流に属している。(130) 近年、庄田家が注目を浴びているのは、この家門に生まれた女流文学者・庄田キチ（源隆子）のためである。いま深沢秋男氏の研究(131)を参酌して庄田家の女系図を掲げてみよう。

図117　坂本乙女（1831〜1879）龍馬の姉（『千代の鑑』より）

図118　武市富（1830〜1917），武市半平太（瑞山）の妻（『千代の鑑』より）

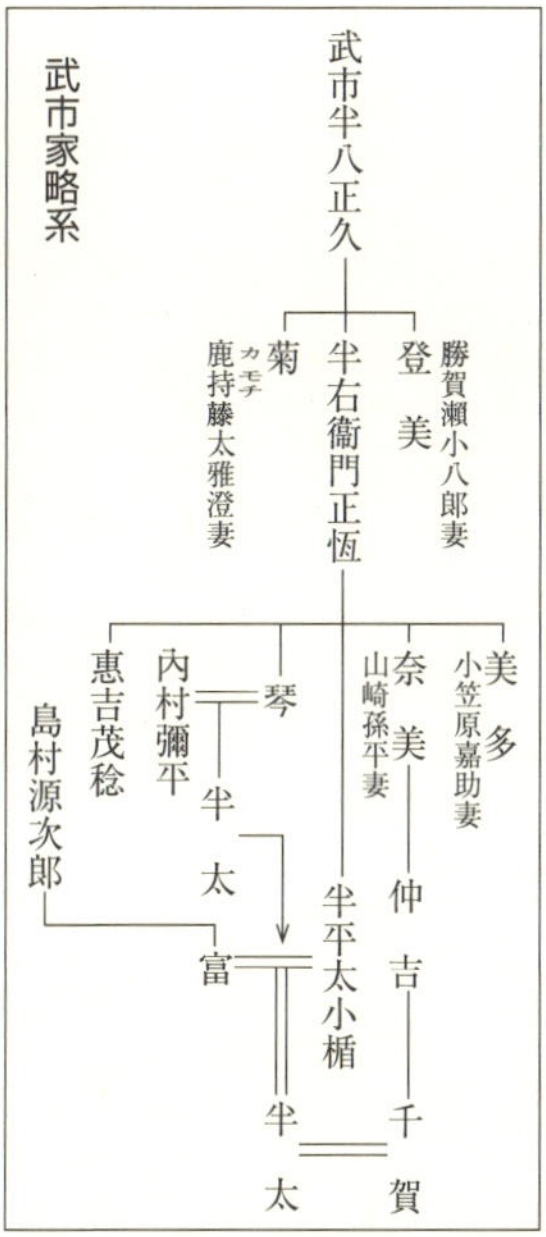

ヨキを別とすれば、どの女性名もありふれたものである。古典的教養が深く、文草に秀でたキチは、みずからの諱を隆子と撰んだ。彼女が執筆した日記（天保十一年正月一日から同十五年十月十一日まで）は、幸いに散佚をまぬがれ、原本の形

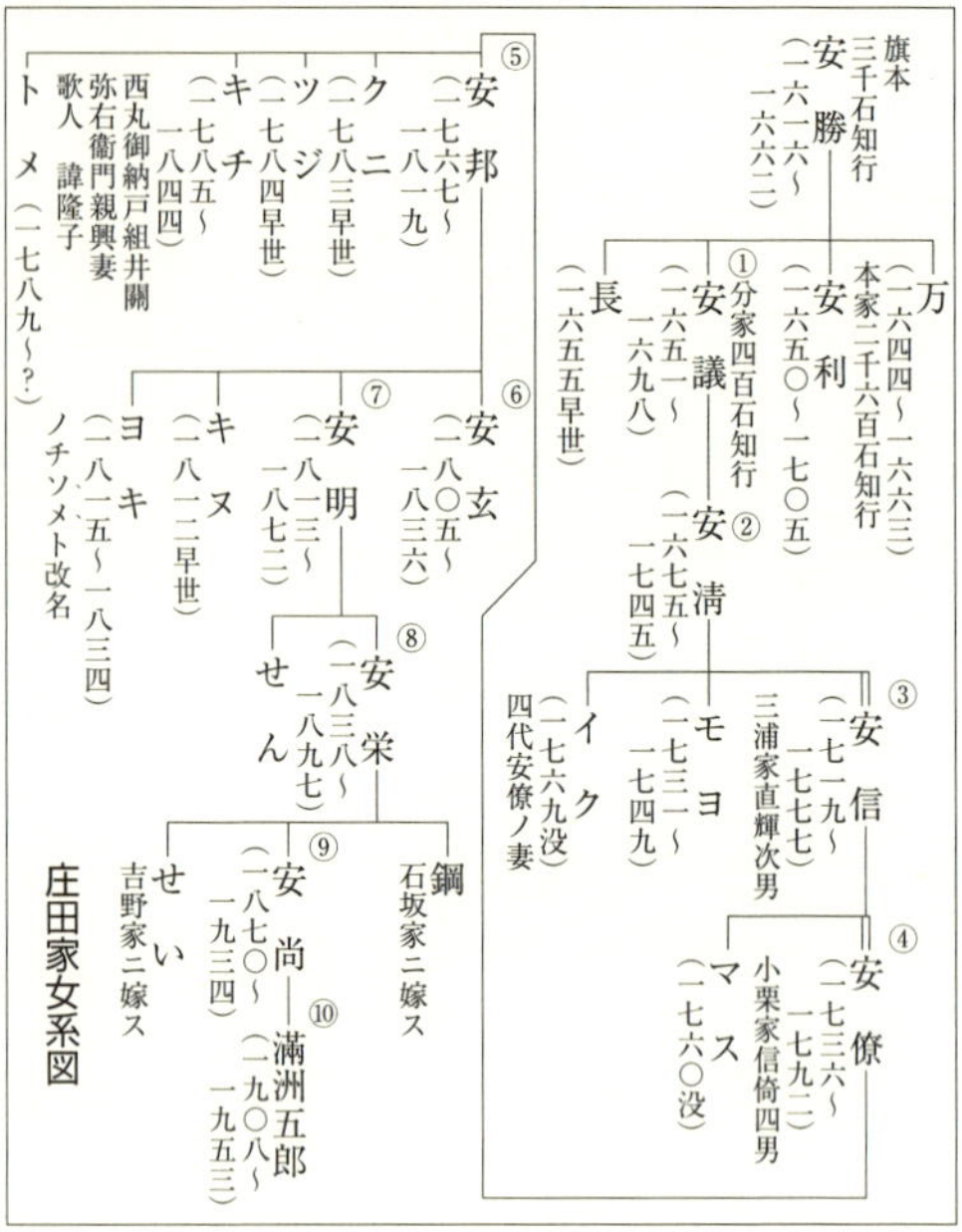

庄田家女系図

で現存している。彼女は、井關家の親興（一八二六没）の妻であり、諱は隆子であったため、その日記は、『井関隆子日記』[132]と呼ばれているけれども、正しい呼称は、『庄田キチ日記』、または『源隆子日記』なのである。

柳川春三の娘　幕末の天才的な洋学者として著聞する柳川《やながわ》春三（諱は春蔭、一八三二〜一八七〇）は、幕府の開成所頭取であって、維新後は、大学少博士に在任した。彼は、長女をていこなと命名したが、[133]これはいかにも学者らしい復古的な名であった。

ところで、敬意や親愛の情を表わす接頭語の「お」の使用は、江戸時代後期は、一だんと普及した。武家社会では、女子の名を漢字で表記する風があったが、この場合、往々にして「お」を表わすのに「於」字が用いられた。もともと「お」字は「於」の草体から出たものであり、「オ」字は「於」字の左部（方）の崩し書きに由来するから、[134]「於×」と書いても差支えないわけである。いま『華族家系大成』下巻から例をとってみよう（明治以前の出生に限る）。

於銛（4・377）　於壽代《すよ》（72）　於隣《ちか》（76）　於松（123）　於鈴《よし》（136・464）　於啓《けい》（609）　於竝《なみ》（632）　於賀《よし》（781）　於八重（790）　於滿壽《ます》（798）（数字は、同書の頁数を示す）

この場合の「於」は、単なる接頭語ではなく、名の本体に癒着し、名そのものとなっている。一般庶民の社会では、明和の三美人の名（笠森おせん、蔦屋およし、柳屋お藤）のように、平仮名のお字がひきつづいて用いられていた。

一考を要するのは、高辻家の式部大輔・菅原以長（一七九九〜一八五九）の二女で、東《ひがし》坊城家の大学頭・菅原任長《ただ》（一八三八〜一八八六）の室家となった阿栄[135]（一八八六没）のことである。この「阿」は、「阿亀蕎麦《おかめそば》」の「阿《お》」であって、右の阿栄は「おえい」と読むのであるが、[136]「阿」字には、オという音はないのである。接頭語の「お」を表わすのに「於」字ではなく、「阿」字を用いた理由は、容易に解明されない。この問題について鈴木棠三氏は、左のような見解を表明されている。[137]

近世の読本《よみほん》その他の戯作には、お秋を阿秋、お梅を阿

婚姻契約

現今十九年八箇月の齢《よわひ》に達したる静岡県士族広瀬阿常《おつね》、同二十七年八箇月鹿児島県士族森有禮、各々其親の喜許を得て互に夫婦の約を為《な》し、今日即ち紀元二千五百三十五年三月六日即今東京府知事の職に在る大久保一翁の面前に於て結婚式を行ひ約を成し、双方の親戚朋友も共に之を公認して、玆に婚姻の約定を定むること左の如し

第一条　自今以後森有禮は広瀬阿常を其妻とし、広瀬阿常は森有禮を其夫と為す事

第二条　為約の双方存命にして此約定を廃棄せざる間は、共に余念なく相敬し相愛し、夫婦の道を守る事

第三条　有禮阿常夫妻の共有し又共有すべき品に就ては、双方同意の上に非ざれば他人と貸借或は売買の約を為さざる事

右に掲ぐる所の約定を為し、一方犯すに於ては他の一方官に訴て相当の公裁を願ふことを得べし

紀元二千五百三十五年三月六日

東京に於て

森　有禮

広瀬　阿常

証人　福沢　諭吉

森有禮と広瀬阿常との婚姻契約書　（木村匡『森先生伝』〔東京，明治32年〕より）

梅というぐあいに、阿をオの音に当てるのがもっぱら普通でした。この風は仮作物語ばかりでなく、実名の世界にも浸入し、明治以後の戸籍面にも実例が少なからず見られます。（たとえば、文相森有礼夫人の広瀬阿常《おつね》など）

元来、阿にはオの音は無いのですが、漢語で阿父・阿母・阿兄・阿姉・阿伯（夫の兄）・阿姨《あい》（おば）というふうに、親族関係を現わすのに、接頭語の阿を冠する例が多いこと、また中国の婦人名に阿香《あこう》・阿宜《あぎ》（詩人杜牧の姪の名）というぐあいに、名高い例が知られているところから、これをわが国のお香《こう》・お宜《よし》に翻案し直したというわけです。従ってお亀は阿亀、これが延長されて阿亀笹・阿亀蕎麦などと書いてあやしまぬようになりました。要するに江戸時代の漢学尊重の風潮を示す一例といってしまえばそれまでですが、オと発音しない阿の字をしいてオの当字に用いた原因には、右にいう翻案だけでなしに、接頭語としてのオ・ア・イの区別の不安定性についての意識が働いていたからだと考えられるのではないでしょうか。

鈴木氏が室町時代に多い通常名の阿茶や伊茶のア、イと、親愛、敬意を表わす接頭語のオとを一律に考えられているのは口惜しいが、「阿」の使用は、やはり漢字尊重の風潮の中から生じたものと臆測される。

著名な女性

とくに文芸を中心とした女性の活躍は、一八世紀に入るにおよんでいよいよ顕著となった。

歌人についてまず注目されるのは、「縣門三才女」としてその名が知られた進藤茂《しげ》（土岐筑波子《つくばこ》）、油谷倭文《しず》子、鵜殿餘《よ》野《の》子のことである。(138) 茂は進藤正幹の養女であって、旗本・土岐新左衛門頼房の妻となった。眞淵（一六九七〜一七六九）は、彼女に筑波子という雅名を与えた。(139) 生没年は不明であるが、一八世紀中葉の人とみてよい。油谷倭文子（一七三三〜一七五二）は、江戸の富裕な商人・伊勢屋油谷平右衛門を父として生まれた、薄命の天才的な歌人であった。(140) 鵜殿餘野子（一七二九〜一七八八）は、一橋家の御家人・村尾権左衛門の娘に生まれ、儒学者・鵜殿士《し》寧《ねい》（一七一〇〜一七七四）の妹であった。彼女は、紀州徳川家の奥向きに仕え、年寄となり、女中名を瀬川と呼ばれ、雅名をきよい子といった。兄の没後に出家して涼月院と号した。家集として『佐保川《さほがは》』上下二巻と『涼月遺草』がある。(141) 彼女の本名はよのであるが、これはさほど珍しい名ではなかった。(142)

清水濱臣（一七七六〜一八二四）が著わした『縣門略伝』には、上記三人のほか、眞淵の女性の門人の名が多数見られる。(143) 歌道に精進していたせいか、これらの女性は、名に接尾語の子をつけた人が少なくないし、また雅名らしい名も見いだされる。したがって本名が必ずしも知られない瑕瑾も指摘されるけれども、参考までにそれらの女性名を列挙しておこう。

多す　呂子(144)（路子とも）　妙心尼　せの　もせ　きつめ　ませ子　紅子（紀伊徳川家御家人・片岡孫兵衛の娘）　榮子（神田社神主・芝崎豊後守妻）　久米子（土井大隈守利信室、号は薫梅）　清瀬（土井大隈守家年寄）　外山（土井大隈守家年寄）　常女（または常子）（土井大隈守家中老）　八重の方（紀伊徳川家側室）　菅女　葛《さき》子（松平能登守乗薀室）　せい女（北島玄川妻）　さき子（内藤備後守家の宇太夫の妻）　智元尼（松平主殿頭室）　専修院（初め田安家女中。のち松平出羽守の赤坂屋敷の女中）　峯尾（田安家年寄）　潟田（田安家若年寄）　小野川（一橋家若年寄。のち薩摩藩島津家に仕う）　山菅《みか》の子（藤井貞三の母）　さゆりの子（栃木土佐守家の福冨興庵の妻）　市女（山菅の子の娘）　よの女（松平加賀守側室）　磐子（遠江の森備前守妻）　辨《ともひ》（松平大膳大夫奥女中）　環《たまき》（手巻子）（同上）　禮《ゐや》（同上）　ふみ（眞田伊豆守麻布南部坂屋敷奥女中）　ゐん（同上）　らん（同上）（立田玄養妻）　きん（同上）　さえ（同上）　とき（同上）　三保（丸屋長門守留守居の娘）　布治《ふぢ》子（眞田伊豆守妹）　かめ（土井大炊頭家老・新左衛門妻）　とせめ　逸子　三喜子　はやまの子（茂子か）　をしまの子　いはの　くら　菅根（江戸淺草の青木朝恆の妻）　まち　かつら　眞崎　繁野　閑《しず》野子　登與子（本多下總守の娘）　美知子（牧野駿河守の母）　幾知子（一橋家の中老）　美幾子（松平主殿頭の側室）　佐江子　斜與子　志つ子　峯子（入江三位の娘）　のぶ子　元子　八佐子　美つ子（前田春策昌齢の娘）　りよ女　きく子　あや子　三重子　ぬい子　にほ子　りつ子　佐よ子　水尾《みのを》　菅子（紀州の梅澤十右衛門妻）　菅根女　敏子　杜《もり》子　典子　辻子　千世子　浦野　いち　きよい子眞淵は田安家に重用されたうえ、人柄もよく、門人が群をなしたが、女性の門人の多いことでも知られていた。上にみる女性の門人の名は、字《あざな》、雅名、女中名、法名などが混在しているが、女流歌人たちの名の一斑は知ることができよう。雅名には、子型のものがすこぶる多い。これは上代の女流歌人の名にならったものであり、×女型の雅名また然りである。いとせめは、とせという字に女を付した名である。

×子型の大部分は、雅名である。真に諱といえるのは、非参議正三位・藤原（入江）相永（一七一九～一七九〇）の娘の峯子くらいであろう。宮廷以外の一般社会における二音節仮名二字の女性名（はつ、せん、ちよ、等々）の一角は、この分野で崩れ、明治時代における子型女性名の復興の下地ができつつあったのである。

縣門に出た著名な女流歌人としては、荷田《かだ》蒼生子《たみ》（一七二二～一七八六）の名が想起される。彼女の字は、ふりであって、楓里《ふり》、民《たみ》子、蒼生子《たみ》は、雅名であった。[145] 彼女が詠んだ歌の数はおびただしく、門下の菱田縫子（一七五〇～一八〇一）が編んだ『杉のしづ枝』[146]に集成されているが、なかに恋歌が一首も見いだされぬことは、注意されよう。[147]

小澤蘆庵（一七二三～一八〇一）の門に出た薄命の閨秀歌人・矢部正子（一七四五～一七七三）の名は、伴蒿蹊（一七三三～一八〇六）によってよく伝えられているが、[148]本格的にその伝記を究明したのは、森銑三（一八九五～一九八五）であった。[149]これらの文献によると、彼女は、延享二年（一七四五）、矢部善左衞門佳政の娘として美濃國本巣郡芝原郷北方里に生まれ、名をひさといった。郷里で結婚に失敗したのち、上洛し、蘆庵について和歌を学び、その平明流麗な歌風のゆえに師の深い愛顧を蒙った。都において彼女は、復古的な名―正子《まさ》―に改めた。正子が単なる雅名であるか、あるいはひさを真に改めた本名であったかは、[150]未詳である。その後正子は招かれて江戸に下り、肥後の細川侯の息女に仕え、女中名を呉《くれ》といった。蘆庵の『六帖詠草』[151]には、江戸に下向する女弟子に贈った餞別の歌が収められている。その詞書には、

　矢部正子が宮づかへすとて、あづまにくだりざまに来て、朝夕の心おきてになるべき歌をこひけるとき、栞に書きて遣はし侍りし

とみえる。人別帳記載の名までが正子に変わったかどうかは知るべくもないが、都では矢部正子という名で彼女は通っていたようである。

細川家は、正子を優遇したけれども、彼女は朋輩の嫉妬に遭って主家を退き、歌道の教授によって身を立て、門弟も百人を越えた。しかし不幸にも火災に遭って家は全焼してしまった。京都に引き揚げてみると、先に母に預けていた娘は夭折しており、あまつさえその翌月には母も病死した。悲嘆のあまりに正子は出家し、法諱を恵靜、道名を寂室といったが、その翌安永二年（一七七三）[152]の九月、彼女も悲運の生涯を閉じたのであった。

正親町三條安子　桂園派の女流歌人として著名なのは、正

親町三条家（のち嵯峨家）から出た藤原安子や高畠式部らである。安子は、参議・實同（一七四八～一七八五）を父とし、公則（権中納言、一七七四～一八〇〇）を兄として天明四年（一七八四）に生まれ、柳原《やなぎはら》家の権大納言・藤原均《なほ》光（一七七二～一八一二）の室となり、慶応二年（一八六六）十二月に八三歳で没した。その家集を『桂芳院遺草』[153]と称するが、上品な歌風を特色としている。

高畠式部　蓮月とともに桂門女流として著名な高畠式部（一七八五～一八八一）は、大坂の医師・石井道玄の娘であって、名をとみといった[154]。早く香川景樹の門人となり、歌道に精進していた。千種家の鍼師で歌人の高畠清音の妻となってからも怠らずに歌道に励み、景樹の没後は、千種中将有功《こと》（一七九七～一八五四）に師事して歌に明け暮れ、当代屈指の女流歌人となった。維新後は、雅名の式部を志貴婦に改めた[155]。長命したためもあって、多数の歌を遺したが、多くは家集の『麦の舎集』に収められている。

荒木田麗女　女流文学者として著名な荒木田麗女《れいじょ》（一七三二～一八〇六）は、氏名を荒木田、姓《かばね》を神主という名門の生まれで、父は内宮の権禰宜の武遠であった。彼女は初め名を隆といったが、のち麗《れい》に改め、麗女という雅名を用いた。いかにも文学者らしく、彼女は号を清渚ないし紫山、中国風の字《あざな》を子奇と称した。同じ伊勢國にありながら、麗女は本居宣長とは交誼を結ばず、仮名遣いなどに関しては、宣長と激しい論戦を交えたことであった[156]。

浅井まん　「上毛の紫式部」と称せられる浅井まんは、上野國の高崎藩主・松平家（維新後、大河内家を称した）に仕え、のちに和学講談所に出仕した国学者、歌人の宮部源八義正（一七二九～一七九二）の妻となった[157]。二人の間に生まれた義直を加えた三人とも、歌人として知られた。義正（号は、三藻）の『三藻類聚』二冊のうち、上巻には、『万女詠草』と『義直詠草』とが収められている。なお、まんという女性名の頻度数は、江戸時代前期が最高であって、後期はすこし下降したようである。

横山桂子　桂子《かつらこ》（一八〇〇～一八五五）は、横山平馬の娘として江戸に生まれ、幼名はまつ、成人してみちに改めた。本間游清（一七八一～一八五〇）に歌道を学び、桂子《かつらこ》、月の屋、天香などの雅名を称した。かつて月前紅葉の題で、「あかぬかな月すむ夜半に散る紅葉かつらの花の心地のみして」と詠じた歌が上聞に達し、「月の桂子」の名を賜わったという。雅名は主としてこれに因んでいる[158]。『桂の花』二巻は、桂子の家集である（文久元年刊）。なお、国学者・横山由清（一八二六～一八七九）は、桂子の養子。

蓮月　幕末の勝れた歌人・蓮月尼（一七九一～一八七五）の生涯や作品に関しては、この尼と面識のあった歴史家・菅政友（一八二四～一八九七）の『蓮月尼伝』[159]を初めとして幾冊かの著書やおびただしい論文が公にされており[160]、いまさら説明を加える必要もなかろう。ただ一つ書き留めておきたいのは、彼女が京都、知恩院の寺侍・太田垣光古の養女で、名を誠《のぶ》といったことである。富岡鉄齋（一八三六～一九二四）が少年のころ、蓮月に養われ、その感化を受けたことも、よく知られている。

その他の歌人　福井久蔵博士（一八六七～一九五一）は、名著『幕末の歌人』の中に「女流歌人」の一章を設け、閨秀歌人二十数名の名を挙げ、歌人としての略伝を述べている。(161) その中には、伊豫國吉田の藩主・伊達若狭守村芳《むらよし》（一七七八～一八二〇）の夫人・久世満喜（一七八〇～一八五一）、前に触れた池田冠山（印幡國若櫻藩主）の夫人・榮子など、大名の正妻らも少なからず採り上げられている。また近衛家の老女として著名な村岡局こと津崎矩子《のり》（一七八六～一八七三）も歌人として略記されている。

女流漢詩人　和歌と違って漢詩は、女性には馴染みにくい文学の分野であるけれども、江戸時代後期には男性に伍して勝れた女流詩人も輩出した。総じて江戸時代の漢詩は、二流の文学として軽視されてきたが、最近ではこれを再評価する気運が昂まっている。いま主に『近世女流文人伝』(162) によって、いくたりかの女流漢詩人の名を挙げてみよう。

①多田季婉　名（通称）は順、字《あざな》（中国風の通称）は季婉。詩集に『綽約《しやくやく》集』がある。安永年間の人。

②大崎小窓　名は榮、字は文姫、号は小窓。江戸の人で、山本北山の門人。文政元年（一八一八）、病没。

③長島春雀　佐渡の生まれ。名は環《たま》、字は翠佩、号は春雀。梁川星巖の門人。

④大田蘭香　金澤の藩儒・大田錦城の娘（一七九八～一八五六）。名は晉《しん》、字は景昭、号は蘭香。古筆第十一世・了伴の妻（離別）。

⑤高島文凰　江戸、麹町の高島彌兵衞の娘（一七九二～一八五七）。名は未詳、竹雨とも号した。佐藤一齋（一七七二～一八五九）の門に学び、詞章の道に通暁し、女学士と評されたが、茶道、書道の奥儀をもきわめた才媛であった。江戸城大奥や紀伊、尾張の藩邸でも漢学を講じた。その学業は門人であり、養女でもあった文輝（名は豊。一八一六～一八九一）によって継承された。

⑥龜井少琴　筑前、黒田藩の大儒・龜井南冥（一七四三～一八一四）の孫、龜井昭陽（一七七三～一八三六）の娘（一七九八～一八五七）。名は友《いう》、少琴はその号。経史に通じ、詩賦をよくし、墨書を得意とした。

⑦江馬細香　細香（一七八七～一八六一）の名は、江戸時代末期の閨秀詩人、文人画家としてあまねく知られている。また彼女と頼山陽（一七八〇～一八三二）との生涯にわたる相思相愛の関係も、人のよく知るところである。細香は、大垣藩主・戸田家に仕えた蘭医・江馬蘭齋（一七四七～一八三八）の長女であった。母は乃宇といい、継母は佐野といった。また彼女の二つ違いの妹に柘植《つげ》がいた。細香は名を多保、号を湘夢といったが、細香はその字であった。(163)

細香が神童女であったことは、「多保　五才画」と自

図 119　江馬多保（細香）が5歳のときに描いた竹に雀の画
紙本 27.2×29.0 cm（大垣市，江馬庄次郎氏所蔵）

署した「竹と雀の図」（図119）から察知される。彼女は、浦上春琴（一七七九～一八八六）に師事して画法を学んで天賦の才能を伸ばし、また美濃に来遊した頼山陽の門弟となり、生涯にわたって漢詩文の指導を受けた[164]。

たほというのは、当時としては珍しい名であった。しかし江戸時代で絶えた名ではなかった。近代の例としては、男爵・山本達雄（一八五六～一九四七）の夫人・多穂（一八六五～一九二二）の名が想起される[165]。

⑧原菜蘋　筑前國朝倉郡秋月藩の儒者・原古處の娘（一七九八～一八五九）。名を猷《みち》といい、菜蘋《さいひん》または霞窓と号した。天資豪放磊落で、酒豪として知られた。終生嫁せず、つねに長刀を携えて諸国を漫遊した。詩集に、『東遊曼草』、『菜蘋詩集』などがある。

⑨吉田袖蘭　京都の医師・吉田南涯（一七五二～一八二五）の娘（一七九七～一八六六）。名を佐登といい、袖蘭はその号。画家・大倉笠山《りつざん》（一七八五～一八五〇）に嫁し、夫妻ともに頼山陽に師事した。女流の詩人、画家として、細香、紅蘭などとともに名声を博した。

⑩高橋玉蕉　仙台の商人の娘（一八〇二～一八六八）。名は瀧、字は水龍または白華で、玉蕉女史と号した。幼より詩賦をよくし、また書道にも巧みで、みずから一家をなした。江戸に出て門弟に教授し、仙台侯の侍講をも勤めた。

⑪梁川紅蘭　美濃國安八郡曾根村の郷士・稲津多内長好とその妻・川瀬貞《てい》との間に生まれた娘（一八〇四～一八七九）。名を景《けい》、字を景婉また道華といい、紅蘭、紅鸞と号した（図121）。また中国風に張氏を称した。彼女の幼名はきみであって、姉の名はとうであった。文政三年（一八二〇）に彼女は、詩人にして憂国の士であった梁川星巖（一七八九～一八五八）の妻となり、夫妻で諸国を漫遊し、江戸に住み、晩年には京都に居住した。星巖夫妻と当時の文人墨客たちとの交際範囲は、全国にわたって広汎であったが、一方、勤皇の志士たちとの交りも頻繁

であった。女流詩人としての紅蘭は、化政期の文壇において細香とともに双璧をなしていた。(166)

これまで閲《けみ》した女流漢詩人たちの名に関しては、必ず字《あざな》（中国風の通称）と雅字を選んでつけた号をもつこと、本来の通称を漢字で表記していることが特色として指摘されよう。また庶民出身の女性の場合は、家名を適当に付するのがつねであった。これは、女流俳人の場合といちじるしい対照をなしていたのである。

図120　原菜蘋画像，嘉永3年版『現存雷名江戸文人壽命附』（東京都立中央図書館加賀文庫蔵本）より

図121　左：江馬細香（36歳）と梁川紅蘭（19歳）（児玉石峯筆『白鷗社集会図』〔文政5年〕より，大垣市，江馬庄次郎氏所蔵）

女流俳人　江戸時代に入ると、連歌に対して従属的な位置にあった俳諧は、連歌に対立する文芸として確立されるにいたったが、松永貞徳（一五七一～一六五三）を指導者として未曾有の発展を遂げ、これに応じて女流俳人もようやく現われるようになった。

①捨女《すてじょ》　女流俳人の先駆者であった捨女（一六三三～一六九八）は、丹波國氷上郡柏原《かいばら》の名家である田《でん》助右衛門季繁の娘で、名をステといった。六歳のとき、「雪の朝二の字二の字の下駄のあと」と詠んで人びとを驚かした。(167) のち貞徳の門人の北村季吟（一六二四～一七〇五）に師事して俳諧に励み、数々の名句を遺した。(168)

②園女《そのじょ》　芭蕉の直門の女流俳人の随一として知られている(169)（一六七〇～一七二六）。伊勢山田の神官・秦師貞の娘。家名は二本椙《すぎ》。男性的な俳風の句を作った。(170) 本名は、そのであろう。

③秋色　江戸小網町の人で、名をおあきといい、字を秋色、号を菊后亭といった。夫の寒玉とともに寶井其角（一六六一～一七〇七）の門人であった。享保十年（一七二五）、五七歳で没した。(171)

④千代女　加賀國石川郡松任《まっとう》の人で、表具師・福増屋六左衛門の娘（一七〇三～一七七五）。名はちよ、法名は素園。天才的な俳人で、その名は全国にあまねかった。(172) ただし、

彼女の作として広く知られている「渋かろか知らねど」、「起きてみつ」、「ほととぎすほととぎす」といった(173)句などは、彼女の自作の句とは認められないようである(174)。

⑤諸九尼《もろくに》　筑前、直方在の人で、名を波《なみ》といった(一七一四～一七八一)。夫・有井浮風とは、大恋愛の末に結ばれた。宝暦十一年(一七六一)、亡夫の百箇日に出家したが、その後、彼女の俳名はいよいよ昂まった。諸九尼は旅が好きで、全国を俳諧行脚し、多数の風士と交わった(175)。

⑥菊舎尼　長門國の長府藩士・田上由永(のち、本莊了佐と改名)の娘で、母は豊田タカ。名を道《みち》といい、菊車、のち菊舎と号し、別号は一字庵(一七五三～一八二六)。寡婦となったのち、二九歳で出家し、以後、俳諧行脚で一生を過ごし、この間に技倆を磨くとともに広く諸芸の習得に励んだ。京都には、数回往反している。著作としては、『手折菊《たおりぎく》』(文化九年刊)のほか、多数の自筆稿本が遺されている(176)。

⑦田女《でんじょ》　本名は、よし、法名は、眉齋。判者(点者)として知られた谷川樓川(一六九九～一七八二)の妻。江戸にあって樓川、養子の鷄口(子眠)とともに判者を勤めた。安永八年(一七七九)没、享年未詳(177)。なお、鷄口が田女の俳句と文草を編輯し、これに「終焉記」一篇を添えたものに、『海山《うみやま》』(178)がある。

⑧多代女　陸奥國岩瀬郡須賀川の豪商であった市原家の壽綱の娘(一七七六～一八六五)。名をたよといい、初め賞月堂、のち晴霞庵と号した。會津より松崎庄五郎有綱を婿に迎え、二男一女を儲けた。夫の没後、家業を守るかたわら俳諧を志し、須賀川の石井雨考の教えを受け、さらに鈴木道彦や岩閒乙二《おつに》(一七五六～一八二三)に師事し、多くの俳人や学者と交遊し、五十代にいたって俳名が大いに喧伝され、「陸奥の多代女」の名は広く知られた。彼女の遺した『晴霞句集』(179)は、六五八句を収めた稀にみる大冊である。

これまでみたとおり、俳句の作者名は、家名を省略して記された。これは俳諧が簡潔を尊び、一行のうちに句と作者名を収める傾向があったからである。例を『たまも集』(180)にとれば、左のようである。

ゆづり葉の茎も紅さすあした哉　園女
いざ摘ん若菜もらすな籠の内　柏原　すて
風流やうらに絵をかくころもがへ　大阪　久女
もえやすく又消やすき螢哉　去來妹　千子《ちね》
秋の野を舞台に見たる薄哉　萬里《まり》
年よれば声はかるゝぞ蟋蟀　智月
定まらぬ朝のくもりやきりぎりす　んめ
ゆふかづら星命の浜にかけてあり　春女
どの色をわけて折なんけふの菊　そめ

俳名には、一定の規定はなかったけれども、号、法名、あるいは通称、また通称に女字を付した名が用いられた。右の『たまも集』は、與謝蕪村(一七一六～一七八三)が古今の女流俳人一一九名の句を四季に別けて編輯し、千代尼の序、田女の跋をつけて、安永三年（一七七四）に開板したもので、女流俳人の名を知るうえでの好史料である。『たまも集』で注意されるのは、そこに多数の遊女の句が収められていることである。

利生　のざと　唐土《もろこし》　奥州　好女　かう　しづか　小源
花崎　高尾　九重　長門　みほの　夕霧　薄雲　いくよ
ときは

江戸時代には、遊女、とくに太夫（花魁）は教養を身につけなければならなかった。その点、五七五文字の俳諧は簡便で入り易く、大勢の遊女の中からは傑出した俳人も現われたのである。吉原の雲井、越前國の三國の歌川《かせん》（一七一七〜一七七七）などは、その尤なるものである。[181]

女流の狂名　大坂の油煙齋貞柳（一六五四〜一七三四）や江戸の唐依橘洲《からころもきつしゆう》（一七四三〜一八〇二）、大田南畝（一七四九〜一八二三）―四方赤良《よものあから》―らによって鼓吹された狂歌は、一般の趣向に投じ、江戸時代後期において爆発的に流行し、多数の人びとが狂歌に参加した。それにつれて女流の狂歌師も輩出した。なかでも著名なのは、元木網《もとのもくあみ》（元默阿彌、一七二四〜一八一一）の妻の知恵内子《ちえのないし》（名、すめ。一七四五〜一八〇七）である[182]（図8参照）。この知恵内子と並んで天明の女流狂歌界の双璧といわれたのは、節松嫁々《ふしまつのかか》（一七四五〜一八一〇）である。[183]彼女は、本名を小宮山まつといい、巨匠・朱樂《あけら》菅江《かんこう》（一七四〇〜一八〇〇）の妻であった。夫の没後、朱楽連《れん》の中心となって門人を指導したことであった。

『狂歌人名辞書』[184]には、相当数の女流狂歌師の名が記載されているが、そのうちから目立った名を挙げてみよう。

垢付《あかつき》衣紋（名、長山さと）　秋風女房《あきかぜにようばう》[185]（名、村田まさ。一七六四〜一八二六）　泉源樓うす女（名、神保とし。一七九二〜一八五九）　扇假名女（名、つな。天保ごろの人）　淺纓庵諏訪子（名、しげ。嘉永ごろの人）　月花永女（名、竹内えい。嘉永三年没）　四方山詠女《よものやまながめ》（名、田沼たか。一七八九〜一八六五）　畑《はたの》零餘子《むかご》（名、未詳。一七九三〜一八二〇）　若水汲子（名、橋本政。文化年間の人）

また節松嫁々（不始末嫋）の率いる朱楽連の中では、左のような女流狂歌人が目立っていた。[186]

衣笠登知女《とじめ》　紅古曾女《くれなゐのこそめ》　炭團《たどんの》丸女　瀬々内子《せぜのうち》　苔野《こけの》むす女　家竝店子《やなみのたな》　江戸前平女《えどまへのひらめ》　霰《あられ》やこん子　玉のかんざし　袖口久希女《そでぐちのくけめ》

右にみるとおり、狂名には、奇抜なもの、世間を茶化したものやふざけたものが多いが、とくに女性狂歌人にそれが顕著であって、澤庵漬女《たくあんつけめ》、吉野葛子《くずこ》、此殿咲艸女《このとのさきくさめ》、駒下駄乙《こまげたの》女、肝心假名女《かんじんのかなめ》、山田鳴子など[187]いずれもそうである。明治時代に入ると、奇抜な狂名は、さすがに激減したのであった。

技芸畑の女性の雅号　江戸時代後期には、文学ばかりでなく、絵画、書道、音楽、舞踊、工芸などの諸分野にも、女性の進出がみられた。これらの女性は、大部分が雅号（雅名）を帯びていた。すなわち画家には、櫻井秋山（名、やす。化政期の人）、立原春沙（名、はる。文政・天保期の人）、谷秋香（文晁の妹。名、しう。一七七二～一八三二）、葛飾應爲[188]（北齋の三女。名、えい）、山崎お龍（浮世絵師。享保期の人）等々が、書家には藏田瓊華《けいか》[189]（名、八重。一七六五～一八〇〇）、河原叔蘭[190]（名、こま。一七八八～一八三二）などの名が想起される。片山鐵篆[191]（名、いよ。一七三一～?）は篆刻や絵をもって、養老庵[192]（名は、つね。一八三四没）は盆石（遠山流）によって知られた。また宮薗節《みやぞのぶし》浄瑠璃の初代・宮薗千壽[193]（名、しま。一八〇六～一八六八）、新内節の鶴賀《つるが》鶴吉《つるきち》[194]（名、こん。一七五七～一八二七）らの名は著聞している。

一方、織物では、久留米絣の創始者である井上でん（一七八八～一八六九）の名が知られている。彼女は、久留米の米穀商・平山源藏の娘、井上次八の妻であった。でんは、明治二年四月―「壬申戸籍」以前―に没しているから、彼女の名は正しくは「平山でん」というべきである[195]。

人名録にみえる女性　江戸時代後期、とくに文運が大いに隆昌となった化政期以降には、各種の人名録が木版で上梓され、その数は六、七十種におよんでいる。森銑三・中島理寿共編の『近世人名録集成[196]』全五巻は、この種の人名録六十四巻を集成した文献であって、第一、二巻には地域別人名録、第三、四巻には分野別人名録が収録されている。江戸時代後期は、学芸への女性の進出も目ざましかったので、数こそ少なくはあっても、男性に伍して女性の名を見いだすことができるのである。

ここでは多数の人名録から女性を選出する紙幅がないので、二、三の例について述べるにとどめる。まず天保七年版の江戸の『当時現在広益諸家人名録[197]』を例にとると、そこには左のような女性名が見いだされる。

〔画〕家木紫山（名、石）　〔画〕西村春香（名、豊）　〔画〕大村可中（名、今）　〔儒〕高嶋竹雨（名、文鳳）　〔画〕立原春沙（名、春）　〔画〕中川文雪（名、美濃）　〔画〕山本文香（名、乗）　〔画〕小松原秋香（名、光）　〔画〕坂本如蘭（名、清）　〔画〕齋藤香玉（名、世濃）　〔画〕平井連山（名、連）　〔書〕三上竹雪（名、娟。実は、房か）　〔儒〕篠田雪鳳（名、儀）　〔儒〕本山文藻（名、直）　〔画〕石黒南枝（名、瀧）　〔画〕立川梅子（名、美代）　〔画〕村田玉鱗（名、千尾）　〔画〕村田梅月（名、高）　〔画〕近藤秋紅（名、茂登）　〔書・画〕平井仙姑（名、仙）

右のうち、「名、文鳳」は、編者の調査不足によるもので、この人名録では雅号、字、本名が截然と区別されていないことが多い。

興味深いのは、初編が嘉永二年（一八四九）、二編が同三年に刊行された畑銀鶏編『現存雷名江戸文人壽命附[198]』であって、そこには列記された各文人の似顔が描かれている。女性に例をとると、

〔儒〕篠田雪鳳　〔儒・書〕高嶋文鳳　〔画〕平井連山　〔画〕村田梅月　〔画〕齋藤香玉　〔画〕星野雪柳　〔書〕内田文晴（以上、初編）　〔画〕畑鷄卵　〔歌〕三木世伊子　〔儒〕高橋玉蕉　〔画〕紅鳥樓水螢　〔画〕川口樓翠山　〔画〕立川梅子　〔書・画〕平井仙姑　〔儒〕原茱蘋

などである。詩酒にわたって怪豪といわれた原茱蘋《さいひん》について

は、上に述べるところがあった（三五六頁）。

著名な女性は画家が多く、書家、儒者がこれに次いでいる。以上によって、これら女性たちの雅号の特色が察知されよう。

分野別人名録は、国学者、漢学者、医家、詩人、歌人、俳人、狂歌師、画家、書家にわたってすこぶる多彩である。正徳三年（一七一三）の『良医名鑑』(199)は、京都の医師多数の名を各科ごとに掲げているが、女医の名は全く見いだされない。漢方の女医としていちはやく世に出たのは、文政年間に江戸で活躍した森崎保佑(200)であり、洋方の女医として最初に顕われたのは、ジーボルト（PHILIPP FRANZ J. B. VON SIEBOLD, 1796～1866）の娘の楠本イネ(201)（一八二七～一九〇三）―宮内省御用掛―であったが、江戸時代後期においても、医学を志した女性は稀にしかいなかった。

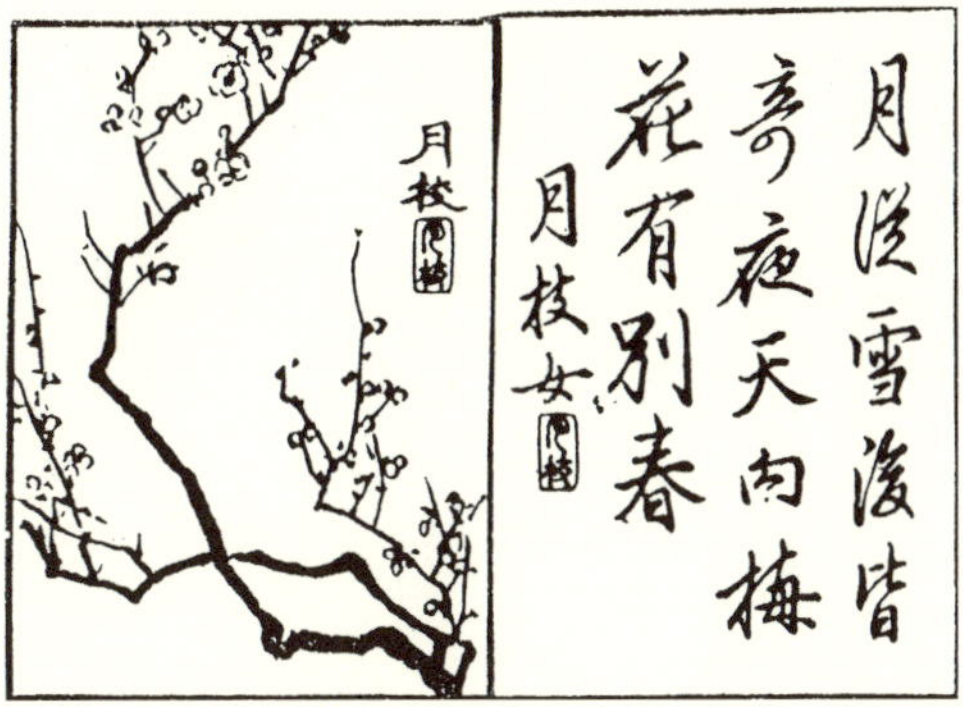

図 122　天才少女・後藤月枝の作品

（『書畫薈粋』2編より）

注目されるのは、画家、書家の名を録した『書畫薈粋《わいすい》』初編（三冊）、第二編（三冊）である。(202)これは前出の畑銀鶏（一七九〇～一八七〇）が編輯し、初編は天保三年（一八三二）、二編は安政六年（一八五九）に上梓された人名録である。そのいちじるしい特色は、各人の欄に当人みずからの作品（画または書）を掲げ、簡潔な伝記を記していることである。当然、女性の画家、書家も少なからず採り上げられている。ここに一例として掲げたのは、一三歳の少女・後藤月枝（名は、雪。字は、月枝。号は、有梅窓）の書である。上欄には、「金兵衛ノ女。錦水ノ妹。年十三。同ク（姉の錦水こと辰と同じく）書ヲ雪庵翁に学ブ。奇才アリ。画モ亦絶妙ナリ」という注記がみられる。辰と雪の二姉妹は、なかなかの天才少女であった。

4 江戸時代後期（二）

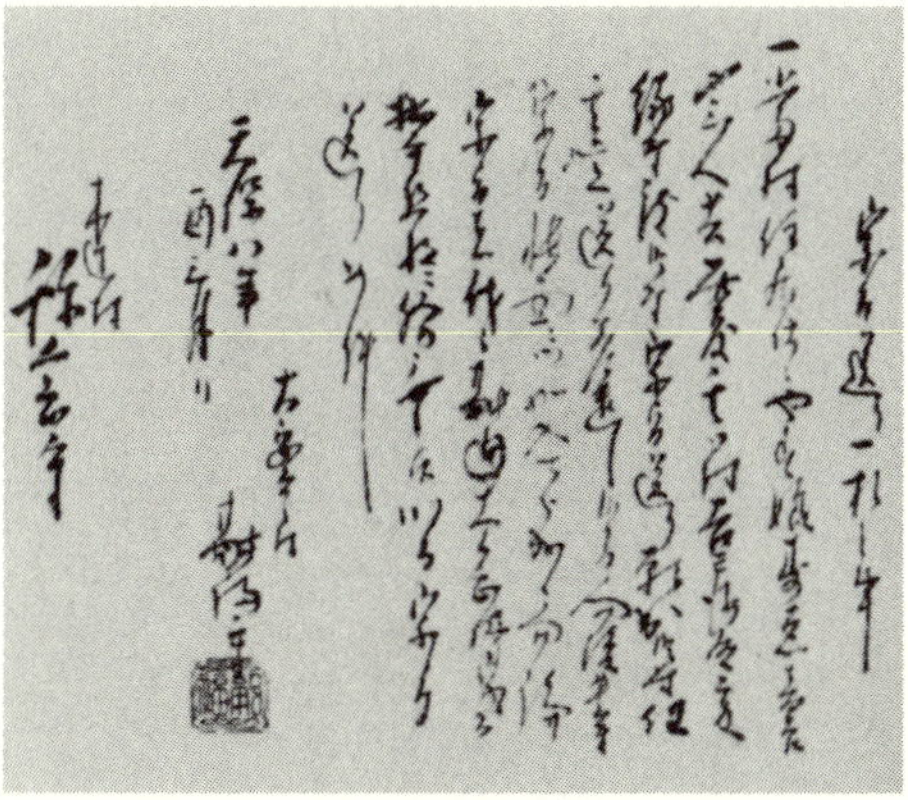

宗旨送り一札之事

一、當村住居仕候やす、娘するゑ、善吉〆三人共此度其御村吉兵衛殿方へ縁付致候ニ付宗旨送り其意送差遣し候間、勿論宗旨者代々融通大念佛宗ニ而拙寺旦那ニ紛無之候、以而宗旨送如件、

大安寺村
融満寺 印

天保八年酉三月　日

木辻村
稱念寺

図123　天保8年3月日付『宗旨送り状』（竹梁文庫架蔵）

庶民の女性名

㈠　史料の所在

ここでいう「庶民」とは、公家衆、武家、僧尼を除いた一般人を指している。江戸時代後期における庶民の女性名は、直接、近代の女性名に繋がる意味で重視される。それらの女性名は、ほとんど無数といってよいほど数多く知られている。実際、明治の末年から大正年間を経て昭和の初年までは、江戸時代後期に生を享けた人びとがわれわれの周辺におびただしく生存しており、彼らの名を直接に見聞することもできたのである。

江戸時代後期における庶民の女性名を知るうえで最も重要な史料は、やはりおびただしく現存する『宗門改人別帳』である。これは、藩によっては、『人数御改帳』とか『棟附人数御改帳』などとも呼ばれたが、秋田県、青森県、鹿児島県などには伝存が稀少なことを別とすれば、全国的に相当数遺存している。近年まで人別帳の史料的価値は軽視されがちであり、印行されることも少なかったけれども、昭和四十年代にいたってからその重要性があらためて高く評価され、あまた世に出た県史や市町村史などの史料編の中に多数収録されるようになった。実のところ江戸時代における庶民女性名の実態は、これら人別帳の公刊によって究明されたし、今後とも公刊が進むにつれてますます闡明されるに相違ないのである。

これら人別帳の公刊に関して忘れがたいのは、阪本平一郎（一九〇七〜）・宮本又次（一九〇七〜）両教授が編纂された厖大な集成『大阪菊屋町宗旨人別帳』[1]全七巻と、福井大学の佐久高士（一九〇二〜一九八〇）教授が十数年の間、粒々辛苦して採訪し、編纂された『越前国宗門人別御改帳』[2]全六巻である。

大坂の菊屋町は、現在の大阪市南区心斉橋筋二丁目に該当し、江戸時代中期以降、繁華な商店街として今日にいたっている町である。[3]この町の人別帳は、寛永十六年（一六三九）から明治二年（一八六九）まで二三〇年間にわたって一四五冊現存し、北区中之島の大阪府立図書館に保管されている。都市の人別帳でかくも長期におよぶものが伝存している例は、稀有のことである。菊屋町の北に隣接する木挽町についても、八九冊の人別帳が伝えられている。[4]これらの人別帳は、江戸時代女性名史の研究に関しても、まさに宝庫と称すべき貴重な史料である。

『越前国宗門人別御改帳』は、越前國に伝存する各村の人別帳を集大成した浩翰な労作であって、すべて六三八二頁を数える。越前國の女性名はきわめて複雑であるうえに近代の女性名の成立と密接に関連しているため、本書のもつ重要性は、たとえようもなく大きいのである。

江戸時代後期の女性名に関しては、厖大な文献が各地に伝存している。京都は永く皇城の地であったため、二、三百年の歴史をもつ旧家が数多く現存する。賀茂県主氏の流れを汲んだ賀茂社家の諸家については、前に述べたところである。空海との親族関係から代々東寺の執行を勤めてきた阿刀宿禰氏の阿刀氏文書は、国立京都博物館に寄託されている。

茶道家元の千家も豊富な家伝史料を伝えている。千三家（表、裏、武者小路）のうちで裏千家の分は今日庵文庫（上京区堀川通寺之内上ル）に架蔵され、一般に公開されている。金物卸商の湯淺家（五条柳馬場西入ル）は、最も古い商家の一つであるが、同家の数多い家伝史料はよく整理されており(5)、代々の女性たちの名もよく窺うことができる。また寺町姉小路上ルの竹苞楼書店は、宝暦元年（一七五一）創業の書肆であって、日本文学史の上で著名な老舗である。その店主・佐々木家の女性名の明記された家系は、『若竹集』(6)からつぶさに窺うことができよう。

名家として看過できないのは、江戸、京都、大坂を拠点として大いに活躍した富商・越後屋こと三井家のことである。明治時代にいたって早くも財閥を形成した三井家は、つとに家史編纂所を設け、三井各家の当主ごとに史料集を編纂し、明治三十七年から四十二年にかけて、『第壱稿本三井家史料』八十巻八十三冊、附録三巻三冊を印行した(7)。各巻の冒頭には、各家当主ごとに関係系図が掲げられている。いま『三井家史料』第四巻から第十二巻に掲載されている三井家総本家（北家）の系図によって同家の女系図を作成し、参考に供することとしよう（三六六～三六七頁）。女性名として注意をひくのは、第七代・高就の娘たち―涌《わく》、有《あり》、頼《より》、寛《ゆる》、等々―の名であろう。また江戸時代の豪商としては、住友家、鴻池家などの名が容易に想起される。住友家関係の史料は、住友史料館（京都市左京区鹿ヶ谷）に保管され、目下、整理中である。悲惨な結末を遂げた金澤の海傑・銭屋の系図(8)は一見に値する。なかでも銭屋の最盛を招いた五兵衞（一七七三～一八五二）の孫娘・千賀《ちか》（一八三七～一八六二）は、才色兼備の女性であり、その篤い孝心は、今なお話題にのぼっている(9)。

京都の旧家としてもう一つ特記せねばならぬのは、医家・小石家のことである。小石家は、著名な蘭方医の小石元俊(10)（一七四三～一八〇八）に始まり、代々医を業として今日にいたっている家柄であって、その医学塾を究理堂と称した。第二代の元瑞（一七八四～一八四九）は、医療に励むかたわら、頼山陽や田能村竹田らと親交を結び、詩文のうえでも大いに活躍した。

『処治録』と題した元瑞の診療カルテは文政十二年（一八二九）四月から嘉永元年（一八四八）まで二〇年間の分が一六冊現存している。彼が診察した患者の延べ人数は、一万を越えているが(11)、婦人の患者の数もおびただしく、それは女性名を研究するうえでこよない好史料となっているのである。

江戸時代には、近江商人の活躍が盛んであったが、その代

三井総本家（北家）女系図

高利
高俊四男
北家初代
字　八郎兵衛
戒名　松樹院長譽宗壽居士
高利（一六二二〜一六九四）
妻　かね（一六三五〜一六九六）
父　松坂ノ中川淨安
戒名　榮昌院長空壽讃大姉

- **高平**
  北家二代
  戒名　鶴操院林山宗竺居士
  字　八郎兵衛　八郎右衛門
  高平（一六五三〜一七三七）
  妻　かね（一六六四〜一七一九）
  父　松坂ノ小野田治右衛門
  俊重
- 高冨　伊皿子家初代
- 高治　新町家初代
- 高伴　室町家初代
- ちよ　法名壽榮　三井七左衛門妻
- よし　早世
- 松　早世
- 高久　南家初代
- かち　長井家ヲ称ス
- 高春　小石川家初代
- みか　中川清三郎室

高平の子

- **高房**
  北家三代
  戒名　崇清泰門近事
  字　八郎右衛門
  高房（一六八四〜一七四八）
  妻　しう（一六九二〜一七一六）
  父　松坂ノ長崎八兵衛
  法名　高秀院春嶽壽玄
  妾　つな（一六九四〜一七六〇）
- 津留　早世
- 登代　早世
- 京　新町家高方妻
- 民　小野田家孝俊妻

高房の子

- りく
  ノチせをト改名
  母　妾つな
- **高美《ヨシ》**
  北家四代
  戒名　白如一成沙彌
  字　八郎右衛門
  高美（一七一五〜一七八二）
  妻　須賀
  父　伊丹ノ稲寺屋北河原次郎三郎
  ノチ離縁

高美の子

- たが
  実父　家原家政俊
  伊皿子家三代高登妻
- **高清**
  北家五代
  字　八郎右衛門
  戒名　透玄院昭譽宗徹居士
  高清（一七四二〜一八〇二）
  妻　つゐ
  父　新町家三代高彌
  （一七四五〜一八〇一）
  戒名　妙雲院法譽壽鶴禪尼
- 千勢
  実父　鳥居坂家二代高豊
  長井高陳妻
- 五百
  実父　伊皿子家二代高勝
  南家三代高邦妻

北家六代　字　八郎右衛門
戒名　鶴林院松操宗節居士

高祐（一七五九〜一八三八）
初メノ諱　高聴《アキ》
妻　みな（一七五九〜一七七八）
父　伊皿子家三代高登
戒名　光譽浄嶽壽齢大姉
後妻　善《ヨシ》
みなノ妹ノチ離縁

北家七代　字　新八
戒名　海雲院牧山宗陸居士
高就《ナリ》（一七八六〜一八五七）
妻　列《レツ》　父高雅
（一七八七〜一八六二）
戒名　楞嚴院松室壽雪禪尼

酉《ユウ》　実父　高典
那波九郎左衛門妻

津礼

つう
伊勢ノ則右衛門高匡妻

涌《ワク》（一八〇五〜一八六七）
柏屋孫左衛門妻

有《アリ》
辰巳屋省兵衛妻

頼《ヨリ》（一八一一〜一八六六）
長井高厚妻
戒名　瑶林庵丹嶽壽鳳信女

妙《タヘ》　早世

廣《ヒロ》　早世

寛《ユル》　遊尾トモイウ
初メ三井高彰妻

和津　南家高愛妻

北家八代
字　八郎右衛門
高福《ヨシ(トミ)》（一八〇八〜一八八五）
実父　三井高匡
妻　麗《レイ》（一八一五〜一八四三）
父　三井高英
後妻　津尾《ツヲ》（一八一四〜一八九一）
父　三井高延

北家九代　字　八郎右衛門
戒名　普照院朗月宗徳大居士
高朗《アキ》（一八三七〜一八九四）
母　麗
妻　喜曽（一八三九〜一八八三）
父　三井高映

對《ツイ》（一八三九〜一八四〇）
母　麗

濤《トウ》（一八四一〜一八八九）
母　麗　三井高生妻

喜野（一八四八〜一九二九）
母　津尾　三井高辰妻

賢《カタ》（一八五二〜一九三一）
母　津尾
柏原孫左衛門妻

籌《カズ》（一八五三〜一八六七）
母　津尾

北家十代　男爵（一八九六授）
字　八郎右衛門
高棟《ミネ》（一八五七〜一九四八）
母　津尾
後妻　苞子《モト》（一八六九〜一九四六）
父　前田利声《カタ》
妻　貴登（一八六六〜一八九一）
養父　広岡信五郎

益《マス》（一八五四〜一八七九）
実父　三井高益
三井高景妻

北家十一代　男爵
旧名　高公
八郎右衛門（一八九六〜）
妻　銀《トシ》子（一九〇一〜一九七六）
父　侯爵松平康荘《タカ》

慶《ノリ》子（一八九四〜）
侯爵中御門経恭《ヤス》妻

裕《ヒロ》子
ノチニ裕《トミ》子に改ム
（一八九七〜）
男爵鷹司信熙《ヒロ》妻

興《オキ》子（一九〇〇〜）
三井高長妻

禮《レイ》子（一九〇五〜）
三井高篤妻

祥《サキ》子（一九〇七〜）
子爵高辻正長妻

高実《ミツ》（一九二七〜）
妻　依子（一九三〇〜）
父　三井高遂

高元《アサ》（一九二一〜一九四一）

公乗《ノリ》（一九二八〜）
妻　豊子（一九三〇〜）
父　浅野八郎

之《ユキ》乗（一九三一〜）
妻　富美子（一九四〇〜）
父　林友春

久子（一九三三〜）
浅野久彌妻

表ともいうべき日野の豪商・中井家については、江頭恒治《えがしらつねはる》博士（一九〇〇～一九七八）の精細な研究[12]が公にされている。

数ある地方の名家のうちで注意されるものの一つは、和泉國泉南《いずなみ》郡佐野村に本拠をおいた豪商・食野《めしの》家であって、江戸時代を通じて全国市場での活躍はよく知られている。[13] この食野家の初代・多右衛門正久から十四代・次郎左衛門（一八六五～一九四三）および分家十五代・伴吉（一九一二～）までにおよぶ『食野家系譜』[14]は、幸いにも公刊されている。この系譜は、二代いらい、同家の女性名を丹念に記入している点で重視されるのである。[15]

つぎに地方の旧家として注目されるのは、播磨國揖保郡の永冨家である（兵庫県揖保川町新在家）。これは、世阿彌（一三六三～一四四三）の母の生家としても著聞しており、代々庄屋を勤め、りっぱな邸宅を構えていた。[16] 庄屋であった関係もあって、同家には人別帳、水帳を初めとする多量の文書、記録が保存されている。今田哲夫教授（一八九八～）[17]は、これらの文献を渉猟して、永冨家の家伝を記述されたが、のちになって続編[18]を公にし、永冨家の歴史を女性を中心に纏め上げられた。後者は女性史研究上の好文献となっている。

近江國浅井郡大濱村（東浅井郡びわ村大字大浜）の大濱家も代々庄屋を勤めた豪農であって、大量の古文書を伝えているが、なかにふくまれた多数の宗門改帳は、女性名史を研究するうえで貴重な史料である。[19] 遠江國佐野郡幡羅郷幡鎌村（現在、掛川市幡鎌）を本拠とする幡鎌家は、甲斐源氏に属するといい、近隣にきこえた旧家であって、文書、記録の類も多数伝えられている。この幡鎌家の来歴と主要な親族を調べた著作[20]は、女性名史のうえでも閑却しがたいものである。

昭和四十三年に刊行された『石見諸家系図録』[21]は、石見國の著名な武家や庶民の旧家の系図を集大成した好著である。そこには多数の女性名が記載されており、その点、大いに参考となる著作である。これについては、のちに触れるおりがあるであろう。

幕府による切支丹類族調べ[22]は、江戸時代後期にいたってもなお執拗に継続されていた。前期の場合と同様にその調書、すなわち類族帳は、全国各地に少なからず散在しており、それらは女性名の史料として人別帳の欠けた部分を補うことが多い。[23] たとえば、享保二十年付の『武蔵国児玉郡渡瀬《わたるせ》村（埼玉県児玉郡神川村渡瀬）類族帳』[24]には、左のような女性名がみられるのである。

あき　いな　かつ　かめ　きく　きよ　けさ　さな　さる
志め　志やう[25]　志よ　すき　すて　すわ　たけ　たつ　た
ま　たん　つた　つま　つや　てご　とり　なつ　にく
はつ　はな　はる　ひめ　ふく　ふみ　まつ　よし　よね
らく

女性名研究の史料としては、寺院や旧家に存する、江戸時代後期にさかのぼる過去帳が貴重である。過去帳では、戒名と俗名が併記されていることが望ましい。

特別な過去帳として強調されるのは、群馬県吾妻郡嬬恋《つまごい》村の常林寺の『浅間焼被災者過去帳』のことである。(26) 周知のように、天明三年（一七八三）七月には浅間山の大噴火があったが、七月七日、噴火口から出た熱泥流は八日にかけて北麓の鎌原村に流れ、村は全滅し、男子二四七名、女子二二四名、計四七一名が流死した。なお、このほかまだ名のつけられていない嬰児四名も死没した。名主・作左衛門も流死したが、息子の市太郎（ときに三五歳）は村の組頭となり、三年がかりで死没者の名を調べ上げた。常林寺住職の歓鳳（一八一〇寂）は、これらの流死者にそれぞれ戒名を授け、過去帳を作成した。これによって流死した女性二二四名の名と戒名が知られるが、名の方はいずれも普通の二音節二字型であった。(27)

　女性名研究の史料としては、おびただしく遺存する古文書も役立つことが多い。なかでも離縁状、縁付送り証文（宗門送り状）、各種奉公人請状、女手形（女切手）、死人取置証文な

人頭送り一札之事

一当村弥治右衛門孫いし儀、当村市左衛門取持ヲ以、其御村亥蔵嫁ニ致縁定度旨願出候ニ付、任其意、当村人別相除差遣候間、以来其御村人別御帳面江御記上可被成候、為後日之人頭送り一札仍而如件

元治元甲子年
十一月
町小綱木村
検断
茂兵衛㊞
飯坂村
御検断
専十郎殿

送り証文の一例　（『川俣町史』〔福島県〕第2巻より）

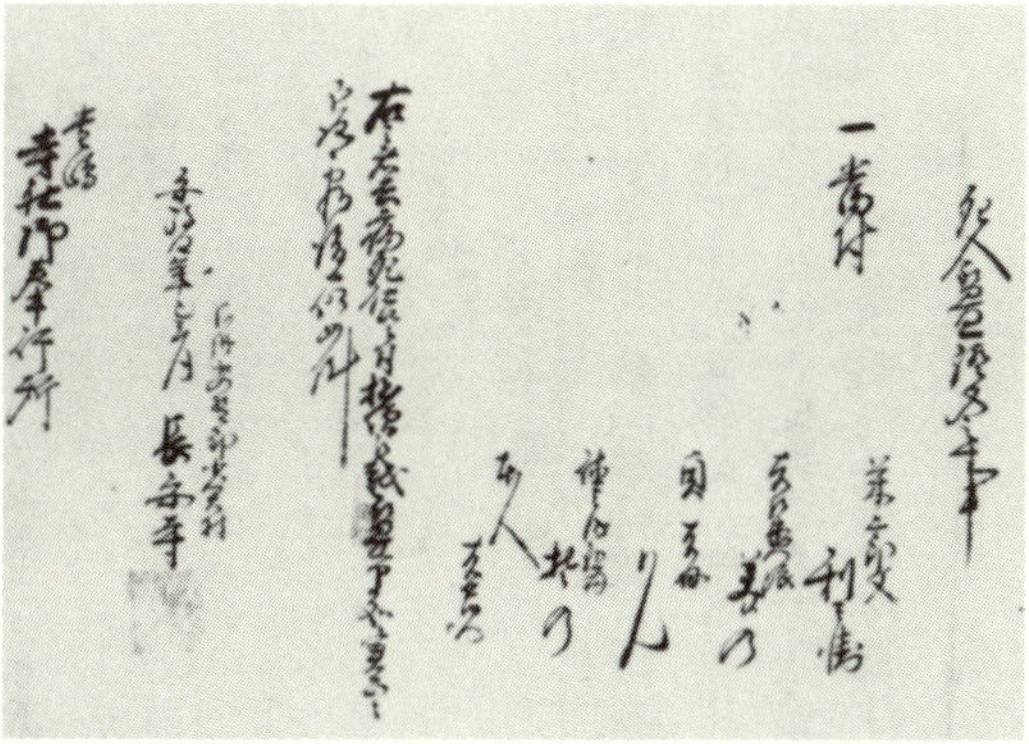

図124　河内國交野郡小倉村（大阪府枚方市小倉）長楽寺死亡届，安政4年3月付　（竹梁文庫架蔵）

差出申離縁一札之事
一其方儀願之通り離縁差遣し申候
處實正也然ル上者向後何方へ縁付候共
毛頭差構無御座候爲後日離縁状如件
慶應二寅年七月
長左衞門㊞
證人
八五郎㊞
くらとの

離縁状の一例（穂積重遠博士による）

どには、女性名が記載されている。離縁状は、いたるところに残っているが、[28]なかでも駈込寺ないし縁切寺として著名な鎌倉の松岡山東慶寺[29]や上野國新田郡の徳川山満徳寺[30]には、離縁状が数多く遺っている。高木侃《ただし》氏（一九四二〜）は、満徳寺関係の史料を渉猟し、七六例にのぼる駈込ないし駈入の事例を表示された。[31]附録に掲げたのは、高木氏の作成された一覧表である。そこに記載された七三名は、ことごとく関東地方の女性である。彼女らすべての名が、普通の二音節二字型に限られていることは、注意されよう。なおこのほか、妾に対する離縁状や情交関係のあった男女がとり交わした縁切証文（執心切れ一札）などにも、むろん、女性の名が見いだされる。[32]

奉公人請文には、普通の年季奉公のほか、遊女、芸者、飯盛女などのそれがあった。それらの多くは、事実上の人身売買であったけれども、幕府は人身売買を禁止していたので、前請金の請渡しによる請状を作成する脱法行為が一般に行われていた。この辺の事情は、牧英正《ひでまき》博士（一九二四〜）によって精細に研究されている。[33]この種の請状（証文）は、牧博士の労作に多数掲げられている。ここでは能登國における一例を掲げておく。そうした請状に必ず女性の名が記載されていることは、言うまでもないのである。

女手形とは、周知のとおり、女性が所持した通行許可証であって、女性は関所や番所を通る際に必ずこれを提出せねばならなかった。手形には、その女性の名、身許、出発地、目的地、携帯品その他が記載されていた。男女一行の場合には、男女連名の普通の通手形が使用された。女手形には、名を記さず、「女三人、内髪切壱人、小女壱人」などと記載した例もあるけれども、多くは本名を記しており、その意味で女性名の研究に役立つものである。

死人届には、普通の病死、行路死、他処者の自害の場合など種々あるが、普通には檀那寺が郡奉行所ないし代官役所に提出した。行路死人は、同行者ないし発見者が宿の役人に届け、宿役人（年寄）が奉行所に届け出た。他処者が自村で首吊りしたようなときには、発見者が名主に、名主は奉行所に届け出た。これらの死人届が女性名の研究に役立つことは、言うまでもなかろう（五八五頁参照）。

死亡の記録として異色あるのは、享保十八年（一七三三）に石見國那賀郡長濱村で餓死、病死した人びとの表である。これについては、のちに触れるが（三八八頁）、女性名研究の

稲舟村未進百姓妻質奉公証文

稲舟村作右衛門と申者、過分之御未進御座候ニ付、すてと申女村中ゟ只今売渡し申身之者之事

合弐拾目ハ　　次封也

右之外ニ、六匁弐分うけ借り、但利足弐わりニして来年拾月中ニ本子共ニ急度相済可申候、右売渡し申すて、やすミ日ハ壱ヶ月弐日宛之ぬき日ニして、残而弐拾八日ハ急度奉公可仕候、自然すてやミわつらい、又ハうせ走り申ニおゐてハ、すてニ相かわらん慥成人代ヲ相立可申候、若立かね候者壱日ニ付銀子五分宛之算用ニ、此連判中与シテ相わきまへ可申候、為其村中ニ連判仕、相渡シ申所如件

正保弐年正月廿九日

いな舟村うけ人　矢　花(印)
同　山　吹(印)
同　二郎左衛門(印)
同　五郎左衛門(印)
同　五右衛門(印)
同　二郎兵衛(印)
同　長左衛門(花押)
本人　すて

ふかミ谷村
泉右衛門殿

百姓妻質奉公証文
注　能登國鳳至郡稲舟村は，現在石川県輪島市稲舟町にあたる。女は作右衞門の妻であろう。売渡しは質奉公の意味である。『輪島市史』資料編第2巻（輪島市，昭和47年）119～120頁による。

乍恐奉願上候女通手形之事

彌七養姪年二十一
さの

一　女壱人
外ニ風呂鋪包壱ツ

右之女儀、今度越前國大野郡三郎平方ぇ縁付ニ差遣申度奉存候間、此段奉願上候、右ニ付前谷口御番所無滞被為遊御通被下置候様此段奉願上候、右之女ニ付、如何躰之儀出来仕候共、何方迄も私共罷出、急度申訳可仕候、為後日通手形、依而如件

万延二酉年正月

願主鮎走村　彌　七㊞
同　村百姓代　與三九郎㊞
同村組頭　松山甚右衞門㊞
同村庄屋　助　四　郎㊞

吉村忠兵衞様
田中新五兵衞様

女手形の一例（『岐阜県史』史料編・近世7より）

一札之事

私共儀、今般兄弟連ニて京都へ仏参仕候処、下向之節、姉とく儀、途中より病気ニ御座候ニ付、宿々御合力駕籠ニて当駅迄参り候処、及暮候ニ付、旅宿御願申上候処、被仰付難有奉存候、然ル処姉儀服薬等御世話被下候処、療養不相叶、昨七日暮六ツ時相果申候ニ付、御領主様へ御注進被下候ニ付、御検使被成御越、死骸御見分被成下候処、全病死ニ相違無御座候、此上は何卒死骸取片付候様相頼申上候処、則御当所法泉寺御焼香被下難有奉存候、右姉とく儀ニ付、少も故障無御座候、若外より故障之儀申立候者御座候ハヽ、私罷出急度申明仕、宿御役人中へ聊御難渋懸ヶ申間敷候、為後日一札、仍而如件

青山大蔵少輔領分
美濃國郡上郡ため谷村
とく妹
きよ

年号月日
赤坂宿
御役人中

蔵所持之品受取文言前之通
右ハ病死人姉とく所持之品不残慥ニ受取申候、以上
きよ
赤坂宿御役人中様

行路死人届控（『岐阜県史』史料編・近世7より）

一、先の亭主を殺し御注進申し上ず候御科にて遠島	志ゅん	三十六歳
一、私儀、借金仕り主人へ用立候処主人之申立悪敷御座候故、偽りの筋に相成り候御科にて遠島	ぬい	五十四歳
一、私儀、密通之御疑い御吟味之上遠島	とし	三十一歳
一、私儀、大家九兵衛雪隠へ付火仕り候に付御吟味の上遠島	いね	六十歳
一、	なよ	三十七歳
一、抱へし女仕置致し相果候一件にて遠島	いま	三十歳
一、子供を手荒に取扱い候御科にて遠島	志け	三十歳
一、家督出入一件之御科にて遠島	この	四十八歳
一、火之御科にて遠島	ふで	十五歳
一、預り候子供病死致し候御科にて遠島	たえ	三十八歳
一、養子出入之御科にて遠島	ゆ里	三十八歳
一、博奕之御科にて遠島	やす	二十八歳
一、火付之御科にて遠島（遊女）	藤江	二十六歳
一、密通之御科にて遠島	いね	三十七歳
一、火之当り之御科にて遠島	あき	三十一歳
一、火之当り之御科にて遠島	てい	二十八歳
一、ゆすりの御科にて遠島	とよ	四十三歳
一、火付之御科にて遠島	志か	四十七歳

三宅島の女流人控

好史料と言えよう。

　庶民の女性名は、犯罪関係の記録に多数見受けられる。江戸幕府の最高裁判所は、寺社奉行、町奉行、勘定奉行によって構成される評定所であった。この評定所における仕置の評議を分類・編輯したのは、『御仕置例類集』である。(34) これは、古類集、新類集、続類集の三部からなるが、とくに続類集には、犯科に関連して女性名—源氏名をふくめた—が数多く見いだされる。(35)

　江戸時代には、重罪の者は、遠島、死刑（下手人、死罪、獄門、磔《はりつけ》、火罪《かざい》、鋸挽《のこぎりびき》）に処された。遠島の女流人は、伊豆諸島に送られた。その数は、池田信道氏（一九二二～）によると、(36) 左表のとおりであった。三宅島については、延宝五年（一六七七）から慶応元年（一八六五）までの流人に関して記入した『三宅島流人帳』(37) があり、八丈島についても、『八丈島流人明細帳』(38)（慶長十一年より明治四年まで）全五冊があって、ともに東京都公文書館（港区海岸一丁目）に架蔵されている。これらの流人帳から女流人の名を引き出すことができる。池田氏は、『三宅島流人帳』から女流人一八名を選び、その名、来島年齢、罪科を表示されている。(39) これらの女性のうち、藤江は、新吉原町の勝五郎抱えの遊女であって、火付けの科によって天保四年（一八三三）十月、三宅島に送られた。(40) 藤江は、いえのよを型のふぢえではなく、源氏名であったと認められる。

　死罪は、江戸では鈴ヶ森（品川区大井鈴ヶ森町）と小塚原《こづかっぱら》（荒川区南千住）で執行された。小塚原には、本所の回向院の別院の豊国山回向院（南千住五丁目三三ノ一三号、浄土宗）があり、刑死した人びとの霊を弔っている。そこには、『回向日記』、『回向帳』、『霊名記』(41) などと呼ばれる過去帳が四〇冊ばかり所蔵されており、無慮無数の刑死人たちの名、在所、戒名、処刑日が記載されている。大部分が男子であるが、(42) 各冊に少数ながら女子の名も見受けられ、全四〇冊のそれを通覧すれば、かなり多数の女性名（主として江戸と近郷の婦人）が知られるのである。

表4　伊豆諸島の女流人の島別、階層別（慶長十一年～慶応三年、二百六十一年間）

島別／区分	武家の女	村の女	町の女	遊女飯盛女	無宿者	その他	計
新島	三人	五人	九人	三人	三人	二人	二五人
三宅島	六	二	九	三	二	一	二三
八丈島	一四	一二	二五	一九	八	三	八一
計	二三	一九	四三	二五	一三	六	一二九

(二) 庶民女性名の二大類型

江戸時代後期における庶民女性の名は、おびただしく伝存する『宗門改人別帳』によって際限もなく多数知られている。(43) その大きな特色は、日本列島の北から南まで共通した名が多いこと、大部分の名が仮名書きで二音節二字型に属していることである。

人別帳に記載されているおびただしい庶民の女性名を全般的に通覧すると、それらは普通の単純型と多様型との二大類型に大別される。単純型の一群は、

くに　はつ　まつ　たけ　はる　むめ　ひさ　くま　とら　とみ　かね

のように、漢字一字を訓読みにした二音節二字型の名と、漢字一字を音読みし、仮名二ないし三字で表わした、

とく（徳）　きん（金）　ぶん（文）　まん（萬、満）　かう（幸）　せん（千）　しゅん（俊）　じゅん（順）　せつ（節）　りん（倫）　けん（兼）　しやう（昌）

のような名とを中核とし、これに万葉仮名風の二音節二字の名、

かよ（嘉代）　ちよ（千代）　くめ（久米）　のえ（野枝）　いよ（伊豫）　みわ（美輪）　みよ（美代）

が加わって構成される群である。大部分が二音節二字型で、かなり変化に富んでいるとはいえ、ありふれた名から構成されている。

多様型の名の一群は、単純型の名のほかに、いえのよを型、××み型、小××型の三音節三字の名が混っている多様な名の一群である。いえのよを型の名は、普通の訓読みの名の後に、助辞風のいえのよをが加わったものである。

きよ　きよい　きよえ　きよの　きよを
はつ　はつい　はつえ　はつの　はつよ　はつを
まつ　まつえ　まつの　まつよ　まつゑ　まつを

小××型は、小はる、小むめ、小きくのような名である。××み型は、きよみ、はるみ、かつみのような名である。

多様型の名は、分布が限られている。また多様型の地域でも、いえのよを型のすべてが存し、小××型が混っているというわけではない。多様型の名(44)としては、古く縣犬養三千代、巨勢巨勢野、出羽守・藤原基定の妻の君代(45)といった名は存していたが、それらと江戸時代のいえのよを型の名との系統関係は、全く不明である。

前述のとおり、多様型の女性名は、いえのよを型を中核とし、これに小××型、××み型、××じ（ぢ）型が加わって混成されていた。ところが肝腎のいえのよを型の女性名の成立過程は、全くといってよいほど明らかでない。成立の最大の理由は、その地方の人びとの趣向に投じたことであるが、その成立過程が未詳なのである。

すでにみたとおり、江戸時代前期においていえのよを型の女性名は現われ始めていた。たとえば、あきい（二七七頁）、

いわよ（二八四頁）、とくよ（二八〇頁）、まつよ（同、二八四頁）などがそれであるが、江戸時代後期になると、この型の女性名は、とくに越前國、紀伊國、大和國、出羽國南部において一般化したのである。

ここで一つの臆説を述べると、将軍家や公家、大名の女中名には、いえのよを型の名が用いられていた。むろん、多くは女中名にすぎず、本名ではなかった。三二四頁に掲げた「江戸城本丸奥女中一覧」（寛政年間）についてみると、

岸野　菊野　峯野　まつよ　華よ　きぬえ　わかえ　から井

のような女中名が看取される。徳川宗家文書の寛政初年の『淑姫君様女中分限帳』(46)によると、幼い淑姫に仕えた女中には、

松尾（年寄）　冨尾（中年寄）　永井《ながゐ》（中年寄）

という名が見いだされる。附録に掲げた『和宮様附女中分限帳』には、

図125　二條家の老女・民浦の墓，二尊院墓地（京都市右京区嵯峨二尊院前町）

松枝　岩尾　八重野　園江　袖野　きぬえ　床代

のような女中名が拾われる。

著者は、江戸時代後期における諸大名や高級武家の奥女中の名についてはあまり調べていないが、×岡、×浦、×路、×瀬、×山、×川、×井、×野といった名は、大奥女中のそれを見習ったものと思料される。また大奥の女中名が公家衆のそれを見習った場合もあったであろう（図125参照）。当然のことながら大名の江戸屋敷における女中たちの名は、国許の女中たちの名に強く影響したに相違ないのである。

いま『薩陽過去牒』を通覧し、江戸の鹿児島藩邸（芝の高輪と田町）に仕え、江戸表で没して伊皿子の大圓寺に葬られた女中で、漢字で表記された者の名を挙げてみよう。

成瀬　川瀬　瀧尾（年寄）　伴山　花川（若年寄）　山野　春井　佐山（年寄）　尾上　染　染岡

漢字で表記されているのは、老女（年寄と若年寄）か下女であり、その中間の女中たちは、二音節仮名二字で記されている。それにしても、江戸城大奥の女中名との近似が指摘されよう。

一般に公家、将軍家、大名などの女中頭を意味する老女の侍名は、中に自然に因んだ一字を入れるのが常であった（花川、玉野、佐山、松岡、綾瀬、雪尾などの類）。×尾の尾は、山の尾の義であった。思うに、そのころ、隆昌をきわめていた諸遊廓の楼主たちは、御殿女中の名を抱えの遊女の源氏名に採

り、庶民の男たちの上淫好み（身分の高い女を抱きたいという潜在的願望）に迎合したのではなかろうか。『色道大鏡』にみる傾名の中から、いえのよを型の源氏名を拾い出してみよう（附録参照）。

い　かせい　龜井　船井　増井　村井

え　織衞　志津枝　藤枝　松井　若江

の　磯野　澤野　玉野　藤野　星野　雪野

よ　萬重《まんよ》　八千代　わかよ

を　長尾　鳴尾　藤尾　堀尾　雪尾

後にみるとおり、金澤の娼妓には、八重の、高尾のような××の型、××を型の源氏名がつけられていた（四三六頁）。伊勢國の古市の遊里の娼妓には、志計代《しげよ》、末さ江《ま》、梅野のような源氏名がみられる（四三九頁）。京都、島原の輪違屋《わちがい》の娼妓たちの中には、雲井、春尾、玉の、咲榮《さきえ》、幾代のような源氏名が見受けられる。

上にみた御殿女中や遊女の名がある地方の庶民女性の名に影響したことは考えられぬでもないが、しかし特定の地域の庶民らが御殿女中や遊女の数多い名から、なぜにいえのよを型を優先的に採用したのかは、依然として謎である。日本の女性名の特色の一つをなしているいえのよを型の女性名の成立過程は、今後に遺された研究課題である。

㈢　単純型女性名の地域(1)

京都、江戸を初めとして、日本の大半は、単純型女性名の地域に属していた。そこで蝦夷地から始めて北から南へと各地域の女性名を選択的にみていくことにしよう。

渡島國松前郡宮歌村の女性　宮歌村（現在の北海道松前郡福島町宮歌）については、天保十三年（一八四二）[47]と安政二年（一八五五）[48]の人別帳が現存している。いま浅利政俊氏の報告したこれら二部の人別帳から女性名を拾ってみよう。

いせ　いち　うき　えつ　おと(2)　おり　お里　加津　かよ　かる　さゑ　かん　きく(2)　きよ　きん(2)　さと　さな　志加　しな　しは　志も　すへ　そか　そで　そな　その　そま　そわ(2)　たみ　ちえ　千代　津め　つる　でん(2)　とさ　とし　とみ(2)　とよ　とわ　なお　なつ　なん　ふく(2)　ふじ　ふみ　べん　**ます**　**み**　**松衞**　みさ　みな　**みよの**　むつ(2)　むめ(3)　もと　もん　やさ　ゆき　ゆみ　ゆん　よし(3)　りさ　里さ　利よ　里ん　ゑつ　をか

宮歌村のこれらの女性名は、単純型に属している。しかしみよの、松衞《まつゑ》のようないえのよを型の名、および××み型の名が僅少ながら混在している。これは、多様型の地域からの影響かとも臆測される。同じ宮歌村の明治五年の「壬申戸籍」[49]には、斎藤嘉吉（一八四七〜?）の妻・としよ（一八五三

〜?）の名がみえる。これは明らかに外方からの飛火であって、同戸籍は、としよについて「陸奥国津軽郡鰺ヶ沢村、平民・若狭《わかさ》谷《や》久五郎三女」と注しているのである。

出羽國河邊郡向野村の女性　河邊郡向野《むかいの》村（秋田県河辺郡雄和町向野）に関しては、天保二年（一八三一）の人別帳[50]（乙種）が遺っている。ここに記載された女性名をみると、この地域が単純、平凡な女性名の地であることが判明する。平凡とはいっても、さづ、ぐの、よまのような珍しい名も存する。注意すべきは、はるの、さんこ、りんこ、ゑさこという名がみられることである。はるのは、出羽國南部からの影響とみなされる。さんこ、りんこの「こ」が「子」にあたるとすれば、注目するにたる名といえよう。

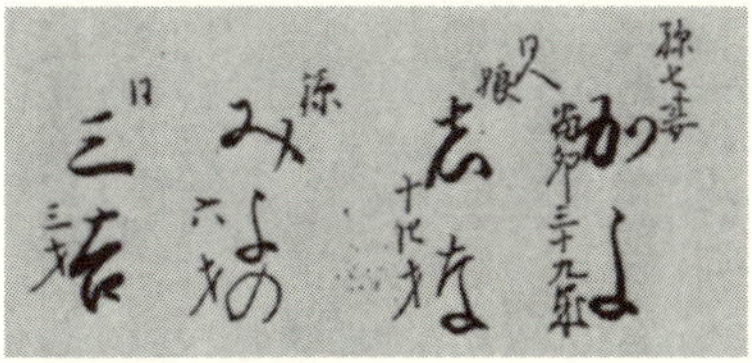
図 126　孫七の家族
（安政3年『松前郡宮歌村宗門御改書上』より）

出羽國仙北郡角館下新町の女性　前期の向野村の東方に位置する角館《かくのだて》の下新町（秋田県仙北郡角館町下新町）についての安政四年（一八五七）の人別帳[51]（乙種）をみると、女性名はすべて二音節仮名二字型で、それに接頭語のおが付されていることが属目される。[52] また女性名にしばしば漢字を用いていること（粂、徳、末、菊、磯、蔦、順、夏）が注目をひく。しかしいえのよを型の女性名は、全く認められないのである。

陸奥國名取郡南方・坪沼村の女性　名取郡は、南北朝時代から江戸時代末まで北方と南方に分かれていた。[53] このうち南方に属する坪沼村[54]（仙台市坪沼に該当）については天保三年（一八三二）の人別帳が現存している。そこに記されているのは、左のような女性名である。

いき　いく　いそ（2）　いね　いゑ　かね　かよ　かん（6）　きの　きやう　きりゑ　けさ（2）　さつ　さんしけ　しの　しゆん　すゑ（3）　そつ　その　ちよ　つき（13）　つね（2）　つめ　とく　とめ（4）　とよ　とらとり（2）　なん　のゑ　はた（3）　はつ（15）　はな　はま　ふか　ふで　ふり　みさ　みつ（8）　みね　みよ（4）　みゑ（2）　みん（2）　もよ（2）　ゆみ　よしよね　りき　りつ　りん（2）　ゑつ（2）

名取郡が単純な女性名の地域であることは、右によって判定されよう。ただ一つ例外なのは、きりゑである（図127）。これはやはり出羽國方面からの飛火であって、この地域本来の名ではないと思われる。

陸奥國信夫郡福島中町の女性　福島市の安齋文書の中には、中町の検断・安齋《あんざい》庄右衛門が享保十六年（一七三一）正月に提出した人別帳[55]（乙種）がある（図128）。ここに録されている女性名を以下に掲げる。

いつ　かつ　かる　かん　きや　きやう　きよ　きん　くに　くま（3）　くら（2）　けさ　さつ　さん（2）　しげしめ　しゆん　せき　せん（3）　たつ　たに　たよ　た

ん（2）ちやう（2）とく　とめ　とら（2）とり　なつ（2）はつ（2）はま　はる　はん　ひめ　ふじ　べん　まつ（3）まん（2）みの　ゆき　りん（4）るすれん　ろく（2）

墨付の数が多いのに女性名の数が少ないのは、それが妻女（女房）や母の名を省略した乙種の人別帳であるためである。これらを一瞥したところ別に変わった名は認められず、全般に中世的女性名として整った、しかし平凡な姿を呈している。

この人別帳を作成した、福島の中心地である中町を宰配する検断（村の庄屋にあたる）の安齋《あんざい》庄右衛門（一六五三～一七五一）は、諱を憲秋と称し、同地の最も古い名家で今日までつづいている安齋家の第三代であった(56)。

陸奥國伊達郡貝田村の女性　信夫郡福島の女性たちの名には、ありふれたものが多い。それは福島に近い伊達郡小綱木《こづなぎ》村(57)（現在、伊達郡川俣町小綱山）や、阿武隈山脈を越えた相馬郡原釜村・尾濱村(58)（現在、相馬市の大字原釜と大字尾浜）などの人別帳についても指摘される一般的な傾向であった。

これに対していささか異色があるのは、伊達郡貝田村（現在、伊達郡国見町大字貝田）の女性名である。いま天保三年（一八三二）の人別帳(59)（甲種）からそれを拾ってみよう（太字は、珍しい名）。

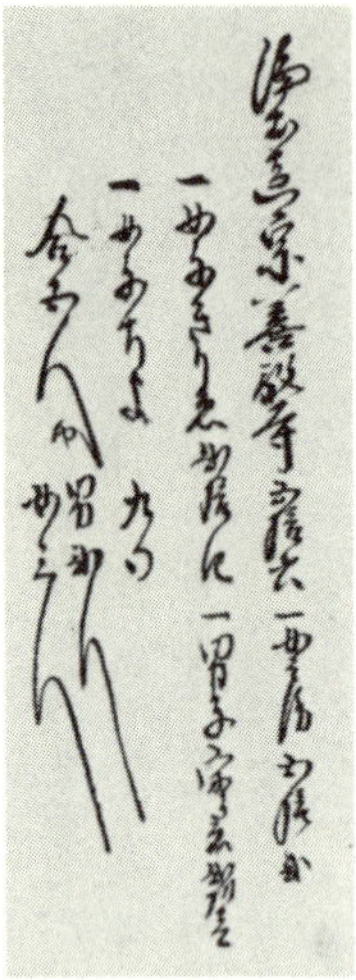

図127　天保3年『陸奥国名取郡南方坪沼持村高人数御改帳』の部分

いく　いち（2）いの　いよ　**いろ**（2）**うい**　うめ　えつ（2）かく　かね　かよ　かん（2）きく（4）きさ　きぬ　きん（3）**くの**　くみ　くめ　くら　けさ（2）けん　この　こま　**こよ**　さき　さく（2）**させ**　さよ（2）さん　しう　志ち　しの　志ゆん　しゆん（3）せき　**せよ**　せん（2）その　そめ　そよ（2）たつ　たに　**たり**　たん　**ちう**　ちえ　ちよ（2）**ちん**　つき　つけ　つね　**つよ**　てふ　とく　とね　とめ（2）とよ　とら　とり　のい　**のし**　はつ　**はよ**　はる　ふでふみ（2）**ほの**　まつ（3）まん（3）みち（3）みね　**みな**　**みん**（2）むめ　**もて**（2）もと　もよ（2）やえ　やす（2）やそ　ゆき　**ゆん**　よし（3）**よつ**（2）よね（3）**らん**　りう　りき　るい　ろく　わき（3）わさ

このように一風変わった名は、伊達郡の西北部に多いようであるが、その由来は、今のところさだかではない。

陸奥國伊達郡光明寺村の女性　光明寺村（現在、国見町光明寺）は、前記の貝田村の東南約一五キロメートルに位置する。人別帳(60)（乙種）によると、この村の女性たちの名には、独特なものがあった（太字は稀な名）。

うん（2）**かを**　かん　**きう**　けさ（2）こう　**こく**

こま　さく　さつ　さと　さん　しげ　しも　せつ　せん
（2）つや　なよ　なを（2）はつ　はま　**ほの**　まつ
まつえ　まん（2）みか　みさ　みつ（2）みの　むめ
やす　よし　**よつ**　りう　りゐ　**るえ**　わき（2）**ゐう**
（3）**ゐき　んね**

太字で示したのは、珍稀な名である。なかでもうん、んねなどは、独自である。まつえというのは、出羽國方面からの影響と推考されるが、この種のいえのよを型の名は、陸奥國方面でははなはだ珍しいというべきである。

なお、同じ國見町の大字小坂《こさか》の人別帳[61]（乙種）には、貝田や光明寺ほどではないが、変わった女性名が記載されている。

うち　おと　くよ　たさ　ちう　ちん　よつ　よて　ひも
ゐり

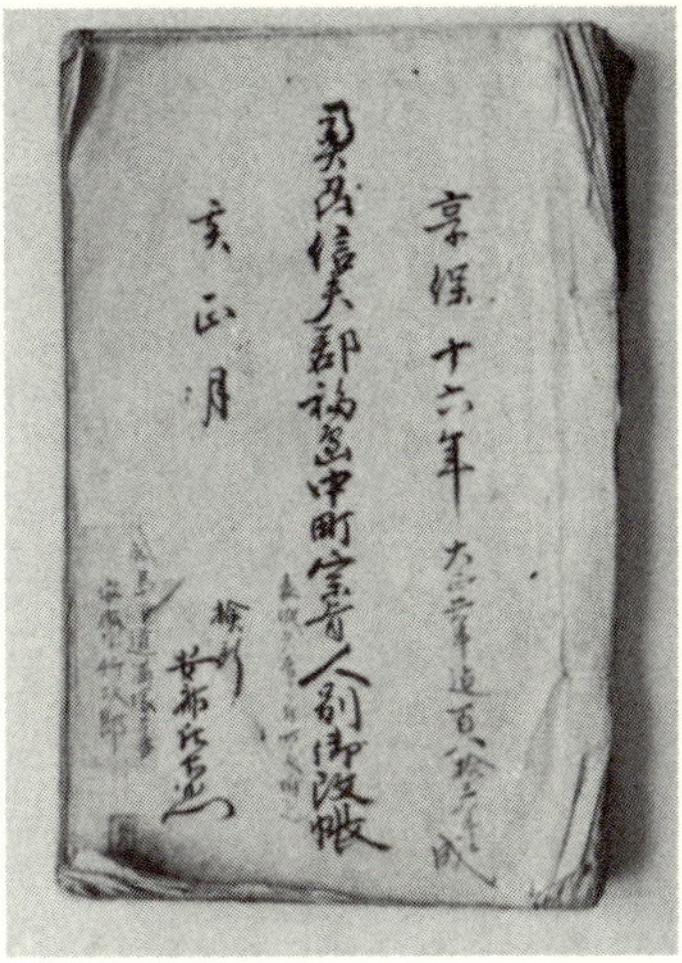

図 128　安齋家文書，享保16年正月付『奥州信夫郡福島中町宗旨人別御改帳』（福島市，安齋直巳氏所蔵）

陸奥國會津郡の女性　出羽國の特異な女性名が近隣諸国の女性名といかに関連するかは、興味深い問題である。これを検討するために、まず陸奥國會津郡の女性名を調べてみたい。初めに會津郡楢戸村（福島県南会津郡只見町楢戸）の人別帳[62]をみると、左のとおりである。

いそ　おき　おけ　おと　おま　おろ　きく　きち　きわ
きん　くま　さだ　さつ（2）さん　しげ　しを　すて
せつ　せん（2）とく　とら（2）なつ　ねね　はつ
（2）はな（3）はる（2）ふな　まつ（3）らく　ゐ
つ（2）

以上のように、出羽國の女性名のもつ特異性は、全く認められないのである。

つぎに会津若松の『大町本屋借屋人別書上帳』[63]（乙種）を調べてみよう。

いち（3）いよ　かつ　かね　きさ　けん　こよ　さと
しげ　しの　せい　せん（4）つぎ（5）つる　てふ
とみ　とよ　とわ　なみ　のぶ　まさ　まつ（5）みつ
（4）みな　むめ　やす　よね（2）りき　りへ　りよ
るひ　わくり　ゐき

一見して明らかなように、いえのよを型の女性は、全く見あたらないのである。ただ、わくりという三音節三字型の名は注意にのぼるが、この珍しい名は、明治時代の宮城県や福島県に残存した。

なお、會津盆地の諸村に関しては、江戸時代後期の『切支丹類族帳』[64]が十数冊現存している。それらに記載された女性名には、珍しいもの[65]が看取されるけれども、いえのよを型の名は絶えて見いだすことができないのである。

東海道諸国の女性　このあたりで眼を転じて、東海道諸国の女性名を眺めてみたい。いま多数遺る人別帳から若干の例を抽出してみると、嘉永五年（一八五二）の下總國匝瑳《そうさ》郡惣領村（千葉県匝瑳郡光町尾垂）の人別帳[66]には、

あき　あさ　いし　いそ　いね　きく　きせ　きち　きよ　くに　くら　こと　さき　さだ　さと　さの　さよ　しげ　しの　しま　しも　しやう　じやう　すて　せつ　せん　そめ　たか　たき　たね　たみ　ちせ　ちよ　つね　とき　とみ　とよ　とら　とり　なか　なを　のぶ　のゑ　はつ　はな　はま　はや　ふさ　ふじ　ほの　まき　まし　ませ　まち　まつ　まん　みき　みち　みの　みゑ　もと　もん　やす　やゑ　ゆう　ゆき　ゆり　りき　りん　るゑ

といった二音節二字型の名のみが見いだされ、この地方が普通型の名の地域であることが明察されるのである。

江戸・佐久間町の女性　神田の佐久間町（千代田区佐久間町一～四丁目）は、火災の多い町で、悪魔町と綽名されていた[67]。いま安政四年（一八五七）四月付の『神田佐久間町四丁目人別帳』[68]から女性名を拾い出してみよう。なお、この人別帳は甲種に属し、妻の名を記している（ただ女房とせず）こと、本人の生国を記入していることが特徴である。江戸で出生した者には、[69]「生国御当地」と記されている。

あか（2）あき　あさ　いき　いく　いそ　いち　いと　いね　いの　うた（2）うの　かじ　かつ（8）かね（8）かめ　かよ　きく（7）きた　きよ（4）きん（4）くま（2）くれ　こう（3）こそ　こと　さき（2）さく（5）さた（4）さち　さと　さは　さよ（3）しけ　しげ（4）しも　しま　すか（2）すず　すて（2）すみ　すめ（2）そち　そで　その（2）そめ　そよ（4）たか（2）たけ（2）たき（2）たせ　たね　たよ　ちよ（2）ちゑ　つね（3）つる（2）てう　てつ（2）とき（2）とく（4）とせ　とみ　とめ　とも　とよ（3）とら（2）とわ　なか（2）なみ（2）なる　はつ　はな（2）はる　ひさ（4）ふく（2）ふさ（2）ふじ（2）ふで　ふゑ　ぶん　まき　まさ　ます（3）まち　まつ（4）まる（2）まん　みの　むめ（6）やす（5）やそ（2）やよ　よそ　よね（3）りき（2）りの　るを　わか　ゑい（3）

女性名は、すべてが二音節二字である。佐久間町四丁目には他国からの移住者が相当数いたにもかかわらず、名前は二音節二字型で、ごくありふれたものばかりである。

中にあって比較的に稀な名は、くれ、こそ、てう、なる、ふゑ、ぶん、まる、るをなどであるけれども、それらも江戸独特なものではなく、全国各地で少ないながら見受けられる名なのである。

武蔵國豊島郡高田村の女性　万延二年（文久元年）は、和宮が降嫁のために江戸に下向した年であるが、この年三月に

提出された『高田村宗門人別帳』[70]（甲種）が現存している。高田村は、現在の豊島区目白一丁目、高田本町、高田南町にほぼ該当している。この村に文久元年（一八六一）三月現在に居住した女性の名は、左のとおりである。

あさ(2)　いく　いち(3)　いと　いね(5)　いま　いよ　いわ(2)　うた　かつ　かね(9)　かの　かま(2)　かん(4)　きく(3)　きせ(3)　きよ(3)　きん(11)　ぎん(2)　くに(3)　くま(2)　くめ　くら(3)　くわ(4)　こう　こと　さき(2)　さく(3)　さだ(2)　さと　さわ　しげ　しさ　しづ　しま　すず(2)　すへ　すみ　すゑ　せい(3)　せき　せん(4)　そで　そよ　たき　たけ(2)　たつ(3)　たみ(2)　ため(2)　ちせ　ちや　ちよ(3)　つた　つね(6)　つや　つる(2)　てう(2)　てつ(6)　とく(3)　とし　とせ　とみ(2)　とめ(2)　とも　とよ　とら　とり　なか(2)　なみ　なを(4)　はつ(4)　はな(2)　はや　はる(8)　ひさ(3)　ひで　ふく(5)　ふじ(3)　ふで　ふみ(2)　ふゆ　ふよ　べん　まさ(4)　まち　まん　みき(2)　みさ　みね(3)　みよ　むめ(4)　もと(3)　もよ　やす(3)　やゑ(2)　ゆき　よし(2)　よね　よの　りう　りん　ろく　ゑい　ゑつ

一瞥したところ、珍しい名は見あたらない。これらは、武藏國の農家の女性の平均的な名である。

この人別帳によると、高田村の名主・吉右衞門の家族構成は、

吉右衞門（家長、六六歳）　きん（娘、三五歳）　萬次郎（長男、三二歳）　まさ（長男妻、二五歳）　松五郎（次男、二八歳）　源太郎（孫、四歳）

のようであった。

昭和五十三年、有吉佐和子（一九三一～一九八四）は、『和宮様御留』[71]を公刊し、和宮の身替説を唱え、世上の話題をよんだ。有吉は、これは虚構ではなく、史実であると主張した。作者によると、最初の身替りのフキは縊死したので、高田村の名主・新倉覺左衞門の娘・宇多繪を第二の身替りとし、この娘は和宮になりすまし、江戸城の将軍・家茂の許に入輿したという。

これについての反論は繰り返さないが、[72]文久元年当時の名主は、覺左衞門ではなく、吉右衞門であり、その娘のきんは三五歳となっていた。宇多繪といった××ゑ型の名は、全部が二音節二字型の名をもつ高田村の女性には絶対に想定できないのである。新倉家の当主は、勝五郎といい、名主などではなく、五人いる年寄のうちの一人であった。和宮の身替説が全くの虚構であることは、以上によっても明白なのである。

武藏國入間郡森戸村の女性　森戸村は、現在の埼玉県坂戸市森戸に該当している。天保十一年（一八四〇）に成った森戸村の人別帳[73]（甲種）には、左記のような女性名が見いだされる。

あさ　いく(3)　いせ(3)　いそ　いね(2)　いの(2)

いよ(7) いゑ うめ(3) から かつ(3) かな(2)
かね かの かん(2) きく(2) きさ きせ きた
きち きの(4) きよ(2) きわ(2) きん(3) くに
くの くま(4) くめ くら(4) けさ げん こじよ
こと(2) こめ(2) さと(2) さの さよ(2) しげ
(2) しま(4) じゆう すき すみ すゑ せい せき
(2) せよ せん(3) その(2) そめ(5) たか(2)
たき(6) たけ たつ(3) たの(5) たみ たよ(2)
ちよ ち代 ちゑ つき つね(4) つの つめ てつ
(2) てふ とく(2) とせ との とみ(4) とよ
(2) とら(6) とり(2) なか(2) なべ(2) なみ
(3) なよ(4) なを(2) ぬい のい のよ(4) は
つ(2) はな はや はる(2) ひで ふき(2) ふく
ふさ(2) ふで ふみ ぶん べん まき(3) まさ
(2) ます(2) ませ(2) まち まつ(3) まん み
き みと みな(2) みね(3) みの(2) みよ(2)
みゑ(2) もと(2) もよ(7) やい(2) やす やゑ
ゆう ゆき ゆふ ゆり(2) よし(2) よね よの
りい りか(2) りき りせ りよ(3) りん(2) ゑ
ん

いずれも二音節二字型であって、例外は少ない。こじよは、前代からの残存である。梅は、むめではなく、うめと表記されている。けさは、福島県その他でときおり見受けられる名である。この村では、いよ、そめ、たの、とら、もよといった名が好まれていた。

武藏國橘樹郡生麥村の關口家　天領であった生麦村（横浜市鶴見区生麦町）の名主を勤めていた關口家には、初代・藤右衞門（藤助）から五代・藤五郎まで、すなわち宝暦十二年（一七六二）から明治三十四年（一九〇一）まで一三〇余年にわたって書き継がれた『関口日記』が伝えられている。(74) 長島淳《あつ》子氏は、『関口日記』や生麦村の人別帳によって、次頁のように關口家の系図を作成されている。(75)

たゑは、例の少ない名である。愛壽女に遡源するあいは、この時期には比較的少なく、中細りの観がある。

相模國鎌倉郡坂之下村の女性　現在の鎌倉市坂ノ下にかかるこの村の人別帳(76)は、明治三年（一八七〇）に成ったものであるが、多数の女性名が録されている。それらはきわめてありふれた平凡な名、つまりはなはだ中世的な名の典型として注目に値している。

あさ(2) あゐ(2) いく いさ(3) いし いせ(2)
いそ いち いと(2) いな(2) いね(3) いの(3)
いま いよ(2) いゑ うた(4) うら かう かく
(2) かつ(2) かね(3) かの かま かめ かよ
かる かん きく(5) きさ(2) きち きぬ(2) き
の きよ(7) 喜代(2) きわ きゑ きん(7) ぎん
くに(5) くま(2) こう こと この さい さき
(5) さく(2) さだ(2) さと(2) さわ しげ(4)
しつ しの しま(3) しやう しゆん すぎ(2) す

て　すみ（2）　すゑ　せき（2）　せゐ（2）　せん　そで（2）　その　そめ（2）　たき（2）　たけ（4）　たつ（2）　たね　たま　たみ（3）　たよ　たゐ　ちか（3）　ちよ（4）　つき　つね（7）　つや（2）　つる（4）　てう（2）　てる　とき　とく（2）　とみ（7）　とめ（9）　とよ（8）　とら　とり（4）　なか（3）　なみ（2）　なを（3）　ぬゐ　のぶ（3）　はつ　はま　はや（3）　はる（6）　はん　ひさ　ひち（2）　ひで　ひやく　ふく（3）　ふさ（2）　ふぢ（2）　ふで　ふみ（2）　ぶん　まき（3）　まさ（4）　ます　まつ（5）　まん　みき　みな　みね　みよ（6）　むめ（2）　もと（4）　もん　やす（6）　やま　ゆき　ゆり（2）　よし（8）　よね（2）　らく　りう　りか　りき　りせ　りん　るい　ろく　ゑい（2）　ゑつ　ゑゐ

甲斐國甲府の女性　甲府に関しては、他国に奉公に出たおびただしい男女の名、年齢、奉公先を記録した延享元年（一七四四）の帳簿が遺っている。(77) そこに記載された女性名はきわめて平凡であって（たとえば、ちよ、さん、よし、みよ、はるのように）、この辺が単純型女性名の地域であったことを指証している。三音節三字型の名は、全くみられないのである。(78)

遠江國豊田郡小川村の女性　豊田郡小川村（現在、天竜市小川）については、文化三年（一八〇六）の人別帳(79)（乙種）が遺存している。この帳簿には、

かを　きう　きや　くな　しわ　そう　たり　みり　るか

のような珍しい名やけさのような伝統的な名も見いだされるけれども、通覧すると小川村の女性名は単純型にあたることが明察され、ひいては遠江國の全般の女性名がこの型であったことを推測さすのである。

三河國寶飯郡長山村の女性　三河國寶飯《ほい》郡には多数の人別帳が遺っている。(80) いまその一例として寶飯郡長山村（愛知県宝飯郡一宮町長山）の安永八年（一七七九）の人別帳(81)（乙種）を

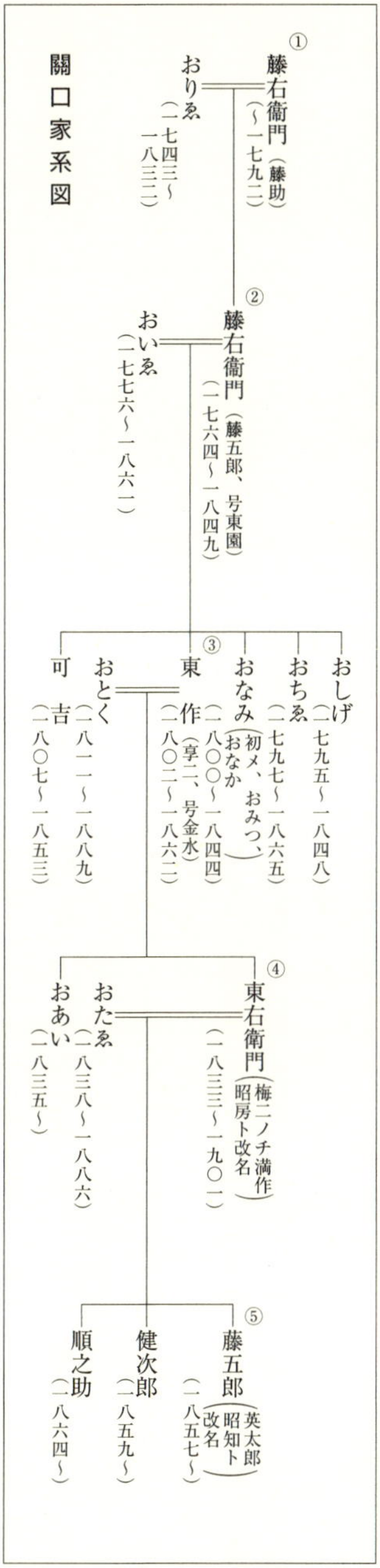

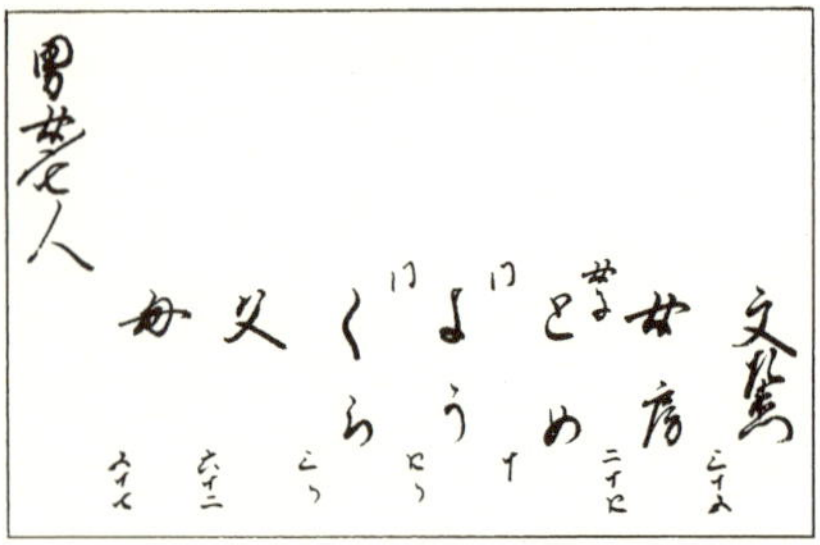

図129　平凡な女性名
（安政2年付『信濃国諏訪郡東堀村宗門御改人別帳』より）

みると、そこに記載された女性名は、二音節二字型のありふれたものに限られている（みる、きらなどはやや珍しいが――）。[82] 他の人別帳をみても、寶飯郡の女性名は全く単純型に属することが指摘されるのである。[83]

信濃國の女性名　信濃國に関して座右にある人別帳は、㈠安永三年（一七七四）の更級郡力石村（長野県更級郡上山田町力石。千曲川の西岸）のもの、[84] ㈡安政二年（一八五五）の諏訪郡東堀村（長野県岡谷市東堀）のもの、[85] ならびに㈢享保十四年（一七二九）の筑摩郡山家《やまべ》組湯原《ゆのはら》村（長野県松本市里山辺区湯ノ原）のもの、[86] 合わせて三部である（いずれも乙種）。これらの人別帳をみると、女性名はすべてが二音節二字型であるばかりでなく、はなはだ平凡である。そこには、拗音を混えた二音節三字型の名、すなわちしゆんやじやうなどすらもみられない。わずかに異色あるのは、力石村のとん（安永三年に六歳）くらいである。

飛彈國大野郡白川郷の女性　大野郡白川郷の諸村（荻町、椿原、有家《あけ》ヶ原、芦倉、小白川、御母衣《みほろ》、尾神、福嶋、平瀬、牧、木谷）については、文化十五年（一八一八）の人別帳（甲種）三冊が現存している。[87] これら諸村の女性名は、附録に掲げたが、すべてが単純な二音節二字型に属し、例外は、しゆんとちやうだけである。種類も少ないため同名の女性が多い。北陸的なまあがまだ保持されていることは興味深いといえよう。

越後國蒲原郡新発田町の町役人の女性　つぎに東の郡境を出羽國に接する越後國蒲原郡における新発田《しばた》町の町役人の宗旨帳（乙種）が現存しているので、[88] そこから女性名を拾ってみよう。

いと　かな　かね　かめ　きく　きち　くに　こま　こや（2）　さく　さし　さた　さつ（2）　さび　しま　しも　せん（2）　そわ　たつ（4）　たま　ちや　とよ　とわ　なつ（4）　はな（3）　はる　ふし（4）　ふり　まき（3）　まつ　まん（3）　ゆき（3）　よし（4）　よね　らつ　らん　りき　りく　りつ　りん

本宗旨帳は、年代的には江戸時代前期に該当しているけれども、女性名は、ちやを例外としてすこぶる後期的である。しかもどの名も平明かつ簡単な普通型であって、むろん、いえのよを型の名は、片鱗すらが認められないのである。

同様な傾向は、新発田に接した米倉村の寛政七年（一七九五）付の人別帳[89]にも看取される。ここでも、いえのよを型の名は全く認められず、すべての名は、しゆう一例を除くほかは、二音節二字型に属していた。そのうちちやや変わっているのは、左のような名である。

いの　かの　かん　くよ　くん　こや　さの　さま　しち
しめ　すき　すひ　そよ　たち　ちみ　つげ　つて　つよ
ての　とち　とま　みま　みん　むね　もそ　ゆへ　よの
りそ　りや　わな

越後國頸城郡岩澤村の女性　現在の新潟県中頸《くびき》城郡吉川町岩沢にあたる岩澤村については、天明五年（一七八五）三月付の『宗旨御改帳』(90)が現存している。そこにみえる女性名は、

あき　いき　さき　さだ　さの　しち　そめ　との　とへ
とめ　ひさ　ふさ　まき　まつ　むら　よし　りと　りの

のようにはなはだ簡単な二音節二字型に属しており、同じ頸城郡の江戸時代前期のそれに較べると、いちじるしく簡明化していることが察知される。

越後國頸城郡高田の瞽女　瞽女《ごぜ》とは、周知のように、盲目ないし半盲の女性旅芸人のことであって、三、四人が連れをなして郷村をめぐり、三味線を弾き、歌を歌いながら門付《かどづけ》をし、これをもって生計をたてていた。(91)江戸時代においては、幕領の駿府や諸藩（津軽、長岡、高田など）は、城下町に瞽女屋敷を設けて住まわせ、彼女らを保護していた。新潟県の高田市（直江津市を合わせ、上越市と改名している）に残った最後の高田瞽女の杉本キクイは、明治三十一年三月の生まれで、昭和五十八年三月、満八五歳で没した。その養女のシズさん（大正五年二月生まれ）は、養護盲老人ホーム「胎内やすらぎの家」（新潟県北蒲原郡黒川村）に入るのを前にして、すなわち昭和五十九年六月、養母より引き継いだ高田瞽女関係の文書・記録類を上越市の市立総合博物館に寄贈したのであった。(92)

右の高田瞽女文書のうちで、ただいま注意をひいているのは、文化十三年（一八一六）三月付の長巻の『仲間議定証文』(93)である。これは、高田の瞽女五七名が瞽女仲間に入らない三人の盲女（くら、ちと、つる）の不法を藩に訴えた珍しい文書である。そこには、高田瞽女五七名の署名と捺印がみられる。いまこれらの瞽女の名を五十音順に並べてみよう。

あえ　おの　きく　きよ（4）　くめ　さき（2）　しげ（4）　しよ　そよ（3）　たき（3）　たけ　ちよ（2）　つた（2）　つや（2）　つよ　とよ（2）　なを　のぶ　はつ（4）　はな　ひさ（2）　ひな　ふし　ふぢ（2）　まつ　みな　みや　むめ（2）　むら　やす　やよ　ゆき　よき　よし　より　りよ

訴えられた三人の盲女をふくめた六〇名の女性名をみると、瞽女とはいっても特別の芸名などはなく、いかにも庶民の出らしい二音節二字型の名であることが判明するのである。

（四）　単純型女性名の地域(2)

京都の女性　江戸時代後期における京都の庶民の女性名を知るうえで最も好都合なのは、すでに述べた小石家の『処治録』である。ただ名医として知られた小石元瑞のこととて、患者は江州や大坂などからも来ているので、記載されている女性がすべて京都の人というわけにはいかないのである。

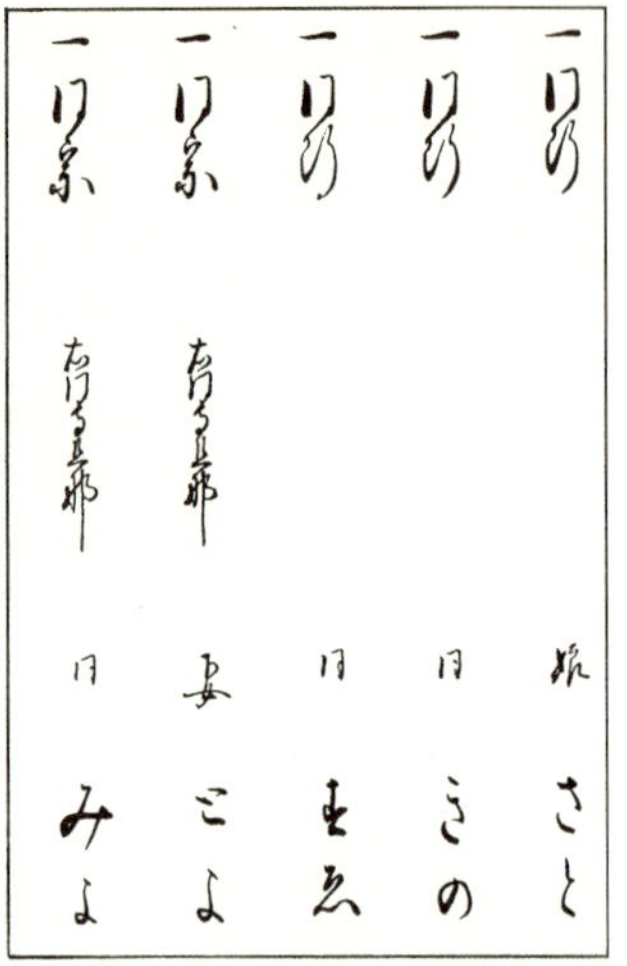

図130　文化12年9月付『京都御幸町通御池上ル亀屋町宗門改人別帳』の一部　（竹梁文庫架蔵）

その意味では人別帳が大いに役立っている。そこで人別帳の一例として京都御幸《ごこう》町通御池《おいけ》上ル龜屋町（京都市中京区御幸町通御池上ル亀屋町。京都市役所の西隣）の文化十二年（一八一五）の人別帳[94]（甲種）を採り上げることとしたい。すなわち、ここにみえるのは、

あさ　あや　いし　いそ（2）　いよ（3）　いわ　うた（2）　うの（2）　かう（2）　かね（3）　かの　きく　きさ　きし　きの　きよ（2）　きん　この　こよ　さき　さと　しう　しか　しな　すゑ（3）　そよ　たけ　たね　たみ　ちう　ちか　ちよ（2）　ちゑ　つね　つま　てい　とせ　とめ　とよ（2）　なか　なを　のぶ　ひさ（3）　ふさ（2）　べん　まき　まさ　まつ（4）　みさ　みち　みつ（2）　みよ　むめ（4）　もと（2）　もよ（2）　もん　やす（2）　やゑ　里う（2）　りさ　りと（2）　里よ

のような単純、平凡な二音節二字型の名ばかりである。全く同じ傾向は、安政三年（一八五六）の室町頭下柳原北半町《しもやなぎはらきたはんちょう》[95]（京都市上京区下柳原北半町）や元治元年（一八六四）の京都冨小路通三條上ル福長町《ふくながちょう》[96]（中京区富小路通三條上ル福長町）の人別帳（ともに甲種）についても指摘される。後者について注意されるのは、女性名は平凡な二音節二字型に属するが、しばしば漢字を用いていることである。これは本帳を作成した年寄・河内屋重兵衞の趣向によるものであろう。

阿《あ》以《い》（5）　阿さ　阿や　い佐《さ》　いと　う多（3）　香《かう》　か徒《つ》　か年《ね》　か能《の》　かめ　きく　氣く　き登《と》　き能　くめ　く爾《に》　古と　駒　さき　さく　佐く　佐多《だ》　佐堂《だ》　佐登　志津　志ん　楚《そ》能　堂《た》氣《き》　堂け　たけ　た美　ちく　て留《る》　て累《る》　と起《き》（2）　とく　と毛《も》　奈賀《か》　な越《を》　奈越　ぬ以　者《は》津　春　者《は》累《る》　ひ佐　婦《ふ》員《い》　ふく　ふじ　ふつ　滿き　ま左　滿ち　ま徒《つ》　み津　三徒《つ》　梅　や壽《す》　由う（2）　よ爾　里う　里ゆう　連《れ》ん　ゑ以《い》

近隣の龜屋町をはじめ他の人別帳からみて、これは異常な表記というべきである。

山城國に関しては、少なからぬ人別帳が散在している。手近にある安政五年（一八五八）の紀伊郡向嶋村[97]（京都市伏見区向島）や天保十三年（一八四二）の久世郡寺田村[98]（京都府久世郡城陽町寺田）の人別帳（ともに甲種）をみても、記載されている女性名は、単純、平凡な二音節二字型に限られている。なお宇治郡木幡《こはた》村（宇治市木幡）の女性名も、同様な性格を帯びているが、ただここではわずかながら小ゆき、小づる、小

はるといった小××型の名の混在していることが注意にのぼるのである。[99]

大坂菊屋町の女性　前に述べた『大阪菊屋町宗旨人別帳』全七巻は、女性名史研究の宝典であって、江戸時代を通じてこの町に居住した一万人ほどの女性の名が記載されている。[100]これら無数に近い女性名について解説するのは大きな紙幅を要し、その結果この分の説明が本書の全体としての均衡を損うこととなるので、ここでは対象を第三巻（安永二年から天明八年まで。昭和四十八年刊）と第六巻（文政九年から嘉永二年まで。昭和五十一年刊）に絞り、それらにみえる女性名について要説することとしたい。[101]なお、菊屋町の人別帳は、すべて甲種に属している。しかし各人の年齢が記載されていないのは、惜しまれる。

菊屋町には、近郷から奉公に来た下女も多数いたが、それらをふくめた女性名の特色は、単純・平凡な二音節二字型であるということである。約九割五分の名は、この型に属している。拗音を混えた二音節三字の名もあるけれども（きやう、しゆん、ちやう、りやうなど）、元来それらは、単純な二音節二字型の名に密着した同類項の名である。独自な三音節三字型としてわずかにみられるのは、伝統的なあぐり（3一五〇）である。

二音節二字型の名の大部分は、ありふれたものである。しかしときおり、独自な名も見いだされる（アラビア数字は巻数、漢数字は、頁数を示す）。

さか（3五九）　する（3九〇）　くが（3二七四）　はへ（3二七八）　みほ（3三三九）　ゆた（3五〇〇）　せふ（6一三）　さご（6四〇）　ゆさ（6六八）　ゆら（6三六〇）　たけ（6五七七）　やく（6六六七）　でる（6五三四）

わずかにみられる古風な名は、だい（3一一六）、いま（6一六八）、つう（6六五）などである。注意を要するのは、三音節三字の小××型がかなり存することである。

小辨《こべん》（3九二）　小久《こひさ》（3三二）　小宰《こさい》（3一一四）　小ひめ（3一二四）　小菊（3三六二）　小しゆん（3四五三）　小はつ（3四六二）　小ふで（3五〇一）　小まつ（3五二二）　小なみ（6二九八）　小たね（6六〇二、六一一）

右にみるとおり、小××型は、急減する傾向にあった。右の小たねは、京屋萬治郎の娘であって、母ははる、姉はたねといった。この場合の小字は、伝統的な意味を帯びていた。小伊三は、中川源次の妻であるが、こいみと訓むのであろうか。

数からいえば九牛の一毛であるが、いえのよを型の名も一例存する。藤枝《ふぢえ》（6六一三）は、代表的ないえのよを型の名である。えに枝字をあてているのも重視される。ちえに千枝をあてたことからも知られるとおり（6二三六）、第二、第三音節に枝字をあてることは、この時分から始まったらしい。ならへ（6七四九）のへはえに通じ、いえのよを型の名とみなされる。

菊屋町の女性の特色は、寡婦となった女性がしばしば出家し、息子の家に同居していることである。これについては、のちに述べることとしよう（四五一頁参照）。

この町のおびただしい女性名に関して注意されるのは、はな、たけ、むめ、きくなどの名が他郷に較べて少ないことである。

攝津國島下郡太田村の女性　大坂の菊屋町の女性名は、多少の異分子の混在はあっても、単純かつ平凡な二音節二字型で終始している。大坂付近の村々では異分子の混入はほとんどなく、より単純な二音節二字型の名がみられる。たとえば文化十三年（一八一六）の島下《しまのしも》郡太田村（大阪府茨木市太田町）の人別帳[102]（乙種）についてみると、

いく　いさ　いの　かね　かの　かめ　かや　かん　きせ
きぬ　きよ　くま　さん　じう　しか　しと　しも　すぎ
ちく　千代　ちゑ　つね　とさ　とめ　とよ　なか　なみ
なを　ぬい　のぶ　ふさ　ふじ　まさ　ます　まつ　むめ
もん　やす　やゑ　りう　りか　りく　りさ　りせ　りん

のように、二音節二字型の名で統一されており、この地域が単純・普通型のそれにあたることが明確に判明するのである。なお、しとの名があるのは、しとの古義（尿）が忘れられていたためであろう。

志摩國の女性名　伊勢國度會郡の東に隣接する志摩國についてみると、荅志《とうし》郡堅子村（鳥羽市堅子町）の安政五年の宗旨御改帳[103]（乙種）や同郡鳥羽藤之郷（鳥羽市鳥羽四丁目）の明治三年の宗旨御改帳[104]（乙種）には相当数の女性名がみられるが、どれもが二音節二字の普通型に属し、いえのよを型や小××型の名は全く見いだすことができない。すなわち、前者の場合には、

いそ　かね　きせ　きゐ　こと　この　さつ　さん　しと
しも　しめ　すみ　すゑ　せん（2）つき　とめ（2）
とら（2）なつ　はな　はや　はる　ふみ　まき　みき
やす（2）ゆき　ゆり　よね　りん（2）

のように、二音節二字型のはなはだ平凡な普通名である。つまりいえのよを型と小××型の名は、志摩國にほとんど波及していないのである。

因幡國高草郡倭文村の女性　丹波國については、桑田郡馬路村に遺る多数の人別帳が女性名研究の好史料である。[105]一方、因幡國に関して注意にのぼるのは、弘化二年（一八四五）の高草郡倭文《しとり》村（鳥取市倭文）の人別帳（乙種）二冊である。[106]ここでは煩を厭《いと》って実例の記載を省略するけれども、二冊の人別帳にみられる女性名は、全く二音節二字型に属し、この地域が単純・平凡な女性名の地であったことが明確に知られるのである。

石見國那賀郡長濱村の女性　享保十八年（一七三三）から翌年にかけて西日本を襲った飢饉は、惨憺たる被害をもたらした。那賀郡長濱村（島根県浜田市長浜）でも一六〇人におよぶ病死・餓死者を出した。庄屋の傳兵衞はその被害の明細をしたため、濱田藩主にこれを届け出た。[107]そのうち女性は五九名を算するが、うち名の記されている者は、左のとおりであ

る。

いち　かね　かめ　かん　きち　くめ　さん　すぎ　すめ
すゑ　たま　ちよ　つち　つね　つる　とら（2）　なつ
はつ　はる　ひさ　ひな　まつ（2）　まん　ゆり（2）
ろく

これだけによって結論を出すのは、やや軽率であるけれども、石見國が単純・平凡な女性名の地域であったことは想察されるであろう。

播摩國宍粟郡下比地村の女性　宍粟《しそう》郡は、古代の宍粟《しさわ》郡にあたる。同郡の下比地村は、現在の兵庫県宍粟郡山崎町下比《しもひ》地《ち》に該当している。当村の人別帳は幾冊かが現存しているが、公表されているのは、天保八年（一八三七）の分だけである（甲種）[108]。この村の女性名は、二音節二字型に属し、単純・平凡である。

いと　いは　いゑ　加ゑ　きく（3）　きさ　きせ（2）
きた　きぬ　きの　きよ　きん　くら　こと　この（2）
さき（2）　さと（2）　さよ（3）　志げ　しほ　志ゆん
（2）　すぎ　すま（2）　すわ　すゑ　せき（2）　その
そ兎　そよ　たつ　た津　ちく　ちよ　ちゑ　つぎ　津な
つね　津ね（2）　津や　てる（2）　と兎　とよ　なか
ぬい　はな　ひん　ふき　ふぐ　ふさ　ふぢ　みき　みつ
みの　みよ　みゑ　む津　もと（2）　やす　ゆき　りう
里う　里ん　るい　わさ

大部分が二音節二字型に属し、稀に二音節三字型がみられる。ひんを別とすれば、いずれも単純・平凡な名の存する地域である。下比地村は、未解放部落であるけれども、この村の女性名は、他のそれと較べて特別な色彩は帯びていないのである。

阿波國那賀郡懸盤村　徳島県の『木沢村誌』には四冊の人別帳（人数改帳）が収録されている。これらを一瞥すると、江戸時代後期の那賀郡における諸村の女性名には、いえのよを型や小××型がみられず、阿波國が女性名の単純な地域に属し、紀伊水道を距てた対岸の紀伊國の女性とは対照的であったことが察知されるのである。ここではその一例として那賀郡懸盤《かけばん》村（那賀郡木沢村掛盤）の人別帳[109]（甲種）から女性名を拾ってみよう。

いせ（2）　いの　かね　かめ（2）　かよ　かん（2）　き
く（4）　きわ　きん（2）　くま　くら　けい　けさ（5）
けん　こん（2）　さた　さつ（3）　さん（2）　したし
め　しも　しやう（2）　しゆん（3）　すき　せき（2）
せん（2）　そか　その　たい（3）　たか　たき　たけ
たつ　ちよ　つる（2）　てん　とめ（4）　とら　なつ
（2）　はち（2）　はつ（2）　はな（3）　はや　はる（2）
ひち　ひやく　ふさ　ふし（2）　へん　まち　まつ（5）
まん　みの　むめ　もと　やく（4）　ゆき　よね（2）
りよ　りよう　るい　れい　ろく（3）

上記の女性名は、全く普通の単純な型に属しており、いえのよを型や小××型の名は、例外的にも認められない。これに対して由来の古いけさが意外に多いことが注意にのぼるのである。

阿波國名西郡高川原村の女性　この村は、現在の徳島県名西《みょうざい》郡石井町高川原に該当しているが、幸いにも文化五年（一八〇八）の人別帳[110]（甲種）が現存している。そこには、左のような女性名が記載されている。

いさ（2）　いち（3）　いわ　かね（2）　かめ　かん　きい（2）　きく　きの　きやう　きよ（3）　きん　くに（2）　くま（2）　くみ　くめ（2）　くり　さい　さかさき（2）　さく　さつ　さと　さよ　さる　さん　しうしか　しち（4）　しま　しめ（2）　しも　しやう　しゆん（3）　しん　すき（2）　すみ　すわ（3）　そて　そのたけ（3）　たつ　ちよ（3）　つい　つき　つし　つなつね（2）　つま　つや　つる（2）　てふ（2）　てる　とや　なみ　ぬい（2）　のこ　のぶ　はぎ　はん　ひでふき　ふじ　ふで（2）　ふみ（2）　へん（2）　まさ　まつ（2）　みき　みす　みち　みな　みの　むま（2）　むめ（2）　むら　もこ　もと（2）　もん　やく　やす（2）ゆき（5）　ゆみ　よつ　りう　りく　りつ　りよ　りんるい（2）　れい　れん　ろく（4）　わき

高川原村の女性たちの名は、むまを例外とすれば、讃岐國や土佐國の諸村の女性名と全く差異はなく、普通型の部類に属している。それは、石井町に隣接する上板町西分《にしぶん》（古くは板野郡西分村）にかかる同じ文化五年の人別帳[111]にみえる女性名の性格についてもいえることである。

阿波國三好郡池田村の女性　阿波國西部の三好郡池田村（三好郡池田町池田）―伊豫の国境に接する―の文化八年（一八一一）の人別帳[112]（甲種）から女性名を窺ってみよう。

い　いえ（2）　いさ　いし（3）　いせ（15）　いそ（5）　いち（2）　いつ　いよ（2）　いら（2）　いろ　いわ（11）

う　うた（2）　うち　うら

え　えい（2）　えつ　えん

か　かく　かす　かつ（9）　かね（8）　かの（2）　かめ（3）　かや（3）　かる　かん　がん（2）

き　きく（9）　きさ（4）　きせ（4）　きそ（2）　きち（4）　きぬ（3）　きみ（2）　きやう　きゆう　きよ　きり（3）　きわ　きん（11）

く　くに（3）　くま（10）　くみ　くら（4）　くれ　くわ

け　けん　げん

こ　こい　こう　こけ（2）　こね　こま（2）　こん（5）

さ　さい　さか（4）　さき（6）　さく（2）　さこ　さた（4）　さち（3）　さつ（3）　さと（2）　さな（4）　さや（2）　さよ（2）　さわ（2）　さん（2）

し　しか（7）　志か　しけ（2）　しげ（5）　しす　しつ（2）　しづ（2）　じつ　しな（4）　しま（2）　しめ（5）　しも（7）　しやう（3）　しやか　しゆう（6）　しゆん（9）

す　すえ　すき（2）　すぎ　すみ　すわ（2）

せ　せい（5）　せき　せつ（2）　せん（11）

そ　そて（2）　その　そふ　そめ（2）

た　たい（2）　たか（2）　たけ（2）　たづ　たに　たね　たみ（4）

ち　ちう　ぢう　ちの　ちやう（3）　ちゆう（2）　ちよ（6）

つ　つじ（2）　つた（2）　つち（4）　つな　つね（4）　つや（2）　つる（3）

て　てい　てつ（3）　てん

と　とく（4）　とね（2）　とめ（7）　とみ　とよ（8）　とら（8）　とわ（2）

な　なお（2）　なか（5）　なつ（2）　なみ（2）　なを

ぬ　ぬい（5）

の　のふ

は　はき　はた　はつ（2）　はな（7）　はま　はや（4）　はる　はん（4）

ひ　ひさ（5）　ひち（7）　ひやく（3）　ひら

ふ　ふい（4）　ふき（13）　ふさ（2）　ふみ（3）　ふゆ　ふん（4）

へ　へん

ま　まき　まさ（7）　ます（4）　まち　まつ（3）　まつよ　まん

み　みす（2）　みち（2）　みつ（5）　みや（4）　みよ（3）

む　むめ（7）　むら（4）

も　もと（3）　もよ　もん（3）

や　やく（8）　やさ　やす（9）　やそ　やつ（3）　やり　やん（2）　屋ん

ゆ　ゆう（4）　ゆき（8）

よ　よう（2）　よき（2）　よし（5）　よめ

ら　らく（7）　らん

り　りう（2）　りき（4）　りさ　りつ（3）　りの（2）　りゆう　りよ（3）　りん（2）　里ん

る　るい

れ　れん

ろ　ろく（2）

わ　わき（7）　わさ（6）

ゐ　ゐき　ゐつ

以上みるとおり、池田村の女性たちの名は、完全に普通型に属していた。ただまつよだけは、異例である。これは、伊豫國方面からの影響と理解すべきであろう。

筑前國穂波郡内野村の女性　筑前國に関しては、文政四年（一八二一）の穂波郡内野村（福岡県嘉穂郡筑穂町内野）の良好な人別帳[113]（ただし、乙種）が遺っている。この冊子を閲覧して痛感されるのは、そこに記載されている女性名が徹底して二音節二字型であって、漢字を音読した三音節三字型の名や小××型の名は、片影すら存しないということである（附録名である。[118]

参照）。もっとも二音節二字型の名には、

うき　うさ　そく　つん　とる　にい　にん　むて　ゆく　ゆひ

のように、やや特異なものも混っている。

豊前國宇佐郡山口村の女性　現在の大分県宇佐郡安心院《あじむ》町山ノ口の前身は、宇佐郡山口村である。この村に関しては、慶応三年（一八六七）の人別帳[114]（乙種）が遺っている。この村の女性たちの名は、完全に二音節二字型に属している。漢字を音読した拗音を混えた名（しゅん、じゅん、しょう）もわずかにみられる。同じく二音節二字型といっても、

くは　そう　たそ　たる　ちと　ちの　つか　なと

などは、珍しい例とされよう。いえのよを型としては、秋代（一八五一～?）という名がみられるにすぎない。どこからの影響で秋代という名が宇佐郡に生まれたかは、全く不明である。

肥後・豊後両国の女性　肥後・豊後両国の切支丹類族帳を収録した矢島氏の労作[115]によると、江戸時代後期における両国の女性名は、二音節二字の単純型に属していたことがわかる。そや、やんといった珍しい名も見いだされるけれども、ほとんどすべてが仮名二字の平凡な名である。三音節の名としては、あかい、あけい、こまんがみられる。あかいとあけいとは、江戸時代前期に属する名である。こまんは、江戸時代後期のこの地域では稀な小××型の名である。[116]四音節の名では、はつかめがある。[117]これは、江戸時代前期にあたる、未分化の

5　江戸時代後期㈢

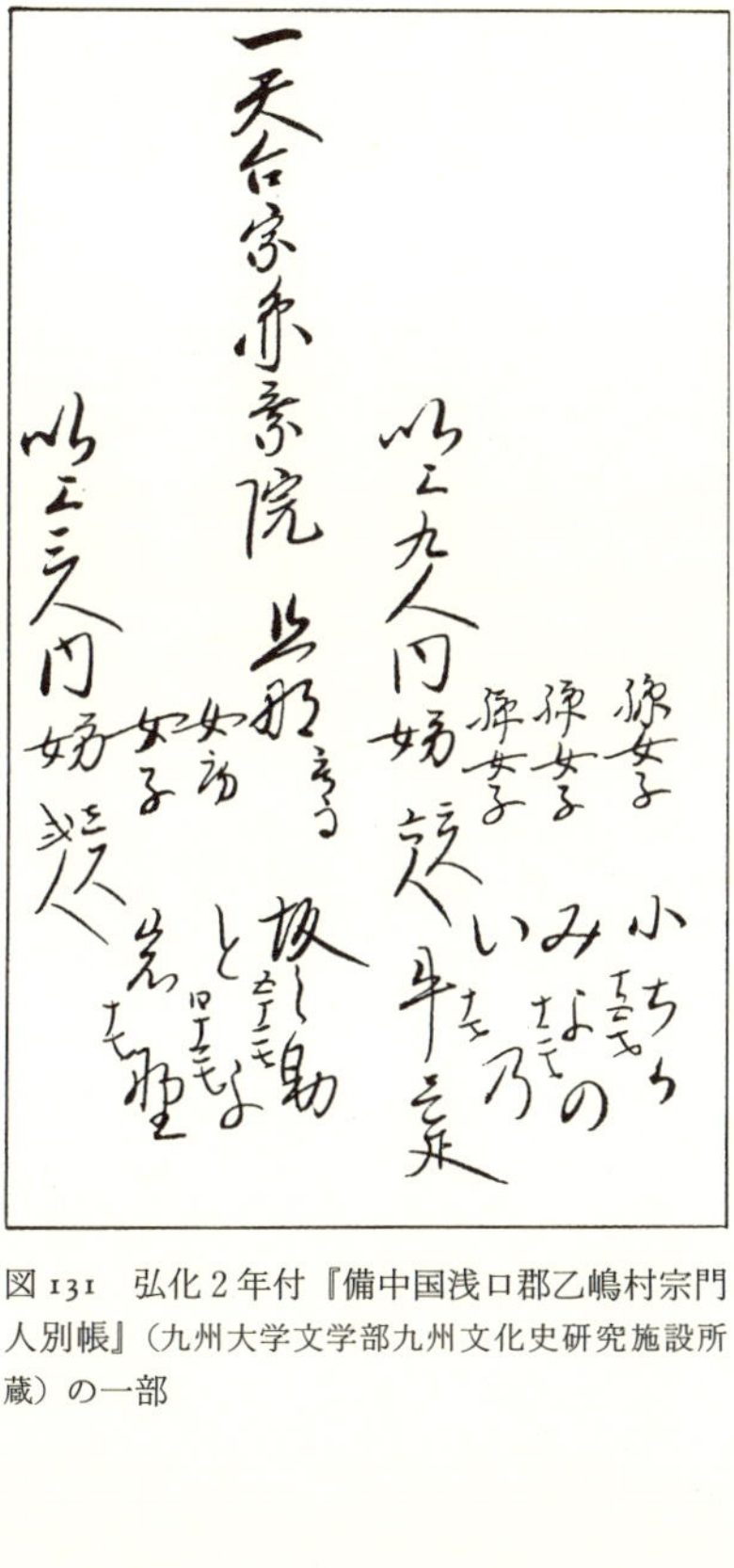

図 131　弘化２年付『備中国浅口郡乙嶋村宗門人別帳』（九州大学文学部九州文化史研究施設所蔵）の一部

庶民の女性名（つづき）

(五)　多様型女性名の地域

その由来は明確になしがたいけれども、多様な女性名をもつ地域は、出羽國南部から越前國、紀伊國、備中國から伊豫、日向、薩摩の諸国にかけて散在していた。まず出羽國南部から始めてその様相を探ってみよう。

出羽國最上郡清水村の女性　この時期における出羽國南部（山形県）の女性たちは、少なからずいえのよを型の名を帯びていた。清水村（現在、最上郡大蔵村清水）は、最上川の舟運の要津として栄えた村であって、安政四年（一八五七）において人口は約千九十余人に達していた。今日遺存する同年の人別帳[1]が乙種に入ることは遺憾とされる。つぎに人別帳記載の女性名を掲げるが、珍しい名と三音節三字型の名は、太字で示した。

あき(2)　いさ　いし(3)　**伊勢よ**　いち　**いちの**　いと　いね　いの(2)　いわ　かつ(2)　かね(2)　かの(2)　**かめの**　**龜代**　**かま**　かる　かん　きい　きく(5)　**きくい**　**きくの**　**きくよ**　**きけ**　きし　**きな**　**おきの**　きよ(5)　**喜代の**　きり　きわ　きん　おきん　**くい**(3)　くま　**くよ**　けん(2)　こん(6)　**定の**　さつ　さと　さの(4)　さよ(6)　さわ(2)　さん(6)　しげ　**志し**　志ち(2)　しの(2)　**しひ**　志も(6)　志ゆん(3)　しん　**すい**　せい　せつ　**そく**　その　**たい**　たけ(2)　**たけの**　**竹よ**　たつ　たね　たの　**ちい**　ちよ　**ちん**　つき(2)　つな　つね(4)　つる　津る　**靏《つる》代**　てつ　とく　**とくの**　**とち**　**とみい**　とめ(4)　**とめの**(3)　とも　とよ　と代　とら(2)　なか　なつ(5)　なみ　**のべ**(2)　**はきの**　はつ(3)　**はつの**　**はつよ**　はな　はる(5)　**はるの**　**はるへ**　ふく(3)　ふで　**ふよ**　べん　まき(2)　まさ　**まし**　まつ(4)　**まつの**　みい(3)　みな　みの　**みよ**　**むつ**　**むめの**　もと　もよ(2)　やい(3)　やす　ゆき(2)　**ゆの**　ゆ里　**ゆわ**(2)　よし(4)　**よしの**　よね(2)　らん　**りね**　**里ね**　りん(4)　**るへ**　ろく(2)　わき(2)　**わん**

まず注意されるのは、この村の女性名に、××い型、××の型、××へ型、××よ型の三音節三字名が多いことである。これは江戸時代後期における出羽國の女性名の一大特色である。飽海郡常禪寺村の人別帳にみられるとおり（三九五頁）、この特色が明治時代にもち越されたことは、同じ清水村の明治二年（一八六九）の人別帳をみても明白である。

いったい、橘三千代は別格として、××代という女性名の初見は、出羽守・藤原基定[2]の妻の君代[3]である。基定の出羽守は、おそらく遥任であったろうから、彼の妻の君代と出羽國との関係は考えにくい。君代は字《あざな》であって、諱ではない。都の一部で流行した××代型の名が地方に拡まり、出羽國、紀伊國などで永く潜在したことは充分に想定されはするが、史料不足のため、平安時代末期の××代型の名と江戸後期の××よという名が系統的な関係をもつかどうかは、全く実証されないのである。

ともかくその由来は、皆目不詳であるけれども、××よ型の名が江戸時代後期から出羽國などで普遍的であって、そのまま明治時代にいたったことは否定されまい。そして一旦、字《あざな》の××に代を添加する撰名法が定着すれば、××にい、の、をなどを付した名が生ずることは、はなはだ自然であるといえよう。

もう一つ出羽國の庶民女性名で指摘されるのは、漢字の名、また漢字と仮名を併用した混ぜ書きの名が少なからず存在することである（靏《つる》代、龜代、伊勢よ、竹よ、龜よ、惠ん、十《とを》い、杢《もく》の、等々）。

第三の特色は、竹子、たま子といった子型の名が現われていることである（附録参照）。これら二つの特色は、全国的にみて庶民の女性名には稀なことである。そして以上の三つの特色が出羽國南部の農村の女性名に認められることは、まことに驚異とされるのである。

出羽國飽海郡常禪寺村の女性　飽海郡常禪寺村は、現在の山形県飽海郡八幡町常禅寺にあたり、秋田県境に近く位置している。この村に関しては、嘉永五年（一八五二）の人別帳(4)（乙種）が伝えられている。この人別帳に記載されている女性名は、左のとおりである。

いよの（2）　**いわの**　かつ　かね　かめ　きく（2）　**きよの**（5）　くの　けさ　さき　**作《さく》よ**　さの　さよ（2）　さる（2）　さわ　さん（2）　しげ（2）　**重《しげ》の**　志も　すぎ　すへ　せん（3）　そめ　そよ　たけ　**たけの**（2）　たつ　**辰よ**　ちよ（3）　**つねよ**（2）　つる（5）　**つるの**　でん　とめ　**留の**　とよ　とり（3）　**中の**　**中よ**　なこ　なつ（2）　**夏の**　**夏よ**（2）　**鍋の**　**なみの**　はな（2）　**花の**（2）　**花よ**（3）　はる（4）　**壽《ひさ》の**　ひつ　ふじ　ふぢ　ふよ（2）　まさ　まつ（3）　**まつの**　まよ　まん　**みさよ**（2）　みの（3）　みつ（2）　みよ（13）　みわ　みん（2）　むめ　めお　**杢の**　やす　よき　よし（3）　よね（3）　よの　より

この人別帳では、いえのよを型のうち、の型とよ型がもっぱら認められ、い型、え型、を型は欠如している。なお、杢のといった名は、珍しい。かように、出羽國南部の女性名は、近隣諸地方とは異なった特色を帯びていたのである。

越前國の女性名　越前國の女性名は、佐久高士教授の大作『越前国宗門人別御改帳』六巻を通じて詳しく窺うことができる（附録参照）。これら多数の女性名を眺めて感ずるのは、そのいちじるしい多様性である。まず第一に、三音節三字型のいえのよを型がはなはだ多いことである。

い型　はるい　ますい　三井《みつゐ》

え型　すみゐ　としえ　はつえ　はるへ　まつえ　よし榮《え》

の型　うめの　しげの　ちよの　つるの　初の　みやの　るなの

よ型　おりよ　つちよ

を型　きくを　しげを　ときを　まさ尾　萩尾　ふでを　すいお　梅尾《むめを》

五つの型のうちでは、の型とを型が数多い。こうしたいえのよを型の名がどうして現われたか、なにゆえに越前國に多いのかは、目下のところ全く不明である。

二音節二字型の名にしても種類がすこぶる多い。それは、大坂菊屋町の女性たちの単調な名とは、いちじるしい対照をなしている。この国の人びとは、仮名をいろいろと組合わせて撰名することに大きな興味を抱いていたらしい。その結果は、騎虎の勢で女性名としてふさわしくない名をあえて女子につけたのである。

うゐ　くい　こえ　さぎ　しと　とも　すり　そそ　のろ　ばか　ゐた

また××み型（いさみ、なけみ）や××子型（ちよこ、つゆ子）も少数ながら見いだされる。一般にいえのよを型の女性名は、小××型の名を伴っている。やはり越前國でも、相当数の小××型の女性名が存した（こちよ、小てう、このゐ、こまん、こゆき、こゆみ）。

漢字を自由に駆使した人びとは、雅名に近い名（あかし、かえで、さくら、つぼみ、なちじ、みどり、むらさき）を作った。一方、そのとき限りで後代にはすたれた名も、試行錯誤的に作ったりした（たとえば、ごゐ、さ川《かは》、さど、しゆめ、しよな、せんた、ちぐ、ちつ、ちらん、なそ、等々）。また訓みのいかんに従って漢字を一文字用いる習性があった（庵《あん》、家、岩、歌、織《おり》、國、倉、駒、染、辰、鶴、縫、等々）。二字名に仮名と漢字を混用する混ぜ書きの習性は、他に較べて低調であった（伊し、加ね、ゆ美、等々）。

越前國の女性名は、厖大な数が存するため、古い型の名の痕跡をとどめている例が稀ではあるが認められる（あちやこ、いちや、岩松、くみ女、たあ、まあ、等々）。要するに越前國の女性名で爾後に大きく影響するのは、いえのよを型と××み型の名であるといえるのである。

紀伊國名草郡加納村の女性　つぎにいえのよを型と小××型の女性の多い地域として紀伊國が注意にのぼる。まず表記の加納村（現在、和歌山市加納）について、文政八年（一八二五）の人別帳(5)（甲種）には、つぎのような女性名が看取される（二音節二字型の名につく接頭語のおは省略した）。

あさの(2)　いさ(2)　**いさへ**　いし(4)　いそ　**いその**(2)　**いそへ**　いつ(2)　いと　いね(2)　いよ(2)　いわ(3)　**いわの**　**うのへ**　かつ　**かめの**　かよ　きく(7)　**きくの**(4)　きよ(7)　**きよの**(6)　**きりの**(2)　きわ(3)　きん(7)　くす(3)　**くすの**(2)　**くすへ**(4)　くの　くり(2)　けい(2)　げん(4)　**小いそ**　**小ぎく**(2)　**小きち**　**小げん**　**こさへ**(2)　**小さつ**(2)

小しん（2） 小すへ（2） 小せん 小そよ（2） 小でん（2） 小とい（2） 小とめ（3） 小ふじ 小ぶん 小まつ（2） 小よし（2） 小りん 小ゑん（2） こん さく（2） しん（5） すて（3） すての（3） すへ（3） すさよ さよの さん（4） しか（6） しかの しげの み せん（5） そよ（3） たき たみの ため ための（3） ちよ ちよの（2） つき（2） つちの（2） つな（2） つね（3） つるの（2） つるへ てい（2） でん（2） とく（2） とくの（2） との（3） とみへ（2） とめ（4） とよ（7） とよの（6） なおへ なか なをへ のへ（2） はつ（2） はつの はな はる（4） ひさ ひさの（4） ひさよ ひでの（3） ふさ（2） ふさの（3） ふじの（4） ふじへ ぶん（3） まさの（2） まつの（4） みの みよ もとの（2） もん（3） やす（4） やすの（5） やすへ やへ ゆきの よしの（4） よしへ りつ りへ（2） るい（2） れい（2） ゑいんめ（4）

加納村の女性たちの二音節二字型の名は、平凡で種類は少ないけれども、これを語根として接尾語のへ（ゑ）、の、よをつけたいえのよを型の名と、接頭語の小、こをつけた小××型の名は豊富であって、はなはだ変化に富んだ様相がみられる。江戸時代には、助辞のへと接尾語のへとはひとしくエと発音されていた。またゑ（we）のw音は脱落してeとなっていたから、××へは、××ゑと同様に、××えと発音されていた。したがって上記の××へという女性名は××えと読まれていたわけである。

江戸時代の紀伊國になにゆえに小××、××え、××のという女性名が数多く存したのかは、混成古代における同国の女性名があまり知られていないため、未詳というほかはないのである。

なお、男女とも名字に「楠《くす》」字が多いのは、[6] 前にも述べたように、紀伊國においてことにいちじるしい人名の特色である。

『和歌山市史』第六巻には、和歌山近郊の諸村の人別帳、人数家数増減帳などが幾通も収録されている。[7] これらを通覧すると、相変わらず××の、××へ、小××といった三音節三文字名が多いことが知られる。一々について典拠を挙げることは省略するけれども、左のような名は注意に値するであろう。

のぶ江　くま江　かめゑ　やすゑ　ときよ　龜よ　じゆん
小ぢよろ　やよぎく　しげよ　いくよ　鶴ちよ　いわよ

小ぢよろ（小上﨟）、鶴ちよ、やよぎくなどは、混成古代的な名の遺存である。××江、××ゑは、××へと異字同音である。加納村の人別帳では見受けられなかった××よ型の名もいくつかは検出される。接頭語のおが普遍化し、おちよ、おそよ、おきよといった名が普通に行われているとき、二音節二字型の名の語尾によを添加するにいたるのは、自然の趨勢といえよう。ただし、史料不足のためか、紀伊國に関しては、××い、××をといぅ女性名は、まだ管見にのぼっていない。

出羽國、越前國、紀伊國といぅ遠く距った地域に、おそらく無関係に××え、××の、××よのような三音節三字型の名が成立した理由は、著者にはまだ明白でない。この型の女性名は、明治時代から昭和時代（とくに前半）にかけて大いに繁延しただけに、その成立事情は向後大いに考究されねばならぬのである。じゆんは拗音を混えた二音節三字型の名である。

なお、和歌山県の女性名に、え（江）のつくものが多いことは、早く小泉八雲の指摘したところであった。[8]

大和國葛上郡掖上村柏原岩崎の女性

葛上《かつじやう》郡掖上《わきかみ》村は掖上池によって著名である。この掖上村の柏原《かしはら》の岩崎（奈良県御所《ごせ》市柏原）の人別帳は、三部現存している[9]（竹梁文庫架蔵）。そのうち嘉永三年（一八五〇）の人別帳から女性名を拾ってみよう。

いか（6） **いくよ**（2） いさ（3） いし いそ（3） いと（4） いの いよ いゐ（3） うた ぅの かつ かな（2） かね（2） かめ かん（2） きく（2） **きくの**（2） **きくへ**（2） きさ（2） きし **きしの** きた きと きぬ（3） きの（4） きみ（3） きめ（のち、のゐと改名） きよ（2） きゐ きん くに くの（2） くま くら けい **こいと** **こぎく** **こきの** **こきん** **こさよ**（2） **こさわ** **こしゆん**（2） **こすへ** **こちへ**（2） こと（2） **こなみ** **こぬい** **このゐ**（2） **こはや** **こはる** **こはん** **こひで** こま **こまん**（2） **こみな** **こみよ** **こゆき** **こよつ** **こりう** **こりへ** **こりゐ** さと（2） さの さよ（2） さわ **さわの** さゐ しき（3） しな（4） 志な しゆん しん すが すま（2） すみ すゐ（2） せい せき せつ そで その（2） そま そめ（2） たか（2） たけ たみ（2） **たみの** ため ちく ちよ（4） ちゐ（2） **ちゐの** つき（3） つね つや つゆ つる（2） てる（2） とき（2） とく（3） とみ とめ（3） とら とわ なか（2） なつ なみ（3） ぬい（2） のゐ（2） はつ はや（2） はる（2） ひで（2） ひな（2） ひら ふき ふじ ぶん べん まき ます まち（3） **まちへ** **まつの** まん みか みき（4） みつ みよ みな みの みや（3） みよ（2） むめ（3） めゐ もと（2） もん やす（2） やな やゐ ゆき（3） **ゆきの** ゆみ（2） よく **よしゐ** よつ りう（2） りか りき（2） りさ（2） りせ（2） りの（2） りゆ りゐ（2） りん るい わき（2） わさ

以上によって明らかなとおり、掖上村の女性名には、へ（え）型との型に属するいえのよを型の名が見いだされる。顕著なのは、小（こ）××型の名がすこぶる多いことである。この命名には、人別帳から知られる次頁の系図が示すように、母娘の場合と姉妹の場合とがあった。

紀伊國に接壌する大和國の南部において、いえのよを型の

女性名と小××型のそれとが並存していたのは、領けることである。

伊勢國多氣郡佐田村の女性　管見によると、いゑのよを型の女性名は、伊勢國では、多氣郡を北限としていたようである。すなわち同郡佐田村（現在、多気郡明和町）の文久元年（一八六一）の『宗旨御改帳』[10]をみると、左のような女性名が検出される。

いか　いき　いさ（2）　いせ　いそ　いつ　いと（5）　いほ　いわ　うめ　かる　きい（2）　きく（5）　きくへ　きくの（2）　きの　きよ　きよふ　きゑ　きん（2）　くち　くに（2）　くぼ（2）　けい　小いと　小きく　小ぎん　こと　こな　この　小はる　こほ　小ほつ（2）　小むな　こん（3）　さい　さち　さと　すて　ずね（2）　ずみ　せい　ぜん　そう（2）　そよ　たい（3）　たか（2）　たき（2）　たけ（2）　たつ（3）　たみ（2）　ちた　ちね　ちゑ　つげ　つて（2）　つな　つね（2）　てい（2）　とい（2）　とき（3）　とく（2）　とせ（2）　とね（3）　との（2）　とひ　とふ　とみ　とみへ　とめ（8）

とよ（2）　とら　とり（2）　なみ　にを（2）　はつ　はる　はるの　はゑ　ひな　ふさ　ふじ　ほき（4）　ほつ（4）　ほつゑ　みか　みき　みと（2）　みよ　むき　むな　むめ　やす（2）　やつ（2）　やゑ（2）　ゆう　ゆみ　よし　よと　より　りう　りか　りき（2）　りさ　りせ（2）　りと（2）　りん（2）　ゑぬ

　ここでは、他に例の乏しい名が注意されるが（いか、くち、くぼ、こほ、ずね、ずみ、そう、にを、はゑ、ほき、ほつ、むな、よと、ゑぬ）、古代語で女陰を意味するくぼ[11]が女性名に用いられていることは興味深い。留意されるのは、いゑのよを型の名が少ないながら存することである[12]。

きくの　ほつゑ　とみへ（ゑ）

　紀伊國と同様に、ここでもいゑのよを型の名は、小××型のそれと併存している。

小いと　小きく　小ぎん　小ほつ　小むな

右は、多氣郡が紀伊・大和圏の一端をなす事実を証示している。しかし、つぎに掲げる多氣郡中大淀村の例は、いゑのよを型の名の東限が多氣郡のあたりに存したことを指証している。

伊勢國多氣郡中大淀村の女性　この地は、伊勢國の南部に位置し、現在の三重県多気郡明和町大淀《おいず》にあたり、前記佐田村の東隣に位置している。この村の文政十三年（一八三〇）に作成された人別帳[13]には、左のような女性名がみられる。

いそ　いち　いつ（2）　いと　いわ　うた　かん（3）

きの　きよ　きを　こう　さを　さん　しか　しも　すま
すみ　すを　せき　せつ　せん　その　そは　そよ　たみ
ちやう　つじ　つや　とせ　とそ　とは　とま　とみ　と
め　とよ　なつ　なを　ぬひ（2）　ひで　ふく（2）　ふ
さ　ふじ（2）　ぶん　まさ　まん　みさ　みし　みと
みよ　みん　ゆか　ゆき　ゆら　よし　よそ（3）　よみ
りう（2）　りせ　りつ　りん　ろく　ゐよ　ゑつ　ゑん

中大淀《なかおいず》村の女性名は、典型的な二音節二字型であって、いえのよを型の名は見いだされないのである。

三重大学付属図書館には、慶応四年（一八六八）の飯野郡法田《ほうた》村（松阪市法田）の『宗旨御改帳』や明治四年（一八七一）の安濃郡田中村（津市片田田中町）の『宗旨御改帳』などの写真が所蔵されているが、[14]そこに記載されている女性名は、すべて二音節二字の普通型であって、いえのよを型の名は、全く検出されないのである。

尾張国丹羽郡の女性　明治四十三年（一九一〇）、愛知県立高等女学校校友会は、明治維新後、その善行美徳のゆえに賞勲局または県当局より表彰された愛知県の婦人一〇一名の略伝を編み、『尾三婦女善行録』[15]と題して刊行した。これらの婦人は大部分が江戸時代末期の出生にかかるが、それらのうちいえのよを型に属するひとは、

大森はなよ　間宮たがの　植田ハツヨ

だけである。はなよは、丹羽郡古知野町、たがのは、同郡扶桑村、ハツヨは、同郡千秋村の出身で、三人とも幕末の生まれである。丹羽郡は、犬山市、江南市のあたりであって、木曾川を距てて美濃国の羽栗郡と接していた。美濃国の羽栗郡はもと尾張国の葉栗郡の一部であったが、木曾川の河道の変化によって天正年間に尾張国から割かれ、名を羽栗と変えたのである。したがって美濃国の羽栗郡にいえのよを型の名があっても、全くいぶかる必要はないのである。要するに、古の尾張國西北部にこの型の名があったということである。

美濃國羽栗郡の女性　天保十三年（一八四二）の三月、美濃國羽栗郡南宿村と川口村（岐阜県足近《あぢか》町字南宿と字川口）の善男善女三三人は、谷汲観音（西国巡礼三十三札所の一つ。美濃國揖斐郡谷汲村の華厳寺）の御開帳に参詣するため谷汲村に赴いた。その帰途に彼らは舟運の津であった揖斐郡の島村（現在、揖斐川町大字島）の要吉の船に乗って川を下ったところ、呂久村（本巣郡巣南《すなみ》町大字呂久）の西方で船が転覆し、全員が川にほうり出された。呂久村の村民がいちはやく馳けつけて救助にあたったため、全員が救い出され、生死の境を彷徨していた小児たちと大人三人も、幸いに蘇生した。村人たちは濡れた着物をとり換えるために衣類も贈ってくれたので、全員が村に無事生還することができた。人びとは右の救難措置に感激し、島村の船主・要吉にも、また呂久村の村人にも一切の損害賠償を求めないことを約した。その際に誌した呂久村の名主・傳八に宛てた一札[16]には川口村の庄屋・九郎右衞門以下大人三二名と小児一名とがそれぞれ署名・捺印した（附録に掲載）。それら三三人の被災者のうち、女性は左の一六名

であった。

南宿村　そで　たよ　はる　**ふさの**　ゆん
川口村　きそ　きぬ　ぎん　けい　**小雪**
慈野村　つる　てい　とく　とふ　とめ　ます

前述のように、羽栗郡は、もと尾張國の葉栗郡の一部であったが、天正年中、木曾川の河道が大きく変化したため、新河道の西北部となった部分を葉栗郡より切り離して羽栗郡とし、美濃國に編入されたのである。(17) 葉栗郡は、丹羽郡の西に接していたから、羽栗郡にいえのよを型の女性名があったことは、当然といえるのである。

備前國上道郡松崎新田村の女性　上道郡松崎新田村（現在、岡山県西大寺市松崎）の女性たちの名は、明治二年（一八六九）の人別帳(18)（乙種）によると、多様型に属していた。この多様型の地域では、影の形に従うがごとく、いえのよを型の名と小××型の名とは相伴っていた。

小いそ　小とり　小みか　小みよ
い代の　きぬよ　きみの　ことの　なをの　ふみの　みよの

この特色は、備中國にもみられるのである。

備中國淺口郡乙嶋村の女性　九州大学文学部付属九州文化史研究施設には、備中國淺口郡乙嶋村（現在、岡山県玉島市乙島）にかかわる人別帳が二部（弘化二年、三年）所蔵されている(19)（甲種）。いま、弘化二年（一八四五）の分（図131）について内容を検討すると、そこには約一二七三名にのぼる女性名が記載されている。それら多数の名は、この村がの型と小××型の女性名の地域に属することを指証している。まず小××型の名を拾い出してみよう。

小いさ　小いし　小石　小磯　小糸　小いの　小がう　こきの　小きの　小銀　小俊　こその　小その　小鶴《つる》　小ちか　小知よ　小千代　小のぶ　こはる　こ春　小春　小まち　こまつ　小まつ　小みつ　小梅　小むら　小りつ

つぎに、いえのよを型のうち、存するのはつぎのの型のみである。

淺の　淺野　いしの　岩野　菊野　粂野　しげの　重野　たけの　竹野　はつの　冨野　秀野　みよの　よしの　安野

同じ備中國の川上郡東油野《ゆの》村（現在、岡山県川上郡備中町東油野）については、天保九年（一八三八）の人別帳(20)（甲種）が伝えられている。その中には、小とよ、松乃、ま津野のような名がみられ、東油野村がいえのよを型や小××型の名の地域の周辺に存したことを想察させている。

乙嶋村、東油野村の両村の女性名は、上記のものを除けば、単調、平凡である。やや珍しい名を拾ってみると、乙嶋村では、

うら　くよ　たに　つい　とん　はて　はよ　まり　むよ　りす　りま　るか　るつ

があり、東油野村では、

うと　うね　津う　はふ　ホ登

などが注意される。両村とも、女性名について二字の一つ、ときには二つともに漢字を万葉仮名にして用いる例が多い。たとえば、

な津　と茂　楚よ　滿さ　み野　里く　壽ゑ　堂無《たむ》　志滿《しま》
里津

のような表記である。

なお、教祖とともに金光教を築き上げ、「金照明神」の神号を授けられた高橋富枝（一八三九〜一九二一）[21]は、備中國淺口郡六條院西村（現在、浅口郡鴨方町）出生の人であった。

安藝國豊田郡忠海地方の女性　広島県三原市の幸崎町《さいざきちょう》の善《ぜん》行《ぎょう》寺には、『宗旨宗法宗門改人別帳』[22]と題した天保四年（一八三三）の檀家帳全三冊が所蔵されている。これは普通の人別帳とは異なり、同寺の住職・洪室が藩命により村役人を帯同して各戸を訪ね、出漁先まで廻船して調べ挙げて作成した人別帳であって、範囲は同寺の檀家が所在する豊田郡の忠海《ただのうみ》村（竹原市忠海町）、二窓浦（竹原市二窓浦）、能地《のうじ》村（三原市幸《さい》崎町能地）、渡瀬《わたせ》村（同幸崎町渡瀬）、小坂《おさか》村（三原市小坂町）にわたり、すべて海浜沿いの村々である。

人別帳は、種別の上では甲種に入るけれども、各人についての年齢の記載は省略されている。しかし三冊の人別帳には、実に多数の女性名が記載されている[23]。概していえば、この地域の女性名は多様型に属している。すなわち、小××型と××の型の名が併存している。しかしともにその頻度は少なく、その地が備前國から安藝國に到る多様型女性名圏の周辺に位置することを語っている。多様型の圏であるだけに、そこには二音節二字型の変わった女性名も少なからず見受けられる。

あく　いう　うる　うま　くう　こち　ごん　ささ　さね
さめ　さや　しで　ぢつ　つい　とな　なる　なわ　ぬよ
のう　はし　はち　めき　りは　をわ

ゐ字を語頭とする名は全くみられず、またゑ字の使用は稀である。いちじるしい特徴は、漢字一字を音読した二音節三字型の仮名書きの名が意外に多いことである。

きよう　しゆう　じゆう　じゆん　しよう　ちよう　りゆう

しやんという珍しい名が一例見受けられる。これは、二音節三字型の名の流行によって誘発・案出された名であろう。小××型の名としては、こいと、こぎく、こぎんの三例がみられる。またいえのよを型には、はつの、よしゑの二例が見いだされる。要するに、忠海地方の女性名は、多様型圏の周辺に位置するが、二音節二字型の方は、変化に富んでいるといえよう。

伊豫國の烈女・松江　伊豫國和氣郡古三《ふるみ》津村（いま松山市古三津町）に住む井口瀬兵衞は、もと伊豫大洲藩の藩士で、武芸に長じていた。その三人の娘の名は、園江、松江、千代といった。気丈夫な松江は、ある日、彼女の容色に迷い、暴力をもって拉し去ろうとした百姓の岩藏を刀で斬殺した。帰宅した父に松江は死を強く請い、海浜に赴いて父の刀で斬ら

れた。ときに文化十年（一八一三）十二月八日、松江は芳紀一八歳であった。これは、死を賭して操を守った美談として永く喧伝された。(24)

伊豫國の庶民の女性　右にみる松江、園江といういえのよを型の名は、伊豫國の庶民（下級武士をふくめて）にこの型の名が少なからず存したことを想定さすのである。残念ながら伊豫國には宗門改人別帳がわずかしか遺存していない。しかも幸いに存する人別帳も、女性の名を全然記載しない丙種に属している。松山市の愛媛県立図書館には、文化四年（一八〇七）の伊豫郡黒田村（現在、松前《まさき》町の北黒田と南黒田）の『宗門御改増減村中召仕帳』と安政四年（一八五七）の伊豫郡上吾川村（現在、伊豫市上吾川）の『宗門御改帳』が架蔵されているけれども、双方とも丙種に属し、女性名の研究には役立たないのである。江戸時代の伊豫國における庶民女性の研究は、多大な努力を払って零細な関係史料を丹念に採訪しながら進めるほか方法がないようである。

目下のところは、窮余の一策として、『愛媛の女性百年(25)』から明治初年に活躍した女性たち—すべてが江戸末期の出生—の名を拾い出してみることとしたい（順序不同）。

石崎なか　小川安《やす》　福井ミチヱ　西谷ヤスヱ　池戸キチ　加藤八千代　中川トミノ　佐田マサノ　佐田タカノ　小田サダ　小田トシ　宮内タカ　紀井シガ　喜多見サキ　中谷スエ　森キクヨ　阿部キチヨ　阿部リン　矢野トモヨ　柳瀬ヒロ　石原タカ　重松チカヘ　豊田タニ　黒川キヨミ　吉田ケイ

右にみるとおり、いえのよを型のうちエ（へ、ヱ）型、ノ型、ヨ型の名が揃っているのである。したがって伊豫國—すくなくともその北部—がいえのよを型圏に入っていることは確言できよう。この国の女性名が備前・備中両国や日向國のそれとどう関連しているかは、今後の研究に委ねられた課題である。それにつけても伊豫國の庶民女性名の実態の探究が待望されるのである。

憙向國諸縣郡高岡浦之名村の女性　この村は、現在の宮崎県東諸県《もろかた》郡高岡町大字浦之名《うらのみよう》にあたるが、江戸時代には、高岡郷の浦之名村であった。遺存しているこの村の寛政十二年（一八〇〇）の人別帳(26)から女性名を拾ってみよう。ただし、本人別帳は、母や妻の名を書かない乙種に属しているけれども、念のために頻度をアラビア数字で記しておく。

混古型　いせつる　伊勢松　乙まつ　乙松　かね松　菊松（2）　きんつる　けさ松（6）　けさ鶴　せん龜　千龜　千代まつ　千代松　つる龜（2）　鶴龜　鶴松　長龜　長つる（2）　長鶴　長松　久まつ　松きく　まん龜　まんけさ　まんつる　宮鶴　梅つる

いえのよを型　浦の　菊の（2）　けさの　霜の

小型　こつる

二音節二字型　伊勢　いそ　いよ（2）　いん（2）　かな　かね（6）　かめ（2）　きく　きん　くも　けさ（17）　こふ（2）　さな　さよ　しを（2）　せい（2）　せつ

せん　そめ　つゆ　つる（7）鶴　てつ（4）とめ
ひさ　ふぢ　べん　まつ（9）みよ　むす（6）よし
よね　りん（3）ヱね

異型　あぐり　なるせ　はやせ

一見して明白なように、この村には混成古代的な女性名が凄まじい勢で残存していた。やはりこの村でも、異常なけさ好き、けさ××好きが認められる。いえのよを型に関しては、××のだけがみられる。同じ高岡郷の田尻村の明和九年（一七七二）付の『牢人人別帳』[27]には、混成古代型は多いけれども、いえのよを型の名は見受けられない。彼らは、豊後國からの移住者であったためであろう。

浦之名村では、あぐりが検出される。なるせ、はやせは、御殿女中風の名であるが、なにゆえに僻陬《すう》の日向國の農村に××せ型の名がみられるのか、その理由は明らかでない。いえのよを型の名の中心は、つぎにみるとおり、同じ諸縣郡でも南部の方にあったようである。

日向國諸縣郡高木村太郎坊の女性　この太郎坊は、現在の都城市太郎坊町にあたっている。[28]瀬戸山計佐儀《のり》氏が歴訪して家系を調査された同町の三〇〇余世帯（二七四頁参照）の女性のうち、江戸末期、すくなくとも明治初頭に出生したとみなされる人びとの名を分類して示すと左のとおりである。

混古型　オトギク　ケサマツ　スエマツ　タケマツ　チヨマツ　チンゲサ　ハツギク　ベンゲサ　マツケツ

二音節二字型　イロ　オゴ　カメ　カヨ　キク　キン　ケイ　サク　サダ　サヨ　セツ　スエ　スガ　スギ　スナ　セイ　ソヨ　トヨ　ナカ　ナミ　ナヨ　ハル　ベン　ミヤ　ユキ　ヨシ　ヱキ

いえのよを型　①ツミエ　②アイノ　ケサノ　ヒサノ　③カオヨ　シナヨ　タケヨ　ナオヨ　フジヨ　フヂヨ　マサヨ

小型　コナン　コナミ

日向國南部に明治初年まで混成古代的な名が残存していたのは、驚きである。この女性名の停滞した地域にいえのよを型のうち三種の名が存したことは注意される。この型の名に小××型の名が伴った点では、いえのよを型の名のある他の地域の場合と変わっていない。なお、薩摩國と同様に、この地域でもケサ型の名が男女ともに多いのである。

薩摩國川邊郡川邊郷の女性　安永五年（一七七六）より天明六年（一七八六）にかけての一〇年間に、薩摩國川邊《かわなべ》郡川邊郷の諸村から多数の農民が日向國諸縣郡小林郷の諸村（ともに薩摩領）に移住した。移住の際には、旧住の郷の宗門帳より移住者を除籍し、本人に「除証文」が与えられた。本人は、この証文を新住地の所役人に届け、その地の宗門改帳に登記されることが必要であった。幸いにも、このときの『川辺郷除証文』[29]が現存している（川辺町役場所蔵）。この証文は、母や妻の名を誌さぬ点が惜しまれるが、しかし多数の女性名が記載されている点で珍重される。以下にそれらから女性名を拾い出し、分類してみよう。

混古型　伊せ松　伊勢松　いち龜(3)　市龜(2)　龜ッル　龜鶴　龜松　金けさ　き□松　けさ龜(5)　けさきく　けさ熊　けさちよ(2)　けさ千代　けさつる(2)　けさ松　せん龜(3)　志不まつ　ちやう熊　ちよ栗　ちよまつ　ちよ松(3)　千代まつ　つるかめ　つる龜　鶴龜　つるけさ(2)　つる松　長龜(2)　初龜まつ龜(6)　松龜　まん龜　萬けさ　みよ松　むつ龜

いえのよを型　磯の　けさの(2)　けさよ

二音節二字型　伊せ　いち　いね　いの　えひ　うた　おと(3)　乙(2)　かえ　かね　加禰　かめ(6)　きく(4)　きり(2)　くり　けさ(16)　さと(2)　さへ　志加　しげ　志げ(2)　志の　しを　志を(3)　すえ(3)　すが(4)　壽が　すま(3)　すゑ　勢い　せひ　せん(4)　たか　たけ　ちよ(5)　つな　津年《ね》(2)　つゆ　つる(3)　とせ　とみ　とめ(2)　とも　とわ　とん　なつ(3)　な津(2)　なよ　なを　は津　はな　はま　はる　ふき(2)　ふで　ふみ　ふり　まさ(2)　まつ(5)　まん　みつ(3)　み津　みを　むめ　梅(2)　やす　やゑ　ゆき(3)　ゆひ　よし(3)　よね　りき　わか(2)　をと(2)

小型　小鶴

異型　志をみづ　鹽水　津らき

以上を通覧してみると、同じ薩摩國でも川邊郡の庶民の女性名と鹿児島城下の武家のそれとにいちじるしい逕庭《けいてい》のあることが察知されよう。日向國や薩摩國、そしておそらく大隅國の庶民の女性名には、江戸末期にいたるまで混成古代的な名が根強く残存していた。この型の名の残存は、奄美群島においても顕著であった(四六八頁)。川邊郡の場合でも、けさ、××けさの名は盛行していた。この停滞的な地域になぜいえのよを型の名が存するのかは、不可解である。これは、将来の研究者に残された課題とされよう。なお、江戸時代後期の両国の庶民女性が名に少なからず漢字を用いていることは注意される。

(六)　庶民女性名の特色

江戸時代後期における庶民女性の名は、人別帳、類族帳その他さまざまな史料によって無慮無数に判明している。いまこれらを眺め、若干の特性を指摘し、すこしくこれらに解説を加えてみよう。

①全国にわたって共通の名が多いこと。

いま文政四年(一八二一)における筑前國穂波郡内野村の人別帳にみえる女性名(五八九頁参照)と渡島《おしま》國龜田郡函館地藏町に関する文久二年(一八六二)の人別帳[30](甲種)に記載された女性名とを比較してみると、南北約一五〇〇キロ距っている両地の女性名に左のような共通なものが認められる。

あさ　いえ　いせ　いそ　いち　いと　いは(いわ)　うめ(むめ)　かめ　かん　きよ　きん　くら　さん　しげ

たつ　たみ　つね　つる　とき　とせ　とめ　とよ　なつ
なみ　なを　はつ　はな　はる　はん　ふく　ふじ　ふみ
ぶん　まき　まつ　まん　みな　みよ　やす　りき　りよ
りん

また地藏町の人別帳にありながら内野村のそれに見あたらず、しかし九州、四国方面の人別帳に容易に見いだされるのは、

いく　いし　いつ　うた　かつ　かね　きく　きよ　きわ
げん　志な　しも　志ゆん　しん　すて　すゑ　そで　たき　たけ　たね　たま　たよ　ちよ　つな　てつ　とし
とよ　のぶ　ひめ　ふよ　べん　みき　みさ　みね　みわ
もよ　やな　ゆき　ゆみ　ゆり　りか　りゑ

などである。つまり地域ごとに若干の特異性はあっても、江戸時代後期における庶民の女性名は、渡島國から九州にいたるまで大部分共通していたことが指摘される。これは、同一の民族、同一の文化的伝統、他と交渉の少ない島国という立地条件などに負うているのである。

②若干の地域の名を除けば、大部分の名は二音節二字型に属すること。

江戸時代前期の庶民の女性名にはいくぶん不統一があったが、後期になると、きれいに統一され、かつ調子のよい二音節型となった。ただし、最大公約数的な名として、まつ、たけ、つる、きく、ちよ、はつ、かめ、とら、むめ（うめ）、いち、とせ、きん、けさ、せん、さんなどの地位は不動であった。けさは少数ながら全国に万遍なく分布しているが、前にも指摘したように（四〇五頁）、薩藩領では、分布が濃厚であった。

これら二音節二字の名は、もっぱら平仮名ないし変体仮名で表記された。しかし二字のうちの片方を漢字（音仮名）で記す混ぜ書きもあった（志つ、そ免、い野、き勢、等々）。また稀ではあるけれども、漢字一字を用いる二音節一字型もあった（松、竹、靍、虎、龜、福《ふく》、等々）。これら二音節型に混って特定の漢字を音読みにした二音節三字型の名（拗音名）も少なからず存した（きやう、しゆん、じゆん、しよう、ちよう、ひやく、りゆう、等々）。

③江戸時代前期の名のうち、いくつかは後期にいたって消滅もしくは稀有となっていること。

いまそうした名を本書から若干拾ってみよう（括弧内は頁数）。

おし（219）　おた（220）　おま（222）　こがう（217）　さめ（221）
ざんまい（219）　ずく（223）　ぢやうし（220）　ちやち（219）
ちん（225）　とつ（221）　とりま（219）　にが（219）　にく（220）
ぼけす（215）　まね（225）　むう（223）

ゆら（223）は、お由羅の方の名が示すとおり、後期にも少々みられる名である。

④若干の地域では、女性名は変化に富んでいたこと。

それがどういう理由によったかは未詳であるが、出羽國南部、越前國、伊勢國、大和國、紀伊國、備前國、伊豫國、日

向國南部などの女性名ははなはだ複雑であって、仮名を種々組合わせた多数の二音節型の名が作られた。

いじ　いす　うて　ええ　えろ　がぶ　きら　くせ　けわ
ごう　すと　せぬ　そそ　たら　ちげ　つぼ　つみ　つめ
とろ　なな　ぬち　のろ　ばか　ひる　ぶの　ぼん　まて
みる　めす　やん　ゆを　よよ　りす　れを　ろめ　ゐろ
をこ

右は、試行錯誤的な名であって、多くはまもなく廃絶し、明治時代の女性名として継承されなかった名である。

多様型名の地域では、いえのよを型、独特な三音節三字型の名がみられた。その主な例は、いえのよを型、小××型、××み型である。いえのよを型については、すでに述べたが、要するに普通の二音節の名に接尾語のい、え、の、よ、をを付した名である。まさの場合でいえば、

まさい　まさゐ　まさえ　まさゑ　まさの　まさよ　まさを

である。この型の名の起原は奈良・平安時代にさかのぼるが、途中の経過は明らかでない。江戸時代前期から再現し、後期になって漸増する。ただし、備前國から安藝國にかけての山陽筋では、××の型が目立ち、××よ型が稀にみえる程度である。一方、九州南部（薩摩領）では、え型、の型、よ型の三種のいえのよを型の名が認められる。

小××型は、平安時代から連綿とつづいた名である。この型の名は、名の多様な地域にみられ、いえのよを型の名と共存するのが原則であった。しかしなにゆえに共存したのかは、明瞭でない。いえのよを型が漸増していったのに対して、小××型は、漸減の傾向にあった。

小××型の名は、古くからそうであったように、母と娘、姉と妹の関係で用いられることが多かった。一例を挙げると、越前國坂井郡江上村（現在、川西町江上）の農民・惣八（一八一五〜?）の場合、彼の子女の名は、次頁のようである。[31]これは、姉と妹の場合であった。

××み型は、この時期に現われ始めた名である（いさみ、ますみなど）。これは江戸時代後期には微々たる存在であったけれども、近代にいたって大いに繁衍する運命を担っていた。

すべての二音節の名と、それに密着した拗音をふくんだ二音節三字型の名（たとえば、しゆん、ちよう）が、日常生活において接頭語おを付して呼ばれたことは、江戸時代前期と渝《かわ》りがなかった。前掲の安政四年（一八五七）の『出羽国仙北郡角舘《かくのだて》下新町切支丹御調御帳』（三七七頁）では、女性の名にはすべて接頭語のお字が付されていた。[32]

越前國その他でみられる特異な事象は、男の嬰児は坊《ぼう》または小坊《こぼう》、女のそれはあまと名づけられ、五、六歳に成長したときに本名が定められたことである。人別帳には、貼紙が付され、「娘あま、いろと改名仕候」、「古帳にあま、やすと改名」、「古帳之娘あま、りんと改名仕候」などと記されている。[33]もっとも嬰児から幼女になっても改名せず、長じてのちもあまの名で通していた女性もあった。[34]このあまは、女性を罵っ

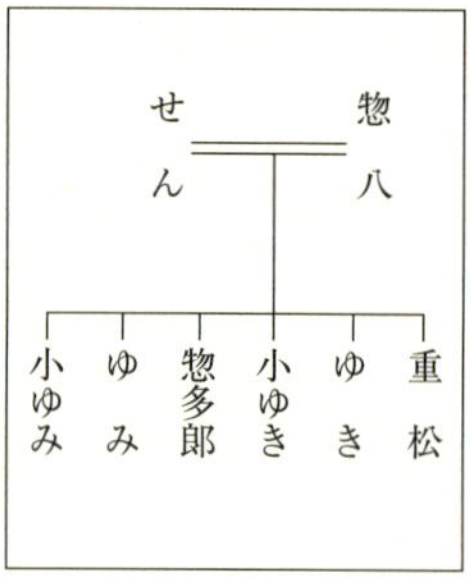

ていう場合のあまと語源的には同一であった(35)。

江戸時代後期には、とくに女性名の多様な地域において、R音語頭の名は、いよいよ増加している。それは、たとえば越前國の女性名(五九一頁参照)を一瞥すれば明瞭であって、らた、りみ、るお、るわ、いれをのように変種に富んでいる(36)。ただし、りらという名はなかったようである。またゐとい、ゐとえ、をとおは同音となっていたにもかかわらず、ゐ、ゑを語頭にした名は、意外に多かった。これは、字面に対する趣向によるものであろう。

越前國の女性名を眺めると、三音節、稀には四音節の名が注意をひいているが、それらのうち、つぎの名は雅名と認めてよかろう。

あかし　あらし　かいで　きさご(貝の名)　さくら　千里《ちさと》
つぼみ　なみじ　にほい　みどり　むめがへ

みどりは、明治時代にいたって繁衍する名である。なみじの××じ型は、数の少ない名であるが、大名などの女中によくみられる型である。平安時代末期の×壽型の名に由来するものと臆測されるけれども、途中の経過は、未詳である。つぼみは、純粋に××み型に属する名ではないが、××みといった語感が愛好される前兆の一つとみなされる。

つぎに掲げるのは、越前國の三音節で由来がはっきりしない女性名である。

いとう　およま　き舞《まひ》　こいで　しつん　しよか　しよが
しよな　しよべ　しろん　しんせ　せんた　ちぼう　ちら
ん　ふかや　ふなさ　まつちう(例外的に四音節)　めゆう
よしか　ゑかる

これらの多くは試行錯誤的な名で、のちにすたれたものである。もっともふなさの××さ型とよしかの××か型だけはのちに生き伸びた。××か型の名と定家が好んだ因香(古今集歌人)の名との関係は不明である。××か型は、京都の芸妓の芸名によくみられた(四四五頁)。ともかく越前國の人びとは、きわめて自由闊達に女性名を撰んだといえよう。なお、越前國には、

あちやこ(阿茶子)　いちや(伊茶)　岩松　こじよ(小女)
こじよろ(小女郎、小上﨟)　さあ　ため　なあ　まあ　つう

のような古い型の名が残存していた。この点で特筆されるのは、日向、薩摩、大隅の諸国に根強く残っていた混成古代的な名である(鶴龜、千代松、鶴松、乙菊、けさ鶴、等々)。これは、その辺が辺陲《へんすい》であるばかりでなく、薩摩藩が封鎖的政策をとっていたことに関連するようである。

××じ型の名　越前國の人別帳には、なみじという女性名がみられる。はなはだ稀有な名であるけれども、看過しがたいものである。三音節からなる××じという名は、本名としては少ないけれども、奉公名や芸名としては少なくはない。

本名としての××じ型の名の由来はさだかでないけれども、前述のとおり、平安時代末期の×壽（延壽、愛壽、その他）に系統をひくもののようである。いまここに『神宮典略』（現存四十巻）や『新釈令義解』（三十八巻）の著者として有名な国学者で大神宮禰宜・薗田《そのだ》守良神主（一七八五～一八四〇）一家の系図がある。[37] この一家の女性に××え、××じ型の名がみられるのは、場所が伊勢國南部であってみれば、ごく自然のことである。守諸《つら》（一七五八～一八一二）の次女は、清路《すがぢ》といったが、長女の名は幸壽《ゆき》であった。幸壽《ゆきじゅ》は、語尾の半母音省略によってユキジと呼ばれたようである。つまり姉妹の名は、Yukiji と Sugaji であったと推測される。すなわち×壽という名は、永く生き残っていたが、江戸時代後期にいたって×路に転換したのではなかろうか。これは、あい（愛壽より）、えん（延壽より）、けん（建壽より）といった名の成立にみられる事象と軌を一にしたように思われる。

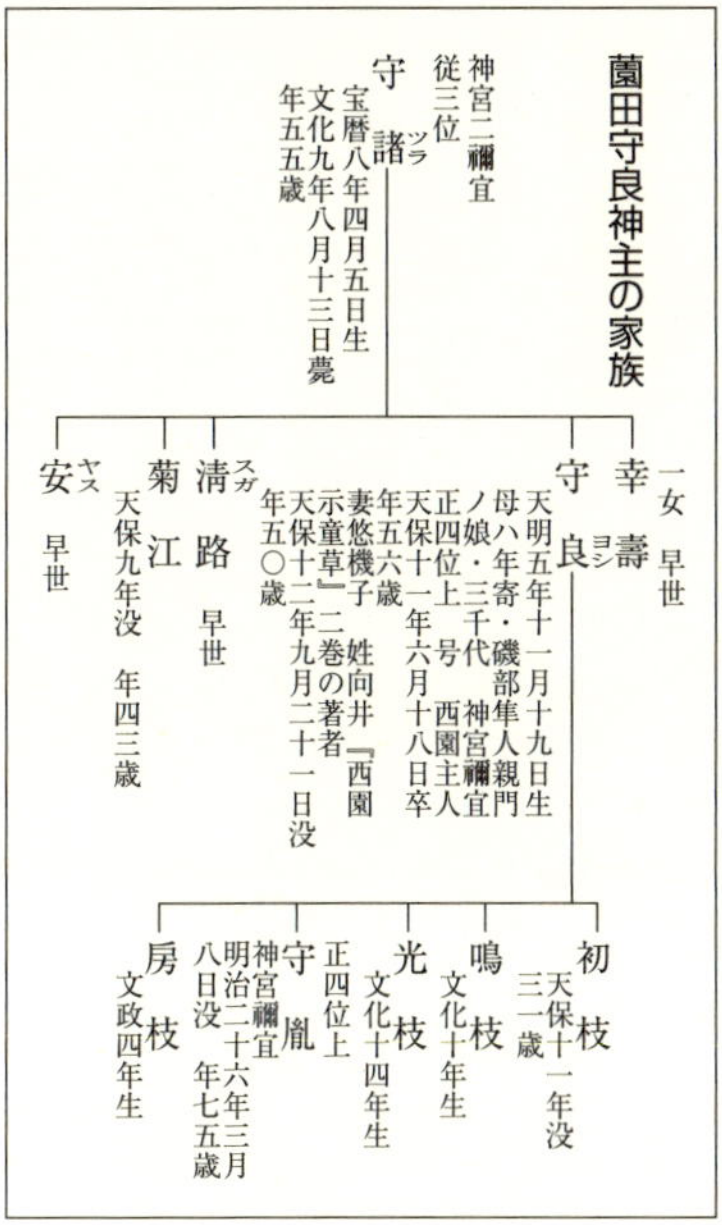

前記のなみじや清路《すがぢ》などは本名であるが、この××じ型は、御殿女中などの奉公名として盛行した。たとえば、江戸城大奥にも、奉公名をまつ路という女性が仕えていた。また奥医師・桂川家に生まれた今泉みねは、同家で使っていた女中について述べている[38]（三四一頁）。この場合の××じは、むろん、奉公名であるとともに通名であった。種子島家に仕えた年寄として村路の名が知られている。[39] これは明瞭に奉公名である。明治元年（一八六八）の会津戦争の際、會津藩の軍事奉行・町田傳八（六一歳）は、その妻・ふさ（五九歳）、妻の姉・浦路（六五歳）とともに親戚の西郷頼母の屋敷で自刃した。[40] この浦路は本名のようである。かような奉公名ないし本名の××じをここでは甲種とする。これに対して芸妓の芸名、遊女の源氏名の××じは乙種として総括される。甲種はおそらく×壽に由来する名であるが、乙種の方は権兵衛名に由来し、甲乙両種の名は、起原が異なるのである。一般に甲種の方は、××じ（路）と記され、乙種の方は、××じ（次、治）と記されるのが習慣であった。甲乙両種は、同名であっても、起原を異にしている。乙種の××じ名については、のちに触れる（四三九頁）。

話題にのぼった女性

「人別帳」などでただ女性の名ばかり眺めているのでは実感が湧かないので、当時、世上の話題にのぼった女性たちの名をすこしく顧みてみよう。

小石りえ　まず想起されるのは、賢夫人として著名な頼山陽の妻であり、大学少博士・頼支峰（一八二三〜一八八九）、勤王の志士・三樹三郎（諱は醇、一八二五〜一八五九）の母となった小石りえ（一七九七〜一八五五）のことである。(41) 夫人は、彦根の疋田家の第五代・藤右衛門の四女に生まれ、長じて京都の蘭医・小石家の女中となっていたところを山陽の眼にとまり、小石元瑞の養女として山陽の妻となった。その貞節は有名であったが、山陽の遺稿『日本政記』の未完部分をみずから執筆し、ついにこれを完成した功績は、周知のとおりである。

山陽夫人の名は、梨影、里江（132図）、利恵、梨枝などと書かれるが、もともとの名は、りえである。りえまたはりゑは江戸時代後期においては、全国的にみられるR音語頭の名である。

なお、山陽の母・飯岡しづ（一七六〇〜一八四三）は、賢母の誉れが高かったが、頼春水（一七四六〜一八一六）に嫁してのちも、梅颸と号し、数々の日記、遊記、歌稿を遺した。(42)

拘引された女性　幕末維新の際には、何人かの女性も、拘引されるなどの災難を蒙った。その主な人びとは、つぎのようであった。(43)

稲津　景《ケイ》	（梁川星巌妻、号は景婉）	五六歳	安政五年九月拘引。六年二月十六日出獄。
津崎矩子	（近衛家老女）	七二歳	安政六年正月七日拘引。六年八月二十七日処分、押込三十日。
と　よ	（山本貞一郎妻）	四〇歳	安政五年九月二十日拘引。六年十月七日処分、急度叱置。
山本さい	（貞一郎娘）	二一歳	安政五年九月二十五日拘引。六年十月七日処分、急度叱置。
同　うめ	（貞一郎娘）	二五歳	安政五年九月二十五日拘引。六年十月七日処分、急度叱置。
せい	（太宰清右衛門妻）	二八歳	安政五年十月十九日牢屋敷預け。六年十月七日処分、構無し。
ち　か	（勝野正道妻）		安政五年九月二十八日拘引。六年十月七日処分、押込。
勝野ゆう	（正　道　娘）		安政五年九月二十八日拘

引。六年十月二十七日処分、押込。

黑澤とき（水戸藩厄介）　五四歳　安政六年四月朔日牢屋敷預け。六年十月二十七日処分、中追放。

矩子を除きいずれも二音節二字型の名であった。

竹村たせ　烈女として著聞する竹村たせ（明治五年以後、松尾、一八一一～一八九四）は、信濃国伊那郡山本村の出身であった。上京して等持院足利三代の木像梟首事件に坐し、幕吏の追求を受けたが、長州藩邸に潜み、難を逃れたことであった(44)。このたせというのは、比較的少ない名である。

お登勢とおりよう　勤皇の志士たちを庇護したことで知られるのは、伏見の船宿・寺田屋の義侠心に富んだ女将・お登《と》勢《せ》（一八三〇～一八七七）であった。文久二年（一八六二）四月二十三日の「寺田屋騒動」は、あまりにも有名である。のちに坂本龍馬の妻となった楢崎りようは、お登勢の保護のもとに寺田屋で女中奉公していた。慶応二年（一八六六）正月二十三日の夜、寺田屋に宿泊中の龍馬がおりようの通報によって刺客の来襲を知り、危く虎口を脱したことはよく知られている(45)。とせというのは、江戸時代前期にもみえるが、後期にはありふれた名であった。それは、現代にもみられる(46)、中世人の好みに合った名であった。

下関のトミ　維新の動乱期の激浪に翻弄された女性の一人に、長門国下関の赤間町の旅籠屋與兵衛（明治にいたって家名を恩地という）の娘のトミ（一八四五～一九〇三）がいた。当時、中山家の侍従・藤原忠光（一八四五～一八六四）は、強硬な尊皇攘夷論者であって、みずから天誅組の首領となって東奔西走していた。文久三年（一八六三）三月、忠光は下關に来たり、さかんに攘夷の決行を策した。忠光の激情を案じた奇兵

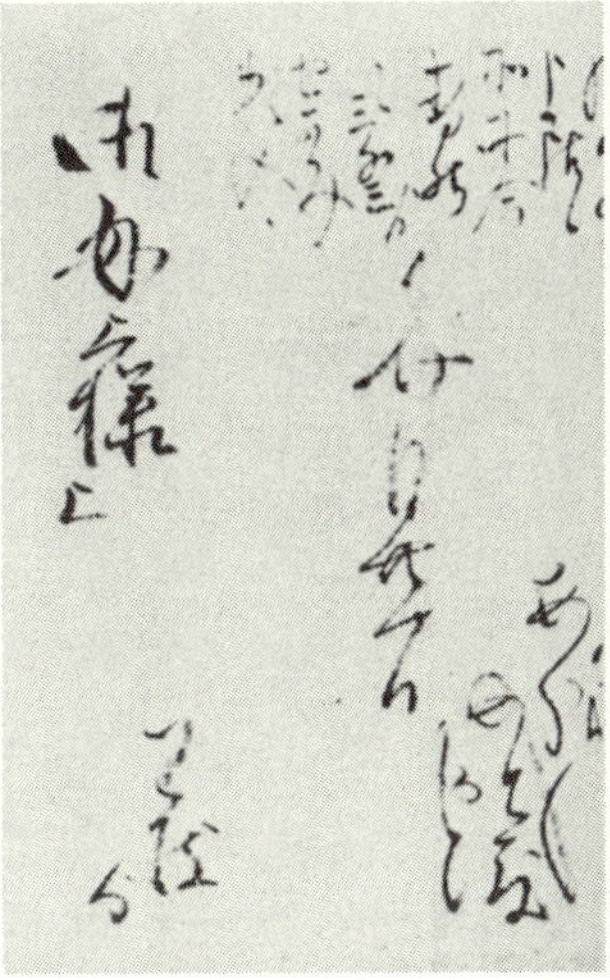

図132　小石里江（頼山陽夫人）の自署（某年7月21日付の義母・飯岡楳颸宛消息〔京都・頼文書〕より）

図133　寺田屋の女将・登勢
（布村安弘氏による）

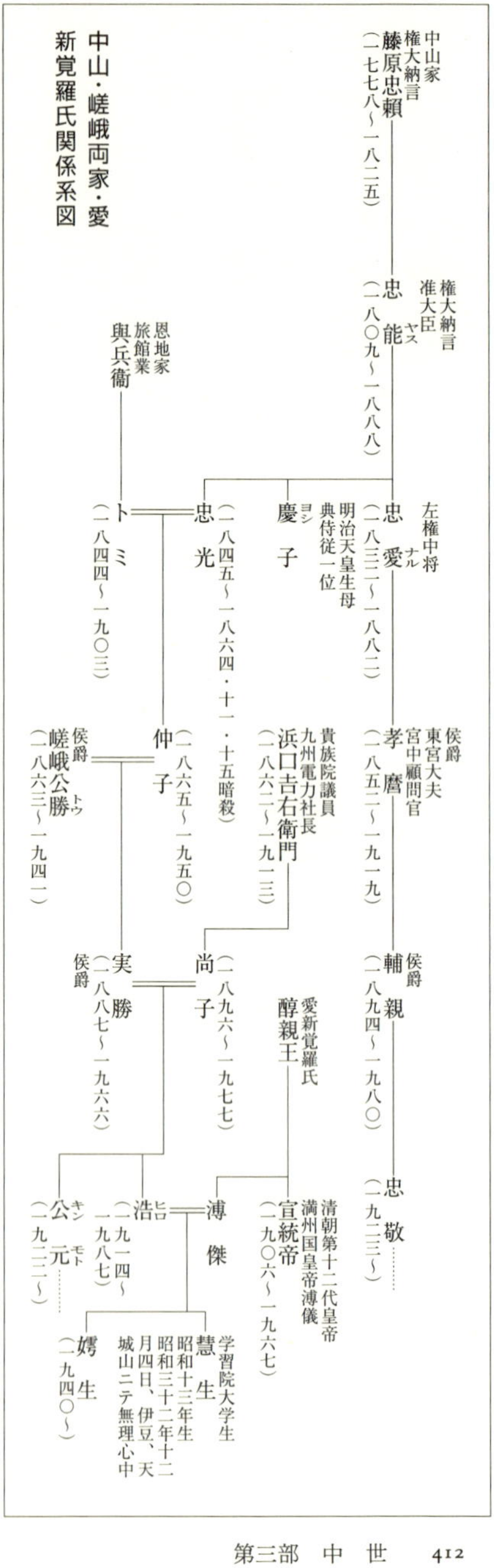

中山・嵯峨両家・愛新覚羅氏関係系図

隊の志士たちは、彼を宥めようとして、與兵衛夫婦を承諾させ、トミを忠光の妾に納れた。忠光は、元治元年（一八六四）十一月、不幸にして刺客の兇手に斃れたが、そのとき、トミはすでに懐妊していた。翌慶応元年（一八六五）閏五月、トミは女児を産み、これをなかと命名したのであった。[47] 恩地トミは、忠光の遺児を抱え、住居を転々と変えたが、維新後、山口藩主・毛利元徳（一八三九～一八九六。のち公爵）に保護され、なかはその養女となり、「壬申戸籍」には毛利仲子と登録された。明治八年（一八七五）八月、仲子は母のトミ（登美）とともに中山家に迎えられ、祖父・忠能《やす》（一八〇九～一九〇六）や伯母・中山慶子《よし》（従一位、明治天皇生母、一八三五～一九〇七）らによって滋育され、長じてのち、侯爵・嵯峨公勝《きんとう》（一八六三～一九四一）の夫人に迎えられた。母の恩地トミの方は、娘の婚家・嵯峨侯爵家に移り、そこで安穏な余生を過ごしたのち、明治三十六年、屈折の多い生涯を閉じた。[48] 有名な愛新覚羅溥傑夫人の浩（一九一四～一九八七）は、仲子の孫にあたっている。

唐人お吉　開国の人身御供となった「唐人お吉」の名は、あまねく知られている。[49] 明治五年（一八七二）、彼女が齊藤きちの名で登記した戸籍謄本によると、生誕は天保十二年（一八四二）十一月十日で、下田の船大工・市兵衛の二女であった。きちは一四歳で芸妓に出たが、天性の美貌と新内節の巧みさのため、下田随一の売れっ妓となった。下田奉行所の命令によって、安政四年（一八五七）五月二十一日、彼女はアメリカ領事館が置かれていた下田の玉泉寺に赴き、総領事・ハリス（Townsend Harris, 1804～1878）の侍妾となった。しかし晩年には落魄し、ついに「お吉ケ淵」に身を投じて生涯を閉じた（明治二十三年三月二十三日）。彼女の悲劇的な一生は、開国の犠牲者として国民の同情を喚んでいる。[50] きちというのは、当時、全国いたるところでみられた平凡な名前であった。

おむら　洋妾《ラシャメン》のうちで注意されるのは、侠女で女牒者として働いたおむらのことである。文久三年（一八六三）二月、クーパー（Sir Augustus Leopold Kuper, 1809～1885）提督の率いる一一隻からなる英国艦隊は、生麦事件についての日英交渉を有利にする目的をもって横濱港にその雄姿を現わした。幕府は、司令官や艦長を接待するため、周旋屋を通じて江戸で多くの洋妾を集め、彼らの枕席に提供した。葭町の芸者上りのおむらは、抜群の容色のため、クーパー提督用に定められ、横濱山の手に所在する英人・アンドルー（Andrew）の別荘に宿泊するクーパー提督の許に遣わされた。薩藩の浪人・木藤彦三は、おむらに近づいて恋仲となり、彼女に諜報任務を言いふくめた。提督の側近にあっておむらは極力情報の蒐集に努め、①英艦隊の鹿児島への出撃は六月二十日ごろになること、②英国艦隊の将士の意気は消沈していること、③出撃は威嚇のためであって、真に交戦するほどの弾薬は積載されていないことを察知し、これを恋人の木藤に伝え、彼は急遽この情報を鹿児島に伝達した。

文久三年七月二日の薩英戦争によって英国艦は大きな損害を蒙って鹿児島湾から脱出したが、これは、むらの通報によって鹿児島藩があらかじめ反撃の用意を整えていたこと、英国艦隊の将士の士気があがらず、弾丸もわずかしかないと知っていたことに負うている。英国艦隊が横濱に引揚げると、おむらはクーパー提督の許を去って江戸に帰り、彦三の妻となり、平穏な生活を送ったとのことである。[51] むらというのは、江戸時代後期には少なからず見受けられる名であった。

図 134　唐人お吉（本名：齊藤きち）

女性名でん　つぎにでんという女性名は、将軍・綱吉の側室・於傳の方によってよく知られている（二六一頁参照）。これは数多くはないけれども、よく見受ける名であった。[52] 江戸時代後期において著名なのは、久留米絣の考案者の井上でん（一七八八～一八六九）であった（三六〇頁）。また女義太夫初代・竹本芝桝《ししよう》（一七五五～一八一三）は、本名をでん（傳）といった。二代の竹本芝桝（一七八六～一八二八）は、扇屋萬五郎の娘で、初めの名はむらといった。一六歳で芝桝に弟子入

図135　かはらけお傳（一勇齋國芳筆か）（『三世津川極楽遊』より）

りしたのち、名を小でんと改めた。文化八年（一八一一）、三代・坂東三津五郎の後妻となり、文化十三年に芝桝を襲名し、名をでんと改めた。淫婦としての小でんの荒んだ生活が始まったのは、文化元年（一八〇四）ごろ（一九歳）であって、独身時代はもちろん、結婚後も多数の男性と関係し、江戸時代を通じて記録破りの淫婦の評をえ、「かはらけお傳」、「あんばいよしのお傳」などと綽名された。(53)

鍵谷カナ　井上でんとともに想起されるのは、伊豫絣を考案した鍵谷《かぎや》カナ（一七八六～一八六八）の名である。カナは、伊豫國溫泉郡垣生《はぶ》村今出《いまづ》（現在、松山市西垣生）の農民・清吉の娘であって、長じて同村の（小野山）藤八に嫁した。享和二年（一八〇二）、夫に随って金刀比羅神社に参詣したおり、旅商人が着ている久留米絣の単衣に感銘を深うし、帰宅ののち、苦心して考案を重ね、独特な絣、すなわち今出絣を案出し、織物界に大きな刺激を与えた。(54)やがて今出絣は、伊豫絣の名で知られるようになった。このかなというのは、北陸道―とくに越前國―から西海道にいたる諸国に、少ないながらも広く分布していた名である。(55)

山口ふぢ　江戸時代後期にはさまざまな烈女が現われたが、その一人に山口ふぢがいた。彼女は、信州飯田藩士・山口俊平を父としており、藩主・堀大和守親寚《しげ》（一七八六～一八四八）の江戸屋敷の奥に仕え、世嗣づきの女中として励んでいた。ときに大和守の妾・豊浦（のち若山と改名）は、君寵を恃んで驕慢な振舞いが多く、あまつさえ藩政にも容喙していたので、天保十一年（一八四〇）九月十日、彼女は懐剣をもってこれを殺害し、姦由を絶った。彼女が獄中から貞様なる女性に宛ててしたためた遺書は今に伝えられているが、(56)そこには殺害をあえてした心境が詳しく綴られている。ふぢは飯田に送られ、同年十二月二日、斬に処された。享年二二であった。(57)

侠女かく　前に触れた松浦靜山（一七六〇～一八四一）は、江戸は両國に住んでいたかくという豪気な侠女の行状を伝えている。(58)いささか説明をはばかる節もあるので、原文を掲げ、味読していただくこととする。

或る宴席にて聞く。世には嗚呼《をこ》の者もあり。加久と云し市井の婦に、侠気《けふき》つよくして、奕場《ばくちば》などにて所謂《いはゆる》グワヱン長髪の輩も、この婦の前にては一言を発する者なく、皆閉口せしとぞ。又或者、目《ま》の当り見しとての話は、この婦、臀《しり》に蟹《かに》を入墨にして、両手陰戸を開かんと為《す》るさまの形なりとぞ。又或角力《すまふ》が語りしは、回向院《ゑかうゐん》に相撲《すまふ》ありしとき、その出小屋の裏家にこの婦住み居しが、角力小屋の者これを聞て、皆その出小屋を去て、居る者なかりしとぞ。角力取も懼《おそ》るゝこと如レ此。又聞く。この婦銭湯にゆきて還《かへ》るときは、何《い》つも裸身に緋縮緬《ひぢりめん》の褌《ふんどし》ばかりにて大道を行けり。又或時は道路にて、行く〳〵尿《しと》をしながら豁歩《くわつぽ》して、路人に慙《はづ》ることなしと。又婦、ある質屋にゆき、赤裸になりて衣を典《しちいれ》せり。時に店の者ども、陰処の露《あらは》れたるを咲《わら》ふ。加久曰ふ。陰戸何かにして可咲《をかし》きや。世の女に総て陰戸はなきや。又吾が陰門、人と異なりや抔《など》、大に罵《ののしり》て止まざりければ、店の者も畏《おそ》れて銭を与へし上に、質に取し衣服までを還《か》へせしとぞ。実は婦のたくみたる仕わざなりしとぞ。

かくというのはあまり耳馴れない名であるが、意外に頻出するものであるし、現代でもときどき見受けられる名である。(59)

女性名きく　江戸時代を通じて最も平凡な名の一つは、きく（菊）であった。浄瑠璃の『播州皿屋敷』でも、斬られた腰元の名はお菊であった。岡本綺堂作の『番町皿屋敷』でも、この筋と相似た事件は、彦根藩にもあった。それは、彦根、西馬場町に住む五〇〇石取りの藩士・孕石《はらみいし》政之進が、自分の愛情をためそうとして重代相伝の皿を割ったお菊（足軽の娘）を手討ちにした事件であって、彦根市（後三條町）の長久寺には、修理・復原されたそのときの皿が六枚所蔵されている。(60)

菊といえば、俳人・一茶（一七六三〜一八二七）の先妻の菊（一七八七〜一八二三）の名が想起される。一茶が『七番日記』に、「夜、五交合」(61)、「夜、三交」(62)などと露骨に閨房生活を記録したことは著名であるが(63)、その相手は若妻の菊であった。なお、参考までに、左に一茶家の略系を掲げておこう。(64)

一茶は、鍾愛の娘の命名について、

一茶家略系

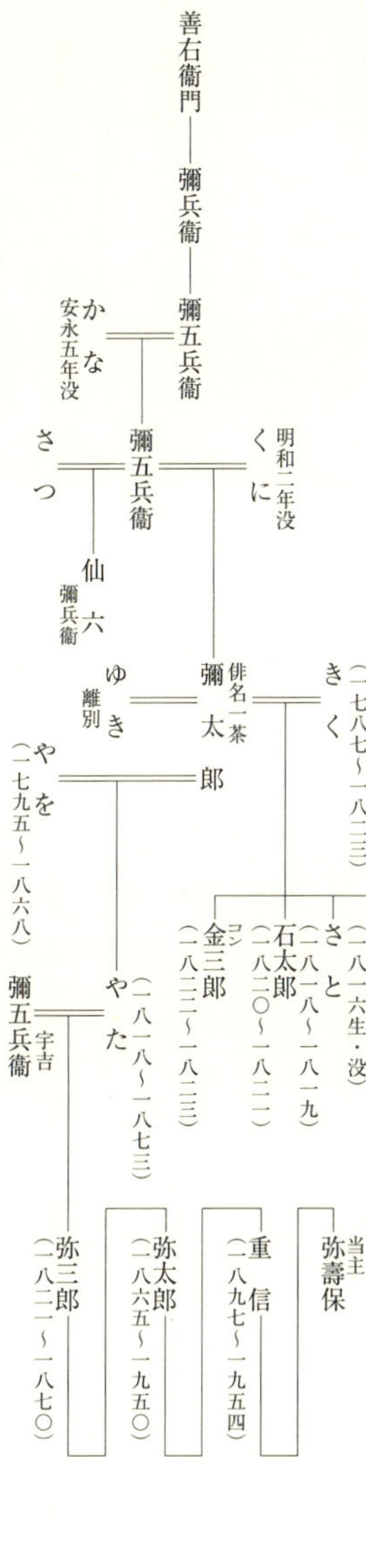

こその夏、竹植うる日のころ、うき節茂きうき世に生れたる娘、おろかにしてものにさとかれとて、名をさととよぶ。

と述べている(65)。これは、女性名を選ぶ理由を明記した稀有の史料とされよう。

一茶の三度目の妻のやを、死後に生まれた娘のやたは、例の少ない名である。後者は、おそらく彌太郎（一茶の通称）に因んだ名であろう。なお、生前一茶が思慕を寄せていた上總國周淮《しゆす》郡西川村（現在、千葉県君津郡青堀町西川）の俳女・花嬌（?～一八一〇）は、同村の庄屋・小柴庄左衞門の娘で、名をその、庵号を対潮庵といった(66)。

菊という女性は、明治時代にいたるまでおびただしく存した。そしてこの名は、フランスのロティ（Pierre Loti, 本名: Louis M. J. Viaud, 1850～1923）の『お菊さん』(67)により日本の代表的な女性名として広く欧米に知られた。

矢倉姉妹　仇討ちに関しては、享保八年（一七二三）四月一日、仙台城下において豪農・矢倉四郎左衞門の二人の娘―すみ（一六歳）とたか（一四歳）―が父の敵《かたき》・田邊志摩を斃した一件は、当時たいへんな評判であった。田邊志摩は、仙台藩家老・片倉小十郎の一〇〇〇石取りの家臣であり、六尺ゆたかで剣術にすぐれた武士であったが、立合の最中、石に躓いたことが運の尽きであった(68)。

田島勝太郎　この辺で男性名をもった女性二人について述べたい。一人は、幕軍の仏・蘭両語通詞の田島勝太郎、他は勤皇の女傑・高場乱《をさむ》である。勝太郎は本名をかつといい、餝《かざり》職人出で、のちに仏・蘭両語の通詞に採用された田島平助の娘であった。彼の住む下谷の御徒士《おかち》町三味線堀には、榎本釜次郎武揚《たけあき》（一八三六～一九〇八）の小さい屋敷があり、田島・榎本両家は親しく交際していた。榎本は、嘉永六年（一八五三）、幕府の海軍練習生として長崎に派遣されたが、そこには図らずも田島平助が通詞助《つうじのすけ》の役で駐在しており、平助は榎本を親身になって世話した。文久元年（一八六一）、和蘭留学生を命じられた榎本は、乗船のため長崎に行き、ついでに平助を訪ね、訣れを告げたが、そのとき、一五、六歳になっていたおかつは、ぜひオランダに連れて行ってほしいと榎本に懇願し、彼を困らしたという。

元治元年（一八六四）の春、榎本の留学中、平助は攘夷論者の手で暗殺され、おかつはやむをえず江戸に出たが、母と二人の生活を支えるため、下谷の数寄屋で勝奴と名乗って芸者に出た。帰朝後、海軍奉行として活躍していた榎本は、ある宴会で偶然、おかつに会った。おかつが天才的に語学に強いことを知っていた榎本は、彼女に男性名をつけて田島勝太郎と名乗り、男装させ、不足していた海軍の通詞の一人に加えた。

明治元年（一八六八）八月、榎本武揚は、開陽丸ほか七隻の幕府軍艦を率いて脱走したが、そこには同志三五〇〇余名と、フランスの陸軍教官のブリュネ（Brunet, 1838～?）大尉のほか一〇名の士官が搭乗していた。勝太郎の語学は耳の学問であったけれども、他の通詞よりはるかによく通じ、重宝がられた。榎本は、フランス士官たちのために洋妾幾人かを乗せていたので、その点でも勝太郎の通訳は役に立ったという。幕軍は、岩手県の宮古湾に碇泊している官軍の甲鉄艦に勇敢な接戦攻撃を仕掛けた。この際、ブリュネ大尉らのむずかしい作戦命令を通訳したのは、女通詞の勝太郎であった。

田島かつは、五稜郭の戦では命を全うし、榎本の取計らいで近くに碇泊していたフランス船でフランスの士官たちといっしょに戦場から脱出したらしい。明治二年ごろには、仙台に潜伏していたという風評もあるが、脱出後の消息は、杳として不明である。しかし明治政府の顕官にまで出世した枢密院顧問官・榎本武揚子爵が幼馴染のおかつの世話をしていなかったとは考えられないのである。(69)

高場乱　つぎに、高場乱《をさむ》（一八三二〜一八九一）の方は、幕末から明治時代にかけて活躍した教育者、また女傑としてその名が知られている。彼女は、眼科医・高場延山の次女として博多近郊の住吉村（福岡市住吉）に生まれた。博多の儒者・龜井南冥（一七四三〜一八一四）とその長男・昭陽（一七七三〜一八三六）の門に学んだが、その才学は穎脱《えいだつ》し、龜井少琴、原采蘋とともに亀門の三女傑と称された。しかし家の都合から家業の眼科医を継ぎ、また婿を迎えたが、凡庸なため彼女は、夫を追い出し、その後は結婚しなかった。

彼女は、性格も挙動も男性的であって、藩庁から男装の許可をえ、髪を茶筅に結い、帯刀袴姿で甚八笠をかぶり、乗馬して外出した。彼女は、従姉の野村もと（望東尼、一八〇六〜一八六七）の高風を慕い、尊攘論を鼓吹し、みずから主宰する興忠塾では、頭山満（一八五五〜一九四四）をはじめ幾多の人材を養成した。(70)

彼女の名は、もともとらんといったが、彼女はこれに漢字の「乱」をあてた。乱の訓の一つが「をさめる」であるため、(71)彼女は、らんを乱と書き、これををさむと男性名のように訓ませたのであった。あたかもそれは、与謝野晶子（旧姓は鳳《ほう》、一八七八〜一九四二）が漢字「晶」を本名のしやうにあて、晶をあきと訓んで晶子《あきこ》を筆名としたのと同工異曲であった。

楠本イネ　女医師といえば、最も著名なのは、楠本イネ（一八二七〜一九〇三）である。彼女は、長崎、出島のオランダ商館の医師として駐在していたドイツ人のシーボルト（PHILIPP FRANZ J. B. VON SIEBOLD, 1796〜1866）と楠本タキの間に生まれた混血児であった。イネは天性怜悧であって、シーボルトの門弟・石井宗謙（一七九六〜一八六一）やオランダの軍医から医学を学び、とくに産婦人科学を専攻し、名医としての評判が高かった。そこで宇和島藩主・伊達侯に招かれたりしたが、明治三年（一八七〇）には東京で開業した。明治六年には、宮内省御用掛を命じられ、権典侍《ごんのすけ》・葉室光子（一八五二〜一八七三）の妊娠・出産に侍した。晩年には、東京で静かな生活を送っていたが、明治三十六年八月、食中り《しょくあた》のため急逝した。(72)このイネというのは、少なくはあっても、珍しい名ではなかった。

その他の女性名

通名

通名《とおりな》とは、ある職種についた人に共通する名、およびある職種を代弁する名であって、通称ないし字《あざな》とは、意味を異にしている。(73) 下男の三助、風呂屋の三助は、ともに奉公名であると同時に通名でもある。今泉みねが述べた××じは、女中の通名である。下女の通名としてよく知られているのは、上方ではりん、たま、江戸ではなべ、さんである。むろん、本名とは別であって、その奉公先の家だけで通る名である。したがって大坂の菊屋町の数ある人別帳には下女の名が多数記載されているけれども、下女は通名では記録されていない。また下女奉公に際して出された送り状に記載されているのは、本名であって、通名ではない。

　下女の通名は、①慣例による場合、②下女の名としてりっぱすぎる場合、③当家の妻、祖母、娘たちの名と同一である場合につけられた。たとえば、京都の永井堂龜友《きいう》が書いた『当世銀持気質《かねもちかたぎ》』(74)（明和七年刊、四之巻）には、奉公に上がった女の雪という名は、娘のようで異なものであるから、下の衆の例に倣ってりんに変えた由が語られている。

　家族に同じ名の女性がいる場合、下女に通名がつけられるのは、実名敬避の風習の強い日本にあっては、当然のことであった。なにゆえに上方ではりんとたま、江戸ではさんとなべが下女の名となったかは、あまり明瞭ではない。鈴木棠三氏（一九一一〜）は、「通名は、通名のためにこしらえられた名ではなく、よくある名が固定したものです」と説明されている。なるほどりんやたまはよくある名であるけれども、さんとなべは人別帳にはときどき検出されはしても、よくある名ではない。なべの多いのは、琉球だけである。さらに鈴木氏は、たま、りん、さん、なべについて精《くわ》しく考説し、それらがなぜ下女の通名になったかについて考証されている。(75) しかし諸説はあっても、まだ定説はないようである。

　鈴木氏はまた、有馬温泉には主だった宿二〇軒があり、各軒の小湯女《ゆな》（一三、四歳から一八、九歳までの若い湯女）は、それぞれ通名を帯びていたが、左記のように、人は替わっても名は変わらなかったことを述べられている。(76)

　奥の坊＝なつ　伊勢屋＝たけ　御所の坊＝まき　尼崎坊＝ゆり　禰宜屋＝すぎ　角《すみ》の坊＝つた　二階の坊＝くり　大《だい》門《もん》＝たつ　若狭屋＝いち　中の坊＝つね（以上、一の湯）

　池の坊＝まつ　川崎＝やゝ　休所＝たけ　河野屋＝みつ　兵衛＝みや　大黒屋＝たけ　水船＝つじ　下大坊《したおおぼう》＝しげ　素麵屋＝ふじ　茅の坊＝きい（以上、二の湯）

　下大坊のしげだけは特例で、もとこの坊の小湯女の名はなべであったが、「憚り奉って」、すなわち藩公の幼名・鍋松丸の名を憚ってしげと改めたという。これら小湯女の名は、いずれも二音節二字型のすこぶる平凡なものであった。

　なお、上方では、針女、裁縫女の通名は、おいまであった。(77)

文政十一年（一八二八）の七月二十三日、平戸藩主・松浦静山は、江戸、佃《つくだ》の花火を見物するため鉄砲洲に出向いた。途中、ある町家の前に異体の女二人が立っているのが見えた。静山が供の者にきかせたところ、八丈島生まれの娘であるとのことであった。のちに静山が家臣に調べさせたところ、娘たちは三人姉妹であって、長女年二〇、名はニヨコ、次女年一八、名はナカ、三女は年九、名はテゴであるが、三人とも今は長女はまし、次女はなか、三女はくのという名をつけているとのことであった。静山は、小寺應齋の『七島日記』を引用し、それらは姉妹の通名であって、本名ではないと指摘した。すなわち、八丈島の風習では、長女はニヨコ、次女はナカ、三女はテゴ、四女はクスなどと呼び、通名はあっても本名はないので、みな父の名によって、たとえば「某のニヨコ」と呼んでいると、『甲子夜話続篇』に述べている。(78)

女軽業師の芸名　日本における軽業の歴史は、奈良時代にさかのぼるが、見世物小屋における軽業の興行は、延宝年間（一六七三～一六八一）ごろから盛んになった。享保八年（一七二三）七月、江戸では芝神明社境内の小屋で梅ケ枝という女軽業師が、珍しい曲芸を演じ、大当たりをとった。(79) 天明から文化にかけての一九世紀の初葉には、早雲小金《はやくもこきん》（名は、のぶ）、玉本小新、玉本小金、増鏡勝代といった巧みな女軽業師たちが輩出し、大いに人気をよんだ。(80) 山東京傳の黄表紙本『艶《えんなる》哉女僊人《かなをんなせんにん》』（寛政元年鶴屋版）は、早雲《はやくも》座の小金に久米仙人の伝説を付会した作品であった。嘉永から慶応にかけて（一九世紀中葉）、軽業は全盛をきわめ、座の芸人構成は、男女と子供から混成された。(81) 意外にも、軽業ははやばやと海外にも進出したのであった。すなわち、パリで催された第二回万国博覧会に幕府の後援で出場した三座のうち、濱碇定吉の座には、手品師の小まん（本名は登和）、三味線の登《と》宇《う》、子役の津禰《つね》が加わっていたし、松井源水の座には、彼の妻・春、娘の美津と佐喜、浅之助の妻・菊、娘の信の五名がいた。各人の芸種は明らかでないが、出場の芸人・三二名のうち八名が女性であった。また慶応三年（一八六七）、アメリカに巡業に向かった座も二、三あった。そのうち大竜一座（二四名）には、綱渡りの菊松、針金渡りの小新、踊りのお松といった女芸人が混っていた。(82) 欧米のサーカス団が渡日する前に日本の曲芸団が欧米に赴いていたのは、興味深いことである。

茶汲女　江戸時代後期の江戸においては、水茶屋が大いに繁昌し、その茶汲女たちには人気のある者が少なくなかった。水茶屋とその茶汲女については、三田村鳶魚(83)（一八七〇～一九五二）や佐藤要人《かなめ》氏(84)（一九一八～）らのすぐれた研究があり、研究者を裨益するところが多い。

江戸において水茶屋の女の評判を昂めたのは、明和（一七六四～七二）の三美人の名で知られた笠森お仙、柳屋お藤、葛屋のおよしであった。このため美しい水茶屋の女を書き上げた『評判娘名《な》寄草《よせぐさ》』や『当世評判娘』などと題する各種の娘評判記が上梓されたが、(85) 素人と玄人の中間に立つ茶汲女の立場は魅力的であった。

図136　鈴木春信筆"お仙の茶屋"　谷中，笠森稲荷境内の水茶屋（東京国立博物館所蔵）

笠森お仙（一七五三〜一八二九）は、江戸城のお庭番・馬場善五兵衛の娘に生まれ、他の茶屋女とは違って紅白粉を濃く塗ることもなく、身を固く守った。彼女は、人気絶頂のときに同じお庭番・倉地甚左衛門の養子・政之助に嫁し、子宝と長寿に恵まれた幸福な生涯を送った[86]。お仙を筆頭として当時の水茶屋の美しい婦人たちの艶姿は、錦絵の一枚絵、絵草紙、双六などの好個の主題となった。明和五年（一七六八）七月、中村松江は、森田座にかかった狂言においてお仙を演じて大当たりをとったが、これによって美人の評判は、いっそう昂まった。大田南畝（一七四九〜一八二三）もお仙について紙幅を割いており[87]、

童謡「なんぼ笠森お仙でも、いてう娘にかなやしよまい、実は笠森の方美なり。どぶりでかぼちやが唐茄子だ」といふ詞はやる。

などと記載している。いてう娘（銀杏娘）というのは、柳屋お藤のことである。これら三美人の名（せん、ふぢ、よし）は、最もありふれた二音節二字型の名であった。

佐藤要人氏は、前記の三美人のほか、評判の高かった左記のような茶汲女の名を挙げ、それぞれの小伝を述べている[88]。

湊屋お六　林屋お筆　堺屋おそで　櫻川お仙　難波屋おきた　高島屋お久　あけぼののお直

同氏によると[89]、『評判娘名寄草』[90]には、紺屋町おまん、日本橋文字久、小柳町おかね、麹町おくに、鍛冶町おいよ外二四名の評判娘の名が挙げられているとのことである。

文学作品にみえる女性　当代に取材した江戸時代後期の文学作品に当時の女性名があまた見いだされるのは、当然のことである。いま若干の例を挙げると、まずみずから人情本の元祖と称した爲永春水（一七九〇〜一八四三）の代表作『春色梅児誉美《うめごよみ》』[91]（天保三〜四年刊）に登場する女性を眺めてみよう。

米八　新吉原の遊女屋・唐琴屋の内芸者で、唐琴屋の養子・丹次郎と恋仲。のち丹次郎の妾となる。

此糸《このいと》　唐琴屋の花魁。のち丹次郎の妾となる。

お長　唐琴屋の娘で丹次郎の許嫁。のち丹次郎の妻となる。

お由　小梅に住む侠気の髪結。のち千葉の藤兵衛の妻となる。

仇吉　米八と朋輩の深川の羽織芸者。丹次郎と恋仲となった。

お熊　唐琴屋の邪悪な遺手。

この作品は、実在した深川の有名な芸者八人、すなわち、
政吉　國吉　淺吉　小糸　豊吉　久吉　今助　小濱
の名を挙げて、「客人、此藝妓の名を知らずば、婦多川《ふた》（深川の仮名）通と言可らず」と述べている。(92) なお、小糸、小濱を除いた六人の芸名は、権兵衛名である。

同じ春水の『春告鳥《はるつげどり》』(93)（天保七年刊）にみえる女性は、左のとおりである。

小濱　深川の芸者で、主人公の福富屋鳥雅《てうが》と深く言い交わした仲。

薄雲　新吉原の玉屋の花魁。鳥雅これに通う。

薄菊　薄雲の妹女郎で、見習い、手伝いをしていた。

お民　鳥雅に仕える女中。鳥雅と契りを交わす。一時、芸者となってお花という。のち鳥雅の妻となる。

お熊　お花の姉分の芸者。通人の梅里の情人。

千鳥　梶原家の腰元。同家老臣・番場忠太夫の次男・忠之丞と恋仲。

お玉　梅里の妹。忠之丞、この娘に惹かれる。

つぎに松亭金水（本名は、中村保定。一七九七〜一八六二）の『恋の花染』(94)（天保三〜五年刊）に眼を向けると、そこには左のような女性名がみられる。

お妙《たへ》　福住屋傳介の後家。武家の白藤源作と契りを結ぶ。のち娘の色絹とともに尼となる。

色絹　お妙の娘。痘面で醜く、嫉妬深い。傳兵衞という婚約者と結婚したけれども、彼は色絹を嫌う。のち尼となる。

お俊《しゆん》　お妙の姪。色絹につらくあたられ、家出して芸者となる。のち傳兵衞の妻となる。

お鶴　お俊の姉芸者。猿廻し與次郎の妻となる。

言うまでもなく、色絹《いろぎぬ》というのは、源氏名風の名であって、一般庶民の女性名には全く見受けられぬものである。

二世・梅暮《うめぼ》里《り》谷峨《こくが》（本名は、森語一郎。一八二六〜一八八六）作の人情本としては代表作とされる『春色連里《れんり》の梅』(95)（嘉永五年〜安政五年刊）には、左のような女性が登場している。

お菊　一中節の師匠。質屋の若主人・房二郎を恋人としており、のちその妾となる。

お雪　質屋の本店の娘で、房二郎の許嫁。房二郎は、お雪をめとって妻とした。

お梅　お雪の兄・由之助の近所に住み、彼と恋仲であった。のちお梅と由之助とは、イトコであることが判明した。二人は、結婚した。

右はいずれもはなはだありふれた女性名である。人情本棹尾の名作の一つは、山々亭有人《ありんど》(96)（本名は、条野伝平。一八三二〜一九〇二）作の『春色江戸紫』三編である。うち初編と第二編は元治元年（一八六四）に、第三編は明治初年に上梓された。ここでもさまざまな女性が登場している。

お貞　松坂屋善兵衛の妻。自分の姪のお組を長男・惣次郎の許嫁とした。ふとした病気がもとで死没した。

お組　お貞の姪、お絹の妹。惣次郎の許嫁。のち惣次郎の

妻となった。

お絹　お組の姉。琴の師匠となってお組とともに暮らす。

お捨　惣次郎が家出して勤めた上州の絹問屋の娘で、惣次郎に恋心を抱く。絹問屋の甥の勘兵衛は、お捨に恋をし、養子になろうと欲している。のち勘兵衛と結ばれる。

お牧　善兵衛の後妻。女中であった時分、二男・善次郎を産む。お貞の死後後妻となった。善次郎とお組を結婚させて家督を嗣がせようとする。

おらく　向島の芸者。惣次郎に惚れ、彼と契りを結ぶ。のち惣次郎の妾となり、妻のお組と一つ家で仲よく暮らした。

智清　ある大名の世嗣を産んだ御部屋様。惣次郎と契ったが、自分の身の上を考えて惣次郎との関係を諦めた。

なお、智清というのは、法名であろう。

　人情本の類では、女性名は二音節型で、漢字が用いられ、接頭語「お」を付しているのがつねであった。

　江戸時代後期の文学の舞台は、江戸、大坂、京都であったためか、文学作品にみえる女性名は、ほとんどすべて二音節型にかぎられており、いえのよを型の名はきわめて稀である。宝暦十一年（一七六一）に初公演された金井三笑（本名は、金井半九郎。一七三一〜一七九七）作の歌舞伎『助六所縁《ゆかりの》江戸桜』[97]では、助六（曽我五郎）の母は、満江とされている。歌舞伎では、満江を「まんかう」と音訓みにしているが、明らかにそれは、「みつえ」という訓みなのである。

　ここで想起されるのは、四世・鶴屋南北（一七五五〜一八二九）の名作『東海道四谷怪談』[98]のことである。この戯曲には、怨霊で有名なお岩のほか、お袖、お梅、お槇《まき》、お熊、お花といった女性が登場している。いずれも二音節二字型の平凡な名である。同じ南北の代表作『お染久松色読販《うきなのよみうり》』[99]（通称『お染の七役』）には、お染、お光、お六、おまき、おたけ、おその、お勝、お作のほか、小糸（芸者）、貞昌（お染の母）のような女性名が記されている。

　ところで式亭三馬《さんば》（本名は、菊地泰輔。一七七六〜一八二二）がものした滑稽本『浮世風呂』[100]全四編のうちの第三編は、文化九年（一八一二）に上梓された。その中で作者は、宣長崇拝者で生意気な風のある人柄のよい婦人を二人—鴨子とけり子—を登場させ、『宇津保物語』、『源氏物語』、眞淵の『源氏物語新釈』、『源氏物語玉の小櫛』、武女の『庚子道の記』、千蔭の『うけらが花』とか、『万葉集』や『古今集』の歌などを銭湯の中で話題にさせている。鴨子とけり子は、実際の子型の名ではなく、和歌の助動詞や助詞からとった冷やかしの名なのである。

6 江戸時代後期 ㈣

図 137　新吉原の遊女・かるも
（『吉原局惣鑑』より）

花街の女性の名

(一)　遊　女

江戸時代後期においては、幕府や諸藩の抑制政策にもかかわらず、遊里は全国津々浦々にみられるにいたった。それは諸国の遊里の優劣を記した各種の『諸国遊所競』(1)、『諸国遊所見立』といった番附風の摺物からつぶさに窺うことができる。全般にわたって記述した文献には、喜田川季荘《きそう》（一八一〇～？　諱は、守貞）の『守貞《もりさだ》謾稿』（前集三十巻、後集四巻、追補一巻）があり、昭和年代に入ってからの著作としては、中山太郎『売笑三千年史』（東京、昭和二年初版）、上村行彰『日本遊里史』（東京、昭和四年初版、昭和五十七年覆刻）、西山松之助編『遊女』（東京、昭和五十四年）、小野武雄『吉原・島原』（歴史新書89、東京、昭和五十三年）、中野栄三『廓の生活』（東京、昭和五十六年）、同『遊女の生活』（東京、昭和五十六年）などが挙げられる。『守貞謾稿』は、草稿本を室松岩雄が編集・整理し、上、下二巻に分け、『類聚近世風俗志』と改題して刊行した刊本（東京、明治四十一年、昭和二年再版）によって、あまねく知られている。(2) なかでも同書下巻の「娼家」の項（上・下）は、喜多村筠庭（一七八三?～一八五六）の『嬉遊笑覧』(3)の巻九、上・下とともに江戸時代後期の遊里に関する宝典とされている。

新吉原　江戸の吉原の遊廓は、明暦三年（一六五七）一月の大火（振袖火事）によって全焼したので、浅草の千束《せんぞく》に代地が給され、新吉原と改称された。この新吉原に関する文献は、枚挙に暇《いとま》がないほどおびただしいけれども、基本的に重要なのは、『洞房語園』（三巻三冊）、『異本洞房語園』（二巻）、『洞房語園後集』（一巻）であろう。(4) そのほか、『吉原大全』（五巻五冊）、『北里見聞録』（七巻）、『柳花通誌』(5)（五巻）、山東京傳（一七六一～一八一六）の『傾城觿《けいせいけい》』(6)や西村藐《みやく》庵（一七八七～一八五三）の『花街漫録』(7)（二巻二冊）なども想起される。そのほか多数の案内書（細見をふくむ）や新吉原を中心としたおびただしい評判記(8)の類も上梓されているが、総括した著作としては、宮川曼魚『江戸売笑記』（東京、昭和二年）、『三田村鳶魚全集』第十一巻（東京、昭和五十年）、石井良助『吉原』（中公新書、東京、昭和四十二年）などの名が挙げられる。

新吉原における遊女の人数はしだいに増加し、文化七年（一八一〇）には、五五一二人におよんだが、弘化三年（一八四六）には頂点に達し、七一九七名を数えた。(9) しかし遊女の首座を占めていた太夫は、年とともに減少し、文化期にはほとんど湮滅してしまい、(10) 芸能に秀で、教養ゆたかな気品ある高尾、勝山、薄雲、小紫といったかつての太夫たちは、(11) 全くの昔語りとなった。これは遊興までの手続きが厄介で、多大な財を蕩尽する太夫が敬遠され、一方では大名たちが財政を緊縮し、大商人また経費のかからぬ遊びを好んだといった諸因によるものであった。そして太夫に替わって登場したのは、もっと手続きが手軽で、気楽に遊べる花魁であった。

吉原の遊女たちの名を探るうえで最も効果的なのは、頻繁に刊行された『新吉原細見』である。いまここでは、享和二年（一八〇二）版の『細見』（竹梁文庫架蔵）の中から二軒の妓楼を抽出し、そこに抱えられている遊女たちの名を窺ってみることとしよう。

㈠　松葉屋半左衞門抱

瀬川　歌之介　市川　背山　染川　喜御　外山　染咲染浦　花里　その萩　そめ里　千代の介　川夕　そめいろ　川つる　若たき　しは山　〔（虫損）〕　川萩　かめつる冨の介　川花　冨つる　□《不明》よの介　久米の介　川はし川住　萩のく　袖むめ　常八木　常夏　竹つる　若松川里　川なき　川原　川音　川波　川櫻　川のみ　川その　川衣　川村　川そめ　川きし　川かみ　川いろ　川ふた　みかき〻　みかむめ　みかから　みか山　みかまし　みかさと　みかつる　みかはし　みかなみ　みかまつ　はる川　つは川　いそ川　くし川　たけ川　むめ川　いと川　こめ川　いま川　やえ山　はな山　いそ山　はる山　こる山　そめ衣　そめのと　そめいる　そめその　そめはる　喜せさと　喜せなみ　喜せ花　喜せはし　喜せ山　松がえ

㈡　玉屋山三郎抱

小紫　雅紫　誰袖　五百海　花風　小の瀧　玉春　袖浦　松風　薄雲　玉川　巻藤　小の糸　小の里　小の花　小の綾　小のはる　小の町　若くら　若なみ　若まつ　若むめ　若里　若草　まつえ　はる衣　みや萩　みやこし　若竹　若つる　花つる　花つま　花きし　玉かつら　松が枝　花さと　深山路　花のゐ　染川　歌はし　松やま　とみ

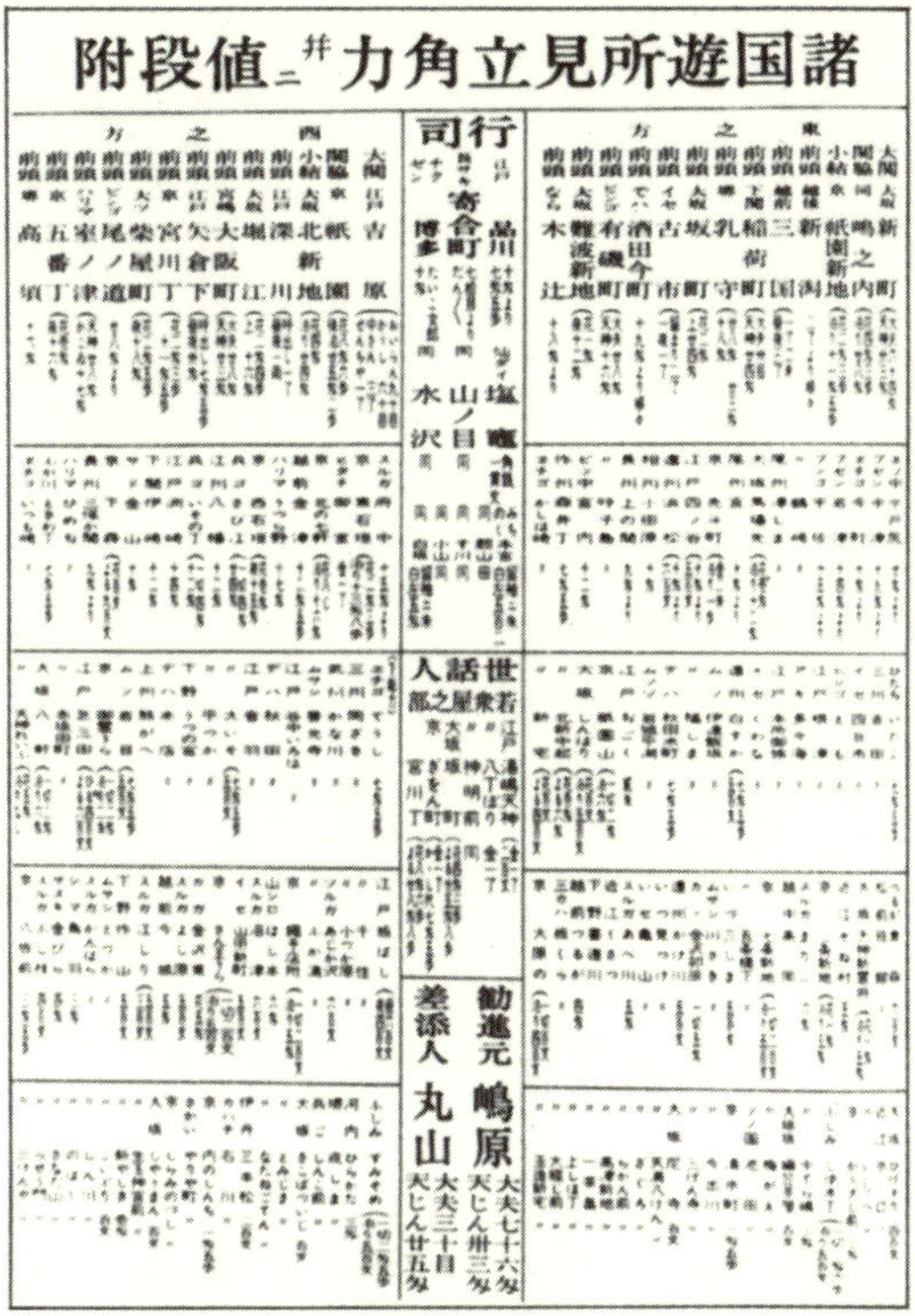

図 138　諸国遊所見立番附（『守貞謾稿』より）

岡　はつ風　き代住　すみのへ　花住　をのへ　きよ玉
此はな　きよ花　歌里

なお、参考までに、扇屋宇右衛門抱えの山印が付された上級の遊女の源氏名を挙げておこう。

瀧川　花扇　司　瀧媛　瀧橋　瀧結　阿兒女　八汐　香契
瀧風　公洛　翡翠　七越　艶松　弾琴《ひきこと》　紅梅　千守

以上によって、新吉原における源氏名のだいたいが会得されるであろう。

前記の松葉屋の瀬川（宝暦の瀬川）は、八代目であった。最も著名なのは四代目の瀬川で、才色群を抜いていた。初代・常磐文字太夫（一七〇九～一七八一）と瀬川との逸事はよく知られている。(12)第七代の瀬川について山東京傳は、『傾城《けいせい》觽《けい》』の冒頭において、つぎのように評している。

当時七代めの名跡。この君の風俗衣通姫小町にもおとらず、不《ズ》レ施《ホドコサ》ニ粉黛《フンタイ》一自然美《シゼンニビ》ナリ。松野といひし引込ミのころより萬事の藝にきようニして、太夫しよくのくらゐそなへりけれバ瀬川の名をつがせけり。されバ今くるわニならびなきぜんせい万客山をなす。常に茶事をこのみ、きしやう風流也。まんめんに笑をふくんであいきやうこぼるゝごとく、松葉やの万両箱也。是神仙中の人なるか。

京傳によると、七代は気性がよく、書、茶道、和歌、香道、琴にすぐれ、愛嬌があった。なお、瀬川づきの番頭女郎は川いゆう、禿は、さゝの、竹のの二人であった。

京傳はさらに自分と親しかった新吉原の名妓の名を挙げ、一人一人について得意とする芸能を述べ、見事な評語を加えている。採り上げているのは、

松葉屋の松人、染山、染川、歌川、瀬川、若栞、丁字屋の雛鶴、長山《ちやうさん》、千山、名山、錦戸、小晒《こさらし》、唐琴、御射《みさ》山、錦尾、玉葛、扇屋の瀧川、花人、容《かた》野、十市《とをち》、七越、湖光《にほてる》、扇野、春日野、花扇、角玉屋の濃紫《こむらさき》、鶴屋の菅原、大菱屋の象潟《きさがた》

などであるが、いずれも相当な才媛であったことがわかる。さらに、彼が新吉原の名妓として源氏名だけを掲げているのは、左のとおりである。

角玉屋　松浦　誰袖　哥浦
越前屋　勝山　千山
大俵屋　吉野
大菱屋　三ッ花
中万字屋　名にしほ
丸海老屋　江川
鶴屋　在原　鶴の尾
庄兵衛玉屋　しづか
大文字屋　黛
若松屋　若鶴　なびき
　　みどり木
竹屋　哥菊　哥衣
桐菱屋　萬菊
佐助卍屋　おふ州
岡本屋　岩越
姿海老屋　小夜梅　七絹
彌八玉屋　白糸
若菜屋　白玉

江戸時代後期には、遊女の斜陽化はすでに始まっていたけれども、新吉原ではしばしば名妓が現われた。『傾城觽《けい》』に列挙されているのは、いずれも才色にすぐれ、芸能に秀でていた名妓である。なかでも新吉原、三浦屋の小紫と總角《あげまき》、(13)中

万字（中卍）屋の玉菊⑭（一七〇二～一七二六）等は、嬌名が高かった。また文化九年（一八一二）八月十三日、旗本四〇〇〇石取の寄合《よりあい》・藤枝外記（二八歳）が新吉原、大菱屋久右衛門抱えの遊女・綾絹（一九歳）と豊島郡千束《ぞく》村の百姓・平右衛門宅で心中した事件は、よく知られている。これによって外記の妻・みつ（一九歳）、母・本光院（四九歳）や用人二名、中小姓三名は、それぞれ親類に渡し、押込《おしこめ》（監禁）の罰を科されたのであった。⑮

　後期における遊女らの源氏名は、さまざまな文献によって際限がないほど数多く知られている。ことに『新吉原細見』は、享保十二年（一七二七）いらい大正四年（一九一五）まで頻繁に上梓されたので、新吉原における当時の遊女たちの源氏名を知るうえでの宝典となっている。

　なお、吉原の名妓として著聞しているのは、三浦屋四郎左衛門抱えの高尾である。高尾は、三浦屋の太夫職の遊女の通名であった。それが何代つづいたかについては諸説があり、⑯判然としないが、原武太夫の『高尾考』⑰に引く「高尾系譜」は十一代までつづいたとし、おのおのの行状⑱を記載している。何代目かは不明であるが、高尾のつぎの消息は、人口に膾炙している。

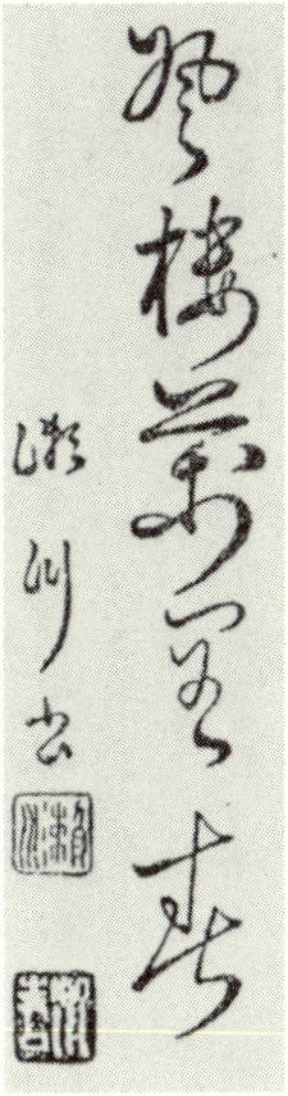
図139　七代瀬川の書

けさの御わかれ、波のうへの御帰路《かへりみち》、御やかたの御首尾いかゞ、御案じ申候。わすれねばこそおもひ出さず。かしく。

高尾

千里《せんり》さま

岡場所　江戸には、公認の吉原遊里のほかに多数の岡場所、すなわち非公認の遊里があった。安永三年（一七七四）に刊行された『婦美車《ふみぐるま》紫《むらさき》鹿子《かのこ》』⑲によると、江戸の岡場所は、黙認されていた四宿（品川、新宿、板橋、千住）を別として、六三箇処にあったという。しかし岡場所が最も繁栄した天明期―一八世紀末葉―には、岡場所の数は、優に八〇箇処を越えたようである。⑳

「寛政の改革」が始まると、幕府は私娼の撲滅をはかり、多くの岡場所を取潰した。さらに水野越前守忠邦（一七九四～一八五一）の「天保の改革」に際しては、深川をはじめとして多数の岡場所は、潰滅的打撃を蒙った。これらの弾圧によって逮捕された私娼たちは、吉原に送られ、競売に付された。吉原の楼主たちが入札の際に払った金は、幕府が収めるのではなく、積立金とし、新吉原の非常用に備えた。いま、松浦静山の『甲子夜話三篇』（巻之二）によって、天保四年（一八三三）十二月に新吉原で競売に付された売春していた芸妓や茶屋女（私娼）の本名、吉原での源氏名、年齢、居所、落札値など掲げてみると、次頁のとおりである。

　これらの女性には、三箇年の遊女勤めが科されたのである。なかにあって、若年のそで（一六歳）は五十三両二歩、たき（一五歳）は五十七両と、抜群の価格で落札されている。

　ここに記された女性名の多くは、本名（字《あざな》）ないし本名風の名であるが、なかには、千代吉、夏山、大吉、小つるのような芸妓の芸名も認められる。本名であるにせよ、芸名であるにせよ、すべての女性には、新吉原らしい源氏名が与えられたのであった。

江戸の夜鷹　江戸時代後期の江戸では、岡場所の淫売女のほか、夜鷹、船饅《ふなまん》と呼ばれた辻君、すなわち街娼がいた。幕府はこれを厳しく取締ったけれども、蠅を追い払うに似て根絶さすことはできなかった。天保十四年（一八四三）閏九月、老中・水野越前守忠邦が罷免されると、おのずから禁圧の手もゆるみ、夜鷹たちの動きも活発となった。

　附録に収めた弘化元年（一八四四）[21]の八、九月に成った江戸の『東《あづま》辻君花の名寄《よせ》』は、宮川曼魚（一八八六～一九五七）[22]が『江戸売笑記』に『天言筆記』より転載したもので、水野越前守失脚ののち、早くも街頭に進出した夜鷹たちを場処ごとに品定めした表である。掲載された夜鷹は、一〇箇処を合計すると五四名となるが、むろん、これは氷山の一角にすぎ

表5　歴代の高尾（小森隆吉氏による）

年代	高尾歴代	洞房語園	近江奇跡考	はちす花	高尾考 三浦屋伝説	高尾考 高尾系譜	高尾考 高尾七代
寛永	妙心高尾（妙身）	初	初	初	初	初	
	仙台高尾	2		二	3		初
	石井高尾			三		2	
万治	萬治高尾		2				
寛文	西條高尾	3		四		3	
〃	高尾		3				
	最上高尾				4		2
元禄	高尾		4				
	水谷高尾	4			2		3
	島田高尾			五		4	
元禄	高尾		5				
	淺野高尾	5					4
	高尾		6				
	高尾		7				
正徳	高尾		8				
〃	高尾		9				
享保	太染高尾	6		六	5	5	5
〃	高尾		10				
	子持高尾			七		6	
元文	六本高尾（六指）			八		7	
寛保	高尾		11			8	
	高尾					9	
延享	榊原高尾	7		九	6	10	6
	高尾					11	7

高尾歴代の中には同一人物が重複して出ているであろう。数字は代数を示す。
『はちす花』は歴代数を記していないのでかりに和数字で示した。

角町大黒屋藤助方ゑ
給金三拾五両四匁同断
浅草寺地中松寿院地
借新兵衛店三次郎姉
なか廿三
改太淀

江戸町壱丁目堺屋七郎平方ゑ
給金弐拾五両同断
同人妹
ちせ廿二
改みよしの

京町壱丁目金山屋しま方ゑ
給金三拾五両同断
内地中妙音院地借
金兵衛店忠次郎娘
さよ十八
改明山

江戸町壱丁目山田屋弥兵衛方ゑ
給金弐拾四両三歩同断
浅草材木町
萬吉店利兵衛娘
たき廿四
改瀧江

角町大黒屋藤助方ゑ
給金四拾七両弐歩六匁同断
同所平右衛門町源三郎店松太郎方に居候
同人親三吉事伊兵衛娘小さん事
きよ廿四
改三輪山

京町壱丁目若松屋藤右衛門方ゑ
給金七拾両拾二匁同断
芝濱松町壱丁目
松兵衛店三吉姉たか事
高輪北町五人組持店
鎌吉事吉助抱小さん事
ふき廿五
改巨山

角町万字屋てう方ゑ奉公済
給金拾五両一匁六分之落札
同人召仕
しげ十八
改亀菊

同町秩父屋勘七方ゑ
給金五両弐歩同断
同人五人組持店
藤兵衛娘
りき十六
改松野井

右同人方ゑ
給金四両一歩九匁同断
同人養女
たか廿五
改花妻

伏見町足立屋十右衛門方ゑ
給金拾壱両弐歩同断
やま廿四
改亀菊

角町万字屋てう方ゑ
給金拾九両拾弐匁同断
甚右衛門町半兵衛店安次郎姉
白ゑりの
千代吉廿五
改榮山

角町藤本屋兵左衛門方ゑ
給金三拾五両二匁五分同断
同町定右衛門店
幸次郎姉とこ夏事
ぬい廿八
改縫照

江戸町壱丁目倉田屋勘五郎方ゑ
給金九拾二両同断
同人妹
なつ廿二
改夏山

右同人方ゑ
給金五拾七両同断
下谷御数寄屋町
文次郎店松五郎養女かめ事
たき十五
改大瀧

角町万字屋てう方ゑ
給金拾弐両同断
下柳原同朋町
徳松養女
いま十七
改田毎

懐妊に付未入札無レ之
うた廿六

京町壱丁目近江屋清次郎方ゑ
給金拾両壱歩同断
芝神明前
三右衛門店惣次郎養女
いね廿一
改稲岡

江戸町壱丁目尾張屋彦太郎方ゑ
給金五拾三両弐歩同断
芝田町六丁目
傳兵衛店金次郎召使
そで十六
改多賀袖

角町武蔵屋金右衛門方ゑ
給金拾三両壱朱同断
こと十六
改琴浦

京町壱丁目近江屋清次郎方ゑ
給金拾八両弐朱同断
うた十九
改林山

江戸町弐丁目若荷屋半藏方ゑ
給金二拾一両壱歩三朱同断
同所七軒町
傳兵衛店清右衛門養女
つる十八
改雅照

江戸町壱丁目近江屋源七方ゑ
給金弐拾両同断
くに十八
改千とせ

同所仲町喜右衛門店
久米次郎幼年に付母みよ娘
江戸町弐丁目村田海老屋彌七方ぇ
給金五拾両と拾八匁五分同断
みつ廿五
改三ツ扇

江戸町弐丁目大坂屋卯兵衛方ぇ
給金二拾七両弐分之落札
同所濱松町壱丁目
兼吉店嘉兵衛娘とめ事
とよ十九
改花琴

江戸町弐丁目堺屋七郎平方ぇ
給金弐拾五両九匁同断
弓町夏助店
金次郎娘
小つる十七
改湖鶴

懐妊に付未入札無レ之
同人養女
ふく十七

新町堺屋松五郎方ぇ
給金弐拾四両一朱之落札
木挽町六丁目
武兵衛店源兵衛妻いま抱女
ひさ十八
改若鶴

右同人方ぇ
給金三拾両同断
同町七丁目市右衛門店
勘次郎母まか娘仲吉事
大吉廿三
改若梅

江戸町弐丁目丸屋熊藏方ぇ
給金三拾両同断
なか廿二
改若竹

都合三拾壱人

同人召仕
角町大坂屋かう方ぇ
給金二拾五両弐朱同断
みつ十五
改三ツ芝

右同人方ぇ
給金拾四両一歩同断
宇田川町
伴藏店甚助娘
きん十七
改若浦

江戸町壱丁目玉屋山三郎方ぇ
給金四拾二両之落札
元大坂町
久兵衛店久吉姉
なか三十六
改薫

京町壱丁目丸亀屋善藏方ぇ
給金五拾一両同断
呉服町彌兵衛店
金兵衛娘仲吉事
なか
未名前不レ改

江戸町壱丁目玉屋山三郎方ぇ
給金百二拾五両同断
堀江六軒町新道
仙吉店重兵衛娘
やま十九
改勝山

右同人方ぇ
給金百二拾六両壱歩拾一匁同断
吉川町
喜内店藤兵衛娘
つる十九
改雛鶴

ぬであろう。これらの名前はほとんどすべてが平凡な二音節二字型に属し、三音節の名や源氏名は見いだせぬのである。比較的珍しいのは、らひという名だけである。

品川宿　品川は、江戸四宿の筆頭であり、都にのぼる場合の第一の宿場であったため、早くから旅籠屋に飯盛女の名で遊女を置くことが認められていた。明和元年（一七六四）には、食売女《めしうり》五〇〇人を置くことが許可され、さらに天明二年（一七八二）には、三味線指南の名目で芸妓を置くことができるようになり、準公娼としての品川遊里はいよいよ殷盛に赴いた。[23] 加うるに品川湾の風景が明媚であり、背後の御殿山がひとしお趣きを添えたので、上客として諸藩の留守居役、芝の薩摩屋敷をはじめとする諸藩邸の諸侍、日本橋以南の商人たち、増上寺をはじめ寺々の僧侶も通い来たった。五〇〇人の食売女では賄いきれず、実際にはその倍数以上もいたらしい。普通の平旅籠屋とは別に、妓楼の数は一〇〇軒ほどあり、三階建てで、部屋部屋の豪奢な妓楼も少なくはなかった。(24) ここでは、新吉原を真似た『品川細見』も上梓されていた。

山東京傳は、名作『古契三娼』(25)の中で、もと品川の遊女であったお品の口を借りて、

そして女郎しゅの名に、三ン字名の中に、おの字名がござりやす。

と述べている。すなわち品川では、源氏名をもつ遊女のほかに、おの字をつけて呼ぶ普通の二音節二字型の名をもつ遊女もいたというのである。お品によると、六、七年前（同書が出たのが天明七年であるから、安永の末年）には、左のような「いゝ女郎しゆがそろってござりやした」という。

佐渡屋の榮山　蔵田の雛菊、りよ
柏屋の難波、花町　津の国の豊山、なをえ

そして現在、代表的な女郎は、左のようであるという。

新松坂屋の此《この》春、其君　佐渡屋の町鶴、綾衣　村田の其歌、増《ます》照　大松坂の其朝、町の芝　新叶《しんかのう》の三ツ花、鳰《にお》瀧　常盤屋の唐歌、梅崎

ここでは、りよ以外は、すべてが源氏名なのである。

妓楼のうちでも有名なのは、品川の歩行《かち》新宿の相模屋である。これは海辺の見える座敷を土蔵造りにしていたため、土蔵相模とも呼ばれていた。この妓楼の名を高くしたのは、幕末のころ、のちに維新の元勲となった薩摩の侍たちが盛んにそこで遊興したことである。

重野厚之丞もその一人であったが、相模屋に登楼中、同藩佐幕派の武士四人に襲われ、馴染女郎・お幸の俠気によって危く虎口を脱した話は著聞している。(26) この厚之丞とは、のちの臨時修史局編修長、文学博士、帝国大学文科大学教授、史学会会長（初代）、貴族院議員、帝国学士院会員の重野安繹《やすつぐ》（一八二七～一九一〇）のことである。

川崎宿　江戸時代においては、主要街道の宿場には、旅籠屋に飯盛女《めしもりおんな》と称する遊女を置くことが黙認されていた。飯盛女がいない場合でも、これに代るものとして招女《とめおんな》、給仕女、客引代が置かれ、その実態は飯盛女とほとんど渝《かわ》らなかった。(27) 東海道の宿駅の飯盛女については、林美一氏(28)や宇佐美ミサ子氏(29)の研究がある。宇佐美氏も利用された元治元年（一八六四）の川崎宿の史料(30)によると、川崎宿上町で働いていた飯盛女は、左のとおりである（アラビア数字は、年齢）。

あき21　いお21　いく18　かね27　きん18　きん23　きん25　きん25（以上のきんは、同名、同年齢なるも別人）　こま19　さく20　さた21　たつ20　たね19　ちよ21　ちよ21　とし20　なか21　のぶ20　はな21　はね21　ふみ16　まり17

見事に二音節二字型の名に統一されていることが指摘される。これらの多くは、武蔵國や相模國出身の女性であろうが、

二音節二字型というその地域の女性名の特色を反映しているといえよう。

横濱　安政六年（一八五九）、神奈川が開港されたが、幕府は莫大な工費を投じて波止場を建設し、また太田屋新田の一部を埋め立てて遊里の地を設け、この地の発展をはかった。遊里は公式に認められ、わずか四年の間に六六軒におよぶ妓楼が立ち並んだ。妓楼の抱える娼妓は、公許の遊廓であるから、いずれも正式な源氏名をもっていた（六〇〇頁参照）。附録に掲げられた娼妓は、いわゆる「お職女郎」、すなわち上席の遊女であった。そのほか多数の娼妓が群がっていたことは、言うまでもない。有名な岩亀楼は、北品川の岩槻屋の分店であったが、この楼の娼妓・喜遊がアメリカ人の枕席に侍するよう強要され、それを嫌厭して自殺したという話は、どこまでが真相なのか不明であるけれども、広く人口に膾炙している。(31)

幕府はまた異人の気分を柔げるために、周旋屋を通じてラシャメン(32)を募り、彼らに配した。附録（六〇四頁）は、こうした洋妾の表であるが、異国の重役に提供した洋妾のみがラシャメンと記され、異人館（士官や商人）に派遣した女性は、単に「娘」とのみ書かれている。ラシャメンも娘も、実質的な相違はなかったであろうが、ここではラシャメンは高官の洋妾といった意味で用いられているのである。

安中宿　江戸時代後期における宿場の飯盛女、つまり宿場女郎の繁衍は、驚くべきものがあった。幕府は、旅籠屋に飯盛女の定員を二名と定めていたけれども、それは建て前にすぎなかった。中山道の安中宿《あんなか》（群馬県安中市）も、飯盛女が大いに跳躍した宿場であったが、ここの本陣文書には、安政二年（一八五五）の興味深い文書がふくまれている。(33)

この文書は、安政二年二月、恒例のとおりに人別帳を作成した際、〇印をつけた飯盛女だけを登録したことを記した裏帳簿なのである。すなわち旅籠屋一軒宛に二名の飯盛女が書き出されており、飯盛女五七名のうち二九名をごまかしている。(34)とくに肴屋新兵衛は最も悪質であって、七名の抱え女のうち二名しか書き出していないのである。書上帳にみる安中宿の飯盛女の名はすこぶる単純であって、全員が二音節二字型の名を帯びていた。

追分宿　安中宿に一例をみるとおり、中山道のどの宿場にも飯盛女（食売女）が群をなしており、旅人たちの旅情を慰めていた。なかでも信濃國佐久郡の追分宿（現在、北佐久郡軽井沢町追分）は、中山道と北國街道の分岐点（「分去《わか》れ」と呼ばれる）に位置し、大いに活気を呈していた。世に知られる追分節は、追分宿の繁栄の名残りである。

追分宿における飯盛女を置いた旅籠屋の数と飯盛女の人数は、(35)天保十三年（一八四二）において五六軒二三六人、慶応四年（一八六八）において五七軒二五三人であった。なかにあって油屋は、現在なお文士たちの愛顧をえている由緒深い旅館であるが、安政六年（一八五九）の当主は小川助右衛門（四四歳）、その女房は里ん（三五歳）といった。岩井伝重《でんじゅう》（一八八九～一九八〇）は、安政六年の『信濃国佐久郡追分村宗門人別御改帳』にもとづいて、油屋が抱えていた飯盛女四〇名のお職《しょく》名ないし代名と本名とを掲げている。(36) ここであえてお職名といい、源氏名といわないのは、飯盛女は公認の遊女ではなく、私娼であったためである。こうした職業を営む女性たちは、世間体が悪いので本名ではなく、二音節二字型の代名を用いていた。代名とは、本名を伏せた接客名であって、仮名二字を用いたもので、一般の庶民名と同型の名であった。

安政二年乙卯二月人別改之節〇
印分書上ヶ申候
駒四郎抱
〇廣
〇たい
てる
たせ
小下女 いせ
ふじ
左五郎抱
〇てつ
〇きん
さだ
嶺五郎抱
〇とや
〇きみ
当分病気 とく
みせ
仕切 たか

嘉兵衛抱
さく
とよ
〇志の
〇ます
喜三太抱
仕切 やま
〇とり
〇すみ
新兵衛抱
〇すい
〇うめ
たつ
はつ
当分伊香保ニ預ケ置く さと
ちい
ひな

彦次郎抱
〇ゐい
〇うた
当時病気 いく
房吉抱
〇すず
仕切 すぎ
同 とめ
〇きわ
金兵衛抱
〇むら
仕切 つね
同 はる
〇いし
喜兵衛抱
たけ
利八抱
ふく
〇たま
仕切 つま
ひさ
〇まつ
〆五拾七人内弐拾八人書上申候

亀助抱
〇はる
当分病気 〇なを
同 とよ
靍松抱
〇いし
〇たき
清五郎抱
〇もと
〇うと
きよ
定吉抱
仕切 けい
たか
重吉抱
〇きみ
〇さと

安政2年乙卯2月人別改之節書上帳（中山道安中宿本陣文書）

表6　信濃國追分宿油屋抱えの飯盛女のお職名と代名（安政六年）

お職名	本名	年齢
千年《ちとせ》	つる	二五
仙山	なみ	二六
吉春	はま	二三
染吉	とき	二二
	壽賀	二九
雛町	はつ	一六
代々春	みと	一七
	たけ	二七
粂之介	げん	一八
濱吉	よ志	一六
仲吉	まさ	一六
	ふく	二四
	春	二四
	まん	一五
梅枝	たい	二三
豊吉	つた	二〇
粂里	ちよ	二〇
藤井	よの	二八
かほる	よか	二四
龜吉	かう	二〇
里	きく	二三
妻吉	そち	一六
と年	とよ	二二
	可津	一二
粧	いく	一八
つる	かん	二〇
花	すい	一一
壽	いよ	二二
小梅	うめ	一九
初音	きよ	一九
菊司	たみ	二〇
翠	志ん	一九
	まさ	二一
みと	みて	九
せん	まと	八
	たつ	二二
藤吉	里登	二二
岩吉	ちい	一一
	たき	一四
	とら	一二

（岩井伝重氏による）

お職名で注意されるのは、かほる、翠《みどり》のような名である。なかには権兵衛名もいくつか認められる。一二歳以下の少女たちは、飯盛女の予備軍をなす見習女であって、女になるまでは雑用に使役されていたのである。

善光寺の門前町　江戸時代に入ると、長野の善光寺は、全国より「善光寺参り」の信者が殺到し、寺運にいちじるしい隆昌がみられた。内部的には、大勧進と大本願との慢性的な確執がつづいていたけれども、それは寺運の発展にほとんど影響がないようにみえた。のみならず長野は、北國街道、善光寺街道、大町街道、飯山街道などが蝟集する交通上の要衝であったから、善光寺の門前町、すなわち善光寺宿の繁栄は、刮目すべきものがあった。かようにして日本一の門前町にまで発展した善光寺宿は、そのまま仏都・長野市となるのである。(37)

善光寺宿には旅籠屋はあったけれども、寺の眼の前のことであるから花街は設けられなかった。善光寺の花街は、宿場の南に接した水内《みのち》郡権堂村（現在、長野市権堂町、西鶴賀町）に発達し、早くから飯盛女が群をなしていた。妓楼は、宿場でないために旅籠とはいわず、茶屋と称していたけれども、その殷賑さは、特記さるべきであった。

權堂村の花街については、文久二年（一八六二）、西條徳兵衛なる人物が作成・所持していた書上帳(38)がある。これによると、妓楼の数は三五、飯盛女の人数は、二一五＋αである。αをつけたのは、永井屋いなの抱え女の人数が明記されていないためである。

注意されるのは、これら二一五名の飯盛女と女楼主の名のほとんどすべてが単純な二音節二字型に属し、例外は、三笹屋の竹吉、永代屋の藤吉、小竹、島田屋の小萬、坏《つき》屋の三吉の五名だけであることである。また二一五名のうち、比較的珍しい名は、

うら　かと　ちと　ちを　とわ　ひな　みて　みの　やい
やま　りい　りそ　りな　りの

などであろう。花街としての権堂村の伝統は、明治時代まで継続し、昭和三十三年にいたった。権堂町に今なおバーや飯屋が多いのは、そうした伝統の名残りである。

金澤　金澤では、永い間、公認の遊里はなかったけれども、

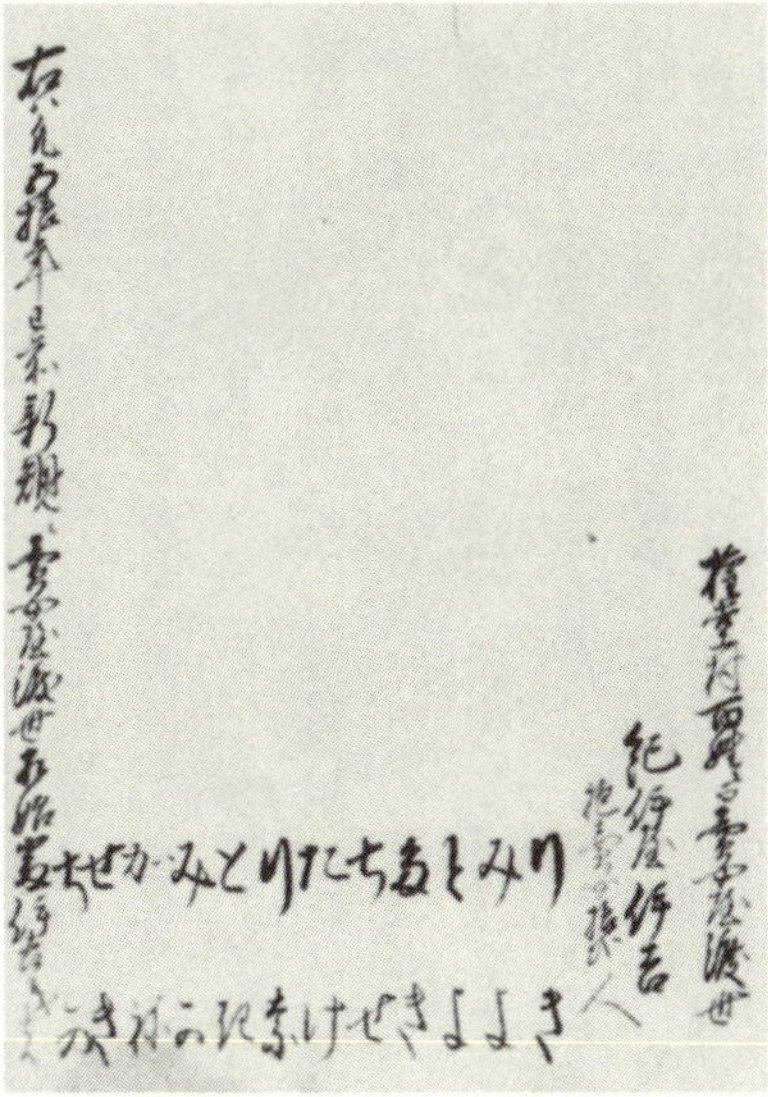

図140　文久2年『(信濃国)権堂村売女屋并売女名前書上帳』の一部（竹梁文庫架蔵）

たびたびの禁令にもかかわらず出合宿《であいやど》（出合茶屋）は跡を絶たず、藩はその取締りに苦慮していた。文政三年（一八二〇）四月、金澤藩は、風紀取締りと困窮者救済のため、公認の廓の開設を命じた。すなわち遊廓は、石坂と卯辰《うたつ》に設けられ、それぞれ石坂茶屋町（西の廓）、卯辰茶屋町（東の廓）と呼ばれた。そして出合宿をはじめ各所にひそむ一五〇人ほどの私娼を遊女屋経営者たちに分配した。こうして金澤の二遊里は、北陸随一の遊興地として栄えたが、風俗が紊《みだ》れるという理由から天保二年（一八三一）八月、突然廃止されてしまった。(39)しかし廃止後も風紀の紊れは改善されなかったので、藩は慶応三年（一八六七）、ふたたび遊里を公認した。この際、卯辰茶屋町は東新地、石坂茶屋町は西新地と改称され、西遊廓は昭和三十三年の売春防止法の施行時まで存続した。前者は現在の東山一丁目、後者は野町二丁目にあたっている。

ところで、慶応三年、遊里の再興が成ると、早くも八月には、『吉原細見』にならった『菊くらべ』二冊が刊行された。第一冊は、『東新地細見のれん鏡』、第二冊は、『西新地細見のれん鏡』と題され、合わせて一個の紙袋に収められている。(40)

金澤の遊里において注意されるのは、芸妓と遠所芸妓とを合わせた人数は、娼妓よりも多かったということである。つまり茶屋遊びの主体は芸妓の侍《はべ》る宴会であって、娼妓を相手とする遊興より活発であったのである。いま第一冊によって東新地の実情を窺ってみよう（＊は芸妓、○は遠所芸妓）。

池田屋　春次　　安江屋　ひろし　　＊粂吉

倉次　＊駒吉　＊糸□
＊澤吉　＊永吉　＊小留
矢作屋　□□　＊せん　忠縄屋　□菊
＊民吉　○初吉　千菊
＊種吉　のと太　高尾　八重鶴
秀の　＊金松　村咲
＊外吉　尾張屋　さと　＊松吉
＊糸勇　＊米吉　○榮吉
河本屋　阿や次　＊廣松　八重の
八重吉　安田屋　玉鶴　福久屋　吾妻
三代吉　重の　竹の
ゐん蝶＊萬吉　里菊　□次
歌浦　＊秀吉　中春
＊玉吉　＊駒吉　叶
布屋　末吉　○たま吉　小靏
○久吉　米松（合印なし。娼妓か）＊菊の
森屋　玉崎　浜田屋　外次　○壽じ
廣の　石松　○小満
三代の　高松屋　清川　○りき
桶弥　初の　松の　○駒吉
＊榮吉　＊高吉　虎吉（合印なし）

遠所芸妓とは、その妓楼の住込みではなく、他所に住んでいて通って来る芸者のことである。

右の歴名をみるかぎりでは、源氏名と芸妓の芸名との間には截然とした区別は存しないけれども、××吉、××勇などは主として芸名であり、××次、××菊、××のなどは源氏名に多い。芸名の××勇（糸勇）の勇字（遊字に通ずる）の由来は、未詳である。

小松の串茶屋　加賀國能美《のみ》郡の串茶屋村は、月津・小松両宿場の中間に位置していた。早く街道沿いに府中屋なる茶店もでき、数人の女が接待していた。金澤藩主三代の利常（一五九三～一六五八）が寛永十七年（一六四〇）いらい、那谷《なた》寺（小松市那谷町所在）の再建に着手したころから多くの職人が串茶屋村に来集し、その地は遊里として発展した。万治三年（一六六〇）、串茶屋村は大聖寺藩の所領となったが、藩は遊廓を認可する方針をとったため、串茶屋の遊里は大いに繁昌し、文化五年（一八〇八）には、妓楼も、府中屋、分校屋、佐美屋、松屋など一四軒に達し、遊女の衣裳や調度も新吉原や島原にならい、豪勢なものとなった。

この遊廓に関してよく知られているのは、遊女・品川と金澤の商人・德兵衞とが、文政元年（一八一八）九月三日に心中した事件である。(41) 文久二年（一八六二）六月一日、遊女・秀鶴と小松町の番匠屋伊兵衞の心中したことも広く話題となった事件であった。(42)

全盛をきわめた串茶屋遊廓も、文政六年（一八二三）の大火、天保七年（一八三六）の凶作などで打撃を蒙り、下り坂をたどった。

現在、小松市串茶屋町の共同墓地には、ここの遊廓で没し

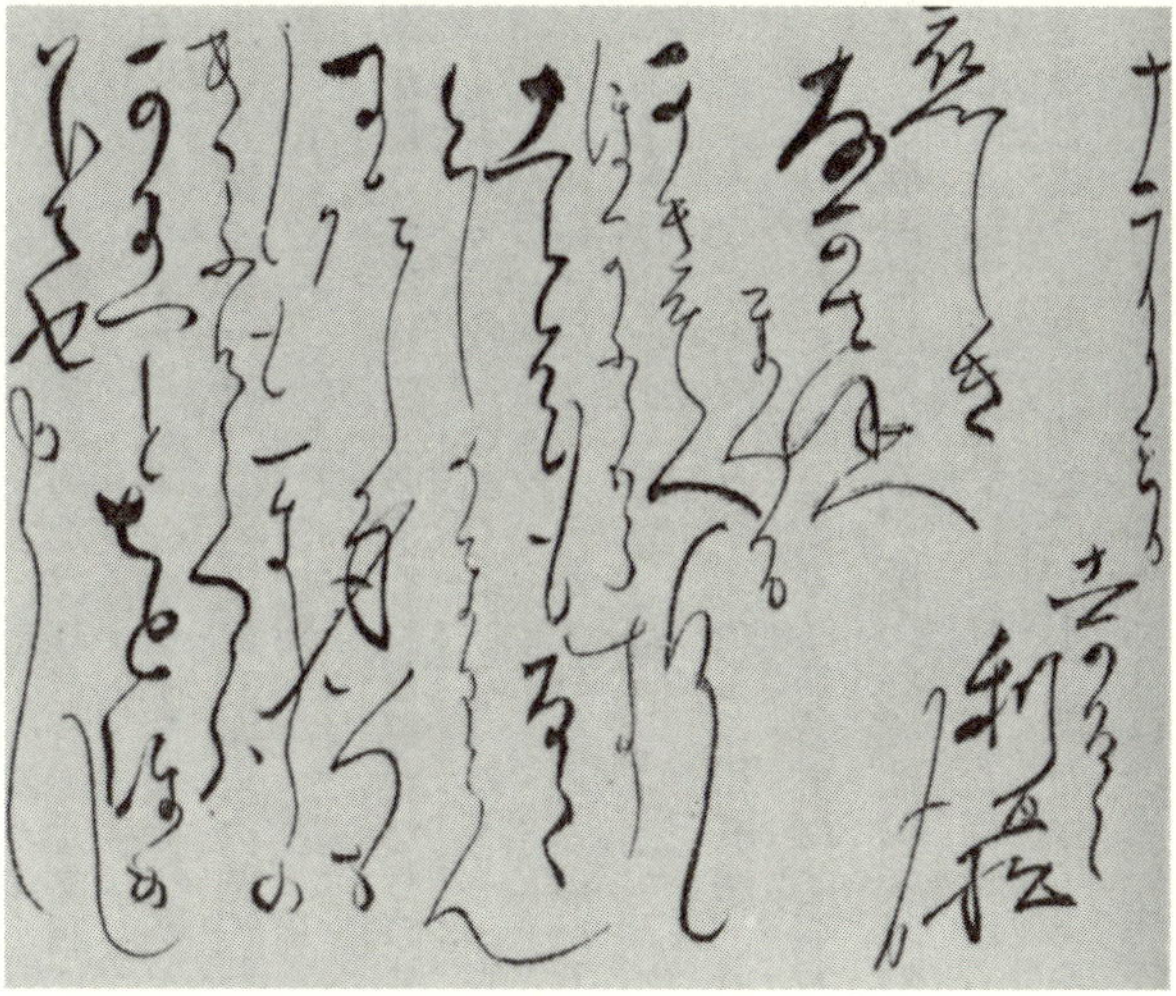

十二月三日　　こがるる

恋しき　　利幾松

なかさまへ　　より

まいる

かきそへ参らせ候　ほかにもらすことでもなく

としのまゐらん　わたし身いつも〱

一すじのきに候へば　かわいとをほめし

下され　かしく

図141　小松・串茶屋の遊女・利幾松の消息（小川忠泰氏による）

た遊女たちの墓が並んでいる。墓碑は意外にりっぱであるが、碑面には本名はなく、源氏名だけが刻まれている。それらの中には、

若藤　粧　ことじ　きぬ　小櫻(43)　幾瀬川　しかの　政尾

玉ふね　長谷川　うつぼ　品川　若染　千代雛

といった名が判読されるのである。(44) ことじというのは、乙種の××じの名である。政尾、しかのといった名は、庶民がいえのよを型の名を採用するうえでいくぶん影響したのではないかと思われる。(45)

図141に掲げたのは、串茶屋の遊女・利幾松《りきまつ》が馴染み客に宛てた消息の末尾であるが、(46) 豁達な運筆はその人柄を偲ばせるものがある。

名古屋　名古屋では、将軍・吉宗に対して反感を抱いていた藩主権中納言・宗春（一六九六～一七六四）が、幕府の緊縮政策を尻目にかけて遊廓の復興をはかった。すなわち享保十七年（一七三二）六月には西《にしの》小路（名古屋市中区松原三丁目）と冨士見原（中区富士見町）に、また、同年十月には葛町《かづらまち》（中区正木町）に、それぞれ遊廓が設けられた。(47) 遊女たちは、京の島原、大坂の新町、伊勢の古市などからぞくぞくと集まり、遊里は非常な活気を呈した。江戸でも新吉原通いが病みつきで、新吉原は上総屋の和《わ》國《こく》、三浦屋の初菊、海老屋の清川、春日野（名は、はる）らと馴染みであった宗春は、名古屋ではみずからが白牛に乗ってこれら三遊廓に通った。(48) かように名古屋の遊里は急激に発展し、殷賑をきわめたけれども、元文四年（一七三九）正月、宗春が幕府より謹慎を命じられ、その後の藩政は吉宗の方針に従ったため、三遊里はたちまち衰頽し、短命に終わった。

『遊女濃安都《ゆうじょのあと》』(49)は、名古屋の三遊里の興亡に関する記録を集めた貴重な文献である。ここには、元文元年ごろまでに身請《みうけ》された遊女一一六人の名（ただし、一名は名を欠く）と身請人の名が録されている。いまそれらの遊女たちの名を抄記してみよう。

はま　まつの　とよ　よしの　の風　みや　れん　房　みよし　樂《らく》　琴　荻野　留野　勝野　歌の　小かつ　みかりき　さの　りく　いろ　ぬい　その　井筒　ひろ　きよこふ　きし　みき　繁野　縮川《しゆくがわ》　みと　たい　みの　かよしづ　くに　源氏　豊の　きよ　みな　染《そめ》の　みや　かん和歌浦　いづみ　りつ　たい　ふさ　かじ　はな　小三郎

右にみるとおり、ここでは本名または本名風の名―いずれも二音節型―と、いわゆる源氏名とが混用されている。源氏名では、××の型の名が多い。また井筒、和歌浦のような三ないし五音節の名も見受けられる。三音節の名では、いずみ、みよしのような近代風の名も注意されよう。権兵衛名は、小三郎だけである。

またこれより早く享保十七年（一七三二）に名古屋で刊行された絵入（西川祐信画）の『契情雙盃《けいせいふたつさかづき》』(50)には、西小路（茶屋二七軒、女郎二〇〇余人）と富士見原（茶屋二九軒、女郎一三〇余人）の名寄せがみられ、『遊女濃安都』とともに短命に終わった名古屋の遊里に関する好史料となっている。

古市　江戸時代に入って参宮熱が昂まり、内・外宮に参拝する旅人の数が激増すると、伊勢の古市（伊勢市古市町）は、これら旅人によって栄え、明和・安永年代（一七六四〜一七八〇）には、整った遊里もみられるようになった。そして寛政年間（一七八九〜一八〇〇）には、古市の妓楼は七六軒、茶汲女と呼ばれる娼妓は一〇〇〇名に達したという。なかでも盛大な妓楼は、油屋、備前屋、杉本屋、柏屋であった。

右に挙げた油屋は、いわゆる「油屋騒動」によってよくその名が知られている。この騒動は、寛政八年（一七九六）五月四日の夜、油屋に登楼した医師の孫福齋《まごふくいつき》（一七七〇〜一七九六）が些細なことから狂乱し、茶汲女のおきしと主人の母親のさきを斬殺し、仲居のおまん、下女のおよし、茶汲女のおしか、下男の宇助を傷つけ、さらに相客の一人を殺し、二人に重傷を負わせた惨劇のことである。齋《いつき》の敵娼《あいかた》のおこん(51)、召使のおたか、主人の姪のおきぬなどは、危く逃がれ、命拾いしたのであった。(52)

この事件は、いちはやく歌舞伎に採り上げられ、近松徳三作の『伊勢音頭恋寝刃《いせおんどこいのねたば》』(53)が同年七月二十一日より大坂の角座で初演されていらい、一躍有名となった。この歌舞伎は、二幕五場からなるが、最も重要な出物《だしもの》の一つとなった。(54) ここで注意されるのは、右の歌舞伎に登場する仲居の名がすべて××の型であることである（萬野、千野、葛野、松野、竹野、菊野、秋野、梅野、春野、夏野、冬野）。ある地方における庶民の女性名に歌舞伎の××の型の名が影響したかどうかは、今後検討を要する問題であろう。

ところで、神宮徴古館には、文政年間に成ったらしい「寛政八丙辰年五月四日夜勢州古市町油屋清右衛門方殺害部屋曽登禿仲居名前」と題する一葉の書類が所蔵されている。(55) 部屋とは部屋女郎、曾登とは外囲《そとい》女郎の意味である。いま右の書類から名を拾ってみよう。

部屋　部屋頭　德末津《とくまつ》　於八重　志計代《しげよ》　末《ま》さ江　於美津
て留吉《るきち》　於こん　大きち　於ゆり　小伊戸　於野風《やぶ》　小
伊勢　於京　堂《た》け路　於登羅《とら》　於久美　於末津《まつ》　於伊奈
千戸瀬　於與爾　於世伊　於て宇《う》　末左吉《まさきち》

曾登　於登毛《とも》　小て宇　於與津　於津爾　幾《き》ん　於左喜
於太末《たま》　於奈可　於堂津《たつ》　於久仁　於雪　於伊志　於戸
美　於て伊　於可年《かね》　小津爾　於志毛《しも》　於津留《つる》　熊治《くまじ》
梅野　久吉　辰野　梅治《うめじ》　波留江

禿　於三年《みね》　於てつ　小いそ　於さい　おちよ　小は満《ま》
小きん　於こう　おとよ　お屋つ　おくめ　おくら　お
もと　おかめ

仲居　伊波　末《ま》ん　左喜　つた　伊左　よし　さよ　ふじ
たけ　うめ　末《ま》つ

仲居のまん（本名は、西坂さよ）は、悪役の仲居・萬野のモデルとされている。

娼妓の表で注意されるのは、部屋、曾登にみられる志計代《しげよ》、末さ江、波留江、梅野、辰野といったいえのよを型の名、および堂《た》け路、梅治、熊治という××じ（路、治、壽）型の名である。むろん、前者は本名ではないが、いえのよを型の命名圏に属する伊勢國南部においては、当然ありうる源氏名であったといえよう。××じ型の名は、甲種（奉公名）と乙種（権兵衛名）とに分けられるが、古市の場合は、むろん、乙種に属していた。

要するに、油屋が抱えていた娼妓たちの名は、狭義の源氏名と本名（字《あざな》）に類した二音節の名とからなっていたといえよう。

京都　江戸時代後期における京都の花柳界については、『一目千軒』（宝暦七年刊）、『全盛糸の音色』（安永四年、慶応二年版）、『四方《よも》のはな』（慶応三年版）などがあり、いずれも『新撰京都叢書』第九巻に収録されている。(56)

いま、『四方のはな』から島原遊廓の輪違屋《わちがい》の部を抄出してみると、次表のとおりである。なお、転進《てんじん》は天神であって、太夫につぐ遊女の職である。格からいうと、太夫―天神が上であって、芸子（芸者）がこれにつぎ、女郎は端女郎であって、最下位の遊女である。転進のうち純粋な源氏名は、柏木だけである。芸妓では、金彌《きんや》、玉吉、ふく松、末吉が権兵衛名である。女郎では、××路、××香、××榮《え》、××のがそれらしい源氏名であるし、また芸妓に小××という名の少なくないことも注意をひいている。

高 輪違屋

太夫 花窓太夫 花君太夫 雲井太夫 花香太夫 馴君太夫 八重雲太夫

転進 嬉野 一之 袖衣 袖鶴 袖咲 花桐 嬉衣 如月 稲積 一花 花鶴 花月 柏木

芸子 ちか鶴 金彌 小君 春尾 政つる 登榮

民路 金子 くら 玉吉 ふく松 末吉 小なつ 小とく 玉の うの榮 品榮 友つる 來榮 梅勇 小つゆ 松香

女郎 君の 咲榮 小雪 はつ 松榮 雛路 小いと 歌榮 色香 てい

京都島原遊廓・輪違屋の娼妓と芸子

『四方のはな』によると、京都の二條新地の扇屋が置いた芸子、遊女の名簿は、左のとおりである。

芸子 榮吉 八重鶴 千賀鶴 ちよ鶴 糸吉 君子 八重子 ゑい 近《ちか》ぎく 小みか こと榮《え》 ひな榮 君香 つな吉 榮つる 元葉 むめは ふさじ 床つる きく路 愛葉《あいは》 力彌 米路《よねじ》

娼妓 幾代 政路 小ひさ 浅きく 政榮 小米 あさ鶴 小さく たか まん はな ゆう 春ぎく 小ふじ 政ぎく

ここでは、芸者の芸名と源氏名との間には若干の共通性が認められる。××鶴、××子、××香、××菊、××葉、××よ、××彌《や》などは、特徴のある名として明治時代にも遺るものである。なお、同じ二條新地の千歳屋の芸子や遊女には、××を（つた尾、きぬ尾）、××え（きぬ江）、××龍（友龍）、××勇（君勇）、××の（君の、榮の、淺の）といった型の名が認められる。新吉原に多い××川型の源氏名は、京都では稀であった。

大坂元伏見坂町 大坂では、公式の遊里は、新町遊廓のみであって、他はすべてが、いわゆる「岡場所」であった。そのうちでも顕著なのは、元伏見坂町のそれである。それは現在の南区坂町にあたるが、元禄時代から今日にいたるまで繁華遊興の地をなしている。この元伏見坂町で最大の茶屋を経営し、町年寄を勤め、芝居興業にあずかり、何軒かの貸家をもち、かつ金融業をも営んでいたのは、伏見屋善兵衞であっ

	善兵衛
女房	ちか
悴	善蔵
娘	はる
〃	やな
〃	ふく
〃	てる
甥	善三郎
茶立	てん
〃	ふさ
下女	せき
〃	もと
〃	りく
〃	つる
〃	きく
〃	いと
〃	ひで
〃	みき
〃	うた
〃	しか
〃	さき
〃	むつ
〃	きみ
〃	とわ
〃	より
〃	こう
〃	ふさ
下人	清八
〃	喜八

伏見屋善兵衛一家の構成

た。現在、伏見屋善兵衛文書は、一括して大阪市立大学付属図書館に所蔵されている。一方、元伏見坂町に関しては化政期の人別帳も現存している。牧英正博士（一九二四〜）は、これらの史料にもとづいて、各年ごとの善兵衛一家の家族構成を復原されたが、(57)そのうちから文化十二年（一八一五）分を転載させていただくと、上のとおりである。

　大坂では、飯盛女のことを茶立女と称したが、この一家の女性名は、女房、娘、茶立女、下女を通じて、すべて二音節二字型に属している。善兵衛の茶屋には茶立女が規定どおり二人しかいないが、一七名いる下女のうち大部分は、茶立女であるに相違なかろう。のみならず、善兵衛は同町内に貸家を七軒もっており、うち四軒は茶立女を抱えて茶屋営業を行っていた。善兵衛が元伏見坂町において手広く茶屋業（売春業）を手がけていたことは、文書、記録の上から明証されるのである。

丸山　有名な公認の丸山遊廓は、長崎の丸山町、寄合町《よりあいまち》の両遊女町からなっていた。公認の遊廓として開設されたのは、寛永の末年（一六四〇年ごろ）であった。その特色は、長崎がわが国唯一の外国貿易港のこととて、来航の外国人の遊客が多いことであった。この廓の遊女は、日本行、唐人行、阿蘭陀行の三種に分けられていた。日本行は、もっぱら日本人を客とする遊女で、三者のうち最も格が高かった。唐人行は、唐人屋敷（唐館）に行く遊女で、阿蘭陀行は出島の阿蘭陀屋敷に行く遊女で、これはとかく敬遠されていた。

　有名なシーボルトの狎妓で楠本イネを産んだのは、阿蘭陀行の其扇《そのぎ》ことタキ（一八〇七〜一八六九、三九頁、図7）であったが、彼女は寄合町の引田屋の抱えであった。出島には遊女以外の女性は出入りできないので、シーボルトの娘の乳母は、十寸穂《ますほ》という源氏名を名乗って出島に居住した。(58)この種の女性は、乳母遊女と呼ばれていた。

　丸山遊廓は公認であったから、遊女はすべて源氏名をもっていた。古賀十二郎は、唐人が馴染みにした遊女として左のような名を指摘し、説明を加えている。(59)

浮雲　大山　白藤　浮橋　八重雲　若松　両山　若紫　初瀬　大橋　中葉　半太夫　澤山　櫻路　大町　ゐにし　夕梅　萩の戸　袖咲　袖扇　管絵　初紫　花絹　糸萩　花の井　高根　歌琴　雅妻　花浦　松の枝　東路

　引田屋抱えの袖咲が唐船主・江藝《うん》閣に寵愛されたことは、頼山陽、梁川星巌、田能村竹田らによって世に喧伝されたが、

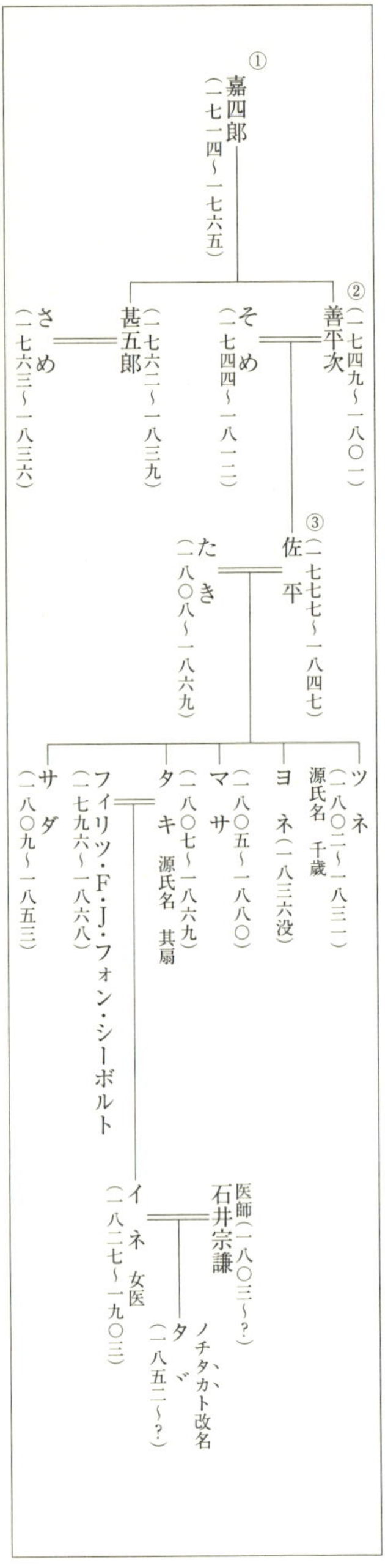

彼らは袖咲を袖笑という艶名で呼んでいた。(60)

図 142　長崎・寄合町（引田屋）の遊女・袖笑（1797～?）（古賀十二郎氏による）

竹梁文庫には、横小型本の『丸山町寄合町遊女宗門改帳』一冊が架蔵されている。首部を欠いたために作成年月は不明であるけれども、一九世紀の前半に成ったことは確かであろう。いまこの宗門改帳から有名な引田屋と筑後屋の遊女と禿の名を挙げてみよう（アラビア数字は年齢。各人の旦那寺の名は省略）。

(一)　引田屋茂左衛門

遊女　善積26　九重26　代々鶴24　千早23　千歌22　綾羽24　豊21　式妙25　召野本22　糸瀧20　美岡21　旭20　呉羽20　緑野20　通路22　早乙女21　早苗20　一本21　唐歌20　松年29　高鶴20　錦木19　菊之助19　揚羽19　玉恵19　龍田20　國妙20　唐美19　代々美18　正木野19　高台20　藤浪19　紅葉18　鵲17　美本15　竹本18　菊野枝17　緑枝17　錦野20　鶴羽17　松枝18　千歳14　瀬田山15　廾巻16　梅野香18

禿　竹野15　ちよの9　小きく11　春加12　ふじ10

(二)　筑後屋忠左衛門

遊女　花雲28　淺山24　安積24　刀士野26　花岡24　梅野井25　三芳野23　初琴23　舞鶴23　松野枝22　古妻野23　都路23　初梅22　代々鶴23　千代竹23　櫻井22　姿繪?　玉椎21　高歌21　千代鶴18　若紫18　花野21　姿野15　錦城18　松野枝19　旭野19　姿路18　東路18　玉浦18　歌咲

17　玉梅20　錦13《ママ》　明石16　花照18　都野16　雛鶴16　大和17　高科22
禿　りん14　美代の15　小紀く17　秀の15　よしの14　さく13　ふく16　きん15　□（虫損）ね13　美屋12　なか12

右によって窺うと、権兵衛名は少なく、恵、井、代、野、美、路を語尾とする源氏名の多いことが知られる。小××型の源氏名は、わずかながらみられる。また一本にならない禿の名はさまざまであって、これには規制がなかったようである。

漢字一字の源氏名も稀にみられる（旭、錦）。非常に特異なのは、丸山町、桔梗屋の遊女にみる源氏名である。

遊女　柵23　章20　司20　東21　翠20　拍18　豊23　鵲22　詩23　環19　瓚19　住次20　旭19　楓19　英20　欄25　麓20　蘋19　要18　漣22　橋19　纜20　衡17　膺20　操21　潮16　巖21

丸山町　拾三人

油屋とみ抱
稲　岡みき事。拾九。
吉田屋ます抱
稲　垣たね事。廿弐。
津国屋うた抱
稲　園きよ事。廿。
東屋みつ抱
稲　浪ゑつ事。拾七。
戎屋喜藤次抱
稲　浦みく事。拾七。
油屋とみ抱
稲　束まし事。拾九。
戎屋喜藤次抱
稲　咲ゆき事。廿。
肥前屋しま抱
稲　島むめ事。拾八。
大坂屋孫八抱
稲　風つま事。拾九
肥前屋しま抱
稲　里わさ事。拾七。
大坂屋孫八抱
稲の香いち事。拾八。
東屋みつ抱
稲　住りう事。拾九。
吉田屋ます抱
稲　村たせ事。拾九。

寄合町　拾五人

筑後屋きく抱
稲　橋わき事。拾九。
門屋清左衞門抱
稲　藏よね事。拾九。
筑後屋すが抱
稲　山せひ事。拾七。
千歳屋みね抱
稲　花まつ事。拾八。
松村ゆき屋抱
稲　船まつ事。拾八。
大黒屋友太郎抱
稲　生たま事。拾九。
門屋英太郎抱
稲　照その事。拾八。
筑後屋安三郎抱
稲　姫なか事。拾九。
大黒屋龜之助抱
稲　鶴るひ事。拾九。
筑後屋利喜太郎抱
稲　澤かね事。拾四。
引田屋かつ抱
稲　城りく事。拾七。
門屋冨三郎抱
稲の戸つき事。拾七。
筑後屋安三郎抱
稲　露ゑん事。拾六。
筑後屋利喜太郎抱
稲　歌とめ事。拾八。
肥前屋勝藏抱
稲　妻るせ事。拾五。

篁17　箙17　橘14　柾18　壽15

禿　千代松15　市松12　力松14　姫松12　若松14　三千松12

漢字一字だけの源氏名は、丸山には少なく、新吉原、京都、大坂などの遊里には全く見受けぬはなはだ珍稀なものといえよう。

安政元年（一八五四）十二月、長崎・下田・函館三港をロシアに開港していらい、ロシアの軍艦はしばしば来航するようになった。万延元年（一八六〇）、長崎奉行は、ロシア側の強い希望をいれ、長崎に近い—浦上川西岸の—稲佐村（現在、長崎市稲佐町）に、ロシアの水兵たちのための慰安所であるマタロス休息所を設けることを認め、丸山遊廓の楼主たちに露艦が碇泊中は遊女をそこに派遣するよう協力を求めた。こうして選ばれた遊女たちは、マタロス女郎とかロシア女郎衆《じょろうし》と呼ばれたが、この女郎衆にかぎり、女郎屋の置かれていた稲佐村の名に因んで、源氏名の初めに稲佐の稲《い》字がつくのが慣例であった。すなわち、万延元年九月にマタロス休息所のため新たに集められた最初の遊女は、前記のとおり二八名であった(61)。

マタロス女郎は、丸山遊廓にいちおう籍を置いたが、年季奉公の契約もなく、随時、遊女を止めることができたし、長崎奉行所は、仮遊女として彼女らを保護していた。これは、開国哀史の一齣であった。

㈡　芸者

江戸時代の後期において花街に起こった大きな変化は、芸者（西日本では芸子）が出現したことである。芸者（芸妓）の起原については、二、三の臆説が公にされているが、畢竟、遊廓には芸事に堪能な大夫《たゆう》や天神《てんじん》または格子が激減する一方、大夫や天神のような格の高い娼妓を呼ぶ手続きが面倒であったことに芸者出現の理由があった。京都や江戸では、だいたい宝暦年間（一七五一～六三）に芸者は現われたといえる(62)。幕府は、芸者の存在を認めはしたけれども、売色は厳しく禁じていた。しかしこの種の転び芸者ないし枕芸者は後を絶たなかった。

寛政十年（一七九八）二月、幕府は江戸において売色していた芸者五二名を検挙し、それぞれ軽い刑罰（急度叱り、押込）を課した。大田南畝は、これらの芸者の名、年齢、係累を書き留めている(63)（六二三頁参照）。これら五二名の芸者の名は、ほとんどが二音節二字型であって例外は以下の八名のみである。

豊若　文字ひろ　豊ませ　文字いま　文須　若豊　宇文字
豊つね

三味線は、不可欠の楽器となっており、その習得は芸者の基本的な業務であった。上記の名は、その本質においては権兵衛名ではなく、浄瑠璃（豊後節、義太夫節、清元節、常磐津節、宮古路節、一中節、新内節、等々）や三味線音楽（長唄、小唄、端唄、荻江節、等々）に入門した際に授けられた芸名と認められる。この種の芸名は、芸者名としては少数派に属しており、その大部分は、本名ないしこれにならった二音節二字型の名なのである。

江戸の芸者に対して関西の芸妓は、複雑な芸名を有していた。たとえば安政四年（一八五七）版の『全盛糸の音色』(64)から祇園新地の著名な置屋・井筒の芸妓の名を拾ってみると、左のとおりである。

芸子　玉尾　玉治　こま治　くら　きぬ　とら　うの　小さん　小ゑい　元賀　市鶴　まきの　りう　八重鶴　民江　まさ　元榮　久香　小梅　ゑい　小瀧　ちか菊　龜菊　ふさ　小ぎく　市葉　江戸歌　菊治　元鶴　かよ　琴松　歌鶴　政榮　あい　豊歌　小てい　まさの　繁松　鶴よ　菊江　ゑの　榮鶴　鶴治　まつ　つた　ます　こま

義太夫(65)　組吉　直吉　小市　菊松　德松　直八　政吉　冨吉　秀八　常吉

舞子　季松　小玉　君よ　鶴榮　寅路　二調たつ　勇鶴　ひな菊　房鶴　辰江　まゆ　玉菊　菊葉　二調里松　里鶴　いく　いと　梅鶴　小升　二調小ゆか　力松

芸子の芸名が京都ではほぼ定型化していたことが知られる。京都の花街に関しては、前に触れた『四方のはな』(66)がある（四四〇頁）。この貴重な細見にもとづいて、京都の芸子（芸妓名）を附録（六一九頁）に掲げておいた。これらのおびただしい芸妓名を分類してみると、以下のとおりである。

鶴型　例：君鶴、時つる
江型　例：市江、咲江、みき江
松型　例：菊松、君まつ
歌型　例：つる歌、ふじ歌、縫歌
介型　例：瀧介、相之介、ひで介
代型　例：君代、ふさ代、すへよ
葉型　例：色葉、峯は、若ば
子型　例：君子、千代子、鶴子
路型　例：琴路、ちか路、八重路
賀型　例：常賀、はる賀
吉型　例：愛吉、き代吉、みな吉
八型　例：君八、鈴八、とら八
榮型　例：きち榮《え》、友榮《え》、はる榮《え》
彌型　例：金彌、力《りき》彌
尾型　例：淺尾、きぬ尾、つぎを
兩型　例：君兩、鹿兩
香型　例：君香、千代か、はるか
龍型　例：市龍、うた龍
野型　例：瀧野、鶴の、かめの
小型　例：小愛、小衣《ぎぬ》、小しげ
菊型　例：秀菊、雛ぎく、勇《ゆう》ぎく
普通型　例：いく、はつ、みつ
勇型　例：糸勇、竹《ちく》勇、たつ勇

異型　例：長五郎、つる龜、松友

これらの芸名を一瞥すると、現代における芸妓の芸名の型が江戸時代末葉にはすでに確立されていたこと、これらの型の芸名が明治時代には地方にも波及し、全国的に芸者の名はすべて定型化したことが察知されよう。

ところで、前記の『四方のはな』にみえる京都の芸妓たちの名は、三類に区分される。第一類は、

鶴、松、介、葉《は》、路（治、次、司）、吉、榮（エと訓む）、尾（緒）、香、野、菊、勇、江、歌、代、子、賀《か》（香に通ずる）、八、彌、兩、龍

などの漢字、またはその字音を語尾にもつ二音節二字からなる芸名である。第二類は、小字を語頭にもつ三音節の二字ないし三字の名であり、第三類は、一般の女性の字《あざな》に類する二音節二字型の名である。

第一類の名には、古い女歌舞伎に由来するもの、長唄、清元、義太夫などの芸名を用いたもの、娼妓の源氏名に由来したものがふくまれている。とくに吉型の名は、義太夫の芸名に負うところが多い。子型の名は、公家社会の女性名から刺戟を受けたものであろう。

注意されるのは、江字、野字、代字、尾字を語尾とするいえのよを型の芸名がしきりに見受けられることである。庶民にみるいえのよを型の名と同じ型の芸名とは、密接に関係していると推測されるけれども、それは水面下の隠微な関係であって、いまだ史料にもとづいて具体的に両者の関係を究明するまでにはいたっていない。

権兵衛名は、芸名の由来のいかんにかかわらず、非常に多い。一部の芸妓は、一方では音曲の男性風の芸名から、他方では遊女の源氏名から権兵衛名を奪ったようである。芸名の通字として最も多いのは、鶴、松、介、葉、路などである。路については、前にも触れたが、これは平安時代末葉の女性名にみられる壽字と関係がありそうである。葉型の名は、いろはを原型とするものらしい。龍《りよう》型の芸名の起原については、金関丈夫博士（一八九七～一九八三）の研究[67]が公にされているけれども、もう一つ明瞭でない。この龍型の芸名は、明治末年にしきりに嬌名を謳われた赤坂の芸者・萬龍《まんりよう》などによって国民の間に広く印象づけられた。管見では、龍、勇などの文字は、芸妓の心意気、粋、気風《きつぷ》のよさを暗示するために好まれたように思われる。

小型の芸名は、意外に数が多い。小型の名が多いのは、「可愛い」という語感を添えるためであって、女性名の接頭語としての小字は、永い歴史を担っている。京都でも、二音節二字型の普通名ないしそれに準じた芸名は、相当数におよんでいる。『四方のはな』にみえる笑《ゑ》みという名は、本名ではなく、芸名であるに相違ない。

江戸時代末葉における京都の芸妓としては、三本木（上京区の東三本木通と西三本木通）、吉田屋の芸妓・幾松、祇園、島村屋の君尾、同じく君香の三人の名が想起される。人のよく知るとおり、幾松（一八四三～一八八六）は本名をまつといい、

小濱藩士・生咲《いけざき》市兵衛の娘であった。零落して母とともに京都に来たり、芸妓に出た。文久元年（一八六一）、桂小五郎（のちの木戸孝允）と知り合い、献身的に彼のために尽したことは、あまりにも有名である。のち木戸孝允夫人となり、名を松子と改めた。孝允の没後は出家して法号を翠香院と称し、京都で余生を送った。(68)

君尾（一八四四〜一九一八）は、木戸孝允が「妓侠」と呼んだ芸妓であって、「勤王芸者」として知られ、井上聞多（井上馨）、品川弥二郎らあまたの志士の危急を救った。名はきみで、明治五年以後は、家名を中西と称した。(69) 君香は、佐幕派の舞子であった。彼女は、志士たちから蛇蝎のように憎まれた目明《めあかし》の文吉(70)の娘であり、その義姉妹は、九條家の侍として辣腕をふるった島田左近（一八六二死没）の妾であった。君香は、井伊掃部頭直弼の諜臣・長野主膳義言（一八一五〜一八六二）の寵愛する妾となっていた。主膳は、君香の家を宿にすることが多く、文吉はその家に来たって、志士たちについての秘密の諜報を主膳に提供していたといわれる。(71)

図 143　晩年の中西君尾
（小川煙村『勤王藝者』より）

なお、彦根藩主・直弼の愛妾であり、のちに諜者として長野主膳を扶けた村山タカ（のち加壽江）は、もとは祇園の芸子であり、才色にすぐれた名妓であった。(72)

翻って圧倒的に普通型の名が多い江戸の芸妓に戻り、もう一度芸名を吟味してみよう。すなわち文政七年（一八二四）五月、江戸において奉行所は、奢侈品を着用する芸者、淫売女（私娼）に紛らわしい芸者、茶汲女ら一〇九名を逮捕して処罰した。(73) そのうち過半数の女性の名は、普通型（二音節二字型）に属していたが、なかには少数ながら長唄、清元節、常磐津節、義太夫や舞踊などの芸名を芸妓名とする者も見受けられた。

豊こと　かね吉　つる次　三吉　豊しほ　豊やを　小竹

しかし上方の芸妓に普及していたような芸名（第一類）は、ほとんど見受けられなかった。

降って文政十年（一八二七）五月、幕府はまたもや奢侈品着用の芸者二一名を処分した。(74) これらの芸者の名は、すべて二音節二字型であって、音曲の名取りのもつような芸名は、一例も見いだされなかった。

なお、前記の享和二年版の『新吉原細見』の末尾には、新吉原の廓芸者の名簿が掲げられている。

第一段　てる　□《ふカ》で　いき　はか　やま　ふで　この　たか
　ちゑ　ゑい　まさ　つか　みな　なを　いか　ける　たき
　ふく　てつ　まし　ち代　とり　きみ　□け　もよ　まん

図144　村山タカの墓（京都市左京区一乗寺，円光寺の墓地）

まき　なつ　いさ　たゐ　とよ　きの　いよ　りせ　ゆう
いね　とよ
第二段　やを　くら　いま　はま　うた　かつ　くま　かど
いえ　ふみ　たみ　とく　でん　きぬ　たま　つる　ゆき
ほん　まる　きた　きそ　しち　せん　しま　とせ　くに
だい　みや　つな　いと　ふさ　むら　りき　しつ　てう
第三段　こん　こま　やそ　みき　べん　むま　なか　さの
ふね　れん　いせ　まち　ゐん　まき　十七　いち　かる
さよ　しの　はや　もと　とら　しな　みよ　ひと　きな
とし　さと　おい　てい　そで　ため　みほ　そめ　すま
第四段　ふぐ　りん　くゐ　むめ　さつ　なる　いね　ゆり
きん　けう　あさ　その　なみ　なべ　かま　かね　との
かの　しか　みの　りく　とよ　すが　いの　かん　たね
かく　ひやく　いわ

吉原では遊女は、いずれも源氏名をもち、女芸者と名前の上で截然と区別されていたことがわかる。妓楼に居住していた廓芸者は、本名ないし本名風の名、すなわち二音節二字型の名をもっており、これにはほとんど例外はみられなかった。

新吉原その他の江戸芸者に対して、岡場所・深川の芸者はやや異なっていた。深川には、岡場所が散在していたが、なかでも仲町、土橋、櫓下《やぐらした》、裾継《すそつぎ》、新地、石場、佃は七場所と呼ばれ、深川花街の中心であった。置屋はここでは子供屋と呼ばれていた。置屋には、娼妓と芸妓がいた。天保八年（一八三七）には、深川の七場所には、芸妓二六一人、娼妓四七二人もおり、[75] はなはだ隆昌であった。

深川の芸妓は辰巳芸者（深川は、日本橋の辰巳〔東南〕にあたる）、または羽織芸者と呼ばれ、粋で気風《きっぷ》のよいことで知られた。『岡場遊廓考』は、羽織（芸者）について、

羽おり《ママ》　昔は此土地にて娘の子を男に仕立、羽織を著せて出せし故、はをり藝者といふ也。夫故、名も千代吉、鶴次などと言。今も十四、五のげいしやは、羽織を著せて出す。これを豆藝者といふ。

と述べ、[76] 羽織芸者の名や権兵衛名の由来を説明している。深川の芸者は、吉原のそれと違って芸名をもっていた。[77] いま天保八年[78]（一八三七）における仲町の芸妓の名を子供屋別に挙げてみよう。

▽鶴屋の芸者（一二人）

乙吉、いそ吉、染吉、米吉、八百吉、みね吉、いま吉、

てる吉、友吉、きく次、小うた、こま吉。

▽相模屋の芸者（一五人）

政吉、さよ吉、小ぎく、うた蔵、小ひな、小なか、小つる、うた吉、小たき、千代吉、ひな蔵、八重吉、ひな吉、なみ吉、小まつ。

▽西の宮の芸者（一二人）

豊ひな、はま吉、大吉、高助、粂吉、小三、仲次、つる次、千吉、さと吉、小ちよ、とよ次。

▽中嶋屋の芸者（八人）

小いと、小はる、小ろく、小嶋、八重吉、嶋吉、かめ次、三藏。

▽丸平の芸者（八人）

つる吉、小ます、てる次、三木藏、文吉、民吉、とき八、佐吉。

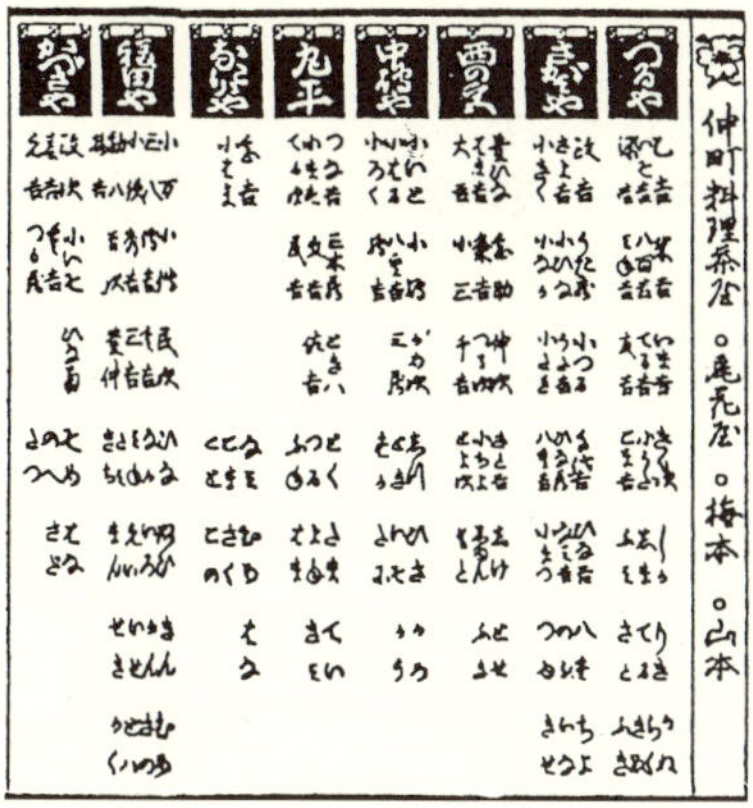

図 145　天保８年『辰巳の花—深川細見』

▽難波屋の芸者（二人）

甚吉、小はま。

▽福田屋の芸者（一三人）

小萬、三八、小鐵、勘八、琴吉、小傳、傳吉、秀吉、吉次、民次、定吉、三吉、貴《ママ》仲。

▽上総屋の芸者（七人）

政次、春吉、元吉、小いそ、豊吉、つる茂、ひな菊。

江戸の芸者の芸名は、単純で権兵衛名が多く、上方のそれに較べるとはなはだ見劣りがしたといえよう。江戸の根津の芸者の芸名などは、

長うた さわぎ 尾野吉　同 常吉　同 吉治　同 山吉　同 若吉　義太夫 彌吉

長崎 豊後 粂吉(79)　同 鶴吉

のように、最も単純であった。(80)

女性の法名

江戸時代前期にいたって仏教の法名が定着したことはすでに述べたとおりである。それと同時に法名には階級性が色濃く見受けられるようになった。まず第一に、宮廷貴族や大身の武家では院殿号が用いられ、中級以下の武家や商人には、院殿号は認められなかった。いま若干の例を挙げてみよう。

①貞鑑院殿性譽言圓明淨覺大姉(81)（将軍・家齊の娘・元姫。諱は、幸子。松平肥後守容衆室。一八〇八〜一八

一二）

②蓉香院殿映渚凉池大童女(82)（将軍・家齊の娘、母、於登勢。字は、壽姫。一八〇三～一八〇四）

③靈松院殿青岩恵淨大姉(83)（仙台藩主・宗村の娘。名は惇子、字は、源姫。佐賀藩主・重茂室。一七三九～一七六一）

④智觀院殿繋玉日了大姉(84)（安藝國三次藩主・淺野土佐守長澄の娘。字は、喜知姫、のち三保姫）

⑤證發心院殿觀空悟眞（権大納言（徳大寺家）公城室の源郁（フミ）子。字は、繁姫。宝暦八年八月四日没。墓碑は、京都市上京区の十念寺にある。）

⑥瑞明光院殿法空性圓（醍醐家の権大納言・藤原輝久の娘。諱は、信子。德大寺家の権大納言・實（み）堅の室となり、公純（右大臣）を産む。天保十四年九月十七日没。墓碑は十念寺にある。）

⑦俊光院殿明譽照觸淨身大姉（長岡藩主・牧野家の八代・忠寛室の長姫。三三一頁、参照。）(85)

大名の中には、その禄高とは関係なく、妻室や子女の戒名

図 146　牧野家墓所（東京都港区三田4丁目，済海寺墓地）の第10号墓の宝篋印塔（第8代・忠寛の正室・大岡長の墓）総高 287 cm（『港区三田済海寺・長岡藩主牧野家墓所発掘調査概報』による）

に院殿号を用いなかった例も見受けられる。それとは反対に、長岡藩主・牧野家のように、夭折した子女にも院殿号を用いた例も存した（四五三頁図148参照）。

江戸時代後期には、一般武家、商人、豪農、工匠などの間では、院号が普及した。しかし一般の百姓の女には、院号、大姉号は禁じられていた。以下に院号のある戒名の例を若干掲げてみよう。

①清光院明室壽鏡大姉(86)（三井本家八代・高福の前妻。三井分家南家の高英の娘。名は、麗〔一八一五～一八四三〕。）

②湘夢院竹譽細香大姉（江馬細香の戒名。墓は、大垣市藤井町二丁目の禅桂寺に存する。）

③花安院法岩知秀大姉(87)（書家、文人として知られた花安松江〔一七六二～一七九六〕の戒名。墓は、京都市東山区五條大橋東六丁目の本寿寺に在る。）

④深敎院妙心大姉(88)（美女として著名な笠森お仙〔一七五一～一八二七〕の戒名。お仙のこと、四二〇頁参照。）

⑤凉池院圓月智光大姉（二條家老女・民浦の戒名。家名は、上野。実名は、不詳。慶応元年五月二十三日没。墓は、右京区嵯峨、二尊院の二條家の墓所に存する。）

⑥遙信院實山惠照大姉(89)（実名、未詳。下總國の人。享保十三年十一月没。）

⑦良信院清譽貞性大姉(90)（縣門三才女の一人・油谷倭文子〔雅号〕の戒名。名は、八代〔一七三三～一七五二〕。墓は、東京都江東区深川清澄町の常照院に存する。）

⑧蓮光院法屋妙薫大姉(91)（華岡青洲の妻・妹背加恵の戒名〔一七四二～一八二九〕。）

⑨清妙院釈蘭美意秀大姉(92)（石見銅山年寄役・堀丹治伴義の妻・藤井ミワ〔一七四二～一八一四〕の戒名。）

⑩松操院壽嶽妙貞大姉(93)（大坂の富商・加島屋の廣岡治郎三郎正屋の妻・ていの戒名。嘉永四年三月十七日没。）

院号のある女性の戒名は、寺院の過去帳や墓碑、名門、旧家の過去帳から無数に知ることができるが、右に掲げた一〇例によって、だいたいの情況を察知することができよう。

右の戒名は、院号＋道号＋法諱（法号）＋位号からなり、

形式が整っている。うち②では、江馬多保の雅号（湘夢）と字（細香）が、また⑩では俗名のていが採られているが、道号または法号に俗名中の一字を入れる風習は、江戸時代後期に始まっている。②や⑦にみられる×譽は、浄土宗の譽号であり、

浄眼院了嶽日嚴大尼[94]（三澤はつ）

にみる日×は、日蓮宗の法号（日号）である。

一般庶民の女性の戒名は、道号と法号ないし二字の法号からなっており、法号の上の一字は妙字をとることが多かった（妙淳尼、妙祐尼、妙信禪尼、妙敎童女、妙意信女、等々）。

なお、前記の村山タカ（のちに、加寿江と改名）は、文久二年（一八六二）十一月十五日、壬生の隠れ家で勤皇の志士たちに捕えられ、三條大橋の袂で生晒しの私刑に処された。まもなく彼女は、洛北一乗寺才形町の禅寺・金《こん》福寺に入って落飾し、法号を妙寿と称した。彼女は、尼僧として十数年間同寺で芭蕉庵を守り、静かな晩年を過ごしたのち（図147）、明治九年九月三十日、六七歳で示寂した[95]。彼女の場合は、寺院に止住する尼僧であったが、法号は妙寿であり、また戒名は清光素省禅尼であった。

また「釈貞観尼[96]」（唐人お吉）のように、法号の上に釈字のあるのは、真宗の戒名である。

江戸時代には、夫と死別した女性が故人を追善し、再婚の意志のないことを表明するため、削ぎ尼となって在家する風習が持続されていた。いまたとえば、阪本・宮本共編『大阪菊屋町宗旨人別帳』第六巻（文政九年より嘉永二年まで）から、この種の削ぎ尼の名を拾ってみよう（数字は、頁数）。

信珠（144）　妙解（409）　妙意（560）　妙乗（570）　妙素（726）

また菊屋町の珠数屋・安兵衞の父は出家して法号を心悦といい、一家に同居していたが、彼の妻・まさは、在俗のまま同居していた[97]。菊屋町の人別帳にみるかぎりでは、在家の削ぎ尼の数は、ときとともに漸減する傾向にあった。

在家の削ぎ尼の法号や死後に授けられた戒名中の法号（法諱）には、妙字が圧倒的に多いが、尼寺や庵に止住する本格的な尼たちの法号には、意外に妙字のつく例は少なかった。いま寛政元年（一七八九）の『城州愛宕郡上岡崎村出家人別改帳[98]』から尼の名を拾ってみると、左のとおりである（括弧内は、年齢）。

宜遵（48）　宜聞（25）　宜纜（25）　月多（39）　守玄（49）　清玉（47）

右のうち、宜聞と宜纜の両尼は、宜遵の弟子であり、偏諱の宜字を師より授けられていた。

良寛（一七五八～一八三一）との美しい恋愛で著名な歌人の尼僧の名は、貞心（俗名、奥村ます。一七九八～一八七二）であった。彼女は、庵を住居としたまことの尼僧であったが、その師は、眼龍尼と心龍尼（姉妹）であった。また貞心尼の弟子は、孝順尼、智譲尼といったが[99]、いずれも妙字のつかない法号であった。総じて尼僧の法諱には、貞、智、順、清、浄のような文字が好んで用いられた。

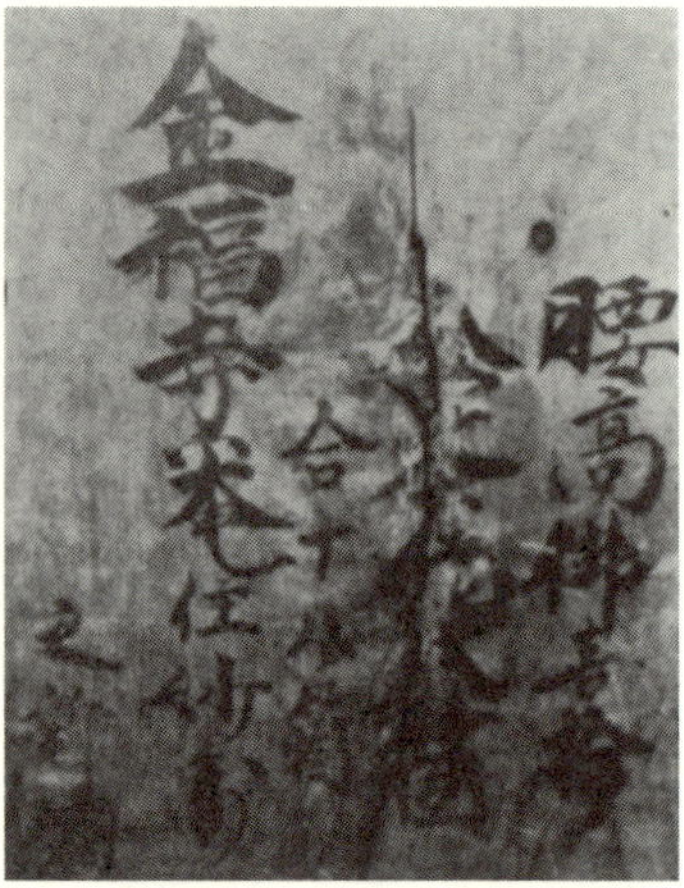
図147　妙寿（俗名：村山タカ）筆蹟（京都市左京区一乗寺の金福寺所蔵の一箱に墨書されたもの）

もう一つの例を挙げると、備前國の常右衛門の娘・きよは、篤く弘法大師を敬仰し、四國遍路を二一回も繰り返した。そして彼女は、大師の不可思議な慈力によって霊杖を授けられた。この杖によって彼女は、多数の病人たちを治した。備前の太守(100)がこれを聴いて子息の難病を治療させたところ、早くも全快した。そこで太守は、きよのため庵を備前の鯛内(101)に建立した。天保四年（一八三三）六月、宗門改めの調べがあった際、きよは善行寺住職・洪室に出家を申し出た。よってきよは智清禅尼の法号を、またきよの兄弟・太八の娘・いちは、智浄禅尼なる法号を授けられ、庵の方は、修法山慈照庵と命名されたという(102)。これなども、寺院止住の尼たちが妙字以外の法諱（法号）を帯びていたことを指証する例といえよう。

幼少で死亡する者が多かった時世のこととて、童子、童女、孩子、孩女といった位号をもつ戒名は、数多く知られている。それらの年齢は宗派によっていくぶん異なるようであるが、ほぼ左記のとおりである(103)。

　童子、童女《どうにょ》　五〜一五歳くらい
　孩子、孩女《がいにょ》　三〜四歳くらい
　嬰子、嬰女《えいにょ》　一〜二歳くらい
　水子《すいし》　流産・死産児

なお、戒名には、

　玉容泡露禅童女　玉艶清泡禅童女
　智玉露光禅童女　如蕣孩女　幻光孩女

などがあるが、そこでは、稚、玉、露、泡、如、影、閃、幻、光、霜、容、凋、夢のような文字が好んで用いられた。ただし、大名の幼女の場合には、院殿号と大童女、大禅童女が用いられ、必ずしも右の諸字に拘束されてはいなかった。図148に示したのは、三田の済海寺における牧野家の墓所に存する合葬墓の碑銘であって、いかにも藩主の家族らしい戒名が好く看取される。もっとも慣用の文字を採った例も見受けられる。島津家の齊宣（第二十六代）の瑞姫（一八一九〜一八二〇）は、文政三年（一八二〇）六月十六日に夭折したが（三三三頁）、この嬰女に授けられた戒名は、

　智凉院殿蓮草泡心大禅童女

であって、「泡」字が用いられているのである(104)。

ところで、近年、全国各地（東北地方を除く）にみられる差別戒名が問題となっている(105)。この種の戒名は、位号の代りに、

　皮女　僕女　賤女　非女　似女　畜女　須陀羅女　屠女

革女　革女　革尼　僕尼　旃陀　羅尼
のような語を用いている。たとえば、
唱連革女　流仲童非女　釈尼旃陀　転迷屠女
のようである。寺院の過去帳などでは、差別戒名は、一般の戒名より一字下げて書かれることがあった。

観室貞壽信女（一般）

唱連革女（差別）

また差別戒名を示すため、異体の貶字が用いられた。

妙忍灵（霊の貶字）

空休白似女ト（下字の一がない。つまり下の下の意）

道林禪定門（門に一画が入ることによって差別を表わす）

このような差別戒名は、貴賤貧富、智愚善悪、修行の有無を問わず、一切の衆生を済度しようとする仏教の教義にいちじるしく違反しているが、江戸時代にはそうした差別戒名が罷り通り、さしたる悶着も起こらないでいた。明治政府は、明治四年八月二十八日付の「太政官布告」第六十一号によって、穢多、非人の身分を廃し、平民と同様と公告した。それいらい、差別戒名は激減したけれども、永年の陋習であっただけに、容易に根絶されることはなかった。[106] 鹿児島県下の某寺（真宗本願寺派）では、昭和二十年十二月付の「釈尼旃陀」と刻した墓碑が発見されている。また未解放部落の人びとのみを記載した『別冊過去帳』は、長野県のある寺院では、昭和三十年代の後半まで記帳されていたし、埼玉県下の某寺では、昭和五十五年に新しく建てられた墓誌に、依然として「革門、革女」の一四霊の差別戒名が刻まれているという。[107] これらは最後の例に属しており、差別戒名は昭和三十年代において全く没影した

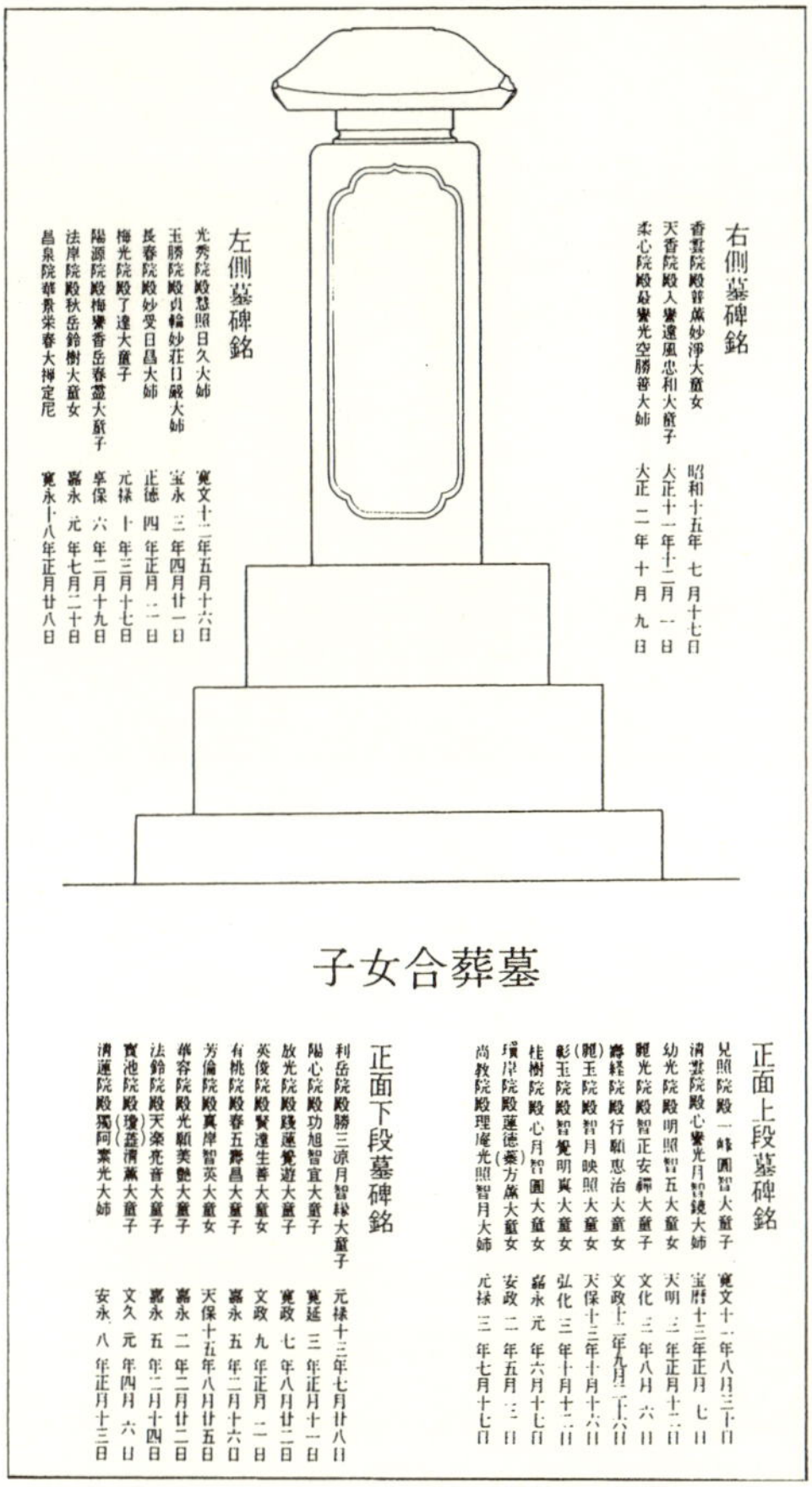

図 148　牧野家墓所（東京都港区三田，済海寺）第 15 号子女合葬墓の墓碑，総高 219 cm
（『港区三田済海寺・長岡藩主牧野家墓所発掘調査報告書』による）

といえるのである。

切支丹の霊名

切支丹に対する弾圧は、江戸時代を通じて酷烈であった。しかしいかにしても彼ら切支丹を根絶することはできず、二世紀半もの間、農民や漁民たちは信仰を秘密裡に守りつづけた[108]。これら隠れ切支丹の潜伏組織は、総領―触頭（各郷に一人）―聞役（各字に一人）であった。触頭は、水方、授け役ともいい、洗礼を授ける役であった。江戸時代後期になると、迫害もいくぶん緩くなった。天草では、代官所は「隠れ切支丹」を切支丹と呼ばず、「宗門心得違之者」といい、その処置も寛大で、異物[109]（信仰の対象物）を差出し、詫状を提出すれば釈放したのである。

図 149　差別戒名の墓碑（卜泉革女）
安政 2 年 12 月 14 日
（小林大二氏による）

いま文化二年（一八〇五）における肥後國天草郡高濱村（現在、熊本県天草郡天草町高浜）の切支丹二五六人（うち男一四〇人、女一一六人）の霊名をみると、男はほとんどすべてがジュアンないしジュワンであり、女は全部がマルヤである[110]。そして聖母・マリアは、「丸や様」と記されている。これは、天草町の切支丹が孤立をよぎなくされていたこと、つまり他の隠れ切支丹とは充分に連携がとれていなかったこと、触頭の霊名に関する知識が極度に乏しくなっていたことを指証している。高濱村の場合は極端であるけれども、隠れ切支丹の霊名の種類は、極度に減少したようである。その一因は、切支丹を教導する神父が一人もいなかったことにあるであろう。

安政五年（一八五八）には、米蘭英仏露の五箇国との間に通商条約が締結された。この条約によって外人のためにその居留地内に礼拝堂を建立することが認められた。こうして文久二年（一八六二）には横濱に、慶応元年（一八六五）には長崎に、それぞれフランスの宣教師によって天主堂（俗称フランス寺）が創建された。

慶応元年の三月十七日、浦上村の隠れ切支丹のイサベリナことゆり（明治になって苗字を杉本といった）は、妹のクララことてるらとともに、観覧人をよそおって天主堂に入り、プティジャン神父（TADDÉE PETITJEAN, 1829～1882）に自分たちがキリスト教徒である旨をひそかに告げた。これは実に「切支丹の復活」の端緒であった。やがて肥後國の天草郡、肥前國の彼杵郡《そのき》（長崎近傍）や高來郡《たかく》などにおびただしい隠れ切支丹のいることが判明した。慶長十九年（一六一四）の大禁制から二五一年間も潜伏しつづけてきた切支丹の復活は、まさに世界宗教史上の奇蹟であった。(111)

しかしながら通商条約によって日本人の切支丹禁制が解除されたのではなかった。それどころか、「浦上四番崩れ」の名で知られる最後の弾圧は、慶応三年（一八六七）六月における信徒の大量検挙に始まり、明治元年（一八六八）六月に行われた諸藩への配流によって頂点に達した。この事件は、明治六年十二月の禁制の廃止によって終熄した。(112) 弾圧された信徒たちの中心地は、彼杵郡浦上村山里（長崎市山里町）であった。このときに検挙され、入牢した信徒は八三名であったが、そのうち女性は、左のような人びとであった。(113)

まつ　すみ　つる　しま　きさ　わひ　きよ　あひ　のひ
かな　いせ　とき

図150　イサベリナ・ゆり
（片岡弥吉氏による）

いずれも、単純・平凡な二音節二字型の名であった。

信徒たちはすべて霊名をもっていた。信徒のうち津和野藩に配流され、明治元年から四年までの間に死亡した者は四一名に達した。そのうち女性は、左のとおりであった。(114)

マリナ・さめ（一七九六～一八七〇）
サビナ・わい（一八二〇～一八七〇）
カタリナ・さの（一八一三～一八七〇）
カタリナ・なか（一八五七～一八七〇）
カタリナ・さい（?～一八七〇）
カタリナ・とめ（一八一一～一八七〇）
リナ・しも（一八四八～一八七〇）
カタリナ・すぎ（一八二八～一八七〇）
マダレナ・こま（一八二一～一八七〇）
サビナ・さめ（一八六八～一八七〇）
キリスナ・きる（一八二三～一八七一）
カタリナ・わい（?～一八七一）
カタリナ・もり（一八六六～一八七一）

霊名はともかく、女性の通称（日本名）に関しては、長崎近傍は、二音節二字型の地域であった。

第四部　近　代（抄記）

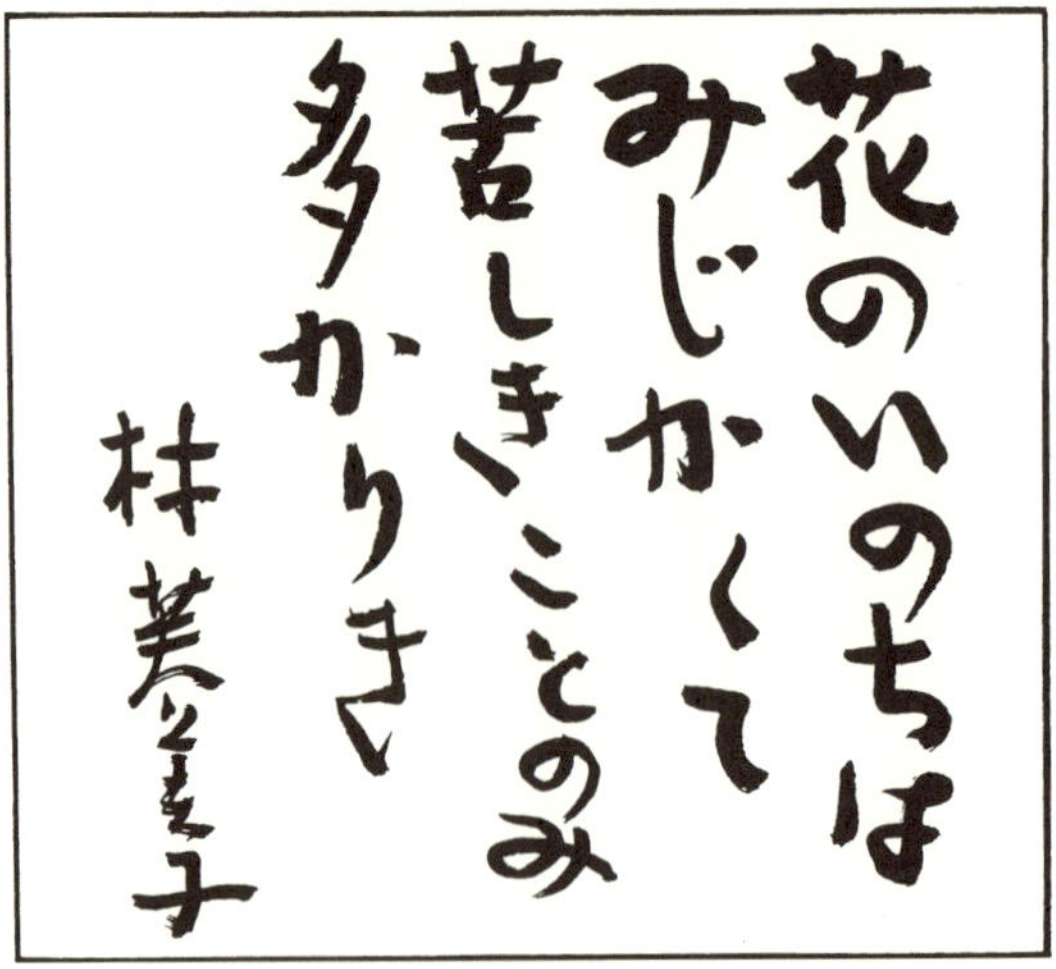

図 151　林芙美子（本名フミコ，1903～1951）自作自筆の詩（絶筆）
（林緑敏氏所蔵）

一　近代前期（明治時代）

明治時代いらい日本人の思想はもちろん、あらゆるものが急速度に変化したが、男性、女性の名とてその例外ではなかった。

人名に関していちじるしい変革をもたらしたのは、明治四年四月四日に公布された戸籍法にもとづいて制定された、いわゆる「壬申戸籍」（明治五年は、壬申の年）であった(1)。さしあたって重要なのは、左の諸項である。

①華族、士族、平民の区別なく、日本人は、すべて苗字を帯びねばならぬこと。

②苗字は、旧来の氏名《うじのな》、家名のどちらでもよいが、一つに限ること。

③これまで公式の家名をもたなかった職人、商人、農民等は、適当な苗字を定めて届出ること。

④個人の名は、一つに限ること。

⑤一旦、登記した名は、個人の同一性を明確にするために、特別の場合（襲名、出家、嫁が姑と名が同一である場合、名が珍奇、難解である場合など）を例外とすれば改めるのは許可されぬこと。

⑥女性名は、変体仮名であっても登記を許すこと。

⑦結婚した女性は、夫の苗字に変えること。

「壬申戸籍」は、日本人の戸籍の原典であって、永久保存を原則とした。名は一つに限られ、改名は認められなくなったため、幼名のごときは公的には認められなくなった。

まず皇室や皇族の女性は、伝統にもとづいて、すべて薫《しげ》子内親王、禎《さち》子女王（伏見宮）のように二音節漢字一字の子型の名がつけられた。公家華族の女性もみなこれに倣った（柳原愛《なる》子、千種任《こと》子など）。大名華族の女性は、接尾語の姫をやめ、ほとんどすべてが子に改めた。また維新前後の功臣（高官）たちの女性も、「壬申戸籍」の制定に際してあわてて名を子型に改めて登記した（木戸松子、伊藤梅子など）。また名を自由に登記できる最後の機会であるため、中世的な仮名二字二音節の名を廃し、新しい感覚の名に改めて届け出た人びともいた（正親町春香、山川二葉、生源寺伊佐雄など）。

子型で一字の女性名には、愛《なる》子、鉦《かた》子、智《さと》子のように、公家訓みの名も少なくはなかった。また、音仮名を用いた二音二字の名（伊《い》代《よ》子、由紀子、美《み》年《ね》子など）も初めからみられたけれども、重箱読みの子型名は、初めは稀少であった。後者が一般化するのは、明治後期になってからである。

鹿鳴館で華やかに活躍した女性たちの多くは、戸田極《きわ》子、鍋島榮《なが》子のように子型の名を帯びていたし、女性たちの注目の的となっていた華族女学校（のちの女子学習院）の女生徒には、子型の名が多かった。重要なのは、平民が出生の女児に子型の名をつけることは、きわめて自由になったことである。明治時代の中ごろから中世風の仮名二字二音に子字をつけた名が漸増した。

ノブ子　ふみ子　順子《ジユン》　徳子《とく》　清子《せい》

たとえば、徳子は、中世的な名のトク（とく）に漢字の徳をあて、それに子を付して重箱読みにした名であって、建禮門院・平徳子《のり》の名とは、全く異質のものである。

つぎに人口の大部分を占める士族、平民の女性の名を眺めてみたいが、彼女らは江戸時代末葉および明治時代の出生であった。その関係もあって彼女らの大半の名は、中世的な二音節二字型であった。明治六年の『四郡窮民書上』（附録）は、よくその実態を証示している。

いま旧制高等女学校の同窓会名簿数十冊を通覧してみると、明治時代前半において一般にみられる名は、左のようである（多くは平仮名である。片仮名の名は、便宜上、平仮名に改めた）。

あ行　あい　あか　あき　あさ　あや　いく　いし　いつ　いと　いま　うた　うめ　えい　え（ゑ）み

か行　かう　かく　かつ　かね　かよ　きい　きく　きさ　きそ　きみ　きぬ　きよ　きよう　きん　ぎん　くに　くら　けい　こう　こと

さ行　さく　さだ　さち　さと　さゆ　しげ　しづ　じやう　しん　すず　すみ　すゑ　せい　せつ　せん　そで　その

た行　たい　たか　たき　たけ　たつ　たづ　たま　たみ　ぢう　ちえ　ちか　ちやう　ちよ（千代）　ちゑ　つぎ　つた　つね　つや　つゆ　つる　とき　てい　てつ　てる　とく　とし　とみ　とめ　とも　とよ　とら　とり

な行　なか　なつ　なほ　なみ　なを　ぬい　のぶ

は行　はつ　はな　はま　はる　ひさ　ひろ　ふき　ふく　ふさ　ふじ　ふで　ふみ　ふゆ

ま行　まき　まさ　ます　まち　まつ　まり　みき　みち　みつ　みね　みや　みよ　むめ　むら　もと　ゆう　ゆき

や行　やす　やへ　よし　よね

ら行　らく　りう　りき　りつ　りん　るい　れい　ろく

わ行　わか　わり

これらのうちで最も多いのは、ちよ、はる、はなであるが、ちよだけは初めから千代と漢字で書かれた。女性名に漢字を用いる風は、明治三十年代から増加した。すなわち、

春枝　富喜　静　菊　久　輝　京　喜久　多津　幸　誠

八千代　敏　章

の類である。

戸籍法は、改名を禁じたため、中・上流の女性で旧来の二音節二字型の名に慊《あきた》らぬ人や文筆に親しむ女性は、しばしば子型の擬名を作って通称ないし筆名とした。竹崎順子（本名は、拗音を混えたじゅん）、乃木静子（初めしち、のちしづ）、与謝野晶子（しょう）などがそれである。

名に接尾語の子をつけることは、なんら禁制ではなかったから、明治時代後期になると、親が女児に子型の名をつける風習が流行した。そしてこの流行は、奔流となって大正・昭和時代に突入するのである。

士族、平民の女性の戸籍名に接尾語の子字がつくのは、明

治時代後期において注目される事象であるけれども、もっと重視されるのは、江戸時代後期には出羽國南部、越前國、美濃國、紀伊國、大和國、備前國、伊豫國、日向國南部などに局限されていたいえのよを型の女性名が爆発的に全国に拡汎したことである。その特色は、普通の二音節二字型の名にい（伊、猪、以）、え（枝、恵、重、江）、の（野、乃）、よ（代、世）、を（尾、緒、雄）をつけることであって、いちはやく普及したのである。

としい　たけゐ　きよい　乙猪　初江　静枝　三千恵　初野　八重野　豊野　郁代　菊代　久世　阿佐緒　むめを

明治時代後期には、女性名に漢字を使用するためもあって、男性名と区別のつかぬ名も少なからず現われた。

薫　克美　淳　栄《さかえ》　清　致　節　孝

などがそれである。××み型の名は、江戸時代後期に現われているが、明治時代にはまだ少数であって、潜在していた。新しい感覚の名として喜ばれたのは、左のような名であったが、すでにみたように、江戸時代後期にもその萌芽があった。

みどり（緑、翠）　操　環《たまき》　初音　音羽　栄《さかえ》　菖蒲《あやめ》　みゆき　かをる　しのぶ　常盤　二葉　ともゑ　さつき　楓　土筆《つくし》　美須々

江戸時代後期において広くみられた名で、明治時代にいたってすたれたのは、ア行のみについていえば、

いぬ　いね　いの　いへ　いほ　いろ　うし　えひ　うま　おき　おま

などである。

古くからの名で強靭に存続しているのは、けさとあぐりであって、前者は九州南部に多くみられ、後者は全国的に少ないながらゆきわたっている。前にいえのよを型の名が全国に拡汎したと述べたが、江戸時代後期にこの種の名が多かった地域では、その密度が他の地域より濃いことは、当然であった。たとえば、

①『嚶鳴同窓会名簿』[2]（昭和五十七年版）（山形県山形女子師範・山形高女）
②『有煒會誌』[3]（昭和五十三年版）（山形県酒田高女）
③『社団法人明新会会員名簿』[4]（昭和五十五年版）（福井県福井高女）
④『松南同窓会会員名簿』[5]（昭和四十四年版）（三重県宇治山田高女）
⑤『柳汀会会員名簿』[6]（昭和六十一年版）（奈良県奈良女高師付属高女）
⑥『桜映会会員名簿』[7]（昭和四十六年版）（和歌山県和歌山高女）
⑦『岡山県立岡山操山高等学校同窓会会員名簿』[8]（昭和四十九年版）
⑧『愛媛県立松山高等女学校・松山第二高等学校・愛媛県立松山南高等学校同窓会会員名簿』[9]（昭和四十六年版）

などは、右の傾向を如実に物語っている。一例を挙げると、山形県師範学校女子部を明治二十五～二十八年に卒業した女

性の名は、左のとおりである。

明治二十五年　あや　**かねゐ**　**きちよ**　**きよい**　けいし　づじゅん　しん　**すずゐ**　すみ　せん　**とくゑ**　**とめ**　**の**　のぶ　ふじ　みさを　みよき　るい

明治二十七年[10]　あやせ　きよ　すゑ　せい　**とみを**　**には**　**の**　のぶ　ふき　ます　よね

明治二十八年　いふ　くに　ため　とひ　**ともゑ**　**なづゑ**　ひで　**ふじゑ**　ふみ　**まさゑ**　**松代**　やす

女性名に関して時代の動きを敏感的に反映しているのは、東京の高等女学校の同窓会の名簿、たとえば、

『鷗友会会員名簿』[11]（昭和四十七年版）（東京市東京一高女）

『三輪田学園松操会会員名簿』[12]（昭和五十年版）（東京市三輪田高女）

『白菊会名簿』[13]（昭和五十一年版）（横浜市フェリス女学院中等部）

などである。女性名の変化の動向は相似していても、やはり遠隔地の女学校の生徒には特異な名が少なくない。とくに異色のみられるのは、『あげまき会員名簿』[14]（昭和五十六年版）（秋田県秋田高女）であるが、『青森県立弘前中央高等学校同窓会』[15]（昭和五十年版）、『友の栞』[16]（昭和三十八年版）（宮城県仙台一高女）なども注意される。後者では、いえのよを型の名が多いし、またわくり（和久利）という独自な名がみられる。さらに××じ（路、寿）型の名や他に例の少ない三音節の名（かのえ、うえら、ちさと、なるせ、にしき、きよめ、ことず、ももず、かとり、しんじゅ、みさく、ちるよ、あきつ、かしく）の多いことが重視される。

他方、つぎの同窓会名簿も注意に値している。

①『たちばな会員名簿』[17]（昭和十七年版）（長崎県長崎高女）

②『郁芳会会員名簿』[18]（昭和五十一年版）（佐賀県佐賀高女）

③『清香会会員名簿』[19]（昭和四十三年版）（熊本県熊本一高女）

④『旧鹿児島県立第一高等女学校同窓会名簿』[20]第16号（昭和五十年版）

②について明治三十七年から四十二年までの卒業生のうち変わった名を掲げてみよう。

明治三十七年　*文千代　シサ　チワ　*ケサクイ　マシウ　キケサ　*信千代

明治三十八年　ラン　ヨウ　クン　ソネ　ミレ　つけ　*竹千代　ツサ　つむ

明治三十九年　タヲ　シメ　*竹千代　*末千代　ツモ　*菊千代　*幾千代　リヲ　マシ　ダイ　ツイ　ウラ　イノシエ

明治四十年　ケサ　*富千代　クヨ　トウ　ユク　ミテシメ　クイ　オツテ　*ケサギク　*千代菊　ヨウ　*アサチヨ　やつ　シキ　よお　リラ

明治四十一年　スイ子　トウ　キナ　ヤヲ　*松千代　*益千代　乙兎《をとめ》　マツグイ　テサ子

明治四十二年　ツモ　深雪《みゆき》　ウラ　マシチ　マヤ　キッソヨ　チマ

明治年間における佐賀県の女性名にかなり特異なものがあ

ったことが知られる。同じ肥前国であっても、長崎県の女性名には、これほどの変異性は認められない。＊をつけたものは、混成古代的な女性名である。中島リラというのは、日本ではまことに珍稀な女性名である。

つぎに、熊本県立第一高等女学校についてみると、明治四十年から四十五年に卒業した女性のうち、注意される名は左のようである。

明治四十年　またみ　琴　清香　三世喜《みよき》　とよめ　江の

明治四十一年　卯女《うめ》　葵葉　ちき　*ちよじゆ　安屋《あや》　千代　喜　深谷

明治四十二年　キコ　千鶴《ちづ》　フジユ　夕子《ね》　ミキオ　タチ　シエ　とわ

明治四十三年　チサ　若菜　鸞《らん》　百代《ももよ》　キツ　オワリ　ア　ツシ　*末寿　キヨメ　サ、エ　マトメ　トネ　ジュキ　サワノ　マル　タツミ　藏六

明治四十四年　チゞ　マト　ヤツ　きのゑ　起雲　長女　はき　まい　みどり　さつき　くわ　ミヨキ　*マツジュ　チデ　イサオ　ツム　オホカ　キジュ

明治四十五年　栞　ツグ　正芽《まさめ》　フヨ　定女　芙蓉　照香　なる　キヨメ　三重　イテ　海寿　ソエ　千代於　キセ　オトエ　ミヨキ　肇《はじめ》

つぎに鹿児島県立第一高等女学校について特色のある名を求めると、以下のとおりである。ここでは、いえのよを型の名が割合に多く、××み型もいくぶん存するのに対して、ケサ型の名の検出されぬことが注意をひいている。

明治三十八年（卒業）[21]　ひでみ

明治三十九年　エダ　ミトシ　チホ　小枝《さえ》　タマキ　ツカ　梅香

明治四十一年[22]　*鶴松　ツヨ　エンソウ　ツモ　メイ　トネ　ヤナ　エダ

明治四十二年　ノキ　ハルミ　スマ　サカエ　ヤキ

明治四十三年　いぬ　エチ　瞳《ひとみ》　ミブ　ヒメ　ユノ

明治四十四年　ミワ　チサ　さなへ　モイ　よしね

明治四十五年　美徳（みのり?）　チヨミ　マヨ　マル

初めに明治時代に普通にみられる女性名を掲げておいたけれども、東北地方や九州地方では、変異の多い名や混成古代的な名がまだまだ数多く行われていたことが指摘される。それは、宮崎県太郎坊町についてもすでに述べておいたとおりである（四〇四頁）。

明治生命保険相互会社の集計[23]によると、十二支と女性名との関係も無視できない。

▽明治三十五年（寅年）　とらは、当年生まれの女性の名の第五位、トラは第八位。

▽明治三十七年（辰年）　タツは女性の第一位、たつは第三位。

▽明治四十二年（酉年）　トリは第一位、とりは第四位。

大正年間になると、十二支に因む女性名は、ほとんどみられなくなった。

明治時代には稀ではあるが、欧米でも通用する日本名が現われた。たとえば、譲治（GEORGE〔英、米〕）の類である。その点で最も影響力の大きかったのは、鷗外漁史こと森林太郎（一八六二〜一九二二）である。博士は、長男を於菟（OTTO〔独〕）、二男を不律（FRITZ〔独〕）、三男を類（LOUIS〔独〕）、長女を茉莉（MARIE〔独、仏〕）、次女を杏奴（ANNE〔仏〕）と名づけている。さらに森於菟博士（一八九〇〜一九六七）は、次男を富（TOM〔英、米〕）、三男を礼於（LEO〔独〕）、四男を樊須（HANS〔独〕）、五男を常治（GEORGE）と命名しているのである。

明治時代には、閨秀画家や作家はもちろんのこと、茶道、華道、書道、舞踊、洋楽、和楽、女義太夫、諸工芸などの諸分野にそれぞれ勝れた女性の輩出がみられたうえに、新劇などにも著名な女性が進出した。演劇では、市川九女《くめ》八《はち》（一八三四〜一九一三、本名、守住けい）は、所作事において独歩の評があったし、川上貞奴（一八七一〜一九四六、本名、さだ）は、夫の音二郎とともに新劇を確立し、その主宰した帝国女優養成所からは、森律子（一八九〇〜一九六一）以下の帝劇女優を出した。一方、藤間流別家の家元は、藤間よし（一八二二〜一八八二）―ふぢ（一八六六〜一八八八、のちによしと改名）―かね（一八九二没）―タツ（一九二六没）の四代にわたって東都の舞踊界を指導し、京都の井上流の井上八千代（一七六七〜一八五四、初めの名、サト）―八千代（一七九五〜一八六八、本名、あや）―八千代（一八三八〜一九三八、本名、片山はる）と好対照をなしていた。

明治時代は、芸妓、娼妓の全盛時代であった。写真、印刷術の進歩によって明治三、四十年代には、多数の美人写真帳が刊行されたが、その主役はもっぱら芸妓であって、例外は、明治四十一年に時事新報社が素人女性の中から選び、刊行した『日本美人帖』だけであった。

この時代には嬌名を謳われた名妓が多かった。桂首相の愛妾の新橋出身のお鯉（本名、安藤てる。一八八〇〜一九四八）、鹿島清兵衛（一八六六〜一九二四）の妾（のち、妻）で、のちに零落した主人を最後まで扶助した新橋出の俠妓・ぽん太（本名、ゑつ。一八八一〜一九二五）などは著聞している。同じく新橋の桃太郎は、東都屈指の美妓として艶名が喧伝された。大阪では、南地、富田屋の八千代（本名、遠藤みき。一八八七〜一九二四）の嬌名が高かった。[24]

明治時代の芸妓のほとんどすべては、芸名に漢字を用い、かつ権兵衛名が多かった。また時代を先取りした子型の芸名も少なくなかった（円子、初子、春子、勝子、等々）。しかしいいえのよを型の芸名は、少数であった。芸妓の芸名の一斑は、附録に掲げた東京葭町の芸妓たちの名から察知されよう。

明治時代には、全国いたるところに遊郭の設置が認められた。[25] それらの接客婦は飯盛女ではなく、三業規則によって一定の地域において公認された女郎（公娼）であった。公娼であるため、飯盛女とは違って彼女らは堂々と源氏名を称するにいたった。ほんの一例として、静岡市安倍川町に関する明治二十二年の『静岡全盛花街一覧表』(26)を見ると、どの娼妓も漢字の源氏名を帯びている。ただ蓬萊楼の娼妓四名の源氏名（フロワース、ムーン、スプリング、カインド）のみがすこぶる異色といえる。

新吉原の娼妓たちの源氏名は、『新吉原細見』その他から無数に知ることができる。明治初年に全盛を誇ったのは、金瓶楼の今紫（一八五三〜一九一三）であった。

公娼のほか、全国には多数の私娼街があり、そこには多数の酌婦が群をなしていた。東京の玉の井、亀戸、京都の祇園（乙）、宮川町などは、天下に名を売った私娼窟であった。明治政府は、公娼を認める一方で私娼（密淫）を禁じ、罪科を課した。私娼に対しては各地である程度の取締りはされていたが、五月蠅のようで禁制しきれるものではなく、地方都市や温泉地などでは、当局の事実上の黙認のもとに密淫は平然と行われていた。これらの私娼の接客名は、実名かこれに類した名であった。ここに掲げた新聞記事にみえるコトジは実名とみなされる。××じ型の名（琴路、琴寿）は、地方の平民の間にときおりみられた。映画俳優・上山草人の妻は、名を山川浦路といった。

> 自首の拘留科料
>
> 当市北目町八八番地飲食店加藤半左衛門方雇女鈴木フサ（十七）は、密売淫の科にて拘留七日に、又肴町飲食店鈴木トク方雇人荒井コトジ（十六）は、通行人に上店を勧めたる科にて、科料一円九十五銭に処せられたるも、無資力の為同人の請願により換刑二日に、又福島県伊達郡茂庭村出生当時当市定禅寺通二四番地飲食店菅野ヤソ方雇女鈴木フデ（二四）は、前同断の科にて科料一円五十銭に、同北材木町三二番地飲食店岩崎カシク方雇女増子しな（十九）は同上の科にて同一円に何れも昨日仙台警察署に於て処分せらる。
>
> （『東北日報』〔仙台市〕明治二十五年六月二十六日号）

この辺で暫く琉球の人名を概観しておきたい。琉球文化、したがって琉球方言も、西紀三〜六世紀に本土のそれから分裂したため、人名の方も本土とは様相を異にし、独自の沿革を遂げた。

琉球の人名は、それなりに複雑であるが、これについては、東恩納《ひがしおんな》寛惇《かんじゅん》(27)（一八八二〜一九六三）の開拓者的研究が公にされている。一概にいうならば、琉球人の名は、童名を根幹とし、これに美称、氏の名（姓）、家名、号、名乗、唐名が加わって構成されている。美称は、貴族や士族の童名に付加されたが、平民のそれにはつけられなかった。美称には、接頭語の思（Umi）と眞（Ma）があり、接尾語の金（Gani）があった。貴族の童名には、接頭美称（二つのうちの一語）と接尾美称とをともに付し、士族のそれには、三つの美称のうちの一つをつけた。
思樽金（貴族） 樽金（士族） 樽（Tarï）（平民）
たとえば琉球国の灝王（一七八七〜一八三四）には、妃一人、夫人二人、妻(28)（阿護母志良礼《あごもしられ》）八人がおり、九男一七女がその間に生まれた。これら一一名の後宮の名は、左のとおりである。

王妃　佐敷按司加那志、思龜樽金。順徳と号する。
夫人　具志堅按司、眞松金。
　　古波藏按司、眞鍋樽。号は蘭溪。
妻　小那覇阿護母志良礼《あごもしられ》、眞牛金。福岩。
　　前田阿護母志良礼、眞牛金。蘭室。
　　座喜味阿護母志良礼、眞嘉戸樽。寂照。
　　又吉阿護母志良礼、思戸金。雪庭。
　　宮城阿護母志良礼、眞鶴金。
　　上間阿護母志良礼、眞勢金。
　　仲西阿護母志良礼、思武樽金。慈觀。
　　謝名堂阿護母志良礼、思龜樽。貞室。

右のうち、士族の出は、眞嘉戸樽のみであった。しかし彼女は、灝王の殊寵を蒙って夫人に進み、のちに継妃の位をえた女性であった。(29)彼女らが帯びていた号は、実名敬避のために作られた呼び名であった。歴代の琉球王の王女たちや貴族、士族の生母らの名は、『中山世譜』(30)や『家譜資料』(31)などから容易に知ることができよう。

琉球女性の童名は、美称を取り去ってみれば、割合に単純である。童名には、男女共通のものも存するが、もっぱら女性に用いられる主な名を挙げてみると、左のとおりである。(32)
眞加戸（Makate） 美戸（於戸）（Mito） 牛（Ushi, Môshi）
鶴（Tsirû, Tsira） 樽（Daru） 鍋（Nabî） 志保（Shibû）
音智（Otots） 乙益（Utumashî） 眞津具里（Matsikui）

明治四年の廃藩置県によって薩摩藩が鹿児島県となった際、琉球国は鹿児島県の所轄とされた。翌五年、あらためて琉球藩とされた。ついで廃藩置県が実施されるはずであったが、琉球藩の特殊な内外情勢のために遅延し、明治十二年にいたってようやく琉球藩は廃されて沖縄県が置かれた。明治維新後、日本でいちはやくなされた諸改革は、沖縄でもひとしく実施された。太陽暦の採用、信仰の自由、平民も苗字をもつことなどは、そのいちじるしい変革であった。

明治十一年八月、内務卿・伊藤博文は、琉球藩に命令書を通達し、藩がみだりに真宗の信者を罪科に処したことを責め、釈放を命じた。そのときに釈放された平民女性の名をみると、(33)種類が少なく、同名者があまりにも多いことに驚きを覚えるのである。
うし　思亀《ウミカミ》　思戸《ウミトウ》　おた　乙樽　かな　かま　かめ　つら
にや　ふへ　真牛　まか　ます　まつ　真呉勢　真《マ》蒲戸《カマドゥ》
真鶴　まんつ

明治維新後、さまざまな改革が遂行されるとともに、和風の慣行が怒濤のように琉球方面に押し寄せた。明治時代には、沖縄県では戸籍も未整備であって、改名なども戸籍法の規定に関係なく認められていた。つぎに掲げる金城芳子（一九〇二〜）の言葉(34)は、この辺の事情を的確に伝えているといえよう。

> 私が生まれたのは明治三十五年三月二十八日、那覇の辻町一丁目一番地。戸籍名は知念ヨシ。
>
> しかし実際は、生まれたのは明治三十四年の五月。父が東京遊学中の子どもで、二十歳の若い父親は学生のくせに子どもがいるということを恥ずかしがっていたらしく、届け出を怠った。父の死後小学校へ上がる段になって、母があわてて入学にギリギリ間に合わせて戸籍を作り、こんなことまで自分にさせてお父さんはひどい人だとうらんだのをおぼえている。出生地も、戸籍を届けた時住んでいたところで、その前に二度か三度引っ越したからあやしい。名前は幼いころにはマヅル、愛称はマージューだった。母はヨシと届け出た。知念ヨシではどうも座りが悪いので、また自分で芳子と直したのが今の名前である。
>
> こういうことが昔はよくあった。ことし生誕百年祭を迎える伊波普猷先生も、年譜では明治九年二月二十日となっているが、実はこれは旧暦で、新暦では四月になるらしい。
>
> 名前も、私が幼稚園のころの女の子の名は、ほとんどモウシ、ツル、ナベ、カメ、つまりモウシー、チルー、ナビー、カミー、だった。それが女学校のころには同じ人がカオルとか、ヒデ、栄子とか、大和名に変わっていた。生まれた子どもに祖父や祖母の名をつけるという旧来の習慣がまだ守られていたのが、社会の激変でそれではあきたらなくなり、現代風に直す風潮になったのだろう。

沖縄県に高等女学校が設置されたのは、明治三十三年（一九〇〇）のことであったが、同年七月の開校式で演説したときの大田朝敷の言葉、「くしゃみすることまで他府県通りにせよ」(35)は、すこぶる有名であって、それは沖縄文化の本土志向を如実に物語っている。そして女性名も本土のそれに倣おうとしたのであった。

明治三十六年には私立沖縄高等女学校は県立となり（三年課程）、明治三十七年三月に第一回の卒業生を送り出した(36)。『沖縄女師一高女同窓会会員名簿』（昭和八年版）は、沖縄の女性名の変化を具体的に指証している。ここでいう沖縄型の名とは、

ウシ　ウト　オト　オミト　カナ　カマ　カマド　カミ
カメ　ごぜ　ツル　ナベ　マウシ　マカト　マカメ　マカ
マゴセイ　マツル　マナベ　ムタ

のようなものを指している。次頁の表が示すとおり、明治時代に入ると沖縄型は急減して全体の半分となった。そして大正十二年ごろからは一〇パーセント台に落ちたのである。一方、二音節二文字からなる本土の中世型はかなり早く増加し、明治四十年代出生の女性の場合、全体の五〇〜六〇パーセントを占めるにいたった。子型の名も、明治四十年代の出生者

表7　沖縄の女性名の変化（沖縄第一高女の卒業生の場合）
（　）内は、沖縄型の名の全体に対する百分率

卒業年月	卒業者数	沖縄型	本土中世型	子型	いえのよを型	その他
明治三十七年三月	9	4 (44)	4	0	1	0
明治四十年三月	27	14 (51)	9	2	1	1
明治四十四年三月	64	31 (48)	27	4	2	0
大正四年三月	65	34 (52)	24	5	2	0
大正八年三月	69	20 (30)	30	18	0	1
大正十二年三月	85	10 (11)	46	21	7	1
昭和二年三月	127	22 (17)	75	21	8	1
昭和六年三月	144	18 (12)	83	38	4	1

から順調に伸びている。

　ところで、昭和二十年の沖縄戦で悲壮な死を遂げた女生徒は、沖縄県立第一高等女学校の場合、生徒二一一名に達し、いずれもが「ひめゆりの塔」に合祀されている。その匿名[37]をみると、誰しもが昭和二～五年の誕生であるが、その九八パーセントが子型の名を帯び、いえのよを型と二音節二字型の名がわずかに存する程度である。重要なのは、沖縄型の名が全くみられぬことである。明治時代から大正・昭和前半時代にかけての沖縄女性の名の変化は、以上のように激しいものであった。

　なお、沖縄ほどではないけれども、本土から隔絶していたため、奄美群島の住民の名も独特であった。ここには琉球と同じ男女名が存するとともに、混成古代的な名も多数残存していた（鶴菊、亀松、千代鍋、等々）。なによりも驚異を覚えるのは、アグリという女性が非常に多いことである。大島や徳之島では、明治時代において男女名の和風化が急速に進行したのであった。[38] 奄美大島の女性名になにゆえにアグリ（阿具里とも記される）がかくも繁衍していたかは、将来の大きな研究課題であろう。

　眼を北方に転ずると、アイヌに対する和人の政策は、四転した。すなわち、㈠前松前藩治時代、㈡前幕府直轄時代、㈢後松前藩治時代、㈣後幕府直轄時代である。㈣は、安政二年（一八五五）二月から開拓使が設置された明治二年（一八六九）七月までである。そのころ、帝政ロシアはしきりに北辺を侵略しつつあったため、幕府もこれを警戒して種々対策を講じた。その対策の一つは、アイヌに対する同化政策であって、和語を教え、和様の名に改めるよう奨励した。[39]

　著者には、アイヌの人名について説明する能力はないけれども、アイヌの女性の名が和風の女性名に変化した過程は、その概略を述べることができる。

　幕府の同化政策の一環として、北海道では人別帳が宗門改めのためではなく、戸籍として作成された。現存する元治・慶応年間の人別帳[40]（北見國紋別郡）によると、アイヌ語の人名で記載されたものと、のちに和名がこれに併記されたものと

の二種類がみられる。ルペシ村の項にみえる「娘　エヤマッ事　すみ」などがその例である。ところが開拓使の時代になると、和風の苗字と名とが強制され、アイヌ語の名の方は、公的には廃語となった。たとえば、明治九年八月一日調の『北見国紋別郡古民姓名改取調書』(41)には、左のようにみえる。

紋別村貳番屋敷　畑山重太郎
□五十三年
妻　とわ
□四十一年十一ヶ月
廃ヲキコ
長男　重蔵
□十八年二ヶ月
廃イクフカンテ
長女　かう
□十三年一ヶ月
廃ウ子コ
二女　た免
□七年九ヶ月
廃ヲケマヱ
三女　をと
□二年一ヶ月
廃ヲキク

紋別村九番屋敷　坂崎八重作
□九年七ヶ月
廃ヤヱタラム
母　こと
□五十二年十一ヶ月
廃コシユツケシ
姉　くめ
□三十年二ヶ月
廃シレチシ
姉　は満
□十二年九ヶ月
廃サヱリコマツ

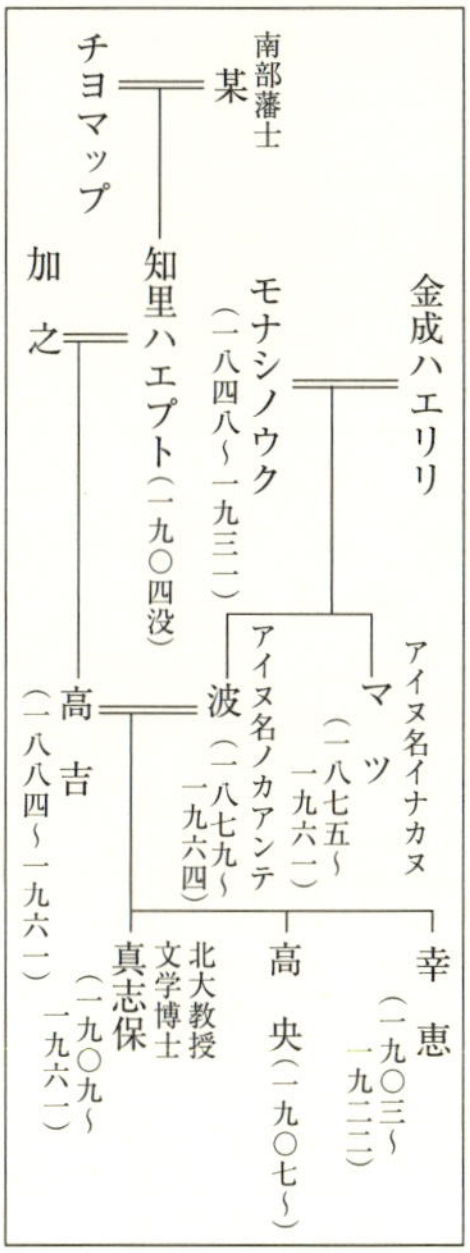

しかし、大正・昭和時代にいたっても、老齢のアイヌ女性は、アイヌ名を深く脳裡に刻んでいた。「ユーカラ」の伝承者としてあまりにも有名な金成《かんなり》マツ（一八七五〜一九六一）は、幌別（現在、登別町）の大酋長・カンナリ家の出であって、アイヌ名をイナカヌといった。その母のモナシノウクは、金田一京助博士が「アイヌの最後の最大の叙事詩人《ユーカラクル》」と絶賛した

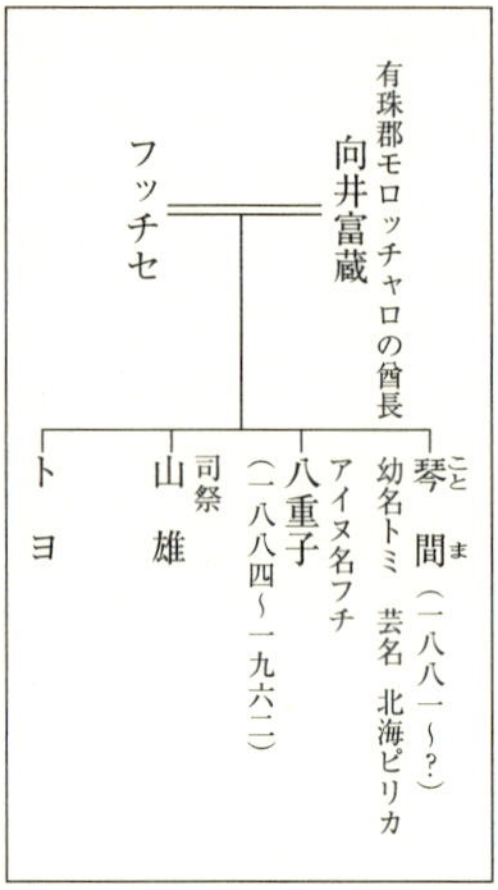

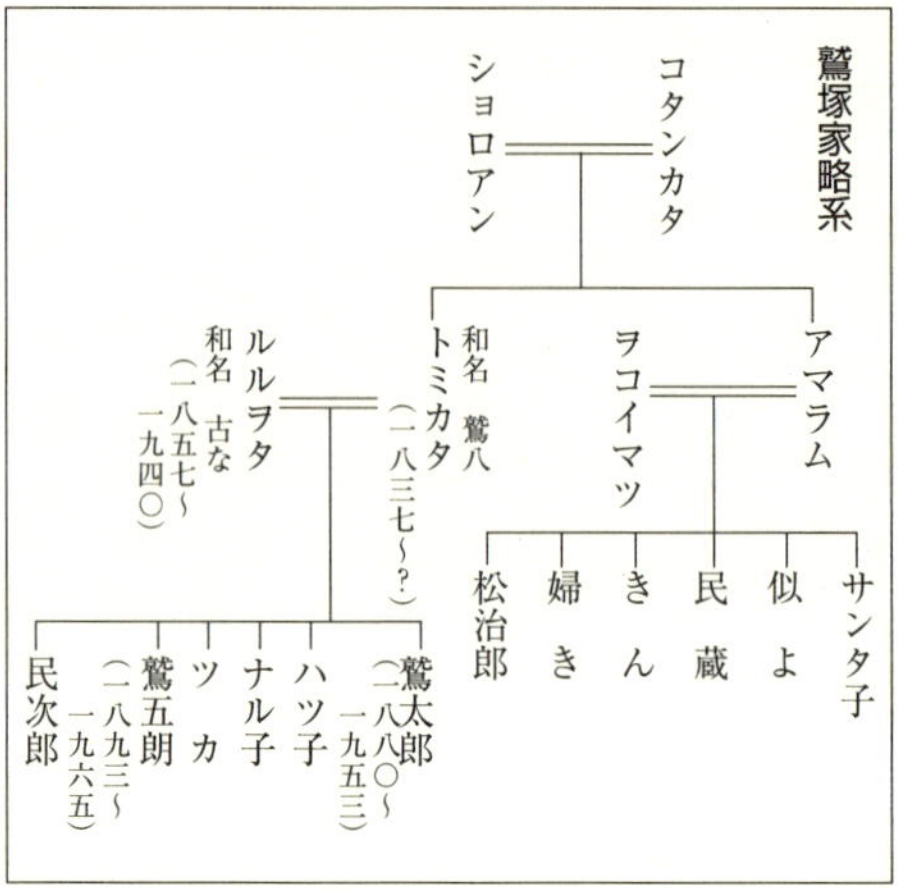

人。[42]孫の真志保[43]（一九〇九～一九六一）は、アイヌ語学者として知られ、また幸恵[44]は『アイヌ神謡集』の著者であるが、早世したのであった（一九〇三～一九二二）。

金成家のマツと波は、アイヌ研究とアイヌへの伝道に生涯を捧げたバチェラー（John Batchelor, 1854～1944）のもとで早くから勉学したが、その関係でバチェラーの養女格のバチェラー・八重子とも親密であった。八重子のアイヌ名のフチは、老婆という意味であった。八重子も伝道に生涯をかけたが、その歌集『若き同族《ウタリ》に』（東京、昭和六年）は、アイヌ女性の苦悩の記録として著名である。[45]

藤本英夫氏は、松浦武四郎（一八一八～一八八八）を案内した静内郡マクンベツ村（日高支庁静内町農屋）の酋長・コタンカタの家系を人別帳その他によって復原されているが[46]、アイヌの女性名の一端やその和名化の過程は、それによって窺うことができよう。

なお、昭和二十九年八月、北海道巡幸の今上天皇の前でアイヌの即興詩《ヤイサマ》を唄ったのは、天才的な「ユーカラ」伝承者として知られていた旭川市の杉村キナラブック（一八八八～一九七四）であった。彼女の祖父は、松浦武四郎の案内役を買ったトミパセであった。[47]

二　近代中期（大正・昭和前半時代）

大正・昭和前半時代をもって近代中期とするが、実年代の上では大正元年から昭和二十年までの約三〇年間に該当している。昭和二十年で切ったのは、単に第二次大戦が終結したという政治的、社会的な理由によるばかりではない。より具体的には、昭和二十一年に当用漢字が定められ、これに昭和二十六年に人名用漢字が追加され、日本人の命名が大きな影響を蒙ったからである。

大正・昭和前半時代は、子型の名の全盛期であった。皇族や華族たちの間では、伝統に従って子型の名が使用されていたのは、言うまでもないが、一般人の間でも新生の女児に子型の名をつける風潮が昂まってきた。

第一生命保険相互会社が試みた集計[1]によると、新生女児に対する命名の頻度数は、明治四十年から四十四年まで「チヨ」が第一位であったが、四十四年には子型の「ヨシコ」が第二位に進出した。そして大正元年には新年号に因んだ「正子」が進出し、首座についた。爾来、子型名は第五位までを独占するにいたったし、「ヨシコ」は、昭和元年まで第一位の塁を守った。

昭和二年には、年号に因んだ「カズコ」が第一位となったものの、永くはつづかず、昭和六年には、「ヨシコ」に首座を明け渡したのであった。

このように、明治から大正の初年にかけて子型の名は大いに繁衍し、中世風な二音節二字型の名を制圧していった。そしてそうした子型名進出の原動力は、上流社会の令嬢が学ぶ華族女学校（女子学習院の前身）にあったと推測される。

女性名の子型化を調べるうえでは、女子学習院の同窓会である常磐会が出している『常磐会会員名簿』は、あまり役立たない。この名簿は、本人に敬意を表するため、二音節二字型の名に子を加え、子型の名として表記しているためである。たとえば、明治二十七年卒業の有馬いよは有馬いよ子、長坂としは今村（婚家の苗字）利子と記されているのである。その点では、『女子学習院五十年史』[2]に収録されている「卒業修了及修業者竝入園者名簿」の方は、名前に関する信憑性が高いのである。後者の名簿によると、華族女学校の明治二十八年七月の卒業者と同期生（途中退学者）は、五〇名であったが、うち二六名は子型の名を帯びていた（五二パーセント）。つまり明治二十八年の卒業生にいたって子型の名は、他を制したのであった。

明治時代に入っても、一般人の多くは、まだまだ子型の名を敬避していた。しかし一般人も子型の名を使用してもよいという社会的な容認が普及するにつれて、子型の名を帯びた女性の数は漸増した。東京府立第一高等女学校についていえば、子型名の卒業生の数が過半を制したのは、女子学習院より三一年も遅れた大正十五年のことであった。すなわちこの年、府立一高女の卒業生一五四名のうち、子型名の者は八八名に達し、ようやく全体の半分以上となったのである（五七パーセント）。

子型名が卒業生の半数以上に達したのは、地方の高等女学校では、昭和十二、三年のことであった。

昭和十二年　福島県立福島高等女学校　五三パーセント（一一〇名）

昭和十二年　三重県立宇治山田高等女学校　五〇パーセント（九二名）

		第1位	第2位	第3位	第4位	第5位
1906	明治39年	ハ　ル	キ　ヨ	チ　ヨ	ヨ　シ	キ　ミ
1907	明治40年	チ　ヨ	キ　ヨ	ハ　ル	キ　ミ	ミ　ツ
1908	明治41年	チ　ヨ	ハ　ル	キ　ヨ	キ　ミ	ハ　ナ
1909	明治42年	チ　ヨ	ハ　ル	ヨ　シ	フ　ミ	キ　ヨ
1910	明治43年	チ　ヨ	キ　ヨ	ヨシコ	ヨ　シ	ハ　ル
1911	明治44年	チ　ヨ	ヨシコ	キ　ヨ	ハ　ル	キ　ミ
1912	大正元年	マサコ	ヨシコ	フミコ	キ　ミ	チ　ヨ
1913	大正2年	ヨシコ	フミコ	フ　ミ	マサコ	キ　ミ
1914	大正3年	マサコ	ヨシコ	キ　ヨ	フミコ	トシコ
1915	大正4年	ヨシコ	マサコ	キ　ミ	フミコ	チ　ヨ
1916	大正5年	ヨシコ	トシコ	マサコ	キヨコ	フミコ
1917	大正6年	ヨシコ	フミコ	トシコ	マサコ	キヨコ
1918	大正7年	ヨシコ	トシコ	フミコ	キヨコ	マサコ
1919	大正8年	ヨシコ	ヒサコ	トシコ	フミコ	キヨコ
1920	大正9年	ヨシコ	フミコ	トシコ	キヨコ	マサコ
1921	大正10年	ヨシコ	フミコ	トシコ	キヨコ	キミコ
1922	大正11年	ヨシコ	トシコ	フミコ	マサコ	キヨコ
1923	大正12年	ヨシコ	トシコ	マサコ	フミコ	キヨコ
1924	大正13年	ヨシコ	トシコ	フミコ	キヨコ	マサコ
1925	大正14年	ヨシコ	トシコ	フミコ	キヨコ	キミコ

（第一生命の調査による）

昭和十三年　佐賀県立佐賀高等女学校　五六パーセント（八七名）

当時の女学生は、一七、八歳で卒業した。昭和十二、三年より十七、八年遡った大正九年（一九二〇）前後において、新生女児の過半数が子型の名をつけられたことが了解される。

しかしながら子型の名が増加はしても、当時の女性全体についてみるならば、子型の名はまだまだ少数派に属しており、圧倒的多数の女性は明治時代の出生であり、大半が中世的な二音節二字型の名を帯びていた。それどころか江戸時代末葉に生まれた、二音節二字型の名の女性たちもまだ数多く生存していた。現在、六〇代以上の人びとの祖父母などは多く江戸末期の出生であって、若い時分には彼らに接した方々も多いと思う。大正年間には維新の元勲たちの未亡人（西郷イト、三條治子、伊藤梅子、大隈綾子、品川英子、等々）もまだ余生を送っていた。

大いに普及した子型の女性名についてみると、それらはいくつかの型に分類される。

①a　漢字一字を用い、訓読みした古典的な子型名（俊子、為子、

		第1位	第2位	第3位	第4位	第5位
1926	昭和元年	ヨシコ	トシコ	テルコ	フミコ	キヨコ
1927	昭和2年	カズコ	ヨシコ	テルコ	トシコ	アキコ
1928	昭和3年	カズコ	ヨシコ	トシコ	セツコ	フミコ
1929	昭和4年	カズコ	ヨシコ	トシコ	ミヨコ	フミコ
1930	昭和5年	カズコ	ヨシコ	トシコ	ミチコ	マサコ
1931	昭和6年	ヨシコ	カズコ	トシコ	ミチコ	マサコ
1932	昭和7年	ヨシコ	カズコ	トシコ	ミチコ	サチコ
1933	昭和8年	ヨシコ	カズコ	トシコ	ヒロコ	ミチコ
1934	昭和9年	ヨシコ	ヒロコ	カズコ	トシコ	ミチコ
1935	昭和10年	ヨシコ	ヒロコ	カズコ	トシコ	マサコ
1936	昭和11年	ヨシコ	マサコ	ヒロコ	カズコ	サチコ
1937	昭和12年	ヨシコ	ヒロコ	カズコ	ケイコ	マサコ
1938	昭和13年	ヒロコ	ヨシコ	カズコ	ケイコ	マサコ
1939	昭和14年	ヒロコ	カズコ	ヨシコ	トシコ	ミチコ
1940	昭和15年	ノリコ	ヒロコ	ヨシコ	ケイコ	ヨウコ
1941	昭和16年	ヒロコ	カズコ	ヨシコ	ケイコ	ヨウコ
1942	昭和17年	ヨウコ	ヒロコ	カズコ	ケイコ	ヨシコ
1943	昭和18年	ヨウコ	ヒロコ	カズコ	ケイコ	ヨシコ
1944	昭和19年	ヒロコ	ヨウコ	カズコ	ケイコ	ヨシコ
1945	昭和20年	カズコ	ヒロコ	ケイコ	ヨシコ	マサコ

表8　明治39年より昭和20年までの新生女児名の順位表

和《かず》子、義子、芳子、等々）。

①b　形は右と同じであるが、公家訓みをした子型名（福《よし》子、和《より》子、節《きだ》子、順《あや》子、恵《やす》子、等々）。

①c　形は①aと同じであるが、江戸時代後期から明治時代にかけて好んで用いられた子型名（花子、宮子、鶴子、朝《あさ》子、等々）。

②漢字一字を音読みにした重箱読みの子型名（節《せつ》子、愛《あい》子、徳《とく》子、圭《けい》子、等々）。これには、拗音の漢字名もふくまれる（京子、純子、淳《じゅん》子、等々）。

③漢字二字を音仮名に用いた重箱読みの子型名（緋佐《ひさ》子、摩耶子、多佳子、等々）。

④漢字二字を訓仮名に用いた子型名（八重子、小夜《さよ》子、千代子、日《ひ》出《で》子、等々）。

⑤音仮名、訓仮名各一字を混用した子型名（嘉代《カヨ》子、知江《チエ》子、加津《カツ》子、貴美《キミ》子、等々）。

⑥仮名と漢字の子を混ぜ書きにした子型名（てる子、サチ子、すみ子、等々）。

⑦仮名書きの子型名（ようこ、あきこ、トキコ、等々。林芙美子の本名は、フミコ〔図151〕）。

⑧漢字一字を三音節で読んだ子型名（実《みのる》子、薫《かをる》子、操《みさを》子、等々）。

子型の名には、しばしば母音ないし撥音を除去した漢字が用いられたが、これは万葉仮名以来の伝統的な用法によるものであった。

栄美《えみ》子　登用《とよ》子　祐理《ゆり》子　楠花《なか》子　真凜《まり》子

この時期には、一風変わった子型の名もみられた。大正期においては、大杉栄（一八八五〜一九二三）が伊藤野枝（一八九五〜一九二三、本名はノヱ）との間にできた二人の娘を魔《ま》子

（一九一七〜）、エマ（一九一九〜）と名づけたことが著聞している。魔子と命名したのは、「大杉としては〝悪魔〟よばわりする野枝と自分に対する一般常識への抵抗のつもりであった」(3)という。エマは、野枝が自分の敬愛するエンマ・ゴールドマン（EMMA GOLDMANN）に因んで名づけたものであった。(4)なお、婦人運動家として著名な近藤真柄（本名は、まがら。一九〇三〜一九八三）は、伊藤野枝らと親しかった堺利彦の娘として知られている。また西條八十《やそ》（一八九二〜一九七〇）は、大正九年（一九二〇）に生まれた娘をいかにも詩人らしく嫩子《ふたば》と命名したことであった。(5)

看過してならないのは、いえのよを型の名が大正・昭和前半時代において子型名に追随する形で繁延したことである。たとえば、大正七年、兵庫県立神戸高等女学校を卒業した一〇四名のうち、一二人がこの型の名を帯びていたのである。(6)

いさを　清枝　桐江　こまゑ　しづゑ　多喜代　たけを
千代野　ハルエ　富士江　政江　よしゑ

江戸時代末期に始まった三音節の××み（美）型はまだ低調であり、むしろ男性の方にこの型の名が多かった。日本史学界の長老であった黒板勝美（一八七四〜一九四六）博士の名はあまねく知られている。女性名としての××み型の名が新たに脚光を浴びたのは、大正十三年、谷崎潤一郎が『痴人の愛』(7)において、潑剌奔放なモダン・ガールの典型としてナオミなる女性を登場させたときであった。

奈良時代以来の女性名・あぐりは、この時代にもしぶとく遺存していた。石川子爵家のあぐり夫人(8)（一九二六〜）や吉行淳之介氏の母堂・あぐりさん（一九〇八〜）などの名が挙げられよう。

この時代の文壇、芸能界においては、女性たちの種々雑多な筆名、雅号、芸名がみられた。女性名史の上で重視されるのは、大正二年七月、宝塚唱歌隊—宝塚少女歌劇団の前身—が創設され、第一期生として一六名の少女たちの採用をみたことである。(9)生徒たちの大部分は、清新な子型の芸名を帯びていた。その中には百人一首に因んだ洗練された名が多かった（小倉みゆき、逢坂関子、関守須磨子、大江文子、等々）。これらの芸名は、劇団の創始者で、当時、有馬電鉄（阪急の前身）の専務であった小林一三（一八七三〜一九五七）の発想によっていた。劇団が大発展を遂げるにつれて、生徒たちの新鮮ですっきりした芸名は、ファンたる少女たちの胸に深く刻み込まれたのであった。

この時分における花街の女性たちの芸名や源氏名は、前代とあまり変わっていなかった。それは、たとえば『断腸亭日乗』(10)にみえる花街の多数の女性たちの名から察知される。

大正四年ごろ、東京や大阪にエプロン姿の女給をおいたカフェーが現われた。そして大正十年ごろからカフェーには美人女給がおかれ、それは新しい遊興の場となった。初め女給の接客名は、「お××」であったが、のちには子型の名が多くなった。永井荷風の『つゆのあとさき』（昭和六年発表）のヒロインの美人女給・君江のモデルは、荷風と情交関係のあった銀座の「タイガー」の女給・お久であったが、彼女の本名は古田ひさであった。[11] また問題となった広津和郎の『女給』[12] のヒロインは、女給の小夜子であった。

三　近代後期（昭和後半時代）

近代後期は、最近代とも称され、昭和二十一年から昭和時代の最後までの四〇余年に該当している。前にも触れたとおり、昭和二十一年には当用漢字が選定され、同二十六年には人名用漢字一六六字がこれに加えられた。その後、人名用漢字については問題が生じ、世論もきびしかったので、昭和五十一年には、「人名用漢字追加表」が、さらに昭和五十六年十月には、「人名用漢字別表」が制定され、新生児の名は、これらによらなければ登記できぬこととなった。

昭和後半時代の人名については、幾種類かの概説書が公にされている。人名の集計も、第百生命、明治生命、第一生命によって試みられている。とくに後者の場合は、最も新しい集計であって、同社と契約している一一、〇九八、八三三名（昭和六十一年三月末日現在）の苗字と名前を資料とし、それらの年代的変化と地方的分布の実態が詳細に究明されている。(1)

同社の広報部は、おびただしい数にのぼる女性名を整理・分析したうえで、左のような所見を公にしている。(2) ただ一つ残念なのは、女性名がすべて片仮名で処理されていることである。

①昭和六十一年における女性名の頻度を調べ、多い方から数えて順位五〇位までの名を表示すると、別表（四七八頁）のとおりである。

②それによると、「ケイコ」が首位を占め、「ヨウコ」、「ヨシコ」、「ヒロコ」がほぼ同じ割合でこれにつづくが、第三二位までが子型の名である。また拗音をふくんだ漢字（京、純など）の音を二音節とみなすと、子型の名はすべてが二音節である。

③第一〇位までで子型の名は、全女性名の一六パーセントを占め、第二〇位までで数えると、二六パーセント強となる。

④生年別に女性名をみると、男性名に較べて変化が激しい。明治四十四年出生の女性までは、「チヨ」、「ハル」といった中世型の二音節の名が上位を独占していた。大正元年になって「マサコ」（正子）が第一位となり、以後、子型名が首位をつづける。とくに大正年間は、「ヨシコ」の全盛期であって、一三年間も首座の地位を占めつづけていた。

⑤昭和二年から五年までの間に「カズコ」（和子）が第一位となったが、昭和六年から十二年までの七年間には、「ヨシコ」が返り咲いて首座についた。同二十年からふたたび「カズコ」が第一位についたものの、昭和二十二年に「ケイコ」が第一位にのし上り、爾来、三八年間、首座の塁を守った。

⑥昭和三十九年から四十一年までは、子型の名は、第一位の座を「マユミ」という××み型の名に明け渡した。しかしその後に子型の名はまた首座に復した。ことに「ユウコ」は、昭和四十七年から五十四年まで八年にわたって首位を

人名用漢字　（一九八一年一〇月）

人の名には、常用漢字一九四五字のほかに、左に掲げる一六六字を用いることができる

丑　丞　乃　之　也　＊亘　亥　亦　亨　亮
伊　伍　伶　佑　侑　允　冴　匡　卯　只
吾　呂　哉　喬　嘉　圭　尭　奈　孟　宏
寅　峻　嵩　嶺　＊巌　巳　巴　庄　弘　＊弥
彦　彬　怜　悌　惇　惟　惣　慧　敦　斐
旦　旭　昂　昌　晃　晋　智　暢　朋　李
杏　栗　桂　桐　梓　梢　梨　楓　楠　槙
橘　欣　欽　毅　汐　沙　洵　洸　浩　淳
＊渚　渥　熊　爾　＊猪　玲　＊琢　瑛　瑞　瑠
瑶　璃　甫　皓　眸　睦　瞳　矩　碧　磯
＊祐　＊禄　＊禎　稔　＊穣　笹　紗　紘　絢　綾
緋　翔　翠　耶　聡　肇　胤　脩　艶　芙
苑　茉　茜　莉　萌　萩　葵　蓉　蔦　蕗
藍　藤　蘭　虎　虹　蝶　諒　赳　輔　辰
迪　遥　遼　那　郁　酉　錦　鎌　阿　隼
霞　靖　須　頌　馨　駒　駿　鮎　鯉　鯛
鳩　鶴　鷹　鹿　麿　亀

このうち、＊印を付けた一〇字は、次の字体を用いることも認められている

亙　巖　彌　渚　猪　琢　祐　祿　禎　穰

保ちつづけた。

⑦昭和五十五年（一九八〇）は、特別の年であって、「エミ」が第一位となり、第二位を「カオリ」、第四位を「リエ」、そして第五位を「メグミ」が占め、子型の名の後退が始まった。

⑧昭和五十六年、五十七年、五十九年には、「ユウコ」が第一位となったけれども、第二位以下は、二音節ないし三音節の名がつづいた。昭和五十八年、六十年には「ユカ」が第一位についたうえに、とくに六十年にいたっては、子型名は、上位の五位のうち一つも占めなかった。

右の見解は、周到な集計によって導かれたものであり、大いに傾聴に値している。ただ毎年の新生女児の名に関しては、ある程度の保留が必要であろう。なぜならば、生命保険の契約者は、老年層にすこぶる多く、嬰児、童女の層は、はなはだ薄いからである。

第一生命の所見は穏当であるけれども、これを尊重する場合、つぎのような配慮が必要である。

①頻度の第一位、ないし高度の順位を他の型に譲りはしても、全国の女性の間では子型の名は最多数を占めていること。これは、子型の名が新生女児の半数以上を占めた昭和前半時代に生まれた女性が婦人人口の過半におよんでいる近代後期においては、当然のことであろう。

②辺陲の地には、和風化されない独自の名を帯びた女性が少なからず生活していること。

③全く少数ではあるが、江戸時代末期に出生した老女がまだ在世していること。

江戸時代末期に出生した人びとはしだいに減少し、昭和六十一年二月二十一日に、一二〇歳の高齢をもって逝去した泉重千代を最後として、後を絶ったけれども、昭和三十、四十年代には、安政期から明治初年にかけて出生した人びとは、相当数が生存していた。その中で注意をひくのは、命名の和風化に乗り遅れた沖縄や奄美群島（鹿児島県大島郡）の女性たちの名である。すなわち、大島郡に関しては、

阿えつる　赤女　あっちゃ　さんふ　たらこて　たんめ　とつかめ　坊《ぼ》ん　バア　めきよて　めんちゃ

また沖縄については、

ウサ　ウト　カマダ　チル　マシ　マドガマ　ムタ　モウシ

などのような名が注目される。(3)

これらのうち、尚師坊《たかしぼ》んは、大島郡笠利《かさり》町の人で、安政六年九月二十日に生まれ、昭和四十四年五月十八日、一一〇歳で没した。坊んというのは他にあまり例のない珍稀な名であ

順位	名　前	1,000人につき	順位	名　前	1,000人につき
1	ケイコ	22.59人	26	エイコ	8.70人
2	ヨウコ	18.43	27	チエコ	8.69
3	ヨシコ	18.15	28	ユキコ	8.65
4	ヒロコ	18.00	29	ヒサコ	8.02
5	カズコ	16.26	30	ミヨコ	7.80
6	ミチコ	14.81	31	ユミコ	7.80
7	マサコ	14.70	32	ノブコ	7.79
8	サチコ	13.56	33	マユミ	7.74
9	トシコ	13.17	34	ヒロミ	7.61
10	ノリコ	13.00	35	エツコ	7.32
11	キョウコ	11.37	36	スミコ	6.92
12	フミコ	11.15	37	ヨシエ	6.82
13	ジュンコ	11.02	38	クミコ	6.77
14	トモコ	10.70	39	アケミ	6.25
15	アキコ	10.17	40	ヒデコ	6.06
16	セツコ	9.92	41	アツコ	6.03
17	ミツコ	9.64	42	トミコ	5.84
18	レイコ	9.61	43	アヤコ	5.76
19	ユウコ	9.57	44	カズエ	5.72
20	エミコ	9.22	45	テルコ	5.70
21	ヤスコ	9.15	46	ミユキ	5.39
22	タカコ	9.02	47	カヨコ	5.38
23	キミコ	9.00	48	マリコ	5.10
24	キヨコ	8.85	49	シゲコ	4.97
25	ミエコ	8.80	50	シズコ	4.89

表9　最も数多い（昭和61年）女性名の頻度順位

（第一生命の調査による）

る。また大川めんちゃは、大島郡徳之島町に住み、明治八年二月七日に出生し、昭和五十四年五月二十九日、享年一〇四歳で他界している。[4]

各地に点々と生存している江戸末葉生まれの女性たちには、変わった名の人がみられた。[5]

タセ（鹿児島）、タジュ、シュカ、モカ、ノヂ、ルイ（熊本）、ノシ（佐賀）、ヱキ、わん（大分）、アサカ、ヱノ、ヤク、テヲ（福岡）、ムヤ（愛媛）、ヰセ（広島）、タノ（岡山）、にい（三重）、ヨセ、くる（長野）、のき（石川）、きくのぶ（静岡）、すげ、リカ（神奈川）、かん（東京）、きゐ（埼玉）、たつた（宮城）、トマ（岩手）、キリ、サム、イナ（北海道）

近代後期の女性名を考究するに際しては、たとえ辺陲的ないし点在的な事象ではあっても、右に掲げたような事柄を没却してはならぬであろう。

近代後期には、明治時代に生まれた女性が多数存していた。大部分は、仮名二字二音節または三音節の名を帯びていたが、それらは変化に富んでいた。変わっている例の一端を示そう。[6]

あいえ　アイキ　あえ　あきお　あきく　あきと　アキへ
あぐい　明子《あけこ》　あやの　伊以　五百子　いさほ　いさみ
いす　磯路　イテ　いほ　いん　ウギ　うし　槌代《うつよ》　うと
ウバ　うら　うん　エシ　えそ　エマ　エミ　オキナ　オ
ギエ　オシエ　オチセ　落実《おちみ》　オノ枝

これらの名の多くには、江戸時代においてすでに前例のあるものが多い。落実は、廃娼運動で著名な久布白《くぶしろ》落実[7]（一八八二～一九七二）である（熊本県出身）。オシエは、看護婦の絹谷オシエ（一九〇九～）であるが、みずからも広島で被爆したにもかかわらず、献身的に看護に努め、第十七回ナイチンゲール賞を受章したことで知られている。[8]明治生まれの女性には、いえのよを型に属する変わった名をもつ人が少なくなかった。落実の三音節の名は、当時としては珍しかった。前にも述べたように、三音節の名は江戸時代に由来している。明治時代に入って少しずつふえてはきたが（緑、操、環、薫、弥生、[9]等々）、のちに大展開する名とはみえなかった。

大正・昭和前半時代において子型の名がいちじるしく繁衍し、ついにその年の新生女児の名の過半を制するにいたったことや、子型の名が八種類に分けられることは、すでに述べたところである。

前に掲げた表にみるように、子型名が第一～五位を独占していたときでも、個々の名の順序には年によって異動があった。また必ずしも高位にならなくても、その年に人気をあつめた子型の名もあった。すなわち、皇太子の御成婚のあった三十四年には、「美智子」株が上昇し、第五位に達している。「真知子」という名の人気にも消長があった。早くこの名を押し出したのは、野上弥生《やえ》子であった。[10]しかし人気を博したのは、戦後であった。すなわち昭和二十七年、菊田一夫（一九〇八～一九七三）の脚本『君の名は』[11]がラジオ・ドラマとして放送され、圧倒的な人気を呼んだ。翌年には映画化され、岸恵子がヒロイン・氏家真知子の役を演じ、大当りをとった。

岸の服装、すなわちショールの真知子巻は、全国に流行した。第一生命広報部の御教示によると、マチコの頻度数は、つぎのように変化している。

昭和二十三年　四七位
昭和二十四年　四二位
昭和二十五年　三八位
昭和二十六年　三〇位
昭和二十七年　二四位
昭和二十八年　一四位
昭和二十九年　三三位
昭和三十年以降ベスト五〇位に入らず。

		第1位	第2位	第3位	第4位	第5位
1946	昭和21年	カズコ	ケイコ	ヒロコ	ミチコ	ヨシコ
1947	昭和22年	ケイコ	ヒロコ	カズコ	ミチコ	ヨウコ
1948	昭和23年	ケイコ	ヨウコ	ミチコ	ヒロコ	ヨシコ
1949	昭和24年	ケイコ	ヨウコ	ヒロコ	ミチコ	カズコ
1950	昭和25年	ケイコ	ヨウコ	カズコ	ミチコ	ヨシコ
1951	昭和26年	ケイコ	ヨウコ	カズコ	ヒロコ	ミチコ
1952	昭和27年	ケイコ	ヨウコ	カズコ	ヒロコ	ミチコ
1953	昭和28年	ケイコ	ヨウコ	ヒロコ	ミチコ	キョウコ
1954	昭和29年	ケイコ	ヨウコ	ヒロコ	キョウコ	ミチコ
1955	昭和30年	ケイコ	ヨウコ	キョウコ	ヒロコ	ノリコ
1956	昭和31年	ケイコ	ヨウコ	ヒロコ	ノリコ	キョウコ
1957	昭和32年	ケイコ	ヨウコ	ヒロコ	ノリコ	キョウコ
1958	昭和33年	ケイコ	ヒロコ	ヨウコ	ユウコ	ノリコ
1959	昭和34年	ケイコ	トモコ	ノリコ	ヨウコ	ミチコ
1960	昭和35年	ヒロコ	ヒロミ	ケイコ	ノリコ	ユウコ
1961	昭和36年	ケイコ	ヒロミ	ヒロコ	マユミ	ジュンコ
1962	昭和37年	ケイコ	ヒロミ	マユミ	ヒロコ	ヨウコ
1963	昭和38年	ケイコ	マユミ	ヒロミ	ノリコ	ヨウコ
1964	昭和39年	マユミ	ケイコ	ヒロミ	ユウコ	ノリコ
1965	昭和40年	マユミ	ケイコ	ヒロミ	アケミ	トモコ

（第一生命の調査による）

一つ注意を要するのは、父の偏諱をもらって子型の名とする慣習は、平安時代から江戸時代末葉までつづいていたが、明治時代に入ってからすたれたことである。明治時代における公家華族の女性たちは、父の偏諱とは関係なく、適当な漢字を選んで子型の名としていた。これからみれば、入江たか子（一九一一〜）の名は異例であるが、それは芸名であるためである。彼女は、子爵・東坊城《ひがしぼうじょう》徳長《よしなが》（一八六九〜一九二二）の娘であって、名を英子《ひで》といったのである。(12) その点、侯爵・嵯峨実《さね》勝《とう》（一八八七〜一九六六）が、娘を浩《ひろ》（一九一四〜一九八七）と名づけたのは、異例の命名であった(13)（四一二頁参照）。

近代後期に入っては、男女とも名前は多様化した（複雑化ではない）。女性名の場合は、漢字の制限は男性ほどに影響しなかった。圓は正字であって登録はできないし、略字の円は金銭の単位であって、名としては好ましくはない。結局、平仮名の「つぶら」ないし「まどか」で届け出ることになる

		第１位	第２位	第３位	第４位	第５位
1966	昭和41年	マユミ	ヒロミ	ケイコ	ヨウコ	トモコ
1967	昭和42年	ヨウコ	マユミ	ケイコ	ヒロミ	ユウコ
1968	昭和43年	ケイコ	マユミ	ナオミ	ヨウコ	ユウコ
1969	昭和44年	トモコ	ケイコ	ヨウコ	ユウコ	ノリコ
1970	昭和45年	ヒロミ	ヨウコ	トモコ	ケイコ	ユウコ
1971	昭和46年	ヨウコ	ユウコ	カオリ	トモコ	ケイコ
1972	昭和47年	ユウコ	メグミ	トモコ	ジュンコ	マユミ
1973	昭和48年	ユウコ	マユミ	メグミ	アキコ	カオリ
1974	昭和49年	ユウコ	アキコ	マユミ	ヨウコ	トモコ
1975	昭和50年	ユウコ	アキコ	トモコ	ジュンコ	ヒロミ
1976	昭和51年	ユウコ	トモコ	アキコ	ヒロミ	メグミ
1977	昭和52年	ユウコ	トモコ	アキコ	ヒロミ	メグミ
1978	昭和53年	ユウコ	トモコ	ケイコ	メグミ	アキコ
1979	昭和54年	ユウコ	トモコ	メグミ	アキコ	カオリ
1980	昭和55年	エ　ミ	カオリ	ユウコ	リ　エ	メグミ
1981	昭和56年	ユウコ	メグミ	ユ　カ	カオリ	アキコ
1982	昭和57年	ユウコ	ユ　カ	メグミ	カオリ	アユミ
1983	昭和58年	ユ　カ	メグミ	ユウコ	カオリ	ミ　カ
1984	昭和59年	ユウコ	ユ　カ	マ　イ	メグミ	アユミ
1985	昭和60年	ユ　カ	カオリ	アユミ	マ　イ	ユ　キ

表10　生年別にみた女性名の頻度数

のである。

　総じて日本人には、ものに飽きやすく、変化を求める習性がある。名についても、『赤ちゃんの名前』といった命名の指南書が日本ほど多種多様に発売されている国はない。それだけに親たちは、嬰児の命名に苦労する。漢字を多く用いる国柄だけあって、漢字の画数による姓名判断も一部に流行しており、この種の参考書もいろいろと出版されている。(14) 平仮名の名前の場合には、いったん、片仮名に直して画数を数える。ハについていえば、ハは二画、パは三画、バは四画である。姓名判断の結果、凶名を改め、これを吉名に変えて通称とした例は、女性の間にときおり見受けられる。現行の戸籍法では、姓名判断の結果による改名が認められないことは述べるまでもない。改名が認められるのは、つぎの場合に限られている。

①僧籍に入ったとき、また還俗したとき。

②素封家や老舗などの古い家柄で、その名跡が信用の象徴である場合（襲名が認可されても、変体仮名の名、当用漢字、人名用漢字以外の名は、登録できない）。

③戸籍上の実名がそのまま芸名となり、その芸名を襲名する場合（これは、その芸名の変更が一国の文化の発展に役立つと認められたときに限る）。

④父母の悪趣味や迷信から公衆の面前に出せないような珍名、奇名がつけられている場合。

　昭和二十九年生まれの京都市上京区に住む一女性であるが（とくに姓を略す）、父親は彼女が結婚して男の子、女の子を多数産むことを祈念して男女《おめ》子と名づけた（悪趣味）。彼女は、所轄の家庭裁判所に変名申請書を提出せず、相撲の「男女ノ川」に因んで、この字を「ミナコ」と訓んで事をすましている。

近代後期には、外国の女性名を漢字で表記する森鷗外式の命名もよく見受けられる。樹里や珠里は、フランスのJULIEに、安奈は英独仏伊諸国のANNA、ロシアのAННAに対応している。由川恵美理[15]の名は、英米のEMILYによっている。椎木留音[16]は、フランスのRENÉEよりとったものである。また二田原阿里沙[17]の名は、フランスのALISSAに由来している。

近代後期には、マリ（真理、茉莉、毬、麻理、等々）が急増している。明らかに森鷗外は、フランスの女性名MARIEに因んで長女に命名したのであるが、戦後はその語の国際性、柔かな音韻、字面のよさ（真理）から非常に好まれるようになった。しかし少ないながらこれは日本の中世にあった名であって、古い例としては、寛永二十一年の河内國冨田林村の万改帳[18]にみえる「下女まり年十」が挙げられよう[19]。

作家の武林無想庵（本名は、盛一。一八八〇～一九六二）は、大正九年にもと記者の中平文子を後妻に迎え、翌十一年に生まれた娘をイヴォンヌと名づけた[20]。言うまでもなくフランスの女性名IVONNEをとった名である。横浜国立大学の吉村忠典教授（ローマ史専攻。一九二五～）は、真理子夫人との間に生まれた三人の娘に、それぞれおりが、えれな、らりさと命名されている。おりがは、最もロシア的な女性名のOльгаを採ったものである。

日本で最も早く採用された百済系の女性名あぐりは、奈良時代以来たくましく生き抜いて今日にいたっている。現在では、前記の吉行あぐりさんを初めとして、日本画家の内田あぐりさん（一九四九～）の名が想起される。札幌市には、芸の上手なあぐりという芸妓がいた[21]。

ともあれ、近代後期には、変わった名や復古的な名が少なくない。昭和五十九年三月、第二回キャビン戯曲賞を受賞したのは、奈良教育大学学生の小野小町さん（一九六四～）であった。式部という名は、女性名としても稀にみられる。仙台市片平町尋常小学校を大正十五年三月に卒業した著者の同窓生には、和泉しきぶさんがいた。作家・有吉佐和子は、母堂を秋津さん（一九〇四～）といったが、娘（一九六三～）の名にはとくに腐心し、玉青《たまお》と名づけた。これなどは、いかにも作家らしい命名である。玉青という名は、字面は違っていても、原あさを（雅名は、阿佐緒、一八八八～一九六九）や奥むめを（一八九五～）などと同様に、いえのよを型の系列に属する名であろう。

××せという型の名は、近代において稀に存する。俳人・加藤知世《ちせ》子[22]（一九一一～一九八七）の本名は、チヨセであった。××せは、大名の奥女中の名などに由来しているようである。現在でも、子型の擬名を通称、雅名、芸名、俳名などに用いている人が少なくない。淡谷のり子（本名は、のり）、フラメンコ・ダンサーの長嶺ヤス子（本名は、泰。一九三六～）などは、この種の名である。

ところで、昭和五十五年以降の新生女児の名に焦点を絞ってみたい。この課題を解明するうえで好都合なのは、『京都新聞』に連載されていた「赤ちゃん」欄である。これは、京都市全域で出生したすべての新生児の名、親の名と住所を毎日報道する企画であった[23]。いま昭和五十九年、六十年の「赤ちゃん」にみえる新生の女児の名のうち頻出するもの、変っているものを選んで掲げてみよう。

中世復帰型　愛　藍　亜希　亜美　彩《あや》　亜耶　郁　絵舞《えま》
恵美　恵理　佳奈　佳代　希美　恵《けい》　紗知　志保　樹里
翔《しょう》　妙《たえ》　千恵　知佳　千鶴　淑《とし》　奈央《なお》　奈々《なな》　麻美　麻衣
舞　真央《まお》　真希《まき》　真奈　真帆　真美　麻耶　麻由　真代
真理　茉莉　美恵　未央《みお》　美香　美佳　美樹　美久《く》　美紗
美奈　美穂　芽衣《めい》　萠《もえ》　唯《ゆい》　優《ゆう》　有香《ゆか》　由佳《ゆか》　友香《ゆか》　友美
裕美《ゆみ》　悠里《ゆり》　由紀《ゆき》　友里　理恵　理絵　里香　梨沙　里奈
里穂　瑠衣《るい》　瑠美　瑠里　麗《れい》　玲奈《れな》　怜美《れみ》　和香《わか》

三音節型　茜《あかね》　明日香　梓　あゆみ　歩《あゆみ》　安奈《あんな》　杏奈《あんな》　絵
里香　香織《かおり》　香里《かおり》　梢《こずえ》　沙織　さやか　小百合　詩織《しおり》　静
香　知里《ちさと》　千春　千波　手児奈《てこな》　渚《なぎさ》　なつき　のぞみ　晴
香　春菜《はるな》　瞳　まどか　麻梨亜　美咲《みさく》　美鈴《みすず》　美苑　光穂《みつほ》
都《みやこ》　美幸《みゆき》　めぐみ　もなみ　弥生　ゆかり　優佳里　百合
香　優里奈　若菜

美型　加津美　彩由美《さゆみ》　知恵美　千穂美　直美　菜奈美
裕美　真由美　真弓《まゆみ》

子型　綾子　佳《か》詠《え》子　久美子　恵《けい》子　純子　聖《せい》子　智子
奈津子　典《のり》子　寛《ひろ》子　麻衣子　真彩《さ》子　真知子　真理子
美智子　光子　美菜子　美和子　元子　桃子　靖子　結子
優子　友香子　由紀子　由美子　由梨子　陽子　洋子　蘭
子　理恵子　良子　涼子　瑠璃子　礼子

いえのよを型　香奈絵　樹久恵　久美恵　多実枝　ともえ
（巴）　幸江　幸恵　祐美絵　友野　春野　琴代　鈴代　光
代　百《もも》代　紅緒《べにを》　麻里緒

右にみるとおり、圧倒的多数の名が漢字で表記されている。しかし漢字そのものの数は、意外にも限られており、左のような漢字の人気が高い。

衣　絵　恵　佳　香　紗　穂　真　千　奈　美　舞　有
里　梨

読みが困難な名も見受けられる（槇君子、美沙織、章幹子、洋好、美心、枝泉、蓮銀、春今、良守、行理、千聖、等々）。しかしそれらを別とすれば、おびただしい名前は、五類型に分けられ、一見、複雑に思われても、それは見かけにすぎず、多様ではあっても複雑なものではないことが了解されるのである。

最近代の新生女児の名は、以上のとおり五類に分けられる。まず、中世復帰型は、漢字による表記をやめて仮名で表わすと、中世的な二音節二字の名に化すのであって、表面だけの新型である。

子型の名は、ここでも八類に分けられるが、公家訓みの二音節型はほとんど影を潜めている。一般に女性名の方が男性名よりも人気者の名に影響されやすい。恵子や麻衣子の流行は、岸恵子（一九三二〜）と娘の麻衣子（一九六三〜）の存在と無関係ではあるまい。聖子や慶子の増加した背後には、松田聖子《せい》（本名は、蒲池法子。一九六二〜）や松坂慶子《けい》（一九五二〜）の影響が感知される。子型の名には、前にも触れたように、古典的なもの（智子、寛子、光子、元子のような）と後世に作られたもの（理恵子、純子《じゅん》、陽子《よう》のごとき）との区別がある。新生女児にみられる頻度数の順位では後退しても、最近代の全国の女性の過半の名は、この型に属している。

××み型では、真由美、裕美が一時的に突進した。しかし昭和四十二年以降は、低迷をつづけ、伸び悩んでいる。いえいのよを型の名は、子型のそれと消長をともにしている。したがって最近代では生気がなく、これまた伸び悩みの状態である。それにしても、昭和五十九年、六十年に京都市に生まれた女児に百恵という名が一つも見受けられなかったのは、奇妙なことである。

三音節の名は、漢字で記されるにせよ、仮名書きであるにせよ、最近代を特色づけているすっきりしたものである。京都市でみられたもののほかに、

あおい　あんず　いづみ　えりも　かえで　木ノ実　さつき　すみれ　ちどり　ちひろ　葉月　ひかり　ひとみ　ほなみ　真澄　みさき　みのり　みやま　むつみ

のような名が各種の名簿にたやすく見いだされる。これらは、大部分が平仮名で記されている。なお、漢字一字の場合、男訓みと女訓みの区別がある。

薫（かおる（男）／かおり（女））　望（のぞむ（男）／のぞみ（女））

女性名の将来を予測することは至難であるが、今後、三音節の名は伸びていく可能性が多い一方、子型は容易に凋落しないように思われる。

最近代の女性名は、諸芸全般にわたり多様化している。芸名でも、歌手、ダンサー、女優等々種類が多い。昭和三十三年四月、売春防止法が実施されて公娼は停廃され、娼妓の源氏名はみられなくなった。芸妓の人口は激減したけれども、京都の祇園、東京の新橋、赤坂、柳橋などにはまだ多勢の芸妓がおり、前代に相似た芸名を帯びている。

戦前のカフェーはその名をバーと変えて存続しており、女給の名はホステスに変わった。公娼の廃止は特殊浴場の簇生を促し、一方ではヌード劇場の設立を招いた。これらの設備で働くホステスやダンサーもそれぞれ、接客名や芸名をもっている。なかでも珍奇な芸名は、漫才を業とする女性に多い。(24) 文学、音楽、芸術、茶道、華道より漫才にいたるまでの各種の業にたずさわる女性たちの名については、また機会を改めて概観することとしたいと思う。

注

概観　日本女性の名

1　財団法人古代学協会編『丹生―大分県丹生遺跡発掘調査概報』綜括篇（京都、昭和四十三年）、参照。

2　人間と人類との異同については、角田文衛『古代史通論』第一冊（大阪、昭和二十五年）三頁以下参照。なお、最近の労作としては、磯野直秀『ヒトと人間―文明の発達と生きものとしての人間―』（東京、昭和四十九年）がある。人間とは文化学的概念である。これに対応する語は、「動物」（Tier, animal）ではなく、「けだもの」（Vieh, beast）である。現代においても、「けだもの」と認定される人類が少なくない。

3　この問題については、やや古い文献ではあるが、ソ連の人類学者・プナークの研究は、現在なお重視される。Бунак, В. В., Происхождение рече по данным антроподогии（Труды Института Этнографии, нов. сер., т. XVI, Москва, 1951）; тоже самой, Речь и интеллект, стадии их раэвития в антропогенезе（Труды Иститута Этнографии, нов. сер., т. XCII, 1966）.

4　最近の一例としては、ブラジル国ミナス・ジェライス州（Minas Gerais）のオリゾンテ町（Horizonte）に住む農婦カルモ・ド・フィーサス（Carmo do Fisas）が一九五六年に産んだ猿人少女マリア（Maria）が世界の話題となっている。そのくわしい紹介と多数の写真は、『猿人少女マリア』（『週刊女性』第十五巻第二十八号掲載、東京、昭和四十六年七月十七日発行）にみられる。

5　くわしくは、Mommsen, Th., *Die römische Eigennamen der republikanischen und augusteischen Zeit*（in desselbe, *Römische Forschungen*, Bd. I, Berlin, 1864, nachgedruckt, Hildesheim, 1962）参照。

6　Cic., *mur*., 27.

7　Sandys, J.E., *Latin Epigraphy, 2nd. ed.*（*Cambridge*, 1927）, pp. 209～210, 参照。

8　エトルスキの女性名については、Buonamici, G., *Epigrafia Etrusca*（Firenze, 1931）参照。さらにラテン語女性名とエトルスキの女性名については、Cagnat, R., *Cours d' Épigraphie Latine*, 3me éd.（Paris, 1898）, p. 37～57 ; Schulze, W., *Zur Geschichte Lateinischer Eigennamen*, 2. Aufl.（Berlin, Zürich und Dublin, 1966）（これは、エトルスキとラテン人の氏名、家名、地名に関する詳細をきわめた研究であるが、個人名、とくに女性名については、あまり論究されていない）を参照されたい。

9　古代ギリシアの女性名は、いくらでもPape, W. und G. Benseler, *Wörterbuch der griechischen Eigennamen*, 2 Bde.（Braunschweig, 1. Aufl. 1862 ; 3. Aufl, 1911 ; nachdrck der 3. Aufl., Graz, 1959）から検索することができる。ヘレニズム時代の女性名についてはMacurdy, G. H., *Hellenistic Queens*（Baltimor and London, 1932 ; new ed. New York, 1977）が参考になるであろう。

10　千野栄一『人名学と言語学』（『言語』第六巻第一号掲載、東京、昭和五十一年）参照。

11　島村修治『世界の姓名』（東京、昭和五十二年）。

12　『新訂増補国史大系』第五十八巻から第六十巻下に収められている。同叢書別巻二は、『尊卑分脈』の索引にあてられている。

13　洋装本十八冊として、名著出版から上梓されている（本文十五巻、索引三巻、東京、昭和四十八年～昭和五十二年）。

14　新版は続群書類従完成会からA５判洋装本二十六冊として上梓されている（東京、昭和三十九年初版）。

15　会田範治『近世女流文人伝』（改訂増補版、東京、昭和三十六年）一八八～一九六頁。なお、賀茂眞淵自筆の門人録（吉川弘文館版『賀茂眞淵全集』第十二巻所収、東京、昭和七年）参照。

16 『古事記伝』二十之巻。

17 『和訓栞』巻三（東京、明治三十六年）於の部。

18 『四季草』秋上、女の名に於の字付る事。『四季草』は活版本はない。名種の木版は、著名図書館には、いずれも架蔵されている。同様な見解は、『貞丈雑記』（『故実叢書』第一巻）巻之二にも述べられている。

19 上、下二巻からなり、別名を『撈海一得』といい、『日本随筆大成』一期第七巻などに収録されている。

20 「伊勢系図」（『続群書類従』巻第百四十一所収）。

21 前掲『貞丈雑記』巻之二。

22 『玉勝間』八の巻、男の名にも某子（ナニコ）といへる事。

23 『群書類従』巻第七十三所収。

24 『古人名称考』、『兄弟姉妹人名略表』、『答問五則』は、共に『栗里先生雑著』（東京、明治三十四年）巻九に収録されている。

25 小泉八雲『日本の女性の名』（平井呈一訳）（恒文社版『全訳小泉八雲作品集』第九巻所収、東京、昭和三十九年）。

26 穂積陳重『諱に関する疑』（『帝国学士院第一部論集』邦文第二号掲載、東京、大正八年）。

27 同右『実名敬避俗研究』（東京、大正十五年初版〔著者の逝去直後の出版〕）。

28 穂積重遠博士はつとに『離縁状と縁切寺』（『法学協会雑誌』第四十巻第十一、十二号連載、東京、大正十一年）と『縁切寺満徳寺』（『同上、第四十一巻第二、三、九、十号連載、大正十二年）を発表されたが、のち『離婚制度の研究』（東京、大正十三年）を刊行するにさいし、これら二論文をそれに収録された。それより二〇年近くたって、博士はこれら両論文に補訂をくわえ、『離縁状と縁切寺』と題して刊行された（東京、昭和十七年）。

29 東恩納寛惇『琉球人名考 附位階制度』（『爐辺叢書』中の一冊、東京、大正十四年、なお昭和五十二年複刻〔東京〕）。なお、『流球人名考』と『流球人名考補遺』とは、『東恩納寛惇全集』６（東京、昭和五十四年）に収録されている。

30 厖大な量にのぼる馬路村の文書、記録は、同志社大学人文科学研究所によって整理され、昭和三十二年十月、『馬路村資料目録（京都府亀岡市馬路町自治会蔵）』と題して同所より刊行されている（Ｂ５孔版、全二二一頁）。この資料にふくまれた『宗旨御改帳』は、江戸時代のもの（最古は、寛政五年六月）二二〇通、明治初期のもの九通、『人別帳』は江戸時代のもの（最古は、宝暦十二年六月）一六通を数える。ほかに明治初期の戸籍関係の書類六七点が見られる。

31 寿岳章子『女の名前』（阪倉篤義・寿岳章子・樺島忠夫共著『現代のことば』所収、東京、昭和三十五年）、同『日本歴史にみる女性の名前』（『歴史読本』第二十二巻第一号掲載、東京、昭和五十二年）。同『日本人の名前』（東京、昭和五十四年）、寿岳章子・樺島忠夫『女のなまえ』（『計量国語学』７所収、東京、昭和三十三年）、その他。

32 ただ同教授は歴史学者でないため、下總國海上郡木内（きのうち）荘の地頭から興起した木内家（桓武平氏）の系図を無批判に（本文批判なしに）信用し、江戸時代の木内家に八重子、照子、美知子等々のごとき子型の女性名が数多く存したと説かれているのは（前掲『日本人の名前』五二頁）遺憾である。この系図は明治になってから補訂されたものである。

33 岩淵悦太郎・柴田武『名づけ』（東京、昭和三十九年）、六五頁以下。

34 井伊家文書（彦根市、井伊大老記念館所蔵）元禄八年六月十二日付『彦根大洞弁財天建立鳥目寄帳・世田谷弐拾箇村御帳』（『世田谷区史料』第三集所収、東京、昭和三十五年）。

35 岩淵・柴田、前掲書、三九頁。

36 佐久間英『お名前拝見』（東京、昭和三十九年）、三二頁。

37 『大正十五年三月片平丁尋常小学校卒業記念』（仙台市、大正十五年）〔卒業記念アルバム〕。

38 『国書総目録』第一巻一五八頁。なお、『古事類苑』姓氏部五九八～五九九頁には、本書の一部が引用されている。

39 皆川完一『古事類苑』月報８（東京、昭和四十二年）。

40 『国書総目録』第六巻二七五頁、第七巻五九一～五九二頁参照。
41 荒木良造『名乗辞典』（東京、昭和三十四年初版）。
42 Капул Н. П., Сроварь Японскихфамилий(Москва, 1949).
43 Koop. A.J. and B. INADA (ed.), *Meiji Benran* 銘字便覧. *Japanese Names and Hew to read them* (London, 1972).
44 渡辺三男『日本人の名まえ』（昭和四十二年、毎日新聞社発行）。ただし、昭和四十六年に再版したときは、『日本の人名』と改題された。
45 角田文衞「藤原袁比良」（『古代文化』第六巻第五号掲載、京都、昭和三十六年）（同著『律令国家の展開』収録、東京、昭和四十年）。
46 同右「紫式部の本名」（『古代文化』第十一巻第一号掲載、京都、昭和三十八年）（同著『紫式部とその時代』収録、東京、昭和四十一年）。
47 同右「池の禅尼」（『古代文化』第二十六巻第十号掲載、京都、昭和四十九年）（同著『王朝の明暗』収録、東京、昭和五十二年）。
48 同右「袈裟御前」（『古代文化』第二十八巻第五号掲載、京都、昭和五十一年）（前掲『王朝の明暗』収録）。
49 角田文衞「マリ子さん」（『土車』第五号掲載、京都、昭和五十三年）。
50 杉本つとむ『女の名―イザナミノミコトから麻美まで―』（同著『女のことば誌』所収、東京、昭和五十年）。
51 長徳三年五月二十日付「内蔵貴子解」（『平安遺文』第二巻所収）。
52 『名前のはやりすたり』（第百生命保険相互会社『News Release』no. 24掲載、東京、昭和四十八年）。
53 森岡健二『日本人の名前』（『言語』第六巻第一号掲載、東京、昭和五十二年）。
54 吉田澄夫『名まえとその文字』（文化庁国語シリーズ『漢学』東京、昭和四十九年）。
55 この点、島村、前掲書、および小泉保『西欧人の名前』（『言語』第六巻第一号掲載、東京、昭和五十二年）は、有益な知識を提供してくれる。
56 小泉、前掲論文。
57 元慶元年二月二十二日、同閏二月七日、同十三日紀。
58 天明六年三月付『陸奥国伊達郡石母田村当午宗門一宗限御改帳』（『国見町史』第2巻所収、福島県国見町、昭和四十八年）。
59 『ヘンゼルとグレーテル』（岩波文庫版『改訳グリム童話集』〔金田鬼一訳〕第一冊、第十七話、昭和二十九年初版）。
60 WITHYCOMBE, E. G., *The oxford Dictionary of English Christian Names* 2nd ed. (Oxford, 1950), p. 145.
61 前注参照。
62 PARTRIDGE, E., *Name Your Child* (London, 1968).
63 FRANKLYN, J., *A Dictionary of Nicknames* (London, 1962).
64 中国の字については、島村、前掲書、二六七～二六九頁参照。
65 『源氏物語』（少女）に、「字つくることは東（ひんがし）の院にてし給ふ」とみえるのは、夕霧が大学に入ったとき、その中国式の字が博士により二條院で撰定されたことを示している。
66 会田範治・原田春乃共著『改訂増補近世女流文人伝』（東京、昭和三十六年）二九頁以下。
67 渾名については、岡田光雄氏（一九三一～）の独特な著作『アダナの辞典』（東京、昭和四十八年）があって、重宝である。
68 角田文衞『日本の後宮』（東京、昭和四十八年）三五七頁。
69 渡辺三男、前掲書、二一六頁。
70 『日本近代文学大事典』第三巻（東京、昭和五十二年）五五～五六頁。なお、『橋本多佳子句集』（角川文庫）がある。
71 高群逸枝編『大日本女性人名辞典』（東京、昭和十一年）、五二八頁。
72 狩野快庵編『狂歌人名辞書』（東京、昭和三年版、京都、昭和五十二年複刻）。
73 『松竹七十年史』（東京、昭和三十九年）四二九～四三〇頁。
74 瀧川政次郎『遊女の歴史』（東京、昭和四十年）五三頁。
75 神護景雲三年五月二十五日紀。
76 宝治元年正月二十日付「得阿弥陀佛畠地譲状」（『鎌倉遺文』第六巻、所収）。

77 『柳営婦女伝系』巻之八。
78 『大日本史料』第六編之二十六、八二四頁以下。
79 誉号については『望月仏教大辞典』第五巻、四九三七〜四九三八頁参照。
80 「静寛院宮略御年譜」（『静寛院宮御日記』上、所収、東京、昭和二年）、武部敏夫『和宮』（『人物叢書』124、東京、昭和四十年）一四一頁。
81 太政官訳『日本西教史』上巻（東京、大正二年）六八九頁以下、参照。
82 田村襄次『おたあジュリア調査報告書』（平田都・田村襄次共著『おたあジュリア』所収、東京、昭和四十四年初版、五十年再版）。
83 女院号については、龍粛『女院制の成立』（同著『平安時代』所収、東京、昭和三十七年）参照。
84 『本朝皇胤紹運録』。
85 前掲「静寛院宮略御年譜」および武部、前掲書、七六頁。
86 天平宝字二年八月一日紀。
87 『一代要記』甲集。
88 『皇年代略記』仁明天皇条。
89 延暦八年十二月二十九日紀。

第一部　古代

1　大和時代

1 日本上代の実名敬避の習俗については、世界的見地からこれを詳論した穂積陳重博士の前掲の名著『実名敬避俗研究』（東京、大正十五年）がある。
2 もっとも、天宇受賣命の宇は宗の誤りで、「宗受（すず）」は鈴の義であり、これを巫女的な名とする金井氏の説がある。金井典美『天宇受賣命の呼称と性格―上代における「宇」の字の問題―』（『古代文化』第二十五巻第七・八合併号掲載、京都、昭和四十八年）参照。しかし著者は、「うず」（髻華）の原義がなんであれ、宇受（珍）賣は、珍彦に対応する女性名と考えたい。溝口駒三『古語拾遺精義』（東京、昭和十年）一二三頁、参看。
3 允恭天皇二十四年六月紀。なお、「允恭記」参照。
4 崇神天皇十年九月紀。
5 大伴連狹手彦については、竹内・山田・平野共編『日本古代人名辞典』第二巻、三五九〜三六〇頁参照。
6 これは、大和の額田部氏の女性を乳母としたための命名であろう。
7 小姉君は、蘇我大臣稲目の娘たちのうち、次女を意味する呼び名であろう。実名ではない。
8 『古事記伝』四十四之巻。
9 天智天皇七年二月戊寅紀。おそらくこれは、菟野馬飼連氏の婦人または百濟系の菟野首氏の女性を乳母とされていたためであろう。
10 『上宮聖徳法王帝説』。
11 tonusi → tonzi → tozi.
12 欽明天皇元年九月五日紀、敏達天皇四年正月紀是月条。
13 天武天皇十年二月二十九日紀。
14 用明天皇元年正月一日紀。
15 敏達天皇十三年是歳紀。
16 『元興寺縁起』には「斯末賣（しまめ）」と記されている。
17 『元興寺縁起』には、「等己（とき）賣」とある。
18 敏達天皇十三年是歳紀、『元興寺縁起』。
19 同右三十二年九月丙子紀。

2　奈良時代前期

1 『大日本古文書』巻一、『寧楽遺文』上巻に収録されている。
2 香火皇女を想起されたい。

3　この婦人は、文武元年丁酉の出生である。

4　『藤原宮木簡』一（京都、昭和五十三年）による。

5　この型は、男性名に対応する。たとえば、坂本臣糠（あら）手（推古天皇十八年十月十七日紀）、土師娑婆連猪（ゐ）手（皇極天皇二年九月十七日紀）、息長眞手王（敏達天皇四年正月紀）。なおこの型の古い例としては、酢香手姫（すかてひめ）皇女（用明即位前紀）の名が挙げられる。

6　「手古」は、「手兒」の義で、㈠父母の手に抱き育てられている幼児を意味し（『万葉集』（巻第十四、第三四八五番（東歌））、㈡転じて、年若い女、乙女を指す。『万葉集』（巻第九、第一八〇八番）などに見える「手兒奈」は手兒を親んでいった語。「な」は、「せな」にみるとおり、親愛の意を添える接尾語。手兒を実名に用いれば、「手古賣」となる。

7　この身を十二支の巳とみなす説がある。松崎英一「所謂「因幡国戸籍」の作成年次」（『古代文化』第二十七巻第一号掲載、京都、昭和五十年）参照。しかし同じ「み」でも巳は甲類音、身は乙類音であるから、かれこれ混同されるわけはなかった。また馬身賣、身賣、石身賣は、巳年の生まれではない。

8　対応する男性名には、吉備韓子那多利（継体天皇二十四年九月紀）などがある。女神の名にも、この型がみられる。菊理（くくり）媛神（神代紀）。

9　これに対応する男性名としては、たとえば、韓嶋勝裟婆（天智天皇十年十一月十日紀）がある。

10　これに対応する男性名としては、たとえば、阿斗連阿加布（天武元年六月二十六日紀）がある。

11　十二支による命名法があったことは、早く前田太郎『動物名に因んだ古代の人名』（『歴史地理』第二十九巻第四号掲載、東京、大正六年）によって指摘されている。より精細に研究した労作としては、岸俊男『十二支と古代人名――籍帳記載年齢考――』（同著『日本古代籍帳の研究』所収、東京、昭和四十八年）がある。

12　たとえば、水沢真奈さん（『同志社高等学校同窓会名簿、1974』一七一頁〔昭和三十九年卒業〕京都、昭和四十九年）（岡山大名誉教授・安藤孝行〔つら〕氏の娘）。

13　たとえば、楠サヤさん（『郁芳会会員名簿』〔県立佐賀高等女学校同窓会名簿〕、佐賀市、昭和五十一年、四頁）。

14　角田文衞「マリ子さん」（『土車』第五号掲載、京都、昭和五十三年）参照。

15　たとえば、小野タヲさん（前掲『郁芳会会員名簿』四頁）。

16　新見吉治『壬申戸籍成立に関する研究』（東京、昭和三十四年）一八八頁参照。

17　たとえば、『富田林市史』第四巻（大阪府富田林市、昭和四十七年）二六九、二八六、三〇五頁参照。

18　前掲『富田林市史』第四巻、三〇二頁参照。また中村媛子さん（阪田商会社長・中村茂彦氏母堂）が京都市に住んでおられる。

19　たとえば、『和歌山市史』第六巻（和歌山市、昭和五十一年）八三頁、一三三頁参照。

20　東京帝室博物館編『天平地宝』（東京、昭和十二年）、図版第十一、十二、二三～二四頁、角田文衞「伊福吉部徳足比賣―采女の問題に触れて―」（『青陵』第二十号、橿原市、昭和四十七年）、その他。

21　天武元年六月二十四日紀。

22　欽明天皇二年正月戊寅紀。

23　持統天皇八年三月己亥紀。

24　文武天皇四年十一月二十八日紀。

25　延暦八年五月十九日紀。

26　『万葉集』巻第三、第二三六、二三七番。

27　『万葉代匠記』巻三之上。

28　澤瀉久孝『万葉集注釈』巻第三（東京、昭和三十三年）一八頁参照。

29　文武元年八月二十日紀。

30　養老七年正月十日紀。

31　天平八年十一月十一日紀。

32　たとえば、夏目漱石の『それから』（明治四十三年刊）の女主人公の名は、三千代である。実在の人物としては、たとえば矢作三千代さんがいる（昭和二十七年三月、白鷗高校卒。『鷗友会会員名簿 1971』〔東京、昭和四十七年〕一九五頁）。

33　「正倉院文書」、天平宝字六年三月二十日付の「奉写石山大般若所解」（『大日本古文書』巻十五所収）には、甲斐國巨麻郡栗原郷を本貫とする漢部千代（男性）の名がみえる。また神護景雲二年六月二十三日紀には、他田（をさだ）舎人千世賣の名が記されている。天平十九年十月十三日紀に見える氣太（けた）君十千代（男性）の名も想起されよう。

34　男性の醜名としては、押坂部毛屎（用明二年四月二日紀）、高田醜雄（しこを）（大化五年三月三十日紀）、錦織首久僧（推古十八年十月十七日紀）、倉臣小屎（白雉元年二月十五日紀）などが知られている。

35　『上宮記』（『平氏伝雑勘文』所引）。

36　屎（くそ）のソは甲類、曽は乙類であるが、久曽、久僧はこの場合は屎であって、辟邪の名をなしていたと理解される。

37　「中臣氏系図」（『群書類従』所収）。

38　前注に同じ。

39　『尊卑分脈』第一編、摂家相続孫。ただし、天平七年十月八日紀には、賀茂朝臣比賣と記され、「女」字が脱落している。

40　注37に同じ。

41　同右。

42　『尊卑分脈』第一編、摂家相続孫。

43　「中臣氏系図」（前掲）。

44　『万葉集』巻第四、第五一八、六六七番。

45　『万葉集』巻第二十、第四四三九番。

46　坂上里については、澤瀉久孝『万葉集注釈』巻第三（東京、昭和三十三年）三九四頁参照。

47　『万葉集』巻第二、第一〇三番の古注。

48　直木孝次郎「古代における皇族名と国郡名との関係」（『日本歴史』第二八四号掲載、東京、昭和四十七年）参照。

49　栗田寛『古人名称考』（『栗田先生雑著』中、所収、東京、明治三十四年）。

50　齊明天皇七年正月六日紀。

51　朱鳥元年九月二十七日紀参照。

52　『興福寺縁起』。

53　これは、鹿持雅澄の臆断であり、姉妹説は近年支持されていない（『万葉集古義』）。

54　中島光風「鏡王女について」（『文学』第十一巻第十号掲載、東京、昭和十八年）。

55　澤瀉久孝『万葉集注釈』巻第二（東京、昭和三十三年）三一～三二頁。

56　欽明天皇二年三月紀、なお、『日本古代人名辞典』第一巻、二二六頁参照。

57　『万葉集』巻第一、第六五番。

58　前注6参照。

59　『万葉集』巻第九、第一八〇七番。

60　瀧川政次郎『江口・神崎』（東京、昭和五十一年改訂改題版刊）四四頁参照。

3　奈良時代中期

1　▽『大日本古文書』巻一に収録の分——
①養老五年『下総国葛飾郡大島郷戸籍』、②同年『下総国相馬（倉麻）郡意布郷戸籍』、③同年『下総国香取郡小幡郷戸籍』、④同年『陸奥国戸籍』、⑤同年『常陸国戸籍』、⑥同年『讃岐国戸籍』、⑦同年『因幡国戸籍』、⑧神亀元年『近江国滋賀（志賀）郡計帳』、⑨神亀二年『近江国滋賀郡計帳』、⑩神亀三年『山背国愛宕郡雲上里計帳』、⑪『山背国愛宕郡雲下里計帳』、⑫天平五年『山背国愛宕郡計帳』、⑬天平五年『山背国隼人計帳』、⑭天平元年『近江国滋賀郡古市郷計帳』（同じ古

市郷のほとんど同じ家族の断簡は、天平二年より天平六年まで現存するが、名の研究上は、さして重要でない）、⑮天平五年『右京戸口損益帳』、⑯天平五年『右京計帳』。

▽『大日本古文書』巻二に収録の分——

⑰天平十一年『出雲国大税賑給歴名帳』、⑱天平十二年『越前国江沼郡山背郷計帳』、⑲天平十四年『近江国滋賀郡古市郷計帳』。

▽⑳『平城宮木簡』一（京都、昭和四十四年）解説、㉑『平城宮木簡』二（京都、昭和五十年）解説。平城宮址出土の木簡は、奈良時代の中期、後期にわたるが、内容にほとんど差異がないので、これからも抽出した。

2 天平十四年に出家した女性として、右京五條一坊に貫していた小治田朝臣於比賣の名が挙げられる。もっとも彼女は、貴族の末端につらなる女性であろう。天平十四年十一月十四日付「尼宝蔵優婆夷貢進解」（『大日本古文書』巻八、所収）参照。

3 乙女という名は少なくないが、この乙女は平城宮の婢女（ひのをさ）であった（㉑の文献二二三頁）。

4 光明皇后の最初の諱の安宿（あすか）媛と同じ語根の名。

5 なお天平勝宝元年十月十一日付「文伊美吉廣河貢賤解」（『大日本古文書』巻三、所収）には、「婢阿古賣年廿八」とみえる。

6 福山市教育委員会編『史跡宮の前廃寺跡—調査と整備—』（福山市、昭和五十二年）。

7 奈良時代の人名文字瓦については、宮崎糺『武蔵国分寺』（角田文衞編『国分寺の研究』上巻、所収、京都、昭和十三年）、石村喜英『武蔵国分寺の研究』（東京、昭和三十五年）三二二頁以下、同上『下野上神主廃寺と人名瓦について』（『史迹と美術』第二十九輯第五、六号連載、京都、昭和三十四年）、森浩一『大野土塔と人名瓦について』（『文化史学』第十三号掲載、京都、昭和三十二年）、森郁夫『奈良時代の文字瓦』（『日本史研究』第一三六号掲載、京都、昭和四十九年）などがある。

8 田中塊堂『日本古写経綜鑒』（大阪、昭和二十八年）一七七～一七九頁。なおこの知識経は、現在、和歌山県海草郡野上町の醫王寺等に所蔵されている。

9 『古事類苑』官位部一、二八頁以下、三四三頁以下、参照。

10 『日本国語大辞典』第九巻一七九頁。

11 同右、第一巻一九三頁。

12 『尊卑分脈』第四編、紀氏。

13 『平安遺文』第一巻所収。

14 たとえば、正応四年三月六日付「みなもとのあこ女田地売券案」（京都府立総合資料館編『東寺百合文書目録』第三、一〇六頁、京都、昭和五十三年）参照。

15 喜田貞吉『「あぐり」といふ名、「あぐり」といふ姓』（『民族と歴史』第二巻第二号掲載、東京、大正八年）。

16 『平安遺文』第一巻所収。

17 『平安遺文』金石編、四二六頁。

18 天平元年七月二十日紀にみえる大隅國姶孋（あびら）郡の隼人の有力な家族の一員をなしていた佐須岐君夜麻等久々（やまとくく）賣は、隼人の伝統をおびた名のように思量される。

19 角田文衞「紀寺の奴」（前掲『律令国家の展開』所収）参照。

20 LÉVY-BRUHL. H., *Esquisse d'une Théorie sociologique de L'Esclavage à Rome* (in: FINLEY, M. I. [ed], *Slavery in Classical Antiquity—Views and Controversies—*, Cambridge and New York, 1960)；内藤万里子訳『ローマ奴隷制の社会学的理論』（古代奴隷制研究会訳、フィンレイ編『西洋古代の奴隷制—学説と論争—』所収、東京、昭和四十五年）。より要領をえた解説は、*Der kleine Pauly*, Bd. 3 (Stutlgart, 1969), S. 981～982. に求められよう。

21 天平勝宝二年正月八日付「但馬国解」（『大日本古文書』巻三、所収）。

22 天平勝宝元年十月十一日付「文伊美吉廣河貢賤解」（『大日本古文書』巻三、所収）。

23 天平勝宝二年五月十七日付「散位寮散位大初位上大宅朝臣可是麻呂

貢賤解」(『大日本古文書』巻三、所収)。この可是麻呂は、大倭國添上郡大宅郷の豪族であった(『日本古代人名辞典』第二巻、四〇六〜四〇七頁)。

24 瀧川政次郎『江口・神崎』(東京、昭和五十一年改訂改題版刊)七六頁。

25 『大日本古文書』巻四、五〇九、巻二十五、一六〇頁。

26 同右、巻六、五九六頁。

27 大宝二年『御野国各務郡中里戸籍』(『大日本古文書』巻一、所収)。

28 大宝二年『御野国賀茂郡埴生里戸籍』(『大日本古文書』巻一、所収)。

29 養老四年正月十一日紀。

30 宝亀九年正月十六日紀。

31 宝亀二年正月二十三日紀。

32 文武天皇二年九月一日紀。

33 養老七年十二月六日紀。

34 瀧川、前掲書、三八頁参照。

35 『万葉集』巻第十八、第四一〇六番。

36 同右、巻第四、第七〇三番。

37 同右、巻第四、第七一〇番。

38 同右、巻第八、第一五六四番。

39 同右、巻第八、第一六五二番。

40 敏達天皇五年三月十日紀。

41 天平十年正月十三日紀。

42 天平勝宝元年七月三日紀。

43 例は、便宜上、『続日本紀』(天平勝宝二年以前)から採る。

44 女は甲類、目は乙類に属するから笠目は笠女の転ではない。

45 和銅元年三月二十七日紀。

46 夜恵(やゑ)という男性名はあった。すなわち、土佐國吾川郡桑原郷の戸主・日奉部(ひまつりべ)夜恵(天平勝宝七歳十月)。後掲『正倉院宝物銘文集成』本文編、三三二頁参照。しかし夜恵(yawe)と八重(yape, yafe)とは、当時、発音を異にしていた。

47 角田文衛「不比等の娘たち」(同著『律令国家の展開』所収、東京、昭和四十年)参照。

48 『寧楽遺文』下巻補遺No.2(東京、昭和三十七年)、松嶋順正編『正倉院宝物銘文集成』本文編(東京、昭和五十三年)一九一頁。

49 『寧楽遺文』下巻、六五〇頁、所収。

50 『大日本古文書』巻二、所収。

51 この川内については、『日本古代人名辞典』第五巻、一二七一〜一二七二頁参照。

52 『大日本古文書』巻二、所収。

53 天平十六年十二月十日付「大宅諸姉優婆塞貢進文」、天平十七年四月十八日付「大宅諸姉啓」(『大日本古文書』巻二十五、所収)。

54 角田文衛「藤原袁比良」(同著『律令国家の展開』所収、東京、昭和四十年)。袁比良は、良賣型または良古型の女性名に属しており、奈良時代前期の庶民の間にも、しばしば見られた名である(五四頁参照)。

55 延暦四年四月十七日紀。

56 角田文衛「不比等の娘たち」(前掲『律令国家の展開』所収)。

57 前掲『正倉院宝物銘文集成』本文編、一九一〜一九二頁。

58 同右書、本文編、一九二頁。

59 天平十七年正月七日紀。

60 竹内・山田・平野共編『日本古代人名辞典』第三巻、七四一頁。

61 前掲『日本古代人名辞典』第一巻、四九頁。

62 天平二十年ごろ「東大寺一切経所解」(『大日本古文書』巻十、所収。四五六頁を見よ)。『日本古代人名辞典』第一巻、四九頁。

63 天平十二年六月十五日紀。

64 角田文衛「板野命婦」(同著『律令国家の展開』所収、東京、昭和四十年)参照。

65 七四頁に名をかかげた滋賀采女・槻本連若子も、都に出て賣字を除去した仲間の一人であろう。

66 天平宝字二年八月一日紀。
67 『東大寺要録』本願章第一。
68 天平十五年の『五月一日御願経』の跋文には、「仏弟子藤三女」と記されている。田中塊堂『日本古写経綜鑒』（大阪、昭和二十八年）、一三一～一三二頁参照。
69 『寧楽遺文』下巻、解説一五二頁。
70 角田「板野命婦」（前掲）。
71 天平勝宝六年三月四日付「写経料紙送進文」（『大日本古文書』巻四、所収）。
72 『万葉集』巻第十五、第三七二二番左注、参照。なお、澤瀉久孝『万葉集注釈』巻第十五（東京、昭和四十年）一四〇頁をも参照。
73 前掲『正倉院宝物銘文集成』本文編、一九一頁。
74 同右。
75 天平二十年十月三日付「法華寺三綱牒」（『大日本古文書』巻三、所収）。
76 同右。
77 天平勝宝四年閏三月二十九日付「経疏出納帳」（『大日本古文書』巻三、所収）。
78 天平十四年十一月十四日付「尼宝蔵優婆夷貢進解」（前掲）。

4 奈良時代後期

1 『向日市埋蔵文化財調査報告書』第4集（京都府向日市、昭和五十三年）、一二頁。
2 宝亀三年十月五日紀。
3 天応元年十一月十九日紀。
4 個々の女性については、『続日本紀索引』（東京、昭和四十二年）を参照されたい。多数の女性のなかには、地方の庶民の女性も少しくまじっている。
5 宝亀十一年三月二十二日紀。
6 東京帝室博物館編『天平地宝』（東京、昭和十二年）図版第二〇、および二八頁。
7 これらの婦人は、尼ないし優婆夷ではない。
8 田中塊堂編『日本古写経現存目録』（京都、昭和四十八年）。
9 『職員令集解』中務省条。
10 『延喜弾正式』。
11 石川内命婦（石川朝臣邑婆）と安曇外命婦とは、異父姉妹であろうと想定されている。澤瀉久孝『万葉集注釈』巻第四（東京、昭和三十四年初版）四三四頁参照。
12 数字は、『大日本古文書』の巻数と頁とを示す。
13 角田「板野命婦」（前掲）。
14 延暦六年四月二十四日紀。
15 天平宝字八年七月二十五日付「施薬院解」（『大日本古文書』巻十六、所収）。
16 『日本古代人名辞典』第一巻、一五四頁参照。
17 あまり煩わしいので、一々の出典はかかげない。『日本古代人名辞典』によって出典を求めていただくこととする。
18 宮崎糺『武蔵国分寺』（角田文衛編『国分寺の研究』上巻、所収、京都、昭和十三年）、石村喜英『武蔵国分寺の研究』（東京、昭和三十五年）三一三頁。
19 相川龍雄『上野国分寺』（前掲『国分寺の研究』上巻、所収）。
20 なお、水島義治『無名の女人たち』（上代文学会編『万葉の女人像』所収、東京、昭和五十一年）参照。
21 『大日本古文書』巻十六、一八四頁。
22 宝亀三年十二月三十日付『東大寺奴婢籍帳』（『大日本古文書』巻六、所収）。
23 官奴司より勅命によって東大寺に多くの奴婢が施入されたためである。
24 延暦八年五月十八日紀、参照。

5　平安時代前期

1　角田文衞「歴代后妃表」（同著『日本の後宮』余録所収、東京、昭和四十八年）参照。

2　大同三年十二月九日紀、同四年三月二十三日紀。

3　もっとも、安閑天皇元年三月紀には、「物部木蓮子（いたび）大連」の名がみえる（『日本古代人名辞典』第六巻、一七一七頁）。木蓮子は植物「いたびかずら（崖石榴）」の古名である。『新撰字鏡』にも、「折傷木、伊太比。一云、木蓮」とみえる（『日本国語大辞典』第二巻、一一四頁参照）。したがって、「子伊太比」を「子伊太比賣」の簡略形と速断することはできない。

4　延暦十五年十月十五日紀。

5　前掲「歴代后妃表」参照。

6　延暦四年正月九日紀、同八年正月二十六日紀。

7　弘仁八年五月、長野女王に惨殺された女性の名は船延福女といった（『類聚国史』巻第八十七）。この不幸な女性は、知られるかぎり唐風名の最後の人である、角田「長野女王」（前掲『紫式部とその時代』所収）。

8　今井啓一「天子後宮における百済王氏の女人」（同著『百済王敬福』所収、京都、昭和四十年）参照。

9　桓武天皇の「百済王等者、朕之外戚也」という詔（延暦九年二月二十七日紀）は、よく知られている。

10　角田「藤原朝臣産子」（同著『王朝の明暗』所収、東京、昭和五十二年）。『日本紀略』（天長六年五月二十二日条）が産子をあたかも嵯峨天皇の后妃の一人のごとく記しているのは誤りである。産子は藤原百川の娘で、弘仁天皇の夫人であったが、早く母を喪った大伴親王（淳和天皇）の養母となり、この皇子を養育した婦人である。

11　前掲「歴代后妃表」参照。

12　延暦二十四年三月六日紀。

13　延暦七年十一月十四日付「六條令解」。なお、これは長岡京の六條である。

14　以上の二人は、延暦十五年十一月二日付「近江国八木郷墾田売券」にみえる。

15　延暦十八年二月二日紀。

16　大同元年十二月十日付「大和国添下郡司解」。

17　延暦十八年十二月十六日紀。

18　『本朝皇胤紹運録』。

19　天応元年十一月十九日紀。

20　延暦七年二月三日紀。

21　延暦十三年十二月二日紀（『類聚国史』所引）。

22　貞観三年九月十九日紀、元慶四年五月二十八日紀。

23　なお、角田「伊都内親王」（前掲『王朝の映像』所収）参照。

24　嘉祥三年五月五日紀。

25　角田「恬子内親王」（前掲『紫式部とその時代』所収）。

26　嘉祥三年七月九日紀。

27　天安元年二月二十八日紀。

28　『古今和歌集』巻第十七、第八八五番。

29　角田「藤原基経の室家」（前掲『紫式部とその時代』所収）参照。

30　貞観元年四月三日紀。

31　貞観元年十月二十三日紀（薨伝）。

32　元慶八年二月二十六日紀。

33　貞観元年四月三日紀。

34　角田「亭子の女御」（前掲『紫式部とその時代』所収）。

35　角田「仁明天皇の乳母たち」（同著『王朝の明暗』所収、東京、昭和五十二年）参照。

36　個々の人物の出典は『平安遺文』索引編、上（東京、昭和五十四年）によって検出されたい。

37　貞観五年正月三日紀。

38　『皇年代略記』仁明天皇条。

39　『古今和歌集』巻第十五、第七四七番、『大鏡』第一巻。

40 『本朝皇胤紹運録』、『大鏡』第一巻。
41 『大鏡』第一巻、『尊卑分脈』第一編、摂家相続孫。
42 角田「藤原高子の生涯」（前掲『王朝の映像』所収）参照。
43 同右。
44 貞観五年正月三日紀。なお、角田「亭子の女御」（前掲『紫式部とその時代』所収）参照。
45 『平安遺文』第一巻所収。
46 『公卿補任』清和天皇条、参照。
47 貞観十年十二月九日、無位より従五位下に叙された大江朝臣告子は、辨御息所のことらしい。彼女は初め染殿の后に出仕し、清和天皇の目にとまって更衣に採用されたのではなかろうか。
48 貞観十五年正月二十日紀。
49 『一代要記』乙集、清和天皇の項。
50 角田「小野小町の実像」（前掲『王朝の映像』所収）。
51 櫻井秀『小野小町』（国史講習会編『国史上問題の女性』所収、東京、大正十三年）。
52 『日本国語大辞典』第十八巻、三六七頁。
53 『古今和歌集』巻第三、第一五二番。
54 貞観八年三月二日紀、参照。
55 『古今和歌集』巻第十七、第九三〇番。
56 『古今和歌集目録』、『尊卑分脈』第四編、紀氏、「紀氏系図」（『群書類従』所収）その他。
57 『平安遺文』第二巻所収。
58 同右、第一巻所収。
59 同右、同巻所収。
60 嘉祥三年五月十五日紀。
61 『平安遺文』第一巻所収。
62 元慶三年三月二十三日紀。

6 平安時代中期（一）

1 「夢阿満」（『菅家文草』巻第二、所収）。
2 「秋夜七言」（『菅家後草』所収）。
3 『仙源抄』、『尊卑分脈』第四編、紀氏。
4 延暦八年正月二十六日紀。なお、「阿古丸」という童名は、『今昔物語集』巻第二十九、第十一話にみえる。
5 『後撰和歌集』巻第十、第六三四、六三五番。
6 同右、同巻、第六五九、六六〇、六九六、六九七番。
7 角田文衞「菅原の君」（同著『紫式部とその時代』所収、東京、昭和四十一年）参照。
8 源仁子、源艶子の二名は『除目大成抄』第二による。
9 『平安遺文』第一巻、三二四頁。
10 「タイラケイコ」の訓みは、『九條右大臣集』による。
11 『類聚符宣抄』第七。
12 以上八名の宮人の在任は、承暦二年十二月三十日付「主税寮出雲国正税返却帳」（『平安遺文』第三巻所収）による。
13 女御・懐子（九四五～九七五）の弟の権中納言・義懐はヨシチカと訓んだ（『尊卑分脈』）。当然、女御の名の訓みはチカコと断じられる。
14 「媓」は堯の后の名（諸橋『漢和大辞典』第三巻、七三六頁）。訓みは不詳。
15 『除目大成抄』第二。
16 『空勘文草』（『菊亭文書』所収）。
17 角田「為光の娘たち」（同著『中務典侍』所収、大阪、京都、昭和三十九年）参照。
18 祐姫については、『大日本史料』第一編之十二、五二頁以下、参照。
19 『小右記』寛和元年八月二十七日条、長門本『平家物語』巻第四、その他。
20 『尊卑分脈』第一編、摂家相続孫。
21 『明月記』寛喜二年十月二十九日・同三年三月二十九日両条、参照。

22 角田「源久曾」（前掲『紫式部とその時代』所収）参照。
23 『大日本史料』第一編之三、八六六頁以下。
24 『尊卑分脈』第二編、内麻呂公孫。
25 延長七年六月二十九日付「七條令解」（『平安遺文』第一巻所収）。
26 同右。
27 延長六年十二月十七日付「内供奉十禅師禎果弟子等解」（『平安遺文』第一巻所収）。
28 『尊卑分脈』第一編、摂家相続孫。『本朝世紀』寛和二年三月十四日条、その他。
29 『尊卑分脈』第一編、摂家相続孫、第三編、文徳源氏。
30 『菅家文草』巻第十二。
31 角田「菅原の君」（前掲『紫式部とその時代』所収）。
32 『吏部王記』天慶八年正月十八日条、『尊卑分脈』第一編、摂家相続孫、その他。
33 『尊卑分脈』第一編、摂家相続孫、第二編、眞作孫。
34 『尊卑分脈』第一編、伊尹公孫。
35 同右、第二編、貞嗣卿孫。
36 同右、同編、高藤公孫。
37 『公卿補任』延喜十五年条。
38 『小右記』天元五年三月十一日条。
39 『尊卑分脈』第二編、眞作孫。
40 同右、同編、貞嗣卿孫。
41 『天祚礼祀職掌録』（『群書類従』帝王部所収）。
42 同右。
43 『玉葉』安元三年六月五日条。
44 仁和三年七月七日付「永原利行家地売券案」（『平安遺文』第一巻所収）。
45 寛平三年四月十九日付「大神郷長解写」（『平安遺文』第一巻所収）。
46 応和元年八月十五日付「三條令解」（『朝野群載』巻第二十一所収）。
47 『平安遺文』第一巻、三三五頁。
48 『類聚符宣抄』第一。
49 同右。
50 『平安遺文』第一巻、三三四頁。
51 同右、同頁。
52 『一代要記』乙集。
53 『河海抄』巻第一。
54 角田文衞「小八條院」（『古代文化』第二十一巻第五号掲載、京都、昭和四十四年）参照。
55 角田「道綱母と時姫の邸宅」（同著『王朝の映像』所収、東京、昭和四十五年初版）参照。
56 『拾芥抄』中、第二十。
57 『尊卑分脈』第二編、高藤公孫、その他。
58 『公卿補任』承平四年条。
59 『栄華物語』巻第一「月の宴」。
60 萩谷朴『平安朝歌合大成』巻二（東京、昭和三十三年初版）三九三頁参照。
61 たとえば、『大和物語』第二十三段、第百四十七段。
62 『貞信公記』延喜十年二月二十五日条。
63 田辺かね子「尊子内親王」（『学苑』第十四巻第九号掲載、東京、昭和二十六年）参照。
64 『日本紀略』天元三年十月二十日条。
65 『扶桑略記』巻第十七、『日本紀略』天元三年十一月二十二日条、その他。
66 『栄華物語』巻第二「花山たづぬる中納言」、『大鏡』第三巻、伊尹条。
67 杉崎重遠「愛宮考」（同著『勅撰集歌人伝の研究』所収、東京、昭和十九年）参照。
68 『栄華物語』巻第二「花山たづぬる中納言」。
69 『拾芥抄』中、第二十。
70 『扶桑略記』巻第二十七、『尊卑分脈』第二編、実頼公孫。

71 敦慶親王が延喜十三年ごろ、中務卿に在任したことは、『江家次第』巻第十九、臨事競馬条からも知られる。
72 寛平元年正月、因幡権守に任じられた（『古今和歌集目録』）。
73 寛平六年正月、讃岐守に任命された（『古今和歌集目録』）。
74 寛平二年正月、右兵衛督に任じられた（『古今和歌集目録』）。
75 仁和三年二月二日紀。
76 『後撰和歌集』巻第七、第四二六番。
77 『尊卑分脈』第四編、文徳平氏。
78 『大和物語』第百四十七段。
79 『後撰和歌集』巻第四、第一六〇番。
80 『大和物語』第五十六段。
81 『古今集注』。
82 『大和物語』第十五段。
83 『大和物語』第百四十三段。
84 同右、第百四十二段。
85 庶民女性の名は、とくに断わらないかぎり『平安遺文』第一巻から採用した。煩をいとい、個々の女性名には記載頁を省略したが、記載箇所は、『平安遺文』索引編、上から容易に検出されよう。
86 『平安遺文』第九巻、三四八〇頁。
87 角田文衞「道吉常の愁状」（前掲『紫式部とその時代』所収）参照。
88 『平安遺文』第一巻所収。
89 川上多助「古代戸籍考」（昭和十八年発表）（同著『日本古代社会史の研究』所収、東京、昭和二十二年）。
90 『平安遺文』第一巻、『大日本仏教全書』寺誌叢書、第一、所収。
91 『大和物語』第百四十六段、『古今著聞集』巻第五、第百九十九話、その他。
92 瀧川政次郎『江口・神崎』（東京、昭和五十一年改訂改題版刊）一四六頁以下、参照。

7 平安時代中期 (二)

1 主として『日本の後宮』余録、『一代要記』丁集および『大日本史』巻之百二による。
2 角田文衞『承香殿の女御』（『中公新書』、東京、昭和三十八年初版）参照。
3 このむずかしい漢字については、諸橋『大漢和辞典』巻三、七〇〇頁を参照。
4 これは「ミメヨシ」にちなんで、「ヨシ」と訓まれたのであろう。
5 角田『中務典侍』（京都、昭和三十九年）参照。
6 杉崎重遠『土御門御匣殿』（前掲『勅撰集歌人伝の研究』所収）参照。
7 角田「後一條天皇の乳母たち」（同著『王朝の明暗』所収、東京、昭和五十二年）参照。
8 角田「小野皇太后と常壽院」（前掲『王朝の明暗』所収）参照。
9 九條家本『延喜式』裏文書、承暦二年十二月三十日付『主税寮出雲国正税返却帳』（『平安遺文』第三巻、所収）。
10 娍子、妍子、嬉子、姞子といった一群の名について福尾猛市郎博士は、「吉子、喜子などでよいのを女性だからというので姞子、嬉子などと女扁をつけたと思われる一群」とされている。同「名前の歴史―系図・文書にあらわれた名前の知識―」（『歴史読本』第二十二巻第一号掲載、東京、昭和五十二年、同著『日本史選集』収録、吹田市、昭和五十四年）参照。
11 角田「清少納言の生涯」（前掲『王朝の明暗』所収）参照。
12 角田『中務典侍』（前掲）、五三頁。
13 『権記』長徳四年十一月四日条。
14 角田「関白師実の母」（前掲『王朝の映像』所収）参照。
15 『尊卑分脈』第一編、頼宗公孫。
16 永久二年三月七日付「太政官謹奏」（『朝野群載』巻第二十一所収）。
17 『尊卑分脈』第三編、村上源氏、その他。

18 陟子が太后・彰子の宣旨であったことは、『御堂関白記』の随処に看取される。
19 『御堂関白記』寛仁二年十月二十二日条、『小右記』治安三年十一月二日条。
20 『栄華物語』巻第八「初花」、『尊卑分脈』第一編、頼宗公孫。
21 たとえば、『御堂関白記』寛弘元年正月二十七日条、同年九月二十六日条、『栄華物語』巻十二「玉の村菊」。
22 『栄華物語』巻第三十二「歌合」。
23 『斎院記』、『一代要記』丁集、『大鏡』第三巻、裏書。
24 『斎院記』、『本朝皇胤紹運録』、その他。
25 角田「恬子内親王」（前掲『紫式部とその時代』所収）参照。
26 『栄華物語』巻第四、第七、第八、参照。
27 同右、巻第四、第七。
28 同右、巻第三、第四。
29 同右、巻第三。
30 同右、巻第十二。
31 『土佐日記』承平五年一月七日条。
32 『紫式部日記』御五十日の祝ひ条（寛弘五年十一月一日条）。
33 同右、里居条（寛弘五年十一月中旬）。
34 『枕草子』第二百四十六段。
35 喜田貞吉「マロといふ名の変遷」（『社会史研究』第十巻第二、第三号連載、東京、大正十二年）参照。
36 千古やその娘（小野宮尼公）については、吉田早苗「藤原実資の家族」（『日本歴史』第三三〇号掲載、東京、昭和五十年）、角田「小野宮の尼公」（前掲『王朝の明暗』所収）。
37 『大鏡』第二巻、実頼条。なお、『古事記』（垂仁天皇段）には、「迦具夜比賣」の名がみえ、この名自体は起源するところが古い。
38 『大和物語』第十四段。
39 『古今著聞集』巻第十三、第四百五十六話。
40 角田「夕顔の死」（同著『若紫抄』所収、東京、昭和四十三年）参照。
41 『中古歌仙三十六人伝』。「丸」が女性の自称として多く用いられた当時としては、御許丸という女童の名は必ずしも不思議ではないようである。
42 たとえば、イギリスの *Who's who.* でも、女性の場合には生年が記されていない。
43 後朱雀天皇の女御・藤原嫄（もと）子は、長暦元年（一〇三七）の三月、中宮に立てられた。長暦三年四月、中宮は二皇女をのこして崩じた。『今鏡』（第四、「雲のかへし」）は、崩後のことであるが、嫄子を「弘徽殿の中宮」と称している。おそらく中宮・嫄子は在世中に、かく呼ばれたのではないであろう。
44 『尊卑分脈』第三編、三條源氏。
45 『日本紀略』長保四年八月三日条。
46 『権記』長保四年八月三日条。
47 『小右記』天元五年二月二十五日、同年三月十一日条。
48 『権記』長保元年七月七日条。
49 『江記』（『中古歌仙三十六人伝』所引）。
50 「丹波守（匡衡）の北の方をば、宮、殿のわたりには匡衡衛門とぞいひはべる」（『紫式部日記』）。
51 『中古歌仙三十六人伝』その他。
52 『小右記』永観二年十一月十四日条。
53 『無名草子』三十四段。
54 保坂都『大中臣家の歌人群』（東京、昭和四十七年）、一六二頁。
55 角田「清少納言の女房名」（前掲『王朝の明暗』所収）参照。
56 『公卿補任』長和五年以降の諸条、『職事補任』三條天皇条。
57 『中古歌仙三十六人伝』。
58 『大斎院前の御業』（『私家集大成』第2巻中古Ⅱ〈東京、昭和五十年〉所収）参照。
59 くわしくは、角田「道長と紫式部」（同著『紫式部の身辺』所収、大阪、京都、昭和四十年）、萩谷朴『紫式部日記全注釈』上巻（東京、昭和四十六年)、一四七頁以下、参照。
60 『中古歌仙三十六人伝』。
61 『権記』長保元年七月二十一日条。
62 角田「紫式部の本名」(『古代文化』第十一巻第一号掲載。同著『紫式部とその時代』〔前掲〕収録)。
63 『栄華物語』巻第二十六「楚王の夢」。
64 『辨官補任』一條院。
65 『公卿補任』天喜三年条。
66 『尊卑分脈』第二編、高藤公孫。
67 従三位典侍・藤原賢子の結婚や没年については、角田「紫式部の子孫」(前掲『紫式部の身辺』所収)参照。
68 これらの女性の実名問題については、岩野祐吉『紫式部日記人物考』(新潟市、昭和二十七年)、萩谷朴『紫式部日記全注釈』上、下二巻(東京、昭和四十六～四十八年)参照。
69 『紫式部日記』寛弘五年十月十七日、斎院と中宮御所両条。
70 『平安遺文』四九三頁(頖をいとい、頁数のみをかかげる。以下同じ)。
71 同右、五〇七頁。
72 同右、五四五頁。
73 同右、七〇二頁。
74 同右、五四四頁。
75 同右、六一六頁。
76・78 同右、六七四頁。
77 同右、新続補遺編、五七頁。
79 同右、第九巻、三五六五頁。
80 同右、新続補遺編、四五頁。
81 同右、第九巻所収。
82 同右、第二巻所収。
83 『左経記』万寿三年正月十九日条にくわしい。その他、『日本紀略』、『扶桑略記』の同日条、『栄華物語』巻第二十七「衣の玉」等々、参照。
84 治安四年三月七日付「多武峯妙楽寺解」(『平安遺文』第二巻、所収)。
85 康平元年三月十日付「尼善妙解案」(『平安遺文』第九巻、所収)。
86 以上、寛弘四年七月三日付『霊山院過去帳』(『平安遺文』新続補遺編、所収)による。
87 大江匡衡『遊女記』(『朝野群載』巻第三、『群書類従』文筆部、所収)。なお、『古事談』(第二)は、小観音を小観童と記しているが、小観音が正しいであろう。
88 『後拾遺和歌集』第二十、第一一九九番。
89 『大和物語』第百二十六～百二十八段、『十訓抄』第十、第五十話、その他。
90 『小右記』長元二年九月二十四日条(ときに實資は七三歳)。
91 『古事談』第二。
92 角田「資房と遊女」(前掲『王朝の映像』所収)参照。
93 『扶桑略記』治安三年十月二十九日条。群参した遊女たちに公卿や殿上人らが纏頭した記録は少なくない。

8 平安時代後期

1 角田文衞「源頼綱の娘たち」(前掲『王朝の映像』所収)参照。
2 本表は、女性名研究のためのものであるから、氏名の不明な女性、名の不明な女性は、原則としてかかげていない。
3 苡は音イ(正しくはシ)。単独では用いず、薏苡(よくい)という熟語で使用する。薏苡は鳩麦の意味で、日本では享保年間に中国からもたらされた。薏苡の穀は食用にも供されるが、強壮剤、利尿剤、鎮痛剤として効がある。禹の母は鳩麦を煎じて飲み、禹を産んだという俗説がある。大納言・藤原實季は、入内にさいして娘が賢帝を産むようにとの願いをこめて「苡子」と命名したのであろう。訓はムギコであろうか。
4 『大日本史料』第三編之五、一〇六頁以下、参照。

5 『婚記』(『台記別記』)久安四年九月二十五日条、『山槐記』久寿二年六月一日条、等々。
6 『長秋記』天治元年正月五日条。
7 『尊卑分脈』第一編、頼宗公孫。
8 同右、第一編、摂家相続孫、頼宗公孫。『公卿補任』寛治五年条。
9 同右、同編、頼宗公孫。
10 『今鏡』第五、藤の初花。
11 同右
12 角田「池禅尼」(前掲『王朝の明暗』所収)参照。
13 『尊卑分脈』第二編、顕隆卿等孫、『今鏡』第六、弓の音。
14 『中右記』天仁元年十月十日条。
15 角田「源澄子——土御門右大臣師房の娘たち——」(前掲『王朝の映像』所収)参照。
16 『尊卑分脈』第四編、桓武平氏、『玉葉』治承三年六月十七日条、その他。
17 『吉記』寿永二年二月二十一日条、『尊卑分脈』第四編、桓武平氏。
18 『本朝世紀』久安二年十月四日条。『尊卑分脈』第二編、末茂孫。
19 『平安遺文』第五巻、二〇三八頁。
20 角田「小督の局」(前掲『王朝の映像』所収)参照。
21 『長秋記』および『中右記』長承三年三月十九日条。
22 『長秋記』長承三年六月二十一日条。
23 『台記』久寿元年八月十八、二十三、二十九日諸条。
24 『婚記』久安四年八月一、七、八日諸条。
25 『婚記』久安四年七月十六、十七日両条。
26 『玉葉』承安元年十二月二日、十四日両条。
27 『兵範記』承安元年十二月二日条。
28 東京大学史料編纂所編『花押かがみ』一(東京、昭和三十九年)参照。
29 『台記』久安二年四月十日、同年十二月十六日両条。
30 『小右記』寛仁三年二月十六日条。
31 『尊卑分脈』第二編、良門孫。『続古事談』第五、その他。
32 『尊卑分脈』第一編、頼宗公孫。
33 『明月記』元久元年十二月二日条。なお、石田吉貞『藤原定家の研究』(東京、昭和三十二年)二一頁以下、参照。
34 角田「六角の大尼上」(前掲『王朝の明暗』所収)参照。
35 『平家物語』巻第三、有王。
36 長門本『平家物語』巻第五。
37 『今鏡』第八、腹々の御子。
38 建仁四年正月二十九日付「後鳥羽院庁下文案」(『鎌倉遺文』第三巻所収)。
39 『本朝皇胤紹運録』、『一代要記』戊集、『今鏡』第八、腹々の御子、『鎌倉遺文』第九巻、一四五頁、その他。
40 玉井幸助校注『健壽御前日記』(東京・大阪・名古屋・小倉、昭和二十九年)解説、五七頁。
41 石田、前掲書、三二頁。
42 『栄華物語』巻第三十一「殿上の花見」、『本朝世紀』治暦四年十一月二十八日条。
43 『吉記』寿永二年十一月一日条。
44 『中右記』康和四年正月一日条。
45 同右、承徳二年三月七日・嘉承二年七月二十四日両条、『平安朝歌合大成』第五巻(東京、昭和三十六年)一五七〇頁。
46 本位田重美『評註建礼門院右京大夫集全釈』(東京、昭和二十五年初版)二一〜三二頁参照。
47 『増鏡』第一「おどろのした」。
48 『玉葉』治承三年二月十日条。
49 『今鏡』第二、玉章、『平安朝歌合大成』第五巻、一五七〇頁参照。
50 『本朝世紀』寛治元年十二月八日条、『中右記』嘉保元年正月二十九日条。
51 『台記』久寿二年四月二十七日条。
52 『尊卑分脈』第一編、伊尹公孫。

53 『今鏡』第四、宇治の川瀬。
54 『中右記』大治四年七月十五日条、『今鏡』第六、梅の木の下。
55 『長秋記』大治四年七月七日条、『中右記』同年同月十五日条、『今鏡』第四、宇治の川瀬、『賀茂禰宜神主系図』(重要文化財、財団法人・賀茂県主同族会所蔵)。
56 『今鏡』第四、宇治の川瀬、前掲『賀茂禰宜神主系図』。
57 『長秋記』大治四年七月七日条。
58 『殿暦』康和四年正月二日・嘉承二年四月七日両条。
59 『兵範記』久寿二年九月五日条。
60 同右、久寿三年正月七日条。
61 『今鏡』第七、堀川の流れ。
62 『台記』久安六年正月十九日条。
63 『栄華物語』巻第三十九「布引の滝」、巻第四十「紫野」、『尊卑分脈』第三編、三條源氏、『本朝皇胤紹運録』、『中右記』寛治三年四月十一日条、『大日本史料』第三編之一、七〇二頁以下。
64 『平安遺文』第五巻、一八九八頁。
65 同右、第七巻、三七二九頁。
66 加納重文「「によくわん」と「にようくわん」」(『古代文化』第二十六巻第十一号掲載、京都、昭和四十九年)参照。
67 『兵範記』久寿二年九月十二日条など。
68 角田『日本の後宮』(東京、昭和四十八年)、三一七、三九三頁参照。
69 『中右記』寛治八年十一月二日条。
70 『十訓抄』第十。
71 『平治物語』下。
72 『尊卑分脈』第三編、宇多源氏。
73 同右、第一編、道隆公孫。
74 『兵範記』仁平三年四月二十八日条。
75 『今鏡』第十、敷島の打聞。
76 『群書類従』和歌部、『私家集大成』第2巻中古Ⅱ、所収。
77 『中右記』元永元年正月二十六日条。
78 越前守に任命された保安元年(一一二〇)において、平忠盛は二五歳であった。
79 『勅撰作者部類』。
80 『千載和歌集』巻第十三、第七九八番。
81 『今鏡』第八、伏し柴、『古今著聞集』巻第五、第百七十二話、その他。
82 『平家物語』巻第五、月見、『十訓抄』第一。待宵小侍従は、石清水別当・紀光清の娘(『尊卑分脈』第四編、紀氏)。くわしくは富倉徳次郎『右京大夫・小侍従』(東京、昭和十七年)参照。
83 『源平盛衰記』巻第十六、菖蒲前の事。
84 葵の前の挿話は『平家物語』巻第六、葵女御などにみえる。むろん、この「女御」は、天皇の寵女の意味である。この挿話が実話か虚構かは、検討を要する問題である。
85 西岡虎之助「宮島の内侍」(『歴史と国文学』第三巻第四号掲載、昭和六年。同著『日本女性史考』収録、東京、昭和三十一年)参照。
86 『尊卑分脈』第四編、桓武平氏、角田『平家後抄』(前掲)、六五、一七五~一七六頁、参照。
87 『源平盛衰記』巻第三、有子入水の事。ただし、この伝えには説話性が濃い。
88 『梁塵秘抄口伝集』巻第十。
89 西岡、前掲論文。
90 『平安遺文』第八巻、三〇七一頁。
91 以下にかかげる名の右肩に示すアラビア数字は、『平安遺文』の巻数を示す。また新字は、同書の『新続補遺編』、題は、『題跋編』、また金字は『金石文編』の略号である。
92 DOER, B., *Die römische Namengebung. Ein historischer Versuch* (Stuttgart, 1937), S. 202ff., 参照。
93 厚生省の発表によると、昭和五十四年九月現在、日本における第五番目の高齢者は、鹿児島県曽於郡志布志町の内村スヱケサさん(明治四年九月十日生)である。

94 角田「袈裟御前」(前掲『王朝の明暗』所収)参照。
95 『平治物語』下。
96 『尊卑分脈』第三編、清和源氏。
97 『平家物語』巻第三、有王。ただし、延慶本『平家物語』(第二本)などには、「有王丸」と記されている。
98 前注96に同じ。
99 『吾妻鏡』元暦元年四月二十日、文治四年四月二十二日、同二十五日諸条。角田『平家後抄』(東京・大阪・名古屋・小倉、昭和五十三年)、三一～三三、四九、五九～六〇頁、参照。これに対応する千手丸という童名もみられる(『山槐記』治承二年六月十九日条)。
100 『玉葉和歌集』巻第二十、第二七三〇番。
101 角田「頼朝の母」(前掲『王朝の明暗』所収)。
102 三枚については、瀧川政次郎『江口・神崎』(前掲書)三三頁参照。
103 『千載和歌集』巻第十三、第八一八番。
104 『公卿補任』寛治六年条。
105 瀧川、前掲書、一四三頁。
106 『日本国語大辞典』第十七巻、六六三頁。
107 『物類称呼』は、江戸時代中期の方言辞書(岩波文庫、『日本古典全集』〔第四期〕などに収められている)。越谷吾山の編で、安永四年(一七七四)、五巻五冊として刊行された。
108 「へへ」は、『日葡辞書』に、「Febe 女陰」とみえる。
109 『古今和歌集』巻第十、第九七八、九七九番。なお、久保田淳『新古今和歌集全評釈』第四巻(東京、昭和五十二年)、六四一～六四四頁参照。
110 たとえば、角田「資房と遊女」(前掲『王朝の映像』所収)参照。
111 『長秋記』元永元年九月三日条。
112 『元良親王御集』(国歌大観本、第二一二五四番)。
113 同右(国歌大観本、第二一一三二番)。
114 『古事談』第二、道長召遊女事。
115 『公卿補任』大治五年条。
116 『十訓抄』第九。
117 『殿暦』永久三年九月五日、九日両日条。
118 『台記』久安四年三月二十一日条。
119 『玉葉』安元二年十月二十九日条。
120 角田「監物清経」(前掲『王朝の明暗』所収)参照。
121 『梁塵秘抄口伝集』巻第十。
122 瀧川博士は、これらはすべて色芸ともに勝れた女性の傀儡子であると認められている(前掲書、二五一頁)。
123 瀧川、前掲書、二五三頁。
124 現代人にとって懐しい柳家小さん(一八八八～一九四七)は、本名を平山菊松といい、三代目小さんから襲名した人である。現在の柳家小さんは五代目で、本名を小林盛夫といい(大正四年生)、やはり落語協会の会長を勤めている。
125 『詞花和歌集』巻第六、第一八六番。なお、『古事談』第十、参照。
126 『新続古今和歌集』巻第九、第九〇〇番。
127 同右、巻第十、第九八〇番。
128 『本朝世紀』仁平元年七月十六日、去比条。
129 『尊卑分脈』第三編、清和源氏。
130 同右。
131 『源平闘諍録』八之下。さまざまに姿を変えて『平家物語』の諸本に述べ、あるいは語られているこの所伝は、慎重に取扱う必要がある。
132 『平家物語』巻第一、妓王、『徒然草』第二百二十五段。
133 『吾妻鏡』文治二年三月一日・同年九月十六日両日条、その他。
134 『和名類聚抄』巻第二、人倫部第六、乞盗類第二十三、『新猿楽記』等々。
135 『七十一番職人歌合』(『群書類従』雑部所収)中。
136 『兵範記』保元二年八月二十一日条。
137 『群書類従』管絃部、所収。
138 前注に同じ。
139 夕霧については、僧・俊鏡の『絲竹口伝』(『群書類従』管絃部所収）など参照。彼女は、右大臣・源雅定に女房として仕えたが、楽の方は妙音院師長の薫陶を受けた。

140 『玉葉』建久五年三月十日条。

141 『建壽御前日記』第六段。

142 『玉葉』安元元年七月二十八日条、その他。

143 『鎌倉遺文』第一巻、六頁。

144 前注に同じ。

第二部　混成古代

1　鎌倉時代

1 明治三十八年の序を有する原勝郎博士の『日本中世史』第一巻（同著『日本中世史の研究』所収、東京、昭和四年）は、宇多・醍醐帝の時代、すなわち一〇世紀初頭から起筆している。原博士（一八七一〜一九二四）は、稀にみる識見に富んだ歴史学者ではあったが、西ヨーロッパ中心主義の固い呪縛から脱することができなかった。

2 『平戸記』延応二年四月二十一日条。

3 『玉葉』文治五年四月三日条。

4 同右、文治五年十一月十五日条。

5 角田文衞『平家後抄』（前掲）九頁。

6 『尊卑分脈』第一編、頼宗公孫。

7 『三長記』建久九年正月十一日条。

8 『山槐記』治承四年三月九日条。

9 『三長記』建久九年正月三十日条。

10 『猪隈関白記』建仁元年正月二十三日条。

11 『長兼卿記』建仁元年四月十八日条。

12 『猪隈関白記』および『明月記』正治元年正月三十日条。

13 『明月記』正治元年十二月十二日条。

14 『家光卿記』承久三年十一月二十二日条。

15 藤原兼良『江家次第鈔』（『続々群書類従』第六所収）第三。

16 『平戸記』仁治三年四月十四日、十五日両条。

17 『勘仲記』永仁二年正月八日条。

18 『平戸記』仁治三年十一月二十六日条。

19 『尊卑分脈』第一編、摂家相続孫。

20 近衛家文書、建長五年十月二十一日付『近衛家所領目録』（『鎌倉遺文』第十巻所収）。

21 『明月記』寛喜二年七月十一日条。

22 醍醐寺文書「知足院地相伝系図案」（『鎌倉遺文』第十一巻所収）。

23 『明月記』寛喜三年三月八日条。

24 『中務内侍日記』第六段。

25 『増鏡』第七「おりゐる雲」。

26 同右、第十四「つげの小櫛」。

27 『明月記』元久二年三月二日条、その他。

28 同右、承元元年八月四日条。

29 同右、元久元年十一月二十七日条、その他。

30 『源平盛衰記』巻第三十五。

31 『吾妻鏡』建仁元年五月十四日条には、坂額と記されている。

32 前掲『平家後抄』二六〇頁、参照。

33 『明月記』嘉禄元年正月二十九日条、その他。

34 『吾妻鏡』正治元年三月五日条。

35 『経俊卿記裏文書』第五十四紙（経俊筆「公長戸文書写」）。

36 九條家文書、元久元年四月二十三日付「藤原兼実処分状」（『大日本史料』第五編之十二、一二〇頁以下所収）。

37 普通、兼實の娘としては、任子（宜秋門院）一人だけが知られている。息子が九人も知られているのであるから、少なくとも三、四人の娘がいたことは察するにかたくない。『尊卑分脈』（第二編、内麻呂公孫）によると、範宴（親鸞上人、俗名は、従五位下・藤原親綱）の妻となって印信阿闍梨を産んだのは、兼實の娘であったという。親綱の名は、玉葉に五回ほどみえる。龍姫もそうした娘たちの一人であったと推定される。

38 『明月記』寛喜三年六月二十九日・天福元年九月二十三日両条。

39 同右、建永元年七月十七日条。

40 『公卿補任』建保六年条。

41 権大納言典侍としては、権大納言・藤原爲世（一二五〇～一三三八）の娘の藤原爲子が著名である。彼女は後二條天皇に仕え、後には後醍醐天皇に仕え、尊良親王らの母となった。彼女の詠草は、『新後撰和歌集』以下の勅撰集に多数採られている。『勅撰作者部類』の「贈従三位為子」の項、参照。また『権大納言典侍集』（『続群書類従』所収）をのこした従三位・源親子（親房の叔母）の名が想起される。

42 たとえば、龜山天皇の寵人の「廊の御方」は、田樂法師・玄駒の娘であった（『増鏡』、『本朝皇胤紹運録』、『帝王編年記』、その他）。

43 『とはずがたり』巻一。

44 『尊卑分脈』第一編、長家卿孫。

45 西井芳子『女房大納言』（『古代文化』第十巻第二号所載、京都、昭和三十八年）参照。

46 御家人制研究会編『吾妻鏡人名索引』（東京、昭和四十六年）五四一頁以下、参照。

47 関根正直『訂正禁秘抄講義』中（東京、昭和二年第六版）一二八頁以下、参照。

48 『三長記』建久九年正月十一日条。

49 『辨内侍日記』第五十段、第六十七段。

50 同右、第百七段。

51 『後深草院宸記』正応元年三月十五日条。

52 『中務内侍日記』第六十二段（正応元年十月二十一日）。

53 『増鏡』第八「山のもみぢ葉」。

54 同右、第十六「秋のみ山」。

55 主な関係史料は、『大日本史料』第四編之九、五〇四頁以下にかかげられている。研究としては、田村圓澄『法然上人伝の研究』（東京、昭和四十七年）一五〇頁以下がある。

56 『都名所図会』巻三。ただし、松虫、鈴虫の名は、古い文献にはみえない。ただし、院の女房たちも帰依したことは、『愚管抄』（巻第六）にも述べられている。

57 『家長日記』第二十七段。

58 『明月記』元久二年二月十一日条、『本朝皇胤紹運録』。

59 『承久記』上。

60 『玉葉』建久二年正月十二日条。

61 『本朝皇胤紹運録』。

62 『吾妻鏡』寛元三年七月二十六日条。

63 たとえば、春日神社文書、建長元年九月二十六日付「僧辨善置文案」（『鎌倉遺文』第十巻所収）。

64 宗像神社文書、文永六年八月二十一日付「権律師隆杲地頭職譲状」（『鎌倉遺文』第十四巻所収）。

65 東大寺文書、弘長元年八月十八日付「尼信浄田地寄進状」（『鎌倉遺文』第十二巻所収）。

66 弘安五年十一月二十六日付「尼阿妙田地寄進状」（『大日本古文書、東大寺文書』之九、所収）。

67 唐招提寺礼堂釈迦如来像胎内文書、正嘉二年四月付「釈迦念仏結縁交名」（『鎌倉遺文』第十一巻、第八二三六号文書）。

68 角田『平家後抄』（前掲）四六八～四六九頁参照。

69 加夜国造氏の後裔にあたる備中國きっての名門・賀陽氏については、藤井駿『加夜国造の系譜と賀陽氏』（同著『吉備地方史の研究』所収、京都、昭和四十六年）参照。賀陽氏は代々、嫡男の名の第一字に「貞」を通字としたから、この処分状をのこした賀陽朝臣某の名は「貞□」であるに相違ない。現に早世した彼の嫡男の名は、貞頼であった。

70 吉備津神社文書、寛元三年十月付「賀陽朝臣□□処分状」（『鎌倉遺文』第九巻所収）。

71 刀自女を閇女と記す風は、寛弘元年の「讃岐国入野郷戸籍」（『平安遺文』第二巻所収）に、一時的に見いだされるにすぎない。

72 目々女の名は、東大寺文書、康和三年七月二十三日付「大和国石名荘住人等解」（『平安遺文』第四巻）に見いだされる。

73 逆賣の名は、延喜二年の「阿波国板野郡田上郷戸籍」（『平安遺文』第一巻所収）に見いだされる。

74 得女の古い例は、やはり右の戸籍に求められる。

75 『鎌倉遺文』第十一巻、二六九～二七二、二七四～二八四、二八七頁に所収。

76 『鎌倉遺文』第十三巻、三三二～三四三、三五〇、三五五～三八五頁に所収。

77 昭和五十四年八月三十日付『朝日新聞』（朝刊）、その他。

78 角田『平家後抄』（前掲）三八四頁以下、参照。

79 この命婦は、大隅國の正八幡宮に奉仕する女性。宮廷の官女ではない。

80 「たひらの女」は、文書の中では、「平氏女」と記されている。本願寺文書、正嘉二年七月二十七日付「平氏屋地売券案」（『鎌倉遺文』第十一巻所収）参照。

81 貞応三年（元仁元年）九月二十五日付「新家氏子処分状」（『大日本史料』第五編之二、所収）。

82 『吾妻鏡』建久四年十一月二十八日条。

83 東寺百合文書、貞応三年（元仁元年）十一月十六日付「田地売券案」（『鎌倉遺文』第五巻所収、『大日本史料』第五編之二、所収）。

84 永仁三年八月七日付「藤井友光売券」（『大日本古文書、東大寺文書』之五、所収）。

85 元亨三年正月二十日付「行吉宛行状案」（『大日本古文書、東大寺文書』之六、所収）。

86 「摩尼」（mani）は、サンスクリット語で、宝珠の意。

87 「善哉」は、サンスクリット語の娑度（sadhu）の訳。自分の意にかなったことを称嘆し、あるいは挨拶に用いられる言葉。

88 正応三年七月二十二日「僧慶弘田地売券」（『大日本古文書、東大寺文書』之五、所収）。

89 弘安二年五月十七日付「淡路女家地寄進状」（『大日本古文書、東大寺文書』之六、所収）。

90 元応元年六月付「八條院町年貢帳」（『大日本古文書、東寺百合文書』之二、所収）。

91 『明月記』寛喜元年十二月二十九日条。

92 元弘元年十一月二十二日付「千代女家地相傳状」（『大日本古文書、東大寺文書』之九、所収）。

93 文保二年三月二日付「御了女田地売券」（『大日本古文書、大徳寺文書』之三、所収）。

94 元応二年二月二十四日付「沙弥光信田地所従処分状」（『大日本古文書、大徳寺文書』之六、所収）。

95 同右。ここに記された市熊女と阿古石女は、所従の女の名。

96 元弘三年十二月十六日付「まつによ田地売券」（『大日本古文書、大徳寺文書』之十一、所収）。

97 北條家の平政子は、初めからの名ではなく、かなり後になって、父・平時政の偏諱をとって、政子と改名したと推定される。

98 源頼家の娘で、竹御前と呼ばれた。のち将軍頼經の室となった。前掲『平家後抄』四七一頁以下、参照。

99 『鎌倉遺文』第六巻七四頁、九一頁。

100 同右、同巻一一八頁。

101 元応二年四月十二日付「下野公現重田地処分状」（『大日本古文書、東大寺文書』之六、所収）。

102 前注94参照。

103 喜暦二年十月十九日付「閇女敷地譲状」（『大日本古文書、東大寺文書』之七、所収）。

104 元徳三年八月十五日付「僧俊算屋敷売券」（『大日本古文書、東大寺文書』之八、所収）。

105 源義朝の乳母の摩々を想起されたい。『吾妻鏡』建久三年二月五日条、参照。

106 元応元年六月付「八條院町年貢帳」（前掲）。
107 『吾妻鏡』建久三年五月一日条。
108 『尊卑分脈』第二編、内麻呂公孫（本願寺流）、参照。
109 藤島達朗『恵信尼公』（新潟県新井市、昭和三十一年）など、参照。
110 五来重『熊野詣』（京都・東京、昭和四十二年）二一二〜二一三頁、参照。
111 『吾妻鏡』嘉禎三年六月一日条。
112 近衛家文書、建長五年十月二十一日付「近衛家所領目録」（『鎌倉遺文』第十巻所収）。
113 文永八年五月□日付「神（笠原家）信親所帯証文目録」（『鎌倉遺文』第十四巻所収）。
114 『吾妻鏡』治承四年十月二日・安貞二年二月四日両条。
115 『明月記』建仁三年五月十日条。
116 『新古今和歌集』巻第十、第九七八、九七九番。
117 『源平盛衰記』巻第四十五。
118 『尊卑分脈』第一編、頼宗公孫。
119 『吾妻鏡』建久四年六月十八日条。
120 『玉葉和歌集』巻第八、第一二四〇、一二四一番。
121 『信生法師集』第五段。
122 『吾妻鏡』建久四年五月二十八、二十九日両日条。
123 同右、建久五年閏八月二日条。
124 同右、建仁二年三月八日条、その他。
125 『尊卑分脈』第二編、顕隆卿等孫。

補注　本文に書きもらしたが、結縁交名として逸しえない史料として、京都市右京区花園扇野町の法金剛院に存する厨子入木彫十一面観音坐像胎内納入品がある。これは昭和四年に修理された際に発見されたもので、この納入品によって、僧俗貴賤男女一万三千名の結縁により造像され、元応元年（一三一九）六月十八日に供養されたことが判明した。納入の文献の写しは、文化庁によって仮に発行されている（コピーにて。昭和五十三年）。結縁に参加した女性の名には、

比丘尼覺妙　せんぷく女　婦ぢわらのさち女　比丘尼教眞　松女　ふちはらの氏女　たちばなの女　ひさ　あこ女　とさの女　あかこ女　つめ女　アグリ女　尼稱阿　雀女　滿々女　立用（たちよ）女　但馬女　尼法阿　尼來阿　尼西阿　尼念阿　やお女　若狭女　滿女　尼妙眞　袈裟女　姫夜叉　乙石女　鶴女　千手女　姫松女　尼圓阿　鶴松女　千與鶴女　千菊女　夜叉女　乙女　むめ　うへ上　千松女　をわわ女　禰々女　姫松　やさ女　姫熊　あま女　きく　やす　比丘尼正阿彌陀佛　千代女　比丘尼照圓　比丘尼慈雲　犬熊女　宇婦子女　姫女　地藏女　辨才女　紀氏女都々　彌正（いやまさ）女

等々が抄出される。ただし、本文に述べた当代女性の名についての著者の所説は、強化されはしても、これによって訂正する必要はなかろう。この史料の閲覧については、法金剛院住職・川井戎本師の御厚情にあずかった。記して篤く感謝の意を表したい。なお、毎日新聞社「重要文化財」委員会編『重要文化財』別巻1（昭和五十三年）図書図版九、九七、九九頁の挿図（網版）、参照。

2　南北朝時代

1 辻村輝雄『中世武家女性の一期譲与』（『信州大学教育学部研究論集』九所収、長野市、昭和三十三年）参照。
2 『尊卑分脈』第三編、清和源氏、岩松家条、参照。
3 弘安元年十月三日付『道覚譲状寫』（『鎌倉遺文』第十七巻所収）。
4 肥前、石志文書、暦応二年四月二十五日付『石志定阿譲状案』（『南北朝遺文』九州編第二巻所収）。
5 肥後、志賀文書、康永二年九月十五日付『出羽宗雄譲状』（『南北朝遺文』九州編第二巻所収）。
6 元徳二年三月十八日付『沙彌長快譲状』（『大日本古文書・山内首藤家文書』所収）。
7 たとえば、応安五年四月十七日付『沙彌本光譲状』（『大日本史料』

第六編之三十六、二七一頁所収）、至徳三年八月二十二日付『白魚糺譲状案』（『青木文書』第二所収、東京、昭和五十一年）、観応二年二月三日付『鳥名木（となき）弾正忠平政幹譲状』（『大日本史料』第六編之十五、八八七頁以下所収）等々。

8 永原慶二『女性史における南北朝・室町期』（女性史総合研究会編『日本女性史』第2巻所収、東京、昭和五十七年）。

9 鎌倉～室町時代における女性の経済的地位に関しては、前掲の永原論文のほか、岡田章雄『中世武家社会に於ける女性の経済的地位』（『歴史地理』第六十巻第三、四号連載、東京、昭和七年）。

10 『太平記』巻第十六、正成首送故郷事。

11 『広厳寺楠木一族霊牌』（『大日本史料』第六編之三、四四四頁所掲）。

12 『姓氏家系大辞典』第三巻、五八五一頁、参照。

13 楠妣庵（富田林市甘南備）住職・加藤宗仙師の御教示による。

14 『大日本古文書・観心寺文書』二二四頁以下。

15 正成の後室に関する伝記史料は、高橋淡水・碧瑠璃園『大楠公夫人』（東京、楠妣会館、大正十年初版）に纏められている。

16 大隅和雄編『太平記人名索引』（札幌、昭和四十九年）参照。

17 『明月記』元久元年十二月二日条。

18 主として『本朝皇胤紹運録』による。

19 勅撰歌女（『新千載和歌集』巻第二、第一六五番、巻第十三、第一三九八番、巻第十八、第二〇六二番、『新続古今集』巻第一、第七七番、『新葉和歌集』巻第十九、第一二八八番）。『勅撰作者部類』には、「後醍醐帝皇女」とみえている。

20 『光明院御即位記』（『続群書類従』所収）。

21 『園太暦』貞和二年二月二十日条。

22 主として『尊卑分脈』、『本朝皇胤紹運録』、『貴女鈔』などにより、『大日本史』巻之八十五を参照する。

23 淫縦をもって著名。『大日本史料』第七編之八、三一三頁以下、『大日本史』巻之八十五参照。

24 今子というのは、新しい名ではない。文徳天皇の後宮の藤原今子（参議・貞守の娘）の名などが想起される。

25 名子は光厳院の乳母典侍であって、名は父・資名の偏諱をとって資子といった。同院が元弘二年三月二十二日に即位式を挙げられた際、褰帳の命婦の役を、故神祇伯・資清王の娘の資子女王と資子とが奉仕することとなったので、彼女は急遽、父のもう一つの偏諱をとって名子と改名したものと想定されている。中田祝夫『竹むきが記全釈』（東京、昭和四十七年）五頁、参照。

26 『師守記』貞治四年五月四日条によって、登子の父を北條家の平守時とする。『尊卑分脈』（第三編、清和源氏、足利家条）は、登子の父を武蔵守・平久時と記している。今は前者にしたがう。

27 将軍・義詮の正妻は、親族の渋川家の従一位・源幸子。『尊卑分脈』第三編、清和源氏、渋川家条、参照。

28 『続愚昧記』康安元年四月十六日条。

29 『師守記』貞治四年五月八日条。

30 『愚管記』応安七年三月六日条。

31 同右、応安元年正月十六日条。

32 『師守記』応安元年正月十六日条。

33 奈良時代の戸籍、計帳には、幼児すらが実名をもって記載されている。

34 菅原道眞『夢阿満』（『菅家文草』第二所収）。

35 『尊卑分脈』第四編、紀氏。

36 『御堂関白記』寛仁元年十月二十九日、同二年正月十五日、同年三月十三日諸条。

37 中原師茂の娘は、「チイ御料」と呼ばれた（『師守記』貞治六年七月二日条）。この「チイ」は、「千（子）」に由来した幼名ないし愛称であろう。

38 著者は、平井相助と推定されている。『続群書類従』所収。応永二十六年（一四一九）の跋がある。

39 『紫式部日記』寛弘五年十二月三十日条。

40 『明月記』寛喜三年六月二十九日条、参照。
41 『明月記』建保元年二月二日条。延壽は、定家の後妻の妹であった。
42 基定は、皇后宮大進・基光の子で、叔父の権中納言・藤原資長（一一一九～一一九五）の養子となった人。『尊卑分脈』第二編、内麻呂公孫、参照。
43 『明月記』正治元年七月十八日条。
44 古くは、縣犬養宿禰三千代の名がみられたが（藤原不比等の後妻）、××代型の女性名は、彼女ののち、永く中絶していた。
45 『園太暦』貞和元年八月三十日条。
46 『尊卑分脈』第四編、高階氏。
47 『民経記』嘉禄二年四月十六日条。
48 『明月記』嘉禄二年四月十六日条。
49 『長秋記』長承二年九月五日条。
50 『師守記』貞治六年五月五日条。
51 同右、同年同月十九日条。
52 同右、同年七月一日条。
53 『師守記』康永四年四月八日、貞和五年六月十三日両条。
54 同右、貞治三年二月十日条。
55 同右、貞治六年六月十二日条。
56 同右、貞治三年十二月二十三日条。
57 『日本国語大辞典』第八巻四四〇～四四一頁、参照。
58 『太平記』巻第十、亀寿殿令落信濃事。
59 『群書類従』合戦部所収。
60 『東寺百合文書目録』第五、四八〇頁。
61 『園太暦』貞和元年正月二十八日条。尊氏は、頼朝が娘を大姫、乙姫と呼んでいたことに気づかなかったのであろうか。『吾妻鏡』文治二年五月十七日、正治元年三月五日などの諸条、参照。『吾妻鏡』は、頼朝の娘たちを「姫君」と記している。
62 以下本章でかかげる女性名の肩に付した数字は、その名の出典がつぎに表示した文献であることを示す。『東大寺文書』、『石清水文書』や『東寺百合文書』のうち、南北朝時代にかかる寄進状、譲状、売券などの大部分は、『大日本史料』第六編の各冊にかかげられているので、これらの文書のほうは、表示文献からはずした。
(1…39)『大日本史料』第六編第一冊から第三十九冊まで。
(40)『南北朝遺文』九州編第一巻。
(41)同右、第二巻。
(42)『教王護國寺文書』巻一。
(43)同右、巻二。
(44)『熊野那智大社文書』第一。
(45)同右、第五。
(46)『大日本古文書・観心寺文書』。
(47)『大日本古文書・熊谷・三浦・平賀三家文書』。
(48)『大日本古文書・山内首藤家文書』。
(49)『八坂神社文書』下。
(50)『大日本古文書・大徳寺文書』第三。
(51)同右、第四。
(52)同右、第六。
(53)同右、第七。
(54)同右、第十。
(55)同右、第十一。
(56)『大日本古文書・醍醐寺文書』第二。
(57)同右、第三。
(58)同右、第四。
(59)『高山寺古文書』（『高山寺資料叢書』第四冊）。
(60)『師守記』（刊本）第七。
(61)同右、第九。
(62)同右、第十。
(63)『松浦有浦系図』（福田以久生・村井章介共編『肥前松浦黨有浦文書』所収）。
63 笠井清『南方熊楠』（人物叢書145、東京、昭和四十二年）参照。

64　いぬという女性名は、『寛永廿一年（正保元年）河州石川郡之内富田林万改帳』（『富田林市史』第四巻〔富田林市、昭和四十七年〕所収）や『享保卅年武蔵国渡瀬村キリシタン類族帳の研究』（矢島浩『坂東キリシタン類族帳の研究』〔東京、昭和五十三年〕所収）などに検出されるが、きわめて稀な例である。

65　『源氏物語』にみえる「若菜」については、池田亀鑑編『源氏物語事典』上巻（東京、昭和三十五年）五六七〜五六八頁にくわしい。

66　『師守記』貞治五年十月二十七日条。

67　同右、貞治六年六月七日、同年七月十四日両条。

68　『散木奇歌集』第九、第一五一六番、参照。

69　学名は、*Chenopodium album* var. *Centroubrum* Makino である。この草については、任意の百科事典で調べていただきたい。

70　『週刊文春』には、昭和五十八年八月六日号から胡桃沢耕史氏の『女探偵アガサ奔る』が連載された。このアガサ（日本の女性）の名について照会したところ、同氏は、この名は、イギリスの女流作家のアガサ・クリスティ（AGATHA CHRISTIE 1890〜1976）からとったと回答された。なお、同女史は、イギリスの著名な考古学者・マローアン（Max E. L. MALLOWAN. 1904〜1978）の夫人であった。

71　応安五年十月十九日付『沙弥道広寄進状』（『大日本史料』第六編之三十六、二五九頁所収）。

72　応安五年八月十九日付『あかさ寄進状』（『大日本史料』第六編之三十六、二五八頁所収）。

73　景浦勉編『観念寺文書』（松山市、昭和四十三年）、第三十二号、第三十四号、第四十七号文書、参照。なお、あかせは、越智盛直の娘。観応、延文年間に土地を寄進したり、売却したりしている。

74　『高山寺古文書』（『高山寺資料叢書』第四冊、東京、昭和五十年）、一五四〜一六〇頁、参照。

75　『東寺百合文書』、延文四年三月二十二日付『尼慈勝田地譲状案』（『大日本史料』第六編之二十二、八七〇頁所収）。

76　『東寺百合文書』、応永二年二月五日付『阿茶女田地譲状』（『大日本史料』第七編之二、二八六頁所収）参照。

77　諸橋『大漢和辞典』巻十一、八〇四頁、参照。

78　『師守記』貞治三年二月二十三日条。

79　『尊卑分脈』第三編、清和源氏、足利家条。

80　『看聞御記』永享八年正月十二日条。

81　×一丸、×一女という名は、当時しばしば見受けられた。たとえば、『園太暦』貞和元年八月三十日条には、松一丸、孫一丸、虎一丸の名がみえる。

82　『師守記』による。それぞれの出典は、刊本の『師守記』第十一（東京、昭和五十七年）の索引から検出していただきたい。

83　『師守記』康永元年五月十二日条。

84　一々の出典については、『増補改訂日本文学大辞典』別巻（東京、昭和二十七年）の索引を参照。

85　出雲阿國、小野於通など。

86　平安時代における「御」字の訓みについては、榊原邦彦氏のくわしい研究がある。同『平安語彙論考』（東京、昭和五十七年）五一〜一四七頁参照。別に、伊吹和子『隆能源氏絵詞に於ける「御」』（『国語国文』第二十二巻第八号掲載、京都、昭和二十八年）がある。

87　『日本随筆全集』第五巻、『日本随筆大成』第一期七巻（ただし、『撈海一得』の別名で）所収。

88　土佐守・高階師秋を指す。

89　たとえば、『日本国語大辞典』第三巻三〇七頁、『新潮国語辞典・現代語・古語』二二七頁など、参照。

90　菊亭家の権大納言・藤原實尹（一三一八〜一三四二）を指す。

91　『本朝皇胤紹運録』、『尊卑分脈』第二編、末茂孫。

92　『師守記』暦応三年三月九日、同四年三月十一日両条。

93　文和元年十二月十二日付『菊女田地作所職売券』（『大日本古文書・東大寺文書』之六所収）。

94　暦応元年十二月十九日付『辨親消息』（『高山寺古文書』〔『高山寺資料叢書』第四冊〕東京、昭和五十年、所収）。

95 暦応元年十二月三十日付『辨親所領寄進状』（前掲『高山寺古文書』所収）。
96 康永二年五月十一日付『借証文』（『大日本史料』第六編之七、九三四頁所収）。
97 『太平記』巻第七、千剣破城軍事。
98 同右、巻第三十三、新田左兵衛佐義興自害事。
99 前注に同じ。なお、竹澤右京亮は、義興を陥れようとして都より喚び寄せた女房の少将を牒者として彼の許に遣わした。ところが、この女房は義興に心を許すようになり、右京亮の奸策を未然に知らせた。右京亮は大いに怒り、この女房を誘き出し、殺害してしまった。土地の人たちは哀れに思い、一堆の塚を営んでこの女房を葬った。それは女房の名が忘れられたため、単に女塚と呼ばれるにいたったという。これに由来した女塚町は、国電京浜東北線蒲田駅西北方に昭和四十二年まで存していた。現在、大田区西蒲田一丁目、三～七丁目と池上五丁目がもとの女塚町にあたっている。『角川・日本地名大辞典』13東京都（東京、昭和五十三年）、一八〇頁、本間信治『消えてゆく東京の地名』（東京、昭和五十八年）、九九頁、参照。
100 白拍子の歴史を詳述した文献として、坂本健一『白拍子』（『日本風俗史講座』所収、東京、昭和四年）がある。
101 『祇園執行日記』正平七年二月十日、同十一日両条など参照。
102 『太平記』巻第三十五、南方蜂起事付畠山関東下向事。
103 関東執事の畠山家の源國清を指す。法名は、道誓。
104 『太平記』巻第十七、金崎船遊事付白魚入船事。
105 飛鳥井家の藤原雅世（一三九〇～一四五二）の撰で、永享十一年（一四三九）六月に全二十巻が完成した。
106 『新続古今集』巻第九、第九〇〇番。
107 同右、巻第十、第九七九番。
108 同右、巻第十、第九八〇番。
109 『大日本史料』第六編之十一、二二一～二二五頁、同第六編之十二、二三五～二三六頁。
110 『続愚昧記』貞治六年六月十七日条。
111 角田文衞『平家後抄』（東京、昭和五十三年）三八四頁以下、参照。
112 『尊卑分脈』第一編、公季公孫。
113 『女院小伝』、『尊卑分脈』第一編、公季公孫。女院出家の次第は、『園太暦』貞和四年十一月二十四日条に詳しい。これによると女院の正式の法諱は、「一乗菩薩遍照智」であり、これは「未来成佛之時、以レ之為レ名」ものであったという。
114 『愚管記』応安二年十月五日条。
115 荒木良仙『比丘尼史』（東京、昭和四年初版、昭和五十二年再版）、六四～六七頁、藤谷俊雄『慧春尼伝』（『日本史研究』第三十九号掲載、昭和三十三年）参照。
116 佐藤哲善『時宗の戒名』（『戒名・法名・神号・洗礼名大事典』所収、東京、昭和五十六年）参照。
117 時宗教学部編『重要文化財時宗過去帳』（藤沢市、昭和四十四年）。
118 『姓氏家系大辞典』第三巻五四二八～五四二九頁、小田雨畦『緒方・本阿弥両家系譜』（『陶説』第十四号掲載、東京、昭和二十九年）参照。
119 『師守記』貞治四年五月六日、同月八日両条、『愚管記』貞治六年十二月十日条、等々。
120 清子については、『大日本史料』第六編之七、四六二頁以下、参照。
121 『師守記』貞治元年十月十四日条。この禅尼は、僧・倫承の娘（『尊卑分脈』内麻呂公孫）。
122 『園太暦』貞和二年二月三日条。
123 同右、文和二年九月十八日条。
124 『竹向記』第七十七段、『山城名勝志』巻第二、上。『愚管記』応安元年十月十五日条、参照。芝の地名は、京都市上京区芝大宮町（五辻通大宮上ル）として現存する。
125 『吾妻鏡』文治元年十一月六日条。
126 『師守記』貞治六年七月二十三日条。
127 同右、貞和五年正月十四日条。

128 同右、同年二月二十八日条。

129 『足利家官位記』（『群書類従』所収）等持院殿尊氏条、その他。

130 『足利家将軍系図』（『諸家系図纂』一之三、所収）。

131 『大日本史料』第六編之二十六、八二四頁以下、参照。

132 『望月仏教大辞典』第四巻、三八六三頁。

133 たとえば、大燈國師（一二八二～一三三七）の法諱は妙超、道号は宗（しゅう）峰、一休禅師（一三九四～一四八一）の一休は道号で、その法諱は宗（そう）純である。

134 『本朝高僧伝』巻第二十一、その他。

135 『蔭涼軒日録』永享十年三月八日条。

136 鷲尾順敬編『日本仏家人名辞書』増訂版（東京、明治四十四年）、一三一〇頁、『望月仏教大辞典』第五巻、四二九四頁。

137 『応仁記』巻第三、洛中大焼之事。

138 『京都坊目志』上京第六学区の景愛寺址の条にも、千代野井に触れ、「如大、俗、千代野姫と謂ふ」とみえる。

3 室町時代

1 『纂輯御系図』参照。

2 『本朝皇胤紹運録』、塙保己一編『皇親系』、『纂輯御系図』などによる。

3 『実隆公記』明応六年六月十二日条。

4 『尊卑分脈』第二編、内麻呂公孫。

5 同右、第三編、花山源氏。

6 『永正十八年四月廿七日女叙位申文等』（『大日本史料』第九編之十二所収）。

7 角田文衞『日本の後宮』（東京、昭和四十八年）、三四七頁。

8 角田、同右書、三四六頁。

9 『宣胤卿記』文明十三年七月二十六日条。

10 『大日本史料』第八編之二十八、三一七頁以下、参照。

11 『本朝皇胤紹運録』、『尊卑分脈』第三編、宇多源氏、『後法興院記』明応元年七月二十日、二十一日両条。

12 『本朝皇胤紹運録』、『和長卿記』明応九年十月三十日条。

13 『尊卑分脈』第二編、高藤公孫、『本朝皇胤紹運録』、『実隆公記』文明十七年閏三月二十九日、五月十三日両条。

14 『後奈良天皇宸記』天文四年正月十二日条、『本朝皇胤紹運録』。

15 『尊卑分脈』第三編、宇多源氏、『尚通公記』大永六年四月十三日条。

16 『本朝皇胤紹運録』、『系図纂要』藤原氏一〇、高倉家。

17 『大日本史料』第九編之十七、五頁以下。

18 『本朝皇胤紹運録』、『系図纂要』藤原氏二〇、高倉家。

19 『尊卑分脈』第二編、内麻呂公孫。

20 将軍・義晴室で義輝の母であった婦人（尚通の娘）の院号は慶壽院であるが（『言継卿記』永禄三年二月二十三日条）、実名は未詳である。

21 冨子の人物像を最も早く纏め上げたのは、三浦周行博士（一八七一～一九三一）の名論文『日野富子』（同『歴史と人物』所収、東京、大正五年）である。

22 宮内庁書陵部所蔵『叙位除目女叙位文書』（『大日本史料』第七編之二十二所収）。

23 『永正十八年四月廿七日女叙位申文等』（『大日本史料』第九編之十二所収）。

24 『実隆公記』大永三年二月十一日条。

25 同右、大永七年九月六日条。

26 同右、大永七年九月十三日条。

27 同右、文明十五年十一月六日条。なお、同書の明応九年十月『践祚記』参照。

28 同右、文亀元年十月九日条。なお、『尊卑分脈』第二編、師尹公孫、参照。

29 同右、永正五年三月十七日条。

30 『尊卑分脈』第二編、内麻呂公孫。

31 『実隆公記』永正六年六月二十日条。

32 『綱光公記』文明八年九月十七日条（『大日本史料』第八編之九所引）。本条では、「苗」字にはミツと振仮名されている。
33 『看聞御記』永享六年六月十六日条、『辨官補任』永享六年条、『尊卑分脈』第二編、内麻呂公孫。
34 三浦周行『日野富子』（前掲）。
35 苗字は、延徳三年（一四九一）六月に薨じた（『北野社家日記』同年同月二十二日条）。
36 『蔭戒記』応永二十五年四月十七日条。
37 『師郷記』応永三十二年十二月十七日条。
38 『看聞御記』永享四年十一月二十三日条。
39 同右、永享八年正月一日条。
40 一六六頁、参照。
41 『看聞御記』永享八年十二月二十七日条。
42 同右、嘉吉三年十月十六日、同年十二月二十一日、文安四年十一月二十八日諸条。
43 『実隆公記』明応七年十一月二十二日条。
44 同右、享禄四年八月二十八日条。
45 同右、文明十八年六月十一日、永正六年六月二十一日両条、『後法興院記』長享元年八月二十五日条。
46 内侍所詰めの女孺の名。『言継卿記』天文十七年正月二十二日条。
47 『言継卿記』天文三年正月十二日条。
48 同右、弘治二年二月九日条。
49 同右、天文元年六月十三日条。
50 同右、永禄八年七月四日、元亀二年八月八日両条。
51 同右、大永七年三月二十八日条（漫才師のアチャコ〔男性〕がどこからその芸名をとったのかは、知りたいところである）。
52 同右、永禄九年三月二十五日条。
53 同右、永禄六年七月二十八日条。
54 同右、永禄十年二月十四日条。
55 同右、永禄七年七月六日条。
56 同右、永禄八年二月二十三日条。
57 同右、天文二十三年十月五日条。
58 同右、天文十八年八月五日、同十九年七月十三日、永禄七年十二月十四日、同十年六月十四日諸条。
59 同右、天文二十二年正月十一日、永禄十一年六月十日両条。
60 同右、永禄十年十二月二十八日条。
61 『日本国語大辞典』第十九巻、五八七頁。
62 『言継卿記』永禄三年正月八日条。
63 萬阿彌という法名（『言継卿記』永禄七年正月二日条）の省略型ではなかろう。
64 『言継卿記』元亀二年十二月一日条。
65 将軍・義政の側近に春日局という女房が仕えていた（『実隆公記』文明十五年十月四日条）。将軍・義晴に仕えた女房の左衛門督局は、候名を春日局と改めた（『実隆公記』大永三年十一月十九日条）。
66 『言継卿記』永禄十年六月十四日条。
67 のち、慶長五年十二月二十九日、後陽成天皇は、生母の晴子に新上東門院の院号を奉られた（『時慶卿記』、『義演准后日記』）。
68 『言継卿記』永禄十年十一月二十四日条。
69 東御方、南御方などは、多くの場合、上﨟局に対する呼び名であった。例えば、後土御門天皇の上﨟局で第三皇女（安禪寺宮）を産んだ藤原房子（准大臣・敦秀の娘）は、東御方（お東の方）と呼ばれていた（『実隆公記』文明九年正月三十日条）。
70 『言継卿記』享禄二年正月五日、天文十三年五月二十六日、同年七月七日諸条、参照。
71 同右、天文元年六月九日条。
72 同右、天文十八年九月十五日条。
73 同右、元亀二年十月二十一日条。
74 実母は、藤原某女で、法印・亮快の娘（『尊卑分脈』第二編、内麻呂公孫）。女孺の任にあり（同上、第二編、末茂孫）、その間に言繼を産んだ。

75 『尊卑分脈』第二編、高藤公孫。

76 『言継卿記』弘治二年九月二十六日、同三年正月三日両条。養母の法名は、妙永大姉（同上、永禄十年五月十九日条）。

77 『久守記』延徳元年五月二十一日条（『大日本史料』第八編之三十二所収）には、知阿彌女という名が検出されるが、これは稀有な例である。

78 『言継卿記』天文十三年十一月二十七日条。

79 『東寺百合文書』明徳五年四月二十八日付『田地売券』（『大日本史料』第七編之一所収）。

80 『大徳寺文書』応永十三年十二月二十九日付『田地沽却状』（『大日本史料』第七編之八所収）。

81 『熊野那智大社文書』第一（東京、昭和四十六年）所収。

82 岩手県教育委員会編、盛岡市、昭和三十八年刊、東京、昭和五十八年再版。

83 仲村研編、東京、昭和五十六年刊。

84 福田以久生・村井章介共編、大阪、昭和五十七年刊。

85 東京、昭和五十三年刊。

86 永享十二年十二月三日付『あかめ田地売券』（『朽木家文書』下〔註85〕、所収）。

87 本書、六八頁、参照。

88 ちょという名も、鎌倉時代に早くもみられる。『東寺百合文書』正和二年九月十二日付『寺田右兵衛尉範兼譲状』（『続図録東寺百合文書』所収、京都、昭和四十九年）には、「姪源氏字千代」とみえる。

89 『図録東寺百合文書』（京都、昭和四十五年）に写真と訓み本が収められている。

90 『米良文書』応仁二年十一月二十四日付『檀那売渡状』（『大日本史料』第八編之二所収）。

91 伊吹町伊吹の伊夫岐俊太郎氏の所蔵。全文は、『神道大系』神社編二十三・近江国（東京、昭和六十年）に収録されている。

92 『証如上人日記』（『石山本願寺日記』上巻所収、大阪、昭和五年発行、昭和四十一年複刻）。

93 個々の女性名の出典については、北西弘編『石山本願寺日記上巻』（大阪、昭和四十一年）参照。

94 『証如上人日記』天文六年正月一日、同十六年四月五日両条、参照。

95 『私心記』（『石山本願寺日記』下巻所収、大阪、昭和五年発行、昭和四十一年複刻）。

96 個々の女性名の出典箇所は、薗田香融編『石山本願寺日記下巻索引』（大阪、昭和四十三年）から知られる。

97 アコは、男女共通。男性の場合には、阿古、阿子丸などと、女性の場合は、仮名文字で記されるのが普選である。

98 たとえば、『私心記』永禄二年四月十六日条、参照。

99 『東寺百合文書』建仁三年十月二十五日付『清原のねね家地売券』（『鎌倉遺文』第三巻所収）。

100 『山中文書』（近江国）、元亀二年十一月二十八日付『徳政落居証文』（『大日本史料』第十編之七所収）。

101 『系図纂要』清和源氏一六、武田家条。

102 『二階堂家文書』永正八年十月二十一日付『初身売証文』（『大日本史料』第九編之三所収）。

103 『吾妻鏡』建久四年六月一日、同月十八日両条、参照。

104 『大日本史料』第十編之九、三〇八頁以下、参照。

105 『近江輿地誌略』巻之八十五、浅井郡、参照。

106 桑田忠親『豊臣秀吉研究』（東京、昭和五十年）一八頁。

107 中村孝也『家康の族葉』（東京、昭和四十年）一五七頁以下。だいについては、『伝通院於大の方小伝』（刈谷市文化財保護委員会編『文化史料』第一輯所収、愛知県刈谷市、昭和二十九年）がある。

108 なお、『舜旧記』慶長七年九月十六日条、参照。

109 『日本国語大辞典』第六巻、五七七頁。

110 『御伽草子』では、たとえば「南阿彌」は「なあみ」と訓まれている。彌字はしばしば省略されるから、容易に「なあ」という名が成立する（『御伽草子』猿源氏草紙〔『日本古典文学大系』第三十八巻〕、一六五～一八六頁)。
111 『松屋筆記』八十二ノ三十。
112 頼朝の長女は大姫、次女は乙姫と呼ばれていた。次女のほうの名は三幡、字は乙姫である。固有名詞としての乙女は、平安時代には珍しくない名であった(一二三頁)。
113 文明十三年七月二十八日付『山内みなみ置文』(『大日本古文書・山内首藤家文書』所収)。
114 『姓氏家系大辞典』第三巻、六三五九頁。
115 『漢学紀源』(『続々群書類従』第十所収)巻三、潤公第三十二。
116 『東藩史稿』巻之十。
117 笠原一男『蓮如』(東京、昭和三十八年)、同『乱世を生きる—蓮如の生涯—』(東京、昭和五十六年)による。
118 七4は、『大日本史料』第七編之四の略字。以下、これに準ずる。
119 前掲『時宗過去帳』参照。
120 『金剛宝山輪王禅師系譜』(『曹洞宗全書』拾遺、(東京、昭和十三年」所収)。
121 『開善寺過去帳』(『大日本史料』第十編之十二所引)。
122 『常陸国茨城郡六段田村六地蔵寺過去帳』(『群書類従』所収)。
123 『実隆公記』元亀元年六月十四日条。
124 『言継卿記』永禄六年六月二十八日条。
125 同右、永禄六年三月十九日条。
126 同右、天文十七年二月十三日、弘治元年三月二日両条。
127 この桂侍者は、永禄八年九月、三六歳で早世した。同右、永禄十年九月二十二日条、参照。
128 『実隆公記』文明十一年五月十九日条。
129 同右、文明十五年正月十三日条。
130 『言継卿記』天文十八年十一月十八日条。
131 同右、天文十四年五月二十三日条。
132 同右、天文二年十月九日条。
133 『続群書類従』所収。
134 「森也」とは、森侍者の陰部のことである。
135 二橋進編訳『一休狂雲集』(東京、昭和四十九年)、八八～九〇、一九八～二〇四頁、参照。
136 詳しくは、岩橋小彌太『藝能史叢説』(東京、昭和五十年)、二七四～二九五頁、参照。
137 『群書類従』、『日本歌学大系』所収。
138 稚児が曲舞を舞ったことは、『看聞御記』永享四年六月十五日条にみえる。
139 『実隆公記』文明九年閏正月十二日、同二十日両条。
140 芸能にすぐれた者が「大夫(太夫)」と呼ばれるにいたった理由について、瀧川政次郎博士は、「私は、王朝時代の雅楽寮に勤めていた唐楽師・高麗楽師・新羅楽師・伎楽師等の中には、五位に叙せられた者があって、大夫と呼ばれたことから、芸能者を大夫というようになったと思う」と推測されている(同著『江口・神崎』東京、昭和五十一年増補版、三一八頁)。この見解は、正鵠を射ていると思う。
141 『蔭涼軒日録』延徳二年五月一日条。
142 『御湯殿上日記』元亀三年閏正月二十八日条。
143 詳しくは、中山太郎『売笑三千年史』(東京、昭和二年初版)、三三七頁以下、参照。
144 『狂雲集』下、所収。
145 「洛下に昔、紅欄古洞の両處有り。地獄と曰ひ、加世と曰ふ。また安衆坊の口に西洞院有り。諺(よ)にいはゆる小路なり。歌酒の客にして此の處を過ぐる者、皆風流の清事をなせり。今、街坊の間、十家に四、五は娼樓なり。淫風の盛なる、亡國に幾(ちか)きか、吁(あゝ)、關睢の詩、想はざるべけんや。嗟嘆するに足る。故に二偈一詩を述べ、もつて詠歌すと云ふ」。なお、「可想乎哉。不足嗟嘆」は、「可不想乎哉、足嗟嘆」の誤写。
146 藪田嘉一郎『平安京東市と安衆坊西洞院の遊里』(『古代文化』第二十一巻第六号掲載、京都、昭和四十四年)参照。
147 『世子六十以後申楽談義』(『大日本史料』第七編之十所引)。

148 中山、前掲書、三六〇頁、参照。
149 『山科家礼記』応永十九年正月十六日条。
150 『校註日本文学大系』第十九巻、『日本古典文学大系・御伽草子』その他に所収。
151 たとえば、『言継卿記』天文十三年六月九日、同三十日、同九月十三日諸条にみえる桂女の夜叉。

第三部 中世

1 桃山時代

1 『本朝皇胤紹運録』、『野史』巻二十八、『系図纂要』藤原氏(二)、鷹司家条、その他。
2 『本朝皇胤紹運録』、『野史』巻二十八。
3 『纂輯御系図』(東京、明治十年初版)一四七頁。
4 同右、一四八頁。
5 『野史』巻二十八、『本朝皇胤紹運録』。
6 『本朝皇胤紹運録』、『野史』巻二十八、『時慶卿記』慶長十九年九月二十一日条。
7 『御湯殿上日記』天正十四年十一月二十五日条。
8 以下は『本朝皇胤紹運録』、『野史』巻二十二、『諸所系図』(『系図綜覧』第一所収)による。
9 宮内庁では、「晴子」をハレコと訓んでいる。その理由は、著者には不明。晴右(ハルアキ)の娘であるから、ハルコと訓んだほうがよいと思うが——。
10 注8に同じ。
11 時子という名は、『諸所系図』による。『野史』(巻二十二)は、晴子と記しているが、時子が正しいであろう。勘解由局といい、後陽成天皇の寵を蒙ったが、密通の科により慶長十四年、伊豆国の新島に配流された。角田文衞『日本の後宮』(東京、昭和四十八年)三五〇頁、参照。
12 宮内庁書陵部所蔵『華族系譜』西洞院家条。
13 『兼見卿記』天正八年八月九日、同十一年三月九日両条。ただし、『言経卿記』(天正四年正月二十八日、同年三月二十七日、同年七月六日の諸条、その他)では、「御阿茶々」と記されている。
14 『言継卿記』元亀二年八月八日条、『言経卿記』天正十年正月二十六日条。
15 『言経卿記』天正十二年十一月八日条。
16 同右、文禄三年十月十五日条。
17 同右、文禄二年閏九月十二日条。
18 御春(言經の妻の妹)の名は、『言経卿記』に頻出している(たとえば、文禄元年二月二日、同年三月九日、同二十三日、二十六日の諸条)。
19 『兼見卿記』天正十一年三月二十八日条。
20 同右、天正十二年三月六日条。
21 同右、天正十二年四月八日条。
22 『言経卿記』文禄二年六月二十一日、同三年六月二十一日両条による。
23 顯尊佐超の室で、冷泉家の藤原爲益の娘。
24 佐超の長男。佐超の後を継いだ准尊昭玄。
25 御茶阿、ちやぼの名は、『言経卿記』文禄四年三月十日、同年六月三十日両条による。
26 『言経卿記』文禄元年八月十日条、参照。
27 「里々」は、リリと訓む。同右、文禄三年九月十五日条、参照。
28 『言経卿記』文禄元年四月七日、同二年四月八日、同元年七月二十六日諸条。
29 同右、天正十七年六月二十日、同月二十二日両条。
30 『信長公記』首巻。
31 『武将感状記』(『昭和版・帝国文庫』常山紀談所収、東京、昭和四年）巻五。
32 おなべについての詳細は、松田亮『信長の側室おなべの方』（『歴史研究』第108号掲載、東京、昭和四十四年）参照。
33 奥野高広『岡崎殿―徳川信康室織田氏―』（『古文書研究』第十三号掲載、東京、昭和五十四年）参照。
34 『小笠原忠眞年譜』（東京大学史料編纂所所蔵写本）巻之上。
35 写本は、国会図書館に架蔵されている。
36 この福が小笠原家の秀政との間に儲けた娘二人の名は、萬と千代であった（『寛政重修諸家譜』巻第百八十八）。
37 阿弥陀寺にこれらの墓が営まれた事情は、『信長公阿弥陀寺由緒之記録』（『新訂増補史籍集覧』第二十五冊所収）に詳しい。
38 『阿彌陀寺過去帳』（水野恭一郎・中井眞孝共編『京都浄土宗寺院文書』所収、京都、昭和五十五年）。
39 『大日本史料』第十二編之二、四六九頁以下。
40 桑田忠親『豊臣秀吉研究』（東京、昭和五十年）、五七九頁。
41 桑田忠親『女性の名書簡』（東京、昭和四十五年）、一一〇～一一四頁。なお、本書は、『桑田忠親著作集』第七巻戦国の女性（東京、昭和五十四年）に収録されている。
42 大野正義『常高院宛の手紙』（『郵政考古紀要』第五号掲載、大阪府箕面市、昭和五十六年）。
43 桑田、前掲『豊臣秀吉研究』五八九～五九〇頁。
44 『東寺百合文書』建仁三年十月二十五日付『清原のねね家地売券』（『鎌倉遺文』第三巻所収）。
45 『山科家礼記』応永十九年十二月十四日条。
46 たとえば、『言経卿記』天正十七年十月一日、同十八年九月十三日、文禄二年二月二十四日諸条。長享元年十一月四日付『今堀神田納帳』（仲村研編『今堀日吉神社文書集成』所収、東京、昭和五十六年）。将軍・秀忠の娘の子々（ねね）は、前田家の利光の妻となったが、元和八年七月三日、二四歳で早世した（『幕府祚胤伝』三）。
47 秀吉は、叙位任官に際して、恥ずかしげもなく名を変えている。山陽新聞社編『ねねと木下家文書』（岡山市、昭和五十七年）によると、秀吉は、従五位下に叙されるときは、平朝臣、従一位のさいは藤原朝臣を用いた。豊臣朝臣を賜わったのは、天正十五年である（『公卿補任』）。
48 桑田忠親『桃山時代の女性』（『桑田忠親著作集』第七巻〔前掲〕所収）。
49 『寛政重修諸家譜』巻第四百四十九、宇多源氏、川副家。桑田、前掲『女性の名書簡』九六～九八頁。
50 太田和泉守牛一『太閤さま軍記のうち』（『太閤史料集』所収、東京、昭和四十年）。
51 淀君については、桑田忠親『淀君』（東京、昭和三十三年初版、昭和六十年新装版）、同、前掲『豊臣秀吉研究』六〇二頁以下、参照。
52 桑田、前掲『淀君』一五八頁。
53 『伊勢系図』（『続群書類従』所収）。
54 中村通夫・湯沢幸吉郎校訂『雑兵物語・おあむ物語』、『おきく物語』（岩波文庫、東京、昭和十八年初版）。
55 『野史』巻百七十八。北国新聞社編『加能女人系』上（金沢市、昭和四十六年）、一四〇～一四四頁。高群逸枝『大日本女性人名辞書』（東京、昭和十一年）、一〇二頁。
56 たとえば、『信濃国追分宿文書』の享保七年二月十日付『長四郎請状』（軽井沢町資料館所蔵、牧英正『近世日本の人身売買の系譜』〔東京、昭和四十五年〕一六〇～一六一頁所引）には、あんという五歳の女児の名がみえるが、きわめて例の少ない名である。
57 詳しくは、桑田、前掲『豊臣秀吉研究』六〇八～六二三頁、参照。
58 詳しくは、桑田、前掲『豊臣秀吉研究』六二四頁以下、参照。
59 三條局については、渡辺世祐『豊太閤の私的生活』（日本文化名著選版、大阪、昭和十四年）、二三四～二三六頁、参照。
60 お種については、桑田、前掲『豊臣秀吉研究』六四二～六四七頁、参照。
61 『寛政重修諸家譜』巻第七十八、喜連川家条。

62 桑田忠親『桃山時代の女性』（前掲『桑田忠親著作集』第七巻収録。本篇は、初め昭和四十七年に単行本として印行された〔東京〕。また昭和六十年、『乱世に生きた女たち』と改題し、旺文社文庫の一冊として公刊された）。
63 注50、参照。
64 『寛政重修諸家譜』巻第二百六十三、清和源氏、池田家。前掲『太閤さま軍記のうち』。
65 たとえば、茶阿局（名は、八）の素姓について、『徳川実紀』元和七年六月十三日条を参照。
66 『幕府祚胤伝』一。
67 右に同じ。
68 『玉輿記』（『柳営婦女伝叢』所収）二。
69 『幕府祚胤伝』一、『柳営婦女伝系』巻之七、その他。
70 『玉輿記』二、『以貴小伝』（『史籍集覧』所収）。なお、阿茶局の伝は、『徳川実紀』寛永十四年正月二十二日条にみえる。
71 岩間愿彦『前田利家』（東京、昭和四十一年初版）。
72 母は正室の江（崇源院）。『徳川幕府家譜』（『徳川諸家系譜』第一所収）乾。
73 葛西重雄・吉田貫三『増補改訂八丈島流人銘々伝』（東京、昭和五十年）、三四〜四一頁、参照。
74 細川護貞『細川幽齋』（東京、昭和四十七年）三六一頁。
75 政宗の生母は、政宗の同母弟の竺丸（小次郎）を偏愛し、天正十八年四月、政宗を毒殺しようと計ったことで知られる。この事件の背後では、最上家の義光が糸を繰っていた（小林清治『伊達政宗』〔東京・昭和三十四年初版〕六〇頁）。
76 藩祖伊達政宗公顕彰会編『伊達政宗卿伝記史料』（仙台、昭和十二年、東京、昭和五十三年復刻）一〜二頁、一〇頁。
77 前掲書、五四七頁（『政宗君治家記録引証記』〔伊達元伯爵家所蔵写本〕御息女様御誕生之事）。
78 同右書、五七九〜五八〇頁。
79 同右書、七〇一頁。
80 『伊達治家記録』六（仙台・昭和五十年）、寛文元年五月十二日条。
81 これは、瑞巌寺博物館の堀野宗俊氏の所見であるが、妥当なものと思料される。
82 前掲『伊達治家記録』六、寛文元年五月十二日条。『徳川諸家系譜』第二（東京、昭和四十九年）、三八〜三九頁（『幕府祚胤伝』二）。
83 『日本国語大辞典』第十九巻、一七八頁、参照。
84 前掲『伊達政宗卿伝記史料』七一六頁。
85 同右書、八七三頁。
86 同右書、一一五一頁。
87 『豊浦藩主略譜』（長府史編纂会編『長門長府史料』所収、下関市、昭和四十九年）。
88 鈴木棠三監修『宗氏家譜略』（東京、昭和五十年）、『宗氏家譜』（東京、昭和五十二年）参照。
89 当主の久定（やす）氏（一九三一〜）は、京都大学教授（佛蘭西文学）。
90 北村清士校注『中川史料集』（東京、昭和四十四年）所収。
91 前掲『今堀日吉神社文書集成』。
92 中村『家康の族葉』（前掲）五五五〜五五九頁。
93 『儒職家系』（『史籍集覧』所収）巻一、林家条。
94 『日本国語大辞典』第十三巻、四二四頁。
95 『熊谷氏系図』（『大日本古文書〔熊谷家文書・三浦家文書・平賀家文書〕』所収）。
96 『宗氏家譜略』（東京、昭和五十年）三九頁。
97 桑田忠親『千利休研究』（東京、昭和五十一年）四四七頁。
98 今東光（一八九八〜一九七七）の『お吟さま』は、昭和三十一年、茶道雑誌『淡交』（京都）に連載されて好評を博し、翌年、これによって東光は直木賞を受け、文壇に返り咲いた。
99 宮崎成身『視聴草』16（東京、昭和六十一年影印版）続八集之四。
100 桑田、前掲書、四四〇、四四七頁、小松茂美『利休の手紙』（東京、昭和六十年）三一二頁。

101 『野史』巻二十八。

102 以下煩を厭い、『戒名・法名・神号・洗礼名大事典』（東京、昭和五十六年）六〇〇頁以下のみをかかげる。

103 『本法寺過去帳』（『続群書類従』所収）。

104 曹洞宗尼僧史編纂会編『曹洞宗尼僧史』（東京、昭和三十年）、二二〇～二二一頁。

105 同右書、二二二～二二三頁。

106 同右書、二二三～二二四頁。

107 『徳川幕府家譜』乾。

108 中垣純『カトリックにおける洗礼名』（前掲『戒名・法名・神号・洗礼名大事典』所収）。

109 片岡瑠美子『キリシタン時代の女子修道会―みやこの比丘尼たち―』（東京、昭和五十一年）参照。

110 DIEGO PACHECO『松浦久信室メンシア松東院』（『キリシタン研究』第十七輯所収、東京、昭和五十二年）参照。

111 『野史』巻二百六十八、J・クラセ著、太政官訳『日本西教史』下巻（東京、大正二年飜刻）、一〇八～一一一頁。なお、クラセ（JEAN CRASSET, 1618～1692）は、フランスのイエズス教会の宣教師。ガラシヤに関する伝記は、満江巖『細川ガラシヤ夫人』（東京、昭和十二年）ほか数冊が公刊されている。

112 片岡弥吉『日本キリシタン殉教史』（東京、昭和五十四年）、三一一～三一二頁。

113 文政六年筆写の写本は、『橘園叢書』（京都大学所蔵）の第四十一冊に収められている。

114 幽斎の妻と明智ガラシヤについては、ヨハネ・ラウレス『細川家のキリシタン』（『キリシタン研究』第四輯所収、東京、昭和三十二年）参照。

115 おたあ・ジュリアの生涯については、片岡、前掲書、三三七～三四六頁、レオン・パジェス著、吉田小五郎訳『日本切支丹宗門史』上（岩波文庫、東京、昭和十三年）、二九五～二九六頁、前掲『日本西教史』下巻、二六三～二六九頁、満江巖『孤島の聖女ジュリー物語』（東京、昭和十七年初版）などがある。

116 田村襄次『おたあジュリア調査報告書』（田村・平田都『おたあジュリア』所収、東京、昭和五十年）。満江巖『伊豆諸島の切支丹―ジュリヤ・おたあの遺跡―』（『切支丹風土記・東日本編』所収、東京、昭和三十五年）参照。

117 松田毅一・沢井浩三『カサナテンセ図書館所蔵日本文書』（『キリシタン研究』第六輯所収、東京、昭和三十六年）。

118 レオン・パジェス著、吉田小五郎訳『日本切支丹宗門史』中（岩波文庫、東京、昭和十三年初版）、二三四～二三五頁、片岡、前掲書、二六五～二七一頁。

119 片岡、前掲書、三三二～三三五頁。パジェス、前掲書、中（昭和十三年）、一〇二～一〇三頁。

120 前掲『日本西教史』下巻、五九八～六〇七頁、今村義孝『秋田の切支丹』（前掲『切支丹風土記・東日本編』所収）、浦川和三郎『東北キリシタン史』（東京、昭和三十二年初版）、四三四～四三五頁。

121 片岡、前掲書、三〇三～三一一頁。

122 片岡弥吉『小笠原玄也一件』（『キリシタン研究』第三輯所収、東京、昭和二十三年）。なお、この殉教については、片岡、前掲書、三一一～三一九頁にもその概要が述べられている。

123 角田文衞『まり子さん』（同『京の朝晴れ』所収、東京、昭和五十八年）参照。

124 新村出・浜田耕作『京都及其附近発見の切支丹墓碑』（『京都帝国大学文学部考古学研究報告』第七冊所収、京都、大正十二年）による。

125 橋川正『北摂より発見したる切支丹遺物』（『史林』第六巻第一号掲載、京都、大正十年）。現在は、千提寺町の東（ひがし）藤嗣氏が所蔵。藤嗣氏の父君・藤次郎氏は大正十年、本碑を同氏の邸後の丘に移置し、今日にいたっている。

2 江戸時代前期

1 尾藤正英『近世史序説』(『岩波講座・日本歴史』9所収、東京、昭和五十年)参照。

2 譲位後四代の天皇の後見をされた後水尾天皇(一五九六〜一六八〇)の生涯、後宮、皇女などについては、北小路功光『花の行方―後水尾天皇の時代―』(京都、昭和四十八年)参照。

3 末永雅雄・西堀一三『文智女王』(奈良市、昭和三十年)、同『文智女王伝』(同『日本考古学への道』所収、東京、昭和六十年)参照。

4 主として『本朝皇胤紹運録』、『野史』(巻二十三)による。

5 『本朝皇胤紹運録』。

6 『言経卿記』文禄三年二月一日条。

7 『言経卿記』に頻出。たとえば、文禄三年正月十七日条。

8 『慶長日件録』第一、慶長九年六月三日条。

9 『言経卿記』慶長八年十一月二十一日、同九年正月十四日両条、その他。

10 同右、慶長八年十一月八日、同月二十一日両条、その他。

11 たとえば、元和八年付『豊後国速見郡横灘人畜改帳』(『大日本近世史料・小倉藩人畜改帳』五所収)などには、お亀という下女の名がみえている。

12 『柳営婦女伝系』巻之十一、『玉輿記』六、『幕府祚胤伝』四、その他。

13 『徳川実紀』元禄十五年三月九日条。

14 『言経卿記』慶長八年九月二十七日条、その他。

15 『本朝皇胤紹運録』参照。

16 『言経卿記』慶長八年九月二十七日条、その他。

17 『系図纂要』藤原氏一九、興正寺条。

18 名の下の姫字は、削除。煩を厭い、息女の母、配偶者その他も省略。関心のある向は、『幕府祚胤伝』その他を参照。

19 『柳営婦女伝系』巻之十一、高柳金芳『江戸城大奥の生活』(東京、昭和四十年)一七六〜一八一頁、池田晃淵『大奥の女中』上巻(東京、明治二十七年初版)七八頁以下。

20 『柳営婦女伝系』巻之十一、『徳川実紀』巻四十五、元禄十五年二月九日条。

21 『幕府祚胤伝』四、『柳営婦女伝系』巻之十一、『徳川実紀』巻五十一、宝永二年六月二十二日条。享年は、『祚胤伝』による。

22 鈴木尚・矢島恭介・山辺知行『増上寺徳川将軍墓とその遺品・遺体』(東京、昭和四十二年)、六三〜六五、一一四、一九四〜二〇〇、三二七〜三三三、四一五〜四一六頁。

23 鈴木尚『骨は語る徳川将軍・大名家の人びと』(東京、昭和六十年)、一三〇頁。

24 千代は、寛永十六年(一六三九)九月二十二日、尾張徳川家の光友に嫁いだが、そのときに携えた婚礼調度(将軍家蒔絵師の幸阿彌第十代長重の作)は、「初音の調度」と呼ばれ、わが国の漆工芸術の最高作品とみなされている。名古屋市、徳川美術館収蔵、重要文化財指定。これについては、『初音の調度』(『徳川美術館名品抄』第三号、名古屋、昭和六十年)がある。

25 煕子(天英院)については、前掲『増上寺徳川将軍墓とその遺品・遺体』一六九〜一七四、三〇六〜三一一、四一三頁、参照。

26 月光院の遺体については、前掲『増上寺徳川将軍墓とその遺品・遺体』に詳しい。彼女は、文政十一年正月二十日、藤原輝子という名で従二位に叙された(『幕府祚胤伝』五、その他)。

27 高柳金芳氏(一九一〇〜一九八五)の説。同『江戸城大奥の生活』(東京、昭和四十年)二二六〜二二七頁。ただし、江戸時代において、イツキという名の女性は、目下のところ所見がないのを遺憾とする。

28 『幕府祚胤伝』三、その他(関係史料は、すこぶる多い。『大日本史料』第十二編を参照)。

29 『元和年録』坤(『大日本史料』第十二編之三十三所引)。

30 おつぼねまたは老女とは、御年寄の俗称で、ここでは女中頭を指している。

31 『野史』巻八十一、『柳営婦女伝系』巻之四、高群逸枝『大日本女性人名辞書』(東京、昭和十一年初版)、九一～九二頁。

32 『柳営婦女伝系』巻之四。

33 三田村鳶魚『御殿女中』(東京、昭和五年初版、昭和二十九年新版、『三田村鳶魚全集』第三巻収録、東京、昭和五十一年)、高柳金芳『江戸城大奥の生活』(東京、昭和四十年)、旧事諮問会編『旧事諮問録』(上)(岩波文庫550、東京、昭和六十一年)第二編、第四回大奥の事。『清華閣襍編』(国会図書館所蔵写本)甲集巻第九、女中分限、上。なお、大奥の女中については、池田晃淵『大奥の女中』三巻(東京、明治二十七年初版、大正六年縮刷版)が古典的な名著とされている。

34 高柳、前掲書、二七～二八頁。

35 前掲、『御殿女中』(新版)、四二～四五頁。

36 『野史』巻二十七、『本朝皇胤紹運録』、等々。

37 池田、前掲書、上巻八一頁以下、縮刷版七七頁以下、参照。

38 事件の経緯については、高群、前掲書、七七～七九頁、高柳、前掲書、七七～八二頁、『国史大辞典』第二巻(東京、昭和五十五年)、二六三～二六四頁等々、参照。

39 絵島の墓は、妙法山蓮華寺(長野県上伊那郡高遠町長藤字的場)に所在する。その石塔には寛保元年四月十日、享年六一歳で没した旨が刻されている。戒名は「信敬院妙立日如大姉」であった。同寺の過去帳には、同様な戒名、命日、享年が記されている。

40 『東京市稿』市街篇第十八(東京、昭和八年)二四二～二六九頁に収められた関係史料による。

41 『鸚鵡籠中記』(2)(『名古屋叢書続編10、名古屋、昭和四十一年)巻之十二、元禄十五年十月二日条。

42 神坂次郎『元禄御畳奉行の日記』(中公新書740、東京、昭和五十九年)一二三～一二七頁。

43 前掲『鸚鵡籠中記』(2)巻之十二、元禄十五年三月十三日条。

44 『尾張家御系譜』。なお、恭の生母はよんといい(得船院)、阿部治右衞門の娘であった。

45 これは、岡山大学付属図書館架蔵の池田家文庫にある『御系図』二冊のことである。

46 これは、齋藤一興編『池田家履歴略記』(二十七巻)、丸山昭憲編『続池田家履歴略記』(五巻)、石黒貞度編『池田家履歴略記』続集、前編(八巻)、牧野成憲編『池田家履歴略記』続集、後編(五巻)を総称したもの。これらはすべて『池田家履歴略記』上、下二巻(岡山市、昭和三十八年覆刻初版)に収録されている。

47 前掲『池田家履歴略記』巻之八、万治元年条、荒木祐臣『備前藩殿様の生活』(岡山市、昭和五十四年初版)一二五～一三〇頁。

48 『池田家履歴略記』巻之二十、正徳四年条、前掲『備前藩殿様の生活』一三〇～一三八頁。

49 角田文衞『平家後抄』(東京、昭和五十三年初版)一四〇頁以下、参照。

50 角田、前掲『平家後抄』一〇八～一一二頁。

51 坂本辰之助『牧野家家史』(東京府豊島郡日暮里村、大正六年)による。

52 角田、前掲『平家後抄』二三四～二四二頁。

53 『長氏系図』(『長氏文献集』所収、金沢市、昭和十三年)による。

54 『尊卑分脈』第二編、時長孫。

55 『史籍集覧』雑部所収。

56 『校註国文叢書』第十一巻(東京、大正二年)、『女流文学全集』第一巻(東京、大正七年)などに収録されている。

57 高群逸枝編『大日本女性人名辞書』(東京、昭和十一年)八五～八六頁、女子学習院編『女流著作解題』(東京、昭和五十三年)。

58 前掲『儒職家系』巻一による。

59 『種子島家譜』六巻(鹿児島県西之表市、昭和三十七年)による。忠時から久達までの女系図は、同書の巻五から巻十四(すべて第一巻に収録)にもとづいて作成した。

60 鈴木棠三編『通名・擬人名辞典』(東京、昭和六十年)所収。

61 『鎌倉遺文』第十三巻、三三三一～三四三頁所収。

62 瀬戸山計佐儀『太郎坊町史』(宮崎県都城市、昭和四十九年)四一五～五三四頁。
63 大石神社編『大石家系図正纂』(東京、昭和五十五年)によって作成した。
64 会田範治・原田春乃『改訂増補近世女流文人伝』(東京、昭和三十六年)一七七～一七八頁。
65 片山伯仙編『赤穂義士の手紙』(兵庫県赤穂市、昭和四十五年)に収められている。十内は、妻の宛名を「おたんどの」と記している。
66 『浅野家譜略』(『大石家外戚枝葉伝』所収、東京、昭和五十四年)。
67 『鳳台君御伝記』巻之七(『広島県双三郡三次市史料綜覧』別巻〔広島県三次市、昭和五十五年〕として刊行された『三次分家済美録』に所収)、寛文九年此年条。
68 藤村耕市『阿久利姫の生母』(『ひろしま県史協』第一号掲載、広島県三次市、昭和五十九年)。なお、お石の方(一六三二～一六九六)の墓は、彼女が産んだ浅野鶴(一六七二～一六八八)―阿久利の実妹―のそれと並んで、大徳寺黄梅院に所在する。お石の方の祖父は、安藝の福島藩の重臣・可児才藏である。
69 『浅野因幡守長治子孫系図』(前掲『三次分家済美録』所収)、飯尾精『赤穂浪士と女性』(兵庫県赤穂市、昭和四十二年)四～二二頁、参照。
70 『宮城略譜』(前掲『大石家外戚枝葉伝』所収)。
71 神坂、前掲書、五七頁以下、参照。
72 前掲『鸚鵡籠中記』(4)(『名古屋叢書続編12、名古屋、昭和四十四年)巻之二十一、正徳元年十一月七・十三日両条。
73 『伊勢国司伝記』(『史籍集覧』武家部所収)。
74 『大日本近世史料』小倉藩人畜改帳、五(東京、昭和三十三年)所収。
75 江戸時代後期における松前藩の女性にしばしばみられる。なお、田中角栄前総理の母堂の名は、田中フメといわれる(明治二十四年八月十五日出生)。
76 全部が大分県教育委員会編『大分県史料』(27)第三部、続キリシタン史料(一)(大分市、昭和四十九年)に収録・公刊されている。
77 なお、同じく貞享三年七月付の『豊後国大分郡・玖珠郡諸村切死丹宗門親類書』も、『大分県史料』(28)第三部、続キリシタン史料(二)(大分市、昭和五十年)に収録されている。関心のある方は参考にされたい。
78 宗門改人別帳については、長沼賢海『宗旨人別改めの発達』(『史学雑誌』第四十編第十一号掲載、東京、昭和四年)、今村義孝『近世初期宗門人別改めの展開について』(『キリシタン研究』第十七輯所収、東京、昭和五十二年)など、参照。
79 九州史料刊行会編『長崎平戸町人別帳』(福岡市、昭和四十年)として公刊されている。
80 『和名抄』にもみえる古くから所在する郡。大垣市の東にあり、東は長良川によって画されている。
81 『岐阜県史』史料編、近世九(岐阜市、昭和四十八年)に収録されている。
82 同右、五〇四～五一〇頁所収。
83 『富田林市史』第四巻(大阪府富田林市、昭和四十七年)所収。
84 『荘園志料』上巻(東京、昭和八年、再版昭和四十年)三二七～三二八頁、参照。
85 元禄六年五月付『摂州嶋上郡富田庄穢多酉年宗門改帳』(『高槻市史』第四巻二所収、大阪府高槻市、昭和五十四年)。
86 寛文五年二月付『大和十市郡荻田村吉利支丹宗門改帳』(『桜井市史』史料編下巻所収、奈良県桜井市、昭和五十六年)。
87 同右、所収。
88 『甲州文庫史料』第二巻、甲府町方編(甲府市、昭和四十八年)所収。
89 大島浩『山形キリシタン類族帳の研究』(東京、昭和五十二年)二五三～三〇二頁に収録。
90 東北学院大学の佐々木慶市教授より借覧。同教授には、東山松川村を中心に据えた論文『近世東北農村の形成と構造』（古田良一博士還暦記念会編『東北史の新研究』（仙台、昭和三十一年））がある。

91 現在は、新潟県新井市大濁。

92 『新潟県史』資料編6（新潟市、昭和五十六年）所収。

93 現在の新潟県中頸城郡吉川町六万部（ろくまんぶ）にあたる。

94 前掲『新潟県史』資料編6所収。

95 矢島浩『岡山キリシタン類族帳の研究』前編（東京、昭和四十九年）所収。

96 前掲『浅野因幡守長治子孫系図』。

97 宮田思洋『彦根史話』（滋賀県彦根市、昭和四十年）八一～八五頁。

98 この弁財天堂は、棟札とともに昭和四十八年、国の重要文化財に指定された。

99 井伊家文書、元禄八年六月十二日付『彦根大洞弁財天建立鳥目寄帳・世田谷貳拾箇村御帳』（『世田谷区史料』第三集所収、東京、昭和三十五年）。

100 『福島県史』第十巻上（福島市、昭和四十二年）所収。

101 前掲『富田林市史』第四巻所収。

102 矢島浩『上野国キリシタン類族帳の研究』（東京、昭和五十年）二〇三～二〇五頁所収。

103 矢島、前掲書所収。

104 なお、明治三年、津和野藩『異宗門徒人員帳』（片岡弥吉『異宗門徒人員帳の研究』（『キリシタン研究』第十四輯掲載、東京、昭和四十七年）所収）参照。

105 浅野因幡守長治の息子に百松がいた（前掲『浅野因幡守長治子孫系図』）。この百松という男子名が分解すれば、ひやく、まつという二つの女性名となる。

106 綿谷雪『近世悪女奇聞』（東京、昭和五十四年）二三五～二五〇頁、参照。

107 『輪島市史』資料編第二巻（石川県輪島市、昭和四十七年）七三～八一頁所収。なお、鳳至（ふげし）郡横地村は、現在の輪島市横地（よこじ）町。

108 その前半は、『京都帝国大学国史研究室蔵史料集』（京都、昭和十年）図版第四二にかかげられ、二五～二六頁に解説されている。

109 須藤求馬『日本女史』（東京、明治三十四年）三六二～三六三頁、同『小野阿通』（東京、大正六年）、岩橋小彌太『小野お通』（『歴史地理』第三十七巻第一～四号連載、東京、大正十年）、前掲『大日本女性人名辞書』一一〇～一一二頁、『大日本史料』第十二編之十四、八〇三～八二七頁など、参照。

110 『女学範』上。

111 前掲『改訂増補近世女流文人伝』一四九～一五二頁、『大日本女性人名辞書』五七三頁。

112 岡田辰次郎・永井虎夫『井上通女』（東京、明治四十三年）七七頁参照。

113 井上通女全集修訂委員会『井上通女全集』修訂版（香川県丸亀市、昭和四十八年）。

114 前掲『井上通女』一〇頁。

115 『井上通女年譜』（『井上通女全集』修訂版所収）。

116 『婉という女』は、初め『群像』の昭和三十五年二月号に掲載され、同年、単行本として刊行された。昭和四十七年、同じ作者の『正妻』（野中兼山の正妻の市を扱った作品）とともに『講談社文庫』260に収めて発行され、容易に接見できるようになった。

117 平尾道雄『安履亭文書―野中婉の手紙―』（高知市、昭和四十八年）。

118 前掲『近世女流文人伝』一五九～一六五頁には、文人としての婉の業績が述べられている。

119 『国学者伝記集成』。

120 『日本人名大事典』第一巻（東京、昭和十二年初版）五五八頁。

121 『梶の葉』、『佐遊李葉』は、ともに『続々群書類従』第十四（東京、明治四十年）に収められている。

122 森繁夫『田捨女』（東京、昭和三年）、前掲『近世女流文人伝』二七七～二八〇頁など、参照。

123 杉浦正一郎『去来の妻子に就いて』（『雁来紅』第九巻第三号掲載、昭和十四年）。

124 『日本古典文学大辞典』第二巻（東京、昭和五十九年）二二二頁、前掲『大日本女性人名辞書』三五〇頁。

125 許六宛、元禄五年十二月八日付書翰（萩原恭男校注『芭蕉書翰集』（岩波文庫版）所収、東京、昭和四十六年初版）。

126 『日本古典文学大辞典』第三巻（東京、昭和五十九年）二七七頁、関根只誠編、関根正直訂正『名人忌辰録』（東京、大正十二年刊、昭和五十二年覆刻）一六三頁。

127 野村富美子『斯波園女年譜』（『国文学研究』第三十七集掲載、東京、昭和三十二年）、田村富美子『斯波園女』（『俳句講座』第三巻所収、東京、昭和四十四年）。

128 前掲『幕府祚胤伝』五、『柳営婦女伝系』巻之十六、高柳、前掲書、二〇八～二一三頁。

129 『宗氏家譜略』、深潟久『長崎女人伝』上（福岡市、昭和五十五年）三四～三八頁。

130 前掲『長崎女人伝』上、五二～五七頁。

131 平重道『伊達騒動』（仙台市、昭和四十五年初版）一〇七頁以下、参照。

132 『野史』巻二百七十。

133 小娘の放火がかくも有名になったのは、後々の文芸作品が好んでこの放火とあわれな処刑を題材にしたためである。『増補改訂日本文学大辞典』第七巻（東京、昭和二十六年）一九九～二〇〇頁、『日本古典文学大辞典』第六巻（東京、昭和六十年）四四頁など、参照。

134 如見の他の著作と合わせ、飯島忠夫・西川忠幸校訂『町人嚢・百姓嚢・長崎夜話草』（岩波文庫版、東京、昭和十七年初版）として印行されている。

135 岩生成一『史上のジャガタラお春』（『長崎談叢』第三十六輯所収、長崎市、昭和二十八年）、同『史伝「ジャガタラお春」』（『学士会会員氏名録』昭和56・57年用付録掲載、東京、昭和五十六年）。

136 なお、「しもんすごけ・おはる（シモンズ後家・お春）」の長文の消息の写しが、長崎県立長崎図書館に所蔵されていることは、昭和三十五年に確認された。前掲『史伝「ジャガタラお春」』参照。混血の女性・コルネリアについては、岩生成一『甲秘丹の娘コルネリヤの生涯』（『歴史と人物』第二十三巻第一号掲載、東京、昭和五十三年）に詳しい。彼女の一家を描いた画幅は、『神戸市立博物館開館記念特別展「海のシルク・ロード」』（神戸市、昭和五十七年）第39図に掲げられている。

137 『野史』巻二百七十。

138 『春記』長久元年六月八日条、『尊卑分脈』第三編、三條源氏。

139 水上勉『近松物語の女たち』（東京、昭和五十二年）、高野正巳『近松の女性群象』（東京、昭和五十九年）などがある。

140 ＊は遊女の名。

141 稲垣史生編『三田村鳶魚江戸武家事典』（東京、昭和三十三年初版）三四五頁。

142 この草子の作者については、問題がある。森銑三『「好色一代女」は他作なり』（『伝統と現代』第一巻第一号掲載、東京、昭和四十三年）、谷脇理史『「好色一代女」試論』上、下（『文学』第五十三巻第九、十号連載、東京、昭和六十年）参照。

143 『好色五人女』は各巻がそれぞれ独立した短篇からなっている。いずれも当時よく知られた悲恋や姦通などを素材としている。各巻の標題は、㈠姿姫路清十郎物語、㈡情を入れし樽屋物語、㈢中段に見る暦屋物語、㈣恋草からげし八百屋物語、㈤恋の山源五兵衛物語である。それらのうち㈠は、お夏・清十郎、㈣は、八百屋お七の悲劇を題材としたものである。なお、暉峻康隆『「好色五人女」の素材と社会制度』（同『好色五人女評釈』所収、東京、昭和二十八年）参照。

144 『歌舞伎脚本集』（『日本名著全集』江戸文藝之部第八巻、東京、昭和三年）所収。作品の解説は、同書、解説一六～三三頁（守随憲治述）、『増補改訂日本文学大辞典』第二巻（東京、昭和二十五年）三六〇～三六一頁、および『日本古典文学大辞典』第二巻（東京、昭和五

十九年）三三五～三三六頁などにみられる。

145　文久四年『陸奥国伊達郡小坂村宗門人別御改帳』（『国見町史資料叢書』第2集所収、福島県国見町、昭和五十年）には、百姓・久太郎の女房に「たさ五十六」、また百姓・鳥藏の女房に「たさ三十六」の名がみえる。

146　前掲『歌舞伎脚本集』所収。作品の解説は、同書八～十一頁（守随憲治執筆）、『増補改訂日本文学大辞典』第三巻（東京、昭和二十五年）二六頁、および『日本古典文学大辞典』第二巻五〇三頁などにみられる。

147　『近世文藝叢書』第四巻（東京、明治四十四年）所収。

148　たとえば、田中香涯『江戸時代の男女関係』（大阪、大正十五年初版）、中山太郎『売笑三千年史』（東京、昭和二年初版）四二一頁以下、上村行彰『日本遊里史』（東京、昭和四年初版、東京、昭和五十七年覆刻）一一四頁以下、瀧川政次郎『遊女の歴史』（日本歴史新書、東京、昭和四十年初版）七一頁以下、宮川曼魚『江戸売笑記』（東京、昭和二年）。

149　藤本箕山著、野間光辰編『色道大鏡』（京都、昭和三十六年）。

150　『日本随筆大成』別巻3（東京、昭和五十四年）所収。

151　野間光辰編『遊女評判記集』（天理図書館善本叢書、東京、昭和四十八年）、中野三敏『遊女評判記と遊里案内』（『国文学』第九巻第一号掲載、東京、昭和三十九年）など、参照。

152　『露殿物語』（東明雅編、古典文庫、東京、昭和二十八年、『日本古典文学全集』37『假名草子集・浮世草子集』所収、東京、昭和四十六年）。

153　『近世文藝叢書』第十巻（東京、明治四十四年）所収。

154　前掲『色道大鏡』巻第十一。

155　『ぎをん』第104号秋季（京都、昭和六十年）掲載。

156　林屋辰三郎『歌舞伎以前』（岩波新書184、東京、昭和二十九年）、服部幸雄『歌舞伎成立の研究』（東京、昭和四十三年初版）等々、参照。

157　林屋辰三郎『出雲阿國』（同『中世文化の基調』所収、東京、昭和二十八年初版）参照。

158　『史籍雑纂』第二（東京、明治四十四年、昭和四十九年覆刻）所収。

159　森末義彰『女かぶき発展の史的考察』（『思想』第百七十五号掲載、東京、昭和十一年）。

160　服部幸雄『地方における女歌舞伎』（服部、前掲書所収）。

161　現在の島原の太夫は、如月（本名、齋藤眞理子〔一九六四～〕、東京女学館短大卒）さん。昭和五十九年に就職。

162　『老人雑話』（『史籍集覧』雑部所収）坤之巻。

163　江馬務『灰屋紹益と吉野太夫』（京都、大正十一年）、西堀一三『吉野太夫』（『史蹟と古美術』第十三巻第五号掲載、京都、昭和九年）参照。

164　原武太夫『高尾考』（『燕石十種』第一所収、東京、明治四十年）、岩瀬百樹（山東京山）『高尾考』（『続燕石十種』第二所収、東京、明治四十二年）、加藤雀庵『高尾追々考』（『鼠璞十種』第一所収、東京、大正五年）参照。

165　『色道大鏡』巻第九。

166　同右、同巻。

167　前掲『大日本女性人名辞書』五六〇頁。

168　同右書、六四、八八、三四〇頁。

169　京、大坂の高級な私娼。近松の『心中天之網島』の小春は、初めは大坂北新地の白人で、のちに紀の国屋の遊女に転じたとされている。

170　飯盛女については、児玉幸多『飯盛女』（『日本歴史』第一九二号掲載、東京、昭和三十九年）、五十嵐富夫『飯盛女―宿場の娼婦たち―』（東京、昭和五十六年）がある。

171　田中香涯『江戸時代の男女関係』（前掲）一九五頁以下、前掲『売笑三千年史』五三四頁以下、参照。

172　『徳川幕府家譜』乾。

173　『柳営婦女伝系』巻之八。

174　『幕府祚胤伝』四、『尾張家御系譜』（『徳川諸家系譜』第二所収、東京、昭和四十九年）。

175 『幕府祚胤伝』五。
176 同右、三。
177 同右、一。
178 太田南畝『一話一言』(『蜀山人全集』巻四、東京、明治四十年、『日本随筆大成』別巻1〜6、東京、昭和五十三〜五十四年)巻二十一。
179 前掲『一話一言』巻三。
180 寺田貞次『京都名家墳墓録』上巻(京都、大正十一年)二三一〜二三二頁。
181 本圀寺は、日蓮宗の大寺で、京都市下京区柿本町に存したが、昭和四十六年、山科区御陵大岩に移転して現在にいたっている。『京都市の地名』(『日本歴史地名大系』27、東京、昭和五十四年)九三七〜九三八頁。
182 戸田浩曉『日蓮宗の戒名』(『戒名・法名・神号・洗礼名大事典』所収、東京、昭和五十六年)参照。
183 前掲『京都名家墳墓録』下巻(京都、大正十一年)六三一頁。
184 『伝奇作書西沢文庫』(『新群書類従』第一所収、東京、明治三十九年)続編中巻。
185 大宮市植田谷本五五八番地。小島氏邸内の足立神社は、式内社の足立神社に比定されている。同家の菩提寺は、同じ植田谷本の林光寺(真言宗智山派)である。
186 『小島家文書目録・資料抄録』(『大宮市文化財調査報告』第5集所収、埼玉県大宮市、昭和四十七年)。
187 同寺は、明治四十一年、杉並区和泉三丁目五十二番地に移転している。宗旨は、曹洞宗。
188 『薩陽過去牒』(『鹿児島県史料集』XIV、鹿児島市、昭和四十九年)。
189 蝪は、トカゲである。遊女を蔑んだ戒名である。
190 久保常晴『烏八臼』(『考古学雑誌』第三十一巻第一号掲載、東京、昭和十六年)、同『所謂烏八臼の諸型態』(同著『続々仏教考古学研究』所収、東京、昭和五十八年)
191 紫桃正隆『「烏八臼」—ウハッキュウ—の記号とその実例』(『仙台郷土研究』復刊第一巻第2号掲載、仙台市、昭和五十一年)による。
192 井上禅定『松岡山東慶寺』(鎌倉市、昭和五十一年)参照。
193 小丸俊雄『松ヶ岡東慶寺史料』(東京、昭和三十五年)参照。
194 上野國新田郡徳川郷(群馬県新田郡尾島町大字徳川)にあった清和源氏新田家と縁の深い尼寺。明治五年廃寺となり、明治二十七年に復興された。
195 五十嵐富夫『縁切寺』(東京、昭和四十七年)七〇頁以下。
196 小丸、前掲書、高木侃『縁切寺満徳寺史料集』(東京、昭和五十一年)参照。
197 穂積重遠『離縁状と縁切寺』(東京、昭和十七年)、高木侃『離縁状に関する若干の考察—縁切寺の離婚に関連して—』(『関東短期大学紀要』第十六集所収、群馬県館林市、昭和四十五年)など、参照。
198 曹洞宗尼僧史編纂会『曹洞宗尼僧史』(東京、昭和三十九年)二三五〜二三九頁。

3 江戸時代後期 (一)

1 『本朝皇胤紹運録』(『群書類従』所収)。
2 これらの皇女の御墓については、諸陵寮篇『陵墓要覧』(東京、昭和九年)を参照。
3 皇女は九人いたが、成人したのは、薬子内親王ただ一人。
4 和宮の伝記としては、樹下快淳『和宮様の御生涯』(京都、昭和十一年)、武部敏夫『和宮』(人物叢書124、東京、昭和四十年初版)、遠藤幸威『和宮—物語と史蹟をたずねて—』(東京、昭和五十四年)などがある。
5 以上の史料は、正親町公和編『静寛院宮御日記』上・下二巻(東京、昭和二年)に収録されている。
6 『孝明天皇紀』第三(京都、昭和四十二年)参照。
7 有吉佐和子『和宮様御留』(東京、昭和五十三年初版)。

8 角田文衞『和宮身替り説を駁す』(『歴史と人物』第八年第十号掲載、東京、昭和五十三年)。
9 荒木良造編『名乗辞典』(東京、昭和三十四年初版)参照。
10 主として『本朝皇胤紹運録』、『野史』巻二十四による。
11 『中山家譜』(東京大学史料編纂所架蔵)。墓は、京都市の盧山寺(上京区北之辺町)にある。
12 『中山績子日記』(東京、大正六年)。
13 藤原聰子は、寛政六年正月二十五日に生まれ、明治二十一年三月二十七日に八六歳で薨じた。小路名のついた最後の官女。従三位。墓は京都市左京区の百万遍知恩寺の墓地にあり、石碑に墓誌がみられる。『系図纂要』藤原氏二七、姉小路家条、参照。
14 角田文衞『日本の後宮』(東京、昭和四十八年)三五一頁、参照。
15 この墓誌にみられる一行目の誤りは、それがもとの墓碑ではなく、明治の末年か大正の初年に朽損したので、新たに再建されたときに生じたものである。大乗寺墓地は、京都府立植物園の東隣に位置している。なお、『古代文化』第三十二巻第十一号(京都、昭和五十五年)六九頁、参照。
16 『賀茂社家系図』(『神道大系』神社編八所収、東京、昭和五十九年)第一、参照。
17 『西洞院家略系』(角田文衞『平家後抄』、東京、昭和五十三年初版)参照。
18 『系図纂要』藤原氏二六、徳大寺家条、清和源氏五、讃岐高松平家条。
19 『系図纂要』藤原氏二六、徳大寺家条、『昭和新修華族家系大成』下巻(東京、昭和五十九年)一頁。
20 『平松家略系』(前掲『平家後抄』収録)参照。
21 前掲『賀茂社家系図』第三、参照。
22 『文化八年正月女房次第』(五六四頁に所収)、『系図纂要』村上源氏一、久世家条。
23 「瘞」(えい)は、埋めるという意味。
24 前掲『昭和新修華族家系大成』下巻七七七頁。
25 『冷泉為理卿記』天保十三年三月二十七日条。
26 冷泉貴美子『冷泉為理卿記』その八(『志ぐれてい』第八号掲載、京都、昭和五十九年)参照。
27 三條実春氏の御厚意によって借覧。なお、前掲『昭和新修華族家系大成』上巻、六四五、六五三頁、参照。
28 前掲『昭和新修華族家系大成』下巻、二九七~二九九頁。
29 西井芳子『裏松固禅の自筆遺稿』(『古代文化』第二十巻第四号掲載、京都、昭和四十三年)参照。
30 『孝明天皇紀』巻百十三、文久元年四月十九日条。
31 『冷泉為理卿記』安政二年正月十二日条。冷泉貴美子『冷泉為理卿記』その十八(『志ぐれてい』第十八号掲載、京都、昭和六十一年)参照。
32 前掲『昭和新修華族家系大成』下巻二二頁。墓は、京都市の盧山寺にあり、戒名は獻香院殿という。
33 まだ印行されていないが、『孝明天皇紀』には、頻繁に引用されている。
34 前掲『昭和新修華族家系大成』上巻(東京、昭和五十七年)三五三頁。
35 『押小路家譜』(東京大学史料編纂所架蔵)。
36 『押小路甫子日記』三巻(東京、大正六年)。
37 甫子は、明治十七年九月二日に没し、天台宗の松林院(京都市左京区浄土寺真如町)に葬られた。
38 齋木一馬『徳川将軍生母並びに妻妾考』(日本歴史学会編『歴史と人物』所収、東京、昭和三十九年)。
39 『幕府祚胤伝』六。ただし、『東藩史稿』巻之十は、利根姫の諱を温(はる)子と記している。しかし『系図纂要』清和源氏三、徳川宗家条は、綱子としている。
40 お幸の諱は、まだ調べていない。宝暦十三年四月十六日、従二位を追贈されたが、その旨を記した『浚明院殿御実紀』同年四月二十九日条にも、諱は載せていない。

41 『幕府祚胤伝』六、家治条。

42 寔子は将軍・家齊とともに文政九年八月二十一日、芝の浜御殿に遊んだ。このとき、寔子が麗筆をもって草した遊覧記『千世の浜松』は、幸いに今日まで伝えられている（『甲子夜話』九十五、第六話所収）。寔子（一七七三〜一八四四）は、九歳のときから婚約者の家齊とともに西の丸で起居をともにしたから、彼女の教養は、江戸城において培われたものである。なお、寔子（廣大院）については、前掲（五一九頁注22）『増上寺・徳川将軍墓とその遺品・遺体』七六〜七七、一七四〜一七九、三一一〜三一五、四一三〜四一四頁、参照。

43 お萬（契眞院）については、前掲『増上寺・徳川将軍墓とその遺品・遺体』二〇五〜二一〇、三三九〜三四五、四一六、四二七頁、参照。

44 三田村鳶魚著、稲垣史生編『江戸武家事典』（東京、昭和三十三年初版）、三二頁。

45 前掲『昭和新修華族家系大成』下巻、一四〇〜一四一頁。

46 同右書、四四二、五五一頁。

47 おふで（殊妙院）とおきん（見光院）の墓は、増上寺で相接して営まれていた。前掲『増上寺・徳川将軍墓とその遺品・遺体』八三〜八四、二一一〜二一三、三四五〜三五五、四一六〜四一七頁、参照。

48 高柳金芳『幕末の大奥』（東京、昭和四十九年）三二〜三五頁、前掲『江戸武家事典』三四頁、参照。

49 前掲『増上寺・徳川将軍墓とその遺品・遺体』六六〜七〇、一一六、一七九〜一八六、三一五〜三二一、四一四、四二七〜四二八頁、参照。

50 前掲『江戸武家事典』三二頁。

51 前掲『増上寺・徳川将軍墓とその遺品・遺体』四二九〜四三〇頁。

52 高柳金芳『幕末の大奥』（前掲）一七六〜一七九頁。

53 本多辰次郎『天璋院夫人』（『歴史地理』第一四巻第五号掲載、東京、明治四十二年）には、天璋院が徳川家に殉ぜんとした経緯が詳しく説かれている。和宮方と天璋院方との対立については、高柳、前掲書にきわめて詳しく述べられている。

54 遠藤幸威『聞き書き・徳川慶喜残照』（東京、昭和五十七年）一三四〜一三七頁、参照。

55 遠藤、同右書、九三〜九四頁。

56 なお、新村信・中根幸両側室の墓碑は、東京都台東区谷中の谷中墓地における徳川家の墓所の慶喜夫妻の墓の背後に営まれている。

57 三田村鳶魚『御殿女中』（東京、昭和三十九年）一八〜一九頁。

58 徳川宗家文書は、現在、徳川林政史研究所に寄託されている。

59 竹内誠『大奥老女の政治力』（『図説・人物日本の女性史』6所収、東京、昭和五十五年）。

60 三田村、前掲書、二六五〜二六九頁。

61 月光院についての詳細は、高柳金芳『江戸城大奥の生活』（東京、昭和四十年）二〇八〜二一三頁、参照。

62 『甲子夜話』六、第十一話。

63 『默阿弥全集』第十四巻（東京、大正十四年）所収。

64 『徳川文藝類聚』第一（東京、大正三年）所収。

65 『近世実録全書』第二巻（東京、大正六年）所収。

66 『文恭院殿御実記』巻三十五、享和三年八月、是月条。

67 高柳金芳、前掲『江戸城大奥の生活』八九〜九〇頁による。

68 竹内、前掲『大奥老女の政治力』参照。

69 高柳、前掲『幕末の大奥』一五一〜一五四頁。

70 『甲子夜話』二十七、第一話。

71 同右書、四十四、第二十三話。

72 今泉みね『名ごりの夢』（東洋文庫9、東京、昭和三十八年初版）六五〜七〇頁、今泉源吉『桂川の人々』続篇（東京、昭和四十三年）五二一〜五三八頁。

73 東京都港区芝二本榎一丁目二七の上行寺にあったが、昭和三十七年、同寺が神奈川県伊勢原市上粕屋に移転するに際し、同じく同所に移されている。墓の管理者は、桂川いねさん。

74 前掲『桂川の人々』第一篇（東京、昭和四十年）三九〇〜三九六頁所収。
75 『和宮様附女中分限帳』(『清華閣襍編』甲集所収、国会図書館架蔵)。
76 『静寛院宮御日記』上巻(東京、昭和二年)所収。
77 同右書、下巻(昭和二年)所収。
78 辻達也編『新稿一橋徳川家記』(東京、昭和五十八年)所収。
79 前掲『昭和新修華族家系大成』上巻三四〇頁。
80 東京大学史料編纂所架蔵。
81 島津出版会編『しらゆき—島津忠重・伊楚子追想録—』(東京、昭和五十三年)。
82 鹿児島県編『薩摩婦人之鑑』(鹿児島市、大正十二年)七九〜八四頁。
83 前掲『しらゆき』五二七頁。
84 同右書、四二八〜四二九頁。
85 原田虎雄『幕末の薩摩』(中公新書101、東京、昭和四十一年初版)一六〇〜一六一頁。齊興の手でゆらの兄は、士分に取り立てられ、岡田小藤次(半七)利友と名乗った。ゆらは、岡田小藤次利友の妹で通っているが、もとは苗字をもっていなかった。
86 明石市の鷲塚家の所蔵であって、仲彦三郎『西摂大観』郡部(神戸、昭和四十年縮刷)に、同家所蔵の『明石藩主松平家年譜』とともに収録されている。
87 爾比都比賣神社は、備後國奴可郡に存する式内社(現在は、比婆郡西城町に鎮座)。
88 銘酒『白鹿』の醸造元。
89 『港区三田済海寺・長岡藩主牧野家墓所発掘調査概報』(東京、昭和五十八年)参照。
90 佐竹家の家史は、『寛政重修諸家譜』巻第百二十九にみられる。
91 原武男編『新編佐竹氏系図』(秋田市、昭和四十八年)、前掲『昭和新修華族家系大成』上巻、六一八〜六一九頁などによる。
92 原、前掲書、七八〜八三頁による。
93 原、同右、八二〜八五頁。
94 河越逸行『掘り出された江戸時代』(東京、昭和五十年増補版)一三〇〜一三八頁。墓誌銅板の写真は、同書一三四頁に掲げられている。
95 この系図は、『徳川諸家系譜』第二(東京、昭和四十九年)所収の『紀州様系譜』によった。
96 平凡社版『日本人名大事典』第一巻(東京、昭和十二年初版、昭和五十四年覆刻)一九五頁。
97 内閣文庫史籍叢刊・特刊第二『視聴草』第二巻(東京、昭和五十九年)一九八〜二〇〇頁。
98 ただし、現在、巻第七が欠けている。森銑三編『玉露童女追悼文集』(東京、昭和十一年)には、追悼文を寄せた松平樂翁以下千数百名の交名と追悼の種類(歌、句の短冊、詩、文、画など)が掲げられている。女性も多数、追悼文を寄せている。東京、浅草寺発行。
99 今泉源吉『桂川の人々』続篇(前掲)九三〜九四頁、巻頭図版。
100 前掲『昭和新修華族家系大成』上巻九七頁。
101 吉田常吉『井伊直弼』(人物叢書113、東京、昭和三十八年初版)六九頁。
102 前掲『昭和新修華族家系大成』上巻七三頁。なお、明治に入って美千代は千代子、眞千代は町子と改名した。
103 注72、参照。
104 今泉源吉『桂川の人々』全三巻(第一篇、続篇、最終篇)(東京、昭和四十年〜四十四年)。
105 前掲『桂川の人々』最終篇、四一二〜四一三頁、所収。
106 前掲『名ごりの夢』一六八頁。
107 川路聖謨の生涯や事蹟に関しては、文献が多い。『日本人物文献目録』(東京、昭和四十九年)三一二頁、参照。江上照彦『川路聖謨』(東京、昭和六十二年)、小西四郎『川路聖謨と小栗上野介』(『日本人物史大系』第5巻所収、東京、昭和三十四年)には、要領よく纏められている。
108 本項は、川田貞夫氏(宮内庁書陵部主任研究官)の『川路花子の手紙』(『別冊歴史読本』伝記シリーズ13「幕末維新を生きた13人の女たち」所収、東京、昭和五十四年）に負うところが多い。記して謝意を表する。なお、花子の墓は、東京都台東区谷中七丁目の安立院にある。墓碑には「川路寛堂妻花子墓」と刻されている。

109 靖国烈女遺徳顕彰会編『靖国烈女伝』（東京、昭和十六年）三〜二〇頁、参照。

110 もともとこの絵画は、由良博士の所蔵であって、博士により奈良県立美術館に寄贈されたものである。博士の北斎に関する研究の一端は、由良哲次『時価十億円美術蒐集の秘密』（『中央公論』通巻一〇九五号掲載、東京、昭和五十三年）からうかがわれる。

111 自筆の稿本（明治三十五年十一月）は、会津若松市立会津図書館に架蔵されている。このコピーを著者に贈られた西郷頼母研究会（東京）の牧野登氏に深謝する。

112 自刃したが死にきれず、侵入し来たった官軍の隊長・中島信行（一八四六〜一八九九）に「敵か味方か」と問い、介錯を頼んだのは、このタヘである。中島は、土佐藩士で、のち衆議院議長を勤め、男爵となった。夫人・俊子（一八六三〜一九〇一）は、男女同権論者で、湘烟女史の号で知られた。タヘの自刃については、西郷頼母研究会著『西郷頼母近悳の生涯』（東京、昭和五十二年）四八〜五〇頁、参照。

113 会津大事典編纂会編『会津大事典』（東京、昭和六十年）四三六頁、参照。

114 一般には、中野タケを介錯したのは、妹のユウであるとされている。会津戊辰戦史編纂会編『会津戊辰戦史』（東京、昭和八年）五五二頁、参照。しかしこの件については異説があり、『西郷隆盛一代記』（東京、明治三十三年）九一〇頁には、タケの妹のテフが介錯したと記されている。テフの外孫の中村秀雄氏（練馬区下石神井五丁目一四—一五）は、介錯したのは、タケの妹のユウではなく、平田テフであったと伝えている。後藤和雄・松本逸也・早坂元興共編『読者所蔵「古い写真」館』（東京、昭和六十一年）二七頁、参照。テフは、のちに戸田衛門の妻となった。台東区谷中の長明寺にあるテフの墓碑によると、彼女は、明治十八年十月六日に三六歳で没している。なお、中野タケの戦死の地（会津若松市神指町）には、『中野竹子殉節地』と刻した大きな石碑が建っている。タケの墓は、会津坂下（ばんげ）町光明寺東の法界寺に存する。

115 阿達義雄『会津鶴ヶ城の女たち』（会津若松市、昭和五十六年初版）一〇五〜一〇六、二一二頁。

116 『日本人名大事典』第二巻五五四頁。沢田ふじ子は、『花篝』（東京、昭和六十年）の中の「戊辰の月」で、小池女史の生涯を描いている。

117 阿達、前掲書、二八頁、六四頁、高畑恒夫等編『幕末・明治に生きる会津の女性』（会津若松市、昭和六十二年六版）五〇頁。

118 新島八重子『男装して会津城に入りたる当時の苦心』（『婦人世界』第四巻第十三号掲載、東京、明治四十二年十一月）、阿達、前掲書、二二頁以下、高畑等、前掲書、六一頁以下、『新島八重子回想録』（京都、昭和四十八年）等々。なお、青山霞村著・杉井六郎補遺『改訂増補山本覚馬伝』（京都、昭和五十一年）、参照。なおヤヘが、明治元年九月二十日の深更、三の丸の雑物庫の白壁に、冴えた月光をたよりに簪で歌を書きつけたことは、あまりにも有名である（阿達義雄『会津鶴ヶ城の女たち』（前掲）四七〜四八頁、参照）、その光景は、東海散士（柴四郎）『佳人之奇遇』巻二（東京、明治十八年初版）に石版画（見開き）で掲げられている。

119 主な資料は、前掲『昭和新修華族家系大成』上・下二巻、日本歴史学会編『明治維新人名辞典』（東京、昭和五十六年）、鹿児島県編『薩摩婦人之鑑』（前掲）より採った。

120 前掲『薩摩婦人之鑑』四三〜四六頁。

121 志賀裕春・村田静子校訂『小梅日記』全三巻（東洋文庫256、268、284、東京、昭和四十九〜五十一年）。なお、『和歌山県史』近世史料㈡（和歌山市、昭和五十五年）にも収録されている。

122 戸川昌子『川合小梅』（前掲『図説・人物日本の女性史』8所収）、藤田貞一郎『幕末女性の日記』（ＮＨＫ編『幕末余話』所収、東京、昭和五十三年）。

123 前掲『昭和新修華族家系大成』上巻三九〇頁、石井孝『勝海舟』

（人物叢書171、東京、昭和四十九年初版）二五七頁、『勝家家系』（勝部真長他二名編『勝海舟全集』第一巻月報掲載、東京、昭和四十七年）などによる。

124 長女の夢は、弘化三年（一八四六）九月十五日に誕生した。石井、前掲書、二六〇頁。

125 土居晴夫『坂本龍馬とその一族』（東京、昭和六十年）。なお、中野文枝『坂本龍馬の後裔たち』（東京、昭和六十一年）参照。

126 総理であった田中義一大将は、娘の一人を於菟女（オトメ）（大正十五年生）と名づけている。前掲『昭和新修華族家系大成』下巻六八頁。

127 高知市民図書館所蔵の坂本家の戸籍（土居氏による）。

128 高知県女教員会編『千代の鑑―土佐名婦―』（東京、昭和十六年）一七一頁。

129 同右書、一三九～一七一頁。

130 『姓氏家系大辞典』第二巻二九五三頁。

131 深沢秋男『解説』（同校注『井関隆子日記』上巻所収、東京、昭和五十三年）。深沢氏は、『庄田家系譜』、『寛政重修諸家譜』および庄田キチの日記、すなわち『井関隆子日記』によって同家の系譜を作成している。

132 深沢秋男校注『井関隆子日記』全三巻（東京、昭和五十三年～五十六年）。

133 今泉みね『名ごりの夢』（前掲）四三頁。

134 『日本国語大辞典』第三巻三〇四頁、参照。

135 前掲『昭和新修華族家系大成』下巻三六三頁。

136 「阿」字の音と意味については、『漢和大辞典』巻十一、七九八～七九九頁、参照。

137 鈴木棠三編『通名・擬人名辞典』（東京、昭和六十年）四二三頁。

138 佐佐木信綱『縣門三才女』（『国語と国文学』第六巻第十号掲載、東京、昭和四年）、吉田精一『縣門の閨秀歌人』（同編『日本女流文学史』近世・近代編所収、東京、昭和四十四年初版）。

139 木村捨三『土岐茂子』（『伝記』第九巻第十一号掲載、東京、昭和十七年）、会田範治・原田春乃『改訂増補近世女流文人伝』（東京、昭和三十六年）一九四～一九六頁。

140 会田・原田、前掲書、一八八～一九〇頁。彼女の『伊香保の道ゆきぶり』、『ゆきかひ』は、『女流文学全集』第三巻（東京、大正八年）に、歌集『散のこり』は、同第四巻（大正八年）に収められている。

141 会田・原田、前掲書、一九一～一九四頁。『佐保川』は、前掲『女流文学全集』第四巻に、『涼月遺草』は、同書第三巻に収められている。

142 たとえば、文久四年『（陸奥国伊達郡）小坂村宗門人別持高改帳』（『国見町史資料叢書』第2集所収、福島県国見町、昭和五十年）、嘉永五年『（出羽国飽海郡）常禅寺村戸籍人別御改帳』（『山形県史』近世史料2所収、山形市、昭和五十五年）参照。最近の例では、花房よの子（一九一七～一九八五、京都産業大学図書館長・花房英樹氏亡妻）がいる。

143 岡嶌偉久子『縣門略伝』（『ビブリア』第七十九号掲載、奈良県天理市、昭和五十七年）。

144 呂子は、長岡藩・牧野駿河守忠敬室の直（なほ）で、法名を明仙院といった。「牧野家女系図」②（三三五頁）、参照。

145 会田・原田、前掲書、一九九～二〇三頁。『日本古典文学大辞典』第一巻（東京、昭和五十九年）六四五頁。

146 『校註国歌大系』第十五巻（東京、昭和三年）などに収録。

147 なお、眞淵の門流全般に関しては、井上豊『賀茂眞淵の業績と門流』（東京、昭和四十一年）、参照。

148 伴蒿蹊『近世畸人伝』（東洋文庫202、東京、昭和四十七年初版）巻之四。

149 森銑三『矢部正子』、同『矢部正子伝の新資料』（ともに『森銑三著作集』第二巻所収、東京、昭和四十六年）。

150 これは、宗門改人別帳に記された名が以前と同じひさではなく、正子に改められたかという疑問である。

151 『校註国歌大系』第十七巻（東京、昭和四年）所収。
152 正子の家集『矢部正子小集』は、昭和九年、森銑三氏によって発見された。
153 福井久蔵『幕末の歌人』（東京、昭和二十年）五九頁。
154 簗瀬一雄『高畠式部の研究』（東京、昭和三十六年）、『和歌文学大辞典』（東京、昭和三十七年）四五二頁、会田・原田、前掲書、二三三～二三四頁等々、参照。
155 長楽寺（京都市東山区円山町）には、高畠夫妻の墓が存する。式部の墓碑には、『高畠志貴婦之墓』と刻されている。式部の詠草は、簗瀬一雄編『高畠式部全歌集』（東京、昭和三十三年）に収められている。
156 深沢德吉『女流学者荒木田麗女』（『歴史地理』第十八巻第二、三号連載、東京、明治四十五年）、千田安子『荒木田麗女年譜、荒木田麗女著作刊行書目並に研究文献目録』（『女子大国文』第四号掲載、京都、昭和三十一年）、森銑三『近世人物研究資料綜覧』（『森銑三著作集』別巻所収、東京、昭和四十七年）二〇六頁、伊豆野タツ『荒木田麗女』（前掲『日本女流文学史』近世・近代編所収）等、参照。なお、麗女の主な作品『月のゆくへ』、『池の藻屑』、『浜千鳥』、『怪世談』は、前掲『女流文学全集』第二巻（大正七年）に、『五葉』、『桃の園生』、『初午の日記』、『後午の日記』は、同第三巻に収められている。
157 徳田進『上毛の紫式部宮部万女の日本文学史的地位』（『日本諸学振興委員会研究報告』第三篇所収、東京、昭和十三年）、同『宮部万女の人と文学』（東京、昭和四十九年）参照。
158 『国学者伝記集成』続編（東京、昭和四十二年）一三〇〇～一三〇一頁、同続編（昭和四十二年）五八〇頁。なお桂子の名は、まつ。『日本人名大事典』第六巻四四二頁。
159 『菅政友全集』（東京、明治四十年）所収。
160 たとえば、片桐顕智『太田垣蓮月』（前掲『日本女流文学史』近世・近代編所収）。
161 前掲『幕末の歌人』二六八頁以下。
162 会田・原田、前掲書、三頁以下。
163 細香の生涯と作品について詳叙した著作としては、門（かど）玲子『江馬細香―化政期の女流詩人―』（東京、昭和五十四年）がある。なお、会田・原田、前掲書、一〇～一四頁、参照。
164 なお、細香の詩集『湘夢遺稿』上・下二巻は、明治四年に刊行された（東京・大垣・大阪・京都の六書肆より発兌）。
165 前掲『昭和新修華族家系大成』下巻七五九頁。なお、多穂は、明治時代の外交官で、いわゆる『柴田辞書』の名で知られた柴田昌吉（一八四一～一九〇一）の養女であった。『日本人名大事典』第三巻二六五頁、参照。
166 梁川星巖夫妻の詳しい伝記としては、中谷孝雄『梁川星巌』（東京、昭和十八年）がまず挙げられる。会田・原田、前掲書、二九～四八頁にも、略伝がみられる。
167 三熊花顛『続本朝畸人伝』（東洋文庫202、東京、昭和四十七年初版）巻之三。
168 詳しくは、森繁夫『田捨女』（東京、昭和三年）。
169 尾形仂『蕉門の女流俳人』（前掲『日本女流文学史』近世・近代編所収）。
170 野村富美子『斯波園女年譜』（『国文学研究』第十六輯掲載、東京、昭和三十二年）。
171 会田・原田、前掲書、二八七～二八九頁。
172 丸山一彦『加賀の千代』（前掲『日本女流文学史』近世・近代編所収）。
173 前掲『続本朝畸人伝』巻之三。
174 『日本古典文学大辞典』第四巻二八五頁、『俳諧大辞典』（東京、昭和三十二年初版）四六六～四六七頁。
175 会田・原田、前掲書、二九二～二九四頁、前掲『俳諧大辞典』七五八頁。
176 会田・原田、前掲書、二九六～二九九頁、『俳諧大辞典』一四四頁、『日本古典文学大辞典』第二巻一一四頁、『増補改訂日本文学大辞典』

第二巻（東京、昭和二十五年初版）一六六頁。

177 『増補改訂日本文学大辞典』第五巻（東京、昭和二十六年初版）一七三頁、『俳諧大辞典』四九九頁。

178 『閨秀俳家全集』（東京、大正十一年）所収。

179 会田・原田、前掲書、三〇〇～三〇二頁、『俳諧大辞典』四四八頁、『福島県史』第二十二巻人物（福島、昭和四十七年）六八頁。

180 『蕪村一代集』（『日本俳書大系』第八巻、東京、昭和二年）所収。

181 高群逸枝著『大日本女性人名辞書』（東京、昭和十一年初版、昭和五十五年覆刻）一二八、一八三～一八四頁。

182 韮塚一三郎『埼玉の女』（埼玉県浦和市、昭和五十四年）一〇二～一一六頁、参照。

183 『改訂増補日本文学大辞典』第六巻（東京、昭和二十六年初版）二五一頁、『日本古典文学大辞典』第五巻（東京、昭和五十九年）二五九頁。

184 狩野快庵編『狂歌人名辞書』（東京、昭和三年初版、京都、昭和五十二年覆刻）。

185 小池藤五郎『江戸女流狂歌評釈』（東京、昭和四十三年初版）二一～六八頁、参照。

186 同右書、四六頁。

187 同右書、はしがき。

188 『日本人名大事典』、『大日本女性人名辞書』など、参照。

189 京都市左京区正往寺町の専稱寺の墓碑銘に刻された墓誌による。寺田貞次『京都名家墳墓録』上巻（京都、大正十一年）三九四～三九五頁、所収。

190 絵所預・豊川景元の妻。京都市左京区百万遍の知恩寺にある景元夫妻の墓碑の銘による。前掲『京都名家墳墓録』下巻（大正十一年）五三六～五三七頁、所収。

191 『大日本女性人名辞書』一二九頁。

192 『大日本人名辞書』第四巻（東京、明治十九年初版、昭和四十九年新版）二六九八頁。

193 『日本人名大事典』第六巻一三七頁。

194 同右、第四巻、三二二～三二三頁。

195 久留米市編『先人の面影—久留米人物伝記—』（久留米市、昭和三十六年）一四一～一五一頁、参照。

196 森銑三・中島理寿共編『近世人名録集成』全五巻（東京、昭和五十一年～五十二年）。第五巻は、総索引。

197 前掲『近世人名録集成』第二巻所収。

198 前注に同じ。

199 前掲『近世人名録集成』第三巻所収。

200 佐伯理一郎『日本女科史』（京都、明治三十四年初版、昭和四十七年覆刻）五七頁、緒方正清『日本婦人科学史』（東京、大正三年初版、昭和五十五年覆刻）一六二頁、日本女医会編『日本女医史』（東京、昭和三十七年）三五～三六頁。なお、保佑の二人の娘（佑好と佑整）も女医で、産科を専門としていた。

201 羽仁説子『シーボルトの娘たち』（東京、昭和二十三年）。

202 前掲『近世人名録集成』第四巻所収。

4 江戸時代後期(二)

1 阪本平一郎・宮本又次共編『大阪菊屋町宗旨人別帳』全七巻（東京、昭和四十六年～五十二年）。

2 佐久高士編『越前国宗門人別御改帳』全六巻（東京、昭和四十二年～四十七年）。

3 大坂菊屋町における町人生活の様相は、乾宏巳『なにわ大阪菊屋町』（京都・大阪、昭和五十二年）に詳述されている。

4 宮本又次『大阪の町制と木挽町・菊屋町』（前掲『大阪菊屋町宗旨人別帳』第一巻所収）参照。この人別帳は、大阪市の中之島図書館に保管されている。

5 湯浅商事株式会社社史編纂委員会編『詳述湯浅三百年史』（東京、昭和五十六年）三七八頁以下、参照。

6 水田紀久編『若竹集』上・下二冊（京都、昭和五十年）。
7 『三井家史料』は、印行のうえ、三井十一家のほか、関係筋に配布された。（財）三井文庫（東京都中野区上高田五丁目）にも、一部備えられている。
8 鏑木勢岐『銭屋五兵衛の研究』（金沢市、昭和二十九年初版、四十七年再版）四五八〜四五九頁所掲。
9 同右書、三〇一〜三一三頁、筆内幸子『銭屋五兵衛の孫・千賀女遺文』（金沢市、昭和五十二年）。
10 山本四郎『小石元俊』（人物叢書143、東京、昭和四十二年初版）。
11 多治比郁夫『小石家各代とその交友』（京都府医師会編『京都の医学史』資料篇所収、京都、昭和五十五年）参照。
12 江頭恒治『近江商人中井家の研究』（東京、昭和四十年）。
13 『泉佐野市史』（大阪府泉佐野市、昭和三十三年）二三七〜二四三頁、参照。
14 『食野家系譜』（前掲『泉佐野市史』付載）。
15 食野家の本家は、十四代・次郎左衛門（恒太郎）の死後、没落した。
16 江戸時代後期の庄屋屋敷の典型的なものとして、昭和四十二年六月、国の重要文化財に指定されている。『重要文化財』第十七巻、建造物VI（東京・大阪・北九州・名古屋、昭和五十年）第75、274、348、349、403図、参照。
17 今田哲夫・伊藤部爾『永富家の人びと』（東京、昭和四十三年）。
18 今田哲夫『続永富家の人びと』（東京、昭和五十年）。
19 『大浜文書目録』（『滋賀大学経済学部付属史料館所蔵史料目録』第七集、滋賀県彦根市、昭和四十五年）参照。
20 幡鎌芳三郎・塚本五郎『遠州幡鎌氏とその一族』（東京都武蔵野市、昭和四十三年）。
21 岡本正司編『石見諸家系図録』（島根県益田市、昭和四十三年）。
22 『国史大辞典』第四巻（東京、昭和五十九年）四四一〜四四二頁、参照。
23 多くの類族帳は、矢島浩編著『キリシタン類族帳研究叢書』第一〜第十二集（東京、昭和四十七〜五十三年）に収録・公刊されている。
24 享保二十年九月付『武蔵国渡瀬村キリシタン類族帳』（矢島浩編著『阪東キリシタン類族帳の研究』〔『キリシタン類族帳研究叢書』第十二集〕所収、東京、昭和五十三年）。
25 たんは、江戸時代前期的な名である。享保五年の上野國緑野郡鬼石村の『古キリシタン本人同前并類族存命死失帳』（矢島浩編著『上野国キリシタン類族帳の研究』〔『キリシタン類族帳研究叢書』第四集〕所収、昭和五十年）には、こたん（小たん）という女性名がみられる。
26 現在は、山崎金次郎氏の所蔵で、嬬恋村歴史民俗資料館に展示されている。
27 天明三年の『浅間焼』についての詳細は、御代田町教育委員会編『天明三年浅間山大焼記録集』（長野県北佐久郡御代田町、昭和五十三年）、大石慎三郎『天明三年浅間焼け』（角川選書、東京、昭和六十一年）など、参照。
28 穂積重遠『離縁状と縁切寺』（東京、昭和十七年初版）、石井良助『江戸の離婚—三行り半と縁切寺』（東京、昭和四十一年）は、江戸時代の離婚について詳しく解説し、多くの離縁状や関連文書を掲げている。また離婚関係文書に関する研究としては、高木侃『近世末離婚関係文書考』（『関東学園開学五十周年記念論文集』所収、群馬県館林市、昭和四十九年）がある。
29 東慶寺については、井上禅定『松岡山東慶寺』（鎌倉市、昭和五十一年初版）、小丸俊雄編著『縁切寺松ヶ岡東慶寺史料（孔版）』（鎌倉市、昭和三十五年）、『鎌倉市史』社寺編（東京、昭和三十四年初版）三四〇〜三五五頁などがある。なお、離縁状は、女が下山の際に受け取るのであって、東慶寺や満徳寺にあるのは、原本の写である。
30 満徳寺については、五十嵐富夫『縁切寺』（東京、昭和四十七年）、参照。
31 高木侃編著『縁切寺満徳寺史料集』（東京、昭和五十一年）六四〜六七頁。
32 高木侃『三くだり半—江戸の離婚と女性たち—』（東京、昭和六十二年）二八三頁以下、および三一二頁以下、参照。江戸時代の妾に関する研究としては、大竹秀男『江戸時代の妾』（『高柳眞三先生頌寿記念・幕藩国家の法と支配』所収、東京、昭和五十九年）がある。

33 牧英正『近世日本の人身売買の系譜』（東京、昭和四十五年）。

34 『御仕置例類集』全十冊（東京、昭和四十六～四十八年）。うち、第一～四冊は古類集、第五～六冊は新類集、第七～十冊は続類集。なお、京都大学日本法制史研究会編『近世法制史料集』第二巻（東京、昭和四十九年）には、『御仕置伺』、『御仕置伺書』、『伺申渡』、『御差図申渡』、『手限申渡』が収録されている。

35 犯科に関した女性名は、『御仕置例類集』その他を纏めた樋口秀雄『江戸の犯科帳』（東京、昭和四十三年）や大久保治男『大江戸刑事録』（東京、昭和六十年）などに多数見いだされる。

36 池田信道『三宅島流刑史』（東京都小金井市、昭和五十三年）三六六頁。

37 池田、前掲書、三七一～五八二頁に収録。

38 葛西重雄・吉田貫三『増補改訂八丈島流人銘々伝』（東京、昭和五十年改訂版）一九七～三七七頁に収録。本書二五頁、一四三頁には、浮田小平次（前中納言・豊臣秀家の次男）の乳人で、秀家、小平次に随伴して八丈島に渡ったあいとその下女・とらの名がみえている。八丈島の女流人七三名については、森末義彰『流人帖』（東京、昭和三十九年）八九～九三頁に略記されている。

39 池田、前掲書、三六五頁。

40 池田、前掲書、五〇六頁。

41 小塚原の回向院の伽藍は、昭和二十年二月二十六日の空襲で焼失したけれども、過去帳は防空壕に納置されていたため、罹災しなかった。

42 吉田松陰、梅田雲濱、頼三樹三郎、橋本左内、金子孫三郎ら、ここで処刑された勤皇の志士たちの墓は、回向院墓地内に一郭をなしている。明和八年（一七七一）三月、前野良澤、杉田玄白らが日本で始めての「解体・腑分け」をここで行ったことは、あまりにも有名。刑死人の遺体は、遺族に与えられず、刑場内に浅い穴を掘って埋められるのが原則であった。小塚原で最後に仕置されたのは、「夜嵐お絹」（本名、原田キヌ、一八四四～一八七二）であったという（明治五年二月二十日）。

43 最も多く宗門改人別帳を蒐集・架蔵しているのは、明治大学刑事博物館（千代田区神田駿河台一丁目）である。『明治大学刑事博物館所蔵文書地名表』（東京、昭和六十二年三版）参照。

44 『尊卑分脈』第二編、内麻呂公孫。

45 『明月記』正治元年七月十八日条。

46 淑姫は、寛政元年（一七八九）三月二十五日、将軍家齊を父として江戸城本丸において誕生し、寛政十一年十一月、尾張徳川家の齊朝の許に入輿し、文化六年（一八〇九）九月十六日、諱を鎭（シヅ）子と定めた。文化十四年（一八一七）五月二十九日、早世した。年二九（『徳川幕府家譜』坤）。

47 天保十三年十月付『松前郡宮歌村宗門御改書上』（福島町宮歌、宮歌神社所蔵）、安政二年十月付『松前郡宮歌村宗門御改書上』（福島町宮歌、八幡神社所蔵）。

48 浅利政俊『松前の民俗(5)』（『松前藩と松前—松前町史研究紀要—』第6号掲載、北海道松前郡松前町、昭和四十九年）。

49 前掲、浅利報告、所引。

50 天保二年九月付『出羽国河辺郡向野村切支丹御改帳』（秋田県河辺郡雄和町妙法、雄和町公民館架蔵）。

51 安政四年四月付『出羽国仙北郡角館下新町切支丹御調御帳』（秋田県立秋田図書館架蔵）。

52 接頭語おのついた女性名（おみ禰、お利つなど）は、文政十三年五月付『仙北郡金沢西根村切支丹御調帳』（『仙南村郷土資料』第七集所収、秋田県仙北郡仙南村、昭和四十四年）にみえる。

53 『角川日本地名大辞典』4宮城県（東京、昭和五十四年）三九九頁、参照。

54 天保三年付『名取郡南方坪沼村持高人数御改帳』（東北学院大学教授・佐々木慶市氏より貸与）。

55 安齋家文書、享保十六年正月付『奥州信夫郡福島中町宗旨人別御改帳』(『福島市史』第8巻、近世資料Ⅱ所収、福島市、昭和四十三年)。
56 安齋家については、『福島中町検断安齋家由緒書』(前掲『福島市史』第8巻所収)、『安齋家系図』(福島市、安齋直已氏所蔵)などから知ることができる。
57 天保九年付『新田小綱木村宗門人別家数持高相改帳』(『川俣町史』第二巻所収、福島県川俣町、昭和五十年)。
58 慶応二年寅付『人別改帳原釜村・尾浜村』(『相馬市史』6資料編3所収、福島県相馬市、昭和五十一年)。
59 天保三年三月付『陸奥国伊達郡貝田村宗門人別御改帳』(『国見町史』第二巻所収、福島県国見町、昭和四十八年)。
60 天保十三年二月付『幕領光明寺村宗門人別持高相改帳』(前掲『国見町史』第二巻所収)。
61 天明六年三月付『陸奥国伊達郡小坂村宗門人別持高御改帳』(『国見町歴史資料叢書』第2集所収、福島県国見町、昭和五十一年)。
62 宝暦三年二月付『陸奥国会津郡楢戸村宗旨改人別家別帳』(『福島県史』第10巻下・近世資料4(福島市、昭和四十三年)所収)。
63 寛政三年二月付『大町本屋借屋人別書上帳』(前掲『福島県史』第10巻下、所収)。
64 矢島浩『会津キリシタン類族帳の研究』(東京、昭和五十二年)参照。
65 同右書、六五〜一三六頁の間に、つぎのような珍しい名がみられる。
おま きくこ こや こやん さな さに さの さり すん た
に ちよろ ねい ねねこ にく びん ふか ふね まし めい
めこ めん やや よて らん れつ るす るつ ろよ
66 嘉永五年三月付『下総国匝瑳郡惣領村宗門御改帳』(竹梁文庫架蔵)。
67 『角川日本地名大辞典』13東京都(東京、昭和五十三年)三一九頁。たとえば、文政十二年三月二十一日、神田、佐久間町より起こった火事で、江戸の大半は焼亡した。この日、桂川甫賢邸も類焼した。
68 未刊行。竹梁文庫(京都市左京区下鴨中川原町)架蔵。
69 アラビア数字は、頻度を示す。
70 金沢甚衛氏蒐蔵文書、万延二年三月付『高田村宗門人別帳』(『豊島区史』資料編一収録、東京、昭和五十年)。
71 有吉佐和子『和宮様御留』(前掲)の「あとがき」参照。
72 詳しくは、角田文衛『和宮身替り説を駁す』(前掲)参照。
73 未刊行。竹梁文庫架蔵の天保十一年三月付『森戸村人別御改書上帳』。
74 石井光太郎・内田四方編集・校訂『関口日記』二十三巻(横浜、昭和四十六年〜五十九年)、別巻三冊(同、昭和五十九年〜六十一年)。
75 長島淳子『幕末農村女性の行動の自由と家事労働』(近世女性史研究会編『論集近世女性史』所収、東京、昭和六十一年)。
76 明治三年三月付『相模国鎌倉郡坂之下村宗門人別書上帳』(『鎌倉近世史料』長谷・坂ノ下編、所収、神奈川県鎌倉市、昭和五十年)。
77 延享元年十月付『(甲府)宗門帳人数并奉公人数』(『甲州文庫史料』第二巻、甲府町方編、所収、甲府市、昭和四十八年)。
78 ただし、けさの名はみえている。
79 文化三年三月付『遠江豊田郡小川村宗門人別御改帳』(『天竜市史』史料編四、所収、静岡県天竜市、昭和五十二年)。
80 井上和雄・後藤和夫共編『三河国宝飯地方宗門人別改帳』(豊橋市、昭和三十六年)に集成されている。
81 安永八年八月付『三州宝飯郡長山村禅曹洞宗門御改帳』(同右書、所収)。
82 井上・後藤前掲書に収められた人別帳のほか、寶飯郡牛久保村の人別帳五冊が『豊川市史』中世・近世史料編(愛知県豊川市、昭和五十年)に収められている。
83 ただし、井上・後藤前掲書にみえるぎの(九六、一六三頁)、さも(一一〇頁)、まり(二五、一五一頁)、にや(一二五頁)、るや(一二八頁)、りま(一八六頁)、りそ(一九二頁)、さご(一九七頁)、るみ(二一〇頁)、けう(二三六頁)などは、二音節二字型の名として珍しい方である。

84　安永三年八月付『信濃国更級郡力石村切支丹宗門御改帳』（竹梁文庫架蔵）。

85　安政二年二月付『信濃国諏訪郡東堀村宗門御改人別帳』（竹梁文庫架蔵）。東堀村の人別帳は、岡谷市図書館にも所蔵されている。

86　享保十四年二月付『筑摩郡湯原村宗門御改之帳』（金井圓『享保末年の山家組湯原村』（『信濃』第三十五巻第八号掲載、松本市、昭和五十八年））。

87　文化十五年二月付『飛騨国大野郡白川郷御寺領荻町村宗門人別御改帳』、同年月付『飛騨国大野郡白川郷御寺領椿原村・有家ヶ原村・芦倉村・小白川村宗門御改帳』、同年月付『飛騨国大野郡白川郷御母衣村・尾神村・福嶋村、平瀬村・牧村・木谷村宗門御改帳』（ともに『岐阜県史』史料編近世九、所収、岐阜市、昭和四十八年）。これらの十一村は、岐阜県大野郡白川村の大字となっている。

88　宝永元年八月付『新発田町町役人宗旨帳』（『新潟県史』資料編8〔新潟市、昭和五十五年〕所収）。町役人であるからいずれも苗字（家名）を帯びている。各家族名のうちから女性名を選んだものである。

89　寛政七年五月六日付『越後国蒲原郡宗旨御改帳』二冊（『新発田市史資料』第四巻、近世庶民史料(上)〔新潟県新発田市、昭和四十三年〕所収）。なお、この「史料」上・下二冊（(下)は、昭和四十四年刊）には、合わせて十六冊の人別帳が収録されている。

90　天明五年三月付『越後国頸城郡岩沢村宗門御改帳』（竹梁文庫架蔵）。

91　瞽女の歴史については、中山太郎『日本盲人史』正篇（東京、昭和五十一年複製）四二三頁以下を参照。長岡瞽女とその消失については、村田潤三郎『瞽女さは消えた』（東京、昭和五十六年）がある。

92　この辺の経緯については、上越市立総合博物館の池墻忠和氏から御教示を忝うした。

93　本文書のコピー（縮小）訓本、注釈は、すでに笹目蔵之助『仲間議定証文之事』（『歴史研究』第二六八号掲載、東京、昭和五十八年）にみられる。著者は、前記の池墻氏の厚意によって本文書のコピーを入手し、内容を仔細に検討することができた。

94　文化十二年九月付『京都御幸町通御池上ル亀屋町宗門人別帳』（竹梁文庫架蔵）。包紙には、「合六冊」とあり、禅宗、日蓮宗、真言宗、浄土宗、門徒宗、天台宗の各冊からなっている。

95　安政三年九月付『京都室町頭下柳原北半町宗門人別改帳』（財団法人古代学協会架蔵）。

96　元治元年三月付『京都富小路通三條上ル福長町宗門人別帳』（中京区福長町の龍野清一郎氏保管）。

97　安政五年十月付『山城国紀伊郡向嶋村宗旨御改帳』（竹梁文庫架蔵）。

98　天保十三年三月付『山城国久世郡寺田村宗門御改寺請并家数人別帳』（竹梁文庫架蔵）。

99　文久三年三月付『山城国宇治郡木幡村浄土宗門御改寺請并家数人別牛馬員数帳』（『宇治市史』5所収、京都府宇治市、昭和五十四年）参照。

100　人別帳は、毎年提出するものであるから、同一人物の名が何度も記されている。したがって、何人の名が記されているかを精確に知ることは至難である。

101　アラビア数字は巻数、漢数字は頁を示す。

102　文化十三年三月付『摂津国島下郡太田村宗門御改帳』（竹梁文庫架蔵）。

103　安政五年付『志州答志郡堅子村宗旨御改帳』（鳥羽市立図書館架蔵）。

104　明治三年付『志摩国答志郡鳥羽藤之郷宗旨御改帳』（三重大学付属図書館架蔵）。

105　四八六注30、参照。

106　二冊の人別帳（ともに弘化二年三月作成）がある。一は、『因幡国高草郡倭文村宗門改帳』、他は『因幡国高草郡倭文村穢多宗門御改帳』であって、ともに『鳥取県史』第八巻・近世資料（鳥取市、昭和五十二年）に収録されている。

107　『那賀郡長浜村享保飢饉餓死病死帳』（『新修島根県史』史料編3・近世(下)、所収、松江市、昭和四十年）。

108　天保八年三月付『播磨国宍粟郡下比地村一向宗人別宗門御改帳』

（播磨国皮多村文書研究会編『播磨国皮多村文書』所収、兵庫県宍粟郡山崎町、昭和四十四年）。

109 文化八年付『那賀郡懸盤村棟付人数御改帳』（『木沢村誌』所収、徳島県那賀郡木沢村、昭和五十一年）。

110 文化五年付『名西郡高川原村穢多棟付人数御改帳』（徳島県教育委員会編『徳島県部落史関係史料集』第三集〔徳島市、昭和五十三年〕所収）。

111 文化五年付『板野郡西分村穢多棟付帳』（同右書、所収）。

112 文化八年付『三好郡之内池田村棟付人数御改帳』（三好郡郷土史研究会・池田町教育研究会共編『池田町棟付帳―三好郡史料集―』1所収、徳島県三好町、昭和四十八年）。

113 文政四年六月付『筑前国穂波郡内野村人別軒帳』（竹梁文庫架蔵）。

114 慶応三年正月付『豊前国宇佐郡山口村宗門御改帳』（『宇佐近世史料集』山口家史料(一)所収、大分県宇佐市、昭和五十一年）。

115 矢島浩『熊本キリシタン類族帳の研究』（東京、昭和五十一年）。

116 同右書、六二、七二、八六、九〇頁。

117 同右書、七二頁。

118 なお、江戸時代前期における肥後國の女性名については、『肥後藩人畜改帳』全五巻（『大日本近世史料』所収）から、詳しい資料がえられる。

5 江戸時代後期 (三)

1 安政四年四月付『出羽国最上郡清水村切支丹宗門御改帳』（大友義助編『最上郡大蔵村史編集資料』第二集所収、山形県大蔵村、昭和四十七年）。

2 『尊卑分脈』第二編、内麻呂公孫。

3 『明月記』正治元年七月十八日条。

4 嘉永五年付『出羽国飽海郡荒瀬郷嶋田組常禅寺村戸籍人別御改帳』（『山形県史』資料編十七所収、山形市、昭和五十五年）。

5 文政八年正月付『紀伊国名草郡加納村切支丹宗門御改帳』（『和歌山市史』第六巻〔近世資料Ⅱ〕所収、和歌山市、昭和五十一年）。

6 男性名では、たとえば、楠松、龜楠、楠三郎、岩楠、留楠、楠右衞門のような名。

7 前掲『和歌山市史』第六巻八〇頁以下。

8 本書二五頁、参照。

9 嘉永三年二月付『大和国葛上郡柏原村之内岩崎宗旨改帳』（竹梁文庫架蔵）。

10 文久元年　月付『勢州多気郡佐田村宗旨御改帳』（津市、三重県立図書館武藤文庫蔵）。

11 『日本国語大辞典』第六巻五七七頁、くぼ（凹、窪）条。

12 同じ多気郡佐田村の文久元年付『宗旨御改増減帳』（三重県立図書館所蔵）には、まつゑという名が記載されている。

13 文政十三年三月付『伊勢国多気郡中大淀村宗門御改帳』（三重大学付属図書館所蔵の写真による）。

14 三重大学の稲本紀昭教授の御厚意によって披見。

15 愛知県高等女学校校友会編『尾三婦女善行録』（名古屋、明治四十三年）。

16 天保十三年三月十三日付『一札』（『岐阜県史』史料編・近世七所収、岐阜市、昭和四十六年）。

17 明治三十年、羽栗郡と中島郡は合併され、羽島郡となった。東海道新幹線岐阜羽島駅のあたりである。

18 明治二年正月付『備前国上道郡松崎新田村切支丹宗門御改判形帳』（竹梁文庫架蔵）。

19 弘化二年三月付『備中国浅口郡乙嶋村宗門人別帳』。弘化二年分と三年分のコピーについては、九州大学文学部の中村質（ただし）教授の配慮を蒙った。

20 天保九年三月付『備中国川上郡東油野村戌年宗門御改帳』（『備中町史』史料編所収、岡山県備中町、昭和四十九年）。

21 『高橋富枝師自叙録』（岡山県鴨方町、昭和五十六年）、広島女性史

研究会編『山陽路の女たち』（東京、昭和六十年）二五～二七頁。

22 天保四年八月付『当村地方・浜方・二窓地方・渡瀬村・忠海村・小坂村宗旨宗法宗門改人別昶』（『三原市史』第五巻、資料編二（広島県三原市、昭和五十六年）所収）。なお、昶（チョウ）は、帳のあて字。

23 この人別帳に記載されている人数は、男女合わせて四一二一名である。

24 景浦直孝『伊豫市精義』（松山市、大正十三年）五九六～五九八頁、城戸徳一『伊豫偉人録』（松山市、昭和十一年）一一九頁、景浦直孝『烈女松江伝』（松山市、昭和十七年）。なお、史料を提供して下さった愛媛大学の福本茂雄博士に謝意を表する。

25 藤田征三『愛媛の女性百年』（東京都田無市、昭和四十四年）七～四〇頁による。

26 寛政十二年十二月十五日付『日州諸縣郡高岡浦之名村宗門手札改帳』（『高岡町史』上巻所収、宮崎県高岡町、昭和六十二年）。

27 明和九年十一月二十四日付『日州諸縣郡高田村豊後牢人宗門手札改帳』（前掲『高岡町史』上巻所収）。

28 太郎坊町の沿革は、かなり複雑である。瀬戸山計佐儀『太郎坊町史』（都城市、昭和四十九年）三一頁以下、一三九頁以下、『角川日本地名大辞典』45宮崎県（東京、昭和六十一年）の沖水村、高木村、太郎坊町の諸項、参照。

29 『自安永五年至天明六年河辺郡除証文』（『小林市史』第一巻所収、宮崎県小林市、昭和四十年）。

30 文久二年十月付『函館地蔵町禅宗人別下書帳』（函館市立図書館架蔵）。

31 安政二年付『越前国坂井郡江上村戸籍御改帳』、前掲、佐久高士編『越前国宗門人別御改帳』第二巻（昭和四十三年）所収。

32 同じ仙北郡の金澤西根村（現在、仙北郡仙南村金沢西根）の文政十三年五月付の人別帳においても、女性名は接頭語おを付して記載されている。『仙北郡金沢西根村切支丹御調帳』（『仙南村郷土史資料』第七集所収、秋田県仙北郡仙南村、昭和四十四年）。

33 佐久、前掲書、第四巻（昭和四十五年）一一八、一二三、一六六頁、等々。

34 同右書、四八、一八九頁など参照。

35 なお、江戸落語の元祖といわれる鹿（しか）野武佐衛門（一六四九～一六九九）の『鹿の巻筆』（『燕石十種』第三所収。明治四十三年の刊本もある）中の笑話『ゆやのあま』には、「うちにかひ育ての十四五なる女（め）のわらはありしに、いまだ名もつけず、あま／＼とのみよびしに、云々」とみえている。

36 岡本正司編『石見諸家系図録』（前掲）に収められた山根家系図には、道精（一七九七～一八四九）の妻としてリラという女性（石見國小伏谷の加藤宗治の長女）の名がみえる。山根家の当主・山根直資氏（島根県美濃郡美都町都茂八〇七）に照会したところ、リラはリウの誤植であることが判明した。なお、同書にある大谷家系図（益田市染羽）によると、大谷清五郎義政（一七〇五～一七五三）の娘にルウという女性がいた（西平原村の佐々木安右衛門信之の妻となり、天明五年六月一日没）。

37 『神宮典略』後篇（東京、昭和九年）附載の『薗田守良神主伝』による。

38 前掲『名ごりの夢』一六八頁。

39 『種子島家譜』第一巻（鹿児島県西之表市、昭和三十七年）延享元年三月二十五日条。

40 会津戊辰戦史編纂会編『会津戊辰戦史』（東京、昭和八年）五三三頁、宗川虎次『補修会津白虎隊十九士伝』（会津若松市、昭和二年再版）五六頁。なお、宗川虎次氏は、男性である。

41 小石りえについては、松山藤太郎『貞節之鑑・頼梨影夫人』（滋賀県彦根市、昭和十八年）、宮田思洋『彦根史話』（滋賀県彦根市、昭和四十年）二一四頁以下、参照。京都市東山区丸山公園の長楽寺の墓地には頼山陽夫妻の墓がある。夫人の墓碑に刻された墓誌銘は、夫人の伝記をよく要約している。寺田『京都名家墳墓録』上巻（前掲）三四七頁に掲げられている。

42 『日本人名大事典』第六巻五〇五頁、木崎愛吉『頼山陽と其母』（大阪・東京、明治四十四年）。

43 布村安弘『明治維新と女性』（京都・東京、昭和十一年）八〇頁による。

44 『大日本女性人名辞書』五〇四〜五〇五頁。なお、市村咸人『松尾多勢子』（東京、昭和十五年）がある。

45 市村、前掲書、二一七〜二二四頁、寺田、前掲書、下巻七五八〜七五九頁、参照。

46 たとえば、小沢トセ（昭和六十一年五月没。九六歳。『京都新聞』昭和六十一年五月三十日号「おくやみ」欄）。

47 中原雅夫『長州の維新史』（大阪・東京、昭和四十九年初版）三九頁、および古川薫『長州歴史散歩―維新のあしあと―』（大阪、昭和四十三年初版）一二三頁には、なかを抱いた恩地トミの写真が掲げられている。

48 中原雅夫『明治維新と女性』（東京、昭和四十九年）一〇一〜一一三頁、前掲『昭和新修華族家系大成』上巻五八一〜五八二頁、下巻二三二〜二三三頁、西嶋量三郎『中山忠光暗殺始末』（東京、昭和五十八年初版）一四六〜一四七頁、二四二〜二四三頁、古川薫、前掲書、一一五〜一二四頁。

49 竹岡範夫『唐人お吉物語』（静岡県下田町、昭和三十八年増訂初版）の巻頭に戸籍の写真が掲げられている。ただし新版（東京、昭和五十五年初版）には、戸籍は掲げられていない。

50 竹岡、前掲書、洞富雄『下田領事館の人たち』（日本歴史学会編『歴史と人物』所収、東京、昭和三十九年）、吉田常吉『唐人お吉』（中公新書94、東京、昭和四十一年初版）など、参照。

51 樋口清之『史実江戸』第四巻（東京、昭和四十三年）一〇〇〜一〇九頁、参照。

52 たとえば、貞享二年三月付『武蔵国多摩郡無礼村人別帳』（『三鷹市史料集』第二集所収、東京都三鷹市、昭和四十五年）、紀伊國名草郡加納村の人別帳（本書、三九六頁）、出羽國飽海郡常禪寺村の人別帳（本書、三九五頁）、渡島國松前郡宮歌村の人別帳（本書、三七六頁）などにみえる。

53 林美一『かわらけお伝考』（東京、昭和三十六年）、これを改訂した同氏の『あんばいよしのお伝』（東京、昭和四十八年）参照。

54 『日本人名大事典』第二巻二一頁。

55 かなという名は、現代でもときにはみられる。たとえば、昭和六十年十二月、六九歳で没した京都市右京区西京の宇津カナの名が想起されよう（『京都新聞』昭和六十年十二月十三日号「おくやみ」欄）。

56 前掲『女流文学全集』第三巻、六六七〜六六八頁所収。

57 『大日本女性人名辞書』五四九〜五五〇頁、桑田春風『日本名媛書翰』（東京、明治四十四年）一三七〜一三九頁。

58 『甲子夜話』四十五、第三十三話。なお、同書十八、第十一話にみえる侠女のよしにも注意されたい。

59 宮西カク（昭和五十六年四月六日没。八三歳。『朝日新聞』同月七日号訃報）、加藤かく（昭和六十年八月没。八二歳。『京都新聞』同年八月二十三日号「おくやみ」欄）、大木カク（昭和六十一年正月四日没。八九歳。『朝日新聞』同月七日号訃報）、坂本覚（カク）（昭和六十一年六月二十四日没。八七歳。『京都新聞夕刊』六月二十五日号訃報）。江戸時代前期におけるかくという女性名は、前掲『天竜市史』資料編四、五九三頁にみえる。後期については、附録「越前国の女性名」参照。現代の人ではまた、『女優』（東京、昭和三十一年）の著者・森赫子さんがいる。

60 宮田思洋『彦根史話』（前掲）一〇三〜一〇七頁。

61 荻原井泉水校訂『一茶七番日記』下巻（改造文庫、第二部第七十九篇、東京、昭和六年）、文化十三年八月八日条。

62 同右書、同年同月十一日条。

63 大場俊助『一茶のウィタ・セクスアリス』（東京、昭和四十年初版）一四三〜一五四頁、同『一茶性交の記録―七番日記・九番日記より―』（『国文学・解釈と鑑賞』昭和五十八年三月臨時増刊号掲載（東京））参照。

64　主として小林計一郎『小林一茶』（人物叢書77、東京、昭和三十六年）による。
65　『おらが春』（日本古典文学大系『蕪村集・一茶集』所収）文政元年五月十三日条前後。
66　川島つゆ『一茶と女たち』（『国文学研究』第六号掲載、山口県下関市、昭和四十五年）。
67　LOTI, P., *Madame Chrysanthème* (Paris, 1887), 野上豊一郎訳『お菊さん』（岩波文庫、東京、昭和十二年）。
68　『半日閑話』（『蜀山人全集』巻三所収、東京、明治四十一年）巻之四。
69　子母沢寛『才女伝』（『オール読物』昭和三十四年七月号掲載、東京、昭和三十四年）参照。作者・子母沢氏（本名・梅谷松太郎、一八九二～一九六八）の没後、この労作は『武揚外伝』と改題され、子母沢寛『彰義隊始末』（子母沢寛『全歴史エッセイ集』2、東京、昭和四十七年）に収録された。しかし講談社版『子母沢寛全集』第二十五巻（東京、昭和五十年）では、原題に復し、『才女伝』の題名で収録されている。
70　『大日本女性人名辞書』三二六頁、原田伴彦『高場乱』（『日本女性史の謎』〈日本女性の歴史15〉所収、東京、昭和五十四年）。
71　諸橋『大漢和辞典』巻一、四〇四頁。
72　酒井シヅ『日本初の女性西洋医・楠本イネ』（前掲『別冊歴史読本』伝記シリーズ13「幕末維新を生きた13人の女たち」所収）、羽仁『シーボルトの娘たち』（前掲）参照。
73　通名については、塚原鉄雄校注『堤中納言物語』（『新潮日本古典集成』第五六回、東京、昭和五十八年）二七〇～二七二頁、鈴木棠三編『通名・擬人名辞典』（東京、昭和六十年）四〇一～四二四頁、参照。
74　『禍福廻持当世銀持気質』（帝国文庫、第三〇編所収、東京、明治二十八年）。
75　前掲『通名・擬人名辞典』五三～五五、六三～六五、二二三～二二四、四〇二～四一一頁、参照。
76　前掲『通名・擬人名辞典』四〇六～四〇七頁。鈴木氏は、『摂津名所図会』や西沢一鳳『綺語文草』（『新群書類従』第二所収）を史料とされている。
77　宮武外骨『日本擬人名辞書』（東京、大正十年）九頁。
78　『甲子夜話続篇』十六、第十七話。
79　朝倉無声『見世物研究』（東京、昭和三年初版、京都、昭和五十二年覆刻）三七～三八頁。
80　同右書、四四～五二頁。
81　同右書、四四～五七頁。
82　富岡謙二『異国遍路旅藝人始末書』（中公文庫、東京、昭和五十三年）一九頁。
83　三田村鳶魚『水茶屋の女』（同『江戸の女』所収、東京、昭和三十一年、『三田村鳶魚全集』第十一巻所収、東京、昭和五十年）。
84　佐藤要人『絵本水茶屋風俗考』（東京、昭和五十二年）。
85　佐藤、同右書、二〇三～二〇四頁。
86　三田村鳶魚『水茶屋の女』（同『江戸の女』〈前掲〉所収）。稲垣史生『笠森おせん―評判の茶屋娘』（『江戸と上方の女』〈日本発見人物シリーズ〉所収、東京、昭和五十七年）。なお、お仙夫婦の墓は、正見寺（東京都中野区上高田一丁目一）の墓地にある。彼女の戒名は、深教院妙心大姉。
87　『半日閑話』（前掲）巻之十二。
88　佐藤、前掲書、二〇八頁以下。
89　同右書、二〇三～二〇四頁。
90　『図書総目録』（第六巻）によると、明和六年の刊本の写本が、東京都の大東急記念文庫に架蔵されているとのことである。
91　日本古典文学大系、岩波文庫、帝国文庫、日本名著全集（『人情本集』）などに収録。
92　日本古典文学全集、帝国文庫などに収録。
93　『春色梅児誉美』巻之九、第十八齣。
94　『洒落本・滑稽本・人情本』（日本古典文学全集47に収録、東京、昭和四十六年初版)。
95 人情本叢書12所収(東京、大正十四年)。
96 人情本叢書25所収(東京、昭和三年)。
97 岩波文庫、『歌舞伎十八番集』(日本古典全書、日本古典文学大系などに所収)にみられる。
98 角川文庫、日本古典文学大系、日本名著全集(『滑稽本集』)などに収録。
99 『日本戯曲全集』第十一巻、岩波文庫などに収録。
100 『日本戯曲全集』第十二巻や『歌舞伎脚本集』下(日本古典文学体系)などに収録。

6 江戸時代後期 (四)

1 西山松之助編『遊女』(東京、昭和五十四年)二六六~二六九頁所掲。
2 『守貞謾稿』を現代語訳し、事典形式に整理・編輯したものが、江馬務・西岡虎之助・浜田義一郎監修の『近世風俗事典』(東京、昭和四十二年)であって、たいへん利用しやすく出来ている。
3 『日本随筆大成』新版別巻一~四(東京、昭和五十四年)所収。
4 以上三種の文献は、『日本随筆大成』第三期第二巻(東京、昭和五十一年)に収められている。
5 以上三種の文献は、『近世文藝叢書』第十(東京、明治四十四年)に所収。
6 『洒落本大系』第六巻(東京、昭和六年)所収。
7 『日本随筆大成』新版第一期第九巻(東京、昭和五十年)所収。
8 広義の評判記を集成した刊行物としては、近世文学書誌研究会編『遊女評判記集』全三巻(東京、昭和五十三~五十四年)、野間光辰編『遊女評判記集』(天理図書館善本叢書第十一巻、東京、昭和四十八年)、『新撰京都叢書』第九巻(京都、昭和六十一年)などがある。
9 西山編、前掲『遊女』二五八~二五九頁。
10 小野武雄『吉原・島原』(歴史新書89、東京、昭和五十三年)一三二頁以下、参照。
11 むろん、これらは上級の遊女の通名としての源氏名である。高尾という源氏名は明治時代にすらあった。原武太夫『高尾考』(『燕石十種』第一〔東京、明治四〇年〕所収)によると、高尾第十一代は寛保元年落籍され、その後は名のある高尾は輩出しなかった。
12 宮川曼魚『江戸売笑記』(東京、昭和二年)二一一~二一六頁参照。
13 『異本洞房語園』巻之二(注4、参照)。
14 『遊女玉菊伝』(『新吉原略説』〔『燕石十種』第二所収、東京、明治四十一年〕収録)参照。
15 大田南畝『一話一言』(『日本随筆大成』別巻四所収、東京、昭和三年初版、昭和五十三年再版)巻二十七。
16 『日本人名大事典』第四巻、三~四頁、小森隆吉『高尾』(西山松之助編『遊女』〔前掲〕所収)。
17 『燕石十種』第一(前掲)所収。
18 前掲『女流文学全集』第三巻六二七頁、所掲。
19 『徳川文藝類聚』第五洒落本(東京、大正三年)所収。
20 佐藤要人『岡場所』(西山松之助編『江戸学事典』所収、東京、昭和五十九年)、参照。
21 本名は、渡辺兼次郎。
22 宮川、前掲書、三四九~三五二頁。
23 品川宿の遊廓については、『品川町史』中巻(東京府品川町、昭和七年)六九六~七五〇頁、『品川区史』通史編上(東京、昭和四十八年)七六一~七八〇頁に要をえた概説がみられる。
24 永田宗二郎『品川遊廓史考』(東京府品川町、昭和四年)一二頁以下、参照。
25 『洒落本・滑稽本・人情本』(日本古典文学全集47に収録)。
26 石井鉦太郎『南里漫談』(前掲『品川遊廓史考』一五〇~一五二頁による)。
27 飯盛女全般については、五十嵐富夫『飯盛女―宿場の娼婦たち―』

（東京、昭和五十六年）、児玉幸多『飯盛女』（『日本歴史』第一九二号掲載、東京、昭和三十九年）、同『近世宿駅制度の研究』（東京、昭和五十七年）など、参照。

28　林美一『東海道売色考』（東京、昭和五十四年）。

29　宇佐美ミサ子『東海道宿駅における「飯盛女」の存在形態』（近世女性史研究会編『論集・近世女性史』所収、東京、昭和六十一年）。

30　元治元年『「飯盛下女奉公人書上帳」川崎宿上町・下町』（川崎市産業文化会館架蔵）。

31　『日本人名大事典』第二巻、三五〇～三五一頁、西山編、前掲『遊女』一九二～一九三頁。

32　ラシャメンの語源については、『日本国語大辞典』第二十巻二七一～二七二頁、参照。

33　『乙卯二月人別改之節書上帳』（安中文化会編『中山道安中宿本陣文書』所収、群馬県安中市、昭和四十七年）。

34　五十嵐、前掲書、六〇～六三頁、参照。

35　岩井伝重『軽井沢三宿と食売女』（長野県佐久市、昭和六十二年）一二五～一二七頁。

36　岩井、同右書、一九～二〇頁。

37　小林計一郎『長野市史考―近世善光寺町の研究―』（東京、昭和四十四年）参照。

38　文久二年付『権堂村売女屋并売女名前書上帳』（竹梁文庫架蔵）。

39　文政期の金澤遊廓に関する好史料は、卯辰茶屋町の綿津屋の主人・政右衛門（一八〇四～一八六五）が綴った『綿津屋政右衛門自記』（『日本都史生活史料集成』第五巻城下町篇Ⅲ所収、東京、昭和五十一年）である。日置謙『石川県史』第二編（金沢市、昭和三年）六五〇～六六五頁には、要をえた説明がみられる。研究としては、宮本由紀子『金沢の廓』（近世女性史研究会編『論集・近世女性史』（前掲）所収）がある。

40　金沢市立図書館にも一部架蔵されている。

41　前掲『石川県史』第二編、六六六～六六七頁。

42　『小松史』史料編下巻（石川県小松町、昭和十五年）八五一～八六三頁。

43　島津家の重豪の養女の雅姫（一七七四～一八一二）は、雄の狆を飼育し、これを小桜と名づけ、寵愛していた（前掲『薩陽過去牒』〔五二五頁注188〕）。

44　北国新聞社編集局編『加能女人系』（上）（金沢市、昭和四十六年初版）一八一頁、川良雄『加賀能登の史話』（金沢市、昭和四十六年）一〇六頁。

45　なお、串茶屋の遊女の墓に関しては、関係文献がすこぶる多く、それらは、川良雄・池田己亥一『加賀の串・遊女の墓』（金沢市、昭和四十七年）一七九～一八二頁に列記されている。

46　小川忠恭『遊女の手紙』（『加南地方史研究』創刊号掲載、石川県小松市、昭和三十年）による。

47　平凡社版『愛知県の地名』（『日本歴史地名大系』23、東京、昭和五十六年）一六八～一六九頁。

48　稲垣史生『白牛に乗る尾張の宗春』（同『考証武家女人奇談』所収、東京、昭和五十七年）、矢頭純『徳川宗春』（名古屋、昭和六十二年）、参照。

49　『列侯深秘録』（東京、大正三年）所収。同書の良質な写本は、『遊女濃安都』と題して、名古屋市立鶴舞中央図書館（昭和区鶴舞一丁目）に架蔵されている。

50　本書は、今日では稀覯本となっている。早稲田大学図書館、天理図書館などに数本が架蔵されているだけである。

51　野村可通『伊勢の古市あれこれ』（三重県津市、昭和五十一年）一一六～一二九頁、参照。

52　歌舞伎で有名なおこんは、もとの名をとしといい、長峯（伊勢市字治岡）のそば屋善八の娘。文政十二年二月九日没、享年四九。同地の大林寺には、三代目坂東彦三郎が建てたおこんの墓碑がある。戒名は、増屋妙縁信女。野村、前掲書、一三五頁参照。

53　『日本古典文学大辞典』第一巻、一四七頁参照。

54 昭和五十九年九月にも、歌舞伎座において海老蔵（福岡貴こと孫福齋）、松江（お岸）、田之助（お鹿）、玉三郎（お紺）、富十郎（仲居萬野）らによって上演されている。

55 野村、前掲書、一三五頁に、その写真が掲載されている。なおこの書類は、文政年間の作成のようである。大きさは、横五三、天地三八・九センチである。

56 京都、昭和六十一年刊。

57 牧英正『大阪元伏見坂町伏見屋善兵衛文書—大阪の茶屋および茶立奉公人—』（同『近世日本の人身売買の系譜』所収、東京、昭和四十五年）。

58 古賀十二郎『丸山遊女と唐紅毛人』後編（長崎市、昭和四十四年）四七二頁以下。

59 古賀、前掲書、後編、五四頁。

60 古賀、前掲書、前編（長崎市、昭和四十二年）六六二～六六八頁。

61 古賀、前掲書、後編、二二一頁以下、参照。

62 芸者全般については、三田村鳶魚『藝者の変遷』（同『江戸の女』所収、東京、昭和三十一年）、同『江戸藝者の研究』（『三田村鳶魚全集』第十巻、東京、昭和五十年）、岸井良衛『女藝者の時代』（東京、昭和四十九年）、佐藤要人『江戸深川遊里志』（東京、昭和五十四年）などがある。なかでも岸井氏の労作は、関係文献中の白眉である。

63 『半日閑話』巻之二十五。

64 井筒舎主人編『祇園新地藝妓名譜・全盛糸の音色』（前掲『新撰京都叢書』第九巻所収）。

65 義太夫節を表芸とする芸子。

66 井筒舎主人編『四方のはな』（前掲『新撰京都叢書』第九巻所収）。

67 金関丈夫『長屋大学』（東京、昭和五十五年初版）三一～三三頁。

68 『大日本女性人名辞書』一六二頁、『明治維新人名辞典』三三四頁、前掲『昭和新修華族家系大成』上巻四六七頁

69 中西きみ（君尾）の伝記としては、小川煙村『勤王藝者』（東京、明治四十三年）がある。

70 『明治維新人名辞典』八六五頁。

71 前掲、布村『明治維新と女性』八七～八八頁。

72 『明治維新人名辞典』九八七～九八八頁。

73 『甲子夜話』四十八、第四十二話。

74 『甲子夜話』続編七、第十四話。

75 天保八年『深川細見』（東京、昭和五十四年覆刻）。

76 豊介子（石塚重兵衛）『岡場遊廓考』（『未刊随筆百種』第一所収、東京、昭和二年）。

77 深川の岡場所については、佐藤要人『江戸深川遊里志』（前掲）に詳しい。

78 前掲『深川細見』。

79 前掲『岡場遊廓考』。

80 さわぎとは、歌舞伎囃子の一つで、太鼓、三味線などによる鳴物であって、揚屋、茶屋における遊興。豊後は豊後節、長崎は長崎節である。これらは、さわぎ、義太夫などを表芸とする芸者の芸名。

81 『徳川幕府家譜』坤。

82 『幕府祚胤伝』七。

83 『東藩史稿』巻之十二（活字本、第二巻〔仙台、昭和五十一年〕六四頁）。

84 『三次赤穂御系図』（『三次分家済美録』〔広島県三次（みよし）市史料総覧別巻〕所収）。

85 東京都港区教育委員会編『港区三田済海寺・長岡藩主牧野家墓所発掘調査報告書』（東京、昭和六十一年）六三～八一頁、参照。

86 三井家史編纂所編『稿本三井家史料』北家第十一冊（東京、明治四十二年）。

87 前掲『京都名家墳墓録』上巻、二四九～二五〇頁。

88 『国史大辞典』第三巻、二五四～二五五頁。

89 『本土寺過去帳』（『続群書類従』巻第九百九十五、下所収）。本土寺は、千葉県松戸市小金に在る。

90 前掲『戒名・法名・神号・洗礼名大事典』六八九頁。

91　森慶三編『華岡清洲年譜』（和歌山市、昭和三十七年）。なお、有吉佐和子『華岡青洲の妻』（東京、昭和四十二年初版）参照。

92　前掲『石見諸家系図録』六二七頁。

93　今田『続永富家の人びと』（前掲）二五五頁以下、参照。廣岡家は名門であって、明治時代に入って加島銀行や大同生命を興した。

94　平重道『伊達騒動』（仙台市、昭和四十五年初版）二五五頁、はつの墓のある東京都目黒区中目黒三丁目の正覚寺は、日蓮宗に属している。

95　前掲『彦根史話』一九六～一九九頁。

96　唐人お吉（齋藤きち）の墓のある下田市の宝福寺は、浄土真宗本願寺派に属している。竹岡範男『唐人お吉物語』（前掲）一〇七頁。

97　阪本・宮本共編、前掲『大阪菊屋町宗旨人別帳』第六巻（東京、昭和五十一年）六八二、七一六頁、参照。

98　寛政元年十二月付『城州愛宕郡上岡崎村出家人別改帳』（竹粱文庫架蔵）。

99　堀江知彦『良寛・貞心・由之』（MUSEUM, 第五十八号掲載、東京、昭和三十一年）、原田勘平『良寛—貞心尼との交渉について—』（『国文学・解釈と教材の研究』第九巻第一号掲載、東京、昭和三十九年）、田村甚三郎『貞心尼物語』（東京、昭和五十一年）等々、参照。

100　この太守は、たぶん、岡山藩主・齊政（観國院）（一七七三～一八三三）を指すのであろう。

101　備前國鯛内の位置は、未詳。

102　天保四年七月付『善行禅寺壇中宗旨宗法宗門改人別帳』（『三原市史』第五巻、資料編二、所収、広島県三原市、昭和五十六年）。

103　前掲『戒名・法名・神号・洗礼名大事典』五七頁。

104　前掲『薩陽過去牒』一五五頁。

105　たとえば、野崎参りで知られる慈眼寺（大阪府大東市野崎二丁目）の野崎観音会館では、大東市人権擁護委員会などの主催で、昭和五十九年五月、警世のための「差別戒名を考えるパネル展」が開催され、多数の関係資料が展示された。なお、『朝日新聞』昭和五十六年八月三十日号、参照。昭和六十二年にいたって、長野県差別戒名調査委員の小林大二氏（一九二九～）は、『差別戒名の歴史』（東京）を公にし、長野県内の調査書を中心に据え、差別戒名の歴史や実態を詳細に追究した。同書には、おびただしい差別戒名が記載されているし、また差別戒名を彫った墓碑やそれを記載した過去帳の写真が図版として掲げられている。

106　明治四年以後の差別戒名については、小林、前掲書、三四〇～三四二頁、参照。

107　小林、前掲書、一五頁。

108　片岡弥吉『日本キリシタン殉教史』（東京、昭和五十四年）五三六～五三七頁。

109　今村義孝『天草の切支丹』（『切支丹風土記』九州編、所収、東京、昭和三十五年）。

110　文化二年八月付『高浜村心得違惣人別異名覚帳』（九州史料刊行会編『天草切支丹資料』㈢、所収、福岡市、昭和三十六年）。なお、「異名」とは、霊名のことである。

111　片岡、前掲書、五七〇～五七四頁、同『長崎の切支丹』（前掲『切支丹風土記』九州編、所収）。

112　事件の詳細は、片岡、前掲書、五七五頁以下から知られる。

113　『異宗入牢之者名前』（長崎県立長崎図書館所蔵、浦川和三郎『浦上切支丹史』（大阪、昭和十八年）所収）。

114　浦川、前掲書、四三五～四三六頁。津和野藩における浦上事件に関する史料の多くは、島根県津和野町立郷土館に収蔵されており、一部は展示されている。三六名が殉教した乙女峠（津和野町の後田と田二穂の間）には、第二次大戦後、マリア堂が建てられた。

第四部　近　代（抄記）

1　近代前期（明治時代）

1　新見吉治『壬申戸籍成立に関する研究』（東京、昭和三十四年初版、昭和五十四年再版）参照。
2　山形県立女子師範学校・山形高等女学校・山形第一高等女学校・山形第四高等学校・山形南高等学校・山形西高等学校の合同同窓会（山形市鉄砲町）。
3　山形県立酒田西高等学校同窓会（酒田市北新町）。
4　藤島高等学校の同窓会（福井市文京二丁目）。
5　旧制の三重県立宇治山田高等女学校の同窓会（三重県伊勢市本町）。
6　奈良女子大学文学部付属高等学校同窓会（柳汀会）（奈良市東紀寺町一丁目）。奈良県立奈良高等女学校は、明治二十九年に創設されたが、明治四十四年九月、奈良女子高等師範学校（明治四十一年五月創設）に吸収され、その付属高等女学校となり、昭和二十四年四月、奈良女子高等師範学校が奈良女子大学として再発足すると同時に付属高等学校と改称され、翌年五月から男女共学となった。本名簿は、明治四十五年いらいの卒業生を登載する。県立高等女学校時代の卒業生名簿を著者はまだ披見していない。
7　県立和歌山高等女学校同窓会（和歌山市吹上）。
8　岡山県岡山第一高等女学校・岡山県岡山第二中学校・岡山県立岡山第一女子高等学校・岡山県立岡山第二高等学校の合同同窓会（岡山市浜）。
9　松山市末広町。
10　学制改革のため、明治二十六年には卒業生はなかった。
11　旧東京都立第一高等女学校・東京都立白鷗高等学校同窓会（台東区元浅草一丁目）。
12　東京都千代田区九段北三丁目。
13　フェリス白菊会（横浜市中区山手町）。
14　秋田県立秋田北高等学校同窓会（秋田市千秋中島町）。
15　青森県立第一高等女学校・青森県立弘前高等女学校・青森県立弘前中央高等学校の合同同窓会（弘前市中袋町）。
16　宮城県立第一高等女学校同窓会発行（仙台市中島丁）。
17　長崎県立長崎高等女学校橘同窓会（長崎市立山町）。
18　佐賀県立佐賀高等女学校・佐賀県立佐賀第二高等学校の合同同窓会（佐賀市赤松町）。
19　熊本県立第一高等女学校・同第二高等女学校・同第一高等学校合同同窓会（熊本市古城町）。
20　鹿児島市薬師町、鶴丸高校内。
21　これは、英語の女性名の Eda とは、無関係であろう。
22　卒業年限を四年制より五年制に変更したために、明治四十年には卒業生を出さなかった。
23　『明治生命保険相互会社 NEWS』No. 405（東京、昭和六十年十一月七日）。
24　彼女はのちに菅楯彦（一八七八〜一九六三、大阪市名誉市民）画伯の夫人となり、名を幹子と改めた。そして大正十三年二月、夫に先立って逝去した。享年三八歳。『大正過去帳』（東京、昭和四十八年）二九六頁。
25　松川二郎『全国花街めぐり』（東京、昭和四年）、日本遊覧社編『全国遊廓案内』（東京、昭和五年）等、参照。
26　明治二十二年六月二十四日、静岡市紺屋町四、松本恒発行。
27　東恩納寛惇『琉球人名考』、同『琉球人名考補遺』、同『琉球の人名の研究』、『氏姓考』、『琉球の地名人名の研究』（以上、いずれも『東恩納寛惇全集』6〔東京、昭和五十四年〕に所収）。それらのうち、『琉球人名考』は、爐辺叢書の一冊として、早く大正十四年に刊行され（東京）、昭和五十二年に覆刻されている（東京）。
28　新屋敷幸繁『新講沖縄二千年史』下（東京、昭和四十六年）二五〇〜二五一頁。

29 真境名安興『沖縄の婦人性』（伊波普猷編著『沖縄女性史』所収、沖縄県那覇区、大正八年）。
30 『中山世譜』（琉球史料叢書第四、東京、昭和三十七年）。なお、簡略化した尚氏の系図『琉球国王世統図』は、『日本史総覧』Ⅳ（東京、昭和五十九年）に収められている。
31 『家譜資料』第一集（『那覇市史』資料編第一巻5所収、那覇市、昭和五十一年）、同第二集（同上、資料編第一巻6所収、昭和五十五年）。
32 主として前掲の『琉球人名考』、『琉球人名考補遺』等による。
33 『沖縄県史』第12巻資料2（那覇市、琉球政府、一九六六年刊）二六七～三〇三頁、参照。
34 金城芳子『なはをんな一代記』（那覇市、昭和五十二年初版）七～八頁。なお、著者は、琉球の方言や民俗の研究で知られた金城朝永（ちょうえい）氏（一九〇二～一九五五）の未亡人。
35 金城、前掲書、九三頁。
36 昭和三年四月、校名は沖縄県立第一高等女学校に変更された。
37 中宗根政善『ひめゆりの塔をめぐる人々の手記』（東京、昭和五十五年初版）三六七～三七一頁所掲。戦没女生徒の写真も数多く載せられている。
38 奄美大島の人名を研究するうえで、亀井勝信編『奄美大島諸家系譜集』（東京、昭和五十五年）は、絶好の史料である。
39 アイヌ政策史については、高倉新一郎博士の名著『新版アイヌ政策史』（東京、昭和四十七年初版）に詳細な叙述がみられる。
40 藤本英夫氏の厚意によって贈られた紋別郡の人別帳四部による。
41 北海道庁総務部行政資料室保管。
42 『日本人名大事典』現代編、二四四頁。
43 同右、四九七～四九八頁。『知里真志保著作集』全六巻（東京、昭和四十八～五十一年）が刊行されている。伝記としては、藤本英夫『天才アイヌ学者の生涯』（東京、昭和四十五年）がある。
44 『アイヌ神謡集』は、炉辺叢書の一冊として刊行されたが（東京、大正十二年）、昭和五十三年、岩波文庫の一冊として再版された。『知里幸恵遺稿・銀のしずく』（東京、昭和五十九年再版）がある。伝記としては、藤本英夫『銀のしずく降る降る』（東京、昭和四十八年初版）が公にされている。
45 バチェラー・八重子、掛川源一郎編著写真集『若きウタリに』（東京、昭和三十九年）参照。
46 藤本英夫『アイヌの国から』（東京、昭和六十一年）一二七～一四〇頁。
47 キナラブックの生涯については、高橋三枝子『北海道の女たち』（旭川市、昭和五十一年）一九一～二〇八頁に詳しい。

2 近代中期（大正・昭和前半時代）

1 第一生命広報部編『日本全国・苗字と名前』（東京、昭和六十一年）二四四～二四五頁。同社の人名調査については、五四七頁注1に触れる。
2 昭和十年、東京、女子学習院発行。
3 岩崎呉夫『炎の女・伊藤野枝伝』（東京、昭和四十五年新装版）二七五頁。
4 同右書、二八一頁。なお、エマはのちに幸子と改名された。
5 西條嫩子『父西條八十』（中公文庫、東京、昭和五十三年）参照。
6 『（社）兵庫県立神戸高等学校会員名簿』（神戸市、昭和五十九年）県女部六～七頁。
7 大正十四年に単行本として刊行された（東京、改造社）。
8 『昭和新修華族家系大成』上巻（東京、昭和五十七年）一一二頁。
9 『宝塚少女歌劇二十年史』（兵庫県宝塚、昭和八年）三～四頁。
10 永井荷風『断腸亭日乗』全七冊（東京、昭和五十五～五十六年）。
11 同右、大正十五年十月二十四日、昭和三年二月十九日、同十一年一月三十日諸条。なお、このお久は、店を転々と変えたことで評判は芳しくなかったという。安藤更生『銀座細見』（東京、昭和六年）一九五頁。

12 昭和五年から七年にかけて『婦人公論』に連載。『広津和郎全集』第五巻(東京、昭和四十九年初版)に収録。

3 近代後期(昭和後半時代)

1 それは、昭和六十一年七月十五日付の『第一生命ニュース』№14(東京)として発表された。この作業にあたった第一生命広報部は、その成果を大いに補訂し、翌六十二年二月、第一生命広報部編『日本全国・苗字と名前』(東京)と題して刊行し、日本の姓名史研究に大きく寄与した。

2 同右書、一八〜二二頁。

3 日本百歳会編『現代日本百歳人名鑑』(東京、昭和五十年)による。

4 両女の没年は、笠利町と徳之島町の役場にそれぞれ照会した結果によった。

5 前掲『現代日本百歳人名鑑』参照。

6 出典は、省略。

7 久布白落実『廃娼ひとすじ』(東京、昭和四十八年)。

8 広島女性史研究会編『山陽路の女たち』(東京、昭和六十年)一五三〜一五五頁。

9 吉岡弥生は、静岡県城東郡上土方村において、明治四年三月十日(旧暦)に生まれたためにかく名づけられた。神崎清『吉岡弥生伝』(東京、昭和十六年)二五頁参照。

10 長編小説『真知子』(東京、昭和六年)。

11 菊田一夫『君の名は』(単行本、東京、昭和二十九年、春陽堂文庫二冊本、昭和五十一年)。

12 入江たか子『映画女優』(東京、昭和三十二年)七頁。芸名の由来については、同書九三頁、参照。

13 「私の名前は、浩という一字名である」(愛新覚羅浩『流転の王妃—満洲宮廷の悲劇—』〔東京、昭和三十四年〕五五頁)。

14 たとえば、観象学人『名前の話』(東京、昭和四十三年初版)は、版を重ねること二〇回以上に達している。

15 昭和五十六年六月二十三日、新婚旅行に際してアラスカのマッキンリー山に観光飛行し、墜落死をした女性。昭和三十一年六月十八日出生。神戸大学卒業。

16 昭和五十八年九月一日、大韓航空のジャンボ機に乗っていたとき、樺太付近でソ連の戦闘機に撃墜され、他の乗客とともに死亡した少女。港区麻布台に住み、当時、一二歳であった。

17 昭和四十四年生まれの天才少女。著書に『十六歳のギリシア巡礼記』(東京、昭和六十二年)がある。この名に関しては、ジッドの『狭き門』(山内義雄訳)の女主人公アリサ(ALISSA)が想起される。

18 寛永二十一年七月付『河州石川郡之内富田林家数人数万改帳』(『富田林市史』第四巻所収、大阪府富田林市、昭和四十七年)。

19 角田文衛『まり子さん』(同『京の朝晴れ』所収、東京、昭和五十八年)参照。

20 『日本近代文学大事典』第二巻(東京、昭和五十二年)三二七頁。

21 『札幌藝妓名鑑』(札幌市、昭和三十三年)一九頁。

22 『京都新聞』昭和六十一年一月五日号、訃報。

23 これは永年の間、連日掲載されていたが、プライヴァシーの問題があって、昭和六十一年に廃止された。

24 相羽秋夫『現代上方演藝人名鑑』(東京、昭和五十五年初版)参照。

附録

証文之事

其方抱え薄雲と申傾城、未年季の内に御座候得共、我等妻に致度、色々申候所、無二相違一妻に被レ下、其上衣類・夜着・布団・手道具・長持迄相添被レ下、忝存候。則為二樽代一金子三百五拾両、其方え進申候。自今以後は、御公儀様より御法度被二仰付一候。江戸御町中ばいた遊女出合御坐敷は不レ及レ申、道中茶屋はたごや左様なる遊女屋がましき所に差置申間敷候。若左様之遊女に差置と申者御座候はゞ、御公儀様へ被二仰上一、何様にも御懸り可レ被レ成候。其時一言之儀申間敷候。右之薄雲若離別いたし候はゞ、金百両家屋敷相添、隙出可レ申候。為二後日一証　仍如レ件。

元禄十三年辰七月三日

貰主　源　六　㊞

請人　吉右衛門　㊞

同　半四郎　㊞

四郎左衛門殿

遊女薄雲（吉原，三浦屋四郎左衛門抱えの太夫）の身請証文

（西山松之助編『遊女』より）

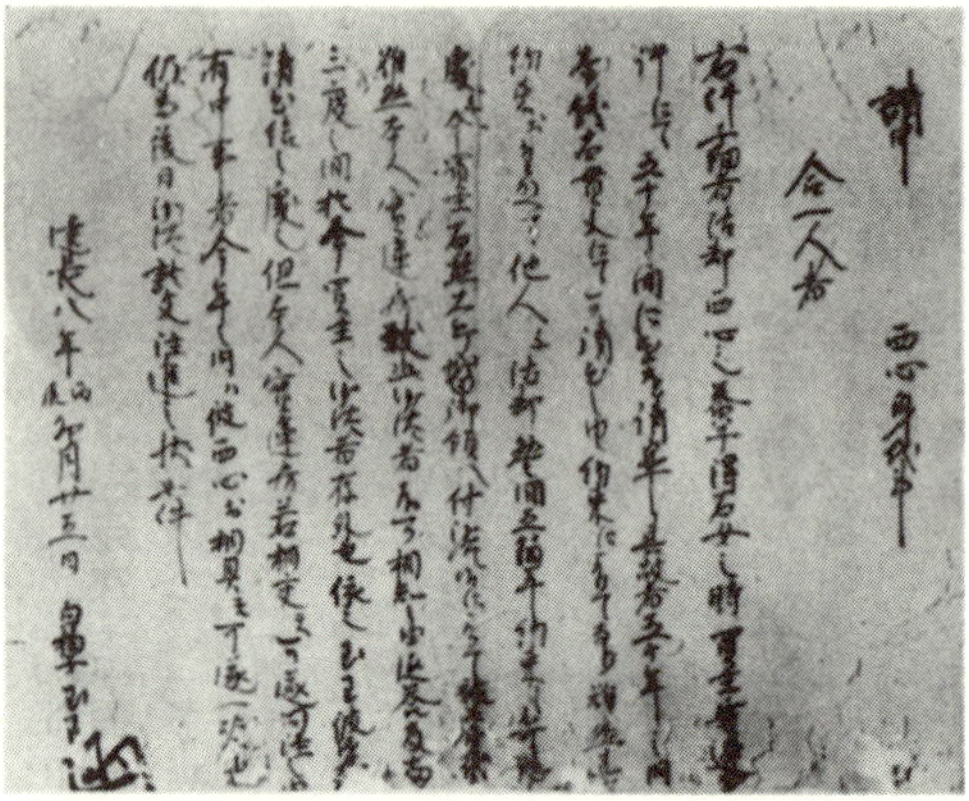

白拍子玉王身代請文

請申　西心身代事

合一人者

右、件子細者、沽却西心之養子得石女之時、買主實蓮房許にて五ヶ年之間にけを請畢、其故者、五ヶ年之内、本錢十四貫文にて可請出之由、約束によりてなり、雖然、其約束おたかへて、他人爾沽却、然之間、五箇年約束も不可懸之處爾、今買主石熊大郎城田御領へ付沙汰候によりて、被召身代候、雖然、本人實蓮房致沙汰者、不可相知之由、返答及兩三度之間、於今買主之沙汰者、存外也、依之、玉王彼身代請出給之處也、但本人實蓮房若相交天、可遂問注之由、有申事者、今年之內ハ彼西心お相具天、可遂一決也、仍爲後日沙汰證文、注進之狀如件、

建長八年丙辰卯月廿五日　　白拍子玉王（花押）

図63　白拍子玉王身代請文，建長8年4月25日付
（名古屋市中区，宝生院架蔵『倭名類聚鈔』の紙背文書）

延慶三年三月十五日付『尾張国江向村在家検注々進状』

『大日本古文書・醍醐寺文書』八に所収。これは、検注使たる法橋・慶範が醍醐寺に進めた在家検注状である。これは、嘉元四年＝徳治元年（一三〇六）五月十八日に実施した検注分と延慶三年（一三一〇）の検注分の二部からなっているが、前者は百十五家、後者は百三十五家について記載している。本注進状は、初めに各家の広さを、「二間奥三間」、「四間奥三間」というふうに記し、つぎに各家の居住者の代表、すなわち家長の名を誌している。これらの家長の大半は男子ではあるが、女子も少なからず、この点でこの検注状は特異なものと認められる。これらの交名の中には、男性なのか、それとも女性なのか判断のつかない名も、若干見いだされる。いま確実に女性名であると判定されるものを延慶三年の検注分から拾ってみる。

幸一子　満子　犬子　虎子　次郎子　武蔵子　住佛子　菊子　乙子　全王尼　犬子　彌陀子　安子
幸徳子　大ヒケ後家　五郎子　尾河姫　如理尼　毗沙子　春徳子　藥師母　土與子　鶴子　又龜松子　彌鶴尼　カメ犬子　因幡尼　愛松子　三郎尼　彌菊子　黑子　乙子　鶴子　鶴若子　辻松子
千與子　楠子　司子　幸松子　龍壽子　鶴熊子　須留賀御子　安鶴子　觀音子　逆ツル子　彌益子
勢至尼　幸ツル子　袈裟子　摩々　カメツル子　犬女　牛子　千熊子　安尼　ツル子

この江向村では、百三十五家のうち半数に近い六十二家の家長は、女性であった。この村では、接尾語の「子」の用例が「女」の数を上廻っており、その点でもそれは異常な村であった。「子」を「女」に置き替えてみると、本村の女性名自体は、それほど特殊ではなかった。ただ女性名に好んで、鶴、龜、犬、熊、幸、徳などの文字が使用されている点で、上掲の女性名は、南北朝時代のそれに近づいたことを示唆している。

なお、「摩々《まま》」という名は、将軍・頼朝の乳母であった摩々を想起させる。『吾妻鏡』の養和元年閏二月七日条には、

武衛御誕生之初、被レ召二于御乳付一之青女今者尼。号二摩々一。住二相模国早河庄一。

とみえ、あたかも摩々は法名であったかのような印象を受ける。同書の建久三年二月五日条には、

故左典厩御乳母。字摩々局。自二相模国早河庄一参上、相二具淳酒一献二御前一。年歯已九十二、……

と記されている。右の「左典厩」（源義朝を指す）は、「幕下」（頼朝）の誤記であるが、「摩々」は法名ではなく、在俗時の字《あざな》であったことが知られる。

なお、摩々は、「平治の乱」のとき、義朝に従って六條河原で討死した山内首藤家の瀧口・藤原俊通の後家、經俊（のち刑部丞）の母であって、頼朝に懇願して經俊の命を救った逸話は、あまりにも有名である。

それはともかく、摩々は、すくなくとも平安時代後期には存した女性の字であって、法名でも、女房名でもなかった。

延慶三年における尾張國の江向村に、摩々という名の女性が二人いたことは、それが女性の字であり、鎌倉時代の末葉には庶民の女性名としてまだ残存していた事実を指証するものである。

阿彌陀寺過去帳

捴（德）見院殿贈太相國一品太（泰）巖大居士
大雲院殿三品羽林仙巖大禪定門
林庭宗松大禪定門　源三郎殿
瑞林院殿賢巖大禪定門
春江院前長州大守松嶽宗高大禪定門
天月宗空　ふく（福）とミ（留）平さい（左）も（衞）ん（門）

高巖幻順　すけ（菅）のや（屋）九ゑもん（右衞門）
心巖宗安　すけのや（角）せ（藏）う（勝）二郎
棲巖宗雪　同かくさう
月江宗春　森御らん（蘭）
祐月宗德　同御はう（坊）
花月宗泉　同御りき（力）

江月宗範　だん《團》の平八郎
以忠宗范　かちわら《梶原》又ゑもん
花溪宗椿　いかうミやまつ《飯河宮松》
一雲弘遍　はりあミ《針阿彌》
梅養宗春　おたの又十郎
心傳宗正　つた《津田》又十郎
孝嶽全忠　つたの九郎二郎
雄巖宗英　同かん《勘》七郎
栖岸宗泉　あおやきかん《青柳勘》太郎
芳叔宗薰　あかさ《赤座》七郎ゑもん
幻露　小川あい《愛》平
月清宗運　のゝむら《野々村》三十郎
源祐宗春　かの《狩野》又九郎
月照宗意　さくらきてん《櫻木傳》七郎
學翁宗廣　ミつの《水野》九さう《藏》
花月宗音　はん《塙》のてん《傳》三郎
溪叟永椿　さいとうしん《齋藤新》五
花翁宗薰　かしわはら《柏原》おなへ
楊山宗柳　同こなへ
淨譽源西　かうのとうさう《河野藤藏》
融月宗圓　くゝり御かめ《龜》
玉峯宗金　たかはしとらまつ《高橋虎松》
金叔宗盛　おろしひこ《下石彦》ゑもん
花屋宗榮　くわはら《桑原》吉三

常月林松　同九三
福月宗壽　ささ《篠》川ひやうこ《兵庫》
法譽清祐　はつとりことうた《服部小藤太》
秋月壽林　ゆあさしんすけ《湯淺甚助》
花翁永春　やまくちこへん《山口小辨》
一譽眞專　いしたまこ《石田孫》ゑもん
日窓幻永　わたひこ《和田彦》太郎
花窓春榮　いのこひやうすけ《猪子兵助》
西屋宗徹　おちあいこ《落合小》八郎
歡譽宗喜　さか川甚六
因叔常緣　すゝきた《薄田》與五郎
松山宗浦　かすかけん《春日源》八
春甫道立　たかきまこ《高木孫》太郎
月閣宗桂　同ひこ《彦》太郎
珠林清珍　やまたや《山田彌》太郎
故溪淨順　なかいしん《永井新》太郎
照月清光　しもかた《下方》彌三郎
一宅永壽　川さき《崎》與すけ《助》
彭嶽壽仙　たけたき《武田喜》太郎
法雲宗弘　はせ《長谷》川けん《源》二郎
虎溪宗竹　きむら《木村》九十郎
長譽宗閑　あざいせいさう《淺井清藏》
昌翁慶林　いたミ《伊丹》新藏兵衞
眞月淨西　さくま《佐久間》兵太夫

同宗泉
西月浄林　ふしもと九兵衛
壽法祐善　くりすひんこ(栗栖備後)
一峯宗巖　青木次郎左衞門

清翁宗信　たき(瀧)川まこへい(孫平)
花峯清榮　いとうひこさく(伊藤彦作)
玉譽宗泉　さか川神五郎
花林宗春　いのをもすけ(飯尾茂助)
壽庭宗椿　おかしま(岡嶋)二ざう(藏)
梅庭宗養　いたミしんひやうへ(平野勘)
花咲宗蓮　ひらのかんゑもん
長友淸久　すきはら(杉原)まん
昌月宗繁　かとう(加藤)たつ
順翁道友　むらせ(村瀬)三郎
說溪祐言　もうりしんすけ(毛利新助)
貞月宗純　同御いわ(岩)
遊月宗泉　をいた御かめ(龜)
廣屋凉徹　あつちまこ(安土孫)吉
松嶽宗慶　御うまやとうく(九)郎
松山貞峯　かなもり(金森)忠二郎
覺月宗光　せんし(禪師)
梅室宗保　さくゑもん(作)
谿岸壽椿　おたかん(織田勘)七郎

健叔德曼　ひらこやてん(平古屋傳)次
松雲善貞　はつとり(服部)六兵へ
田翁紹眞　むらいしん(村井新)ゑもん
永新宗印　ぬま(沼)孫兵へ
祥月宗吉　よこ(横)山吉内
宗淸　つだ(津田)のことうぢ(小藤治)
宗久　ぜん(善)四郎
宗林　こつる(小鶴)
宗仙　ぜん(善)五郎
宗永　げん(源)太郎
宗法　與十郎
春慶　御むまのりせうすけ(馬乗勝助)
宗祐　はんたうさいもん(村田庄兵衞)
宗傳　むらたせうひやうへ(中尾源)
淸祐　なかおけん(後藤)太郎
宗忠　ことうきく
覺月宗善　てらたせん(寺田善)ゑもん
聖室道賢　大つか(塚)又七郎
才慶宗宏
淸心　おかうとく三
紹香　太郎
浄見
三藏

「右（異筆）過去帳者、開山面謦清玉上人、立ナガラ被認候也、
寺町　阿彌陀寺什寶」
（〇紙繼目裏ニ黒印アリ）

注記　『阿彌陀寺過去帳』、水野恭一郎・中井眞孝共編『京都浄土宗寺院文書』所収（京都、昭和五十五年）。

切支丹改宗起請文

吉利支丹しゆら[めんとの事]

一、きりしたん宗旨になり、此前方ねかひ申候事、今に後悔ニ而御座候間、後々末代きりしたんニ立歸る事仕間敷候、同妻子けんそく他人へも其進仕間敷候、自然何方より伴天連參、こんひさんのすゝめなすと云とも、此書物判をいたし申上ハ其儀かつて以妄念ニもおこし、取あつかう事に同心いたすましく候。もとの《本之》きりしたん立歸るにおゐては、しゆらめんとの起請文を以、是をてつする者也。

一、上には天公、てうす、さんたまりやをはしめたてまつり、もろ〳〵のあんしよの蒙御罸、死てはいんへる[野と]云於獄所ニ、諸天狗之手ニ渡り、永々五寒三熱のくるしみを請、重而又現世ニては追付らさるになり、人ニ白癩墨（黒）癩とよはるへき者也。

仍おそろしきしゆらめんと、如件。

寛永拾二年

十月

本願寺宗旨
一二郎介
まつ
まさ

本願寺宗旨
一太郎二郎
お岩
一よ作

本願寺宗旨
一九左衞門
本願寺宗旨
同
かゝ
お藏

一彌藏　ふう　下人　孫一
鶴　きく　同　小八
藤十郎　一彌二郎　同　三郎
まさ　姫　同　藤藏
はゝ　下女　いと
（以下、省略）

備考　『京都帝国大学国史研究室蔵史料集』（京都、昭和十年）解説二五頁による。

（赤穂）浅野家の奥女中
——女中の名と俸禄——

一米拾七石四人　から崎
一金七両三人　成瀬
一金六両三人　みさ
一金五両二人　ふれ
一金五両二人　小るい
一金五両二人　物師　るさ
一銀五枚二人　かすみ
一金四両二人　こな
一金弐両三分一人　あけまき

一米拾三石三人　瀧岡
一金五両二人　すの
一金六両二人　よの
一金五両二人　つせ
一金五両二人　この
一銀五枚二人　とく
一金四両二人　よせ
一金弐両三分一人　中居　なにわ
一銀六百五拾目五人　はした　五人

備考　赤穂市の花岳寺所蔵の『浅野家分限帳』（片山伯仙編『赤穂義士の手紙』所収、兵庫県赤穂市、昭和四十五年）による。この分限帳は、元禄十二、三年ごろの作成。

江戸時代前期の傾名と禿名（『色道大鏡』による）

傾国名（傾名）

い　和泉《いづみ》　伊勢　出雲　石見《いはみ》　因幡《いなば》　伊賀　伊豫　壹岐　伊豆　一學《いつかく》　齋《いつき》　磐前《いはさき》　生駒《いこま》　磐瀬　伊織《いおり》
幾夜《いくよ》　生田《いくた》　妹背《いもせ》　伊左野《いさの》　礒野《いその》　礒川《いそかは》　生野《いくの》　磐舟　生嶋　入江　伊澤　砂《いさご》　一志《いちし》　異國《いこく》　巖《いはほ》
伊崎　市原　市山　岩屋　岩城《いはき》　今城《いまき》　市野　市烝《いちのぜう》　磐井　市　市川　市尾　市彌《いちや》　稲妻《いなづま》　今川
一珠《いちしゆ》　伊勢嶋　一葉《いちえう》

ろ　盧山《ろさん》　六彌《や》

は　花漆《はなうるし》　播磨　伯耆　初音　初嶋　初花　初藤　初風　初雪　初崎　初太夫　初鹽　初夜《はつよ》　初山
初野　泊瀬《はつせ》　波多野《はたの》　花風　花野　花　花夜　花崎　花葛《かづら》　花紫　花之介　花烝《はなのぜう》　濱　八之烝《はちのぜう》
濱風　濱野　濱名　濱荻《はまをぎ》　班女《はんぢよ》　速之介《はやのすけ》　端山《はやま》　八十郎　葉月《はつき》　葉川　林　早川　博多　早風　長《は》
谷川《せがは》　八介　半太夫《はんだいふ》

に　仁保《にほ》　西尾　新川《にひかは》　錦木《にしきゞ》

ほ　仄《ほのか》　星野　堀江　堀尾

へ

と　土佐　遠江　常磐　戸難瀬《となせ》　宿直《とのゐ》　虎之助　巴　徳倉　苫屋《とまや》　渡世《とせい》　戸《と》崎　戸澤　豊浦《とゆら》　豊川
三州寶飯郡　豊田　豊岡　豊崎　時岡江戸名レ之　利根川　土州大坂名レ之　外山《とやま》　外川　礪波《となみ》　主殿《とのも》　朝《とも》
長《なが》　虎福大坂名レ之　豊之助

ち　筑前　筑後　長州　茅原《ちはら》　千年《ちとせ》　千種《ちぐさ》　千入《ちしほ》　千里《ちさと》　千代尒《ちよに》　竹山　智方《ちかた》　長太夫　主税《ちから》
り　利生《りしやう》　驪山《りさん》　林珠《りんしゆ》　りきしゆ
ぬ　縫殿助《ぬひのすけ》　沼津
る　留伊《るい》　類之助　呂宋《るすん》
を　音羽　小鹽　愛宕　小倉　小山　小川　小田切　小車　雄嶋　遠乃嶋《をのしま》　隱岐　乙女　岡田　岡野
　岡山　荻野　荻原
わ　若狹　和州　若松　若紫　倭國《わこく》　若嶋　若江　若野　若菜　和田　わかよ　わかお
か　加賀　河内　上總　甲斐　上野《かうづけ》　加州　葛城　片岡　桂　柏木　交野《かたの》　鹿嶋　辛崎《からさき》　川崎　掃部《かもん》
鎌倉　薫　勝山　かせ山　唐松　勘解由《かげゆ》　勘三　神崎　唐糸　荷葉《かえう》　掛川　梯《かけはし》　かせい　勝野　勘
九　加志野　鹿鹽　歌仙　香津《かゞつ》　家隆《かりう》　勘作　梶野　風野　風早《かざはや》　漢作《かんさく》　香久山　刈藻《かるも》　主計《かずへ》　龜
井　龜之助　數馬　數彌　角彌《かく》
よ　吉野　吉高《よしたか》　吉澤　吉岡　吉松　吉水　吉玉　吉山　吉武　吉見　吉尾　吉崎　吉妻　吉住　葭《よし》
田《だ》　夜嵐　葭川　葭屋　與澤《よざは》　四絃《よつのを》　繰金《よりきん》　横川《よかは》　夜妻《よづま》　與須賀《よすが》
た　丹後　丹波　但馬　高雄　高天《たかま》　高嶋　高瀬　高津　玉鬘《たまかづら》　玉崎　玉　玉野　玉緒《たまのを》　玉世　玉
名　玉藻　玉垣　玉手　玉井　玉川　玉澤　玉風　玉助　玉烝《たまのぜう》　玉橋　竹烝《たけのぜう》　丹州　竹川　高崎
大介《だいすけ》　高根　高野　高田　高世　高松　高橋　瀧津　內匠《たくみ》　短歌《たんか》　田邑《たむら》　高砂　高師《たかし》　大吉　高倉
龍田　珠城《たまき》　太夫　太作《たさく》　田宮　帯刀《たてわき》　多門　高安　大學　當麻《たえま》　多賀野　立波　瀧川　田河
賴母《たのも》　段助《だんすけ》　立野《たちの》
れ
そ　染川　外面《そとも》　袖川
つ　對馬　つまご　筑紫　筑波　敦賀　爪木《つまぎ》　恆世　經政《つねまさ》　江深藻《つくも》　津川　津波　津山　圖書《づしよ》　妻烝
妻助《つまのすけ》　妻川　妻崎
ね　寢覺《ねざめ》
な　長門　難波　內記　內膳　長嶋　長濱　長橋　長柄　長岡　長野　長尾　長津　長谷　永原　鳴

門　鳴海　鳴尾　鳴瀬　中山　中川　楢柴　直井　名嶋　奈之遠《なじを》　渚
ら　羅山《らざん》
む　武藏《むさし》　夢右衞門《むゑもん》　梅枝《むめがえ》　夢想　紫　村正　村山　村雨　村井　村上　葎《むぐら》　村國
う　浮船　浮橋　浮雲　采女《うねめ》　薄雲　薄雪　鵜羽《うのは》　雅樂助《うたのすけ》　右京　右近　臼井　臼杵　浮田　空蟬《うつせみ》
浦風　臺《うてな》　內野　鵜鷹《うたか》
ゐ　井筒　堰《ゐせき》　井手　猪名野《ゐなの》　井出野《ゐでの》
の　能登　能勢　野上　野關　野分《のわき》　野風　野澤　野崎　野村　野妻　野鹽　野山《のさん》　笑原《のはら》　軒端　野
嶋　後瀬《のちせ》
お　大隅　沖津　尾上　大炊《おほい》　大前《おほさき》　大倉　大嶋　於舜《おしゆん》　追手《おひて》　織衞《おりえ》　織部　追風　奥井　於太《おた》　大
橋　大江　奥州
く　雲井　雲澤　雲川　花月《くわげつ》　花前《くわぜん》　花山　花鳥　花葉《くわよう》　花春　花藝《くわげい》　呉服《くれは》　久馬助　久米丞　久米
久世　久須見　黑田　紅《くれなゐ》　宮內　朽木《くつき》　葛葉　暮松　九右衞門　九之助　車　內藏助《くらのすけ》　藏人《くらうず》　くわ
せき
や　山城　大和　山科　山前《やまさき》　山井《やまのゐ》　山野　山名　山吹　山路　山風　山岸　山　柳　八橋　八千代
八嶋　八鹽　八幡　八重垣　八重霧　八雲　八藤《やつふぢ》　八代　彌生　野山《やさん》　野州《やしう》　柳川　野洲川《やすかは》　矢橋《やはせ》
也寸野《やすの》　やちを　山木　彌門《やもん》
ま　滿珠《まんしゆ》　萬戸　萬重《まんよ》　萬作　萬助　萬太夫　松嶋　松井　松帆《まつほ》　松浦　松山《まつざん》　松田　松江　松澤
松岡　松野　松風　松木　松崎　松枝《まつがえ》　政山　正世　正木　正恆　待夜　待宵　蒔繪　籬《まがき》　益田
益見　增井　增尾《ましほ》　眞柴　眞薦《まこも》　丸屋　萬石《まんせき》
け　外記《げき》　監物《けんもつ》　玄蕃《げんば》　源之丞
ふ　豐前　豐後　藤江　藤戸　藤谷　藤枝　藤尾　藤代《ふぢしろ》　藤野　藤嶋　藤澤　藤岡　藤崎　藤波　藤
田　藤川　藤山　藤大夫　伏見　船岡　二見　船橋　伏屋《ふせや》　船井　船木　船路　芙蓉　福嶋　福井
こ　小藤　小太夫　小幡《こはた》　小吉《こよし》　小春　小舜《こしゆん》　小紫　小柴　小櫻　小源太　小關　小柳　小曝《こざらし》　小式
部　小澤　小風　小寺　小川　小倉　小判　小嶋　小左衞門　昆陽野《こやの》　久我《こが》　後夜　颪《こがらし》　國仙《こくせん》　琴

彌　古今《こきん》　今宵《こよひ》　梢　越部　兒嶋　木閒《このま》　琴　胡蝶　粉川　九重　權作

え　江口

て　重山《てうざん》　定家《ていか》　豊嶋《てしま》　出羽《では》　寺尾　寺田

あ　淡路　安藝　阿波　近江　吾妻　嵐　朝妻　朝霧　朝山　朝夕　朝鹽　朝明《あさあけ》　淺香　淺閒　芦屋
淺野　天城　綾羽《あやは》　相坂《あふさか》　天野　熱田　有馬　明石　青柳　淺井　足立　菖蒲《あやめ》　阿野　蕣《あさがほ》　相生《あひおひ》
安佐利《あさり》　荒木　あさご

さ　相模　佐渡　讃岐　薩摩　嵯峨　嵯峨野　澤田　澤野　左門　左近　左京　左源太　左内　左源
次　左馬助　左馬丞　佐久閒　佐保川　佐和山　佐々木　佐渡嶋　崎川　左大夫　佐國《さこく》　崎野　佐《さ》
夜《よ》　更科　皐月《さつき》　珊瑚　三夕　三州《しゅ》　狹山　狹衣　狹川　櫻井　山月《さんげつ》　坂田　榊《さかき》　山家《さんか》　坂野　小
夜嶋　佐保野　小夜風《さよかぜ》　作彌《さくや》　作十郎

き　金太夫　金山　金吾　金作　金彌　金珠　衣重《きぬえ》　歸朝《きてう》　象《きさ》　菊池　吉川《きつかわ》　君川　衣笠《きぬがさ》　清原　清
嶋　箕山《きさん》　清橋　清重　清洲　清輔　桔梗　砧《きぬた》　基俊《きしゆん》　菊野　吉祥《きちじやう》　祇王　北見　木村　木木野
きん崎　喜內　喜悅《きゑつ》　衣川　霧山　吉十郎　幾奴加枝《きぬがえ》　桐ケ枝

ゆ　夕霧　夕顔　由良　靭負《ゆきへ》　雪野　雪尾　結城

め　名山　名月　名所　明珠　名石

み　美作《みまさか》　美濃　參河　御手洗《みたらし》　御船　御法《みのり》　御垣　御階《みはし》　三笠　三嶋　三好《みよし》　三穗　三春　三浦
三原　三橋　三前《みさき》　皆川　三山《みつざん》　宮川　宮崎　宮城野《みやぎの》　宮城　湊　滿鹽　民部　見はな　美豆木《みづき》
美保野　美禰《みね》　躬恆《みつね》　美浦野《みづの》　水無瀬《みなせ》　深雪《みゆき》　深山《みやま》　汀《みぎは》　都　御景《みかげ》　峯野　見ほ木《き》　操《みさを》　宮木

し　信濃　志摩　下野　下總　白藤　白菊　白玉　白雲　白糸　白川　白波　鹽竈　信夫《しのぶ》　時雨　白
露　信州　志賀　しかの　志賀崎　品川　靜　霜夜　鹽野　志津　柴田　敷島　式部　主膳　餝磨《しかま》
靜閒　商山《しようざん》　秋山《しうざん》　篠屋《しのや》　篠原　篠田　篠川　嶋木　嶋助《しまのすけ》　志那　重彌《しげや》　志津枝《しづえ》　修理《しゆり》　修理田
嶋田　篠生《しのふ》　篠崎　枝折《しをり》　清水　春松　十二夜　春夜　嶋崎　繁松　初夜　澁屋　七十郎

ゑ　越前　越中　越後　繪嶌《ゑしま》　榎竝《ゑなみ》　右衞門《ゑもん》　遠州

ひ　常陸《ひたち》　飛驒《ひだ》　肥前　肥後　日向《ひうが》　備前　備中　備後　廣澤　廣瀨　兵部　兵庫　兵作《ひやうさく》　兵藏《ひやうざう》

檜垣《ひがき》　干潟《ひがた》

も　唐土《もろこし》　藻鹽《もしほ》　宬川《もかは》　宬中《もなか》　宬上《もがみ》　宬山《もやま》　守山　森野　森川　木工《もく》　主水《もんど》　門《もん》十郎

せ　關屋《せきや》　關水《せきみづ》　關高《せきだか》　關川《せきがは》　瀬川　千戸《せんこ》　石州　千重《せんよ》　千秋《せんしう》　千手《せんじゆ》　千烝《せんのぜう》　西施《せいし》　靑山《せいざん》　淸壽《せいじゆ》
石竹《せきちく》　背山《せやま》

す　駿河　周防　洲崎　洲川　鈴鹿《すゞか》　菅根《すがね》　菅野　須磨　住江《すみのえ》

禿の名

い　市彌　一學《がく》　市十郎　市烝　いさは　いはや　いなの　いさ野　いおり　いくた　いくよ　市
市野　一二　一左

ろ　ろさん　六彌　六十郎　六之烝

は　八彌　八の烝　八十郎　はやし　はま　花世　春木　梅竹　半三　半之烝　花の烝

に　にしき

ほ　ほのか

へ　べく

と　とん　とくさ　とをち　ともや　とまや　ともへ　とさき　とらのすけ　とくや

ち　ちとり　ちくさ　千代　ちりん　重二　長吉

り　りん　りんや　りさん　りんしゆ　りん介　りん作　りんか　りんさい

ぬ　ぬん

る　るすん　るい　るん　るりん　るり　るいの介

を　隱岐　をかの　をぐら　をとは　をぎのぜう

わ　和田　わかさ

か　かりん　かんや　かる　かさし　かぢ　かさん　かんさく　かん　かすへ　かなん　角彌　數馬
かし　かしほ　霞　かんちく　勝の烝　かしゆん　かしく　かん三　數彌　かやの　かつの　風野
角左　角の烝

よ　よすか　よるへ　よしや
た　たより　たん　たんか　たとん　田宮　竹野　たまくら　瀧津　大學　大吉　たもん　瀧野　た
　えま　たん介　玉の丞　竹の丞
れ　れん　れいし
そ　そとも　そろへく　そつね
つ　つまや　つくし　つくも　つた　つたや　妻の丞　妻の介　露　つま
ね　ねさめ
な　なてしこ　波　なきさ　なしを　内記
ら　らん　らんや　らさん　らでん
む　むかし　むさし
う　うた　うさみ　うつら　うくひす
ゐ　ゐつゝ
の　のや　野崎　野田　のぢ　のもせ　軒端　のさん
お　おひて　おち葉
く　くす　くめ　久米之介　葛野　くはりん　くはん　くら　くはしゆん
や　山　やす　やさん　山路　山の　やはせ
ま　まり　萬作　萬吉　松井　松浦　松野　ますみ　ましを　松や
け　けり　けしき
ふ　伏屋　ふしの　二見　ふちせ
こ　こさらし　こやの　ことや　こしま　こたん　こしば　こすゐ　こきん　こぎん　こさん　こて
　ふ　こさくら　權作　權介　權十郎　權三　權九郎　こぜん　小源太　こしゆん　こまつ　こなみ
　こりん　こかん　こやま　こてん　こせん　こらん　小六　小吉　こそめ
え
て　てる　てつ　てき　傳吉　傳彌　傳介　傳作

あ　あさの　あかし　あさけ　あまの　あらし　あしや　あしへ　あさゐ　あさき

さ　三彌　さん　左源太　佐野　佐夜　左傳　左傳次　左源　左源次　澤野　山月　左内　さくや　左近　作十郎　さか木　さりん　嵯峨　さか野　さぜん　作の丞　三の丞　さださき

き　喜内　金作　きんや　きさん　きぬた　吉十郎　きりん　吉や　ぎん　金三　金吾　吉の丞　きり

ゆ　雪　雪野　夢野　行衞　ゆた　由良　由佐

め

み　三穂　みなと　みん　みね　みをの　汀

し　しけ　しけや　しゆん　しおん　しつへ　しおり　しな　しのた　四の二　しゆざん　七十郎　しきふ　初夜　志津　篠屋　霜夜　志賀　七の丞　四三　鹿

ゑ

ひ　ひかし　兵作　兵介

も　もんや　もりの　もんと　もく　もみち　門十郎　もりや　門左

せ　關屋　せきの　せき　せた　せがや

す　すま　するか　すさき　菅野

寂照院仁王像造立寄進交名（女人のみ抄出）

——康永三年（一三四四）十月八日——

アグリ女　尼妙賢　菊女　福壽女　千代熊女　尼善阿彌　尼性一　尼妙空　尼了阿彌　松女　尼見阿彌　夜叉女　夜叉女（重出ニ非ズ）　德女　心阿彌（尼）　尼妙圓　阿古石女　幸光女　源氏女　尼妙法　尼妙覺　尼明法　源氏女　若女　松鶴女　千手女　綠女　源氏女　阿古石（女性?・）　鶴女　尼彌阿

彌　伊勢尼　藥師女　龜石女　龜若女　尼新阿彌　松女　初熊女　辰犬女　千代熊女　源氏女　正女　市女　妙阿彌　阿古女　黑女　藤原氏女　尼善阿彌　增女　源氏女　尼幸圓　矢田部氏女　尼妙覺　羅睺羅女　若石女　尼性阿彌　尼蓮阿彌　ヤヽ女　松女　千代女　竹石女　乙女　菊松女
鶴夜叉女　乙女　松女　尼妙圓　岡本尼女　彥子女　夜叉女　尼妙心　鶴女　阿久利女　タリ女
マス女　鶴女　虎女　夜叉女　タツ女　黑女　心阿（女）　龜女　乙女　夜叉女　虎熊女　龜松女
福石女　尼敬覺若女　姫女　乙女　松石女　石姫女　彥子女　虎女　源氏女　土與女　源氏女

解説

この交名は、山城國乙訓郡長岡町奥海印寺に存した廃海印寺の塔頭・寂照院（真言宗、現在無住）の山門に安置された二体の仁王像のうち、吽《うん》形の胎内から発見されたもので、南北朝時代に写された『御成敗式目』の紙背に書かれた巻子様の文書である。発見されたのは、解体修繕された文政九年（一八二六）のことらしく、爾来、長岡町奥海印寺字明神前の高橋家に伝えられてきた（現在の当主は、高橋伸和氏）。仁王像を造立するための結縁者の交名を録したものであって、女性名史上、きわめて重要な史料と認められるので、女性名のみを抄出して掲げた次第である。

本史料は、仲村研『山城国西岡寂照院関係文書について』（『古文書研究』第5号掲載、東京、昭和四十六年）より抄出したものである。ここに負うところを明記し、仲村氏に謝意を表する。

女房次第

光格天皇　文化十四年三月譲位　天保十一年十一月十五日崩御七十歳

文化八年正月女房次第

内ノ女房

四辻故入道實長卿女　上﨟　藤原
大典侍　従三位　季子《スエ》六十六
葉室故頼熙卿女
民部卿典侍　正五位下　頼子《ヨリ》三十九
園基理卿猶子実高野故保香卿女
督典侍　従五位上　正子《マサ》三十八
勧修寺故經逸卿女
宰相典侍　婧子《タダ》三十二
飛鳥井故雅威卿女
新典侍　備子《マサ》二十二
樋口故基康卿女
勾当内侍　正五位上　藤子《フヂ》五十七
久世通根卿女　源
弁内侍　従五位上　根子《モト》四十四
高松故季昵卿女　藤原
兵衛内侍　従五位下　昵子《チカ》三十
東坊城故益良卿女　菅原
新内侍　和子《カズ》三十
春日社司富田故延庸卿女　中臣
命婦　正六位上　庸子《ツネ》土佐　七十一
官務壬生故敬義宿禰女　小槻
無位　敬子《シヅ》伊豫　二十五
松尾社司東故相養卿女　秦

女蔵人

養子《ノリ》伊賀　三十四
賀茂社司林重殖卿女　賀茂
信子《ノブ》紀伊　二十一
春日社司奥田成職朝臣女　大中臣
貞子《サダ》豊後　十八
下北面世続故重教朝臣女
御差代　但馬　四十九

隠居

壬生故基貫卿女　藤原
前勾当内侍　従五位下　章子《ツネ》左衛門　六十

院ノ女房 後櫻町院（女帝）文化十年閏十一月崩七十四歳

庭田故入道重熙卿女　源
上﨟　従五位上　條子《エダ》源中納言　五十
四辻故公亨卿女　藤原
恆子《ヨリ》勘解由小路　四十一
油小路隆前卿女
小上﨟　無位　誠子《ツラ》梅園　四十六
正親町入道公明卿女
鍾子《アツ》千種　三十
櫛笥故隆望卿猶子実八條故隆輔卿女

輔《スケ》子　藤井　五十
冷泉入道爲泰卿猶子実伏原故宣條卿女
勝《カツ》子　石井　五十四
藤波季忠卿女　大中臣

中﨟

常《トキ》子　中將　四十九
高丘紹季卿女　藤原
紹《ツグ》子　侍従　三十四
鴨社司鴨脚故光條卿女　鴨
豊《トヨ》子　少納言　六十二
藤嶋故藏人藤原助具女　藤原
淑《キヨ》子　美作　五十八

下﨟

上北面兵部大輔吉田良久朝臣女　卜部
孝《タカ》子　下野　四十一
藤嶋藏人藤原助功女　藤原
成子　小辨　二十二
下北面河端謙益朝臣女

御差代

近江　三十四

後ノ新清和院
中宮女房
欣子内親王　後桃園院皇女
寛政六年三月以降光格天皇中宮
文政三年三月皇太后
弘化三年六月崩

正親町三條故入道公積卿女　藤原

上﨟　無位

周《チカ》子　冷泉　四十
廣橋伊光公女
光《ミツ》子　高辻　三十二
難波故宗城卿女

小上﨟

従《ヨリ》子　裏辻　四十
六條有庸卿女　源
康《ヒラ》子　隠岐　二十七
舟橋故則賢卿女　清原

中﨟

臣《タミ》子　左京　三十二
石山基陳卿女　藤原
陳《ヒサ》子　新少將　二十九
高辻福長卿女　菅原
豊《トヨ》子　小式部　三十一
平野社司鈴鹿故益親卿女　中臣

御乳人

宣《アキ》子　大進　六十九
賀茂社司前神主岡本故保韶卿女　賀茂
鍹《イク》子　右衞門佐　四十六
賀茂社司前神主森業久卿女

下﨟

業《コト》子　肥後　三十六
春日社司冨田故光泰卿女　中臣

比《チカ》子 信濃 三十八

賀茂社司神主冨野是久縣主女　賀茂

艶《ヤサ》子 伊津貫 二十

内豎渡邊故珍之朝臣女

御年寄　滋岡 五十

隠居

高倉故入道永秀卿女　藤原

上臈　無位　佳《ヒロ》子 油小路 五十五

梶井門跡坊官鳥居川故憲良女

御年寄　龜井 七十六

東宮女房

文化六年三月東宮
文化十四年三月受禅、九月即位
仁孝天皇

中山愛親卿女

上臈　愛《ナリ》子 高松 十七

勸修寺故經逸卿女

徳《ナリ》子 細井 二十四

梅園實兄卿女

中臈　兄《サキ》子 右京 二十一

鴨社司鴨脚故光増縣主女

御乳人　増《シゲ》子 三十四

賀茂社司松下故喬久卿女

下臈　久《ヤス》子 乙女 二十

陰陽寮幸徳井保敬朝臣女

御差　大和 三十三

桃園院女房 宝暦十二年七月二十一日崩

梅園故久季卿女

松樹院 七十九

元侍従内侍久子

後桃園院女房 安永八年十一月九日崩

賀茂社司森故賞久卿女

専稱院 六十九

元女蔵人致子

前青綺門院女房

櫻町院女御　後櫻町院御母
二条関白左大臣吉忠女
寛政二年正月二十九日崩
「前」は主君院崩後を示す、以下同

油小路故隆典卿女

蓮生院 八十一

元上臈冨小路延子

櫛笥故隆望卿女

全性院 六十八

元上臈六角望子

千種故有補卿女

利生院 五十四

倉橋故有儀卿女　元上﨟梅野井敬子
寶池院六十六
元中﨟安倍三位美子

細川故常芳女
深心院四十五
元下﨟下野忠子

前恭禮門院女房　桃園院女御　一條太閤兼香女　後皇太后　寛政七年十一月三十日崩

大原故榮敦卿猶子実五辻故盛仲卿女
心蓮院七十六
元上﨟綾小路宣子

橋本故實理卿猶子実岡崎故國榮卿女
素光院五十八
元上﨟押小路元子

飛鳥井故雅重卿女
蓮華院四十四
元上﨟花園重子

日吉社司生源寺故業德卿女
香樹院六十四
元下﨟常陸賢子

前盛化門院女房　後桃園院女御　近衞准三宮内前女維子　天明三年十月十二日崩

高辻故入道家長卿女
深了院五十一
元中﨟左衞門倍子

天保五年正月女房次第

仁孝天皇

内ノ女房仁孝天皇

油小路故隆前卿女　藤原
大典侍　従四位上　誠子《ミチ》六十九

中山故愛親卿女
宰相典侍　正五位下　績子《イサ》四十

勸修寺故經逸卿女
督典侍　德子《ナリ》四十七

甘露寺國長卿女
按察使典侍　従五位上　妍子《キヨ》二十九

正親町故實光卿女
権典侍　雅子《ナヲ》三十二

高松故季昵卿女
勾当掌侍　正五位下　昵子《チカ》五十三

梅園實兄卿女
侍従掌侍　従五位上　兄子《サキ》四十四

中園故季隆卿女
兵衛掌侍　従五位下　龜子《フミ》三十四

今城故定成卿女
馬掌侍　無位　婥子《ハル》二十八

官務壬生故敬義宿禰女　小槻
命婦　敬子《シヅ》伊豫　四十八

吉田故兵部大輔良久朝臣女　卜部　孝《タカ》子　伯耆　六十四
賀茂社司鳥居大路信平卿女　賀茂　榮《ヒサ》子　相模　三十四

女蔵人

鴨社司鴨脚秀豊卿女　鴨　幸《ユキ》子　越後　三十五
幸徳井故保敬卿女　賀茂
御差　都《クニ》子　大和　五十五

御雇

鴨社司鴨脚光陳卿女　八百　十九
桂宮諸大夫生嶋故成房朝臣女
御差代　廣津　三十五

隠居

四辻入道實長卿女　藤原
前大典侍　従三位　季《スエ》子　藤大納言　八十九
葉室故頼熙卿女
前民部典侍　正五位下　頼《ヨリ》子　藤中納言　六十二

院ノ女房

光格院
文化十四年三月二十二日譲位
天保十一年十一月十九日崩

園故基理卿猶子実高野故保香卿女　藤原
上臈　従四位上　正《ヲサ》子　新大納言　六十一
勧修寺故経逸卿女
従四位下　婧《タダ》子　権中納言　五十五
姉小路故公聡卿女
小上臈　従五位上　聡《サト》子　菖蒲小路　四十一
柳原故均光卿女
家《イエ》子　常盤井　三十五
四辻公説卿女
無位　薫《タキ》子　梅園　二十九
梅溪故行通朝臣女　源
中臈　准《ナミ》子　中將　二十七
石山故基陳卿女　藤原
陳《ヒサ》子　新宰相　五十二
外山光施卿女
清《スガ》子　藤式部　二十
松尾社司東故相養卿女　秦
下臈　養《クミ》子　伊賀　五十七
賀茂社司林故重殖卿女　賀茂
信《ノブ》子　紀伊　四十四
春日社司奥田故成職卿女　大中臣

鴨社司泉亭故春武卿女
貞《サダ》子 豊後 四十一

下北面世続故重敎朝臣女 鴨
武《タケ》子 下野 二十八

御差代 但馬七十二

御雇

廣橋故胤定卿女 藤原
小上臈
籌《カズ》子 多喜 十四

大宮女房 後桃園院皇女欣子 光格院中宮 文政三年三月皇太后 新清和院 弘化三年六月二十日崩

正親町三條故入道公積卿女 藤原
上臈 無位
周《チカ》子 萬里小路 六十三

廣橋故伊光公女
光《ミツ》子 梅小路 五十五

持明院故基敦朝臣女
小上臈
敦《アツ》子 櫻井 四十二

今城故定成卿女
興《モル》子 錦織 三十五

冷泉故爲章卿猶子実舟橋故則賢卿女 清原
臣《タミ》子 小倉 五十五

高辻故福長卿女 菅原
中臈
豊《トヨ》子 小式部 五十四

萩原員維卿女 卜部
艶《ツヤ》子 兵衞佐 二十

石井行弘卿女 平
知《サエ》子 左京 十八

賀茂社司前神主岡本故保韶卿女 賀茂
鋗《イク》子 左衞門 六十九

賀茂社司前神主森故業久卿女
下臈
業《コト》子 豊前 五十九

日吉社司生源寺業蕃卿女 祝部
節《ミサ》子 刺櫛 二十二

日吉社正禰宜生源寺希烈宿禰女
希《マレ》子 礒等 二十

府随身土山故武辰女
御年寄 千重田五十一

隠居

高倉故入道永季卿女 藤原
上臈 無位
佳《モト》子 油小路 七十八

難波故宗城卿女

小上臈

内豎渡邊故珍之朝臣女　從子　裏辻　六十三

御年寄　滋岡七十三

准后女房

仁孝天皇女御　鷹司政通女祺子　新朔平門院　弘化四年十月十三日崩

岩倉具集卿女　源

上臈　洗子《スガ》　千萬　三十六

勘解由小路資善卿女　藤原　善子《タル》　登志　二十七

冷泉故爲起卿女　永子《ハル》　萬龜　二十一

幸德井故保敎女　賀茂

御乳人　庸子《ノブ》　右兵衞督　四十七

內舍人辻順義女

御年寄　岩田四十四

故後櫻町院女房

後櫻町院（女帝）　文化十年閏十一月三日崩　七十四歲

四辻故公享卿女　淨蓮院六十四　元上臈勘解由小路恆子

正親町故入道公明卿女　玉瀧院五十三　元小上臈千種錘子

下北面河端故謙益朝臣女　是忠院五十七　元御差代近江

前盛化門院女房

後桃園院女御　近衞准三宮內前女維子　天明三年十月十二日崩

高辻故入道家長卿女　深了院七十四　元中臈左衞門倍子

前新皇嘉門院女房

仁孝天皇女御　鷹司准三宮政熙女繫子　文政六年四月三日崩

姉小路故公春朝臣女　心淨院三十九　元上臈婦美充子

石山故基陳卿女　秋芳院四十四　元上臈嘉久顯子

鴨社司鴨脚秀豐卿女　信海院五十六　元御乳人右衞門督秀子

賀茂社司林故重殖卿女　觀世院三十五　元登世殖子

日吉社司樹下故成範卿女　見秋院四十七　元田鶴術子

史虫鹿故爲秀女

是空院五十
元御年寄藤瀬

慶応二年正月女房次第

内ノ女房　孝明天皇　弘化三年二月十三日践祚　同四年九月二十三日即位

中山故愛親卿女
大典侍　従三位　藤原　績《イサ》子七十二

廣橋故胤定卿女
帥典侍　正五位下　靜《サダ》子四十六

和宮被附進在府中
庭田故重能卿女
宰相典侍　源　嗣子四十六

甘露寺故愛長卿女
按察使典侍　従五位上　藤原　尚《ヒサ》子二十八

中御門經之卿女
督典侍　無位　良子二十五

中山忠能卿女
新宰相　慶《ヨシ》子元督典侍三十二

滋野井實在朝臣女
中将典侍　在子二十

綾小路有良卿女
新典侍　源　長《ツネ》子十九

花園故公總朝臣女
勾当掌侍　従五位下　藤原　總《ミチ》子二十

豊岡隨資卿女
大輔掌侍　穆《アツ》子二十四

山本實政朝臣女
小式部掌侍　無位　源　鈔《ウツ》子十六

千種故有顯女
源掌侍　芳子二十

大外記押小路故師武朝臣女　中原
命婦　正五位下　甫《ナミ》子大御乳人五十九

官務壬生輔世宿禰女　小槻
無位　廣子伊豫十九

鴨社前正祝鴨脚故秀豊卿女　鴨
昭子越後六十七

和宮被附進在府中
鴨社前正祝鴨脚故光陳卿女
克子能登五十一

松尾社前神主東故相村卿女　秦
村《ムラ》子伊賀五十七

春日社神主西故師應卿女　大中臣
女蔵人
賀《マス》子丹波二十二

松尾月読社祝松室重吉宿禰女　秦
恆《ノブ》子加賀二十二

桂宮諸大夫生嶋故成房朝臣女　平
御差
朝《アケ》子駿河六十八

隠居

勧修寺故經逸卿女
藤大納言　従三位　藤原　徳子《ナリ》七十九
高野故保右卿女
藤宰相　従五位上　房子四十四

親王女房睦仁親王（後の明治天皇）

四辻公績卿女　藤原
上臈　清子《キヨ》高松　二十七
鴨社前正禰宜梨木故祐持卿女　鴨
御乳人　持子《モチ》四十八
日吉社司樹下成節卿女　祝部
御小姓　範子二十四

准后女房 女御九条夙子《アサ》　九条入道円真従一位　前関白尚忠女　明治元年皇太后　同三十年薨　後英照

高松故公祐卿女　藤原
上臈　公子八百　四十四
山井故氏典卿女
万里小路故建房卿女
長子五百　四十
春日社神主西故師寿卿女　大中臣
幸子幾久　五十二

御乳人　定子大弐　五十三
随心院門跡侍岡本故義卿女　源
御年寄　藤坂五十三

光格院女房

姉小路故公聴卿女
蓮観院七十三　元上臈菖蒲小路聰子
外山故光施卿女
信敬院五十三　元中臈藤式部清子

（先帝）仁孝天皇女房 仁孝天皇　弘化三年一月二十六日崩

今城故定成卿女
孝順院六十　元馬掌侍婧子
鴨社正禰宜泉亭故春武卿女
妙染院六十　元女蔵人淡路武子

前新清和院女房 光格天皇中宮　後桃園天皇皇女

今城故定成卿女
観實院六十七　元上臈裏松興子
日吉社生源寺祝部故業蕃卿女
應修院六十四

元下﨟常陸節子

日吉社正禰宜生源寺祝部希烈卿女
長春院五十二
元下﨟長門希子

前新皇嘉門院女房 仁孝天皇女御 贈皇后 鷹司政熙女繋子

賀茂社神主林故重殖女
観世院六十七
元登世殖子

前新朔平門院女房 仁孝天皇女御 尊称皇太后 鷹司政熙女祺子

岩倉故具集卿女
知光院六十八
元上﨟宣旨洗子

烏丸故光政卿猶子実勘解由小路故資善卿女
蓮正院五十九
元上﨟堀川善子

冷泉故爲起卿女
梅芳院五十三
元小上﨟梅ノ井永子

倉橋故泰行卿女
玉蓮院六十一
元中﨟右衞門行子

幸徳井故保敎女
弘誓院七十九
元御乳人大進庸子

院藏人松室故秦重村女
本壽院六十二
元下﨟播磨邑子

凡例

一、下の名の右肩の藤原、源等は氏の名を表わす。

一、名の下の数字は年齢。

一、年齢の横の国名、官名等は「候名」の呼び名で、土佐ノ局《つぼね》、源中納言ノ局等といい、中納言は官でない。古くまれに「一位局」（後水尾帝女房四辻家）等、位を用いたものもあるが、これは明治後の中山一位局、柳原二位局（いずれも天皇の御生母にて上位に優遇）と異なり、位でなく候名である。また局名の梅園、千種《ちぐさ》等は公家《くげ》の家名とは無関係である。

一、典侍の次は、文化八年には内侍とあり、天保五年、慶応二年には掌侍とあるが、これは同官「ナイシ」である。明治後は掌侍に一定された。

一、明治二年東京遷都後、候名はみな廃せられ、一列源氏名といい、『源氏物語』の巻名またはそれに類似の名が用いられた。早蕨《さわらび》ノ典侍、紅梅ノ典侍、芦の命婦などその例である。そしてこの場合、旧公家出身者は二字名、社家の出は一字名であった。ただし典侍、権典侍、掌侍、権掌侍、命婦、権命婦（以上高等官）の官名は、爾来永くそのままつづけられ、公刊出版の官員録にも出ており、それ以下はまとめて女嬬《にょじゅ》（判任官）と称され、典侍以下に仕える女性、すなわち私的な使用人を針妙《しんみょう》と称えた。

一、慶応二年のうち、将軍家茂に降嫁の和宮親子内親王について東下した者に、「附進〔江戸〕在府中」の注がある。当時の制度が窺い知られる。

一、「内ノ女房」、「□□院女房」などの下の小字は解説者が施した注記である。

備考　下橋敬長著・羽倉敬尚注『幕末の宮廷』（東洋文庫353、東京、昭和五十四年初版）より掲載。下橋敬長《ゆきをさ》（一八四五～一九二四）は、諸大夫侍の家柄に生まれ、源姓であった。明治時代になってからは、宮内省主殿寮の殿部などを勤めたが、宮廷の旧事にくわしかった。

元文二年（一七三七）四月における江戸城の上臈女中

御本丸老女
　豊岡　八嶋　浦尾
同表使
　藤野　岩野　春野　深野
西丸老女
　梅園　瀬川　瀧津
同表

平尾　冨尾　幾田　野遊

備考　将軍・吉宗の子女某が誕生したおり、七夜の節（四月十六日）に祝いの贈物を呈した大奥の上臈女中の名。『将軍徳川家礼典』附録三（『古事類苑』姓名部十所引）による。幾田のように、田の字がつく老女名は珍しい。なお、将軍家、大名などに仕えた老女の呼び名には、自然の風物を表わした文字（岡、川、瀧、津、田、野、山、嶋、路《じ》、等々）が用いられた。

和宮様附女中分限帳

錦小路　ふぢ　るい　のぶ　やす　仲村　少進　玉嶋　須磨浦　小野田　やと　きそ　つく　よも
いく　ちと　みさ　たさ　さく　やさ　いわ　うた　れつ　かな　ゆか　山田　八十岡　この　み
と　ゆり　たか　ゆき　りう　しづ　小澤　ゆの　れの　ふね　やな　關路　岩芝　みかさ　梅路
瀧梅　ひな路　桂木　つばき　萩の戸　浦梅　はち屋　浦風　島瀧　萬路　能登　むめ　松枝　る
せ　岩尾　瀧浦　八重野　浪岡　園江　歌島　高津　多尾　りそ　せと　かつ　しの　くみ　花川
幾山　袖野　しま　せの　ゆみ　との　はま　いか　たち　きわ　りや　みわ　うら　のや　しほ
とめ　るん　ゑひ　袖路　芝ふね　山ふき　更しな（改かん）　早蕨　岩波　もん路　八雲　かる
も　花梅　東雲　小菊　かなめ　ちとせ　小さらし　みゆき　萩じ　島波　花里　濱吉　藤野　佐
山　江津　さん　久め　る代　まそ　かさ　まる　ひな　なつ　いと　たき　明石　和國　きぬえ
かざし　もし尾　床代　つつじ　櫻木　とめき

備考　江戸幕府文書『清華閣襍編』甲集（国会図書館架蔵）所収の『和宮様附女中分限帳』より抄記。ただし、人名は一切省略していない。

会津藩殉難女性の名（明治元年八月）

西郷頼母　母　＊律
　妻　＊千重
　妹　＊眉《ミ》寿《ス》
　妹　＊由《ユ》布《フ》
　長女　＊細《タ》布《ヘ》
　二女　＊瀑《タ》布《キ》
　三女　＊田《タ》鶴《ヅ》
　四女　＊常《ト》磐《ハ》
　五女　＊季《スヱ》
西郷鉄之助　妻　＊キク
小森駿馬　祖母　＊ヒデ
　妻　＊ミワ
　妹　＊ツネ
　妹　＊ミツ
町田傳八　妻　＊フサ
　妹　＊浦路
浅井信次郎　妻　＊タツ
内藤介右衛門　母　モト
　妻　フサ
　伯母　セイ
　妹　ジュウ
　妹　トク
　妹　ツグ
　女　ヒデ
上田八郎右衛門　母　ナヲ
　伯母　ミネ
　妹　ジュン
　女　チヱ
木村兵庫　実母　ナミ
　養母　ナヲ
　妻　カヨ
　義妹　コト
　長女　スガ
　二女　ヱン
多賀谷勝之進　祖母　マキ
　母　シゲ
　叔母　ヤス
　叔母　キイ

	叔母	リセ
安藤物集馬	叔母	フサ
中野慎之丞	母	ヤヲ
	妻	ヤス
	長女	シン
	二女	ミツ
	三女	タケ
野中此右衛門	妻	タミ
	長女	トク
	二女	タツ
	五女	トヨ
	六女	タマ
沼澤出雲	祖母	貞
	母	道
	姉	ユヤ
	姉	スガ
西郷刑部	母	イハ
	妻	イト
	妹	スガ
	女	カネ
芥川十蔵	妻	トヱ
北原釆女	母	キヨ
永井左京	母	ツル
	姉	ヤヱ

	妻	スミ
	女	フヂ
杉田兵庫	養母	ヤヱ
	養叔母	ミワ
井上立隅	妻	トメ
	長女	チカ
臼木又兵衛	女	サダ
大竹勝左衛門	姉	ヤヱ
	妻	イク
河原善左衛門	母	キク
	女	クニ
岡本丈助	妻	ユウ
	女	ヨシ
石山織之助	母	ゲン
石川作治	母	ヤヘ
岡田又五郎	妻	キノ
若森源蔵	伯母	ミワ
垣見幾五郎	母	ヒサ
相馬直登	妹	トイ
田村左次郎	妻	チヨ
桜井常四郎	妻	タミ
君島郡内	女	ロク
樋口友衛	母	キヨ
日向新三郎	大伯母	タカ

守屋岡右衛門	妻	トリ
鈴木八郎	妻	イチ
神保修理	妻	雪
中野平内	女	タケ
山川大蔵	妻	トセ
芳賀市左衛門	女	イネ
町野主水	母	キト
	姉	フサ
	妻	ヤヨ
	女	ナヲ
南摩弥三右衛門	母	勝
西郷寧太郎	祖母	ナホ
	母	ミネ
	姉	ウラ
	妻	ヤホ
柴太一郎	祖母	ツネ
	母	フヂ
	妻	トク
	妹	サツ
土屋敬治	妻	表衣
高木豊次郎	継母	ヌイ
	妻	ステ
	長女	シン
	二女	ハツ

高木助三郎	妻	ルイ
	嫁	ヤイ
	女	某女
	孫女	ハマ
小山田傳四郎	母	シン
	妻	ナミ
	女	ミネ
中澤志津馬	祖母	テル
	母	キセ
	妻	ステ
諏訪武之助	妻	イシ
竹本登	母	ツヤ
	姉	マサ
	妻	トキ
柴太助	母	シヲ
	妻	ヒサ
	女	ツネ
和田甚吾	継母	ミワ
	妻	ナカ
	女	コマ
小澤八弥	母	ツヤ
	長女	スミ
	二女	マサ
	妻	某女

林源輔	妻	ナホ
林権助	孫女	サダ
和田大助	母	カツ
神田小一右衛門	母	某女
小原巌	祖母	ユキ
	継母	シゲ
	叔母	トミ
	長女	ヒデ
吉村左治右衛門	嫁	キノ
高木三平	妻	ナヲ
高木房之進	姉	某女
高畑徳三郎	母	ミツ
高木直衛	姪	某女
角田助次郎	母	キヤ
	妻	キヨ
中島忠次郎	母	エツ
武川頭軒	祖母	ナホ
内田藤八	姉	ツヤ
	妻	タケ
熊谷治兵衛	妻	リヨ
黒澤逸右衛門	妻	ミサ
山際永吾	伯母	ナミ
梁瀬辰之助	妻	キチ
山崎半蔵	妻	サヨ
小出彦右衛門	妻	トミ
有賀惣左衛門	妻	ヒデ
	女	ウラ
有泉寿彦	母	千代
斎藤甚左衛門	妻	ノブ
雪下熊蔵	妻	サダ
三村豊次郎	妻	マチ
城取新九郎	姉	ヤイ
庄司勇助	妻	コト
東海林勇吉	母	フサ
遠藤久兵衛	女	トク
諏訪数馬	妻	ツヤ
服部左膳	孫女	サイ
土屋鉄之助	姉	カネ
山本丈八	母	ウン
梁瀬豊之助	妻	トメ
矢野善八	母	某女
間瀬岩五郎	妹	ユウ
深田保弘	母	ツネ
鈴木式部	祖母	サノ

会津戊辰戦で生命を喪った会津武士の婦女たちは、二三三名の多きにのぼっている。善龍寺（会津若松市門田町黒岩、鰯竹ヶ岡四番地）境内には、奈與竹之碑が建っており、殉難婦人の名、不明の場合は係累が刻されている。上記は、名の判明している人だけを記載したものである。秋月次三『会津藩殉難婦人名鑑』（『会津史談会誌』第九号掲載、若松市、昭和九年、東京、昭和五十二年覆刻）参照。

＊標を付した一七名は、明治元年八月二十三日、会津若松市追手町の西郷頼母邸において自害した婦人である。

満徳寺駈入り女一覧表

年号		女名	歳	夫方住所	名	妻方住所	関係者・続柄	駈入後の始末
宝暦八	一七五八	ふみ		上州東大室村	彦八	上州市場村	甚助娘	年季明・声離
寛政四	一七九二	なか		武州榛澤郡瀬山村	市兵衛	武州榛澤郡田中村	金次郎娘	年季明・声離
寛政度		つね				〔上州桐生〕	彌兵衛娘	在寺
文化三	一八〇六	きよ		武州秩父郡横瀬村	宗吉			年季明・声離
九	一八一二	まさ		江戸淺草	庄次郎	江戸本所石原町	五郎兵衛姪	駈入・不明
文政元	一八一八	くに		上州新田郡飯田村	熊四郎			内離
〃	〃	なか		上州飯倉村	豊吉			年季明・声離
二	一八一九	たよ		上州大久保村	郡藏	上州飯野村	善右衛門娘	年季中・出入・声離
六	一八二三	みゑ				房州長狭郡天面村	よし娘	年季明(半)・声離
七	一八二四	さか			寅吉	武州秩父郡石間村	藤次郎妹	内離
八	一八二五	みつ		武州人見村	要吉	武州上野村	徳右衛門娘	召抱・声離

一〇	一八二七	なを	上州新田郡世良田村	伊兵衛	上州新田郡本町村	庄左衛門妹	年季明・声離
天保元	一八三〇	ふさ	上州山田郡矢場村	卯之助		半　蔵　姉	寺法（年季明）離縁
二	一八三一	つね		半兵衛	上州武井村	重兵衛娘	召抱・声離
〃	〃	まつ		喜代次郎	上州佐位郡伊勢崎町	平三郎妹	年季明（半）・声離
三	一八三二	りん			上州善地村	勇　吉　姉	駈入・不明
〃	〃	はつ	上州碓氷郡上磯部村	松之助	上州碓氷郡五料村	嘉右衛門姉	内帰
六	一八三五	某女	上州緑埜郡西平井村	市三郎	上州多胡郡小棚村	喜　　　蔵	召抱・不明
七	一八三六	べん	上州新田郡下强戸村	運　蔵	上州新田郡下强戸村	郡次郎娘	内離
八	一八三七	みち			〔紀州藩〕	南部市之丞娘	逗留後尼
一二	一八四一	とみ	武州忍行田町	利右衛門	武州羽生町	利左衛門娘	〔内カ〕離
一三	一八四二	たか	江戸聖天町	辰次郎	江戸浅草新鳥越町	市兵衛姉	召抱・声離
〃	〃	むめ	武州榛澤郡新戒村	要　助			召抱・不明
〃	〃	*たき		菊五郎	上州那波郡福嶋村	な　み　娘	内帰カ〔再駈入〕
一四	一八四三	むら22	武州秩父郡小川村	幸之助	武州秩父郡石間村	市五郎妹	召抱・声離
〃	〃	ぎん	上州伊勢崎町	斧　吉	上州佐位郡境町	小左衛門妹	内離
一五	一八四四	むめ	上州勢多郡青木村	藤兵衛	上州勢多郡青木村	文　七　娘	駈入・声離
〃	〃	もと		勇　吉	江戸横山町三丁目	作太郎妹	駈入・召抱・出入・声離
弘化二	一八四五	さよ21	江戸本町三丁目	半兵衛	江戸木挽町三丁目	常次郎娘	召抱・出入・町奉行へ引渡
〃	〃	*とよ21		市五郎	江戸浅草南馬道町	せ　い　娘	召抱・出入・声〔内〕離
三	一八四六	とら	上州碓氷郡高梨子村	榮　吉	上州碓氷郡五料村	次右衛門娘	内離
四	一八四七	もと			上州館林肴町	榮　吉　娘	召抱・不明
五	一八四八	みき	武州秩父郡金澤村	甚之丞	武州秩父郡金澤村	四郎左衛門子分	召抱・不明〔妾〕

〃	〃	ひさ	野州梁田郡上澁垂村	小源次	上州山田郡植木野村	清吉娘分	内帰
嘉永二	一八四九	いち	上州新田郡岩松村	辰五郎	上州勢多郡中根村	たつ娘	内帰
三	一八五〇	わか	野州梁田郡嶋田村	甚五郎	上州邑樂郡光善寺村	善兵衛娘	内離
四	一八五一	さわ	武州葛飾郡平須賀村	市右衛門	武州埼玉郡下早見村	祐助妹	召抱・不明
五	一八五二	とう19	上州甘樂郡尾附村	斗作	上州甘樂郡尾附村	縫之助娘	召抱・声離
六	一八五三	た*き	上州勢多郡上田澤村	市右衛門	上州新田郡阿佐美村	市郎兵衛娘	内離
〃	〃	よの	武州鷺宮村	次郎吉	武州埼玉郡川口村	助右衛門娘	召抱・声離
七	一八五四	け*い	野州安蘇郡田沼村	兵助	野州足利郡利保村	半兵衛娘	召抱・声離
〃	〃	きよ23	上州甘樂郡乙父村	治左衛門	上州甘樂郡白井村	市藏娘	召抱・声離
〃	〃	つる	武州足立郡小淵村	政吉			〔内離カ〕
〃	〃	かく	野州安蘇郡中村	幸吉	野州足利郡足利町	藤藏娘	不明
〃	〃	ぎん			武州埼玉郡鹿室村	吉右衛門養女	不明
〃	〃	ふみ			松平下總守家来和田	厚左衛門妹	不明
〃	〃	けい			江戸深川吉永町	中村屋源八娘	不明
安政三	一八五六	たみ	總州豊田郡水海道村	庄太郎	總州豊田郡水海道村	權内娘	再駈入・声離〔妾カ〕
四	一八五七	いく	野州結城郡上山川村	喜十郎	野州河内郡三村	兵藏娘	召抱・声離
六	一八五九	あさ	上州碓氷郡小俣村	文之丞	上州碓氷郡上秋閒村	神主 佐藤常陸妹	内離
七	一八六〇	そよ	武州榛澤郡矢嶋村	啓次郎	武州榛澤郡成塚村	市之丞子分	内離
〃	〃	とく			上州群馬郡坂井村	幸吉娘	声離
文久三	一八六三	きく	上州新田郡岩松村	權之助	上州新田郡岩松村	荒五郎妹	内離
〃	〃	よし			上州佐位郡境町	新右衛門娘	駈入・不明
明治元	一八六八	まん	武州榛沢郡折之口村	永三郎	武州榛沢郡新戒村	鶴吉妹	年季明・声離カ

三（一八七〇）	こう23			上州新田郡富沢村	七郎次娘	召抱・不明
	さつ					逗留後入寺
年不詳	とめ	上州佐位郡木島村	逸作		清吉	内離
	みえ				惣右衛門娘	不明
	なか			今泉村	かく娘	不明
戌	もよ			奥州岩城久保田村	栄助妹	駈入・不明
亥	ふさ				米太郎娘	駈入・不明
卯	せん			武州足立郡田島村	由蔵伯母	駈入・不明
	まさ34			江戸京橋柳町	弥右衛門娘	駈入・不明
未	いし23			武州比企郡元宿村	勘右衛門娘	駈入・不明
	あき23	武州榛沢郡戸森村	政吉	武州榛沢郡戸森村	勇蔵娘	駈入・不明
		〔館林町〕				不明
		武州小和瀬村	与喜太郎			不明
	い*よ	上州那波郡韮塚村	菊蔵	上州佐位郡太田村	円八娘	内離
	ゐ*い	武州幡羅郡東方村	藤十郎	武州幡羅郡東方村	八十八娘	召抱・不明
	と*め	上州那波郡山王堂村	文次郎			内帰
	よし	武州幡羅郡別府村	栄三郎	武州幡羅郡別府村	鶴松娘	内離
	はち	野州足利郡足利町	常七	野州足利郡足利町	源十郎妹	〔寺法離縁カ〕
	なを	野州都賀郡嘉右衛門新田	彦作			下ケ
	きち	上州新田郡由良村	弥市右衛門	上州新田郡強戸村	令次郎	召抱〔年季〕中内離
丑	ひて	上州安中町	鍋吉	上州碓氷郡原市村	くに娘	駈入・不明

備考 高木侃編著『縁切寺満徳寺史料集』（東京、昭和五十一年）による。この数は実際の駈入り数

からみれば九牛の一毛と思われる。なお、年号の記載は、駈入り年次の明らかなものはそれにより、不明なものは文書の年次によった。

女の名に付した＊印は、婿養子を迎えた場合を意味する。住所は夫婦双方の住所を記載した。なぜならば、嫁入りのときは夫方から、婿取りのときは妻方から駈込んだと思われるので、満徳寺までの駈入りに要した距離の算定等に双方の住所が必要であるからである。

「離」は離縁、「帰」は帰縁、「内」は内済、「声」はお声懸り、「半」は半限抱え、「出入」は女房取戻出入り、「寺」は寺法の略である。なお、安政七年「とく」の事例は、五十嵐富夫『縁切寺』（東京、昭和四十七年）二三五頁に、お声懸り事例として記載されているが、原史料は所在不明である。

享保十九年六月付「砺波郡戸出村又右衛門一季居下人心中につき届状」

覚

一　歳三拾弐　砺波郡戸出村又右衛門一季居下人 但同郡四十万村頭振　仁六

一　歳弐拾壱　同人一季居下女、但同郡中田村 頭振与兵衛娘　きさ

〆

右仁六儀、昨三日休日ニ而私方ニ休罷有候、きさ儀者一昨二日ゟ昨三日晩迄気分悪敷旨ニ而私方ニ臥罷有申候、然所両人共今朝相見へ不申ニ付尋申内、朝五ツ半時、下人甚六私居屋敷之内ニ有之灰縄（納）屋江箕を取ニ罷越候所、内ゟ戸ニせん指有之体ニ而明不申ニ付、戸之すきゟのそき見申候へハ、着物等取ちらし有之候へ共、人声茂不仕旨申聞候ニ付、私罷出戸をはつさせ様子見届候所、右灰縄屋指物ゟ鞍縄

ニ而首をくくり、両人共相果居申候、両人死骸ニ番人付置為御注進申上候、尤両人共切支丹末類ニ而も
無御座候、仁六儀者浄土真宗砺波郡大瀧村空臨寺旦那、きさ儀者同宗同郡中田村善興寺旦那ニ而御座
候　以上

享保十九年六月四日　　　　　　　　御扶持人戸出村
　　　　　　　　　　　　　　　　　又右衛門

葭田六郎左衛門殿
中　孫　丞殿

砺波郡戸出村又右衛門一季居下人仁六、同人一季居下女きさ、主人又右衛門居屋敷之内灰縄屋之指
物ゟ鞍縄ニ而首をくくり罷有、死骸之様子見届書上ケ申覚

一　歳三拾弐　　　　　　　　　　　仁六
　但　惣身疵無御座候
　着類
壱つ　木綿立嶋袷
壱筋　同二つ割鼠色帯
壱筋　布下帯
〆
外ニ
壱つ　木綿青半袷
壱つ　同白キ半はだこ
壱つ　同嶋ずたつ
壱筋　布古下帯
壱筋　布長手掛もへき色
弐つ　同あせ手掛
壱本　扇
壱つ　たはこ入、火打きせる共ニ

壱つ　小てうちん、蠟燭少シ
壱帖程　中折紙
〆此品々取ちらし有之候
一　歳弐拾壱　　きさ
但　惣身疵無御座候
着類
壱つ　木綿青袷
壱筋　同二つ割すす竹色帯
壱つ　布ゆの
〆

右為御検使御足軽瀧田喜三右衛門殿・福井恒右衛門殿被為遣、私共罷出相見仕書上申通相違無御座候、尤両人共自身縊死仕体ニ奉存候　以上

享保十九年六月五日

砺波郡御扶持人戸出村　又右衛門
同郡光明寺村肝煎　左兵衛
同郡廻り口御扶持人宮丸村　長次郎
同郡伊勢領村肝煎　宗八
同郡戸出村肝煎　傳左衛門
同郡四十万村肝煎吉兵衛煩罷有申ニ付同村組合頭　久兵衛
同村組合頭　又七郎
同郡稗嶋村肝煎　安兵衛
同　六郎右衛門
同郡荒屋敷村肝煎　太郎兵衛
同
同郡大瀧村肝煎

同　権　兵　衛　　同郡下蓑村肝煎　与三右衛門

同郡古戸出村肝煎　与三左衛門　　同郡本領八百村肝煎　忠　五　郎

同郡中之宮村肝煎甚七煩罷有
申ニ付同村組合頭　市　左　衛　門　　同郡中田村肝煎　忠　兵　衛

善　九　郎　　同村組合頭　宗　左　衛　門

与　　七

葭田六郎左衛門殿
中　　孫　　丞殿

備考　川合文書、享保十九年付『御用諸上留』（富山市五福、富山大学付属図書館架蔵、『富山県史』史料編Ⅲ所収、富山市、昭和五十五年）による。

文化十五年飛驒國白川鄉の女性名

あき(5)　あさ(2)　いそ(5)　いつ(3)　いと(2)　いの　いや(3)　いよ(9)　うめ(2)　かな　かね(2)　かの(2)　かは　かめ　かや　かよ(2)　かる(4)　かわ　きく(7)　きさ(2)　きそ(4)　きち(5)　きと　きな(2)　きの(5)　きよ(12)　きわ(3)　きん　くに(2)　くの　くみ　くめ(5)　けさ　げん(6)　さき　さく(3)　さつ(6)　さと　さな(2)　さの(3)　さよ(6)　さ

わ　さん(5)　しう　しげ(9)　しち　しな(3)　しの(7)　しま(3)　しめ(3)　しゆん　しを(2)　しん　すぎ(4)　すて　すな(2)　すへ(2)　すみ　すめ　すゐ(3)　せき(4)　せつ(5)　せん(5)　その(8)　そみ　そめ(5)　そよ(2)　たき　たく(3)　たね　たみ　ため(3)　ちか　ちく(6)　ちの(2)　ちやう(4)　ちよ(5)　ちら(2)　つぎ(3)　つな(8)　つね(3)　つや(4)　つよ(4)　つる(2)　てう　らく(6)　とめ(6)　とも　とよ(7)　とら　とり(3)　とわ(6)　とゐ　なつ(10)　なみ　なを　なん(2)　のよ(3)　のゐ　はつ(4)　はな(3)　はの(2)　はや(2)　はる　ひち　ひな(2)　ひの　ふき(3)　ふく　ふさ(2)　ふじ(5)　ふみ(4)　ふよ(5)　ふり(2)　まあ(2)　まの　まれ　まん(2)　みと(2)　みな(3)　みよ(3)　みわ　むめ　むら(2)　もと　もん　やす(3)　やつ(2)　やな(2)　ゆき　よう　よき　よし(10)　よそ　よつ　よね(4)　よの　よふ(3)　より　りく(6)　りす(2)　りの　りよ(5)　りん(5)

備考　この人名表の出典となった人別帳については、本文三八四頁の注87、参照。数字は、同名の女性の数を表わす。

筑前國穂波郡内野村の女性

あい　あさ　いせ(2)　いそ　いち(3)　いと　いろ　いわ(2)　いん(3)　うき(2)　うさ(2)　うち　うめ(3)　かめ　かん(2)　きさ(2)　きせ(2)　きそ(2)　きた　きち(6)　きつ　きひ(2)　きよ　きん(3)　くま(2)　くら(2)　けい　こん(2)　さき　さく　さだ　さな　さも　さよ(2)　さる(2)　さん(3)　しげ(2)　しづ　しの　しま(2)　しめ　しを(2)　すぎ(2)　すみ　せい(2)　せひ　せん(4)　そく　その　そめ　たか　たそ　たつ(6)　たみ　ため　たん　ちか

ちり　つき(2)　つぐ　つせ　つち　つと　つね　つり　つる(2)　つゑ　つん(3)　でん(2)　とき　とく(3)　とせ　とみ(2)　とめ(5)　とよ(2)　とら(5)　とる　とん(2)　なつ(3)　なみ　なを(2)　にい　にん　のゑ(2)　はつ(2)　はな　はる(4)　はん　ひさ(2)　ひつ　ふく　ふじ　ふみ　ふゆ(2)　ぶん　まき　まさ　まつ(6)　まん(4)　みつ(5)　みな　みよ　むて　やす(4)　やつ　やゑ　ゆく(2)　ゆひ　よそ　よん　りお　りき　りく　りつ(2)　りひ　りよ(3)　りん(2)　ろく　ゑひ　ゑみ　ゑん

備考　右は、文政四年（一八二一）六月付の『筑前国穂波郡内野村人別軒帳』（竹梁文庫架蔵）によった。内野村は、現在の福岡県嘉穂郡筑《つく》穂町内野にあたっている。

出羽国最上郡清水村の女性
——明治二年における——

いくよ　いし(3)　いせ　いせよ　いち(2)　いと(2)　いね　いへ　うた　うん　え禰《ね》　恵ん　おく　かつ　かつよ　かね　かめの(3)　亀よ　かも　かよ　かん(4)　きい(3)　きう　きく(3)　きくい(2)　きくの(5)　きよの　きし　きち　きちの　きぬ　きの(3)　きみ　きよ(4)　きわ　きん(2)　くい　久し　くに　久ま(2)　久め(2)　久よ(2)　けさ　げん(3)　古登　さく(3)　さし　さだ　さつ(2)　さつの　さの(3)　さよ(2)　さわ　さん(6)　しい　志げ　志ち(3)　志能　志ま　志も(3)　志ゆん　志ん(3)　すい(2)　すいの　すが　すみ(2)　すん　せき(3)　せよ　せを　せん(4)　そい　そた　そで　そと　その(5)　そね　そめ(2)　そよ(5)　だい(2)　たけ(4)　竹子　竹の　たし　たつの(2)　たつよ　たま子　たみ(2)　たみの　たみよ　たよ　ちい　ちよ(4)　ちよの　ちゆ　ちゑ　ちん　つか　つき　つね(5)　つる(3)　靍よ　つるよ

でん　とう　十《とを》い（2）　とく　とし　としい　とち　とま　とみ　とみい（3）　とみの　とめ（10）　とめの（5）　とも　登よ　とよ（4）　とり（2）　とりの　とわ　なお　なか　なつ（5）　なつよ（2）　なみ（2）　のへ（3）　はつ（5）　はつい（2）　はつ恵　はつの（2）　はつよ（2）　はな代　はる（5）　はるの（2）　はるよ　ふく（2）　ふくよ　ふじ（2）　ふじの　ふで（3）　ふみ　ふよ（3）　まき　まきの　まさ（2）　まし　まつ（4）　まつの（2）　まん　みい　みつ　みつの　みな（2）　みない　みね　みの（5）　みわ（2）　むめ　もと　もとへ　もよ（5）　やい　やす（2）　ゆき（3）　ゆきの　ゆの　ゆり（2）　ゆりの　ゆわ　よい（2）　よし（8）　およし　よしの　よしへ　里い　りい　里き　りき　里つ　りつ　里の（2）　里よ（2）　りん（2）　路具《ろく》（3）　わき　ゑみ

備考　明治二年四月付『出羽国最上郡清水村切支丹宗門御改帳』（大友義助編『最上郡大蔵村史編集資料』第二集所収、山形県最上郡大蔵村、昭和四十七年）による。江戸末期、明治初頭において、山形県では、××い、××え、××の、××よ型の三音節三字のいえのよを型の女性名が行われていたこと、××子型の名があったことを証示する貴重な史料。

江戸時代後期における越前國の女性名

（いえのよを型、小××型、××み型、××こ型の名は、太字で示す。）

あ　あい　あう　あかし　あき　あさ　あちやこ　あつ　あと　**あやい**　あらし　あり　あゑ　あん　庵

い　いう　いえ　家　いか　いが　いき　いけ　いく　いこ　いさ　**いさみ**　いし　伊し　いじ　（お）いじ　いす　いそ　いた　いち　いちや　いつ　いて　いで　いと　糸　いとう　いな　いね

(お)いの　岩　岩松　いふ　いへ　いほ　いま　(お)いま　**いまの**　いみ　いや　いよ　いり　いる　いろ　いゐ　いゑ　いを　いん

う　うい　うえ　うく　うす　うた　うち　うて　歌　うと　うな　うね　うの　うま　**うめの**　**梅の**　うよ　う類《る》　うゑ　うを

え　えい　ええ　えか　えき　えく　えさ　えし　えた　えつ　えと　えな　えの　えむ　**えやの**　えよ　えら　えり　えろ　えわ　えゐ　えゑ　えん

お　おく　おこ　おた　おつ　おと　**おのへ**　おま　おみ　およ　およま　おり　織　**おりよ**

か　かい　かいで　かき　かく　かけ　**かじよ**　かす　かず　かそ　かた　かち　かぢ　かづ　かと　がと　かな　かね　加ね　かの　かふ　がぶ　かへ　かま　かみ　かめ　がめ　かや　かよ　かり　かる　かれ　かゐ　かゑ　かを　かん　がん

き　きえ　きお　きく　菊　ぎく　きくちう　**きくの**　**きくを**　きさ　きさご　きし　きす　きそ　きた　きち　(お)きち　きつ　きて　きと　きな　ぎな　きぬ　きね　きの　ぎの　**きのの**　きは　きふ　きへ　きま　きみ　き舞《まひ》　きめ　きや　きやう　きゆ　ぎよ　きら　きり　きる　きれ　きわ　きゐ　きゑ　きを　きん　ぎん

く　くい　くく　くけ　くせ　くた　くち　くつ　くて　くに　國　くね　くの　くは　くふ　くま　くみ　くみ女　くめ　くや　くよ　くら　(お)くら　倉　くり　くる　くろ　くわ　くゐ　くゑ　くを　くん

け　けい　けし　けぬ　けむ　ける　けわ　けゐ　けん　げん

こ　こあ　こい　こいで　こう　ごう　こえ　こお　こぎ　**こぎく**　ごく　こさ　**こしま**　**小じま**　こじやう　こじよ　**小せん**　こた　**小ちや**　**こちよ**　**こぢよ**　小女　こちやう　**小てう**　こと　**ことえ**　**ことら**　こな　こぬ　こね　この　**このゐ**　こふ　こへ　駒　**こまつ**　**こまん**　こみ　こむ　こめ　こめろ　小女郎　こや　**こゆき**　**こゆみ**　こよ　こり　**こりよ**　こわ　こゑ　ごゑ　こを　こん

さ　さあ　さい　さ川《かは》　さき　さぎ　さく　さくら　さこ　さご　さじ　さた　さだ　さち　さつ

さで　さと　さど　ざと　さな　さぬ　さの　さは　さへ　さみ　さめ　さや　さよ　さり　さわ
さゑ　さを　さん　（お）さん
し　しい　しう　しうん　しえ　しか　鹿　しき　しぐ　しげ　**しげの**　**しげを**　しさ　しさな　し
ず　じす　しせ　しそ　した　しづ　**しづを**　しつん　して　しで　しと　しな　品　しぬ　しね
しの　しへ　しほ　しま　しみ　しめ　しも　しやな　しやん　しゆ　じゆ　しゆう　十《じゆう》　しゆく
しゆな　しゆみ　しゆめ　しゆん　じゆん　しよ　じよ　しよか　しよが　しよな　**しよへ**　しよ
べ　じよ　しら　しろ　じろ　しろん　しゑ　しを　しん　じん　しんせ
す　すい　**すいお**　**すいの**　すえ　すか　すが　すぎ　すく　すげ　すさ　**すさの**　すし　すじ　す
ず　すせ　すそ　すた　すつ　すづ　すて　**すての**　すと　すな　すの　すは　すば　すへ　**すへ**
の　**すへを**　すま　すみ　住《すみ》　**すみゑ**　すめ　すや　すよ　すら　すり　すわ　すゑ　末《すゑ》　**するを**
すゑを　すを　すん
せ　せい　せう　せお　せか　せき　せじ　せち　せつ　せと　せぬ　せね　せの　せま　せみ　せ
も　せよ　せゐ　せゑ　せを　せん　せんた
そ　そあ　そい　そう　そえ　そお　そき　そぎ　そく　そぐ　そそ　そた　そつ　そで　そと　そ
な　そね　（お）その　そは　そへ　そま　そみ　そめ　染　そよ　そり　そる　そわ　そゑ　そを
た　たあ　たい　たえ　たか　**たかを**　**高尾**　たき　たぎ　**たきゑ**　たく　たけ　竹　**たけの**　**たけ**
を　たこ　たす　たせ　たそ　たつ　辰　たづ　たと　たな　たに　たね　たの　たひ　たへ　た
ま　（お）たま　たみ　ため　たや　たゆ　たよ　（お）たよ　だら　たる　たゐ　たゑ　たを　たん
ち　ちい　ちう　ぢう　ちえ　ちお　ちか　ちが　**ちかを**　ちき　ちく　ちぐ　ぢく　ちけ　ちげ
ちこ　ちさ　**ちさ榮**《え》　千里《ちさと》　ぢし　ちす　ちそ　ちち　ちつ　ちづ　ちと　ちな　ちの　ちふ　ち
へ　ちほ　ちぼう　ちま　ちみ　ちも　ちや　ちやう　ちやうし　ちゆ　ぢゆ　ちゆん　ちよ
（お）ちよ　千代　ぢよ　**ちよこ**　**ちよの**　ちよま　ちら　ちらん　ちり　ちれ　ちわ　ちゐ　ちゑ
ちを　ちん　ぢん
つ　つい　つう　つえ　つか　つが　つき　つぎ　繼　つげ　つさ　つし　つじ　つた　つぢ　**つち**

よ つつ つで つと つな つね **常《つね》の榮《え》** つの つは つふ つへ つほ **つぼみ** つま つ
み つめ つや つゆ **つゆ子** つよ つり つる 鶴 **つるの** つろ つわ つゐ つゑ つを
つん
て てい てう てく てつ てて てな てなら ての ては てま てよ てら てり てる
てゑ てを でん
と とい とう とえ とき **ときを** とく (お)とく とさ **とさを** とし **としえ** とせ とそ
とち とと とな とぬ との とふ とへ とべ とま とみ **とみ榮《え》** とめ 留 **とめを** と
も とや とゆ とよ (お)とら とり **とりの** とろ とわ とゑ とを とん
な なあ ない なえ なお なか なき **なけみ** なこ なさ なし なす なせ なそ なた
なつ **なつえ** **なつへ** **なつを** なて なと なな なの なへ なべ なほ 猶《なほ》 なみ なみじ
なや なよ なら なり なろ なゐ なゑ なを
に にく にし にす 庭《には》 にほい にわ にん
ぬ ぬい ぬき ぬち 縫《ぬひ》 ぬめ ぬゑ
ね ねい ねか ねき ねさ ねそ ねを
の のい のえ のき のく のし のじ のせ のち のつ のと のね のひ のび のぶ の
へ のま のめ のも のよ のり のろ のわ のゐ のゑ のを のん
は はい はえ ばか はぎ **萩尾** はく はさ はし はす はせ はち はつ (お)はつ は都
はつい **初の** はで はと はな **はなの** は仁 はぬ はね はの はへ はま はや はよ
はり はる (お)はる **はるい** **はるへ** **はるを** はゑ はん
ひ ひお ひく ひさ (お)ひさ 久 **ひさ榮** **ひさの** **久尾** ひつ ひで ひな ひの ひほ ひ
み ひめ ひも ひやく ひよ ひら ひる ひろ ひわ ひゑ ひを ひん
ふ ふい ぶい ふう ふえ ふか ふが ふかや ふき ふく ふぐ **ふくを** ふけ ふさ **ふさ**
の **ふさを** ふし ふじ **ふじの** **ふじよ** **ふじを** ふそ ふた **ふたい** ふち ふで **ふでを**
ふと ふな ふなさ ふね ふの ぶの ふみ ふゆ ふよ ふり ふろ ふゐ ふゑ ぶん

へ　へぬ　へん　べん
ほ　ほう　ほつき　ほに　ほの　**ほりを**　ほん　ぼん
ま　まあ　まう　まえ　まお　まき　まさ　**まさ尾**　ます　まず　**ますい**　**ますを**　**ます尾**　まそ
また　まち　**まちゑ**　まつ　松　**まつえ**　まつちう　**まつへ**　**まつゑ**　**まつを**　**松尾**　まて　まな
まぬ　まね　まの　まふ　まみ　まよ　まれ　まわ　まゑ　まを　まん　（お）まん
み　みえ　みお　みか　みが　みき　みく　みけ　みこ　**みさを**　**みさ尾**　みし　みす　みせ　みそ
みた　みち　みつ　**三井**《みつゐ》　みて　みで　**みてを**　みどり　みに　みぬ　みね　みの　みは　みへ
みめ　みや　見屋　**みやの**　みゆ　みり　みる　みわ　みゐ　みゑ　みを　みん
む　むさ　むち　むつ　むて　むね　むの　むめ　梅　**むめの**　むめがへ　**むめを**　**梅尾**　むよ　む
ら　むらさき　むろ
め　めい　めえ　めき　めす　めて　めめ　**めもい**　めゆう　めよ　めり　めわ　めゑ　めを　めん
や　やい　やう　やえ　やお　やき　やく　やこ　やさ　やす　や次《じ》　やそ　やち　やつ　やと　や
な　やね　やの　やふ　やへ　やま　やゑ　やを　やん
ゆ　ゆい　ゆう　ゆお　ゆか　ゆき　雪　ゆし　ゆす　ゆた　ゆて　ゆの　ゆみ　ゆ美　弓　ゆら
ゆり　ゆる　ゆわ　ゆゐ　ゆゑ　ゆを　ゆん
よ　よう　よえ　よお　よか　よき　よさ　よし　**よし榮**　よしか　よせ　よそ　よた　よち　よつ
よど　（お）よね　米　よ祢　よの　よひ　よへ　よみ　よむ　よめ　よも　よろ　よよ　よわ　よ
ゐ　よゑ　よを　よん
ら　らい　らく　らた　らん
り　りい　りう　りお　りか　りが　りけ　りそ　りち　りつ　りて　りと　りな　利な　りぬ　り
ね　りの　りハ　りは　りふ　りへ　りま　りみ　りめ　りも　りや　りやう　りよ　り代　りる
りゐ　りゑ　りを　りん　（お）りん
る　るい　るお　るす　るな　**るなの**　るび　るみ　るよ　るわ　るゐ　るゑ　るを　るん
れ　れつ　れを　れん

ろ　ろく　ろす　ろめ　ろを
わ　わい　わか　若　わき　（お）わき　わく　わけ　わさ　わし　わす　わせ　わた　わつ　わと
　わな　わね　わの　わま　わや　わよ　わり　わゑ　わん
ゐ　ゐい　ゐえ　ゐか　ゐき　ゐし　ゐず　ゐそ　ゐち　ゐつ　ゐて　ゐと　ゐの　ゐま　ゐみ　ゐ
　や　ゐよ　ゐろ　ゐわ　ゐゑ　ゐを　ゐん
ゑ　ゑい　ゑか　ゑかる　ゑき　ゑく　ゑげ　ゑこ　ゑさ　ゑし　ゑせ　ゑた　ゑつ　ゑて　ゑと
　ゑな　ゑぬ　ゑね　ゑの　ゑま　ゑも　ゑや　**ゑやの**　ゑら　ゑり　ゑわ　ゑを　ゑん
を　をこ　をそ　をと　をの　斧　をのぶ　小母《をば》　をふ　をも　をよ　をり　をわ　をん
ん　んめ

備考　本表は、佐久高士編『越前国宗門人別御改帳』第一～六巻（東京、昭和四十二年～四十七年、総数六三八四頁）から一切の女性名を拾い出して表示したものである。ただし、所出の頻度は煩雑になるので省略した。

谷汲参詣人水難一件

一札之事

今般私共谷汲山御開帳ゑ参詣仕、帰路嶋村要吉船ニ引合仕、澤渡村上り之処、当御地西之方ニて破船仕、乗合三拾三人不残水中ゑ相浸、かやり声之出候者より命限り助舟ヲ乞、否哉御村人衆御模寄之船ニ打乗、赤裸ニて逆浪も不厭、数百余人格別之御働被下候ニ付、水中之人々命ヲ拾ひ、就中当歳之小児三人都合小児五七人抔危事風前之如灯、且又おきぬ・お靍・九郎右衛門三人は溺死ニ相決シ候処、既ニ御引上ヶ被下候得とも、息も絶々ニて生死之境も無覚束処、不取敢御手寄之村々ぇ人ヲ為走、三ヶ所迄医師御落合被下、治療相叶蘇生、一統之助命とも千々万々忝剰御模寄之方ぇ濡衣類等迄御心添被下候段、無残所言語難申盡候、右之段ニ付、船人嶋村用吉へ申分は元より、当御村方ぇ対シ何欤所存ニても無之哉之旨、御尋被下候事共聊故障筋は勿論、申分迚も毛頭無御座候、依之乗船人連印一札、仍而如件

天保十三壬寅年三月十三日

尾州御領
羽栗郡南宿村

たよ(つめ印)
はる(同印)
ふさの(同印)
ゆん(同印)
そて(同印)
小児(同印)

右御同領
同郡川口村

てい(同印)
ぎん(同印)
つる(同印)
慈野(同印)
とふ(同印)
小雪(同印)
とく(同印)
けい(同印)
きそ(同印)
とめ(同印)

梅　野（同印）
き　ぬ（同印）
兼次郎（同印）
ま　す（同印）
慶次郎（同印）
源右衛門（同印）
安五郎（同印）
小平次（同印）
重次郎（同印）
光　次（同印）
新右衛門（同印）
杢治郎（同印）
惣右衛門（同印）
兼　吉（同印）
嘉　助（同印）
六右衛門（同印）
庄　屋九郎右衛門（同印）

大垣御領分
呂久村御名主
傳　八殿
同村五人組頭
太郎兵衛殿

備考　岐阜県本巣郡巣南町の馬淵浩氏所蔵の文書。『岐阜県史』史料編・近世七（岐阜市、昭和四十六年）より転載。

谷汲山は、岐阜県揖斐郡谷汲《たにぐみ》村の華厳寺（谷汲観音）で、西国巡礼三十三所の終尾の寺。水難に遭った川は、揖斐川。羽栗郡の南宿村と川口村は、羽島市足近《あじか》町の字南宿と字川口にあたる。呂久村は、本巣郡巣南《すなみ》町大字呂久にあたる。嶋村は、揖斐川町大字島で、江戸時代には揖斐川の舟運の拠点であった。

江戸東辻君花の名寄

○上品◐中品●下品

東　兩　國

○はる　十　六、　○ふく　十　七、　◐みね　二　十、　●きく　二十二、

○さよ　十　九、　○せき　十　八、　●ひろ　二十一、　●まん　二十二、

○なか　二十六、　◐よし　二十六、　◐やゑ　三十四、

◐きく　三十八。（此二人は場所定まらず）

筋違御門内

○まき　一　九、　◐みき　二十六、　◐てつ　二十三、　●やす　三十二。

永　代　橋

○むら　十　七、　◐なみ　二十六、　○そで　三十八、　●とく　二十二。

御　厩　河　岸

○つる　十　八、　○せん　二十七、　○いき　二十二、　◐ゆき　十　九、

●はな　二十三、　●くら　二　十。

芝切通し
◐りき 十七、 ●しん 二十五、 ○まつ 二十二、 ◐さき 五十七。
浅草御門内
◐たき 二十一、 ○きん 十八、 ○ふじ 二十五、 ●かつ 二十八。
同所南ノ方
○らく 十九、 ◐かん 二十四、 ○ひで 三十三、 ◐かめ 二十。
本所二ツ目
○さだ 十九、 ◐ひさ 十七、 ○よね 三十七、 ●らひ 二十五。
久保町の原
○こう 十九、 ○かね 二十二、 ◐まき 三十五、 ●たみ 二十七。
木挽町采女ヶ原
○ふみ 十八、 ●いよ 二十二、 ◐きち 二十四、 ○とら 二十八。
赤坂御門外
○てふ 十八、 ○むめ 二十二、 ◐ふさ 十六、 ●つね 四十三。

注 江戸の夜鷹の出没地ごとの品定め表。弘化元年（一八四四）八、九月現在のもの。宮川曼魚が『江戸売笑記』に『天言筆記』より転載した表による。

横濱の妓楼・娼妓・芸妓
——文久二年現在——

岩亀楼さい後見庄吉抱
岩園
花廊
龜菊
岩の助
濱の井
金浦楼清吉抱
嶋崎
小車
開勢楼安五郎抱
若竹
清山
新亀楼善兵衛抱
相の助
岩の井
岩井楼後見安五郎抱
人元
いはの井

富士見楼吉次郎抱
駒の介
鈴紫
金石楼鐵五郎抱
唐土
金元
出世楼倉吉抱
住の井
出濱
保橋楼その抱
はつ菊
春人
いせ楼粂吉抱
大門
重浦
泉橋楼惣右衛門抱
思葉
若人

平右衛門抱
佐川
美代花
玉川楼惣五郎抱
錦糸
豊岡
甲子楼多七抱
紅梅
菊の井
岩里楼由藏抱
政子
喜瀬川
総而拾五軒町並也
万長屋局見世
田嶋屋新右衛門抱
松ヶ枝
伊勢屋彦兵衛抱

い世浦
大和屋くに抱
粂川
武蔵屋むめ抱
増花
ますや彦兵衛抱
妻琴
上総屋勇吉抱
喜代鶴
周長屋之部
房州屋熊次郎抱
小春
福武蔵屋榮次郎抱
濱路
信濃屋傳兵衛抱
小はる
若菜屋徳兵衛抱
春人
桝本屋十右衛門抱
吉の井
高瀬屋滿さ抱
豊花
井筒屋新助抱
榮正

下総屋勇吉抱
福正
青木屋長次郎抱
小櫻
井筒屋平三郎抱
瀧川
路し番
春吉
惣吉
岩吉
喜吉
総而拾六軒なり
宝来長屋
金子屋忠右衛門抱
相染
三河屋順蔵抱
紅梅
金子三河屋新六抱
菊山
岩い津屋吉蔵抱
金原
大和屋伊八郎抱
花里

立花屋豊次郎抱
立花
新岩佐屋抱
瀬川
路次番
若吉
幸次郎
政吉
寿長屋
田中屋啓蔵抱
龜の井
米泉屋十兵衛抱
小雛
富川屋文右衛門抱
千歳
俵屋彦兵衛抱
紅葉
松本屋庄兵衛抱
初きく
白木屋藤吉抱
志ら菊
広吉屋吉五郎抱
錦糸

沢野屋七郎抱
三つ里
上州屋友次郎抱
かつら木
小倉屋長吉抱
小倉野
石橋喜市抱
國里
壺屋和吉抱
小櫻
吉松岡屋平兵衞抱
操尾
路次番
吉五郎
榮吉
龜吉
友吉
総而拾三軒なり

千年長屋
新壺屋和三郎抱
住の井
宮嶋屋安五郎抱
立花

岩佐屋源八抱
清川
伊勢屋大次郎抱
萬壽
佐野屋清兵衞抱
櫻木
津の国や金次郎抱
小松
額いつみ三之助抱
倉浪
箸屋源右衞門抱
千年
広いせや藤吉抱
百代
松嶋屋龜次郎抱
小萬
井筒屋藤四郎抱
小千代
元いつみ伊兵衞抱
染きく
広嶋屋金八抱
照花
路し番
徳次郎

與三郎
乗吉
寅吉
福松
総而拾三軒なり

末広長屋
薪三河屋傳右衞門抱
勝山
江戸屋源兵衞抱
小千代
新吉松徳次郎抱
みとり木
岡本屋六之助抱
小鶴
鈴柏屋喜兵衞抱
柏木
宗村屋十助抱
藤井
有田屋茂兵衞抱
花園
福田屋仁兵衞抱
福人
松吉屋十兵衞抱

松ヶ枝　　見番　　ひと
総而九軒なり　　善兵衞　　奈る
いせ楼抱　　藤本屋抱

女芸者の部　　小志げ　　奈つ
玉川楼抱　　きの国や抱　　舛吉
市松　　屋な　　柳屋抱
玉川屋抱　　いと　　小三
つる吉　　たいい　　田中屋抱
若いせや抱　　喜代　　きく次
はな　　いせ屋抱　　きの国や抱
大和屋抱　　金八　　小はる
てつ　　小金　　新岩亀抱　　小みね
辰巳屋抱　　むさしや抱
まさ　　すゞ　　新亀屋抱　　小てう
いせや抱　　いせや抱
三助　　米吉　　都合廿六人
いせ留抱　　千代
小はる　　柳屋抱

備考　『珍事五ヶ国横浜ばなし』（江戸、文久二年刊）による。本書は、横浜市中区の横浜開港資料館に架蔵されている。

横濱の異人に奉仕するラシャメンと娘
——文久二年——

異国重役人之部
亜米利加役人
役名メノシタ
名 ハルリス
小使頭 竹次郎
別当 萬吉
同国役人
役名コンシユル
名 カンス
小使頭 久次郎
別当 金次郎
和蘭陀役人
役名ミニストル
名 デベテン
小使頭 條吉
別当 榮吉
同国役人
役名コンシユル
名 ボスボクス
小使頭 佐吉
別当 豊吉
ラシヤメン てう
英吉利役人
役名ミニストル
名 ネールセン
小使頭 文吉
別当 長吉
同国役人
役名コンシユル
名 ゲビテンワイス
小使頭 繁次郎
別当 友次郎
ラシヤメン たか
仏蘭西役人
役名ミニストル
名 ベリコー

小使頭　新　助
別当　善　太
ホルトガル役人
役名コンシユル
名　クラツク
小使頭　梅　吉
別当　松五郎
ラシヤメン　たつ

外国人士官商人館番附幷名前
一番　英国　ガハール
娘　つる　小使　半兵衛　別当　平　蔵
二番　亜国　ホール
小使　彌三郎　別当　彦　蔵
三番　英　メンサール
小使　清　助　別当　仙　吉
四番　英　ベール
小使　常　吉　別当　喜　助
五番　亜　ホルトガルクラク
娘　たつ　小使　伊之助　別当　松五郎
六番　亜　ハツパ
娘　よ彌　小使　福　松　別当　岩　吉
七番　英　シトロン
娘　てつ　小使　喜八郎　別当　源　蔵
八番　蘭　ハイフテン
小使　音次郎　別当　藤　吉
同八番　異人酒屋
番頭　長　吉
九番
拾番　仏　ブレツト
小使　喜兵衛　別当　熊　吉
拾一番
拾二番　蘭　ストイト
小使　忠次郎　別当　竹　蔵
拾三番　亜　シメツト
小使　清　吉　別当　吉五郎
拾四番　英　アスブネル
小使　太三郎　別当　鐵五郎
拾五番
拾六番　英　マース
小使　勇太郎　別当　市五郎
拾七番
拾八番
拾九番　英　ドーメン
小使　吉之助　別当　吉　助
廿番　英　ミニストル
小使　常　吉　別当　兼　吉
廿一番　英士官ガーハル

娘　はな　小使　長吉　別当　増蔵
廿二番　右士官蔵
蔵番　角次郎
廿三番　英　ハエン
小使　仁作　別当　寅吉
廿四番
廿五番　蘭　ブラーン
娘　こと　小使　辰蔵　別当　由蔵
廿六番　蘭　ブラーン
馬屋別当　徳蔵
廿七番
廿八番　英　ベーロ
娘　はな　小使　平吉　同　和助
別当　岩吉
廿九番　英　ベーロ蔵
卅番　仏　レイテルマン
コンスタンス
娘　たま　たつ　小使　安次郎
別当　源七
同館士官
小使　銀次郎　別当　八五郎
卅一番　仏　役人ミニストル
娘　ふく　小使　善太郎　別当　源七
卅二番　英　ロレロ

小使　喜三郎　別当　吉五郎
卅三番　亜　シメツト蔵
蔵番　庄兵衞
卅四番
卅五番
卅六番
卅七番　マキミモイ
娘　八重　小使　乗吉　別当　米吉
卅八番　英　シトロ蔵
蔵番　吉蔵
卅九番
四十番　亜　アイズロー
小使　米吉
四十一番　蘭　バタケイ
娘　關野　小使　萬蔵　別当　佐吉
四十二番　英　ヨン
娘　ます　小使　利助　別当　熊吉
四十三番　蘭　ライス
娘　てう　小使　冨蔵　別当　太助
四十四番　同　スネル
娘　志ま　小使　久蔵　別当　榮助
四十五番　蔵
四十六番　同
四十七番　同

四十八番　同
四十九番　クロンボウ
　　　　　リヨウジ
　小使　定　吉
五十番　英　トチレル
　娘　きく　小使　源兵衞　別当　吉兵衞
五十一番　英　メイテラント
　小使　伊之助
五十二番　英　デイムス
　娘　ゆう　小使　吉　助　別当　圓　藏
五十三番　英　サンジ
　小使　甚　吉　別当　喜三郎
五十四番
五十五番　英　マキトメン
　小使　岩　吉
五十六番　英　モハテイ蔵
　蔵番　伊三郎
五十七番　亜　フレイマン
　小使　房　吉
五十八番　英　マクワシン
　小使　忠兵衞　別当　市五郎
五十九番　英　ロレロ持
　小使　三次郎
六十番　ブレツキマン

　娘　もと　小使　金兵衞　別当　金次郎
六十一番　英　ライス
　娘　てう　小使　冨　藏　同　德　藏
　別当　太　助
六十二番
六十三番
六十四番
六十五番
六十六番
六十七番
六十八番　英　コンシユル
　娘　たか　小使　權次郎　別当　新　助
六十九番
七拾番　蘭　カブタイメン
　異人旅籠屋
七十一番　英　ガルベル
　娘　きん　小使　新　七
　小使　亦　吉　別当　彦三郎
七十二番　英　フローベン
　　　　　ルライス
　小使　利兵衞　別当　太　八
七十三番
七十四番　英　ユース
　　　　　フレカツ

小使　源　助
七十五番　英　ジョージ
娘　きん　小使　定　七
七十六番　英　メン
小使　治郎吉　別当　治五郎
七十七番
七十八番
七十九番　ロブシン　ブラヲ
娘　とり　娘　はる　小使　善　助
小使　福松　別当　長吉　別当　喜助
八十番　仏　ジラル　モニク
天主堂異人寺
小使　菊次郎
八十一番　英　クラヲ
娘　げん　小使　清　吉　別当　民　蔵
同館士官　英　アブヒレン　モンゴメリン
娘　はま　とし　小使　林　蔵
同　喜三郎　別当　長　吉
同館　仏　アマニヤク
小使兼別当　伊　八
同館　異人パン焼　フランキヨ
娘　なか　小使　冨五郎

八十二番　亜　セメンス
医　師
八十三番
小使　勝次郎　別当　喜　助
八十四番
八十五番　英　メコキリ
小使　磯　吉　別当　榮　助
八十六番
八十七番　英　ユーステン
娘　かね　小使　六之助　別当　治　助
八十八番
八十九番　仏　ジヤクマン
小使　勇　次
九十番　英　フローベン　ルライス持
九十一番　英　コンス　ホーン
小使　新兵衛　別当　勝五郎
九十二番　仏　グチヨー
小使　常　吉　別当　峯　吉
九十三番　亜　ロフシン　英　ベーカ
小使　金　藏　別当　梅　吉
九十四番　亜　シタン
小使　今　吉　別当　岩　吉

九十五番　支那人
三四人住居
小使　爲　吉　同　太　八
九十六番
九十七番
九十八番
九十九番
百　番
百　一　番
百　二　番
百　三　番
百　四　番
百　五　番
百　六　番
百　七　番　蘭　ナッセウ
小使　勝　藏　別当　定　吉
百　八　番
百　九　番
百　拾　番　亜　コーブル
小使　嘉一郎
元町堀切より東
英士官物置所　英　カブタイナン
小使　忠五郎
小使　長兵衞

御運上所際　亜　ヲ、ルメン
小使　熊　吉
右同所　亜　ホヲル
小使　伊之助
御運上所内
亜　コンシユル役所
小使　淸吉　英　カアル　小使　冨藏
駒形中町横丁
英　ロシウ　小使　留五郎
駒形中町横丁　英　ワルス
娘　いし　小使　乙　吉
別当　牛　藏
同所　仏　コンシユル役所
小使　彦三郎
同南仲通　英　コンシユル役所
小使　直次郎　同　伊兵衞
駒形町　亜　ショヤ
小使　藤　吉　別当　熊　吉
太田町八丁目坂中　仏　ウエルウエル
小使　政　吉　別当　全　八
弁天社際　蘭　コンシユル
小使　米　吉　別当　久兵衞
埋立地牛屋　小使　竹次郎
同所　牛屋　小使　善　藏

同所　異人牢館　牢守
英国船大工　コック
　娘　はな　大工頭　和　助
蘭船大工　フライ　大工頭　幸兵衛
右取締会所
　詰合　榮　藏　鎌次郎　勝三郎　松五郎
　與兵衛　久兵衛　金　助　半　七
御奉行様付　別当　勝右衛門
御運上所付　別当　彌三郎
青木町会所　別当　金次郎
馬売込借馬師　乙兵衛　彌　八　三喜藏
　三郎兵衛　喜三郎

備考　前掲『珍事五ケ国横浜ばなし』による。別当とは、馬ではなく、乳牛の世話をする男をいった。

万延元年四月『越後国直江津今町遊女等宗門改帳』抄

中嶋町清右衛門抱㊞

一　浄土真宗勝蓮寺　旦那㊞　遊女　若橋　年弍拾弍
此者戌三月砂山村兵左衛門方ゟ年季奉公ニ抱置申候

一　同寺　旦那㊞　遊女　若竹　年弍拾
此者戌十二月八幡村兵左衛門方ゟ年季奉公ニ抱置申候

一　同寺　旦那㊞　遊女　若柴　年拾五
此者寅七月柏崎　北（比）角新田元藏方ゟ年季奉公ニ抱置申候

一　同寺　旦那㊞　遊女　若鶴　年拾七
此者辰三月高田春日町庄吉方ゟ年季奉公ニ抱置申候

一　同寺　旦那㊞　抱小女こと改遊女　あづまじ　年拾六
此者巳十月高田大工町又兵衛方ゟ年季奉公ニ抱置申候

一　同寺　旦那㊞　抱小女むつ改遊女　若柳　年拾五
此者寅四月高田須賀町栄吉方ゟ年季奉公ニ抱置申候

一　同寺　旦那㊞　抱小女せい改遊女　若志の　年拾八
此者午八月高田職人町首三郎方ゟ年季奉公ニ抱置申候

一　同寺　旦那㊞　抱小女　とく　年拾三
此者午八月高田大銘（鋸）町国次郎方ゟ年季奉公ニ抱置申候

一 同寺　　旦那㊞　抱小女　きみ　年拾二
此者午七月高田四ノ辻文吉方ゟ年季奉公ニ抱置申候
一 同寺　　旦那㊞　抱小女　つる　年拾壱
此者未三月高田大工町治兵衛方ゟ年季奉公ニ抱置申候
一 同寺　　旦那㊞　抱小女　とく　年拾壱
此者未二月高田職人町磯吉方ゟ年季奉公ニ抱置申候
一 同寺　　旦那㊞　抱小女　きと　年拾三
此者未三月高田職人町磯吉方ゟ年季奉公ニ抱置申候
〆㊞　拾二人内　遊女　七人　抱小女五人
外ニ遊女松山未八月病死仕候抱小女そと
右同断

中嶋町又八抱㊞

一 浄土真宗聴信寺旦那㊞　遊女　その桜　年弐拾五
此者午十二月高田関町浦吉方ゟ年季奉公ニ抱置申候
一 同寺　　旦那㊞　遊女　みよしの　年拾九
此者巳四月柿崎新田町豊吉方ゟ年季奉公ニ抱置申候
一 同寺　　旦那㊞　遊女　きよ川　年拾七
此者寅五月糸魚川長吉方ゟ年季奉公ニ抱置申候
一 同寺　　旦那㊞　抱小女　ちい　年拾五
此者寅十二月高田上田端町作次郎方ゟ年季奉公ニ抱置申候
一 同寺　　旦那㊞　抱小女　かつ　年拾五
此者寅九月高田関町三次郎方ゟ年季奉公ニ抱置申候
一 同寺　　旦那㊞　遊女　きよせ　年拾六
此者午六月熊谷下倉村安八方ゟ年季奉公ニ抱置申候
一 同寺　　旦那㊞　抱小女　せつ　年弐拾
〆㊞　七人内　遊女　四人　抱小女三人

中嶋町重右衛門抱㊞

一 浄土真宗林覚寺　旦那㊞　遊女　竹路　年弐拾弐
此者戌四月高田下田端町幸吉方ゟ年季奉公ニ抱置申候
一 同寺　　旦那㊞　遊女　三ツ井　年弐拾
此者子五月高田陀羅尼町万次郎方ゟ年季奉公ニ抱置申候
一 同寺　　旦那㊞　抱小女　その　年弐拾九
此者辰十二月蒲原郡地蔵堂新町栄吉方ゟ年季奉公ニ抱置申候
〆㊞　三人内　遊女　弐人　抱小女壱人

中嶋町惣兵衛抱㊞

一 浄土真宗勝蓮寺　旦那㊞　遊女　竹のい　年弐拾弐
此者午十一月高田鍛冶町清吉方ゟ年季奉公ニ抱置申候
一 同寺　　旦那㊞　遊女　初柴　年弐拾弐
此者酉四月高田土橋町孫七方ゟ年季奉公ニ抱置申候
一 同寺　　旦那㊞　遊女　志の巻　年弐拾弐
此者戌九月柏崎市川新田永次郎方ゟ年季奉公ニ抱置申候
一 同寺　　旦那㊞　遊女　玉柴　年弐拾
此者寅五月高田上職人町清蔵方ゟ年季奉公ニ抱置申候
一 同寺　　旦那㊞　遊女　志けゑ　年拾七
此者寅八月出雲崎古新田栄助方ゟ年季奉公ニ抱置申候

一　同寺　　　旦那㊞　遊女 豊浪　　年拾七
此者卯七月土橋新田一里塚藤兵衛方ゟ年季奉公ニ抱置申候
一　同寺　　　旦那㊞　遊女 阿やかき　年拾七
此者卯七月高田紺屋町安次郎方ゟ年季奉公ニ抱置申候
一　同寺　　　旦那㊞　遊女 竹柴　　年拾九
此者卯十月長岡神田三ノ丁佐助方ゟ年季奉公ニ抱置申候
一　同寺　　　旦那㊞　抱小女とわ改遊女 玉しの　年拾三
此者卯十二月高田鍛冶町清吉方ゟ年季奉公ニ抱置申候
一　同寺　　　旦那㊞　抱小女さつ改遊女 柴のい　年拾六
此者午三月長岡愛宕町幸内方ゟ年季奉公ニ抱置申候
一　同寺　　　旦那㊞　抱小女ふみ改遊女 志のふ　年拾四
此者午二月千原村喜右衛門方ゟ年季奉公ニ抱置申候
一　同寺　　　旦那㊞　抱小女いち改遊女 竹しの　年拾六
此者巳三月高田陀羅尼町勘助方ゟ年季奉公ニ抱置申候
一　同寺　　　旦那㊞　抱小女かね改遊女 玉衣　年拾六
此者未四月柏崎上裏町和助方ゟ年季奉公ニ抱置申候
一　同寺　　　旦那㊞　抱小女みち改遊女 志の衣　年拾七
此者未七月長岡山田町杉蔵方ゟ年季奉公ニ抱置申候
一　同寺　　　旦那㊞　抱小女 もと　　年拾五
此者卯十二月寄町作左衛門方ゟ年季奉公ニ抱置申候
一　同寺　　　旦那㊞　抱小女 きん　　年拾三
此者巳十月長岡神田三ノ丁佐助方ゟ年季奉公ニ抱置申候
一　同寺　　　旦那㊞　抱小女 志す　　年拾四
此者未十月高田関町佐七方ゟ年季奉公ニ抱置申候

〆㊞　拾七人内　遊女拾四人　抱小女三人
外ニ
遊女音松年季明親元へ相返申候
同　いつみの右同断
志けの戸　右同断
弥生　　右同断
竹はし　右同断
志の綾　右同断
抱小女せい　右同断

中嶋町伝八抱㊞

一　浄土真宗林正寺　旦那　遊女 千代松　年弐拾弐
此者子二月高田下職人町利八方ゟ年季奉公ニ抱置申候
一　同寺　　　旦那　遊女 松浪　　年拾四
此者丑五月高田稲田町弥右衛門方ゟ年季奉公ニ抱置申候
〆㊞　弐人　遊女

中嶋町岡右衛門抱㊞

一　禅宗延命寺　旦那印　遊女 千代竹　年弐拾三
此者未二月柏崎扇町弥三八方ゟ年季奉公ニ抱置申候
一　同寺　　　旦那印　遊女 みちのい　年拾九
此者未五月須賀町七兵衛方ゟ年季奉公ニ抱置申候
一　同寺　　　旦那印　遊女 松風　　年弐拾
此者寅三月長岡神田町富蔵方ゟ年季奉公ニ抱置申候
一　同寺　　　旦那印　遊女 代々春　年拾七
此者卯二月高田須賀町惣八方ゟ年季奉公ニ抱置申候

一 同寺　旦那印　遊女 峯琴　年拾八
此者午正月糸魚川鉄砲町清兵衛方ゟ年季奉公ニ抱置申候

一 同寺　旦那印　抱小女 屋登　年六ッ
此者寅七月高田五ノ辻後家たつ方ゟ年季奉公ニ抱置申候

一 同寺　旦那印　抱小女かね改遊女 きせ柴　年拾四
此者午八月高田稲田町幸助方ゟ年季奉公ニ抱置申候

一 同寺　旦那印　遊女 みち柴　年弐拾
此者辰二月長岡神田町佐助方ゟ年季奉公ニ抱置申候

一 同寺　旦那印　抱小女 よし　年拾三
此者辰十二月長岡神田町喜平治方ゟ年季奉公ニ抱置申候

一 同寺　旦那印　遊女 きせ川　年弐拾
此者巳七月柏崎四ッ屋休七方ゟ年季奉公ニ抱置申候

一 同寺　旦那印　遊女 三浦　年拾六
此者巳七月高田大工町作兵衛方ゟ年季奉公ニ抱置申候

一 同寺　旦那印　抱小女 ます　年弐拾
此者未正月高田善光寺町此吉方ゟ年季奉公ニ抱置申候

一 同寺　旦那印　遊女 松柴　年拾四
此者午三月高田長門町平兵衛方ゟ年季奉公ニ抱置申候

一 同寺　旦那印　抱小女きみ改遊女 宮柴　年拾九
此者未八月高田長門町此吉方ゟ年季奉公ニ抱置申候

一 同寺　旦那印　抱小女きと改遊女 重川　年拾六
此者未八月高田下稲田町利左衛門方ゟ年季奉公ニ抱置申候

一 同寺　旦那印　抱小女 春い　年拾六
此者未八月高田長門町此吉方ゟ年季奉公ニ抱置申候

〆㊞　拾六人内　遊女拾二人　抱小女四人

外ニ
遊女もゝとせ年季明親元へ相返申候
同松の戸　右同断
抱小女やと　右同断

中嶋町新九郎抱㊞

一 浄土真宗林正寺　旦那　遊女 鶴波　年拾八
此者申五月柏崎在小泉村善兵衛方ゟ年季奉公ニ抱置申候

一 同寺　旦那　遊女 若はる　年拾九
此者丑十二月高田横町定吉方ゟ年季奉公ニ抱置申候

一 同寺　旦那　遊女 都の　年弐拾弐
此者寅八月百川村治左衛門方ゟ年季奉公ニ抱置申候

一 同寺　旦那　遊女 唐崎　年拾三
此者卯八月稲田立町和吉方ゟ年季奉公ニ抱置申候

一 同寺　旦那　遊女 哥春　年弐拾三
此者巳五月長岡五郎治方ゟ年季奉公ニ抱置申候

一 同寺　旦那　抱小女 よの　年拾四
此者午六月柏崎新田町金次郎方ゟ年季奉公ニ抱置申候

一 同寺　旦那　抱小女 いの　年拾三
此者未八月本砂山町半次郎方ゟ年季奉公ニ抱置申候

一 同寺　旦那　抱小女 屋い　年拾五
此者未九月高田上小町外吉方ゟ年季奉公ニ抱置申候

〆㊞　八人内　遊女　五人　抱小女三人

中嶋町吉兵衛抱㊞

一 浄土真宗真行寺 旦那㊞ 遊女 綾扇 年拾八
此者亥十月高田春日町安次郎方ゟ年季奉公ニ抱置申候

一 同寺 旦那㊞ 遊女 若扇 年弐拾
此者子八月高田午房町猪之吉方ゟ年季奉公ニ抱置申候

一 同寺 旦那㊞ 遊女 若綾 年拾五
此者亥二月苅羽郡枝村五右衛門方ゟ年季奉公ニ抱置申候

一 同寺 旦那㊞ 抱小女 たま 年拾弐
此者午四月高田大銘（鋸）町勘兵衛方ゟ年季奉公ニ抱置申候

〆㊞ 四人内 遊女 三人 抱小女壱人

中嶋町四郎吉抱㊞

一 浄土真宗聴信寺 旦那㊞ 遊女 雲井 年拾六
此者午十一月高田呉服町安右衛門方ゟ年季奉公ニ抱置申候

一 同寺 旦那㊞ 遊女 瀧川 年拾五
此者午十一月長岡在栃尾町万之助方ゟ年季奉公ニ抱置申候

一 同寺 旦那㊞ 抱小女 いし 年拾三
此者午十一月長岡愛宕町長次郎方ゟ年季奉公ニ抱置申候

一 同寺 旦那㊞ 抱小女 ちと 年拾□（虫）
此者午十二月鴨嶋村佐次兵衛方ゟ年季奉公ニ抱置申候

一 同寺 旦那㊞ 抱小女 そを 年拾五
此者申二月柏崎四ッ屋町重吉方ゟ年季奉公ニ抱置申候

〆㊞ 五人内 遊女 弐人 抱小女三人

新町多吉抱㊞

一 浄土真宗勝蓮寺 旦那㊞ 遊女 志け山 年弐拾五
此者午□（虫）月大貫村永□（虫）郎方ゟ年季奉公ニ抱置申候

一 同寺 旦那㊞ 遊女 志け波 年拾九
此者丑十月手嶋村弥五郎方ゟ年季奉公ニ抱置申候

一 同寺 旦那㊞ 遊女 志け松 年弐拾弐
此者寅十二月高田下田端町休五郎方ゟ年季奉公ニ抱置申候

一 同寺 旦那㊞ 遊女 玉川 年弐拾弐
此者寅十二月高田桶屋町金次郎方ゟ年季奉公ニ抱置申候

一 同寺 旦那㊞ 抱小女 はつ 年拾六
此者午五月高田下田端町亀次郎方ゟ年季奉公ニ抱置申候

一 同寺 旦那㊞ 抱小女 まつ 年拾□（虫）
此者午八月千原村助左衛門方ゟ年季奉公ニ抱置申候

〆㊞ 六人内 遊女 四人 抱小女弐人

（以下中略）

新川端町和七抱㊞

一 浄土宗光明寺 旦那[印] 浮身 もと 年弐拾弐
此者子二月高田中屋敷町七右衛門方ゟ年季奉公ニ抱置申候

一 同寺 旦那[印] 浮身 くま 年弐拾七
此者午七月与板安永町八蔵方ゟ年季奉公ニ抱置申候

一同寺　旦那印　浮身やと　年弐拾四
此者酉十二月富岡村金六方ゟ年季奉公ニ抱置申候

一同寺　旦那印　浮身とり　年弐拾
此者戌三月柏崎中浜□□□（虫）ゟ年季奉公ニ抱置申候

一同寺　旦那印　浮身みか　年弐拾壱
此者子二月相包村吉五郎方ゟ年季奉公ニ抱置申候

一同寺　旦那印　浮身いま　年弐拾六
此者子十一月柏崎扇町巳之助方ゟ年季奉公ニ抱置申候

一同寺　旦那印　小女さと　年拾四
此者子十一月能生宿庄八方ゟ年季奉公ニ抱置申候

一同寺　旦那印　浮身うた　年拾八
此者巳正月中嶋町竹次郎方ゟ年季奉公ニ抱置申候

一同寺　旦那印　浮身みわ　年拾八
此者丑三月糸魚川寺町長兵衛方ゟ年季奉公ニ抱置申候

一同寺　旦那印　浮身津る　年拾八
此者寅七月土底村武右衛門方ゟ年季奉公ニ抱置申候

一同寺　旦那印　浮身はつ　年弐拾三
此者寅五月新発田領今町与三兵衛方ゟ年季奉公ニ抱置申候

一同寺　旦那印　浮身ちの　年拾八
此者巳二月高田須賀町作次郎方ゟ年季奉公ニ抱置申候

一同寺　旦那印　小女みせ　年拾五
此者巳二月高田須賀町作次右衛門方ゟ年季奉公ニ抱置申候

一同寺　旦那印　小女せつ　年拾五
此者未三月小猿屋村□（虫）助方ゟ年季奉公ニ抱置申候

一同寺　旦那印　浮身わか　年弐拾七
此者午十二月角取村佐次右衛門方ゟ年季奉公ニ抱置申候

〆㊞　拾五人内　浮身拾弐人　小女三人

川端町休兵衛後家ふき抱㊞

一浄土真宗真行寺　旦那㊞　浮身さき　年拾六
此者寅年早川谷田中村八右衛門方ゟ年季奉公ニ抱置申候

一同寺　旦那㊞　抱小女ちつ　年拾三
此者未年能州放生津新町平助方ゟ年季奉公ニ抱置申候

〆㊞　弐人内　浮身壱人　小女壱人

外ニ
浮身ひて　年季明親元へ相返申候
同　むめ　去未七月病死仕候
同　りの　右同断
同　そわ　年季明親元へ相返申候

〆人別百六拾五人　遊女五拾八人
内浮身六拾五人
抱小女四拾弐人

差上申手形之事

一宗門御改ニ付、女共壱人も不残如右之、御帳面引合、証拠印形仕、并宗旨寺之証拠判為致候通、少も偽無御座候、自然御法度之宗門之由、訴人於有之ニ者近キ好身五人組ニ至迄

曲事ニ可被仰付候事

一　宗門之儀ニ付、何そ不審ヶ間敷儀又者宗旨之儀ニ無御座、執行仕候もの御座候ハヽ、打寄入念詮儀可仕候、少も怪敷体之者於有之ニ者急度可申上候、若隠置、後日ニ相顕候ハヽ、何様之曲事ニも可被仰付候事

　宗門之儀年中十二ヶ月之内、壱ヶ月御代官御

附　改、此壱ヶ月者除キ、残十一月者大肝煎月次ニ無懈怠相改可申候事

一　御帳面之人数女共壱人も不残書上申候、若壱人成共隠置申候ハヽ、大肝煎五人組等迄曲事ニ可被仰付候事

右之通、為後日手形仍而如件

万延元申年四月　今町之内

新川端町
小頭　太右衛門㊞
同　長　蔵[印]
中嶋町
小頭　六　郎　治㊞
川端町
小頭　八郎左衛門㊞
同　孫左衛門㊞
新　町
小頭　又　三　郎㊞
新川端町丁頭兼帯
川端町丁頭
高野屋忠　太　郎㊞
新町丁頭
松屋　市左衛門㊞
大年寄見番
勝嶋平次郎㊞
大年寄
片田三郎右衛門㊞
同
川　合　平　六㊞
大肝煎見番
福永弥兵衛㊞
大肝煎
滝沢又十郎㊞

御代官所

差上申手形之事

一　今度宗門御改ニ付、如斯御帳面ニ壱人宛之証拠印形仕候通、拙僧共旦那ニ紛無御座候、若御法度之宗門之由、訴人御座候ハヽ、何時成共、拙僧共罷出申訳可仕候、新旦那之儀者、根本之旦那随分致穿鑿、其上証人相立可致契約候

右之趣、少も相違有之間鋪者也、仍而如件

万延元申年四月

直江津今町之内横町
浄土真宗
勝蓮寺㊞
玄周（花押）

直江津今町之内中町
浄土真宗
聴信寺㊞

直江津今町之内裏砂山町　浄土真宗　林覚寺㊞　徳応（花押）

下ノ郷塩屋新田村　浄土真宗　真行寺㊞　円成（花押）

直江津今町之内寄町　浄土真宗　林正寺　唯観（花押）

直江津今町之内寄町　浄　土　宗　光明寺[印]　欣誉（花押）

直江津今町之内中町　禅　宗　延命寺[印]　得水（花押）

御代官所

右之通相改候処、相違無御座候、以上

大肝煎　滝沢又十郎㊞

大肝煎見番　福永弥兵衛㊞

大年寄　川合平六㊞

同　片田三郎右衛門㊞

大年寄見番　勝嶋平次郎㊞

（「福永家文書」上越市教育委員会所蔵）

備考　『新潟県史』資料編6（新潟市、昭和五十六年）より採用した。

佐渡、上相川の熊野比丘尼

江戸時代の初期、佐渡國の金山が隆昌に赴くと、多数の山伏や熊野比丘尼が佐渡國に流入し、相川を中心に居住した。山伏たちは鉱山繁栄の加持祈禱師として活躍し、熊野比丘尼たちは、除魔、息災、安産、坑内安全などを祈禱して生計を立てた。彼女らのうちには、山伏を夫とする者もいたが、売春を裏芸とする者も少なくはなかった。

いま明暦二年（一六五六）の雑太《さわた》郡上相川村の『九郎左衛門町宗門改人別帳』をみると、三〇名の熊野比丘尼の法名、年齢、生国、来島年が記載されている。中にはいまだ出家せず、本名だけが記載されたのが三例みられる。法名にはやや独自なものがあり、妙字のつくものは一例も見受けられないのである。

熊野比丘尼

伊勢	清室	四十六歳	寛永三寅年来島
遠江	知恵	五十六歳	慶長十九寅年来島
伊勢	清くん	四十七歳	寛永八未年来島
伊勢	慶寶	四十八歳	寛永八未年来島
同国	慶虎	五十六歳	元和七酉年来島
伊賀	利徳	二十三歳	正保三戌年来島
伊勢	奥遊	十九歳	慶安二丑年来島
同国	慶音	二十歳	承応元辰年来島
同国	慶正	十九歳	右同断
佐渡	遊珍	十九歳	
同国	朱珍	二十四歳	
同国	朱養	二十八歳	
同国	朱輪	十一歳	
同国	沙彌	十七歳	
同国	すき	十一歳	
同国	つう	九歳	
同国	遊輪	八歳	
伊勢	清恵	十六歳	承応元辰年来島
伊勢	清養	三十二歳	寛永十三子年来島
同国	清景	三十二歳	寛永八未年来島
同国	清輪	二十歳	正保三戌年来島
同国	せき	十二歳	承応元辰年来島
伊賀	利貞	四十五歳	寛永八未年来島
同国	朱貞	十六歳	承応元辰年来島
伊勢	朱徳	四十四歳	寛永三寅年来島
同国	知養	四十一歳	右同断
同国	利慶	三十九歳	寛永五辰年来島
伊賀	理賢	二十九歳	寛永十八巳年来島
同国	永金	十五歳	寛永廿未年来島
同国	智養	三十四歳	寛永八未年来島

備考　この人別帳は、現在、所在不明である。田中圭一『佐渡の修験道文化』（五来重編『修験道の美術・藝能・文学』II所収、東京、昭和五十六年）、萩原龍夫『巫女と仏教史』（東京、昭和五十八年、一六〇～一六一頁所掲）などによる。

『四方のはな』にみえる京都の芸妓の名

鶴型　愛鶴　淺鶴　淺つる　いさ《ざ?》鶴　いせ鶴　市鶴　市つる　今つる　歌鶴　歌つる　うた鶴　梅鶴　梅つる　うめ鶴　榮つる　枝鶴　かの鶴　龜鶴　龜つる　かめつる　きた鶴　菊鶴　菊つる　きく鶴　吉鶴　君鶴　君つる　京つる　きよ鶴　こと鶴　駒鶴　駒つる　こま鶴　里鶴　しげ鶴　扇《せん》つる　染鶴　高つる　たね鶴　玉鶴　玉つる　ちか鶴　千賀鶴　千が鶴　近づる　千代鶴　ちよ鶴　つた鶴　時つる　床つる　冨鶴　冨つる　友鶴　友つる　仲つる　縫鶴　はぎ鶴　久つる　秀つる　雛つる　ひな鶴　ふく鶴　房鶴　ふさ鶴　房つる　ふじ鶴　政鶴　政つる　まさ鶴　皆つる　峯つる　みね鶴　宮つる　三代鶴　八重鶴　勇鶴　勇つる　夕つる　遊つる　米鶴　米つる　わさ鶴

松型　愛松　市松　歌松　うた松　梅松　うめ松　榮松　かね松　龜松　菊松　きく松　吉松　衣松　君松　君まつ　金《きん》松　組松　咲松　里松　鹿まつ　しげ松　扇《せん》松　そめ松　瀧松　竹松　種松　玉松　民松　ちか松　ちみ松　ち代松　繼松　つぎ松　常松　鶴松　冨松　冨まつ　友松　縫松　の松　初松　花松　久松　秀松　秀まつ　ひで松　ひな松　ふく松　房松　ふじ松　みえ松　三木松　みき松　宮松　宮まつ　三代松　八重松　安まつ　米松　より松　力松　力まつ　笑《ゑみ》松

介型　愛介　相之介　梅介　榮介　きく介　君介　君之介　扇《せん》介　瀧介　瀧之介　玉介　繼介　鶴介　時之介　中介　はる介　ひで介　雛介　福介　政介　みな介　米介

葉型　愛葉　今葉　色葉　いろ葉　いろは　うた葉　かめ葉　菊葉　菊は　きく葉　きくは　きぬ葉　君葉　君は　組葉　こと葉　里は　重葉　瀧葉　民葉　竹葉《ちくは》　ちみ葉　千代葉　鶴葉　鶴は　つる葉　照葉　てる葉　とみ葉　友葉　まつ葉　光《みつ》は　峯は　梅葉　梅は　むめは　元葉　八重葉　勇葉　米葉　力葉　若ば

路型　市路　歌路　榮路　榮じ　勝路　かの路　かのじ　龜路　菊路　きく路　きくじ　衣路　君路　くが路　琴路　こと路　駒路　里路　三《さん》路　すがじ　瀧路　辰路　種路　たねじ　玉路　民路　ちか路　繼路　鶴路　つる路　照路　てる路　秀路　雛路　ふさ路　ふさじ　みと路　宮路　梅路　梅じ　八重路　八重じ　勇路　ゆうじ　米路

吉型　愛吉　あい吉　相吉　いく吉　糸吉　今吉　歌吉　卯之吉　榮吉　かつ吉　君吉　き代吉　きよ吉　倉吉　來吉　こと吉　駒吉　こま吉　才吉　三吉　しか吉　四十吉　柴吉　島吉　城吉　末吉　すへ吉　千吉　高吉　竹吉　達吉　辰吉　種吉　たね吉　玉吉　ちか吉　つな吉　常吉　鶴吉　つる吉　藤吉　との吉　とみ吉　寅吉　とら吉　直吉　仲吉　縫吉　初吉　春吉　はる吉　久吉　秀吉　廣吉　ふく吉　總吉　房吉　ふさ吉　ふな吉　政吉　增吉　松吉　まつ吉　みな吉　みね吉　みの吉　梅吉　八重吉　保吉　よし吉　米吉　柳吉

榮型　あさ榮　市榮　今榮　歌榮　うの榮　角榮　龜榮　菊榮　北榮　吉榮　きち榮　きぬ榮　君榮　來榮　久我榮　こと榮　駒榮　里榮　品榮　千榮　瀧榮　たき榮　辰榮　玉榮　民榮　ちか榮　つぎ榮　綱榮　つる榮　時榮　德榮　床榮　冨榮　とみ榮　友榮　年榮　信榮　萩榮　花榮　春榮　はる榮　久榮　雛榮　ひな榮　福榮　政榮　松榮　三木榮　光榮　梅榮

尾型　淺尾　淺を　伊鶴尾　うめ尾　乗尾　龜尾　菊尾　きく尾　きた尾　吉尾　きぬ尾　きぬを　君尾　君を　瀧尾　種尾　たねを　たね尾　玉尾　玉を　千賀を　對尾　つぎ尾　つぎを　つた尾　つる尾　つるを　時尾　床尾　冨尾　友尾　春尾　はる尾　久尾　秀尾　雛尾　ふく尾　房尾　房を　政尾　松の尾　みさ尾　光尾　梅尾　八重尾　八尾　米を　力尾

香型　うめか　君香　君か　さと香　末香　末か　すへ香　たね香　千代か　常香　鶴か　つる香　とみ香　友か　照香　照か　てる香　春か　はる香　はるか　ふぢ香　松香　まつ香　梅香　むめか　八重か　勇香　勇か　米香　米か　よりか　笑《ゑみ》香

野型　歌の　うめ野　榮の　龜野　龜の　かめの　菊の　きくの　君野　君の　來野　來の　駒野　鹿野　鹿の　しか野　瀧野　玉の　民の　對の　鶴の　つるの　房の　梅野　梅の

菊型　糸ぎく　いと菊　今ぎく　歌菊　歌ぎく　うた菊　榮ぎく　枝ぎく　龜菊　君菊　君ぎく

來菊　こと菊　里ぎく　末菊　染菊　玉菊　玉ぎく　近ぎく　千代菊　常ぎく　つる菊　照菊　とえ菊　床ぎく　とみ菊　友菊　はつ菊　秀菊　雛ぎく　房ぎく　ふじ菊　政菊　政ぎく　宮ぎく　梅《むめ》ぎく　八重菊　勇菊　勇ぎく　わか菊

勇型　淺勇　東勇　糸勇　卯のゆ　うた勇　歌ゆ　うめ勇　勝ゆ　きく勇　君勇　君ゆ　喜《き》ゆ　來勇　里勇　瀧勇　たつ勇　種勇　玉勇　竹《ちく》勇　つぎ勇　つた勇　常勇　鶴勇　つる勇　友勇　中ゆ　初勇　はる勇　秀勇　雛勇　福勇　福ゆ　松勇　三木勇　光勇　光ゆ　みね勇　梅勇　むめ勇　八重遊　米勇　力《りき》勇

江型　市江　歌江　菊江　きく江　君江　こま江　咲江　鹿の江　瀧江　つる江　みき江　光江　ゆか江

歌型　喜歌　來歌　組歌　さと歌　末歌　千歌　つる歌　てる歌　縫歌　ふじ歌　松歌　八重歌　勇歌

代型　君代　來代　すへよ　常代　鶴代　つる代　總代　ふさ代　力代

子型　龜子　君子　金《きん》子　千代子　鶴子　つる子　てる子　八重子

賀型　千よ賀《か》　常賀《か》　はる賀《か》

八型　君八　鈴八　とら八　梅八　米八

彌型　吉彌　金彌　力彌

兩型　君兩　小兩　鹿兩　たね兩

龍型　市龍　うた龍　つる龍　二龍

小型　小愛　小淺　小幾《いく》　小いし　小市　小糸　小いと　小稻　小いま　小色　小いろ　小歌　小うた　小うの　小榮　小かつ　小かね　小ぎく　小吉　小衣《ぎぬ》　小きの　小君　小金《きん》　小ぐま　小くみ　小源《げん》　小《さ》枝《えだ》　小作　小里　小ざと　小三《さん》　小鹿　小しげ　小しな　小周　小信　小すへ　小すみ　小關　小せん　小十《そ》ゆ　小瀧　小辰　小種　小たね　小玉　小民　小たみ　小ちか　小千賀　小《こ》竹《ちく》　小ちく　小蝶　小つい　小つき　小常　小つや　小露　小つゆ　小鶴　小づる　小てい　小照　小でん　小とう　小時　小とき　小とく　小床　小とち　小とみ　小とも　小とら　小とゐ　小な榮　小中

小仲　小なつ　小ぬい　小の代　小はつ　小花　小はて　小はる　小久　小秀　小雛　小ひな　小ふく　小房　小ふさ　小藤　小ふじ　小辨　小政　小まさ　小松　小萬　小みか　小三木　小光　小みね　小宮　小むめ　小勇　小ゆか　小ゆみ　小よし　小米　小よね　小より　小樂　小力　小りき　小りせ　小龍　小柳　小れん　小わさ　小ゑい　小笑み　小ゑみ

普通型　あい　いく　いし　いと　うた　卯の　うの　枝　かつ　かね　かめ　嘉代　きた　きみ　くま　くら　こと　こま　佐多　さと　すて　すへ　すま　せい　そめ　たい　たか　たき　たつ　たま　ぢう　ちか　千賀　つぎ　つな　つね　つる　てる　とき　とく　くら　なべ　はつ　はる　壽《ひさ》　ひな　ふく　まさ　まつ　みか　みつ　みや　むめ　もん　八重　八尾　ゆう　よそ　よね　らく　りう　りき　れん　ろく　ゑい　ゑた　ゑの　笑み　ゑん

異型　榮西　香春　三四《さんし》　たね初　千さと　長五郎　つる龜　初露　文玉　松友　三《み》枝　三八重　梅高

備考　『四方のはな』は、井筒屋主人が京都の島原の太夫ら、祇園新地などの芸妓、遊女らの名を置屋ごとに列記し、慶応三年に刊行した名寄《なよせ》である。ここに掲げたのは、『四方のはな』にみえる芸妓（芸子、舞子、義太夫、江戸歌歌妓ら）の名である。同一の芸名がいくつかあっても、一つしか記さなかった。本書は、『新撰京都叢書』（京都、昭和六十一年）に収められ、容易に披見できるようになった。

寛政十午年二月女芸者吟味落書

急度叱り　吉川町吉兵衛店新兵衛妹　とよ　二十九
同　下柳原同朋町喜八店平七娘　うた　二十五
同　下鞘町彌次兵衛店十次郎従弟女　ちよ　十八
同　右同断　豊若　二十六
同　下鞘町彌次兵衛店権右衛門姪　つる　十五
同　本両替町卯兵衛店半兵衛娘　はま　十九
同　金吹町彦兵衛店新右衛門姪　みよ　十七
同　本石町一丁目助八店孫兵衛方に居候　りう　十五
同　同町惣助店権右衛門娘　そめ　十九

同　岩附町喜八店五助娘うた事　こと　二十
同　本町一丁目藤四郎店いち事　みの　十七
同　通三丁目平次郎店源兵衛娘　文字ひろ　二十三
同　同町四丁目善右衛門店清九郎娘　とき　二十一
同　坂本町一丁目久兵衛店松五郎娘　豊ませ　二十二
同　霊岸嶋浜町久蔵店五郎兵衛娘　文字いま　二十三
同　南新堀一丁目吉右衛門店善蔵姉　たか　二十三
同　南槇町平蔵店長助娘　いと　二十四
同　常磐町幸右衛門店藤次郎娘　もよ　二十

同　上槇町清右衛門店文六娘　さと　二十一
同　霊岸橋際埋立地利兵衛店新八姉　よし　二十三
同　松川町二丁目徳兵衛店八右衛門娘　たよ　十八
同　木挽町六丁目次郎兵衛店甚之助妹　いね　二十
同　同町五丁目傳兵衛店半七姪　みよ　十九
同　同町六丁目清五郎店平吉妹　みを　十九
同　芝西應寺町代地藤兵衛店宇右衛門娘　まさ　二十四
同　南鍋町二丁目重五郎店嘉兵衛妹　文須　十八
同　同町次郎兵衛店豊吉姉　若豊　二十
同　新肴町長次郎店五兵衛娘　宇文字　二十

同　山下町彦兵衛店小助娘　かよ　二十二
同　吉川町平右衛門店藤助娘　たみ　二十二
同　同町同店鉄次郎姉　つる　二十三
同　同町宇兵衛店半七娘　うた　二十二
同　柳原同朋町彌兵衛店長八娘　せん　二十一
同　同町同店助七娘　いと　二十
同　同町善兵衛店藤兵衛娘　しほ　二十
同　同町同店磯治郎娘　なみ　二十一
同　同町山三郎店寅吉娘　かつ　十九
同　同町武右衛門店助八娘　とよ　二十二

同　同町同店孫兵衛姪　いよ　十九
同　同町同店源八娘　ちを　二十一
同　右同断　とき　十七
同　同町吉五郎店藤五郎妹　きの　十九
同　同町喜八店小三郎妹　なを　二十二
同　同町嘉兵衛店武兵衛娘　でん　十七
同　柳原同朋町喜兵衛店傳兵衛妹　みわ　十八
同　南傳馬町一丁目久兵衛店大吉娘　はな　二十二

〆四十六人

此もの共儀唄浄瑠璃三味線習覚両親又は親族共為養育女藝者より唱座料貰受所々料理茶屋遊山船等え被雇参候迄にて賣女ヶ間敷儀致候儀無之旨雖申と兼而相馴染候客身分引受末々妻にも可致旨申候迚相對に而不義致候始末隠賣女に紛敷儀不埒に付急度可申付候得共先此度は宥免を以一同叱置

押込　北鞘町彌次兵衛店十次郎徒弟女　きち　十五
同　南傳馬町一丁目利助店佐兵衛娘　とみ　十八
同　本材木町四丁目惣八店金次郎従弟女　なみ　十八
同　本石町一丁目助八店孫兵衛娘　豊つね　十九
同　元数寄屋町四丁目新兵衛店清八娘　はつ　十九
同　芝西應寺町代地庄吉店喜右衛門娘　きち　十五

此もの共儀父母養育又は親族共為扶助女藝者と唱所々料理茶屋等にて客有之節被雇参り座料貰請酒之相手に相成候迄にて隠賣女ヶ間敷義無之候段雖申と既豊つねきち儀は当二月三日夜瀬戸物町平兵衛店新七とみなみ儀は同月三日四日夜中橋廣小路佐右衛門店藤吉方はつは同月四日五日夜南鍋町二丁目家主太兵衛方え被雇参候節隠

賣女に紛敷儀も有之趣相聞不埒に付急度可申付候得共先此度は宥免を以押込申付之
右藝者共親兄宿幷家主叱り

瀬戸物町平兵衛店　新七

南鍋町二丁目家主　太兵衛

此もの共儀料理茶屋渡世致客有之節女藝者呼寄酒の相手に出し又は女とも同道に而参候客杯も有之儀に候得共金銭等貰請女共申勧賣女為致候儀も無之旨雖申と既新七方にては当二月三日夜本石町一丁目助八店孫兵衛娘豊つね北鞘町彌次兵衛店十次郎従弟女きち太兵衛方にては同四日夜元数寄屋町四丁目新兵衛店清八娘はつ同五日夜芝西應寺町代地庄吉店喜右衛門娘きち儀賣女躰之儀致候段隠賣女屋紛敷儀不届に付両人共身上に應過料取上所拂申付候

午三月十一日落着

備考　『増訂半日閑話』(『日本随筆大成』一期四)巻之二十五による。

『明治六年四郡(津軽・福島・桧山・爾志)窮民書上』にみえる女性名

阿き　いく(2)　いさ(2)　い勢　いそ(4)　いつ　いね　いよ　かつ(2)　か勢　か奈　かね　か祢　か屋　かよ(2)　かん(2)　きく(4)　きさ　きの　き乃　き美　きよ(3)　きわ(4)　幾わ　きゑ　きん(7)　くに　くり　こと(2)　さき(3)　さだ　さつ　さと(4)　さな　さよ(4)　さわ(3)　さん(4)　志な　志奈　志の(2)　志ゆん(3)　すが　す美　すわ　すゑ(3)　勢ん(2)　その　そよ(3)　多か　たけ(2)　たつ　たま(2)　多ま(2)　多満　多美(3)　たよ　多ん　ちよ(2)　千代　ちよん　つき　つせ　つ多　つる(3)　津る　てつ　とき　と幾　とし　登勢　とみ　とめ(3)　登免　とよ(2)　とわ　奈す　奈つ(2)　なよ　奈よ(2)　奈る　ぬい　ぬゑ　の婦　乃

婦　はき　はつ（4）　はな（2）　は奈（2）　はま　はる（5）　はん（2）　ふさ　婦さ　ふつ　婦で（3）　ふみ　婦美　婦ゑ　まさ　まつ　まつの　まん（2）　美き　美起　みさ　み志　みす　み津　美つ　美津　み奈　美奈　みね　美は　みよ（2）　美よ　みわ　みゑ　美ゑ　むめ（2）　む免（2）　むら　屋す（2）　屋奈　屋満　屋ゑ　ゆき（4）　ゆ美　ゆわ　よし（9）　よね　里せ　里勢　里よ（3）　里ゑ（2）　里ん　るい　連ん　ゑ幾　ゑ津

備考　明治六年八月に開拓使が調査した四郡（津軽、福島、桧山、爾志《にし》）の『窮民書上』（『松前町史』史料編第二巻所収、北海道松前郡松前町、昭和五十二年）による。

日本橋よし町芸妓の芸名（括弧内は本名）

はや（あき）　三香（りう）　咲次（ふく）　咲彌（うた）　寿々彌（すゑ）　一龍（はる）　小つな（しん）　時江（ふじ）　高代（ます）　みき子（さく）　菊五郎（さかえ）　豆菊（晴子）　市太郎（やま）　小市（ふく）　小とり（くに）　久尾（さつ）　駒子（はる）　なほ子（せい）　花吉（すゞ）　なる子（まつ）　初子（はつ）　万才（ふじ）　万龍（たい）　小六（はま）　桃子（いね）　吉次（さわ）　勝女（かつ子）　力代（きよ）　花香（トヨ）　年松（ゆり子）　浜寿（はま）　一寿（いと）　助六（八重）　鶴代（喜代子）　浜栄《エイ》（静）　喜の寿（かよ）　寿美香（はな）　梅奴（あか）　石子（みき）　房江（なみ）　はま子（のぶ）　勝勇（千代）　花奴（初枝）　とし（登志）　丸子（のぶ）　吉丸（さく）　文三（かね）　兼松（かね）　松千代（きん）　なみ（千代）　みなと（はる）　昇（きみ子）　志のぶ（艶子）　高千代（たか）　女寅（ひさ）　八千代子（やす）　小きく（きく）　千代子（八重）　愛吉（はな）　新八（ます）　いろ子（たか）　てる子（ふみ）　源太（きく）　大駒（とく）　喜三春（はる）　若子（喜代子）　つな（やす）　小時（いと）　わかな（とく）　美津丸（ひで）　かま（じょう）　染子（なみ）　たま

（たま） 彦松（はな） 八重香（春枝） 小かよ（せい） 喜久之助（ゆき） 喜久子（きく） 五良丸（八重） 喜楽（きょう） 久喜久（てい） 喜玉（たま） 喜久友（とよ） 芝子（よし） 花喜久（はな） 喜久の（とり） 吉三（ゑい） 染龍（みつ） 歌栄（てい） 吉勇（あい子） 若喜久（あい子） だん子（蝶子） 栄三（とら） 小いく（みね） 三勝（こと） 千代龍（千代） 小福（ろく） 福奴（はな） 山子（八重） 福千代（ゆき） 冬子（せい） いろ（れん） かい八（はる） のし（ふさ） 円太（てい） 千美助（こう） さだ子（のぶ） 小つま（よし） 小きん（ふき） 君団子（きん） 大吉（かね） 春江（みね） 駒江（はる） 金太（いと） 房子（幸） お七（とき） 小若（きん） 若丸（なる） 若吉（せん） 豆奴（とく） 豆八（しん） 小浜（さく） よし松（はつ） みつ（たか） かき津（くに） あの子（はる） つる子（とめ） 子三太（孝） 若鶴（きみ） 寿々丸（すゞ） 宗之助（はる） 綱吉（とみ） 若千代（せん） 推助（とみ） 小まつ（まつ） 長太（ふく江） 八郎（けい） ひな助（きさ） 小兼（よね） 浪子（しん） てる代（よし） 幾代（千代） むら子（喜代） 菊彌（はつ） 小栄（しで） 小秀（すゞ） 小繁（はつ） 蔦奴（たつ） 小三（ヨネ） 冬寿（とよ） 三三子（ふさ） 夏子（ふく） 咲松（さき） 小まき（まき） 玉八（はる） 三福（とめ） やな子（あき） 玉蝶（ふじ） 喜代八（八重） ふみ子（ふみ） 千鳥（むめ） 梅代（すゑ《え》） 小のぶ（その） 久松（とよ） よし江（よし） 楽代（こう） 小新（あか） とう吉（まさ） 梅龍（せん） 千恵子（つる） 梅吉（いよ） 種千代（よし） ぎん（てる） 政栄（きく） 蔦八（とわ） 蔦吉（まつ） うね女（すゞ） 音助（まさ） ふくべ（きん） 若松（喜代） ふき（こま） 新吉（よね） 米花（よし） 愛三（はな） 喜代助（よね） 光五郎（きぬ） 小まん（まん） 駒助（とめ） 三代吉（ひで） 千代（とく） 友栄（せつ） 竹千代（八重） とんぼ（さく） 秀丸（まつ） 若勇（わか） 美の八（千代） 小ね子（きん） なべ（ふく） 町奴（すみ） おちょ子（千代） 金助（てい） 君太郎（かね） 才助（つる） 君勇（きみ） 保子（ぬい） 鶴吉（すゑ） 咲丸（あさ） くめ子（てふ） よね（鈴木よね） しげ香（せい） つる栄（ふさ） なか（いね） こま（せき） 春子（しづ） 三平（かつ） 玉千代（花みのる（みつ） 筒太郎（ふく） 寿々千代（ふじ） ふね子（たみ） 田鶴（不明） ぽん太（かね） 金丸（なを） 吉六（たつ） 菊江（ゑい） いろは（むめ） 駒奴（とく） 長寿（こま） げん（房子） 定代（かめ） 内千代（とし） 房奴（ふさ） 〆蝶（よし） 音丸（まさ） 蔦丸（きよ） 〆福（さだ） 〆よし（きく） 久吉（てる） 〆松（りう） 新駒（かほる） 春奴（春枝） 菊丸（ちよ） 実太郎（かね） 鶴次（しさ） 小萩（そめ）

花子（べん）　福鶴（みや）　栄子（はる）　徳丸（さと）　むめ（杉本むめ）　丸々（はる）　梅子（みえ）　栄龍（はる）　さだ（てる）　松栄（あい）　赤次（あか）　菊代（千代）　市香（ゑい）　花千代（薫）　〆子（かめ子）　光彌（たま）　梅太郎（梅子）　君松（むめ）　若太郎（いく）　小ふさ（ぎん）　秀（しん）　久奴（きん）　梅香（むめ）　小ゑつ（みち）　きん（章《ショウ》）　金三（まさ）　やま（よし）　芳之助（なか）　岸松（いね）　山香（まさ）　富勇（ふみ）　やま次（きよ）　つばめ（いそ）　君若（きく）　金龍（ぎん）　みの（ゑつ）　美の寿（みつ）　ゆか（せん）　かる（やま）　喜代美（きよ）　こん（ぬい）　寿々吉（しづ）　寿ま子（かつ）　寿々八（千代）　幸（ふく）　小はん（はん）　吉奴（ふじ）　とみ子（とみ）　小吉（きよ）　ゑつ（田中ゑつ）　錦糸（きん）　寿々め（ゆき）　錦彌（やま）　綾太郎（みの）　うろ子（みよ）　皆子（すみ）　実子（すゞ）　みよし（とう）　小ちやら（りよ）　兼太郎（ふさ）　豆助（ます）　開花（さだ）　蝶花（きん）　実花（たか）　豆千代（はな）　玉龍（やす）　小光（きみ）　愛子（むめ）　與太郎（せん）　菊若（てい）　三太郎（ますゑ）　五郎（あさ）　小春（くる）　梅幸（春子）　幸太郎（きわ）　ぽん太郎（とみ）　きね子（いと）　米吉（八重）　小柳（しめ）　さゝめ（くま）　今子（いね）　小浪（かよ）　ちやら（ふさ）　勝利（はま）　小今（あき）　実寿（きく）　関彌（ます）　又奴（はな）　歌助（こと）　六太郎（のぶ）　今奴（はつ）　鈴尾（しま）　新奴（しん）　八重太郎（よし）　浦子（なみ）　福若（みき）　小浦（きん）　さわ子（とよ）　よし子（芳）　しづ（とし）　三吉（さき）　三子（とみ）　玉助（いと）　雪子（はる）　幸次（こう）　駒千代（たつ）　粂三（せい）　友奴（とり）　染香（千代）

備考　近藤戟雄編『よし町藝妓写真全集』（菊判九二図版、明治四十三年十二月二十五日発行。発行所、よし町藝妓写真全集発刊部〔東京市日本橋区住吉町二番地〕）による。本書は、日本橋葭町の芸妓全員の写真をことごとく掲げた花街史研究上、貴重な史料である。

あとがき

昭和五十五年九月に上巻を出してから今日まで七箇年半を閲した。執筆がかくも遷延したのは、職務上の忙しさもさることながら、責任の大半は著者の浅学にかかっている。なによりも先にお詫びしたいのは、古代史を専門とする著者が無明の中世、近代の森に入り込み、手探りで考究せねばならず、それが執筆を大幅に遅らせたことである。

ようやく近代編にたどりつくと、原稿枚数はいちじるしく制限を超過し、同じ密度で筆を進めることが許されなくなった。これがため近代の女性名史の記述は簡略なものに止めたのである。

女性名史の研究は、始めて鉄鉞が入れられた分野であって、未解決の問題はあまりにも多い。向後、後進の方々が著者を乗り越え、新たな体系を構築されることは、著者が最も祈念するところである。

執筆の遷延については、読者や教育社に多大な御迷惑をおかけしたことを洵に申訳なく思っている。せつに御容赦をお願いいたしたい。

史料の蒐集に関しては、一々言及しなかったが、各方面より多大な御厚情を忝うした。また史料の翻読に際しては、藤本孝一・西井芳子両氏の御援助をえた。ここに負うところを銘記し、あらためて深謝の意を表したい。

さらにこの厄介な書物の編集にあたられ、精確、緻密なまなこをもって本書の微瑕を匡し、りっぱな成書にまで仕上げられた編集担当の江口幸氏の労は絶大なものであって、衷心から深謝の辞を申し上げる次第である。

昭和六十三年　如月

洛北蓼倉郷にて

角田文衞

本書は『日本の女性名――歴史的展望』全三巻（一九八〇―八八年・教育社）を底本といたしました。

角田文衞（つのだ・ぶんえい）

一九一三年、福島県に出生。

京都大学文学部史学科卒業。

同大学院在学中、イタリアに留学（三ヶ年）。

大阪市立大学助教授、教授を経て、平安博物館教授兼館長。

改組により古代学研究所教授兼所長（現在）。

財団法人古代学協会理事長（現在）。文学博士。

著書＝『古代学序説』、『西洋文化の誕生』、『紫式部とその時代』、『若紫抄』、『王朝の映像』、『王朝の明暗』、『王朝の残映』、『日本の後宮』、『石と森の文化』（『沈黙の世界史』第五巻）、『ヨーロッパ古代史論考』、『平家後抄』、『角田文衞著作集』（全七巻）、『転換期の考古学』、『古代学の展開』、その他著書二五冊、訳書二冊、論文・報告約四五〇編。

日本の女性名
——歴史的展望

二〇〇六年四月二十一日初版第一刷印刷
二〇〇六年四月二十五日初版第一刷発行
著者　角田文衞
発行者　佐藤今朝夫
発行所　株式会社国書刊行会
東京都板橋区志村一—十三—十五　郵便番号一七四—〇〇五六
電話〇三—五九七〇—七四二一
ファクシミリ〇三—五九七〇—七四二七
組版・印刷所　明和印刷株式会社
製本所　有限会社青木製本
ISBN4-336-04745-6